FUDAN UNIVERSITY ALMANAC・2013

复旦大学年鉴

2013

复旦大学年鉴编纂委员会

FUDAN UNIVERSITY
1905

5月13日，上海数学中心揭牌暨奠基仪式在江湾校区举行。

5月26—28日，“上海论坛2012”在校举行，主题为“未来十年的战略”。图为与会专家作专题演讲。

6月1日，复旦大学物理学系成立60周年暨应用表面物理国家重点实验室成立20周年庆典仪式在正大体育馆举行。会场上，两位久别重逢的校友握手致意。

8月10日，与福建省政府签订战略合作协议，双方将在人才培养、决策咨询、科技创新、医疗卫生和生态环境保护与开发利用等方面加强合作。

10月18日，与甘肃省政府签署战略合作协议，双方将在教育、科技等重点领域实现高层次校省互动。

7月1日，复旦大学附属眼耳鼻喉科医院举行建院60周年庆典活动。

11月16日，复旦大学附属儿科医院举行建院60周年院庆。

11月19日，全校召开传达学习党的十八大精神大会。

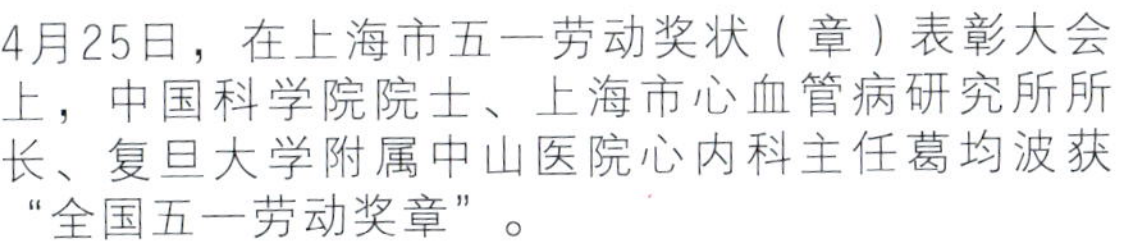
4月25日，在上海市五一劳动奖状（章）表彰大会上，中国科学院院士、上海市心血管病研究所所长、复旦大学附属中山医院心内科主任葛均波获“全国五一劳动奖章”。

12月14日，复旦大学附属中山医院教授樊嘉获第五届“十佳全国优秀科技工作者”称号。

3月16日，复旦大学教学指导委员会第一次全体会议在光华楼东辅楼举行。

4月13日，第三届全国高等医学院校大学生临床技能竞赛（华东赛区）在复旦大学枫林校区举行。

7月，复旦大学正式宣布组建新的复旦学院（本科生院），原复旦学院、教务处、本科生招生办公室、现代教育技术中心和学生服务联合体教材中心职能整合，机构并入。除承担全校本科教学发展和管理职能外，新复旦学院还下设志德书院、腾飞书院、克卿书院、任重书院和希德书院等5个贯穿本科教育阶段的住宿书院。图为2012级新生开学典礼上，党委书记朱之文向书院学生代表授院旗。

10月16日，上海医学院留学生在医学生誓言碑前庄严宣誓。

11月3—4日，第二届“全国大学生基础医学创新论坛暨实验设计大赛”在天津医科大学举行。复旦大学学生共获得实验设计大赛三等奖2项，优秀奖2项，基础医学创新论坛三等奖1项，优秀奖1项。

2012年，复旦大学共组建7个协同创新中心。9月，培育组建“脑功能重塑协同创新中心”；9月，培育组建“金砖国家合作与全球治理协同创新中心”；9月，培育组建“通用高分子材料高性能化协同创新中心”；9月，培育组建“遗传学协同创新中心”；10月，培育组建“新型自旋器件及应用协同创新中心”；12月，培育组建“病原微生物感染研究协同创新联合中心”；12月，培育组建“代谢性疾病协同创新中心”。

6月13日，2012年度陈嘉庚科学奖及陈嘉庚青年科学奖颁奖仪式在北京举行，复旦大学附属中山医院汤钊猷院士获陈嘉庚生命科学奖。

12月15日，中文版《杜威全集》中期15卷本正式推出。该书由复旦大学哲学学院刘放桐教授主编、复旦大学杜威与美国哲学研究中心组翻译，华东师范大学出版社出版。

10月22日，举行《裘锡圭学术文集》新书发布会和学术研讨会。

TECHNICAL COMMENT

Comment on "Phonemic Diversity Supports a Serial Founder Effect Model of Language Expansion from Africa"

Chuan-Chao Wang, Qi-Liang Ding, Huan Tao, Hui Li*

Atkinson (Reports, 15 April 2011, p. 346) reported a declined trend of phonemic diversity from Africa that indicated the African exodus of modern languages. However, his claim was only supported when the phonemic diversities were binned into three or five levels. Analyses using raw data without simplification suggest a decline from central Asia rather than from Africa.

Atkinson (1) analyzed the phoneme numbers of 504 languages around the world and found a strong inverse relationship between the phonemic diversity and distance from an inferred origin in Africa, which supports an African origin of modern languages. Although a statistically significant declined trend of phonemic diversity from Africa can be observed from the analyses of his normalized data set, his conclusion was questionable because of the simplifica-

simplified (the exact counts of vowel qualities, tones, and consonants). Languages from Eurasia show higher diversities of vowel qualities and tones (Fig. 1B). Therefore, we argued that Atkinson's statistics were distorted by WALS's data simplification, which truncated the high ends of the scales (2).

For example, WALS binned the vowel quality inventories into three groups: small (2 to 4 qualities), medium (5 to 6 qualities), and large (7 to 14 qualities). Actually, the basic vowel quality inventory varies from 2 to 20 and is distributed unequally among the geographic regions (4). Most large vowel quality inventories appear in Eurasia, whereas only small inventories can be found in the Americas and Australia. The Germanic languages and the Wu Chinese dialects have the largest vowel quality inventories in the world, mostly larger than 10—for example, the Standard Swedish has at least 16 vowel qualities, and the Dôndâc Wu spoken in southern Shanghai has 20 vowel qualities. In contrast, few languages from Africa have more than 10 vowel qualities (Fig. 1B). Therefore, a lower limit of seven qualities for large inventory in WALS's

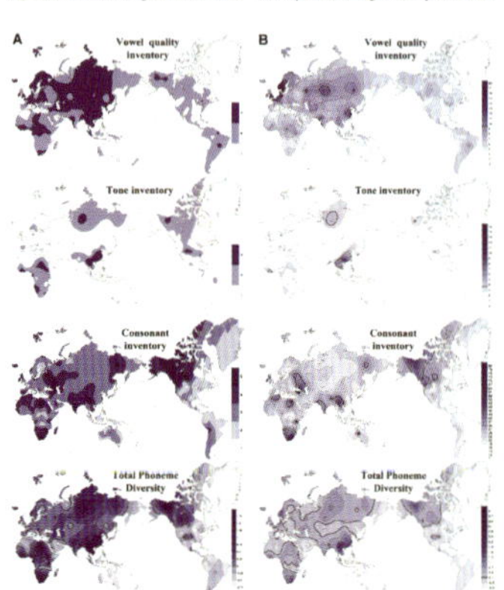

Fig. 1. Geographic distribution of the phonemic diversities of the world's languages. (A) Simplified phonemic diversities used by WALS. (B) Exact phoneme inventory counts and the corresponding total phoneme diversity.

2月10日，《科学》（*Science*）杂志刊载复旦大学现代人类学教育部重点实验室教授李辉课题组与中文系副教授陶寰合作研究成果《反驳语音多样性支持语言从非洲扩张的系列奠基者效应》（"Comment on Phonemic diversity supports a serial founder effect model of language expansion from Africa"）。

Cell Stem Cell
Article

Human Embryonic Stem Cell-Derived GABA Neurons Correct Locomotion Deficits in Quinolinic Acid-Lesioned Mice

Lixiang Ma,[1] Baoyang Hu,[3] Yan Liu,[1,4] Scott Christopher Vermilyea,[4] Huisheng Liu,[4] Lu Gao,[1] Yan Sun,[1] Xiaoqing Zhang,[6] and Su-Chun Zhang[1,2,4,5,*]
[1]Department of Anatomy, Histology & Embryology, Shanghai Medical College
[2]Institute of Stem Cell and Regenerative Medicine, Institutes of Biomedical Sciences
Fudan University, Shanghai 200032, China
[3]Institute of Zoology, Chinese Academy of Sciences, Beijing 100101, China
[4]Waisman Center
[5]Department of Neuroscience and Department of Neurology, School of Medicine and Public Health
University of Wisconsin, Madison, WI 53705, USA
[6]Tongji University Medical School, Shanghai 200092, China
*Correspondence: zhang@waisman.wisc.edu
DOI 10.1016/j.stem.2012.01.021

SUMMARY

Degeneration of medium spiny GABA neurons in the basal ganglia underlies motor dysfunction in Huntington's disease (HD), which presently lacks effective therapy. In this study, we have successfully directed human embryonic stem cells (hESCs) to enriched populations of DARPP32-expressing forebrain GABA neurons. Transplantation of these human forebrain GABA neurons and their progenitors, but not spinal GABA cells, into the striatum of quinolinic acid-lesioned mice results in generation of large populations of DARPP32+ GABA neurons, which project to the substantia nigra as well as receiving glutamatergic and dopaminergic inputs, corresponding to correction of motor deficits. This finding raises hopes for cell therapy for HD.

INTRODUCTION

dopamine by dopamine-producing cells may provide beneficial effects, in HD reformation of circuitry is necessary (Campbell et al., 1993; Goto et al., 1997; Mazzocchi-Jones et al., 2011; Nakao and Itakura, 2000). Transplanted GABA neurons must project to and receive from their target tissues, consisting of the globus pallidus and substantia nigra, as well as inputs from the cerebral cortex (Wictorin, 1992), in order to achieve functional

4月6日，《细胞》（*Cell*）子刊***Cell Sterm Cell***在线刊登复旦大学上海医学院解剖与组织胚胎学系教师马丽香研究成果"Cell-Derived GABA Neurons Correct Locomotion Deficits in Quinolinic Acid-Lesioned Mice"。

LETTER

Preferential electrical coupling regulates neocortical lineage-dependent microcircuit assembly

5月2日，《自然》（*Nature*）杂志在线刊登论文“Preferential electrical coupling regulates neocortical lineage-dependent microcircuit assembly”，该研究由复旦大学神经生物学研究所副教授禹永春领衔课题组与美国纽约斯隆凯特林癌症研究中心时松海课题组共同完成。

Breaking Advances

Highlights from Recent Cancer Literature

Novel Method to Detect ALK Mutations in Lung Cancer

Unexpected New Player Links Ribosome Biogenesis and Tumor Development

7月12日，《临床癌症研究》杂志在线刊载复旦大学附属肿瘤医院教授陈海泉领衔的肺癌转化性研究课题组论文“The Use of Quantitative Real-Time Reverse Transcriptase PCR for 5' and 3' Portions of ALK Transcripts to Detect ALK Rearrangements in Lung Cancers”。

Development/Plasticity/Repair

Robo2–Slit and Dcc–Netrin1 Coordinate Neuron Axonal Pathfinding within the Embryonic Axon Tracts

Changwen Zhang, Jingxia Gao, Hefei Zhang, Liu Sun, and Gang Peng

9月5日，《神经科学杂志》（*Journal of Neuroscience*）发表脑科学研究院引进PI彭刚研究团队最新研究成果《Robo2—Slit和Dcc—Netrin1协同调节神经元在胚胎神经束中的轴突导向》。

Neurobiology of Disease

Group I mGluR-Mediated Inhibition of Kir Channels Contributes to Retinal Müller Cell Gliosis in a Rat Chronic Ocular Hypertension Model

9月12日，《神经科学杂志》（*Journal of Neuroscience*）刊载复旦大学脑科学研究院、复旦大学附属眼耳鼻喉科医院教授王中峰、孙兴怀、杨雄里院士率领的视网膜研究团队研究成果《代谢型谷氨酸受体介导的内向整流钾通道抑制参与慢性高眼压视网膜胶质细胞激活》。

12月25日，中国语言文学系教授王水照、国际关系与公共事务学院教授陈其人、经济学院教授洪远朋获第十一届哲学社会科学学术贡献奖。

3月19日，美国北卡罗来纳大学系统总校校长汤姆·罗斯（Tom Ross）携校董会董事访问复旦大学。

4月26日，香港大学内地学习千人计划启动仪式在复旦大学举行。

8月20—28日，复旦一政大青年论坛在复旦大学举行。

9月14日，复旦大学附属儿科医院加拿大籍教授李树锦（Shoo Kim LEE）获得2012年上海市白玉兰纪念奖。

12月10日，复旦大学“外专千人” 大卫·维克斯曼（David Waxman）获颁“国家特聘专家”证书。

12月16—18日，在第七届全球孔子学院大会上，复旦大学获国内先进孔子学院合作单位称号。图为国务委员刘延东向复旦大学颁奖。

4月11日，经国务院学位委员会批准，校长杨玉良向校董刘遵义颁发名誉博士学位证书并赠送纪念品。

12月13日，经国务院学位委员会批准，复旦大学正式授予复旦大学校友、复旦大学第一至第五届校董陈曾焘先生名誉博士学位。

6月2日，“2012复旦大学校友返校日”在江湾校区举行。

9月29日，在上海逸夫舞台上演现代京剧《草原曼巴》。该剧以我校杰出校友王万青为原型改编。图为演出结束后，王万青与夫人登台致答谢词。

10月22日，在天津大礼堂举行2012年复旦管理学奖励基金会颁奖典礼暨中国管理学年会开幕式。图为基金会理事长徐匡迪、副理事长成思危为“复旦管理学杰出贡献奖”获得者北京航空航天大学教授黄海军、中国科技大学教授梁樑颁奖。

1月7日，“深化改革，大胆创新，推进宁波病理事业新发展”——全国首家区域化临床病理诊断中心在宁波举行启动仪式。该中心由肿瘤医院负责技术支持，为全国首家规模化、数字化、集约化的区域性临床病理诊断中心，有助于全面提升宁波市临床病理的诊断和学科建设水平。

2月6日，金山医院新院正式启用，是上海市郊区三级综合性医院建设规划“5+3+1”项目中最先建设、最先竣工、最先启用的三级综合性医院。

7月27日，受国家体育总局和中国奥委会任命，复旦大学运动医学中心主任、骨外科学与运动医学博士生导师陈世益教授担任2012年伦敦奥运会中国体育代表团医务官，前往英国伦敦，为中国运动员提供医疗保障任务。

8月20日，伦敦奥运会激光雷迪尔级帆船金牌得主徐莉佳和教练专程来到信息学院，对相关科研团队表达感谢。比赛中，徐莉佳依靠信息学院科研团队研发的帆船帆板赛场环境监测和运动技术分析系统在速度不及对手的情况下，正确选择航线，反败为胜。

12月18日，复旦大学附属华山医院北院开业。

5月2日，“2011上海大学生年度人物”表彰大会暨2012年度“博雅讲堂”启动仪式在光华楼举行。复旦大学上海医学院2007级法医班周姝（左）获“年度人物”称号，复旦大学毕业生、首位聋人博士郑璇（右）获“建功立业单项奖”。

5月8日，2012年复旦大学体育文化节开幕式在光华楼广场举行。

5月19—20日，复旦大学、上海交通大学“巅峰对决”文体竞赛在上海东方绿洲举行。对决通过马拉松、龙舟、自行车拉力、辩论、文艺汇演等形式展开。图为男子自行车拉力赛选手到达终点瞬间。

11月21日，复旦大学博士生讲师团十八大精神宣讲团分别在五角场社区文化中心和上海柴油机股份公司成功举行了两场十八大精神宣传“微讲座”。

12月4日，2012年复旦大学“一二·九”歌会决赛汇演在正大体育馆落幕。

9月20日，复旦大学附属华山医院西院奠基。

3月10日，著名历史学家、复旦大学资深特聘教授朱维铮逝世，享年76岁。

6月7日，著名历史学家、复旦大学首席教授、历史学系教授、俄罗斯研究中心首任主任金重远逝世，享年78岁。

6月24日，中国共产党优秀党员，中国民主同盟优秀盟员，第八、九届全国政协常委，著名数学家、教育家，国家最高科学技术奖获得者，中国科学院院士，复旦大学数学研究所名誉所长、数学科学学院教授谷超豪因病逝世，享年87岁。

10月31日，中国共产党党员、我国著名数学家，复旦大学教授、复旦大学原教务长、副校长严绍宗同志逝世，享年77岁。

复旦大学年鉴编纂委员会

主　　任：杨玉良　朱之文

副 主 任：陈晓漫　陈立民　袁正宏　刘承功　尹冬梅　蔡达峰

　　　　　桂永浩　许　征　金　力　冯晓源　陆　昉　林尚立

委　　员：(按姓氏笔画排序)

　　　　　丁光宏　杨志刚　李粤江　周亚明　周　虎　钟　扬

　　　　　贺圣遂　钱　飚　殷南根　萧思健

主　　编：周立志

副 主 编：丁　力　许　平　罗　力

编辑部主任：甄炜旎

编　　辑：(按姓氏笔画排序)

　　　　　王安华　冯　幸　边佩灵　李建萍　张树剑　张　耐

　　　　　陈长城　邵　田　季穗穗　岳娟娟　赵　昕　奕丽萍

　　　　　袁　森　彭　丽　董　枫　蔡樱华　谭　嵩

责任编辑：胡春丽

摄　　影：刘　畅　杨光亮等

凡　例

一、《复旦大学年鉴》是全面记载复旦大学年度工作和发展成就的资料工具书，由《复旦大学年鉴》编纂委员会主持编纂，复旦大学各部（处）、各院系等有关单位供稿，复旦大学出版社出版。

二、本年鉴以马克思列宁主义、毛泽东思想、邓小平理论和“三个代表”重要思想为指导，落实科学发展观，贯彻科教兴国主战略，真实、客观、全面、准确地记载复旦大学的年度历史进程和重大事项。

三、本年鉴收编事项起自2012年1月，迄于2012年12月。为方便查检并求得内容的完整，部分内容在时间上略有延伸。

四、本年鉴在卷首设专文、学校综述。其后共分12个栏目记录学校2012年度工作，采用栏目—分目—子目—条目四级结构层次。卷末有复旦大学文件、人物、表彰与奖励、大事记、统计数据、索引和附表索引。

五、本年鉴各分目之首设“概况”条目，集中记述各单位、各领域的总体情况，便于各年度间的延续和相互比较。各单位以概况、条目、附录顺序编写。

六、本年鉴“人物”栏目，主要包括“复旦大学教授名录”和“逝世人员名录”等分目。“教授名录”以所在单位为序排列，“逝世人员名录”收录正高级职务（含离休）逝世人员，以逝世先后为序排列。

七、“表彰与奖励”栏目刊录获局级以上（含局级）表彰与奖励的集体和个人名单。

八、本年鉴所刊内容由复旦大学各单位确定专人负责提供，并经本单位领导审定。

九、本年鉴有关全校的综合统计数据，由复旦大学办公室提供；各职能部门统计数据由各部处提供、审定。统计数据截止日：按学年统计者，截至2012年9月30日；按自然年统计者，截至2012年12月31日，具体见统计表下注释。有少数数据，由于统计口径不一致，数值也不尽相同。

十、本年鉴的索引，主要采用主题分析索引的方法，按主题词首字汉语拼音字母顺序排列。同时，附表亦有辅助索引。索引使用方法详见“索引说明”。

目　录

·专　文·

繁荣发展哲学社会科学　发挥大学文化引领作用

在2012年上海高校党政负责干部会上的发言

（2012年2月11日）

书记　朱之文

党的十七届六中全会作出了"社会主义核心价值体系是兴国之魂，是社会主义先进文化的精髓"的重要论断，并强调了哲学社会科学在中国特色社会主义事业和文化大发展大繁荣中的重要地位。高校是我国哲学社会科学事业的主力军。近年来，我校党委高度重视哲学社会科学发展，始终坚持以社会主义核心价值体系为灵魂，突出学科门类齐全、人才荟萃、底蕴深厚的优势，提升哲学社会科学发展的能力和水平，切实发挥大学在引领文化发展进步中的作用。

一、加强马克思主义理论研究和学科建设，在推进马克思主义中国化、时代化、大众化中发挥引领作用

马克思主义是我们立党立国的根本指导思想，也是我国哲学社会科学研究的一面旗帜。复旦大学在马克思主义理论的研究和传播方面有着光荣的传统。老校长陈望道翻译的《共产党宣言》第一个中文全译本，蒋学模教授主编、累计发行量超过1 800万册的《政治经济学》教材等都为马克思主义在中国的传播和普及作出过突出贡献。近年来，我校发挥传统和优势，将马克思主义理论一级学科纳入学校重点建设，仅"211"三期和"985"三期就投入近400万元，以此进一步加强马克思主义理论研究和学科建设，推进马克思主义中国化、时代化、大众化。

*一是积极参与中国化马克思主义理论体系构建。*在研究队伍上，依托马克思主义哲学、政治学、政治经济学、新闻学、文艺学和国外马克思主义等传统优势学科的专家学者，并与校外、国外广泛开展学术交流与合作研究。我校有7名专家受聘为中央"马克思主义理论研究和建设工程"专家。在研究内容上，按照"人无我有、人有我强、人强我新"的原则，以中国化马克思主义研究为重点，注重把马克思主义经典著作研究与当代解读相结合，准确阐释马克思主义的基本观点；注重把马克思主义理论研究与中国特色社会主义伟大实践相结合，着力推进中国化马克思主义理论创新；注重把当代中国马克思主义研究与国外马克思主义研究相结合，不断拓宽当代马克思主义研究的新视野新领域。在研究平台上，发挥部、市重点研究基地的作用，同时在国内高校中较早成立了马克思主义研究院，以重大课题为纽带，开展合力攻关，形成了一批有价值、有分量、有特色的理论成果。最近，我校正在更高起点谋划马研院建设，进一步整合力量、提升站位，聚焦马克思主义理论，注重研究阐释中国特色社会主义道路、理论和制度，努力回答重大理论和实践问题，力争多出精品、办出特色，建设全国马克思主义理论研究高地。

*二是积极推动马克思主义理论普及。*把马克思主义用通俗的语言传播给干部群众，是高校哲学社会科学工作者义不容辞的责任。我校杰出校友方永刚教授立足三尺讲台，真情宣传党的创新理论，受到胡锦涛总书记的充分肯定，他的事迹感染了母校师生。许多很有造诣的专家学者通过理论宣讲、媒体访谈、撰写专栏文章、编写通俗读物等形式，面向大众深入普及基本理论知识，积极宣传马克思主义中国化最新成果。洪远朋教授编写的《通俗〈资本论〉》入选中宣部推荐的优秀通俗理论读物。俞吾金教授通过微博发布对基本哲学问题的思考，已发表博文700余条，受到网友广泛好评。一批专家学者组织编写的"理论新视野"丛书，以浅显易懂、生动精辟的语言阐述理论问题，被誉为"请大学者写小书，把大道理通俗化"。

*三是积极发挥马克思主义在哲学社会科学中的指导作用。*坚持马克思主义的指导地位，不是一句空话，最根本的是要坚持马克思主义的立场观点方法，以辩证唯物主义和历史唯物主义指导各学科的研究和教学。我们注重马克思主义基本原理的实际运用，指导哲学、经济学、政治学、法学、新闻学、社会学等相关学科建设。注重加强青年理论队伍建设，邀请老教师给年轻教师讲授科学的研究方法，选派青年骨干参加中央和省市党校学习，帮助他们系统掌握马克思主义的世界观和方法论。注重加强教材和课程建设，组织编写反映马克思主义中国化最新成果的哲学社会科学重点教材，建设了一批国家级和上海市哲学社会科学精品课程。

在广大学者的努力下，近年来，我校哲学社会科学发展取得了丰硕的成果。2011年我校获得的国家社科基金项目和教育部人文社科项目立项数位居全国高校第一，其中，国家社科重大项目13项，取得历史性突破。

二、以社会主义核心价值体系教育引导青年，在培养社会主义合格建设者和可靠接班人中发挥引领作用

大学是教育培养青年人才的重要园地，也是用社会主义核心价值体系武装青年的重要思想阵地。我校党委始终坚持把培养社会主义合格建设者和可靠接班人作为根本任务，注重把社会主义核心价值体系融入人才培养全过程，帮助青年学生树立正确的世界观、人生观、价值观和荣辱观。

*一是发挥思想政治理论课在立德树人中的作用。*思想政治理论课是思想政治教育的主渠道。近年来，我校先后承担了全国本科生和研究生思想政治理论课改革试点的任务，进行了卓有成效的探索。我们注重增强教学的针对性，在讲透基本原理的基础上，把实践中遇到的、学生普遍关心的热点难点问题作为讲授的重点，引导学生正确认识、正确分析、正确判断。注重教学与研究紧密结合，围绕课堂教学中的热点、难点和疑点开展理论研讨，将研讨成果及时运用到课堂教学中去，增强了教学的说服力、吸引力和感染力。注重创新教学模式，举办"中国市长论坛"，先后邀请全国近50位市委书记、市长走上讲坛，用改革开放和现代化建设的生动实践教育学生，深化了学生对理论的认识。注重加强团队建设，完善集体备课制度，开展教学研究，思想政治理论课团队荣获国家级优秀教学团队，涌现出一批广受学生欢迎的"75后""80后"优秀两课教师。

*二是发挥社会实践活动在实践育人中的作用。*社会实践是学生成长的第二课堂，对于把科学理论内化为学生的价值信仰，转化为实际行动有着重要意义。我们广泛开展社会实践、社会调查，每年有近3 000人次学生参加活动，学生在实践中了解国情、体察民情，深化了对中国特色社会主义的理解和感悟。我们鼓励学生积极参加志愿服务和公益活动，80%的本科生参与了各类志愿者活动，学生在志愿服务中践行了社会主义荣辱观，培养了奉献精神，增强了社会责任感。我们积极支持学生社团活动，全校注册社团260支，其中邓小平理论研究会、青年马克思主义研究会、博士生讲师团等都是参与人数众多的知名社团，凝聚了一群对理论充满兴趣的青年学生，他们在学习、研究和宣传党的创新理论中坚定了理想信念，提升了理论素养。我们还支持学生参加各类勤工助学活动，由学生自设、自评、自奖的"光华自立奖"坚持25年，每年奖励自立自强的复旦学子，被誉为"复旦的诺贝尔奖"，这一项目荣获全国校园文化建设项目特等奖。

*三是发挥通识教育在文化育人中的作用。*开展通识教育，目的在于培养学生的文化素养、科学精神、人文情怀，促进学生的全面成长。我们充分依托综合性大学的学科优势，开设了6大类、170多门通识教育课程，让学生接受更多的人文、科学和艺术的熏陶，提升了综合素养。我们完善了导师制，组建了一支专兼职相结合的导师队伍，为学生提供全方位的学业指导和思想引导。我们实施了"经典读书计划"，采取"一师一书一小组"的模式，让学生在老师的带领下，在阅读中领悟经典，在交流中感悟人生。我们注重加强书院建设，营造良好的书院文化，鼓励不同学科、不同专业的学生相互学习交流，让学生在书院生活中领略文化传统，促进身心和人格的健康和谐发展。

三、提升哲学社会科学的社会服务水平，在服务国家战略和促进区域发展中发挥引领作用

哲学社会科学的价值不仅体现在知识创新和学术创新上，更体现在服务经济社会发展、提升干部素质、传承创新文化等方面。我校始终坚持以满足国家战略需求和解决重大现实问题为导向，提升哲学社会科学服务社会的水平，努力发挥大学思想库、智囊团的作用。

*一是加强应用对策研究。*哲学社会科学特别是社会科学的研究，只有坚持面向实际、面向社会、面向国家和区域重大需求，才会有生命力。我们着力打造研究平台和团队，针对国家和区域发展面临的重大问题，先后组建了就业与社会保障研究中心、长三角研究院、统战理论研究基地、国家建设研究中心等研究机构，整合力量开展对策研究，提供咨政服务。我们积极鼓励专家学者通过各种渠道建言献策。我校学者关于医药卫生体制改革、户籍改革、粮食安全、南海问题、核污染防护、艾滋病防治、超大型活动国家形象建构等问题的研究报告和建议为党和政府决策提供了重要参考。据不完全统计，仅2011年我校通过《人民日报》和新华社内参报送的专家意见得到中央领导同志批示的就有11条。我们还把举办各类论坛作为聚焦热点问题、开展决策咨询的重要抓手。以聚焦国际和亚洲热点问题为主旨的"上海论坛"至今已举办6届，影响力不断扩大。最近，为了进一步整合校内的政策研究队伍，加强决策咨询的谋划和组织，我校恢复运行了复旦发展研究院，力争把它建设成为一个高水平的智库。

*二是开展干部教育培训。*新阶段新形势新任务对干部的素质、视野和能力都提出了新的更高要求。作为中组部确定的13个全国干部教育培训高校基地之一，我校着力发挥哲学社会科学的学科优势，为党和国家的干部教育培训工作服务。我们通过开展MBA、EMBA、MPA、JM等专业学位教育，鼓励在职人员"回炉"参加学习，提升专业素质。通过与地方组织部门和大中型企业合作，举办各类短中期培训项目，为各行各业的领导干部和骨干人才提供高层次培训。在教育培训的过程中，我们发挥学校的学科特色，注重培训内容的系统性，提高干部的综合素质和能力；注重思维方法的训练，提升干部的战略思维能力；注重人文素质的培养，开阔干部的视野和思路。2011年，我校承接全国各类干部教育培训项目439个，培训23 469人次，逐步形成了一批体现复旦特色的干部培训品牌。

*三是传承推广中华文化。*推进中华文化传承创新和走向世界是一项国家战略，也是当代哲学社会科学工作者的历史责任。我们鼓励教师潜心钻研，十年磨一剑，整理、提炼和发扬民族传统文化，如裘锡圭教授担任首席专家的"中华字库"工程，历史地理研究所致力于研制"中国历史地理信息系统"，这些都是对民族有深远影响的文化工程。

我们响应国家文化"走出去"战略的号召,鼓励学者开展国际学术交流,创办了英文版《复旦学报》,推动一批文化经典著作和优秀学术著作在海外出版发行,扩大了中华文化的影响力,提高了文科的国际对话能力。下一步,我们将考虑依托一些海外著名高校,探索建立中国学研究中心,用外部世界能够理解和接受的方式发出中国的声音,为促进中华思想文化在海外的传播,为中华民族伟大复兴贡献力量。

最近,中办、国办转发了《教育部关于深入推进高校哲学科学繁荣发展的意见》,对高校哲学社会科学发展提供了行动纲领。我校正在开展"深入基层大走访大调研"活动的基础上,着手制定学校推进哲学社会科学繁荣发展的实施方案。我们将进一步加大对哲学社会科学的投入,努力建设能够体现中国风格、中国特色、中国气派的哲学社会科学创新体系,建设若干在国际上有影响力的学术高地和大学智库。特别要指出的是,复旦大学地处上海,这是复旦发展得天独厚的重要优势。我们正在着手制定《服务上海发展行动计划》,力争发挥我校哲学社会科学以及其他学科的优势,为上海建设"四个中心"和国际文化大都市作出更大的贡献!

巩固成果　狠抓落实
推动大走访大调研活动取得实效

在2012年春季中层干部大会上的讲话

(2012年3月2日)

书记　朱之文

2012年是党和国家发展历程中十分重要的一年,我们党将召开第十八次全国代表大会,这是全党全国各族人民政治生活中的一件大事。我们要把迎接十八大,学习、宣传和贯彻十八大精神作为重大政治任务认真抓实抓好。今年学校工作总的指导思想是:深入学习贯彻党的十七届六中全会和十八大精神以及第20次全国高校党建工作会议精神,认真落实《国家中长期教育改革和发展规划纲要》,以"全面提高教育质量,加快建设世界一流大学"为主题,以认真研究解决"深入基层大走访大调研"活动中反映的突出问题为主线,着力抓好改革开放,着力推动整改落实,着力促进共建合作,着力提高办学质量,加快推进学校各项事业发展,以优异成绩迎接党的十八大胜利召开。

下面,我结合今年的工作,再强调几点意见。

一、围绕中心,认真做好党的建设各项工作

党的建设必须紧紧围绕学校当前的中心任务来展开。这个中心任务就是全面提高教育质量、加快建设世界一流大学。我们要通过加强和改进党的建设,增强党组织的创造力、凝聚力、战斗力,为落实大走访大调研活动整改措施,推进学校"十二五"发展提供坚强的组织保证。

党的建设今年重点要抓好六个方面的工作。

(一)以基层组织建设为抓手,推进创先争优活动

创先争优是党的建设的一项经常性工作。今年,中央提出要突出加强基层组织这个重点,开展"基层组织建设年"活动,以此为抓手进一步深化创先争优。根据中央要求,联系实际,我校"基层组织建设年"活动将突出几个重点。

一是着力加强党支部建设。要通过调查摸底,全面掌握党支部建设的现状,切实找准支部工作中存在的薄弱环节。在此基础上,校党委将研究制定《关于进一步加强基层党组织建设的指导意见》,明确基层党组织特别是党支部建设的基本要求和主要任务,着力在优化组织设置、增强支部活力、做好组织发展等三方面下工夫,发挥基层党组织战斗堡垒作用和党员先锋模范作用。

二是围绕中心工作开展创先争优。继续把创先争优活动与学校和各单位中心工作紧密结合,将创先争优的要求寓于各项工作中。要着力解决大走访大调研活动中查找的突出问题,在推进事业发展中创先争优;要动员广大党员立足本职岗位、模范做好本职工作,在履行岗位职责中创先争优;要着力解决关系群众切身利益的实际问题,在服务师生员工中创先争优;要组织广大干部深入一线及时化解各类矛盾,在构建和谐校园中创先争优。

三是开展创先争优活动总结表彰。按照中央部署,今年"七一",我校将开展创先争优专项表彰工作,突出不同群体党员的特点,树立一批在教书育人、管理育人、服务育人、医德医风、成长成才、老有所为等方面表现突出的先进典型。我们还将在总结经验的基础上,鼓励各级党组织根据各自特点,建立健全创先争优长效机制,巩固和扩大创先争优活动的成果。

(二)以换届调整为契机,加强领导班子和干部队伍建设

今年学校干部工作的任务很重。一是领导班子到届多,二是到龄干部多,三是空缺岗位多,四是在同一岗位上任职时间较长的干部多。此外,还有个别单位的领导班子比较薄弱,亟待加强。因此,今年党委把加强领导班子和干部队伍建设作为一项十分重要而紧迫的任务,着力抓紧抓好。

一是进一步完善干部管理制度。去年,党委修订完善了干部选拔任用和后备干部队伍建设制度,强调要树立正确的用人导向,注重把那些德才兼备、实绩突出、群众公认的干部,那些想干事、能干事、干成事、不出事的干部

选拔出来。在此基础上，今年党委将研究制定关于干部轮岗交流、教育培训、考核评价和巡视检查等方面的制度性文件，逐步形成一套科学规范有效的干部工作制度体系。

二是选好配强领导班子和干部队伍。要认真做好基层党政领导班子换届和干部补充调整工作，特别是要把党政正职干部选好配强。在推进步骤上，首先确保基层单位和一线的干部配好、配强、配到位，并统筹考虑机关干部的补充调整。在工作方法上，要把班子换届、干部补充和干部轮岗交流相结合，让更多的干部经历多岗位锻炼，增强干部队伍的生机与活力。在选任方式上，要坚持"民主、公开、竞争、择优"的原则，严格按制度和程序办事。

三是着力加强干部的教育和培养。要加强党委党校的建设，提高开放办学水平，重点开展班子换届和补充调整后的干部任职培训以及后备干部轮训，增强干部的党性修养和理论业务素养。要积极搭建干部赴国家部委、地方政府和大型企业等挂职锻炼的平台，拓展干部成长空间，让干部在实践中经风雨、见世面。要认真研究干部成长规律，科学设计干部的培养路径，加快培养选拔优秀年轻干部，积极向外输送干部。

（三）以社会主义核心价值体系为引领，加强思想政治工作

今年国际国内形势出现一些新的特点。在这种形势下，我们要以社会主义核心价值体系为引领，认真做好教职工和学生的思想政治工作。

一是加强思想政治教育。要加强教师队伍特别是青年教师队伍思想政治建设，积极探索教职工思想政治工作的有效途径和方法。要着力提高学生思想政治理论课质量，发挥主渠道作用，增强针对性、实效性。今年，重点要加强三方面的宣传教育，即学习贯彻党的十七届六中全会精神，开展社会主义核心价值体系教育，弘扬主流价值观；加强形势政策教育，引导广大师生正确认识国内外形势，提高分析判断形势的能力；开展中国特色社会主义伟大成就教育，用生动的实践教育引导师生，坚定走中国特色社会主义道路的信心。

二是加强对党的创新理论的研究。发挥我校哲学社会学科的优势，依托相关学院和跨学科平台，深入开展中国特色社会主义道路、理论体系和制度研究，深入开展社会主义核心价值体系研究，深入开展重大实践问题和重大战略问题研究，深入开展马克思主义理论宣传普及工作，努力回答师生员工关注的热点问题，争取在十八大前后出一批有价值、有分量、有特色的成果，为党的理论创新作出更大贡献。

三是加强思想理论阵地建设。要坚持马克思主义的指导地位，坚持学术研究无禁区、讲授宣传有纪律，正确区分学术问题和政治问题，正确处理学术研究和课堂教学的关系。修订课堂、讲坛、论坛等管理办法。高度重视网络阵地的建设和管理，用主流意识形态占领网络阵地，积极正确地引导网络舆论导向，发挥互联网等新兴媒体在思想理论阵地中的积极作用。

（四）以校园文化建设为核心，促进学生全面发展

教育的本质是促进人的全面发展。今年，我们要以学习贯彻党的十七届六中全会精神为契机，出台《关于加强校园文化建设　促进学生全面发展的若干意见》，把德育、智育、体育、美育贯穿到校园文化活动之中，发挥文化的育人功能，努力为学生的成长成才创造良好的环境。

一是加强心理健康教育。从总体上看，我校学生心理状况绝大多数是积极、健康的，但是有少部分学生存在这样那样的心理健康问题。我们要重视这些问题，完善工作机制，建设专业人员队伍，开展心理健康教育。关心学生的实际困难，适当减少教学时数，加强对学生心理危机的预防、预警、识别和干预工作，加强心理疏导，引导学生正确对待自己、他人和社会，正确对待困难、挫折和荣誉，培养良好的心理素质。

二是广泛开展文体活动。解决学生心理问题，不能就心理谈心理，还要与丰富多彩的体育健身活动和高雅的文化艺术教育相结合。今年，我们要把丰富学生文体活动作为一项重要工作来抓，倡导学生养成坚持体育锻炼的良好习惯，广泛开展体育竞赛和群众性体育活动，免费开放体育场馆，让学生动起来，增强他们的身体和健康素质。我们还要发挥艺术教育课程和学生艺术社团的作用，推进高雅艺术进校园，陶冶学生情操，提高审美品位。

三是着力推进实践育人。社会实践是学生成长的第二课堂，对于促进学生全面发展具有不可替代的作用。我们要继续广泛开展科技创新活动，培养学生对学术研究的兴趣和创新创业能力；广泛开展社会实践、社会调查活动，让学生在实践中了解国情、体察民情，深化对中国特色社会主义的理解和感悟；广泛开展志愿服务、公益活动和勤工助学，今年特别要深入开展学雷锋活动，让广大学生在服务中践行社会主义核心价值体系，培养奉献精神，增强社会责任感，学会自立、自强。我们还要组织多种形式的学生社会实践论坛，开展体验交流，实现自我教育。

（五）以干部作风建设为重点，加强党风廉政建设

党风廉政建设关乎党的形象，关乎学校声誉，关乎事业健康发展。我们要坚持党要管党、从严治党的方针，认真研究学校党风廉政建设面临的新情况新问题，根据今年工作的新特点新要求，突出重点，扎实推进，常抓不懈。

一是加强政治纪律教育。今年将要召开党的十八大，我们面对的国际国内形势比较复杂，加强政治纪律教育、维护党的集中统一，具有特殊重要的意义。要加强教育引导，使广大党员干部坚定政治立场和政治方向，增强政治敏锐性和政治鉴别力，做到在大是大非面前头脑清醒、立场坚定、经得起考验，自觉同党中央保持高度一致。加强督促检查，使广大党员干部坚决贯彻落实党的路线方针政策，提高对学校重大工作部署的执行力，保证政令畅通和落实。

二是加强干部作风建设。学校发展面临的新形势对我们干部队伍的素质、能力以及作风提出了新的更高的要求。学校党委决定将干部作风建设作为今年的一项重点工作来抓，推动机关改革和建设。我们将建立校内巡视制

度,加强对基层领导班子运行状况的经常性了解和对干部作风建设情况的经常性监督。我们还将完善对基层领导班子和干部、机关部门和干部的考核评议办法,把群众评议作为考核和评价干部的一项重要内容。

三是扎实推进惩治和预防腐败体系建设。今年要继续加强党风廉政建设责任制落实情况的监督检查,督促干部切实履行“一岗双责”。加强对招生录取、基建工程、物资采购、财务管理、科研经费、校办企业、学术诚信等重点领域和关键环节的监督检查,深化党务公开、校务公开。大力开展群众性廉政文化建设品牌创建活动,把廉政教育列为党校干部教育的必修课,加强正面教育和警示教育;把廉洁教育融入校园文化建设,努力形成以廉为荣、以贪为耻、遵纪守法、自我约束的校园廉政文化氛围。

(六)以维护校园安全稳定为基础,大力推进和谐校园建设

今年维护安全稳定的任务特别繁重。我们要以高度的政治责任感做好校园安全稳定工作,努力构建和谐校园。

一是加强校园安全工作。要密切与地方的联系和合作,加强校园周边的综合治理。严格校园治安管理,加强重要部门和重点部位的管理,确保师生员工的人身、财产安全。加强食品卫生管理,确保饮用水和食品安全。加强危险品管理,加强实验室、医院、仓库和在建工程工地的安全检查,确保安全施工、安全生产。

二是及时化解各类矛盾。经过30多年的快速发展,我国已进入了改革关键期和矛盾突显期,社会热点问题容易引起师生广泛关注,师生在学习、工作、生活等方面的一些利益诉求也会导致一些现实的矛盾和问题。我们要及时掌握信息动态,加强教育引导,化解各类矛盾,把问题解决在萌芽状态和初始阶段,努力构建和谐校园。

三是切实维护学校稳定。当前,国际形势复杂多变,国内经济社会发展中新情况新问题不断涌现,国际国内矛盾相互交织,都会对我们的安定稳定造成直接的影响。我们要认清形势,居安思危,加强研判,做好预案,排查隐患,积极应对。各级党组织和党员领导干部要做到“守土有责”,落实工作责任,在面对突发事件和复杂问题时,要靠前指挥,依法妥善处理。

二、巩固成果,推动“深入基层大走访大调研”活动取得实效

从去年11月起,校党委在全校组织开展了“深入基层大走访大调研”活动。这次活动的主要目的是,校领导和各级领导干部带头,深入基层一线,广泛走访调研,查找突出问题,特别是要集中力量解决几个影响和制约学校发展的突出问题,办几件与群众利益密切相关、群众期盼的实事好事,以此凝聚人心、鼓舞士气,加快推进建设世界一流大学的步伐。

在一个多月的时间里,校领导带领3个调研组,先后走访了59家基层单位,举行65场座谈会,直接听取了1 089人次的意见和建议。学校还在校园网上开设了征集意见专栏,收集各类留言204条,共计3.7万字。经过梳理和归并,列出具体意见727条。校党政领导班子多次召开会议进行研究,提炼出当前需要着力推动解决的11个方面的突出问题。今年1月中旬,校党政领导班子召开务虚会,集中研讨解决这些问题的初步意见。2月26日,党委召开常委会,研究确定了解决问题的基本思路。下面,我向大家报告一下这次活动的总体情况。

(一)着力查找突出问题

在走访调研的基础上,经过梳理、归并和提炼,学校提出了当前需要着力推动解决的11个主要问题。

一是校区功能定位与办学空间问题。主要表现是:各校区的功能定位和学科布局不够明确,部分学科和院系的空间过于分散,办学空间紧缺;

二是学科建设问题。主要表现是:学科发展的层次、重点和方向不够清晰,学科分布存在“碎片化”现象,学科建设资源配置机制不够完善,学科评估体系还不能比较准确全面地反映学科发展状况;

三是创新平台建设问题。主要表现是:对现有平台的支持和服务不够到位,国家级创新平台数量明显偏少,对国家级平台的谋划和培育不够,跨学科平台建设的思路和方向不够明确;

四是本科教育质量问题。主要表现是:通识教育尚未贯穿本科教育的全过程,通识教育课程建设亟待加强,本科教育教学质量有待进一步提高,本科教育管理的体制机制需要进一步理顺;

五是师资队伍建设问题。主要表现是:师资规模偏小、结构不平衡,高层次人才数量不足,部分学科队伍青黄不接,人才引进标准单一、程序和周期过长,职称晋升标准还不能体现各学科大类的特点;

六是校院管理体制问题。主要表现是:二级单位的设置不够规范,校院两级的职责比较模糊、权责不够统一,学校管理权限过于集中,二级单位办学活力不足,管理能力有待进一步提高;

七是医学教育管理问题。主要表现是:医学口五个办公室与学校职能部门的关系亟待理顺,医学口内部的管理体制还不明确,医学生招生的方式、数量和结构还不适应医学事业发展的需要;

八是校区管理体制问题。主要表现是:校区管理体制不够明确,机关部处向校区的职能延伸不够到位,条块协调不够顺畅,管理服务效率不高;

九是中青年教师住房问题。主要表现是:教师周转性住房无法有效满足教师租住需求,中青年教师住房困难,住房问题已成为稳定队伍、引进人才的重要制约因素;

十是教师收入待遇问题。主要表现是:教职工收入待遇有待进一步提高,不同单位教职工的收入差距较大,引进高层次人才的收入待遇标准缺乏竞争力,整体薪酬制度需要进一步完善;

十一是机关干部作风问题。主要表现是:主动服务、主动协调的意识不够强,推动落实的能力和执行力有待提高,部门职能划分不够清晰,干部素质和能力离建设一流大学的要求还有差距,考评激励机制不够完善。

(二) 着力进行边走边改

针对存在的问题，学校和各单位、各部门坚持边走边改，对于具备整改条件的事项，立即着手进行了整改。如开展了新一轮后备干部队伍集中调整工作，为进一步加强干部队伍建设奠定了基础；着手研究《复旦大学深入推进哲学社会科学繁荣发展实施方案》，初步提出了未来 10 年哲学社会学科发展的目标、方向和重点；启动转变机关作风活动，不少部门着手对现行管理制度、办法等进行全面梳理，等等。学校还推出了一些关系师生切实利益的实事、好事，如在广泛征求师生意见的基础上，各校区班车增加了班次，调整了运行时间，方便了师生员工；各校区体育场馆向师生免费开放；学校增加了对食堂的投入，食堂服务和饭菜质量有了一定的改善；光华楼部分空闲会议室面向学生开放；加强与有关部门协调，协助青年教师申请公共租赁房，等等。

(三) 着力抓好整改落实

查找问题、明确思路，只是大走访大调研活动的第一阶段，下一阶段的任务更加繁重。党委提出，把解决大走访大调研活动中反映的突出问题作为今年工作的主线，贯穿全年工作，以整改落实的成效来推动学校各项事业的发展。

关于整改落实的主要工作，刚才杨玉良校长已经结合年度工作作了部署。整改的基本思路也将向全校师生员工公布。这里我再简要强调一下。

一是着力抓好拓展办学空间。我们要进一步明确各校区功能定位和学科布局。调整江湾校区建设规划，修订枫林校区改扩建规划，全面启动江湾校区新一轮建设和枫林校区改扩建工程，为师生创造更好的工作、学习和生活条件。

二是着力抓好学科队伍建设。我们要进一步明确学科建设的层次、重点和方向，完善学科发展资源配置机制。加强现有平台的建设，积极谋划新的国家级平台，进一步完善跨学科平台建设的体制机制。进一步落实人才强校战略，科学制定校院两级人力资源规划；加大人才引进力度，完善工作机制，提高引进时效；加大对各类人才的培养和扶持，健全各学科大类的学术评价体系，完善职称晋升机制。

三是着力抓好提升教育质量。我们要着手修订完善本科教育培养方案，把通识教育理念贯穿本科教育的全过程，并按学科大类设计通识教育方案。深化人才培养模式改革，加强课程建设，更新教学内容，改进教学方法。理顺本科教育管理体制。

四是着力抓好体制机制改革。我们要制定校院两级管理体制改革的实施意见，明确校院两级的权责，明确改革的目标、方法和步骤，在试点基础上稳步推进校院两级管理，增强学院的办学活力。制定学校医学管理体制调整的实施意见，进一步理顺学校与上海医学院的关系、医学管理部门与学校职能部处的关系，理顺医学口内部的管理体制。制定校区管理条例，进一步明确校区管理体制。

五是着力抓好民生工作。我们将千方百计增加学校周转房数量，完善租赁政策，充分利用政府保障性住房政策，出台相关配套措施，进一步满足中青年教师的租住需求，缓解住房困难。稳步增加教职工的收入待遇，调整完善引进人才整体薪酬制度，增强吸引人才的竞争力。

六是着力加强战略规划。我们要认真落实“十二五”规划。制定《关于加快建设世界一流大学 全面提高教育质量的若干意见》。制定《服务上海发展行动计划》，加大服务国家和区域发展的力度。制定学校《中长期事业发展规划》，加强顶层设计，明确到 2020 年的办学目标和主要任务。

三、狠抓落实，推动学校事业更好更快发展

“十二五”规划已经制定，今年工作的要点已经确定，大走访、大调研活动解决突出问题的基本思路也已经明确，关键是要狠抓落实、抓出成效。在这里，我就抓好工作落实，提几点要求。

(一) 强化责任抓落实

建设世界一流大学是我们的既定目标，这个目标既宏伟神圣，又任重道远，是历史赋予我们这一代复旦人的光荣使命。世界一流大学，不是讲出来的，而是干出来的。我们正走在建设世界一流大学的征途上，我们面对着前所未有的机遇，我们也面临着前所未有的挑战。我们描绘着光明的前景，我们也存在着被边缘化的危险。在竞争空前激烈的今天，我们每一个复旦人都应有强烈的忧患意识、危机意识，都应有强烈的拼搏意识、竞争意识！只有在竞争中脱颖而出，我们才能走向世界一流。建设世界一流大学，需要有一流的师资、一流的学生，需要有一流的学科、一流的平台，需要有一流的院系、一流的管理。我们每一位干部都要认清自己的使命，增强责任感、紧迫感，自觉地按照建设世界一流大学的要求，扎实地推进各项工作。不仅要一级讲给一级听，更要一级干给一级看，一级带着一级干，一点也不忽悠，一刻也不懈怠，一天也不耽误，把自己所在的院系、部门、单位的目标任务落实好。

(二) 谋划运作抓落实

谋划运作是重要的工作方法，是推动落实的有效手段。做好谋划运作，要善于抓住机遇。当前，我国经济社会发展正处在转方式、调结构的重要时期，国家把教育、科技、人才作为转方式、调结构的重要抓手，把教育、卫生作为民生的重大问题，加大对教育、科技、卫生事业的投入，这为我们的发展创造了难得的机遇。我们的干部教师要认真学习研究教育、科技、卫生、产业等国家战略规划，认真学习研究相关领域的国家重大政策，根据我们学科和人才的优势，寻求结合点、切入点、突破点，谋划学科建设、平台建设和重大科技项目。要善于主动对接。科学谋划是为了主动对接国家和区域发展的重大需求，争取各种办学资源，实现更好更快发展。要主动对接，就必须走出去，改变在学校“等、靠、要”的思想，加强与国家部委、国防部门、地方政府、大型企业、科研院所的联系，拓展与海外著名大学的战略伙伴关系，寻求共同关注点、优势互补点、新兴发展点，着力提升对接的层次和水平。要善于合作共建。把谋划对接落到实处，必须积极探索合作共建的形式、途径和方法，搭建政产学研合作平台，采取深化战略合作、开展联合共建、构建创新平台、共同承接项目、联合培养人才等方式，推进协同创新，寻求双赢、多赢、共赢，在共建中求支持，在合作中求发展。

（三）形成合力抓落实

落实各项整改任务，必须着眼大局、形成合力，大家心往一处想、劲往一处使，共同推进学校事业发展。形成合力，就要加强团结。团结出生产力，团结出凝聚力，团结出战斗力。班子成员之间、上下级之间、干部和群众之间都要多交流、多沟通，以事业为重、以大局为重，大事讲原则，小事讲风格，多说有利于团结的话，多做有利于团结的事，在团结合作中做好各项工作。要加强协调。部处之间、院系之间、部处与院系之间都要相互支持、相互配合，主动协调、善于协调。围绕如何有利于发展的目标要求，以实事求是、开拓进取的精神，创造性地做好工作，在相互协调中推进各项事业。只要有利于事业发展、有利于工作，符合条件能办的事要马上就办，规章里没有的事要用改革创新的精神去办，涉及原则问题确实不能办的事要沟通说明、明确答复。要形成合力。服务国家战略、服务重大需求的工作，很多不是单兵作战能够完成的，必须开展团队合作，甚至是“大兵团作战”。因此，单位之间、学科之间、教师之间要大力倡导大局意识、团队意识、攻关意识，组建创新团队，构建创新平台，围绕国家战略和科学前沿，开展跨学科交叉创新、多学科集成创新，在优势互补中争取重大项目、重大成果、重大突破。

（四）完善考评抓落实

狠抓落实，既要发扬主动作为的精神，又要有好的机制来保证。我们要建立健全有利于推动抓落实的考核评价机制。要明确工作责任。每一项工作都要进行责任分解，细化为具体任务，落实到具体责任人，明确工作要求和时间节点，有序推进落实。要加强督促检查。加大督查力度，加强执行过程中的跟踪检查，及时发现问题，及时解决问题，督促整改落实。要加强考核评价。完善干部考核评价办法，注重工作实绩和群众评议，注重考核结果的应用，把考核评价与干部选拔任用、管理监督、激励约束结合起来，形成正确的用人导向，切实解决工作中存在的重部署轻检查、重形式轻效果的现象，切实改变“干与不干一个样，干多干少一个样，干好干坏一个样”的现象，切实扭转“说了就算做了”、“做了等于做好了”的现象，切实转变坐而论道、光说不练的不良作风，教育和引导广大干部增强实干意识，脚踏实地、埋头苦干、真抓实干，以高度的执行力确保各项工作落到实处。

今年是落实“十二五”规划的关键之年，也是推进大走访大调研活动整改落实工作的重要一年，改革发展的任务很重，抓落实的要求很高。特别是，今年我们又将面临大面积的班子换届和干部调整，这对我们各级领导班子和干部是一种考验。希望我们每一位干部尤其是党员领导干部要保持一颗平常心，正确对待进退留转，在岗一天，就要履行一天的职责，做好一天的工作，始终保持积极进取、奋发有为的精神状态，以实际行动体现一名党员干部应有的品格、应有的觉悟、应有的境界。

在全校干部大会上的讲话

（2012年3月2日）

校长　杨玉良

老师们，同志们：

从去年11月起，学校党委贯彻中央关于开展“为民服务创先争优”活动的要求，组织开展“深入基层大走访大调研”活动。学校党政领导分成3个调研组，分别带领有关职能部门的同志深入基层走访调研，广泛听取师生员工意见；并先后召开党委常委会和党政联席会，研究大家提出的意见和建议。全面梳理和适当归并，提炼出需要落实解决的11个方面问题。包括：

1. 校区功能定位与办学空间问题
2. 学科建设问题
3. 创新平台建设问题
4. 本科教育质量问题
5. 师资队伍建设问题
6. 校院管理体制问题
7. 医学院管理问题
8. 校区管理体制问题
9. 中青年教师住房问题
10. 教职工收入待遇问题
11. 机关干部作风问题

今年1月，学校党政领导班子召开务虚会，结合学校2012年工作，集中研讨解决这些问题的基本思路，并形成了初步意见。2月，党委常委会又对《走访调研活动中基层反映的突出问题及其解决思路》进行了认真讨论，待作进一步修改后，会和《复旦大学2012年度工作要点》一起发给大家。

这里，受学校党委常委会的委托，我代表学校领导班子，结合学校2012年的工作，着重谈一下几个方面工作。

一、完善学校治理结构，全面提高办学水平

在大走访大调研中，不少干部群众反映的学校长期积累的一些重要问题，其实质是学校内部治理结构（如校院二级管理、本科教育、学科建设和队伍建设……）不完善的问题。在这里，我不再赘述内部治理结构的改革对学校各项事业发展的意义及其重要性。主要把问题提炼一下，并给出学校的打算。

大家反映比较多的问题：在学校层面上，主要是权力过于集中，校院两级的职责比较模糊，权责不够统一；对院系层面来说，主要是二级单位的设置不够规范，管理能力需要加强。

针对学校的问题，我们需要调整各类机构（部门和院系）的设置，优化制度设计，梳理完善相关政策、规定，简化办事流程，协调学校各方、各项工作之间的关系，让学校运转得更科学、高效、和谐，全面提高办学水平。

今年，学校将按照教育部的要求加快制定《复旦大学章程》，从根本上明确学校的治理结构和权限。与此同时，我们将制定推进校院两级管理体制改革的实施意见，根据“集权与分权相统一，财权与事权相匹配，权利与义务相对应”的原则，科学划分校院两级的权责和管理范围，转变机关部处工作职能，实现管理重心的下移。

针对学院的问题，学校将以学科为基础，逐步规范学院等二级单位的设置，推动学院完善党政联席会议、学术委员会、教职工代表大会等基本治理制度，充实学院的行政办事人员队伍，提高人员的素质和能力。学校将选取若干个设置较为合理、管理基础较好的学院进行试点，在此基础上完善总体方案，逐步推广实施。

此外，在“复旦大学上海医学院”框架下调整医学管理体制、校区管理体制改革、机关部门设置及相应的改革，也会有相应的推进。在此不作详述。

二、完善校区功能定位，拓展办学空间

在这次的走访调研中，另一个反映极其强烈的问题是，学校的校区功能定位（除枫林校区外）尚不明确，学科的空间布局缺乏总体规划，部分学科和院系的空间过于分散。枫林和邯郸校区的办学空间紧缺的问题十分突出，校区的大部分单位的学科建设、重点实验室建设、重大科研项目开展和人才引进等均受到了严重影响。甚至可以毫不夸张地说，已经严重拖累了整个学校各项事业的发展，这个问题必须尽快解决！

为此，学校将调整校区的学科布局和功能定位，明确邯郸校区以人文社会学科和本科生教育为主，江湾校区以基础理科（物质学科）的科研和研究生教育为主，枫林校区以医学学科为主，张江校区以应用学科为主。这里“为主”的含义是基本功能定位，也意味着调整需要分步进行，但目标必须明确。

在目前条件下，我们办学空间拓展的重点在江湾校区和枫林校区。对于江湾校区而言，我们要把江湾校区和邯郸校区作为一个整体来加以统筹考虑。在江湾校区的规划明确后，适时对邯郸校区的规划进行调整，以适应学校未来发展的需要。相应的规划设计工作已经开始，其原则是：风格与已有建筑保持一致，考虑到上海未来土地资源的紧缺，要提高容积率，充分利用地下空间。

枫林校区（医学）坐落于“寸土寸金”的市区，如何立体地利用空间是拓展医学办学空间的关键。我们将对枫林校区各区域的功能定位作进一步详细规划，并对该校区进行地下、地面和空中进行立体设计，基本原则是：充分利用土地、符合医学教学科研的特征，尽量避免憋屈和压抑感；同时，注重校园的形态与外观，要与学校的传统精神与文化相吻合，因为形态是文化和精神的基本载体。

现在，部分改扩建工作已经开始，希望相关部门和院系能长远考虑、整体设计、分步实施，把握好这轮发展机遇。在方案进一步明确后，我们一定要加快完成相应的基本建设任务。早一天完成这些空间发展的调整、充实，就可使我们早一天摆脱拖累学校各项事业发展的关键瓶颈！

三、坚持人才强校战略，加快一流师资队伍的建设

在这次走访调研活动中，师资队伍建设也是大家意见比较集中的一个问题。在校领导务虚会和党委常委会的讨论中，大家都强调要坚持人才强校的战略。经梳理，我们认为：当前学校人力资源和人事工作主要存在几个问题，这些问题既有体制上的，也有观念上的。一是数量问题，如专任教师、专职科研人员规模偏小，实验技术人员队伍老化萎缩，空编空岗问题比较突出。二是质量和结构问题，高层次人才数量不多，优秀年轻人才储备不足，部分学科队伍青黄不接；三是程序和操作问题，比如人才引进手续冗长、进展缓慢、各级人才引进的决策层次不清，评价体系相对简单划一，不适应学校多学科特点；四是院系对人才队伍建设缺乏紧迫性，对人才引进工作不积极，对培养青年教师和留住人才意识不强。最近一段时间以来，学校有若干学科出现了令人担忧的发展态势，特别是学术骨干的流失问题相当严重，朱书记和我对此都十分关心，甚至感到揪心。

针对上述问题，学校将着力创造良好的人文氛围、研究环境和支撑条件，稳住人才、引进人才、培养人才。

我们将加强学校层面对人才工作的统筹协调和规划，推动院系根据学科建设要求科学制定院（系）人力资源规划。必须强调的是，我们制定规划的来源是院系，执行规划的主体也是院系。因此，人事工作改革的一个重要方面还是在校院管理体制改革的基础上，对院系的定责和放权。在这一原则指导下，学校将深入推进人事制度改革，完善进人、用人机制和学术评价体系，明确分类管理高级职务聘任的实施原则和进程，充分发挥院系在人事工作中的主体作用。

在解决质量、数量问题上，我们一方面是要充分利用当前中央和地方的各项人才计划的有利条件，加大人才引进和培养力度，尤其要加强学科领军人物和高层次优秀人才队伍建设，拓宽人才引进途径，完善工作机制和流程，着力提高人才引进效率。另一方面，我们一定要做好已有人才特别是青年教师的培养工作，加强对青年教师的关心和扶持，进一步完善配套政策和措施。“卓学计划”和“卓识计划”是两个重要抓手，要做细、做好，使其真正为学校未来10—20年学术事业的发展培养一批优秀的中青年师资队伍。

我们还要规范党政管理人员的培养、使用和管理；加强高水平专职科研人员队伍和实验技术人才人员建设，扩大博士后、科研助理队伍，完善租赁制人员管理办法，着力提高教职工的收入待遇。在此我就不一一详述。

四、加强学科、创新平台和基地建设

调研中，许多教师还指出，我校学科发展的层次不够清晰，重点不够突出，学科分布“碎片化”严重，难以形成合力，严重影响了对重大问题的研究、重大项目的承担和重大学术平台的建设。与此同时，一些不合理的学科评估体系不仅不能准确、全面地评价学科发展的状况，而且还严重误导了一些应用型学科的发展方向，限制了这些学科服务于国家安全和国家、地方重大需求的积极性。

学校将从建设世界一流大学的目标定位出发，在学校层面进一步明确学科建设的布局、层次和方向，加强对院(系)学科规划的指导，进而推动各个学科在主流上谋划、在主流上发展、在主流上形成特色，确保若干学科率先达到世界一流水平。在学科规划中，我们将重点研究工程技术学科群的构建工作，推动新增一级学科和跨院(系)一级学科的发展。需要向大家强调的是，我们要始终高度重视基础学科建设，这是立校之本、发展之基。

在开展学科规划的同时，我们还要做三件事。一是建立起标准，即建立复旦特色的学科评价体系。今年，学校将在总结国内外学科建设经验的基础上，逐步建立、推出符合实际、具有复旦特色的学科评价体系，定期评价各个学科的建设成效，有效推动重点学科的建设。二是分配好资源，即完善学科发展的投入、保障机制和激励措施。学校会按照学科发展的层次、重点和方向，科学合理地配置学科建设资源，形成以需求和绩效为导向的资源配置机制。学校层面将加强对院系学科建设的中期评估，建立院系巡视制度，强化院系领导班子绩效考核，提高资源投入的成效。三是把人配齐，就是要以学科建设需要为导向加强人才队伍建设，培养和引进高水平的学科带头人，建设优秀的骨干团队和后备梯队。同时，我们还要清楚地认识到，学院是学科建设的主体。学校将按照学科发展的规律，制定学院建设标准，整合相关学术机构，强化学院主体地位，使学院成为名副其实的办学实体。队伍和学科建设是学校学术发展的根基，学校对此会有应对措施，不能任由上面提到的人才流失现象进一步恶化，我们的院系党政领导必须对复旦的发展负责。

学科建设的另一个重要阵地，就是创新平台和基地。我们的平台基地的数量还远远不够，应积极谋划一批新的研究平台和基地。我们要抓住“十二五”发展机遇，瞄准国家的战略需求，立足学科基础，加强科学谋划，重视学科的交叉与融合，加强文理医学科平台的谋划和运作，培育一批以冲击国家级平台为目标的重点研究平台。

现在有两个比较好的机会。一个是国家的“2011计划”，计划名称已进一步明确了，叫《高等学校创新能力提升计划》，把高等学校的主体地位突出了；第二个是国家“繁荣发展哲学社会科学战略”。“2011计划”提到，高校申报新项目，必须要按照“国家急需，世界一流”的根本要求，以创新能力提升为核心，充分体现协同创新的理念，具有较为明显的优势和较为全面的学科支撑，研究实力处于国内领先地位；并做到与国家重大科技、文化计划，与“211工程”、“985工程”，与现有改革试点有关项目有机衔接。可以说，创新是手段，协同是平台，服务是目标，但根基还是在学科建设上。学校要做好“2011计划”协同创新项目设计和申报工作，研究制定《服务上海发展行动计划》提升学校科研的创新能力和对外服务水平(服务上海)，在服务国家战略、服务区域建设中谋求发展。

我们必须注意，平台、基地与学院不同，它是学科交叉和创新的地方，应当成为一个能进能出，有进有出，以促进学科交叉融合，并推动创新学术科研成果生产的机构，而不应该是一个个“土围子”。学校一定要调整平台、基地的建设思路和管理体制机制，切实把平台基地建立在学科的基础上，加强平台基地和学科的有机联系，促进学科的交叉和创新。

今年又是好几项重要工程的检查、验收节点，大家还要落实好“211工程”三期验收和“985工程”三期中期检查工作，做好新一轮一级学科评估组织工作和国家重点学科考评、申报的准备工作。希望各院系和有关部门高度重视，认真准备此项工作。

今年，学校将召开科技工作会议和哲学社会科学工作会议，完善科研管理政策，落实《复旦大学深入推进哲学社会科学繁荣发展实施方案》，希望能够进一步激发院系、教师的科研热情、想象力和活力。抓手还是三条，人才、科研和学科，三条放在一起考虑。学校会加强对国家和省部级重点实验室、工程研究中心和人文社会科学重点研究基地的支持力度，做好一批高水平研究平台和青年学者学术平台的建设工作，加大人文社会科学研究队伍整合和建设力度。

经过全校师生员工的努力，制约学校发展的一些瓶颈问题得到了厘清，学校发展的目标更加明确，但要真正解决这些问题，我们还要加倍努力地工作。学校将对11个方面的问题作进一步归类，并由校领导组成相应的“整改工作小组”，带领相关的职能部处和院系，细致地研究改革方案，扎实地落实各项整改工作。

老师们，同志们：2012年是学校“十二五”规划的开局之年。希望大家能在学校党委领导下，着眼未来，团结一心，铆足干劲，让复旦的各项工作更上　个新台阶。

在2012年加强党风廉政建设干部大会上的讲话

（2012年4月20日）

书记　朱之文

今天，党委在这里召开2012年度加强党风廉政建设干部大会。这样的大会，我们每年召开一次，目的是传达学习中央关于反腐倡廉建设的新要求，教育各级干部进一步增强廉洁自律意识，以更加扎实有效的措施深入推进党风廉政建设，为学校改革发展提供良好氛围和坚强保证。下面，我讲三点意见。

一、充分认识党风廉政建设面临的新形势

今年是党和国家发展历程中十分重要的一年，我们党将召开第十八次全国代表大会。当前，世界正处于大发展、大变革、大调整的时期，国际形势复杂多变，国际格局深刻调整；我国进入了深化改革开放、加快转变经济发展方式的攻坚时期，国内改革发展任务艰巨繁重，稳中求进成为全年工作的总基调；与此同时，党的十八大召开之前，各种噪声、杂音明显增多，意识形态领域的斗争和较量更加激烈。面对世情、国情、党情的深刻变化，今年1月，胡锦涛总书记在十七届中央纪委七次全会上的重要讲话中，突出强调了新形势下保持党的纯洁性的重要性和紧迫性，对保持党员干部思想纯洁、队伍纯洁、作风纯洁和清正廉洁提出了明确要求，这对我们加强党风廉政建设具有重要的指导意义。

从学校今年工作的特点来看，“十二五”已经进入第二年，“深入基层大走访大调研”活动整改落实工作正在展开；同时，我们还面临着较大面积的领导班子换届和干部补充调整，干部新老交替的任务很重。前不久，教育部在北京召开了全面提高高等教育质量工作会议，强调高校要坚定不移地走以质量提升为核心的内涵式发展道路。因此，学校提出将“全面提高教育质量，加快建设世界一流大学”作为今年和今后一段时间全校工作的主题，把研究解决大走访大调研活动反映的突出问题作为全年工作的主线。我们加强党风廉政建设也要在这样的大背景下来思考和谋划，始终围绕这样的主题、主线来展开和推进。

这些年来，校党委始终高度重视党风廉政建设，纪委发挥组织协调和监督检查作用，各级党政齐抓共管、各负其责，反腐倡廉工作取得了不少成绩与进步。在去年下半年进行的《党风廉政建设责任制规定》和《廉政准则》执行情况专项检查中，教育部检查组对我校予以了充分肯定。在看到成绩的同时，我们也要清醒地看到，当前我校党风廉政建设还面临不少新情况新问题，我们工作中还存在一些薄弱环节，反腐倡廉的任务依然艰巨。刚才，杨校长在讲话中点了一些问题，这里我再说一些现象。

一是一些领域和单位的制度不够完善、执行不够到位。虽然我们在制度建设方面做了不少工作，但仍有一些有待完善的地方。有的制度不能适应工作需要，有的制度不能适应已经变化了的新情况，有的制度之间相互还没有很好衔接，造成落实困难。

二是一些领域和单位的管理不够规范、监督不够有力。从去年的专项检查和审计来看，有的单位没有严格执行财经纪律，“小金库”、账外账等行为依然存在；有的基建和修缮项目没有严格执行招投标程序，预算编制和控制不够合理，部分项目超预算现象比较严重；科研经费的管理和使用中存在不规范现象，有的项目报销与课题无关的费用，结题前突击开支比较普遍；校办企业和固定资产管理比较薄弱，管理运作不够规范，一些单位存在公物私用、固定资产流失等状况；有的单位片面追求经济效益，忽视社会效益，办班行为不规范；一些单位和环节内部控制机制不够完善，管理上存在失之于软、失之于宽的现象。

三是一些干部执行党风廉政建设责任制的自觉性不高。有的同志思想认识不到位，觉得反腐倡廉是上级组织的事，跟本单位本部门关系不大，与自己联系更少；有的同志对自己分管的领域抓得不紧，不敢大胆管理、从严要求；有的同志对一些基本的规章制度不学习、不了解，工作线条粗，管理存在漏洞，潜藏腐败隐患。

四是个别领导班子和领导干部工作作风方面问题比较突出。在大走访大调研活动中，基层同志对领导干部和机关作风提出了不少意见。比如，有的部门和干部主动服务、主动协调的意识不强，执行制度比较简单、僵化；有的部门和干部抓落实不够、执行力不强、工作效率不高，“说过就算做过，做过就算做好”的现象依然存在；有的部门和干部对上级的重大政策、本单位的重大情况不敏感、不关注、不报告，造成了工作的被动；有的干部和工作人员对基层、对师生的态度比较生硬，群众意见比较大，等等。

以上这些现象和问题需要引起我们的高度重视，着力克服和解决。高校是知识的殿堂、文化的高地、培养人才的摇篮，理应在精神文明和先进文化建设上发挥引领作用。如果高校校风不纯、作风不正，发生消极腐败现象和违纪违法问题，不仅直接影响高校的改革发展，而且还将破坏育人环境，影响青年学生健康成长，损害学校的社会声誉。因此，我们要切实增强使命感、责任感和紧迫感，以更加坚定的信心、更加坚决的态度、更加有力的措施，深入推进我校党风廉政建设，努力为学校改革发展稳定提供坚强的组织保证。

二、扎实推进党风廉政建设各项工作

做好今年的党风廉政建设工作，既要考虑党的建设的大背景大形势，又要考虑到今年学校工作的新特点新要求，研究面临的新情况新问题，突出重点，扎实推进，常抓不懈。

第一，严格执行党的各项纪律。一是严格执行党的政治纪律。今年下半年将要召开党的十八大，加强政治纪律教育、维护党的集中统一，具有十分重要的意义。各级党组织和广大党员干部要坚定政治立场和政治方向，增强政治敏锐性和政治鉴别力，不信谣、不传谣，切实把思想统一到中央精神上来，自觉与党中央保持高度一致，毫不动摇地坚持党的领导，毫不动摇地坚持走中国特色社会主义道路，毫不动摇地坚持把改革开放推向前进，做到在大是大非面前头脑清醒、立场坚定、经得起考验。**二是严格执行组织人事工作纪律特别是换届纪律。**今年，不少单位领导班子面临换届，党委还将加大干部轮岗交流和补充调整的力度。在这一过程中，我们要严格执行干部工作程序，严明干部工作纪律，始终坚持正确的选人用人标准，匡正选人用人风气，营造风清气正的换届工作氛围。每一位干部要以平常心对待换届和调整，正确对待进退留转，在岗一天，就要履行一天的职责，做好一天的工作。**三是严格执行党的经济工作纪律、群众工作纪律、廉政纪律等，**做到自觉遵守纪律，严格维护纪律，在纪律面前人人平等。对于违反党的纪律的行为要进行批评教育，对情节严重的，要严肃查办，绝不姑息。

第二，着力加强干部作风建设。今年学校改革发展面临的任务很重，干部的作风不转变、素质不提升，就难以适应事业发展的需要，就不能完成艰巨繁重的工作任务，就可能延误和错失发展机遇。党委决定将干部作风建设作为今年的一项重点工作来抓。加强干部作风建设，最根本的是要树立服务师生的意识，保持奋发有为的状态，弘扬求真务实的精神，切实增强对学校重大工作部署的执行力。这也是党风廉政建设的一项重要内容。**一要牢固树立为师生服务、为教学科研服务、为基层一线服务的意识。**各级领导干部要增强群众观念，坚持群众路线，树立服务理念，着眼于建设世界一流大学，着眼于方便基层和师生，不断提高管理服务水平。要珍惜人才、爱护人才，满腔热情对待人才，尽心竭力服务人才，求贤若渴引进人才，千方百计留住人才，绝不允许出现对人才流失麻木不仁的现象。**二要始终保持积极进取、奋发有为的精神状态。**面对工作不能不求有功但求无过，要有一种勇于担当、敢抓敢管的精神，遇事不推诿、不懈怠、不动摇；面对机遇不能无动于衷，要有一种锐意进取、抢抓机遇的冲劲，善于谋划运作，积极争取资源；面对困难不能畏手畏脚，要有一种不畏艰险、迎难而上的韧劲，敢于迎接挑战，善于破解难题。**三要努力弘扬求真务实、真抓实干的作风。**坚持重实际、说实话、办实事，定下来的事情要雷厉风行、抓紧实施，部署了的工作要一抓到底、抓出成效，以高度的执行力确保工作的时效，把“十二五”规划确定的任务和大走访大调研活动提出的整改思路落到实处，努力推进学校改革发展。

第三，落实重点环节部位监管。去年11月，贺国强同志在北京高校调研时指出了当前高校必须加强监管的七个重点部位和关键环节，即招生录取、基建项目、物资采购、财务管理、科研经费、校办企业、学术诚信。我们要高度重视、提高警惕，切实把这些权力相对集中、监管又比较薄弱的领域，作为学校反腐倡廉建设的重点。从我校实际出发，今年特别要抓好几项重点工作。**一要加强基建项目的监管。**为了进一步缓解教学科研设施紧张的局面，改善师生学习工作生活条件，今年学校将启动江湾校区新一轮建设和枫林校区改扩建工程，附属医院也有一批基建工程正在实施。基建项目投入多、用材多、品牌多、隐蔽工程多，廉政风险比较大。我们从一开始就要加强对基建项目的监管，认真落实项目招标投标、预算决算、财务审计、资金支付等各项制度，确保工程优质安全和干部清正廉洁。**二要加强物资采购的监管。**根据教育部统计，2003年至2010年教育系统图书材料和设备采购领域违纪违法案件占27.3%，发案率居首位。我们要引起重视、引以为戒，进一步健全和完善物资采购的管理制度，推动公开透明运作，从源头上预防和治理采购过程中的腐败问题。**三要加强科研经费的监管。**近年来，高校科研经费大幅度增长，去年一年全校科研经费到款12.2亿元，经费多了，使用管理的问题就凸显出来。如果不把好这一关，将来就会出大问题，不仅会影响学校的声誉，而且会腐蚀队伍，害了专家学者。我们要严格执行财务管理制度，完善科研经费使用规则，加强相关业务知识培训，加强经费监管，确保把科研经费使用好、管理好，发挥出最大效益。**四要加强院系的管理。**推进学校管理重心下移，激发院系办学活力是学校下一步改革的方向。实行校院两级管理，对院系领导班子及其管理能力提出了更高的要求。从现实情况看，院系一级的管理是一个薄弱环节，必须加强、亟待加强。我们要加强院系党政领导班子配备，提高班子运行效率，确保领导干部把主要精力投入院系管理；要进一步健全院系党政联席会议制度，确保“三重一大”的问题经过集体讨论决定；要完善院系内部治理结构，发挥党政班子、教代会和各类学术组织的作用，形成一套科学规范有效的内部运行机制；要加强院系制度建设，建立健全各委员会工作制度、财务管理制度、教学管理制度、科研管理制度、教职工年度考核制度、教师职务评审及聘任制度等基本的内部治理制度，做到有章可循、管理规范。总之，我们要通过查找制度和管理上的漏洞，加强对重点部位和关键环节的监管，着力解决“无制度可用”、“制度不管用”和“有制度不用”的问题，做到制度安排无漏洞、科学管理无死角，做到用制度管权、管事、管人。

第四，完善经常性监督机制。加强监督，目的是确保权力在阳光下运行。权力运行到哪里，监督就应该延伸到哪里。**一要健全监督办法。**要以决策执行为重点环节，以人财物管理为重点部位，完善内控机制，组织实施程序监控、过程监管、结果监督和责任追究，切实加强对领导班子、领导干部特别是主要领导干部的监督。**二要推进信息公开。**进一步推进党务公开，建立和完善党内情况通报制度；进一步推进校务公开、院务公开，提高制度化和规范化水平；进一步完善教职工代表大会制度和其他各类民主办学制度，调动各方面的积极性，保证广大师生的知情权、参与权、表达权、监督权。**三要建立巡视制度**。党委提出建立校内巡视制度，目的是加强对基层领导班子运行状况的经常性了解和对干部作风建设情况的经常性监督，推动学校决策部署的落实。今年的重点是要制定好巡视工作办法，此后再在试点的基础上逐步推开。**四要严格执行审计制度**。当前，高校内部审计工作面临的任务十分繁重，在加强审计力量、普遍进行审计的同时，要把工作重点放在与财务和资产管理紧密相关、经济活动比较活跃的重点领域和关键环节上，通过审计，一方面规范财务收支和经济活动，另一方面要在发现问题的基础上总结经验，加强内部科学管理，建立健全内部控制机制，防范风险，提高资金使用效益。

第五，大力开展廉政文化建设。加强廉政文化建设，目的在于进一步加强教育，筑牢廉洁自律的思想基础，营造以廉为荣、以贪为耻、遵纪守法、自我约束的校园廉政文化氛围。**一要大力加强干部廉洁自律教育**。进一步加强党委党校建设，加强干部教育培训，把廉洁自律作为新上岗干部的第一课、党校干部教育的必修课，通过深入开展中国特色社会主义理论体系教育、党性党风党纪教育、保持党的纯洁性教育、廉洁从政和艰苦奋斗教育等，把培养廉洁价值理念贯穿于党员干部培养、使用和管理全过程。加强对重点领域、重点岗位工作人员的教育，促进他们树立遵纪守法观念，增强反腐倡廉意识，预防各种违纪违法案件的发生。**二要加强师德师风和医德医风建设**。坚持把党纪法规教育、学术道德教育、诚信教育、廉洁从教和廉洁行医教育贯穿于教职工和医务人员思想政治工作的各个环节，发挥先进典型的示范作用，用师德、医德楷模来影响、教育师生和医务人员。**三要加强对学生的廉洁和诚信教育**。以社会主义核心价值体系教育引导学生，积极推进廉洁教育进校园、进课堂、进学生头脑，让廉洁意识扎根学生心中，树立廉荣贪耻、诚实守信的道德观念并转化为自觉行动。**四要开展各种群众性廉政文化建设品牌创建活动**，改进宣传教育方式，丰富教育内容，增强教育实效。充分发挥我校人文社科优势，积极开展廉政理论研究。

三、加强对党风廉政建设的领导

第一，认真落实党风廉政建设责任制。

党风廉政建设责任制是加强党风廉政建设的重要制度保证，是落实反腐倡廉各项任务的总抓手。最近，党委修订了《关于执行党风廉政建设责任制的实施细则》。我们要认真学习、贯彻、落实好实施细则。要明确学校各级领导班子和领导干部对党风廉政建设应负的责任，按照“一岗双责”和“谁主管，谁负责”的要求，把党风廉政建设有关任务与业务工作一起部署、一起检查、一起考核、一起落实，努力构建权责明晰、逐级负责、责任到岗、层层落实的党风廉政建设责任体系，努力构建党委统一领导、党政齐抓共管、纪委组织协调、部门各负其责、依靠师生员工支持和参与的党风廉政建设领导体制和工作机制。

第二，提高党风廉政建设工作水平。

党风廉政建设是党的建设的重要组成部分。不断提高党风廉政建设工作水平，是各级党组织和纪检监察部门的重要任务。**一是要更加注重围绕中心、服务大局**。学校当前的中心任务是“全面提高教育质量，加快建设世界一流大学”。党风廉政建设必须服从和服务于这一中心，紧密结合学校和基层工作的实际，使反腐倡廉工作与学校发展和党的建设其他方面工作良性互动、协调推进，促进学校的改革，促进事业的发展。要加强对学校重大工作部署的监督检查，确保政令畅通和落实。**二是要更加注重以人为本、服务师生**。要坚持党的群众路线，依靠师生员工开展监督检查，从师生员工反映强烈的问题抓起。要把加强对干部的监督同信任干部、激励干部结合起来，切实做到既严厉查处违纪违规案件，又保护党员干部的合法权益和干事创业的积极性。**三是要更加注重标本兼治、惩防并举**。治标和治本，是反腐败斗争相辅相成、互相促进的两个方面。治标为治本创造前提条件，而只有治本才能巩固和发展治标取得的成果。当前，我们要在继续做好治标工作的同时，进一步加大治本的力度，教育警示在前，制度建设在前，加强监督在前，严格管理在前，堵塞漏洞在前，从源头上做好预防工作。**四是要更加注重与时俱进、开拓创新**。要适应高校改革发展和党风廉政建设新形势的需要，及时研究新情况，解决新问题，探索新办法，要注意运用现代管理学方法和现代科技手段加强惩防体系建设，不断增强党风廉政建设的有效性。

第三，加强纪检监察干部队伍建设。

近年来，我校纪检监察干部不畏困难，任劳任怨，做了大量的工作，党委对此充分肯定。新形势、新情况、新问题对纪检监察干部提出了新的更高的要求。希望纪检监察干部，**一要加强学习**，多学一点管理、财务、法律等方面的知识，力争做到业务精通，只有业务精通了才能看出深层次的问题，抓住关键的环节。**二要深入实际**，了解学校发展面临的形势，了解学校工作大局，了解基层的实际，广泛开展调查研究，主动听取各方面意见，带头转变工作作风。**三要总结经验**，善于从发生的案件中发现带有倾向性的问题，深入剖析，查找原因，举一反三，以此来教育干部、完善制度、加强监管，充分发挥查办案件的综合效应。学校党委也将全力支持纪检监察部门工作，进一步加强纪检监察干部队伍建设，选调党性强、作风正、业务精的同志充实纪检监察干部队伍。

巩固创先争优活动阶段性成果
提高基层党组织建设科学化水平

——在复旦大学庆祝中国共产党成立91周年暨创先争优活动表彰大会上的讲话(节选)

(2012年6月28日)

书记　朱之文

今天我们在这里隆重集会,庆祝伟大的中国共产党成立91周年,总结创先争优活动取得的成果,表彰在创先争优活动中表现突出的先进基层党组织和优秀共产党员,部署进一步加强我校基层党组织建设工作。首先,我代表校党委,向在全校各个岗位上辛勤工作的共产党员致以节日的问候!向受到表彰的先进基层党组织和优秀共产党员表示热烈的祝贺!

今年是中央确定的基层组织建设年,加强基层党组织建设成为本年度创先争优活动的重点。在建党90周年大会上,胡锦涛总书记在讲话中对基层组织建设提出了要求,强调要把基层党组织建设成为推动发展、服务群众、凝聚人心、促进和谐的坚强战斗堡垒。在建党91周年前夕,习近平同志前往首都高校就加强高校党建工作进行调研,深刻阐述了高校党建工作必须始终坚持和贯彻的四项指导原则,对切实加强党对高校意识形态工作的领导、扎实推进高校基层党组织和党员队伍建设作了系统部署。我们一定要认真学习领会锦涛同志和近平同志的讲话精神,把讲话的要求贯彻落实到学校各项工作中去,以讲话精神为指导进一步加强我校党的建设特别是基层党组织建设。

应该看到,通过开展创先争优活动,我校基层党组织建设得到了一定的加强,取得了一定成效。但与此同时,我们也应该清醒地看到,与建设世界一流大学的宏伟目标相比,与我们面临的新形势新任务新挑战相比,与党的要求和群众对我们的期盼相比,我校基层党组织建设还存在一些亟待解决的问题,还有不少需要加强、改进和提升的地方。主要是:有的基层党组织设置不能完全适应教学科研组织形式的新变化;有的基层党组织工作内容和方式较为单一,创新不够,活力不足;有的基层党组织谋划发展、引领发展、推动发展的责任感和使命感不强,能力有待提升;有的基层党组织建设比较薄弱,战斗堡垒作用不突出;有的党员党员意识淡化,先锋模范作用不明显;精神懈怠的危险、能力不足的危险、脱离群众的危险,不同程度地存在,党员干部队伍的素质能力需要进一步提升,等等。这些问题,必须引起全校各级党组织的重视,必须花大力气切实加以解决。

为了加强基层党组织建设,最近,学校党委研究制订了《关于进一步加强基层党组织建设的若干意见》,对基层党组织建设提出了要求。正式文件即将印发给大家。这里我就一些主要内容和要求作一些强调。

(一) 大力加强分党委(党总支)能力建设

推进管理重心下移,激发院系办学活力是学校下一步改革的方向。深化校院(系)两级管理,这对院系的科学决策能力、资源配置能力、学术治理能力、行政管理能力提出了更高的要求。分党委(党总支)在院系各项工作中处于政治核心地位,发挥保证监督作用。因此,大力加强分党委(党总支)能力建设成为当前基层党组织建设的一个紧迫任务。

从我校实际来看,分党委(党总支)要着力提升三个方面的能力。**一是提升把握办学规律、推动科学发展的能力**。分党委(党总支)要紧密围绕院系人才培养、科学研究、社会服务和文化传承创新等中心任务开展工作。要注重加强学习研究,关注国家和区域发展的重大战略、重大规划,了解学科发展的前沿方向和未来趋势,把握学科发展和人才培养的规律;要注重提升工作站位,善于把学科发展融入国家战略需求中去思考和谋划,善于把本单位工作纳入学校全局中去看待和落实;要注重增强质量意识,切实把内涵发展、质量提升作为办学的生命线,树立科学的教育观、人才观、质量观、发展观;要注重学生全面发展,发动全体教职工参与育人工作,做到全员育人、全过程育人、全方位育人,提高学生的思想道德素质、科学文化素质、身心健康素质,培养学生的创新精神、创业精神、实践能力。**二是提升推进科学管理、民主管理的能力**。当前,院系一级的管理是一个薄弱环节,必须加强,亟待加强。分党委(党总支)在加强院系管理中担负着重要职责。要进一步完善院系党政联席会议制度,重点在明确议事范围、健全议事规则、规范决策程序上下功夫,切实执行民主集中制;要进一步健全党政分工协作、共同负责、协调运转的工作机制,党政之间既要明确职责,又要协同合作,既要合理分工,又要形成合力;要进一步完善院系内部治理结构,重点是要处理好党政班子、学术组织、群众组织和教代会等之间的关系,分党委(党总支)要发挥协调各方的作用,支持院系学术委员会、学位委员会、教学指导委员会等加强自身建设,发挥它们在学术管理和推进学科发展中的作用,加强对工青妇等群众组织和教代会的领导,发挥它们在民主管理、民主监督和讨论决定关系教职工切身利益问题中的作用。**三是提升团结凝聚群众、营造和谐氛围的能力**。如何做好新形势下的师生思想政治工作和群众工作,是对分党委(党总支)能力建设的一个重大考验。每一位党员领导干部都要牢固树立"群众是真正的英雄"的理念，依靠全体师生员工的智慧和力量办好院系；要认真研究师生员工的思想动态和特点，将解决思想问题与解决实际问题相结合，提高思想政治工作的水平；要经常听取师生意见，到基层一线、到群众中、到实践中找到克服困难、解决问题、推动发展的办法；要把群众的利益放在心上，把师生员工的冷暖放在心头，精心做好每一项具体工作，努力解决好每一个具体问题。事业要发展，关键在人才。每一位党员领导干部都要牢固树立"人才是第一资源"的理念，增强人才强校、人才强院、人才强系的意识，高度重视人才队伍建设，真正做到满腔热情对待人才，尽心竭力服务人才，求贤若渴引进人才，千方百计留住人才，大力营造各类人才心情舒畅干事业的良好环境，让每一位人才都能充分地发挥作用，都能找到一片用武之地。

（二）充分激发党支部生机活力

党支部是教育和管理党员的基本单位。如何增强党支部活动的针对性、实效性和吸引力、感染力，是当前党支部建设中的难点，也是下一步工作的重点。我们要在这方面着力下功夫。

一是大力开展学习型党支部创建活动。要在党支部内营造一种浓郁的学习氛围，真正使每一个党员把学习作为一种精神追求、一种生活态度、一种工作责任。要丰富学习内容，既要以坚定理想信念为重点，学习中国特色社会主义理论体系，践行社会主义核心价值体系，又要以了解国家大局为重点，学习党的路线方针政策、国家法律法规和时事政治，还要以提升素质能力为重点，广泛学习与本单位、本部门和本职岗位工作相关的各方面知识；要创新学习形式，坚持理论学习和实践锻炼相结合，坚持"请进来"和"走出去"相结合，坚持集中学习和自学相结合；要加强学习指导，制订学习计划，提供学习资料，建好学习平台，为党员学习教育提供支撑和服务。为了加强干部教育培训工作，加强对学习型党组织建设的指导和服务，学校党委决定进一步加强党委党校建设。党委党校今天聘请了第一批兼职教授。今后我们要充分发挥这些专家学者的作用，更好地服务于学习型党组织建设、服务于学校干部队伍建设。**二是着力提高党支部组织生活的质量**。党内生活应该既严肃认真，又生动活泼。这就要求我们要精心组织和设计，在内容上，既要紧密围绕党和国家工作大局，围绕建设世界一流大学的目标要求，又要切合不同单位、不同岗位党员的思想和工作实际，围绕各自的中心任务开展党支部活动；在形式上，要注重灵活运用各种符合党员工作岗位特点的形式，增强生动性，增强吸引力，充分调动党员的参与热情；在氛围上，要充分发扬党内民主，尊重党员主体地位，鼓励和保护党员在党内充分发表意见，讲真话、讲实话、讲心里话，营造一种民主讨论、民主监督和开展批评与自我批评的环境。**三是加强党支部书记队伍建设**。要选好配强党支部书记，切实把那些政治素质高、思想作风好、公道正派、有奉献精神、善于做群众工作的同志推选出来担任党支部书记。要注重选拔政治业务素质高、党性观念强、有奉献精神的中青年学科带头人、学术骨干担任党支部书记；注重安排优秀年轻后备干部在党支部书记岗位上进行锻炼，像培养学术骨干一样培养党支部书记。要完善党支部书记培训制度，建立上级党组织书记与党支部书记定期谈心谈话制度，不断提升党支部书记的思想政治素质和工作能力。

（三）着力提高党员队伍先进性和纯洁性

党员是党的一切活动的主体，党员的素质如何、能力如何、作用发挥如何，关系党在群众中的形象，关系党的先进性和纯洁性。我们必须高度重视党员队伍建设，让每一个党员都切实发挥先锋模范作用。

一要加强对党员的教育、管理和监督。着力增强党员五个方面的意识，即增强党员意识，把思想上入党作为党员的终身追求，保持和发展党员的先进性和纯洁性；增强宗旨意识，努力提高服务师生、服务患者、服务社会的本领；增强政治意识，提高政治敏锐性和政治鉴别力，维护党的集中统一；增强纪律意识，增强组织观念，积极参加党内生活，严守党的纪律；增强廉政意识，增强廉洁自律的自觉性。要注重加强对党员的经常性教育，落实日常管理制度，加强全方位监督，对出现的苗头性、倾向性问题，党组织要早发现、早提醒、早纠正；要严格党内政治生活制度，健全民主评议党员办法，对违反党的纪律的，要进行批评教育；情节严重的，要做出组织处理。**二要做好发展党员工作**。把好党员"入口关"是保持党员队伍先进性、纯洁性的重要基础。要高度重视思想上建党，加强对入党积极分子的教育培养，提高思想政治素质，坚定理想信念，端正入党动机。加强在中青年教师中发展党员工作是学校各级党组织一项十分重要的任务。我们要进一步加大在学科带头人、优秀青年教师、优秀留学归国人员中发展党员的力度。特别是要转变观念，改进方式，变"坐等上门"、"等待成熟"为"主动联系"、"积极引导"，深入细致地做好工作，改进和优化培养考察环节，把各类优秀人才特别是青年英才团结和凝聚到党的事业和学校发展中来，使党员队伍始终保持勃勃生机和旺盛活力。**三要切实做好党组织服务党员、党员联系和服务群众工作**。一方面要倡导党内人文关怀，开展党内互学、互帮、互助活动，政治上引领党员的思想进步，工作上关心党员的健康发展，生活上帮助党员解决实际困难，让党员感受到集体的力量、组织的温暖；另一方面要教育和引导党员广泛联系群众，与师生员工交朋友，大力倡导干部与群众、教师与学生、机关同志与基层同志、老教师与年轻教师等广泛开展各类"双结对"活动，努力做到在服务中团结和凝聚师生员工，共同推进学校事业发展。

（四）认真落实基层党建工作责任制

基层党建工作要抓出实效，关键是要健全责任制，确保有人关心、有人思考、有人推动、有人落实。**一要加强组织领导**。各级党组织和党员领导干部要树立"抓好党建是本职、不抓党建是失职、抓不好党建是不称职"的意识，建立健全齐抓共管、一级抓一级、层层抓落实的工作格局。校党委将建立党委常委基层党建工作联系点，了解和指导基层党建工作情况；分党委(党总支)要切实加强对党支部建设的指导、督促和检查，加强调查研究，掌握工作动态，定期召开支部书记会议，听取汇报，研究问题，布置工作；党支部委员会要根据本支部特点，加强自身建设，落实工作责任制。**二要强化条件保障**。各单位要从时间、经费、场所、设施等方面为基层党组织开展活动提供必要的支持。学校管理的党费将加大向基层党组织返还的力度，探索建立基层党组织活动经费纳入财务预算管理的制度。**三要落实激励机制**。通过开展专项表彰、典型宣传，激励先进集体和个人，推广有效做法和经验，发挥示范引领作用，营造重视和加强基层党建、推动工作改革创新的良好舆论氛围。

同志们，今年是复旦大学第一个党支部建立87周年，也是复旦大学党委成立60周年(1952年复旦大学党总支改为复旦大学党委)。从最初的一个支部、10多名党员，到今天的689个支部、16 800多名党员，复旦大学党组织的力量在不断壮大。回顾历史，我们倍感自豪；展望未来，我们重任在肩。今天，我们正走在建设世界一流大学的征途上。新的使命，新的形势，新的任务，对全校各级党组织和广大共产党员提出了新的更高的要求。让我们更加紧密地团结起来，以"全面提高教育质量、加快建设世界一流大学"为主题，进一步推动创先争优活动常态化长效化，进一步提高基层党组织建设科学化水平，以更加饱满的热情、更加昂扬的斗志、更加务实的作风，努力做好各项工作，以学校发展的新进展和党的建设的新成绩迎接党的十八大胜利召开！

在2012届复旦大学本科生毕业典礼上的讲话

(2012年6月29日)

校长　杨玉良

各位亲爱的同学，老师们，家长们：

不久前，2002届的同学组织了毕业十周年返校活动，在这个活动上，毕业于复旦哲学系的聂晓晶校友谈到了学校的一个细节。他说道："从复旦大门进来，校门右侧的公告栏里，知名的教授和不知名的员工，两张讣告紧挨在一起，没有因为生前在复旦的地位高低、贡献大小而有差别，虽然有些伤感，但令我很感动，复旦是我们的家，在人生的任何阶段，直到生命的终点，无论杰出或是平凡，复旦都以他的博大和包容，平等地看待每一个复旦人，这就是复旦的精神。"

五天前，谷超豪先生不幸离开了我们。近一年来还有章培恒、丁淦林、郑祖康、林克、朱维铮和金重远等诸位先生相继离开了我们；还有是一些知名的不知名的教职员工离世；尤其是还有学生，在复旦学习期间，因某种原因不幸过早地结束了自己短暂的一生。这一切令人十分悲痛！在今天这个典礼上，我谨代表学校和我们大家，向这些"杰出的"和"平凡的"复旦人表示怀念！因此，我建议大家起立，脱帽，为这些逝者默哀一分钟。默哀毕，请坐下。

请原谅我用如此伤感的这段"引言"来开始我的讲话。复旦，拥有每个时代的大师，老一代大师的离去，意味着新一代大师的成长。我们对他们表示怀念。这些为复旦做过奉献的逝者，使我再一次思考关于"杰出"、"成功"和"平凡"的话题。

今天，我依然清晰地记得，在2009年的毕业典礼上，来自西班牙的中文系女性留学生高宝乐代表本科毕业生的发言。她中文水平非常棒，讲得更好。她说："从今以后我们将踏入社会，不知你们是否也和我一样有一点害怕。如今的社会总显得有那么一些功利，社会逼迫着你赚钱、升职，做一个成功的人。然而，所谓的'成功'背后有多少人真正快乐？有多少人对失落、悲伤的人怀有怜悯？有多少人懂得去爱别人？有多少人到年老时能对这一生所做过的种种选择问心无愧？"这一连串的问题具有世界性，很沉重，而今天我们的毕业生仍然需要面对。

说实话，我们都渴望成功，渴望杰出，但在当今社会上，你可能会遇到这样的一种"成功者"：他们在递给你的名片上印有一摞子的官场、商场和民间组织的头衔，这些都代表着他们复杂的社会角色，令你眼花缭乱。他们往往极具"创造性"地去适应新的环境，他们长袖善舞，有很大的影响力，甚至呼风唤雨，所向无敌。用最近《人民日报》评论员张铁的话来描述，他们"工于心计、圆滑世故，一举一动都笼罩着利益的影子；他们把利益当作唯一驱动，原则、信念都可以为了利益让路；他们吃透规则甚至潜规则，善于钻空子、找漏洞达到自身目的"。他们可以称为是"精致的利己主义者"的典型。《人民日报》评论员总结说，这种所谓的"精致的利己主义"，"不过是为绝对的利己主义，穿上了一件合情合理的外衣。"因此，他们在道德上往往引起争议，但他们也往往得到最丰厚的回报！

然而，对这样的"成功者"，复旦的毕业生，你是羡慕，还是怨恨？

确实，"成功者"都很聪明，甚至聪明得让人眩晕、让人着迷，也让人羡慕。虽然聪明是成为精英的必要素质，但他们往往忽略了：智慧、判断、同情心，尤其是道德感召力等更重要的品质，没有这些品质的极端聪明往往是"精英们"走向腐败的根源，并对社会具有极大的破坏性。甚至，即便是对这种聪明的羡慕和崇拜也是危险的。Christopher Haves 在《精英们为何失败?》(*Why Elites Fail?*)一文中警告说，具有讽刺意味的是，当你在这种羡慕中追求"出类拔萃”的时候，对这种“聪明”的羡慕和崇拜，将破坏你宝贵的独立思考。因此，这种“羡慕”有害无益，毫无价值。

与这些“成功者”作比较，不少人也会产生怨恨。许纪霖先生认为，怨恨者的心态也是卑微的。他认为，怨恨源自无限的欲望，“这种怨恨反过来也会成为其往上爬的最大动力，同时，怨恨者又通过从比他低层次的人们那里去发泄傲慢，从而获得更多的心理补偿，以抵消在高层次那里所遭遇的屈辱感。怨恨者……既蔑视底层的民众，同时又仇视上流社会，可怕的自尊与可怜的自卑奇特地纠结在一起，形成非常扭曲的人格。”事实上，怨恨已经使得人人都觉得自己是弱势群体，并一有机会就发泄自己对更低层的傲慢。显然，这样人格扭曲更不值得我们复旦人去追求。因此，怨恨也是没有意义的。

那我们该怎么办？我们当然要追求成功，要追求卓越，但是我们要追求的是精神层面的成功与卓越！

18年前，中文系的陈思和老师、哲学学院的张汝伦老师等四位人文学者的一组“人文精神寻思录”的文章引发了全国人文学术界对这一话题持续两年多的大讨论。18年后，四位学者再次就这一话题展开讨论。问题依旧存在，所不同的是更多人都意识到问题的存在，人文精神的失落，已经导致整个社会的趣味和心态日益粗鄙。陈思和老师认为，“大学人文学科的任务就是改造人的心灵，让人的良知不断扩大，让社会发展越来越趋向人性化。”同样，我认为，大学就是应当培养具有社会良知的人，使他们成为社会道德下滑的制约因素，为社会的良性循环而努力。这正是我们开展“通识教育”的最终目的，如果我们的学生已经受益于此，我将感到非常欣慰。

高宝乐同学在当时的发言中谈到，她来复旦听的第一堂课就能让她感受到了复旦教师对文学的热情和对人文的关怀，看到了复旦的精神和理想。复旦有许多这样具有感染力的学者，就像一位同学评论的，“复旦有许多老师都是这么纯粹，在谈到自己专业时眼睛里有掩饰不住的神采，他们坚守的真与善，是复旦气质的本源。”因此，高宝乐同学的建议是，“不要放弃复旦赋予我们的理想和价值观，往后需要我们大家把这种人文关怀和希望带到社会中并传承下去。我希望我们每一个人都能做到。”

我们将要面对的世界是复杂的，这个社会既有黑暗，也有光明。“神舟”的飞天和“蛟龙”的深潜可以激发我们极大的爱国热情，但官员贪腐、百姓权利被侵、食品安全和就业压力等，又让我们义愤填膺，深感失望，恨不能把所有的丑恶都一并“掷出窗外”！但是，恰如许纪霖先生所言，“不要说自己无可奈何，没有选择，不要以环境不好、现实黑暗而原谅自己的怯弱，更不要一边诅咒黑暗，一边加入黑暗。”“与其诅咒黑暗，不如点亮蜡烛。这根脆弱的蜡烛，即使不能照亮别人、照亮周围，也能照亮你的内心，让自己看得起自己。”

许多复旦人确实就是在这样实践着。

“人言数无味，我道味无穷。良师多启发，珍本富精蕴。解题岂一法？寻思求百通。幸得桑梓教，终身为动容。”

谷超豪先生这首诗，讲述了一名典型的复旦人从最初的学术志趣到坚定的学术追求，从有幸登上三尺讲台到终生视教育为责任和奉献的完整过程。谷先生的人生如此，朱维铮先生、金重远先生等，都是如此，他们被学生所珍爱、怀念，不仅在于学问的高深，更在于他们崇高的师德。朱维铮先生忍受着肿瘤晚期的剧痛上完最后一堂基础课，金重远先生把他在复旦最后一课的日子看作自己的生日……同学们眼中复旦的博大和包容，就是这一位位可敬、可亲的老师，用他们平凡而又伟大的人生演绎出来的！复旦精神，就是由这样的一代代复旦人所铸就，他们有血有肉，有理想有追求！更重要的是，他们对世俗的“成功”一点也不屑，既不羡慕，也不怨恨！

昨天下午，在学校召开的“庆祝中国共产党建党91周年的纪念大会”上，优秀党员、援藏数年的钟扬教授在他的“生命的高度”的演讲中谈到了他在西藏所发现的一种草本植物，它只有数十厘米的高度，远没有高达150米的所谓的美国红杉那样伟岸，但它扎根于海拔6 000多米的高原，它能够经受早晚45℃的温差，它虽然似乎没有其他的媒介来为它传授花粉，但它却顽强地开花、结果、繁衍后代，它是比美国红杉更为成功的生存竞争者。钟扬教授称其为“生存的先锋者”，它是“成功的奠基者”，它代表了一种“生命的高度”，而且是一种生命的精神的高度。我想，这也是包括钟扬教授在内的所有复旦人应具有的“精神高度”，它足以抵抗任何(无论是“精致的”还是“原始的”)“极端利己主义”的诱惑！

许多校友都曾讲述这样的感受：当你离开复旦，才知道复旦的意义；当你离开复旦，才知道复旦的信仰。今天，你们身穿学士袍坐在这里，期待着拨穗的时刻，也许你们还很难沉下心来想想复旦的意义。但我想你们在今后的生活、工作中会深刻地体验到复旦给你们的东西，复旦的真正意义所在。对自由的校园生活的留恋、对师生之情、同学友谊的怀念、对人生未来的焦虑和憧憬，一遍一遍地提醒着你们：不管是继续深造，还是进入职场，你们都将经历与过去十多年单纯的学习生涯不同的生活阶段，你们即将走进社会。我希望就像有校友所说，复旦的学生不管走到世界哪个角落，很容易互相认出来，因为复旦人身上拥有的理想主义的情怀，它不仅能够激励自己，相互吸引，也能感染周围的人。复旦人总是能够保持一份淡定和清醒，尽管有时候有人认为这份淡定和清醒常常显得如此的不合时宜，但这大概就是复旦与众不同的地方！而且也是我们应该坚持的地方！复旦培养的学子，不仅仅不应是“匠人”，更绝对不应是人们所批评的“精致的利己主义者”。

同学们，今天我们在此举行毕业典礼，为今年的毕业季画上一个圆满的句号。在这之前整整一个月的时间，你们已经各显才智，广泛参与，用丰富多彩的校园活动驱散离别前的愁绪。请大家继续保持这样一种对生活的热情，爱自己也爱他人，爱家庭也爱社会，爱复旦更爱国家，努力发挥想象力、创造力和批判力，勇敢地去面对现实，带着饱满的精神充满信心地迎接新的未来。

大概一个月前的今天，我在中午饭后回办公室的路上，遇到几位正在校园拍照留念的毕业生同学，他们亲切地叫我和他们一起合影，我非常高兴地和他们合了影，拍照后我与他们挥手告别之际，其中一位同学突然大声对我说道："杨校长，我们一定会为复旦增光添彩的！"作为校长，我能格外地感受到，那声响彻心扉的呼喊是发自他们内心的，是他们毕业前对他们深爱的精神家园的庄严承诺，使我整个下午都在回味，沉浸在一种愉悦的、难以言表的心情中。在此，我借此同学之言与各位共勉！我们一定会为复旦增光添彩！

谢谢大家！

坚持科学发展　提高办学水平

在直属高校咨询委员会第22次全体会议上的发言

（2012年8月20日）

书记　朱之文

党的十七大以来，党和国家对高等教育发展高度重视，召开了新世纪第一次全国教育工作会议，颁布了国家中长期教育规划纲要，明确了高等教育内涵式发展的道路，提出了全面提高高等教育质量的目标要求，这些都为高等教育发展指明了前进方向。我国开启了由高等教育大国向高等教育强国迈进的历史征程，高等教育取得了令人瞩目的伟大成就。作为高校改革发展的亲历者，我们为中国高等教育的迅猛发展感到由衷的自豪。

面向未来，高等教育面临的机遇前所未有，所要应对的挑战同样前所未有。要实现高等教育"三步走"的战略目标，到21世纪中叶国家基本实现社会主义现代化之前，率先实现高等教育现代化，进入高等教育强国前列，必须坚持协调发展、内涵发展、特色发展、创新发展、开放发展和持续发展，不断提高高等教育质量和办学水平。为此，我们感到有以下几个方面必须进一步重视和加强。

一是坚持育人为本，促进学生全面发展

人才培养是高等教育的根本任务。评价一所大学办学成功与否，根本的标准是看它培养人才的质量，看它有没有培养出一大批高素质的优秀人才。因此，必须始终把育人放在高校办学的核心地位，全面贯彻党的教育方针，坚持育人为本、德育为先、能力为重、全面发展。我们要鼓励和引导教师把更多的精力用于人才培养，更加注重教学与科研的结合，课堂教学与实践教学的结合，结合学科前沿和社会发展需要，不断更新教学内容，改进教学方法，探索学生主动学习的新模式，比如增加自学、讨论、研究性学习、综合实验课等，给学生开放更大的主动学习的空间，在优化学生知识结构的同时更多地促进他们学习能力、实践能力和创新能力的提升，切实提高教育教学质量。与此同时，我们也必须认识到，大学教育伴随着学生确立人生理想和目标的成长过程，人才的成长，除了知识、能力的训练外，对其精神、意志和价值观的培育至为重要。这不仅关系到"培养什么人、如何培养人"的方向性问题，而且对于学生的全面发展具有更为根本、更具有决定性的意义。因此，强调人才培养，既要注重学生知识、能力的提升，更要注重学生思想、道德的培育。结合国家发展的新形势和新要求，必须进一步加强和改进高校党建和学生思想政治工作，更加注重学生的身心健康和意志品质磨砺，尤其是要注重学生理想信念和社会责任感的培养，把社会主义核心价值体系贯穿人才培养全过程，充分调动各方面的教育资源，教育引导大学生确立在中国共产党领导下走中国特色社会主义道路、实现中华民族伟大复兴的共同理想和坚定信念，牢固树立正确的世界观、人生观、价值观，立为国奉献之志，立为民服务之志，用崇高的理想信念和强烈的社会责任感，激励青年一代全面成长，更加自觉地把个人成长成才融入祖国和人民的伟大事业之中，为他们的终身发展明确远大的目标、提供持久的动力。

二是面向国家重大需求，增强服务国家发展能力

研究型大学、特别是高水平大学，有责任对国家发展、社会需求作出更大的贡献。从历史上看，研究型大学的产生和发展，正是社会需要牵引和大学回应这一需要的结果。在中国建设世界一流大学，这既是大学自身发展的需要，更是国家发展的需要。一流大学既要面向科学技术和知识创新的前沿，成为中国高等教育走向世界知识体系中心和前沿的先锋，又要更加注重面向国家重大的战略需求，解决国家发展急需的重大问题，积极为建设社会主义现代化强国发挥重要作用。换句话说，就是要实现"世界水平"与"中国特色"的统一，也就是要实现追赶国际学术前沿与服务国家战略需求的统一，这是在中国建设世界一流大学的必然要求，也是学校实现跨越式发展的现实路径。我们必须更加自觉地把学校的发展同国家的发展紧密结合起来，努力增强服务国家能力，为国家的发展作出突出的贡献。为此，在学校层面，应进一步改进和完善科研政策、人事政策、财务政策，建立健全以质量、创新、贡献为导向的多元化的评价体系和激励机制，并且努力在大学里形成一种以服务国家重大需求为使命的文化和精神，使之成为全校普遍认同的价值观。应该看到，协同创新计划的推进为大学更加主动、更加自觉地以国家战略为导向提供了难得的机遇。由于协同创新注重的是瞄准围绕国家战略需求的重大问题，强调的是突破创新主体间的壁垒，充分释放创新要素活力，实现创新资源和要素的有效汇聚及深度合作，在大学内部、在大学与大学间、在大学与其他创新主体间推动协同创新，因而将会十分有利于促进大学学科发展方式的调整和转变。因此，应该以协同创新计划的实施为契机，更加重视对协同创新重点领域的战略布局和顶层设计，进一步深化、细化对相关体制机制和政策导向的探索和研究，引导高校更加主动、积极地服务国家发展，切实增强服务国家发展的能力。

三是提升国际化战略，构建高层次交流合作平台

国际化既是推动高等教育发展的重要举措，又是高等教育发展的重要内涵。加强国际交流合作，营造开放的办学环境，有利于引进优质的教育科研资源，提高学科和师资的国际化水平，也有利于培养学生更为广阔的国际视野。当前的国际形势和国家发展对高等教育国际交流合作的层次和水平提出了新的要求，迫切要求高校进一步提升国际化战略，从国家战略的高度定位和谋划办学的国际化进程，要着力于为培养有利于世界了解中国、有利于中国走向世界的人才作出不可替代的贡献。在这方面，高校的人文社会科学学科担负着特别重要的使命。在中国正崛起为一个世界性大国，而国际环境又相当复杂的形势下，中国的思想文化怎样走向世界，正是人文社会科学"国际化"应该着重解决的核心问题，要让世界了解我们的价值观，了解和认同我们的文化。我们要以中国历史文化和当代中国经济政治社会研究为重心，加强与国外知名汉学机构、中国研究机构和一流智库的交流合作，一方面致力于培养国际上新一代的政治家、外交家、汉学家和中国研究专家，另一方面大力推进中国人文社会科学走向世界，提高国际对话能力，在世界范围内传达中国的声音，展示中国的形象，扩大中国学术、思想和文化的影响力。为此，很有必要加强对高等教育，尤其是人文社会科学国际化战略的研究，在深化人才培养、科学研究、人文文化交流等方面国际合作的基础上，积极拓展国际交流合作的广度和深度，支持高水平的院校和相关学科在"请进来"的同时更加积极、主动地"走出去"，依托国外一流的学术机构构建高层次的交流合作平台，并为这样一种交流合作平台的建设和发展研究制定相应的配套政策。

四是创造良好条件，吸引凝聚优秀人才

人才资源是第一资源，加强人才队伍建设是保证事业发展的关键。推进高等教育科学发展，提高高校办学水平，必须进一步大力加强人才队伍建设，不仅要吸引、培养和造就优秀的人才队伍，而且要使人才队伍保持活力，充分发挥其应有的作用。应该强调的是，高等教育科学发展的未来，从根本上说，取决于能不能把最优秀的青年才俊吸引到高等院校，为他们提供良好的环境，使他们能够最大限度地发挥创造力。为此，高校自身必须积极营造宽松的学术氛围、和谐的校园文化。对于青年教师，除了必要的物质上的支持和激励外，更重要的是还要给予他们精神上的和价值导向上的激励，充分激发他们的责任感和使命感，为他们提供更多的发展空间和机会，以优越的人文环境支持他们的成长。要通过形成重视青年教师、支持他们潜心于学术的氛围，让高校成为对越来越多的青年人才更具有吸引力的学术殿堂。当然，我们也希望各级政府能够在政策、资金、条件上为高校的人才队伍建设提供更加有力的支持，使高校能够吸引凝聚更多优秀人才，尤其是能够吸引更多优秀的青年人才投身于高等教育事业。对于研究型大学来说，特别需要创造良好的条件和环境，围绕那些探索性、超前性、战略性的基础研究和应用研究领域，吸引、会聚一大批该领域最为杰出的人才，尤其是最出色的青年人才。实际上，我们完全可以把一所研究型大学能不能在基础研究和应用研究的主流、前沿领域持续不断地吸引到最为优秀的青年人才并使之发挥作用，当作检验这所大学建设成功与否的一个显著标志。而要做到这一点，一定离不开国家在政策、资金、条件上的支持。

五是更加注重制度创新，充分激发高校办学活力

从世界高等教育发展的历史经验看，高等教育强国的崛起都与一系列的制度创新结合在一起。建设中国特色社会主义高等教育强国，更加需要依靠制度创新。推进高等教育现代化，难以回避现行高等教育体制中一些不适应高等教育现代化要求、甚至是制约高等教育科学发展的体制性障碍和深层次问题。深化高等教育体制改革，其核心问题涉及政府如何管理高等教育以及高校自身如何管理、运行。一方面，要在坚持和完善党委领导下的校长负责制的基础上，指导、支持高校积极探索校内组织体系、管理体制和内部治理结构的创新，比如促进学科交叉和优势集成、推动新型学术组织的建构，下移管理重心、推进校院两级管理体制改革，建立健全学术治理架构、探索教授治学有效途径等，充分调动高校内部各方面积极性，使学校的办学活力充分释放。另一方面，应进一步理顺政府、社会与学校的关系，贯彻落实《国家中长期教育改革和发展规划纲要》的相关要求和部署，着力建设并不断完善依法办学、自主管理、民主监督、社会参与的现代学校制度，尤其是要切实转变政府管理高等教育的方式，形成政事分开、权责明确、统筹协调、规范有序的高等教育管理体制，变用单一方式的直接管理为综合应用立法、拨款、规划、信息服务、政策指导和必要的行政措施，减少不必要的行政干预，积极落实和扩大高校办学自主权。

六是继续加大对高等教育的投入，加快建设世界一流大学

关于教育投入特别是国家财政性教育经费的问题，多年来一直是社会十分关注的一个热点。根据《国家中长期教育改革和发展规划纲要》的规定，2012 年全国财政性教育经费占 GDP 的比重要达到 4%，这必将对各级各类教育的持续发展提供强有力的支撑。与此同时，我们也热切地期望，国家能继续加大对高等教育的投入。据前几年的统计，国家财政性高等教育经费占 GDP 的比重只有 0.62%。而根据联合国教科文组织的统计数据，高等教育公共财政经费占 GDP 的比重，发达国家平均为 0.99%，发展中国家平均也达到了 0.74%。还有一个重要指标是财政性经费占高等教育总经费的比例，2005 年时我们国家是 45%，而发达国家平均为 74.2%，发展中国家平均为 68.8%。无论从国际比较还是从教育发展的实际需求来衡量，显然都是偏低的。从争取实现高等教育现代化的更高标准看，希望在国家用于教育的财力大幅增强的情况下，继续加大对于高等教育、特别是高水平研究型大学建设的支持力度。建设高水平大学是实现高等教育强国目标的标志。近十几年来,国家通过实施"211工程"和"985工程",取得了高水平大学建设的巨大成就。当前又在推进"2011计划",引导高校通过协同创新进一步提升自主创新能力。对于高校来说,在这些专项计划的基础上希望能够对重点建设的高水平大学真正建立起长期稳定的投入保障机制,逐步将用财政性经费支持的建设专项转化为常规、制度化的重点投入项目,适当简化项目立项程序和管理,以利于学校对教育事业这一连续的、长期积累的过程进行长远规划,统筹安排,逐步推进,加快世界一流大学建设的步伐。

面向高等教育现代化的宏伟目标,我们要坚持科学发展,不断提高办学水平,以推进高等教育科学发展的新思路、新举措、新成绩迎接党的十八大胜利召开。

在党委扩大会议上的讲话

(2012年9月6日)

校长　杨玉良

同志们:

本次学校党委扩大会会期只有半天,因为我们精简了会议议程。校党委今后还将对仔细研究如何召开扩大会等学校各类大会,免去一些形式化的议程或环节,提高会议效率和质量。在此,向同志们作一解释。下面,我受校党委委托,围绕学校下一阶段重点工作谈一些认识和看法,供大家讨论。

8月20日至21日,教育部召开了直属高校工作咨询委员会第22次全体会议。会上,中央领导同志作了重要讲话,总结过去五年我国高等教育工作,对进一步推动高等教育改革创新和科学发展作了全面部署。首先,我向同志们传达中央领导同志的会议讲话精神。

中央领导同志充分肯定了我国高等教育过去五年来改革发展取得的巨大成就。党的十七大以来,党中央、国务院高度重视高等教育改革发展,召开了新世纪第一次全国教育工作会议,颁布了国家中长期教育改革与发展规划纲要,将高等教育定位为科技第一生产力和人才第一资源的重要结合点,确立以提高质量为核心的内涵式发展道路,提出建设有特色、高水平大学的目标要求,构建人才培养、科学研究、社会服务和文化传承创新等四大功能相互支撑的格局,指明了建设中国特色社会主义现代大学制度的改革方向,推动我国高等教育战略地位不断强化,发展思路更加清晰,整体水平大幅提升,我国开启了从人力资源大国到人力资源强国、从高等教育大国向高等教育强国迈进的历史征程。这是延东同志对十七大以来工作的一个基本概括。

中央领导同志强调,伴随着我国从大国向强国的崛起,高等教育面临着前所未有的压力与挑战,主要有三点。一是经济社会发展对高等教育提出了更为迫切的要求。要在到2020年的短短八年时间里实现经济发展方式的根本转变,真正走上创新驱动、内生增长的发展道路,迫切需要高等教育加快提高发展水平和发展质量。二是复杂多变、激烈竞争的国际环境给高等教育带来更为严峻的挑战。发达国家利用各种手段进行遏制,新兴国家追赶步伐明显加快,外部环境越来越复杂,国际竞争格局越来越激烈,快速提升国家综合实力和竞争力,迫切需要高等教育提供强有力的支撑。三是人民群众对优质、多样的高等教育需求更为强烈。随着经济社会发展,社会竞争压力加大,高等教育越来越决定着个人的命运。只有不断扩大优质资源供给,增加公平教育机会,提高人才培养质量,努力办好每一所大学,才能让人民满意。

面对新形势新任务,中央提出了高等教育发展"三步走"的战略部署。第一步,从现在到2015年,实际上就是3年时间,全面实现"十二五"规划目标,一批学科要进入世界前列,若干领域的科学研究水平达到或接近世界先进水平。第二步,从2015年到2020年,全面实现教育规划纲要提出的目标,建成一批国际知名、有特色、高水平的高等学校,若干所大学达到或接近世界一流水平。请同志们注意,前面讲的是一批学科,这里讲的是有若干所院校。第三步,就是到21世纪中叶国家基本实现社会主义现代化之前,全面实现高等教育现代化,进入高等教育强国前列。结合复旦的实际,我们就是要思考,复旦大学到底能有哪些学科接近世界先进水平,进入世界前列?到2020年,我们能否进入"若干所"的行列?

要实现"三步走"的战略部署,必须坚持改革创新,推动高等教育科学发展,具体包含六个方面的发展。一是坚持协调发展,主动适应经济社会发展、民生改善和建设学习型社会的需要,要培养更多高素质劳动者和拔尖创新人才,加速科研成果转化,不断提高服务经济社会发展的水平。这是第一个发展就是协调发展。二是坚持内涵发展,树立科学的质量观,完善资源配置机制,健全教育质量保障体系,稳定规模、优化结构,全面提高高等教育质量。即正确内涵发展概念,遏制盲目进行外延发展的冲动。三是坚持特色发展,实行分类管理,鼓励高校合理定位,各展所长,争创一流。具体来说,就是不同的高校要有不同的定位和特色,而不是办成"千校一面"。四是坚持创新发展,深化教育体制机制改革,加强党的领导,完善学校内部治理结构,落实和扩大高校办学自主权,激发高校生机和活力。体制机制改革是创新发展非常重要的一个方面,应当是我们今后工作的主旋律之一。五是坚持开放发展,完善高校面向科研院所、企业、地方开放合作机制。加快引进先进教育理念和优质教育资源，积极推动我国高等教育走出去。六是坚持可持续发展，注重科学规划，加强制度建设，增强工作连续性、预见性、创造性和系统性，努力形成我国高等教育持续健康发展的良好局面。

中央领导同志对当前高等教育形势的分析以及对今后发展的部署，对我们思考和推进学校的工作具有很强的指导意义，我们一定要认真领会，坚决贯彻落实，尤其要澄清一些发展中的观念、概念，围绕学校学科建设、科学研究、人才培养、服务社会等中心任务，坚持走内涵发展道路，扎扎实实地把工作落到实处。

去年年底以来，校党委开展深入基层大走访大调研活动，取得了明显的成效。通过大走访大调研活动，学校总结了制约发展的十一类问题。今年寒假，党政领导班子务虚会讨论了整改方案；四月，党政领导班子作了分工，分头抓一个问题，推进一块工作，采取了一系列动作。其中，校区规划调整和新一轮校园建设引起了全校师生的关注。需要强调的是，开展这一轮建设，是学校领导班子根据各单位反映的意见、建议，在充分考虑校区学科和功能布局需要的基础上做出的决策。学校专门成立了基建工作领导小组，保障建设过程科学、公开、有序、高质量。以校区布局和功能调整为标志，学校已经拉开了整改落实工作的大幕，其他方面的工作也在扎实推进之中。上周，党政领导班子举行了暑期务虚会，就科研、人事、管理体制改革等重点工作进行了讨论。下面，我结合暑期务虚会领导班子形成的共识，谈一谈这三个方面的工作。

一、关于科研工作

说实话，复旦科研工作面临的形势并不容乐观。就拿这次国家自然科学基金立项情况看，我校国家自然科学基金获准立项数增长率远远低于兄弟高校，中标率大大下降，大项目增长持续乏力，今年总立项数位居第6，总金额位居第7位，与第一集团间的差距进一步拉大，在第二集团的位置也已出现逐步后移的趋势。并且，大医口立项经费超过60%，成为复旦国家自然科学基金项目的主要来源。作为校长，我不推卸责任。但是我们都应该要认真思考下，究竟是什么原因导致了这些问题？我认为问题主要有两点：

一是教师观念没转过来，抱着“小富即安”的思想，不愿意以复旦为第一单位申请大项目，只要在别的学校申请的项目中做点辅助工作，能够发文章、分一杯羹就行了。当然，学校也要检讨，在一段时期以内，我们不分学科，一律以发文数量来衡量教师的科研工作量，确实挫伤了很大一批教师的积极性，让大家养成了只要发文章的惯性，缺乏承揽课题、系统思考、解决大问题的动力。

二是从学校管理不到位，有关部门的工作人员没有把全部的精力投入在为科研服务上面。这次申报自然科学基金做了动员后，申报量上去了。这说明我们抓一抓，还是能抓出成效来的，这是一个好的现象。接下来，我们要着力分析解决申报质量的问题，从根子上找到中标率不高的原因。

在大走访大调研中，对于科技工作反映比较集中的问题还有：科研管理模式“一刀切”，忽略学科特点，科研评价过于强调数量指标；重点实验室建设管理薄弱，不仅数量偏少，而且评估成绩总体落后，国家重点实验室评估，复旦优秀率为0，教育部高校优秀率为16%，科学院系统优秀率为31%。

对此，科技处已经制订了加强科研平台基地建设、改进科研奖励政策的初步方案。这学期学校要召开科技工作会议，我们要对这些方案进行仔细的研究和讨论，尽快付诸实施。

关于文科科研，最近的发展势头不错。学校对人文社会科学给予了前所未有的重视和支持。一方面，依托“人文学科振兴计划”和“985工程”建设，支持人文社会科学学科发展；另一方面，瞄准国家战略，对接政治、经济、文化、社会、生态建设的重大需求，依托去年恢复运行的复旦发展研究院，布局了国家建设研究中心、传播与国家治理研究中心、金融研究中心、沪港发展联合研究所、金砖国家研究中心、政党外交研究中心等研究平台，强化人文社会科学政策研究和战略研究的功能，提升决策咨询服务能力。更为重要的是，人文社会科学积极拓展国际学术合作的广度和深度，响应国家“走出去”战略，推进海外中国问题研究，着手建立海外中国研究中心。我们建立了中华文明国际研究中心，实施“新汉学国际研修计划”，积极推进海外分中心建设。我们积极与国外高水平大学合作，着手在北美、欧洲、亚洲的知名高校选点设立当代中国研究中心，日前复旦大学—加州当代中国研究中心建设已经在美国加州大学系统启动。我们期望，通过“走出去”战略，一方面培养国际上新一代的政治家、外交家、汉学家和中国研究专家，另一方面推进中国的人文社会科学走向世界，在世界范围内传达中国的声音，展示中国的形象，扩大中国学术、思想和文化的影响力。随着国际合作交流的深入，复旦人文社会科学的国际影响力和声誉显著提升。根据QS的最新排名，复旦的哲学排在全球第15位，亚洲第1位；政治学与国际研究排在全球第25位，中国大陆第1位；会计与金融排在全球第42位。

此外，年轻人很重要。最近评选的8位“上海2011文科新人”中，复旦有4位老师当选，是哲学学院的张双利，文史研究院的董少新，世经所的罗长远和社会学院的任远。说明我校文科未来发展的希望还是很大。但是我们仍然有隐忧。在务虚会上，领导班子对文科科研存在的问题进行了分析，提出：人文社会学科是复旦大学的传统强项，但随着时间的推移，各个学科的实力已经发生了变化，某些学科的优势已经弱化，甚至出现了危机，对此必须引起高度的重视。对人文社会科学学科的发展现状要做逐一梳理，摸清情况，对比分析。以此基础要固本强基，加强和提升学科实力，特别注意要在主流学科上力争制高点，在研究方向和研究项目的选择上，要更加注重对接国家战略和区域经济社会的发展需求，并由此寻求政府和社会更多的支持。

这学期，学校要以颁布实施《复旦大学深入推进哲学社会科学繁荣发展实施方案》为契机，进一步明确哲学社会科学繁荣发展的目标、战略和主要任务，进一步加强人文社会科学优秀青年人才及创新团队培养，改进人文社会科学学术评价机制和科研奖励政策，加快人文社会科学学术服务平台建设，为文科科研提供更为有力的支撑。

抓好科研工作的一个关键，就在于要在面向学术前沿的同时，更多地面向国家和区域发展的重大需求。暑假期间，朱书记和我以及其他的一些校领导带队去了一些地方、企业和部队，主动寻求与国家和区域发展需求的对接。大家普遍感到，出去一看觉得天地很宽，学校科研还有很大的发展机遇和空间。我们已经与福建省厦门市签订了战略合作协议，正在推进与甘肃省、西藏自治区、中航工业集团、大唐国际集团、金川集团以及解放军某部的战略合作，正在着手制订“服务上海行动计划”。今后工作的关键在于要认真做好校内的组织工作，跟进落实具体合作项目，制定配套措施，把战略合作抓紧抓实，务必取得实效。

对于与国家和区域发展需求的对接，从校领导到院系领导层面都要深化认识，要有激情去解决国家急需的重大问题，更加积极、主动地到部委、地方、企业、部队寻找着力点和突破点。跟在这方面做得比较好的学校比，我们一定要加强谋划组织。从源头抓起，组织力量，让更多的专家进入国家重点规划、专项规划的谋划中去。有关职能部门要加强研究和沟通联络，要了解国家、地方、企业正在进行的事情，掌握需求和信息，信息不灵就很难有作为。掌握信息，要及时向院系、课题组传达，抓紧布置，抓紧落实，有意识地发动、组织重大项目。学校的科研评价体系一定要进行调整。服务科技前沿、服务国家战略是多元的，无论是做什么事情，都能各得其所。有些研究是不能发论文的，就不能用文章来评价。

与上述问题相关，再来谈谈2011计划。在4月的干部大会上，学校对2011计划启动实施进行了布置，文、理、医各大块都行动起来，酝酿、组织了一批重点方向。7月6日全国科技创新大会召开后，我们学校还于7月14日牵头召开了协同创新体制机制研讨会。在直属高校工作咨询会上，2011计划也是教育部应询的重点问题之一。杜玉波副部长在应询讲话中专门指出了在认识、理解和操作上的一些误区，明确了相关工作的要求。下面，我结合自己的理解和体会，向大家做一下传达：

杜部长指出，不少高校对2011计划的认识上有困惑、理解上有误区、操作上有偏差，主要表现为：① 创新体现不足。有些学校把协同创新简单地理解为现有科研工作的延续，局限于老套路、老办法，没有体现出协同的更高要求。② 改革体现不足。一些高校把已有的基地、平台进行简单的整合与拼凑，把协同创新搞成了大拼盘、大联盟，却没有实质性的体制机制改革内容。③ 培育体现不足。一些高校沿用传统思维，只是关心能争取到多少项目和经费，为争项目一下子提出十几个、甚至几十个协同创新中心，没有把重点放在培育上。

实施2011计划，关键要把握好7个核心要求：

① 把握推进协同创新的主题。协同创新不是一般意义上的简单组合，而是具有充分协同创新基础、条件和内在需求的主体间的深度融合，是产学研合作的深化和升华。

② 紧紧围绕解决国家重大需求。重大需求不是从论文和成果中提炼出来的，也不是简单地从各种规划中照搬下来的，必须真正来源于国家重大需求、区域发展的重大问题以及行业企业的重大任务。

③ 注重“三位一体”的创新能力提升。2011计划不仅是个科研计划，而且是人才、学科、科研“三位一体”的计划，是政产学研用紧密结合的计划。

④ 突出体制机制改革。开展协同创新，必须同步推动高校在组织管理、人事制度、人才培养、人员考评、科研模式、资源配置方式、国际合作以及创新文化建设等方面的改革。

⑤ 重在培育。培育是关系2011计划成败的关键。当前的任务是充分挖掘现有学科优势，开展组建和培育协同创新实体的先期准备和积淀，集聚创新力量。所以，对于协同创新中心，先要学校自己培育，觉得这个项目行了，协同创新有成效了，教育部才会投钱。

⑥ 建立协同创新新模式。鼓励高校积极探索建立适应于不同需求、形式多样的协同创新模式，实质性地推进校校、校所、校企、校地以及国与国之间的深度合作。

⑦ 把握好“协同创新中心”这个实施主体。对经批准认定的2011协同创新中心将给予引导性或奖励性支持，在人事管理、人才计划、招生指标、科研任务和分配政策上给予优先或倾斜支持。

基于这些要求，今年首批协同创新中心的评审将本着严格标准、宁缺毋滥的原则，选择那些真正能够解决国家重大问题、冲击世界一流水平的项目，真正培育、真正改革的项目，以及具有典型示范和广泛影响的项目。

所以，对于各学科的协同创新中心，学校要做整体的谋划和系统的设计，对于比较成熟的要有计划地进行培育，有关职能部门要加紧对体制机制的配套改革进行研究，制定出切实可行的改革方案。

二、关于人事工作

这次暑期务虚会，领导班子讨论了人才队伍建设问题，也讨论了与其相关的收入分配改革问题。

从复旦大学目前的人才队伍现状来看，我们不得不承认还存在着不小的问题。队伍的整体水平还不够高，人事管理的很多环节有待理顺。近年来，学校在国家级人才计划上的竞争力减弱。以长江学者为例，复旦今年入选的有4人，进入长江特聘教授计划，也是远远落后于兄弟院校。在过去相当长的一段时间里，复旦的长江学者人数一直处于全国前三位，现在已退居第6位。

如果我们简单回顾一下近年来中国高校整体的人力资源发展情况，就会发现大多数学校在发展初期，都缺乏人才的。因为那时候学科本身就不强，除了老一辈的老先生们，新人几乎没有。然后慢慢有了公派留学，和国际学术逐渐接轨，又恢复了自己的学科建设，于是培养出一批中生代的人才，今天成为各个学校的骨干教师。再后来，自己培养人才送出国也不够了，就开始做引进人才。现在又要逐步引进高端人才了。那么我问一个问题，同样都是经历了这样几个阶段，为什么有些学校培养了人、引进了人，并且留住了人，复旦在这方面的工作，相对就比较弱？希望同志们都能思考一下这个问题。

这次务虚会讨论了《复旦大学关于推进人才强校战略的若干意见》，提出了学校层面在高层次人才队伍建设上重点要抓好的几项工作：一是集中力量统筹实施重点人才计划，广泛发动，充分调动院系、学科、教师的主动性和开拓性，大力引进高层次人才。二是实施"卓越人才计划"，支持骨干教师全面发展。通过"卓识计划"挖掘具有较大发展潜力的青年人才，积极创造条件，个性化地支持青年人才全面发展。通过"卓学计划"，为广大青年教师岗位成才创造有利条件。"卓学计划"要重心下移，院系要制订切实可行的青年教师培养与支持计划。三是围绕国家发展战略，依托2011计划，面向重大科研任务和重大项目，积极培育创新团队。在人员编制分配、资源配置政策等方面给予优先支持，进行重点资助和培育。四是依托重大科研任务，面向课题研究需求，创新机制，灵活聘用，成本分担，建设高水平专职科研队伍。抓紧博士后科研助理队伍建设，完善管理制度，提高待遇，吸引海内外优秀博士，做大做强专职科研队伍，并建立师资储备机制。五是立足学科特点，挖掘人文社科学科传统优势和潜力，有效利用"光华人文基金"、"卓越人才计划"等资源，探索建立有助于人文社科人才脱颖而出的引进与培养机制。

对院系来说，要结合落实二级人事管理，认真做好新一轮的人力资源规划。人力资源规划是落实二级人事管理的重要依据。要基于学科规划科学、合理地制定人力资源规划，实现资源优化配置。院系要在学校指导下抓紧制定人力资源规划，主动谋划，积极争取，落实人事工作自主权。其中，教学科研师资规模和队伍结构是人力资源规划的难点。人力资源规划是一项系统工程。院系是人力资源规划的主体，规划的依据是学科需要、科研需要、教学需要和日常行政管理的需要。总的原则是以教学科研需求为基础，以学科发展为目标，综合师生比标准等因素，做好师资总数的测算工作。你的学科方向主体是什么，未来要发展什么，教学科研上有多少人手、缺多少人手，以及日常行政管理队伍需要多少人，这些都是院系要考虑的。院系想清楚了，提交到学校层面上来，学校层面根据学校整体的学科发展规划，来进行审议、调配。这样一上一下，院系需要多少人，学校总量需要多少人，就基本明确了。然后，你就按照这个规划去设岗，去引进、聘用或者培养，如果遇到具体问题，就具体解决，比如引进程序、学术评价机制、教师选聘机制、薪酬福利体系等，都可以逐步调整。

实际上，院系最明白需要怎样的人才，学校监督，只是为了避免出现"武大郎开店"的情况，在宏观上进行指导和把握，而工作重心应该落在院系。人力资源规划是一个非常系统的工程，院系是人力资源规划的主体，引进人才，稳住人才，留住人才，工作重心在院系。机关要服务好基层，要在服务上、政策上下工夫。

作为人事改革的政策支持和保障措施，《关于推进人才强校战略的若干意见》提出，构建有竞争力的薪酬福利体系，坚持效率优先、兼顾公平，进一步完善校内岗位津贴分配和绩效激励机制，加大对人才队伍建设的资源投入力度。与这个相配套的，人事处还向务虚会提交了《复旦大学关于实施绩效奖励的基本设想》。领导班子经过讨论后认为，绩效奖励作为薪酬体系中可变动的部分，起着调节收入分配的作用，一定要注重绩效奖励的导向功能，发挥其应有的激励作用，兼顾公平和效率，调动教职工积极性，提高教职工收入，从而推动收入分配制度改革，完善分配激励机制。

会议还确定了实施绩效奖励的几条基本原则：① 实施绩效奖励应以"保基本、保基础"为根本前提，即保证各类人才队伍的基本收入、保证基础学科的建设和发展。② 建立健全绩效考核制度和考核指标体系。要把绩效考核结果作为绩效奖励分配的主要依据，实现"多劳多得、优绩优酬"分配原则。按类制定岗位职责、明晰岗位要求，建立科学、合理的院系、机关考核评估制度，形成切实可行的校院两级管理绩效评估体系。③ 在学校总体精神指导下，院系自主实施绩效奖励分配方案。实施绩效奖励要与其他配套改革工作衔接。

会议强调，实施绩效奖励，势在必行。但是，必须认真做好前期测算工作，充分听取各方意见，积极稳妥地推行绩效工资改革。

具体的政策，学校还在研究，等到比较成熟了，会通过专题座谈会、教代会等形式征求大家的意见，适时推出。

关于人才队伍建设工作，我还想强调一点。原来大家都觉得，人事工作的重心在学校，好像院系没什么发言权。其实不是。各单位领导要明确，从编制规划到资源下达，学校都会慢慢放权给院系做。

三、关于管理体制改革

这次管理体制改革的核心任务就是推进校院两级管理改革。这件事讲了十多年，进展甚微。学校发展到今天，已经到了下决心实质性推进校院两级管理改革的时候了。实施校院两级管理，就是要发挥基层的积极性，基层才是真正的办学主体，而且大医口的情况证明，基层管理管得好，可以相当有效。

推进校院两级管理体制改革的主要目标是：用三年左右时间，建立健全学校宏观管理、学院自主运行的校院两级管理体制，学校简政放权，强化谋划运作和宏观决策，机关部处转变职能，增强协调服务和对外联络，学院自主负责，自主运行管理，分工明确，权责统一，上下互动，院校两级积极性充分发挥，学校发展充满生机和活力。推进校院两级管理体制改革，要遵循这样几条基本原则：

(1) 统一领导与分级管理相统一，落实两级管理的主体及各自的定位、分工，实现权力两级运行；

(2) 学校充分放权与学院充分负责相统一，既明确规定学院在实现大学办学目标中所担负的责任，又赋予其完成这些职责所必需的权力和资源；

(3) 目标管理与过程管理相统一，学校注重对学院管理运行进行绩效考核和评估,同时优化工作过程中的服务、指导和监督,建立健全与两级管理相匹配的宏观调控机制。

现在,校部机关已经开始调整,按职能需要进行整合,内设科室和人员也要做适当的精简。之后,将逐步下移管理重心,扩大院系在学术事务管理、人事管理、财务与资产管理等方面的自主权。相关职能部门正在积极制订相关的实施政策。较为成熟后,将征询各院系及广大师生的意见。

推进两级管理体制改革,必须和规范学院设置相结合。学校将梳理现有教学科研机构,以大学科为基础,从有利于学科发展、人才培养和有效管理运行出发,逐步调整和规范校内二级单位设置,首先考虑有效整合院系和独立科研机构,当然,我们要找到突破口的,将单一学科或以某一学科为主的研究机构(平台基地、重点实验室、研究所、研究中心等)归入学院管理。我们不能为了满足个别人的过分需求而允许形成各种名目繁多的二级机构,这与服务国家重大需求,承担国家重大项目的任务是不相适应的。

各院系要自觉加强自主办学能力建设,健全学院党政联席会议、各类学术组织、教职工代表大会等基本治理组织,建立健全相应的管理制度和规则,规范工作流程,完善内部监督和信息公开制度。学校也会注意加强院系领导班子建设,建立科学、合理的院系考核评估制度,落实校党委巡视制度,深入了解各院系的情况。

学校将选取若干设置比较规范、管理基础较好的院系进行学科规划论证、人力资源规划论证以及两级管理资质评估认定,先行实施,边实施、边总结、边完善,力争用三年左右时间在全校所有院系实现全面推进两级管理。否则办学主体的积极性发挥不出来。与这个相关的我想说一点医学管理。

学校正在推进的医学教育管理体制改革,实际上也是校院两级管理体制改革的一个组成部分,但因为医科比较特殊,所以我们拿出来单独讲。学校从2009年开始就提出要保证医学整体实力,在这个基础上加强医科和非医科的交叉融合。本次务虚会讨论了《复旦大学关于深化医学教育管理体制改革的若干意见》,明确了这样几条原则:

(1) 新组建的上海医学院作为学校党政的派出机构,根据学校授权,在大医口的人才培养、科学研究、学科建设、对外交流、发展规划等方面,行使相对独立的管理权限。

(2) 上海医学院下设医学发展规划办公室、医学科研管理办公室、医学教育管理办公室、医学学位与研究生教育管理办公室以及上海医学院办公室等管理部门。这些部门是学校对口职能部处在上海医学院的延伸,依据学校授权,在上海医学院院长的直接领导下开展工作。原学校各对口职能部门中涉及医学管理的内设机构及其职能予以撤销,即上海医学院能够独立完成的管理工作不在学校层面重复进行。

(3) 充分发挥上海医学院统筹、协调和管理医学教育的功能,加强医学学科整体建设,实现资源共享与统筹发展。基础医学院、临床医学院(待建)、公共卫生学院、药学院、护理学院、生物医学研究院、脑科学研究院、放射医学研究所、实验动物部是上海医学院统筹领导下的平行单位。医学相关学院和单位保留学校二级学院和机构的功能及权限。

(4) 附属医院的教学、科研、学科建设等学术事务管理职能与医学院统为一体,纳入上海医学院统筹管理,以保证医学教育理论和实践教学环节的畅通衔接,促进基础医学研究与临床医学研究的紧密结合,全面提高医学人才培养、科学研究、学科建设、队伍建设的能力。医疗、医政事务由附属医院自主管理。

(5) 构筑医学学科和非医学学科交叉合作的整体框架,通过组织机构建设和体制机制创新,实现文理工医的交叉合作。

我们期望,新的医学教育管理体制能够在充分尊重医学教育和医学学科发展规律的同时,发挥好综合性大学多学科支撑的优势,充分激发大医口自主办学的活力,切实增强大医口整体谋划和运作能力,以利于明确树立复旦大学医科整体形象,抢占未来医学发展的战略制高点,培养符合时代要求的高水平医学人才,促进医科又快又好发展。

在管理体制改革中还有一项任务是推进校区管理体制改革,主要目的是结合各校区实际,按照"条块结合、以块为主,纵向到底、横向到边"的基本方针,进一步理顺校区管理体制,明确职责,管理到位,反应迅捷,保障有力,为教学科研和广大师生员工提供优质高效的服务。学校将重组各校区的管委会,代表学校履行对校区管理、协调、服务、监督及处置紧急、突发事件的职责,重点是统一管理、协调本校区内的学生管理、资产运行、后勤保障和安全保卫工作,确保管理服务职能延伸到位,做好校区的日常管理和应急响应,为师生提供优质高效的服务。

当前,我们面临的发展形势是严峻的,但同时,我们也正面临难得的历史性机遇,所担负的改革发展的任务任重道远。校党政领导班子抱着科学、谨慎的态度,着眼于学校未来长远发展的前景,有决心也有耐心把工作做好。希望各级领导行动起来,为了复旦更美好的明天,统一思想,振奋精神,以时不我待、奋力争先的精神面貌和工作干劲,齐心协力,加快复旦建设世界一流大学的步伐。

谢谢大家!

重温关于大学的常识

——在 2012 级复旦大学本科生开学典礼上的讲话

(2012 年 9 月 7 日)

校长 杨玉良

同学们、老师们、家长们:

大家好!

今天,复旦又迎来了全国乃至全世界最好的青年,感谢你们选择了复旦!这些天,我在校园里走了走,看到大家的脸上,带着骄傲、憧憬和忐忑。我能够体会各位同学的感受。在我看来,开学与毕业是一所大学最具魅力的时刻,它充满了无穷的可能,孕育着各种希望。所以,大学校长在开学、毕业典礼上的发言,也好像变成了一件具有新闻价值的事情。

这固然体现了社会对大学的关心,但我们不应忘记,大家更应该关注大学更为永恒的属性。有些吊诡的是,那些永恒的东西往往都是常识,有些常识,哪怕重复千遍万遍也不会嫌多,尤其是当常识也被严重忽视的时候更是如此。因此,在这样一个庄严的场合,我还是想和新同学们一起来重温某些关于大学的常识。

一、大学是什么

这似乎是一个不言自明的常识问题,但恰恰在这个问题上我们产生了不少糊涂思想。对此,我实在不用说太多自己的话,因为我们的前辈早就清楚地表达过。

蔡元培先生说过:"大学以教授高深学术,养成硕学闳才,应国家需要为宗旨。"大学"教育者,养成人格之事业也,使仅仅为灌输知识,练习技能之作用,而不贯之以理想,则是机械之教育,非所以施于人类也"。

蔡元培先生认为的理想为:"一曰调和之世界观与人生观。二曰担负将来之文化(教育为播种之业,其收效尚在十年以后,决不得以保存固有文化为目的,而当更进一步之理想)。三曰独立不惧之精神。四曰安贫乐道之志趣。"用现在的话来说就是大学不是"职业培训所",而是集人才培育、科学研究、服务社会和文化传承与发展的场所。

与之相关的一个问题是各位为什么来上大学、上复旦?这似乎又是一个不言自明的问题。对许多青年来讲,只要条件允许,上大学是一种理所当然;只要考分达标,上复旦也是理所当然。至于为什么?或许不少学生和家长都会认为,要拿一个好的文凭,找一份好的工作,挣一份好的工资。而复旦的老校长李登辉(当然不是台湾那个李登辉)早在 20 世纪二三十年代就说过,如果你是为了"升官发财"而到复旦来学习,你会受到鄙视。前辈为我们缔造了复旦这个杰出的机构,我们将生活在为我们创造未来的工作和学习当中。

不可否认的是,浮躁的、功利主义的社会心态对今日中国之大学的普遍侵蚀,使得我们有时很难坚守作为一所大学和作为一个学生的本分。如今不少学生整天似乎很忙碌,考各种证书,参加一些看似热闹的活动,但内心深处却没有坚定的目标和方向,更谈不上真正的热爱和坚持。我们被喧嚣的竞争大潮所推动,随波逐流,对未来充满了茫然。如果大家关心时政新闻的话,一定会看到一份由《纽约时报》集团下属的《国际先驱论坛报》发布的"全球最受雇主欢迎的大学 150 强"排行榜。在 2010 年 11 月至 2011 年 1 月期间,这份报纸请美、欧等十个发达国家大型企业的 CEO 列出最受雇主欢迎的大学毕业生。复旦位列中国第一,世界第三十四名。在很多人看来,这样的调查结果说明我们的毕业生就业不错,干得也挺好,值得学校高兴。然而,面对这一事实,我们不仅没有沾沾自喜,甚至还感到有些担忧。我们应当想一想德鲁·福斯特校长在 2008 年哈佛本科生毕业典礼上发出的疑问:"在一家有着金字招牌的公司里干着一份薪金丰厚的工作,加上可以预见的未来的财富,是否能满足你们的内心?"在美国哈佛大学尚有如此的发问,对我们复旦来说,这样的问题更有意义。

对学生而言,我要和大家分享著名作家、复旦大学中文系教授王安忆今年在今年复旦研究生毕业典礼上讲的一段话:"我劝你们不要急于加入竞争,竞争难免会将你们放置在对比之中,影响自我评定。竞争还会将你们纳入所谓主流价值体系,这也会影响你们的价值观念。而我希望你们有足够的自信与主流体系保持理性的距离,在相对的孤立中完善自己。"

作为大学的教育工作者,我们还是要牢记蔡元培老先生的教导:"大学并不是贩卖证书的机关,也不是灌输固定知识的机关,而是研究学理的机关。所以大学的学生并不是熬资格,也不是硬记教员讲义,是在教员指导下之自主的研究学问的。"复旦 107 周年校庆时,复旦校友、著名记者闾丘露薇在接受记者询问时对复旦提出了期待:"希望复旦多些书卷气",成为"一个让身心和思考能力都释放的环境"。大学的重要使命就在于用科学的方法来教导学生追求真理。

二、大学里的学习

大家或许已经知道,复旦的本科教育贯彻了"通识教育"的理念。在现在这个场合,当然无法来详细解释复旦通识教育的具体做法,更何况它还远未完善。关于通识教育想要解决的问题和达到的目的也可用蔡元培先生的一段话来概括。

就学生方面来说,如果进入一所各科只开设与其他学科完全分开的，只有本学科专业课程的大学，那对他的教育将是不利的。因为这样一来，理科学生势必放弃对哲学与文学的爱好，使他们失去了这方面的造诣机会。结果他的教育将受到机械论的支配。他最终会产生一种错误认识，认为客观上的社会存在是一回事，而主观上的社会存在形式是完全另一回事，两者截然无关。这将导致自私自利的社会或机械的社会发展。而另一方面，文科学生因为想回避复杂事物，就变得讨厌学习物理、化学、生物等科学。这样，他们还没有掌握住哲学的一般概念，就失去了基础，抓不住周围事物的本质，只剩下玄而又玄的观念。因此，我们决心打破存在于从事不同知识领域学习的学生之间的障碍。

这也正是复旦的通识教育希望解决现实的目标。我想说，一个理想学生应该拥有极高的学术天分和刻苦的潜能。同时，他必须独立并在学术上有自由思考的能力。他要有志向，同时有改变世界的雄心壮志。

三、大学生的生存与生活

这里我要讲一个复旦特有的传统。为了构建一个学生的民主社会，培养学生的责任心，复旦老校长一贯提倡"学生自治"的办学方针，并被写入 1920 年的《复旦大学章程》："本校为令学生遵守校规起见，特设法尽力鼓励自治，使全校学生共同受益。每级由学生推一级长，每宿舍推一舍长，期于校中秩序，同学品行，宿舍整洁等事得相互监察劝勉之益，每星期六开讨论会一次。又，立学生评议部，由学生公推评议员若干人，随时就商庶务部，整理校务，凡关于食品卫生问题皆得以建议焉。"用复旦校董于右任先生 1939 年对复旦办学特点概括为："当时学生实行自治制度，内部事务概由学生管理。"我希望我们能够坚持这个传统，发扬这个传统，我们在"书院"中将更多地实施"学生自治"的办学方针。

以上讲的都是关于大学的常识，关于复旦的常识。而且，其中更主要是引用先贤们的话。我认为他们说的都很精辟，无须太多的诠释，因此，我的讲话也就没有太大的新闻价值。

哈佛大学校长福斯特说过："一所大学关乎学问，影响终身的学问，将传承千年的学问，创造未来的学问。终生的学问始于学校，终于社会。"有一点，我很相信，你们经过复旦的训练，将会塑造更为完整的人格，具备合理的知识结构，具有理性的头脑和勇于行动的健力，无论你们将来从事何种工作，都将证明复旦，也证明你们自己！如果没有能够达到这个目的，那么就是你们不够努力，就是复旦没有尽到应有的责任。一批毕业十年的复旦学子，在网上发起写词，怀念母校。其中有一位学苏轼的"十年生死两茫茫"写了一首《江城子・复旦》，平仄不一定准确，但文辞很具内涵。这首词是这么写的："百年积淀隐锋芒，复旦人，志气扬。博学笃志，积淀若佳酿。学术独立思想畅，养厚德，树理想。灵魂自由志所向，无羁绊，罕张狂。胸怀宽广，质优品高尚，莘莘学子念母校，情难却，思难忘。"我想，这应该就是复旦留给诸位同学的精神财富。

最后，我作为一位 50 后，代表有着百年历史的 00 后的复旦，再一次感谢 90 后的可爱的你们，能够选择这里作为人生的又一个起点。复旦是什么？复旦就是你，就是我，就是我们大家。你们选择了复旦；同时，你们也在塑造复旦。正如一位刚刚经历四年复旦生活的辅导员在给新生的一封信里讲的那样：复旦应该是一种精神，一种能够流淌在你们血液里的、永恒的精神。让我们一道，永远珍惜、爱护这所学校，让复旦的精神薪火相传！

谢谢大家！

在纪念苏步青先生 110 周年诞辰座谈会上的即席发言

（2012 年 9 月 23 日）

校长　杨玉良

我进学校是 1974 年，苏老当校长期间，我是在复旦念研究生和当青年教师。我想说今天我们在这里纪念苏老的 110 周年诞辰，我觉得有它特别的意义。

我们现在有不少的师生，尤其是退休了的老教师和离开了学校以后的复旦校友们，经常在谈论复旦的"苏谢时代"，也就是苏步青和谢希德两位老校长所代表的复旦的辉煌时代。所以，今天我们纪念苏老 110 周年诞辰，作为校长，我也回想起那个时代，现在大家称道的叫"苏谢时代"。

说起"苏谢时代"，我想起我在谢校长九十周年诞辰的会上说过一句话，我说"一个好的校长可以为一个学校带来风清气正的风气"，这句话同样可以用到苏步青老校长的身上。我强调一个校长能够为一所学校带来风清气正的风气，并非为自己当这个大学的校长而感到一种自我的骄傲，我想表达的是只有苏步青老校长和谢希德老校长那样，像他们一样才能够代表复旦的辉煌时代。我想鞭策我自己，强调作为校长对一所学校所担负的责任和使命。

苏老是 1978 年当校长的，可能大家都不太特别注意，苏老当校长的时候已经 76 岁！这么大年岁才来当校长，我想可能是空前绝后的。回想过去那个时代，在那个历史背景下，复旦大学有谁能够来当这个校长？那个时代是"四人帮"刚刚粉碎，极"左"思潮仍极其浓烈（一直到今天还没有得到肃清）的情况下，当大学校长，尤其是当复旦大学

(“文革”的重灾区)的校长,其难度要比今天大得多。所以刚才很多老师也都提到,苏老能够顶住“极左”的压力。我看王增藩老师写的苏老的传记,得知苏老在“文革”当中是受到了惨无人道的摧残。但是,苏老1978年当校长,仍然一心为这个国家,为这个学校,为我们这个党努力工作,一直到去世。并且,无论是“文革”中还是在校长任期内,他仍然孜孜不倦从事数学研究,这是一种什么精神?这是对党和国家的热爱,对学术的执著!很遗憾的是现在有一些年轻人却忘却了这一点。所以,我们今天纪念苏老的110周年诞辰是对这种精神回望,意义实际是非常深远的。

我有一句话,可能是有一点收获。我说现在有些人将一切都“待价而沽”。你有点知识,就把知识卖钱;你有权力,就把权力换钱;不仅如此,有些人甚至把师生关系也看成一种交易的关系,也将其“待价而沽”。这样的世界是非常可怕的,因为这个当中就缺少了一种对人的真诚,缺少了一种对学术的诚笃,缺少了一种像苏老那么那样的安贫乐道的精神。刚才苏德明老师也讲到,吃着番薯叶蘸着盐,但是晚上还得挑灯做学问,你说他到底为什么?想过没有?

这就使我想起我今年的开学典礼上只是引用了我们李登辉老校长的一句话,也就是说你如果只是为了升官发财来上大学的话,那么在复旦你会受到鄙视。但是我在网上看了一下,对这句话(老校长李登辉的话)批评为多。而且认为升官发财有什么错?对,你作为当了官、发了财,这本身没错,这只是结果,但不能成为目的。如果你是为了升官发财而来上大学的话,我想你会反而一事无成。我说过的,境界不高的学生,智商越高,受教育程度越高,或许就会对社会危害越大。我现在仍然认为,我引用我们李登辉校长的这句话没有错。如果说说你上复旦就是为了升官发财,而且可以堂而皇之地在公共媒体上表达,那是一种堕落!我们回过头来想一想,像我们苏步青、谢希德老校长这一代,他们为了什么?苏校长那个时候,当时吃着番薯叶蘸盐做学问的时候,难道他就想到为了升官吗?为了发财吗?显然不是!我认为,严肃的主题不容炒作,严肃的讨论不容娱乐化!

我想起在苏老当校长之时,是四人帮刚刚粉碎之后,学校的条件极差。我自己待的跃进楼是50年代初造的,最近在维修时,发现这个楼承重不足,有塌掉的危险,所以每一层楼都加了很大的钢梁。实验室装修时发现,每一个房间之间隔墙是芦苇秆做的,外面糊着泥。我记得很清楚,我在念硕士生时,系里几乎所有的仪器设备都是自己做的,没有一台是从国外引进的。但是即使在这样的条件之下,我们复旦的老一代学子都在努力为国家作贡献。如果我们不仅不去宣传这种精神,而是倒过来耻笑它,反而把那些阴暗龌龊的东西堂而皇之地搬到台面上,我们怎么对得起老一代的复旦人?所以我说的,如果一个社会、一所大学可以把学问、权力、师生关系等都可以待价而沽的话,那是十分可怕的。我觉得,这至少在学校是不允许的,尤其是在复旦大学更是不允许的,因为我们有着非常光荣的传统。

我粗算了一下,苏老当校长的时间并不长,我指的是当正校长,四年零七个月,但这个四年零七个月给我们留下了什么?是不是让我们的年轻学生和年轻教师都知道了这段历史,都懂得了他们为我们留下了什么。如果我们没有做到这一点,那我就很担心,那么这所学校精神境界就会下滑。一个非常令人费解的现象是:不少人一面在批判大学,说大学这也不好那也不好,但同时又在推波助澜地逼迫大学走向低俗化。这样的趋势之下,所以我说大学更重要的是坚守,坚守你自己应该有的使命和传统。当然我们也要创新,但是创新是指的另外一个层面,而创新和坚守之间一定要维持一个恰当的张力。

今年开学典礼上我讲了关于大学的一些常识,现在我还要讲一些常识,目的是为了强调一些问题。我在这里主要把苏老曾经说过的话拿来重温一下。因为,我发现我们现在没有什么新的、更多的想法,因为老一代复旦的先贤们都已经为我们说到了。

关于基础与应用研究　比如讲科研,多少年来我们似乎一直在应用和基础之间摇摆,苏老的身体力行就让我们知道,你即使是如此纯粹的数学家,同样也可以为国家的经济建设作贡献。苏老有过一段话,我念一下,他说:“当然基础研究方面确实有一些课题现在还无法直接在生产上应用,但是科学和基础是一个整体。”说得非常清楚。“科学和基础是一个整体,你不要强调了技术,就放掉了基础;强调了基础,就放掉了技术,这个是不行的。基础科学还是非常重要,我们要从我国国情出发,充分发挥基础科学的作用,直接或者间接地为提高经济效益多作贡献。”我觉得说得非常朴实、非常清楚,根本用不着我们现在再去讨论这个问题,除非你背后自己有阴暗心理,你在做基础,就生怕说我这个不重要,然后特意加重对基础的强调;我在做应用,就拼命去贬低基础,说我做应用。基础和应用是一个整体,大家只不过是在不同的领域工作。而且我说过,在复旦大学应该让各种定位的研究人员都能在复旦找到他们的奉献机会,以及他们应有的位置。我们一定要摒弃掉一些旧的想法。苏老那时候早就把这个基础研究和应用研究,把“科学”和“为国家经济社会作贡献”之间的关系表述得非常清楚。

关于通识教育　我还想再引用苏老的另外一段话,苏老在1982年就写了一篇文章,这篇文章就叫《理工科学生也要有文史知识》,这在苏老的身上是最最好的表现。后来我发现苏老的子弟们同样都是有非常综合的素养。刚才李大潜老师也说了,其实我经常说,我说数学是“自然的诗篇”,所以数学和诗词的关系,我在这里不用去阐述。为什么理工科学生要有文史知识,苏老在这篇文章中有了相当完整的阐述。苏老在1982年就写了这篇文章,我们到了2005年才开始推行通识教育的理念。有意思的是,我们直到现在还在争论,到底要不要通识教育?至少反对的意见仍是不少的。虽然在具体的做法上,还有很多方面要完善,但方向是毋庸置疑的。苏老在1982年写的这篇文章,希望大家有机会可以读一下,用不着我来对这个常识做进一步的阐释。

关于爱国　最后引述苏老的两句话，跟当前的形势有关的，钓鱼岛事件，所以充分激发了我们各个基层、各个行业人的爱国热情，刚才大家都提到苏老是一个爱国主义者，这一点毫无疑问，因为他有一段话说得非常真切，他说了"祖国是母亲，很值得我们去爱她"。我们要生于此、长于此、死于此，你不是生于此，死在美国，或者生于此死在其他地方。苏老他就是生于此、长于此、死于此。当然我们也需要与国际进行交流，这才是一个理性的、开放的爱国主义者，不是说你要爱国就把自己所有的都封闭起来。比如说外企到中国的投资也不要了，这是狭隘的民族主义，不是真正的爱国主义。然后苏老说："作为炎黄子孙，一定要为祖国作贡献。"他说得很清楚，所以从这一句话来讲，我会更加深切地认识他是一个真正的爱国主义者，而不是一个狭隘的民族主义者。

他还有一句话不常被引用的，他说："一个真正的爱国主义者，用不着去等待什么特殊的机会。"也就是说你要爱国不用等什么机会来爱国，"完全可以在自己的岗位上表现自己对祖国的热爱"。这段话让我们大家更清楚什么叫狭隘的民族主义，什么叫真正的爱国主义，爱国主义该如何表达。

今天零零碎碎地说这些，我们经常说伟人已逝，但遗风长存，这一点很重要。所以就跟刚才苏德明先生说的一样，愿苏老的精神在复旦长存，而且能够弘扬到除了数学以外的整个复旦。如果具体一点讲的话，就是愿"苏步青效应"得以发扬光大，培养出一代又一代的优秀学者来，希望这样一种效应普遍地在复旦大学开花结果！如果做到了，那么复旦未来一定会变得非常美好而强大！

就说这些，谢谢大家！

围绕国家战略　推进协同创新

——在一流大学建设系列研讨会(2012)上的发言

(2012年10月8日)

书记　朱之文

很高兴能在C9大学的讲坛上就一流大学建设的问题与大家进行交流。本次研讨会的主题是"面向2020年的协同创新道路"，下面我就如何围绕国家战略、推进协同创新谈几点认识和体会。

一、协同创新就是要围绕国家战略实现更高层次的创新

近年来，世界科技发展正在经历新的深刻变化，科学技术发展持续加快，正在催生重大科技变革和产业变革；科技对经济社会发展的支撑作用日益明显，发展战略性新兴产业成为新一轮的热点；科技与创新成为主要国家走出金融危机、寻求未来国家竞争新优势的战略核心。概括起来说，创新成为经济社会发展的主要驱动力，全球将进入一个创新密集和新兴产业快速发展的时代，创新能力日益成为国家竞争力的核心要素。

在这种背景下来看中国的发展，我们越来越深刻地认识到，今天中国的发展正处在转型发展的关键阶段，一方面迫切需要由以资本、劳动力等资源为支撑的传统经济发展模式向以知识、技术、信息为依托的创新发展模式转变，真正走上创新驱动、内生增长的发展道路，另一方面又仍然面临着发达国家在经济、科技上占优势的压力。只有加强自主创新，在战略必争领域实现重点跨越，才能抢占未来经济、科技发展的制高点，牢牢把握国家发展的主动权。面向2020年，要实现这一跨越式的发展，对科技创新和突破的呼唤和要求前所未有的强烈，也前所未有的迫切。

大学，作为知识、科技、人才聚集的中心，作为科技第一生产力和人才第一资源的重要结合点，理所应当担负起加快科技创新、服务国家战略的使命和义务，回答好科技变革和国家转型发展提出的重大问题。根据胡锦涛总书记清华百年校庆讲话精神，今年3月，教育部、财政部联合发布了关于实施高等学校创新能力提升计划的意见，对我们以国家急需、世界一流为根本出发点，面向科学技术前沿和社会发展的重大问题，面向行业产业经济发展的核心共性问题，面向区域发展的重大需求，面向文化传承创新的重大任务，加快以学科交叉融合为基础的知识、技术集成与转化，加快创新力量和资源整合与重组，促进政产学研用紧密结合，支撑国家经济和社会发展方式的转变，提出了新的号令和要求。

以往我们实施"211工程"、"985工程"，更多的是从学科、从学科发展出发，而"2011计划"则更加明确地要求从国家目标出发。这就意味着我们关注的重点要有所变化，比如我们要更多地关注科技如何密切与经济的结合，如何有效地转化为现实的生产力；要更多地关注人文社会科学如何提升对国家发展和重大战略的前瞻性谋划，如何促进经济、政治、社会、文化、生态的和谐发展，等等。这也就是要求我们必须更加自觉地瞄准国家重大目标，主动对接国家的重大战略需求，通过努力解决国家发展急需的重大问题，增强服务国家的能力，来加快学科发展和一流大学建设。

应该看到，国家目标往往立足于国家建设、发展中的重大问题和科学前沿问题，不但要求高、难度大，而且跨学科、跨领域，综合性强；然而，目前国内的科研创新力量却又往往各成体系，创新资源分散重复，效率不高，甚至在同一所高校内部的不同学科之间也存在着很深的壁垒。从国家目标出发，的确必须切实转变创新理念和模式，大力推进协同创新。从这个意义上来说，协同创新就是要围绕国家战略，争取实现更高层次的创新。协同创新的关键，就是要以更高的站位、更开阔的视野，着力突破高校内部和外部存在的壁垒，有效调动和汇聚多学科、多部门的创新力量，使各方面的创新资源和要素大跨度地流动整合，充分释放彼此间"人才、资本、信息、技术"等创新要素活力，建立以解决国家经济社会发展重大问题为导向、各创新主体实质性合作为基础的协同创新模式，从而最大限度地提升自主创新能力。

二、协同创新必须围绕国家战略确定重大的攻关项目

在协同创新方面，高校具有得天独厚的优势。大学、特别是高水平研究型大学，高端人才荟萃、学科门类齐全、国内外学术交流活跃，通过实施"211工程"、"985工程"积累了雄厚的学科基础和创新平台基础。以大学为核心，在大学与大学间，在大学与其他各类创新主体间，推进协同创新，建立、培育一批协同创新中心，更有利于促进学科交叉融合，而且能和人才培养紧密结合。

我们所要建立、培育的协同创新中心，必须结合国家目标，以解决重大问题为导向，把协同创新的目标聚焦于在科学与技术前沿领域或是在国家重大需求、重大战略中产生的急需突破的关键的、核心的科学技术问题。

对于协同创新中心的建设来说，选准核心问题至为重要。这样的核心问题应该具备以下几个特点：

一是这些问题必须真正来源于国家重大需求、区域发展的重大问题以及行业企业的重大任务，解决这些问题对促进国家、区域、行业企业发展能够产生重大的影响；因此，对究竟针对的是什么样的国家目标，要解决什么样的问题，必须有清晰的认识和思路。

二是这些问题一般都是跨学科、跨领域的重大问题，往往涉及多个学科、多个领域的前沿，解决这样的问题，就需要组织、整合跨单位、跨学科的创新力量和资源，围绕若干彼此关联且分布在相关学科、领域前沿的科学目标协同开展攻关。

三是我们国内的高校在相关学科、领域具有坚实的基础，如果把高校的力量与相关创新主体的力量有效地整合起来，实现优势互补，就能显著提升自主创新能力和国际竞争力，抢占科学与技术发展的战略制高点。

选定这样的核心问题开展协同创新，实际上就是围绕国家战略确定重大攻关项目，以协同为基础构建创新平台。这里的关键是，目标选择要明确，解决问题的思路要清晰，攻关创新要有基础，并且能够通过优势的集成和互补，全面提升自主创新能力，有望通过持续的协同创新获得重大突破。

我们复旦正在重点培育的几个协同创新中心就充分考虑了上述要求。

比如，脑功能重塑协同创新中心属于科学前沿类，其落位在于提升神经科学学科在国际上的引领性和主导性；它所针对的是国家防治神经精神系统疾病的重大需求，其目标为：在感觉和脑的可塑性、脑高级功能的重塑、脑损伤和损伤后的功能重建领域取得重大科技进展，发现具有自主知识产权的脑功能重塑药物新靶标，推进转化医学研究和人才培养。我们选择的协同伙伴既有基础研究的长项，也有药物研发、临床研究的优势。

再如，通用高分子材料高性能化协同创新中心属于行业产业类，其落位在于实现基础研究、应用研究、技术开发和产业化的有机结合，进一步探索和实践产学研用合作共赢的无缝衔接模式；它所针对的是我国高分子材料产业升级的重大需求，其目标为：深入研究聚合物高性能化领域大品种通用高分子、碳纤维等方面的战略需求，解决产业发展中急需的关键科技问题，培养产学研用相结合的人才队伍。我们选择协同伙伴时，比较偏重于技术研发和产业化方面的优势。

这两个中心依托的都是复旦在国内具有领先地位的学科，分别建有医学神经生物学、聚合物分子工程国家重点实验室，从"985工程"二期起学校就已经通过脑科学研究、先进材料科技创新平台的建设持续予以支持和培育。

三、协同创新必须造就体制机制创新的"特区"平台

协同创新不是一般意义上的简单组合。所谓协同，要求的是系统内各要素或子系统之间相互配合，能集聚成大大超越原各自功能总和的新功能。根据围绕重大目标协同攻关的任务要求，协同创新中心一定会是一个汇聚了跨学科、跨单位、跨领域力量的组织体系。要使之成为一个有机的整体，发挥出协同的功效，就必须提供全新的组织形态结构，尤其是有力的体制机制保证。如果说协同创新中心是与重大攻关项目相结合、以协同为基础的创新平台，那么，按照协同的要求，就必须使这样的平台成为通过体制机制创新能够保证实质性协同的"特区"平台，能够围绕重大目标自主运行、自主管理，并建立独立的评价考核体系。

首先，要保证协同创新中心有明确的目标导向。协同创新中心必须以解决围绕国家目标的重大问题为导向，加强顶层设计，确定发展的目标、重点和方向，以此形成明确的目标牵引机制，引导各个子系统有序运转，形成整体。中心内所有的团队和个人都围绕目标牵引开展工作，中心争取到的所有资源也都服务于中心的目标导向。

其次，要保证建立相对独立的组织体系。在中心内部要淡化参与协同的各主体彼此之间原来的单位界限，使中心能够作为一个有机统一的整体进行谋划和运作。为此，中心的组织体系应该相对独立，并建立强有力的组织协调机制，比如中心设立理事会、学术委员会、国际专家咨询委员会，实行中心主任负责制、首席科学家制、联席会议制度等。为了避免组织的离散、低效，中心的每一个节点各自的职责、权力和功能都应明确，并接受核心权力的控制和协调，以确保中心整体的高效运作。

第三，要保证资源投入的共享。根据协同创新的核心目标，中心内人、财、物等各类资源，无论是参与协同的各主体原有投入的，还是中心争取政府或企业投入的，都要进行统一的规划、管理和调配，构建运转高效、活力突出、责权利相一致的资源配置管理体系，所有的资源都围绕确定的目标来配置。参与协同的各方尽管在物理空间上可能并不能完全集中在一起，但可以共享到中心内部的一切资源。利用共享的资源，中心应成为一个开放的系统，内部的人员可以互相流动，也可以根据需要独立招聘一些新进人员，并且借助网络技术促进知识、信息和其他资源充分交流。这种开放系统及其内部完全的交互状态，能够提供比传统科研组织更为广阔的活动界面，使创新可以在多个层面上、多个环节中发生。

第四，要为协同创新中心建立独立的评价体系。评价体系具有强有力的导向作用。中心的评价体系必须以实际贡献为依据，并且根据中心自身的任务性质和目标导向，对内部团队或个人独立进行多元化的学术评价和业绩考核，参与协同的各单位应予认可和接受。更重要的是，对协同创新中心的评价应该着重把整个中心作为一个大项目进行整体评价，重点考察它究竟取得了哪些重大突破，解决了哪些重大需求，在协同上取得了哪些成效等，而不是仅仅针对某所学校、某支团队或某个个人。这样，有利于打破中心内部的界限划分，形成整个中心的共同利益，并使得参与协同的各方都能从共同利益中获得正向激励。

体制机制改革是一个系统工程。我们有必要加快学校内部管理制度的改革创新，进一步改进和完善科研政策、人事政策、财务政策，率先建立健全以质量、创新、贡献为导向的多元化的评价体系和激励机制，使学校自身的体制机制改革与协同创新中心的体制机制设计形成良性的互动。希望我们C9高校能够就此问题加强相互交流和研讨，形成在国家层面能够起到引领和示范作用的改革方案和实施办法。

我们衷心期望，通过“2011计划”的实施和协同创新中心的建设，能够切实提高高等教育质量，促进高等院校人才培养、科学研究、社会服务和文化传承创新等各项事业的全面发展，面向2020年以及更加长远的国家发展战略，为建设创新型国家和人力资源强国作出更大的贡献。

在庆祝上海医学院成立85周年庆典大会上的讲话

（2012年11月18日）

校长　杨玉良

各位校友、老师们、同学们、各位尊敬的来宾：

大家好！

八十五年前，上海医学院的前身——国立第四中山大学医学院——在上海吴淞成立。八十五年来，上医生根发芽，茁壮成长，从只有11名教职员工、29名学生的微型学校，发展成为今日能够代表中国高等医学教育最高水平的现代化高等医学院校之一。她见证过旧中国的积贫积弱，也见证了新中国的崛起，见证了中国人健康水平的大幅度提升，也见证了中国医学医疗事业的快速发展。今天，我们庆祝她八十五岁的生日，这种时空交汇而产生的历史感，让我们心潮澎湃，感慨万千。

此时此刻，我们首先要感谢以颜福庆老校长为代表的上医的创业先贤们，为我们留下了这么好的基业。感谢上医的师生员工和附属医院的医护人员，你们的不懈努力推动上医不断前行。我还要感谢关心和支持上医发展的各界人士，为上医的发展创造了一个良好的外部环境。我更要感谢国家高等教育事业的改革和发展，上医和复旦两校的强强联合，让复旦建设世界一流大学有了更为坚实、更为综合的学科基础。

我曾经说过，复旦大学如果没有一流的医科，那么它是不可能成为世界一流大学的。大家只要去看一下世界上所有的一流大学，要么没有医科，如果有医科，那它一定是一流的。我觉得大家往往有一个错误的认识，尤其是不学医的人，总觉得医学只不过是自然科学当中的一个分支，把它看成与化学、物理、生物等齐的学科。然而，医学实际上是一门极为综合的学科。复旦大学原来分管医学的王卫平常务副校长在他的一篇文章中说：“医学就是人学。”我读了这篇文章，很有体会。早期的西方医学把人看成一个抽象的个体，而中国的医学从一开始就把人看成是一个自然的人。我觉得这还不够，现代医学应该把人作为社会的人来看待。从这个角度来讲，医学就是人学，这个“人”是“天、地、人”的“人”，人与人之间的关系，可能也会导致疾病。现在，西方医学也逐渐认识到这一观点的正确性，也认识到实际上社会也会让人得病。几年前，约翰·霍普金斯大学新开了一门课程，叫作*G to S*（《从基因到社会》），提出当今医学不仅仅应该走向基因，同时还要走向社会。因为医学是关乎每一个人的综合健康，而不仅仅是关乎一个器官的组合而已。那些认为医学仅仅关心器官之组合的想法是一种机械的认识方法，将会产生严重的后果。要把人当成人，这一点极其重要。正如刚才闻院士致辞时所讲的，医生不能把病人当成是实习的对象，也不能简单地把病人当成是一个医疗对象，而要当成一个“人”。我觉得医生和病人是合作的对象，我们共同合作起来，面对自然以及社会加以我们身上的那些不自由的因素，并力图来摆脱它。

我不是医学出身，所以我说话要稍微谨慎一点，但是我想作为一个大学校长，我要对医学有所理解，否则我和同事们在参与制定各类医学管理以及学科建设政策的时候，就会犯重大的错误。我非常高兴的是，在我当校长前后，我有机会向很多在座的医学专家学习了不少东西，加深了我对医学本质的认识。我想，还是先来谈谈我对上医精神和上医文化的理解。

一所学校的校歌，往往能比较好地反映这个学校的精、气、神。我们上医的老校歌，第一句就提出了一个非常具有哲学价值的问题，也就是在追问人生的意义到底是什么。“人生意义何在乎，为人群服务”。注意，是为“人群”而不是为“人民”服务，这种认识是没有阶级性的。“人民”这个词，往往被赋予过多的政治意义，所以，我想先贤们在创作校歌时，是有过深入思考的。接下来讲到服务的价值，“服务价值何在乎，为人群灭除病苦”，这就是医者仁心。

老校歌提出来的问题往往是永恒的，上医校歌如此，复旦校歌亦如此。我非常欣赏复旦大学校歌里面的一句话，叫作“学术独立、思想自由，政罗教网无羁绊，无羁绊，前程远”。我们现在经常会要求“学术民主”，这个口号其实很片面。因为我们实际上只能提倡学术事务的决策过程要民主，而无法要求学术方向之民主。学术方向，应当是“独立”思考、自主选择。“民主”的一个重要的特征，就是少数服从多数，但是几乎所有的学术真理，一开始总归是掌握在少数人的手里，所以如果这个时候你用少数服从多数去对它进行投票的话，那么你永远在扼杀新的思想。

话说回来，我觉得上医校歌里面的这句话不仅仅告诉我们从医的人应当追寻怎样的目标，应该具有怎样的眼界，而且告诉了所有后来的上医人，什么是我们的 Vision，什么是我们的 Mission。大家知道，1927 年时的旧中国积贫积弱，人均寿命只有 35 岁，“东亚病夫”是外国列强强加在我们中国人头上的一个侮辱性称呼，当时有相当一批仁人志士选择医学救国，这是对人生意义的选择。在任何时期，这种选择的意义都不会消退，因为它直接指向了人，是一种终极关怀。

接着校歌又提出了医学的为学行医之道，很有意思，叫作“可喜！可喜！病日新兮，医亦日进”，“可惧，可惧，医日新兮，病亦日进”。疾病每天在变化，但非常可喜的是，医学也在天天进步，这一句歌词辩证地描述了医和病之间的关系，也表明了医学的进步永无止境，因为疾病也在日新。这样一种螺旋式的发展实际上是展示了医学最为独特的魅力。它发源于对疾病的探索，服务于维护大众的生命，永远有新的问题产生，没有探索的止境。它跟化学、物理是不一样的，因为化学、物理的规律是不变的，但是医学是人学，疾病随社会的改变而改变，这就对我们的医学从业人员提出了非常高的要求。

接下来我想谈谈复旦大学老校长李登辉曾经说过的一句话。他说：谁如果为了升官发财而上复旦，那么他在复旦校内会受到鄙视。我以前在几次讲话中引用过，结果在网上引发了一些讨论，有很多人不以为然，说我说空话，而且问为什么要“鄙视”？他们其实混淆了“目的”和“结果”。我想说的是，如果一个人上了复旦大学之后，升了官、发了财，当然不应受到鄙视；但是这个人如果是为了升官发财的目的来上复旦，那我们应该鄙视他。同样地，上医的颜福庆老校长也说过类似的话。他说：“学医的目的有许多人是为了多赚钱，我想他是跑错路了，因为做一个真实的医生，是赚不到许多钱的。除非用不正当的方法，若然有人拿服务人类，为公众利益目的去学医，这才是最好的。取这种目的的人，才是人类的服务者。”可见，我们的老前辈都站在非常高的地位、用非常高的眼界来看待问题。我觉得升官发财作为结果，只要是合法的，我们应该祝贺他。但是我还是要强调，如果你是为了升官发财你来复旦大学，如果你为了发财来学医的话，我觉得复旦应该对这样的人给予鄙视，希望他们能够改正，这是复旦的文化。

今天我们重温校训和校歌，十分有益，但更关键的是要按校歌和校训里面说的来做。现在看来，我们的学养和境界还没有超过我们的先贤，如果现在让我们来起草一个上医的校歌，或者复旦大学的校歌，我们会写到怎么样的地步，让人生疑。这也正是我多次在不同场合反复强调首先要提升我们的境界的原因。而且，作为校长，我的境界未必比大家高。我想要强调的是，我们应当至少有这样的意识，力图提高自己的境界。大家一起努力，才能把整个学校带向一个更好的状态。

我们上医有这样好的传统和文化，在上医这样的精神和文化传统的感召之下，一代又一代的上医人聚集起来，为攻克疑难疾病而共同努力，取得了我国医学教育上许多个第一，创造了中国医学发展史上的许多奇迹。这是老上医留给我们所有复旦人和上医人的宝贵财富，是我们做人，包括做官、办学、行医的根基所在。

我们都知道，上医原来是很辉煌的。1949 年，新中国成立以后，上医云集了 16 位国家一级教授、22 位二级教授，比当时的复旦大学要多，令人非常称羡。上医先后抽调了大批骨干，支援中国各地多所医学院校的建设，在当时是轰动一时。1959 年，上医成为全国首批 16 所重点院校之一；1989 年，在首次国家重点学科的评审中，上医有 13 个学科入选，名列全国医科院校之首；1997 年它又成为全国两所进入“211”工程的医科大学之一。近年来，上医也取得了一些成绩，但与上医辉煌的过去相比，与上医过去在全国的声誉相比，还远远不够。我们不能抱着老大自居的心态，躺在过去辉煌的历史上。逆水行舟，不进则退，你即使在进，进得慢也相当于退，因为现在全国各个高等学校包括医科院校发展速度都极快。

下面我就说一点学校对医科的发展有什么考虑。

第一，我们重新组建了上海医学院。这点大家已经体会到了，因为我们认为上海医学院这个品牌是非常重要，不能随便把它丢掉。但是当时有两种设想，也是有争论的，是只保留上海医学院这块牌子呢，还是真正把上海医学院做强。这两个是不同的，所以我们在近两三年里面讨论了很久。在去年我们达成了一致，最近复旦大学党委专门形成了一个文，叫《复旦大学关于深化医学教育管理体制改革的若干意见》，很多重要的问题，在这个意见里面都得到了很好的说明，具体的做法也有不少规范。

我们重新组建上海医学院，她覆盖了整个复旦大学的医科。原来在我们医口内部有一点离散化的倾向，我说过这实际上就是所谓的扁平化管理带来的一些后果，使得医学学科内部的管理过于松散。但是出于医学本身非常重要的特点，正如我刚才所说的，既然它不是一个简单的自然科学的分支，那么它也不应该像自然科学的一个院系那样来管理，我们重新梳理并明确了上海医学院的内部机构设置以及相应的职能。在这里几句关键的话，我还是想重复一下：上海医学院作为学校党政的派出机构，根据学校授权，在大医口的人才培养、科学研究、学科建设、对外交流、发展规划、资源配置等方面行使相对独立的管理权限，上海医学院下设的各个管理部门，作为学校对口职能部门在工作职能上的延伸。注意，在医口的这些办公室不是复旦大学学校里头相关的职能部门的派出机构，只是职能的延伸，这个必须清楚。因为上海医学院是复旦大学党政的派出机构，不是复旦大学下面某一个处的派出机构，但是它的职能是你某一个处的职能的延伸。那么这句话落实到最关键的一句话，就是这些机构都是在上海医学院院长的直接领导下开展工作。我们特别要强调的就是原来学校各对口职能部门当中涉及医学管理的内设机构及其职能必须予以撤销，上海医学院执行完成的管理工作，不在学校层面上重复。我们的目标就是要充分激发大医口自主办学的积极性和活力。

我再诠释一下，什么叫“上海医学院执行完成的管理工作不在学校层面重复”。这句话，说得简单一点，就是学校的职能部门不是医学院的相应决策的审批部门，你没有审批功能。因为学校是一个法人，所以必须有一个渠道对外，但是你不是审批机构。否则的话就是上海医学院决策以后，到了学校的职能部门再决策一次，没有这个必要。我觉得可能复旦大学的有些职能部门还不见得完全理解，但在这个时候我得说一句，不理解就先执行。不能让以前的一些管理的惯性再来阻碍各个学科的发展。我说医学管理的改革，不是在翻烧饼，而是把医学的管理作为复旦大学二级管理的一个特殊的例子来进行试点。其实复旦大学今后对其他的一些院系同样要进行这样的管理，否则你面对五六十个机构，再庞大的校级领导机关都无法把这个事情管好。我们所有的事情都是为了学校的发展，不是为了某一个部门或者某一个个人的权力范围以及权力大小来考虑。

第二，我们要加强大医口的整体建设，实现资源共享与统筹发展。大医口的各个学院、各个研究机构以及各个附属医院的教学、科研、学科建设等学术事务都纳入上海医学院的管理。为什么列举这些？涉及对医院的学科发展，医院的科学研究，医院的人才培养和教育教学，应该由上海医学院统一来进行管理。但是我不主张，同时我觉得也没有必要让上海医学院去管医院的医疗及医政，因为这是两个完全不同的工作类型和性质。为什么学科建设以及人才培养、教学、教育等等这些要由上海医学院来管呢？因为我觉得大学医学院办附属医院，最终的目的不仅仅是为了医疗服务，另外一个更加重要的方面是为了医学人才的培养。这个功能无论如何不能忘记，我觉得我们如果能够从根本上来解决基础和临床之间的合作，那么我们复旦大学的医学包括整个我们国家的医学，发展就会有更好的前景。

上海医学院应该依托上海医学院的学术委员会、学位委员会、教学指导委员会等学术治理机构统筹谋划，协调各学院、附属医院和研究平台等单位的教学科研的资源使用，促进大医口整体规划和运作能力的提升，明确树立复旦大学医科的整体实力和整体形象。我已经在好几个场合强调整体实力和整体形象，我想大家仔细思考一下都会有体会，如果把医口的整体打碎，对任何一个学科的长远发展都会不利。可能你在局部、某一个时刻、某个方面会得到一点好处，但从长远来讲肯定是不利的，我们当然应该是从长远来看。

第三，要构筑医学学科和非医学学科的交叉合作的整体框架。有些人可能会误解我的意思：我说给上海医学院更大的独立自主管理权力的话，一些人就可以批评我说，上医和复旦的合并就没有意义了。不，有意义的，关键是不能走极端。一个极端就是不合并，医科大学仍然是医科大学；另外一个极端，就是对公卫、药学、基础、临床、护理等采取纵向到底，横向到边的管理，这是另一个极端。中国人好走极端，但是你看历史上所有的事情，万事万物都告诉我们极端总归是错的，正确的位置总归是在这两个极端之间的某一个位置。所以我们给上海医学院更加独立自主的办学权力，目的不是说，而且我们根本不担心，好像上海医学院又要独立了。我们的目的是什么？让她的整体实力加强，只有在这个基础上，才能真正做好和复旦大学的其他学科的交叉融合。因为原来我们想象，好比把一锅粥搅匀以后，交叉融合就会很好。但是你看这样的扁平化管理以后，实际上医科和非医科的融合反而做得不怎么样，给外界的印象也是好像整体实力有所下降了。所以我们说到底要保证医学的相对独立的办学权力，同时从这个基础上说，我们的目的是为了推动医学学科和非医学学科的交叉融合。这个基础很重要，因为历史告诉我们，你把这个基础打碎了的话，交叉融合也做不到，保存整体实力才能更加有利于与其他学科的交叉融合。所以我们也希望新的上海医学院的领导，能够促进文理工医的交叉合作，结合重大的科学问题和临床的重大需求，建立多学科的交叉与交流平台，加大人员交流力度，促进医学科技资源向校内其他学科的开放与共享。通过政策和资源的背景，引导和支持医学学科与其他学科的交叉研究项目和协同的研究团队。改革人才的培养模式，支持医学学科和其他学科联合培养各种类型的新型医学专门人才和高层次复合型人才的需求。这一点不用过多地诠释。

我说过全世界都有一个问题，就是处理医学院和学校整体的关系。其实美国也走过很多弯路，所以不稀奇，我们不要因为原来走过点弯路就丧气。另外在中国基础和临床的结合也是一个长久的悬而未决的问题，解决得不是很好。我希望通过新的管理体制能够让上海医学院发挥智慧，在这两方面创立更多的经验，把事情做得更好。

第四，积极拓展枫林校区的办学空间，有力地支持医学教育和科研的后续发展。大家知道我们枫林校区是在市中心，寸土寸金，这个是困扰我们的一个非常重大的问题。迫于这样一个状态，所以药学院搬到张江有它的合理性。因为我们想和张江的药理结合起来。但是这也带来不少的问题,因为张江到枫林交通还是不便,我觉得在那边做药的开发是很好的,但对教学不见得有利,比如说张江要开解剖课程的话,药学院有没有开这个课程的条件呢?如果没有的话,就要到枫林来上课,这会有很大的问题。另外药物的临床实验,你想想,医院都在枫林这边,病人人群也都在这里,所以在这样一个情况之下,我们怎么样来解决整个医口发展的瓶颈问题。

另外,整个枫林校区的很多旧房子简直是危房,虽然我们造了这栋明道楼,我不是在批评谁,我不是说谁的不好,但是当时可能时间非常紧张,明道楼下面居然没有车库,所以你看我们的校区里面停满了车,如果水平低一点,都没办法在里面开车。而且枫林校区的国家重点实验室都不满足面积要求,往往只有要求的一半大小,教育部的重点实验室也是不能满足教育部的要求。我们要引进人才的话,别说给他提供住房,连实验的空间都没有,这样的情况之下上海医学院的发展是非常困难的。这就使得我们不得不想办法赶紧解决空间紧张的问题。但是我看在我们学校 BBS 上也有人在指责学校领导,说你看又来一次大建设的高潮,有必要造房子吗?我说我对造房子是兴趣最小的一个。你可以看看复旦历史上,我历来对造房子的兴趣不大,但是如果你看过所有的实验室,包括邯郸校区的,那么我觉得这个问题就非常紧迫了。

但是枫林校区就这点地方,给我们带来很大困难。所以我们学校领导就提出来,对枫林校区的这一轮的基本建设和修缮改建,必须是地下、地面和空中同时规划。而且必须要规划好。我希望这次规划完了以后,今后二三十年应该在发展上不受制约。但目前说句实话,他们给出来的初步方案我从内心来讲还不满意。因为大家可以看一看香港的城市大学,就马路角上一点点,但是这所学校也办得很大,而且站在里面,你一定感觉不到它在楼上,好像就在平地上一样,里面也有花园等,都很漂亮。我希望这方面的设计能够做得更加好。

现在我们已经完成了规划,规划以后总面积将从原来的 18.7 万平方米,提高到 40.1 万平方米,翻一倍还多一点。地下空间从原来大约只有 0.2 万平方米,增加到 7.3 万平方米。其中新增的学生公寓是 5.7 万平方米,新增的科研实验用房是 10.7 万平方米。枫林校区的改建工作已经列入了学校“十二五”规划的重点项目。我们要求它尽快地开工,“十二五”期间要完成。这是朱书记和我下的死命令,必须要完成。现在我们正在积极争取中央和地方政府的支持,包括各种快速的批复、政策,等等,也包括钱,加快相关的工作进度,争取今年年底能够真正开工建设。大家不要以为说我们既然那么大的气魄要造几十万平方米,好像复旦有很多钱,我们缺口还很大,所以还是希望大家能够勤俭节约。但即使在这样的情况之下,我和朱书记坚决地要把这一期的基本建设搞好。因为不仅仅上海医学院,包括邯郸校区也是一样,物理、化学等引进人才都没有实验室可以提供。在这种情况下,我们的人才引进工作和各种科技平台的建设将会有大问题。我们非常期待经过调整后的上海医学院,能够奋发有为,乘势而上,在新的发展征程上加快前进的步伐,不断取得新的成绩,为国家、社会和人群作出更大的贡献。

各位校友、老师们、同学们,各位贵宾们,我们脚下的这块土地肇兴于上海医学院成立 10 年后的 1937 年。在国立上海医学院新落成的典礼上,颜福庆先生曾经有这样的讲话,他说:“我们认定做医师的人,必须有牺牲个人、服务社会的精神,服务医界不存在升官发财的心理。如在学院或者医院服务的同人,皆有此种决心,则医事事业,定有相当进步。所以医学人才的服务精神,比较物质上的需要,其关系更为重大。”我发现我们复旦的老校长李登辉和原上医的老校长颜福庆有同样的说法。我们鼓励大家能够升官发财,但是你不能为了升官发财而来上学。我曾经在给学生的演讲当中举过一个例子,哈佛大学商学院对一批新生做了一个调研,问你来念商学院是什么目的。有两个选择,一个是赚钱,另一个是为了理想和事业,大家都打了勾。过了十年之后,回过头来对这届学生进行调研,发现里面出现了一百多位富翁,追问这一百多位富翁当时勾的到底是为了发财还是为了理想和事业,结果发现里面只有一两位好像是勾的发财,而其他的勾的都是为了事业和理想。所以我想在这里告诉年轻人,如果你真的想要毕业以后能够事业有成的话,那么你必须要把这个升官发财的目的先去掉,否则你真正能够升官发财的概率就降低到 2% 以下。如果你为了事业和理想,那么你能够升官发财的概率就在 98%以上。

所以,在这里,我祝愿每一个上医人都能按照颜福庆老校长的嘱托,倍加珍惜前辈留给我们的宝贵财富,珍视一代又一代上医人创造的辉煌历史,正谊明道,严谨求实,面向国际医学发展人才培养的新趋势,面向中国医疗卫生事业改革的新要求,把上医的各项事业推向新的高度,取得新的更大的发展,为建设世界一流的医学学科和世界一流的大学而努力!我们更希望“博学笃志,切问近思”与“正谊明道”的精神文化交汇融合,让未来孕育出更多的新复旦人,他们应当兼具人文精神与科学理性,懂得欣赏自然、生命与社会之美,致力于服务社会,成为推动我们国家乃至人类进步的栋梁之材!

我的发言到此为止,谢谢大家!

在中层正职干部“学习贯彻党的十八大精神全面提高教育质量”专题研讨班上的讲话

（2012年12月28日）

书记　朱之文

为了推动全校各级领导干部深入学习贯彻党的十八大精神，增进对国家发展战略、重大规划以及学校全局的了解，促进工作研讨与交流，提高干部队伍素质和能力，校党委决定举办这次中层正职干部专题研讨班。这次研讨班是校党委调整党校机构设置、制定《关于加强党校工作的若干意见》后举办的第一个干部研讨班，目的就是要以中层正职干部的学习带动全校干部的学习，带头建设学习型领导班子，努力做学习型的领导干部。今后，我们将根据学校中心工作的需要，每年举办一期党政正职干部专题研讨班，集中学习领会国家和区域发展战略和重大规划，研讨学校及院系、单位发展思路和改革举措，使学习研讨成为一项经常性工作，纳入制度性安排。

借今天开班式的机会，我讲三点意见，供同志们参考。

一、充分认识加强干部教育培训的重要性和紧迫性

加强干部教育培训，是我们党的优良传统。党的历代中央领导集体始终把干部教育培训作为干部队伍建设的战略性、基础性、先导性工程。每当开完党的全国代表大会、作出重大工作部署、面临重大战略任务时，中央首先抓的就是干部教育培训，为完成党的中心任务提供思想和组织保证。对于我们来说，在年底这么忙的时候还把大家组织起来，安排几天时间进行学习研讨，也有特殊重要的意义。

第一，加强干部教育培训是学习贯彻党的十八大精神的要求。

党的十八大是在我国进入全面建成小康社会决定性阶段召开的一次十分重要的大会。大会不仅回答了关系党和国家全局的重大问题，描绘了中国特色社会主义新的宏伟蓝图，而且为教育、科技事业发展指明了方向。十八大报告提出到2020年基本实现教育现代化、进入人才强国和人力资源强国行列的目标，强调要推动高等教育内涵式发展，并且从加快转变经济发展方式、实施创新驱动发展战略、建设社会主义文化强国、创新社会管理、推进生态文明建设等许多方面对教育科技事业提出新的要求。十八大报告还强调要建设学习型、服务型、创新型的马克思主义执政党，加强和改进干部教育培训，提高干部素质和能力，建设一支政治坚定、能力过硬、作风优良、奋发有为的执政骨干队伍，这对我们干部队伍建设提出了更高要求。

认真学习党的十八大精神，落实好十八大提出的各项任务，是我校当前和今后一个时期的首要政治任务。前一阶段，全校已经开展了形式多样的传达、学习、宣讲、座谈、研讨等活动，实现了良好开局。下一步，我们要在继续抓好面上学习的同时，重点加强干部教育培训，把学习十八大精神活动引向深入。各级领导干部要切实发挥带头作用，力争学得深一点、好一点，深刻理解十八大报告的丰富内涵和精神实质，更加自觉地用十八大精神统一我们的思想；要认真研究报告提出的新要求、作出的新部署，与我们的工作实际相结合，与我们正在推进的事业相结合，更加自觉地用十八大精神指导实践，把十八大提出的要求落实到教学科研管理服务的各项工作中，落实到加快建设世界一流大学的实际行动中。

第二，加强干部教育培训是适应新形势、把握新机遇的要求。

前不久召开的中央经济工作会议分析了当前的国际国内形势，指出“我国发展仍处于重要战略机遇期的基本判断没有变。同时，重要战略机遇期在国际环境方面的内涵和条件发生很大变化”，“我们面临的机遇，不再是简单纳入全球分工体系、扩大出口、加快投资的传统机遇，而是倒逼我们扩大内需、提高创新能力、促进经济发展方式转变的新机遇。”因此，开展干部教育培训，目的就是要把我们的思想统一到中央对当前形势的最新判断上来，正确把握高等教育发展的大趋势、大背景，既要看到我们面临的机遇前所未有，又要清醒地认识我们面临的挑战非常严峻，做好把握机遇、应对挑战的准备。

从国际上看，国际金融危机的影响仍在持续，全球经济增长在较长时间内仍将处于低迷状态。对我们而言，国际金融危机既是一种挑战，同时也蕴含着巨大的机遇。一方面，国际金融危机为我国引进高层次人才提供了现实的机遇。金融危机爆发后，一些发达国家的研发机构科研经费紧缩，特别是风险投资的减少，使得许多创新型企业不得不暂停研究项目，美国硅谷的一些企业和研发机构纷纷裁员，社会失业率上升。金融危机引发了人才资源在全球范围内的重新配置。由于金融危机影响，欧美发达国家的著名大学纷纷扩大招收留学生，据统计，2011年我国出国留学人数34万，创历史之最；而同一年，海外学成归国的人数达到18.62万（2003年仅2万多），也达到历史最高峰。中国正从世界最大的人才流出国，转变为世界最主要的人才回流国。这对我们来说是难得的引才机遇。我们应该抓住这一有利时机，千方百计引进人才、储备人才，在新一轮人才竞争中赢得主动。否则，我们思想稍一犹豫，动作稍一迟缓，就会错失机会，要么引不来人，要么就会让人才变成兄弟高校的比较优势。另一方面，金融危机加速了科技创新的步伐，世界新科技革命正在加快孕育。从历史经验看，全球性经济危机往往会催生重大科技突破，依靠科技突破创造新的经济增长点，创新发展模式，是摆脱危机的根本出路。当前，世界正处在新科技革命的前夜，各国都在抢占科技制高点。谁能在科技创新方面占据优势，谁就能够掌握未来发展的主动权。前不久，中国科学院编制完成了中国至2050年科技发展路线图，分18个领域推出系列战略研究报告。我们要认真研究这些报告，抓住新科技革命的契机，把握科技发展的前沿领域和最新动向，实现科技工作的跨越。

从国内来看，一方面，国家持续加大对教育、科技、卫生事业的投入。据统计，2011年全国公共财政用于教育、科技、卫生方面的支出分别为1.65万亿、3 828亿、6 429亿元，其中中央财政的支出分别比上年增长28.3%、17.7%、17.7%。2012年，全国财政用于教育的经费支出预计将达到2.2万亿，同比增长33%，争取实现财政性教育经费支出占GDP 4%的目标。科研经费也有比较大的增加，特别是中央财政加大了对国家自然科学基金的投入，2011年基金委资助总额为187亿元，比2010年增长97.7%，几乎翻了一倍；2012年达到237.8亿元，在2011年基础上又增长了27.2%。按照中长期规划，2015年全社会研发投入将占GDP的2.2%(2011年约占1.83%)。因此，国家对教育、科技等事业的投入将有很大的增长空间。另一方面，近年来，国家先后颁布了一系列重大规划，其中包括教育、科技、人才三个中长期规划纲要，包括教育事业、科技事业、卫生事业、文化事业等“十二五”规划，还包括高等教育、基础研究、战略性新兴产业发展、重大技术装备自主创新等许多专项规划。这些重大规划中都蕴含着很多机遇、很多资源，都需要我们的领导干部去学习、去了解、去思考、去对接，在转变经济发展方式、调整经济结构中找到结合点、找准切入点，抓住机遇，争取资源，力争突破。

第三，加强干部教育培训是应对高等教育激烈竞争的要求。

当前，世界范围的高等教育竞争十分激烈。尽管处在国际金融危机带来的经济持续低迷的环境中，许多国家都着眼于危机后的复苏和繁荣，把发展教育、开发人力资源作为摆脱危机、抢占先机的国家战略。如美国总统奥巴马提出，高等教育问题，就是我们“这个时代的经济问题”，也是美国繁荣昌盛的先决条件，他提出大幅增加用于教育的财政预算。英国、德国政府也分别投入巨资用于学校基础设施建设，分别占本国经济刺激计划的18%和23%。印度则提出要建设30所具有世界一流水准的中央大学。

环顾国内，各高校尤其是国家重点大学、向世界一流目标冲击的大学，更是在加快发展方面抓得很紧、很实，新思路、新办法、新举措层出不穷，特别是在一些重大战略谋划方面，很有远见，都力图掌握先机，掌握主动，占领未来高校竞争的制高点。比如，在谋划学科发展方面，清华大学提出结合学术发展前沿和国家重大战略需求，优化学科布局，发挥工科优势，加强理科建设，促进文科突破，推动医科发展，培育新兴学科。他们提出，以5—8年为一个周期，建立常态化的学科国际评估制度。上海交通大学提出，到2020年，力争在建的所有学科均能进入ESI全球排名前1%，工学、理学、生命医学的整体实力跻身世界一流行列，人文社科整体实力进入世界200强。在承接重大科研项目方面，北京大学启动“五十工程计划”，力争在5—10年内，使军工及大工程项目科研经费占总科研经费的比例达到50%。浙江大学提出，到2015年全校科研经费总额提高到40亿元，正在执行的千万元级以上项目超过100项，亿元以上特大型项目超过5项。在延揽高层次人才方面，许多学校纷纷主动出击，赴海外招聘人才。清华提出“十二五”期间，要在稳定教师总规模的情况下力争使骨干教师的数量在现有基础上翻一番。浙大启动“1311人才工程”，提出到2017年前后，形成100名左右具有国际影响力的高端人才，培养和引进300名左右具有国际知名度的高级人才，建设100个左右面向重大任务或科学问题的创新研究团队，支持1 000名左右支撑学校未来发展的青年骨干人才。在培养创新人才方面，南京大学推广实施“三三制”人才培养方案，学生可根据各自特点，低年级进行“专业选择”，高年级进行“发展路径选择”。许多学校提出要增加学生海外交流的机会，其中清华提出力争“十二五”末，使80%的博士生在读期间有海外学习交流经历。在推进合作共建方面，各高校也是各出新招。瞄准国家重大需求，深化与国家部委、省区市、国防部门、大型央企的战略合作，已经成为一种趋势。北大已与全国19个省区市签署了战略合作协议，清华与中国核工业集团、商飞、华能、东方电气等大型骨干央企建立了战略合作关系，北大、清华还利用地处北京的优势，与国家部委开展人才培养和咨询项目合作，上海交大与中航、中海油、中船、空间技术研究院等签署了合作协议，迅速提升了科研和学科建设的层次与水平。在争取办学资源方面，北大提出力争到2015年使教育基金会的基金规模达到2010年的3倍。浙大提出“十二五”期间，捐赠总额达到15亿元，2015年全校财政收入90—100亿元。

从我校来看，应该承认，我们曾经取得很大的成就，有过很大的辉煌，有值得骄傲的历史，但这不应该成为自我满足的资本，不应该成为裹步不前的理由。我们应该清醒地看到，近年来兄弟院校发展进步得很快，与之相比我们在一些关键的指标上有下滑的趋势。比如，在反映学科综合实力的国家级平台方面，我校的国家级平台数量明显偏少。我们有5个国家重点实验室，即使是现有的重点实验室，也有的是摇摇欲坠。而清华的国家重点实验室和国家工程实验室有17个，北大和上海交大各10个。教育部人文社会科学重点研究基地，我校是8个，北大、人大各有13个。大平台偏少，影响了承接大项目、产出大成果的能力。在高层次人才队伍方面，我校现有长江学者特聘教授62人，列全国高校第4位，清华是120人，北大是101人，南大是65人；而在长江学者设立的最初几年中，我校一直是稳居全国高校第3位。最近两批长江特聘教授中，南大共19人入选，上海交大15人，浙大13人，而我校仅有9人。这在很大程度上反映了我校在50岁左右的学科带头人这个关键层次上不具优势。同时，我校具有传统优势的人文社会学科连续三批没人入选长江特聘教授，也需引起高度重视。“千人计划”学者，目前我校是37人，仅是清华的一半，也远落后于上海交大、北大和浙大；“青年千人计划”学者，我校是27人，远低于中科大的67人，清华的54人，北大的51人，上海交大的39人。在科研方面，2011年我校科研经费总数为12.2亿元，清华是37.6亿元，浙大是28.2亿元，与我校学科特点相似的北大是20.6亿元。在反映基础科学研究实力的自然科学基金申请方面，2012年我校面上项目资助金额列全国第5，资助率25.2%，列第10；青年科学基金项目资助金额列全国第6，资助率26.8%，列第14。在反映研究生培养质量的全国优秀博士论文方面，目前我校累计是55篇，清华是104篇，北大是86篇。虽然总量上我校仍列第3位，但比较优势正在减少，浙大、中科大、南大、上海交大这些年上升得都很快。在办学的空间资源方面，据教育部统计资料，截至2011年底，我校实验和科研用房总面积为29.3万平方米，在C9高校中仅略高于西安交大，不仅远低于清华、北大，就是与同城的交大和同济相比，也仅接近他们的一半。发展空间问题是涉及一个学校当前发展和可持续发展的大问题。空间的紧缺，不仅严重制约科研项目的开展，还会严重影响人才引进，影响学校的长远发展。当然，以上这些数据不能代表学校的全部实力，但它从一个侧面反映了学校的发展态势。特别是，我们是由两所高水平大学合并而成的，过去我们在各自的领域中都是佼佼者，如果分开计算，与一些没有并校的高校相比，我们的数据更加不好看，这一点不能不引起我们深思！如果我们还是麻木不仁、无动于衷，那我们就会落伍，就会被边缘化！因此，全校都要警醒起来，首先是各级领导干部要警醒起来！开展干部教育培训，就是要让我们的各级干部增强危机意识、忧患意识，清醒地看到我们与世界一流大学的差距，清醒地看到我们与兄弟院校在发展上的差距，清醒地看到当前高等教育竞争的严峻态势，清醒地看到制约我校发展的困难和问题。大家一起来找原因、想办法，出主意，共同来解决问题、克服困难、推进发展。

第四，加强干部教育培训是加强干部队伍建设的要求。

今年以来，学校进行了较大规模的干部补充调整工作。针对班子到届多、到龄干部多、空缺岗位多、在同一岗位任职时间较长的干部多的实际，党委把做好基层班子换届和干部补充调整工作作为今年工作的重中之重。截至目前，全年共有19个单位进行了行政换届，12个单位进行了党委换届。学校共计任免干部256人（包括换届连任和到龄免职）。体现的主要特点，一是提拔任用的干部多，今年新提任正处级干部38人，副处级58人。二是新任的正职干部多。33个党政工作部门中，有16个部门主要负责人作了调整；28个院系中，11个单位院长、系主任作了调整；49个基层党组织中，18个党组织书记作了调整。三是干部交流力度大，轮岗交流的干部达到74人，其中机关和基层相互交流35人。四是干部年轻化有序推进，全校中层正职干部平均年龄48.9岁，比调整前下降2岁；中层副职干部平均年龄44.2岁，下降1.6岁。总体来看，目前在任的处级干部中，35%的同志职务发生了变化。一批对工作比较熟悉的老同志退了下来，一批在原岗位工作时间较长的干部转到了新的岗位，一批年轻干部走上了各级领导岗位。能否尽快适应新岗位的要求、适应新形势新任务的要求，把各项工作推上新台阶，对我们所有的干部都是一个挑战。

与此同时，我们也应该看到，当前在我们的干部队伍中还存在一些比较突出的问题。一是一些干部学习不够，站位不高，视野不宽，考虑全局的问题少，谋划长远的发展少，工作思路不清晰；二是一些干部责任心不强，对管理工作投入不足，个别同志参与社会活动或忙于自身业务的时间过多；三是一些干部协同配合的意识不强，不善于与人合作共事，存在相互推诿、扯皮的现象；四是一些干部管理能力较弱，抓落实不够，执行力不强，“说了就是做了，做了就是做好了”的现象不同程度地存在；五是一些干部精神状态不够振奋，像上海人说的“温吞水”一样，没有朝气，没有精神，缺乏激情，缺乏斗志。如果不下决心抓干部队伍建设，如果不改变干部队伍的这种状况，长此以往，学校事业的发展势必受到严重的损害。

因此，加强干部教育培训，既十分紧迫，又十分重要。我们举办这个研讨班的目的，就是要让大家对国家发展战略和重大规划部署有更加全面的了解，对世界高等教育发展趋势和我国高等教育形势有更加清楚的认识，对如何建设“中国特色、世界一流、复旦风格”的大学有更加深刻的理解，帮助我们的干部进一步提升能力和素质，以新的精神面貌和良好的精神状态更好地肩负起所担负的使命。

二、大力提升中层领导干部的能力和素质

我们的目标是建设世界一流大学。这是国家对我们的定位。建设若干所具有世界一流水平的大学是国家战略，是实现中华民族伟大复兴的重要组成部分。能够代表国家到国际舞台去竞争，向世界展示中国的形象，这是我们复旦人的光荣。建设世界一流大学也是历史赋予我们的责任。复旦一直有追求卓越的传统，我们很早就提出了争创一流的口号。今天，我们正行进在建设一流大学的征程上。能不能抓住机遇、应对挑战、赢得竞争，关键是看我们的谋划，看我们的实干，看我们的奋斗。未来五到十年，国内高校的排名可能会有一个重新洗牌。如果在我们的手中，复旦掉队了，落伍了，我们就会愧对复旦的历史，愧对我们的前辈，愧对广大校友和师生，也愧对我们的国家和民族！因此，我们在座的每一位同志都要站在对国家负责、对历史负责、对复旦的未来负责的高度看待我们正在进行的工作，我们要有这样的境界，要有这样的胸怀。也正因为如此，我们对干部才有更高的要求。

第一，要带头加强学习、提升素质，提高把握正确办学方向的能力。

学习是领导干部提高素质、增长才干的重要途径，是做好各项工作的重要基础。当今时代，科技进步日新月异，知识更新不断加快，外部环境复杂多变，新情况新问题层出不穷。在这样的背景下建设一流大学，如果我们的干部不勤于学习、不善于学习，不注重在学习和工作中提升

自己，就难以完成艰巨繁重的任务。因此，从这个意义上讲，学习就是工作，学习就是生活。每一位领导干部，无论你有什么学历，有什么经历，有什么阅历，面对新的岗位、新的形势，我们都面临一个共同的课题，这就是学习、学习、再学习。

加强学习，首先是要学习党的理论，坚定理想信念。理想信念是共产党人的灵魂，理论修养是干部素质的核心。学习掌握理论的深度，直接影响着一个干部的政治敏感程度、思维视野广度和思想境界高度。每一位干部都要坚持不懈地学习党的基本理论，掌握马克思主义立场、观点、方法，坚定中国特色社会主义的道路自信、理论自信、制度自信，增强贯彻党的教育方针、坚持正确政治方向的自觉性。二是要学习先进理念，把握办学规律。规律是事物之间的内在的必然联系。教育有自身的规律，科研有自身的规律，人才的成长也有自身的规律。要认识和把握这些规律，就要学习和培养辩证思维、战略思维，学习世界一流大学的先进教育理念，不断在实践中丰富对办学规律的认识，自觉用规律指导我们的实践。三是要学习各方面知识，提升综合素质。我们要注重学习历史人文、现代科技、时事政治、管理科学、法律法规等，优化知识结构，加快知识更新，丰富知识储备。我们每一位干部特别是年轻干部，都要养成读书学习的好习惯，因为我们是在大学里工作，是与知识分子打交道，在学生眼中都是老师，我们应该多一点"书卷气"，多读书，读好书，不断充实自己、完善自己。今后，党委党校和宣传部门可以创造一些条件，开辟一些平台，经常为干部推荐一点好书，在全校干部中形成开卷有益的良好氛围。

第二，带头提升站位、立足全局，提高科学谋划运作的能力。

今年上半年，我校的杰出校友、现任国际货币基金组织副总裁朱民应邀回到母校给学生作演讲。他的演讲给在场的人都留下了很深的印象。其中他讲到，作为一位领导者，必须要站高望远。国际货币基金组织有188个成员，最后能否把大家的思想统一起来，取决于你站得有多高，看得有多远。你站在制高点上，就能把大家的利益统一起来；你看得够远，你能看到未来的发展趋势，人家就会跟你走。他深深地感到，最终的领导力，就是站高望远。我想，这一条，对于我们每一位领导干部都是适用的。

站高望远，提高谋划运作的能力，就要把握发展的大势。要让我们的学科到全球舞台去竞争，让我们培养的学生具有全球的视野，就要求我们站在世界高等教育发展的大趋势中来看待我们的大学教育，站在追踪和引领国际学术前沿的高度来谋划我们的学科发展，站在服务人类发展、服务科技进步、服务国家战略、服务区域重大需求的角度来思考科研的重点和主攻方向。只有学会站高望远，才能在更大范围、更广领域、更高层次上把握发展大势。提高谋划运作的能力，就要善于捕捉发展的机遇。机遇不是等来的，也不是送上门来的，机遇只钟情于有准备的人。我们要做到耳聪目明、多谋善断，就要十分清楚世界高等教育发展的趋势是什么，十分清楚国家和社会发展需要什么，十分清楚国际同行在做什么，国内一流高校在干什么，这样我们才能发现机遇、抓住机遇、用好机遇。提高谋划运作的能力，就要学会组织团队作战。我们是一所历史悠久的大学，自由宽松的文化、自由地探索研究是我们的优良传统。随着现代科技的发展特别是信息网络技术的发展，随着国家对科研投入的增加，随着社会发展对科研提出新的要求，现代科研的组织模式正在发生重大的变化。在这方面，我们总体上还不够适应。我们比较熟悉单兵作战或小团体作战，还不善于组织跨学科、跨领域、跨单位的研究；我们习惯于依靠传统的条线、传统的思路申请科研项目、科研经费，不善于研究国家和区域发展的重大战略、重大规划、重大工程、重大部署，从中去发掘机会、寻找资源。我们一定要敏锐地把握这一发展变化，在保持自由探索优良传统的同时，更加注重服务国家和社会重大战略需求，更加注重有计划、有组织、大团队、协同式地开展科学研究。在这方面，我们的干部，特别是院长系主任一定要有超前的意识，一定要有战略的眼光，要善于从国家和区域的重大战略规划中寻找机遇，善于同国家部委、国防部门、地方政府、大型企业、科研院所主动对接，善于谋划学科建设、平台建设和重大科研项目，善于组织团队合作、协同作战，提升学科发展的层次和水平，为国家作出更大的贡献。

第三，带头维护团结，合作共事，提高科学民主管理的能力。

当前，我们学校的内部管理还有不少薄弱环节。我们首先要加强学校一级的管理，提高管理服务的水平，与此同时也要更加重视加强院系一级的管理。加强院系管理，首先要加强领导班子自身建设，特别是加强民主集中制建设。建议大家可以读一读毛泽东同志写的《党委会的工作方法》，不断提升领导班子建设的水平，不断提高科学管理、民主管理的能力。

一是要完善领导班子议事决策规则。特别是要建立健全院系党政联席会议制度，坚持"三重一大"的问题由集体研究决定。要正确处理集体领导与分工负责的关系。党政正职在领导班子中处于核心地位，起着关键作用，既要担负起"班长"的职责，又要真正把自己当作班子的平等一员，懂得尊重别人，乐于听取各种意见。班子集体作出的决定，每一位成员都要自觉遵守和维护。二是要完善院系内部治理结构。发挥党政班子、各类学术组织、教代会及群众组织的作用，形成一套科学规范有效的内部运行机制。加强院系制度建设，建立健全各委员会工作制度、财务管理制度、教学管理制度、科研管理制度、教职工年度考核制度、教师职务评审及聘任制度等基本的内部治理制度，做到有章可循、管理规范。三是增进班子的团结和沟通。班子成员之间，特别是党政主要领导之间，要加强沟通、经常沟通、主动沟通、提早沟通、面对面沟通，多说有利于团结的话，多做有利于发展、有利于大局的事，大事讲党性、讲原则，小事讲团结、讲风格，心往一处想，劲往一处使，齐心协力促发展。

第四，带头改革创新、真抓实干，提高破解发展难题的能力。

在推进改革和发展的过程中，总会有一些深层次的矛盾和问题，遇到一些亟待破解的难题。我们有时看到这样一些同志，碰到困难总是绕着走，遇到矛盾总是回避，不敢去触碰它，不愿得罪人；也有的不是积极想办法去解决问题，而是牢骚满腹、怨天尤人、抱怨不休。这样的精神状态是做不好工作的。既然广大师生员工信任我们，把我们推选到这样的岗位上，我们每一位领导干部就都要带着这样一份责任、一份使命，尽职尽责地做好我们的工作。

破解发展难题，一是要有攻坚克难的勇气。有没有这样的勇气是有没有责任心的表现，对党员干部来说，就是有没有党性的表现。当干部，就是要敢于直面难题，敢于直面矛盾，敢于直面利益调整，勇往直前，勇于担当，敢抓敢管。当干部，就是要有这样一股冲劲，这样一种精神，这样一种力量。二是要有改革创新的办法。坚持解放思想、转变观念，客观分析存在的问题，抓住主要矛盾，把握关键环节，善于用新思路、新办法来化解矛盾、破解难题，善于把上级的工作部署和本单位的实际结合起来，创造性地开展工作，寻求解决问题的方法。三是要有真抓实干的作风。"空谈误国，实干兴邦"。当前，如何抓落实是我们面临的一个比较突出的问题。比如有的工作，思路是你的，点子是你的，但没有落实下去，反而被别的学校学去了、实践了，也见了成效，而我们还在原地踏步走。我们一定要下决心改变这种状况。各级领导干部，首先从校领导做起，都要发扬求真务实的精神，以强烈的责任感和事业心抓好各项工作的落实，以真抓实干取信于师生员工。这里还要强调的是，我们不少干部是双肩挑干部，平时业务很忙，管理工作任务也很重。但我们既然走上这样的岗位，我们就要处理好个人学术研究与管理岗位的关系，确保把主要精力投入管理工作，在其位，谋其政，用心想事、用心干事，不辜负师生的信任和期望。

第五，带头深入群众、调查研究，提高做好群众工作的能力。

当前我们发展中面临的矛盾和问题不少，师生群众中也有一些现实的利益诉求。如何做好新形势下的思想政治工作和群众工作，是对领导干部的一个重大考验。我们每一位同志，都要学会做群众工作，善于做群众工作。不仅书记要做群众工作，院长系主任也应该做。

做好群众工作，就要牢固树立群众观点，真诚地依靠群众、相信群众、服务群众、发动群众。一是要深入实际调查研究。做群众工作，首先要知道群众在想什么，有什么期盼，有什么困难，有什么建议。如果情况不明、问题不清、心中无数，那就干不好工作。因此，每一位领导干部都要经常深入师生中去，了解第一线的情况，掌握第一手材料，虚心向师生求教，诚恳听取他们的意见。二是要关心解决群众的实际问题。要认真研究师生员工的思想动态和特点，把他们的利益放在心上，把他们的冷暖放在心头，心要热，腿要勤，言必信，行必果，精心做好每一项具体工作，努力解决好每一个具体问题，以真诚打动群众，赢得师生的信任。三是要善于调动群众的积极性和主动性。推进院系的发展，完成部门的工作，建设世界一流大学，都离不开师生员工的参与和奋斗。作为领导干部，就要善于发动群众、依靠群众、组织群众。我们有的同志不善于组织群众，学校开会部署了重大工作以后，回去不开会、不传达，干部不知道群众在想什么，群众也不知道学校在推动什么、干部在忙什么。长此以往，群众就会对干部失去信任，对学校失去热情。我们每一位干部都要学会发动群众，及时把学校的工作部署和本单位的主要工作告诉师生，让师生知晓、支持和参与，用宏伟的事业、用奋斗的目标凝聚师生员工，调动他们的智慧和力量，齐心协力推进学校事业发展。

三、对这次学习研讨提几点要求

一要认真听讲，专心学习。这次研讨班前后共安排了6天左右的时间，学校特别邀请了教育部、科技部、基金委的有关领导以及国防大学、上海市的有关专家来校作专题辅导报告；党委党校还专门汇编了一本参考资料。虽然年底大家都很忙，但我们还是要处理好学习与工作的关系，提前做好工作安排，本着"既来之，则安之"的精神，集中精力，投入学习，认真听课，认真记笔记，做到学有所悟、学有所获。

二要结合实际，积极思考。既然是研讨班，那就非常强调学习与研讨相结合。我们在形式上也力图作一些创新，研讨班既有专题报告，也有专题应询，请机关部门的同志介绍本部门的工作概况、主要制度、基本流程，同时回答院系的提问；还有现场教学，大家到相关单位去走走看看，实地了解他们的做法与经验；此外还专门安排了研讨交流的时间。因此，请大家在这个过程中不仅要来听，而且要联系各自单位的实际，用心思考，踊跃发言，加强交流。

三要学以致用，推动落实。学习的目的全在于运用。希望大家在研讨班期间和研讨班结束后，都能始终坚持理论联系实际的优良学风，深入研究改革发展的重大问题，形成谋划发展的思路、破解发展难题的办法、推动工作的举措，以求真务实的精神和狠抓落实的作风，推动各项工作发展。

2013年新年献词

（2012年12月31日）

校长　杨玉良

老师们、同学们，各位校友，社会各界朋友们：

2013年新年的钟声即将敲响，在此辞旧迎新之际，我谨代表复旦大学，向大家致以新年的问候和良好的祝愿！

2012年，是学校领导班子在深入基层大走访大调研基础上，查找影响学校科学发展的突出问题，发动全校师生员工狠抓整改落实的一年。我们组建了本科生院，试行四年书院制教育，对本科生实行四年一贯的通识教育，进一步深化教育教学改革；充分尊重医学教育规律，实质性推进医学教育体制改革，组建成立了新的上海医学院，赋予医科相对独立的管理权限，保持医学教育的完整性，推进医学和非医学学科的交叉融合，让“上医”这块金字招牌焕发新的生机与活力；着力推进校院两级管理体制改革，调整、精简学校机关，加强干部队伍建设，转变观念、作风和职能，逐步下移管理重心，切实加强院系学科建设规划、人力资源规划和预决算管理；进一步理顺校区管理体制，重新组建各校区管理委员会，落实机构、人员及相应的职责，确保管理到位，保障有力，服务优质高效；大力加强科研管理和学术评价体系改革，取消对所有SCI论文进行奖励的政策，在教师职务晋升过程中推行代表性成果评价制度，有效扭转过于重视量化指标的倾向，促进科研质量的提升。

学校以改革为动力，大踏步地向前发展。面向国家重大目标和战略需求，我们积极“走出去”，启动了与多个省市地区和特大型国有企业的战略合作；积极建设上海数学中心、复旦发展研究院、中华文明国际研究中心、复旦—丁铎尔中心等高水平学术平台以及脑功能重塑、通用高分子高性能化等一批协同创新中心，彰显复旦探索科学前沿、服务国家社会的责任、能力和决心。着眼于学校的长远发展，学校进一步明确校区功能定位，调整校区建设规划，重点加快江湾校区建设和枫林校区改扩建，绘就了复旦校园布局和建设的新蓝图。在全校师生的共同努力下，复旦的人才培养质量和学科发展水平得到了十分积极的评价。在《国际先驱论坛报》发布的全球最受雇主欢迎大学150强中，复旦名列全球第34、中国第1；在英国《金融时报》发布的2012年全球EMBA项目排名中，复旦大学管理学院3个项目同时跻身全球百强；根据ESI最新统计，在总共22个学科领域中，复旦有15个进入了全球学术机构的前1%；在英国QS大学学科排名中，复旦的哲学、数学、政治及国际关系等学科排名靠前，其中哲学学科排名世界第15、亚洲第1。

旦复旦兮辞旧岁，日月光华耀新程。党的十八大吹响了全面建成小康社会的号角，掀开了中华民族伟大复兴的崭新历史篇章，同时也对高等教育提出了更高的要求。在新的一年里，我们将牢记党和国家的重托，更加坚定地担当起复旦的历史使命，团结一心，真抓实干，加快发展。我们将大力加强四年制书院建设，探索完善具有复旦特色的通识教育体系，促进学生全面发展；进一步加强学科建设和师资队伍建设，加强谋划和运作，在高层次人才队伍和科研平台建设上争取新突破；扎实推进服务国家、服务上海战略，更加主动地寻求与国家重大目标和战略需求的对接，为经济社会发展和国家安全作出更为直接、更为显著的贡献；继续深化学校体制机制改革，全面推进校院两级管理，不断激发办学活力。

复旦的校训是“博学而笃志，切问而近思”。它告诉我们，一个健全的人必须具有的品质：博学善思、勤学好问、志向远大。愿所有的复旦人在新的一年里，都能感受到校训带给我们的信心和力量，感受到创校先贤对我们的期冀与嘱托，在实现自我理想和我们共同理想的道路上，在建设我们心目中美好的复旦、建设国家和世界美好未来的征途上，昂首阔步，不断奋进！

祝愿老师们、同学们、同志们新年快乐！

·学 校 综 述·

概　况

复旦大学创建于1905年，原名复旦公学，是中国人自主创办的第一所高等院校，创始人为中国近代知名教育家马相伯。校名“复旦”二字选自《尚书大传·虞夏传》中“日月光华，旦复旦兮”的名句，意在自强不息，寄托当时中国知识分子自主办学、教育强国的希望。1917年复旦公学改名为私立复旦大学；1937年抗战爆发后，学校内迁重庆北碚，并于1941年改为“国立”；1946年迁回上海江湾原址；1952年全国高等学校院系调整后，复旦大学成为文理科综合大学；1959年成为全国重点大学。

上海医科大学创建于1927年，是中国人自主创办的第一所高等医学院校。建院时定名为第四中山大学医学院，1932年改名为国立上海医学院，1952年更名为上海第一医学院，1959年成为全国重点大学，1985年改名为上海医科大学。

2000年，复旦大学与上海医科大学合并，成立新的复旦大学，进一步拓宽了学校的学科结构，形成了文理医三足鼎立的学科格局，办学实力进一步增强，已经发展成为一所拥有哲学、经济学、法学、教育学、文学、历史学、理学、工学、医学、管理学等十个学科门类的综合性研究型大学。

2012年，复旦大学有直属院(系)28个(不含继续教育学院和网络教育学院)，附属医院11所，设有本科专业70个，一级学科博士学位授权点35个，一级学科硕士学位授权点42个，博士专业学位授权点2个，硕士专业学位授权点24个。在校普通本、专科生12 779人，硕士研究生10 490人，博士研究生5 109人，留学生3 335人(其中攻读学位的留学生2 258人)。招收普通本、专科新生3 121人；招收研究生5 052人，其中硕士研究生3 722人，博士研究生1 330人。有专任教师2 356人、专职科研人员285人。有中国科学院、中国工程院院士37人，教育部“长江学者奖励计划”特聘教授62人、讲座教授35人，“国家重点基础研究发展计划(含重大科学研究计划)”项目首席科学家29人。

学校已经形成“一体两翼”的校园格局：即以邯郸校区、江湾新校区为一体，以枫林校区、张江校区为两翼。占地面积243.11万平方米，校舍建筑面积146.13万平方米。

2005年复旦大学百年华诞。中共中央总书记、国家主席、中央军委主席胡锦涛发来贺信，希望复旦大学发扬优良传统，不断开拓创新，努力建设成为具有世界一流水平的社会主义综合性大学，为建设中国特色社会主义伟大事业培养更多德才兼备的高素质人才，为全面建设小康社会、实现中华民族的伟大复兴作出新的更大的贡献。

一百多年来，学校在培养人才、创新科技、传承文明、服务社会方面为国家作出突出贡献。复旦师生谨记“博学而笃志，切问而近思”的校训；严守“文明、健康、团结、奋发”的校风；力行“刻苦、严谨、求实、创新”的学风，发扬“爱国奉献、学术独立、海纳百川、追求卓越”的复旦精神，为民族的解放和振兴，国家的建设和发展，社会的文明和进步作出重要贡献。

(甄炜旎)

2012年发展综述

一、学科建设。继续推进“985工程”三期建设工作，上报复旦大学《新一轮“985工程”服务地方经济社会发展重点建设项目申请书》及《新一轮“985工程”服务地方经济社会发展重点建设项目投资计划表》；完成“211工程”三期国家验收工作，30个重点学科建设项目全部通过验收，最终形成《复旦大学“211工程”三期重点学科建设项目总结报告》；启动医学中长期发展规划的编制工作，形成《复旦大学医学学科现状及发展潜力研究》报告；组织完成国家中医药管理局“十二五”中医药重点学科建设点增设申报工作；推进复旦大学服务上海战略，起草《复旦大学服务上海计划》初稿、创新走廊计划(该规划聚焦于邯郸校区与江湾校区的一体化建设，通过校区功能调整使两个校区的学科分布更均衡，以学科和人才为核心，进一步强化服务社会的功能)；组织完成上海高校一流学科的申报工作，4个学科入选上海高校一流学科(A类)建设计划，20个学科入选上海高校一流学科(B类)建设计划。

二、教育、教学改革。(1)全年开设本科课程共3 189门、5 564门次，其中通识教育核心课程开课215门次。小班化教学课程、研讨型课程的比例进一步提高；稳步推进全英语课程建设，培育出历史与文化、社会与政治、经济与管理、科学与技术四个模块160门全英语课程。全校共获得国家级奖项和项目共57项(1项教学改革、2项人才培养、54部“十二五”国家级规划教材)、上海市级奖项和项目17项(2项人才培养、3项全英语教学示范课程、4项上海高校本科重点教学改革项目立项、7门上海市精品课程、1

项上海市高等教育学会教改项目)。(2) 深入拓展望道计划,推进基础学科拔尖人才培养工作。借助985资金支持,将望道计划拓展到中文、哲学、历史学3个文科基础学科的人才培养工作,并根据文科基础学科的特点形成相应的拔尖人才培养方案。全年共资助立项各类课题372项,其中"莙政"课题45项、"望道"课题101项、曦源项目226项。截至2012年底,课题结题学生在国内外学术期刊发表论文24篇,其中第一作者文章16篇。(3) 推出"登辉计划",完善本科生创新创业实践教育平台建设。截至2012年底,共有55个各类项目提交申请报告,其中16个项目获得立项资助。(4) 全年招收学历教育研究生5 372人,其中硕士研究生4 008人(含港澳台生47人,外籍生292人,少数民族骨干生15人)、博士研究生1 364人(含港澳台生8人,外籍生34人,少数民族骨干生20人),招收非学历教育研究生1 535人。新增税务、保险、学科教学、出版4种硕士专业学位招生类型。大陆地区学历硕士生中含学术型1 756人、专业型1 913人,专业型招生人数首次超过学术型,研究生招生结构得到进一步调整。继续推进招生改革,医学相对独立招生;"长学制"招生改革新增脑科学研究院为试点单位;在2012年度研究生招生报名中首次试行报考信息网上确认;进一步扩大夏令营活动计划,共有16个夏令营开营,学校投入资助资金119万元(实际支出154万元),有1 243名优秀大学生获得夏令营活动资格,预录取推免生656人。(5) 11月5日,学校发布《关于深化医学教育管理体制改革的若干意见》(复委〔2012〕24号),进一步明确医学教育管理体制改革的指导思想,全面启动医学教育管理体制建设工作。

三、科学研究和科技成果转化。(1) 到款理、医科科研经费110 556万元。获立科研项目1 537项,其中国家重大科学研究计划项目5项,国家科技重大专项课题6项;卫生行业科研专项3项;环保部公益性行业科研专项1项。获批国家自然科学基金574项,其中国家自然科学基金面上项目319项,青年科学基金171项,国家杰出青年科学基金项目6项,优秀青年科学基金项目13项,重点项目8项,重大研究计划重点项目2项,重大国际(地区)合作研究项目3项,海外及港澳学者合作研究基金9项(其中两年期资助项目8项,延续资助项目1项),重大研究计划培育项目10项、重点项目3项、集成项目2项。获得教育部博士点基金博导类项目资助39项,新教师类项目资助45项,优先发展领域课题2项;教育部"新世纪优秀人才支持计划"20项,其中理工医科13项;教育部创新团队1项;教育部留学回国人员科研启动基金30项,理工医科23项。获财政部、教育部"中央高校基本科研业务费专项资金"5 410万元。新增3个上海市重点实验室,学校在建的上海市重点实验室增至10个。学校培育组建7个协同创新中心。2011年发表SCI论文2 392篇。根据中国科学技术信息研究所历年发布的中国科技论文统计结果,复旦大学2006—2010年发表的SCI论文中有4 172篇论文在2011年被引用,共被引用15 803次,位列全国高校第5,科技论文篇均引用次数为3.79次,列全国高校第3。申请国内专利634项,授权专利数量427项,其中发明专利405项。全校累计有效专利(维持中)1 230项。已完成计算机软件著作权登记24项。(2) 文科科研到款经费总数14 899.97万元,科研项目立项总数157项,其中国家社科基金项目62项,教育部人文社会科学规划项目67项,上海市哲学社科规划课题28项,其中获国家社科基金重大项目16项。出版著作311部,发表论文2 570篇,其中在国外学术刊物发表论文193篇,提交研究报告88篇。获得省部级以上科研成果奖励104项。有1项成果入选国家社会科学基金成果文库。有7人入选2010年度教育部新世纪优秀人才支持计划。24个项目获得上海市浦江人才计划项目资助,位居上海市高校第一。有5人入选上海市教委曙光学者计划,4人入选上海市教委晨光学者计划。组织派遣8人参加教育部高校哲学社会科学教学科研骨干研修班的学习。(3) 与地方和企业的合作,其中科研经费到款1.82亿元,比2011年增长11%,签订产学研合同451个,比2011年增长6.4%,签订合同额大于50万的项目54个,比去年增长31%;专利转让/许可8项。新建校企联合实验室/联合中心6个。加强与国有大型企业开展对接和合作,与中航集团签订共建"复旦—中航工业供应链研究院"合作备忘录,与金川集团签订"复旦—金川全面合作协议";与国有大型企业开展项目合作,立项23项,立项金额1 352万元;与国外知名企业开展项目合作31项,立项金额1 300万元。组织开展和上海市及各地政府的合作,与宁波市政府共建复旦大学宁波研究院,推进复旦大学张江研究院的建设。复旦大学技术转移中心(以知识产权为中心,开展技术转移、技术集成、技术中介和技术服务,负责地方技术转移平台的建设与管理)在长沙市、上虞市、金华市、长兴县等地建立技术转移工作站。

四、师资队伍建设。推进实施各项人才计划。学校新增国家"千人计划"9人、"长江学者"5人、"青年千人计划"三批共21人、"青年拔尖人才"7人、杰出青年基金6人;上海"千人计划"15人、"东方学者"11人、上海"领军人才"9人。全年新进163人,其中教学科研人员99人,思政15人,行政19人,其他教辅人员(含专业技术人员)30人。教学科研人员中,引进人才39人,一般新进教学科研人员中,有海外留学经历的人员28人,国内博士后14人,其他人员18人。深化教师高级职务聘任改革,全面推行"代表性成果"评价机制,制定《复旦大学教师高级职务聘任实施办法(试行)》。构建可持续发展的校院两级教师培养体系,支持教师全面发展。完善校内薪酬体系,推行"三元薪酬结构",稳步提高教职工收入。规范调整租赁制岗位功能定位,做好租赁制人员在编聘用工作。调整与民生相关人事政策,改善教职工福利待遇。

五、附属医院工作。共有医院职工17 416人,核定床位9 110张。有国家重点学科32个,国家临床重点专科41个,上海市临床医学中心9个,上海市医学重点学科11个,上海市医学重点专科10个,上海市临床医疗质量控制中心27个。有中国科学院院士3人(沈自尹、王正敏、葛均波),中国工程院院士4人(汤钊猷、陈灏珠、顾玉东、周良辅)。全年门急诊服务量18 415 941人次,期内出院人数416 488人,住院手术服务量232 447人次。全面推进住院医师规范化培养工作,共招收住院医师513名。

六、深化国际化办学。全年到访各类境外代表团共293批次1 721人次,其中包括校长20人,副校长25人,各国政要32人。派出交流学生2 316人,接收各类外国留学生6 592人。共召开54次国际学术会议,来访长期专家103人,各类短期专家680人,新增"名誉教授"等荣誉称号的专家11人。"学科创新引智计划"3个,教育部海外名师项目1个,上海市智力引进项目32个,复旦大学海外优秀学者授课项目40个。2012年度申报由国家外国专家局组织的外专千人计划1个,高端外国专家项目10个。经外事处组织申报,学校获批2位"外专千人"专家,其中,数理平台教授大卫·维克斯曼(David Waxman)获颁"国家特聘专家"证书。附属儿科医院加拿大籍教授李树锦(Shoo Kim LEE)获得2012年上海市白玉兰纪念奖。与17所境外大学或机构新签校际协议,新发展的境外大学和机构包括俄罗斯联邦国家高等经济研究大学、美国国家人文中心等,开展实质性的合作和交流。

七、校友、校董和筹资工作。复旦大学通过校友、校董及社会各界获得的捐赠包括,复旦大学财务处捐赠收入6 185.6万元(包括来自上海复旦大学教育发展基金会捐赠的4 327.6万元和复旦大学教育发展基金会(海外)捐赠的119.4万元);上海复旦大学教育发展基金会接受社会捐赠收入7 107.2万元;复旦大学教育发展基金会(海外)接受社会捐赠收入559万美元,折合人民币约3 483万元。

八、后勤保障工作。(1)加强多媒体设施和信息化教学平台的维护和更新。2012年,多媒体教室管理室面向全校师生开放公共多媒体教室330间;计算机教学实验室管辖用于计算机基础教学课程的机房三间共324座、用于大学公共英语教学的语音实验室七间共360座、用于一般教学的多媒体教室两间以及用于学生课余上机实习的开放机房数间。(2)全年校园基础设施建设在建项目总建筑面积47 416平方米,总投资27 052万元,完成基本建设投资7 138万元。完成邯郸校区学生宿舍、教学楼空调安装,枫林校区学生宿舍和第一、二教学楼空调安装,邯郸校区2、6号楼书院建筑改造大修工程,枫林校区临时运动场新建工程。(3)建设食堂经营长效机制,确保餐饮供应的持续稳定和质量安全;加大对物业公司的监管力度;改善学生生活园区设施;增加体育场馆设施和开放空间;完成教学楼和学生公寓电力扩容改造,加快节能低碳的技术改造,推进节能监管平台建设;整体租赁公共租赁房纳入学校教师公寓住房保障体系,积极为解决青年教师住房问题寻找出路。

九、党建工作。2012年,校党委紧紧围绕学校中心工作,全面推进党的建设,重点做了四方面工作。一是加强基层组织建设,深化创先争优活动。全校685个支部进行调查摸底和分类定级工作,合格支部占总数的99.7%。全年共发展党员1 568名,培训入党积极分子、预备党员近2 000人。10个集体、11名个人获得卫生部、上海市和市教卫党委表彰。二是加强干部队伍建设,着力提高素质能力。全年共任免干部256人,其中提拔任用干部96人(正处级干部38人,副处级干部58人);19个基层单位开展了行政换届,12个基层单位开展了党组织换届。共有299人参加党校培训,其中干部120人。选派45名干部到国家部委、地方政府、大型企业、基层乡镇等地挂职。三是加强师生思想政治工作,培育优良校园文化。推进实践育人工作,建设一批学生党员学习实践基地和挂职锻炼基地。四是加强党风廉政建设,创建和谐稳定校园。校党委制定《关于执行党风廉政建设责任制的实施细则》,督促干部切实履行"一岗双责"。10月,学校接受教育部对贯彻落实"三重一大"决策制度和国家教育体制改革试点项目进展情况的专项检查,得到检查组的好评。　(甄炜旎)

【学生多次获奖】 (1)第36届ACM国际大学生程序设计竞赛全球总决赛中,计算机科学技术学院冯国栋、黄磊、洪骥参加获第36名。2012年高教社杯全国大学生数学建模竞赛上,2个参赛队获全国一等奖,2个参赛队获全国二等奖;在第三届全国大学生数学竞赛(决赛)上,获全国一等奖2名、二等奖3名、三等奖1名;2012年全国大学生电子设计竞赛嵌入式系统专题邀请赛(英特尔杯)上1个参赛队获得全国三等奖,电子设计竞赛模拟电子系统专题邀请赛(TI杯)上2个参赛队分获全国二等奖和三等奖;第29届全国部分地区大学生物理竞赛上,获上海市特等奖2名、一等奖8名;2012年全国高校俄语大赛获得低年级组三等奖1名,高年级组优胜奖1名。2012年第三届全国高等医学院校大学生临床技能竞赛全国总决赛获得三等奖;第二届全国大学生基础医学创新论坛暨实验设计大赛,获得实验设计大赛三等奖2名、实验设计大赛优秀奖2组、基础医学创新论坛三等奖1名、基础医学创新论坛优秀奖1名。(2)在第八届"挑战杯"取得1金2银优异成绩;在"全国第三届大学生艺术展演活动"上,送演节目分获声乐组、舞蹈组、器乐组、戏剧组四项一等奖;在中国田径室内大奖赛暨亚洲室内田径锦标赛上,新闻学院研究生赵婧、本科生金源代表上海队参赛,分获国内女子1 500米冠亚军。赵婧代表中国队在女子800米比赛中获得亚洲室内锦标赛冠军。(3)1篇博士学位论文入选2012年全国优秀博士学位论文,另有11篇博士学位论文入选全国优秀博士学位论文提名论文。　(甄炜旎)

【获57项国家级教学相关项目奖】 软件学院副教授赵卫东《流程智能》获教育部—IBM专业综合改革项目2012年建设课程教学改革奖;53部教材获"十二五"国家级规划教材奖;法学院孙笑侠"应用型、复合型法律职业人才教育培养基地",王志强"涉外法律人才教育培养基地"获教育部卓越法律人才教育培养基地称号。　(甄炜旎)

【新增技术科学试验班】 学校跨院系大类招生培养新增技术科学试验班。该大类涵盖信息科学与工程学院、计算机科学技术学院下设的8个本科专业。学校跨院系(专业)大类招生培养的专业达到42个,在读学生2 130人,达到一年级学生的三分之二,跨专业培养成为本科教育教学的主流模式。　(甄炜旎)

【获 4 项国家科学技术奖】 环境与科学技术系庄国顺课题组完成的项目"中国大气污染物气溶胶的形成机制及其对城市空气质量的影响",获国家自然科学二等奖。物理学系龚新高课题组完成的项目"金笼子与外场下纳米结构转变的研究",获国家自然科学二等奖。基础医学院宋志坚课题组完成的项目"人脑动态建模、定位与功能保护新技术及其在神经导航中的应用",获国家技术发明二等奖。附属中山医院樊嘉课题组完成的项目"肝癌肝移植术后复发转移的防治新策略及关键机制",获国家科技进步二等奖。 (甄炜旎)

【组建 7 个协同创新中心】 培育组建"脑功能重塑协同创新中心"、"金砖国家合作与全球治理协同创新中心"、"通用高分子材料高性能化协同创新中心"、"遗传学协同创新中心"、"新型自旋器件及应用协同创新中心"、"代谢性疾病协同创新中心"、"病原微生物感染研究协同创新联合中心"7 个协同创新中心。 (甄炜旎)

【3 位教授获第十一届哲学社会科学学术贡献奖】 中国语言文学系教授王水照、国际关系与公共事务学院教授陈其人、经济学院教授洪远朋获上海市第十一届哲学社会科学学术贡献奖。 (甄炜旎)

【6 位教授应邀担任达沃斯论坛"全球议程理事会"理事】 美国研究中心教授吴心伯,经济学院教授张军、陈钊,管理学院教授陆雄文、徐以汎,国际关系与公共事务学院教授刘建军应瑞士达沃斯论坛邀请,担任该论坛的智囊机构"全球议程理事会网络(The Network of Global Agenda Councils)"旗下的理事会理事。全球议程理事会理事的职责包括:跟踪全球发展趋势,识别全球风险,提出应对全球挑战的想法与建议等。 (甄炜旎)

【1 项成果入选 2012 年度《国家哲学社会科学成果文库》】 经济学院教授田素华《外商直接投资进入中国的结构变动与效应研究》入选 2012 年度国家哲学社会科学成果文库。 (甄炜旎)

【多篇论文在国际顶级学术刊物发表】 1 月,《循环》(*Circulation*)杂志发表王红艳课题组研究论文《甲硫氨酸合成还原酶基因内含子上的功能性遗传变异显著增加中国汉族人群先天性心脏病发病风险》;2 月,《科学》(*Science*)杂志刊载李辉课题组与陶寰副教授合作研究成果《反驳语音多样性支持语言从非洲扩张的系列奠基者效应》("Comment on Phonemic diversity supports a serial founder effect model of language expansion from Africa");4 月,《细胞》(*Cell*)子刊 *Cell Sterm Cell* 在线刊登马丽香研究成果"Cell-Derived GABA Neurons Correct Locomotion Deficits in Quinolinic Acid-Lesioned Mice";7 月,《临床癌症研究》(*Clinical Cancer Research*)杂志在线刊载陈海泉课题组论文"The Use of Quantitative Real-Time Reverse Transcriptase PCR for 5' and 3' Portions of ALK Transcripts to Detect ALK Rearrangements in Lung Cancers";9 月,《神经科学杂志》(*Journal of Neuroscience*)先后刊载脑科学研究院研究员彭刚研究团队最新研究成果《Robo2-Slit 和 Dcc-Netrin1 协同调节神经元在胚胎神经束中的轴突导向》,及王中峰、孙兴怀、杨雄里率领的视网膜研究团队研究成果《代谢型谷氨酸受体介导的内向整流钾通道抑制参与慢性高眼压视网膜胶质细胞激活》。 (甄炜旎)

【美国北卡罗来纳大学系统总校校长到访】 3 月 19 日,美国北卡罗来纳大学(以下简称北卡大学)系统总校校长汤姆·罗斯(Tom Ross)携校董会董事一同访问复旦大学。校长杨玉良接待了罗斯一行。美国北卡大学系统和复旦大学一直保持着密切的合作,部分项目合作已逾 10 年。该次访问主要希望通过了解境外高校和机构在复旦大学代表处的运行情况,进一步加强复旦北卡大学系统(UNC)办公室在促进北卡和中国合作的作用。 (甄炜旎)

【启动香港大学内地学习千人计划】 4 月 26 日,香港大学内地学习千人计划启动仪式在复旦大学举行。教育部副部长郝平、香港大学校长徐立之、复旦大学校长杨玉良,以及上海交通大学、同济大学、上海财经大学代表出席活动。复旦大学在教育部统一部署下,调动校内资源,统筹协调各个部门,进一步扩大接收香港大学生的规模,以合作课程、合作科研等方式,为两校学生提供特色课程和科研、社会服务机会,全面加强与香港大学的战略合作。 (甄炜旎)

【开展校媒、校省、校企合作】 4 月 26 日,与《人民日报》社签署全面合作协议,双方将在服务国家战略、党报人才培养、《人民日报》扎根校园、新闻学科发展、展示大学形象等 5 个方面开展深度合作。8 月 10 日,与福建省政府签订战略合作协议,双方将在人才培养、决策咨询、科技创新、医疗卫生和生态环境保护与开发利用等方面加强合作。10 月 18 日,与甘肃省政府签署战略合作协议,双方将在教育、科技等重点领域实现高层次校省互动。此外,学校还先后与中航集团、金川集团等开展各种形式的深入合作。 (甄炜旎)

【举行上海数学中心揭牌暨奠基仪式】 该仪式于 5 月 13 日在江湾校区举行。中共中央政治局委员、国务委员(时任)刘延东发来贺信。中共中央政治局委员、上海市市委书记(时任)俞正声出席并为数学中心揭牌。该中心依托复旦大学建设,围绕纯粹数学和数学与其他学科的交叉领域中的一些重要前沿课题展开深入研究。 (甄炜旎)

【举办"上海论坛 2012"】 5 月 26 日,"上海论坛 2012"在上海西郊宾馆开幕,会期三天,于 28 日闭幕。会议由复旦大学主办,韩国高等教育财团赞助。上海市市委副书记、市长(时任)韩正出席论坛开幕式并致辞。该次论坛主题为"未来十年的战略",下设 10 个分论坛和 3 个高端圆桌会议。来自全球 30 多个国家和地区的 400 多名代表展开广泛、多维和深入的研讨。论坛闭幕时发表《上海论坛共识》。 (甄炜旎)

【调整合并部分机构】 7 月 11 日,根据《关于部分机构调整合并的通知》(复委[2012]17 号文件),对学校部分机构进行调整、合并。组建学校办公室,党委办公室、校长办公室职能整合,机构并入;组建新的发展规划处,原发展规划处、学科建设办公室职能整合,机构并入;组建新的复旦学院(本科生院),原复旦学院、教务处、本科生招生办公室、现代教育技术中心和学生服务联合体教材中心职能整合，机构并入；组建党委党校办公室；保卫处、武装部合署办公；组建孔子学院办公室，与外事处合署办公；组建新的资产经营公司，产业化与校产管理办公室、原资产经营有限公司职能整合，机构并入；校产党总支更名为资产经营有限公司党总支。部分机构职能归属进行调整。学生服务联合体除教材中心外，其他职能分解并入学生工作部（处）、研究生工作部（处）；教职工住房分配管理委员会、住房制度改革办公室、教师公寓租赁办公室的职能并入总务处；不在保留“985工程”创新平台基地管理办公室，相关职能并入科技处。对医学相关机构设置进行调整。新的上海医学院作为学校党政的派出机构，代表学校统筹大医口的发展；新的上海医学院下设五个管理办公室，作为学校相关职能部门的延伸，根据学校授权，独立地行使医学相关管理职能；原上海医学院更名为基础医学院。（甄炜旎）

【举办第二届亚太地区PBL联合学术研讨会】 10月24—28日，上海医学院在上海光大会展中心举办第二届亚太地区PBL（Problem based learning，基于问题的学习）联合学术研讨会。来自泰国、日本、马来西亚、新加坡、美国、加拿大、中国台湾和香港等14个国家和地区的500余名代表参会。会议主题为“创新、整合、实施”，分为会前工作坊、主旨报告、专题研讨会、辩论会、口头报告和壁报展示等6个环节。与会代表展示各自在医学教学理念上的创新和教学方法上的改革成绩。通过研讨，对巩固PBL在医学教育领域的地位和作用，拓展其在多领域应用起到很好的推动作用。（甄炜旎）

学校领导班子成员及组织、机构负责人

复旦大学党委领导成员

党委书记：朱之文
党委副书记：陈立民　刘建中（女）　王小林
纪委书记：刘建中（女）
党委常委：朱之文　杨玉良　陈立民　刘建中（女）　王小林　陈晓漫　桂永浩　许　征（女）　金　力　冯晓源　陆　昉　林尚立　秦莉萍（女）

复旦大学行政领导成员

校　长：杨玉良
常务副校长：陈晓漫
副校长：蔡达峰　桂永浩　许　征（女）　金　力　冯晓源　陆　昉　林尚立
校长助理：丁光宏

中共复旦大学第十三届委员会委员

（共26人，按姓氏笔画为序）

王卫平　王小林　尹冬梅（女）　石　磊
冯　艾（女）　冯晓源　朱之文　刘建中（女）
许　征（女）　杨玉良　张一华　张宏莲（女）
陆　昉　陈立民　陈晓漫　林尚立
金　力　周　亚（女）　俞吾金　秦莉萍（女）
袁志刚　桂永浩　顾云深　黄丽华（女）
萧思健　程　刚（女）

中共复旦大学第十三届纪律检查委员会委员

（共10人，按姓氏笔画为序）

牛伟新　朱建艺（女）　刘季平　刘建中（女）
李　华（女）　李趣翎（女）　沈志宏　林学雷
胡鸿高　袁继鼎

复旦大学校务委员会

主　任：朱之文
副主任：杨玉良　彭裕文
委　员：（按姓氏笔画为序）
丁光宏　王小林　王玉琦　冯晓源　朱依谆
江　明　吴　毅　吴泉水　吴晓明　吴景平
孙晓雷　李若山　陆　昉　陆雄文　陈建民
陈思和　张文渊　胡鸿高　郝　模　钟　扬
袁志刚　曾　璇　童　兵　葛剑雄　谢遐龄

复旦大学学术委员会

（2011年12月20日递补）

主　任：闻玉梅
副主任：俞吾金　华　民　洪家兴　王威琪

人文学部
组　长：俞吾金（哲学学院）
副组长：周振鹤（历史地理研究所）
委　员：朱立元（中国语言文学系）
陈思和（中国语言文学系）
葛兆光（文史研究院）
吴晓明（哲学学院）
褚孝泉（外文学院）

社会科学与管理学部
组　长：华　民（经济学院）
副组长：彭希哲（社会发展与公共政策学院）
委　员：竺乾威（国际关系与公共事务学院）
董茂云（法学院）
黄　旦（新闻学院）
芮明杰（管理学院）

薛求知(管理学院)

理学部

组　长:洪家兴(数学科学学院)

副组长:陈家宽(生命科学学院)

委　员:沈　健(物理学系)

赵东元(化学系)

江　明(高分子科学系)

马　红(生命科学学院)

邹亚明(女)(现代物理研究所)

工程技术学部

组　长:王威琪(信息科学与工程学院)

副组长:陈建民(环境科学与工程系)

委　员:陈良尧(信息科学与工程学院)

张　卫(信息科学与工程学院)

陈雁秋(计算机科学技术学院)

武利民(材料科学系)

艾剑良(力学与工程科学系)

医学部

组　长:闻玉梅(女)(上海医学院)

副组长:秦新裕(中山医院)

委　员:马　兰(女)(上海医学院)

吴根诚(上海医学院)

汤其群(上海医学院)

郑　平(上海医学院)

金泰廙(公共卫生学院)

朱依谆(药学院)

王吉耀(女)(中山医院)

周良辅(华山医院)

丁　强(华山医院)

黄国英(儿科医院)

徐丛剑(妇产科医院)

王正敏(眼耳鼻喉科医院)

邵志敏(肿瘤医院)

复旦大学学位评定委员会第十届委员会

主　席:杨玉良

副主席:俞吾金　李大潜　桂永浩　陆　昉

委　员:(委员按姓氏拼音排序)

陈思和　陈志敏　褚孝泉　戴鞍钢　樊　嘉

葛均波　葛兆光　顾玉东　顾云深　贺鹤勇

洪家兴　侯晓远　姜庆五　金　力　刘海贵

卢宝荣　芮明杰　邵志敏　孙南申　汤其群

汪　玲　王桂新　王威琪　王晓阳　闻玉梅

武利民　杨　新　杨福家　杨芃原　袁正宏

袁志刚　赵东元　钟　扬　朱依谆

秘书长:顾云深(兼)

同时,成立复旦大学第十届学位评定委员会的投诉受理委员会,名单如下:

主　任:王威琪

副主任:赵东元　葛均波

委　员:俞吾金　葛兆光　芮明杰　袁正宏

复旦大学第十六届工会委员会

主　席:刘建中(女)

常务副主席:司徒琪蕙(女)(兼妇委会专职副主任)

副主席(专职):金再勤　吴佳新　王丽军(女)

兼职副主席:赵文庆

常务委员:(按姓氏笔画为序)

王丽军　司徒琪蕙(女)　朱寅申　刘建中(女)

许晓明　杨慧群(女)　吴佳新　金再勤

周　斌　周志俊　赵文庆　袁继鼎

殷莲华(女)　詹永森

委　员:(按姓氏笔画为序)

马晓华(女)　王士义　王威琪　包信忱

孙栋林　孙晓屏(女)　严法善　宋伟民

赵立行　姜银国　徐建军　谢　静(女)

潘　俊(女)

工会经费审查委员会

主　任:余　青(女)

委　员:沈玉桢(女)　陆　瑾(女)　郑　勇　徐恬静(女)

复旦大学党政部门及群众团体负责人

学校办公室

主　任:刘承功

副主任:周　虎　罗　力　许　平(女)　包江波(女,兼)

纪委

书　记:刘建中(女)

副书记:李尧鹏

案件检查室

主　任:李尧鹏(兼)

宣传教育室

主　任:李　辉(女,兼)

纪委办公室

主　任:徐韶瑛(女)

监察处

处　长:李尧鹏(兼)

副处长:李　辉(女)

组织部

部　长:秦莉萍(女)

副部长:钱　飚　徐　军(兼)　徐　瑾(女)

党委党校办公室

主　任:徐　军

副主任:陈　洁(女)

宣传部

部　长:萧思健

副部长:周　晔　方　明　冯　艾(女)

新闻中心
主　任：方　明(兼)
统战部
部　长：阎嘉陵
副部长：陈　莉(女)　包一敏(女)
学生工作部(处)
部(处)长：许　玫(女)
副部(处)长：刘金华(女)　徐　阳　薛海霞(女)　艾　竹
研究生工作部
部　长：陈殷华
副部长：楚永全　罗英华(女)　刘金华(女,兼)
保卫处(武装部)
处(部)长：唐晓林
副(部)处长：黄荣国　张阳勇　梅　鲜(女)　周　鹏
老干部工作处
处　长：邵　瑜(女)
副处长：叶依群(女)　刘顺厚
邯郸校区老干部党总支
党总支书记：周振汉
党总支副书记：赵少荃　刘顺厚(兼)
枫林校区老干部党总支
党总支书记：郭晓燕(女)
党总支副书记：袁鸿昌　叶依群(女,兼)
机关党委
党委书记：张宏莲(女)
党委副书记：王丽军(女,兼)
发展规划处
处　长：李粤江
副处长：伍　蓉(女,兼)
人事处
处　长：周亚明
副处长：袁　新(兼)　许晓茵(女)　黄金辉
复旦学院(本科生院)
院　长：吴晓明
副院长：徐　雷(常务)　丁光宏(兼)　臧德泉
王　颖(女)　应质峰(女)　高效江
鲁映青(女,兼)
教务处
处　长：徐　雷(兼)
副处长：丁光宏(兼)　臧德泉(兼)　王　颖(女,兼)
应质峰(女,兼)
招生办公室
主　任：丁光宏
研究生院
院　长：钟　扬
副院长：顾云深(常务)　陈玉刚　储以微(女,兼)
招生办公室
主　任：吴宏翔
科技处
处　长：殷南根
副处长：胡建华　杨　忠　张　农(兼)
军工保密办公室
副主任：王文斌
文科科研处
处　长：杨志刚
副处长：葛宏波　姚　凯　张　怡(女)
医院管理处
处　长：夏景林(兼)
副处长：卢　清　赵　阳(女)
外事处
处　长：朱畴文
副处长：刘　莉(女)　唐文卿(女)
外国留学生工作处
处　长：杨增国
副处长：赵泉禹
对外联络与发展处
处　长：潘　俊(女)
副处长：邵仁厚　孙　钢　丁　力
财务处
处　长：林学雷
副处长：聂　叶(女)　陆　瑾(女)
审计处
处　长：郁　炯(女)
副处长：张　育(女)　郑　勇
资产管理处
处　长：余　青(女)
副处长：汪　皓　张　义
退管会
主　任：王小林(兼)
副主任：杨慧群(女,常务)　黄玮石　林　丽(女)
后勤党委
党委书记：肖永春(女)
总务处
处　长：栗建华
副处长：王丽红(女)　郭建忠　江生和
基建处
处　长：姜佩珍(女)
副处长：陆卫国　刘召伟　杨湧敏
枫林校区管理委员会
副主任：毛惠琴(女,主持工作)　季一宁
张江校区管理委员会
主　任：葛海霖
副主任：王海晶　王正华(女)
江湾校区管理委员会
副主任：李高平(主持工作)
校园信息化办公室
主　任：宓　詠
副主任：闫　华(女)　王　新
工会
主　席：刘建中(女,兼)

常务副主席：司徒琪蕙(女)
副主席：金再勤　王丽军(女)　吴佳新
团委
书　记：高　天(女)
副书记：滕育栋　厉家鼎　刘岱淞　韩　煦(女)
　　孙冰心(女)　耿昭华　顾宇翔(兼)
妇委会
副主任：司徒琪蕙(女,兼)
上海医学院
院　长：桂永浩(兼)
副院长：袁正宏　汪　玲(女)　包志宏　夏景林
上海医学院办公室
主　任：包江波(女)
副主任：刘金也(女)　谢静波
医学发展规划办公室
主任：伍　蓉(女)
副主任：余金明
医学科研管理办公室
主任：张　农
副主任：卢　虹(女)　莫晓芬(女)
医学教育管理办公室
主　任：鲁映青(女)
副主任：孙利军(女)　赖燕妮(女)
医学学位与研究生教育管理办公室
主　任：储以微(女)
副主任：任　宁　吴海鸣(女)

复旦大学院系所党政负责人一览表

中国语言文学系
主　任：陈引驰
副主任：朱　刚　吴兆路　戴从容(女)　张岩冰(女)
党委书记：李　钧
党委副书记：张豫峰(女)
外国语言文学学院
院　长：褚孝泉
副院长：曲卫国　魏育青　季佩英(女)　高永伟
党委书记：李　倩(女)
党委副书记：曾建彬　赵　强
历史学系
主　任：章　清
副主任：周　兵　邓志峰　翁　瑾
党委书记：金光耀
党委副书记：黄　洁(女)
文物与博物馆学系
主　任：陆建松
哲学学院
院　长：孙向晨
副院长：郑召利　王新生　郝兆宽
党委书记：袁　新
党委副书记：邵强进
新闻学院
院　长：宋　超
副院长：黄　瑚(常务)　孙　玮(女)　李双龙
党委书记：俞振伟
党委副书记：谢　静(女)
经济学院
院　长：袁志刚
副院长：孙立坚　尹翔硕　杨长江　刘军梅(女)
党委书记：石　磊
党委副书记：尹　晨　蔡晓月(女)
国际关系与公共事务学院
院长：陈志敏
副院长：苏长和　敬乂嘉　陈周旺
党委书记：刘季平
党委副书记：陈明明　顾　莺(女)
法学院
院　长：孙笑侠
副院长：王志强　潘伟杰　王　蔚(女)
党委书记：胡华忠
党委副书记：梁　咏(女)
社会发展与公共政策学院
院　长：梁　鸿
副院长：刘　欣　徐　珂　程　远
党委书记：顾东辉
党委副书记：周　楚(女)
管理学院
院　长：陆雄文
副院长：周　健(常务)　薛求知　孙一民(女)　殷志文
　　吕长江
党委书记：黄丽华(女)
党委副书记：叶耀华　赵伟韬
数学科学学院
院　长：郭坤宇
副院长：陈　猛　林　伟　应坚刚　王永珍
党委书记：侯力强
党委副书记：张晓清(女)
物理学系
主　任：沈　健
副主任：马世红　周　磊　陈张海　陈骏逸
党委书记：蒋最敏
党委副书记：陈骏逸(兼)　周序倩(女)
现代物理研究所(核科学技术系)
所　长(系主任)：邹亚明(女)
副所长(副系主任)：王万春(兼)　陈重阳　赵凯锋
党总支书记：王万春
化学系
主　任：唐　颐
副主任：贺鹤勇　高　翔　张丹维(女)
党委书记：徐华龙

党委副书记：刘永梅(女)　郭　娟(女)

高分子科学系

主　任：汪长春

副主任：何军坡　彭慧胜　丛培红(女)

党委书记：张志芹(女)

党委副书记：包　涵(女)

环境科学与工程系

代理主任：杨　新

副主任：周　斌　张士成

党委书记：马蔚纯

党委副书记：刘　翔(女)

信息科学与工程学院

院　长：郑立荣

副院长：汪源源　胡　波　石艺尉　刘　冉

党委书记：周立志

党委副书记：屈新萍(女)　张荣君

计算机科学技术学院

院　长：王晓阳

副院长：薛向阳　汪　卫　赵一鸣　周　曦

党委书记：张骏楠(女)

党委副书记：张玥杰(女)　阳德青

材料科学系

主　任：武利民

副主任：吴晓京　张　群　于　瀛(女)

党委书记：肖　斐

党委副书记：江素华(女)

力学与工程科学系

主　任：艾剑良

副主任：马建敏　张　迪(女)

党总支书记：黄岸青(女)

党总支副书记：姚　伟(女)

生命科学学院

院　长：马　红

副院长：王红艳(女)　卢大儒　杨　继　江培翃(女)

党委书记：陈浩明

党委副书记：钟　江　蒋　蕾(女)

基础医学院

院　长：汤其群

副院长：钱睿哲(女)　姜　宴(女)　张　威(女)

党委书记：袁继鼎

党委副书记：钱海红(女)

公共卫生学院

院　长：姜庆五

副院长：周志俊(兼)　钱　序(女)　陈　文

党委书记：尹冬梅(女)

党委副书记：于专宗

药学院

院　长：朱依谆

副院长：侯爱君(女)　孙　逊(女)　王建新

党委书记：陆伟跃

党委副书记：毛　华(女)

护理学院

院　长：胡　雁(女)

副院长：王君俏(女)　曹育玲(女)　徐建鸣(女,兼)　蒋　红(女,兼)

党总支书记：夏海鸥(女)

党总支副书记：程　娌(女)

国际文化交流学院

副院长：吴中伟(主持工作)　胡文华(女)

党总支书记：沈肖肖

社会科学基础部

主　任：高国希

副主任：吴海江　李　冉

党总支书记：高国希(兼)

党总支副书记：孙　谦

放射医学研究所

所　长：周志俊

党总支书记：邵春林

体育教学部

主　任：王方椽

副主任：陈　琪　陈建强　马祖勤

直属党支部书记：汪　凯

实验动物科学部

副主任：杨　斐(主持工作)

直属党支部书记：沈鸣华

高等教育研究所

所　长：熊庆年

古籍整理研究所

副所长：陈广宏

中国历史地理研究所

所　长：吴松弟

副所长：安介生

文史研究院

院长：葛兆光

社会科学高等研究院

院长：邓正来

国际问题研究院

常务副院长：沈丁立

先进材料实验室

主任：赵东元

党总支书记：姜良斌

生物医学研究院

常务副院长：杨芃原

直属党支部书记：包志宏(兼)

脑科学研究院

院长：马　兰(女)

直属党支部书记：陈靖民

神经生物研究所

所长：张玉秋(女)

复旦大学直属单位及附属医院党政负责人

文科学报
主　编：汪涌豪
理科学报
主　编：杨玉良(兼)
医科学报
主　编：姚　泰
副主编：王吉耀(女)　沈　玲(女)　金泰廙　查锡良
档案馆
馆　长：周桂发
副馆长：丁士华(女)　张　劲(女)
图书馆
馆　长：葛剑雄
副馆长：严　峰(常务,兼)　张计龙　杨光辉　王　乐(女)
党总支书记：严　峰
党总支副书记：钱京娅(女)
艺术教育中心
主任：李　钧(兼)
副主任：郁秀兰(女)　陈　寅(女)
分析测试中心
主　任：贺鹤勇(兼)
副主任：胡耀铭　任庆广
继续教育学院
院长：方晶刚
党总支书记：周　亚(女)
副院长：应建雄　章　沛
网络教育学院
院　长：方晶刚(兼)
副院长：应建雄(兼)
出版社
董事长：贺圣遂
总支书记：王凤霞(女)
总经理：杜荣根　李　华(代理)
总支副书记：孙　晶
后勤服务有限公司
总经理：张　珣
资产经营有限公司
总经理：赵文斌
党总支书记：俞胜南(女)
复华公司
总经理：蒋国兴
党委书记：任琳芳(女)
党委副书记：赵之凡
复旦大学附属中学
校　长：郑方贤
副校长：吴　坚(常务)　方培君(女)　张之银　杨士军　王德耀(兼)
党委书记：王德耀
党委副书记：李　峻(女)
复旦大学附属第二中学
校　长：杨士军(兼)
副校长：李鸿娟(女)
党支部书记：瞿丽红(女)
复旦大学附属小学
校　长：黄　琪
副校长：彭　松　夏慧敏(女)
复旦大学附属中山医院
院　长：王玉琦
副院长：高　鑫(女)　樊　嘉　张志勇(兼)　汪　昕　朱同玉　阎作勤
党委书记：秦新裕
党委副书记：牛伟新　沈　辉
纪委书记：牛伟新(兼)
复旦大学附属华山医院
院　长：丁　强
副院长：汪志明　邵建华(女)　马　昕　徐文东　毛　颖　靳建平
党委书记：顾小萍(女)
党委副书记：耿道颖(女)　邹和建
纪委书记：邹和建(兼)
复旦大学附属肿瘤医院
院　长：郭小毛
副院长：叶定伟　吴　炅　陈海泉　陈　震
党委书记：李端树
党委副书记兼纪委书记：顾文英(女)
复旦大学附属眼耳鼻喉科医院
院　长：孙兴怀
副院长：迟放鲁　王德辉　徐格致
党委书记：李　华(女)
党委副书记兼纪委书记：王胜资(女)
复旦大学附属妇产科医院
院　长：徐丛剑
副院长：李　斌(女)　李笑天　姜　桦
党委书记：华克勤(女)
党委副书记兼纪委书记：陈晓军(女)
复旦大学附属儿科医院
院　长：黄国英
副院长：郑　珊(女)　王　艺(女)　盛　锋　周文浩
党委书记：徐　虹(女)
党委副书记兼纪委书记：张　瑾(女)
复旦大学附属金山医院
院　长：洪　震
复旦大学附属上海市第五人民医院
院　长：顾　勇
复旦大学附属公共卫生临床中心
主　任：张志勇
党委书记：卢洪洲

党委副书记：张志勇（兼）

新增或调整各类委员会、领导小组（非常设机构）及其成员名单

成立复旦大学发展与规划委员会、复旦大学预决算委员会

复旦大学发展与规划委员会（2012年3月12日成立）

主任委员：吴晓明（哲学学院）

副主任委员：陈家宽（生命科学学院）
彭裕文（上海医学院）

委　员：卢丽安（女，外国语言文学学院）
陈　雁（女，历史学系）
张双利（女，哲学学院）
任　远（社会发展与公共政策学院）
潘伟杰（法学院）
尹　晨（经济学院）
资　剑（物理学系）
范康年（化学系）
徐　雷（信息科学与工程学院）
杨卫东（计算机科学技术学院）
郭慕依（上海医学院）
刘　宝（公共卫生学院）

复旦大学预决算委员会（2012年3月12日成立）

主任委员：李若山（管理学院）

副主任委员：苟燕楠（国际关系与公共事务学院）

委　员：杨乃乔（中国语言文学系）
俞吾金（哲学学院）
黄芝晓（新闻学院）
朱　叶（经济学院）
龚柏华（法学院）
林荣日（高等教育研究所）
林　伟（数学科学学院）
戴星翼（环境科学与工程系）
顾建新（上海医学院）
孙　逊（女，药学院）
林学雷（财务处）

复旦大学生物安全管理委员会成员并增设转基因生物安全专家委员会（2012年3月15日调整）

主　任：杨玉良　朱之文

副主任：陈晓漫　金　力　桂永浩

委　员：龚新高　刘承功　包志宏　林学雷　闻玉梅
瞿　涤　贺　林　汤其群　姜庆五　马　红
卢宝荣　吴晓晖

增设复旦大学转基因生物安全专家委员会

主　任：卢宝荣

委　员：马　红　蒯本科　宋志平　吴晓晖　邓可京
严维耀

复旦大学汉语国际推广领导小组（2012年6月1日调整）

组　长：杨玉良　朱之文

副组长：冯晓源　陆　昉　林尚立

成　员：朱畴文　沈肖肖　秦莉萍　周亚明　杨增国
应质峰　顾云深　杨志刚　吴中伟

领导小组办公室设在外事处。

复旦大学重点实验室管理委员会（2012年12月19日调整）

主　任：金　力

副主任：桂永浩

委　员：殷南根　刘承功　李粤江　周亚明　林学雷
钟　扬　余　青　姜佩珍　栗建华　杨志刚
杨　忠　张　农　伍　蓉

复旦大学第十届学位评定委员会（2012年12月31日调整）

主　席：杨玉良

副主席：俞吾金　李大潜　桂永浩　陆　昉

委　员：陈思和　陈志敏　褚孝泉　戴鞍钢　樊　嘉
葛均波　葛兆光　顾玉东　顾云深　贺鹤勇
洪家兴　侯晓远　姜庆五　金　力　刘海贵
卢宝荣　芮明杰　邵志敏　孙南申　汤其群
汪　玲　王桂新　王威琪　王晓阳　闻玉梅
武利民　杨　新　杨福家　杨芃原　袁正宏
袁志刚　赵东元　钟　扬　朱依谆

秘书长：顾云深（兼）

一、院系所与公共教学单位

中国语言文学系

【概况】 2012 年,中国语言文学系(简称中文系)包括中文系、语言文学研究所和 6 个研究中心。设有博士点 11 个,科学学位硕士点 12 个,专业学位硕士点 2 个,博士后科研流动站 1 个,本科专业 2 个。出版专业学位硕士点开始招生。

有在职教职工共 119 人,其中专职教师 109 人,行政人员 9 人,教辅人员 1 人。具有正高级职称 54 人,副高级职称 37 人,中级职称 18 人。

全年招收本科生 88 人,硕士研究生 119 人,博士研究生 51 人,进入博士后流动站 16 人。在读本科生 474 人,硕士研究生 296 人,博士研究生 236 人,在站博士后 44 人。上半学年开设本科生课程 118 门,硕士研究生课程 46 门,博士研究生课程 21 门;下半学年开设本科生课程 128 门,硕士研究生课程 56 门,博士研究生课程 20 门。

申请到国家社科基金项目 7 项,其中龚群虎的"基于汉语和部分少数民族语言的手语语料库建设研究"为重大项目,戴耀晶的"现代汉语及方言中的否定问题研究"为重点项目;教育部人文社会科学研究项目 7 项,上海市哲学社会科学"十二五"规划课题 1 项;杨俊蕾的"关于《文艺对话录》的研究"获上海市 2012 年度"曙光计划"项目和教育部"新世纪优秀人才支持计划"项目资助,张业松的"左翼文学研究"获上海市浦江人才计划资助,侯体健的"南宋地域文学研究"获上海市"晨光计划"资助。2012 年中文系教师出版学术专著、译著共 14 部,编著或教材 5 部,在国内外杂志上发表学术论文 200 余篇。资深教授王水照获上海市第十一届哲学社会科学学术贡献奖。

瑞典著名诗人、诺贝尔文学奖评委会主席埃斯普马克(Kjell Espmark),美国普林斯顿大学东亚系教授柯马丁(Martin Kern),德国特里尔大学教授卜松山(Karl-Heinz Pohl),法国巴黎第七大学教授克里斯蒂娃(Julia Kristeva),韩国成均馆大学中文系教授朴正九,新加坡南洋理工大学教授衣若芬,香港教育学院蒋震"语言科学"讲座教授邹嘉彦(Banjamin K. T'sou),台湾政治大学中文系教授郑文惠,国内著名学者吴福辉、阎连科、范伯群、刘跃进、钱志熙,及著名作家余华、张承志等先后到中文系演讲。

学科发展势头良好,文艺学美学、古典文学、现当代文学、比较文学与世界文学、语言学等 5 个学科,在国内同领域都具有显著的领先地位。2012 年主办 10 余场学术会议。4 月 13—14 日,举办"世界华文文学学科建设会议";7 月 26 日,与香港中文大学中文系联合举办"交叉视野中的语体研究"学术研讨会;8 月 7—9 日,与中国社科院语言研究所等单位联合主办"汉语方言类型学研讨会暨第一届方言语音与语法论坛";9 月 10—11 日,主办第二届中国古代文章学国际学术研讨会;10 月 9 日,主办"2012 上海写作计划"复旦师生交流会;10 月 20—21 日,与德国莱比锡大学汉学系联合主办"西方美学与中国暨第二届中德双边国际学术研讨会";11 月 24—25 日,与中国修辞学会、义乌市教育局等单位在复旦大学老校长陈望道的故乡浙江义乌举办"国家形象、社会发展与修辞学的使命——纪念《修辞学发凡》出版 80 周年、《当代修辞学》创刊 30 周年暨中国修辞学会 2012 年学术研讨会";12 月 1—2 日,主办第四届望道修辞学论坛暨第八届语体风格学学术研讨会;12 月 5 日,主办"21 世纪民俗学走向"学术研讨会;12 月 22—23 日,主办"2012 年语言的描写与解释"学术研讨会;12 月 24 日,与韩国梨花女子大学中语中文学科联合主办"中韩语言文学研究的新进展"学术研讨会。

12 月,完成系领导班子改选。李钧任分党委书记,陈引驰任系主任。提出"建设健全的学术共同体"目标,进一步梳理中文系的学术传统,加强与国际国内学术界的交流互动,促进科研、教学的一体化,注重后继人才的培养,为中国语言、中国文学学科输送更多的前沿学者。 (朱 刚)

【出版专业学位硕士点开始招生】 9 月,复旦大学中文系出版专业学位硕士点(MP, Master of Publishing)首次面向全国招收的 21 名新生入学。该专业经教育部批准,于 2010 年设立,以复旦出版社为实践基地,共同培养出版专业人才。专业学位硕士教育的开展和完善,对于学科建设、科研与应用的结合互动,具有重要的现实意义。截至 2012 年 12 月,中文系已有戏剧(创意写作)与出版 2 个专业学位硕士点。 (朱 刚)

【陈思和出席诺贝尔文学奖颁奖典礼】 12 月 5—14 日,2012 年度诺贝尔文学奖颁奖典礼在瑞典斯德哥尔摩举行。中文系教授陈思和陪同年度诺贝尔文学奖得主莫言前往领奖,行程为期 8 天,并全程参与莫言的所有公开活动。12 月 6 日(北京时间,下同),在瑞典学院大厅举办新闻发布会;12 月 8 日,在瑞典学院举办受奖演说;12 月 9 日,在斯德哥尔摩大学举办莫言演讲;12 月 9 日,在斯德哥尔摩音乐厅举办诺贝尔奖音乐会;12 月 10 日,斯德哥尔摩音乐厅诺贝尔奖颁奖典礼,以及斯德哥尔摩市政厅诺贝尔奖晚宴等。陈思和是以诺奖推荐人和唯一的中国国内文学评论家的身份应邀前往。在瑞典，陈思和还应著名汉学家罗多弼之邀前往斯德哥尔摩大学，第一时间解读莫言的受奖演说《讲故事的人》。 （张业松）

【举办第十届全国语言学暑期高级讲习班】 7月中旬—8月上旬，第十届“全国语言学暑期高级讲习班(China Linguistics Summer Institute，简称CLSI)”在复旦大学中文系举办。该讲习班由复旦大学、北京大学、南开大学和中国社科院语言研究所轮流承办，教育部语信司参与指导。根据教育部的有关规定，修读CLSI的研究生可以获得相应的学分。讲习班的课程分为上、下两段，第一段从7月16—25日，课程为“句法语义学”和“历史语言学”。第二段从7月27日—8月5日，课程为“修辞与语言运用”和“言语听觉科学”。期间还同时举办“复旦大学语言学高级论坛”，共有12个以上讲座，与课程交错进行。讲习班聘请国内外专家学者约20人授课或讲座，介绍最新的研究成果和学术发展动态。招生对象为中国内地和港澳台地区高等院校语言学或汉语语言文字学及相关学科专业的博士生和青年教师，每段录取名额为200人。 （陶 寰）

哲学学院

【概况】 2012年，哲学学院设有博士后流动站1个，博士点9个、硕士点8个、本科专业2个。

有在职教职工68人，其中专任教师59人，行政教辅人员9人；其中具有正高级职称33人，副高级职称21人，中级及以下职称10人。博士后进站12人、出站9人、在校31人。

全年招收硕士研究生53人、博士研究生37人；毕业本科生50人、硕士研究生40人、博士研究生35人；在校本科生222人、硕士研究生154人、博士研究生137人。学院春季开设本科生课程68门、硕士生课程41门、博士生课程18门；秋季开设本科生课程69门、硕士生课程47门、博士生课程17门。

科研方面，获批省部级以上课题11项，其中国家社科基金重大项目3项、青年项目4项；教育部人文社会科学重点研究基地重大项目1项、人文社会科学研究青年基金项目1项、哲学社会科学后期资助项目1项；上海市社科规划一般课题1项。省部级以上课题结项10项，其中国家社科基金项目6项；教育部项目2项；上海市社科项目2项。

全年发表论文285篇，其中国内权威刊物22篇，外文论文13篇，SSCI1篇，A&HCI1篇。出版著作31本，其中专著15本，译著8本，编著及教材8本。

获省部级以上科研奖励25项。俞吾金《意识形态论》获中国马克思主义哲学史学会马克思主义中国化优秀理论成果二等奖，《社会形态理论与中国发展道路》获上海市第九届邓小平理论研究和宣传优秀成果论文类三等奖；吴晓明《论中国学术话语体系的自主建构》获上海市第九届邓小平理论研究和宣传优秀成果论文类一等奖，《超感性世界的神话学及其末路——马克思存在论革命的当代阐释》获上海市第十一届哲学社会科学优秀成果著作类三等奖；陈学明《马克思的公平观与社会主义市场经济》获上海市第十一届哲学社会科学优秀成果论文二等奖，《永远的马克思》获中国共产党思想理论资源数据库和中国马克思主义哲学史学会共同举办的“马克思主义中国化、时代化、大众化优秀理论研究成果”评选著作二等奖；张庆熊《基督教大辞典》获上海市图书一等奖，《社会科学的哲学》获高教系统出版社协会二等奖；张汝伦《批判哲学的形而上学基础》，获上海市第十一届哲学社会科学优秀成果论文类二等奖；邓安庆《从“自然伦理”的解体到伦理共同体的重建——对黑格尔〈伦理体系〉的解读》获上海市第十一届哲学社会科学优秀成果论文三等奖；莫伟民《主体的真相——福柯与主体哲学》获上海市第十一届哲学社会科学优秀成果论文类二等奖；邹诗鹏《再论唯物史观与启蒙》获上海市第十一届哲学社会科学优秀成果论文类三等奖，《理论自觉与当今中国的哲学社会科学研究》，获上海市第九届邓小平理论研究和宣传优秀成果论文类三等奖，《全球现代性重建与中国文化转型》获上海市社会科学第十届学术年会(2012)优秀论文奖，《马克思对现代性社会的发现、批判与重构》获第六届高等学校科学研究优秀成果论文奖；徐英瑾《一个维特根斯坦主义者眼中的框架问题》获上海市第十一届哲学社会科学优秀成果论文类一等奖；孙承叔《真正的马克思——资本论三大手稿的当代意义》获第六届高等学校科学研究优秀成果著作奖；余源培《论新时期的文化统一战线》获海市第九届邓小平理论研究和宣传优秀成果论文类二等奖，《构建以人为本的财富观》获上海市第十一届哲学社会科学优秀成果论文类三等奖，《马克思主义经济哲学及其当代意义》获第六届高等学校科学研究优秀成果著作奖；王凤才《社会病理学：霍耐特视阈中的社会哲学》获得中国马克思主义哲学史学会、人民出版社(中国理论网)颁发的优秀论文二等奖；郑召利获上海市2012年教育系统“上海市育才奖”；邵强进获上海市研究生优秀成果(学位论文)指导教师奖。

学术交流方面，主办或合办国内外学术会议共14次，其中国际会议2次，国内会议12次。与会学者累计868人。邀请国内外学者开设学术讲座100次。出国进修访学教师2人。出国出境参加国际学术会议、讲学21人。有22名国际知名学者应邀来学院讲学、开设讲座，其中有美国洛约拉马力蒙特大学宗教神学系主任杰夫瑞·希克(Jeffrey S. Siker)，冰岛东亚研究中心主任西格逊(Sigurðsson)，比利时皇家科学院院士、著名佛学家、汉学家和印度学家魏查理，世界著名过程哲学家、美国中美后现代发展研究院副院长、美国过程研究中心主任戴维·格里芬(David Griffin)，法国哲学家和社会理论家、巴黎大学荣休教授《今日马克思》杂志荣誉主编、“世界马克思大会”主席雅克·比岱(Jacques

Bidet)，美国符号学研究中心主任，美国驻中国逻辑学、符号学和皮尔士研究友好大使查尔斯·皮尔逊(Charles Pearson)，著名技术哲学家、加拿大西蒙·弗雷泽大学技术研究所主任安德鲁·芬伯格(Andrew Feenberg)。举办一系列复旦大学"人文基金"学术交流讲座，包括韩国国立首尔大学哲学系教授崔星豪的"对于'倾向性'概念的形而上学研究"，台湾中研院欧美研究所研究员黄瑞祺的"交流与对话"，牛津大学教授沃克尔·哈尔巴赫(Walker Halbach)的"真之悖论与模态性"、"真、模态与悖论"、"句法的形式理论"、"真与模态的公理化方法"，德国柏林洪堡大学教授洛夫-佩特·霍斯特曼(Rolf-Peter Horstmann)的"关于康德《判断力批判》"，德国法兰克福大学哲学系教授克利斯朵夫·蒙克(Christoph Menke)的"社会批判与现代政治"系列专题讲座。台湾政治大学哲学系教授彭文林的"从希腊哲学到中希比较哲学"系列学术讲座。举行5次教师学术沙龙。8月20日，举办上海市哲学学会主题为"哲学与人类文明""第二届中青年学者论坛"。9月4—6日，哲学学院师生共9人赴台湾政治大学参加第五届南北五校(北京大学、复旦大学、武汉大学、中山大学和台湾政治大学)哲学博士生论坛学术研讨会。

本科生培养方面。为本科生实行全员导师制，8位学生配备1位导师。举办第十三届 Sophia 人文节。邀请2008级本科优秀毕业生举行"明天的我——哲学学院2012届优秀毕业生交流恳谈会"，与在校学生分享本科阶段成长经历。启动哲学学院"为人·为师·为学"第三轮活动。组织学生赴宁夏西吉三合中学短期支教。举行2012年度学生工作总结表彰大会。11月到12月，为本科生举办望道计划之哲学学院2012级八大导师讲哲学系列讲座。讲座内容涵盖中国哲学、西方哲学、科学哲学和宗教学等方向。

研究生培养方面。2008级外国哲学专业赵灿的博士学位论文《"诚言"与"关心自己"：福柯的古代哲学解释研究》获得2011年上海市研究生优秀成果(博士学位论文)。2008级逻辑专业李主斌的硕士学位论文《塔斯基：语义性真理论与符合论》获得2011年上海市研究生优秀成果(硕士学位论文)。

博士后培养方面。举行7次博士后沙龙，主题分别为"分别智与圆融智——哲学精神的类型学反思"，"费希特统一实践理性与理论理性的尝试"，"'文本'与反思——探究一种'解释学'的反思模型"，"主客观的反思平衡"，"妙度天地：道教云篆灵图的图像学分析"，"熊十力民主思想发微"，"康德法哲学视野下的公民权利——兼谈康德的理性与浪漫"。

党团工作方面。学院党委书记更替，胡华忠因工作需要调离哲学学院，袁新接任哲学学院党委书记。组织学生党员和预备党员观看纪录片《人民的好儿女》并进行讨论。制订支部发展成长计划。哲学学院分团委开展"五四精神"征文活动。组织学生观看纪录片《信仰》，以"选择信仰，坚持信仰"为主题开展讨论。研究生团学联组织学生参观中共一大会址。举行学习党的十八大精神讨论会。学院团学联青志部获得2012年度复旦大学爱心集体的称号。

校友工作方面。接待82级系友30余人返回母校，举行进校30周年庆典。接待88级系友返校举行毕业20周年纪念活动。　(魏洪钟)

【举办"中国、哲学、现代性问题"国际学术论坛】 该会议于3月16日在复旦大学哲学学院举行，由哲学学院与美国德堡大学哲学系共同举办。会议主题为"中国、哲学、现代性问题"。来自美国德堡大学的珮姬·伯明翰(Peggy Birmingham)、迈克尔·纳斯(Michael Naas)、理查德·李(Richard Lee)、威廉·马丁(William Martin)、富兰克林·珀金斯(Franklin Perkins)等学者分别作题为"现代政治神学：人民的双重身体"；"电视与现代性：雅克·德里达与媒体的宗教"；"唯物主义与哲学"；"巴迪欧的第二现代性、佛学的马克思主义和共产主义事业的更新"；"莱布尼茨论哲学在中国的存在"的主题报告，并和中国学者进行交流。论坛为中美哲学家对话，加强交流奠定基础。　(高雅洁)

【举行系列讲座】 3月26日—4月1日，德国海德堡大学教授安东·弗利德里希·科赫(Anton Friedrich Koch)应邀在光华西主楼2401举办主题为"真理与时间：从康德到海德格尔"的专题讲座4场。讲座题目分别为"时间与真理的三重结构"；"时间与空间：特殊性的形式与直观形式"；"时间与幸福的三种方式"；"时间与自由：时间之箭的自由理论"。科赫以精湛的语言与清晰的理论模型，深入浅出地解说亚里士多德，康德与海德格尔的哲学理论，勾勒与展现自己的哲学框架，以一种崭新的视角启发思考哲学论题。科赫的博士研究生西蒙娜·诺伊波(Simone Neuber)也举行3场讲座，题目分别为"海德格尔，胡塞尔与现象学"；"基础存在论的纲领与障碍"；"离开此在的思考，转向新的向物的存在"。诺伊波在讲座过程中与哲学学院的学生们展开关于海德格尔哲学的深入探讨与交流。

(魏洪钟)

【举办"基督教大辞典发布暨宗教研究方法研讨会"】 3月31日，《基督教大辞典》发布暨宗教研究方法研讨会在复旦大学召开。该书历时13年编纂而成，由我国基督教不同宗派学者合作主编，并由上海辞书出版社于2010年10月出版。与会者认为，该辞典最大的特点是，关于中国基督教的历史和现状，介绍翔实、客观，蔚为特色。有关内容丰富，收录详尽，是研究世界基督教，特别是中国基督教的历史和现状的必备工具书。该书获得第十二届上海图书奖(2009—2011年度)一等奖，并得到基督教研究学者、中国教会人士的高度评价。

(魏洪钟)

【举办第四届《哲学分析》论坛——俞吾金学术思想全国研讨会】 该会议于4月14—15日在复旦大学光华楼2401和2501会议室举行。由上海社会科学院《哲学分析》编辑部与复旦大学当代国外马克思主义研究中心、复旦大学哲学学院共同主办。来自中国社科院哲学研究所、北京大学、中央党校、北京师范大学、吉林大学、山西大学、中山大学、浙江大学、上海社科院哲学研究所、华东师范大学、上海师范大学、上海财经大学、复旦大学等高校和研究单位的40多位专家，围绕俞吾金教授的《意识形态论》、《问题域的转换》、《实践与自由》、《中国传统人性理论的祛魅与重建》等“三书一文”，多侧面地讨论他的学术思想。论坛的举行有助于进一步扩大复旦大学哲学学院、复旦大学在学术界的影响，推动国外马克思主义，以及整个哲学学科的发展。

（高雅洁）

【参加“现代化与民族认同”国际会议】　9月13—20日，汪行福、邹诗鹏赴波兰波兹南密茨凯维奇大学(Adam Mickiewicz University)参加“现代化与民族认同”国际会议。参会的代表有波兰、中国、德国、奥地利、保加利亚、乌克兰等国学者。汪行福在会上作题为“复杂现代性与中国民族认同”的大会发言。邹诗鹏作题为“现代中国的国族建构与民族自觉”的主题发言，并引发大会讨论。

（高雅洁）

【举办2次“社会批判与现代政治”小型国际学术会议】　9月26日，复旦大学当代国外马克思主义研究中心、国外马克思主义与国外思潮创新研究基地和复旦大学哲学学院在复旦大学光华楼西主楼2401共同举办“社会批判与现代政治”小型国际学术会议。来自国内外的专家学者13人参会，其中包括法兰克福大学教授CHRISTOPH MENKE和德国柏林—洪堡大学教授RAHEL JAEGGI。会议有助于促进中国学界对批判理论和政治哲学的深入研究，推动中国学者在这些研究领域与国际一流学者之间的实质性学术对话。10月13日，复旦大学当代国外马克思主义研究中心召开“马克思与黑格尔关系再思考——莱文《马克思与黑格尔对话》”小型讨论会，著名的马克思学家、美国马里兰大学历史系荣休教授、《马克思和黑格尔的对话》(*Marx's Discourse with Hegel*)一书的作者诺曼·莱文，日本马克思主义理论家内田弘教授、复旦大学当代国外马克思主义研究中心汪行福、张双利、吴猛和相关专业的博士生参加，会议围绕着莱文新作，探讨马克思与黑格尔哲学的关系。　（高雅洁）

【举办第八届南北哲学论坛】　论坛于11月10—11日由复旦大学哲学学院主办。论坛主题为“历史感与现时代：今天我们如何理解历史”。来自北京大学、复旦大学、香港中文大学、台湾政治大学的30余位学者参会。论坛围绕共发表论文22篇，讨论范围十分广泛，表现出很大的相关性和集中性。论坛通过良好的交融，为进一步的学术合作，形成学术共同体打下基础。　（魏洪钟）

【举办2012年全国现代逻辑学术研讨会】　该会议于11月16—18日在复旦大学哲学学院举行。由中国逻辑学会现代逻辑专业委员会主办，复旦大学哲学学院承办。参会代表共56人，其中教授13人，副教授8人。与会代表就数理逻辑、模态逻辑、悖论、逻辑哲学等不同研究领域进行报告。所有报告都预先经过现代逻辑专业委员会评审，并有1—2位推荐人推荐，具有较强的专业性。会议报告集结成册，题为《论文集锦》。该会议是全国现代逻辑专业的第一次全体学术交流会议。　（魏洪钟）

【举办上海市哲学学会2012年年会】　该年会于11月18日在复旦大学举行。由上海市哲学学院主办，复旦大学哲学学院承办。来自沪上高校、科研机构的专家学者100余人参会。年会主要围绕“哲学与当代中国文化建设”关系，努力从哲学层面阐释“十八大”提出的建设社会主义强国的议题。年会上，复旦大学教授俞吾金与华东师范大学教授高瑞泉分别作题为《哲学：从文化的阐释者到批判者》和《中国哲学以何等样态再度“登场”》的主题报告。　（高雅洁）

【举办宋明理学与中国文化暨潘富恩教授八十华诞学术研讨会】　该会于12月8日上午在复旦大学哲学学院举行。中国人民大学张立文教授、武汉大学郭齐勇教授、华东师范大学杨国荣教授、上海师范大学陈卫平教授等50多名中国哲学研究的知名学者出席研讨会。会议围绕如何从具体和现实的中国文化语境来理解宋明理学这一主题，并结合潘富恩的相关研究展开研讨。　（魏洪钟）

【举行《杜威全集》中期著作中文版发布会暨“杜威与实用主义”学术研讨会】　12月15日上午，《杜威全集》中期著作集(共15卷)中文版新书发布会在复旦大学逸夫楼一楼报告厅顺利举行。该书由哲学学院刘放桐教授主编、哲学学院杜威与美国哲学研究中心组译，华东师范大学出版社出版。校党委副书记刘建中，华东师范大学党委书记童世骏，上海市新闻出版局副局长阚宁辉，哲学学院杜威与美国哲学研究中心主任、杜威全集中文版主编刘放桐以及来自全国十多所著名大学和科研机构的专家学者约80人出席发布会。15卷本《杜威全集》中期著作中文版的出版发行，是继2010年5卷本《杜威全集》早期著作中文版问世后，哲学学院杜威与美国哲学研究中心组译38卷本《杜威全集》所取得的又一阶段性成果。与会领导和专家学者对书籍的翻译出版表示肯定，并期待学院和出版社以翻译出版工作为契机，不断开展相关领域的深入研究和译介工作，促进中美两国之间的文化交流和相互理解。12月15日下午—16日上午，哲学学院举行“杜威与实用主义”学术研讨会，分4场专题研讨。来自国内各高校美国哲学研究领域的专家学者36人参会。会议围绕杜威学说与实用主义之关系、杜威思想在中国的传播等主题展开专题讨论。与会专家在研讨中交流思想，并增进对杜威学说的理解和认识。　（魏洪钟）

历史学系

【概况】　2012年，历史学系共有博士后流动站1个，博士点6个，硕士点6个，本科专业1个。旅游学系博士点1个，硕士点2个(含专业硕士)，本科专业1个。

历史学系、旅游学系在职教职员工71人，其中专任教师60人，党务行政、学工、图书资料人员9人，租赁行政人员3名；具有正高级职称25人，副高级职称22人,讲师13人;研究生指导教师51人。全年有退休教职员工59人,其中专任教师48人,党务行政、图书资料人员11人;正高级职称20人,副高级职称25人,中级职称12人。历史学系招收本科生55人、硕士研究生27人、博士研究生34人;旅游学系招收本科生35人、硕士研究生6人、专业硕士生17人、博士研究生2人。历史系毕业本科生50人、硕士研究生40人、博士研究生20人;旅游系毕业本科生42人、硕士研究生8人、单招生17人,博士研究生2人。

两系立项项目共14项,其中国家社科一般项目1项,教育部人文社科项目5项,1人获教育部新世纪人才支持计划、省部级项目2项,省市级其他项目3项、校级项目4项。省市级哲社科优秀成果奖5项。两系科研人员出版著作36部,其中专著21部,古籍整理、编著、论文集、译著、教材等15部;在国内外学术期刊上共发表论文184篇:其中权威期刊5篇、核心期刊71篇、一般期刊110篇。

先后举办"旅游与城市发展国际学术讨论会","新路径与新学境:中古中国研究的未来"会议,"中国中古史青年学者联谊会"等国际国内学术讨论会。史学论坛和旅游学论坛邀请海内外专家作学术讲座27次。德国海德堡大学教授瓦格纳、日本关西大学教授沈国威,法国社会科学高等研究院利萨拉戈(Francois Lissarrague)等知名学者到系访问交流。

全年教师出国出境参加国际会议、访问研修或演讲授课共计39人次;学生出国出境学习共计46名。

(乔　飞)

【朱维铮逝世】 3月10日15时52分,著名历史学家、复旦大学特聘资深教授朱维铮因病医治无效,在上海新华医院逝世,享年76岁。

(乔　飞)

【举行《西方史学通史》新书发布会】 3月17日,由复旦大学历史系教授张广智主编的《西方史学通史》新书发布会在复旦大学举行,复旦大学校长杨玉良、该书主编张广智、出版社董事长贺圣遂、常务副总编孙晶以及来自学术界的多位专家教授出席了发布会。《西方史学通史》历时八年完成,全书六卷,阐述自"荷马时代"迄至现当代西方史学发展的历史进程。与会专家学者对该书给予高度评价,认为该书体系完整,具有前沿性及创新性的研究成果,是一套有着中国学者治史特点与治史传统的著作。该书为新闻出版总署"十一五"规划重点图书,获得国家出版基金的资助,是国内首部多卷本的西方史学史著作。　(乔　飞)

【金重远逝世】 6月7日上午7时54分,著名历史学家、复旦大学首席教授、历史学系教授、复旦大学俄罗斯研究中心首任主任金重远先生,因突发心脏病,在家中逝世,享年78岁。

(乔　飞)

【举办"新路径与新学境:中古中国研究的未来"会议】 该会议于7月2日在复旦大学历史系会议室举行。由复旦大学历史学系与上海古籍出版社共同主办。副校长林尚立出席开幕式并讲话,系主任章清、上海古籍出版社吕健副总编分别致辞,系教授余欣介绍中古中国共同研究班的学术活动及"中古中国知识·信仰·制度研究"书系的出版情况。来自校内外的10余位资深专家以及中古中国共同研究班的全体成员出席会议。会上,与会专家就"中古文史之学的再出发"、"传统中国研究的再认识"等问题展开研讨,并对中古中国研究的未来与前景进行展望。　(余　欣)

【举办第六届"中国中古史青年学者联谊会"】 该会议于8月25—27日在复旦大学举行。由复旦大学历史学系主办,北京大学中国古代史研究中心协办。来自中国、日本、韩国和美国的68位青年研究者(包括博士生11人)围绕15篇主题报告,展开讨论。对复旦大学中国中古史的学科建设起到促进作用。　(徐　冲)

【举办"旅游与城市发展"国际学术讨论会】 该研讨会于10月27—29日在复旦大学举行。由复旦大学旅游学系主办。会议由主旨演讲、《复旦大学旅游学系与台湾旅行商业同业公会合作备忘录》签字仪式、专场讨论等3部分组成。会议邀请11位专家进行了两场主旨演讲,举行12场专场讨论会。与会专家分别就城市旅游史、城市与区域旅游、城市旅游资源开发、城市旅游空间与产业发展、城市旅游目的地营销、游客满意度研究、城市酒店与接待业发展、城市会展节事、遗产旅游,以及城市旅游制度与体系建设等专题进行广泛交流,录用学术论文52篇。会上,旅游学系系主任章清与台湾旅行商业同业公会理事长姚大光代表双方签署《复旦大学旅游学系与台湾旅行商业同业公会合作备忘录》,将致力于发挥各自的优势,推动海峡两岸旅游人才的培养。来自复旦大学、北京大学、浙江大学、南京大学、香港中文大学、台湾开南大学以及美国、日本、韩国等地区和国家的40余所高校、旅游企事业单位的代表,共计67位参会。该会议为国内外从事旅游学研究与行业经营管理的专家、学者、经理们提供良好的交流平台,引起《文汇报》、《中国旅游报》、旅游视讯网等媒体的广泛关注和报道,社会反响良好。

(巴兆祥)

文物与博物馆学系

【概况】 2012年,文物与博物馆学系(下文简称"文博系")设博物馆学1个本科专业,考古学及博物馆学、文物学2个学术硕士点和2个博士点,文物与博物馆1个专业硕士点,考古学1个博士后流动站。

有在职教职工24人。其中专任教师17人、行政人员2人、教辅人员5人;具有正高级职称10人、副高级职称2人、中级职称10人;研究生指导教师12人,其中博导8人。博士后2人。

全年招收本科生25人(计划招生)、硕士研究生24人、博士研究生7人。在读本科生76人(不含2012级本科生)、硕士研究生56人、博士研究生38人。学院春季开设本科生课程22门,其中专业课程18门、综合教育课程1门、文理基础课2门、东北片区跨校选修课1门;秋季开设本科生课程22门,其中专业课程15门、综合教育课程4门、文理基础课程3门。开设研究生课程32门,其中硕士研究生课程20门、博士研究生课程12门。

承担国家社科基金项目2项,国家自然科学基金项目1项,国家文物局项目3项,教育部项目2项,省市区级项目8项,其他各类项目2项。发表论文35篇,译文4篇,考古报告1篇,研究报告1篇。出版专著1部,教材1部,古籍整理著作1部。其中,陈淳的课题“外国考古学研究译丛”获批2012年度国家社科基金第三批重大项目、刘朝晖的课题“明末清初转变期瓷器研究”获批2012年度国家社科基金艺术类项目。吕静论文《中国古代文书副本之考察——兼论先秦社会汉字使用场的扩大》、陆建松论文《将博物馆教育制度化纳入国民教育体系》分获上海市第十一届哲学社会科学优秀成果“论文类三等奖”与“内部探讨优秀成果奖”。1条上报信息“我校陆建松教授撰文建议加强博物馆对外展览工作有助于提升我国国家软实力”(复旦大学《信息专报》第38期),被中共中央办公厅秘书局采纳。

举办国内学术会议1次,共37人次教师参加国内外学术会议,提交会议论文20篇。1名教师以访问学者身份赴英国剑桥大学学术交流一年。美国霍普金斯大学菲利斯·赫克特(Phyllis Hecht)、萨沙·西科尼(Sarah Chicone)、罗伯特·卡根(Robert Kargon)、美国史密森学会王敬献(Ching-hsien Wang),大英博物馆亚洲部研究员霍吉淑(Jessica Harrison-Hall)、大英博物馆亚洲部研究员裴严华(Sascha Priewe),日本京都橘大学文学部文化财学科教授弓场纪知、日本大阪市立东洋陶瓷美术馆馆长出川哲朗、日本和歌山大学教授王妙发,联合国教科文组织世界遗产中心专员林志宏,台湾台中自然科学博物馆人类学组陈叔倬,浙江博物馆研究员李刚、王屹峰,中国社科院考古所研究员赵志军,浙江省文物考古研究所研究员孙国平、郑云飞、陈元甫、沈岳明、郑建明,湖南省博物馆馆长陈建明,四川省文物考古研究院院长高大伦、信息中心副主任刘志岩,清华大学美术学院讲师刘润福等国内外专家到系作学术讲座31场次。12月,文博系与全球最具影响力的博物馆机构——美国史密森学会(Smithsonian Institution)签订学术合作备忘录。

2012年,复旦大学博物馆完成二楼展厅改建,举办“复旦大学博物馆馆藏现代名家书画展”、“杨继国校友西部风情摄影作品展”、“复旦大学08级艺术设计系毕业展”、“历史风云 中国智慧——百年中国票证精品展”和“墨彩卿云·复旦四友书画联展”等展览。参加“2012年上海教育系统博物馆联展”,获“优秀组织奖”。

(俞 蕙)

【参加上海松江广富林遗址考古发掘】 3月,由文博系教师、研究生及2009级本科生组成的复旦大学考古队,参加上海松江广富林遗址考古发掘工作。复旦大学发掘区发掘面积约2 500平方米,发掘过程严格按照上海博物馆拟定的《2012年度广富林遗址考古发掘标准》进行,发现大量新石器时代、周代、汉代、宋元、明清时期的遗存,包括灰坑179个、水井68口、灰沟12条、墓葬25座、特殊遗迹10个,出土陶器、瓷器、玉器、石器、铜器等各类材质的小件总计1 600多件。

(麻赛萍)

【举办“中国古陶瓷研究的回顾与展望:中日对话”学术研讨会】 该会议于3月20日下午在复旦大学召开。由复旦大学文博系、文科科研处主办。来自日本京都橘大学、景德镇陶瓷考古研究所、上海博物馆、浙江博物馆、深圳博物馆、深圳文物考古研究所、震旦博物馆、复旦大学等近20位中日古陶瓷学者参会。与会专家听取京都橘大学文化财学科教授弓场纪知作题为“日本的中国古陶瓷研究”的演讲,并聚焦中国的古陶瓷研究的诸多问题,展开深入探讨。

(俞 蕙)

【1位教师作品举行书法展】 2月27日—3月7日,“情感·形式——胡抗美、沃兴华书法展”在上海美术馆举办。由中国书法家协会、中国艺术研究院中国书法院、上海市书法家协会共同主办。该展览展出复旦大学文博系教授沃兴华、中国书法家协会副主席胡抗美创作的书法作品共120件,作品形式多样,具有极强的视觉震撼力。2位书法家认为,情感与形式是艺术表现的根本问题,艺术家的使命就应该努力创作,以新的形式表现新的情感,将时代精神融入艺术创作之中。

(俞 蕙)

【1个课题获批国家社科基金重大项目】 10月,文博系教授陈淳的课题“外国考古学研究译丛”获批2012年度国家社科基金第三批重大项目。该项目计划选译兼顾考古学科当代整体知识和重大专题的经典著作,包括科林·伦福儒、保罗·巴恩《考古学:理论、方法与实践》(2012年第6版);戈登·威利《秘鲁维鲁河谷的史前聚落形态》;肯特·弗兰纳利《圭拉那魁兹:墨西哥瓦哈卡的古代期觅食与早期农业》;埃尔曼·塞维斯《国家与文明的起源》;希安·琼斯《族属的考古:构建古今的身份》。内容涉及通识性教科书、聚落考古、农业起源、文明探源和民族身份考古。

(俞 蕙)

外国语言文学学院

【概况】 2012年,外国语言文学学院(简称“外文学院”)下设英语系、法语系、德语系、俄语系、日语系、韩语系、翻译系、大学英语教学部(简称“大英部”)等教学单位,设外国语言学研究所、外国文学研究所、中韩比较文化研究所、北欧文学研究所、莎士比亚研究室、词典编纂研究室等学术研究机构。设有英语语言文学和外国语言学及应用语言学2个博士点,1个博士后流动站。硕士点7个,本科专业7个,第二专业1个。

有在职教职工179人,其中专任教师164人,行政管理人员15名,具有正高级职称22人,副高级职称56人,中级及以下职称101人。有研究生指导教师57人,其中博士生导师17人,硕士生指导教师33人,专业学位硕士导师 7 人。

全年招收本科生 167 人,其中留学生 5 人,硕士研究生 62 人,博士研究生 13 人。在读学生共 860 人,本科生 633 人,其中留学生 89 人,硕士研究生 166 人、博士研究生 61 人。

科研工作方面,出版各类著作 11 部,发表论文 30 篇,申请到国家社科基金项目 1 项、省部级科研项目 5 项和校级科研项目 1 项。韩语系姜银国获得"大韩民国文化褒章",翻译系管玉华担纲的"同声传译"系列课程获颁 2012 年度"校级精品课程"称号。

学术交流活动活跃。全年共有教师 40 余人次赴英国、德国、瑞士、俄罗斯、澳大利亚、日本、韩国等国际及国内的一流国际学术研讨会并发表演讲;学生 136 人次赴美国、英国、德国、加拿大、日本、韩国等世界知名学府交流。学院邀请 30 余位国内外著名学者来院讲学,包括早稻田大学教授户田贵子、劳伦斯·安东尼(Laurence Anthony),缅因州大学校长、教授西奥多拉·卡里克(Theodora Kalikow),北京外国语大学教授张建华,华盛顿大学教授裘小龙,上海外国语大学教授、上海外语音像出版社社长陈坚林,韩国国立首尔大学教授李贤熙、美国宾夕法尼亚大学教育学院系主任南希·霍恩伯格(Nancy H. Hornberger)、法国巴黎第三大学名誉教授布朗卡(Branca)、莫斯科国立人文大学教授、俄国学者、文化学家、文学批评家伊戈尔·瓦基莫维奇·康达科夫(Игорь Вадимович Кондаков),韩国延世大学教授洪允杓,韩国高丽大学教授洪宗善,美国加利福尼亚大学伯克利分校教授、著名安徒生专家乌拉·汤姆森(Ulla Thomsen),朝鲜金日成综合大学教授、朝鲜社会科学院院士金荣晃教授、奥地利著名作家萨宾·格鲁贝(Sabine Grube)等。

对外交流方面,进一步加强与世界一流大学的交流,使外语教学、科研更加国际化。学院领导先后接待韩国国立全南大学终身教育学院院长,比利时布鲁塞尔自由大学国政院院长,法国里昂国立第二大学国际交流处负责人一行,澳大利亚科廷大学媒体、文化和创意艺术学院院长及该学院新闻系主任一行,比利时布鲁塞尔自由大学副校长和社会与政治学院院长一行等,双方就合作和交流方面进行进一步探讨。

学生活动方面,外文学院学生工作组获得复旦大学 2011 年度学生思想政治工作先进集体、第十五届上海国际电影节"志愿者工作优秀组织奖",10 级本科生党支部获得"上海市教卫党委系统创先争优先进基层党组织"称号,10 级硕士生党支部获得"复旦大学创先争优先进基层党组织"称号,10 级英语翻译班团支部获得复旦大学"青春汇聚·梦想远航"第七届优秀班团文化展评银奖。

学院学生在全国各类测试和地区比赛中成绩突出。学生在教育部组织的专业考试中成绩优良:英语专业四级笔试合格率 100%,优秀率 62.5%,英语专业八级笔试合格率 98.5%,优秀率 21.2%;俄语专业四级合格率 100%,优秀率 53.3%,俄语专业八级合格率 90%;日语专业四级合格率 100%,优秀率 17.4%,日语专业八级合格率 93.3%;法语专业四级合格率 100%,优秀率 94.74%;法语专业八级合格率 100%,优秀率 41.2%,德语专业四级合格率 100%,优秀率 72.2%,德语专业八级合格率 100%,优秀率 26.3%。

万江波、何静指导的化学系 2009 级本科生黄瑞瑾、社会发展与公共政策学院 2011 级本科生唐颖祺获第十六届"外研社·亚马逊"杯英语辩论赛华东赛区比赛冠军,2 人在徐真的指导下获第十六届"外研社·亚马逊杯"全国大学生英语辩论赛全国总决赛一等奖,且同时获得"最佳辩手"荣誉称号,并获得短期出国培训机会。俄文系 2011 级本科生杨岚获全国高校俄语大赛低年级组二等奖,将于 2013 年 9 月由国家留学基金委公派出国留学一学年;2010 级本科生胡祎玮获得高年级组优胜奖。德文系 2009 级本科生李霄、邱之乐获"第六届全国德语专业辩论赛"团体二等奖,邱之乐获最佳论证力奖和最佳辩手奖。德文系 2009 级硕士研究生张梦霞的硕士学位论文(指导教师魏育青)获"上海市研究生优秀成果(学位论文)",2011 级硕士研究生翁青青等的暑期实践项目《江浙沪民工子弟语言使用和城市适应性研究——以上海、温州、苏州为例》获得"复旦大学优秀暑期实践项目"称号。

第十五届上海国际电影节、第十八届上海电视节(以下简称"两节")期间,学院积极组织学生参加第十五届上海国际电影节参展电影的台本翻译和校对志愿服务工作,为期 1 个多月,共计翻译校对影片 200 余部。期间,学院领导、老师多次前往工作现场看望学生,鼓励学生学以致用,充分展示外文学子的良好专业素质和综合能力。9 月 28 日下午,在第十五届上海国际电影节志愿者表彰大会上,2009 级本科生戴韵琪、马莹莹、缪蓬、姚以娜和赵诗彧被评为"两节"优秀志愿者。

10 月 20 日,复旦大学博士生学术论坛之外文篇开幕式在光华楼袁天凡报告厅举行。论坛以"Inspiration · Interpretation · Interaction"(灵感·阐释·互动)为主题,由复旦大学研究生院、复旦大学党委研究生工作部、复旦大学外国语言文学学院、上海外国语大学研究生部、浙江大学外语学院、台湾中山大学、香港大学、法国巴黎索邦大学共同主办,复旦大学研究生会、复旦大学外国语言文学学院研究生团学联承办。来自复旦和各兄弟院校的近 200 名博、硕士生与会。论坛共收到论文 58 篇,囊括语言学、文学、翻译学和法语等 4 个领域,论坛评出一等奖论文 3 篇,二等奖论文 5 篇,三等奖论文 7 篇,优秀奖论文 8 篇。 (殷婷婷)

【召开 2012 年英语教学法国际研讨会】 该会议于 2 月 10—11 日在复旦大学光华楼东辅楼召开。由外文学院大英部和悉尼大学教育与社会工作学院联合主办。海内外 70 多名学者参加了此次论坛。会上悉尼大学荣誉教授 Jack Richards、Brian Paltridge 教授以及上海外国语大学《外国语》主编束定芳教授做了主旨发言。

(殷婷婷)

【举办上海市高校英语写作大赛】 6 月 15 日下午,"上海市高校英语写作大赛"颁奖典礼在复旦大学逸夫科技楼多功能厅举行。该赛事由复旦大学外文学院、上海财经大学外语系、上海大学外国语学院、上海海洋大学外国语学院、上海理工大学外语学院、同济大学外国语学院主办，英国驻沪总领事馆、咖世家咖啡(Costa Coffee)、复旦大学出版社、毕马威(中国)(KPMG)、劳合社保险(中国)有限公司[Lloyd's Insurance Company (China) Limited]、(马莎)Marks & Spencer、新合力(Synergy Health Plc)、乐购(Tesco)共同协办。该大赛于2012年3月2日正式启动，2012年4月27日截止征稿，共收到参赛征文387篇，其中130篇入围，获奖作品32篇。英国驻沪总领事馆副总领事Jacqui Booker、复旦大学外文学院院长褚孝泉、毕马威(中国)人力资源部主任Jerry Tang、劳合社保险(中国)有限公司首席执行官Eric Gao、新合力有限公司总经理David Townsend、乐购(中国)总经理Louise Cheung等出席并为获奖者颁发获奖证书和奖品。席间与会嘉宾就进一步扩大该项赛事规模、开展合作和交流达成初步意向。 (殷婷婷)

【举办“奥地利文学在中国”系列国际研讨会第二季】 该会议于6月20日在文科楼220会议室召开。由德文系与奥地利中心联合举办。研讨会主题是“女性与写作”。来自中国、德国、奥地利及英国的29名学者与会。会上，外文学院教授魏育青致辞，上海作家协会女作家陈丹燕和奥地利女作家萨宾·格鲁贝(Sabina Gruber)围绕主题和与会人员展开讨论。

(殷婷婷)

【召开全国医学英语教学与研究研讨会】 该会议于10月19—21日在上海龙门和一大酒店召开。由中华医学会医学教育分会全国医学外语学组主办，复旦大学外文学院承办。来自香港大学、北京大学、西安交通大学、复旦大学等全国44所大学的90多位从事医学英语教学的专家和教师参会。其中35名代表作大会发言，从不同的角度论述医学英语教学与研究发展动态、现状和趋势，涉及课程建设、课堂教学方法以及医学语言文化研究等方方面面，对医学英语教学和研究在中国的发展起到推动和促进作用。 (殷婷婷)

【召开“中韩研究生论坛”】 该会议于12月15日在文科楼209室召开。由外文学院韩文系与韩国国立全南大学韩国语教育学科联合主办。学院教授姜宝有致欢迎辞和闭幕词，并作题为“语言、文化和认知”的专题讲座。两校共有30多名硕士、博士研究生参加论坛，其中12位研究生宣读论文，并与全场师生围绕“韩国语与韩国语教育研究”主题展开讨论。

(殷婷婷)

法 学 院

【概况】 2012年，法学院设一级学科博士后科研流动站1个，一级学科博士点1个，二级学科博士点6个，一级学科硕士点1个，二级学科硕士点9个，法律硕士专业学位点2个，本科专业1个。法学一级学科入选上海高校一流学科(B类)建设计划，获评“上海市重点学科”。

有在职教职工70人，其中专任教师56人、行政人员8人、教辅人员6人。具有正高级职称31人，副高级职称17人；博士研究生指导教师26人，硕士研究生指导教师47人。

招收本科生110人，其中含外国留学生10人；硕士研究生391人，其中含专业学位生318人、外国留学生4人、《中国商法》国际项目生7人；博士研究生24人。在读本科生510人；硕士研究生1 261人，其中专业学位研究生1 028人、《中国商法》国际项目生16人；博士研究生79人。学院春季开设本科生课程70门，其中法学院课程36门，为其他院系开课4门，全校公共选修课程18门，第二学位、跨校辅修课程12门；秋季开设本科生课程77门，其中法学院课程42门，外系课程1门，全校公共选修课程22门，第二学位、跨校辅修课程12门。开设研究生课程220门，其中硕士课程186门，博士课程34门；学位基础课程74门，其他课程146门。

申请到国家哲学社会科学基金项目4项，教育部人文社会科学项目2项，司法部国家法治与法学理论研究项目1项，上海市哲学社会科学规划项目2项，上海市教委重点项目1项，承接横向课题5项。科研经费到款124万元。在国内外杂志上发表学术论文150篇，其中在CSSCI收录刊物上发表论文20篇；出版专著15部，教材、译著10部。召开国际学术会议1次，国内学术会议2次。在第十一届上海市哲学社会科学优秀成果奖评奖中获得一等奖一项、二等奖一项、三等奖二项。

加强对外学术交流。开设中国商法国际硕士项目第三期。美国哈佛大学、哥伦比亚大学、凯斯西储大学、杜兰大学、福特汉姆大学，荷兰鹿特丹以拉姆斯大学和德国布赛利斯法学院(Bucerius)等国际著名大学法学院教授、院长共计20余人次应邀到院进行交流访问与教学活动。与美国佐治亚大学法学院开展暑期班项目、与德国康斯坦思大学开展校际法学论坛项目。

《中国法学》杂志总编辑、中国人民大学教授张新宝，上海市高级人民法院高级法官吴偕林，上海市第一中级人民法院研究室副主任刘言浩，美国哥伦比亚大学法学院教授李本，美国乔治·华盛顿大学教授约瑟夫佩尔兹曼(Joseph Pelzman)，香港城市大学法律学院教授、院长王贵国等10余位国内外知名专家、学者到院进行学术交流，涉及法学研究的诸多前沿领域。

扎实开展学生工作，发挥专业优势开展“一二·四”宪法宣传周和学生法律援助活动；举办第十一届“法律人节”。 (宋永华)

【领导班子换届】 10月16日，召开全院教职工大会，校党委宣布法学院新任党委书记、副书记和新一届行政领导班子。校党委副书记王小林代表学校出席大会并讲话，校党委常委、组织部长秦莉萍主持会议。王小林代表校党委宣布法学院党委新领导的任命，胡华忠任院党委书记，梁咏任副书记；宣布法学院新一届行政领导班子的组成决定，孙笑侠任院长，王志强、潘伟杰、王蔚任副院长。

（宋永华）

【举办WTO争端解决专家论坛】 该论坛于3月23—24日在校召开，由法学院与上海市世界贸易组织法研究会（筹）联合主办。商务部条法司司长李成刚，前司长张玉卿，中国人民大学教授韩立余，中国政法大学教授史晓丽，中国社会科学院国际法研究中心教授黄东黎，复旦大学教授董世忠、张乃根、龚柏华等入选世界贸易组织争端解决名册的专家，以及来自南开大学、武汉大学、华东政法大学、上海交通大学、同济大学、上海外贸学院、上海市WTO事务咨询中心等单位的50余位国内知名WTO法研究学者参加论坛。论坛就我国加入世界贸易组织10年来参与的争端解决案件中的法律问题展开研讨，为我国政府、企业更好应对WTO争端解决提供对策。（宋永华）

【举办法律硕士协会十周年庆典暨校友返校日活动】 该活动于6月9日在江湾校区举行，由复旦大学校友会和法学院主办，复旦大学法律硕士协会承办。历届法律硕士毕业校友70余人返校参加活动。学院领导向校友介绍学院近10年来的发展状况，鼓励校友积极组织校友活动，加强与母校联系。教师代表郭建寄语各位校友要潜心静思，为推动中国特色社会主义法治建设尽心尽力。首届（03届）法律硕士魏炜佳、06届杨伟东代表毕业校友发言，法律硕士协会会长梁宏俊代表在校法律硕士生发言。会议通过《关于筹建复旦大学法律硕士校友联谊会的倡议书》。复旦大学法律硕士协会成立于2002年，是全国高校中第一个成立的法律硕士社团。

（宋永华）

国际关系与公共事务学院

【概况】 2012年，国际关系与公共事务学院有国家重点学科2个，有公共管理与公共政策研究国家哲学社会科学创新基地1个，博士后流动站2个，二级学科博士点8个（其中自设博士点2个），硕士点7个（其中自设硕士点1个），专业学位硕士点（MPA硕士）1个，本科专业4个。国家级精品课程1个，市级精品课程3个。

有在职教职工74人。其中专任教师61人，行政管理人员13人；具有正高级职称27人，副高级职称24人，中级职称19人；博士生导师22人，硕士生导师31人。新进教师2人。郭定平受聘英国诺丁汉大学孔子学院中方院长2年，薄燕赴英国牛津大学做访问学者1年，潘忠岐赴美国加州大学圣迭戈分校开展中美富布莱特研究学者项目研究10个月。

全年招收硕士研究生51人，博士研究生30人，公共管理专业学位硕士生（MPA）277人。在读本科生610人，硕士研究生214人，公共管理专业学位硕士生（MPA）592人，博士研究生115人。毕业本科生169人，硕士研究生88人，公共管理专业硕士生（MPA）232人，博士研究生43人。在站博士后63人，进站博士后30人，出站博士后12人。举办政府部门干部短训班25个，行政管理研究生课程进修班2个。

申请到国家社科基金项目6项、省部级科研项目14和校级科研项目4项。主办大型学术会议10个，其中国际会议3个、国内会议7个。出版著作23部（专著13部、编著4部、合著3部、译著3部），出版《复旦政治学评论》、《复旦公共行政评论》、《复旦国际关系评论》和《复旦政治哲学评论》4种学术评论。在国内外发表论文208篇，其中SSCI期刊8篇、权威期刊4篇、CSSCI期刊88篇、一般期刊121篇。12年共有15项成果获省部级以上奖励，其中一等奖3项；二等奖6项；三等奖5项。学院获奖数占上海市授奖总数的4%，占复旦大学获奖总数的17%，获奖总数为学院历年之最。学院新成立"复旦大学陈树渠比较政治发展研究中心"和"复旦大学城市治理比较研究中心"2个中心。本年度原复旦大学校务委员会委员、我院博士生导师陈其人教授因年近90仍笔耕不辍，至今出版著作24部，发表论文150余篇。他由于为我国马克思主义经济学理论的研究和发展作出了突出的、独创性的贡献而获得上海市第十一届哲学社会科学学术贡献奖。

12月，陈其人获第十一届哲学社会科学学术贡献奖。

5月，复旦大学党委任命刘季平为国际关系与公共事务学院和国际问题研究院党委书记；10月，国际关系与公共事务学院行政班子换届，陈志敏任院长，苏长和、敬乂嘉、陈周旺任副院长。学院加大制度建设和管理力度，以制度化方式促进各项工作的科学、民主和规范管理。学院制订和修订《国际关系与公共事务学院学术委员会条例》、《复旦大学MPA教学创新奖励办法》等多项新规章制度，并做好信息公开，完善理顺院信息公开发布的渠道。

外事方面，学院教师有40余人次在国外境外讲学、访问、参加会议或进行学术交流；学生有140余人次赴美国、加拿大、英国、法国、德国、比利时、奥地利、瑞士、荷兰、瑞典、挪威、爱尔兰、冰岛、墨西哥、新加坡、日本、韩国等20多个国家和中国台湾、香港、澳门等地区的高校或研究所进行访学与交流。启动中、日、韩三国政府间"亚洲校园"项目，设立"中国政府与治理"英文授课硕士项目，筹建英文博士项目。"中国政治与外交"和与法国巴黎政治大学合作"世界事务中的欧洲与亚洲"双硕士学位项目持续稳定运行。到院访学的海外专家学者有40余人，其中1人获得校海外优秀学者授课计划资助。学院教师为本科生和研究生开设近50门英语课程或国际课程，并为英文硕士项目新开多门课程。主办2个重要的国际会议，举办"复旦—多伦多大学加拿大政治与政策研究班"、第九届"复旦—柏林自由大学全球政治暑期学校及博士班"项目、第一届"复旦—布鲁塞尔自由大学博士暑期学校"项目、2012年东亚政治经济学生论坛暨第六届亚洲未来政治领导人协会峰会等活动。学院教师发表外文论文30篇，独著或合著外文著作4本。

党建方面，以落实校党委基层党组织建设年工作及学习宣传十八大精神为主题，开展各项工作。3 月，完成上海市第十次党代会复旦大学代表的提名及对党代会建言献策的工作。4 月，对各党支部进行调查摸底并进行综合评分。5 月，完成 2012 年创先争优专项表彰工作并对学院创先争优活动进行总结，郭定平、潘玲娣、王铸成被评为校优秀共产党员，2010 级本科生党支部被评为校先进基层党组织。6 月，根据校纪委要求启动学院廉政风险防控机制建设工作。9 月，制定学院党委会议事规则和党支部换届流程，启动《国务简报》信息专报工作。10 月，启动制订学院党委和学生党总支十八大学习计划。11 月，各党支部开展整改提高工作，开展十八大学习宣传活动。12 月，组织基层党建特色项目申报，开展党员年终评议和领导班子年度考核相关工作，开展党风廉政建设责任制检查工作。全年共发展党员 76 人，其中本科生 61 人、研究生 15 人。

学生工作方面。5 月，启动第五届"院长推荐证书"的评选和颁证活动。10 月，在开展研究生"示范党支部"创建工作中，国际政治系 2011 级硕士研究生党支部获批创建第六批研究生示范党支部。12 月，学院学生合唱团在"我的祖国——复旦大学 2012 年'一二·九'歌会"决赛中获得铜奖；在复旦大学研究生"学习十八大精神知识竞赛"中获得冠军。学院 2012 届毕业生总体就业率达到 99.6%，获得"复旦大学 2012 年度就业工作先进集体"荣誉称号。2010 级本科生班获得"2012 年度复旦大学优秀集体标兵"、"2012 年复旦大学本科生优秀党支部"、"2012 年复旦大学创先争优先进基层党组织"、"2011—2012 学年复旦大学优秀团支部"、"2011—2012 学年复旦大学优秀青年志愿服务集体"等诸多荣誉称号。研究生团学联获得"2012 年度复旦大学优秀研究生团学联"称号。 （士　派）

【3 本《评论》入选 CSSCI 源刊】 1 月 15 日，南京大学中国社会科学研究评价中心公布 CSSCI(2012—2013)来源学术集刊收录目录，学院主办的《复旦公共行政评论》、《复旦国际关系评论》、《复旦政治学评论》入选为 CSSCI 来源集刊。2012 年评出的来源集刊为 120 种。该 3 本"评论"在入选的 6 种政治学类集刊中名列前三。

（周韧稜）

【举行复旦大学陈树渠比较政治发展研究中心揭牌仪式】 5 月 4 日，揭牌仪式在复旦大学美国研究中心隆重举行。香港宝声集团董事长陈耀璋一行、复旦大学副校长林尚立等领导与来自国内多所大学政治学科的知名教授及我院师生数十人出席揭牌仪式。该中心由陈树渠之子陈耀璋捐资建立，捐赠金额 500 万元。中心主要依托国际关系与公共事务学院，致力于比较政治学科领域的学术交流与沟通，开拓政治学研究和发展的新领域、新方向，提升复旦大学在该领域的学术地位和影响力。陈树渠曾于 20 世纪抗战时期在复旦大学政治学系任教并工作。 （周韧稜）

【举办"2012 公共管理研究会议"】 该会议于 5 月 26—27 日在复旦大学举行。由复旦大学国际关系与公共事务学院、中国留美公共管理学会(CAAPA)、国际公共管理研究会(IRSPM)、公共管理研究学会(PMRA)联合主办。会议为全英文国际会议，主题是"变革年代的公共管理"。来自中国、美国、英国和中国香港、中国台湾等 20 多个国家和地区的 100 余位公共管理学者，在公共管理与政策研究的理论前沿开展深入的讨论和交流。会议对提升亚洲公共管理研究以及促进东西方公共管理学者的交流意义深远。 （周韧稜）

【主办"比较政治理论的发展与反思——暨中国制度研究论坛 2012"学术会议】 该会议于 11 月 24 日在复旦大学逸夫科技楼举行。由复旦大学陈树渠比较政治发展研究中心主办。来自香港中文大学、香港浸会大学、北京大学、复旦大学、中国人民大学、武汉大学、中央编译局等高校和科研机构的 40 多位专家学者参会。与会专家学者围绕论坛的"国家与政体转型的比较研究"、"国家与政治文化的比较研究"、"理论与研究方法的前沿趋势"和"公共治理与政治经济的比较研究"等 4 个专题进行深入讨论。该论坛是国际关系与公共事务学院打造的标志性学术品牌，在探索制度发展的逻辑、制度研究、比较中外政治制度、制度创新和制度化的有序政治文明等多方面具有理论意义和实践价值。 （周韧稜）

【复旦政治学与国际关系获评 QS 全球大学排名第 25 位】 2012 年 7 月，英国高等教育调查公司(QS 公司)正式发布"QS 世界大学排名 2012/2013"("QS World University Rankings 2012/2013")。在分专业排名中，复旦大学政治学与国际关系总分为 75.9，位列全球第 25 位，亚洲第 4 位，中国大陆第 1 位。 （周韧稜）

【举办学院首届论文写作大赛】 11 月，由学院本科生团团学联和研究生团学联共同主办，主题为"制度、文化与制度建设：从中国看世界"的国务学院首届论文写作大赛正式启动。活动先后收到来自院内不同年级、不同专业同学的参赛稿件 30 余篇。学院老师对来稿论文的逐一评审，从 30 余篇论文中精选出 14 篇论文参加主题研讨会。大赛分别产生了一等奖 2 名、二等奖 5 名、三等奖 7 名，由学院领导给获奖同学都颁发荣誉证书。该次大赛在学术上把全院学生涵盖进来，为学生和教师提供一个开放的交流和分享平台。论文写作大赛是学院培养学生的综合素质和学术能力的新举措，有助于深化专业知识的学习和研究。 （周韧稜）

【2 项课题获国家社科基金重大项目资助】 桑玉成的课题"中国特色社会主义民主政治的制度优化与规范运行研究"和唐亚林的课题"包容性公民文化权利视角下统筹城乡文化一体化发展新格局研究"获得 2012 年度国家社科基金重大项目资助，立项数较 2011 年翻一番。 （周韧稜）

新闻学院

【概况】 新闻学院设有新闻学系、广播电视学系、广告学系和传播学系 4 个系。有新闻学、传播学、广播电视新闻学、广告学 4 个本科专业；新闻学、传播学、广播电视学、广告学、媒介管理学 5 个硕士点；新闻学、传播学、广播电视学、媒介管理学 4 个博士点；新闻传播学博士后流动站 1 个。

有在职教职工 72 人，其中教授 19 人（博士生导师 16 人），副教授 19 人，讲师 12 人；教师中具有博士学位 35 人，硕士学位 13 人，学士学位 2 人。行政人员 8 人；图书馆管理人员和实验室专业技术人员 4 人。另有租赁行政管理人员 10 人。

全年招收本科生 153 人，其中留学生 21 人；在读本科生（不包括一年级新生）740 人，其中有留学生 183 人。教师为本科生开课 147 门，其中春季 64 门，秋季 83 门。招收硕士研究生 129 人，博士研究生 25 人；其中留学生 19 人；单考硕士研究生 13 人，硕士专业学位研究生 41 人。在读硕士研究生 314 人，博士研究生 90 人。全年为研究生开课 82 门（包括复旦—伦敦政治经济学院全球媒介与传播双硕士学位项目）。

全年共派出 157 名学生参加国际和港澳台交流项目；院内教师出访 50 人次；共接待来自美国、英国、法国、日本、加拿大、荷兰和澳大利亚等高校领导及学者 40 多批次 120 余人；共邀请 6 位海外优秀专家授课：美国哥伦比亚大学副教授比尔·伯克利（Bill Berkeley）、日本加藤嘉一、教育部日本电通项目仓成英俊、美国波因特（Poynter）学院博士凯西·弗雷谢特（Casey Frechette）、英国拉夫堡大学默多克以及悉尼大学文学院传播系副教授斯蒂芬·马拉（Steven Maras）。9 月，复旦大学—法国巴黎政治学院“传播与媒介”双硕士学位项目正式开班，首届来自法国、德国、新加坡和塞尔维亚的 6 名学生入读该专业，并与新闻学院复旦—伦敦政治经济学院“全球媒介与传播”双硕士学位学生一起完成为期 1 年的硕士课程。

全年纵向科研项目立项总数 12 项，经费总额逾 400 万元。其中省部级以上项目 10 项，分别为国家级重大项目 3 项，国家级项目 2 项，教育部项目 3 项，省级项目 2 项；上海市项目 2 项。有 1 位教师入选教育部新世纪优秀人才资助计划，2 位教师入选上海市浦江人才资助计划，1 位教师入选上海市“曙光学者”计划。在科研成果方面，新闻学院教师全年共发表科研成果 209 项，其中出版专著 6 部，主编出版物 5 部，发表论文 186 篇，其中 SCI\SSCI 论文 8 篇、其他海外刊物 3 篇、国内权威期刊 3 篇、CSSCI 期刊 24 篇、其他期刊 149 篇，撰写研究报告或评论 12 篇。在上海市第九届邓小平理论研究和宣传优秀成果评选中，周葆华等的论文《上海市新生代农民工新媒体使用与评价的实证研究》获论文类三等奖，陆晔等的纪录片《开放年代：中国入世十年记》获音像类三等奖；在上海市第十一届哲学社会科学优秀成果评选中，周葆华的论文《新媒体使用与主观阶层认同：理论阐释与实证检验》获论文类一等奖，陆晔等的纪录片《开放年代：中国入世十年记》获音像类一等奖，黄旦的论文《媒介就是知识：中国现代报刊思想的源起》和陆晔的论文《媒介使用、社会凝聚力和国家认同——理论关系的经验检视》获论文类二等奖，廖圣清等的论文《大学生的媒介使用、社会接触和国家印象：以刻板印象为研究视角》、张大伟的论文《数字出版即全媒体出版论——对“数字出版”概念生成语境的一种分析》和孙玮的论文《作为媒介的外滩：上海现代性的发生与成长》获论文类三等奖。张涛甫的论文《微博的功能限度》获上海市新闻奖论文类三等奖。陆晔等主持的教学实践项目“中外新闻传播理论与方法暑期学校”获复旦大学研究生创新课程一等奖。

2012 年，复旦大学新闻传播与媒介化社会研究国家哲学社会科学创新基地重点建设项目“复旦大学传媒与舆情调查中心”工作进展顺利。除了软硬件继续升级维护外，在发展合作调查关系、打造知名度方面取得突破性进展。首先，加入世界范围内公众舆论研究方面规模最大、最富于影响的学术组织世界民意研究学会（World Association for Public Opinion Research，简称 WAPOR），并作为两家协办方（Co-organizers）之一，协助香港大学召开 WAPOR 第 65 届年会。其次，牵头成立“全国高校传媒与舆情调查协作联盟”，为开展全国性调查打下良好基础。第三，作为中国大陆地区唯一的一家单位，参与发起成立“亚洲舆论研究学会（ANPOR）”和“大中华地区调查协作联盟”。年内完成 23 项大型调查，比 2011 年的 13 项调查有明显增长，每次调查平均积累 600 个样本数据，充实数据库。每次调查形成书面调查报告，送交有关部门，绝大多数被中共中央宣传部、上海市委宣传部、上海市建交委等党政机关采纳。其中有一项调查报告获得中央政治局常委书面批示，调查联盟获得教育部副部长书面批示，2 项报告获得中宣部领导口头批示，另外还获得中央宣传部的感谢函。

2012 年，新闻学院学生工作紧紧围绕学校和学院工作大局，以迎接十八大召开和学习宣传十八大精神为主线，在同学中倡导关注国家发展、好学力行的理念。由新闻学院分团委学生会主办的第十二届记者节教育活动，以“我们，在路上”为主题，于 10 月 23 日开幕，11 月 27 日闭幕，为期一个多月。下设“行远自迩”、“身体力行”、“行成于思”、“砥行立名”4 个板块近 20 项活动。该届记者节以丰富活动激发学生对新闻工作的热情与归属，在交流、思考、展示、学习、实践的过程中，培养学生的专业素养和作为一名“准媒体人”的责任意识。

（陆　磊　王婷婷　李　娜　刘　畅　曾娇丽　高敬文）

【创新“2＋2”本科培养模式】 新闻学院本科生培养自 2012 级开始，采取“2＋2”模式，以适应媒介变化对复合型新闻人才的需求，即本科第一、第二学年，学生在经济学方向、社会学方向、汉语言文学方向、电子信息科学与技术方向中任选 1 个方向，并按上述 4 个方向的教学计划进行学习；第三、第四学年，按照新闻传播学各专业的培养方案学习。在 4 年中，通过紧凑的学习安排，系统掌握 2 门学科的本科专业知识。（刘　畅）

【聘任首届专硕校外导师】 9 月，15 位来自上海市新闻单位、市府新闻办、中央媒体驻沪机构、金融企业及国际广告公关公司的业务骨干与高

级管理人员受聘担任"复旦大学首批新闻与传播硕士专业学位校外兼职硕士生指导教师"。 (曾娇丽)

【建立专硕实践基地】 11月,与上海广播电视台(SMG)签署协议共建"复旦大学—新闻与传播专业学位研究生专业实践基地",新闻学院具体负责落实专业实践基地的设立、建设和管理等工作,以上海广播电视台为实施主体,具体负责落实专业实践基地的设立、建设和管理等工作。

(曾娇丽)

【3项国家社科重大项目立项】 在2012年度国家哲学社会科学重大项目评审中,新闻学院共有3个项目获得国家社科重大项目立项。3个项目分别是:秦绍德领衔的"'走基层、转作风、改文风'与加强和改进新闻舆论工作研究",童兵领衔的"坚持马克思主义新闻观与完善舆论引导格局研究",刘海贵领衔的"我国文化走出去工程政策体系优化研究"。

(王婷婷)

【与中央电视台签订合作签约仪式】 11月26日下午,中央电视台与复旦大学新闻学院"专业人才双向培养基地"合作签约仪式在复旦大学新闻学院培训中心四楼会议室举行。复旦大学新闻学院常务副院长黄瑚、中央电视台人力资源管理中心副主任杜书星分别代表复旦新闻学院与中央电视台,在"专业人才双向培养基地"合作备忘录上签字。中央电视台有关部门的同志和复旦大学宣传部、就业指导服务中心以及新闻、外文、管理等相关院系的领导和老师出席仪式。会议由复旦大学就业指导服务中心主任刘金华主持。 (章灵芝)

【陈望道、范长江、邹韬奋铜像迁建揭幕】 12月20日下午,陈望道、范长江、邹韬奋铜像由屠海鸣图书楼草坪迁至新闻学院入口广场。市委常委、宣传部长、复旦大学新闻学院院务委员会主任杨振武出席揭幕仪式并讲话。市委宣传部副部长、复旦大学新闻学院院务委员会副主任朱咏雷,市新闻工作者协会主席、市新闻学会会长、复旦大学新闻学院院务委员会副主任、新闻学院院长、第三届全国范长江奖获奖者宋超,复旦大学党委副书记陈立民,市新闻工作者协会名誉主席贾树枚,市新闻学会名誉会长丁法章等出席仪式。上海市新闻单位的部分领导、全国长江韬奋奖获奖者代表、上海长江韬奋奖获奖者代表,以及陈望道、范长江、邹韬奋家属代表和复旦大学新闻学院教师和学生代表参加仪式,并共同与3位先辈铜像合影。仪式由新闻学院党委书记俞振伟主持。 (陆 柳)

【举办第十一届上海长江韬奋奖获奖者座谈会】 该座谈会于12月20日在新闻学院培训中心四楼第二会议室举行。由上海市新闻工作者协会、上海市新闻学会和复旦大学新闻学院主办。座谈主题为"深入'走转改',多出好作品"。会议由宋超主持,市委宣传部副部长朱咏雷出席座谈会并讲话。全国和上海长江韬奋奖获得者代表、全国和上海新闻奖获得者代表以及新闻学院多位教授、系主任和师生代表近60人参加座谈会。上海广播电视台电视新闻中心机动部副主任宣克炅、《文汇报》社会政法部副主任钮怿、《解放日报》科教卫部主任傅贤伟、《新民晚报》艺术版主编林明杰等4位第11届上海长江韬奋奖获奖者代表先后发言,交流经验。全国长江韬奋奖获奖者、上海广播电视台主持人秦畅也参与现场交流。新闻学院2009级新闻系本科生沈逸超作为学生代表发言。 (陆 柳)

【举办"开放·融合·责任:数字媒体与传播"国际研讨会】 该会议于6月9—10日在新闻学院举行。由复旦大学新闻学院、上海理工大学出版印刷与艺术设计学院联合主办。参会人数逾百人,包括上海市新闻出版局、中国社会科学院新闻与传播研究所、南京大学、上海交通大学、飞利浦亚洲研究院等政府、学术研究、高等学校与企业界的代表,以及来自近十个国家和地区的13位著名学者,国际著名传播政治经济学家、教授格拉汉姆·默多克(Graham Murdock)也应邀出席。与会人员共话数字化时代媒介的生存与发展、新型传播秩序的建立等问题。 (章灵芝)

【举办第六届"传播与中国"复旦论坛】 该论坛于12月14—15日在新闻学院培训中心举行。由复旦大学信息与传播研究中心和复旦大学新闻学院共同主办。论坛主题为"可沟通城市:理论建构与中国实践"。与会人员就"可沟通城市"、新传播生态受众、信息化城市、影像与城市空间等多个议题展开跨学科的交流和研讨。圆桌论坛上,陈映芳、李天纲、邱林川、黄怡、王晓渔、孙玮等多位学者集中探讨可沟通城市的理念目标,在国内传播学第一次跨学科从哲学、社会学、传播学、建筑学多个领域共同探讨传播与城市的关系。首次全国范围的大型受众调查"新传播形态下的中国受众"也在论坛发布第一批研究报告。该研究直面中国改革开放和社会转型的现实问题,力图整合"受众—用户—公众"的概念框架,加深对中国媒介—受众—社会关系的理解。 (薛 丽)

【举办"传播政治经济学视野下的微博事件(2011—2012)"工作坊】 该活动于3月31日—4月1日分别在复旦大学新闻学院与上海外国语大学虹口校区进行。由复旦大学当代马克思主义新闻与传播研究中心与上海外国语大学传媒学院联合举办。活动将国内年轻学者提交的10篇文章分成5组,每篇文章邀请2位相关领域资深的研究专家作点评。论文涉及的研究领域十分多元,包括三农问题研究、哲学、文学与文化研究等多学科领域。专家学者围绕钱云会事件、孔庆东"三骂"、韩寒"三论"到韩方之争、7·23动车事故、"吴英案"、郭美美事件、王立军风波、艾未未风波与乌坎事件等2011年至2012年发生或正在发生的十大代表性微博事件,展开讨论。工作坊的系列论文在2012年第3期的《文化纵横》上发表,会议专题发表在2012年第5期的《开放时代》上。 (高敬文)

【举办"新闻传播与媒介化社会"系列讲座】 5—12月,复旦大学新闻传播与媒介化社会研究国家哲学社会科学创新基地主办"新闻传播与媒介化社会"系列讲座。英国拉夫堡大学教授教授格拉汉姆·默多克(Graham Murdock)、斯洛文尼亚卢布尔雅那大学教授斯普理查·斯拉夫科(Splichal

Slavko)、美国密歇根大学副教授王政、美国山姆休斯敦州立大学副教授张双跃、台湾政治大学副教授郭立昕、清华大学讲师王黔等6位专家学者就相关课题作讲座报告。他们的研究领域贴合基地正在进行的研究项目,集中于传播政治经济学、舆论学和纪实影像研究。其中默多克和斯拉夫科都为国际知名传播学期刊的编委,对于扩大国际视野、加强合作研究、建立国际交往网络,具有重要作用。 (高敬文)

【举办“《人民日报》校园行”活动】 详见“综述”【开展校媒、校省、校企合作】条,第42页。

【开展“全国中小企业创新调研”活动】 2012年暑假,新闻学院33个小组61名本科生、硕士生前往全国16个省市及自治区,对33家具有创新精神、创新成果和创新机制的中小企业展开调查研究,最终形成17万字的报告。该调研项目的成果得到《解放日报》和《文汇报》的关注,两报均在主要版面醒目位置,整版连续报道该次活动和相关调研成果。在该次活动中取得优秀成果的12个调研组的24位同学,以及两名指导教师黄芝晓和林溪声获得首届“望道深度调查新闻奖”。该奖项于2012年设立,由新闻学院院长宋超命名,校董屠海鸣资助,用于奖励在深度调查新闻报道中表现优异的同学和指导教师。

(陆 柳)

【第十二届中国新闻传播学科研究生学术年会举行】 11月24—25日,“第十二届中国新闻传播学科研究生学术年会暨复旦大学博士生学术论坛之新闻传播学篇”在复旦大学新闻学院举行。该届年会以“传播革命与社会变迁”为主题。开幕式上,复旦大学党委研究生工作部副部长楚永全、新闻学院党委书记俞振伟、党委副书记谢静分别致开幕词。复旦大学宗教学系教授李天纲、新闻学院副院长孙玮在开幕式上围绕“城市传播”主题作主旨演讲。新闻学院周葆华、邓建国、许燕等青年学者应邀与会。年会最终评出一等奖1名,二、三等奖各2名。来自复旦大学新闻学院2012级的硕士研究生刘振声获一等奖,复旦大学新闻学院2011级硕士研究生魏寅等获二等奖,复旦大学2012级的硕士研究生于帆等获三等奖。

(邵 瑛)

经济学院

【概况】 2012年,经济学院设有经济学系、世界经济系、国际金融系、保险系、公共经济学系5个系;有“985工程”国家哲学社会科学创新基地1个(中国经济国际竞争力研究),教育部人文社会科学重点研究基地2个(世界经济研究所、中国社会主义市场经济研究中心);国家经济学基础人才培养基地1个;研究机构1个(金融研究院);经济研究机构(非编制)28个;理论经济学、应用经济学2个博士后流动站。理论经济学一级学科于2007年被增补为全国重点学科;金融学、产业经济学2个应用经济学二级学科为国家重点学科;在2012年的一级学科评估中,理论经济学科列全国第四名,应用经济学科列全国第三名;设有博士学位授予专业10个、硕士科学学位授予专业12个、硕士专业学位授予专业5个、学士学位授予专业5个。

有在职教职工172人,其中专任教师130人,行政人员42人。具有正高级职称教师45人,副高级职称教师52人,中级职称教师33人;研究生指导教师99人,其中博士生指导教师37人,硕士生指导教师62人;国家“千人计划”创新人才2人,教育部“长江学者奖励计划”特聘教授3人,上海“千人计划”创新人才2人,复旦大学特聘讲座教授3人,全国教学名师1人,上海市教学名师2人。

2012年,学院招收本科生270人,硕士研究生319人,博士研究生49人。在读本科生1 300人,在读硕士研究生1 229人,博士研究生182人。为本科生开课170门,开设全校公共选修课24门;开设研究生课程188门,其中硕士课程141门、博士课程47门。

全年申请到国家自然科学基金项目12项、国家社会科学基金8项(其中包括重大项目1项、重点项目2项、一般项目2项、青年项目1项、中华外译项目2项)、国家社科基金重大项目1项、国家社科基金重点项目2项、教育部人文社会科学基金项目2项、教育部人文社科基地项目4项、上海市哲学社会科学基金项目4项、国家、上海市其他各部委课题共9项。

2012年共获得上海市第九届邓小平理论研究和宣传优秀成果奖5项,上海市第十一届哲学社会科学优秀成果奖16项,继续以显著优势在复旦大学人文社科院系中保持第一。出版著作30部,其中专著7部、教材15本、译著8部。在各类学术期刊发表论文和咨询报告377篇,其中权威刊物48篇,国外SSCI收录刊物22篇,CSSCI收录刊物122篇,一般期刊(含译文)174篇,研究咨询报告33篇。举办“复旦经济论坛”7期、“985数量经济与金融系列”讲座21期、“现代经济学系列”讲座28期和“复旦金融论坛”7期。以及经济系学术论坛,公共经济问题双周论坛、保险与风险管理论坛、“开放经济与世界经济”系列讲座、欧洲论坛等。共计百余场,其中来自外国、港澳台学者的讲座60余场。

全年举办重大学术会议20余场,如:“制度、经济增长与贸易”国际会议、复旦大学经济学系建系90周年庆典暨中国经济学发展创新论坛、第六届中国政治经济学年会、第三届《金融研究》论坛、跨越“中等收入陷阱”——新书发布会、“复旦经济学智库”热点问题研究研讨会、2012年年度高峰论坛以及复旦大学首届社会科学及经济管理跨学科学术研讨会等。

举办国际交流学术会议3场,3月,举办“亚洲的经济发展与国际分工:要素价格与生产率的国际比较分析”,该会议由复旦大学亚洲经济研究中心、复旦大学世界经济研究所主办,一桥大学“社会科学高度统计与实证分析据点”协办;7月,举办复旦大学经济学院第二届动态经济学研讨会,来自上海财经大学、密苏里大学、西安大略大学、宾夕法尼亚大学、美国西北大学、西南财经大学、香港大学、香港科技大学、宾州州立大学、多伦多大学、复旦大学等国内外著名院校的多位学者参会并作学术报告；9月，举办"制度、经济增长与贸易"(Insitutions, Growth and Trade)国际会议，该会议由复旦大学中国社会主义市场经济研究中心(CCES)和美国新兴市场研究学会(SSEM)联合主办，来自中国(包括香港、台湾两地)、美国、英国、德国、日本的著名高校和研究机构的数十位专家、学者分别就相关话题作学术报告，复旦大学经济学院以及兄弟院校师生都参加会议。

全年教师出国出境共计为98人次，学生因交流、双学位项目出国出境达214人次，占学生总人数(本科＋硕士)7.64%。接受院级外国交流生达到38名，除校级交流项目之外，出访的院级交流生人数为29名。

2012年，学院与澳大利亚悉尼大学商学院、人文与社会科学学院、法国奥佛涅大学经济学院续签合作交流协议，与德国哥廷根大学经济科学学院、德国卡尔斯鲁厄理工学院经济与商业工程系、德国慕尼黑大学管理学院签署学生交流协议。截至2012年12月中旬，学院与境外院校已签署的合作与交流协议总数达到22个，本科、硕士双学位项目协议7个。

通过学院的"复旦—汇丰经济讲堂"、"蒋学模经济学讲座"两个平台，学院邀请12位海外学者讲授12门短期高级经济学课程，这12名学者分别来自洪堡大学、印第安纳大学、马里兰大学、宾夕法尼亚大学、哥伦比亚大学、东京大学、纽约大学、巴黎经济学院、加州大学、苏黎世大学、斯德哥尔摩大学、香港中文大学等，授课内容分别为计量分析、金融危机、拍卖理论、国际宏观经济学、经济理论、公司金融、发展与不平等、宏观经济分析、保险、气候与经济、中国经济等。通过校外事处的"海外优秀学者授课项目"以及学院按校外事处授课资助标准的自设资金，学院另邀请5位来自佛罗里达州立大学、洪堡大学、韩国庆北国立大学、加拿大温莎大学、俄罗斯圣彼得堡国立大学的海外学者开设短期授课，授课内容分别为风险管理、制度经济学、计量经济学、投资分析与风险管理、区域一体化等。2012年，学院教师为"复旦—加州大学交流项目"开设英文课程4门，分别为动态的中国经济、中国金融导论、中国经济改革及社会政治变化、发展经济学，比2011年增加1门。

学生工作方面，有辅导员28人，其中本科生辅导员17人，研究生辅导员12人(1人兼任本科生和研究生辅导员)；青年教师兼职辅导员7人，人才工程(一期)队员14人，人才工程(二期)队员2人，助管辅导员4人。学工组获得2012年度复旦大学学生思想政治工作先进集体、复旦大学本(专)科学生资助工作先进集体、复旦大学就业工作先进集体、复旦大学群众体育优秀集体等荣誉称号。2009级经济学系本科生党支部获得复旦大学创先争优先进基层党组织，2010级经济学系获得2012年度"复旦大学先进集体标兵"荣誉称号。本科生团委学生会组织经粹团校、经涛讲座、生涯讲坛、学院运动会等传统活动，并举办毕业晚会、学院荣誉学生评选等系列主题活动。获得2012年度复旦大学五四红旗团组织，2012年度复旦大学"一二九"歌会比赛银奖，校长绳比赛冠军、校短绳比赛冠军、院系杯足球赛亚军、院系杯排球赛男子组季军、院系杯排球赛女子组季军等多项荣誉。2010级博士研究生高琳获得"第二届研究生学术之星"称号。院研究生会"2012年复旦大学博士生学术论坛经济篇"。研工组获得2012年度复旦大学学生思想政治工作先进集体。

(施 侠 张 琼 赵 岚 忻怡怡 高笑梅 张 馨等)

【举办"展望2012：经济、金融、能源"2012年上海论坛分论坛圆桌会议】 该会议于3月12日下午在学校经济学院举行，由复旦大学世界经济研究所主办。出席会议的演讲嘉宾有台湾大学金融研究中心主任黄达业、上海市金融办政策研究室副主任崔远见、复旦大学金融研究院常务副院长陈学彬等。与会专家学者围绕会议主题，以不同视角出发，展开演讲和评论，一致认为2008年以来的经济危机只是一次经济波动而已，世界经济格局不会因此而发生太大变化，美国受益于其弹性的制度，一直专注于创新，得以维持其自20世纪50年代以来的全球领导者地位。无论是欧洲、日本或是中国，短期内无法达到或超越美国在经济总量、基本面、金融面所占据的绝对优势。 (刘军梅)

【举办"大使论坛"】 3月22日，中国前驻德大使、复旦大学特聘教授、中国外交学会前会长梅兆荣到校，做客"大使论坛"。论坛由复旦大学欧洲问题研究中心和国际问题研究院主办，中心主任丁纯主持。梅兆荣以"当前国际形势的特点"为题，从四个方面入手，对当前的国际形势进行分析。首先，结合利比亚、叙利亚等国内冲突问题，解析西亚北非局势及其影响和我国的应对；其次，在解构欧债危机的基础上，针对欧债危机对当前国际形势的影响，包括德国呼吁组建财政联盟以及中国对于欧盟援助的三个条件等逐一剖析；再次，详细分析美国重返亚太地区的战略和行动，以及就此举对中国的影响和应对；最后，讲解周边问题，包括中国周边地区不稳定因素的增加，如朝鲜半岛和南海问题等。 (丁 纯)

【张薰华获第二届世界马克思经济学奖】 5月26—27日，"国家、市场、大众与21世纪的人类发展——世界政治经济学学会第7届论坛"在墨西哥都市自治大学霍奇米尔科分校召开。会上授予复旦大学经济学院教授张薰华世界马克思经济学奖(Marxian Economics Award)，以奖励其为经济学发展和人类进步作出的卓越贡献。

(陈 梅)

【经济学院全面启动研究生培养改革工作】 2012年6月，在学位评定分委会会议上，学院审议并通过《经济学院研究生教学培养改革纲要》等重要文件，研究生培养改革工作进入全面实施阶段。学位分委会审议通过的《纲要》改革方案，共涵盖科学学位、专业学位、EMA留学生项目等所有在读研究生，以现代经济学系列课程建设、博士基础课程改革为核心，在“三三制”博士生生源规划、普通硕士转博、博士培养方案调整、现代经济学系列课程建设等方面，进行富有自身特色的积极探索，为改进研究生教学与培养工作、提高研究生培养质量而努力奋斗。　（何立民）

【举办复旦大学经济学院经济学、金融专硕夏令营活动】 两大夏令营于2012年7月16—21日举行。共有来自北京大学、清华大学、复旦大学、上海交通大学、浙江大学、南京大学、中国人民大学等全国各大知名院校的175位优秀大学生参与其中，学院通过开展多种形式的主题报告、营员联谊、参观访问、综合能力考核等活动，完成优秀营员的选拔工作。夏令营的各项活动内容丰富，营员间交流广泛，各项考核达到预期目标，取得圆满成功。　（黎仲明）

【举办“制度、经济增长与国际贸易”国际会议】 会议于9月8—9日在学校经济学院举行。由复旦大学中国社会主义市场经济研究中心（CCES）和美国新兴市场研究学会（SSEM）联合主办。会议主题为“制度、经济增长与贸易”（Insitutions, Growth and Trade）。来自美国新兴市场研究协会（SSEM）国际学术期刊《制度经济》*Economic Systems* 共同编辑、美国南伊利诺斯大学艾德华维兹尔分校教授阿里·库坦（Ali M. Kutan），香港大学教授许成钢，香港科技大学教授龚启圣（James Kung），复旦大学中国社会主义市场经济研究中心教授张军以及来自中国（包括香港、台湾两地）、美国、英国、德国、日本的著名高校和研究机构的数十位专家、学者分别就相关话题进行学术报告。　（詹　璐）

【举办第七届“复旦—全南市场经济国际研讨会”】 “复旦—全南市场经济国际研讨会”于10月12日在学校经济学院举行，会议由复旦大学中国社会主义市场经济研究中心（CCES）和韩国全南国立大学区域发展中心联合举行。会议主题为“市场经济下的世界经济”（Working on Market Economy），来自韩国全南大学的3位教授和来自中心的4位研究人员分别就中国和世界市场经济的发展情况，报告各自的最新研究情况。　（詹　璐）

【举办建系90周年庆典暨中国经济学发展创新论坛】 10月13日，复旦大学经济学系建系90周年庆典暨中国经济学发展创新论坛在复旦大学美国研究中心谢希德报告厅隆重举行。庆典分为3项议程：“弦歌不辍：复旦大学经济学系建系90周年庆典大会”；“情系斯地：系友及学界同仁纵论中国经济理论发展”；“经世济民：新时期中国城市化发展道路论坛”。校长杨玉良、经济学院院长袁志刚致欢迎辞。国务院发展研究中心教授吴敬琏、中国人民银行纪委书记王华庆、泛海控股集团有限公司执行董事兼民生证券董事长余政等经济学系校友代表表达对母校的祝福，兄弟院校代表、经济学系历届系主任以及多位系友代表一一发言致辞。　（陈　梅）

【马可·布提作主题讲座】 10月15日，欧盟委员会主管经济与金融事务的经济与金融总司司长马可·布提（Marco Buti）及欧盟驻华代表团经济金融处处长梅兰德（Melander）等一行6人访问复旦大学。校长杨玉良会见来宾一行。布提一行参观在复旦大学举办的欧元展。上午10时，马可·布提在经济学院大金报告厅作题为“欧元：挑战与前景”（The Euro: Current Challenges and the Road Ahead）的主题演讲。该讲座由复旦大学欧洲问题研究中心、复旦大学外事处、欧盟驻华使团联合主办。复旦大学副校长林尚立和中国人民银行上海总部国际处处长冯润祥出席会议并致辞。讲座由欧洲问题研究中心主任丁纯主持。讲座中，布提从历史的视角回顾欧元产生的背景，介绍经济与货币联盟的预期收益与代价，并用翔实的数据和图表展示欧元现钞发行10年来取得的成绩。随后分析欧洲主权债务危机发生的导火索以及欧元区深层次的政策挑战，并提出结束欧元区反向经济恶性循环的综合性危机应对策略：通过银行联盟、财政欧盟、经济结构调整等措施促使欧盟各国从碎片化到一体化的转变，促进脆弱国家经济的发展，结束恶性循环，从而走向真正的经济与货币联盟。　（丁　纯）

【举办复旦大学经济学院“专业学位日”系列活动】 该活动于10月19日在复旦大学经济学院举行。复旦大学副校长陆昉、法国昂热高等商学院校长凯瑟琳·莱布兰卡（Catherine LEBLANC）出席活动。来自社会各界的专业学位校外兼职导师、专业学位实践基地的业界代表、经济学院相关专家学者及中外媒体代表等100余位嘉宾参加活动。活动期间举办复旦—昂热国际商务专业硕士双学位项目启动仪式、专业学位实践基地、校外兼职导师证书授予仪式，“中国经济转型与金融改革”及各专业学位分论坛等活动，深入探讨专业学位发展话题。　（黎仲明）

【举办“欧元、欧债和通货区的理论与现实”学术研讨会】 会议于10月23日在学校经济学院举行。由复旦大学世界经济研究所与瑞典隆德大学联合举办。来自瑞典隆德大学的教授拉尔斯·奥瑟海姆（Lars Oxelheim）、尼克拉斯·安德烈恩（Niclas Andrén）、刘璐（Lu Liu）、汉斯·比斯德勒姆（Hans Byström）等与来自国内高校的教授们就欧债危机的背景、根源与出路、欧债危机背景下的欧元和欧元区、通货区的理论与现实等世界经济领域的热点问题进行深入的探讨和争论，就欧洲危机、欧元存亡等经济事态进行研判，并对中国经济的发展战略提出相应的政策建议。

（刘军梅）

【举办“沪港发展与中国未来可持续增长”学术研讨会】 该会议于12月15—16日在复旦大学举办。由沪港发展联合研究所（港中大—复旦）联合复旦大学中国社会主义市场经济研究中心和复旦大学可持续发展政策实验室共同举办。会议主题为“沪港发展与中国未来可持续增长”。与会专家学者结合欧美经济复苏乏力和中国经济增长减速的背景，对上海和香港如何竞合发展、长三角和珠三角如何实施区域协调发展以及中国经济如何切实提高增长质量以获得未来发展的可持续性等热点问题展开讨论。　（詹　璐）

【举办“第八届上海保险论坛”】 该研讨会于12月18日在经济学院大金报告厅举行。由复旦大学保险研究所与《解放日报》、复旦大学金融研究中心联合主办。复旦大学金融研究中心主任孙立坚出席论坛并讲话。会上，复旦大学保险研究所所长徐文虎、交银康联人寿总经理张宏良、中德安联人寿总经理陈良等3位嘉宾围绕论坛主题“保险业的转型发展”，分别从保险公司高管和专家学者的角度展开探讨，分析保险业转型的必要性，探寻保险业转型的具体举措以及转型实施后可能带动的行业新增长点。（周　环）

【举办复旦大学首届社会科学与经济管理重大理论问题跨学科学术研讨会】 该研讨会于12月21日在复旦皇冠假日酒店举行。由复旦大学学术委员会社会科学与管理学部主办，复旦大学世界经济研究所承办。来自复旦大学学术委员会社科与经管学部的所有委员以及各个学科的专家学者代表参加会议。与会学者围绕“中国经济增长中的结构问题”、“中国的制度红利”以及“中国的人口红利”等当今中国社会经济改革与发展的重大学术性问题展开演讲和讨论，并在很多问题上形成共识。该研讨会为创复旦人文社会科学跨学科交流的首次会议。（刘军梅）

管理学院

【概况】 2012年，管理学院设有财务金融系、产业经济学系、管理科学系、会计学系、企业管理系、市场营销系、统计学系及信息管理与信息系统系等8个系；设有跨学科研究中心或研究所18个，其中校级实体研究院1个、校级虚体研究中心11个、院级虚体研究机构6个；设有《研究与发展管理》杂志社及高级管理人员发展中心暨复理管理咨询公司。

设有一级学科博士点2个，二级学科博士点10个(含自设博士点)，一级学科硕士点2个，二级学科硕士点15个(含自设硕士点)以及工商管理硕士(以下简称MBA)/高级管理人员工商管理硕士(以下简称EMBA)和会计学专业硕士(以下简称MPAcc)、国际商务专业硕士3个专业学位硕士点，本科专业7个，博士后科研流动站3个(其中1个与经济学院共同设立)。产业经济学为全国重点学科，管理科学与工程为全国重点(培育)学科、上海市重点学科。2012年，财务学、市场营销、信息管理与信息系统3个自设二级学科成功申请为自设博士点，物流与运营管理、东方管理学2个自设二级学科被保留为自设博士点，金融工程管理自设二级学科被保留为自设硕士点。

有专任教师148人，其中具有正高级职称50人，副高级职称63人。新进教师7人，其中教授1人，讲师6人。

2012年，管理学院继续与经济学院、公共卫生学院和旅游学系组成“经济管理试验班”进行本科大类招生，学生第一学年进入复旦学院的希德书院学习，一年后的暑假进行院系分流；大类新生的学籍管理归属院系，经济管理试验班新生入校后随机分成5个班，其中试验班1由管理学院代管。招收博士研究生36名；招收硕士研究生1 286名，其中硕博连读项目68名，国际商务专业硕士项目94名，金融硕士项目83名，MBA项目550名，EMBA项目423名，MPAcc项目68名。有在读本科生(不含2012级)558人；硕士研究生3 369人，其中硕博连读项目210人、国际商务专业硕士项目237人，金融硕士项目166人，MBA项目1 531人，EMBA项目833人，MPAcc项目177人；博士研究生215人。

开设本科生课程215门、硕博连读项目课程36门、博士研究生课程58门、金融硕士项目课程40门、国际商务专业硕士项目课程11门、MBA项目课程240门、EMBA项目课程112门、MPAcc项目课程16门。胥正川的《电子商务》被评为“复旦大学精品课程”；裘理瑾的课题“《服务营销》课程国家化建设研究”获得“复旦大学本科教学研究课题”立项。“管理学院信息管理与信息系统专业创新创业教育实验基地”获上海市教委批准立项。全年共有4位博士生的科研项目被确立为复旦大学第四批重点学科优秀博士生科研资助计划资助项目，9位博士生科研项目被立为复旦大学第十二批研究生创新基金资助项目。朱仲义指导的硕士研究生冯佳睿、洪剑峭指导的硕士研究生苏超以及黄丽华指导的博士研究生宋培建的学位论文荣获2011年度上海市研究生优秀成果。

申请到各类纵向项目共计40项，其中国家自然科学基金项目24项(含重点项目1项)；国家社会科学基金项目1项(重大项目1项)；教育部人文社会科学研究项目5项；上海市哲学社会科学规划课题5项；其他项目5项。在国内外学术期刊上共发表论文309篇，其中有5篇论文发表在UTD期刊上；8篇论文发表在FT期刊上；国际顶级期刊论文2篇、国际一级期刊论文8篇、国际二级期刊论文16篇、国际三级期刊论文36篇、国内顶级和一级期刊论文23篇。被SCI收录55篇、SSCI收录47篇。共出版学术著作与教材17部。

高级管理人员发展中心暨复理管理咨询公司全年共举办培训项目79个，有超过4 000位工商企业的中高层管理者参加培训；承接并完成企业委托的管理咨询项目3个；完成夜大成教班的教学工作13个。

新增境外合作院校7所，截至2012年底，共有合作院校70所。全年共接待境外院校和机构来访73批次，其中美国商学院21所、欧洲商学院21所、亚洲(含港、澳、台地区)院校3所，共计124人次，其中商学院院长及副院长33人。接待短期海外学习团33个。接收来自近50个交换合作院校的83名MBA交换学生；派出57名MBA学生前往近40所合作院校进行为期一学期的交换学习。全年共派遣教师211人次赴29个国家和地区出席国际学术会议、参加培训课程、进行合作科研、洽谈国际交流与合作事宜等。复旦大学与挪威商学院合作举办的工商管理硕士(MBA)项目签署继续合作协议书，合作期限自2012年1月1日至2018年12月31日止，为期7年。沪教委外〔2012〕21号文公布上海市中外合作办学示范性项目(2011年度)名单，复旦大学与挪威商学院合作举办的MBA项目获得示范性表彰荣誉。

学院获批加入全球高端管理联盟(Global Network for Advanced Management，简称GNAM)。GNAM是由耶鲁大学管理学院发起成立的全球性商学院联盟组织，截至2012年底，有21所成员学校，分布在世界发达国家和新兴经济热点地区。该组织旨在通过组建商学院之间的立体网络，进行多种层面上的资源共享，为教师访学、科研合作、案例研究、学生交流，搭建一个广世界性的高端合作平台。

全年共有媒体报道450篇，共计42万字，半版以上报道85篇；全年组织记者来学院报道会议、论坛和参加新闻发布会共计38场次；安排教师、校友专访100人次。举办各类讲座、论坛百余场，其中包括蓝墨水沙龙、论坛10场，兴业同学讲堂3场、复旦硅谷银行管理大师论坛6场、Panasonic讲座4场、复旦大学EMBA管理前沿论坛9场、人文复旦系列讲座10场、复旦MBA聚劲论坛4场、MBA名师讲堂6场等。

"复旦商业知识"移动应用ios版分别在苹果商店及安卓系统发布。6月7日，"复旦商业知识在线"BK.fudan.edu.cn正式上线，其主站包括9个频道12个子栏目，2012年度在线中文内容生产和发布总计333篇、逾782 870字；视频184场、总计约13 815分钟；在线英文内容生产和发布，总计115篇，逾618 523字；视频36场，总计时长约516分钟。全年完成10篇教学案例成果，6篇企业授权案例。出版《英文管理新知》、《巅峰对话——文汇复旦管理学家圆桌谈》、《复旦案例经典》、《上海现代服务业"五新"100例(第一辑)》等4本书籍。

学院校友总人数已达29 785人，在中国、美国、新加坡和中国台湾、香港等国家和地区共设立12个地方校友联络处。全年共组织133场校友活动、83个班级聚会，共计5 899人次返校、2 900人次参与校友联络处活动。宝钢集团有限公司董事长徐乐江、1946级统计系本科老校友周炜、大自然保护协会北亚区总干事张醒生、东方财富网创始人兼董事长其实四位校友当选"复旦大学管理学院2011年度校友"，分获"年度卓越领袖奖"、"年度学院服务奖"、"年度社会贡献奖"、"年度创新成就奖"等4个奖项。

学院全年共举办2次招聘会，实习专场招聘会1次，企业宣讲会62场，企业面试或笔试会7场。共发布1 540个全职岗位，涉及334家企业；547个实习岗位，涉及210家企业。2012届全日制MBA学生就业率95.2%，2013届全日制MBA学生暑期实习率82%，2012届科学硕士项目就业率98.7%，2013届科学硕士项目实习率96.2%。

学院的捐赠项目有学生成长基金、学院企业奖学金、企业实务课程、学院新院区建设、校友年度捐赠、"书香门第"计划、"印记永恒"行动以及其他专项捐赠等，全年实际到账各类捐赠1 021多万元。

全年有2名职工、78名学生加入中国共产党；学院12个教职工支部圆满完成支委换届工作；学院荣获"复旦大学年度宣传工作先进单位"；信凌鸿获得"复旦大学创先争优优秀共产党员"称号。学院进行第五届工会委员会选举，学院284名工会会员中的257名会员出席了选举大会，非会员教职工列席了会议。经无记名投票，11名候选人得票都超过全体会员半数，其中得票数最多的9位同志当选为第五届工会委员会委员。12月26日，新一届工会委员会举行了第一次会议，凌鸿当选为主席，郑琴琴、徐文岩担任副主席。学院妇委会也相应完成了换届，由学院工会委员会中所有女委员组成新一届学院妇委会，赵华任妇委会主任。 (王是平等)

【首次举行本科生家长入学向导课(Orientation)】 2月26日，学院举办首届面向2011级本科生家长的入学向导课。活动旨在帮助家长深入了解学院的育人使命，倡导家长与导师携手引导学生度过丰富而有意义的大学生活。活动吸引来自江浙沪地区、北京、山西、四川等地的2011级经管实验班的28位家长。学院全体党政领导以及各系系主任、副系主任、学生导师参加活动。活动还引起媒体的广泛关注，得到《东方早报》、《解放日报》、《青年报》，以及新浪网、腾讯网、搜狐网、人民网等媒体报道。

(侯一欣)

【举办"上海论坛2012"管理分论坛】 5月27日，由复旦大学主办、管理学院承办的主题为"创业、创新与可持续管理"的"上海论坛2012"管理分论坛在学院友邦堂举行。10余位来自国内外的经济学界、商界代表作为发言嘉宾参加论坛，约200位与会者参加论坛。上午的论坛主要从学界角度分享中国经济在创业创新方面的最新研究动态，下午则由来自著名企业的嘉宾从企业经理人的角度对论坛主题进行解读。 (孙晓洁)

【举办2012复旦管理学国际论坛】 该论坛于7月21—22日在复旦大学举行。由复旦管理学奖励基金及复旦大学校主办、管理学院承办。论坛主题为"风险管理：不确定年代的应对策略"。第十届全国政协副主席徐匡迪，第九、十届全国人大常委会副委员长成思危，中华人民共和国商务部部长陈德铭，全国政协经济委员会副主任李毅中，上海市市长韩正，复旦大学党委书记朱之文，以及部分海内外知名大学管理学领域著名学者、知名企业领袖900余人出席论坛。该次论坛的研讨，有助于对不确定年代的应对策略有更深入的认识和思考。

(段绍斌)

【举行第二届"公共住房的未来"国际研讨会】 该会议于8月29—30日在管理学院举行。由复旦大学住房政策研究中心主办。上海市住房保障和房屋局刘海生局长、中国房地产研究会会长顾云昌副、复旦大学副校长许征，以及来自世界银行及中国、美国、英国、瑞典、荷兰、匈牙利、韩国、新加坡和中国香港、中国台湾等11个国家与地区的15位国际权威公共住房政策研究专家就公共住房问题展开讨论。研讨会还吸引国家住房和城乡建设部官员、上海社会科学院、上海房地产科学研究院、各大高校的学者与专家约100人参加。

（陈　杰）

【3个项目跻身全球EMBA排名百强】 10月15日，英国《金融时报》（*Financial Times*，FT）发布2012年全球EMBA项目排名。复旦大学管理学院有3个项目跻身全球百强，分别是复旦大学—华盛顿大学EMBA项目、复旦大学EMBA项目、复旦大学—香港大学IMBA项目。其中复旦大学—华盛顿大学EMBA项目位列全球第9；全中文的复旦大学EMBA项目首次入选，位列第35名，也是全球中文EMBA项目第1名；复旦大学—香港大学IMBA项目首次入围，位居第54位。《金融时报》每年的排名是全球公认的管理教育权威排名，在学生综合素质及其职业发展、学院的学术成果和研究能力、学院的国际化程度等方面制定严格、科学的评价标准。（孙晓洁）

【获得“2012年全球最佳商学院”排名远东地区第一名】 北京时间10月18日凌晨，在秘鲁利马揭晓的“2012年度全球最佳商学院”排名中，复旦大学管理学院获得远东地区第一名。该评选活动由欧洲权威商学院排名机构环球教育（Eduniversal）发起，旨在为世界各地的学生提供全球各地最优秀商学院的信息，该排名不仅考验一所商学院的综合实力，而且检视其国际化程度和水平，特别是在国际上的知名度和影响力。该次评选结果是由来自150余个国家共计1 000名商学院的院长投票得出的。

（孙晓洁）

【举行郑祖康追思会】 11月21日，在复旦大学原副校长、管理学院原院长郑祖康教授逝世一周年之际，学院在卿云宾馆二楼多功能厅举行郑祖康教授追思会。校长杨玉良，九三学社上海市委原副主委、上海市政协副秘书长李定国，九三学社上海市委副主委周锋、秘书长朱红等领导及学校和学院师生等100多人出席追思会。学院分党委书记黄丽华主持追思会。会上，众多来宾先后发言，对郑祖康表达深切的缅怀之情。（孙晓洁）

【1952届工商管理系校友毕业60周年返校】 该活动于12月1日在学院举行。中共中央政治局原常委、国务院原副总理李岚清作为1952届校友，也返校参加活动，将自己篆刻的一枚轻质印章送给复旦大众印社，并向学校赠送亲笔签名的作品。校党委书记朱之文、校长杨玉良、管理学院院长陆雄文出席活动。朱之文和杨玉良代表母校向李岚清校友赠送2份纪念品，一是复旦大学校友刊物《复旦人》的创刊号，刊名由李岚清校友亲笔题写；一是李岚清校友在复旦大学历年参加各类活动的照片资料，记录他长期给予复旦的关怀和帮助。

（孙晓洁）

【取得EQUIS五年期认证】 12月19日，欧洲管理发展基金会（European Foundation for Management Development，简称EFMD）正式通知学院成功通过EQUIS（European Quality Improvement System）再认证，并授予学院五年期认证。复旦大学管理学院成为中国大陆首家取得EQUIS五年认证的中国大学商学院。认证授予委员会在贺信中对学院给予高度评价：“复旦大学管理管理学院具备愈来愈强的战略导向，拥有更多成果卓著的研究项目，并通过与国际众商学院和访问学者们的合作展现出日益提升的国际化水平。”EQUIS认证结果分为不通过、三年期认证和五年期认证，五年期认证是EQUIS认证对于一所商学院的最高评价，表明这所商学院全面符合EQUIS认证的标准，并在国际上处于领先地位。（孙晓洁）

社会发展与公共政策学院

【概况】 社会发展与公共政策学院下设社会学系、社会工作学系、心理学系、社会管理与社会政策系和人口研究所。设有博士点3个，硕士点5个（含MSW专业学位硕士点），本科专业3个，本科第二专业1个，博士后流动站1个。

在职教职工68人，其中教师58人。教授（研究员）、副教授（副研究员）39人，占教师总数的67%。

招收硕士研究生89人、博士研究生17人。在读本科生479人、硕士研究生198人、博士研究生103人。为本科生开课174门，其中核心课程3门，公共选修课程43门、平台课程22门、专业课程106门，全英语课程16门；开设研究生课程74门，其中全英语课程8门。

承担科研项目53项，其中在研11项，立项42项。纵向研究课题在研3项，立项19项，含新立国家级课题5项（其中一项为国家社科重大项目）、省部级课题14项。横向研究课题在研8项，立项23项。获得科研资助奖金440余万元，其中纵向研究经费155.2万元，横向研究经费286.1余万元。

全年出版各类学术作品18部，其中专著8部、译著5部、主编著作5部；发表论文220余篇，其中SSCI论文6篇、权威论文15篇、核心论文53篇；提交研究报告30余篇。

加强对外学术交流。全年共有40余人次出境参加国际会议、访学、共同研究等学术活动。接待英国伦敦政治经济学院、美国华盛顿大学（圣·路易斯）、美国波士顿大学、美国戴维森学院、美国三一学院、瑞典哥德堡大学、芬兰图尔库大学、芬兰东芬大学、新加坡管理大学等大学到访近20次。学生60人赴境外院校交流学习。通过与美国、加拿大和欧洲高校的合作项目接收200余名外国留学生到院交流学习。继续推进与瑞典隆德大学的双学位硕士项目，与英国伦敦政治经济学院、芬兰图尔库大学、芬兰东芬大学、新加坡国立大学、香港城市大学等达成课程和学位项目的合作意向。

围绕“喜迎十八大”、“红色徒步之旅”等主题活动，开展理想信念教育。通过“科学道德与学风建设系列活动”、“寻访老上海人文徒步之旅”、“红色梦想，青春之歌”红歌会、“萤火虫计划”等社会实践活动，提高学生社会服务意识。举办“稳步转型·促社会全面发展”2012年复旦大学博士生论坛社会篇。

学工团队获得 2012 年就业工作先进集体，研究生工作组获评“复旦大学学生思想政治工作先进集体”，2008 级本科生党支部获评“复旦大学本专科生优秀党支部”，“一二·九”歌队获得 2012 年“我的祖国——一二·九歌会”金奖，2011 级硕士班级获评“复旦大学先进集体”，2012 年复旦博士生论坛社会篇获评“2012 年复旦大学博士生论坛优秀分论坛”，获得复旦大学 2012 年度研究生暑期社会实践优秀组织奖，1 位硕士辅导员获得复旦大学十佳辅导员称号。

（吴丹丹　廖永梅　孙　婕　方莉强　李　爽　陆晶婧）

数学科学学院

【概况】 2012 年，数学科学学院下设数学系、应用数学系、金融数学与控制科学系、信息与计算科学系、概率统计与精算系、数学研究所。设有数学学科博士后流动站、非线性数学模型与方法教育部重点实验室、现代应用数学上海市重点实验室和《数学年刊》编辑部。学院是中法应用数学研究所、复旦大学数学金融研究所、AIA 友邦—复旦精算中心的所在地。下设基础数学、应用数学、运筹学与控制论、计算数学、概率论与数理统计等 5 个二级学科，具有数学一级学科博士学位授予权和全部 5 个二级学科的博士学位授予权。学院是国家理科数学人才培养基地。在 2002 年、2007 年、2012 年的全国一级学科整体水平评估中，综合排名均名列第二。从学术界通用的 ESI 指标衡量，复旦数学学科属于前 1%学科。

有专任教师 92 人，其中教授 39 人、副教授 31 人、副研究员 6 人、讲师 14 人；博士生导师 38 人。有中国科学院院士 4 人；国际高等学校科学院院士 1 人；第三世界科学院院士 2 人；欧洲科学院院士 1 人；法国科学院外籍院士 1 人；葡萄牙科学院外籍院士 1 人。国家“千人计划”专家 2 人，教育部“长江学者奖励计划”特聘教授 7 人，讲座教授 7 人；国家杰出青年科学基金获得者 8 人。

全年招收本科生 161 人，硕士生 59 人，博士生 73 人。截至 2012 年底，在读本科生 745 人，在读硕士研究生 196 人，其中金融硕士 84 人；在读博士研究生 165 人；2012 年，授予学士学位 165 人，硕士学位 55 人，博士学位 29 人。博士后流动站在站博士后总数 19 人，进站 6 人，出站 7 人。

傅吉祥获得教育部长江学者特聘教授；雷震获得教育部新世纪人才计划及优秀青年科学基金；陆帅获得中国工业与应用数学学会优秀青年学者奖。

全年获 23 项国家自然科学基金资助，总经费达 1 307 万元；面上项目资助率达 80%，远高于基金委面上平均资助率 26%；到款经费项目 50 项，经费共计 1 095 万元。教师独立或者合作发表科研论文 150 篇。举办各类学术讲座 148 场次。召开国际会议 9 次，接待来访专家学者 148 人次，出国访问、参加各类国际学术会议 24 人次。

学生工作注重学生学术能力的培养、社会责任感培养和学院文化氛围的营造。2008 级本科生田晓颖、2010 级本科生李宗元分别在全国大学生数学竞赛中获得一等奖。“院士讲坛”、“IMATH”等品牌活动继续为数学专业氛围的营造和文化建设服务，深受同学的欢迎。由团学联主办的“Dirichlet 杯”三行情诗大赛，共收到 300 余篇作品，在校内外引起热烈的反响。

哈佛大学统计系主任、1978 级校友孟晓犁被任命为哈佛大学文理研究生院终身院长。（张晓清）

【举行上海数学中心揭牌暨奠基仪式】 详见【综述】第 42 页。

【谷超豪逝世】 中国共产党优秀党员，中国民主同盟优秀盟员，第八、九届全国政协常委，著名数学家、教育家，国家最高科学技术奖获得者，中国科学院院士，复旦大学数学研究所名誉所长、数学科学学院教授谷超豪同志因病医治无效，于 2012 年 6 月 24 日凌晨在上海逝世，享年 87 岁。6 月 28 日，谷超豪议题告别仪式在上海龙华殡仪馆举行，复旦大学师生和各界人士共计 1 200 余人前往吊唁。

（张晓清）

【召开偏微分方程国际会议】 为纪念中国科学院外籍院士、复旦大学荣誉教授、法国数学家雅克·路易·里翁斯（Jacques-Louis Lions，1928—2001）在偏微分方程理论、控制及计算等方面作出的杰出贡献，5 月 28 日—6 月 1 日，“偏微分方程：理论、控制及近似”国际会议在复旦大学召开。会议由复旦大学、中法应用数学研究所（ISFMA）、上海现代应用数学重点实验室联合组织，中法应用数学研究所承办。中、法、美、意和欧洲科学院共 10 余名院士，美国工业和应用数学学会（SIAM）前主席、法国工业和应用数学学会（SMAI）现任和前任主席等著名数学家参加会议并作报告，报告内容涵盖偏微分方程研究的多个重要分支，反映有关领域内的最近研究进展和发展趋势。（周春莲）

【举行数学系 78 级毕业 30 周年返校活动】 7 月 7—9 日，复旦大学数学系 1978 级学生毕业 30 周年庆在复旦大学举行。来自世界各地的 100 多位校友和 50 多位老师参加返校活动。返校活动包括“怀旧·欢聚”纪念会、感谢师恩活动、“无穷大”雕塑揭幕仪式、参观江湾校区等。1978 级班级集体捐赠制作数学符号“无穷大”的雕塑，置于邯郸校区 600 号草坪的东南角。截至活动日，数学系 78 级校友基金为活动共募集钱款 482 018 元，常务副校长陈晓漫等学校领导和部处负责人为校友颁发捐赠证书。1978 级（7818）班级中，涌现出多位世界著名大学的终身教授，如哈佛大学文理研究生院院长孟晓犁、哥伦比亚大学统计系主任应志良、斯坦福大学终身教授李骏、牛津大学首席教授陈贵强、杜克大学教授刘建国等。

（张晓清）

【举行纪念苏步青先生 110 周年诞辰系列活动】 9 月 23 日，纪念苏步青先生 110 周年诞辰系列活动在复旦大学举行。民盟中央常务副主席张宝文，民盟中央副主席、市人大常委会副主任、民盟上海市委主委郑惠强，复旦大学校党委书记朱之文，校长杨玉良，常务副校长陈晓漫，副书记陈立民等出席相关活动。苏步青铜像在其生前工作过的子彬院前草坪上落成揭幕。纪念苏步青110周年诞辰座谈会在复旦大学逸夫科技楼举行。师生代表、苏步青先生的家属、家乡代表、生前在其身边工作的有关人员代表及数学科学学院师生代表约70人参加活动。 （张晓清）

【举办微分几何国际会议】 为纪念中国微分几何学派创始人、著名数学家苏步青先生110周年诞辰，9月22—23日，由数学科学学院主办的微分几何国际会议在复旦大学举办。法国高等科学研究院教授让-皮埃尔·浦吉荣（Jean-Pierre Bourguignon）、香港城市大学教授菲利普·西亚莱（Philippe G. Ciarlet）、香港城市大学教授项武义、日本东北大学教授宫岡礼子（Reiko Miyaoka）、南开大学教授张伟平院士等数学家作报告。国内知名数学学者和专家共计30余人参加此次会议。 （沈 莹）

【严绍宗逝世】 中国共产党党员、我国著名数学家，复旦大学教授、复旦大学原教务长、副校长严绍宗同志因病医治无效，于10月31日在上海新华医院逝世。 （张晓清）

【本科生多次获奖】 2012年，数学科学学院本科生在国内外各类数学及数模竞赛中获得较好成绩。2月，数学科学学院派出13个队参加美国大学生数学建模竞赛，获得2项一等奖，4项二等奖。8月，在“深圳杯”大学生数学建模夏令营中，复旦2个代表队在各自的应用问题竞赛中分别获得一等奖。9月，全国大学生数学建模竞赛，数学科学学院派出37个队参加，获得2项全国一等奖，2项全国二等奖，6项上海市一等奖。10月，在第四届全国大学生数学竞赛上海赛区中，学院有14名学生获得一等奖（该赛事一等奖共15人），其中5人将于2013年代表上海赛区参加全国决赛。

（蔡志杰 谢启鸿 张晓清）

物理学系

【概况】 2012年，物理学系有物理学一级学科（国家重点学科）博士点1个，一级学科硕士点1个，本科专业1个，博士后流动站1个。建有应用表面物理国家重点实验室，物质计算科学、微纳结构光科学等2个教育部重点实验室，是教育部基础学科人才培养基地。本学科入选上海高校一流学科建设计划A类，在教育部学位与研究生教育发展中心组织的2012年学科评估中位列全国高校第5位。

有在职教职工98人，其中教授45人，副教授23人，博士生导师37人。有中国科学院院士4人，国家“千人计划”特聘教授2人，教育部“长江学者奖励计划”特聘教授6人，国家杰出青年科学基金获得者12人，国家重点基础研究发展计划（“973计划”）首席科学家4人，美国物理学会会士3人，国家“青年千人计划”特聘教授6人。复旦大学浩青特聘教授2人，物理系谢希德特聘教授6人，物理系谢希德青年特聘教授4人。朱智玮入选第二批“上海千人计划”。周磊入选2012年度上海市“优秀学术带头人”计划。吴施伟入选“曙光计划”项目。田传山、吴骅入选2012年上海市“浦江人才计划（A类）”。黄吉平入选2012年度上海市“青年科技启明星计划（A类）”、2012年度教育部“新世纪优秀人才支持计划”。张远波入选2012年“上海高校特聘教授”（即“东方学者”）。金晓峰、俞胜南获2012年上海市“育才奖”。2位意大利籍副教授：卡西莫（Cosimo Bambi）和莱奥纳多（Leonardo Modesto）正式签约入职。

全年招收本科生92人、硕士研究生4人、博士研究生83人。在读本科生366人、硕士研究生79人、博士研究生199人，在站博士后12人。开设本科生课程123门，其中春季课程54门、秋季课程69门；开设研究生课程25门。有国家精品课程5门、上海市精品课程3门、校级精品课程5门。组织召开“2012级自然科学试验班新生及家长会”；继续配合教务处，开展“拔尖人才”培养计划；派出5名班导师，对以“自然科学实验班”的名义大类招生的2012级本科生进行指导等。继续推行2012级博士研究生招生的“申请—考核制”和以“夏令营”方式选拔“推免生”制度。两本教材入选教育部确定的第一批“十二五”普通高等教育本科国家级规划教材。获得2012年度第一批国家级“大学生创新创业训练计划”5项。在8月举行的“第七届全国高等学校物理实验教学研讨会”上，获科研论文评比一等奖1篇、教学论文评比二等奖1篇、教学仪器评比二等奖和三等奖各为4项和3项。2011级博士生郭聪获得教育部学位管理与研究生教育司评选的2012年度“博士研究生学术新人奖”。

新立项科研经费4 372万元。新获批立项国家自然科学基金面上项目11项，国家自然科学基金青年科学基金项目2项，国家自然科学基金优秀青年科学基金项目1项，国家自然科学基金国家杰出青年科学基金项目1项。获中国博士后科学基金第52批面上一等资助1项。获上海市自然科学基金面上项目2项。牵头培育“新型自旋器件及机理研究协同创新中心”。以第一单位发表SCI论文128篇。

国际交流与合作频繁。接待50多位国外及港澳台地区专家到访、讲学、作学术报告，举办国际会议3场。2007年度诺贝尔物理学奖获得者艾尔伯·费尔（Albert Fert）到系演讲。系师生参加国际会议、合作研究、出国考察、交流等253人次。在美国物理联合会（简称AIP）的附属网站GradschoolShopper. com上推出了本系介绍，并印制出版了包括本系介绍在内的AIP纸版的2013年《物理、天文及相关专业研究生目录》。

加强党建及师生责任、奉献意识建设。以创建学习型党组织为目标开展“创先争优”活动。健全学生党总支规章制度建设，合理化人员分工。加强对学生党员骨干的培养。学生党总支牵头开展地铁10号线江湾体育场站志愿者服务。组织学生开展“阳光之家”、关爱退休孤老等志愿者服务，以及暑期河南支教、与五角场街道退休党支部共建等社会实践活动。系党委申报的“探索寝室导师制在教书育人中作用”的案例被评为上海市教卫系统“创先争优”主题活动最佳案例。张新夷获“上海市教委党委系统创先争优优秀共产党员”称号 2009 级本科生党支部书记张佳骏获得“复旦大学创先争优优秀共产党员”称号。

全员关心学生思想、学习、生活的健康成长。3 月 30 日—5 月 4 日，举行“思物明理求知路，甲子轮回又一程”——第十一届“物理人节”。11 月 6 日—12 月 4 日，举行“燃理性光辉、勘科学世界”——第七届“物理学月”。加大对学生学业辅导与职业发展的指导力度，举办讲座、交流会等 10 多场。关注学生心理健康，开展心理健康讲座，策划举办“健康人生，从心开始”的心理健康宣传活动和“感恩的心，感谢有你”——感恩节心理特别活动。 （高太梅）

【在美国举行专场人才答辩及宣讲会】 2 月 29 日，在美国举办专场人才答辩会及宣讲会。系主任沈健主持上午的答辩会，来自美国相关高校和研究单位的 3 位博士作应聘答辩，复旦大学物理系 12 位教授聆听答辩。在晚间举行的人才招待会上，沈健致欢迎词，并作物理系发展规划、人才招聘计划及相关政策等方面的介绍，封东来和张远波分别发表演讲，招待会共吸引到 200 多位来宾前来交流、咨询。3 位应聘答辩的博士中 2 位通过面试：其中来自美国纳米科学与技术中心的张童博士已于 2012 年底签约入职，来自劳伦斯伯克利实验室的法国人皮埃尔博士拟于 2013 年底入职。 （高太梅）

【2 篇论文在国际权威期刊发表】 3 月 4 日，《自然》杂志子刊《物理》(*Nature Physics*)刊登封东来课题组论文《铁砷超导体 $BaFe_2(As_{0.7}P_{0.3})_2$ 的节点能隙结构》(“Nodal superconducting-gap structure in ferropnictide superconductor $BaFe_2(As_{0.7}P_{0.3})_2$”)。论文指出，该课题组通过角分辨光电子能谱，全面研究 $BaFe_2(As_{1-x}P_x)_2$ 的能隙结构，并通过在整个布里渊区做能隙测量，首次在铁基超导体中探测到能隙节点。4 月 1 日，《自然》杂志子刊《材料》(*Nature Materials*)刊登周磊课题组论文《利用梯度特异介质将传播波完美转化为表面波》(“Gradient-index meta-surfaces as a bridge linking propagating waves and surface waves”)。论文指出，该课题组发现一类梯度特异介质表面可将电磁波传播模式完美转化为表面束缚模式，并在微波波段实验验证理论预言。 （高太梅）

【主办 2012 年全国近代物理实验教学研讨会】 该研讨会于 4 月在复旦大学举行。由复旦大学物理系主办。来自全国 72 所高校的 200 余位代表参会，会议围绕本科生创新能力的提升、因材施教、实验教学模式和创新等进行研讨，达成“近代物理实验的课程建设要吸收科学研究的新成果”这一共识。 （高太梅）

【实行研究生招生“长学制”改革】 2012 级研究生招生正式实行“长学制”，共招到直博候选人 46 名、硕博连读生 25 名、5—7 年制公开招考生 12 名，硕士生 4 名。“长学制”改革意味着研究生招生只招博士候选人，并将通过严格的分流淘汰机制，真正落实 5 年一贯的贯通式培养模式。 （高太梅）

【举行物理系成立 60 周年暨应用表面物理国家重点实验室建成 20 周年庆典】 庆典活动于 6 月 1—3 日举行。1 日下午是庆典仪式，1 500 多位系友参加，仪式由周磊主持，沈健、封东来先后致辞，学生代表张佳骏、教师代表金晓峰，以及系友代表阚敏、冯胜生、戴霁昕等分别发言，北京大学物理学院院长谢心澄代表兄弟高校致贺，“物理系教育发展基金会”于仪式上宣告成立，该基金最重要的资助项目——“谢希德特聘教授”首届入选者由学校副校长冯晓源颁发受聘证书，校长杨玉良到会并讲话。庆典期间举行“系友特色报告”、“985”高校物理系“系主任论坛”、系庆晚会、系学术年会等系列活动。 （高太梅）

【举行 2012 年复旦凝聚态物理国际暑期学校】 该暑期学校是以凝聚态物理及量子调控为方向的高级研修班，课程于 7 月 12—30 日在复旦大学举行。该届研修班研修主题为“量子相变”。邀请、吴大琪、斯特格利希(F. Steglich)、斯其苗、鹿野田一司(K. Kanoda)、杜瑞瑞、吴咏时等 9 位国际知名物理学者，讲授学科前沿的系统性高级课程，所有课程均用英文授课。该届研修班共招收正式学员 128 人，其中复旦大学正式学员 32 人，校外 96 人。 （高太梅）

【举行第 21 届国际表面与薄膜磁学会议(简称 ICMFS)】 该会议于 9 月 23—28 日在复旦大学举行。该会议是表面与薄膜磁学领域最重要、历史最悠久的国际会议。会议组委会由金晓峰、沈健、吴义政、肖江组成。来自海内外的 21 位专家应邀作学术报告，其中包括 2007 年度诺贝尔物理学奖获得者艾尔伯·费尔(Albert Fert)。会议期间共展出海报 123 张，会议吸引近 180 位专家学者参与。与会者围绕界面磁学、纳米磁学、交换耦合、自旋相关运输、电子自旋动力学、快速磁性动力学、合成磁性结构等热点问题，以及表面磁学领域最新进展和发展趋势进行介绍和交流探讨。 （高太梅）

【杨振宁到系演讲】 10 月 16 日，杨振宁应邀到系作题为“我的学习与研究经历”的演讲。杨先生介绍自己自参加大学入学考试起的学习与研究经历，谈及对自己有影响的多位科学家，并分享自己从事科研工作的心得与感悟。物理系教授吴咏时任主持人，校长杨玉良到现场与杨振宁交谈。近 500 位复旦大学师生在光华楼东辅楼 202 报告厅现场聆听报告。学校宣传部还同时开通 2 个分会场进行现场转播，并推出网络直播。 （高太梅）

【2 人分获国家杰出青年科学基金、优秀青年科学基金资助】 陈张海的项目“半导体中准粒子和类原子的非线性现象光谱研究及调控”获 2012 年度国家杰出青年科学基金资助。黄吉平的项目“复杂系统中场—结构耦合效应”获 2012 年度优秀青年科学基金

资助。　　（高太梅）

【初步建成微纳加工和器件公共实验室】 12月底，微纳加工和器件公共实验室初步建成。该实验室由物理系沈健牵头，物理系和微电子系共同参与建设和运转，是学校"985工程"三期重点建设的学术研究中心之一，旨在提升复旦大学在微纳米尺度的实验研究能力，满足纳米相关学科前沿研究的迫切需求，服务于全校的研究课题，并向全市、全国开放服务。

（高太梅）

现代物理研究所/核科学与技术系

【概况】 现代物理研究所/核科学与技术系设有核技术本科专业1个，原子分子物理、粒子物理与核物理博士点2个，原子分子物理、粒子物理与核物理和等离子体物理硕士点3个，有应用离子束物理教育部重点实验室和上海电子束离子阱实验室。

在职教职工39人，其中院士1名，双聘院士1名，具有正高级职称9人，副高级职称12人，中级职称12人。为本科生开设课程共23门。核技术专业原定招收本科生25名，实际录取30名。在校本科生92人。全年招收博士生8名，硕士生8名。有在站博士后1名，在读博士研究生26名，硕士研究生26名。

获批准国家自然科学基金面上项目1项。在研科技部重大研究专项2项，国家自然科学基金项目15项（重大研究计划1项，面上项目10项，联合资助项目1项，青年基金3项），省部级项目7项，国际原子能机构资助项目1项，横向科研项目2项。全年科研经费到款金额580万元。发表SCI论文38篇。为研究生开设课程共21门。

全年有10名国际学者、12名国内知名学者到所作学术报告。派出境外访问、研究或参加国际学术会议8人次。

7月3日，选举产生了新一届现代物理研究所党总支部委员会，由王万春、陆广成、杨柳、魏宝仁组成，王万春任总支书记。

9月10日，张雪梅负责的2011年上海高校本科重点教学改革项目"核技术专业实验教学体系的探索与实践"通过上海市教委委托复旦大学组织的验收。

10月18日，根据教育部在2012年9月14日颁布的"教育部关于印发《普通高等学校本科专业目录（2012年）》、《普通高等学校本科专业设置管理规定》等文件的通知（教高[2012]9号）"文件，复旦大学"核技术"本科专业自2013年秋季招生起使用专业名称"核工程与核技术"。

12月11日，新一届现代物理研究所（核科学与技术系）行政领导班子组成，邹亚明任所长（系主任），陈重阳、赵凯锋任副所长（副系主任），王万春兼任副所长（副系主任）。

（陈建新　杨　柳　封娅娅）

【新建核技术专业通过检查】 10月9日上海市教育委员会委托的专家组对核技术本科专业进行现场考察。该专家组由上海交通大学原校长谢绳武任组长，上海交通大学、同济大学、中科院上海应用物理研究所、上海辐射剂量测试站和上海市核学会等单位的7名专家组成。陈建新代表核科学与技术系所作关于核技术专业建设情况和专业自查工作的汇报。专家组审核核技术专业的自查材料，查看专业培养方案、课程教学大纲、试卷和学生实验报告，考察专业教学实验室和系资料室等教学设施，召开教师、学生座谈会。专家组检查结论：要求检查的19项指标全部合格。

（陈建新）

【举办第四届基于电子束离子阱及先进光源国际学术研讨会】 10月3—6日，第四届电子束离子阱（EBIT）及先进光源国际学术研讨会在复旦大学北欧中心举行。由复旦大学现代物理研究所主办。来自瑞典、北爱尔兰、波兰、法国、德国、日本、美国和中国等国家和地区的30多位学者，及30多位研究生和本科生参加会议。会议历时3天，共有22个学术报告，其中外国学者的报告有17个，内容涵盖电子束离子阱、存储环、X射线自由电子激光、超强激光、加速器以及光钟等领域。

（赵凯锋）

【建成单粒子微束亚细胞精确辐照装置】 6月27日，复旦大学985科技创新平台项目（二类）"英国牛津大学Gray Cancer Institute赠送微束装置引进及重建"在现代物理研究所通过复旦大学科技处组织的项目验收。验收专家组由复旦大学附属肿瘤医院、第二军医大学、复旦大学生命科学院、中国科学院应用物理研究所、上海交通大学和华东师范大学的6位专家组成，复旦大学附属肿瘤医院质子重离子肿瘤治疗中心主任蒋国梁任组长。"单粒子微束亚细胞精确照射系统"装置由复旦大学现代物理研究所和放射医学研究所共同承担研制，在2×3 MV串列静电加速器基础上，自主设计建造总长14米的离子束流传输系统，并改进原牛津大学Gray Cancer Institute微束终端装置的部分核心部件，在辐照终端获得真空外2.2 μm分辨的单细胞辐照用质子微束（典型能量3 MeV，FWHM＜47 keV（包括探测器固有分辨率—20 keV），计数率1—8 000 cps）；采用薄膜闪烁体探测结构结合快速束偏转开关（关断时间＜1 μs），实现了＞95%的单粒子定量照射精度，单粒子定位照射误差＜±2.2 μm。基于单个MeV级荷电粒子精确定量、准确定位照射的独特功能，可开展放射生物学、肿瘤先进放疗、环境科学、材料物理及功能微纳米器件等多个领域的科学实验研究。

（王旭飞）

【高精度碰撞动力学研究平台完成测试】 8月，由复旦大学现代物理研究所自主研制的高精度碰撞动力学研究平台在电子束离子阱（EBIT）实验室完成测试。该平台由超低能脉冲电子束系统和动量谱仪组成。电子束可以在0.5 ns和1 ns的脉冲宽度下工作，通过调节电子枪阳极电压和聚焦电压，在碰撞中心可以获得直径为1 mm的低能脉冲电子束，并已实现电子束能量下限15 eV。而基于超音速冷靶的动量谱仪是研究各种粒子与原子分子相互作用构成的最有力工具，由超音速气体冷靶（靶温度小于 1 K)、飞行时间谱仪、大面积多击响应位置灵敏探测器(有效面积直径 75 mm)、快电子学和多参数数据获取系统(时间分辨 1 ns,系统死时间小于 10 ns)构成。通过电子束系统与动量谱仪耦合,可以系统地研究低能电子与原子分子的相互作用过程,为理论模拟分子解离、库伦爆炸等碎裂动力学过程提供可靠的实验依据,同时也为磁约束核聚变的边界等离子体模拟和诊断提供实验数据。在该平台上,2012 年完成国家科技部 ITER 计划专项的边界等离子体中原子分子过程的相关实验研究,目前正在承担国际原子能机构的研究项目。

(魏宝仁)

化 学 系

【概况】 2012 年,化学系设有无机化学、分析化学、有机化学、物理化学 4 个硕士点以及无机化学、分析化学、有机化学、物理化学、化学生物学和应用化学 6 个二级学科博士点,并有化学一级学科博士点授权。化学一级学科是国家重点学科,建有上海市分子催化和功能材料重点实验室、创新科学仪器教育部工程研究中心、国家理科基础学科研究和教学人才培养基地和被列入国家级教学示范中心建设单位的化学教学实验中心。

有在职教职工 160 人,其中专任教师 110 人,行政管理和实验室技术人员 50 人。有正高级职称的 49 人(博士生导师 50 人),副高级职称的 36 人,中级职称的 25 人。有中国科学院院士 1 人,双聘院士 3 人,国家"973 计划"首席科学家 2 人,教育部"长江学者"特聘教授 5 人,国家杰出青年科学基金获得者 14 人,海外及港澳学者合作研究基金获得者 5 人,复旦大学特聘教授 13 人,国家级教学名师奖获得者 1 人。

全年招收硕士研究生 62 人,博士研究生 70 人,工程硕士研究生 28 人(在职 28 人);在读本科生 384 人,硕士研究生 210 人,博士研究生 176 人,工程硕士研究生 42 人。全年承担本科生基础课、专业课及公共课总学时数为 293 040 人学时,选课学生 5 081 人次;承担全校实验课程总学时数 107 622 人学时,选课学生 2 789 人次。开设本科生课程 191 门(含毕业论文 17 门)。

全年申请到国家自然科学基金项目 25 项,其中自然科学基金面上项目 17 项,科研经费到款 8 085 万元。发表 SCIE 论文 308 篇,其中影响因子大于 6.0 的 74 篇。在研科研项目 200 项,其中承担"973 计划"(子)项目 17 项,"863 计划"(子)项目 4 项,国家杰出青年科学基金项目 2 项(A 类),国家自然科学基金重大重点项目 11 项,其他各类项目 166 项。与厦门大学、中国科学技术大学正式制定协同创新合作协议,共同培育和建设该协同创新中心。徐昕入选 2011 年度教育部长江学者奖励计划,邓勇辉获得"新世纪优秀人才计划",涂涛获得上海市科委"浦江计划",易涛获得上海市科委"优秀学术带头人"计划,张凡、邓勇辉分获上海市科委"启明星"计划 A 类和跟踪。

全年举办学科前沿进展报告逾 60 场,主讲人均为来自海外的学者、研究人员,与康涅狄格大学化学系联合举办学术报告会 1 场。除接待美国化学会高层代表团、美国加州大学伯克利分校、佐治亚大学、法国巴黎高科、加拿大蒙特利尔大学、新加坡南洋理工大学等一般海外到访外,还接待新加坡国立大学 45 名学生来访一天。师生出国出境参加国际会议、合作研究、学术交流、访问考察等逾 113 人次。选派 12 名大三本科生到美国加州大学圣巴巴拉分校、弗杰尼亚联邦大学、乔治敦大学、康涅狄格大学、英国伯明翰大学等开展暑期科研实习,并接受 3 名美国乔治敦大学和 1 名美国加州大学圣巴巴拉分校的本科生到访开展暑期科研实习。

(臧 辉 辜 敏 黄晶菁 唐 碧 吴剑鸣 郭 娟)

【召开系学科建设发展会议】 4 月 12 日,校党委书记朱之文到系调研,指出化学系要以江湾校区理化大楼的建设为契机,从大局和大的战略出发,站在制高点上,精心谋划,提出学科发展重点和未来方向;凝聚人心,实现协同创新;围绕国家战略需求,解决重大科技问题,实现更大的发展。4 月 20—21 日系学科建设发展会议在上海市奉贤区坤明湖度假村召开。全系高级职称以上教师、教师支部书记、教代会代表以及学、研工组长等 60 余名教师参会,会议特邀化学系双聘院士林国强及学校规划处、人事处相关负责同志参加。与会人员就化学学科发展的现状、问题和发展策略开展集中研讨。系主任唐颐,副系主任张丹维,分党委书记徐华龙,系教授林国强、杨芃原等分别作主题报告,号召大家围绕化学系学科规划认真讨论,群策群力,争取更大发展。会上还通报江湾化学楼建设规划由来、进展情况及初步方案。

(郭 娟)

【举办第八届全国大学生化学实验邀请赛】 该邀请赛于 7 月 1—5 日在校举行。由教育部高等学校化学教育研究中心主办,国家自然基金委资助,复旦大学化学系承办。共有来自全国 42 所高校的 126 名选手参赛。选手在 7 月 2 日和 3 日分别参加笔试和实验操作竞赛,比赛期间,各校带队教师就实验教学理念、教学方法、教学内容和教学管理多方面进行研讨。该竞赛有助于检验我国高等学校化学实验教学改革的成果,加强交流,总结经验,推动化学实验教学模式、教学内容、教学方法的改革,探索培养创新型化学人才的思路、途径和方法。

(张晋芬 高 翔)

【举办第 4 届《道尔顿》杂志金属有机化学与催化国际研讨会】 11 月 5—7 日,《道尔顿》杂志(*Dalton Transactions*)副主编、化学系教授金国新联合新加坡国立大学化学系、新加坡材料研究工程研究院分别在上海、新加坡两地召开该研讨会。皇家化学会成员、《道尔顿》杂志主编汉姆弗瑞博士(Dr Jamie Humphrey)到会致开、闭幕词。来自英国牛津大学、美国爱荷华州立大学、法国翰尼第一大学、复旦大学、上海交通大学、武汉大学和上海有机化学研究所的 7 位专家、学者在会上作学术报告,来自上海、上海周边城市以及加拿大的约100位学者参会。该研讨会为国内外同行交流金属有机化学与催化领域最新研究成果提供展示平台，扩大《道尔顿》杂志在国内的学术影响力。 （金国新）

高分子科学系

【概况】 2012年，高分子科学系设有高分子材料与工程本科专业，高分子化学与物理博士点、硕士点、博士后科研流动站和化学工程专业学位点，建设有聚合物分子工程国家重点实验室。

有在职教职工63人，其中专任教师41人（教授19人、副教授11人、讲师10人），实验技术人员14人。有中国科学院院士2人，教育部"长江学者奖励计划"特聘教授3人和讲座教授1人，国家杰出青年科学基金获得者9人、海外青年学者合作研究基金获得者4人，教育部新世纪优秀人才6人，上海领军人才2人。新进教授1人、讲师3人、实验技术人员3人、管理人员1人。

全年招收本科生（暂由高分子科学系管理的自然科学试验班）78人、硕士研究生38人、博士研究生27人、工程硕士研究生16人。在读本科生194人、硕士研究生102人、博士研究生101人、工程硕士研究生51人。开设本科生课程36门、研究生课程32门。

全年承担科研项目89项，到款经费2 300.36万元。作为首席单位在研的"973计划"项目2项、在研"973计划"项目课题2项；在研的"863计划"重点项目1项、"863计划"课题3项以及国家杰出青年基金2项、自然科学基金重大项目1项、重点项目3项等。彭慧胜的"取向碳纳米管/高分子新型复合材料在能源领域的应用基础研究"获批国家自然科学基金委杰出青年科学基金，江明的"大分子自组装：生物分子识别作用的引入和模拟糖萼的构建及其生物学功能"获批国家自然科学基金重大研究计划重点项目，获国家自然科学基金面上项目12项。聚合物分子工程国家重点实验室获得"复旦大学高级访问学者计划"资助项目5项，批准自设的开放研究课题16项。全年发表论文201篇，其中以第一单位发表的SCI论文168篇、EI论文2篇。获得授权的中国发明专利20项，中国发明专利申请公开的20项。江明、陈道勇、姚萍获2011年度国家自然科学奖二等奖；邵正中、陈新、周平、姚晋荣获上海市自然科学奖一等奖；黄骏廉、王国伟获上海市自然科学奖三等奖。彭慧胜课题组的相关研究成果被国际化学权威期刊《应用化学》（*Angewandte Chemie International Editio*）封面报道。丁建东课题组利用材料技术揭示干细胞分化的规律，论文在生物材料领域权威刊物《生物材料》（*Biomaterials*）发表。卢红斌近来在石墨烯复合材料方面的研究工作取得新进展，作为《材料化学》（*Journal of Materials Chemistry*）的封面论文发表。邵正中当选2012年度"上海市优秀学科带头人"；丁建东入选2012年上海领军人才"地方队"培养计划；江明、陈国颂获第六届冯新德高分子奖，杨武利入选2012年度上海市"曙光计划"。

参加国际学术会议35人次，国内学术会议28人次，在大型学术会议上做特邀报告或大会报告28人次。国外专家学者前来讲学和做学术报告12人次，国内学者专家前来讲学和学术报告15人次。

我系与上海交通大学、中石化北京化工研究院和上海石化共同培育、组建行业产业类"通用高分子材料高性能化协同创新中心"，并于9月16日，举行"通用高分子材料高性能化协同创新中心"揭牌仪式。

系党委围绕学习贯彻党的十八大精神，抓好基层组织建设。各支部围绕增强支部活力，建立长效机制。系学生工作围绕"繁荣校园文化、奉献美好青春"主题教育要求，积极落实"创先争优"活动，以基层党组织建设年为契机，加强学生党支部基础建设指导，新设高分子科学系研究生第五党支部。修订了《高分子科学系学生党员发展工作指导手册》、《高分子科学系学生党支部工作规范》。在学校2012年的创先争优表彰中，本科生党支部获"创新争优先进基层党组织"，从培红获"创先争优管理服务优秀共产党员"。从培红获得2011—2012年度复旦大学三八红旗手；2010级本科生柏文宇、2008级直博士潘震获得校优秀学生标兵称号。

（包　涵　张　炜　吕文琦　刘海霞）

【党政领导班子换届】 5月25日，学校党委根据学校2012年1号文件，宣布任命张志芹为系党委书记；8月30日，学校党委根据学校2012年2号文件，任命汪长春为系主任；12月11日，学校党委根据学校2012年7号文件，任命何军坡、彭慧胜、从培红为副系主任。12月14日，高分子科学系公布新一届行政班子分工，汪长春全面负责系行政工作，从培红分管行政、人事、后勤、安全、实验室等工作，何军坡分管本科教学、研究生教学（含专业学位）及留学生工作，彭慧胜分管学科、科研、外事、博士后等工作。

（刘海霞）

【系学术委员会换届】 10月23日，系学术委员会换届会议在东主楼511室召开。经全系中级及以上职称教职员工民主投票，产生新一届高分子科学系学术委员会，由陈道勇、丁建东、江明、李同生、刘天西、邱枫、邵正中、汪长春、杨武利组成。江明和邵正中分别担任系学术委员会主任和副主任。 （刘海霞）

【包涵当选中国共产党第十八次全国代表大会代表】 在5月22日闭幕的中共上海第十次党代会上，系党委副书记包涵当选为中国共产党第十八次全国代表大会代表。11月8—14日，包涵出席了在北京人民大会堂召开的中国共产党第十八次全国代表大会。 （刘海霞）

【1项研究成果在国际权威期刊发表】 12月，《应用化学》（*Angewandte Chemie International Edition*）发表彭慧胜课题组研究成果"兼具光电转换和储能作用的集成能源线"（An integrated energy wire for both photoelectric conversion and storage），该成果是一种新型、柔性的线状集成

器件，以取向碳纳米管纤维作为电极，可以同时把太阳能转换成电能并储存起来，光电和储能总效率达到1.5%。论文被评为该期刊“VIP论文”(Very Important Paper，非常重要论文)，并被推荐为封面论文。

(张　炜)

环境科学与工程系

【概况】 2012年，环境科学与工程系设有环境科学与工程一级学科博士点，下设环境科学、环境工程以及环境管理硕士点，工程硕士点，环境科学、环境工程二级学科博士点，环境管理二级学科博士点，环境科学与工程一级学科博士后流动站，环境科学本科专业。

有在职教职员工73人，其中教授20人，副教授26人，讲师18人；聘请8名国内外知名专家学者任顾问教授和兼职教授；引进国家千人2人、国家青年千人2人；上海千人1人；新增博士生导师3位，科学学位硕士生导师5位，工程硕士专业学位硕士生导师2位，专业学位校外兼职硕士生导师3位。

全年有15个项目获得“国家自然科学基金委员会”的资助，包括10项面上基金项目、1项优秀青年基金项目和4项青年基金项目。此外，获得国家自然科学基金重大项目1项，环境系2012年获批国家自然科学基金总额突破千万元。获批5项教育部博士点基金项目，包括1项博导类基金项目和4项新教师类基金项目。获批1项上海市科委基础研究重大项目，1项上海市科委基础性研究计划“上海市大气颗粒物污染防治重点实验室”。1人获得上海市东方学者项目资助。2人获得上海市自然科学基金项目资助，包括1项面上基金项目、1项青年基金项目。1人入选教育部“新世纪优秀人才支持计划”，1人入选“上海市浦江人才计划”。获得“2012年国家自然科学奖”二等奖1项，“2012年中国环境科学学会第八届青年科技奖”一等奖1项。

2012年，全年海外专家学者到环境系参观讲学近30人次。教师出国进修、应邀讲学、参加学术会议30余人次。此外，还获批“引进海外高层次文教专家重点支持计划”项目一项和复旦大学“学校重点外专引智项目”一项。

(晓　琴)

【1人入选2011年度教育部“新世纪优秀人才支持计划”】 环境系副教授付洪波入选2011年度教育部“新世纪优秀人才支持计划”。该计划是教育部设立的专项人才支持计划，支持高等学校优秀青年学术带头人开展教学改革，围绕国家重大科技和工程问题、哲学社会科学问题和国际科学与技术前沿进行创新研究。

(晓　琴)

【1项研究取得新进展】 5月17日，美国化学会能源领域权威期刊《能源与燃料》(*Energy & Fuels*)刊载环境系张士成、陈建民课题组研究成果“大型海藻浒苔在亚/超临界醇中液化：直接制备酯类化合物”(“Liquefaction of Macroalgae Enteromorpha prolifera in Sub-/Supercritical Alcohols: Direct Production of Ester Compounds. Energy & Fuels”. 2012. 26 (4), 2342-2351)，该研究在大型海藻制备生物液体方面取得新进展。论文还被“可再生能源全球创新”(Renewable Energy global innovations)网站报道。

(晓　琴)

【1人参加第六届国际环境科学与技术会议并作大会报告】 6月25—29日，第六届国际环境科学与技术会议(ICEST 2012)在美国休斯敦举行。复旦大学流域污染控制研究中心主任郑正参会，并作题为“中国流域污染控制的挑战、战略与实践”的大会报告，报告得到外国同行的广泛关注。国际环境科学与技术会议由美国科学院举办，旨在为水资源保护、土壤修复、生态修复等全球环境热点问题提供解决思路。该会议每2年举行一届，是全球最高端的环境类学术会议之一。

(晓　琴)

【王祥荣受聘为上海市气候变化研究中心副主任委员】 10月，第一届上海市气候变化研究中心学术委员会会议暨城市与气候变化国际研讨会在上海召开。由国家气象局科技与气候变化司、上海市气象局主办，上海市气候变化研究中心承办。环境系教授王祥荣作为复旦大学代表出席，并作题为“全球气候变化与城市生态脆弱性评估”的大会主题报告。会上，王祥荣被上海市气候变化研究中心聘为中心副主任委员。

(晓　琴)

【获批上海市大气颗粒物污染防治重点实验室】 12月9日，陈建民领衔的上海市科委基础性研究计划“上海市大气颗粒物污染防治重点实验室”获批，资助建设经费为200万元，主要用于实验室前期的科研硬件条件和管理机构建设。同时，陈建民教授主持申报上海市科委重大项目获批，题为“上海大气PM2.5污染形成及其对肺部疾病影响的机理机制研究”，资助研究经费250万，与上海市肺科医院共同合作研究。

(晓　琴)

【宋卫华研究员喜获2012年度上海市东方学者、浦江人才计划资助】 2012年12月，环境系宋卫华研究员获得了2012年度上海市东方学者项目资助，并成功入选2012年度上海市浦江人才计划A类资助，研究课题为：藻类毒素在水环境体系中的光化学过程的研究。

(晓　琴)

信息科学与工程学院

【概况】 2012年，信息科学与工程学院设有一级学科5个(含一级学科博士点3个)，其中电子科学与技术是一级学科国家重点学科，生物医学工程是一级学科上海市重点学科、上海市一流学科(B类)；二级学科11个，其中国家重点学科3个；博士后流动站2个，博士点8个(含工程博士点1个)，硕士点11个，工程硕士培养领域6个，学士学位专业6个。学院有国家重点实验室1个，教育部工程研究中心1个，新增上海市工程技术研究中心1个，并有21个研究中心、研究所、联合实验室等研究机构，1个本科教学实验中心，6 个本科生教学专业实验室。

有在职教职工 233 人，其中正高级职称 59 人，副高级职称 67 人，中级职称 86 人。有中国科学院院士 2 人（其中双聘 1 人），中国工程院院士 1 人，国家重点基础研究发展计划（“973”计划）首席科学家 1 人，国家高技术研究发展计划（“863”计划）专家 5 人，国家千人计划资助 9 人，国家青年千人计划资助 3 人，国家杰出青年科学基金获得者 5 人，新增国家杰出青年科学基金获得者 1 人，国家优秀青年科学基金获得者 2 人，上海市千人计划资助 7 人，教育部“长江学者”特聘教授 2 人，“长江学者”特聘讲座教授 2 人，教育部“跨（新）世纪人才”入选者 11 人，复旦大学特聘讲座教授 3 人，复旦大学特聘教授 8 人。教师队伍中有博士学位的占 73%，45 岁以下中青年教师占 64%。上述教师队伍中，2012 年新增的有：1 人获得国家杰出青年基金资助，2 人获批国家千人计划资助，1 人获得上海市“五一劳动奖章”，4 人获得批上海千人计划资助（其中有 2 人是短期回国工作），1 人入选教育部“新世纪优秀人才支持计划”，1 人入选上海市“曙光计划”，1 人获得“上海市十大 IT 新锐”称号，国家专用集成电路与系统实验室获得上海市“三八”先进集体。9 人获学院“院长奖”。

全年招收本科生 294 人，科学硕士研究生 155 人，博士研究生 61 人（含港澳台博士生 1 人，工程博士 3 人），在职工程硕士研究生 281 人，全日制工程硕士 68 人。在读本科生 1 144 人，硕士研究生 502 人，博士研究生 239 人。在职工程硕士研究生 1 169 人，全日制工程硕士生 135 人，共计 1 364 人。授予 32 人科学博士学位，授予 165 人科学硕士学位，授予 327 人工程硕士学位。开设本科生课程 228 门，硕士研究生课程 118 门，博士研究生课程 43 门，工程硕士课程 80 门。有“上海市精品课程”2 门，“复旦大学精品课程”7 门，开设全英语教学课程 6 门。2 人获教育部 2012 年“博士研究生学术新人奖”，1 篇入选上海市 2012 年优秀博士学位论文，4 篇入选上海市 2012 年优秀硕士学位论文。刘祖望和陈光梦指导的参赛队分别获得 2012 年全国大学生电子设计竞赛模拟电子系统专题邀请赛（TI 杯）全国二等奖 1 项和三等奖 1 项。冯辉指导的参赛队获得 2012 年英特尔杯大学生电子设计竞赛嵌入式系统专题邀请赛全国三等奖。王松有和陈良尧指导的参赛队获得第三届全国大学生光电设计竞赛三等奖 1 项，优秀奖 1 项。信息学院光科学与工程系研究生柯福顺、陈思获“第七届全国高校物理实验教学研讨会”优秀论文二等奖。孔庆生指导的参赛队获得 2012 年“TI 杯”上海大学生电子设计邀请赛一等奖 1 项，三等奖 4 项。任俊彦指导的研究生获得第十八届上海高校学生创造发明“科创杯”发明创新一等奖 1 项，二等奖 1 项。入选教育部“十二五”规划教材 1 本。

承担纵向科研项目 161 项，其中新立项项目 110 项，到款项目 200 项，到款经费 9 938.41 万元。107 项横向科研项目到款，到款经费 2 602.45 万元。总到款项目 307 项，到款总经费 12 721.45 万元。获国家自然科学基金（NSFC）项目 27 项，其中面上项目 12 项、杰出青年基金项目 1 项、青年项目 9 项、重点 1 项、优秀青年科技基金 2 项、海外及港澳学者合作研究基金项目 2 项。获发明专利授权 162 项。获各类人才支持计划 26 项，国家“863 计划”项目 1 项；教育部“新世纪人才计划”项目 1 项，教育部博士点基金博士生导师类项目 5 项，教育部博士点基金新教师类项目 5 项；教育部留学回国人员基金项目 1 项（43 批），上海市优秀学科带头人计划 2 项。发表 SCIE 论文 151 篇、EI 论文 80 篇、CPCI 国际会议论文 22 篇。

国际学术交流活动频繁，与近 30 个国家和地区的大学、研究机构、企业有着广泛联系和密切合作。开展国际合作课题 6 项，合作成果发表 25 项，教学合作成果 2 项，新签署合作协议 2 项。举办国际和港澳台会议 7 次，邀请国内外学者学术报告 67 人次，聘请外国专家 8 人，海外来访参观 91 团次，教师国际出访交流 172 人次，学生国际出访交流 192 人次。Intel 公司、住商情报系统株式会社等知名 IT 企业通过设立奖学金和奖教金等方式促进学院人才培养。承办第三届国际物联网学术大会。5 月 29 日，学院与英国赫特福德大学科技与创造艺术学院签署合作备忘录；10 月 22 日，与韩国汉阳大学工学院签署合作备忘录；11 月 9 日，与芬兰图尔库大学签署信息与通信技术领域国际硕士与博士联合培养项目合作协议。

2012 年，学院开展工程硕士教育 10 周年庆祝活动暨创新人才培养论坛、组织青年教师岗位培训系列活动和专题形势辅导报告会等；举办学院退休工作研讨会、第十二届“三八”妇女节及“六一”亲子活动、第十二届学院运动会；举办本科生教学座谈会、学生工作研讨会、学院二级党校学生入党积极分子培训班、学生职业培训和心理咨询等系列活动。第十二届“信息人节”、第十一届学术文化节、第四届博士生学术论坛、“忆往昔、谈理想”等活动，“记录历史信息　传承学院文化”荣获复旦大学文化特色项目二等奖。

5 月 22 日，学校党委任命周立志同志担任信息学院党委书记。

（马　波）

【1 人当选发展中国家科学院（TWAS）院士】 9 月 19 日，发展中国家科学院（TWAS）第 23 届院士大会在天津举行。会上，学院教授金亚秋当选为发展中国家科学院院士。（马　波）

【组织第二次国际鉴评】 10 月 29—30 日，学院组织第二次国际鉴评。来自国际信息领域 6 位专家通过听取报告、实验室参观、师生访谈和实地考察，对学院交叉研究平台建设情况、师资队伍、学科现状、未来发展规划等方面进行综合评估。鉴评委员会肯定学院自 2010 年评估以来在组织架构重构、跨学科研究平台建立和科研国际影响力提升等方面的进步，并对学院未来发展战略，跨学科、跨院系团队合作等方面提出建设性的建议。（马　波）

【成立上海超精密光学制造工程技术研究中心】 1 月，经专家评审和论证推荐，上海市科委批准信息学院成立上海超精密光学制造工程技术研究中心(沪科[2011]489号文),由光科学与工程系徐敏担任中心主任。

（马　波）

【专用集成电路与系统国家重点实验室评估】 3月26日,科技部组织专家对专用集成电路与系统国家重点实验室进行评估,专用集成电路与系统国家重点实验室被评估为整改类实验室。（马　波）

【举办首届复旦大学纳米艺术展】 2—6月,学院组织首届纳米艺术展,展出来自国内外著名高校师生和艺术爱好者作品100多件,涉及物理、化学、生物、信息学、医学、脑科学、考古学等多个学科。展览展现科学与艺术交融的魅力,获得广大师生一致好评。（马　波）

【1项成果获评国家自然科学基金资助项目优秀成果】 6月,在科学出版社出版的2006—2010年《国家自然科学基金资助项目优秀成果选编(五)》中,陈良尧课题组的"高速高分辨二维折叠光谱成像仪"入选并被专门介绍。该《选编》是在"十一五"期间国家自然科学基金委共资助9.2万项基金项目优秀成果中,遴选出203项编辑出版,陈良尧课题组的成果属于信息科学部入选的26项成果之一。

（马　波）

【1项研究成果协助徐莉佳获得奥运金牌】 8月20日,2012伦敦奥运会帆船激光镭迪尔级女子单人赛冠军徐莉佳到院,感谢朱谦课题组研制的"帆船帆板赛场环境监测和运动技术分析系统"帮助她获得奥运金牌,并赠送"复旦科技显风流、奥运帆船勇夺金"的锦旗。（马　波）

【2本教材获奖】 黄均鼐、汤庭鳌教授和胡光喜副教授编撰的《半导体器件原理》获得中国电子教育学会全国电子信息类优秀教材(研究生、本科生教育优秀教材)一等奖。12月,干福熹、徐雷等编著的《光子学玻璃及其应用》获得第25届华东地区科技出版社优秀科技图书一等奖。（马　波）

电子工程系

【概况】 2012年,电子工程系有一级学科2个(均拥有博士学位授予权),其中电子科学与技术入选国家重点一级学科;二级学科2个(国家重点学科1个,上海市重点学科1个);本科专业2个,硕士点2个,博士点2个,博士后流动站2个。建有电子工程系科技创新基地。

有在职教职工32人,其中教授7人(博士生导师7人),副教授11名,其他副高级职称2人。有中国工程院院士1人,复旦大学特聘教授1人。在读本科生289人、硕士研究生95人、博士研究生44人。《模拟电子学基础(第二版)》入选第一批教育部普通高等教育"十二五"国家级教材,承担复旦大学本科教学研究课题一项。学生获得全国电子设计大赛一等奖。

承担纵向科研项目27项,其中新增国家自然科学基金项目5项。29项横向科研项目到款。科研项目到款总经费993.38万元。获授权发明专利11项。获各类人才支持计划6项。2011年发表SCIE论文15篇、EI论文32篇、CPCI论文8篇。

（马　波）

光科学与工程系

【概况】 2012年,光科学与工程系有一级学科2个(物理学和光学工程),其中物理学具有博士授予权和博士后流动站,入选国家重点一级学科,光学工程具有博士授予权。二级学科3个(含国家重点学科1个,上海市重点学科1个);本科专业1个;硕士点3个;博士点2个。

在职教职工31人,其中教授14人,研究员2人(博士生导师16人),副教授7人,副研究员1人。中国科学院院士1人(双聘)、国家千人计划获得者1人,国家杰出青年科学基金获得者2人,新增国家优秀青年科学基金获得者2人,教育部"长江学者奖励计划"特聘教授1人,复旦大学特聘教授1人。在读本科生78人,硕士研究生54人,博士研究生52人。

承担纵向科研项目25项,其中新增国家自然科学基金项目7项。2项横向科研项目到款。科研项目到款总经费1 932.75万元。获授权发明专利11项。获各类人才支持计划4项。2011年发表SCIE论文43篇、EI论文3篇、CPCI论文1篇。

【召开2012年教学科研研讨会】 5月12—13日,2012年教学和科研研讨会在崇明召开。由光科学与工程系与"上海超精密光学加工中心"联合召开。与会人员就加强本科生和研究生教学和培养工作及学科建设、光学工程博士生培养方案和毕业要求、光学工程博士后流动站规划和申请、绿色光电子研究平台建设、上海超精密光学加工中心建设等进行深入研讨,提出许多建设性建议,对光科学与工程系未来发展将起到积极推动作用。（马　波）

通信科学与工程系

【概况】 2012年,通信科学与工程系设有一级学科1个,二级学科3个。本科专业1个,硕士点3个,博士点1个。

有在职教职工32人,其中教授7人(博士生导师5人),副教授11名,其他副高级职称1人。有中国科学院士1人,有"973"项目首席科学家1人,国家千人计划获得者3人,国家青年千人计划获得者2人,上海市千人计划获得者1人,复旦大学特聘教授3人。在读本科生143人,硕士研究生63人,博士研究生18人。

承担纵向科研项目17项,其中新增国家自然科学基金项目4项。9项横向科研项目到款。科研项目到款总经费465.78万元。获授权发明专利1项。获各类人才支持计划3项。2011年发表SCIE论文35篇、EI论文25篇、CPCI论文1篇。

积极推进国际学术交往。邀请美国、英国、新加坡、澳大利亚、中国香港等国家和地区的专家学者来访交流,举办学术讲座17次。（马　波）

微电子学系
(微电子研究院)

【概况】 2012年,微电子学系(微电子研究院)所在的一级学科电子科学与技术(具有博士授予权和博士后流动站)入选国家重点一级学科。设有二级学科1个(国家重点学科),博士点1个,硕士点1个,本科专业1个,国家重点实验室1个。是国家集成电路人才培养基地,具有集成电路方面的工程硕士、第二学士学位的招生规模和招生方式的自主权。

有在职教职工55人,其中教授17人(博士生导师15人),副教授11名,其他副高级职称4人。微电子研究院24人,微电子纳米平台22人,教授2人,研究员2人,副研究员2人,高级工程师(副研究员级别)1人。共有教育部“长江学者奖励计划”特聘教授3人,复旦大学特聘讲座教授3人,复旦大学特聘教授3人。国家千人计划获得者5人,国家杰出青年基金3人,国家青年千人计划获得者1人,上海市千人计划获得者5人,新增国家青年千人计划资助1人,新增国家杰出青年科学基金获得者1人,王鹏飞获得第11届“上海IT青年十大新锐”。

有在读本科生233人,硕士研究生250人,博士研究生112人。新增上海市精品课程1门《半导体物理》,校级精品课程1门《半导体器件原理》,承担复旦大学本科教学研究课题3项。

承担纵向科研项目74项,其中新增国家自然科学基金项目10项。38项横向科研项目到款。科研项目到款总经费8 247.54万元。获授权发明专利127项。获各类人才支持计划11项。2011年发表SCIE论文55篇、EI论文14篇、CPCI论文12篇。

国际交流与合作频繁。与芬兰图尔库大学、瑞典皇家理工学院等大学开展微电子硕士、博士联合培养项目。举办第十一届国际固态和集成电路技术会议。（马 波）

光源与照明工程系

【概况】 光源与照明工程系所属一级学科为“电子科学与技术”,是具有博士授予权和博士后流动站,并入选国家重点的一级学科。该一级学科下设的二级学科“物理电子学”和“光电系统与控制技术”设在光源与照明工程系,其中物理电子学为博士授权点,光电系统与控制技术为硕士授权点。本科专业为电气工程及其自动化。设有电气工程专业教学实验室。设复旦大学电光源研究所。

有在职教职工24人,其中教授3人,研究员2人,博士生导师5人,副教授7人。在读本科生104人,硕士研究生40人,博士研究生13人。设有“飞利浦照明”奖学金,“海洋王照明”奖教金、奖学金,“豪尔赛照明”奖教金、奖学金,“亚明照明”奖学金。

承担纵向科研项目18项,其中新增国家自然科学基金项目1项。29项横向科研项目到款。科研项目到款总经费1 082万元。获授权发明专利12项。获各类人才支持计划2项。2011年发表SCIE论文3篇,EI论文6篇。（马 波）

计算机科学技术学院

【概况】 2012年,计算机科学技术学院有计算机科学与技术和软件工程2个博士后流动站,计算机科学与技术和软件工程2个一级学科博士学位授权点,计算机科学与技术有计算机软件与理论、计算机应用技术和计算机系统结构3个二级学科的博士、硕士学位授权点,其中计算机软件与理论二级学科为国家和上海市重点学科;有计算机技术领域和软件工程领域全日制专业学位工程硕士点,计算机技术领域和软件工程领域在职不离岗的工程硕士点,有计算机科学与技术、信息安全、软件工程和保密管理4个本科专业。有1个国家级实验教学示范中心和2个省部级重点实验室。截至10月ESI数据库公布的数据,“计算机科学”学科列入ESI前1%学科。

有在职教职工157人,其中专任教师115人,教授22人(均为博士生导师),研究员1人,副教授46人,其他副高级职务13人。有“千人计划”1人(复旦大学特聘教授),教育部“长江学者”讲座教授1人,复旦大学特聘讲座教授1人。王新入选教育部“新世纪优秀人才支持计划”。

全年招收本科生196人,科学学位硕士研究生80人(包括留学生1人),博士研究生34人,工程博士研究生2人,全日制专业学位工程硕士39人。非全日制工程硕士315人。在读本科生760人(含软件学院,下同),科学学位硕士研究生358人,科学学位博士研究生174人,工程博士2人,全日制专业学位工程硕士158人,非全日制工程硕士1 176人。1篇论文获评2011年度上海市优秀博士论文,4篇论文获评2011年度上海市优秀硕士论文。1人获评教育部2012年度“博士研究生学术新人奖”。1门课程获评上海市精品课程。

科研经费到款总额为4 505.48万元,其中纵向科研经费2 384.60万元(到款72项),横向科研经费约2 120.88万元(到款120项)。到款纵向科研项目中,国家“863”计划8项,国家“973”计划4项,科技支撑项目4项,国家自然科学基金12项,国家科技部项目(中长期重大专项)2项、国家教育部项目3项,国际合作项目1项,上海市科委项目21项,上海市教委项目4项,上海市经委项目1项,军工项目3项,其他国家部委项目9项。发表会议一区高质量论文12篇,发表SCIE论文37篇(其中一区高质量论文3篇,二区11篇,SCIE论文被引篇数48篇,SCIE论文被引次数148次),EI论文59篇,ISTP论文34篇,中国科技论文97篇。获发明专利授权30项。获教育部科技进步二等奖1项,教育部自然科学二等奖1项,上海市科技进步二等奖1项和上海市自然科学三等奖1项。

制订并实施《学院人力资源规划及论证说明书(2012—2016)》,《计算机科学技术学院教师队伍高级职务岗位聘任业绩参考条件及学术评价标准》,《计算机科学技术学院高级职务聘任程序》,《2012年度计算机科学技术学院各类岗位考核办法》和《2012年度计算机科学技术学院绩效奖励发放实施细则》,修订《学院关于聘请客座教授的暂行规定》。

全年出国访问交流87人次,以参

加国际学术会议讨论为主，5名教师在国外著名大学进行长期学术交流。学生出国交流77人次，其中参加国际学术会议32人次。先后举办亚洲算法和计算联合会第五次会议和服务计算国际大会。

08级本科生王晨、林苑分别获得复旦大学第25届“光华自立奖”学术科研类一等奖和三等奖。09级本科生崔万云、张明哲、顾家奇及10级硕士研究生吴伟、陆遥获得谷歌优秀奖学金，10级硕士研究生雷畅、蒋锵、陈月及09级本科生马文萱、刘泰坤、高嘉蔚谷歌女性工程师奖学金。学院教师赵卫东获2012年“IBM中国优秀教师奖教金”，赵卫东及10级本科生章超、12级博士研究生左青松、11级硕士研究生贾强获得“IBM中国优秀学生奖学金”。11级硕士研究生肖辰宇、吴舢获得第三届谷歌“Android应用开发中国大学生挑战赛”全国总决赛二等奖，09级本科生赵叶烨、10级本科生祝家烨、10级硕士研究生陈凯获得全国赛优秀奖。

举办计算机科学系77、78级本科生及研究生校友返校活动，配合88级本科生校友组织毕业20周年校友返校活动，配合98级本科生校友组织毕业10周年校友返校活动。（李吉萍）

【主办“政府绩效管理理论与实践”专题研讨会】 该研讨会于2月23—24日在上海复宣酒店举行。由学院公共绩效与信息化研究中心主办。副校长林尚立出席开幕式并致欢迎辞，中共中央纪律检查委员会效管理监察室有关领导，北京市、上海市和辽宁省等地的纪律检查委员会领导、绩效管理工作负责同志共80余人参加。研讨会以探讨当下中国政府绩效管理实践中的关键流程如何实施操作为主题，各地专家围绕“顶层设计与推动实施”、“指标体系设计方法”、“过程管理与考核评价”、“结果运用与信息化”等4个专题展开交流讨论，旨在就指标体系如何设计、管理流程如何建立等政府绩效管理实务操作中的重要问题达成共识，为各地各级政府的实践提供借鉴。（李吉萍）

【举办亚洲算法和计算联合会第五次会议】 4月21—22日，亚洲算法和计算联合会第五次会议（The 5th Annual Meeting of the Asian Association for Algorithms and Computation, AAAC' 2012）在复旦正大管理发展中心举行。来自9个国家的56位计算机专家参加会议，交流学术观点，并听取关于最新学术进展的科学报告33个。大会旨在提供一个可供亚洲的理论计算机领域的与会者交流最新成果的平台，推动该领域的发展。（李吉萍）

【举办2012年复旦大学程序设计竞赛】 6月3日，2012年复旦大学程序设计竞赛暨复旦大学ACM-ICPC（美国计算机协会—国际大学生程序设计竞赛）集训队选拔赛在复旦大学张江校区举行。比赛由复旦大学计算机科学技术学院主办，复旦大学ACM-ICPC队承办。来自校内外54支队伍、共160人参赛。经过5个小时的角逐，由计算机科学技术学院喻展、陈凯伦和叶寥亮组成的LeGenD.N代表队夺得胜利。（李吉萍）

【举办高端演讲者（Distinguished Speakers）系列讲座】 8月30日、11月6日，学院举办2场高端演讲者（Distinguished Speakers）系列讲座，分别邀请到1980年图灵奖获得者查尔斯·霍尔（Charles Antony Richard Hoare）讲演“计算机能否理解自身程序？（Can Computers Understand their own Programs）”和谷歌副总裁斯图亚特·费尔德曼（Stuart Feldman）演讲“极端规模计算——大数据的罗曼史（Computing at Extreme Scale — The Romance of Big Data）”。（李吉萍）

【获批“十二五”国家级实验教学示范中心】 根据《教育部 财政部关于“十二五”期间实施“高等学校本科教学质量与教学改革工程”的意见》（教高〔2011〕6号）和教育部开展“十二五”高等学校实验教学示范中心建设工作的要求，计算机科学技术学院牵头的“复旦大学计算机实验教学中心”经学校申报、专家评审、网上公示，正式入选为“十二五”国家级实验教学示范中心。（李吉萍）

【上海市智能信息处理重点实验室召开2012年度学术委员会议】 10月21日，上海市智能信息处理重点实验室学术委员会召开年度工作会议。会议由学术委员会主任陆汝钤院士主持，邀请20位专家代表出席会议。与会专家肯定智能信息处理重点实验室十年发展所取得的成绩，就研究方向、队伍建设以及进一步发展等提出意见和建议。学术委员会建议进一步强化实验室和计算机学院的联系和互动；结合人工智能研究热点的时代背景，进一步以国家科技需求和社会需要为导向，来开展智能信息处理基础性和前瞻性研究工作；结合研究方向，进一步优化和配置科研队伍，进一步完善行政架构，加大对优秀年轻人才的引进和培养。（李吉萍）

【举办第十届服务计算国际会议】 11月12—16日，第十届服务计算国际会议（International Conference on Service Oriented Computing，简称ICSOC）在上海举办。会议由复旦大学主办，北京邮电大学、上海交通大学、东华大学协办。会议主题是“云计算于云服务”，由中国科学院中国工程院两院院士、北京邮电大学教授陈俊亮担任大会名誉主席，复旦大学计算机科学技术学院教授张亮担任大会本地主席，与麦考瑞（Macquarie）大学教授杨坚一起担任执行主席。该次会议是ICSOC第一次在亚洲国家举办，也是举办以来规模最大的一届，共有来自欧洲、美洲、亚洲与大洋洲等国家和地区的学者150人参会。会议旨在交流服务计算领域，尤其是云服务领域的最新研究成果。（李吉萍）

软件学院

【概况】 2012年，软件学院开展软件工程专业本科、计算机软件与理论专业硕士研究生和软件工程专业工程硕士的学历和学位教育，其中计算机软件与理论为国家重点学科。建有复旦大学并行处理研究所、软件工程实验室、宽带网络与互动多媒体实验室、电子商务研究中心、交互式图形学实验室、密码与信息安全研究室、呼叫中心能力成熟度模型(CC-CMM)国际标准研究中心等研究机构。系统软件方向、企业信息化方向和数字媒体方向为教育部本科教学质量工程第二批特色专业设点项目。

有在职教职工 38 人,其中教授 2 人(均为博士生导师),副教授 11 人。在读本科生 330 人,硕士研究生 122 人,工程硕士 1 122 人。全年招收本科生 91 人,硕士研究生 42 人,工程硕士 140 人。

科研项目到款总经费 1 224.1 万元,其中纵向科研经费 754.5 万元,横向科研经费 469.6 万元。承担纵向科研项目 24 项,横向科研项目 32 项。

(唐恩美)

【爱尔兰教育部副部长到访】 3 月 19 日,爱尔兰教育部副部长夏兰·卡农(Ciarán Cannon)访问复旦大学,副校长冯晓源、院长王晓阳在张江校区会见部长一行。双方充分肯定复旦大学与爱尔兰都柏林大学在联合举办计算机软件学士学位项目上取得的成绩,并期待更为广阔、深入的合作与交流。 (唐恩美)

【软件学院庆祝学院成立 10 周年】 6 月 3 日,软件学院成立 10 周年校友返校活动在张江校区行政楼报告厅举行。院领导以及部分教师、学生、校友出席此活动。会上,软件学院院长臧斌宇回顾学院 10 年来的发展历程,更寄希望于下一个 10 年,学院在全体软件人的努力下有更好的发展,取得更多成绩。 (唐恩美)

国家保密学院

【概况】 2011 年,复旦大学国家保密学院由国家保密局、上海市国家保密局、复旦大学联合建立,是我国建立的第五所国家保密学院。其办学目标为:把握国家保密需求,充分发挥复旦大学学科综合优势,建设特色专业,形成学科方向明确、培养层次完备的人才培养体系,将学院建设成为国家保密学历教育基地、保密科研基地和涉密人员在职培训基地,为保密行政管理部门、党政机关、军工企事业单位、大中型企业培养懂法律、有技术、善管理的复合型保密人才。

2012 年,学院围绕"一院、一所、一地、一馆"的建设规划,建设办公环境,完善行政管理,组建师资队伍,设立信息安全(与保密方向)本科专业及课程体系,完成第一批学生的招生工作,启动本科生保密专业课程教学,参与国家保密学科建设交流活动;建立保密教育培训队伍;初步建成保密情报图书馆并开放服务。保密学院的建设工作取得实质性进展。

5 月,国家保密学院招收第一批本科生,共 17 名。9 月,招收第一批研究生,包括 5 名硕士研究生,1 名博士研究生。上海市国家保密局宣传法规处到复旦大学对保密学院第一批研究生进行集中面试和交流。

9 月,国家保密学院的第一门保密专业课程"法学基础与保密法学"正式开设,该课程由复旦大学法学院和计算机科学技术学院老师联合讲解,教学过程中采用课堂讲解、案例分析、课堂讨论等形式为学生提供互动式交流。该课程同时也成为上海"保密法进高校"活动的示范课程。

(徐飞虹)

【举办第一次保密教育培训班】 11 月,国家保密教育培训基地上海分基地举办第一次保密教育培训班——河南省固始县保密干部信息安全保密培训班。法学院和计算机学院的老师分别讲解保密法学、信息安全保密技术和内容安全相关技术,复旦大学美国研究中心教授倪世雄讲解国际形势;上海市国家保密局查办处林予同处长讲解保密管理。该次培训得到参训学员的一致好评,也标志着国家保密教育培训基地上海分基地的非学历保密教育培训工作正式起步。 (徐飞虹)

材料科学系

【概况】 2012 年,材料科学系有材料科学与工程一级学科博士学位授权点和博士后流动站,涵盖材料物理与化学、材料学 2 个二级学科的博士、硕士学位授权点,另有物理电子学二级学科博士、硕士学位授权点,其中材料科学与工程一级学科入选 2012 年上海市高校一流学科(B 类),材料物理与化学为国家重点建设学科和上海市重点学科,物理电子学纳入电子科学与技术一级国家重点学科建设。有材料科学与工程领域全日制及非全日制专业学位工程硕士点,有材料物理、材料化学、电子科学与技术三个本科专业。建有国家微电子材料与元器件微分析中心、教育部先进涂料工程研究中心。

新进教师 4 人(其中引进人才 1 人;讲师 3 人)。有在职教职员工 76 人,其中正高级职称 24 人(博士生导师 21),副高级职称 30 人。教育部"长江学者奖励计划"特聘教授 1 人,国家杰出青年基金获得者 2 人。中组部"青年千人"1 人、教育部新(跨)世纪优秀人才 9 人,上海市浦江人才 7 人,上海市曙光学者 4 人,入选上海市青年科技启明星计划 8 人。

方晓生获得中组部首批"青年拔尖人才"基金;黄高山、胡林峰入选新一届上海市浦江人才计划。

全年招收本科生 51 人,硕士研究生 34 人,博士研究生 19 人,专业学位双证硕士研究生 19 人。在读本科生 230 人(不含复旦学院 2012 级本科生)、硕士研究生 141 人、博士研究生 83 人、专业学位双证硕士研究生 30 人。开设本科春季课程 29 门,其中全校公共选修课程 7 门,通识教育核心课程 1 门;开设本科秋季课程 51 门,其中全校公共选修课程 17 门,通识教育核心课程 2 门;春秋共开设研究生课程 42 门。获评校级精品课程 3 门;上海市重点建设课程 1 门;全英语授课课程 2 门;研讨型课程 1 门。确定按材料类大类招生,并进行相应的 5 门系平台课程建设。杨振国获 2012 年"上海市育才奖"。

科研经费到款 3 100 余万元。在研纵向科研项目 112 项,横向科研项目 88 项,承担或参加"973 计划"重大基础研究项目子课题 9 项,"863 计划”项目2项,国家科技重大专项子课题4项,国家科技支撑计划科技攻关项目3项,国家自然科学基金杰出青年基金项目2项,国家自然科学基金重点项目4项,国家自然科学基金重大研究计划项目2项,面上项目13项,青年基金项目15项(其中2012年新立项9项),上海市重大(重点)项目5项,省部级项目53项。在国内外核心刊物发表学术论文190余篇,其中SCI论文160余篇。获国家发明专利授权41项。武利民、贾波获第五届全国优秀科技工作者称号。

有近20位国内外专家学者到系开展学术交流活动,涉及材料科学诸多前沿领域。师生参加国际会议、出国考察、交流等活动20余人次。

全年共计9名同志提出入党申请,组织34名同志参加复旦大学入党积极分子培训班,发展党员24名。单莉英、于瀛分别被评为复旦大学创先争优教学科研优秀共产党员和复旦大学创先争优管理服务优秀共产党员。“弘扬传统文化,树立文化自信”文化展评项目获得复旦大学2009—2011年度文化特色项目评选优秀奖。

学生工作紧密围绕学习十八大精神相关工作展开,继续加强党员实践基地建设。09级本科生党支部获评复旦大学优秀党支部及首批学雷锋挂牌支部,10级硕士支部入选第五批示范党支部。季欣获评2012年度校就业工作先进个人,杨超获评年度资助工作先进个人。本科生共122人次获得各类奖学金。获得各类奖学金研究生共76人次。

(江素华 施 展 宋 云 于 瀛 余剑萍)

【科研成果在中国国际工业博览会展出】 11月,2012中国国际工业博览会在上海举行。材料系杨振国团队在会上展示自主研发的高分子复合黏合剂。该成果可以使核电装置关键器件克服外包材料在复杂工况环境下被腐蚀的问题,从而极大降低由于材料腐蚀所造成的有害物质泄漏风险,提高核电站的综合安全系数。游波科研团队研制的新型光扩散涂层材料,以及利用新型的智能NTC感温材料研制出的可恢复式线缆式火灾探测传感器等2项成果在博览会上展出。 (于 瀛)

【举办材料科学系2012年全国优秀大学生夏令营】 7月15—18日,经校研究生院同意,材料科学系于邯郸校区材料一楼会议室举办材料科学系2012年全国优秀大学生夏令营。来自全国30余所高校材料相关专业的42名优秀大三同学参加活动。夏令营期间共举办专题学术报告9讲,招生咨询会2场,教授、副教授共18人参与面试工作,拟录取校外推免生23人,其中直博生11人,科学学位硕士生10人,专业学位硕士生2人。拟录取学生生源均为985、211高校。

(蒋益明)

【举办2012年纳米材料研讨会】 该会议于10月25—27日在复旦大学举办。会议由系教授俞燕蕾主持,系主任武利民致开幕词并进行总结讲话。来自国内的10余位从事纳米材料研究的青年专家学者参会并进行学术报告,学校材料系、高分子系和化学系近百位师生参会交流。报告内容涉及几何形状的聚合物分子和自组装体纳米颗粒的合成、纳米结构材料在催化/吸附中的应用、导电聚合物的自组装、生物膜仿生自组装、仿生多级结构微纳米材料及用于癌细胞检测的仿生黏附材料,以及新型纳米薄膜材料等方面的内容,为国内纳米材料研究的学者提供学术合作平台。

(韦 嘉)

力学与工程科学系

【概况】 2012年,力学与工程科学系设有力学、航空宇航科学与技术、生物医学工程3个一级学科,涵盖6个二级学科;有学士学位授权点2个,硕士学位授权点6个,二级学科博士学位授权点2个,博士后流动站1个。

有在职教职工32人,其中正高级职称9人,副高级职称14人。

本科按大类招生,共招收力学类65人,其中含插班生2人,从其他专业转入2人;招收硕士生16人,博士生7人。毕业本科生38人,结业1人;毕业硕士生9人,博士生8人。在读本科生176人,硕士研究生67人,博士研究生46人。本科生春季开课共计36门,其中为本系学生开课32门,为外系学生开课1门,开设全校公选课1门,通识教育核心课程2门;秋季开课37门,其中为本系学生开课33门,为外系学生开课1门,通识教育核心课程3门。春季开设研究生课程24门,秋季开设研究生课程23门。举办首届复旦大学“生物物理学在生物医学中的应用”国际暑期学校,共招收来自国内外的学员31名。

2010级理论与应用力学专业本科生倪佳峰、潘望白和王烁分获第28届全国部分地区大学生物理竞赛特等奖、一等奖和二等奖。2011级理论与应用力学专业本科生王翀获第29届全国部分地区大学生物理竞赛一等奖。2011级理论与应用力学专业本科生姚旭和2012级力学类专业本科生姚家俊分获第四届全国大学生数学竞赛上海赛区初赛一等奖和三等奖。2010级理论与应用力学专业本科生潘望白和王烁获第十四届全国数学建模邀请赛团体三等奖。

承担国家“973计划”、国家自然科学基金、国家教育部高校博士点基金、国家教育部留学回国人员科研启动基金、上海市科委上海市自然科学基金基础研究面上项目、上海市科技创新行动计划、国家及部委重点实验室开放课题等纵向项目,经费总计283.2万元;承担横向项目经费总计484.99万元。成功申请国家自然科学基金面上项目1项和青年科学基金项目2项。发表SCI论文18篇、EI论文13篇、国内核心期刊论文17篇、国际会议论文6篇、国内会议论文4篇。申请发明专利1项,获授权实用新型专利1项。获四川省科技进步一等奖1项(第三完成人),国家科技进步二等奖1项(第三完成人)。编写并出版教材1本,参与编写并出版学术专著1部。

完成实验室整合改造和结构调整,结构大厅整体设计装修,金属工艺加工实验室扩充,动力学与控制实验室和飞行器设计实验室对换,流体力学实验室扩充，材料性能实验室整合改造。设立“力学与航空航天实验中心”，下设动力学与控制实验室，流体力学实验室，风洞实验室，材料性能实验室，设计制造实验室，飞行器设计实验室，设计创新实验室，振动与强度实验室。

教工党支部党员转正1人，本科生党支部发展党员16人，转正3人；硕士生党支部发展4人，转正5人；博士生党支部转正2人。

（艾剑良　黄岸青　姚　伟　马建敏　张　迪　叶玉葵　邓　娟　吴豫哲）

生命科学学院

【概况】 2012年，生命科学学院设有一级学科博士点2个（生物学和生态学），二级学科博士点9个（遗传学、发育生物学、生物物理学、植物学、微生物学、生物化学和分子生物学、神经生物学、人类生物学、生物信息学），一级学科硕士点2个（生物学和生态学），二级学科硕士点11个（遗传学、发育生物学、生物物理学、植物学、微生物学、生物化学和分子牛物学、神经生物学、人类生物学、生物信息学、动物学、细胞生物学），博士后科研流动站1个，本科专业2个。设有遗传工程国家重点实验室、生物多样性与生态工程教育部重点实验室和现代人类学教育部重点实验室。遗传学、生态学为国家重点学科，生物物理学为上海市重点学科，同时参与神经生物学、病原生物学、生物化学和生物分子生物学，生理学等国家重点学科建设。

有在职教职工201人（不含发育生物研究所），其中教授/研究员63人，副教授/副研究员53人。博士生导师70人。中国科学院双聘院士1人，中组部千人计划（含青年千人）10人，教育部长江学者特聘教授（讲座教授）9人，国家“973计划”首席科学家6人，复旦大学特聘教授（讲座教授）10人。

全年招收本科生105人，硕士研究生137人，博士研究生86人，全日制专业学位研究生35人。在读本科生502人，硕士研究生378人，博士研究生350人。开设本科生平台课1门，专业必修课23（其中为生命科学学院学生开课22门，为环境科学系开课1门），专业选修课60门，通识教育核心课6门，通识教育选修课12门。开设研究生课程87门，其中硕士研究生课程86门，博士研究生课程16门；学位基础课程23门，其他课程64门。学院特别邀请校长杨玉良院士为本科生《遗传学》课程开设题为“生命过程的侧面观”的公开示范课，引导学生从数学、物理、化学角度审视生命现象，用各种案例诠释多彩生命形式的奥秘和本质，展现学科交叉与融合的发展前景和科学思想、科学实践的魅力。

从2010级本科生中选拔14人新增入“基础学科拔尖学生培养计划”，采用“导师制”形式进行个性化培养，并在培养方案、学习条件、实验室科研和国际交流等方面给予特殊政策，加强对有志于从事生命科学基础研究人才的培养。鼓励并支持学生参与校内外科创活动和各类竞赛，锻炼学生独立工作能力和团队协作能力的同时培养学生对于科学的热情。

获得国家自然科学基金资助面上项目25项，青年科学基金项目7项，优秀青年科学基金4项，重点项目1项，重大研究计划培养项目3项，国家基础科学人才培养基金1项，批准金额共3 251.5万元。在研国家级科研项目共176项、地方级项目67项。全年科研经费到款总额13 032万元。发表SCI论文278篇，其中以复旦大学为第一单位发表的SCI论文195篇，平均影响因子4.009。申请专利32项，获授权专利53项。钟涛主持的发育与生殖研究国家重大科学研究计划项目“心肌分化增殖与心脏发育的调控机制”获得立项资助2 600万元；王红艳主持的发育与生殖研究国家重大科学研究计划项目“代谢物失衡和信号通路异常致出生缺陷的分子机理”获立项资助2 600万元。李博主持的“973计划”项目课题“湿地生态完整性对围填海的响应和生物多样性保育”获立项资助504万元；倪挺主持的“973计划”项目课题“血管衰老及相关疾病的信号通路网络构建与干预研究”获立项资助690万元。余龙主持的国家传染病防治科技重大专项“病毒性肝炎相关肝癌节点分子靶标在发展临床防治新技术中的应用研究”获立项资助3 000万元；霍克克主持的国家传染病防治科技重大专项子课题“烟曲霉菌等重要致病真菌毒力因子与宿主相互作用及其功能网络研究”获立项资助330万元；黄青山主持的国家重大新药创制专项子课题“抗肿瘤SPINK6蛋白的临床前研究”获立项资助350万元。黄青山主持的上海市科委2012科技创新行动计划—产学研医重大项目“载生长因子和溶葡萄球菌酶纳米粒的水凝胶制剂研制及评价”获立项资助264万元。

赵世民、赵国屏等的《代谢乙酰化调控机制的发现》获得2012年度高等学校科学研究优秀成果奖（科学技术）自然科学奖一等奖。吕红等的《耐高温饲用酶改造与新型饲用酶发现关键技术及应用》获得教育部技术发明奖二等奖，《耐高温饲用酶改造关键技术及应用》获得上海市科技发明奖二等奖。刘明秋等的《RNAi、IFN抗重大传染病HBV/HCV等技术创建与应用》后的云南省人民政府科学技术奖一等奖。杨青的《新型IDO抑制剂的发现及其治疗人类重大疾病的研究》获得2012年中国药学会科学技术三等奖。余龙等的《Brsk2及其抑制剂在制备糖尿病药剂中的应用》获得第24届上海市优秀发明选拔赛优秀发明金奖。金力、许田获第五届谈家桢生命科学奖。

有近80位外国知名专家学者来院开展学术交流活动，涉及生命科学诸多前沿领域。全年参加国际学术会议30余人次，在会上发表论文、做学术报告。举办国际学术研讨会2场。举办谈家桢生命科学讲坛6场，共有7位国内外院士到院演讲。

近130名教职工参加学院年度科技工作会议，院长马红做学院工作报告，会议特邀国家自然基金委处长谷瑞升作基金申请辅导报告，特邀军事医学科学院张学敏院士作题为“炎症与肿瘤”的报告。会议就学院科技工作、遗传工程国家重点实验室实验技术平台建设等进行研讨。余龙、李辉及学院新进教师和拟引进人员分别进行交流发言，探讨学术进展。

学生工作有序推进。院长、书记亲自参加学生活动和工作讨论，主动征求同学们对学院发展建设的意见和建议，在岗聘工作中落实辅导员待遇。学生党建工作以本科生"党员成长计划"和研究生"示范党支部建设"为抓手，结合创先争优和迎接党的十八大开展活动。各学生党支部以学习两会精神、庆祝建国六十二周年、胡锦涛同志五四讲话、胡锦涛同志七一讲话、钓鱼岛问题、党的十八大会议精神、党章修订、神舟九号上天、蛟龙号入水、歼15航母试飞等重大事件、活动为契机，构建读书讨论、时事交流、爱国教育和理论探讨等4个平台，开展形式各异、内涵深刻的理论学习活动，运用交流学习、撰写汇报、影片回顾、名师讲堂、聆听党课等形式实现学习方式多样化。08级党支部策划组织的"南苑生活园区生态植物地图"项目和"南苑生活园区植物挂牌"项目、10级党支部申报的"我的健康家园"项目、11级党支部"校园内自行车的分类处置"在学生生活园区党员学习实践基地项目中均获得成功立项，09级党支部配合学院开展的国际植物日系列活动得到北苑生活园区的大力支持。学生党总支鼓励学生投身科创竞赛、志愿服务、社会实践等各类活动，向各支部提出实践活动长期性、连贯性的要求，通过丰富多彩的实践活动进一步推进支部思想建设。从市东敬老院到阳光之家，再到地铁志愿者、上海科技馆、上海动物园、上海植物园志愿者，各类长期实践活动都以半年至一年为周期开展，至少每两周组织一次活动，并注意精品实践的传承接力，与主题教育紧密结合。奖助工作努力做到"公平、公正、公开"，形成奖、勤、贷、助、勤、免、补相结合的资助体系。学院在册贫困生42人，全部获得助学金支持，平均每位同学受助额达到6 039元。拓展校友和社会资源，通过设立奖助学金的方式筹措学院自主资助项目资金，截至2012年12月，设立的奖助学金有：傅曼芸助学金3 000元/年/人，赛默飞世尔奖助学金3 000元/年/人，复星奖学金3 000元/年/人，"7823"奖学金5 000元/年/人。通过勤工助学、应急基金等多种形式向60人次发放资助26 680余元。配合园区做好学生公寓住宿管理和园区文化建设工作。

（白美蓉　刘　晶　钟　江　蒋　蕾）

【**举办谈家桢生命科学讲坛**】　全年共举行6场谈家桢生命科学论坛，内容涉及遗传发育、植物细胞生物学以及临床医学等。受邀请到校演讲专家均为国内外知名学者，分别是中国科学院院士林其谁、美国科学院院士阿瑟·L·博德特（Arthur L. Beaudet）和C·托马斯·卡斯基（C. Thomas Caskey）、北京基因组研究所中研院院士吴仲义、中国科学院院士饶子和、中国科学院院士侯凡凡、美国科学院院士朱健康。系列讲坛的活动吸引全院师生积极参与，会场学术气氛浓郁，会后提问讨论踊跃，达到促进学术交流、活跃学术气氛的目的。该论坛是为纪念和缅怀中国遗传学奠基人之一、生命科学学院创始人谈家桢院士而设立的。

（白美蓉　刘　晶　钟　江）

【**1项研究成果在《科学》杂志发表**】详见【综述】第42页［多篇论文在国际顶级学术刊物发表］条。

【**遗传工程国家重点实验室换届**】　6月21日，遗传工程国家重点实验室在复旦大学逸夫科技楼多功能厅召开学术委员会会议。重点实验室原学术委员会委员、新一届学术委员会委员及重点实验室原创新指导小组专家出席会议，副校长金力等领导到会指导，重点实验室前主任余龙、生命科学学院院长兼新任重点实验室主任马红、重点实验室课题组组长等60余人参会。金力为新一届学术委员会委员颁发聘书，第二军医大学东方肝胆医院王红阳院士任新一届重点实验室学术委员会主任，马红、上海交通大学贺林院士任副主任。余龙作重点实验室2011年度工作报告，马红汇报重点实验室的工作计划，提出将从人才引进、人才培养、研究生培养、组织重大项目、开展转化型研究、加强实验室硬件建设、推进多层次合作等7个方面开展工作，提高科研水平。与会的学术委员会委员与重点实验室成员就重点实验室发展方向和工作重点展开研讨。

（白美蓉　刘　晶　钟　江）

【**参加2012年国际基因工程机器大赛**】　10月6—7日，两支由2010级本科生为主组成的参赛队伍赴香港参加2012年国际基因工程机器大赛（International Genetically Engineered Machine competition, iGEM），分别获得亚洲区预选赛金奖和银奖。国际基因工程机器大赛是合成生物学领域的国际顶级大学生科技赛事，每年受到《自然》（*Nature*）、《科学》（*Science*）、《科学美国人》（*Scientific American*）等杂志及BBC等国际媒体的关注和报道，具有相当大的国际影响力。　（白美蓉　刘　晶　钟　江）

【**成立生命科学学院—华山医院联合研究院**】　10月23日，生命科学学院—华山医院联合研究院在华山医院成立，意味着学院在"基础临床交叉研究、深入转化科研成果"方面已迈出实质性步伐。副校长桂永浩、金力共同为联合研究院成立揭牌。院长马红与华山医院院长丁强在联合研究院合作共建协议上签字。联合研究院首任院长由周良辅院士担任，已经成立高尿酸血症和痛风、皮肤病分子流行病学、前列腺肿瘤、消化系统肿瘤、脑胶质瘤、结核感染、肝豆状核变性等7个以临床需求为导向、并已开展先期合作取得一系列研究成果的课题组。

（白美蓉　刘　晶　钟　江）

【**3项研究获新突破**】　4月24日，《植物细胞》（*The Plant Cell*）发表沈文辉、董爱武课题组合作研究论文《NAP1家族组蛋白分子伴侣在拟南芥体细胞同源重组中的重要功能》（"NAP1 family histone chaperones are required for somatic homologous recombination in Arabidopsis"）。该研究支持NAP1家族组蛋白分子伴侣通过核小体组装/去组装参与同源重组的论点，显示不同组蛋白分子伴侣在维持基因组稳定性方面发挥不同的功能，首次证明NAP1家族组蛋

白分子伴侣在真核生物体细胞同源重组中具有重要作用。第一作者为研究生高娟和青年教师朱炎。11月8日,《公共科学图书馆—遗传学》(*PLoS Genetics*)发表马红课题组文章《拟南芥DNA复制因子RFC1在减数分裂敏感型交换途径中具有重要作用》("The DNA Replication Factor RFC1 is Required for Interference-Sensitive Meiotic Crossovers in Arabidopsis")。该研究发现减数分裂重组主要通道中间体dHJ的形成需要DNA后随链的合成。该发现纠正近30年来有关减数分裂重组DNA合成环节只需要DNA前导链的观点。由于RFC1在多种生物中都有高度保守的单拷贝同源基因,暗示dHJ的形成需要DNA后随链的合成是一个保守的环节。文章被该杂志选为"Featured Research",并列第一作者是青年教师王应祥和博士生程志号。12月16日,《自然—遗传学》(*Nature genetics*)杂志在线发表余龙课题组论文《STAT4和HLA-DQ基因的遗传变异与乙肝病毒相关性肝癌的发病风险关联》("Genetic variants in STAT4 and HLA-DQ confer risk of hepatitis B virus related hepatocellular carcinoma。")文章揭示人的STAT4和HLA-DQ基因是乙肝患者罹患肝癌的关键易感基因,对控制乙肝癌变、降低肝癌发病风险和最终战胜肝癌的医学、遗传学研究指出新的"战略方向"。该成果被评为2012年度科学网十大研究成果。

(白美蓉　刘　晶　钟　江)

【成立生物统计学与计算生物学系】 12月16日,生物统计学与计算生物学系成立仪式暨学术研讨会在光华楼东主楼1501会议室举行。副校长金力,院长马红,哥伦比亚大学统计系主任应志良等出席会议并致辞。来自斯坦福大学、牛津大学、北京大学、清华大学、中国科学院等高校和研究机构的10余位生物统计学与计算生物学家作学术报告。作为学院第六个院属系,生物统计学与计算生物学系以复旦大学生物统计学研究所为基础,依托学校生物学、遗传学、数学、医学、计算机科学等各学科的教学和科研实力,整合学院及数理平台的计算生物学研究人员和资源,拓展复旦大学在生物统计学与计算生物学方面的学科建设、人才引进以及教学科研工作。生物统计学与计算生物学系首任系主任为罗泽伟。

(白美蓉　刘　晶　钟　江)

国际文化交流学院

【概况】 2012年,国际文化交流学院设有语言学及应用语言学硕士点1个,汉语国际教育专业硕士点1个,汉语言本科专业1个。

有教职工66人,其中教授(包括正高级讲师)5人,副教授(包括高级讲师)17人。

全年在读本科生363人,各类语言进修生1 360人左右。

全年学院教师发表核心期刊论文19篇,一般期刊论文23篇,出版专著1部,主编教材7部,出版教材和工具书12部。参加国际学术会议19人次、港澳台会议3人次。

科研项目立项共计3项,分别为杨蓉蓉的《区域一体化视角下的汉语国际推广方略研究》获得复旦大学"985工程"三期整体推进社会科学研究项目(第二期)青年项目支持;杨蓉蓉的《通识教育框架下本科生跨文化能力培养研究:哈佛、耶鲁个案及对我校的启示》获得校级社科项目支持;戴蓉的《日本地震后企业转移对中日关系的影响》获得社会企事业单位委托项目支持。

1月10日,上海市"高校外国留学生教育研究会2011年会"在浙江平湖举行,会上表彰2011年度上海市来华留学生教育先进集体和个人,沈国华、胡明获得"上海市来华留学生教育优秀工作者"称号。

4月7—12日,组织学院300多名留学生分赴北京、西安、山西、厦门、桂林、张家界等地教学旅行,了解中国文化,考察中国国情,加深对中国的了解。

4月15日,学院与教育部高等教育出版社国际汉语出版中心共同举办"体验汉语大讲堂——国际汉语教学专题论坛(口语课—综合课)"。

5月24日,"中国印象"汉语演讲比赛于在光华楼东辅楼503教室举行,24位留学生参赛,在主题内容、语言表达、技巧运用、仪表形象等方面展开角逐。比赛评选出初级组一等奖1名,二等奖1名,三等奖4名,中高级组一等奖1名,二等奖2名,三等奖6名。

11月24日,"对外汉语课堂教学资源建设研讨会暨首届'北语社杯'对外汉语教学资源大奖赛颁奖典礼"在北京西郊宾馆举行,纪晓静获得"首届北语社杯对外汉语教学资源大赛"二等奖,并在会上展示其作品及教学设计理念。沈振辉主讲的"中国文化概说"获评校级精品课程,该课程是学院汉语言专业的主干课程之一,其特点是让留学生全方位了解中国文化。(沈国华　宋　桔)

【傅敏怡到访】 3月7日,德国汉堡大学亚非学院院长、著名汉学家傅敏怡(M. Friedrich)教授到访。学院执行院长吴中伟、副院长胡文华参与会见,双方就教学、学术交流等事宜深化合作交换意见。(沈国华)

社会科学基础部

【概况】 社会科学基础部(简称社科部)有在职教职工45人,其中教师40人。教授11人,副教授14人,中级职称15人;博士生导师9人,硕士生导师24人;28人具有博士学位、8人具有硕士学位;2012年度有4位教师退休,新进4位教师。

本科教学工作以高质量落实《〈中共中央宣传部教育部关于进一步加强和改进高等学校思想政治理论课的意见〉实施方案》(教社政[2005]9号)的4门核心课程为着力点,以增强教学的针对性和有效性为落脚点,完成课程教学任务。加强课程建设和提高教学质量,新增上海市精品课程"中国近现代史纲要"和复旦大学校级精品课程“应用伦理学”。“国际贸易”和“科技简史”继续列入学校研讨型课程。社科部开设的本科课程中有国家精品课程 1 门,上海市精品课程 2 门,复旦大学精品课程 3 门,上海市重点建设课程 3 门,各级精品课程均顺利通过复旦大学 2012 年的检查验收。“《思想道德修养与法律基础》课程学术引领研究”、“大学生思想政治理论课教学方法有效性研究”、“现代信息技术与思想政治理论课整合研究”和“苏格拉底的辩证:《马克思主义基本原理概论》参与式问题教学法研究”成为复旦大学立项的本科教学研究课题。

加强师资队伍建设。全年公派出国进修 1 人,利用暑假组织教师赴韶山毛泽东故居等地进行考察。为新进教师的教学科研启动创造条件,让他们有机会参加学术会议和教学比赛。社科部青年教师张晓燕在“第五届上海高校思想政治理论课教学比赛”和“首届长三角高校思想政治理论课教学比赛”中分别获得一等奖和三等奖。

在前期试点的基础上,全校研究生公共思想政治理论课新课程全面推开。社科部有 2 位专家参与编写《中国马克思主义与当代》和《中国特色社会主义理论与实践研究》,该教材为中央马克思主义理论研究与建设重点工程教材;1 位专家参与编写《思想政治教育学原理》,该教材为教育部马克思主义理论研究与建设工程重点教材。“研究生思想政治理论课教学改革”获复旦大学研究生教学成果二等奖。

全年招收研究生 40 人,其中博士生 19 人,硕士生 21 人。截至 2012 年底,社科部有正常学制研究生 106 人,延期毕业研究生 9 人,实际共有研究生 115 人;研究生工作队伍由总支副书记孙谦,兼职辅导员陈琳、张奇峰、张宗峰和蔡春组成,分工明确,积极开展常规工作和各项活动,注重研究生优良学风和学术规范的培养。2012 级研究生党支部参加复旦大学研究生示范支部创建活动。2010 级科学社会主义与国际共产主义运动专业硕士研究生谷鎏、2010 级中共党史专业硕士研究生吴昀潇等的暑期社会实践项目“它山之石,红旗依旧——上海市徐汇区非公企业党建模式的转换研究”获得中共上海市委宣传部等六部门联合颁发的“2012 年上海市大学生暑期社会实践活动优秀项目奖”。成功申报并完成复旦大学心理健康与教育中心的“2012 秋季心理健康文化月特色项目”。

全年发表科研成果 83 项,包括论文 80 篇,专著 1 部,教参 2 部。其中权威期刊论文 1 篇,核心期刊论文 29 篇。新立项的科研项目共 12 项,包括国家社会科学基金重大项目 1 项,国家社会科学基金课题 1 项,教育部委托课题 1 项,上海市哲学社会科学规划课题 2 项,上海市哲学社会科学规划中青班专项课题 2 项,上海市教育委员会研究项目 4 项,其他项目 1 项。另外,1 名教师入选教育部全国高校优秀中青年思想政治理论课教师择优资助计划,1 名教师入选上海市“曙光计划”项目,1 名教师入选上海市“晨光计划”项目,1 名教师入选上海市“阳光计划”项目。杜艳华荣获上海市第十一届哲学社会科学优秀成果著作类二等奖,吴海江获得高校文化传承创新研究优秀成果三等奖,陈琳获得第七届上海青年经济学者论坛优秀论文三等奖。 (左皓劼)

【承办“十八大精神进高校思想政治理论课”上海高校集体备课会】 该会议于 11 月 24 日在复旦大学举行。由上海市教卫党委、上海市教委主办,复旦大学社会科学基础部承办。教育部社科司徐维凡副司长,教育部思政课教指委顾问、中山大学教授郑永廷,教育部《毛泽东思想和中国特色社会主义理论体系概论》课教指委主任委员、北京大学教授陈占安等近 20 位教育部思政课教指委专家出席会议。上海市各高校思政课教学科研组织机构负责人、思政课教研室主任和骨干教师共两百余人参加会议。为深入贯彻党的十八大精神,积极推进十八大精神“进教材、进课堂、进头脑”展开研讨。 (左皓劼)

【举办上海市首届马克思主义理论学科博士生论坛】 该论坛于 12 月 23 日在复旦大学举行。由复旦大学马克思主义研究院、社会科学基础部主办。论坛开幕式由复旦大学马克思主义研究院常务副院长顾钰民主持。上海市教委德育处处长胡宝国就马克思主义理论学科建设作了讲话,并宣布成立上海高校马克思主义理论学科协作组。复旦大学副校长林尚立作题为“提高研究生培养质量”的报告。上海各高校马克思主义理论学科的博士生导师以及博士生 80 余人出席本届论坛。 (左皓劼)

艺术教育中心

【概况】 2012 年,艺术教育中心(含艺术设计系)有在职教职工 29 人(含租赁制科研助理 3 名);具有正高级职称 2 人、副高级职称 8 人、中级职称 17 人,助教 2 名;具有博士学位 6 人。

全年面向全校本科生开设艺术类公共选修课 66 门,选课人数 3 187 人。向 6 个校级重点学生艺术社团的 300 多名团员开设“艺术训练”课程。

发表学术论文 8 篇,参编著作或教材 2 部,获得校级和其他级别的项目 5 项,“影视剧艺术”获批准成为“复旦大学精品课程”。

6 月,校党委任命李钧为中心主任。

下辖的 6 个学生艺术社团参加校内外演出 30 多场。3 月 7 日,复旦剧社 2011 级新生汇演在相辉堂举行,上演话剧《爱情疯人院》、《这里的黎明静悄悄》、《窗户上的尸体》、《心经》;4 月 10 日,学生舞蹈团参加由共青团上海市委主办,上海歌剧院、上海市群艺馆、上海市青年文联、徐汇团区委联合承办的“唱响青春——2012 上海青年原创舞台艺术作品展演”启动仪式暨首场演出;4 月 17 日,学生舞蹈团参加由上海市教委举办的群文舞蹈比赛;4 月 30 日,学生舞蹈团、复旦剧社、学生合唱团、学生民乐团参加由香港思源基金会、复旦大学主办的思源基金会思源社 2012 年度周年大会闭幕式演出;5 月 11 日,复旦剧社原创话剧《科莫多龙》上演于上海戏剧学院新空间实验剧场；5 月初，学生民乐团赴澳大利亚、新西兰孔子学院进行交流演出；6 月 5 日，学生民乐团参加“非遗进高校——丝竹高校行”活动，演出民乐五重奏《江南风韵》；6 月 10 日，学生管乐团在复旦大学光华楼吴文正报告厅举办“乐之舞”管乐专场音乐会；6 月 16 日，学生合唱团参加在上海音乐学院举办的“金承志作品音乐会”；6 月 18 日，学生舞蹈团与学生合唱团联合举办 2012 年毕业生专场晚会；7 月 11 日，学生合唱团、学生舞蹈团赴美国参加“WorldFest 音乐节”，获得最佳表演奖，并举办中美文化交流复旦大学专场演出，还受邀献演于芝加哥文化中心，获得芝加哥市长授予的文化使者证书；10 月 28 日，学生舞蹈团参加复旦大学第 52 届田径运动会暨第 13 届教工运动会开幕式；10 月 29 日，学生舞蹈团参加 2012 上海交通大学国际大学生文化艺术节闭幕式暨学生大联欢；11 月 2—3 日，学生合唱团受邀参加上海国际艺术节维尔特合唱指挥大师班示范团，并参加闭幕演出；12 月 8 日，学生弦乐团与学生管乐团在五角场下沉式广场参加“投身伟大事业，青春焕发光彩”上海大学生文化志愿者五区联动专场演出；12 月 16 日，学生弦乐团与学生管乐团在复旦大学光华楼吴文正报告厅参加“听见 · 爱”复旦大学爱心音乐会的演出活动；12 月 18 日，复旦剧社在五角场万达广场参与上海高校进社区活动；12 月 18 日，学生民乐团参加复旦大学爱心音乐会，演出最新排练的广东音乐重奏《倒垂帘》；12 月 22 日，学生舞蹈团参加上海市大学生文化志愿者“走进营区”专场演出；12 月 29 日，学生民乐团、学生合唱团参加复旦博物馆日活动。

积极推动校园文化建设。3 月 13 日，学生民乐团为日本国学院学生做民族音乐普及讲座，推广和传播中国民族音乐文化；受复旦大学“星空讲坛”邀请，龚金平于 11 月 12 日在邯郸校区 3108 教室开设题为《中国乡土题材电影中的伦理隐喻与情爱叙事》的讲座；12 月 14 日，学生民乐团举办《国乐讲堂》专场演出，这是该团首次举办以推广民族器乐为宗旨的讲座音乐会。

（郁秀兰　陈　寅　龚金平　高秀健）

【学生民乐团举办“弦歌卿云”专场音乐会】 6 月 8 日，学生民乐团在上海音乐学院贺绿汀音乐厅举办“弦歌卿云”专场音乐会，演出曲目以《赛马》、《龙腾虎跃》等经典传统民乐作品为主。其中。《月儿高》、《跃龙》为第三届全国大学生艺术展演获奖曲目。6 月 12 日，《中国民族管弦乐学会学报》针对该音乐会，刊登题为《复旦大学民乐团在成长》的专题报道。

（陈曦瑶　龚金平）

【获全国第三届大学生艺术展演四项一等奖】 2 月 7—13 日，“全国第三届大学生艺术展演活动”于在浙江杭州举行。由教育部和浙江省人民政府主办，浙江省教育厅和杭州市人民政府承办。该次展演以“青春 · 使命”为主题。艺术教育中心下辖的 4 个学生艺术社团参演，包括学生合唱团的原创合唱《玉门关》、舞蹈团的原创舞蹈《流沙坠简》、民乐团的民乐《月儿高》、复旦剧社的原创短剧《4∶1》等，4 个节目分获声乐组、舞蹈组、器乐组、戏剧组的一等奖。其中舞蹈团、合唱团和复旦剧社的节目还获得“优秀创作奖”，舞蹈团的节目《流沙坠简》参加该届艺术展演的闭幕式演出。

（龚金平）

【参加“巅峰对决”文体对抗赛】 5 月 19 日—20 日，首届“巅峰对决”——复旦大学，上海交通大学学生文体对抗赛在上海东方绿舟举行。艺术教育中心组织 150 位学生艺术团成员参加 20 日举行的两校艺术展演活动暨颁奖仪式。其中，民乐《瑟琶语》和原创短剧《4∶1》获教育部颁发的才艺表演类“优秀节目奖”，复旦大学获该届对抗赛“优胜杯”(文艺组)。

（龚金平）

【获“中国校园戏剧节 · 优秀剧目奖”、“校园戏剧之星奖”】 10 月 27 日，“魅力校园 · 青春飞扬”第三届中国校园戏剧节颁奖典礼在上海话剧艺术中心举行。由中国文联、教育部和上海市人民政府主办。复旦剧社师生共同排演的短剧《4∶1》获中国校园戏剧节 · 优秀剧目奖，剧中 Miumiu 的扮演者、中文系 2010 级本科生何齐荣获校园戏剧之星奖。中国校园戏剧节是中国校园戏剧最高级别的比赛，复旦大学已经连续三届(2008、2010、2012)入围决赛。

（龚金平）

艺术设计系

【概况】 2012 年，艺术设计系设有艺术设计 1 个本科专业，有教职工 12 人，其中专职教师 10 人，专职行政人员 2 人；具有正高级职称 1 人，副高级职称 2 人，中级职称 9 人；具有硕士及以上学位的教师 11 人，其中具有博士学位 3 人，在职攻读博士学位 2 人。

为艺术设计专业本科生春季开课 11 门，秋季开课 8 门。向全校本科生开设通识教育课程——美育课程的部分课程。

2 月 4—14 日，台湾新北市淡水区艺术造村发展协会协办的“帘——海峡两岸艺术与设计交流展”在台北市中山南路 21 号举办，由复旦大学艺术设计系与海安 523 文化产业主题公园主办，陶艺后援会承办。该展览由 29 位两岸艺术家们根据同一个汉字“帘”，用不同的载体来进行创作，形成对于同一主题的不同解读方式，展览作品包括油画、水墨、新媒体及装置等。

4 月 12—26 日，艺术设计系 5 名即将毕业的同学联合举办的“1348 展”在复旦大学艺术设计系一楼展厅展出。

6 月 4—10 日，在复旦大学蔡冠深人文馆二楼举办 2012 届学生毕业设计展。共有 27 名毕业生参加，分为平面、空间、新媒体等 3 组进行。展出结束后，另为优秀作品专辟展览室展出。

（何　艳）

体育教学部

【概况】 2012 年，体育教学部有在职教职工 59 人，租赁制用工 1 人。其中，任课教师 52 人、教辅人员 7 人；正高级职称 4 人、副高级职称 23 人。

为一、二年级本科生开课 511 门

次，涉及22个体育项目；为高年级本科生及研究生开设体育选修课29门次；暑期开课8门次，包括3个游泳班、3个羽毛球班、1个篮球班和1个网球班。2011—2012第二学期体育课程学生评估平均分4.94，2012—2013第一学期体育课程学生评估平均分4.95。

承办和协办的全校比赛有复旦大学体育文化节、篮球、排球、足球、乒乓球、羽毛球、跳绳、踢毽子、冬季长跑等比赛。各院系年终第一至第八名体育竞赛综合排名为：研究生院、经济学院、数学系、希德书院、管理学院、国关院、生科院、计算机。

发表论文31篇，获得各类课题19项，参加国内会议10人次，国际会议6人次。举办复旦大学建校107周年暨第46届体育科研报告会，报告会共收到19篇论文，其中4篇论文进行大会报告。

2月，复旦大学取消高水平运动员招生文化课考试成绩(二本)6.5折类别。3月，陈建强被复旦大学聘为正高级讲师，朱敏珍、裴会义被聘为高级讲师。9月，方川获2012年上海市"育才奖"。10月，为表彰在第九届全国大学生运动会上有突出表现，取得优异成绩，做出重大贡献的运动队和个人，上海市教育委员会、上海市体育局、共青团上海市委员会授予复旦大学田径队教练杨峻上海代表团个人"突出贡献奖"。10月，男子排球队出访加拿大UBC大学，进行为期10天的文化、体育交流活动。11—12月，开展大学生体质健康测试工作，10 913名本科生参加测试。结果显示，2012级本科生合格率为90.97%，2011级本科生合格率为92.08%，2010级本科生合格率为89.18%，2009级本科生合格率为91.78%，全校本科生合格率为91.03%。12月，体育教学部副主任陈建强受聘担任复旦大学教师教学发展委员会委员。

全年参加上海市学生运动会高校组比赛，参加15个项目的比赛，获得团体总分第二名、团体奖牌第四名，并获得校长杯和体育道德风尚奖。复旦大学承办运动会的排球比赛，被上海市教育委员会、上海市体育局等授予"优秀竞赛组织奖"。

(孔　斌)

【承办"巅峰对决"文体竞赛活动】 5月19—20日，复旦大学、上海交通大学"巅峰对决"文体竞赛活动在上海东方绿舟举行。由教育部体育卫生与艺术教育司主办、上海市教委、市体育局、团市委、复旦大学和上海交通大学承办。先后举行男、女马拉松等7项体育竞赛，复旦大学获得男子马拉松、女子马拉松、男子龙舟、女子自行车拉力等4项竞赛的团体奖杯。该活动是教育部"巅峰对决"大学生文体竞赛活动在全国高校巡回举办的首场比赛，"巅峰对决"系列活动强调群众性，参赛选手必须是普通在校学生，比赛项目依靠平时校园文体活动积累；强调全方位，展示当代大学生的健康体魄、综合素质和精神风貌。

(孔　斌)

【获"深圳世界大学生运动会先进集体"称号】 8月16日，第26届世界大学生夏季运动会总结表彰大会在厦门举行。教育部副部长郝平、教育部学生体育协会联合秘书处秘书长、中国大学生体育协会常务专职副主席杨立国等教育部和中国大学生体育协会的领导，以及全国各省、直辖市教育厅，高校体育相关负责人出席大会。复旦大学体育教学部及由复旦大学女子排球队运动员为班底的中国大学生体育代表团女子排球队获得国家人力资源和社会保障部、教育部、国家体育总局、解放军总政治部、中共广东省委省政府联合授予的"深圳世界大学生运动会先进集体"称号。

(孔　斌)

【在第九届全国大学生运动会上获得佳绩】 9月8—18日，第九届全国大学生运动会在天津举行。由教育部、国家体育总局、共青团中央主办，天津市人民政府承办。复旦大学共派运动员31名，分别参加男排、女排、田径、游泳、武术、桥牌等6个项目的比赛，共获得金牌3枚、银牌2枚。新闻学院2011级研究生赵婧获得女子乙组800米和1 500米比赛金牌2枚；男子桥牌队获得团体金牌；新闻学院2010级学生金源获得女子乙组3 000米障碍银牌；新闻学院2011级学生满晓获得女子甲组跳高银牌。

(孔　斌)

附　录

2012年复旦大学体育竞赛成绩一览

一、全国比赛：

1. 2011—2012中国大学生排球优胜赛

男队

领　队：汪　凯

主教练：方　川

教　练：丁　毅

运动员(男)：朱谊城　薛兆年　尤湛博　陈杰浤　陈　思　孙超群　施　豪　马微平　曹逸兴

女队

领　队：王方椽

主教练：陈　祥

教　练：魏　琳

运动员(女)：王晨郦　单　悦　沈　青　张佳琦　赵悦宇　顾天苧　倪澜绮　朱梦頡　郭洁宇

男队获得第四名

女队获得第四名

2. 2011—2012中国大学生排球甲级联赛(男子组)

领　队：汪　凯

主教练：方　川

教　练：丁　毅

运动员(男)：朱谊城　薛兆年　尤湛博　陈杰浤

陈　思　孙超群　马微平　曹逸兴
王利斌　于　翔

男队获得第七名

3. 2012年全国大学生武术锦标赛暨首届全国大学生竞艺武术大赛

领　队：王方椽

教　练：韦　剑

男子甲组：俞　瓅　杨　骞　董佳垚　叶　天
李　哲

女子甲组：王琳雯　花　苑

女子乙组：李蒙蒙

叶　天　男子甲组软器械　第7名

俞　瓅　男子甲组太极拳　第1名

男子甲组42式剑　第3名

男子甲组太极剑　第6名

杨　骞　男子甲组传统陈式　第1名

王琳雯　女子甲组二类拳　第5名

花　苑　女子甲组一类拳　第3名

女子甲组42式剑　第3名

李蒙蒙　女子乙组三类拳　第3名

4. 第八届中国大学生棒垒球联赛总决赛

领　队：朱敏珍

教　练：杨至刚

运动员(男)：唐　三　陈　骏　曹　昱　唐小亮
陈　辰　刘　畅　杨　牧　吴益明
王　翀　李世超　沈　斌　李文杰
吴俊劼　徐　凯　张书齐　郑雄飞
杨　辰　高亚男　薛賨唯　黄佳宁

运动员(女)：丁　焕　文倩玉　王仲妍　李　扬
汤昕木　滕　凯　樊静雅　吴晗怡
朱　静　宋菲儿　夏　焱　熊　懿
杨敬秋　张　博

棒球(乙组)获得第六名

垒球(乙组)获得第四名

5. 2012年9月中华人民共和国第九届大学生运动会(田径)

教　练：邱　克　张　丰　吴丽红　杨　峻

运动员：赵　婧　金　源　满　晓　杨　洋　陈杭其

赵　婧　女子乙组800米　第一名

赵　婧　女子乙组1 500米　第一名

金　源　女子乙组3 000米障碍　第二名

金　源　女子乙组5 000米　第八名

满　晓　女子甲组跳高　第二名

杨　洋　男子乙组三级跳　第八名

陈杭其　男子乙组跳高　第八名

6. 2012年9月中华人民共和国第九届大学生运动会(女排)

领　队：王方椽

主教练：陈　祥

教　练：魏　琳

运动员(女)：盛珍珍　王晨郦　赵悦宇　顾天苧
张佳琦　单　悦　沈　青　郭　妍

复旦女队获得第七名

7. 2012年9月中华人民共和国第九届大学生运动会(桥牌)

领　队：陈　琪

教　练：王华良　黄国春

运动员(男)：蒋宇杰　黄　栩　杜　祎　杨润悦

复旦男队获团体第一名

杜　祎　男子双人赛　第六名

杨润悦　男子双人赛　第六名

蒋宇杰　男子双人赛　第八名

黄　栩　男子双人赛　第八名

8. 2012年9月中华人民共和国第九届大学生运动会(游泳)

教　练：尤玉青

运动员：刘丰圆(女)　朱一涛　陈文钦

刘丰圆　女子50米蝶泳　第四名

刘丰圆　4×100米混合接力　第五名

刘丰圆　4×100米自游接力　第五名

刘丰圆　4×200米接力　第五名

刘丰圆　50米自由泳　第六名

刘丰圆　100米蝶泳　第六名

朱一涛　4×100米混合接力　第五名

朱一涛　50米蛙泳　第八名

陈文钦　200米蝶泳　第七名

二、上海市比赛：

1. 上海市第一届市民运动员2012年上海市学生阳光体育大联赛体育舞蹈比赛

领　队：陈　琪

教　练：顾　倩(标准舞)　丰　萍(拉丁舞)

运动员：张　弛　闵炜程　黄俊飘　肖　宇　李晓磊
林　黎　钱紫菲　解怡飞　罗依迪　刘馨蔚
曹　荻　高雅洁

闵炜程　解怡飞　张　弛　钱紫菲获得普通院校拉丁组　第三名

普通院校单项C组　第一名

黄俊飘　罗依迪　肖　宇　刘馨蔚普通院校单项C组　第三名

张　弛　钱紫菲　肖　宇　刘馨蔚普通院校单项R组　第二名

闵炜程　解怡飞　黄俊飘　罗依迪普通院校单项R组　第三名

黄俊飘　罗依迪　普通院校单项J组　第一名

闵炜程　解怡飞　普通院校单项J组　第二名

李晓磊　曹　荻　张　弛　钱紫菲普通院校单项J组第三名

2. 2012年上海市学生运动会乒乓球比赛暨上海市大学生乒乓球联赛

领　队：陈　琪

教练员：王丽娜　杨至刚

阳光组运动员(男)：程浩然　侯耿林　古洪扬　毛覃愉　李逸凡

阳光组运动员(女)：周　肖　刘合潇　佘录录　韩量齐　丁佳宁

佘录录　韩量齐　女子双打　第三名

程浩然　侯耿林　男子双打　第三名

侯耿林　周　肖　混合双打　第六名

程浩然　韩量齐　混合双打　第七名

韩量齐　　　　女子单打　第四名

佘录录　　　　女子单打　第六名

3. 上海市学生运动会高校组排球比赛暨上海市大学生排球联赛

男　队(甲组)

领　队：陈　琪

教　练：刘　君

运动员：苏启立　陈啸风　崔　皓　陈　吉　王文博　刘羽鸣　许　博　余天放　陈奕沛　刘思达　范　凡　薛　涛

女　队(甲组)

领　队：陈建强

教　练：葛　萍　刘　君

运动员：徐　倩　莫　止　蔡宛儒　吴旻儒　李秀华　杨　帆　庄思惠　李桑筱　陈雪娜　许煊文　董佳伊　付琛琦

男　队(乙组)

领　队：汪　凯

教　练：方　川　丁　毅

运动员：王利斌　李宏凯　陈杰浤　吴梦超　尤湛博　韦　吉　乐　昊　蒋兆年　蒋　猛　江　啸　陈　思　马德育

女　队(乙组)

领　队：王方椽

教　练：陈　祥　魏　琳

运动员：王丽丽　林冬禾　李莘芸　王晨郦　盛珍珍　赵悦宇　韩旖旎　吉　也　耿凡诗雨　王佳蓓　王安琪　张佳琦

男队(甲组)获得　第一名

女队(甲组)获得　第一名

男队(乙组)获得　第二名

女队(乙组)获得　第一名

4. 2012 年上海市学生运动会(高校组)游泳比赛暨大学生游泳锦标赛

领　队：王方椽

教　练：尤玉青

男子甲组：陈　功　沈皓炜　陈文钦　张宇骥　王迪杰　李　涵　宋骄洋　许长弓

女子甲组：田佳文　刘丰园　朱一涛　朱佳燕　黄雪霏　方晓薇　丁珏瑞

男队获得男子甲组团体　第五名

女队获得女子甲组团体　第五名

张宇骥	男子甲组 50 米仰泳	第四名
	男子甲组 50 米蝶泳	第四名
陈文钦	男子甲组 100 米蝶泳	第一名
	男子甲组 50 米蝶泳	第六名
宋骄洋	男子甲组 100 米仰泳	第五名
	男子甲组 200 米仰泳	第四名
陈　功	男子甲组 50 米蛙泳	第五名
	男子甲组 100 米蛙泳	第五名
刘丰园	女子甲组 50 米蝶泳	第一名
	女子甲组 100 米蝶泳	第一名
朱佳燕	女子甲组 100 米自由泳	第六名
	女子甲组 50 米仰泳	第六名
方晓薇	女子甲组 200 米自由泳	第四名
	女子甲组 800 米自由泳	第四名
田佳文	女子甲组 200 米自由泳	第五名
朱一涛	女子甲组 100 米蛙泳	第三名
	女子甲组 200 米蛙泳	第四名
丁珏瑞	女子甲组 50 米蝶泳	第五名

复旦男队　男子甲组 4×100 米自由泳接力决赛　第五名

　　　　　男子甲组 4×100 米混合泳接力决赛　第五名

复旦女队　女子甲组 4×100 米自由泳接力决赛　第五名

　　　　　女子甲组 4×100 米混合泳接力决赛　第五名

5. 上海市学生阳光体育大联赛高校组跳绳、踢毽子比赛

领　队：陈　琪

教　练：陈　焰　曾　泽

运动员：王　弘　王　凯　王奇思　方晋之　林　晨　范宾扬　秦　琦　肖　宇　包　晗　黄文涛　林颖泽　尹　豪　钱钟麟　朱宇婷　徐圣婕　郭小溪　李　欣　赵　旻　史翔蔚　沈敏燕　陈煜衡　吴晓青　宋若梓　朱　涵　顾霏霏　徐清瑶　唐超颖　邱震申　滕　浩　徐宇强　蔡　雨　陆雪晨　张栩晨　熊　鹰　金　中　沈勤丰　金　雷　杨平京　董盈秋　吴晗怡　夏云倩　邢　雯　陈姗姗　曾丹宁　张　妮　刘　媛　管亚芳　刘艳萍　孙佳彦

复旦大学代表队　获得一等奖

长　绳	第七名
男子跳短绳	第七名
男子踢毽子	第六名
女子跳短绳	第七名
女子踢毽子	第五名

唐　钦　个人女子跳短绳　第二名

朱凯燕　个人女子花踢　第五名

6. 2012年上海市学生阳光体育大联赛高校组定向越野比赛

教　练：孙建冰

运动员(男)：周龙飞　许耀麟　陈国斌　胡张柠
　　阮鸿涛

运动员(女)：王一帆　杨　月　黄韵琦　黄梦元
　　宗亚琴

复旦代表队　男子团体　二等奖
　　女子团体　二等奖

陈国斌　第11名

许耀麟　第19名

胡张柠　第22名

黄梦元　第14名

王一帆　第26名

7. 2012年上海市学生运动会高校组桥牌比赛暨上海市大学生桥牌锦标赛

领　队：陈　琪

教　练：黄国春

运动员：黄　栩　蒋宇杰　杨润悦　杜　祎　赵冠澜
　　瞿秋阳

复旦代表队获得团体第一名

8. 2012年上海市学生运动会武术比赛暨上海市大学生武术锦标赛

领　队：王方椽

教　练：韦　剑

男子甲组：李　哲

男子乙组：董佳垚　叶　天

女子甲组：花　苑　王琳雯　李蒙蒙

花　苑　荣获体育道德风尚奖

女子42式太极剑乙组　第1名

女子42式太极拳乙组　第4名

叶　天　男子南拳乙组　第2名

董佳垚　男子42式太极拳乙组　第2名

王琳雯　女子太极拳乙组　第2名

王琳雯　李蒙蒙　女子对练　第1名

9. 2012年上海市学生运动会田径比赛暨上海市大学生田径锦标赛

领　队：王方椽　陈　琪

教　练：邱　克　张　丰　吴丽红　杨　峻　王国华
　　曾　泽

运动员(甲组)：

陆怡瑞　孟　斐　郭逸峰　张晨光　何志帆

马　成　姜永久　王　哲　李玉蟒　李　恒

朱曦东　陈　希　马仁祥　姜昕祎　付琛琦

陶醉妮　朱伽乐　应佳云　王军燕　田元源

李金雪　黄姗姗　李生源　余　佳　赵　璐

尹天舒　田佳文　庞　佳　王　典

运动员(乙组)：

叶枝俏　闵广鑫　刘洪宇　杨　洋　陈杭其

冷　吉　石　鹏　周　超　赵　云　韩秀南

满　晓　朱雷鸣　戴静霄　沈　力　金　源

赵　婧　蒋海霞

男子甲组团体总分　第二名

女子甲组团体总分　第二名

男子乙组团体总分　第三名

女子乙组团体总分　第三名

甲组：

罗吕根　400米　第八名

施圣丹　800米　第一名；1 500米　第一名

黄毓鹏　110米栏　第一名

张　帅　110米栏　第二名

陈隶渊　孙卓然　罗华清　陆怡瑞　4×100米接力第五名

王　哲　王　猛　施圣丹　罗吕根　4×400米接力第七名

马腾飞　跳　高　第七名

姜昕祎　跳　远　第三名

孟　斐　铅　球　第六名

应佳云　200米　第二名；跳　远　第二名

陶醉妮　400米　第五名

田佳文　100米栏　第五名

朱伽乐　应佳云　妥艳艳　陶醉妮　4×100米接力第四名

杨鋆倩　吴亦婷　朱贝迪　黄梦元　4×400米接力第六名

田元源　跳　高　第一名

李金雪　跳　高　第五名

妥艳艳　跳　高　第六名

乙组：

叶枝俏　100米　第一名

闵广鑫　100米　第五名；200米　第二名

刘洪宇　200米　第七名

周　超　800米　第二名；1 500米　第三名

石　鹏　1 500米　第二名；5 000米　第二名

杨　洋　刘洪宇　叶枝俏　闵广鑫　4×100米接力第一名

陈杭其　跳　高　第一名

冷　吉　标　枪　第二名

韩秀南　200米　第六名

沈　力　400米　第三名；800米　第一名

赵　婧　800米　第三名；1 500米　第一名

金　源　1 500米　第二名；3 000米　第一名

蒋海霞　1 500米　第六名

蒋海霞　金　源　韩秀南　沈　力　4×400米接力第二名

满　晓　跳　高　第二名

朱雷鸣　铅　球　第三名；铁　饼　第六名

10. 2012年上海市学生阳光体育大联赛高校组冬季长跑比赛

领　队：陈　琪

教练员：王国华

复旦男队 获得本科男子组团体 一等奖

复旦女队 获得本科女子组团体 二等奖

11. 2012年上海市学生运动会羽毛球比赛暨上海市大学生羽毛球锦标赛

领 队：陈建强

教练员：周建高

复旦代表队 获得团体总分(甲组) 第三名

女队 获得女子团体(甲组) 第一名

金 莉 黄 珺 女子双打(甲组) 第二名

黄 珺 女子单打(甲组) 第三名

黄 珺 获得体育道德风尚奖(甲组)

12. 2012年上海市学生运动会国际象棋比赛暨上海市大学生国际象棋锦标赛

复旦代表队获得高校组男子团体 第三名

陆庆彦 高校组男子个人 第七名

梁 灏 高校组男子个人 第八名

13. 2012年上海市学生运动会棒球比赛暨上海市大学生棒球锦标赛

教 练：朱敏珍

运动员：唐 三 曹 昱 陈 辰 吴益明 王 翀 李世超 沈 斌 李文杰 吴俊劼 徐 凯 张书齐 郑雄飞 杨 辰 薛贇唯 黄佳宁 周 铭 丁章璨 聂国熹

棒球队 获得普通高校组 第五名

14. 2012年上海市学生运动会手球比赛暨上海市大学生手球锦标赛

领 队：陈 琪

教 练：刘 君 王恩锋

队 员：郑 端 陈 铎 李 晨 徐致远 郭逸峰 徐敏强 王一耀 马嘉灏 马志凯 孟 斐 谢 意 徐佳波 邱震申 江 湛 陈 吉

男 队 获得男子组 第三名

15. 上海市学生阳光体育大联赛高校组三对三篮球比赛

领 队：陈 琪

教 练：王恩峰 曾 泽 原温荣

运动员：

男子一队：徐佳波 蔡晓辉 马志凯 孟 斐 谢笑添

男子二队：郑 端 付锦涛 李 靖 徐敏强 罗灵兵

女子一队：谢欣阳 张译文 宋蒋萱 衣 然 征 言

女子二队：何安琪 竺 玥 孙安琪 蔡嘉欣 孙晓濛

复旦女二队 高校女子组 第五名 荣获二等奖

复旦女一队 荣获三等奖

复旦男一队 荣获二等奖

复旦男二队 荣获三等奖

16. 2012年上海市学生运动会篮球比赛暨第五届梵谋杯大学生篮球精英赛

男队(甲组)

领 队：陈琪

教 练：王恩锋 曾 泽

运动员：徐佳波 蔡晓辉 李 靖 郑 端 徐敏强 孟 斐 马志凯 罗灵兵 傅锦涛 吴屹松 程 诚 谢笑添

女队(甲组)

领 队：马祖勤

教 练：原温荣 裴会义

运动员：谢欣阳 张译文 孙晓濛 宋蒋萱 蔡嘉欣 竺 玥 尚 蕾 宋 阳 何安琪 刘淑君 范子靖 曾芷兰

男队获得高校男子(甲组) 第五名

女队获得体育道德风尚奖运动队(甲组)

17. 2012年上海市第一届市民运动会

上海市学生阳光体育大联赛高校组团体健美操比赛

领 队：王方椽

教 练：张 晨

运动员：欧阳文君等36人

复旦代表队获得二等奖 团体第七名

18. 复旦大学、上海交通大学“巅峰对决”学生文体竞赛

自行车拉力赛(男子组)个人成绩

马 成 第4名

何志帆 第5名

王 哲 第8名

毛大可 第10名

自行车拉力赛(女子组)个人成绩

尤 晓 第5名

米黑古丽·卡德尔 第6名

于 静 第7名

滕 璇 第8名

梁 欣 第9名

张译文 第10名

小马拉松赛(男子组)个人成绩

张晨光 第1名

何志帆 第3名

卢章疑 第5名

马 成 第9名

姜永久 第10名

小马拉松赛(女子组)个人成绩

马艳星 第2名

李生源 第8名

黄姗姗 第9名

黄 珏 第10名

铁人三项成绩

何志帆 第1名

马 成 第2名

王　哲　第 4 名
胡捷程　第 6 名
钱滨川　第 7 名
吴　晓　第 8 名

（王曙涛）

分析测试中心

【概况】 2012 年，分析测试中心有分析化学、高分子化学与物理 2 个硕士点。有在职教职工 20 人，其中高级职称 5 人、中级职称 14 人。有核磁共振仪、气/质联用仪、气相色谱仪、紫外光谱仪、傅立叶变换红外光谱仪、显微拉曼光谱仪、X 射线单晶衍射仪、X 射线多晶衍射仪、原子吸收光谱仪、等离子体发射光谱仪、离子色谱仪、扫描电镜、透射电镜和原子力显微镜等大型仪器 20 台(套)。

全年招收硕士研究生 3 人，毕业硕士研究生 4 人，在读硕士研究生 10 人。向全校理科研究生开设《高等结构分析》学位基础课。

全年共承担横向课题 9 项，横向科研经费共 57.8 万元。发表 SCI 论文 15 篇，其中第一作者发表 10 篇，合作发表 5 篇。共完成校内外委托测试样品 24 350 余个，中心大型仪器使用总机时数达 9 920 余小时。（刘新刚）

古籍整理研究所

【概况】 2012 年，古籍整理研究所设有中国古代文学、中国文学古今演变、中国古典文献学、汉语言文字学及逻辑学（因明学）5 个博士点和硕士点。

有在职教职工 17 人，其中专任教师 15 人，行政人员 2 人。有正高级职称 11 人，副高级职称 2 人，中级职称 2 人，另有兼职教授 3 人。有研究生指导教师 13 人。

招收硕士研究生 12 人，博士研究生 12 人。毕业硕士研究生 13 人，博士研究生 9 人。

申请到教育部全国高校古籍整理研究工作委员会资助项目 2 个，教育部人文社学会科重点研究基地重大项目 1 个，获得经费 40 万。在各类学术期刊发表论文近 40 篇，出版学术著作 6 部，译著 2 部。（古　纪）

【举办章培恒先生逝世一周年系列纪念活动】 该纪念活动于 6 月 7—9 日在复旦大学举行，共有 4 场活动。活动之一"实证与演变：中国文学史国际学术研讨会"，由复旦大学古籍整理研究所与复旦大学中华文明国际研究中心联合举办，来自美国、日本、韩国和中国港台及大陆的 30 余位学者参会。会议议题涉及中国文学古今演变宏观层面的相关问题以及诸多文学现象与个案的实证研究。活动之二"章培恒先生纪念室揭牌仪式"，校长杨玉良与全国高校古委会秘书长杨忠为纪念室揭牌。该纪念室设在章培恒生前最后的办公地复旦大学光华楼西主楼 1709 室，展示包括章培恒从助教时代开始直到晚年的重要读书笔记、论文手稿及包括古籍在内的部分藏书和所指导的研究生论文。活动之三"章培恒先生学术基金成立暨'章培恒讲座'开讲仪式"，由复旦大学古籍整理研究所与章培恒先生学术基金会联合举办，分为《〈老子〉第一章解释》、《从〈左传〉到〈史记〉：中国早期叙事文在叙事艺术上的传承与发展》、《三经与周公》、《小说家鲁迅》等 4 讲，分别由复旦大学杰出教授裘锡圭、美国斯坦福大学荣休讲座教授王靖宇、韩国首尔大学名誉教授金学主、日本神户大学名誉教授山田敬三担任主讲。活动之四"'三浦文库'揭牌及丛书发布仪式"，该文库为纪念三浦理一郎而设。三浦先后师从章培恒、吴格教授，后在上海病逝，"三浦文库"系三浦一郎的文献学相关藏书，由其家属捐赠。三浦一郎的家属捐资在古籍整理研究所设立"三浦理一郎博士中国古典文献学研究基金"，并由该基金资助出版《三浦文库》丛书。（古　纪）

【3 项成果获上海市第十一届哲学社会科学优秀成果奖】 郑伟宏《因明大疏校释、今译、研究》获著作类二等奖；吴冠文、谈蓓芳、章培恒《玉台新咏汇校》获著作类三等奖；陈广宏《小说家出于稗官说新考》获论文类三等奖。（古　纪）

中国历史地理研究所

【概况】 2012 年，中国历史地理研究所（简称史地所）设有历史地理专业硕士、博士学位授予点，人口史博士学位授予点。是国家重点学科，"211 工程"复旦大学重点建设项目之一。拥有教育部首批普通高校人文社会科学重点研究基地"历史地理研究中心"和复旦大学"985 工程"哲学社会科学国家创新基地"历史地理研究基地"。2012 年，该所在博士学位授权一级学科范围内自主设置二级学科边疆史地专业。

现有教职员工 33 人。其中专任教师 27 人、行政人员 2 人、教辅人员 4 人；具有正高级职称 13 人、副高级职称 10 人、中级职称 8 人；研究生指导教师 20 人。

招收硕士研究生 20 人、博士研究生 12 人。在读研究生 95 人，其中硕士研究生 50 人、博士研究生 45 人、留学生 2 人；有 8 名博士研究生毕业，8 名获得博士学位；有 12 名硕士研究生毕业，12 名获硕士学位。

全年获得省部级奖 3 项，分别是王振忠《明清以来徽州村落社会史研究——以新发现的民间珍稀文献为中心》（上海人民出版社 2011 年版）获上海市第十一届哲学社会科学优秀成果奖（2010—2011）著作类二等奖 1 项；周振鹤、陈琍《清代上海县以下区划的空间结构试探——基于上海道契档案的数据处理与分析》（《历史地理》（第二十五辑））获上海市第十一届哲学社会科学优秀成果奖（2010—2011）论文类二等奖 1 项；邹怡《1391—2006 年龙感湖—太白湖流域的人口时间序列及其湖泊沉积响应》

(《中国历史地理论丛》(2011年第3辑))获上海市第十一届哲学社会科学优秀成果奖(2010—2011)论文类三等奖1项。

全年共有12项科研项目立项,其中国家社会科学基金项目一般项目1项、国家社会科学基金项目青年项目1项、国家自然科学基金项目面上项目1项、教育部人文社会科学研究规划基金项目2项、上海市教育委员会科研创新重点项目1项、上海市浦江人才计划资助项目1项、复旦大学"985工程"哲学社会科学创新基地(第三期)社会科学青年项目1项、教育部人文社会科学重点研究基地重点项目2项。教师出版著作9部,其中专著2部、编著7部。在国内外学术期刊上发表论文109篇,其中核心期刊29篇、一般期刊63篇、国外期刊11篇。

史地所邀请国内外知名学者到所举办学术讲座29场,分别是复旦大学"985工程"哲学社会科学历史地理创新基地驻所研究讲座14场、复旦大学"人文基金"学术交流高端讲座4场、"谭其骧历史地理"讲座3场、历史地理研究中心讲座8场。禹贡博士生论坛9场。

5月7—11日,研究所部分师生进行南京、镇江和扬州三地的历史地理综合考察。该次考察结合普通自然地理课程,邀请所外专业人士,强化自然地理方面的考察教学。

7月9—14日,主办第四届历史地理暑期研修班。该次研修班以"历史政区地理"为主题,来自北京大学、武汉大学、南京大学等高校的12位专家学者参加专题授课和专题研讨,全国43所高校和科研院所的70余位学员参加学习。该次研修班通过授课、座谈、考察等环节使学员对历史政区地理的研究领域获得更全面的认识,接触到各断代历史政区地理研究的最新成果,吸收前沿、精深的研究理念和方法,领略到顶尖学者的治学风采,对学员未来的学术研究起到很好的引导、启发及激励作用。(戴佩娟)

【出版《明清以来的徽州茶业与地方社会:1368—1949》】 该书于2月由复旦大学出版社出版,全书分为7章34节,字数32.5万字。该书主要介绍自然环境如何影响特定区域内的产业形态和社会面貌,通过以明清及民国时期徽州茶业为中心的若干专题研究,对该影响机制进行实证考察。该书也对海外学界的徽州研究成果作详尽综述。(戴佩娟)

【《人民日报》社社长到访】 4月26日上午,《人民日报》社张研农社长一行,在校党委书记朱之文陪同下,参观史地所。所长吴松弟、教授满志敏接待来宾,参观谭其骧文库、所史陈列室,并向来宾介绍研究所的学科建设情况。(戴佩娟)

【出版《谭其骧先生百年诞辰纪念文集》】 该书于5月由上海人民出版社出版,复旦大学历史地理研究中心主编,系复旦大学历史地理研究中心丛书(第一辑),共54.6万字。该书收录了论文49篇。该纪念文集收录的论文主要是谭其骧先生去世后按时间编排的不同时期追思缅怀的题辞和文章、年谱和著述目录,以及他1978年以来指导研究生的情况表;还有来自北京大学、陕西师范大学、复旦大学等20余个单位的学者探讨谭先生的学术成就,以及报告自己学术研究的最新成果。(戴佩娟)

【召开"国家视野下的地方"国际学术研讨会】 5月18日,"国家视野下的地方"国际学术研讨会在复旦大学召开。由哈佛燕京学社和史地所联合主办。会议共13位报告人,分别来自美国、日本、德国、中国,学者们的学术背景涵盖历史学、地理学、经济学等各个领域。美国哈佛大学东亚系教授包弼德(Peter K. Bol)作题为"论地方史在中国史研究中的地位:以欧美近十多年的研究为例"的主题发言;德国哥廷根大学汉学系教授罗志豪(Erhard Rosner)作题为"帝王眼中的地方区域:以地名为例"报告。其他学者也分别作报告。(戴佩娟)

【举行中国历史地理研究所建所三十周年庆祝大会】 6月3日,史地所建所三十周年。开幕式于复旦大学光华楼东辅楼102报告厅举行。复旦大学党委办公室、文科处、科技处、研究生院、各院系领导与代表、校外兄弟单位领导及代表、史地所广大师生等200余人出席大会。与会代表肯对研究所三十年来所取得的业绩,为中国历史地理学所作出的贡献表示肯定和赞赏,并对研究所以后发展提出建议。(戴佩娟)

【召开"城市·空间·文化"国际学术研讨会】 该会议于10月20—21日在复旦大学中国历史地理研究所召开。由复旦大学史地所举办。会议代表来自法国、德国、比利时等多个国家与地区的不同学科领域。会议由"城市化与中国历史进程"、"近代化与城市社会生活的演变"、"城市化与城市空间结构"、"文化与城市空间的构建"、"尺度概念、GIS方法与城市地理研究"、"历史上的中国城市"、"城市选址与城市布局"、"阶层、权力与城市空间研究"等多个小组报告以及专题报告组成,代表们对古今中外的城市进行深入剖析,并对当下研究的热点问题展开讨论。(戴佩娟)

【举行"中国历史民族地理研究"学术研讨会】 该会议于11月17—18日在史地所召开。由史地所教授安介生负责的国家社会科学基金重大项目课题组承办。参会代表共计20余人,由主题报告会及3场分组报告会组成。会上,与会专家学者探讨中国历史民族地理问题、边疆史地的理论与实践问题。(戴佩娟)

【2名研究生参加境外国际学术会议并获一等奖】 12月19日,研究生罗婧、杨长玉参加俄罗斯制图与测量大学举办的"国际科学与实践会议:过去和现在、理论和实践"国际学术会议并作会议报告,其学术报告被会议评为一等奖。该校校长Maiorovim和教授Zaharenka分别为两位同学颁发一等奖,并向两位同学赠送俄罗斯地图集。(戴佩娟)

【出版《近代西北经济地理格局的变迁(1850—1950)》】 该书于2012年9月由台湾花木兰文化出版社出版,史地所教授樊如森著。该书选取蒙古高原、天山南北和陕甘高原三大地域,以历史地理学的时空视角,多维度、多层面地综合考察近代百余年间,西北地区在政策环境、市场格局、交通网络、生态环境、区际联系等方面的经济地理格局变迁历程。该书

资料翔实，图表规范，论证严密，是研究近代西北经济发展进程的有益参考。（戴佩娟）

高等教育研究所

【概况】 2012年，高等教育研究所有教职工12人。其中专职研究人员10人，期刊编辑1人，行政人员1人。专职研究人员中，研究员3人、副研究员5人、助理研究员2人。国内外聘请兼职研究人员10余人。

在读硕士研究生51人。新招硕士生22人，毕业11人。教育专业硕士学位首次招生，新招学科教育方向硕士研究生6人，与复旦大学附属中学、复旦大学第二附属中学共建校级教育专业学位研究生专业实践基地2个。教育经济与管理专业博士点获批，博士生导师增至2人，计划于2013年开始招生。为学校本科生开设教育学第二专业，在读学生8人。

全年获得地市厅局等政府部门项目2项，上海市教育评估院委托课题1项，复旦校内委托研究项目3项，发表CSSCI论文9篇，在国际学术期刊发表论文2篇，出版专著和译著各1部。围绕复旦发展深入推进院校研究，成立学科评估工作室和通识教育工作室，承担《复旦大学2011年本科教学质量报告》的研究设计和主笔工作。

全年共有6人次出国出境从事学术活动，其中短期5人次，公派长期出国1人。参加国际学术会议教师10人次，其中境外学术会议5人次，在国际会议上发表研究报告4篇。全年共接待美、日、德等国和港、台教育机构学者25人次。邀请德国都特蒙德科技大学前高等教育与教师发展中心负责人Johannes Wildt到校为研究生授课。

《复旦教育论坛》继续入选中文社会科学引文索引(CSSCI)来源期刊，《中文核心期刊要目总览》教育类核心期刊，被中国期刊网全文数据库、中国核心期刊(遴选)数据库、中文科技期刊数据库、重庆维普中文科技期刊数据库、龙源期刊网、国研网等收录。全年出刊6期，共印刷12 000册，重点涉及教育哲学、教育领导学、教育人类学、高等教育质量保障与评价、高校内部治理与现代大学制度建设、大学理念、教师发展、教育改革与发展、医学教育研究等专题。截至2012年年底，《复旦教育论坛》被人大《复印报刊资料》全文转载14篇。在2012年中国学术期刊影响因子年报(人文社会科学)中，《复旦教育论坛》(2009—2011年)复合影响因子为1.237，在教育学学科中排序为23/315。（田凌晖）

社会科学高等研究院

【概况】 社会科学高等研究院(以下简称"高研院")有在职专职研究人员8名(含"非在编全聘"专职研究人员1名)。研究人员分布于政治学、法学、社会学等一级学科。其中，校特聘教授3人，校聘关键岗教授2人，副教授1人，讲师2人，均为校外引进人才。

在学术活动方面，研究院常规性的品牌讲坛(世界社会科学高级讲坛和中国深度研究高级讲坛)共邀请12名国内外著名学者主讲；"通业青年讲坛"(与文科科研处合办)和"学术午餐会"各有6次和8次学术活动；"未来世界论坛"和"重新发现中国论坛"分别举行2次和3次学术会议；第四届社会科学暑期高级讲习班和Fudan—UCLA社会科学暑期高级学术翻译班顺利进行。

在学术成果和科研项目方面，出版学术专著7部(其中英文专著2部)，编著2部，译著3部，学术刊物9期；发表各类论文60余篇，其中，英文论文13篇，日文他译论文1篇，CSSCI以上论文20余篇。院内科研项目"中国深度研究学术工作坊"面向全国发布2项，共计经费6万元。新增上海社联委托项目和上海市"晨光学者"项目各1项。

全年举办15场学术讲座。1月6日，美国圣奥拉夫学院历史与亚洲研究教授鄢华阳(Robert Entenmann)；3月15日，复旦大学中国社会主义市场经济研究中心主任张军；3月21日，上海财经大学经济学院暨高等研究院院长田国强；3月29日，法国阿弗尔大学教授蒲吉兰(Guilhem Fabre)；4月23日，德国雅各布大学现当代亚洲历史全职教授夏多明(Dominic Sachsenmaier)；5月10日，澳大利亚新南威尔士大学人文学院教授保罗·帕顿(Paul Patton)；7月20日，香港中文大学政治与公共行政系教授王绍光；9月27日，上海师范大学历史系教授萧功秦；9月28日，独立学者刘建华；10月9日，美国加州大学洛杉矶分校法学院教授卡尔·罗斯蒂亚拉(Kal Raustiala)；10月17日，美国哈姆莱大学人类学系东亚研究项目主任大卫·戴维斯(David Davies)；10月22日，美国弗吉尼亚大学外交事务教授布兰特利·沃马克(Brantly Womack)；10月24日，美国大卫森学院政治系主任谢莉·瑞格(Shelley Rigger)；12月16日，美国哈佛大学文理学院政府系讲座教授迈克尔·桑德尔(Michael Sandel)；12月17日，台湾大学政治学系教授石之瑜等15名国内外著名学者受邀主讲讲座。

邀请了8位校内外著名学者主讲学术午餐会。4月24日，复旦大学历史地理研究所教授姚大力；5月25日，中文系教授陈尚君；5月30日，江苏经贸职业技术学院专聘教授茆永福；6月27日，华东师范大学社会学系教授李向平；9月26日，国际关系与公共事务学院院长陈志敏；10月24日，法学院院长孙笑侠；11月28日，经济学院党委书记石磊；12月24日，华东政法大学教授童之伟等。

（孙国东　朱莉芝）

【邓正来论文被译为日文发表】 2012年9月10日，日本《同志社政策科学研究》2012年第14卷第1号刊载邓正来论文《"生存性智慧"与中国发展研究论纲》日文版。该文由日本同志社大学政策研究科教授今里滋和其博士生俞祖成合作翻译。译者今里滋系日本著名中国问题研究学者,他在随文发表的《中译日之意义》中给予该论文很高的评价,指出:“邓正来在这篇文章中试图在批判‘中国模式’既有研究的基础上,通过构建‘生存性智慧’和‘未意图发展’这两个独具匠心的概念以做出合理的解答。”“邓正来所诠释的‘中国模式’,并不是一个被一元化或还原为西欧模式的‘市民社会’,而是一个扎根于不同国民国家或地域社会的独具特色的‘市民社会’。这也正是邓正来所传达给我们的极富启示意义的内容。” （孙国东 舒彩霞）

【多部英文著作出版】 郭苏建专著 *Chinese Politics and Government: Power, Ideology and Organization* 在国际知名出版社 Routledge 出版。由郭苏建主编的 *Challenges Facing Chinese Political Development* 和 *Political Science and Chinese Political Studies: The State of Field* 分别由 Rowman & Littlefield 和 Springer 出版。林曦专著 *Emotions and Politics in Human Society: A Progressive Critique* 在韩国新星出版社出版。邓正来主编的 *Globalization and Localization: The Chinese Perspective* 在新加坡世界科技出版公司出版。 （孙国东）

【举办3场学术评议论坛】 为配合《上海学术报告：2011》的编纂,3月24、25日和31日,社会高等研究院与上海市社会科学界联合会联合举办了分别由沪上著名学者、沪外著名学者、沪上著名文科学报主编暨出版社总编参与的学术评议论坛,近50为著名学者、学报主编、出版社总编对上海2011年度人文社会科学学术发展进行了严肃、认真的评议。特别是由沪上著名文科学报主编暨出版社总编参与的学术评议论坛,是上海乃至全国第一次召集的文科学报主编和出版社总编进行以严肃学术评议为主题的学术论坛。 （孙国东）

【开始与台湾大学社会科学学院轮流合办暑期社会科学讲习班】 7月16—27日,以“社会科学视野下的当代中国问题研究”为主题的第四届“社会科学暑期高级讲习班”(以下称“讲习班”)在复旦大学高研院举行。由高研院、台湾大学社会科学院、蒋经国国际学术交流基金会、台湾大学中国大陆研究中心联合主办。“讲习班”旨在促进海峡两岸学术交流与合作,培训并团结海峡两岸社会科学青年学者,并提高他们把握国际社会科学发展动态、理论范式和研究方法的能力,培养其“问题导向、跨学科研究”的学术研究能力,提升其对中国思想文化传统和当代中国社会转型诸问题的理论把握能力,培养一大批致力于社会科学理论研究、具有学术创新能力、有世界视野又具中国关怀的杰出青年学术人才。黄光国、瞿宛文、王国斌、王绍光、胡必亮、徐勇、王绍光、赵永茂、朱云汉、欧博文(Kevin O'Brien)、王铭铭和邓正来等10位国内外著名学者担任主讲教授。来自美国、新加坡和中国台湾、中国香港地区的几十所高校或科研机构的39名博士生或青年教师参加讲习班。“讲习班”一共10场,每场分为上、下午两个环节:上午是3个小时的学术演讲,由主讲教授围绕各自的主题讲解和反思或批评各自研究的问题、规范、理论、学派、范式和方法;下午是3个小时的主题研讨,通过师生之间的深度互动,将问题研究进一步明晰和深化。该暑期班从2012年开始,台湾蒋经国国际学术交流基金会资助,由复旦大学高研院和台湾大学社会科学院轮流合办。 （孙国东）

【参与“全球教室项目”】 “全球教室项目”由世界著名政治哲学家、哈佛大学教授迈克尔·桑德尔(Michael Sandel)主持举行。该项目采用视频同步直播的方式,让来自复旦大学、日本东京大学、印度新德里大学、巴西圣保罗大学的学生与哈佛大学学生一起,参与到迈克尔·桑德尔主讲的课程中。该项目在复旦的学生遴选由社会科学高等研究院负责。经过筛选,来自复旦大学不同专业不同年级的12名本科生和研究生入选,并10月26日、11月2日和12月1日参加3次同步课程。 （孙国东）

【中印合作项目进入实质性阶段】 9月10—17日,社会科学高等研究院中印合作项目合作方印度观察家研究基金会(Observer Research Foundation)的研究人员杰舒里·辛娜古普塔(Jayshree Sengupta)、内伦贾·萨呼(Niranjan Sahoo)、沙鲁巴·乔瑞(Saurabh Johri)、维凡·沙兰(Vivan Sharan)等4人来访高研院,并与项目课题组的中国专家一起,赴浙江、湖北、贵州3个省的农村,就合作课题《中印创新和企业家精神与基层民主和治理的关系》开展调研,并先后在浙江大学公共管理学院、华中师范大学中国农村研究中心、贵州师范大学与相关老师进行深入交流。 （王 睿）

【主办“未来世界论坛”第五届年会】 该会议于12月22—23日在复宣酒店四楼报告厅举行。由社会科学高等研究院主办。会议主题为“政治改革与经济改革协调发展”。北京大学光华管理学院教授张维迎和高研院院长邓正来作大会基调发言。来自复旦大学、北京大学、清华大学、台湾大学、澳门大学、中国社科院、上海社科院、浙江大学、上海交通大学、中山大学、厦门大学、华东师范大学、天则经济研究所、中国政法大学、南开大学、上海大学、上海师范大学、华中师范大学、深圳大学、浙江工商大学、美国加州大学伯克利分校、澳大利亚迪肯大学等20余所高校和研究机构的50多位学者围绕主题进行5场专题讨论。 （王 睿）

神经生物学研究所

【概况】 2012年,神经生物学研究所设有4个研究室:视网膜研究室、痛觉研究室、脑高级功能研究室和脑神经突触环路发育研究室。

有在职教职工14人,其中正高级职称4人、副高级职称5人、中级职称4人、初级职称1人;另有讲座教授1人。教职工中有博士生导师4人、硕士生导师2人。中国科学院院士1人。

全年招收硕士研究生9人、博士研究生4人;毕业博士生7人、硕士生2人;在读研究生共46人。开设博士学位专业课程1门、硕士学位专业课程3门、本科生学位专业课程1门。

全年以第一署名单位和通讯作者发表的研究论文18篇，其中16篇为SCI论文，影响因子合计94.201(按2012年公布的IF值计算)。参编著作2项。在研科研项目12项；今年到位研究经费474.28万元。申请并获批研究项目4项，研究经费225万元。

学术交流方面，出国、出境学术访问20人次。（王　健）

【在"脑神经环路发育研究"方面取得重要进展】 详见【综述】第42页[多项论文在国际顶级学术刊物发表]条。

发育生物学研究所

【概况】 2012年，发育生物学研究所(简称发育所)有教职员工81人，其中教授8人，教授级高工1人，副教授2人，技术人员70人。

有学生44人，其中博士研究生19人，硕士研究生2人，本科生18人，联合培养研究生6人(其中1位在耶鲁)。毕业博士研究生3人。开设遗传分析、发育生物学、科研伦理和规范及计算生物学概论等课程。

发表SCI论文5篇，平均影响因子达5.9。承担国家自然科学基金面上项目3项、国家自然基金海外及港澳学者合作研究基金1项、上海市科学技术委员会研究基金项目2项。获得上海市领军人才计划1项。获"十二五"863项目1项。参与中科院为首的973项目课题2个。

吴晓晖入选"2011年上海市领军人才"培养计划。严顺飞获得"2012年望道学者奖"。朱晓强获得"博士生国家奖学金"和"博士生学业奖学金"。

完成以复旦大学为申请人的《在脊椎动物中作为遗传操作和分析工具piggyBac》专利申请，专利号200580051073.2。

全年邀请海内外知名专家、学者2人前来讲学交流。教职工出国出境学术访问3人次。（蒋　燕）

国际问题研究院

【概况】 2012年，在职教职工44人，其中正高级职称12人，副高级职称15人，中级职称8人，行政教辅人员9人。引进张维为为全职研究人员。

全年发表SSCI论文7篇、CSSCI论文41篇，其中权威论文8篇，外语发表论文27篇，一般文章41篇；出版各类著作16部。全年新立项省部级课题10项，其中国家社科重大项目1项。

10月，参与建设"教育部2011计划"的"华东师范大学周边合作与安全协同创新中心"。研究院举办各类讲座14次。与《解放日报》国际部和上海国际关系学会合办的"复旦—解放国际论坛"，全年出版3期。与圣路易斯华盛顿大学合作举办的第五届"无核武器世界"讲习班于5月和8月分别在复旦大学和美国圣路易斯华盛顿大学举行。（沈丁立）

【美国研究中心概况】 2012年，中心研究人员出版和编辑学术著作5部，在SSCI刊物发表学术论文4篇，在中文CSSCI核心刊物发表学术论文18篇，在其他英文学术刊物上发表论文9篇、一般中文学术刊物发表论文8篇。

2012年，中心教授吴心伯作为首席专家投标的课题"美国的亚太布局与我国的亚太方略研究"，被确立为2012年度国家社会科学基金重大项目。其他的省部级项目有：刘永涛的"当代美国府会关系：总统单边政策工具研究"被正式批准为2012年度教育部人文社会科学重点研究基地重大项目，蔡翠红的"21世纪中美关系中的网络政治研究"获2012年度国家社会科学基金一般项目，信强、宋国友的"'近海防御'VS'确保进入'：中美海权博弈及其影响"、"中国与邻国关系中的经济战略应用研究"项目获得上海市人力资源和社会保障局的经费资助。

2012年，中心开展广泛的国内外学术交流。1月31日下午，美国企业研究所所长阿瑟·布鲁克斯(Arthur Brooks)率领代表团到中心访问，与中心青年教师座谈。2月21日下午，中共中央对外联络部研究室主任黄华光一行访问中心，与部分教师围绕当前国际形势的演变及中国的对策等问题进行交流。2月24日，美国卡内基国际和平基金会欧洲研究部詹姆斯·阿克顿(James Acton)到访，就地区性核扩散问题与中心教师进行交流。3月2日，美国海军研究生院迈克·哥罗斯尼(Michael Glosney)和迈克·托梅(Chris Towmey)两位研究人员到访，就中美战略安全合作进行交流。3月15日，美国国家安全委员会负责中东事务的前官员迈克·辛格(Michael Singh)到访，并作题为"伊朗：在战争与和平之间(Iran: Between War and Peace)"的报告。3月26日，应中国人民对外友好协会邀请，已故"飞虎队"成员戈兰·伯内达(Glen Beneda)的家属一行5人访问中心，宾主双方共同观看纪录片《飞虎情缘》，就中美民间交往的作用进行讨论和交流。4月25日，美国国务院政策规划司官员迈克·黑尔(Michael Hale)到访。4月26日和4月30日，美国布鲁金斯学会行政主任威廉·安索里斯(William Antholis)两度来访，交流对中美印三边关系的意见。5月15日，美国国务院负责南亚事务的前助理国务卿霍华德·谢弗(Howard Schaffer)夫妇和前外交官特雷西塔·夏菲儿(Teresita Schaffer)到访，交流对中美印关系的意见。5月16日，美国传统基金会/宾州大学研究员林蔚Author Waldron到访，交流对美国重返亚太的看法。5月24日，美国南加州大学公共外交中心主任菲利普·塞伯(Philip Seib)到访，并就"公共外交与中美关系"发表演讲。5月25日，美国马里兰大学研究美国贸易的著名学者戴斯勒(I. M. Destler)在中心就"中美经济关系的挑战"作演讲，来自国务学院的20位师生参加。6月13日，中心创始主任谢希德校长母校史密斯学院(Smith College)的校长卡罗·克里斯特(Carol Christ)一行4人到访,参观美研中心。6月28—30日,美国美利坚大学亚洲研究中心主任赵全胜领衔的"美国华人国际关系学者"代表团一行5人访问中心,并在中心举办系列讲座,就"美国的'重返亚太'战略与中美关系"和中心老师展开研讨和交流。7月2日,国务院台湾事务办公室副主任孙亚夫到复旦大学调研,并到本中心座谈。9月17日,美国前助理国务卿帮办、美国加州大学圣地亚哥分校全球冲突与合作研究所所长谢淑丽教授到访。9月21日,美国芝加哥大学政治学系教授罗伯特·佩朴(Robert Pape)一行到访,与中心合作发起中美安全联合研究与发表项目。10月17日—25日,复旦大学美国研究中心学术委员会委员、中国国际问题研究所前所长、中国前驻奥地利大使、外交部政策规划司前司长杨成绪大使到访。期间,杨大使和老师们进行座谈和讨论,主题为"如何看待当前中美关系",并向全校师生作题为"21世纪国际形势回顾和中国外交展望"的报告。10月24日,在复旦基金会执行主任汤姆·斯坎伦(Tom Scanlon)的陪同下,美国国际开发署"美国海外学校与医院项目"(ASHA)主任克琳·古德斯皮特(Kerrin Goodspeed)等访问中心,对中心近年来的工作进行了为期一天的考察。10月29日,四川大学美国研究中心教授程锡麟等一行6人到访。中心就复旦大学美国研究中心的发展历史和科研情况作详细介绍。11月12日,美国斯坦利·摩根公司的资深董事理查德·帕尔马(Richard Palmer)携家人到访,作题为"中美经济与金融合作"的演讲。他是我中心的长期捐助者,为谢希德奖学金提供捐赠。12月6—7日,美利坚大学美国总统和国会政治研究中心主任吉姆·瑟伯(Jim Thurber)访问中心,并作题为"2012年美国大选剖析"的讲座。

2月6日,上海市社联、上海市美国学会、复旦大学美国研究中心和上海市美国问题研究所在上海锦江小礼堂共同举办"纪念《上海公报》发表40周年研讨会"。3月30日,中心与英国皇家三军联合研究所在联合举办研讨会,讨论中英防扩散合作。5月30—31日,由复旦大学美国研究中心、美国太平洋论坛(CSIS-Pacific Forum)以及美国亚洲基金会(The Asia Foundation)共同举办的第12届"中美关系、地区安全与全球治理对话"在美国研究中心举行。会议议题包括:中美双边和地区安全、未来四年的两岸关系、朝鲜半岛问题、奥巴马亚太战略的理由与影响、从有效性来比较中美外援政策、比较中美处理利比亚和叙利亚危机的方式、全球化的新趋势及对中美关系与全球治理的影响。8月30日,美国蒙特雷国际关系学院、中国军控与裁军协会与中心合作,共同举行"国际会议,研讨工业界合作控制基因合成所可能造成的生化武器扩散风险"的研讨会。10月22—23日,中心与上海市美国问题研究所以及上海市反恐怖研究中心在本中心共同举办"美国反恐战略调整及其对中国的影响"研讨会。

5月14日,中心召开校庆报告会,主题为"当前的中美关系与亚太地区形势",议题包括:"对当前中美关系的思考"、"中美在亚太地区的合作与冲突"、"美国国会对华政策:一个近期观察"、"美国反恐怖政策的发展趋势及其对中美关系的影响"、"TPP、美国与中国"等。

12月1—7日,受外交部美大司的委托,中心教授吴心伯率由外交部组织的第28批专家学者代表团赴美进行调研,信强和宋国友参加调研。

6月20日,林尚立副校长来我中心调研,听取对中心发展规划的意见并做指示。 (沈丁立)

【日本研究中心概况】 2012年,中心有全职研究员6人。中心教师发表各类论文19篇,其中国内权威2篇,核心期刊13篇(含外文)。主持和承担科研项目7项,包括徐静波的"近代日本作家的中国因缘与中国意象(1915—1945年)"获得教育部人文社会科学研究一般项目。6月,郭定平撰写的《创先争优与优化基层治理》一文获得"建立创先争优长效机制征文活动"特等奖;8月,胡令远当选为"中华日本学研究协会(香港)"副会长。11月,郭定平赴英国诺丁汉大学任孔子学院院长。12月,胡令远当选为上海市国际关系学会理事。12月,胡令远当选为中国日本史学会副会长。

5月,中心与上海人民出版社签订"复旦日本研究丛书"出版框架协议。6月,中心副主任张浩川主编的《日本留学指南》出版,该书是中国第一部日本留学指南工具书,首次收录日本所有大学的留学信息资料,受到日本文部科学省的高度评价。中心资助出版《复旦日本研究丛书》专著1本:李秀石著《日本教科书问题剖析》。中心教师为国际关系与公共事务学院及全校开设本科生课程8门、硕士研究生课程2门、博士研究生课程3门。

1月11日,东京大学名誉教授、日本国际政治学会前副会长、熊本县知事蒲岛郁夫到访,作题为"地方分权时代的日本政治:一位政治学家兼政治家的视角"的讲座。2月22日,日本亚洲历史资料中心研究员大野太干到访并作演讲。3月19—23日,国际日本文化研究中心教授瀧井一博应邀到中心集中讲学,主题为"明治时代日本国家体制的形成与展开"。3月29日,台湾大学教授徐兴庆到访并举办讲座"近代中日人物与思想交流史的研究与展望"。6月16日,日本国际交流基金理事长安藤裕康一行到访,副校长林尚立接待。6月18日,日本立教大学大学院教授福田秀人到访并为学生作讲座。9月26日,早稻田大学教授依田憙家到访并开设讲座。9月27日,外交部原副部长、中国驻日原大使、复旦大学特聘研究员徐敦信应邀作题为"钓鱼岛问题与中日关系"的辅导报告。10月22日,人才资源株式会社(IMIW)会长神村昌志到访。11月17日,上海日本研究交流中心副主任郁志荣来访并开设讲座。12月8日,瑞穗证券股份有限公司经营调查部部长陶山健二主讲"中国债券市场的发展方向——借鉴日本政府和证券市场的经验"。12月17日,瑞穗证券股份有限公司经营调查部高级研究员杉浦秀德主讲"亚洲股票市场和日本企业发展战略——政府与企业的发展战略,从投资者视角观察”。

3 月 16—18 日,中心与北京大学现代日本研究中心、南开大学日本研究院联合办的第六届北京大学 · 南开大学 · 复旦大学博士生日本研究论坛在北京大学召开,主题为“20 世纪 70 年代后的中国与日本: 发展 · 经验 · 认知”。6 月 22—23 日,中心与关西大学经济政治研究所合办第三届经济研讨会,主题为“在华日企的现状与问题——于中日经济交流转换期”。8 月 30 日,中心与中华日本学会、北京大学日本研究中心、南开大学日本研究院、辽宁大学日本研究所在北京国际饭店联合举办“中日邦交正常化 40 周年纪念酒会”,中日友好及相关人士 150 余人出席。12 月 8 日,中心与上海日本研究交流中心合办“中日关系的现状与未来趋势”研讨会,国内近 50 位专家学者与会。12 月 18—19 日,中心主办、日本国际交流基金协办第 22 届国际学术讨论会,主题为“全球格局变动下的中日经济关系走向”,中国社科院日本研究所日本经济研究室主任张季风、原上海世博会日本馆馆长江原规由发表基调演讲,日本京都大学、同志社大学、东北大学以及中国社科院、南开大学、山东大学、河北大学、辽宁大学、上海社科院等中日学术研究机构近 50 位知名学者与会。

2 月 15 日,中心主任郭定平与三井物产总经理金森健在中心签订复旦 · 三井物产冠名讲座“日本社会与文化”协议。

3 月 14 日,中心向香港大学教授王向华颁发客座教授聘书,聘期 3 年。9 月 1 日,中心向亚洲人才资源公司(香港)(FIND ASIA LIMTFD)总裁余晓颁发兼职研究员聘书,聘期 2 年。

6 月 15 日,中心举办校庆学术报告会,胡令远、饭田将史、冯玮、小野寿子、张浩川分别作“1972 年体制的延长线及其限度”、“中日安全关系中的海洋问题”、“美国因素对中日关系的影响: 一种长时段考察”、“东亚经济一体化中的日元与人民币”、“中日经济合作的现状与展望”等报告。

10 月 30 日,中心举行日本国誉株式会社 2012 校园宣讲会。

举办冠名讲座系列,包括三井物产(上海)贸易有限公司“日本的社会与文化——纪念中日邦交恢复四十周年”、瑞穗证券股份有限公司“日本的资本市场与上海”等。 (胡令远)

【欧洲问题研究中心概况】 2012 年,欧洲问题研究中心在国内外专业期刊发表 20 余篇论文,译著 1 篇,研究报告 1 篇,编著教材 1 本。中心教授丁纯有 6 篇论文被《当代世界与社会主义》、《欧洲研究》等核心期刊刊登转载;罗长远有 1 篇论文被《欧洲研究》刊登,2 篇论文被《金融研究》、《中国社会科学》等权威期刊刊登转载。中心获批和开展多个科研项目,包括上海汽车工业教育基金会,《整车公路运输趋势研究及发展建议》;欧盟让 · 莫内项目“全球化背景下欧洲经济一体化和社会事务(European Economic Integration and Social Affairs in the Era of Globalization)”;国家社科基金项目“国际金融危机冲击下欧洲发展模式前景研究”;复旦大学“985 工程”三期整体推进社会科学研究“后危机时代欧盟政治、经济、社会格局的调整及我国的应对”;中国人民大学欧洲问题研究中心教育部人文社科重点基地课题“经济全球化和欧盟东扩背景下的欧盟市场一体化研究: 规制、进展、问题、前景与借鉴”;国家社科基金项目“深入贯彻落实科学发展观加快经济发展方式转变研究”。

中心学者多次参加国内外会议,主要有: 5 月,丁纯、戴炳然参加四川大学和人民大学欧洲研究中心举办的中欧学者跨学科研讨会;5 月,丁纯赴瑞典隆德大学参加瑞典欧洲经济和商业学会第 14 届欧洲一体化年会;6 月,丁纯赴新加坡参加由亚太欧洲联盟研究协会(EUSA, Asia Pacific European Union Studies Association)和新加坡欧洲中心(EU centre in Singapore)以及欧盟终身教育项目举办的“欧盟所不知道的亚洲: 新地平线和新开端”学术研讨会;6 月,丁纯作为世界经济论坛全球议程—欧洲专家委员会(Global Agenda Council on Europe)委员参加由世界经济论坛和土耳其政府举办的“世界经济论坛中东、北美和欧亚会议”(World Economic Forum on the Middle East, North Africa and Eurasia);7 月,戴炳然、丁纯、胡荣花、陈志敏赴武汉大学参加中国欧洲学会欧盟研究会 2012 年会;10 月,丁纯作为哥德堡大学欧洲研究中心(CERGU)咨询委员会成员参加哥德堡欧洲研究中心会议;10 月,丁纯赴北京参加“海峡两岸欧洲研究学术研讨会”;10 月 19 日,丁纯参加“中欧经济贸易和教育领域的合作圆桌会谈—中欧中法经贸与教育合作”研讨会;10 月 23 日,丁纯参加复旦—隆德学术研讨会;10 月,丁纯参加由同济大学政治与国际关系学院和上海市国际关系学会主办的“全球共同治理与国际公共产品创新”学术研讨会;11 月 3 日,丁纯参加由西安交通大学丝绸之路欧洲研究联合中心、西北大学欧洲研究中心、DAAD 德意志学术交流中心主办的 2012 年“欧洲问题与跨文化研究”研讨会;11 月,丁纯作为全球议程理事会成员参加 2012 年在迪拜举办的世界经济论坛全球议程理事会;11 月,丁纯参加“回顾与展望: 纪念中德建交 40 周年”的学术研讨会及中国欧洲学会德国研究分会第十四届年会。

中心全年举办 10 余次国际会议及学术演讲,主要有: 3 月,鹿特丹伊拉斯姆斯大学经济学高级讲师尼古拉斯博士做题为“当下全球经济危机的真正动因和持续的全球经济问题”的演讲。3 月,中国前驻德大使、我校特聘教授、中国外交学会前会长梅兆荣做客由欧洲问题研究中心和国际问题研究院共同举办的复旦大学“大使论坛”,并作题为“当前国际形势的特点”的演讲;4 月,法国里尔政治学院教授帕特里克 · 马德拉(Patrick Mardellat)作题为“欧元区的新金融架构和欧洲央行角色的再思考”的演讲;4 月,复旦—格罗宁根荷兰研究中心主办“金融危机下的中国、荷兰及欧盟”研讨会;5 月,复旦大学荷兰研究中心主办,复旦大学外事处和荷兰驻沪总领事馆协办“荷兰电影日”活动;10 月,欧盟委员会主管经济与金融事务的经济与金融总司司长马可·布提先生做题为"欧元：挑战与前景(The Euro：Current Challenges and the Road Ahead)"的演讲；10月，欧洲学院教授雅克·佩克曼斯(Jacques Pelkmans)来访，并举办"新的经济货币联盟及欧元区的稳定(A new EMU, stabilizing the euro zone)"研讨会；10月，比利时鲁汶大学校长马克·瓦尔(Mark Waer)到访，并作题为"国际环境与学术环境中的欧盟：希望还是幻灭(The European Union in the International and Academic environment：Great Expectations or Lost Illusions)"的演讲。

中心学者荣获多项荣誉。丁纯获得欧盟委员会颁发的"让·莫内讲席教授"荣誉称号(Jean Monnet Chair Professor)；戴炳然当选为中国欧洲学会欧盟研究会会长，丁纯当选为中国欧洲学会欧盟研究会副会长兼秘书长，胡荣花当选为中国欧洲学会欧盟研究会副秘书长，陈志敏当选为中国欧洲学会欧盟研究会研究会理事。

（丁　纯）

【欧洲问题研究中心政治部概况】 2012年，政治部共有专职研究人员2名，全年发表中文著作1部，核心论文2篇，报刊和网络评论文章30篇。担任本科和研究生课程各1门。接待多位来自欧洲的学者来访，包括丹麦奥尔堡大学(Aalborg University)政治学系福利比较研究中心(Centre for Comparative Welfare Studies)教授克里斯汀·拉森(Christian Albrekt Larsen)等。11月29—12月1日，政治部与复旦大学北欧中心共同举办题为"作为一个政治与经济环境的欧盟(The European Union as a Political and Economic Environment)"国际学术会，上海及欧洲部分相关学者与会。刘丽荣副教授获得国家留学基金委资助，8月赴德国慕尼黑大学政治系和哲学系做访问研究。简军波博士5月结束在英国伦敦经济与政治学院的访问回国。（陈志敏）

【俄罗斯中亚研究中心/上海合作组织研究中心概况】 2012年，中心在职人员4人，其中研究员1人，副研究员1人。兼职研究人员7人。中心人员在国内外学术报纸杂志上发表学术论文及文章多篇，其中6篇发表于文科核心期刊。中心成员参加三十余次国际和国内学术研讨会，十余批国内外学者来中心进行学术交流。

1月11日，中心与乌兹别克斯坦举行小型讨论会，乌兹别克斯坦总领事阿戈扎姆赫德热耶夫(Agzamkhodjaev)等参加。双方就乌兹别克斯坦、中乌关系及中亚等问题交流看法。双方约定今后继续保持交流合作关系。

2月7日，中心与乌兹别克斯坦政治研究中心举行仪式，续签复旦大学俄罗斯中亚研究中心和乌兹别克斯坦政治研究中心合作备忘录。乌兹别克斯坦政治研究中心主任古丽娜拉·卡里莫娃、副主任鲁斯丹·马赫姆多夫、乌兹别克斯坦驻华大使馆文化随员阿格扎莫夫·阿利舍尔等参加。双方还进行了座谈，交流了关于中乌关系、上海合作组织等问题的看法，并就今后的具体合作进行了商讨。古丽娜拉·卡里莫娃曾任乌兹别克斯坦外交部副部长，是现任乌兹别克斯坦总统之女。（赵华胜）

【韩国研究中心(朝鲜韩国研究中心)概况】 2012年，中心有在职教职工7人，兼职研究人员60余人。中心成员指导博士后2人、博士研究生12人，硕士研究生7人。承担各类科研项目25项，其中上海市哲学社会科学重大课题1项、国家重大招标项目子课题1项、教育部哲学社会科学重大课题攻关项目子课题1项、教育部人文社会科学规划课题2项、浦江人才计划项目2项。出版各类著作13部，其中石源华主著《韩国独立运动与中国关系编年史》获上海市第12届哲学社会科学优秀著作二等奖。发表论文30篇，国际评论39篇，其中SSCI2篇、核心期刊5篇、外文发表6篇。中心人员接受香港凤凰卫视、东方卫视、新华社等海内外媒体采访157次。全年举办国内外学术会议12次，重要的有中国朝鲜史学会年会、中韩建交二十周年纪念国际研讨会等。中心成员参加国内外重要会议65次，赴国内外讲学报告29次，出国访问14次。4位硕士、博士研究生获得韩国国际交流财团韩国学专业奖学金等。

5月19—20日，中心与复旦大学研究生院以及国际问题研究院合办第八届中国韩国学博士生论坛，来自北京大学、中国社会科学院、中央民族大学、外交学院、上海外国语大学、延边大学、复旦大学等十余所高校的33名从事韩国学研究的博士生参加，提交论文33篇。

7月9—10日，由中国朝鲜史学会主办、复旦大学韩国研究中心承办"中国朝鲜史学会2012年会暨第九届委员大会"，来自全国各地的80余名代表参会，提交论文70余篇，对中国朝鲜史学研究进行一次全面的检阅。大会并选举产生中国朝鲜史学会新一届的理事会。

8月24日，中心与韩国驻上海总领事馆合办"中韩建交二十年——发展与展望"研讨会，来自韩国和中国国内的顶级专家学者20余人围绕中韩建交二十年来的发展与前景进行深入的探讨。（蔡　建）

【巴基斯坦研究中心概况】 2012年，巴基斯坦研究中心有专职研究人员2人、兼职研究人员6人、指导硕士研究生4人。中心聘请中国前驻巴基斯坦大使张春祥为高级顾问，邀请巴基斯坦战略研究所中国中心主任、资深中国问题专家法扎尔·拉赫曼(Fazal Rahman)担任驻所研究员。

1月5日，中心举办"美国、巴基斯坦、阿富汗：不稳定的三角"小型讨论会，霍普金斯大学高级国际问题研究院南亚项目主任Walter Andersen(沃尔特·安德森)发表专题演讲；2月17日，杜幼康向政府有关部门提交研究报告"美国扬言'弃巴拥印'的原因及美巴关系发展走向"；4月17日，举办"中巴关系的未来"学术研讨会，印度尼赫鲁大学教授安布里什·达卡(Ambrish Dhaka)发表专题演讲，印度驻上海领事潘胜等外宾参会；4月27日，驻所研究员法扎尔·拉赫曼(Fazal Rahman)做题为"中巴关系：挑战与机遇"演讲；6月4日，杜幼康参加巴基斯坦的伊斯兰极端主义与恐怖主义(Islamist Extremism and Terrorism in Pakistan)讨论会；6月11日，举办"巴阿形势及其对中国的影响"座谈会，中心兼职研究员、《光明日报》驻南亚首席记者周戎发表专题演讲;6月6日—7日,杜幼康参加第三届“中国—南亚的恐怖主义与地区安全”学术研讨会;6月30日,杜幼康参加由世界观察院主办的“巴基斯坦和阿富汗关系(Pakistan and Afghanistan Relations)”国际研讨会;7月10日,杜幼康向外交部提交研究报告“中美阿巴事务磋商前美方有关最新动向及我对策建议”;7月30日,杜幼康应巴基斯坦参议员、巴中协会主席穆沙希德·侯赛因(Mushahid Hussain)邀请,为其主编的《巴中关系》一书写成其中一章:“China-Pakistan Strategic Partnership: Strategic Assessment and Development Prospects(中巴战略伙伴:战略评估与发展前景)”,此书将由牛津大学出版社出版;10月12日至14日,主办2012年中国南亚学会年会,与会代表约110人,来自国内高等院校、科研机构、政府和军队有关部门,巴基斯坦驻华临时代办出席年会宴会并发表演讲,印度、巴基斯坦驻上海总领事等官员参加;10月22—23日,杜幼康参加“美国反恐战略的调整及其对中国的影响”座谈会;11月1日,中心与巴基斯坦中国研究中心(CIIT)主任坦维尔·杰弗里(Tanvir A. Jafri)签署“合作伙伴协议”;11月10日至14日,章节根博士赴维也纳参加“战略稳定评估项目”的第六次研讨会;12月2日—5日,杜幼康赴台湾参加第八届“恐怖主义与国家安全”学术研讨会,发表“美国反恐战略的调整及其对南亚地区的影响”论文;12月,杜幼康主编《国家间关系的典范——中巴建交后两国关系的回顾与展望》一书由时事出版社出版。 (杜幼康)

【中国外交研究中心概况】 2012年,中心有专职人员2人,兼职研究人员4人。2月,中心主任任晓结束驻日本使馆政治处的工作返校;8月,伍福佐赴英国牛津大学从事博士后研究。外交部亚洲司参赞李碧建到复旦担任中心组织的外交官驻所项目高级研究员。任晓受聘担任教育部培育的华东师范大学、北京大学和复旦大学三校合作“周边合作与发展协同创新中心”研究员;受聘担任新创刊的国际学术期刊《全球治理与政策杂志》(*Journal of Global Governance and Policy*)编委,伍福佐任编辑。任晓与美国乔治·华盛顿大学教授戴维·香博(沈大伟)合作发表“中国:左右为难的崛起大国(China: The Conflicted Rising Power)”(见牛津大学出版社出版的《崛起大国的世界观》(*Worldviews of Aspiring Powers*)一书)。伍福佐在SSCI刊物*Journal of Contemporary China*上发表“中印气候问题合作:对国际气候变化机制的意义(Sino-Indian Climate Cooperation: implications for the international climate change regime)”。5月,任晓在牛津大学发表题为“中国、G20与全球治理”的演讲,讲演稿刊登于6月18日出版的《文汇报》“文汇学人”。

参加国内外研讨会多次。9月,任晓赴南宁参加“中国—东盟自贸区论坛”,国家副主席习近平(时任)出席开幕式并讲话。11月,参加联合国文明联盟亚洲和南太平洋地区会议。12月,任晓参加联合国开发计划署(UNDP)和中国国际经济交流中心(CCIEE)合办“全球治理:前进还是后退?”国际研讨会并发言。伍福佐参加由普林斯顿大学伍德罗·威尔逊公共与国际事务学院主办的牛津—普林斯顿全球领导项目年会。 (任 晓)

【联合国与国际组织研究中心概况】 2012年,中心有专职研究人员2人,指导博士后研究人员3人,博士研究生6人,硕士研究生3人,接待访问学者1人。中心成员发表权威刊物论文1篇、CSSCI论文2篇。祁怀高的“联合国千年发展目标与中国发展理念的互动”一文获上海市国际关系学会主办的第十二届青年国际问题学者论坛优秀论文奖。中心继续承担教育部《联合国发展报告》研究项目,祁怀高主持复旦大学“985工程”项目“中国崛起背景下边疆发展与周边外交的统筹研究”。中心主任陈健出版《外交,让世界走向和谐》;张贵洪出版主编《亚洲多边主义》和《联合国研究》(第一辑);祁怀高出版译著《全球公民:相互依赖世界中的责任与权利》。中心选派3位研究生先后赴日内瓦联合国训练研究所实习。

4—5月,陈健参加在复旦大学、上海交通大学、上海国际问题研究院举行的学术会议;参加由中共中央对外联络部当代世界研究中心和中共上海市委宣传部联合主办,东方讲坛办公室和上海市美国问题研究所共同承办的东方讲坛;参加《解放日报》报业集团第53届文化讲坛·复旦大学校友论坛特别活动——“世界视野与中国智慧”。

7月8日—16日,中心承办“2012国际公务员能力建设培训班”,由中国联合国协会和人力资源与社会保障部国际合作司共同主办,来自国内外41所高校和研究机构的100多名学员参加培训。10月12日,中心召开教育重大课题攻关项目“冷战后中印关系研究”总结报告会。10月20日,中心承办上海市社会科学界第十届(2012)学术年会主题专场“中国崛起背景下边疆发展与周边外交的统筹”。10月26日,中心承办上海国际关系学会主办的“联合国与全球治理”研讨会。11月29—30日,中心参与承办由联合国文明联盟和中国联合国协会共同主办的联合国文明联盟亚洲南太平洋地区磋商会议,来自20多个国家的近150名代表与会。12月18日,张贵洪赴北京参加中国联合国协会第五届全体会员大会暨理事换届大会举行,被推选为常务理事,祁怀高为会员。中心人员先后赴日本、韩国、印度参加学术会议和交流活动。 (张贵洪)

【南亚研究中心概况】 2012年,中心有专职研究人员2人,兼职研究人员5人。指导硕士研究生4人。中心聘请前驻印度大使程瑞声为高级顾问,聘请《光明日报》驻南亚首席记者周戎为特约研究员。中心协助校外事处承办中印合作“印度讲席项目”,邀请尼赫鲁大学教授安布里什·达卡(Ambrish Dhaka)开设“南亚地缘政治经济学”课程。

举办国内外学术会议。3月23日,中心举办“金砖国家与中印合作”讨论会,印度议会财政常务委员会主席、前外交部长和财政部长Yashwant

Sinha(亚施旺特·辛哈)发表主旨演讲。6月8日,举办"中印关系现状及当前国际形势"座谈会,中国驻印度大使张炎发表专题演讲。10月12日,举办"当前中印关系及其未来走向"报告会,中国社科院亚太研究所王宏纬教授主讲。10月12—14日,主办2012年中国南亚学会年会,与会代表约110人,来自国内高等院校、科研机构、政府和军队有关部门。巴基斯坦驻华临时代办出席年会宴会并发表演讲,印度、巴基斯坦驻上海总领事等官员参加。

接待国外来访学者。5月15日,前美国驻南亚国家大使夫妇特里西塔·夏菲尔(Teresita C. Schaffer)和霍华德·夏菲尔(Howard B. Schaffer)到访。7月9日,美国著名南亚学者巴内特·鲁宾(Barnett Rubin)到访。9月4日,印度陆战研究中心高级研究员莫妮卡·钱索利亚(Monika Chansoria)到访。12月22日,霍普金斯大学高级国际问题研究院南亚项目主任沃尔特·安德森(Walter Andersen)到访。

中心成员参加国内外学术会议。2月23日,杜幼康为中国青年500人访印代表团作"当前印度内外形势与中印关系"的报告。3月19日,杜幼康在 *China Daily*(《中国日报》)发表"'金砖国家'新德里峰会:加强协调深化合作(Cooperation Cements BRICS)"一文。3月26日、27日,杜幼康应约先后提交"关于发展和处理我国和其他金砖国家关系的几点建议"和"对金砖国家在未来国际关系格局中作用的看法"的研究报告。3月29日,中心成员参加《解放日报》与上海市国际关系学会联合召开的专家座谈会,讨论金砖国家峰会及未来合作等问题。6月6—7日,杜幼康参加第三届"中—南亚的恐怖主义与地区安全"学术研讨会。7月4—7月9日,章节根赴海参崴参加俄罗斯国立海洋大学举办的"海上边界争端"研讨会及和平之船(Peace Boat)年会。11月28—30日,章节根赴昆明参加"第二届中国与印度洋地区共同发展"国际研讨会。12月2—4日,章节根参加复旦大学国务学院举办的"中国与G20:中国对全球经济治理的贡献"国际研讨会,并就"G20进程中的中印关系"作专题发言。12月2—5日,杜幼康参加在台湾举行的第8届"恐怖主义与国家安全"学术研讨会,并发表"美国反恐战略的调整及其对南亚地区的影响"演讲。 (杜幼康)

先进材料实验室

【概况】 2012年,先进材料实验室(科技创新平台)有教职工61人,其中双聘研究人员33人,专职研究人员10人,党政管理人员5人,实验技术人员13人。研究人员中有院士6人,教育部"长江学者奖励计划"特聘教授11人,复旦特聘教授3人,国家杰出青年科学基金获得者22人,国家自然科学基金委优秀创新团队3个,教育部创新团队3个,国家"973计划"项目首席科学家4人,科技部"863计划"项目创新团队1个,入选"新世纪百千万人才工程"2人,国家自然科学基金委重大项目首席科学家2人,上海高校特聘教授(东方学者)4人,上海市优秀学科带头人11人。

全年招收研究生35人,其中硕士研究生19人,博士研究生16人。毕业硕士研究生10人,博士研究生13人。实验室在册研究生共有104人,其中博士研究生54人,硕士研究生50人。平台PI所属研究生共有162人,其中博士研究生101人,硕士研究生61人。在站博士后14人,出站博士后7人。

彭慧胜获得2012年"国家杰出青年科学基金"资助,并入选"中组部青年拔尖人才"资助。车仁超入选2011年度"教育部新世纪人才计划",获得2012年"上海市浦江人才计划"资助。

全年承担研究项目38项,其中包括国家重点基础研究发展计划("973计划")项目6项,国家自然科学基金重大、重点项目5项,国家自然科学基金面上项目、青年基金24项,上海市项目7项。各类课题经费到款1 978万元。平台双聘、全聘科研人员在SCI收录期刊杂志上共发表118篇标注"先进材料实验室"的论文,多篇刊登在国际顶尖杂志,如《自然—物理》(*Nature Physics*)1篇、《今日纳米》(*Nano Today*)1篇、《纳米快报》(*Nano Letters*)5篇,《美国化学会志》(*Journal of American Chemistry Society*)5篇、《德国应用化学》(*Angewandte Chemie International Edition*)8篇、《先进材料》(*Advanced Materials*)8篇、《先进功能材料》(*Advanced Functional Materials*)1篇、和《小》(Small)2篇;全年授权专利9项,新申请专利18项。

2012年度,两个校企联合研究中心在先进材料实验室挂牌成立,分别是"复旦大学—陶氏化学联合材料研究中心","复旦—上海电气储能电池与关键材料联合实验室"。

实验室公共技术平台大力调整仪器布局,整合资源,优化配置。在仪器室面积不增加的情况下,合理安置新仪器,调整原有仪器,提高仪器室使用效率。制订并实施《先进材料实验室仪器设备采购实施细则》,规范公共技术平台仪器购置流程。顺利完成"985三期"仪器购置计划。2012年度到位和完成购置的仪器有:普通型透射电镜、流式细胞仪、红外光谱仪、多光子激光显微测试系统、X光光电子能谱分析仪、低温磁性测量系统、纳米电学测试系统、等离子清洗机。

实验室全年承担外事访问、学术报告、来访专家、交流学生约50人次。主办学术会议4次,9月19日,举办中美科研教学国际伙伴合作研讨会(US — CHINA PARTNERSHIP IN INTERNATIONAL RESEARCH & EDUCATION);9月21日举办,第三届联合利华—英国皇家化学会功能化材料科学国际研讨会(3rd lever — RSC International Symposium on Functional Materials Science);10月29日,举办复旦—伯克利联合材料研讨会(Fudan-UC Berkeley Workshop on Materials Beyond);9月28—30日,举办第二届中新储能研讨会(The 2nd IMRE - LAM Bilateral Workshop on Advanced Materials)。

（姜良斌　孙秋红　郭　程　万　异　白　敏）

【1项研究成果在国际权威化学期刊发表】 7月4日，《美国化学会志》(*Journal of the American Chemical Society*)发表王忠胜课题组论文"In Situ Growth of $Co_{0.85}Se$ and $Ni_{0.85}Se$ on Conductive Substrates as High-Performance Counter Electrodes for Dye-Sensitized Solar Cells"。该成果独立研发出一种极为简单、高效的对电极制备方法，成功将金属硒化物作为高效对电极应用于染料敏化太阳能电池，并获得高达9.4%的能量转化效率，是已报道的基于碘电对的染料敏化太阳电池中、采用非铂对电极所获得的最高效率。　（宫　峰）

【承办第三届联合利华—英国皇家化学会功能化材料科学国际研讨会】 9月21日，第三届联合利华—英国皇家化学会功能化材料科学国际研讨会(3rd lever-RSC International Symposium on Functional Materials Science)在复旦大学新闻培训中心召开。由联合利华和英国皇家化学会主办，先进材料实验室牵头承办。研讨会设7个大会报告，共展示18张墙报。有来自上海各大高校和研究机构约250名学者、教师和学生参加，分享功能化材料国际领域的最新进展，以及就高校科研与企业研发，基础研究与产业应用转化的相关问题进行讨论。　（郭　程）

【主办复旦大学—美国加州大学(伯克利分校)联合材料研讨会】 10月29日，复旦—伯克利联合材料研讨会(Fudan-UC Berkeley Workshop on Materials Beyond)在复旦大学江湾校区召开。由先进材料实验室主办。会议共有12个报告，来自美国加州大学伯克利分校的7位教授及来自复旦大学的5位教授与150名学生分享该领域的最新科研成果和学术进展。

（郭　程）

二、上海医学院

综　述

【概况】 2012年，学校党委贯彻落实《国家中长期教育改革和发展规划纲要(2010—2020年)》，针对“深入基层大走访大调研”活动中的突出问题，进一步深化复旦特色的医学教育管理体制改革。7月11日，校党政联合发文《关于部分机构调整合并的通知》(复委〔2012〕17号)，对医学相关机构设置进行调整：新的上海医学院作为学校党政的派出机构，代表学校统筹大医口的发展；新的上海医学院下设五个管理办公室，作为学校相关职能部门的延伸，根据学校授权，独立地行使医学相关管理职能，其中，医学综合事务办公室更名为上海医学院办公室，医学学科建设办公室更名为医学发展规划办公室。原上海医学院更名为基础医学院。

上海医学院院长由分管医科的副校长桂永浩兼任，设副院长若干名，协助院长工作。下设医学发展规划办公室、医学科研管理办公室、医学教育管理办公室、医学学位与研究生教育管理办公室以及上海医学院办公室等管理部门。上海医学院主要负责统筹管理医学相关学院、研究院(所)、平台基地及各附属医院。对附属医院的管理内容主要是教学、科研、学科建设等学术事务。在大医口的人才培养、科学研究、学科建设、发展规划、资源配置、对外交流等方面，行使相对独立的管理权限。基础医学院、临床医学院(待建)、公共卫生学院、药学院、护理学院、生物医学研究院、脑科学研究院、放射医学研究所、实验动物部是上海医学院统筹领导下的平行单位。医学相关学院和单位保留学校二级学院和机构的功能及权限。

根据学校《关于深化医学教育管理体制改革的若干意见》(复委〔2012〕24号)的精神，上海医学院重新梳理并明确内部的治理结构、机构设置及相应职能，加强医科内部的统筹协调尤其是基础与临床的紧密结合，促进医学学科与其他学科的交叉、融合。

发展规划和学科建设方面，正式启动复旦大学医学中长期发展规划(2012—2020)编制工作，组建“复旦大学医学发展规划制定与实施专家委员会”，形成医学中长期发展规划的基本框架。3月和6月，分别组织进行“211工程”三期医科重点学科和新增长点建设项目校内验收会，以学校学术委员会主任闻玉梅院士为组长，以医学学术委员会委员为主体的专家组对医科12个建设项目和新增长点项目进行逐一评审，并全部通过验收。

继续推进“985工程”三期医科学术发展建设项目。3月，组织召开“985工程”三期学术发展规划实施工作委员会医学组第五次会议，增列医学重点实验室建设专项，原则通过《“985工程”三期医学学科建设大型仪器设备统筹购置与管理办法》；9—11月，走访调研医科26个学术发展建设项目(含子项目)进展情况，完成《“985工程”三期医科建设项目调研报告》。组织完成国家中医药管理局“十二五”中医药重点学科建设点增设申报工作，中山医院的中西医结合临床、华山医院的中医老年病学、公共卫生临床中心的中医传染病学(培育)入选建设计划。

科学研究和科技成果转化方面，2012年，上海医学院共获得国家自然科学基金项目资助325项(占全校58.4%)，立项总经费1.82亿(占全校50.0%)。其中，获国家杰出青年科学基金项目2项，优秀青年科学基金2项，重点项目3项，重大国际(地区)合作研究项目2项。获教育部优秀创新团队项目1项(附属肿瘤医院邵志敏教授团队)、新世纪优秀人才支持计划项目6项。获上海市科委基础研究重大项目1项，重点项目18项。新建上海市视觉损伤与重建重点实验室和上海市乳腺肿瘤重点实验室(分别依托附属眼耳鼻喉科医院和附属肿瘤医院建设)。获2012年度上海药学科技成果二等奖2项。组建并正式成立“2011计划”协同创新中心2个，分别是“脑功能重塑协同创新中心”(复旦大学牵头，联合中科院药物所以及上海交通大学协同共建)、“肝炎与肝癌防治协同创新中心”(第二军医大学与复旦大学联合牵头)。成立“病原微生物感染研究协同创新联合中心”及“代谢性疾病协同创新中心”。

作为核心成员单位，积极参与“上海枫林生命科学联盟”筹建工作，提升学校医学转化水平和创新辐射能力。成立“复旦大学胰腺癌研究所”、“复旦大学病理学研究所”、“复旦大学—阿尔伯塔大学持续性感染研究中心”和“复旦大学全球健康研究所”等校级研究机构。组织完成“复旦大学护理科研基金”申报论证和项目资助启动工作，及医院优势学科建设项目论证和立项工作。

教育教学方面，本科生课程建设中，荣获2012年度上海高校市级精品课程2门；2012年度复旦大学校级精品课程3门；2012年度上海市高校示范性全英语教学课程建设项目1门，入选国家“十二五”规划教材17本(第一作者16本、第二作者1本)。10位教授被聘为全国高等学校第八轮五年制本科临床医学专业规划教材主编，4位教授被聘为副主编，5位资深教授被聘为教材主审。获教育部、卫生部"卓越医生教育培养计划试点项目"2项，分别是"拔尖创新医学人才培养模式改革"和"五年制临床医学人才培养模式改革"。获得"全国高等教育学会药学教育研究会2012年药学教育改革研究课题"重点课题1项、一般课题1项；获得上海市高等教育学会研究成果二等奖1项、上海市浦江人才项目1项；获得2012年复旦大学本科教学研究课题立项项目24项。获得国家自然科学基金委基础人才培养基金资助400万；获得教育部校外实践教学基地资助200万；获得上海市医学院校教师发展联盟医学教师发展中心资助80万。

组织对外研究生招生宣传和优秀大学生夏令营，争取优质研究生资源。临床医学硕士专业学位研究生(住院医师)的招录完成率达到90%，居上海市各招生单位前列。依托"985工程"三期人才培养资助计划，设立医学研究生"明道计划"科研训练项目，首批资助项目29项，资助金额3万元。开设英文课程2门(《科研论文写作方法》、《神经精神疾病Ⅰ》)。招收全国首批工程博士并向完成校外兼职导师聘任工作。完成4个医学分委会(基础医学、临床医学、公共卫生和药学)和学校学位评定委员会医学部的改选工作。

对外交流方面，全年接待国外医学院校、研究机构及行业协会到访近20批次。包括哈佛大学医学院、哥伦比亚大学医学院、美国AAHC(Association of Academic Health Centers)、荷兰伊拉斯姆斯大学医学中心、澳大利亚墨尔本大学医学牙科卫生学院、新加坡李光前(Lee kong Chian)医学院、马来西亚医药理事会等。拓展战略合作伙伴关系，举行中国医学科学院/北京协和医学院、复旦大学上海医学院、上海交通大学医学院—哈佛医学院转化医学联合中心合作签约仪式，探索建立中美两国高端转化医学人才的教育培训新模式。

院董和捐赠工作方面，积极推进院董会成立的各项筹备工作，起草、修订院董会章程，推荐、酝酿、拜访院董候选人，完善组织机构等；积极推进颜福庆医学教育发展基金理事会改选工作，修订《颜福庆医学教育发展基金章程》，推荐理事会成员候选人，完善组织机构等。协调并完成由闻玉梅院士捐资发起成立的"一健康"基金的前期筹备工作。

(丁焕平　刘金也)

【承办"第三届全国高等医学院校大学生临床技能竞赛"华东分区赛】 该赛事于4月14—15日在枫林校区体育馆举行，由教育部高等教育司主办，上海医学院承办。卫生部科技教育司副司长金生国、教育部高等医学院校大学生临床技能大赛总裁判长迟宝荣、上海市教委副主任印杰、复旦大学副校长兼上海医学院院长桂永浩，以及教育部临床技能中心、上海市卫生局的领导出席开幕式。华东赛区是该届大赛中规模最大、参与学校和人数最多的分赛区，共有来自华东地区34所医学院校的37支代表队参加。竞赛秉承"公开、公平、公正，展风采、奉学道、精医术"的宗旨，共开展近30个比赛项目，涉及内、外、妇、儿、护理、急救等学科，综合考察学生医德医风、理论知识、临床操作、医学人文等方面的素质，最终遴选出12支队伍代表华东赛区参加5月在北京举行的总决赛。 (刘金也)

【举行"复旦大学上海医学院与上海市疾病预防控制中心在公共卫生领域合作共建"协议签署仪式】 5月31日，上海医学院与上海市疾病预防控制中心签署新一轮合作共建协议。上海市委副书记殷一璀，教育部党组副书记、副部长杜玉波，上海市委副秘书长姚海同，上海市人民政府副秘书长翁铁慧，校党委书记朱之文、校长杨玉良，以及上海市卫生局、教委、科委的有关领导出席签约仪式。上海市卫生局局长徐建光主持仪式，副校长桂永浩、上海市疾病预防控制中心主任吴凡代表双方签署协议书。双方将探索高校与政府公共卫生管理服务机构在科学研究、人才培养和社会服务等领域协同创新的新模式。

(刘金也)

【举行复旦大学上海医学院创建85周年庆祝大会】 该庆祝大会于11月18日在明道楼举行。全国人大常委会副委员长韩启德和桑国卫分别发来题辞和贺信。卫生部、中华医学会、上海市卫生局以及26家兄弟院校、友好合作单位发来贺信。校长杨玉良，学校部分老领导、两院院士、杰出校友等应邀出席大会。来自国内56所兄弟院校、友好合作单位的代表，以及上医各地校友会的校友代表和在校师生代表，共计500余人到会。复旦大学副校长、上海医学院院长桂永浩主持大会并宣读贺信、题辞，校长杨玉良做大会发言。北京大学常务副校长、医学部常务副主任柯杨代表兄弟院校致辞，闻玉梅院士、临床医学八年制07级学生吕海辰作为在校师生代表分别发言，上医纽约校友会会长、美国华人医师会副会长、1982届毕业生郭钢代表海外校友表示祝贺。闻玉梅院士等师生同台朗诵由上医美东校友会名誉会长陈松年所做的诗词——《今天是你的生日——上医母亲》，《正谊明道——上医院士如是说》新书首发仪式在庆祝大会上举行。庆祝大会在全体与会代表共唱《上海医学院院歌》声中闭幕。 (刘金也)

基础医学院

【概况】 2012年，基础医学院设有本科生专业3个，博士后流动站3个，一级学科博士点6个，二级学科博士点16个，硕士点16个。国家一级重点学科3门，国家二级重点学科7门，上海市重点学科1个。下设11个系和8个研究中心、研究室；1个国家重点实验室；2个教育部重点实验室；2个卫生部重点实验室及1个上海市重点实验室。

学院教师中具有正高级职称56人、副高级职称65人、中级讲师107人；35岁以下青年教师47名，其中具有博士学位的37人；硕士生导师36人、博士生导师67人。学院实验技术人员72人，行政人员11人。研究人员中，有中国工程院院士 1 人，国家“千人计划”1 名，教育部“长江学者奖励计划”特聘教授 5 人、讲座教授 1 人，国家杰出青年科学基金获得者 8 人，国家青年千人计划 1 名，上海市“千人计划”2 名，教育部新世纪人才 6 名；复旦大学特聘教授 9 人、讲座教授 3 人。

2012 年招收本科生 447 人，其中医学实验班 309 人，临床医学八年制 106 人，临床医学专业（英语授课）六年制留学生（MBBS）32 人；招收硕士研究生 71 人，博士研究生 78 人。在读本科生 894 人，硕士研究生人 222 人，博士研究生 303 人。开设本科生必修课程 237 门次、选修课程 34 门次，开设研究生课程 103 门次。入选 2012 年度上海市精品课程 1 门（《走进医学：历史与传承（汪青）》）；2012 年度校级精品课程 1 门（《免疫学（MBBS）》（储以微））；2012 年上海高校示范性全英语教学课程建设项目 1 项（《医学微生物学》（瞿涤））；《医学遗传学》成功申报国家级精品资源共享；汤其群教授、刘秀萍教授和韩秀引老师获 2012 年度“上海市育才奖”。“复旦大学基础医学基地科研训练及科研能力提高项目”（鲁映青）入选 2012 年国家自然科学基金国家基础科学人才培养基金项目；“医学生医德教育吸引力、针对性和时效性方法、途径研究”（鲁映青）获评上海市高等教育学会研究成果二等奖；申报 2013 年国家级继续教育项目 4 项。

截至 2012 年底，学院新增校级以上各类科研项目总计 77 项。其中，“973 项目”（主持）1 项（王宾），“973 项目”（负责）3 项（顾建新等），“973 项目”（参加）2 项（王宾等），科技重大专项 6 项（高谦等），国家“863 计划”重点项目（参与）2 项（顾建新等），国家自然科学基金杰青 1 项（雷群英），国家自然科学基金重点项目 1 项（朱依纯），国家自然科学基金面上项目 31 项（蔡秀梅等），国家自然科学基金青年科学基金项目 9 项（付永峰等），国家自然科学基金国际（地区）合作与交流项目 1 项（陈思锋），国家自然科学基金海外及港澳学者合作研究基金 1 项（陈俊）；教育部留学回国人员基金 3 项（曾文姣等）；教育部博士点基金 4 项（陈俊等），上海市自然科学基金面上项目 4 项（姚玲玲等），省、市、自治区科技项目 4 项（马端）等，国家科技部上海配套 1 项（高谦），博士后科研资助计划面上项目 1 项（潘礼龙），上海市卫生局项目 2 项（孟丹等）。全年到款科研经费 10 637.64 万元，其中纵向经费 7 920.91 万元，横向经费 2 716.73 万元。孙宁入选国家“青年千人计划”，雷群英入选国家杰出青年基金；朱依纯入选 2012 年上海市领军人才，马端入选上海市优秀学术带头人计划，贾立军入选 2012 年上海高校“东方学者”特聘教授。刘光伟、蔡启良 2 位教师入选上海市“曙光计划”。

10 名教师获国家留学基金委公派留学出国项目资助；92 名教师赴境外参加学术交流活动。派出海外学习、交流学生 22 人，接收外国学生来院交流学习 19 名。完成“复旦大学优秀海外学者授课”项目 4 项。学院引进青年研究员 3 名（孙宁、党永军、黄家颖）、校特聘教授 1 名（余东）。

学院继续深入推进创先争优活动，对第三阶段活动作出具体明确的安排和部署。3 月，对所属的 13 个在职教工党支部建设情况进行走访调研，排摸存在的问题和不足，调动支部的积极性。分期分批选派 4 名支部书记参加学校支部书记学习培训班。主办 2012 年春、秋两季枫林校区二级党校入党积极分子培训班，共计培训学员 283 名，其中教职工、医护人员 131 名。发展党员方面，2012 年共发展党员 43 名，并在各支部推荐的基础上，制定 2013 年党员发展计划，预计发展 58 名，其中教工 2 名，研究生 6 名，本科生 50 名。7 月初，学院党委召开“创先争优特色案例交流会”。生理与病理生理学党支部获得上海市教卫党委系统创先争优先进基层党组织；韩秀引获得上海市教卫党委系统创先争优优秀共产党员；学生第四党支部获得复旦大学创先争优先进基层党组织；孙建华、宋志坚、高琼（学生）获得复旦大学创先争优优秀共产党员。

加强党员干部的党风廉政建设。上半年，领导班子成员集中学习胡锦涛在中纪委十七届七中全会上的讲话精神、中纪委《关于加强廉政风险防控的指导意见》、《复旦大学 2012 年党风廉政建设工作实施方案》等文件精神，讨论并形成学院《落实复旦大学 2012 年党风廉政建设重点任务计划书》。9 月，基础医学院成立后，根据学院实际，进一步修订并形成《复旦大学基础医学院关于党政领导班子落实“三重一大”制度的规定》和《复旦大学基础医学院进一步推进院务公开实施细则》。调整院务公开领导小组成员，坚持党委、党支部每年向党员报告工作制度，拓宽党员参与党内事务的渠道和途径，保障党员对党内事务的知情权、参与权和监督权。积极开展 2012 年度学院执行党风廉政建设责任制情况专项检查并形成自查报告。

学习贯彻党的十八大精神，推进宣传思想文化工作。制定并印发《关于认真学习贯彻党的十八大精神的通知》，对各支部、党员提出具体学习要求。为全院党员购买《党的十八大文件汇编》读本，连同新修订《党章》一起下发给各支部，要求全院党员认真研读党的十八大文件。邀请学校十八大精神宣讲团成员为全院师生作“道路自信、理论自信、制度自信——中国特色社会主义对人类文明的贡献”学习十八大专题辅导报告，学生党总支邀请党委副书记王小林为入党积极分子们作题为“学习十八大精神、坚定理想信念”的专题辅导报告。

加强学院文化建设。2012 年是复旦大学上海医学院创建 85 周年，学院牵头组织师生完成《正谊明道——上医院士如是说》一书的编撰工作和《上医历史影像资料库》的 DV 制作，并配合上海医学院完成“上医文化传承与克卿书院建设暨纪念颜福庆先生诞辰 130 周年研讨会”，帮助广大师生了解院史院情、传承上医文化。11 月，启动基础医学院新网站的改版工作，提升学院网站的硬件建设，拓展网络功能，加强信息在领导决策、服务基层、沟通联系等方面的作用。启动学院整体形象设计（VI）和廊壁文化建设，传承和发扬上医优良传统。

学生党总支继续加强党建工作。细化《基础医学院学生党总支工作制度》，构建党建育人长效机制。鼓励辅导员加强德育研究工作，提升学生思政工作的思想性。2012 年共承担上海市教委德育课题 2 项，上海市教卫党委党建重点课题 1 项，学校青年研究中心德育课题 5 项。通过奖学金、助学金、补助、贷款四方面工作，开展管理育人。全年共有 287 名本科生获得包括国家奖学金、上海市政府奖学金在内的各类奖学金，受奖面达到 47%；192 名研究生获得学业奖学金，47 人获得冠名奖学金，23 人获得国家奖学金。此外，学院完成 60 名研究生助教、54 名研究生助管的聘用和考核工作，91 名本科生和 21 名研究生的助学贷款工作。继续做好学院层面的默克雪兰诺精英奖学金、广药中医奖学金、绵引一奖学金、国泰君安奖学金、医加医奖助学金等 6 项校外冠名奖(助)学金评审工作，遵循奖优补困，为学生全面成才提供支持。

学院工会完成教代会、妇代会改选工作，按照教代会代表民主推荐程序，选举产生学院教代会代表 47 人，校教代会代表 17 人，校妇代会代表 9 人。雷群英获上海市三八红旗手，周平获校三八红旗手。《复旦学报(医学版)》编辑部获校"巾帼文明岗"称号；江涓获优秀妇女干部，学院工会获校"妇女之家"荣誉称号。为解决青年教职工子女入学难问题，在上海市教委的协助下，院工会与上海教科院实验小学结成合作共建单位。

(吴爱玉　陈文婷)

【召开学院 2011 年度表彰大会】 1 月 11 日，在明道楼一楼报告厅举行学院 2011 年度表彰大会。会上，共评选表彰"优秀团队奖"金奖 1 个、"优秀团队奖"银奖 7 个、"优秀团队奖"特别奖 4 个，"杰出贡献奖"6 个，"终身成就奖"1 个，"院长奖"金奖 8 个、"院长奖"银奖 11 个。 (吴爱玉)

【马兰团队获上海十大科技进展】 3 月，上海市科技传播学会和上海科技报社联合主办的 2011 年度上海十大科技进展评选揭晓，学院药理研究中心马兰团队的研究成果"发现大脑神经网络形成新机制"位列第九。

(吴爱玉)

【举行"苏州雅本投资有限公司捐献暨纪念石碑捐赠仪式"】 4 月 20 日，"苏州雅本投资有限公司捐献暨纪念石碑捐赠仪式"在枫林校区上海医学院 5 号楼大厅举行。苏州雅本投资有限公司全额捐赠修建医学实验教学中心(即 5 号楼)，工程于 1 月竣工，2 月开始投入使用。 (吴爱玉)

【举行第十四届国际病毒性肝炎和肝病大会全球肝炎大会】 6 月 22—25 日，第十四届国际病毒性肝炎和肝病大会(简称 ISVHLD 2012)在上海国际会展中心举行。大会由中国工程院和上海市人民政府共同主办，复旦大学上海医学院承办。会议主题为"新进展、新挑战、新解答"，自亚洲、欧美、大洋洲等国家和地区的国际著名专家学者约 3 000 名与会。中国工程院院士闻玉梅担任大会主席。会议就近 3 年来甲、乙、丙、丁、戊型肝炎、肝癌、肝病研究的进展和展望等专题作报告并讨论，并分设抗病毒耐药、联合治疗、共感染、中药治疗、肝病的内科、外科治疗及生物治疗等专题。 (陈文婷)

【恢复成立基础医学院】 根据《关于部分机构调整合并的通知》(复委 2012[17]号文)，原上海医学院更名为基础医学院。根据复旦大学党委组织部颁布的《关于部分单位党组织调整的通知》(复委组[2012]11 号文)、《关于袁继鼎等同志职务任免的通知》(复委组干[2012]10 号文)，先后组建基础医学院党委，任命袁继鼎任基础医学院党委委员、书记。根据组织部《关于汤其群等同志职务任免的通知》(校任字[2012]11 号文)，任命汤其群为基础医学院院长。9 月 4 日，学校组织部到学院宣布恢复成立基础医学院。 (吴爱玉)

【举办第二届亚太地区 PBL 联合学术研讨会】 10 月 25—27 日，"2012 年第二届亚太地区 PBL 联合学术研讨会"在光大会展中心举行。由复旦大学上海医学院主办。来自泰国、日本、马来西亚、新加坡、美国、加拿大等国家及中国台湾、香港地区的 500 余名人员参会。研讨会主题为"创新、整合、实施"，大会在专题报告后评出优秀奖 10 个。 (刘　晔)

【学工系统获多项荣誉】 学工组长韩秀引获得"2011 年度全国高校辅导员年度人物"称号。法医系学生周姝获得"2011 年度上海市大学生年度人物"和"2011 年度中国大学生年度人物(提名奖)"称号。学工组专职辅导员陈文婷获得"2012 年度全国思想政治促进会医学教育分会优秀辅导员"称号。

(陈文婷)

公共卫生学院

【概况】 2012 年，公共卫生学院设有公共卫生与预防医学一级学科博士点，社会医学与卫生事业管理二级学科博士点，公共卫生与预防医学、公共管理 2 个博士后科研流动站。流行病和卫生统计学、社会医学和卫生事业管理为教育部国家重点学科，流行病和卫生统计学为上海市重点学科，妇幼卫生与儿童保健、卫生经济学、流行病学以及健康教育与健康促进为上海市公共卫生重点学科建设承担、参与单位。有公共卫生安全教育部重点实验室、卫生部卫生技术评估重点实验室、世界卫生组织职业卫生培训和研究合作中心、世界卫生组织卫生技术评估和管理合作中心等科研机构。

有在职教职工 132 人，其中专任教师 97 人，行政人员 8 人，教学辅助人员 27 人；有正高级职称 30 人，副高级职称 19 人；有研究生指导教师 44 人，其中博士生指导教师 26 人。MPH 研究生指导老师 45 人。9 月，学院党委班子进行调整，校党委任命尹冬梅为学院分党委委员、书记；于专宗为分党委委员、副书记。全院有中共党员 356 名(其中学生党员 247 名)，新发展中共党员 35 名，转止 8 名。学院分团委获评复旦大学五四优秀团组织。郑英杰老师荣获学校优秀共产党员光荣称号。

全年在读本科生 243 名。开设本科生课程 84 门，其中必修课 49 门，选修课35门，开设公共事业管理专业(卫生事业管理方向)第二学士学位课程。全年招收硕士研究生40名，博士研究生30名，全日制公共卫生硕士(MPH)专业学位研究生30名；有在读硕士研究生151人，博士研究生113人。招收公共卫生硕士(MPH)专业学位研究生100名，在读328人。开设研究生课程88门，其中硕士研究生课程74门，博士研究生课程14门。2005级流行病学与卫生统计学专业博士研究生王娜学位论文获2011年上海市研究生优秀成果(学位论文)。

姜庆五当选欧亚科学院院士，获聘中华预防医学会卫生应急分会第一届委员会委员。郑英杰完成新疆医科大学挂职任务返院。叶露赴新疆挂职，任新疆医科大学公共卫生学院副院长。阚海东获国家环境保护部"十一五"国家环境保护科技工作先进个人称号、中国环境科学学会第九届"优秀环境科技工作者"奖。余金明、陈英耀入选上海市公共卫生高端人才海外研修项目。周艺彪获聘湖南省"君山区人民政府血防领导小组"顾问。2009级预防专业学生获上海市大学生运动会乒乓球比赛男子双打季军。

积极开展教学研究工作。3月13日，举行公共事业管理专业课程设置讨论会，学院本科教学指导委员会的教授与公管专业学生代表共同参与讨论。10月25日，举办瑞典卡罗林斯卡医学院"研究生研讨会"。11月15日，进行讲师以下职称青年教师教学培训，公共卫生学院教授詹绍康等参与授课。举办全球卫生国际暑期学校等三期暑期学校。

全年科研经费3 659.92万元，包括理科纵向科研经费2 900.7万元(其中国际合作课题400.38万元)、理科横向科研经费500.53万元，文科纵向科研经费172.33万元、文科横向科研经费86.36万元。获得国家自然科学基金项目13项，其中面上项目5项，青年基金项目7项，优秀青年科学基金项目1项。"863项目"1项。姜庆五的"血吸虫病分子流行病学及防治技术"获中华医学科技奖三等奖、上海医学科技奖二等奖。罗力的"上海市精神卫生防治体系规划研究"和郑频频的"上海无烟世博决策依据，倡导和效果评价的研究"分获第八届上海市决策咨询研究成果奖二三等奖。发表SCI论文84篇。

学术活动活跃，国际交流频繁。共接待外宾10多批次，教师和学生出访166人次。2月12—14日，美国夏威夷大学公共卫生学院院长Maddock和环境卫生实验室主任鲁元安到访，商讨两院学生交流项目。3月26—30日，主办欧盟第七框架HESVIC项目会议，钱序为该项目中方负责人。5月30日，举办"音乐疗法——健康与人文的融会与应用"专题讲座。6月22日美国肝炎研究所所长Timothy M. Block偕夫人到访。9月21日，约翰霍普金斯大学公共卫生学院院长Mike Klag、副院长James Yager和教授Leiyu Shi到访，商讨将于2013年4月5—7日合作举办的"中国公共卫生学院院长"论坛相关事宜。10月15—19日，举办云南省德宏傣族景颇族自治州卫生事业综合管理能力培训班，10月19日云南省德宏州副州长苏洪涛到校参加培训班结业典礼，并作《云南省德宏州卫生改革与发展情况》报告。复旦学校副校长、上海医学院院长桂永浩教授会见了苏洪涛。10月29—30日，与瑞典卡罗林斯卡大学联合主办"政策和实施的证据——在四个经济发展国家深化针对健康相关千年发展目标的努力"国际合作项目会议。11月13日，卫生战略发展研究中心主任郝模应邀在"中国道路"系列主题活动第五讲作"中国医改的必由之路"学术报告，该活动由共青团复旦大学委员会主办。12月6日，北卡罗莱纳大学公共卫生学院卫生政策与管理系教授*Dean Harris*到访，作题为"奥巴马总统与美国卫生保健改革"专题讲座。12月8—9日，与瑞典乌普萨拉大学共同举办"中瑞工作场所室内环境与健康研讨会"。12月17日，举办"上海生物统计学术论坛"学术报告会。药物经济学研究与评估中心多次主办学术会议。1月17日主办国家社科基金重大项目《中国医疗支付制度系统性改革规范化研究》开题研讨会，国家人力资源和社会保障部社会保障研究所原所长何平等专家学者发表专题演讲。4月21日第九次主办"上海药物经济学论坛暨支付制度与谈判机制研讨会"，国家人力资源和社会保障部医疗保险司副司长陈金甫作主题报告。10月20日主办"医疗保险支付方式与管理研讨会"，为国家社科重点项目"中国医疗支付制度系统性改革规范化研究"的重要活动之一。12月13—14日第三次举办"药物经济学培训班"，为复旦一辉瑞药物经济学能力建设项目核心内容之一。

按照教育部同意部署，学院与新疆医科大学公共卫生学院(简称新医大公卫院)为指定对口支援单位。院长姜庆五、副院长陈文分别于6月25日、5月19日前往新疆医科大学公共卫生学院，落实对口支援相应的措施。赵耐青、赵根明、徐飚等；应晓华、秦国友等；傅华分别于6月19日、6月25日、10月19日前往该校进行学术交流。学院组织专家帮助审阅新医大公卫学院2012年自然科学基金项目申报标书，新医大公卫学院自然科学基金项目申报工作取得明显进展。9月9日，叶露赴新医大，挂职新医大公共卫生学院副院长。4月16日，新医大公共卫生学院领导专家5人到访，开展学术交流。10月2日，新医大公共卫生学院院长、书记等4人到访，送"真情援疆，无私奉献"锦旗。 (龚卫远)

【共建上海卫生监督研究中心】 3月31日，在上海卫生监督所与上海市卫生局卫生监督所签约共建协议。公共卫生学院院长姜庆五、上海卫生监督所所长徐天强代表双方签约。该中心的建立，旨在利用学院高校理论研究优势和卫生监督机构实践工作优势，与上海市卫监督所共同推动卫生监督理论研究和实践工作的发展。

(陈 刚)

【与美国俄亥俄州立大公共卫生学院共建"生物医学统计中心"】 该中心于4月11日在公共卫生学院签约成立。由俄亥俄州立大学公共卫生学院院长斯坦利·雷曼休(Stanley Lemeshow)、公共卫生学院院长姜庆五代表双方签约。俄亥俄州立大学副校长威廉·布鲁斯泰因(William Brustein)、公共卫生学院副院长钱序等出席。“中心”基于复旦大学“985”建设平台“医学信息与医学统计平台”开展工作,借鉴和学习国际先进的医学统计专业技术和管理经验,提高复旦大学医学统计专业的整体实力。签约仪式后举行学术报告会。

(罗剑锋)

【参加第二届卫生系统全球研讨会】 10月31日—11月3日,第二届卫生系统全球研讨会(The Second Global Symposium on Health System Research)在北京召开。会议由世界卫生组织、国家卫生部主办。来自世界各地110多个国家的1 775名专家、学者和研究人员与会。公共卫生学院胡善联、钱序、陈文等25名教师和研究生参会。胡善联主持“卫生费用分析的对象和方法”主题会;钱序、陈英耀分别组织“保障高质量孕产妇健康全面覆盖实现公平可及的制度影响力研究:中国、越南和印度三国的研究者与政策制定者间的对话”和“知识转化:从卫生技术评估转化为卫生政策制定”两场卫星会议;胡善联、陈文、应晓华、社会医学与卫生事业管理2010级博士生陆慧和2011硕士生周奕男分别在各主题会上作报告;另有10份海报参加研究成果海报展示会。 (钱 序 陈英耀)

【发布《越南、印度和中国的卫生体系治理与规制研究》中国项目成果】 发布会于10月20日在上海好望角大酒店举行。上海市卫生局副局长王磐石、中国疾病预防与控制中心妇幼保健中心主任张彤、上海市卫生局疾病控制与妇幼保健处等单位负责人出席。发布的研究成果由学院教授钱序、陈英耀,副教授应晓华等带领的多学科团队合作完成。该项目希望通过有效的规制手段促进良好治理,促进人人享有公平、可及和高质量的卫生保健。 (钱 序 陈英耀)

【共建“上海市残疾人康复事业发展研究中心”】 7月11日,在上海阳光康复中心与上海市残疾人联合会举行共建签约和揭牌仪式。校党委副书记王小林与上海市残联理事长金放为中心揭牌。上海市残联副理事长季敏与公共卫生学院院长姜庆五代表共建双方签约。 (陈万春)

【举办“构建全球卫生机构合作联盟咨询会”】 该会议于10月26—27日在上海召开。由复旦大学上海医学院和美国杜克大学全球健康研究所主办,公共卫生学院全球卫生研究与培训中心协办。来自美国、英国、马来西亚、斯里兰卡、越南、老挝、乌干达、加纳等国家以及中国大陆和香港地区的专家、学者,及英国国际发展署和美国中华医学基金会代表共40余人参会。卫生部国际合作司副司长李明柱、上海市卫生局副局长黄峰平到会致贺。学校副校长桂永浩作题为“复旦全球卫生策略”主旨发言。会议形成《全球卫生机构合作联盟的上海共识》,与会者同意参加全球卫生机构合作联盟。会议还通过教育和研究方面的行动计划。 (陈英耀)

【与法国ESSEC高等商学院签署合作备忘录】 签署仪式于12月4日在公共卫生学院签署。院长姜庆五和ESSEC高等商学院院长(亚太区)Hervé Mathe代表双方签字。副院长陈文与ESSEC高等商学院卫生经济和管理研究所主任Gérard de Pouvourville以见证人身份签字。双方一致同意在卫生政策、卫生经济和管理领域进行广泛合作,包括课题研究、博士培养、举办培训班和会议等,并达成共同举办亚太地区卫生决策者论坛的意向。该备忘录是公共卫生学院与非医学领域的学校签署的第一份合作备忘录,拓展了学院的合作伙伴与领域。 (陈英耀 付朝伟)

【主办第六届全国卫生技术评估论坛暨《卫生技术评估新进展》国家级继续教育学习班】 该活动于12月3—6日在上海举行。由卫生部卫生技术评估重点实验室主办。国家发改委物价审评中心、上海市卫生局、人保局和药监局负责人,韩国、中国台湾地区和全国各地卫生技术评估专家、专业技术人员约80人参会。韩国首尔国立大学公共卫生学院经济学教授、韩国卫生技术评估协会前主席Bong-Min Yang,台湾长庚大学临床信息和医学统计研究中心主任、长庚大学临床医药科学研究生院教授张启仁,重点实验室主任陈洁分别作题为“亚洲和韩国的卫生技术评估的发展”、“卫生技术评估过程在健康策略上的应用”、“卫生技术评估概述和新进展”等报告。 (陈英耀)

【成立复旦大学全球健康研究所】 12月20日,在枫林校区举行复旦大学全球健康研究所成立仪式。副校长桂永浩和上海市卫生局副局长黄峰平为研究所揭牌。来自校内外10多个政府、社会组织、学校等机构单位的100多位领导、专家和师生代表出席。卫生部国际合作司司长任明辉视频致辞。桂永浩、黄峰平、英国国际发展署驻华代表处乔建荣、美国中华医学基金会北京办事处主任徐东、美国杜克大学教务长Peter Lange和北京大学公共卫生学院全球卫生系主任刘培龙分别致贺辞。美国杜兰大学公共卫生和热带病学院、越南河内公共卫生学院、澳大利亚悉尼大学医学院、法国ESSEC高等商学院、约翰霍普金斯大学公共卫生学院、上海援摩洛哥医疗队等发来祝贺视频。研究所隶属公共卫生学院,负责人为钱序。 (陈英耀)

药学院

【概况】 2012年,药学院有药学一级学科1个,下设药物化学学科(天然药物化学、药物化学、生物合成药物化学、生药学)、药剂学科(药剂学、放射药学、药物分析、物理化学)、药理学科(药理学、生物化学)、临床药学学科(临床药学、药事管理学)4个学科群。设有药学一级学科博士点1个,二级学科博士点7个,二级学科硕士点7个,博士后科研流动站1个,本科专业1个。药剂学科为国家重点学科,药理学科为上海市重点学科。

学院共有在职职工129人,其中教授32人,副教授36人,副主任技师2人;博士生导师34人。引进校特聘教授1名。现有国家“千人计划”特聘教授3名和上海市“千人计划”教授2

名、"973项目"首席科学家3名、国家杰出青年基金获得者2名、教育部"长江学者"特聘教授1名、教育部新世纪优秀人才5名、上海市领军人才1名、上海市优秀学科带头人4名等。

在校本科生203人(不含在复旦学院就读的一年级本科生)、硕士研究生218人、博士研究生104人;毕业本科生54人、硕士生67人、博士生21人。

全年共申请发明专利50项,获授权专利29项;发表SCI论文113篇;到位科研经费5 031.12万元,其中纵向经费4 223.27万元。新增科研项目73项,其中纵向项目39项,立项经费4 350.00万元;横向项目34项,协议经费625.00万元。获批纵向项目包括:国家重大科学研究计划("973项目")1项、"863计划"1项、国家自然科学基金课题15项(其中优秀青年课题1项、面上课题9项)、"十二五"重大新药创制技术平台建设课题1项、军口候选药物研究课题1项、博士点基金优先发展领域课题1项、新世纪人才1项、曙光人才1项、上海市产业化平台项目1项、上海市科委课题10项。获第一三共制药奖1项、上海药学科技奖二等奖1项。

与辉瑞(中国)研究开发有限公司联合申请的上海市与复旦大学两级专业学位研究生实践基地建设项目获立项。"药学专业学位硕士研究生培养模式的探索"获复旦大学研究生教学成果一等奖,"《临床药物治疗学》优质课程与教材建设"分别获复旦大学研究生教学成果二等奖、上海市教委的研究生教育创新计划资助。

2007级药剂学博士生占昌友(导师陆伟跃)获2012年度全国百篇优秀博士学位论文奖,占昌友(导师陆伟跃)、2007级药剂学博士生朱赛杰(导师裴元英)获上海市优秀研究生成果(博士学位论文)奖,药剂学硕士生曹师磊(2004级,导师蒋新国)与柯伟伦(2007级,导师蒋晨)获上海市优秀研究生成果(硕士学位论文)奖。4名研究生获2012第十八届上海高校学生创造发明"科创杯"三等奖,2名研究生获复旦大学医学明道计划资助,3名研究生获第十二批复旦大学研究生创新基金资助。举办2012年药学全国优秀大学生夏令营,与29名营员签订拟录取协议。

8名教师公派出国进修或学术交流,短期公派出国学术访问或参加国际会议25人次。继续保持与美国佛罗里达大学(University of Florida)、佐治亚大学(University of Georgia)、马里兰大学医学院(University of Maryland School of Medicine)、奥尔巴尼医药和健康科学学院(Albany College of Pharmacy and Health Sciences)以及日本长崎大学药学部在本科生、研究生交流、师资培训方面的合作交流。2012年与辉瑞公司联合培养药学硕士专业学位研究生7名。

王洋获复旦大学"创先争优优秀共产党员"称号。全年发展学生党员32人,转正22人,党组织关系转出61人,接收新党员72人。招募绿梧桐公益计划志愿者43名。举办第24届"五月风"毕业季活动和首届"药学院达人秀"活动。"我国互联网药品交易监管现状分析"被评为复旦大学A级暑期实践项目。2009级本科生团支部获复旦大学第七届"青春汇聚·梦想远航"班团文化展评金奖,2009级本科生班级获2011—2012年度复旦大学优秀集体标兵称号。2009级辅导员陆烨获复旦大学十佳辅导员称号,2012级辅导员姚旭获复旦大学本科生辅导员风采奖。学院获复旦大学2012年就业工作优秀集体称号。

(史雪茹)

【党政领导班子换届】 4月下旬起,开展行政班子副职换届工作。12月起,侯爱君、孙逊、王建新任药学院副院长,吴伟不再担任药学院副院长职务。12月12日,药学院党委换届,产生新一届领导班子:陆伟跃任书记,毛华任副书记,侯爱君、孙逊、王建新、陈瑛、张雪梅任党委委员。

(顾建芳)

【举办"首届复旦—张江论坛"】 3月16日,"首届复旦—张江论坛"在复旦大学张江校区举行。由复旦大学上海医学院主办,药学院承办。论坛主题为"创新助转化,医药促健康"。学校副校长桂永浩致开幕辞,并作题为"转化医学:激发临床研究引擎的驱动器"的报告。上海中医药大学校长陈凯先院士,国家新药筛选中心研究员王明伟,药学院、医学院和各附属医院专家学者朱依谆、瞿涤、钟春玖、王明贵、徐丛剑等分别结合各自课题组新药研发经历,围绕转化医学建设,就基础研究的高科技成果如何向临床医疗实践与产业化发展转化作专题报告。

(史雪茹)

【招收首批工程博士(生物与医药领域)专业学位研究生】 药学院成为全国首批工程博士(生物与医药领域)专业学位招生单位之一,2名来自医药领域的研究生通过考核选拔后入学。11月16日,在上海医学院举行首批"工程博士校外兼职导师授聘仪式",副校长桂永浩为校外兼职导师黄予良(健能隆医药技术(上海)有限公司董事长、总经理)、王浩(上海医药工业研究院院长)、王国平(上海现代制药股份有限公司副总经理)颁发聘书。

(靳跃敏 史雪茹)

【招收首批与校外联合培养博士研究生】 经教育部批准,9月,药学院与上海医药工业研究院联合培养的首批5名博士研究生正式入学。联合培养的博士研究生接受双重管理,具有学校和科研院所双重学籍,采取"导师组集体指导,主管导师负责"的指导方式。双方分别遴选出5名博导组成培养导师组,作为招生、培养的责任主体。导师组的成员被对方单位聘请为兼职博士生导师。在招生过程中,根据考生及双方导师的意愿,明确导师责任。药物化学与药理学3位教授担任第一导师。

(靳跃敏 史雪茹)

护理学院

【概况】 2012年,护理学院设有护理学博士后科研流动站1个,护理学一级学科博士学位授予点1个、硕士学位授予点1个和护理学本科、高职专业。

有在职教职工51人,其中专任教

师32人，教辅人员10人，行政人员9人。具有正高级职称2人，副高级职称11人。具有博士学位4人，硕士学位25人。有硕士生导师7人，博士生导师1人。

招收博士研究生2人，硕士研究生22人，本科生29人，高职生240人。有全日制在校生871人，其中博士研究生7人，硕士研究生53人，本科生100人，高职生711人。研究生课程进修班第十期招收学员52名，2012年7人申请并获得硕士学位，课程班办学至今（2003—2012）共有33名学员获得硕士学位。

9月，护理学获得上海高校一流学科（B类）称号，是上海市唯一的护理类重点学科建设单位。10月，护理学经人力资源和社会保障部、全国博士后管委会批准为博士后科研流动站，也是国家教育部首批8所护理学博士后流动站之一。通过教育部第三轮一级学科评估，梳理复旦大学护理学院和附属医院的护理学科队伍和现状。修订《复旦大学护理科研基金管理条例》，复旦大学护理科研基金纳入复旦大学医学学科建设经费管理范畴中，获得每年50万元基金资助。完善《复旦大学护理科研基金申报指南》，实现复旦大学护理科研基金的常态化、规范化运作。进一步明确"基于循证的临床实践指南构建、高级护理实践人才队伍建设、老年护理和社区卫生保健"三大重点建设方向，设立重点项目和面上项目的分类和1∶1配套的科研经费管理机制。

2012年，学院共有14名教师参与编写人民卫生出版社"十二五规划教材"。其中，4名教师担任护理学专业教材主编（《健康评估》、《护理研究》、《眼耳鼻咽喉口腔科护理学》、《循证护理学》、《护理教育理论与实践》），4名教师担任教材副主编（《内科护理学》、《基础护理学》、《儿科护理学》、《高级护理实践导论》）。举办两期《循证护理的理论和实践》国家级Ⅰ类学分继续教育学习班，举行科研沙龙15次。发表论文58篇，其中SCI期刊1篇，权威期刊30篇，核心期刊11篇。学院与复旦大学JBI循证护理合作中心申报的"循证护理模式的构建与临床应用研究"课题获第十届"上海护理科技奖"一等奖。1个项目获2012年上海市卫生局科研基金项目，2个项目获2012年美国中华医学基金会（China Medical Board，CMB）护理学青年教师科研基金项目立项。在研项目包括CMB项目1项，美国国立卫生研究院（National Institutes of Health，NIH）子项目1项，上海市卫生局科研项目2项，JBI科研项目2项，CMB青年教师科研项目4项，上海市教委科研项目2项，闵行区卫生局科研基金1项，浙江省医药卫生科技计划项目1项，上海市第三轮公共卫生体系建设三年行动计划（2011年—2013年）"上海市艾滋病定点诊疗机构建设"子课题1项。完善复旦大学JBI循证护理合作中心的网页及"中文干预性护理研究数据库"；11月，在JBI各分中心主任委员会（Committee of Directors，COD）管理会议上，复旦大学JBI循证护理合作中心（The Fudan University Evidence-based Nursing Center in Collaborating with the Joanna Briggs Institute）获得JBI"证据翻译和传播奖（2012 Joanna Briggs Collaboration Linguistic Translation and Evidence Transmission Award）"，15篇JBI"最佳实践"翻译论文发表在《中华护理杂志》上。作为美国中华医学基金会中国护理网（China Medical Board China Nursing Network，CMB CCNN）主席单位，组织2012年CCNN年会，研讨了CCNN的章程、战略发展计划，完成了CCNN Newsletter一期。

全年教师出国出境共10批24人次。17人次参加国内外会议，其中7人作大会发言，1人展示海报。与美国匹兹堡大学护理学院签订全面学术合作协议，组织4名教师前往匹兹堡大学进行为期半年课程学习。2名教师完成美国亚利桑那大学"理论构建"课程的在线学习，1名教师完成"护理哲理"课程的在线学习。继续推动与香港大学、香港中文大学、新加坡义安理工学院的学生交流活动。接待境外交流师生96名，组织学院31名学生出境交流。

学生开展如"博爱康健园"、"暑期导医"、"健康宣教进社区"及医院导医服务、"东丽杯马拉松"安全志愿者等社会实践活动。成立上海市南丁格尔志愿者院校分队，参与"阳光之家"关爱智障儿童等活动。2011级高职生马晓艳等的暑期社会实践项目《"朝阳一路伴，万年青常在"——上海市凌云社区居家老人对社区卫生服务现状满意度与服务需求的调查》和2011级研究生傅亮等的暑期社会实践项目《护理学硕士研究生对循证护理的认知现状及教育培训需求的调查和实践》均获评2012年度上海市大学生暑期社会实践优秀项目。学院学生党支部神经肌肉疾病协会（Muscular Dystrophy Association，简称MDA）志愿者团队连续第六次获得上海市肢残人协会"智力助残"优秀集体称号。教师李颖获评"2012上海高校辅导员年度人物"。

党的十八大召开后，及时组织党员及全体教职工认真学习胡锦涛总书记在党的十八大上所作的工作报告，听取十八大精神学习辅导报告，组织党员学习新的《中国共产党章程》，结合观看《信仰》《人民的好儿女》等视频，各党支部分别开展专题组织生活会，组织参观传统文化基地等活动，学习身边的共产党员，践行科学发展观，做好本职工作。

（凌　健）

【推进高仿真模拟教学】 更新"护理实践教学中心的计算机辅助管理系统"设施，完善高仿真情景模拟实训室的建设。组建涉及6门课程的高仿真模拟教学核心团队，团队成员均完成高仿真模拟教学的基本培训。聘请美国匹兹堡大学护理学院"重症护理课程"教师示范高仿真模拟教学在课程教学中的应用，4名教师赴匹兹堡大学护理学院重点学习高仿真模拟教学的案例设计和教学实施。上半年该团队对教学过程进行多次研讨，9月，首次在本科生中启动高仿真模拟教学在"内科护理学"的实施和探索，完成12个高仿真模拟教学案例编制，并实际运行8个案例，共计16学时的教学。（凌　健）

【启动床旁教学改革】 进一步深化

床旁教学团队建设,构建学院与临床双负责人制。学院与临床结对组合的双师型教学团队,形成内科护理学、外科护理学、儿科护理学和妇产科护理学4支床旁教学团队。7月,邀请美国匹兹堡大学护理学院资深临床教师对学院相关课程教师和临床带教进行为期3天的培训。11月26日,在复旦大学附属中山医院进行2010级本科生"内科护理学"床旁教学,为期4周;12月24日,在复旦大学附属儿科医院进行"儿科护理学"床旁教学,为期2周。教学效果显著。

(凌　健)

【学院行政领导班子换届】　12月11日,学院完成行政领导班子换届工作,胡雁任院长,王君俏、曹育玲任副院长,新增中山医院护理部主任徐建鸣、华山医院护理部主任蒋红兼任副院长。

(凌　健)

生物医学研究院

【概况】　2012年,生物医学研究院设有博士后科研工作站1个。

有在编职工72人,共有全时引进PI 20名,分时引进PI 7名。研究人员26人,其中研究员1人、副研究员2人、助理研究员23人。工程技术人员20人。行政管理人员6人。另有科研助理、租赁制人员22人。遴选符合研究院研究方向的校内双聘PI 54人,其中两院院士12人,长期"千人计划"4人,短期"千人计划"1人,青年"千人计划"1人,教育部"长江学者奖励计划"特聘教授14人、讲座教授6人,复旦特聘教授19人,国家杰出青年科学基金获得者19人次、"973计划"和"S973计划"项目首席科学家13人次。

招收博士研究生50人,硕士研究生22人;毕业博士生26人,硕士生17人。在读研究生232人。招收博士后11人,出站5人,退站1人,在站博士后14人。

共申请各类研究项目、人才项目35项,批准经费约5 830万元,到位经费3 936.7万元。其中获国家自然科学基金项目15项,包括国家重大科研仪器设备研制专项1项,国家杰出青年科学基金1项,面上项目8项,青年项目4项,国际(地区)合作与交流项目1项;科技部"973计划"项目1项(由双聘PI钦伦秀担任首席科学家),"973计划"课题1项,参与"973计划"3项;科技部/卫生部"十二五"重大专项课题卫生部、科技部重大科技专项子课题1项,参与1项;参与863项目2项;公益性行业课题1项。新世纪优秀人才计划1项,获2012年度高等学校科学研究优秀成果奖(科学技术)自然科学奖一等奖1项;上海市曙光计划1项,上海市科技创新行动计划1项,上海市基础研究重大项目1项,上海市基础研究重点项目1项,上海市自然基金项目2项,浦江计划1项,上海市教委2012年度科研创新项目1项,上海市卫生局青年项目1项;获明治生命科学奖杰出奖1项。

发表以复旦大学为第一单位署名论文167篇,其中SCI论文158篇,其中影响因子大于20的2篇,影响因子大于10分的文章8篇,影响因子大于5小于10的35篇。

购置70万元以上的大型仪器3台,共计约990万元。各技术平台共有47台(套)40万元以上大型仪器设备和65台(套)10万—40万元仪器设备实行开放、共享。全年开放总机时达3.8万小时,包括院内机时3.1万小时,校内其他机时0.4万小时;校外共享机时累积0.3万小时。

全年师生出访共计41人次。

2月24日,生物医学研究院双聘院士葛均波、双聘PI王红艳获颁谈家桢生命科学创新奖。3月30日,研究院时任院长、中国科学院院士贺林,研究院双聘院士、中国工程院院士周良辅荣获2011年度上海市科学功臣奖。4月,研究院双聘PI程训佳所带领的团队因在国家重大任务中准确完成对病原微生物的检测,受到中央有关部门嘉奖。8月,研究院1人入选千人计划短期项目。10月,中国科学院大连化学物理研究所调研结果显示,复旦大学蛋白质组学研究处于国际排名第七,国内排名第一。10月,生物医学研究院PI徐彦辉获2012年度明治生命科学奖杰出奖。11月,研究院PI汤其群荣获高纪凡冠名复旦大学特聘教授称号。11月30日,在第25个世界艾滋病日前夕,国务院总理温家宝在中南海与艾滋病感染者、医务科研人员、志愿者和国际组织代表等座谈。研究院PI徐建青作为科研人员代表参会。12月4日,研究院PI温文玉、双聘PI孙爱军入选教育部"新世纪优秀人才支持计划"。12月,研究院1人入选青年千人计划。

(周悠悠)

【主办"2012年国际核酸调控大会"】　该会议于9月10—12日在复旦大学枫林校区举行,由生物医学研究院与国际RNA协会联合主办。会议由英国邓迪大学教授(David Lilley)(皇家学会院士)和生物医学研究院PI Alastair Murchie及生命科学学院教授麻锦彪发起组织。会议邀请国际著名的RNA调控及结构领域专家加州大学伯克利分校教授Jennifer Doudna、耶鲁大学教授Scott Strobel和斯特拉斯堡大学教授Eric Westhof等作大会报告。来自世界各地的150余名科学家参会。

(别俊晖)

【主办"2012个体化用药前沿研讨会"】　该会议于11月15日在上海召开,由生物医学研究院与中国医师协会培训部、上海交通大学Bio-X研究院联合主办,由生物谷网站承办。会议由研究院贺林院士任大会主席,会期2天,邀请周宏灏院士以及陈超、胡大一、石远凯、沈琳、蔡卫民等20多位国内著名临床医药科研、临床专家和跨国制药企业代表等发表学术演讲及主题讨论。共有300余位业内人士参会,共同关注后基因组时代的个体化用药发展。

(别俊晖)

【1项成果获教育部"自然科学奖一等奖"】　11月30日,教育部公布2012年度高等学校科学研究优秀成果奖(科学技术)获奖项目名单。生物医学研究院PI赵世民、雷群英及课题组部分研究人员、研究生与中国科学院上海生命科学研究院赵国屏院士等共享自然科学奖一等奖,入选项目名称"代谢乙酰化调控机制的发现"。

(李晓庆)

脑科学研究院

【概况】 脑科学研究院是复旦大学全校性的神经科学研究实体机构、教育部“985工程”二期重点建设的科技创新平台。现任院长为马兰，学术委员会主任为杨雄里。

2012年，脑科学研究院共有研究组25个，其中6个为院直属研究组。研究人员中具有正高级职称27人，副高级职称11人，中级职称4人。研究院专职管理和实验技术人员16人，其中副高级职称3人，中级职称8人，初级职称5人。研究人员中有中国科学院院士1人，教育部“长江学者奖励计划”特聘教授和复旦大学特聘教授10人，国家杰出青年科学基金获得者5人、国家新世纪百千万人才工程入选者1人，教育部“跨世纪/新世纪人才”基金获得者5人，上海市“浦江人才”基金获得者9人，上海市“曙光学者”2人。有国家自然科学基金委员会创新研究群体、教育部创新团队、上海市“浦江人才”团队各1个。

招收博士研究生36人、硕士研究生39人。毕业研究生46人，其中博士25人、硕士21人。在读研究生189人；招收博士后3人，出站1人、在站5人。2007级博士研究生陈梦玲博士学位论文“脊髓胶质细胞参与吗啡镇痛耐受”（导师：赵志奇）获上海市研究生优秀成果奖。2011级博士研究生张强强被评为“上海市见义勇为先进分子”。

复旦大学神经科学跨一级学科研究生培养项目正式启动，招收2013级直接攻博生15名。该项目依托于脑科学研究院，发挥复旦大学神经科学基础与临床多学科交叉的优势，建立跨院系的神经科学研究生培养体系，培养神经科学领域拔尖创新人才。为促进“2011计划”项目脑功能重塑协同创新中心的培育建设，吸引国内外优秀博士毕业生来院接受博士后训练，加强博士后人才工作和管理，经学校批准，成立脑科学研究院博士后科研工作站。

2012年，研究院研究人员作为项目负责人新获批准国家级科研项目28项、省部级科研项目8项，作为学术骨干参与新获批准的科技部“973计划”项目课题5项。研究院专职PI所负责的研究组，承担国家和省部级以上科研项目27项，其中4人作为学术骨干参与科技部“973计划”等国家重大重点项目。

发表署名研究院的通讯作者SCI论文78篇，平均影响因子4.22，发表刊物包括《自然》(*Nature*)、《神经学年鉴》(*Annuals of Neurology*)、《神经生物学进展》(*Progress in Neurobiology*)等。

研究院研究人员全年参加国际、国内学术会议54人次，受国际学术会议邀请做特邀报告12人次。国际学者来访做学术讲座23场次。

进一步推进公共技术平台及“复旦大学神经科学技术共享体系”建设。“复旦大学脑科学研究院—尼康生物影像中心”于4月26日起正式开放运行。发起建立“复旦大学神经科学转基因动物共享体系”，先期集中引进转基因小鼠品系23株。开设小动物行为学培训班，对来自校内外的62位学员系统进行小动物行为学理论知识及仪器操作培训。“分子影像平台”全年进行仪器使用培训216人次。大型核心仪器（激光共聚焦显微镜，高速高分辨活细胞工作站）开放使用总机时数3 186小时；“复旦大学脑科学研究院—尼康生物影像中心”开放服务总机时数1 025小时；动物行为平台开放使用总机时数2 716小时。 （陈 蓉 罗赟星 沈莉芸 姜 民）

【举办“复旦大学脑科学研究院—尼康生物影像中心”成立暨学术研讨会】 该会议于4月26日在枫林校区明道楼举行，副院长郑平主持会议，副校长桂永浩、尼康仪器有限公司董事长上谷刚出席会议并为影像中心揭牌，复旦大学和全国其他单位神经科学和生命医学领域专家师生共200余人参加会议。研讨会期间，与会嘉宾参观该生物影像中心和脑科学研究院的其他公共技术平台，体验最新显微成像设备的实验操作，对影像中心的设备及共享运行模式给予高度评价。 （姜 民）

【举办脑功能重塑协同创新中心建设研讨会】 该会议于9月10日在邯郸校区美研中心举行。教育部科技司、上海市教委、上海市卫生局等有关单位领导，复旦大学党委书记朱之文、副校长桂永浩、金力，上海交通大学、中国科学院上海药物研究所、中国科学院神经科学研究所等协作单位的领导、科研管理人员和专家教授参加会议。该中心由复旦大学牵头，联合上海交通大学、中国科学院上海药物研究所等单位共建。中心主任由脑科学研究院院长马兰担任。中国科学院院士杨雄里担任中心科学咨询委员会主任。 （罗赟星）

【2项引进PI科研成果相继在《神经科学杂志》发表】 详见【综述】第42页[多篇论文在国际顶级学术刊物发表]条。

放射医学研究所

【概况】 2012年，放射医学研究所有在职教职工40人，其中科研人员15人，高级职称人员9名。全年招收硕士研究生6人和博士研究生3人，毕业硕士研究生2人，博士研究生1人。全年申请国家各类科研经费704.4万元，发表科研论文30篇，其中SCI论文17篇。

先后派出研究生何明远、董忱到日本从事短期访问研究和短期实验研究。8月20—24日，周志俊、卓维海、朱国英和孔肇路组团出访波兰NOFER职业医学研究所，开展学术交流。10月8—10日，美国德州大学西南医学中心3位专家飞利浦·泽曼(Philippe Zimmern)，孙先凯(Xiankai Sun)和谢振轩(Jer-Tsong Hsieh)到访。11月，研究员邵春林应邀访问台湾大学参加国际会议，并作大会报告。

9月，经校党委研究决定，组建放射医学研究所总支部委员会。邵春林任党总支书记。张江虹晋升为副

研究员。孔肇路被入选学校第二批“卓学计划”名单。　　（王伟华）

【职业卫生服务资质延伸及实际服务工作】　12月11日，根据《职业病防治法》、《国家安全总局办公厅关于开展职业卫生技术服务机构年检续展及换证的通知》的有关要求，上海市安全生产监督管理局组织技术评审专家组对放射医学研究所技术服务实验室的质量管理体系运行符合性和有效性进行技术评审。评审组按照《实验室资质认定评审准则》和研究所体系文件要求，对研究所建设项目职业病危害评价（仅限放射部分）在管理和技术运作能力上进行考评，并作出客观评价。研究所2012年完成《职业病危害（放射防护）控制效果评价报告书》及《职业病危害放射防护预评价报告》779份，检测报告1 500份。完成一万余人的放射工作人员职业健康监护工作。放射性工作人员染色体、微核检测一万余人次。　　（王伟华）

【举办建所50周年暨学术报告会】10月26日，“复旦大学放射医学研究所建所50周年暨学术报告会”庆典活动在枫林校区明道楼举行。所党总支书记邵春林同志主持庆典大会。所长周志俊作“所史”报告。校党委副书记王小林代表学校党政领导班子讲话，柴之芳院士应邀作题为“放射医学展望”的学术报告。研究所在职、退休、调离职工以及研究生和校友共300余人参会。　　（王伟华）

【一个项目确认为上海市科学技术成果】　12月20日，经上海市科学技术委员会评定，研究院朱国英主持的科研项目“重金属骨毒效应”确认为上海市科学技术成果。专家认为，“该项目整体研究达到国际先进水平，其中部分内容达到国际领先水平。特此推荐申报上海市医学科技奖”。该项目为国家自然科学基金和欧盟合作项目。　　（王伟华）

实验动物科学部

【概况】　2012年，实验动物科学部设有动物学硕士点1个。

有在编教职工27人，其中专任教师7人、教辅人员2人、行政人员1人、实验技术人员4人、技术工人13人。具有正高级职称1人、副高级职称4人、中级职称4人、初级职称及科员12人。另有租赁制技术员7人。有硕士研究生指导老师3人。

全年招收硕士研究生2人。毕业硕士研究生2人。在读硕士研究生3人。

为全校研究生和本科生开设医学实验动物学公共选修课，其中为临床型硕士研究生班开课56学时，授课学生数108人。为科研型硕士研究生班开课56学时，授课学生数113人。为在职研究生班开课56学时，授课学生数20人。为基础医学专业本科生班开课56学时，授课学生数24人。为八年制临床医学专业开课56学时，授课学生数46人。

申请到2012年度上海市科技发展基金项目3项，获得科研经费64万元。出版《医学实验动物学》研究生教材1部。《一种实验动物短途运输应激评价和干预方法》获得国家知识产权局授予的发明专利。《实验动物福利与动物实验伦理审查系统 ETC V1.0》和《实验大鼠和小鼠设施规划咨询系统 V1.0》获得国家版权局授予的计算机软件著作权2项。发表论文8篇。　　（杨　斐）

三、发展规划与学科建设

【概况】 2012年,学校发展规划与学科建设主要围绕"211工程"三期验收工作、"985工程"三期建设、推进内部治理结构改革和规划制定等各项工作展开,取得稳步进展。

完成"211工程"三期国家验收工作。3月,根据教育部《关于做好"211工程"三期验收工作的通知》,学科建设办公室对各建设项目展开系统的校内验收工作,分别形成《复旦大学"211工程"三期重点学科建设项目总结报告》、《复旦大学"211工程"三期创新人才培养项目总结报告》、《复旦大学"211工程"三期队伍建设项目总结报告》,并在3份报告基础上形成《复旦大学"211工程"三期总结报告》。认真开展复旦大学关于"211工程"建设项目的审计工作,委托有资质的社会中介机构对复旦大学"211工程"三期建设资金进行审计。6月,根据国家验收的要求,做好《复旦大学"211工程"建设专项资金使用和管理验收资料》报送工作,完成第三方验收。根据上海市相关要求,启动针对上海地区资金支持服务需求重点建设项目的总结工作,形成《复旦大学"211工程"三期服务地方需求重点建设项目总结报告》,并按要求出具审计报告,通过上海市组织的验收工作。11月,复旦大学获得教育部、国家发展与改革委员会和财政部三部委对"211工程"三期建设成效显著地高校的奖励资金。根据三部委的要求,完成《复旦大学"211工程"中央奖励资金的项目安排和资金使用方案》的编制工作。

继续推进"985工程"三期建设工作。1月,根据上海市发展与改革委员会、教育委员会、财政局《关于开展上海高校新一轮"985工程"服务地方经济社会发展重点建设项目申报工作的通知》的文件精神,对服务上海地方经济社会建设类项目进行项目深化,分为服务上海服务业发展、服务城市创新能力提升、服务城市创新体系建设、服务城市创新环境建设、医学研究和公共卫生、社会发展评价等项目,形成申报材料及项目建设资金预算表。1月31日,上报复旦大学《新一轮"985工程"服务地方经济社会发展重点建设项目申请书》及《新一轮"985工程"服务地方经济社会发展重点建设项目投资计划表》。4月,通过项目审核并下达建设资金。6月,根据教育部和财政部的部署,完成复旦大学"985工程"三期建设项目的阶段性总结工作,形成《复旦大学新一轮"985工程"建设阶段性总结报告》,对阶段建设目标实现和任务完成进展情况、改革方案的实施情况、资金使用管理情况、建设中的经验和问题等进行总结。

启动医学中长期发展规划的编制工作。1月,医科各单位根据部署,完成学科对比分析和本单位规划总体框架,完成与国内主要医科院校间的对比分析,形成《复旦大学医学学科现状及发展潜力研究》报告。组织举办第一次医学学科建设沙龙,探讨医学学科布局和发展;组建"复旦大学医学发展规划制定与实施专家委员会";形成医学中长期发展规划的基本框架。

组织完成国家中医药管理局"十二五"中医药重点学科建设点增设申报工作。4月,经国家中医药管理局组织遴选,确定中山医院的中西医结合临床、华山医院的中医老年病学、公共卫生临床中心的中医传染病学(培育)入选建设计划。

继续修订《复旦大学"十二五"发展规划纲要》,完成上报工作。3月2日,复旦大学党委全委员审议通过《复旦大学"十二五"发展规划纲要》。9月,教育部发《关于反馈"十二五"规划审核意见的函》,发展规划处根据该意见函指出的相关问题对"十二五"规划文本进行修改,于9月27日经复旦大学党委常委会审议通过后,将最终定稿上报教育部。

继续推进内部治理结构改革,开展大学章程起草工作。2012年,《复旦大学章程》制定工作小组召开4次会议,推进大学章程制定工作。工作小组组织团队分专题对大学章程的理论和实践问题进行研究,就历史传统、章程理念、办学方向、治理架构、师生权益等问题广泛听取各方意见,形成50余万文字记录。同时,在调研和研究的基础上,对大学章程的结构和序言进行研讨,形成大学章程的提纲和序言。11月,教育部赴复旦大学检查教育部直属高校国家教育体制改革试点项目及"三重一大"决策制度执行情况,充分肯定学校内部管理体制改革探索中取得的成效。

初步完成服务上海行动计划、创新走廊计划。8月,起草《复旦大学服务上海计划》初稿;9月,根据上海市各委办局的"十二五"规划或其他行动计划,梳理上海在未来5—10年的发展目标与工作重点,编制《上海市"十二五"时期经济社会发展需求报告》。"以创新能力提升为关键,以协同创新为纽带",聚焦复旦大学与杨浦、宝山的区域合作,初步完成"江湾创新走廊"战略规划。

做好校学术委员会秘书处及学术规范委员会秘书处工作。复旦大学学术委员会秘书处全年组织各分学部委员通讯评审兼职教授11人、顾问教授6人、名誉教授3人。复旦大学学术规范委员会受理学术违规举报案件14起,完成调查工作8起。

(刘　君　沈　顺　王怡静)

【组织完成“211工程”三期重点学科建设项目校内验收】 3月，根据教育部下发的《关于做好“211工程”三期验收工作的通知》(211部协办[2012]1号)，复旦大学以校学术委员会委员为主体的专家组，分文科、理工科、医科分别对列入《高等教育“211工程”三期规划》的30个重点学科建设项目进行校内验收。通过评审，30个重点学科建设项目全部通过验收，形成专家验收结果报告。最终完成《复旦大学“211工程”三期重点学科建设项目总结报告》。 (刘 君)

【组织完成上海高校一流学科的申报工作】 6月，根据《上海市教育委员会关于开展上海高校一流学科申报工作的通知》(沪教委科[2012]30号)，复旦大学启动上海高校一流学科的申报工作。“上海高校一流学科建设计划”的目的是为推动上海高等教育国际化，提高高等教育质量，促使若干学科成为国际重大影响的学术高地。9月，经过申报和审核，上海市教育委员会公布上海高校一流学科名单，复旦大学4个学科入选上海高校一流学科(A类)建设计划，20个学科入选上海高校一流学科(B类)建设计划。 (刘 君)

【召开第一届发展与规划委员会第五次会议】 3月13日，复旦大学第一届发展与规划委员会第五次会议在光华楼东辅楼203会议室举行，会议出席委员14人。发展与规划委员会主任、哲学学院教授吴晓明主持会议。会议讨论《〈复旦大学中长期事业发展规划(2012—2020)〉起草方案》和《关于制定〈复旦大学中长期事业发展规划(2012—2020)〉的若干意见》，并先后听取发展规划处、高等教育研究所关于“中长期事业发展规划”资源盘点及环境评价组工作方案的说明，形成会议意见。 (王怡静)

【组织举办第一次医学学科建设沙龙】 7月5日，第一次医学学科建设沙龙在枫林校区明道楼二楼多功能厅举行。副校长桂永浩、金力、林尚立出席。会议邀请学校基础、临床与非医学学科背景的18名专家以及有关职能部门负责人参加。与会人员主要就如何进一步扩大医学学科优势，谋划和布局新的增长点(学科、平台)；如何推进基础医学与临床医学、医学与非医学间紧密结合，有效促进临床转化；如何推进医学学科整合和学科交叉等议题进行讨论，为复旦大学医学学科中长期发展规划的编制提供思路。 (沈 顺)

附 录

复旦大学第二届学术规范委员会名单

主　任：周鲁卫(理学)
副主任：郭慕依(基础医学)
委　员：葛剑雄(人文)
王德峰(人文)
范丽珠(社会科学与管理)
王　迅(理学)
刘　冉(工程技术)
彭裕文(基础医学)
范维琥(临床医学)

复旦大学发展与规划委员会和复旦大学预决算委员会名单

(经2011年12月21日党委常委会第103次会议批准，2012年3月12日校通字5号发布通知)

复旦大学发展与规划委员会：
主任　委员：吴晓明(哲学学院)
副主任委员：陈家宽(生命科学学院)
彭裕文(上海医学院)
委　　员：卢丽安(女，外国语言文学学院)
陈　雁(女，历史学系)
张双利(女，哲学学院)
任　远(社会发展与公共政策学院)
潘伟杰(法学院)
尹　晨(经济学院)
资　剑(物理学系)
范康年(化学系)
徐　雷(信息科学与工程学院)
杨卫东(计算机科学技术学院)
郭慕依(上海医学院)
刘　宝(公共卫生学院)

复旦大学预决算委员会：
主任　委员：李若山(管理学院)
副主任委员：苟燕楠(国际关系与公共事务学院)
委　　员：杨乃乔(中国语言文学系)
俞吾金(哲学学院)
黄芝晓(新闻学院)
朱　叶(经济学院)
龚柏华(法学院)
林荣日(高等教育研究所)
林　伟(数学科学学院)
戴星翼(环境科学与工程系)
顾建新(上海医学院)
孙　逊(女，药学院)
林学雷(财务处)

复旦大学国家重点学科名单

（教育部 2007 年 8 月 20 日公布）

序　号	一级学科 国家重点学科
1	哲　学
2	理论经济学
3	中国语言文学
4	新闻传播学
5	数　学
6	物理学
7	化　学
8	生物学
9	电子科学与技术
10	基础医学
11	中西医结合

序　号	二级学科 国家重点学科	
1	产业经济学	
2	金融学	
3	政治学理论	
4	国际关系	
5	历史地理学	
6	中国近现代史	
7	计算机软件与理论	
8	内科学	心血管病
		肾　病
		传染病
9	儿科学	
10	神经病学	
11	影像医学与核医学	
12	外科学	
13	眼科学	
14	耳鼻咽喉科学	
15	肿瘤学	
16	妇产科学	
17	流行病学与卫生统计学	
18	药剂学	
19	社会医学与卫生事业管理	

注：材料物理与化学、管理科学与工程、马克思主义基本原理为国家重点（培育）学科。

复旦大学上海市重点学科名单

（上海市教育委员会 2007 年 8 月 8 日公布）

序　号	学　科　名　称	序　号	学　科　名　称
1	西方经济学	11	生物物理学
2	民商法学	12	生物医学工程
3	国外马克思主义	13	材料物理与化学
4	中国现当代文学	14	计算机软件与理论
5	英语语言文学	15	内科学（呼吸系病）
6	新闻学	16	妇产科学
7	原子与分子物理	17	外科学（胸心外）
8	无机化学	18	流行病学与卫生统计学
9	分析化学	19	药理学
10	生物化学与分子生物学	20	管理科学与工程

复旦大学上海市医学重点学科名单

(上海市卫生局 2004 年 12 月 20 日公布)

序　号	所　在　单　位	学　科　名　称
1	复旦大学附属肿瘤医院	临床病理科
2	复旦大学附属儿科医院	新生儿内科
3	复旦大学附属华山医院、上海市公共卫生中心	传染病科
4	复旦大学附属眼耳鼻喉科医院	头颈肿瘤科
5	复旦大学附属华山医院	检验科
6	复旦大学附属华山医院	神经内科
7	复旦大学附属中山医院	呼吸内科
8	复旦大学附属妇产科医院	妇产科
9	复旦大学附属中山医院	介入影像科

复旦大学国家中医药管理局“十二五”中医药重点学科名单

(国家中医药管理局 2012 年 9 月 18 日公布)

序　号	所　在　单　位	学　科　名　称
1	复旦大学附属中山医院	中西医结合临床
2	复旦大学附属华山医院	中医老年病学
3	复旦大学附属上海市公共卫生中心	中医传染病学(培育)

复旦大学上海高校一流学科名单

(上海市教育委员会 2012 年 9 月 3 日公布)

序　号	类　别	学　科　名　称
1	上海高校一流学科(A 类)建设计划	物理学
2		化学
3		生物学
4		基础医学
5	上海高校一流学科(B 类)建设计划	应用经济学
6		法学
7		政治学
8		社会学
9		马克思主义理论
10		外国语言文学
11		考古学
12		中国史
13		世界史
14		材料科学与工程
15		计算机科学与技术
16		环境科学与工程
17		生物医学工程
18		临床医学
19		公共卫生与预防医学

续　表

序　号	类　　别	学 科 名 称
20		药学
21		护理学
22		管理科学与工程
23		工商管理
24		公共管理

（发展规划处供稿）

四、人才培养

本科生教育

【概况】 2012年，复旦大学招收中国本科生2 964名，其中高考统招录取1 640名(含艺术体育特长生等)，上海市自主选拔录取616名，浙江省、江苏省自主选拔录取253名，保送生276名(含外语类)，武警国防生(新闻学专业)36名，贫困定向生31名，新疆西藏民族生48名(含内地班和预科升本科)，以及港澳台生64名(含联考生、澳门香港台湾保送生)等。高考统招计划顺利完成，在招收文科生的31个省中有30个省排名前三，在招收理科生的30个省中有16个省排名前三，共有15个省份文理科均获前三。国家教育考试指导委员会工作组9月13日来复旦大学进行专场调研。调研组专家对复旦大学自2006年开始进行的自主选拔录取改革试验工作给予了肯定。

在复旦大学2012级本(专)科新生开学典礼上，校长杨玉良向新任的复旦学院院长吴晓明教授和五位书院院长周鲁卫、彭裕文、王德峰、童兵、汪源源教授颁发聘书。陆昉副校长宣读了担任书院本科生导师的名单。

2012年招收插班生共计27人。学校为一、二年级学生提供转专业名额575个，共有385位学生申请转专业，其中258名学生获准转入新专业学习。学校还开设第二专业14个、第二学位专业3个，在校修读学生960人，获第二专业证书学生202人、获第二学位学生62人。

本科课程总量进一步增加，全年共计开设各类本科课程3 189门、5 564门次，分别比2011年增长6.4%和7.8%，其中春季学期开课1 559门、2 697门次；秋季学期开课1 630门、2 867门次；通识教育核心课程开设215门。小班化教学课程、研讨型课程的比例进一步提高，为全校本科生提供更为多元的课程选择空间。全英语课程建设稳步推进，培育出历史与文化、社会与政治、经济与管理、科学与技术等4个模块160门全英语课程。

积极落实本科教学质量工程等项目的申报与建设。2012年全校共获得国家级奖项和项目57项，其中教学改革项目1项、人才培养项目2项、“十二五”国家级规划教材54部；上海市级奖项和项目17项，其中人才培养项目2项、全英语教学示范课程3门、上海高校本科重点教学改革项目4项、上海市精品课程4门、上海市高等教育学会教改项目1项。

深入拓展“望道计划”，推进基础学科拔尖人才培养工作。2010年启动的“望道计划”最初在数学、物理学、化学、生物学等4个理科学科中开展。2012年，学校借助“985项目”资金支持，将“望道计划”拓展到中文、哲学、历史学等3个文科基础学科，并根据文科基础学科的特点形成相应的拔尖人才培养方案。2012年，学校大幅提高“莙政”、“望道”项目的资助力度，进一步鼓励和资助学生参加国内外的优秀学术会议或论坛；组织学生参加U21学术论坛、全国大学生创新年会等学术活动。全年共资助立项各类课题372项，其中“莙政”课题45项、“望道”课题101项、“曦源”项目226项。截至2012年底，课题结题学生在国内外学术期刊发表论文24篇，其中第一作者文章16篇。

推出“登辉计划”，完善本科生创新创业实践教育平台建设。2012年春季学期，复旦大学推出本科生实验实践资助计划(“登辉计划”)，搭建科研与实践相结合、分层次成体系的大学生实验实践平台。截至2012年底，已有55个项目提交申请报告，其中16个项目获得立项资助。

积极提高教学管理服务水平。2012年初，学校颁布《复旦大学学生学业证明文书管理细则》，明确学校向学生出具的学业情况证明文书种类，并针对文书的内容、格式、管辖部门、用章管理等事项，制定订详细规范。为方便学生办理成绩单及学业文书翻译证明事务，学校推出一系列便民新举措，包括增加办理工作时间，开通成绩单及各类证书翻译证明缴费的网上支付渠道等。根据教育部通知要求，完成2012级本专科新生的学籍电子注册，以及所有在读学生的学年电子注册。

加强多媒体设施和信息化教学平台的维护和更新。2012年，面向全校师生开放公共多媒体教室330余间，计算机基础教学课程机房3间共324座，大学公共英语教学的语音实验室7间共360座，开放部分机房供学生课余上机实习。全年在机房中完成的计算机应用基础课程教学计4 392学时，在语音教室完成的大学英语语音听力课程教学2 712学时，其他教学1 428学时。2012年拍摄制作整学期精品课程5门计190学时，其中2门国家精品共享课程全部采用高清视频格式制作。制作单科精品课程75门计259学时。制作《复旦视频新闻》32期，共计137条新闻，组织学生制作“学子动态”栏目23期。为学校各部门拍摄制作讲座报告以及各类比赛计50余项。2012年数字音像资源库采集制作新闻素材800余条；全年共有9门通识教育核心课程计450余课时在多校区远程视频交互系统内进行授课。2012年,多媒体制作室和校园信息化办公室联合对学校重大活动进行网络现场直播。多媒体制作室采用高清视频模式在现场进行导播,由复旦大学校园信息化办公室负责网络直播。先后对复旦大学医学院85周年庆祝大会,校长杨玉良本科生教学公开课作现场直播。

由上海医学院鲁映青教授领衔的“复旦大学基础医学基地科研训练及科研能力提高项目”获得2012年国家自然科学基金国家基础科学人才培养基金项目资助。 (沈 斌)

【学生多次获奖】 见【综述】第41页

【举行自主选拔录取改革试验面试】 2月11—12日,报考“望道计划”的800名江、浙、沪以外地区的考生和237名江、浙、沪考生分别接受复旦大学100多名专家的面谈。2月17—19日,面向江、浙、沪地区考生的复旦大学自主选拔录取改革试验面试在江湾校区举行,共有1 552名考生参加面试(其中上海考生1175名,江浙考生377名考生),280名教授作为面试专家开展工作。 (王 阳)

【召开新一届复旦大学教学指导委员会第一次全体会议】 该会议于3月16日下午在光华东辅楼101会议室召开。会议选举校教学指导委员会及5个学科分委员会的主任委员、副主任委员,讨论《教学指导委员会章程(草案)》。各学科分委会的主要任务是审议该学科领域内的本科生与研究生教学状况,梳理存在问题,提出相关建议。 (范慧慧)

【组织导师为学生开设学术讲座和交流沙龙活动】 2012年春季学期,复旦学院导师办公室共组织7场“学养拓展”和“大学导航”讲座。3月,为配合学校各院系开展转专业工作,导师办特别组织3场大型转专业沙龙活动,邀请人文社科、自然科学和医科专业的优秀导师与学生进行对话交流。 (代伶俐)

【主办“创新教与学”研讨会】 5月19日,复旦大学教学促进中心主办“创新教与学”研讨会,邀请德国特蒙德科技大学教师发展中心负责人、教授威尔特(Wildt)、前香港大学教学促进中心负责人、教授普罗瑟(Prosser)等国内外知名学者做主题报告,并就课堂教学模式的创新、学术职业中的教学与科研的关系、高校教师教学评价制度的改革等议题展开探讨。 (王 颖)

【推出复旦大学首届暑期国际课程项目】 该项目于2012年6月首次推出,开设“全球化与中国政治和媒介”、“中美关系与亚洲崛起”、“当代中国外交”、“中西哲学比较”、“中国商业文化实践”、“中国古代思想”、“动态的中国经济”等13门全英语通识课程,旨在引导学生尝试从学术视角出发,研究中国的历史、文化、政治、经济和社会,帮助学生获得关于中国的较为清晰和全面的认识和理解。项目吸引了来自加拿大、墨西哥、德国、意大利、俄罗斯、挪威、丹麦、西班牙、新加坡、印度等国的98名留学生。学生反馈对课程的满意率达到95%。 (王 颖)

【首次举办哈佛—复旦暑期课程(医学类)项目】 6月,在枫林校区首次举办哈佛—复旦暑期课程(医学类)项目。哈佛大学和复旦大学基础医学院、临床医学院(待建)、公共卫生学院的教授们联合打造“生命科学实验室督导研究”、“从生物学视角来看中国疾病”、“生命和医学科学中的人口统计学”等3门课程,以课堂授课、讲座、实验室项目研究与参访活动相结合的方式授课。哈佛大学的15名学生与复旦大学的16名本科生汇合接受为期8周的课程学习和实验室训练,通过考核后,获得哈佛大学与复旦大学的学分。 (王 习 闵瑞隽)

【获批国家级教师教学发展示范中心】 10月,复旦大学教师教学发展中心被教育部批准为国家级教师教学发展示范中心。该中心前身为复旦大学教学促进中心,根据教育部同意部署,于2012年正式更名为复旦大学教师教学发展中心。该中心以科学研究为支撑,以提供培训服务、科学评估、资源共享为主要工作内容,旨在促进研究型、创新型教学模式的培育,推动大学教学研究的精细化,全校跨学科教师学习共同体的构建,及教育质量的提升。 (朱 军)

【成立新的复旦学院(本科生院)】 7月,学校正式宣布组建新的复旦学院(本科生院),原复旦学院、教务处、本科生招生办公室、现代教育技术中心和学生服务联合体教材中心职能整合,机构并入。除承担全校本科教学发展和管理职能外,新复旦学院还下设志德书院、腾飞书院、克卿书院、任重书院和希德书院等5个贯穿本科教育阶段的住宿书院。 (徐 雷)

【新增技术科学试验班】 详见【综述】第41页。

【维护与更新多媒体教学设备】 2012年暑期,改建邯郸校区第二教学楼31间、第三教学楼24间、枫林校区第一教学楼23间共78间多媒体教室,采用WISE IC865的网络中央控制器,安装WISE DS6101视频系统监控教室设备使用情况,更新多媒体讲台、语音网关等。更新邯郸校区第二、三、五、六教学楼及枫林校区第一教学楼话筒150余套,更换投影机15台、电动幕布12块、功放10台、调换投影机灯泡25只。张江、江湾校区及新闻学院更新投影机12台、电动幕布9块、调换投影机灯泡15只。邯郸、枫林二校区多媒体教室共新增及更新电脑93套,采用联想启天I7-2600/Q65/4G/1T,19寸液晶显示器的配置。截至2012年底,邯郸校区第二、三、六教学楼及枫林校区第一教学楼所有的多媒体教室均配备电脑,教学环境得以改善。 (邬忠华 陶建辉)

【发布《复旦大学2011年本科教学质量报告》】 该报告于2012年10月30日正式发布,报告明确提出,复旦大学要着眼国家和民族的未来,培养具有人文情怀、科学精神、国际视野、专业素质的领袖人才。报告涉及本科教育基本情况、师资与教学条件、教学建设与改革、教学质量保障体系建设、学生学习成果及特色等内容,全面总结2011年复旦的本科教学工作情况。 (曾 勇)

【组建复旦大学通识教育核心课程体系建设小组】 10月底,受复旦大学教学指导委员会委托,复旦大学通识教育核心课程体系建设工作小组正式成立。工作小组围绕复旦大学人才培养目标和通识教育理念，在现有基础上，对通识教育核心课程进行新一轮建设，力求形成统一的更为完善的通识教育核心课程体系。

（范慧慧）

【多个实践教育基地获批立项】 10月，复旦大学"管理学院信息管理与信息系统专业创新创业教育实验基地"获上海市教委批准立项。11月，"复旦大学—上海崇明东滩河口湿地生物多样性与生态系统野外实践教育基地"、"复旦大学—上海文汇新民联合报业集团新闻传播学类文科实践教育基地"、"复旦大学附属中山医院临床技能综合培训中心"获教育部批准立项。（葛天如）

【编发《通识教育核心课程助教工作手册》】 10月24日，复旦大学通识教育核心课程助教培训会在邯郸校区五号楼活动室召开。会上印发《通识教育核心课程助教工作手册》，首次以系统整合的形式，将通识教育核心课程理念、核心课程助教工作内容、课堂讨论方法、常用信息汇总等内容传递给助教，便于有效开展工作。（黄　潇）

【举办第二届亚太地区PBL联合学术研讨会】 详见【综述】第43页。

【参加"2012内地高等教育展"】 11月3—4日，"2012内地高等教育展"在香港举行，由国家教育部与香港教育局联合举办。复旦大学应邀随教育部组团参展，向香港考生全面介绍复旦大学的本科教育和内地高等教育等情况。（朱晓超）

【组织"名师与您面对面"系列座谈】 教师教学发展中心于11月推出"名师与您面对面"系列座谈，邀请教学名师、精品课程负责人和各院系教师代表，分专题与青年教师开展研讨与交流。将教学名师的教学方法、理念、经验以及在教学方面的成长经历与青年教师分享，有助于提升青年教师的教学水平。（曾　勇）

【获批第一批卓越医生教育培养计划项目试点高校】 11月，教育部、卫生部发布《关于批准第一批卓越医生教育培养计划项目试点高校的通知》（教高函[2012]20号）。复旦大学入选并承担"拔尖创新医学人才培养模式改革试点"和"五年制临床医学人才培养模式改革试点"项目。

（裴　鹏）

【成立复旦大学教师教学发展委员会】 12月10日，复旦大学教师教学发展委员会正式成立。杨玉良校长为乔守怡等委员颁发了聘书。这标志着该委员会正式成立。12月20日，复旦大学教师教学发展委员会召开第一次全体会议。委员会由23名委员组成，其中主任委员1名、副主任委员3名。委员会成立旨在更好地推进教师发展工作的常态化和制度化，创建有利于教师教学发展的良好环境，提升教师教学能力和水平。

（朱　军）

附　录

2012年复旦大学本专科专业设置

院　系		专　业	
		代　码	名　称
中国语言文学系		050101	汉语言文学
		050102	汉语言
哲学学院	哲学系	010101	哲学
		010101	哲学(国学方向)
	宗教系	010103	宗教学
历史学系		060101	历史学
	旅游系	110206	旅游管理
文物与博物馆学系		060104	博物馆学
外国语言文学学院	日语系	050205	日语
	德语系	050203	德语
	英语系	050201	英语
	翻译系	050255S	翻译
	法语系	050204	法语
	俄语系	050202	俄语
	朝鲜语系	050206	朝鲜语
法学院		030101	法学

续 表

院	系	专业代码	专业名称
国际关系与公共事务学院	国际政治系	030402	国际政治
	政治学系	030401	政治学与行政学
		030404	思想政治教育
	公共行政系	110301	行政管理
社会发展与公共政策学院	社会学系	030301	社会学
	社会工作系	030302	社会工作
	心理学系	071501	心理学
新闻学院	新闻学系	050301	新闻学
	广播电视学系	050302	广播电视新闻学
	广告学系	050303	广告学
	传播学系	050305w	传播学
经济学院	经济学系	020101	经济学
		020101	经济学(数理经济方向)
	世界经济系	020102	国际经济与贸易
	公共经济学系	020103	财政学
	国际金融系	020104	金融学
	保险系	020107w	保险
管理学院	管理科学系	110101	管理科学
	信息管理与信息系统系	110102	信息管理与信息系统
	企业管理系	110201	工商管理
	市场营销系	110202	市场营销
	财务金融系	110204	财务管理
	会计学系	110203	会计学
	统计学系	071604	统计学
数学科学学院		070101	数学与应用数学
		070102	信息与计算科学
物理学系		070201	物理学
核科学与技术系		080508s	核技术
化学系		070301	化学
		070302	应用化学
高分子科学系		080204	高分子材料与工程
环境科学与工程系		071401	环境科学
		071401	环境科学(环境工程方向)
		071401	环境科学(环境管理方向)
信息科学与工程学院	电子工程系	071201	电子信息科学与技术
		080607	生物医学工程
	光科学与工程系	071203	光信息科学与技术
	微电子学系	071202	微电子学
	通信科学与工程系	080604	通信工程

续 表

院	系	专业 代码	专业 名称
信息科学与工程学院	光源与照明工程系	080601	电气工程及其自动化
计算机科学技术学院	计算机科学与工程系	080605	计算机科学与技术
	计算机与信息技术系	071205W	信息安全
软件学院		080611	软件工程
材料科学系		071301	材料物理
		071302	材料化学
		080606	电子科学与技术
力学与工程科学系		071101	理论与应用力学
		081501	飞行器设计与工程
生命科学学院	生物化学系	070401	生物科学
	微生物与微生物工程系		
	生理学与生物物理学系		
	生态与进化生物学系	070402	生物技术(与药学院合办)
	遗传学与遗传工程系		
上海医学院		100101	基础医学
		100301	临床医学(八年制)
		100301	临床医学(六年制)
		100301	临床医学(五年制)
		100301	法医学
公共卫生学院		100201	预防医学
		110302	公共事业管理
药学院		100801	药学
		100801	药学(临床药学方向)
护理学院		100701	护理学
		100701	护理(专科)
艺术设计系		050408	艺术设计

复旦大学2012年本科修读第二专业及第二学位专业设置

第二专业	开设院系
国际经济与贸易	经济学院
经济学	经济学院
新闻学	新闻学院
法学	法学学院
* 哲学	哲学学院
数理逻辑与科学哲学	哲学学院
对外汉语	国际文化交流学院
英汉双语翻译	外文学院
公共事业管理(社会管理方向)	社会学院
外交与公共事务	国政学院

续 表

第二专业	开设院系
国务与政务	国政学院
外交学	国政学院
教育学	高教研究所

第二学士学位	开设院系
会计学	管理学院
汉语言文学	中文系
法学	法学学院
公共事业管理专业(卫生事业管理方向)	公共卫生学院

2012 年复旦大学获“十二五”国家级规划教材一览表

教师姓名	教材名称	所属院系
魏育青　范捷平	德语综合教程 4	外国语言文学学院
翟象俊	21 世纪大学英语读写教程(第一册)(修订版)	大学英语教学部
翟象俊	21 世纪大学英语读写教程(第二册)(修订版)	大学英语教学部
翟象俊	21 世纪大学英语读写教程(第三册)(修订版)	大学英语教学部
余建中	21 世纪大学英语练习册(第一册)(修订版)	大学英语教学部
翟象俊	21 世纪大学英语练习册(第二册)(修订版)	大学英语教学部
翟象俊	21 世纪大学英语练习册(第三册)(修订版)	大学英语教学部
余建中	21 世纪大学英语练习册(第四册)(修订版)	大学英语教学部
宋　梅	21 世纪大学英语教师参考书(第一册)(修订版)	大学英语教学部
李荫华	大学英语(全新版)	大学英语教学部
李荫华　王德明　夏国佐等	综合教程学生用书(1)	大学英语教学部
李荫华　王德明　夏国佐等	综合教程学生用书(2)	大学英语教学部
李荫华　王德明　夏国佐等	综合教程学生用书(3)	大学英语教学部
李荫华　王德明　夏国佐等	综合教程学生用书(4)	大学英语教学部
李荫华　王德明　夏国佐等	综合教程学生用书(5)	大学英语教学部
李荫华　王德明　夏国佐等	综合教程学生用书(6)	大学英语教学部
季佩英　吴晓真	综合教程教师用书(1)	大学英语教学部
吴晓真　季佩英　姚燕瑾	综合教程教师用书(2)	大学英语教学部
季佩英　吴晓真　姚燕瑾	综合教程教师用书(3)	大学英语教学部
吴晓真　季佩英　姚燕瑾	综合教程教师用书(4)	大学英语教学部
季佩英　吴晓真　姚燕瑾	综合教程教师用书(5)	大学英语教学部
吴晓真　季佩英　姚燕瑾	综合教程教师用书(6)	大学英语教学部
邱东林	阅读教程(通用本)学生用书(5)	大学英语教学部
邱东林	阅读教程(通用本)教师用书(5)	大学英语教学部
朱永生	综合教程(4)学生用书	外国语言文学学院
朱永生	综合教程(4)教师用书	外国语言文学学院
裘锡圭　杨　忠	古文献学基础知识丛书	中国语言文学系
姜波克	国际金融新编(第四版)	经济学院

续 表

教师姓名	教材名称	所属院系
刘红忠　蒋　冠	金融市场学	经济学院
薛华成	管理信息系统(第 5 版)	管理学院
程晓明	卫生经济学(第 2 版)	公共卫生学院
金泰廙	职业卫生与职业医学(第 6 版)	公共卫生学院
王卫平	儿科学	上海医学院
金惠铭　王建枝	病理生理学(第 7 版)	上海医学院
彭裕文	局部解剖学(第 7 版)	上海医学院
杨秉辉	全科医学概论(第 3 版)	上海医学院
朱大年	生理学(第 7 版)	上海医学院
查锡良	生物化学(第 7 版)	上海医学院
左　伋	医学遗传学(第 5 版)	上海医学院
傅　华	预防医学(第 5 版)	公共卫生学院
吕探云	健康评估(第 2 版)	护理学院
石凤英	康复护理学(第 2 版)	上海医学院
席淑新	眼耳鼻咽喉口腔科护理学(第 2 版)	上海医学院
周　珮	生物技术制药	药学院
李　端	药理学(第 6 版)	药学院
史济平	药学分子生物学(第 3 版)	药学院
姚慕生　吴泉水	高等代数学(第二版)	数学科学学院
欧阳光中　朱学炎　金福临等	数学分析(上册)(第三版)	管理学院
欧阳光中　朱学炎　金福临等	数学分析(下册)(第三版)	管理学院
杨福家	原子物理学(第四版)	物理学系
周世勋　陈　灏	量子力学教程(第二版)	物理学系
杨　继	植物生物学(第 2 版)	生命科学学院
施伯乐　丁宝康　汪　卫	数据库系统教程	计算机科学技术学院
陈光梦	模拟电子学基础(第二版)	信息科学与工程学院

2012 年复旦大学获国家级、上海市级卓越法律人才培养基地一览表

教师姓名	基地名称	所属院系	等　级
孙笑侠	应用型、复合型法律职业人才教育培养基地	法学院	国　家
王志强	涉外法律人才教育培养基地	法学院	国　家
孙南申	卓越法律人才培养基地	法学院	上海市
季立刚	涉外卓越法律人才培养基地	法学院	上海市

2012 年复旦大学获上海市级精品课程一览表

教师姓名	课程名称	所属院系
陆　昉　蒋玉龙　茹国平　刘　冉　屈新萍	半导体物理	物理学系
赵卫东　戴伟辉　李银胜　郑骁庆	商务智能	软件学院
叶德泳　李　炜　仇缀百　付　伟　周　璐	药物设计学	药学院
杜艳华　杨宏雨　高晓林　王　涛　朱潇潇　肖吟新	中国近现代史纲要	社会科学基础部

续　表

教师姓名	课程名称	所属院系
汪　青　鲁映青　吴根诚　曾　勇　石凤英　钱睿哲　郑黎明　向　阳　刘瑞梓	走近医学：历史与传承	上海医学院
冀　敏　张新夷　姚红英　岑　剡　苏卫锋　饶双梅	医学物理与实验	物理学系
樊惠芝　赵　滨　雷　杰　张　松　高明霞　马　林　许雪姣　方彩云　傅正文　纪　季　包慧敏　刘　芸　冯　玮	分析化学系列实验	化学系

2012 年复旦大学获上海市级高校本科重点教学改革项目一览表

教师姓名	项目名称	所属院系
王　颖	研究型大学本科课程国际化建设的路径与策略	教务处
戴星翼	综合性大学环境规划与管理的教学研究与实践	环境科学系
乐　毅	本科课程设置的整体设计与人才培养模式研究	高等教育研究所
田凌晖	复旦大学教学质量年报研制	高等教育研究所

2012 年复旦大学获教育部—IBM 专业综合改革项目建设课程名单

主讲教师	课程名称	所属院系
赵卫东	流程智能	软件学院

2012 年复旦大学获上海市示范性全英语教学课程一览表

主讲教师	课程名称	所属院系
赵伟韬	管理沟通	管理学院
瞿　涤	医学微生物学	上海医学院
杨俊蕾	西方美学经典导读	中国语言文学系

2012 年复旦大学获上海市高等教育学会研究成果奖一览表

教师姓名	课题名称	所属院系	等　级
鲁映青	医学生医德教育吸引力、针对性和实效性方法、途径研究	上海医学院	二等奖

2012 年“高教社杯”全国大学生数学建模竞赛复旦大学获奖一览表

参赛学生	所属院系	获奖情况	指导教师
吴索菲　杨晨明　拜　昕	数学科学学院	全国一等奖	曹沅
雷依伦　张泽人　胡张柠	管理学院 数学科学学院	全国一等奖	
崔瀚文　栾石圳南　李远帆	数学科学学院	全国二等奖	曹沅
陈绿洲　薛　菲　马　浩	数学科学学院 计算机科学技术学院	全国二等奖	

第三届全国大学生数学竞赛（决赛）复旦大学获奖一览表

参赛学生	所属院系	竞赛分组	获奖情况
田晓颖	数学科学学院	数学组	全国一等奖
李宗元	数学科学学院	数学组	全国一等奖
魏伊舒	数学科学学院	数学组	全国二等奖

续 表

参赛学生	所属院系	竞赛分组	获奖情况
史汝西	数学科学学院	数学组	全国二等奖
倪晨頔	数学科学学院	数学组	全国三等奖
汪 飞	信息科学与工程学院	非数学组	全国二等奖

2012年全国大学生电子设计竞赛嵌入式系统专题邀请赛(英特尔杯)复旦大学获奖一览表

参赛学生	所属院系	获奖情况	指导教师
戴东海 张仕宇	信息科学与工程学院	全国三等奖	冯辉

2012年全国大学生电子设计竞赛模拟电子系统专题邀请赛(TI杯)复旦大学获奖一览表

参赛学生	所属院系	获奖情况	指导教师
姚舜扬 施 明 茅魁元	信息科学与工程学院	全国二等奖	刘祖望
刘彦洲 王 欣 郭 威	信息科学与工程学院	全国三等奖	陈光梦

第36届ACM国际大学生程序设计竞赛全球总决赛复旦大学获奖一览表

参赛学生	所属院系	获奖情况	指导教师
冯国栋 黄 磊 洪 骥	计算机科学技术学院	第36名	孙未未

第29届全国部分地区大学生物理竞赛复旦大学获奖一览表

参赛学生	所属院系	竞赛分组	获奖情况
唐云浩	物理学系	物理学类	上海市一等奖
柴凌云	物理学系	物理学类	上海市一等奖
姜逸坤	物理学系	物理学类	上海市一等奖
梁斯航	物理学系	物理学类	上海市一等奖
李林蔚	物理学系	物理学类	上海市一等奖
王 翀	力学与工程科学系	非物理学类A组	上海市一等奖
黄 耀	技术科学试验班	非物理学类A组	上海市一等奖
时若晨	医学试验班	医学类	上海市特等奖
柯淑强	经济学院	文科经管类	上海市特等奖
吕智渊	经济管理试验班	文科经管类	上海市一等奖

2012年全国高校俄语大赛复旦大学获奖一览表

参赛学生	所属院系	获奖情况
杨 岚	外国语言文学学院	低年级组三等奖
胡祎玮	外国语言文学学院	高年级组优胜奖

2012年第三届全国高等医学院校大学生临床技能竞赛获奖一览表

参赛学生	所属院系	获奖情况
许 华 杨璐萌 杨佑琦 董沁韵	上海医学院	三等奖

第二届全国大学生基础医学创新论坛暨实验设计大赛获奖一览表

参赛学生	所属院系	获奖情况	指导教师
王　磊　于　娟	上海医学院	实验设计大赛三等奖	刘秀萍
孟俊融　姜　珺	上海医学院	实验设计大赛三等奖	陈红
陈之春　孙　宇	上海医学院	实验设计大赛优秀奖	黄志力
郭范立　唐薪竣	上海医学院	实验设计大赛优秀奖	蒋涛
周　峰	上海医学院	基础医学创新论坛三等奖	王玉燕
刑　星	上海医学院	基础医学创新论坛优秀奖	徐昕红、黄志力

参赛单位	获奖情况
上海医学院	优秀组织奖

（复旦学院、医学教育办公室供稿）

研究生教育

【概况】 2012年全年招收学历教育研究生5 372人，其中：硕士研究生4 008人(含港澳台生47人，外籍生292人，少数民族骨干生15人)、博士研究生1 364人(含港澳台生8人，外籍生34人，少数民族骨干生20人)。全年新增税务、保险、学科教学、出版等4种硕士专业学位招生类型，4种类型合计招收专业学位硕士研究生70人。大陆地区学历硕士生中含学术型1 756人、专业型1 913人，专业型招生人数首次超过学术型，研究生招生结构得到进一步调整。2012年度复旦大学招收非学历教育研究生1 535人，其中法律硕士99人、工程硕士720人(含软件工程自主招生295人)、公共管理硕士120人、公共卫生硕士100人、会计硕士70人、高级工商管理硕士(EMBA)426人。继续推进招生改革，包括：(1) 医学相对独立招生、新设独立招生单位——上海市影像医学研究所；(2)“长学制”招生改革在数学科学学院和物理学系试点基础上增加脑科学研究院试点单位；(3) 复旦大学报名点在2012年度研究生招生报名中首次试行报考信息网上确认；(4) 进一步扩大夏令营活动计划，全校共有16个夏令营开营，学校投入资助资金119万元(实际支出154万元)，有1 243名优秀大学生获得夏令营活动资格，预录取推免生656人。博士生规模尚不能满足学校科研工作需要的矛盾依然突出，招生结构仍待优化，生源质量也有待进一步提高。

围绕“质量”和“创新”开展研究生培养改革工作，以提高培养质量为核心，着力激发研究生创新能力。(1) 继续深化课程教学改革，加强培养过程管理和教学质量评估。全年开设各类研究生课程共计2 749门，其中博士生课程675门，共787个班级；硕士生课程2 043门，共2 458个班级；公共选修课程(含跨一级学科新视野课程)31门，共66个班级。在网上全面开展研究生课程教学评估(学生评教)工作，参加并接受上海市组织的年度培养过程检查与评估活动。重视课程和教材建设，第一批审核批准重点课程建设项目的资助立项20项，第二批审核批准重点课程建设项目的资助立项23项，第三批审核批准重点课程建设项目的资助立项24项。继续开展教育部2012年度“博士研究生学术新人奖”的评选活动，共评出倪春军等25位获奖候选人，推荐给教育部；(2) 加强研究生创新能力培养，完成年内承担的各类国家和上海市级研究生教育创新计划项目。继续开展第十二批研究生创新基金资助项目共75项，其中，优秀博士学位论文培育资助项目38项，优秀硕士学位论文培育资助项目37项，资助金额共计99万元。审核批准2012年度优秀在校硕士生硕博连读名单，邯郸校区计208人。参加多个国内学术论坛及复旦大学举办的以学科为轴心的分学科学术论坛。建设和完善金融创新、生物信息学、数字医学、医学分子生物学、环境科学、数字传媒和力学学科、生物医学工程实验室等8个交叉性学科研究生创新实验室。以研究生院、研究生工作部的名义，举办国际“学术研究能力训练”暑期学校，资助46名研究生赴美国加州州立大学 Fullerton 分校参加暑期学校，成效显著；(3) 继续支持研究生开展产学研结合的实践活动。加强与上海市陆家嘴金融港、上海科学院、张江高科的产学研合作，组织学生到联合培养基地实习和训练。为毕业研究生继续探索和开设“创业与创新”辅修课程(第四期)；(4) 为进一步加强创新人才培养，开展“985”三期创新人才培养计划的6个资助项目：复旦大学重点学科优秀博士生科研资助计划、复旦大学交叉学科优秀博士生科研资助计划、复旦大学博士生短期国际访学资助计划、复旦大学推免生暑期科研训练资助计划、复旦大学研究生暑期学校资助计划和复旦大学优秀大学生夏令营资助计划；(5) 继续推行研究生国际访学制度，参加国外学术会议、报告资助项目60项，作报告的有40多人，分赴欧美等国家，经费共计34.8万元。全年选派研究生出国留学共计76名，其中攻读博士学位22人,攻读硕士学位5人,联合培养49人;(6)继续对培养过程中的学位论文选题、开题、预审及预答辩等环节进行督促检查和监控,保证研究生学位论文质量。

2012年度,复旦大学共授予硕士学位4 887人,其中专业学位2 771人;授予博士学位1 066人,其中专业学位138人。2012年博士学位论文双盲评审共送审博士论文1 961本,其中61本被专家提出异议,异议率为3.11%;参加上海市硕士学位论文抽检评议401人,异议19人,异议率为4.74%;参加校内硕士论文抽检802人,异议57人,异议率为7.11%。全年科学学位论文的异议率为5.98%,专业学位论文的异议率为6.85%。经各学位评定分委员会审核,复旦大学共推荐82篇博士学位论文和46篇硕士学位论文参加2012年上海市优秀论文的评选,其中,38篇获上海市优秀博士学位论文(占全市24.4%),24篇获上海市优秀硕士学位论文(占全市18.2%)。在上海市优秀论文的基础上,结合上海市通讯评议结果,产生49名校级优秀博士论文和29名校级优秀硕士论文。

在导师工作方面,已将导师遴选的改革推广到全校所有院系,在名额上不做限制,鼓励院系在学校原有博导遴选条件的基础上制定本院系的遴选条件和程序,并结合院系的人力资源规划,对博导的岗位聘任统筹安排。在新修订的导师资助规章基础上,顺利完成2009、2010、2011、2012级博士生导师招收博士生出资金额的测算与核对工作。5月25日,第四届中青年研究生导师培训大会在逸夫科技楼举行,大会邀请著名教育家、特级教师于漪,特聘教授陈家宽,长江特聘教授封东来为培训大会作专题报告,全校200多名中青年研究生导师参加培训。

继续推进专业学位教育,跟踪和推进MBA、MPA和MPH等3个学位授权点的综合改革试点工作,承担上海市硕士专业学位论文基本要求和评价指标体系研制(二期)的组织工作。

继续推进研究生教育国际化进程,启动全英文博士学位项目建设的调研和筹备工作。继续开展在办全英文硕士学位项目的全面评估,落实和完善《复旦大学研究生国际项目管理办法(试行)》。学校与近30个国家和地区的120多所高校和研究机构建立合作交流关系,积极寻求多角度国际合作,组织师生参与大型国际学术会议和论坛,组织哈佛大学访问学者项目、耶鲁大学福克斯项目(Visiting Fellows)的交流选拔工作。

(包晓明　廖文武　吴宏翔　姚玉河　姜友芬　胡玲琳　陆德梅　顾云深)

【"长学制"招生改革】 2012年,复旦大学进一步落实"长学制"招生改革举措,在数学科学学院和物理学系试点长学制招生改革基础上,增加脑科学研究院为改革试点单位。"长学制"招生改革目的在于真正建立起研究生教育的分流、淘汰机制,落实5年一贯制研究生培养模式。在已有基础上提出本—硕—博贯通式研究生招生培养改革计划。(吴宏翔)

【医学招生管理改革】 为提高复旦大学医学研究生招生的针对性、强化医学招生管理工作,在编制2013年度招生计划时落实医学招生相对独立原则,招生计划配置和复试名单审核等由上海医学院相对独立运作,并增加上海市影像医学研究所为独立招生单位。(吴宏翔)

【工程博士首次招生】 根据国务院学位委员会《关于下达工程博士专业学位授予单位名单的通知》(学位[2011]72号),复旦大学获准自2012年起在电子与信息、生物与医药2个领域开展工程博士招生工作。2012年,学校首次面向全国招收工程博士生11人。(吴宏翔　陆德梅)

【1篇论文入选全国优秀博士学位论文】 2012年,复旦大学推荐到全国参评的博士学位论文16篇。其中,药剂学2007级博士研究生占昌友学位论文《多肽介导的神经胶质瘤靶向给药系统研究》(指导老师:陆跃伟)入选2012年全国优秀博士学位论文。另有11篇论文入选全国优秀博士学位论文提名论文。截至2012年12月,复旦大学共有全国优秀博士学位论文55篇,在全国各高校中保持在第三位,且累计有70篇博士学位论文获得全国优秀博士学位论文提名论文。(姜友芬)

【开展一级学科评估工作】 2月,国务院学位办启动第三轮一级学科评估工作。该次评估工作在全国95个一级学科中进行,复旦大学被授权培养研究生的43个一级学科全部被列入评估范围。为便于工作开展,研究生院要求各院系由主要领导牵头,成立专门的一级学科申报小组,对于跨院系申报的一级学科,采取由主要院系负责申报材料的组织及汇总,研究生院逐一协调的方式,保证一级学科参评材料的组织和协调工作。根据自愿参评的原则,我校最终参评的一级学科包括36个一级学科博士点和1个一级学科硕士点。(姜友芬)

【完成首届临床医学硕士专业学位研究生(住院医师)培养的相关工作】 根据上海市教委和卫生局有关专业学位硕士研究生教育改革的文件精神,3月,医学学位与研究生教育管理办公室制定复旦大学临床医学硕士专业学位研究生(住院医师)培养方案、培养手册,并完成相关课程设置。保证首届临床医学专业学位硕士研究生(住院医师)培养工作的顺利开展。(储以微　吴海鸣)

【完成学科自主设置及调整工作】 根据国家相关文件精神,复旦大学于2012年4月启动在具有博士、硕士学位授权的一级学科下,自主设置与调整授予博士、硕士学位二级学科的工作,包括目录内二级学科的增设,以及对已有目录外学科的设置或调整工作。该工作严格按照国家各个环节的程序要求完成,经各位委员讨论并无记名投票表决,同意在博士学位授权一级学科范围内自主设置42个学科专业,其中目录内二级学科9个,目录外二级学科33个,并决定撤销原目录外二级学科17个。(姜友芬)

【"国务院学位办学术学位处综合调研组"到校调研】 4月10日,国务院学术学位处综合调研组来复旦大学调研学位与研究生教育工作。调研组组长由国务院学位委员会办公室副主任梁国雄担任。该次调研目的是对复旦大学研究生教育的全过程,包括招生、培养、管理、就业等主要环节及学科建设的现状和存在问题进行全面了解。调研方式分为专访主管学位与研究生教育的校领导，召开研究生院及其各职能部门负责同志座谈会等。校长杨玉良参加调研活动，并在活动中阐述复旦大学研究生教育的指导思想和办学理念，双方就共同关心的问题交换意见，达成共识。

（姚玉河　包晓明）

【举行教育部2011年度"博士研究生学术新人奖(补充)"启动仪式】 4月20日，复旦大学举行教育部2011年度"博士研究生学术新人奖"启动仪式暨第十一批(补充)研究生创新基金资助款发放仪式。陈晓曦等25位博士生获得教育部2011年度"博士研究生学术新人奖"。研究生院领导、教育部2011年度"博士研究生学术新人奖"获奖者、第十一批(补充)研究生创新基金资助项目获得者以及导师代表百余人出席会议。

（廖文武　陈建平　包晓明）

【举办全国优秀大学生暑期夏令营活动】 7月8—14日，复旦大学基础医学院、公共卫生学院、药学院和生物医学研究院相继举办全国优秀大学生暑期夏令营活动，吸引来自全国多所高校的440名大学生报名，最终209名优秀大学生优选入营。在活动中，有144位营员与相关学科专家达成意向，签订预录取协议，其中包括69名直博生和75名硕士生。

（储以微　任　宁）

【召开研究生教育改革座谈会】 该会议于6月20日在复旦大学举行。由教育部主办，复旦大学承办。教育部部长助理、党组成员林蕙青主持座谈会并讲话，教育部高校学生司司长王建国，学位管理与研究生教育司司长郭新立，直属高校工作司、高等教育司、上海市教委、上海市卫生局以及复旦大学、上海交通大学、同济大学的有关负责同志参加会议。会议围绕"住院医师规范化培训和临床专业学位研究生培养结合的情况"、"博士研究生招生制度改革"、"综合性大学医学教育管理体制改革"等3个议题展开。上海市教委副主任印杰与上海市卫生局有关负责同志就"住院医师规范化培训和临床专业学位研究生培养结合的情况"作主题发言，参加这一试点项目的复旦、交大和同济3所试点高校就试点工作进行发言，对这项改革的成功经验充分肯定，并就存在的问题开展讨论。

（姚玉河　包晓明）

【设立"明道计划"】 依托复旦大学"985工程"三期人才培养资助计划，在上海医学院设立医学研究生"明道计划"。首批资助项目申报工作于4月启动，6月，组织有关学科专家组对2012年医学研究生明道计划项目举行遴选。经评审专家组评定，获得资助的项目共29项，每项金额为3万元。9月举行立项仪式并下拨经费。

（储以微　吴海鸣）

【组织召开2012年医学研究生教育工作研讨会】 8月28—29日，组织上海医学院下属18家单位的研究生管理干部召开医学研究生教育工作研讨会，在加强各单位间联系的基础上，对进一步理顺复旦大学医科研究生教育管理工作，完善相关管理规定起到促进作用。（储以微　任　宁）

【院领导班子调整】 9月28日，在研究生院第一会议室召开中层干部会议。会上，根据校任字[2012]13号文，任命钟扬为研究生院院长、陈玉刚为研究生院副院长。副校长陆昉出席会议并讲话，复旦大学组织部部长秦莉萍代表校党委宣布任命通知。会议由研究生院常务副院长顾云深主持，研究生院全体中层干部等10余人出席会议。10月12日，学校颁布校任字[2012]18号文，任命储以微兼任研究生院副院长。

（姚玉河　包晓明）

【调研全校研究生培养情况】 10月11日—11月30日，研究生院院长钟扬以及各办公室负责人组成调研团队，到全校31个院系，就复旦大学研究生教育工作和各院系党政领导、分管研究生工作领导、学生工作负责人以及院系教授和研究生代表进行座谈。主要围绕招生的生源、规模和结构问题；培养各环节的问题和举措，如何吸引知名教授上研究生课程、集中授课和夏季授课等问题；毕业与学位授予标准如何体现学科特色的问题；其他问题如专业学位、研究生国际交流等4大类问题展开调研。调研录音总时长超过100小时，并进行详细的录音文字整理和系统的调研分析。（姚玉河　包晓明）

【建成首批专业学位实践基地】 为适应全日制专业学位研究生教育的需要，复旦大学组织开展专业学位研究生实践基地建设工作，引导院系做好、做实全日制专业学位研究生的实践环节教学。首批实践基地以院系和校外企事业单位共建的形式开展，全校共有33个共建项目申报，其中23个项目获得校内资助。经校内选拔和上海市教委审核，其中8个项目获得上海市教委资助。首批实践基地分布在13个已开展全日制专业学位研究生教育的院系中，建设期间预期每年将接收约230名学生进入基地进行专业实践，整体上能解决相关学院近一半全日制专业学位研究生的实践教学需要。（陆德梅）

【召开首届医学研究生教育工作调研会】 11月7日，上海医学院医学学位与研究生教育管理办公室举行医学研究生教育工作调研会。上海医学院副院长，分管医学研究生培养工作的相关负责人，以及上海医学院下属各院所、附属医院、平台的分管院长、导师、管理人员和学生代表共50余人参加调研，研究生院钟扬院长等受邀出席。期间，大家围绕招生、培养、学位授予及研究生待遇等问题展开讨论。（储以微　任　宁）

【举行上海医学院首届工程博士校外兼职导师聘任仪式】 11月15日，复旦大学副校长、上海医学院院长桂永浩，上海医学院和相关职能部门领导，相关院系领导，校内导师代表以及工程博士专业学位研究生等共30余人在治道楼和汉堂出席上海医学院首届工程博士校外兼职导师聘任仪式。仪式上，桂永浩向赵铠、陈力、王国平、黄予良4位企业导师颁发上海医学院工程博士校外兼职导师聘书。（储以微　任　宁）

【调整复旦大学学位评定委员会】 2012年，在各学位评定分委员会换届改选的基础上，复旦大学成立第十届校学位评定委员会。根据按一级学科成立学位评定分委员会的原则，考虑到大医口的管理体制以及个别学科近年来在学位授予规模上的变化，对原有学位评定分委员会在架构上作局部调整，由原19个分委员会增加为22个分委员会。其中，原"基础与临床医学"学位评定分委员分为"基础医学"学位评定分委员会和"临床医学"学位评定分委员会；原"法学一"学位评定分委员分为"社会学"学位评定分委员会（涵盖社会学、教育学、心理学、公共管理4个一级学科）和"政治学"学位评定分委员会（涵盖政治学、马克思主义理论和公共管理3个一级学科）；原"法学二"学位评定分委员会更名为"法学"学位评定分委员会；将环境科学与工程一级学科从原"力学与技术科学"学位评定分委员会中单列出来，成立"环境科学与工程"学位评定分委员会；原"力学与技术科学"学位评定分委员会更名为"材料科学与力学"（涵盖材料科学与工程、力学两个一级学科）。第十届校学位评定委员会下设人文社会科学学部、理工学部、医学部及交叉学部等4个学部开展具体的审核工作，自2012年12月起正式运行。同时对其下设的投诉受理委员会进行换届改选。　（姜友芬）

【启动新一轮研究生重点课程教材建设】 12月，研究生院启动新一轮的研究生重点课程建设以及研究生教材出版规划等项目的立项工作，要求各单位根据自身学科发展及教学的需要，提出2010—2012年3年中研究生重点课程立项方案以及研究生教材、教学参考书的出版规划和设想，研究生院组织有关专家进行立项评审，择优确立项目进行重点扶持和经费投入。第一批审核、批准20项重点课程建设项目的资助立项，第二批审核、批准23项重点课程建设项目的资助立项，第三批审核批准24项重点课程建设项目的资助立项。

（先梦涵　廖文武）

【6个项目入选上海市研究生教育创新计划实施项目】 在已公布的2012—2013年上海市研究生教育创新计划实施项目中，上海医学院的"儿科学学位点建设与人才培养"和"生物医学交叉学科研究生拔尖人才培养项目"2项计划，研究生院的"上海地方高校研究生培养机制改革试点项目服务平台"、物理系的"2012复旦凝聚态物理暑期学校"、经济学院的"2012年上海市金融学研究生学术论坛——后危机时代的金融监管：反思、创新与合作"和中文系的"全国研究生学术论坛——走向世界的国学研究"入选。

（先梦涵　储以微　吴海鸣）

【新疆喀什地区第二人民医院单独考试招收硕士研究生】 为支持新疆喀什地区建设，复旦大学上海医学院首次针对援疆对口支援单位——新疆喀什地区第二人民医院招收2013年单独考试硕士研究生。至2012年12月已完成招生前期准备、学员筛选工作及医学英语模拟考试。学员由原报名96人初筛至53人参加下年度硕士研究生单考，专业涉及临床医学、护理学及卫生管理。经与校研究生院协商，已完成招生简章制订及新增考试科目申报，并就招生考试工作做具体部署。培养方案及学位授予细则在进一步确认中。

（储以微　任　宁）

【举行复旦大学研究生教育专题研讨会】 12月28日，复旦大学研究生教育专题研讨会举行。会议主题是复旦大学现阶段研究生教育的问题与对策。各院系分管研究生教育领导、研究生学生工作首要负责人、研究生管理干部、研究生院工作人员等参加会议。陆昉副校长全程参加并作总结发言，他提出应把"育人为本、切实提高人才培养质量"作为复旦大学研究生教育的指导思想，鼓励进一步加大改革和探索步伐。研究生院院长钟扬主持会议并作大会报告。会议达成研究生教育共识：要以提高研究生培养质量为中心，改变工作作风、提高服务质量，通过机构改革、职能定位、队伍建设、政策制定、结构调整、资源配置、教学改革、培养方案制定、学位质量控制、国际化与合作办学等方面的改革举措，推出"暑期集中式授课课程"（Fudan Intensive Summer Teaching，简称FIST）等一批重点项目，以"2011项目"为契机，配合学校开展协同创新，促进高校和社会之间的资源共享，建立更加开放和高效的研究生教育模式，进一步深化研究生教育改革。关注研究生的心理健康，建设思想工作预警系统。

（姚玉河　包晓明）

【授予刘遵义、陈曾焘名誉博士学位】 2012年，复旦大学向教育部申报并获批准授予刘遵义、陈曾焘的名誉博士学位。刘遵义曾任香港中文大学校长，自2007年起担任复旦大学校董。陈曾焘1948年毕业于复旦大学，多年来一直支持香港地区及国内的教育事业，设立思源基金会，经常赞助国内外教育及医疗机构。复旦大学于2012年4月11日和2012年12月13日分别举行刘遵义和陈曾焘名誉博士授证仪式。　（姜友芬）

附　录

国务院学位委员会第六届学科评议组成员（复旦大学）

序　号	学　科	成　员
1	哲学	俞吾金
2	理论经济学	袁志刚
3	应用经济学	姜波克
4	政治学	林尚立

续 表

序 号	学 科	成 员
5	马克思主义理论	顾钰民
6	中国语言文学	朱立元
7	外国语言文学	褚孝泉
8	新闻传播学	黄 旦*
9	历史学	吴景平
10	数学	吴宗敏
11	物理学、天文学	金晓峰
12	化学	杨玉良* 贺鹤勇
13	生物学	金 力 卢宝荣
14	基础医学	熊思东
15	临床医学(Ⅰ)	葛均波
16	临床医学(Ⅱ)	顾玉东* 周 梁 樊 嘉
17	公共卫生与预防医学	姜庆五*
18	中西医结合	吴根诚*
19	管理科学与工程	黄丽华
20	公共管理	郝 模

注：共24人，其中带*者为学科评议组召集人。另有双聘院士彭实戈、贺林、陈凯先分别当选为该届数学、生物学、药学学科评议组成员。

国务院学位委员会成员(复旦大学)

成 员	批准时间
杨玉良 金 力 顾玉东	2008年4月19日

上海市第四届学科评议组成员名单(复旦大学)

序 号	学科评议组	姓 名	职 称	二级学科
1	哲学(0101)	俞吾金*	教授	外国哲学
2	理论经济学(0201)	袁志刚*	教授	西方经济学
3		华民	教授	世界经济
4	应用经济学(0202)	芮明杰*	教授	产业经济学
5	法学(0301)	张乃根	教授	国际法学
6	政治学(0302)	桑玉成	教授	政治学理论
7		林尚立*	教授	政治学理论
8	社会学(0303)	彭希哲	教授	人口学
9	马克思主义理论(0305)	吴晓明	教授	马克思主义基本原理
10		顾钰民*	教授	马克思主义中国化研究
11	中国语言文学(0501)	陈思和	教授	中国现当代文学
12		朱立元*	教授	文艺学
13	外国语言文学(0502)	褚孝泉*	教授	英语语言文学
14	新闻传播学(0503)	黄旦*	教授	传播学

续 表

序　号	学科评议组	姓　名	职　称	二级学科
15	历史学(0601) 科学技术史(0712)	吴景平*	教授	中国近现代史
16		章清	教授	专门史
17	数学(0701) 系统科学(0711)	吴泉水	教授	基础数学
18		吴宗敏*	教授	应用数学
19	物理学(0702) 天文学(0704)	资剑	教授	凝聚态物理
20	化学(0703)	杨玉良*	教授	高分子化学与物理
21		贺鹤勇	教授	物理化学
22	生物学(0710)	金力*	教授	遗传学
23		卢宝荣	教授	植物学
24		马红	教授	生物化学与分子生物学
25	力学(0801)	霍永忠	教授	固体力学
26	材料科学与技术(0805) 冶金工程(0806)	赵东元*	教授	材料物理与化学
27	电子科学与技术(0809)	曾璇	教授	微电子学与固体电子学
28		闵昊	教授	微电子学与固体电子学
29	计算机科学与技术(0812)	臧斌宇	教授	计算机系统结构
30	交通运输工程(0823) 船舶与海洋工程(0824) 航空宇航科学与技术(0825)	艾剑良	教授	飞行器设计
31	核科学(0827) 环境科学与工程(0830)	陈建民	教授	环境科学
32	生物医学工程(0831)	汪源源	教授	生物医学工程
33		王威琪*	教授	生物医学工程
34	基础医学(1001)	熊思东*	教授	免疫学
35		袁正宏	研究员	病原生物学
36	临床医学(1002) 口腔医学(1003)	周梁	教授	耳鼻咽喉科学
37		顾玉东*	教授	外科学
38		樊嘉	教授	肿瘤学
39		王卫平	教授	儿科学
40		葛均波	教授	内科学
41	公共卫生与预防医学(1004)	姜庆五*	教授	流行病与卫生统计学
42		钱序	教授	儿少卫生与妇幼保健学
43		傅华	教授	劳动卫生与环境卫生学
44	中医学(1005) 中药学(1006) 中西医结合(1008)	吴根诚*	教授	中西医结合基础
45		刘鲁明	教授	中西医结合临床
46	药学(1007)	朱依谆	教授	药理学
47		马兰	教授	药理学
48	管理科学与工程(1201)	黄丽华*	教授	管理科学与工程
49		徐以汎	教授	管理科学与工程

续 表

序号	学科评议组	姓名	职称	二级学科
50	工商管理(1202) 农业经济管理(1203)	薛求知	教授	企业管理
51	公共管理(1204)	郝模*	教授	社会医学与卫生事业管理

注：* 为学科评议组召集人

复旦大学一级学科博士学位授权点一览表

序号	一级学科	博士点数	硕士点数
1	哲学	9(3)	10(3)
2	理论经济学	5	6
3	应用经济学	6	8
4	法学	7	9
5	政治学	7(1)	8(1)
6	社会学	1	4
7	马克思主义理论	3	3
8	中国语言文学	12(5)	12(5)
9	外国语言文学	2	7
10	新闻传播学	4(2)	4(2)
11	考古学	暂未设置	暂未设置
12	中国史	暂未设置	暂未设置
13	世界史	暂未设置	暂未设置
14	数学	5	5
15	物理学	5	7
16	化学	6(1)	6(1)
17	生物学	11(2)	12(2)
18	生态学	暂未设置	暂未设置
19	统计学	暂未设置	暂未设置
20	光学工程	1	1
21	材料科学与工程	2	2
22	电子科学与技术	4	5(1)
23	计算机科学与技术	3	3
24	环境科学与工程	2	2
25	生物医学工程	2(1)	2(1)
26	软件工程	暂未设置	暂未设置
27	基础医学	9(3)	9(3)
28	临床医学	15	18(1)
29	公共卫生与预防医学	5	5
30	中西医结合	2	2
31	药学	6(1)	6(1)
32	护理学	暂未设置	暂未设置
33	管理科学与工程	3(2)	4(3)

续 表

序 号	一级学科	博士点数	硕士点数
34	工商管理	6(3)	8(4)
35	公共管理	6(3)	7(3)

注：1. 括号中的数据为学校自设的学科、专业数(此数据已包含在括号前的数据中)；
2. 硕士点数涵盖博士点数。

复旦大学培养研究生学科、专业目录(科学学位)

学科门类	一级学科(授权时间)	序 号	二级学科(专业名称)	专业代码	硕士点批准时间	博士点批准时间
哲 学	哲学** 2000年12月 第八批	1	马克思主义哲学*	010101	1981年11月	1981年11月
		2	中国哲学*	010102	1981年11月	1981年11月
		3	外国哲学*	010103	1981年11月	1981年11月
		4	逻辑学	010104	1986年7月	—
		5	伦理学*	010105	1993年12月	2003年1月
		6	宗教学*	010107	1998年6月	2001年4月
		7	科学技术哲学*	010108	1981年11月	1998年6月
		8	国外马克思主义哲学*(自设专业)	0101Z1	—	2004年2月
		9	经济哲学*(自设专业)	0101Z2	—	2004年2月
		10	比较哲学*(自设专业)	0101Z3	—	2004年2月
经济学	理论经济学** 1998年6月 第七批	11	政治经济学*	020101	1981年11月	1981年11月
		12	经济思想史*	020102	1981年11月	1984年1月
		13	经济史	020103	1981年11月	—
		14	西方经济学*	020104	1993年12月	2001年4月
		15	世界经济*	020105	1981年11月	1986年7月
		16	人口、资源与环境经济学*	020106	1990年11月	2001年4月
	应用经济学** 1998年6月 第七批	17	国民经济学*	020201	1993年12月	2001年4月
		18	区域经济学*	020202	1993年12月	2001年4月
		19	财政学	020203	1996年6月	—
		20	金融学*	020204	1990年11月	1993年12月
		21	产业经济学*	020205	1984年1月	1986年7月
		22	国际贸易学*	020206	1993年12月	2001年4月
		23	劳动经济学	020207	1998年6月	—
		24	数量经济学*	020209	1986年7月	2001年4月
法 学	法学** 2011年3月	25	法学理论*	030101	1998年6月	2012年6月
		26	法律史*	030102	1981年11月	2012年6月
		27	宪法学与行政法学*	030103	1996年6月	2012年6月
		28	刑法学	030104	2000年12月	—
		29	民商法学*	030105	1998年6月	2006年1月
		30	诉讼法学*	030106	2000年12月	2012年6月
		31	经济法学	030107	2005年1月	—
		32	环境与资源保护法学*	030108	2003年5月	2012年6月
		33	国际法学*	030109	1993年12月	2003年7月

续 表

学科门类	一级学科（授权时间）	序 号	二级学科(专业名称)	专业代码	硕士点批准时间	博士点批准时间
法 学	政治学** 2000年12月 第八批	34	政治学理论*	030201	1984年11月	1990年11月
		35	中外政治制度*	030202	2000年12月	2001年4月
		36	科学社会主义与国际共产主义运动	030203	2003年5月	—
		37	中共党史*	030204	2003年5月	2005年1月
		38	国际政治*	030206	1981年11月	2001年4月
		39	国际关系*	030207	1981年11月	1986年7月
		40	外交学*	030208	2003年5月	2005年7月
		41	政治哲学*(自设专业)	0302Z1	—	2012年6月
	社会学** 2011年3月	42	社会学*	030301	1993年12月	2006年1月
		43	人口学	030302	1984年1月	—
		44	人类学	030303	2000年12月	—
		45	民俗学(含：中国民间文学)	030304	2003年5月	—
	马克思主义理论** 2006年1月 第十批	46	马克思主义基本原理*	030501	—	2006年1月
		47	马克思主义中国化研究*	030503	—	2007年1月
		48	思想政治教育*	030505	—	2006年1月
教育学	教育学▲ 2011年3月	49	课程与教学论	040102	2005年1月	—
		50	高等教育学	040106	1996年6月	—
	心理学▲ 2011年3月	51	应用心理学	040203	2006年1月	—
文 学	中国语言文学** 1998年6月 第七批	52	文艺学*	050101	1981年11月	1986年7月
		53	语言学及应用语言学*	050102	1981年11月	2003年1月
		54	汉语言文字学*	050103	1981年11月	1981年11月
		55	中国古典文献学*	050104	1984年1月	1999年7月
		56	中国古代文学*	050105	1981年11月	1981年11月
		57	中国现当代文学*	050106	1984年1月	1986年7月
		58	比较文学与世界文学*	050108	1984年1月	2000年12月
		59	中国文学批评史*(自设专业)	0501Z1	—	2004年2月
		60	艺术人类学与民间文学*(自设专业)	0501Z2	—	2004年2月
		61	现代汉语语言学*(自设专业)	0501Z3	—	2004年2月
		62	影视文学*(自设专业)	0501Z4	—	2005年4月
		63	中国文学古今演变*(自设专业)	0501Z5	—	2005年4月
	外国语言文学** 2011年3月	64	英语语言文学*	050201	1981年11月	1984年1月
		65	俄语语言文学	050202	1990年11月	—
		66	法语语言文学	050203	1981年11月	—
		67	德语语言文学	050204	1993年12月	—
		68	日语语言文学	050205	1986年7月	—
		69	亚非语言文学	050210	2000年12月	—
		70	外国语言学及应用语言学*	050211	1990年11月	2003年7月

续 表

学科门类	一级学科(授权时间)	序号	二级学科(专业名称)	专业代码	硕士点批准时间	博士点批准时间
文学	新闻传播学** 2011年3月 第八批	71	新闻学*	050301	1981年11月	1984年1月
		72	传播学*	050302	1997年	1998年6月
		73	广告学*(自设专业)	0503Z1	2003年1月	2012年6月
		74	广播电视学*(自设专业)	0503Z2	—	2003年1月
历史学	考古学** 2011年8月	75	考古学及博物馆学*(暂定)	060101	1990年11月	2001年4月
	中国史** 2011年8月	76	史学理论及史学史*	060201	1997年	2001年4月
		77	历史地理学*	060202	1981年11月	1981年11月
		78	历史文献学*	060203	1986年7月	2003年1月
		79	专门史*	060204	1981年11月	2001年4月
		80	中国古代史*	060205	1981年11月	1981年11月
		81	中国近现代史*	060206	1984年1月	1996年6月
		82	人口史*(自设专业)	0602Z1	—	2004年2月
		83	边疆史地*(自设专业)	0602Z2	—	2012年6月
	世界史** 2011年8月	84	世界史*(暂定)	060301	1981年11月	1981年11月
理学	数学** 1996年6月 第六批	85	基础数学*	070101	1981年11月	1981年11月
		86	计算数学*	070102	1981年11月	1984年1月
		87	概率论与数理统计*	070103	1981年11月	1986年7月
		88	应用数学*	070104	1981年11月	1981年11月
		89	运筹学与控制论*	070105	1981年11月	1998年6月
	物理学** 1998年6月 第七批	90	理论物理*	070201	1981年11月	1981年11月
		91	粒子物理与原子核物理*	070202	1981年11月	1981年11月
		92	原子与分子物理*	070203	1986年7月	2003年1月
		93	等离子体物理	070204	1996年6月	—
		94	凝聚态物理*	070205	1981年11月	1981年11月
		95	光学*	070207	1981年11月	1984年1月
		96	无线电物理	070208	1981年11月	—
	化学** 1996年6月 第六批	97	无机化学*	070301	1981年11月	1981年11月
		98	分析化学*	070302	1981年11月	1986年7月
		99	有机化学*	070303	1981年11月	1990年11月
		100	物理化学*	070304	1981年11月	1981年11月
		101	高分子化学与物理*	070305	1981年11月	1981年11月
		102	化学生物学*(自设专业)	0703Z1	—	2003年1月
	生物学** 1998年6月 第七批	103	植物学*	071001	1981年11月	1986年7月
		104	动物学*	071002	1981年11月	1984年1月
		105	生理学*	071003	1981年11月	1981年11月
		106	微生物学*	071005	1981年11月	1981年11月
		107	神经生物学*	071006	1986年7月	1996年6月
		108	遗传学*	071007	1981年11月	1981年11月

续 表

学科门类	一级学科（授权时间）	序号	二级学科（专业名称）	专业代码	硕士点批准时间	博士点批准时间
理学	生物学** 1998年6月 第七批	109	发育生物学*	071008	2000年12月	2000年12月
		110	细胞生物学	071009	2003年5月	—
		111	生物化学与分子生物学*	071010	1981年11月	1981年11月
		112	生物物理学*	071011	1981年11月	1990年11月
		113	生物信息学*（自设专业）	0710Z1	—	2004年2月
		114	人类生物学*（自设专业）	0710Z2	—	2004年2月
	生态学** 2011年8月	115	待定	0713		
理学或经济学	统计学** 2011年8月	116	待定	0714		
理学	力学▲ 2006年01月 第十批	117	一般力学与力学基础	080101	1998年6月	—
		118	固体力学	080102	1981年11月	—
		119	流体力学*	080103	1981年11月	1981年11月
		120	工程力学	080104	1990年11月	—
工学	光学工程** 2011年3月	121	光学工程*（本一级学科国家目录不设二级学科）	080300	2003年5月	2011年3月
	材料科学与工程** 2011年3月	122	材料物理与化学*	080501	1990年11月	1998年6月
		123	材料学*	080502	2000年12月	2012年6月
理学	电子科学与技术** 1998年6月 第七批	124	物理电子学*	080901	1981年11月	1981年11月
		125	电路与系统*	080902	1981年11月	1990年11月
		126	微电子学与固体电子学*	080903	1981年11月	1997年
		127	电磁场与微波技术*	080904	1998年6月	2005年7月
		128	光电系统与控制技术（自设专业）	0809Z1	2005年4月	—
工学	信息与通信工程▲ 2011年3月	129	通信与信息系统	081001	1998年6月	—
理学	计算机科学与技术** 2000年12月 第八批	130	计算机系统结构*	081201	1986年7月	2001年4月
		131	计算机软件与理论*	081202	1981年11月	1986年7月
		132	计算机应用技术*	081203	1981年11月	2000年12月
工学	航空宇航科学与技术▲ 2011年3月	133	飞行器设计	082501	2003年5月	—
理学	环境科学与工程** 2006年1月 第十批	134	环境科学*	083001	1990年11月	2000年12月
		135	环境工程*	083002	2003年5月	2012年6月
工学	生物医学工程** 2000年12月 第八批	136	生物医学工程*（本一级学科国家目录不设二级学科）	0831	1981年11月	1996年6月
		137	生物力学*（自设专业）	0831Z1	—	2004年2月
	软件工程** 2011年8月	138	待定	0835		

续 表

学科门类	一级学科(授权时间)	序 号	二级学科(专业名称)	专业代码	硕士点批准时间	博士点批准时间
医学或理学	基础医学** 1998年06月 第七批	139	人体解剖与组织胚胎学*	100101	1981年11月	1981年11月
		140	免疫学*	100102	1981年11月	1981年11月
		141	病原生物学*	100103	1981年11月	1984年1月
		142	病理学与病理生理学*	100104	1981年11月	1981年11月
		143	法医学*	100105	1986年7月	2005年1月
		144	放射医学*	100106	1986年7月	1993年12月
		145	分子医学*(自设专业)	1001Z1	—	2004年2月
		146	医学信息学*(自设专业)	1001Z2	—	2004年2月
		147	医学系统生物学*(自设专业)	1001Z3	—	2004年2月
医 学	临床医学** 2003年9月 第九批	148	内科学*	100201	1981年11月	1981年11月
		149	儿科学*	100202	1981年11月	1984年1月
		150	老年医学	100203	1996年6月	—
		151	神经病学*	100204	1981年11月	1981年11月
		152	精神病与精神卫生学*	100205	1981年11月	1986年7月
		153	皮肤病与性病学*	100206	1981年11月	1981年11月
		154	影像医学与核医学*	100207	1981年11月	1981年11月
		155	临床检验诊断学*	100208	1986年7月	1996年6月
		156	外科学*	100210	1981年11月	1981年1月
		157	妇产科学*	100211	1981年11月	1984年1月
		158	眼科学*	100212	1981年11月	1981年11月
		159	耳鼻咽喉科学*	100213	1981年11月	1981年11月
		160	肿瘤学*	100214	1984年1月	1984年1月
		161	康复医学与理疗学*	100215	2003年5月	2005年1月
		162	运动医学*	100216	1981年11月	2005年7月
		163	麻醉学*	100217	1986年7月	1993年12月
		164	急诊医学	100218	1993年12月	—
		165	临床流行病学和循证医学(自设专业)	1002Z1	2005年4月	—
	口腔医学	166	口腔临床医学	100302	1981年11月	—
	公共卫生与预防医学** 1998年6月 第七批	167	流行病与卫生统计学*	100401	1981年11月	1981年11月
		168	劳动卫生与环境卫生学*	100402	1981年11月	1981年11月
		169	营养与食品卫生学*	100403	1981年11月	2005年7月
		170	儿少卫生与妇幼保健学*	100404	1981年11月	2005年7月
		171	卫生毒理学*	100405	1990年11月	2001年4月
	中西医结合** 1998年06月 第七批	172	中西医结合基础*	100601	1981年11月	1981年11月
		173	中西医结合临床*	100602	1981年11月	1981年11月
理学或医学	药学** 1998年6月 第七批	174	药物化学*	100701	1981年11月	1990年11月
		175	药剂学*	100702	1981年11月	1986年7月
		176	生药学*	100703	1981年11月	2001年4月
		177	药物分析学*	100704	1981年11月	2012年6月

续 表

学科门类	一级学科(授权时间)	序 号	二级学科(专业名称)	专业代码	硕士点批准时间	博士点批准时间
理学或医学	药学** 1998年6月 第七批	178	药理学*	100706	1981年11月	1981年11月
		179	临床药学*(自设专业)	1007Z1	—	2012年6月
医 学	护理学** 2011年8月	180	待定	1011		
管理学	管理科学与工程** 1998年6月 第七批	181	管理科学与工程* (本一级学科国家目录不设二级学科)	1201	1990年11月	1998年6月
		182	管理科学(自设专业)	1201Z1	2004年2月	—
		183	信息管理与信息系统*(自设专业)	1201Z2	2004年2月	2012年6月
		184	物流与运营管理*(自设专业)	1201Z3	—	2004年2月
	工商管理** 2000年12月 第八批	185	会计学*	120201	1993年12月	2001年4月
		186	企业管理*	120202	1986年7月	1996年6月
		187	旅游管理*	120203	1996年6月	2005年1月
		188	技术经济及管理	120204	2003年5月	—
		189	东方管理学*(自设专业)	1202Z1	—	2004年2月
		190	市场营销*(自设专业)	1202Z2	2004年2月	2012年6月
		191	财务学*(自设专业)	1202Z3	2004年2月	2012年6月
		192	金融工程管理(自设专业)	1202Z4	2004年2月	—
	公共管理** 2003年9月 第九批	193	行政管理*	120401	1997年	1998年6月
		194	社会医学与卫生事业管理*	120402	1986年7月	1993年10月
		195	教育经济与管理*	120403	2003年5月	2012年6月
		196	社会保障	120404	2003年5月	—
		197	环境管理*(自设专业)	1204Z1	2005年4月	2012年6月
		198	社会管理与社会政策*(自设专业)	1204Z2	—	2005年4月
		199	公共政策*(自设专业)	1204Z3	—	2006年1月
	图书情报与档案管理▲ 2011年3月	200	图书馆学	120501	2003年5月	—
艺术学	戏剧与影视学▲ 2011年8月	201	电影学	130302	2003年5月	—
		202	广播电视艺术学	130303	2000年12月	—

注:1. 带**为博士学位授权一级学科点;带▲为硕士学位授权一级学科点;带*为二级学科博士点。
2. 上述学科、专业中,共有博士学位授权一级学科点35个,硕士学位授权一级学科点7个,博士学位授权二级学科点170个(其中自设专业29个),硕士学位授权二级学科点202个(其中自设专业33个)。

复旦大学培养研究生学科、专业目录(专业学位)

专业学位名称	专业代码	领 域	授权年份
法律硕士(J.M)	410100	法律	1998
工程硕士(M.E.)	430100	光学工程	2004
		材料工程	2002
		电子与通信工程	2001
		集成电路工程	2006
		计算机技术	2001

续 表

专业学位名称	专业代码	领 域	授权年份
工程硕士(M. E.)	430100	软件工程	2002
		化学工程	2004
		环境工程	2003
		生物医学工程	2005
		项目管理	2004
		物流工程	2004
		生物工程	2008
临床医学博士(M. D.)*	450100	临床医学*	1998
临床医学硕士(M. M.)			
工商管理硕士(MBA)	460100	工商管理	1991
高级管理人员工商管理硕士(EMBA)		高级管理人员工商管理	2002
公共管理硕士(MPA)	490100	公共管理	2000
公共卫生硕士(MPH)	500100	公共卫生	2002
口腔医学硕士(S. M. M)	510100	口腔医学	2003
会计硕士(MPAcc)	530100	会计学	2004
汉语国际教育硕士(MTCSOL)	570100	汉语国际教育	2007
翻译硕士(MTI)	580100	翻译	2007
社会工作硕士(MSW)	590100	社会工作	2009
艺术硕士(MFA)	550100	戏剧	2009
金融硕士(MF)	0251	金融	2010
税务硕士(MT)	0253	税务	2010
国际商务硕士(MIB)	0254	国际商务	2010
保险硕士(MI)	0255	保险	2010
资产评估硕士(MV)	0256	资产评估	2010
教育硕士(EDM)	0451	教育管理	2010
新闻与传播硕士(MJC)	0553	新闻与传播	2010
出版硕士(MP)	0554	出版	2010
文物与博物馆硕士(M. C. H. M)	0651	文物与博物馆	2010
护理(MNS)	1054	护理	2010
药学硕士(M. Pharm)	1055	药学	2010
旅游管理硕士(MTA)	1254	旅游管理	2010
工程博士(D. Eng)*	085200	电子与信息	2011
	085200	生物与医药	2011

注:上述学科、专业中共有博士专业学位授权点2个(*标记),硕士专业学位授权点24个

2012年复旦大学博士生指导教师一览表

学科门类	一级学科	序 号	专业名称	专业代码	博士生导师	批准时间	所属院系(所)
哲 学	哲 学	1	马克思主义哲学	010101	余源培	1993年12月	哲学学院
			马克思主义哲学	010101	吴晓明	1994年11月	
			马克思主义哲学	010101	冯 平	1996年06月	

续 表

学科门类	一级学科	序 号	专业名称	专业代码	博士生导师	批准时间	所属院系(所)
哲 学	哲 学	1	马克思主义哲学	010101	孙承叔	1999 年 07 月	哲学学院
			马克思主义哲学	010101	陈学明	1999 年 07 月	
			马克思主义哲学	010101	王德峰	2005 年 01 月	
			马克思主义哲学	010101	邹诗鹏	2005 年 07 月	
			马克思主义哲学	010101	郑召利	2007 年 01 月	
		2	中国哲学	010102	谢遐龄	1994 年 11 月	社会发展与公共政策学院
			中国哲学	010102	张汝伦	1998 年 01 月	哲学学院
			中国哲学	010102	王雷泉	1999 年 07 月	
			中国哲学	010102	杨泽波	2003 年 01 月	
			中国哲学	010102	林宏星	2004 年 01 月	
			中国哲学	010102	徐洪兴	2004 年 01 月	
			中国哲学	010102	吴 震	2006 年 01 月	
			中国哲学	010102	陈居渊	2008 年 01 月	
			中国哲学	010102	刘康德	2010 年 01 月	
			中国哲学	010102	李若晖	2012 年 01 月	
			中国哲学	010102	白彤东	2012 年 01 月	
		3	外国哲学	010103	刘放桐	1986 年 07 月	
			外国哲学	010103	黄颂杰	1993 年 12 月	
			外国哲学	010103	俞吾金	1993 年 12 月	
			外国哲学	010103	汪堂家	2001 年 04 月	
			外国哲学	010103	莫伟民	2003 年 01 月	
			外国哲学	010103	佘碧平	2005 年 01 月	
			外国哲学	010103	孙向晨	2008 年 01 月	
		4	伦理学	010105	邓安庆	2004 年 01 月	
		5	宗教学	010107	张庆熊	2001 年 04 月	
			宗教学	010107	李天纲	2004 年 01 月	
			宗教学	010107	王新生	2011 年 01 月	
			宗教学	010107	郑伟宏	2006 年 01 月	中国古代文学研究中心
		6	科学技术哲学	010108	胡守钧	2003 年 01 月	社会发展与公共政策学院
			科学技术哲学	010108	朱宝荣	2004 年 01 月	哲学学院
			科学技术哲学	010108	张志林	2009 年 07 月	
		7	国外马克思主义	010120	汪行福	2007 年 01 月	
			国外马克思主义	010120	王凤才	2007 年 01 月	
经济学	理论经济学	8	政治经济学	020101	洪远朋	1993 年 12 月	经济学院
			政治经济学	020101	彭希哲	1993 年 12 月	社会发展与公共政策学院
			政治经济学	020101	张晖明	1998 年 01 月	经济学院

续 表

学科门类	一级学科	序 号	专业名称	专业代码	博士生导师	批准时间	所属院系(所)
经济学	理论经济学	8	政治经济学	020101	石 磊	1999 年 07 月	经济学院
			政治经济学	020101	李慧中	2001 年 04 月	
			政治经济学	020101	严法善	2005 年 01 月	
		9	经济思想史	020102	袁志刚	1998 年 01 月	
			经济思想史	020102	张 军	1998 年 01 月	
			经济思想史	020102	马 涛	2003 年 01 月	
		10	西方经济学	020104	李维森	2005 年 01 月	
			西方经济学	020104	陆 铭	2009 年 01 月	
			西方经济学	020104	陈 钊	2009 年 01 月	
			西方经济学	020104	王 城	2010 年 01 月	
			西方经济学	020104	宋 铮	2011 年 01 月	
		11	世界经济	020105	华 民	1996 年 06 月	
			世界经济	020105	陈建安	1998 年 01 月	
			世界经济	020105	黄亚钧	1998 年 01 月	
			世界经济	020105	庄起善	2003 年 01 月	
			世界经济	020105	唐朱昌	2004 年 01 月	
			世界经济	020105	丁 纯	2009 年 01 月	
			世界经济	020105	沈国兵	2011 年 01 月	
		12	人口、资源与环境经济学	020106	戴星翼	1999 年 07 月	环境科学与工程系
			人口、资源与环境经济学	020106	王桂新	2001 年 04 月	社会发展与公共政策学院
			人口、资源与环境经济学	020106	梁 鸿	2003 年 01 月	
			人口、资源与环境经济学	020106	陈家华	2005 年 01 月	
			人口、资源与环境经济学	020106	任 远	2007 年 01 月	
			人口、资源与环境经济学	020106	张 力	2009 年 01 月	
	应用经济学	13	国民经济学	020201	李洁明	2005 年 01 月	经济学院
			国民经济学	020201	焦必方	2006 年 01 月	
		14	区域经济学	020202	范剑勇	2010 年 01 月	
		15	金融学	020204	姜波克	1994 年 11 月	
			金融学	020204	干杏娣	1996 年 01 月	
			金融学	020204	甘当善	1996 年 06 月	
			金融学	020204	陈学彬	1998 年 01 月	
			金融学	020204	刘红忠	2001 年 04 月	
			金融学	020204	许少强	2001 年 04 月	
			金融学	020204	殷醒民	2004 年 01 月	
			金融学	020204	张金清	2004 年 01 月	
			金融学	020204	朱 叶	2006 年 01 月	

续 表

学科门类	一级学科	序 号	专业名称	专业代码	博士生导师	批准时间	所属院系(所)
经济学	应用经济学	15	金融学	020204	孙立坚	2007 年 01 月	经济学院
			金融学	020204	张陆洋	2009 年 01 月	
			金融学	020204	项俊波	2010 年 09 月	
			金融学	020204	林 曙	2012 年 01 月	
		16	产业经济学	020205	郁义鸿	1999 年 07 月	管理学院
			产业经济学	020205	谢百三	1999 年 07 月	
			产业经济学	020205	胡建绩	2001 年 04 月	
			产业经济学	020205	骆品亮	2008 年 01 月	
		17	国际贸易学	020206	尹翔硕	2001 年 04 月	经济学院
			国际贸易学	020206	强永昌	2006 年 01 月	
			国际贸易学	020206	程大中	2011 年 01 月	
		18	统计学	020208	郑 明	2007 年 01 月	管理学院
		19	数量经济学	020209	谢识予	2001 年 04 月	经济学院
法 学	法 学	20	民商法学	030105	胡鸿高	2003 年 01 月	法学院
			民商法学	030105	章武生	2003 年 01 月	
			民商法学	030105	段 匡	2006 年 09 月	
			民商法学	030105	郭 建	2006 年 09 月	
			民商法学	030105	季立刚	2007 年 01 月	
			民商法学	030105	张梓太	2007 年 01 月	
			民商法学	030105	陈浩然	2007 年 03 月	
			民商法学	030105	王志强	2008 年 01 月	
			民商法学	030105	马贵翔	2008 年 01 月	
			民商法学	030105	潘伟杰	2009 年 01 月	
			民商法学	030105	朱淑娣	2009 年 01 月	
			民商法学	030105	孙笑侠	2012 年 01 月	
			民商法学	030105	段厚省	2012 年 01 月	
			民商法学	030105	赵立行	2012 年 01 月	
		21	国际法学	030109	董茂云	2004 年 01 月	
			国际法学	030109	陈梁	2004 年 01 月	
			国际法学	030109	王全弟	2005 年 01 月	
			国际法学	030109	刘士国	2005 年 01 月	
			国际洪学	030109	何 力	2007 年 03 月	
			国际法学	030109	陈 力	2010 年 01 月	
			国际法学	030109	龚柏华	2011 年 01 月	
	政治学	22	政治学理论	030201	林尚立	1999 年 07 月	国际关系与公共事务学院
			政治学理论	030201	陈明明	2005 年 01 月	

续　表

学科门类	一级学科	序　号	专业名称	专业代码	博士生导师	批准时间	所属院系(所)
法　学	政治学	22	政治学理论	030201	郭定平	2005 年 01 月	国际关系与公共事务学院
			政治学理论	030201	邓正来	2008 年 07 月	
		23	中外政治制度	030202	浦兴祖	2003 年 01 月	
			中外政治制度	030202	臧志军	2003 年 01 月	
			中外政治制度	030202	刘建军	2008 年 01 月	
		24	中共党史	030204	杜艳华	2006 年 01 月	社会科学基础部
			中共党史	030204	杨宏雨	2010 年 01 月	
			中共党史	030204	高晓林	2012 年 01 月	
		25	国际政治	030206	吴心伯	2001 年 04 月	国际关系与公共事务学院
			国际政治	030206	石源华	2001 年 04 月	
			国际政治	030206	樊勇明	2001 年 04 月	
			国际政治	030206	徐以骅	2003 年 01 月	
			国际政治	030206	胡令远	2004 年 01 月	
			国际政治	030206	任　晓	2008 年 01 月	
			国际政治	030206	唐世平	2010 年 01 月	
			国际政治	030206	张建新	2012 年 01 月	
			国际政治	030206	苏长和	2012 年 01 月	
		26	国际关系	030207	倪世雄	1994 年 11 月	
			国际关系	030207	沈丁立	1998 年 01 月	
			国际关系	030207	朱明权	1998 年 01 月	
			国际关系	030207	谢佑平	1999 年 11 月	法学院
			国际关系	030207	孙南申	2001 年 03 月	
			国际关系	030207	陈治东	2001 年 04 月	
			国际关系	030207	张乃根	2001 年 04 月	
			国际关系	030207	陈志敏	2005 年 01 月	国际关系与公共事务学院
			国际关系	030207	潘　锐	2007 年 01 月	
			国际关系	030207	张贵洪	2008 年 01 月	
			国际关系	030207	赵华胜	2008 年 01 月	
			国际关系	030207	潘忠岐	2009 年 01 月	
			国际关系	030207	陈玉刚	2011 年 01 月	
	社会学	27	社会学	030301	张乐天	2004 年 01 月	社会发展与公共政策学院
			社会学	030301	刘　欣	2006 年 01 月	
			社会学	030301	周　怡	2006 年 07 月	
			社会学	030301	孙时进	2007 年 01 月	
			社会学	030301	于　海	2007 年 01 月	
			社会学	030301	范丽珠	2007 年 01 月	

续 表

学科门类	一级学科	序 号	专业名称	专业代码	博士生导师	批准时间	所属院系(所)
法 学	马克思主义理论	27	社会学	030301	申荷永	2008 年 01 月	社会发展与公共政策学院
			社会学	030301	顾东辉	2008 年 01 月	
			社会学	030301	桂 勇	2010 年 01 月	
			社会学	030301	郭秀艳	2010 年 01 月	
			社会学	030301	王 丰	2012 年 01 月	
		28	马克思主义基本原理	030501	肖 巍	2001 年 04 月	社会科学基础部
			马克思主义基本原理	030501	徐宗良	2003 年 01 月	
		29	马克思主义中国化研究	030503	秦绍德	2001 年 04 月	
			马克思主义中国化研究	030503	顾钰民	2007 年 01 月	
		30	思想政治教育	030505	邱柏生	2001 年 07 月	国际关系与公共事务学院
			思想政治教育	030505	高国希	2005 年 01 月	社会科学基础部
			思想政治教育	030505	肖 巍	2011 年 01 月	
			思想政治教育	030505	徐宗良	2011 年 01 月	
			思想政治教育	030505	顾钰民	2011 年 01 月	
教育学	教育学	31	教育经济与管理	047003	熊庆年	2011 年 01 月	高等教育研究所
			教育经济与管理	047003	林荣日	2012 年 01 月	
文 学	中国语言文学	32	文艺学	050101	朱立元	1993 年 12 月	中国语言文学系
			文艺学	050101	郑元者	2001 年 04 月	
			文艺学	050101	张德兴	2004 年 01 月	
			文艺学	050101	陆 扬	2007 年 01 月	
			文艺学	050101	王才勇	2011 年 01 月	
		33	语言学及应用语言学	050102	龚群虎	2003 年 01 月	
			语言学及应用语言学	050102	申小龙	2004 年 01 月	
			语言学及应用语言学	050102	陈忠敏	2011 年 07 月	
		34	汉语言文字学	050103	吴金华	1996 年 06 月	中国古代文学研究中心
			汉语言文字学	050103	游汝杰	1998 年 01 月	中国语言文学系
			汉语言文字学	050103	戴耀晶	2001 年 04 月	
			汉语言文字学	050103	杨剑桥	2003 年 01 月	
			汉语言文字学	050103	傅 杰	2005 年 01 月	
			汉语言文字学	050103	刘大为	2006 年 01 月	
			汉语言文字学	050103	吴礼权	2006 年 01 月	
			汉语言文字学	050103	殷寄明	2006 年 01 月	
			汉语言文字学	050103	汪少华	2007 年 04 月	
			汉语言文字学	050103	施谢捷	2007 年 09 月	

续　表

学科门类	一级学科	序　号	专业名称	专业代码	博士生导师	批准时间	所属院系(所)
文　学	中国语言文学	34	汉语言文字学	050103	祝克懿	2009 年 01 月	中国语言文学系
			汉语言文字学	050103	刘晓南	2010 年 07 月	中国古代文学研究中心
		35	中国古典文献学	050104	吴　格	1999 年 07 月	
			中国古典文献学	050104	陈正宏	2001 年 05 月	
			中国古典文献学	050104	钱振民	2005 年 01 月	
			中国古典文献学	050104	裘锡圭	2005 年 07 月	中国语言文学系
			中国古典文献学	050104	刘　钊	2008 年 02 月	
			中国古典文献学	050104	陈　剑	2010 年 01 月	
		36	中国古代文学	050105	章培恒	1985 年 12 月	中国古代文学研究中心
			中国古代文学	050105	王水照	1990 年 10 月	中国语言文学系
			中国古代文学	050105	黄　霖	1993 年 12 月	
			中国古代文学	050105	陈尚君	1996 年 06 月	
			中国古代文学	050105	骆玉明	1998 年 01 月	
			中国古代文学	050105	杨　明	1999 年 07 月	
			中国古代文学	050105	汪涌豪	2001 年 04 月	
			中国古代文学	050105	陈广宏	2003 年 01 月	中国古代文学研究中心
			中国古代文学	050105	郑利华	2004 年 01 月	
			中国古代文学	050105	陈引驰	2004 年 01 月	中国语言文学系
			中国古代文学	050105	陈维昭	2004 年 01 月	
			中国古代文学	050105	戴　燕	2007 年 03 月	
			中国古代文学	050105	黄仁生	2008 年 01 月	中国古代文学研究中心
			中国古代文学	050105	贾晋华	2008 年 01 月	中国语言文学系
			中国古代文学	050105	查屏球	2008 年 01 月	
		37	中国现当代文学	050106	陈思和	1993 年 12 月	
			中国现当代文学	050106	朱文华	1999 年 07 月	
			中国现当代文学	050106	周　斌	2001 年 04 月	
			中国现当代文学	050106	郜元宝	2004 年 01 月	
			中国现当代文学	050106	栾梅健	2005 年 01 月	
			中国现当代文学	050106	张新颖	2006 年 01 月	
			中国现当代文学	050106	袁　进	2007 年 03 月	
			中国现当代文学	050106	张业松	2012 年 01 月	
		38	比较文学与世界文学	050108	徐志啸	2003 年 01 月	
			比较文学与世界文学	050108	邵毅平	2007 年 01 月	
			比较文学与世界文学	050108	杨乃乔	2007 年 03 月	

续 表

学科门类	一级学科	序 号	专业名称	专业代码	博士生导师	批准时间	所属院系(所)
文 学	中国语言文学	38	比较文学与世界文学	050108	张汉良	2010 年 06 月	中国语言文学系
			比较文学与世界文学	050108	周荣胜	2011 年 04 月	
		39	中国文学批评史	050120	吴兆路	2006 年 01 月	
			中国文学批评史	050120	邬国平	2009 年 01 月	
			中国文学批评史	050120	罗书华	2011 年 01 月	
			中国文学批评史	050120	周兴陆	2012 年 01 月	
		40	艺术人类学与民间文学	050121	郑土有	2008 年 02 月	
		41	中国文学古今演变	050125	谈蓓芳	2007 年 01 月	中国古代文学研究中心
	外国语言文学	42	英语语言文学	050201	陆谷孙	1990 年 10 月	外文学院
			英语语言文学	050201	朱永生	1996 年 06 月	
			英语语言文学	050201	熊学亮	1998 年 01 月	
			英语语言文学	050201	褚孝泉	1999 年 07 月	
			英语语言文学	050201	何刚强	2001 年 04 月	
			英语语言文学	050201	曲卫国	2003 年 01 月	
			英语语言文学	050201	谈 峥	2005 年 01 月	
			英语语言文学	050201	沈 黎	2005 年 01 月	
			英语语言文学	050201	王建开	2007 年 01 月	
			英语语言文学	050201	张 冲	2008 年 01 月	
			英语语言文学	050201	孙 建	2009 年 01 月	
			英语语言文学	050201	汪洪章	2011 年 01 月	
		43	德语语言文学	050204	魏育青	2007 年 01 月	
		44	外国语言学及应用语言学	050211	邱东林	2005 年 01 月	
			外国语言学及应用语言学	050211	姜银国	2005 年 01 月	
			外国语言学及应用语言学	050211	金钟太	2007 年 01 月	
			外国语言学及应用语言学	050211	姜 宏	2008 年 01 月	
			外国语言学及应用语言学	050211	蔡基刚	2008 年 01 月	
			外国语言学及应用语言学	050211	姜宝有	2009 年 01 月	
	新闻传播学	45	新闻学	050301	李良荣	1994 年 11 月	新闻学院
			新闻学	050301	刘海贵	2001 年 04 月	
			新闻学	050301	黄 旦	2003 年 01 月	
			新闻学	050301	童 兵	2003 年 01 月	
			新闻学	050301	陆 晔	2004 年 01 月	
			新闻学	050301	黄 瑚	2004 年 01 月	
			新闻学	050301	吕新雨	2004 年 01 月	
			新闻学	050301	赵 凯	2005 年 04 月	

续 表

学科门类	一级学科	序 号	专业名称	专业代码	博士生导师	批准时间	所属院系(所)
文 学	新闻传播学	45	新闻学	050301	张子让	2007年01月	新闻学院
			新闻学	050301	孙 玮	2008年01月	
		46	新闻学	050301	曹 晋	2010年01月	
			传播学	050302	孟 建	2003年01月	
			传播学	050302	程士安	2005年01月	
			传播学	050302	殷晓蓉	2005年01月	
		47	传播学	050302	潘忠党	2008年07月	
		48	广告学	050320	顾 铮	2007年01月	
			媒介管理学	050324	黄芝晓	2005年04月	
历史学	历史学	49	史学理论及史学史	060101	陈 新	2008年01月	历史学系
		50	考古学及博物馆学	060102	蔡达峰	2001年04月	文物与博物馆学系
			考古学及博物馆学	060102	陈 淳	2003年01月	
			考古学及博物馆学	060102	沃兴华	2004年06月	
			考古学及博物馆学	060102	陆建松	2006年01月	
			考古学及博物馆学	060102	陈红京	2007年01月	
		51	历史地理学	060103	邹逸麟	1985年12月	历史地理研究中心
			历史地理学	060103	周振鹤	1993年12月	
			历史地理学	060103	葛剑雄	1993年12月	
			历史地理学	060103	王振忠	1999年07月	
			历史地理学	060103	吴松弟	2001年05月	
			历史地理学	060103	满志敏	2004年01月	
			历史地理学	060103	张伟然	2005年01月	
			历史地理学	060103	王建革	2006年01月	
			历史地理学	060103	安介生	2008年01月	
			历史地理学	060103	李晓杰	2009年01月	
			历史地理学	060103	张晓虹	2010年01月	
		52	历史文献学	060104	巴兆祥	2008年01月	历史学系
		53	专门史	060105	朱维铮	1993年12月	
			专门史	060105	葛兆光	2007年01月	
			专门史	060105	李星明	2010年07月	
			专门史	060105	芮传明	2010年09月	
		54	中国古代史	060106	樊树志	1994年11月	
			中国古代史	060106	韩 昇	2001年04月	
			中国古代史	060106	姚大力	2001年04月	历史地理研究中心
			中国古代史	060106	邹振环	2003年01月	历史学系

续 表

学科门类	一级学科	序 号	专业名称	专业代码	博士生导师	批准时间	所属院系(所)
历史学	历史学	54	中国古代史	060106	张海英	2007 年 01 月	历史学系
			中国古代史	060106	冯贤亮	2012 年 01 月	
		55	中国近现代史	060107	姜义华	1996 年 06 月	
			中国近现代史	060107	吴景平	1998 年 01 月	
			中国近现代史	060107	朱荫贵	1998 年 07 月	
			中国近现代史	060107	戴鞍钢	1999 年 07 月	
			中国近现代史	060107	章　清	2001 年 07 月	
			中国近现代史	060107	金光耀	2003 年 01 月	
			中国近现代史	060107	王立诚	2006 年 01 月	
			中国近现代史	060107	冯筱才	2007 年 01 月	
		56	世界史	060108	张广智	1994 年 11 月	
			世界史	060108	顾晓鸣	1998 年 01 月	
			世界史	060108	黄　洋	1999 年 07 月	
			世界史	060108	顾云深	2003 年 01 月	
			世界史	060108	冯　玮	2006 年 01 月	
			世界史	060108	李宏图	2006 年 01 月	
			世界史	060108	金寿福	2007 年 01 月	
			世界史	060108	孙科志	2009 年 01 月	
			世界史	060108	张　巍	2012 年 01 月	
			世界史	060108	Fred E. Schrader	2012 年 01 月	
		57	文物学	060120	杨志刚	2005 年 01 月	文物与博物馆学系
			文物学	060120	高蒙河	2006 年 01 月	
			文物学	060120	朱顺龙	2008 年 01 月	
		58	人口史	060121	侯杨方	2008 年 01 月	历史地理研究中心
理　学	数　学	59	基础数学	070101	胡和生	1981 年 11 月	数学科学学院
			基础数学	070101	谷超豪	1981 年 11 月	
			基础数学	070101	李大潜	1981 年 11 月	
			基础数学	070101	陈恕行	1985 年 12 月	
			基础数学	070101	忻元龙	1990 年 10 月	
			基础数学	070101	洪家兴	1993 年 12 月	
			基础数学	070101	陈晓漫	1994 年 11 月	
			基础数学	070101	杨劲根	1998 年 01 月	
			基础数学	070101	陈纪修	1998 年 01 月	
			基础数学	070101	黄宣国	1999 年 07 月	
			基础数学	070101	周子翔	1999 年 07 月	

续　表

学科门类	一级学科	序　号	专业名称	专业代码	博士生导师	批准时间	所属院系(所)
理　学	数　学	59	基础数学	070101	东瑜昕	2001 年 04 月	数学科学学院
理　学	数　学	59	基础数学	070101	朱胜林	2001 年 04 月	数学科学学院
理　学	数　学	59	基础数学	070101	郭坤宇	2001 年 04 月	数学科学学院
理　学	数　学	59	基础数学	070101	邱维元	2003 年 01 月	数学科学学院
理　学	数　学	59	基础数学	070101	吴泉水	2003 年 01 月	数学科学学院
理　学	数　学	59	基础数学	070101	丁　青	2003 年 01 月	数学科学学院
理　学	数　学	59	基础数学	070101	袁小平	2004 年 01 月	数学科学学院
理　学	数　学	59	基础数学	070101	陈　猛	2004 年 01 月	数学科学学院
理　学	数　学	59	基础数学	070101	范恩贵	2005 年 01 月	数学科学学院
理　学	数　学	59	基础数学	070101	刘宪高	2006 年 01 月	数学科学学院
理　学	数　学	59	基础数学	070101	吕　志	2007 年 01 月	数学科学学院
理　学	数　学	59	基础数学	070101	尹永成	2008 年 01 月	数学科学学院
理　学	数　学	59	基础数学	070101	李洪全	2008 年 01 月	数学科学学院
理　学	数　学	59	基础数学	070101	张永前	2009 年 01 月	数学科学学院
理　学	数　学	59	基础数学	070101	傅吉祥	2009 年 01 月	数学科学学院
理　学	数　学	59	基础数学	070101	张　坚	2009 年 07 月	数学科学学院
理　学	数　学	59	基础数学	070101	金　路	2012 年 01 月	数学科学学院
理　学	数　学	60	计算数学	070102	程　晋	2003 年 01 月	数学科学学院
理　学	数　学	60	计算数学	070102	薛军工	2005 年 01 月	数学科学学院
理　学	数　学	60	计算数学	070102	苏仰锋	2006 年 01 月	数学科学学院
理　学	数　学	60	计算数学	070102	魏益民	2008 年 01 月	数学科学学院
理　学	数　学	60	计算数学	070102	柏兆俊	2008 年 07 月	数学科学学院
理　学	数　学	60	计算数学	070102	高卫国	2010 年 01 月	数学科学学院
理　学	数　学	60	计算数学	070102	陈文斌	2011 年 01 月	数学科学学院
理　学	数　学	61	概率论与数理统计	070103	郑祖康	1993 年 12 月	管理学院
理　学	数　学	61	概率论与数理统计	070103	应坚刚	1999 年 07 月	数学科学学院
理　学	数　学	61	概率论与数理统计	070103	张新生	2003 年 01 月	管理学院
理　学	数　学	61	概率论与数理统计	070103	朱仲义	2006 年 01 月	管理学院
理　学	数　学	62	应用数学	070104	郑宋穆	1993 年 12 月	数学科学学院
理　学	数　学	62	应用数学	070104	陈天平	1993 年 12 月	数学科学学院
理　学	数　学	62	应用数学	070104	谭永基	1996 年 06 月	数学科学学院
理　学	数　学	62	应用数学	070104	阮　炯	1999 年 07 月	数学科学学院
理　学	数　学	62	应用数学	070104	吴宗敏	1999 年 07 月	数学科学学院
理　学	数　学	62	应用数学	070104	周　忆	1999 年 07 月	数学科学学院
理　学	数　学	62	应用数学	070104	冯建峰	2008 年 07 月	数学科学学院
理　学	数　学	62	应用数学	070104	肖体俊	2009 年 01 月	数学科学学院

续 表

学科门类	一级学科	序 号	专业名称	专业代码	博士生导师	批准时间	所属院系(所)
理 学	数 学	62	应用数学	070104	蔡志杰	2010 年 01 月	数学科学学院
			应用数学	070104	卢文联	2011 年 01 月	
			应用数学	070104	林 伟	2011 年 01 月	
			应用数学	070104	雷 震	2011 年 01 月	
			应用数学	070104	严 军	2012 年 01 月	
		63	运筹学与控制论	070105	汤善健	2003 年 01 月	
			运筹学与控制论	070105	楼红卫	2006 年 01 月	
			运筹学与控制论	070105	孙小玲	2008 年 01 月	管理学院
	物理学	64	理论物理	070201	孙 鑫	1984 年 01 月	物理学系
			理论物理	070201	郝柏林	1984 年 01 月	
			理论物理	070201	陶瑞宝	1984 年 01 月	
			理论物理	070201	苏汝铿	1990 年 12 月	
			理论物理	070201	吴长勤	1998 年 01 月	
			理论物理	070201	陈 灏	1999 年 07 月	
			理论物理	070201	林志方	2001 年 04 月	
			理论物理	070201	周 磊	2005 年 01 月	
			理论物理	070201	马永利	2006 年 01 月	
			理论物理	070201	黄吉平	2006 年 01 月	
			理论物理	070201	盛卫东	2007 年 01 月	
			理论物理	070201	施 郁	2007 年 01 月	
			理论物理	070201	向红军	2010 年 06 月	
			理论物理	070201	吴咏时	2012 年 01 月	
		65	粒子物理与原子核物理	070202	杨福家	1981 年 11 月	现代物理研究所
			粒子物理与原子核物理	070202	梁荣庆	2003 年 01 月	
			粒子物理与原子核物理	070202	施立群	2006 年 01 月	
			粒子物理与原子核物理	070202	沈 皓	2009 年 01 月	
		66	原子与分子物理	070203	邹亚明	1998 年 01 月	
			原子与分子物理	070203	宁西京	2006 年 01 月	
			原子与分子物理	070203	HuttonRoger	2006 年 01 月	
			原子与分子物理	070203	陈重阳	2008 年 01 月	
			原子与分子物理	070203	唐永建	2011 年 01 月	
			原子与分子物理	070203	赵凯锋	2011 年 01 月	
		67	凝聚态物理	070205	王 迅	1985 年 12 月	物理学系
			凝聚态物理	070205	张新夷	1990 年 11 月	
			凝聚态物理	070205	侯晓远	1993 年 12 月	
			凝聚态物理	070205	金晓峰	1994 年 11 月	

续 表

学科门类	一级学科	序 号	专业名称	专业代码	博士生导师	批准时间	所属院系(所)
理 学	物理学	67	凝聚态物理	070205	陈良尧	1994 年 11 月	信息科学与工程学院
			凝聚态物理	070205	周鲁卫	1996 年 06 月	物理学系
			凝聚态物理	070205	黄大鸣	1996 年 06 月	信息科学与工程学院
			凝聚态物理	070205	资 剑	1998 年 01 月	物理学系
			凝聚态物理	070205	陆 昉	1999 年 07 月	
			凝聚态物理	070205	蒋最敏	1999 年 09 月	
			凝聚态物理	070205	龚新高	2001 年 04 月	
			凝聚态物理	070205	车静光	2001 年 07 月	
			凝聚态物理	070205	封东来	2003 年 01 月	
			凝聚态物理	070205	杨中芹	2004 年 01 月	
			凝聚态物理	070205	游建强	2005 年 01 月	
			凝聚态物理	070205	吴义政	2006 年 01 月	
			凝聚态物理	070205	李世燕	2007 年 09 月	
			凝聚态物理	070205	韦广红	2008 年 01 月	
			凝聚态物理	070205	陈 焱	2008 年 04 月	先进材料实验室
			凝聚态物理	070205	乔 山	2008 年 07 月	
			凝聚态物理	070205	谷至华	2009 年 01 月	
			凝聚态物理	070205	沈 健	2010 年 04 月	物理学系
			凝聚态物理	070205	杨新菊	2011 年 01 月	
			凝聚态物理	070205	钟振扬	2011 年 01 月	
			凝聚态物理	070205	刘晓晗	2011 年 01 月	
			凝聚态物理	070205	肖 江	2011 年 01 月	
			凝聚态物理	070205	陈 唯	2011 年 01 月	
			凝聚态物理	070205	吴施伟	2011 年 04 月	
			凝聚态物理	070205	刘韡韬	2011 年 04 月	
			凝聚态物理	070205	田传山	2011 年 05 月	
			凝聚态物理	070205	张远波	2011 年 05 月	
			凝聚态物理	070205	蔡 群	2012 年 01 月	
			凝聚态物理	070205	吴 骅	2012 年 01 月	
		68	光学	070207	干福熹	1981 年 11 月	信息科学与工程学院
			光学	070207	沈学础	1990 年 01 月	物理学系
			光学	070207	范滇元	1992 年 01 月	信息科学与工程学院

续 表

学科门类	一级学科	序 号	专业名称	专业代码	博士生导师	批准时间	所属院系(所)
理 学	物理学	68	光学	070207	钱士雄	1994 年 11 月	物理学系
理 学	物理学	68	光学	070207	徐 雷	2001 年 04 月	信息科学与工程学院
理 学	物理学	68	光学	070207	钱列加	2001 年 04 月	信息科学与工程学院
理 学	物理学	68	光学	070207	金庆原	2001 年 04 月	信息科学与工程学院
理 学	物理学	68	光学	070207	王培南	2001 年 04 月	信息科学与工程学院
理 学	物理学	68	光学	070207	刘丽英	2003 年 01 月	信息科学与工程学院
理 学	物理学	68	光学	070207	赵 利	2004 年 01 月	物理学系
理 学	物理学	68	光学	070207	陈暨耀	2004 年 01 月	物理学系
理 学	物理学	68	光学	070207	吴嘉达	2004 年 01 月	信息科学与工程学院
理 学	物理学	68	光学	070207	马世红	2005 年 01 月	物理学系
理 学	物理学	68	光学	070207	陈张海	2005 年 01 月	物理学系
理 学	物理学	68	光学	070207	谭砚文	2011 年 01 月	物理学系
理 学	物理学	68	光学	070207	陆 明	2005 年 01 月	信息科学与工程学院
理 学	物理学	68	光学	070207	彭 波	2005 年 06 月	信息科学与工程学院
理 学	物理学	68	光学	070207	庄 军	2006 年 01 月	信息科学与工程学院
理 学	物理学	68	光学	070207	郑玉祥	2008 年 01 月	信息科学与工程学院
理 学	物理学	68	光学	070207	朱鹤元	2009 年 01 月	信息科学与工程学院
理 学	物理学	68	光学	070207	沈德元	2009 年 01 月	信息科学与工程学院
理 学	物理学	68	光学	070207	王松有	2009 年 01 月	信息科学与工程学院
理 学	物理学	68	光学	070207	赵海斌	2010 年 01 月	信息科学与工程学院
理 学	物理学	68	光学	070207	肖艳红	2010 年 01 月	先进材料实验室
理 学	物理学	68	光学	070207	徐 敏	2010 年 04 月	信息科学与工程学院
理 学	物理学	68	光学	070207	张宗芝	2011 年 01 月	信息科学与工程学院
理 学	化 学	69	无机化学	070301	黄春辉	1990 年 07 月	化学系
理 学	化 学	69	无机化学	070301	周锡庚	2001 年 04 月	化学系
理 学	化 学	69	无机化学	070301	金国新	2001 年 04 月	化学系
理 学	化 学	69	无机化学	070301	屠 波	2005 年 01 月	化学系
理 学	化 学	69	无机化学	070301	岳 斌	2006 年 01 月	化学系
理 学	化 学	69	无机化学	070301	李富友	2006 年 01 月	化学系
理 学	化 学	69	无机化学	070301	易 涛	2007 年 01 月	化学系
理 学	化 学	69	无机化学	070301	王忠胜	2009 年 01 月	先进材料实验室
理 学	化 学	69	无机化学	070301	周亚明	2010 年 01 月	化学系
理 学	化 学	69	无机化学	070301	邓勇辉	2010 年 01 月	化学系
理 学	化 学	69	无机化学	070301	张 凡	2012 年 01 月	化学系
理 学	化 学	69	无机化学	070301	郑耿锋	2010 年 04 月	先进材料实验室

续　表

学科门类	一级学科	序　号	专业名称	专业代码	博士生导师	批准时间	所属院系(所)
理　学	化　学	70	分析化学	070302	杨芃原	1994 年 11 月	化学系
			分析化学	070302	孔继烈	2001 年 04 月	
			分析化学	070302	张祥民	2001 年 04 月	
			分析化学	070302	刘宝红	2004 年 01 月	
			分析化学	070302	魏勋斌	2008 年 01 月	
			分析化学	070302	余绍宁	2009 年 01 月	
			分析化学	070302	邓春晖	2011 年 01 月	
		71	有机化学	070303	陈芬儿	2001 年 04 月	
			有机化学	070303	王全瑞	2004 年 01 月	
			有机化学	070303	吴　劼	2007 年 01 月	
			有机化学	070303	范仁华	2008 年 01 月	
			有机化学	070303	黎占亭	2009 年 10 月	
			有机化学	070303	涂　涛	2011 年 01 月	
		72	物理化学	070304	范康年	1996 年 06 月	
			物理化学	070304	贺鹤勇	1999 年 07 月	
			物理化学	070304	赵东元	1999 年 07 月	
			物理化学	070304	唐　颐	2001 年 04 月	
			物理化学	070304	周鸣飞	2001 年 05 月	
			物理化学	070304	夏永姚	2003 年 01 月	
			物理化学	070304	蔡文斌	2003 年 01 月	
			物理化学	070304	戴维林	2004 年 01 月	
			物理化学	070304	吴宇平	2004 年 01 月	
			物理化学	070304	丁传凡	2004 年 01 月	
			物理化学	070304	乐英红	2005 年 01 月	
			物理化学	070304	曹　勇	2005 年 01 月	
			物理化学	070304	刘智攀	2006 年 01 月	
			物理化学	070304	王文宁	2006 年 01 月	
			物理化学	070304	钱东金	2006 年 01 月	
			物理化学	070304	乔明华	2006 年 01 月	
			物理化学	070304	余爱水	2007 年 01 月	
			物理化学	070304	傅正文	2007 年 01 月	
			物理化学	070304	熊焕明	2009 年 01 月	
			物理化学	070304	张亚红	2009 年 01 月	
			物理化学	070304	华伟明	2009 年 01 月	
			物理化学	070304	徐　昕	2010 年 10 月	
			物理化学	070304	李振华	2012 年 01 月	

续 表

学科门类	一级学科	序 号	专业名称	专业代码	博士生导师	批准时间	所属院系(所)
理 学	化 学	73	高分子化学与物理	070305	江 明	1990 年 10 月	高分子科学系
			高分子化学与物理	070305	杨玉良	1993 年 12 月	
			高分子化学与物理	070305	黄骏廉	1994 年 11 月	
			高分子化学与物理	070305	丁建东	1999 年 07 月	
			高分子化学与物理	070305	李同生	2001 年 04 月	
			高分子化学与物理	070305	杜强国	2001 年 04 月	
			高分子化学与物理	070305	邵正中	2001 年 04 月	
			高分子化学与物理	070305	汪长春	2004 年 01 月	
			高分子化学与物理	070305	汪联辉	2004 年 03 月	先进材料实验室
			高分子化学与物理	070305	武培怡	2005 年 01 月	高分子科学系
			高分子化学与物理	070305	刘天西	2006 年 01 月	
			高分子化学与物理	070305	何军坡	2006 年 01 月	
			高分子化学与物理	070305	邱 枫	2006 年 01 月	
			高分子化学与物理	070305	周 平	2006 年 01 月	
			高分子化学与物理	070305	陈道勇	2006 年 01 月	
			高分子化学与物理	070305	张红东	2007 年 01 月	
			高分子化学与物理	070305	陈 新	2007 年 01 月	
			高分子化学与物理	070305	倪秀元	2008 年 01 月	
			高分子化学与物理	070305	姚 萍	2008 年 01 月	
			高分子化学与物理	070305	杨武利	2009 年 01 月	
			高分子化学与物理	070305	胡建华	2011 年 01 月	
			高分子化学与物理	070305	唐 萍	2012 年 01 月	
			高分子化学与物理	070305	冯嘉春	2012 年 01 月	
			高分子化学与物理	070305	彭慧胜	2009 年 01 月	先进材料实验室
		74	化学生物学	070320	陆豪杰	2007 年 01 月	化学系
			化学生物学	070320	谭相石	2007 年 03 月	
		75	应用化学	070321	徐华龙	2008 年 01 月	
			应用化学	070321	沈 伟	2011 年 01 月	
	生物学	76	植物学	071001	钟 扬	2001 年 04 月	生命科学学院
			植物学	071001	卢宝荣	2001 年 04 月	
			植物学	071001	杨 继	2008 年 01 月	
			植物学	071001	葛晓春	2011 年 01 月	
			植物学	071001	周铜水	2011 年 01 月	
		77	生理学	071003	朱依纯	2000 年 04 月	医学院(基础)
			生理学	071003	朱大年	2000 年 05 月	
			生理学	071003	黄 聿	2005 年 01 月	

续　表

学科门类	一级学科	序　号	专业名称	专业代码	博士生导师	批准时间	所属院系(所)
理　学	生物学	77	生理学	071003	沈霖霖	2005 年 01 月	医学院(基础)
			生理学	071003	陆利民	2011 年 01 月	
		78	微生物学	071005	郑兆鑫	1993 年 12 月	生命科学学院
			微生物学	071005	王洪海	1999 年 07 月	
			微生物学	071005	钟　江	2004 年 01 月	
			微生物学	071005	朱乃硕	2009 年 01 月	
			微生物学	071005	全哲学	2011 年 01 月	
		79	神经生物学	071006	孙凤艳	1995 年 07 月	医学院(基础)
			神经生物学	071006	马　兰	1996 年 04 月	
			神经生物学	071006	赵志奇	2001 年 04 月	生命科学学院
			神经生物学	071006	李葆明	2001 年 04 月	
			神经生物学	071006	郑　平	2001 年 04 月	医学院(基础)
			神经生物学	071006	杨雄里	2001 年 06 月	生命科学学院
			神经生物学	071006	张玉秋	2003 年 01 月	
			神经生物学	071006	石　建	2003 年 01 月	
			神经生物学	071006	朱粹青	2004 年 01 月	医学院(基础)
			神经生物学	071006	黄志力	2006 年 07 月	
			神经生物学	071006	王　云	2007 年 03 月	生命科学学院
			神经生物学	071006	Thomas Behnisch	2007 年 09 月	
			神经生物学	071006	钟咏梅	2008 年 01 月	
			神经生物学	071006	王中峰	2008 年 01 月	
			神经生物学	071006	黄　芳	2008 年 01 月	医学院(基础)
			神经生物学	071006	David Saffen	2008 年 03 月	生命科学学院
			神经生物学	071006	彭　刚	2009 年 01 月	
			神经生物学	071006	杨振纲	2010 年 01 月	
			神经生物学	071006	薛　磊	2012 年 01 月	
			神经生物学	071006	赵冰樵	2010 年 01 月	医学院(基础)
		80	遗传学	071007	薛京伦	1993 年 12 月	生命科学学院
			遗传学	071007	毛裕民	1994 年 11 月	
			遗传学	071007	余　龙	1996 年 06 月	
			遗传学	071007	罗泽伟	1996 年 06 月	
			遗传学	071007	沈大棱	1998 年 01 月	
			遗传学	071007	任大明	1998 年 01 月	
			遗传学	071007	金　力	1999 年 07 月	
			遗传学	071007	左　伋	1999 年 07 月	医学院(基础)

续 表

学科门类	一级学科	序 号	专业名称	专业代码	博士生导师	批准时间	所属院系(所)
理 学	生物学	80	遗传学	071007	霍克克	2001 年 04 月	生命科学学院
			遗传学	071007	卢大儒	2001 年 04 月	
			遗传学	071007	谢 毅	2001 年 04 月	
			遗传学	071007	乔守怡	2003 年 01 月	
			遗传学	071007	杨金水	2003 年 01 月	
			遗传学	071007	贾韦国	2005 年 01 月	
			遗传学	071007	温子龙	2005 年 07 月	
			遗传学	071007	陈 佳	2005 年 07 月	
			遗传学	071007	谷 迅	2005 年 07 月	
			遗传学	071007	王树林	2007 年 01 月	
			遗传学	071007	季朝能	2007 年 01 月	
			遗传学	071007	吕 红	2007 年 01 月	
			遗传学	071007	王学路	2007 年 01 月	
			遗传学	071007	李 瑶	2007 年 01 月	
			遗传学	071007	王红艳	2007 年 07 月	
			遗传学	071007	明 凤	2008 年 01 月	
			遗传学	071007	施 前	2008 年 01 月	
			遗传学	071007	马 红	2008 年 07 月	
			遗传学	071007	吴柏林	2009 年 01 月	
			遗传学	071007	张 锋	2010 年 01 月	
			遗传学	071007	刘建祥	2010 年 01 月	
			遗传学	071007	吴家雪	2012 年 01 月	
			遗传学	071007	朱焕章	2012 年 01 月	
			遗传学	071007	唐 翠	2012 年 01 月	
		81	发育生物学	071008	陶无凡	2006 年 01 月	
			发育生物学	071008	吴晓晖	2006 年 01 月	
			发育生物学	071008	徐人尔	2010 年 01 月	
		82	生物化学与分子生物学	071010	查锡良	1995 年 07 月	医学院(基础)
			生物化学与分子生物学	071010	顾建新	1995 年 12 月	
			生物化学与分子生物学	071010	吴满平	1996 年 07 月	药学院
			生物化学与分子生物学	071010	刘银坤	1996 年 07 月	中山医院
			生物化学与分子生物学	071010	曹凯明	1999 年 07 月	生命科学学院
			生物化学与分子生物学	071010	黄伟达	1999 年 07 月	
			生物化学与分子生物学	071010	蒯本科	2001 年 04 月	
			生物化学与分子生物学	071010	汤其群	2001 年 07 月	医学院(基础)
			生物化学与分子生物学	071010	印春华	2004 年 01 月	生命科学学院

续 表

学科门类	一级学科	序 号	专业名称	专业代码	博士生导师	批准时间	所属院系(所)
理 学	生物学	82	生物化学与分子生物学	071010	吴兴中	2005年01月	医学院(基础)
			生物化学与分子生物学	071010	马 端	2005年02月	
			生物化学与分子生物学	071010	熊 跃	2005年07月	生命科学学院
			生物化学与分子生物学	071010	管坤良	2005年07月	
			生物化学与分子生物学	071010	董爱武	2008年01月	
			生物化学与分子生物学	071010	沈文辉	2008年07月	
			生物化学与分子生物学	071010	邢清和	2009年01月	
			生物化学与分子生物学	071010	于文强	2009年01月	
			生物化学与分子生物学	071010	于 敏	2009年01月	医学院(基础)
			生物化学与分子生物学	071010	江建海	2009年01月	
			生物化学与分子生物学	071010	赵世民	2010年01月	生命科学学院
			生物化学与分子生物学	071010	麻锦彪	2011年01月	
			生物化学与分子生物学	071010	蔡 亮	2012年01月	
			生物化学与分子生物学	071010	杨 青	2012年01月	
			生物化学与分子生物学	071010	李 希	2010年01月	医学院(基础)
			生物化学与分子生物学	071010	张颂文	2011年01月	
			生物化学与分子生物学	071010	杨 恭	2011年01月	肿瘤医院
			生物化学与分子生物学	071010	文 波	2011年01月	生物医学研究院
		83	生物物理学	071011	寿天德	1993年12月	生命科学学院
			生物物理学	071011	张志鸿	1994年11月	
			生物物理学	071011	梅岩艾	2001年04月	
			生物物理学	071011	孙 刚	2005年01月	
			生物物理学	071011	徐彦辉	2008年07月	
			生物物理学	071011	俞洪波	2009年06月	
			生物物理学	071011	于玉国	2012年01月	
		84	生态学	071012	陈家宽	1993年12月	
			生态学	071012	吴千红	1999年07月	
			生态学	071012	李 博	2001年04月	
			生态学	071012	方长明	2006年01月	
			生态学	071012	吴纪华	2006年01月	
			生态学	071012	宋志平	2007年01月	
			生态学	071012	赵 斌	2009年01月	
			生态学	071012	马志军	2010年01月	
			生态学	071012	傅萃长	2010年01月	
			生态学	071012	张文驹	2011年01月	
			生态学	071012	周旭辉	2012年01月	

续 表

学科门类	一级学科	序 号	专业名称	专业代码	博士生导师	批准时间	所属院系(所)
理 学	生物学	85	生物信息学	071020	田卫东	2008 年 10 月	生命科学学院
			生物信息学	071020	胡跃清	2010 年 09 月	
			生物信息学	071020	孙 璘	2011 年 01 月	
			生物信息学	071020	张 洪	2011 年 04 月	
		86	人类生物学	071021	李 辉	2010 年 01 月	
			人类生物学	071021	王久存	2012 年 01 月	
工 学	力 学	87	流体力学	080103	许世雄	2001 年 04 月	力学与工程科学系
			流体力学	080103	丁光宏	2001 年 04 月	
			流体力学	080103	艾剑良	2005 年 01 月	
			流体力学	080103	马建敏	2006 年 01 月	
			流体力学	080103	孙 刚	2007 年 01 月	
			流体力学	080103	田振夫	2010 年 01 月	
			流体力学	080103	丁淑蓉	2012 年 01 月	
		88	工程力学	080104	张 文	1993 年 12 月	
			工程力学	080104	唐国安	2001 年 04 月	
			工程力学	080104	郑铁生	2001 年 04 月	
			工程力学	080104	霍永忠	2004 年 01 月	
	材料科学与工程	89	材料物理与化学	080501	武利民	2001 年 04 月	材料科学系
			材料物理与化学	080501	吴晓京	2003 年 01 月	
			材料物理与化学	080501	李越生	2004 年 01 月	
			材料物理与化学	080501	杨振国	2004 年 01 月	
			材料物理与化学	080501	李速明	2005 年 01 月	
			材料物理与化学	080501	俞燕蕾	2005 年 01 月	
			材料物理与化学	080501	范仲勇	2006 年 01 月	
			材料物理与化学	080501	叶明新	2006 年 01 月	
			材料物理与化学	080501	余学斌	2009 年 01 月	
			材料物理与化学	080501	肖 斐	2009 年 01 月	
			材料物理与化学	080501	车仁超	2009 年 06 月	先进材料实验室
			材料物理与化学	080501	周树学	2010 年 01 月	材料科学系
			材料物理与化学	080501	方晓生	2011 年 01 月	
			材料物理与化学	080501	梅永丰	2011 年 01 月	
			材料物理与化学	080501	游 波	2012 年 01 月	
			材料物理与化学	080501	胡新华	2012 年 01 月	
	电子科学与技术	90	物理电子学	080901	李 劲	1997 年 04 月	
			物理电子学	080901	朱绍龙	1999 年 07 月	信息科学与工程学院
			物理电子学	080901	陈大华	2001 年 04 月	

续　表

学科门类	一级学科	序　号	专业名称	专业代码	博士生导师	批准时间	所属院系(所)
工　学	电子科学与技术	90	物理电子学	080901	陈国荣	2001 年 04 月	材料科学系
			物理电子学	080901	徐　伟	2003 年 01 月	
			物理电子学	080901	孙大林	2004 年 01 月	
			物理电子学	080901	张　群	2006 年 01 月	
			物理电子学	080901	刘克富	2007 年 01 月	信息科学与工程学院
			物理电子学	080901	崔晓莉	2009 年 01 月	材料科学系
			物理电子学	080901	贾　波	2009 年 01 月	
			物理电子学	080901	刘木清	2010 年 01 月	信息科学与工程学院
		91	电路与系统	080902	金亚秋	1993 年 12 月	
			电路与系统	080902	王威琪	1993 年 12 月	
			电路与系统	080902	方祖祥	1996 年 06 月	
			电路与系统	080902	张立明	1998 年 01 月	
			电路与系统	080902	王宗欣	1999 年 07 月	
			电路与系统	080902	胡　波	2001 年 04 月	
			电路与系统	080902	李　锋	2003 年 01 月	
			电路与系统	080902	张建秋	2004 年 01 月	
			电路与系统	080902	王　斌	2006 年 01 月	
			电路与系统	080902	李　翔	2009 年 01 月	
		92	微电子学与固体电子学	080903	洪志良	1996 年 06 月	
			微电子学与固体电子学	080903	童家榕	1998 年 01 月	
			微电子学与固体电子学	080903	黄宜平	1999 年 07 月	
			微电子学与固体电子学	080903	张　卫	2001 年 04 月	
			微电子学与固体电子学	080903	闵　昊	2001 年 04 月	
			微电子学与固体电子学	080903	曾　璇	2003 年 01 月	
			微电子学与固体电子学	080903	周　电	2003 年 01 月	
			微电子学与固体电子学	080903	茹国平	2004 年 01 月	
			微电子学与固体电子学	080903	刘　冉	2004 年 06 月	
			微电子学与固体电子学	080903	任俊彦	2005 年 01 月	
			微电子学与固体电子学	080903	张世理	2006 年 06 月	微电子研究院
			微电子学与固体电子学	080903	林殷茵	2007 年 01 月	信息科学与工程学院
			微电子学与固体电子学	080903	屈新萍	2007 年 02 月	
			微电子学与固体电子学	080903	曾晓洋	2008 年 01 月	
			微电子学与固体电子学	080903	江安全	2008 年 01 月	微电子研究院
			微电子学与固体电子学	080903	丁士进	2009 年 01 月	
			微电子学与固体电子学	080903	吴东平	2010 年 01 月	信息科学与工程学院

续 表

学科门类	一级学科	序　号	专业名称	专业代码	博士生导师	批准时间	所属院系(所)
工　学	电子科学与技术	92	微电子学与固体电子学	080903	王鹏飞	2010 年 01 月	信息科学与工程学院
			微电子学与固体电子学	080903	来金梅	2010 年 01 月	微电子研究院
			微电子学与固体电子学	080903	郑立荣	2010 年 01 月	信息科学与工程学院
			微电子学与固体电子学	080903	李　冰	2011 年 06 月	
			微电子学与固体电子学	080903	杨晓峰	2012 年 01 月	
			微电子学与固体电子学	080903	周　嘉	2012 年 01 月	
			微电子学与固体电子学	080903	王伶俐	2012 年 01 月	
		93	电磁场与微波技术	080904	石艺尉	2006 年 01 月	
			电磁场与微波技术	080904	迟　楠	2008 年 10 月	
			电磁场与微波技术	080904	文舸一	2011 年 01 月	
			电磁场与微波技术	080904	余建军	2011 年 01 月	
	计算机科学与技术	94	计算机系统结构	081201	涂时亮	2001 年 04 月	计算机科学技术学院
			计算机系统结构	081201	臧斌宇	2003 年 01 月	
			计算机系统结构	081201	吴百锋	2006 年 01 月	
		95	计算机软件与理论	081202	陆汝钤	1984 年 01 月	
			计算机软件与理论	081202	朱传琪	1993 年 12 月	
			计算机软件与理论	081202	高传善	1996 年 06 月	
			计算机软件与理论	081202	钱乐秋	1998 年 01 月	
			计算机软件与理论	081202	朱扬勇	1999 年 07 月	
			计算机软件与理论	081202	赵文耘	2003 年 01 月	
			计算机软件与理论	081202	顾　宁	2004 年 01 月	
			计算机软件与理论	081202	张　亮	2005 年 01 月	
			计算机软件与理论	081202	汪　卫	2005 年 01 月	
			计算机软件与理论	081202	Rudolf Fleischer	2005 年 01 月	
			计算机软件与理论	081202	周水庚	2005 年 03 月	
			计算机软件与理论	081202	阚海斌	2007 年 01 月	
			计算机软件与理论	081202	危　辉	2007 年 01 月	
			计算机软件与理论	081202	杨　夙	2008 年 01 月	
			计算机软件与理论	081202	王晓阳	2012 年 01 月	
			计算机软件与理论	081202	张军平	2012 年 01 月	
		96	计算机应用技术	081203	张世永	2001 年 04 月	
			计算机应用技术	081203	薛向阳	2001 年 04 月	
			计算机应用技术	081203	陈雁秋	2003 年 01 月	
			计算机应用技术	081203	沈一帆	2005 年 03 月	
			计算机应用技术	081203	黄萱菁	2007 年 01 月	

续 表

学科门类	一级学科	序 号	专业名称	专业代码	博士生导师	批准时间	所属院系(所)
工 学	计算机科学与技术	96	计算机应用技术	081203	钟亦平	2008 年 01 月	计算机科学技术学院
工 学	计算机科学与技术	96	计算机应用技术	081203	王 新	2011 年 01 月	计算机科学技术学院
工 学	计算机科学与技术	96	计算机应用技术	081203	张玥杰	2012 年 01 月	计算机科学技术学院
工 学	环境科学与工程	97	环境科学	083001	王祥荣	1997 年 10 月	环境科学与工程系
工 学	环境科学与工程	97	环境科学	083001	陈建民	2001 年 04 月	环境科学与工程系
工 学	环境科学与工程	97	环境科学	083001	侯惠奇	2001 年 04 月	环境科学与工程系
工 学	环境科学与工程	97	环境科学	083001	陈立民	2001 年 04 月	环境科学与工程系
工 学	环境科学与工程	97	环境科学	083001	庄国顺	2005 年 01 月	环境科学与工程系
工 学	环境科学与工程	97	环境科学	083001	刘 燕	2006 年 01 月	环境科学与工程系
工 学	环境科学与工程	97	环境科学	083001	杨 新	2007 年 01 月	环境科学与工程系
工 学	环境科学与工程	97	环境科学	083001	董文博	2007 年 01 月	环境科学与工程系
工 学	环境科学与工程	97	环境科学	083001	李 溪	2008 年 01 月	环境科学与工程系
工 学	环境科学与工程	97	环境科学	083001	张人一	2008 年 01 月	环境科学与工程系
工 学	环境科学与工程	97	环境科学	083001	王 韬	2008 年 07 月	环境科学与工程系
工 学	环境科学与工程	97	环境科学	083001	郭志刚	2009 年 01 月	环境科学与工程系
工 学	环境科学与工程	97	环境科学	083001	郦永刚	2009 年 01 月	环境科学与工程系
工 学	环境科学与工程	97	环境科学	083001	郑 正	2009 年 07 月	环境科学与工程系
工 学	环境科学与工程	97	环境科学	083001	郑俊华	2010 年 01 月	环境科学与工程系
工 学	环境科学与工程	97	环境科学	083001	宋卫华	2011 年 01 月	环境科学与工程系
工 学	环境科学与工程	97	环境科学	083001	王 琳	2011 年 01 月	环境科学与工程系
工 学	环境科学与工程	97	环境科学	083001	陈 莹	2011 年 01 月	环境科学与工程系
工 学	环境科学与工程	97	环境科学	083001	周 斌	2011 年 01 月	环境科学与工程系
工 学	环境科学与工程	97	环境科学	083001	Marie Harder	2012 年 01 月	环境科学与工程系
工 学	环境科学与工程	97	环境科学	083001	Trevor David Davies	2012 年 01 月	环境科学与工程系
工 学	环境科学与工程	97	环境科学	083001	李笃中	2012 年 01 月	环境科学与工程系
工 学	环境科学与工程	97	环境科学	083001	张士成	2012 年 01 月	环境科学与工程系
工 学	环境科学与工程	97	环境科学	083001	马 臻	2012 年 01 月	环境科学与工程系
工 学	环境科学与工程	97	环境科学	083001	王新军	2012 年 01 月	环境科学与工程系
工 学	环境科学与工程	97	环境科学	083001	付洪波	2012 年 01 月	环境科学与工程系
工 学	环境科学与工程	98	环境工程	083002	隋国栋	2008 年 07 月	环境科学与工程系
工 学	生物医学工程	99	生物医学工程	083100	余建国	2001 年 04 月	信息科学与工程学院
工 学	生物医学工程	99	生物医学工程	083100	汪源源	2001 年 04 月	信息科学与工程学院
工 学	生物医学工程	99	生物医学工程	083100	宋志坚	2001 年 07 月	医学院(基础)
工 学	生物医学工程	100	医学电子学	083120	他得安	2011 年 01 月	信息科学与工程学院

续 表

学科门类	一级学科	序　号	专业名称	专业代码	博士生导师	批准时间	所属院系(所)
工　学	生物医学工程	101	生物力学	083121	李为民	2007 年 01 月	力学与工程科学系
			生物力学	083121	张天宇	2011 年 01 月	
医　学	基础医学	102	人体解剖与组织胚胎学	100101	左焕琛	1993 年 10 月	医学院(基础)
			人体解剖与组织胚胎学	100101	彭裕文	1994 年 03 月	
			人体解剖与组织胚胎学	100101	王克强	1997 年 07 月	中山医院
			人体解剖与组织胚胎学	100101	王海杰	2000 年 04 月	医学院(基础)
			人体解剖与组织胚胎学	100101	周国民	2001 年 07 月	
			人体解剖与组织胚胎学	100101	谭玉珍	2005 年 01 月	
			人体解剖与组织胚胎学	100101	李瑞锡	2006 年 01 月	
			人体解剖与组织胚胎学	100101	张素春	2006 年 03 月	
			人体解剖与组织胚胎学	100101	陈祖林	2006 年 03 月	
		103	免疫学	100102	储以微	2007 年 01 月	
			免疫学	100102	何　睿	2010 年 01 月	
			免疫学	100102	贾立军	2011 年 01 月	
			免疫学	100102	刘光伟	2012 年 06 月	
			免疫学	100102	胡维国	2011 年 01 月	生物医学研究院
		104	病原生物学	100103	闻玉梅	1984 年 01 月	医学院(基础)
			病原生物学	100103	瞿　涤	1998 年 07 月	
			病原生物学	100103	袁正宏	1999 年 07 月	
			病原生物学	100103	程训佳	2001 年 04 月	
			病原生物学	100103	高　谦	2004 年 01 月	
			病原生物学	100103	谢幼华	2008 年 01 月	
			病原生物学	100103	张晓燕	2009 年 01 月	
			病原生物学	100103	徐建青	2009 年 01 月	
			病原生物学	100103	陈　力	2011 年 07 月	
			病原生物学	100103	姜世勃	2011 年 07 月	
			病原生物学	100103	王　宾	2011 年 07 月	
			病原生物学	100103	蔡启良	2012 年 04 月	
		105	病理学与病理生理学	100104	张锦生	1997 年 07 月	
			病理学与病理生理学	100104	朱虹光	2001 年 04 月	
			病理学与病理生理学	100104	许祖德	2003 年 01 月	
			病理学与病理生理学	100104	赵子琴	2004 年 01 月	
			病理学与病理生理学	100104	张　农	2004 年 01 月	
			病理学与病理生理学	100104	殷莲华	2004 年 01 月	
			病理学与病理生理学	100104	张志刚	2004 年 01 月	
			病理学与病理生理学	100104	郑文新	2005 年 07 月	

续 表

学科门类	一级学科	序 号	专业名称	专业代码	博士生导师	批准时间	所属院系(所)
医 学	基础医学	105	病理学与病理生理学	100104	陈思锋	2006年01月	医学院(基础)
			病理学与病理生理学	100104	陈丰原	2009年01月	
			病理学与病理生理学	100104	刘秀萍	2011年01月	
		106	放射医学	100106	卓维海	2005年07月	放射医学研究所
			放射医学	100106	邵春林	2005年07月	
			放射医学	100106	朱国英	2011年01月	
		107	分子医学	100120	丁忠仁	2008年07月	医学院(基础)
			分子医学	100120	雷群英	2010年01月	
	临床医学	108	内科学(心血管病)	100201	陈灏珠	1981年11月	中山医院
			内科学(心血管病)	100201	诸骏仁	1990年12月	
			内科学(心血管病)	100201	蔡迺绳	1997年07月	
			内科学(心血管病)	100201	葛均波	2000年04月	
			内科学(心血管病)	100201	施海明	2003年01月	华山医院
			内科学(心血管病)	100201	李 勇	2011年01月	
			内科学(心血管病)	100201	罗心平	2012年01月	
			内科学(心血管病)	100201	舒先红	2005年01月	中山医院
			内科学(心血管病)	100201	胡 凯	2005年01月	
			内科学(心血管病)	100201	邹云增	2005年02月	
			内科学(心血管病)	100201	刘少稳	2007年01月	
			内科学(心血管病)	100201	钱菊英	2008年01月	
			内科学(心血管病)	100201	陈瑞珍	2009年01月	
			内科学(心血管病)	100201	周京敏	2011年01月	
			内科学(心血管病)	100201	姜 红	2012年01月	
			内科学(血液病)	1002011	谢 毅	1998年07月	华山医院
			内科学(血液病)	1002011	许小平	2011年01月	
			内科学(血液病)	1002011	陆道培	2006年01月	上海市第五人民医院
			内科学(血液病)	1002011	程韵枫	2008年01月	中山医院
			内科学(呼吸系病)	1002012	钮善福	1994年03月	
			内科学(呼吸系病)	1002012	何礼贤	1997年07月	
			内科学(呼吸系病)	1002012	白春学	1999年07月	
			内科学(呼吸系病)	1002012	蔡映云	1999年07月	
			内科学(呼吸系病)	1002012	宋元林	2012年01月	
			内科学(呼吸系病)	1002012	瞿介明	2004年01月	华东医院
			内科学(呼吸系病)	1002012	朱 蕾	2005年01月	中山医院
			内科学(呼吸系病)	1002012	王向东	2008年01月	

续 表

学科门类	一级学科	序　号	专业名称	专业代码	博士生导师	批准时间	所属院系(所)
医　学	临床医学	108	内科学(消化系病)	1002013	王吉耀	1995 年 07 月	中山医院
			内科学(消化系病)	1002013	沈锡中	2003 年 01 月	
			内科学(消化系病)	1002013	任正刚	2007 年 01 月	
			内科学(消化系病)	1002013	张顺财	2007 年 01 月	
			内科学(消化系病)	1002013	夏景林	2009 年 01 月	
			内科学(消化系病)	1002013	刘　杰	2009 年 06 月	华山医院
			内科学(消化系病)	1002013	吴　健	2012 年 01 月	
			内科学(消化系病)	1002013	樊晓明	2010 年 01 月	金山医院
			内科学(内分泌与代谢病)	1002014	高　鑫	2003 年 01 月	中山医院
			内科学(内分泌与代谢病)	1002014	胡仁明	2003 年 01 月	华山医院
			内科学(内分泌与代谢病)	1002014	史虹莉	2004 年 01 月	
			内科学(内分泌与代谢病)	1002014	王庆华	2006 年 07 月	
			内科学(内分泌与代谢病)	1002014	李益明	2008 年 01 月	
			内科学(内分泌与代谢病)	1002014	周丽诺	2008 年 01 月	
			内科学(内分泌与代谢病)	1002014	孙建琴	2009 年 01 月	华东医院
			内科学(肾病)	1002015	丁小强	2000 年 04 月	中山医院
			内科学(肾病)	1002015	顾　勇	2001 年 04 月	华山医院
			内科学(肾病)	1002015	郝传明	2006 年 01 月	
			内科学(肾病)	1002015	陈　靖	2010 年 01 月	
			内科学(肾病)	1002015	叶志斌	2011 年 01 月	华东医院
			内科学(风湿病)	1002016	邹和建	2006 年 01 月	华山医院
			内科学(传染病)	1002017	张永信	1994 年 03 月	
			内科学(传染病)	1002017	施光峰	2004 年 01 月	
			内科学(传染病)	1002017	张继明	2005 年 01 月	
			内科学(传染病)	1002017	王明贵	2006 年 01 月	
			内科学(传染病)	1002017	卢洪洲	2007 年 01 月	
			内科学(传染病)	1002017	张文宏	2008 年 01 月	
			内科学(传染病)	1002017	张　菁	2012 年 01 月	
		109	儿科学	100202	刘豫阳	1995 年 07 月	儿科医院
			儿科学	100202	肖现民	1996 年 07 月	
			儿科学	100202	孙　波	1997 年 07 月	
			儿科学	100202	王卫平	1997 年 07 月	
			儿科学	100202	邵肖梅	1997 年 07 月	
			儿科学	100202	郑　珊	1999 年 07 月	
			儿科学	100202	黄国英	2001 年 04 月	
			儿科学	100202	陈　超	2001 年 04 月	

续　表

学科门类	一级学科	序　号	专业名称	专业代码	博士生导师	批准时间	所属院系(所)
医　学	临床医学	109	儿科学	100202	徐　虹	2001年04月	儿科医院
			儿科学	100202	杨　毅	2001年04月	
			儿科学	100202	贾　兵	2003年01月	
			儿科学	100202	桂永浩	2003年01月	
			儿科学	100202	马瑞雪	2006年01月	
			儿科学	100202	吕志宝	2006年01月	
			儿科学	100202	彭咏梅	2008年01月	
			儿科学	100202	许政敏	2009年07月	
			儿科学	100202	王　艺	2010年01月	
			儿科学	100202	黄文彦	2010年01月	
			儿科学	100202	王建设	2010年01月	
			儿科学	100202	董肖然	2011年01月	
			儿科学	100202	王晓川	2011年01月	
			儿科学	100202	严卫丽	2012年01月	
			儿科学	100202	俞　蕙	2012年01月	
			儿科学	100202	黄　瑛	2012年01月	
			儿科学	100202	徐　秀	2012年01月	
		110	神经病学	100204	吕传真	1994年03月	华山医院
			神经病学	100204	洪　震	2001年04月	
			神经病学	100204	董　强	2003年11月	
			神经病学	100204	肖保国	2006年01月	
			神经病学	100204	汪　昕	2007年01月	中山医院
			神经病学	100204	钟春玖	2008年01月	
			神经病学	100204	任传成	2012年01月	上海市第五人民医院
			神经病学	100204	吴志英	2009年01月	华山医院
		111	精神病与精神卫生学	100205	施慎逊	2004年01月	
			精神病与精神卫生学	100205	王立伟	2006年01月	
		112	皮肤病与性病学	100206	郑志忠	2001年04月	中山医院
			皮肤病与性病学	100206	李　明	2004年01月	
			皮肤病与性病学	100206	项蕾红	2006年01月	华山医院
			皮肤病与性病学	100206	徐金华	2008年01月	
			皮肤病与性病学	100206	杨勤萍	2009年01月	
		113	影像医学与核医学	100207	周康荣	1994年03月	中山医院
			影像医学与核医学	100207	陈绍亮	1996年07月	
			影像医学与核医学	100207	冯晓源	1997年07月	华山医院

续 表

学科门类	一级学科	序 号	专业名称	专业代码	博士生导师	批准时间	所属院系(所)
医 学	临床医学	113	影像医学与核医学	100207	王建华	1999 年 07 月	中山医院
			影像医学与核医学	100207	常 才	2001 年 04 月	肿瘤医院
			影像医学与核医学	100207	曾蒙苏	2003 年 01 月	中山医院
			影像医学与核医学	100207	耿道颖	2003 年 01 月	华山医院
			影像医学与核医学	100207	王文平	2004 年 01 月	中山医院
			影像医学与核医学	100207	彭卫军	2004 年 01 月	肿瘤医院
			影像医学与核医学	100207	严福华	2005 年 01 月	中山医院
			影像医学与核医学	100207	王小林	2007 年 01 月	
			影像医学与核医学	100207	王 怡	2007 年 01 月	华山医院
			影像医学与核医学	100207	滑炎卿	2007 年 02 月	华东医院
			影像医学与核医学	100207	周正荣	2008 年 01 月	肿瘤医院
			影像医学与核医学	100207	强金伟	2009 年 01 月	金山医院
			影像医学与核医学	100207	张志勇	2009 年 01 月	上海市公共卫生中心
			影像医学与核医学	100207	林 江	2010 年 01 月	中山医院
			影像医学与核医学	100207	石洪成	2011 年 01 月	
			影像医学与核医学	100207	管一晖	2010 年 01 月	华山医院
			影像医学与核医学	100207	顾雅佳	2010 年 01 月	肿瘤医院
		114	临床检验诊断学	100208	吕 元	1995 年 07 月	华山医院
			临床检验诊断学	100208	关 明	2010 年 01 月	
		115	外科学(普外)	100210	汤钊猷	1984 年 01 月	中山医院
			外科学(普外)	100210	秦新裕	1997 年 07 月	
			外科学(普外)	100210	王玉琦	1997 年 07 月	
			外科学(普外)	100210	蔡 端	1997 年 07 月	华山医院
			外科学(普外)	100210	符伟国	2000 年 04 月	中山医院
			外科学(普外)	100210	樊 嘉	2001 年 04 月	
			外科学(普外)	100210	王国民	2001 年 04 月	
			外科学(普外)	100210	钦伦秀	2003 年 01 月	
			外科学(普外)	100210	劳 杰	2003 年 01 月	华山医院
			外科学(普外)	100210	吴国豪	2004 年 01 月	中山医院
			外科学(普外)	100210	钱建民	2004 年 01 月	华山医院
			外科学(普外)	100210	王春生	2005 年 01 月	中山医院
			外科学(普外)	100210	姚礼庆	2005 年 01 月	
			外科学(普外)	100210	靳大勇	2006 年 01 月	
			外科学(普外)	100210	陈宗祐	2006 年 01 月	华山医院
			外科学(普外)	100210	周 俭	2007 年 01 月	中山医院

续　表

学科门类	一级学科	序　号	专业名称	专业代码	博士生导师	批准时间	所属院系(所)
医　学	临床医学	115	外科学(普外)	100210	黄广建	2007年01月	华山医院
			外科学(普外)	100210	余优成	2008年01月	中山医院
			外科学(普外)	100210	邱双健	2008年01月	
			外科学(普外)	100210	邹　强	2008年01月	华山医院
			外科学(普外)	100210	许剑民	2009年01月	中山医院
			外科学(普外)	100210	亓发芝	2009年01月	
			外科学(普外)	100210	牛伟新	2009年01月	
			外科学(普外)	100210	傅德良	2009年01月	华山医院
			外科学(普外)	100210	余　波	2011年01月	
			外科学(普外)	100210	金　忱	2012年01月	
			外科学(普外)	100210	刘保池	2009年01月	上海市公共卫生中心
			外科学(普外)	100210	孙益红	2010年01月	中山医院
			外科学(普外)	100210	叶青海	2010年01月	
			外科学(普外)	100210	孙惠川	2010年01月	
			外科学(普外)	100210	刘厚宝	2011年01月	
			外科学(普外)	100210	楼文晖	2012年01月	
			外科学(骨外)	1002101	顾玉东	1990年12月	华山医院
			外科学(骨外)	1002101	陈峥嵘	1997年07月	中山医院
			外科学(骨外)	1002101	徐建光	1997年07月	华山医院
			外科学(骨外)	1002101	陈　亮	1998年07月	华山医院
			外科学(骨外)	1002101	俞永林	2003年01月	
			外科学(骨外)	1002101	陈统一	2004年05月	中山医院
			外科学(骨外)	1002101	董　健	2006年01月	
			外科学(骨外)	1002101	张　峰	2011年07月	
			外科学(骨外)	1002101	阎作勤	2012年01月	
			外科学(骨外)	1002101	张　键	2012年01月	
			外科学(骨外)	1002101	徐文东	2007年01月	华山医院
			外科学(骨外)	1002101	马　昕	2011年01月	
			外科学(泌尿外)	1002102	张永康	1997年07月	中山医院
			外科学(泌尿外)	1002102	丁　强	2001年04月	华山医院
			外科学(泌尿外)	1002102	王　翔	2012年01月	
			外科学(泌尿外)	1002102	徐剑锋	2012年01月	
			外科学(泌尿外)	1002102	朱同玉	2007年01月	中山医院
			外科学(泌尿外)	1002102	陈　刚	2007年01月	金山医院
			外科学(泌尿外)	1002102	林宗明	2008年01月	中山医院

续 表

学科门类	一级学科	序 号	专业名称	专业代码	博士生导师	批准时间	所属院系(所)
医 学	临床医学	115	外科学(泌尿外)	1002102	郭剑明	2010 年 01 月	中山医院
			外科学(神外)	1002104	周良辅	1990 年 12 月	华山医院
			外科学(神外)	1002104	潘 力	2000 年 04 月	
			外科学(神外)	1002104	崔尧元	2001 年 04 月	中山医院
			外科学(神外)	1002104	朱剑虹	2001 年 04 月	华山医院
			外科学(神外)	1002104	黄峰平	2004 年 01 月	
			外科学(神外)	1002104	毛 颖	2005 年 01 月	
			外科学(神外)	1002104	宋冬雷	2007 年 01 月	
			外科学(神外)	1002104	胡 锦	2011 年 01 月	
			外科学(神外)	1002104	宫 晔	2012 年 01 月	
		116	妇产科学	100211	李大金	1998 年 07 月	妇产科医院
			妇产科学	100211	林金芳	2003 年 01 月	
			妇产科学	100211	刘惜时	2003 年 01 月	
			妇产科学	100211	李笑天	2004 年 01 月	
			妇产科学	100211	张绍芬	2004 年 01 月	
			妇产科学	100211	徐丛剑	2005 年 01 月	
			妇产科学	100211	孙 红	2006 年 01 月	
			妇产科学	100211	张慧琴	2006 年 01 月	上海市计划生育研究所
			妇产科学	100211	孙兆贵	2012 年 01 月	
			妇产科学	100211	张 炜	2007 年 01 月	妇产科医院
			妇产科学	100211	华克勤	2009 年 01 月	
			妇产科学	100211	郭孙伟	2011 年 01 月	
			妇产科学	100211	孙晓溪	2011 年 01 月	
			妇产科学	100211	鹿 欣	2011 年 01 月	
			妇产科学	100211	王文君	2012 年 01 月	
		117	眼科学	100212	王文吉	1990 年 12 月	眼耳鼻喉科医院
			眼科学	100212	褚仁远	1995 年 07 月	
			眼科学	100212	孙兴怀	1999 年 07 月	
			眼科学	100212	卢 奕	2001 年 04 月	
			眼科学	100212	叶 纹	2004 年 01 月	华山医院
			眼科学	100212	徐格致	2004 年 01 月	眼耳鼻喉科医院
			眼科学	100212	戴锦晖	2008 年 01 月	
			眼科学	100212	周行涛	2008 年 01 月	
			眼科学	100212	郭文毅	2008 年 01 月	
			眼科学	100212	徐建江	2009 年 01 月	
			眼科学	100212	钱 江	2011 年 01 月	

续　表

学科门类	一级学科	序　号	专业名称	专业代码	博士生导师	批准时间	所属院系(所)
医　学	临床医学	117	眼科学	100212	袁　非	2011 年 01 月	中山医院
医　学	临床医学	118	耳鼻咽喉科学	100213	王正敏	1986 年 07 月	眼耳鼻喉科医院
医　学	临床医学	118	耳鼻咽喉科学	100213	迟放鲁	2000 年 04 月	眼耳鼻喉科医院
医　学	临床医学	118	耳鼻咽喉科学	100213	周　梁	2001 年 04 月	眼耳鼻喉科医院
医　学	临床医学	118	耳鼻咽喉科学	100213	郑春泉	2001 年 04 月	眼耳鼻喉科医院
医　学	临床医学	118	耳鼻咽喉科学	100213	王胜资	2003 年 01 月	眼耳鼻喉科医院
医　学	临床医学	118	耳鼻咽喉科学	100213	蒋家琪	2004 年 01 月	眼耳鼻喉科医院
医　学	临床医学	118	耳鼻咽喉科学	100213	王德辉	2005 年 01 月	眼耳鼻喉科医院
医　学	临床医学	118	耳鼻咽喉科学	100213	李华伟	2005 年 01 月	眼耳鼻喉科医院
医　学	临床医学	118	耳鼻咽喉科学	100213	戴春富	2006 年 01 月	眼耳鼻喉科医院
医　学	临床医学	118	耳鼻咽喉科学	100213	章如新	2007 年 01 月	华东医院
医　学	临床医学	118	耳鼻咽喉科学	100213	张天宇	2007 年 03 月	眼耳鼻喉科医院
医　学	临床医学	118	耳鼻咽喉科学	100213	陈　兵	2008 年 01 月	眼耳鼻喉科医院
医　学	临床医学	118	耳鼻咽喉科学	100213	赵　霞	2009 年 01 月	华山医院
医　学	临床医学	118	耳鼻咽喉科学	100213	吴海涛	2010 年 01 月	眼耳鼻喉科医院
医　学	临床医学	118	耳鼻咽喉科学	100213	戴培东	2011 年 01 月	眼耳鼻喉科医院
医　学	临床医学	118	耳鼻咽喉科学	100213	魏春生	2012 年 01 月	眼耳鼻喉科医院
医　学	临床医学	119	肿瘤学	100214	沈镇宙	1990 年 12 月	肿瘤医院
医　学	临床医学	119	肿瘤学	100214	叶胜龙	1996 年 07 月	中山医院
医　学	临床医学	119	肿瘤学	100214	蒋国梁	1997 年 07 月	肿瘤医院
医　学	临床医学	119	肿瘤学	100214	刘康达	1998 年 07 月	中山医院
医　学	临床医学	119	肿瘤学	100214	施达仁	1998 年 07 月	肿瘤医院
医　学	临床医学	119	肿瘤学	100214	朱雄增	1998 年 07 月	肿瘤医院
医　学	临床医学	119	肿瘤学	100214	邵志敏	1999 年 07 月	肿瘤医院
医　学	临床医学	119	肿瘤学	100214	师英强	2001 年 04 月	肿瘤医院
医　学	临床医学	119	肿瘤学	100214	吴　毅	2003 年 01 月	肿瘤医院
医　学	临床医学	119	肿瘤学	100214	蔡三军	2004 年 01 月	肿瘤医院
医　学	临床医学	119	肿瘤学	100214	傅小龙	2005 年 01 月	肿瘤医院
医　学	临床医学	119	肿瘤学	100214	沈坤炜	2005 年 01 月	肿瘤医院
医　学	临床医学	119	肿瘤学	100214	叶定伟	2006 年 01 月	肿瘤医院
医　学	临床医学	119	肿瘤学	100214	曾昭冲	2007 年 01 月	中山医院
医　学	临床医学	119	肿瘤学	100214	张博恒	2012 年 01 月	中山医院
医　学	临床医学	119	肿瘤学	100214	吴伟忠	2012 年 01 月	中山医院
医　学	临床医学	119	肿瘤学	100214	李　进	2007 年 01 月	肿瘤医院
医　学	临床医学	119	肿瘤学	100214	王华英	2007 年 01 月	肿瘤医院
医　学	临床医学	119	肿瘤学	100214	吴小华	2007 年 01 月	肿瘤医院

续 表

学科门类	一级学科	序 号	专业名称	专业代码	博士生导师	批准时间	所属院系(所)
医 学	临床医学	119	肿瘤学	100214	胡超苏	2007 年 01 月	肿瘤医院
			肿瘤学	100214	陈海泉	2007 年 01 月	
			肿瘤学	100214	杜 祥	2008 年 01 月	肿瘤医院
			肿瘤学	100214	嵇庆海	2008 年 01 月	
			肿瘤学	100214	周晓燕	2009 年 01 月	
			肿瘤学	100214	陆劲松	2009 年 01 月	
			肿瘤学	100214	章 真	2009 年 01 月	
			肿瘤学	100214	郭伟剑	2010 年 01 月	
			肿瘤学	100214	吴 炅	2010 年 01 月	
			肿瘤学	100214	魏庆义	2010 年 08 月	
			肿瘤学	100214	欧周罗	2012 年 01 月	
			肿瘤学	100214	吴开良	2012 年 01 月	
			肿瘤学	100214	郭小毛	2012 年 01 月	
			肿瘤学	100214	虞先濬	2012 年 01 月	
		120	康复医学与理疗学	100215	吴 毅	2006 年 01 月	华山医院
		121	运动医学	100216	陈世益	2001 年 04 月	
		122	麻醉学	100217	姜 桢	2001 年 04 月	中山医院
			麻醉学	100217	薛张纲	2004 年 01 月	
			麻醉学	100217	梁伟民	2006 年 01 月	华山医院
			麻醉学	100217	缪长虹	2007 年 01 月	中山医院
			麻醉学	100217	陈莲华	2010 年 01 月	眼耳鼻喉科医院
	公共卫生与预防医学	123	流行病与卫生统计学	100401	高尔生	1995 年 07 月	上海市计划生育研究所
			流行病与卫生统计学	100401	姜庆五	2000 年 04 月	公共卫生学院
			流行病与卫生统计学	100401	赵根明	2004 年 01 月	
			流行病与卫生统计学	100401	赵耐青	2004 年 01 月	
			流行病与卫生统计学	100401	武俊青	2004 年 01 月	上海市计划生育研究所
			流行病与卫生统计学	100401	徐 飚	2005 年 01 月	公共卫生学院
			流行病与卫生统计学	100401	孟 炜	2005 年 01 月	
			流行病与卫生统计学	100401	楼超华	2005 年 01 月	上海市计划生育研究所
			流行病与卫生统计学	100401	周维谨	2005 年 01 月	
			流行病与卫生统计学	100401	林燧恒	2006 年 01 月	公共卫生学院
			流行病与卫生统计学	100401	何 纳	2006 年 01 月	
			流行病与卫生统计学	100401	余金明	2008 年 01 月	
			流行病与卫生统计学	100401	袁 伟	2009 年 01 月	

续 表

学科门类	一级学科	序 号	专业名称	专业代码	博士生导师	批准时间	所属院系(所)
医 学	公共卫生与预防医学	124	劳动卫生与环境卫生学	100402	傅 华	1999 年 07 月	公共卫生学院
			劳动卫生与环境卫生学	100402	夏昭林	2001 年 04 月	
			劳动卫生与环境卫生学	100402	宋伟民	2003 年 01 月	
			劳动卫生与环境卫生学	100402	屈卫东	2006 年 01 月	
			劳动卫生与环境卫生学	100402	阚海东	2010 年 01 月	
		125	营养与食品卫生学	100403	郭红卫	2003 年 01 月	
			营养与食品卫生学	100403	厉曙光	2009 年 01 月	
		126	儿少卫生与妇幼保健学	100404	汪 玲	2003 年 01 月	
			儿少卫生与妇幼保健学	100404	钱 序	2004 年 01 月	
		127	卫生毒理学	100405	周志俊	2003 年 01 月	
	中西医结合	128	中西医结合基础	100601	吴根诚	1996 年 07 月	医学院(基础)
			中西医结合基础	100601	王彦青	2006 年 01 月	
			中西医结合临床	100602	沈自尹	1982 年 09 月	华山医院
			中西医结合临床	100602	王文健	1995 年 07 月	
			中西医结合临床	100602	蔡定芳	1996 年 07 月	中山医院
			中西医结合临床	100602	蔡德培	1999 年 07 月	儿科医院
			中西医结合临床	100602	董竞成	2001 年 04 月	华山医院
			中西医结合临床	100602	刘鲁明	2003 年 01 月	肿瘤医院
			中西医结合临床	100602	孟志强	2011 年 01 月	
	药 学	129	药物化学	100701	夏 鹏	1994 年 03 月	药学院
			药物化学	100701	周 佩	1995 年 07 月	
			药物化学	100701	仇缀百	2003 年 01 月	
			药物化学	100701	劳爱娜	2004 年 01 月	上海市计划生育研究所
			药物化学	100701	叶德泳	2006 年 01 月	药学院
			药物化学	100701	穆 青	2009 年 01 月	
			药物化学	100701	赵伟利	2009 年 01 月	
			药物化学	100701	孙 逊	2010 年 01 月	
			药物化学	100701	李英霞	2010 年 01 月	
			药物化学	100701	胡金锋	2011 年 01 月	
			药物化学	100701	王 洋	2011 年 01 月	
			药物化学	100701	鞠佃文	2011 年 04 月	
			药物化学	100701	邵黎明	2012 年 06 月	
		130	药剂学	100702	裴元英	1997 年 07 月	
			药剂学	100702	方晓玲	2001 年 04 月	
			药剂学	100702	陆伟跃	2001 年 04 月	

续 表

学科门类	一级学科	序 号	专业名称	专业代码	博士生导师	批准时间	所属院系(所)
医 学	药 学	130	药剂学	100702	蒋新国	2003 年 01 月	药学院
			药剂学	100702	卢建忠	2003 年 05 月	
			药剂学	100702	钟明康	2004 年 01 月	华山医院
			药剂学	100702	吴 伟	2006 年 01 月	药学院
			药剂学	100702	陈 刚	2008 年 01 月	
			药剂学	100702	朱建华	2008 年 01 月	
			药剂学	100702	蒋 晨	2008 年 01 月	
		131	生药学	100703	陈道峰	1999 年 07 月	
			生药学	100703	潘胜利	2001 年 04 月	
			生药学	100703	侯爱君	2008 年 01 月	
		132	药理学	100706	姚明辉	1998 年 07 月	医学院(基础)
			药理学	100706	曹 霖	2003 年 05 月	上海市计划生育研究所
			药理学	100706	段更利	2004 年 01 月	药学院
			药理学	100706	朱依谆	2005 年 01 月	
			药理学	100706	孙祖越	2005 年 01 月	上海市计划生育研究所
			药理学	100706	王 健	2011 年 01 月	
			药理学	100706	李雪宁	2008 年 01 月	药学院
			药理学	100706	程能能	2009 年 01 月	
			药理学	100706	蔡卫民	2009 年 01 月	
			药理学	100706	杨永华	2011 年 01 月	
			药理学	100706	余 科	2011 年 04 月	
			药理学	100706	石乐明	2011 年 04 月	
			药理学	100706	吕迁洲	2012 年 01 月	中山医院
	护理学	133	护理学	1011	胡 雁	2012 年 01 月	护理学院
管理学	管理科学与工程	134	管理科学与工程	120100	朱道立	1998 年 01 月	管理学院
			管理科学与工程	120100	司春林	1999 年 07 月	
			管理科学与工程	120100	黄丽华	2001 年 04 月	
			管理科学与工程	120100	李宏余	2003 年 01 月	
			管理科学与工程	120100	刘 杰	2004 年 06 月	
			管理科学与工程	120100	徐以汎	2005 年 01 月	
			管理科学与工程	120100	劳兰珺	2005 年 01 月	
			管理科学与工程	120100	凌 鸿	2006 年 01 月	
			管理科学与工程	120100	官建成	2007 年 05 月	
			管理科学与工程	120100	胡奇英	2008 年 01 月	
			管理科学与工程	120100	范龙振	2008 年 01 月	

续 表

学科门类	一级学科	序 号	专业名称	专业代码	博士生导师	批准时间	所属院系(所)
管理学	管理科学与工程	134	管理科学与工程	120100	胡建强	2008 年 10 月	管理学院
			管理科学与工程	120100	马成虎	2010 年 01 月	
			管理科学与工程	120100	Alan Tucker	2012 年 01 月	
	工商管理	135	会计学	120201	李若山	1998 年 03 月	
			会计学	120201	周 红	2004 年 01 月	
			会计学	120201	洪剑峭	2006 年 01 月	
			会计学	120201	吕长江	2007 年 01 月	
			会计学	120201	陈 超	2009 年 01 月	
			会计学	120201	原红旗	2009 年 01 月	
		136	企业管理	120202	芮明杰	1994 年 11 月	
			企业管理	120202	薛求知	1998 年 03 月	
			企业管理	120202	项保华	2001 年 04 月	
			企业管理	120202	陆雄文	2001 年 04 月	
			企业管理	120202	苏 勇	2001 年 04 月	
			企业管理	120202	李元旭	2003 年 01 月	
			企业管理	120202	胡君辰	2004 年 01 月	
			企业管理	120202	许晓明	2004 年 01 月	
			企业管理	120202	杨永康	2005 年 01 月	
			企业管理	120202	孔爱国	2006 年 01 月	
			企业管理	120202	谢晋宇	2006 年 01 月	
			企业管理	120202	王克敏	2007 年 01 月	
			企业管理	120202	范秀成	2007 年 01 月	
			企业管理	120202	黄 沛	2008 年 01 月	
			企业管理	120202	蒋青云	2009 年 01 月	
			企业管理	120202	徐剑刚	2009 年 01 月	
			企业管理	120202	张 青	2009 年 01 月	
			企业管理	120202	宁 钟	2010 年 01 月	
			企业管理	120202	孙 谦	2010 年 04 月	
		137	旅游管理	120203	郭英之	2010 年 01 月	历史学系
	公共管理	138	行政管理	120401	竺乾威	1996 年 06 月	国际关系与公共事务学院
			行政管理	120401	陈晓原	2007 年 01 月	
			行政管理	120401	唐亚林	2010 年 01 月	
		139	社会医学与卫生事业管理	120402	陈 洁	1996 年 07 月	公共卫生学院
			社会医学与卫生事业管理	120402	郝 模	1998 年 07 月	
			社会医学与卫生事业管理	120402	程晓明	2001 年 04 月	
			社会医学与卫生事业管理	120402	冯学山	2003 年 01 月	

续 表

学科门类	一级学科	序 号	专业名称	专业代码	博士生导师	批准时间	所属院系(所)
管理学	公共管理	139	社会医学与卫生事业管理	120402	陈 文	2006年01月	公共卫生学院
			社会医学与卫生事业管理	120402	薛 迪	2007年01月	
			社会医学与卫生事业管理	120402	吕 军	2009年01月	
			社会医学与卫生事业管理	120402	严 非	2009年01月	
			社会医学与卫生事业管理	120402	陈英耀	2009年01月	
			社会医学与卫生事业管理	120402	陈 刚	2011年01月	
			社会医学与卫生事业管理	120402	吴擢春	2012年01月	
		140	社会管理与社会政策	120421	王菊芬	2007年01月	社会发展与公共政策学院
			社会管理与社会政策	120421	关信平	2012年01月	
			社会管理与社会政策	120421	廖文武	2012年01月	
		141	公共政策	120422	朱春奎	2009年01月	国际关系与公共事务学院
			公共政策	120422	唐贤兴	2010年01月	

复旦大学入选第十四届(2012年)全国优秀博士学位论文及提名论文一览表

全国优秀博士学位论文

序 号	作者姓名	二级学科	论 文 题 目	教 师
1	占昌友	药剂学	多肽介导的神经胶质瘤靶向给药系统研究	陆伟跃

注：全国共50篇。

全国优秀博士学位论文提名名单

序 号	作者姓名	二级学科	论 文 题 目	指导教师
1	龚 昱	物理化学	过渡金属氧化物和氧气络合物的低温基质隔离红外光谱和理论计算研究	周鸣飞
2	刘 勤	理论物理	时间反演不变性拓扑绝缘体中杂质效应的相关研究	陶瑞宝
3	雷云平	遗传学	VANGL基因和DACT1基因与神经管畸形的相关性研究	王红艳
4	王启军	微生物学	Salmonella enterica中心代谢关键酶的赖氨酸可逆乙酰化修饰研究	赵国屏
5	高 勇	理论物理	几种复杂流体的物性研究	黄吉平
6	刘建军	基础数学	临界条件下的KAM理论及其应用	袁小平
7	法文哲	电路与系统	月球微波遥感的理论建模与参数反演	金亚秋
8	赵 灿	外国哲学	“诚言”与“关心自己”：福柯的古代哲学解释研究	佘碧平
9	韩英锋	有机化学	半夹心结构有机金属框架化合物的设计、可控制备与性能研究	金国新
10	徐洁杰	病原生物学	乙型肝炎病毒X蛋白(HBx)对Notch1与Snail的调控及其功能的研究	闻玉梅
11	张伟娟	免疫学	ALD-DNA诱导SLE的新机制：巨噬细胞极化及其作用	熊思东

复旦大学2010—2012年研究生课程立项建设项目名单

第一期

编号	所属院系	项 目 名 称	项目负责人	资助经费
1	大学英语教学部	英语写作(2)	张宁宁	5万
2	外文学院	硕士第一外国语(英语)	曾建彬	5万

续 表

编号	所属院系	项 目 名 称	项目负责人	资助经费
3	法学院	宪法学	潘伟杰	5万
4	历史系	日本外交史专题(教材)	冯 玮	5万
5	中文系	中国文学批评史	黄霖等	5万
6	新闻学院	传播学定量研究方法(教材)	廖圣清	5万
7	社会科学基础部	医学科研道德概论	刘学礼	5万
8	管理学院	东方管理理论(经典著作选读)	苏东水	5万
9	经济学院	产业经济学研究	殷醒民	5万
10	生命科学学院	生物信息学	钟 扬	5万
11	数学科学学院	抽象代数基础、抽象代数	吴泉水	5万
12	物理系	量子场论	施 郁	5万
13	化学系	无机合成	周锡庚	5万
14	信息学院微电子学系	模拟集成电路和系统(教材)	洪志良	5万
15	计算机科学与技术	高级软件工程(教材)	赵文耘	5万
16	力学与工程科学系	高等连续介质力学(教材)	霍永忠	5万
17	上海医学院	高级病理生理学(教材)	陈思锋	5万
18	公共卫生学院	毒理学原理与方法	金泰廙	5万
19	药学院	光谱分析	侯爱君	5万
20	实验动物科学部	《医学实验动物学》(教材)	周光兴	5万

第二期

编号	所属院系	项 目 名 称	项目负责人	经 费
1	外文学院	翻译研究导轮	何刚强	5万
2	外文学院	研究生俄语(教材)	赵世锋	5万
3	外文学院	英语文学导读(教材)	范若恩	5万
4	中文系	比较文学概论	杨乃乔	5万
5	新闻学院	营销传播	程士安	5万
6	经济学院	区域经济学前沿专题	范剑勇	5万
7	管理学院	产业组织理论	芮明杰等	5万
8	生命科学学院	科研方法与科学论文写作	卢宝荣等	5万
9	物理系	高等电动力学	黄吉平	5万
10	现代物理研究所	高等量子力学	宁西京	5万
11	数学科学学院	非线性发展方程	吴 昊	5万
12	数学科学学院	随机微分方程及其数值解	薛军工	5万
13	数学科学学院	随机分析引论(教材)	应坚刚	5万
14	数学科学学院	非线性系统理论以及应用(教材)	林 伟	5万
15	数学科学学院	代数曲线讲义(教材)	杨劲根	5万
16	信息科学与工程学院	随机过程	倪卫明	5万
17	计算机科学技术学院	数据挖掘导论(教材)	朱扬勇	5万
18	计算机科学技术学院	算法续论	Rudolf Fleischer	5万
19	上海医学院	实用细胞培养技术(含教材)	谭玉珍	5万

续 表

编号	所属院系	项 目 名 称	项目负责人	经 费
20	上海医学院	遗传医学进展	左 伋	5万
21	公共卫生学院	医院绩效管理	薛 迪	5万
22	药学院	现代色谱技术(含教材)	段更利	5万
23	药学院	《药物动力学》(教材)	蒋新国	5万

第三期

编号	所属院系	项 目 名 称	项目负责人	经 费
1	大学英语教学部	英语散文选读	雍 毅	5万
2	大学英语教学部	高级口语(教材)	何 静	5万
3	外文学院	语用学	熊学亮	5万
4	哲学学院	价值哲学经典精读	冯平等	5万
5	哲学学院	西方伦理学史	邓安庆	5万
6	哲学学院	中国文化的“宗教性”(教材)	李天纲	5万
7	历史地理所	中国历史自然地理概述	杨伟兵	5万
8	高教所	课程管理与评价	乐 毅	5万
9	中文系	西方近代语言文学原典精读	白钢等	5万
10	中文系	训诂学	汪少华	5万
11	中文系	汉语言文字学专业英语(教材)	蒋勇等	5万
12	中文系	文艺学经典理论的影像实践(教材)	杨俊蕾	5万
13	新闻学院	中国新闻思想史	黄 旦	5万
14	新闻学院	组织传播学研究(教材)	谢 静	5万
15	法学院	中国环境法	张梓太	5万
16	法学院	国际经济贸易中的冲突法问题(教材)	杜 涛	5万
17	法学院	中国行政法专题(教材)	刘志刚	5万
18	旅游学系	旅游市场调查与分析	郭英之	5万
19	管理学院	财务报表分析与有效管理	方军雄	5万
20	管理学院	研究方法Ⅱ	郑明等	5万
21	经济学院	创业一组合投资理论专题	张陆洋	5万
22	软件学院	《商务智能》第二版(教材)	赵卫东	5万
23	公共卫生学院	《现场流行病学》(教材)	赵根明	5万
24	护理学院	循证护理	胡 雁	5万

（研究生院、医学学位与研究生办公室供稿）

留学生教育

【概况】 2012年，按照“提高质量，稳定规模，统筹发展”的工作思路，在确保外国留学生教育管理事业稳定发展的前提下，优化外国留学生生源结构、搭建多样化学习生活服务体系，注重内涵发展。

全年共接受各类外国留学生6 952人次，较2011年度减少2.3%。其中本科生1 915人次，减少15%；研究生1 005人次，增加11.67%；各类长短期进修生4 032人次，增加1.5%。基本达到年初确定的收缩本科生规模、扩大研究生和进修生规模的目标。

为优化外国留学生生源结构，以收缩本科生招生规模为突破口。2012年本科生招生计划为284人，比2011年减少40.5%。提高笔试难度，由第三方进行命题和阅卷，杜绝泄题和舞弊的可能性。进一步提高汉语言(对外)本科生入学门槛,所有报考该专业学生与其他专业的考生一样,使用相同的试卷参加留学生统一入学考试。建立多元化的招生录取模式,引入国际通用考试体系标准(SAT、IB、GCE A-level)。录取时,以质量优先,严格控制人数。2012 年共录取本科生 186 人,比 2011 年减少 49.8%。经过数年的招生改革,本科留学生的质量有显著提升,2012 年共有 217 名本科留学生顺利毕业,毕业率达到 90%。

以英文授课项目为平台,扩大研究生留学生的招生规模,提高教育层次。英文授课硕士项目以接受海外留学生为主要生源基础,规模继续扩大,新增国际关系与公共事务学院"公共政策(中国政府与治理)"项目,首次招收 7 名学生。筹备经济学院"金融专业英文授课硕士"项目,预计 2013 年秋季招生,使学校英文授课硕士项目达到 15 个。6 月,学校整合全校资源,推出"复旦暑期国际课程"项目,涵盖 13 门全英文学术课程及 4 个级别的汉语语言课程的。在上海市政府的支持下,该项目为部分优秀外国留学生提供 40 个奖学金名额。百余位来自全世界 13 个国家、60 余所大学的本科学生通过前期的自主报名或大学推荐前来上海,参与该项目为期 5 周的学习。

发挥奖学金支撑作用,增加高层次优秀留学生的人数及国别。顺利完成"中国政府专项奖学金—高校研究生项目、支持地方政府项目以及中美人文交流学历生项目"、"上海市外国留学生政府奖学金"以及"亚洲校园"奖学金等各类自主招生奖学金工作。研究生新生中来自欧美国家的人数首次超过来自亚洲国家的人数。

拓展新的招生和宣传途径,充分利用海外孔子学院进行切实有效的招生宣传,整合全校资源,推出复旦整体形象,推进学校国际学生交流的规模和发展。5 月初,与外事处、孔子学院办公室联动,在澳大利亚悉尼大学、新西兰奥克兰大学和奥塔哥大学分别举办"复旦日"宣传活动,走访当地的三所重点中学,取得良好反响,全面提升学校在大洋洲的影响力。11 月,走访爱丁堡、诺丁汉、汉堡大学的 3 所孔子学院,全面推介复旦大学的留学项目。参加上海市教育委员会和国家留学基金委联合主办的巴西、秘鲁教育展,扩大学校在南美洲的影响力。

鼓励院系通过与海外大学开展合作交流的形式,以灵活多样的方式提供来华留学教育。规范院系办班流程,2012 年共审核 35 个院系办班项目,接收一千多名留学生到校进修。与教务处密切合作,将本科层次的留学生长期进修生管理纳入教务处管理平台,使留学生共享学校资源,为留学生进修教育发展建立顺畅机制。

以服务为核心,全面加强对北区和枫林留学生生活园区管理和建设。提高信息化服务水平,在坚持网上订房的同时,推进网上付费;不以追求经济利益为主导,以方便学生、服务学校留学生发展整体战略调整为出发点,处理好短期住宿与长期住宿之间的关系,为参加暑期项目的留学生提供住宿服务,支持学校暑期项目的发展。加强安保消防工作,更新和增置留学生公寓内的监控摄像头设备,做到安全监控无死角;对留学生公寓内的消防设施进行检修,确保消防安全;对留学生和物业管理人员定期进行消防、交通、防诈骗等方面的安全教育,提高公寓内人员的安全意识。完成枫林校区空调大规模更新的招标工作。在留学生公寓引入了住楼辅导员机制,聘用 2 名中国研究生作为留学生住楼辅导员,协助了解公寓内的学生动态,加强中外学生沟通,并配合留学生工作处老师在第一时间处理留学生突发事件。 (丁 洁)

【举行"留学生综合咨询和服务下社区"活动】 7 月,与共建单位杨浦区交警四中队、上海市出入境管理局五处、同和留学生村等单位,在同和留学生村举办"保平安、推服务,大型留学生综合咨询和服务下社区"活动。该活动为外国留学生提供签证咨询、申请、保险理赔等事务的咨询和服务,提升同和留学生村国际社区的影响力,促进学校与社会力量对留学生生活和管理的良性互动。 (丁 洁)

【设立"同和国际留学生服务基金"】 7 月,在同和留学生村设立"同和国际留学生服务基金"。该项基金将每年提供一定数量的免费寝室,给经济困难、品学兼优的外国留学生。首批获得免费住宿的是 3 名尼泊尔学生。该举措进一步拓宽留学生服务社会化的渠道,开创校企合作的新模式。

(丁 洁)

【举办"复旦开放日"】 11 月,以美国教育协会在上海举办教育站的契机,会同经济学院、教务处等单位举办"复旦开放日",全面介绍复旦大学暑期课程以及全英文留学项目,宣传"留学复旦"的品牌。美国教育协会及合作大学代表出席开放日系列活动。 (丁 洁)

继续教育

【概况】 2012 年,学校继续教育由继续教育学院实施教学管理,分学历教育与非学历教育两大类。学历教育层次有高中起点升专科、高中起点升本科和专科起点升本科,教育形式有夜大学和自学考试两类。

夜大学。学院负责成人高等学历教育(夜大学)的招生、教学管理、学籍管理、学生事务管理,以及毕业、学位审核等,由学校各相关教学院系负责日常教学。学院以"学生为本,质量为重,服务为先"的理念开展夜大教学工作。2012 年,在校生总数 11 426 人。录取成人高等学历教育各层次新生 3 585 人,其中招收"三支一扶"等免试入学考生 13 人。成人高等学历教育设置高中起点升本科专业 10 个,专科起点升本科专业 28 个,高中起点升专科专业 8 个。毕业学生 3 035人,其中本科毕业生 2 728 人,授予学士学位 756 人。

自学考试。上海市第 60 次、第 61 次高等教育自学考试分别于 4 月和 10 月举行。学院自学考试办公室行使主考学校职责,在上海市高等教育自学考试委员会和上海市教育考试院的指导下开展工作。全年共有27 925名考生参加68 474门次的理论考试和2 281门次的实践性环节考核，其中新生4 896。毕业考生1 609人，较2011年减少14.41%，其中本科毕业生793人，授予学士学位345人。

非学历教育培训。2012年学院培训部重点加强部门内涵建设，提出“创新挖潜，切实提升干部教育培训能力建设水平”的工作部署。全年共举办各类管理干部培训班97个，各类考前辅导班30个，共5 331人次接受培训，较2011年增长35%。

非学历教育管理。2012年复旦大学继续教育管理办公室受理全校干部管理培训项目480个，比2011年增加20.9%，培训人员24 621人次；综合类培训项目102个，培训人员4 544人次。全年已结业项目426个，颁发结业证明19 399份。医学方面，举办继续医学教育项目263项，比2011年增长14%。其中国家级继续医学教育项目251项，省市级继续医学教育项目12项。受训人数22 467人次。

上海市学习型社会建设与终身教育促进委员会为贯彻落实《中共上海市委、上海市人民政府关于推进学习型社会建设的指导意见》，在全市范围内开展评选表彰活动。学院获得“2007—2011年上海市学习型社会建设与终身教育工作先进集体”荣誉称号。

上海市成人教育协会院校教育专业委员会开展“上海市2006—2012年终身学习活动品牌项目”评选活动，学院申报的“发挥高校优势，服务干部成长，促进终身学习——复旦大学全国干部教育培训基地建设项目”获得该评选活动的优秀成果奖。

（刘　华　杨　怡）

附　录

2012年复旦大学成人高等学历教育专业设置

类　别		负责教学工作的学院、系	专　业　名　称	备　注
	高中起点本科	国际关系与公共事务学院	行政管理	
		护理学院	护理学	
		经济学院	国际经济与贸易	
		经济学院	金融学	
		力学与工程科学系	工程管理	
		力学与工程科学系	工商管理(物流方向)	
		旅游学系	会展经济与管理	
		社会科学基础部	人力资源管理	
		外国语言文学学院	英语	
		药学院	药学	
	大专起点本科	法学院	法学	
		公共卫生学院	预防医学	
		管理学院	工商管理	
		管理学院	会计学	
		国际关系与公共事务学院	行政管理	
		护理学院	护理学	
		计算机科学技术学院	计算机科学与技术	
		计算机科学技术学院	软件工程	
		计算机科学技术学院	电子商务	
		经济学院	国际经济与贸易	
		经济学院	国际商务	
		经济学院	金融学	
		力学与工程科学系	工程管理	
		力学与工程科学系	工商管理(物流方向)	
		旅游学系	会展经济与管理	

续 表

类 别	负责教学工作的学院、系	专 业 名 称	备 注
大专起点本科	上海医学院	临床医学(全科医学方向)	
	社会发展与公共政策学院	社会工作	
	社会发展与公共政策学院	社会学	
	社会发展与公共政策学院	心理学	
	社会科学基础部	公共关系学	
	社会科学基础部	人力资源管理	
	数学科学学院	金融工程	
	外国语言文学学院	英语	
	新闻学院	传播学	
	新闻学院	新闻学	
	药学院	药事管理	
	药学院	药学	
	中国语言文学系	汉语言文学	
高中起点专科	管理学院	财务管理	
	护理学院	护理学	
	经济学院	国际经济与贸易	
	经济学院	金融管理与实务	
	社会科学基础部	行政管理	
	外国语言文学学院	应用韩语	
	外国语言文学学院	应用英语	
	药学院	药学	

(继续教育学院供稿)

网络教育

【概况】 2012年,学校网络教育学院学历教育设置专升本专业11个、第二本科专业10个、高中起点专科专业7个。2012年春秋两季招生人数共计1 615人,毕业学生1 268人,在册学生3 641人。非学历教育开设面向政府、企业的培训班203期,累计培训约11 200人次;开设综合类培训班65期,累计培训2 962人次。各类教育培训取得较好的社会效益和经济效益。

完善管理体系,优化服务流程。3月,技术支持呼叫中心成立,及时响应学生在学习过程中遇到的问题,并运用远程技术指导解决。呼叫中心自成立以来平均每学期接到并解决各类问题百余起,使网络教育环境下的学习活动更加顺利。

招生工作加强宣传力度。除老生推荐新生外,采用网络、媒体、短信等平台进行全方位广泛宣传。7月,招生宣传刊物《复旦成就精彩人生》出版,扩大复旦网络学院的影响力。

激励学生活动。6月,《复旦人杰报·禁毒特刊》(2012年版)出版发行,特刊分禁毒新闻、禁毒知识、禁毒工作、复旦禁毒等4个版面,备受上海社会各界的关注。7月,《2011年复旦大学网络学子成果选》出版,该书主要记载网院学生1年来的成长足迹。10月—12月,举办第十一届"网络人节",共组织开展名师讲坛、志愿服务、学习之星评选、墙报比赛等6个系列的活动。

创新培训工作。开拓新地域,2012年开班范围扩大到18个省、2个直辖市、1个自治区以及台湾地区。到班数量明显增加,比2011年增加44%。班次时间短,办班效率高,专题性增强,课题新颖度提升。采用新颖多样的教学形式,包括专题讲座、案例教学、头脑风暴、现场教学、情景模拟、论文指导、小组讨论、户外拓展等,培训效果显著,得到学员普遍认可。 (向婷婷)

【综合管理平台投入运行】 网络教育学院综合管理平台于6月投入运行。该平台的规划和设计,旨在更好地实现"以学生为本"的服务理念,以及网络化、信息化管理的目标。平台包含招生管理、教学管理、教务管理、考务管理、学生管理、财务管理、学习中心管理、行政管理、课件管理、公共服务管理等多方面管理功能。学生的入学报名、注册、缴费、选课等事务均可通过平台在线办理，具有极大的方便性和灵活性。平台的建立有助于推动学院管理的规范化、制度化，提升各部门的工作效率。（向婷婷）

附　录

复旦大学网络教育学院专业设置

专业设置	培养层次	专业设置	培养层次
国际经济与贸易	专升本	金融学	第二本科
计算机科学与技术		法学	
新闻学		会计学	
工商管理		新闻学	
法学		旅游管理	
金融学		会计	高中起点专科(在线)春季
会计学		国际经济与贸易	
旅游管理		行政管理	
行政管理		新闻学	
人力资源管理		国际经济与贸易	高中起点专科(在线)秋季
英语(商务)		新闻学	
计算机科学与技术	第二本科	会计学	
行政管理		行政管理	
人力资源管理		工商管理	
国际经济与贸易		人力资源管理	
工商管理		商务英语	

五、科学研究与产业

理工科、医科科研

【概况】 2012年,学校理工、医科科研经费和科研项目数量保持稳定。共获得各类项目1 537项,到款总经费110 556万元。其中纵向项目1 086项,到款经费90 462万元(拨款至学校77 586万元,直接拨付至附属医院12 877万元);横向项目451项,到款经费20 094万元(汇款至学校18 187万元,直接汇至附属医院 1 906万元)。

获得国家重大科学研究计划项目5项,首席科学家分别是附属中山医院钦伦秀,生命科学学院王红艳、钟涛,药学院陆伟跃和化学系唐颐,核定项目总经费1.31亿元;国家科技重大专项课题6项;卫生行业科研专项3项;环境保护部公益性行业科研专项1项。

全年共申请国家自然科学基金2 244项,获资助项目574项,获资助经费37 125.3万元。其中获得国家自然科学基金面上项目319项,青年科学基金171项,国家杰出青年科学基金项目6项,优秀青年科学基金项目13项,重点项目8项,重大国际(地区)合作研究项目3项,海外及港澳学者合作研究基金项目9项(其中两年期资助项目8项,延续资助项目1项),重大研究计划培育项目10项,重点项目3项,集成项目2项。

获得教育部博士点基金博导类项目39项,新教师类项目45项,优先发展领域课题2项,总资助经费为728万元;教育部"新世纪优秀人才支持计划"项目13项,教育部创新团队项目1项;教育部留学回国人员科研启动基金项目23项,获批资助经费64万元;复旦大学人类遗传创新引智基地获批立项建设,复旦大学现代应用数学创新引智基地通过评估验收,并纳入新一轮计划继续支持建设;获得财政部、教育部"中央高校基本科研业务费专项资金"5 410万元。

获得上海市科学技术委员会基础研究计划重大项目2项,重点项目24项,自然科学基金面上项目58项,青年项目19项;浦江人才计划项目21项;"青年科技启明星"计划项目11项;"优秀学术带头人计划"项目18项;科技支撑和前沿技术项目共51项,资助经费2 522万元。2012年度获上海市科学技术委员会总资助经费6 152万元。

获得上海市教育委员会曙光计划项目8项;晨光计划项目4项;科研创新项目11项。

获得上海市"重中之重"临床医学中心建设项目(A类)4项、(B类)2项,临床重点学科建设项目(A类)5项、(B类)4项,资助经费6 400万元;上海市中医药事业发展三年行动计划第二批重大研究项目4项;上海市卫生局中医药科研基金16项,资助经费29万元;中医老年病学(建设单位:附属华山医院)、中西医结合临床(建设单位:附属中山医院)以及中医传染病学(培育学科,建设单位:上海市公共卫生临床中心)被列入国家中医药管理局"十二五"中医药重点学科建设计划;上海市公共卫生重点学科建设项目5项;卫生政策课题6项;中医临床研究基地业务建设科研专项课题3项,获经费资助120万元;上海市公共卫生优秀学科带头人培养计划9项,上海市公共卫生海外人才留学项目1项;上海市卫生局青年课题39项,获经费资助72万元,局级课题91项,获经费资助302万元。

新增3个上海市重点实验室,学校在建的上海市重点实验室增至10个。专用集成电路与系统国家重点实验室参加科技部组织的信息科学领域国家重点实验室评估,结果为整改(一年)。上海市分子催化与功能材料重点实验室通过上海市科学技术委员会组织的工程材料领域评估,被评为良好。牵头培育组建7个协同创新中心;批准成立12个校级虚体研究机构。

获各类国际合作项目资助41项,其中获得科学技术部国际合作专项项目立项2项;国家自然科学基金委国际合作项目立项26项,其中重大国际(地区)合作研究项目3项;上海市科学技术委员会政府间国际合作项目立项13项,包括国际会议资助2项。现代人类学国际科技合作基地获科学技术部认定,是学校获得的第二个国际科技合作基地。

与地方和企业的合作在2012年稳中有进,其中科研经费到款1.82亿元(不含附属医院),比2011年增长11%,签订产学研合同451份,比2011年增长6.4%,签订合同额大于50万的项目54个,比2011年增长31%;专利转让/许可8项。加强与国有大型企业对接和合作,与中航集团签订共建"复旦—中航工业供应链研究院"合作备忘录,与金川集团签订"复旦—金川全面合作协议";与宝钢、华为、商飞、上海电气、中国电子科技集团公司、中国石油、上海烟草等大型企业开展一系列项目合作,立项23项,立项金额1 352万元;与葛兰素史克公司、陶氏化学、罗氏制药、柯尼卡美能达、飞利浦、惠普等国外知名企业开展31项目合作,立项金额1 300万元。组织开展和上海市及各地人民政府的合作,与宁波市人民政府共建复旦大学宁波研究院,推进复旦大学张江研究院的建设。技术转移中心在长沙市、上虞市、金华市、长兴县等地建立了技术转移工作站。

庄国顺和龚新高各获1项国家自然科学二等奖，宋志坚获国家技术发明二等奖，樊嘉获国家科技进步二等奖。汤钊猷获陈嘉庚科学奖；李富友和赵曜获第六届上海青年科技英才，周雁获提名奖；金力和许田获谈家桢生命科学创新奖；封东来和毛颖获上海市青年科技杰出贡献奖，获上海市科学技术奖一等奖4项、二等奖9项、三等奖3项、国际合作奖1项，获高等学校科学研究优秀成果奖一等奖2项、二等奖10项，获中华医学奖4项，获第十届上海医学科技奖一等奖3项，二等奖7项，三等奖4项，获明治生命科学奖6项，获中国工业防腐蚀技术协会科学技术奖一等奖1项，中国石油和化学工业联合会科学技术奖二等奖1项，中国药学会科学技术奖三等奖1项。

申请国内专利634项，授权专利数量427项，其中发明专利405项，为历年最高。全校累计有效专利(维持中)1 230项。已完成计算机软件著作权登记24项。

2011年，复旦大学发表SCI论文2 392篇，论文数位列全国高校第六，其中883篇文章为“表现不俗”类，占36.91%，比2010年的23.8%有较大幅度增长，高于全国29.8%的平均水平。根据中国科学技术信息研究所历年发布的中国科技论文统计结果，复旦大学2006—2010年发表的SCI论文中有4 172篇论文在2011年被引用，共被引用15 803次，位列全国高校第五，科技论文篇均引用次数为3.79次，列全国高校第三。（王小华 孙劼 王浩 孙学会 肖晋芬 王华滔 张慧君 许丽 俞泠 庄建辉 戴悦春）

【获国家科学技术奖4项】 详见【综述】第41页。

【获国家重大科学研究计划项目5项】 化学系唐颐教授主持的“面向能源高效利用的功能介孔材料设计和调控”，总资助经费2 400万元，其领衔的科研团队由复旦大学、上海交通大学、武汉理工大学等5家单位组成；药学院陆伟跃教授主持的“用于脑部肿瘤治疗的新型纳米药物研究”，总资助经费2 900万元，其领衔的科研团队由复旦大学、北京大学、中国科学院上海药物研究所、四川大学等6家单位组成；生命科学学院王红艳教授主持的“代谢物失衡和信号通路异常致出生缺陷的分子机理”，总资助经费2 600万元，其领衔的科研团队由复旦大学、中国人民解放军总医院、首都儿科研究所等6家单位组成；生命科学学院钟涛教授主持的“心肌细胞分化增殖与心脏发育的调控机制”，总资助经费2 600万元，其领衔的科研团队由复旦大学、上海交通大学、浙江大学等6家单位组成；中山医院钦伦秀教授主持的“肿瘤侵袭转移潜能的起源及其关键调控蛋白”，总资助经费2 600万元，其领衔的科研团队由复旦大学、中南大学、中山大学、上海市肿瘤研究所等6家单位组成。（王浩）

【新增3个上海市重点实验室】 上海市大气颗粒物污染防治重点实验室(筹)，主任为陈建民教授，依托环境科学与工程系建设；上海市视觉损害与重建重点实验室(筹)，主任为徐格致教授，依托附属眼耳鼻喉科医院建设；上海市乳腺肿瘤重点实验室(筹)，主任为邵志敏教授，依托附属肿瘤医院建设。（许丽 庄建辉）

【组建7个协同创新中心】 9月，培育组建“脑功能重塑协同创新中心”；9月，培育组建“金砖国家合作与全球治理协同创新中心”；9月，培育组建“通用高分子材料高性能化协同创新中心”；9月，培育组建“遗传学协同创新中心”；10月，培育组建“新型自旋器件及应用协同创新中心”；12月，培育组建“病原微生物感染研究协同创新联合中心”；12月，培育组建“代谢性疾病协同创新中心”。（许丽 庄建辉）

【成立6个虚体研究所/中心】 5月，成立复旦大学—南京军区南京总医院计算转化医学中心，依托数学科学学院建设；7月，成立复旦大学胰腺癌研究所，依托附属肿瘤医院建设；9月，成立复旦大学病理学研究所，依托附属肿瘤医院建设；11月，成立复旦抗癌医学联合研究中心，依托生物医学研究院建设；12月，成立复旦大学—阿尔伯塔大学持续性感染研究中心，依托基础医学院建设。（唐郁 庄建辉）

【成立6个校企联合中心/实验室】 5月，成立复旦—上海电气储能与关键材料联合实验室，依托先进材料实验室建设；6月，成立复旦—盐城新能源与新光源联合研究中心，依托信息科学与工程学院建设；8月，成立复旦大学—中电熊猫平板显示技术联合中心，依托先进材料实验室建设；9月，成立复旦大学—陶氏化学联合材料研究中心，依托先进材料实验室建设；10月，成立复旦—弥亚能源信息技术联合研发中心，依托计算机科学技术学院建设；11月，成立复旦—中能柔性光电薄膜联合研究中心，依托材料科学系建设。（肖晋芬）

【获国家自然科学基金委员会重点项目8项】 数学科学学院陈晓漫、化学系李富友、生命科学学院麻锦彪、信息学院曾晓洋、管理学院范秀成、基础医学院朱依纯、附属中山医院葛均波和附属眼耳鼻喉科医院李华伟等分别牵头的8个项目获得国家自然科学基金委员会重点项目资助。（孙劼）

【获国家杰出青年科学基金项目6项】 物理学系陈张海、先进材料实验室彭慧胜、材料科学系俞燕蕾、信息学院江安全、基础医学院雷群英和附属中山医院周俭6人获得国家杰出青年科学基金项目资助。（孙劼）

【获国家优秀青年科学基金项目13项】 数学科学学院雷震，物理学系黄吉平，环境科学与工程系王琳，生命科学学院刘建祥、蔡亮、李辉、张锋，信息学院张宗芝、赵海斌，经济学院林曙，管理学院戴悦，公共卫生学院阚海东和药学院侯爱君13人获得国家优秀青年科学基金项目资助。（孙劼）

【获教育部“长江学者和创新团队发展计划”创新团队1项】 附属肿瘤医院邵志敏牵头的“乳腺癌基础和临床研究”团队获教育部“长江学者和创新团队发展计划”创新团队计划资助。（王维 俞泠）

**【启动新一轮复旦大学护理科研基

金】 新一轮护理基金的申报工作在上海医学院的整体框架下启动,医学科研管理办公室负责该项目的管理工作,护理发展基金会承担该项目的评审工作。2012年度共资助41项研究课题,其中重点项目8项,面上项目33项,资助金额46.5万。获资助项目依托院系和附属医院按1∶1比例进行经费配套。 (俞 泠)

附 录

复旦大学"985工程"科技创新平台一览表

序 号	科技创新平台名称	负 责 人
1	先进材料科技创新平台	赵东元
2	生物医学科技创新平台	杨芃原
3	脑科学研究科技创新平台	马 兰
4	微纳电子科技创新平台	郑立荣
5	数理研究科技创新平台	吴泉水

复旦大学重点实验室一览表

序 号	类 别	实 验 室 名 称	学 科	单 位	实验室主任
1	国 家	应用表面物理	物 理	物理学系	封东来
2		专用集成电路与系统	信 息	信息科学与工程学院	曾 璇
3		遗传工程	生 命	生命科学学院	马 红
4		医学神经生物学	医 学	基础医学院	郑 平
5		聚合物分子工程	化 学	高分子科学系	丁建东
6	教育部	非线性数学模型与方法	数 学	数学科学学院	郭坤宇
7		物质计算科学	交 叉	数理研究科技创新平台	龚新高
8		应用离子束物理	物 理	现代物理研究所	Roger Hutton
9		微纳光子结构	信 息	物理学系	资 剑
10		现代人类学	生 命	生命科学学院	金 力
11		生物多样性与生态工程	生 命	生命科学学院	李 博
12		医学分子病毒学	医 学	基础医学院	袁正宏
13		分子医学	医 学	基础医学院	汤其群
14		智能化递药	医 学	药学院	陆伟跃
15		公共卫生安全	预防医学	公共卫生学院	姜庆五
16		癌变与侵袭原理	医 学	附属中山医院	樊 嘉
17		教育部重点实验室(B类)	国防科技	复旦大学	叶明新
18	卫生部	糖复合物	医 学	基础医学院	顾建新
19		抗生素临床药理	医 学	附属华山医院	张婴元
20		手功能重建	医 学	附属华山医院	顾玉东
21		医学技术评估	医 学	公共卫生学院	陈 洁
22		医学分子病毒学	医 学	基础医学院	袁正宏
23		听觉医学	医 学	眼耳鼻喉科医院	王正敏
24		近视眼研究	医 学	眼耳鼻喉科医院	褚仁远
25		病毒性心脏病	医 学	附属中山医院	陈瑞珍
26		新生儿疾病	医 学	附属儿科医院	桂永浩

续 表

序 号	类 别	实验室名称	学 科	单 位	实验室主任
27	上海市	现代应用数学	数 学	数学科学学院	吴宗敏
28		分子催化与功能材料	化 学	化学系	贺鹤勇
29		智能信息处理	信 息	信息科学与工程学院	周傲英
30		周围神经显微外科	医 学	附属华山医院	顾玉东
31		医学图像处理与计算机辅助手术	医 学	基础医学院	宋志坚
32		器官移植	医 学	附属中山医院	朱同玉
33		女性生殖内分泌相关疾病	医 学	附属妇产科医院	徐丛剑
34		大气颗粒物污染防治	环 境	环境科学与工程系	陈建民
35		视觉损害与重建	医 学	附属眼耳鼻喉科医院	徐格致
36		乳腺肿瘤	医 学	附属肿瘤医院	邵志敏
37	总后卫生部	全军智能化递药	医 学	药学院	陆伟跃

注：医学分子病毒学同时为教育部和卫生部重点实验室。

教育部工程研究中心一览表

序 号	研究机构名称	现任负责人	依托院系
1	先进涂料教育部工程研究中心	武利民	材料科学系
2	网络信息安全审计与监控教育部工程研究中心	张世永	计算机科学技术学院
3	先进仪器制造教育部工程研究中心	孔继烈	化学系
4	先进照明技术教育部工程研究中心	刘木清	信息科学与工程学院

上海市工程研究中心一览表

序 号	研究机构名称	现任负责人	依托院系
1	上海超精密光学制造工程技术研究中心	徐 敏	信息科学与工程学院
2	上海消化内镜诊疗工程技术研究中心	姚礼庆	附属中山医院
3	上海人工耳蜗工程技术研究中心	李华伟	上海力声特医学科技有限公司 附属眼耳鼻喉科医院

复旦大学理工科、医科研究所一览表

序 号	研究机构名称	依托院系	负责人	成立年份	批准部门
1	上海市心血管病研究所	附属中山医院	陈灏珠	1958	上海市卫生局
2	数学研究所	数学科学学院	傅吉祥	1960	教育部
3	遗传学研究所	生命科学学院	毛裕民	1961	教育部
4	电光源研究所	光源与照明工程系	刘木清	1978	教育部
5	皮肤病研究所	附属华山医院	廖康煌	1978	卫生部
6	神经病学研究所	附属华山医院	吕传真	1978	卫生部
7	耳鼻喉科研究所	附属眼耳鼻喉科医院	王正敏	1978	卫生部
8	眼科研究所	附属眼耳鼻喉科医院	褚仁远	1978	卫生部
9	核医学研究所	附属中山医院	陈绍亮	1978	卫生部
10	现代物理研究所	现代物理研究所	邹亚明	1978	教育部
11	儿科研究所	附属儿科医院	桂永浩	1979	卫生部

续　表

序　号	研究机构名称	依托院系	负责人	成立年份	批准部门
12	妇产科研究所	附属妇产科医院	李大金	1979	卫生部
13	药学研究所	药学院	吴满平	1979	复旦大学
14	基础医学研究所	基础医学院	郭慕依	1979	卫生部
15	预防医学研究所	公共卫生学院	姜庆五	1981	卫生部
16	材料科学研究所	材料科学系	宗祥福	1982	上海市科学技术委员会
17	上海市数量经济与运筹学研究所	管理学院	郑绍濂	1983	上海市科学技术委员会
18	应用化学研究所	化学系	范康年	1983	上海市科学技术委员会
19	劳动保护用品研究所	公共卫生学院	杨　磊	1984	卫生部
20	中西医结合研究所	附属华山医院	王文健	1984	卫生部
21	计算机科学研究所	信息科学与工程学院	施伯乐	1984	教育部
22	微电子学研究所	信息科学与工程学院	汤庭鳌	1984	上海市科学技术委员会
23	抗生素研究所	附属华山医院	张婴元	1985	卫生部
24	肿瘤研究所	附属肿瘤医院	蒋国梁	1985	卫生部
25	生物医学工程研究所	信息科学与工程学院	方祖祥	1986	上海市科学技术委员会
26	肝癌研究所	附属中山医院	汤钊猷	1988	卫生部
27	激光化学研究所	化学系	秦启宗	1991	复旦大学
28	高分子科学研究所	高分子科学系	杨玉良	1993	复旦大学
29	上海市手外科研究所 (复旦大学手外科研究所)	附属华山医院	顾玉东	1993	上海市卫生局
30	上海市中西医结合康复医学研究所	附属中山医院	石凤英	1994	上海市卫生局
31	并行处理研究所	信息科学与工程学院	朱传琪	1995	复旦大学
32	泌尿外科研究所	附属华山医院	张元芳	1996	复旦大学
33	呼吸病研究所	附属中山医院	何礼贤	1997	复旦大学
34	中法应用数学研究所	数学科学学院	李大潜	1998	科技部
35	金融数学研究所	数学科学学院	雍炯敏	1998	复旦大学
36	血管外科研究所	附属中山医院	王玉琦	1999	复旦大学
37	发育生物学研究所	生命科学学院	许　田	2000	复旦大学
38	上海市听觉医学研究所	附属眼耳鼻喉科医院	王正敏	2000	上海市卫生局
39	神经生物学研究所	神经生物研究所	杨雄里	2000	复旦大学
40	放射医学研究所	放射医学研究所	周志俊	2000	复旦大学
41	力学与工程仿真研究所	力学与工程科学系	张　文	2001	复旦大学
42	生物力学研究所	力学与工程科学系	柳兆荣	2001	复旦大学
43	生物多样性科学研究所	生命科学学院	吴纪华	2001	复旦大学
44	上海市影像医学研究所	附属中山医院	周康荣	2001	上海市卫生局
45	器官移植研究所	附属华山医院	郑树森	2002	复旦大学
46	超声医学与工程研究所	附属中山医院	徐智章	2002	复旦大学
47	内分泌与糖尿病研究所	附属华山医院	胡仁明	2003	复旦大学
48	精细化学三爱思研发基地	附属化学系	周亚明	2003	复旦大学
49	肾脏病研究所	附属华山医院	林善炎	2004	复旦大学
50	病原微生物研究所	基础医学院	闻玉梅	2004	复旦大学

续　表

序　号	研究机构名称	依托院系	负责人	成立年份	批准部门
51	免疫生物学研究所	基础医学院	熊思东	2005	复旦大学
52	复旦大学医院管理研究所	公共卫生学院	高解春	2006	复旦大学
53	上海物流发展研究院	管理学院	朱道立	2006	复旦大学
54	复旦大学长江河口湿地生态系统野外站	生命科学学院	赵　斌	2006	复旦大学
55	复旦大学普通外科研究所	附属中山医院	秦新裕	2008	复旦大学
56	复旦大学内镜诊疗研究所	附属中山医院	姚礼庆	2008	复旦大学
57	复旦大学新能源研究院	先进材料实验室	赵东元	2008	复旦大学
58	复旦大学植物科学研究所	生命科学学院	马　红	2008	复旦大学
59	复旦大学生物统计学研究所	生命科学学院	罗泽伟	2009	复旦大学
60	复旦大学消化病研究所	附属华山医院	刘　杰	2010	复旦大学
61	复旦—贝勒基因组科学研究所	生命科学学院	金　力	2011	复旦大学
62	复旦大学胰腺肿瘤研究所	附属肿瘤医院	虞先濬	2012	复旦大学
63	复旦大学病理学研究所	附属肿瘤医院	杜　祥	2012	复旦大学
64	复旦大学全球健康研究所	公共卫生学院	钱　序	2012	复旦大学

复旦大学理工科、医科研究中心一览表

序　号	研究机构名称	依托院系	成立年份	批准部门
1	分析测试中心	分析测试中心	1979	上海市科学技术委员会
2	上海应用数学咨询开发中心	数学科学学院	1983	上海市科学技术委员会
3	WHO职业卫生合作中心(上海)	公共卫生学院	1984	世界卫生组织(WHO)
4	热带病学研究中心	公共卫生学院	1986	卫生部
5	上海市心脏瓣膜研究中心	附属中山医院	1987	原上海市高等教育局
6	肾脏与高血压研究中心	基础医学院	1988	复旦大学
7	国家微电子材料与元器件微分析中心	材料科学系	1991	原国家计划经济委员会
8	计算机辅助设计中心	信息科学与工程学院	1991	复旦大学
9	临床疼痛研究中心	基础医学院	1992	复旦大学
10	医学技术评估中心	公共卫生学院	1993	卫生部
11	遗传及医学科学研究中心	生命科学学院	1994	复旦大学
12	非线性科学中心	数学研究所	1994	复旦大学
13	网络与信息工程中心	信息科学与工程学院	1994	复旦大学
14	营养食品研究中心	公共卫生学院	1995	卫生部
15	糖尿病防治研究中心	附属华山医院	1995	复旦大学
16	上海应用物理研究中心	信息科学与工程学院	1995	上海市科学技术委员会
17	波散射与遥感中心	信息科学与工程学院	1995	复旦大学
18	上硫复旦有机催化工程研究中心	化学系	1996	复旦大学
19	环境科学研究中心	环境科学与工程系	1996	复旦大学
20	上海东方计算机网络认证中心	信息科学与工程学院	1996	原国家计划经济委员会
21	上海(国际)数据库研究中心	信息科学与工程学院	1996	上海市科学技术委员会

续 表

序 号	研究机构名称	依托院系	成立年份	批准部门
22	基因研究中心	基础医学院	1996	复旦大学
23	食品毒理与保健食品功能控制中心	公共卫生学院	1997	卫生部
24	复旦永宁药物化学研究中心	化学系	1997	复旦大学
25	脑科学研究中心	生命科学学院	1997	复旦大学
26	国家高性能计算中心(上海)	信息科学与工程学院	1998	科技部
27	纳米技术发展中心	材料科学系	2000	复旦大学
28	医用高分子材料与器件研究开发中心	高分子科学系	2000	复旦大学
29	电子商务研究中心	管理学院	2000	复旦大学
30	国家抗感染药物临床试验研究中心	附属华山医院	2000	科技部
31	上海焦化复旦催化研究中心	化学系	2000	复旦大学
32	基因多样性与设计农业研究中心	生命科学学院	2000	复旦大学
33	天然药物研究中心	生命科学学院	2000	复旦大学
34	植物基因芯片研究开发中心	生命科学学院	2000	复旦大学
35	理论物理研究中心	物理学系	2000	复旦大学
36	同步辐射研究中心	物理学系	2000	复旦大学
37	数字技术中心	信息科学与工程学院	2000	复旦大学
38	微电子联合集成电路工程中心	信息科学与工程学院	2000	复旦大学
39	数字医学研究中心	基础医学院	2000	复旦大学
40	国家心脑血管新药临床实验研究中心	附属中山医院	2000	科技部
41	上海市临床营养研究中心	附属中山医院	2000	上海市科学技术委员会
42	先进涂料教育部工程研究中心	材料科学系	2001	教育部
43	复旦科恒发光材料研究中心	化学系	2001	复旦大学
44	复旦天臣创新技术研发中心	化学系	2001	复旦大学
45	城市生态规划与设计研究中心	环境科学与工程系	2001	复旦大学
46	自由基调控与应用研究中心	基础医学院	2001	复旦大学
47	复旦大学—上海复康靶向药物研究中心	药学院	2001	复旦大学
48	内窥镜诊疗研究中心	附属中山医院	2001	复旦大学
49	器官移植中心	附属中山医院	2001	复旦大学
50	卫生发展战略研究中心	公共卫生学院	2002	复旦大学
51	药物经济学研究与评估中心	公共卫生学院	2002	复旦大学
52	中美联合临床分子医学研究中心	公共卫生学院	2002	复旦大学
53	复旦—华谊创新材料研发中心	化学系	2002	复旦大学
54	复旦—交大—诺丁汉植物生物技术研发中心	生命科学学院	2002	复旦大学
55	复旦—曼彻斯特生物信息中心	生命科学学院	2002	复旦大学
56	理论生命科学研究中心	物理学系	2002	复旦大学
57	干细胞和组织工程研究中心	基础医学院	2002	复旦大学
58	光纤研究中心	材料科学系	2003	复旦大学
59	复旦豹王电化学能源研究中心	化学系	2003	复旦大学
60	复旦—圣比和新电源技术研发中心	化学系	2003	复旦大学

续 表

序 号	研究机构名称	依托院系	成立年份	批准部门
61	专用材料与技术中心*		2003	复旦大学
62	药理研究中心	基础医学院	2003	复旦大学
63	复旦—Novellus 互连研究中心	微电子研究院	2003	复旦大学
64	复旦大学—IBM 工程技术联合研究中心	信息科学与工程学院	2003	复旦大学
65	循症医学中心	附属中山医院	2003	复旦大学
66	数字多媒体无线通信技术研究中心	信息科学与工程学院	2004	复旦大学
67	病毒性肝炎研究中心	基础医学院	2004	复旦大学
68	儿童肝病中心	附属儿科医院	2005	复旦大学
69	脑血管病诊治中心	附属华山医院	2005	复旦大学
70	上照—复旦光源与照明研究中心	光源与照明工程系	2005	复旦大学
71	半导体照明研究中心	材料科学系	2005	复旦大学
72	神经康复中心	附属华山医院	2005	复旦大学
73	风湿、免疫、过敏性疾病研究中心	附属华山医院	2005	复旦大学
74	复旦—来德照明工程技术研究中心	光源与照明工程系	2005	复旦大学
75	大肠癌诊治中心	附属肿瘤医院	2005	复旦大学
76	复旦大学进化生物学研究中心	生命科学学院	2006	复旦大学
77	复旦大学神经肿瘤中心	附属华山医院	2006	复旦大学
78	复旦大学产瘫诊治中心	附属华山医院	2006	复旦大学
79	复旦大学—英特尔联合创新中心	软件学院	2006	复旦大学
80	复旦大学—江苏柏鹤联合涂料技术中心	材料科学系	2006	复旦大学
81	复旦大学睡眠障碍诊治中心	附属华山医院	2006	复旦大学
82	复旦—大恒—金马特种电源研发中心	化学系	2006	复旦大学
83	复旦大学—桐乡动力电池研发中心	化学系	2007	复旦大学
84	复旦—新华扬酶制剂研究中心	生命科学学院	2007	复旦大学
85	复旦—久岳合作研究中心	化学系	2007	复旦大学
86	复旦—依拉斯姆斯研究中心	附属中山医院	2007	复旦大学
87	复旦—九洲光纤技术研发中心	材料科学系	2007	复旦大学
88	复旦大学鼻咽癌诊治中心	附属肿瘤医院	2007	复旦大学
89	复旦大学高速移动计算平台研究中心	软件学院	2007	复旦大学
90	复旦—天楹生物环保新能源联合研发中心	生命科学学院	2007	复旦大学
91	复旦大学血液病中心	附属第五人民医院	2007	复旦大学
92	复旦—杭房数字房产联合研究中心	信息科学与工程学院	2007	复旦大学
93	复旦—理朗照明电气研究中心	光源与照明系	2007	复旦大学
94	复旦大学分子影像研究中心	基础医学院	2008	复旦大学
95	复旦大学出生缺陷研究中心	生物医学研究院	2008	复旦大学
96	复旦大学半导体存储技术及应用研究中心	微电子研究院	2008	复旦大学
97	复旦—派力迪污染控制工程研究中心	环境科学与工程系	2008	复旦大学
98	复旦—剑腾平板显示器材料研究中心	先进材料实验室	2008	复旦大学
99	复旦大学网格技术研究中心	计算机科学技术学院	2008	复旦大学

续 表

序 号	研究机构名称	依托院系	成立年份	批准部门
100	复旦大学疝病中心	附属华山医院	2008	复旦大学
101	复旦大学计算科学与工程研究中心	数理平台	2009	复旦大学
102	复旦大学计算系统生物学中心	数理平台	2009	复旦大学
103	兴燃—复旦硅薄膜太阳能电池研究中心	先进材料实验室	2009	复旦大学
104	复旦—福莱姆高性能涂料研发中心	高分子系	2009	复旦大学
105	张江—复旦新药研发联合公共服务平台	药学院	2009	复旦大学
106	复旦大学儿童发育与疾病转化医学研究中心	附属儿科医院	2009	复旦大学
107	复旦—文安德遗传流行病学研究中心	生命科学学院	2009	复旦大学
108	复旦—安捷利全印刷电子研发中心	材料科学系	2010	复旦大学
109	复旦—文创太阳能光伏应用技术研究中心	信息科学与工程学院	2010	复旦大学
110	复旦大学流域污染控制研究中心	环境科学与工程系	2010	复旦大学
111	复旦大学场论及粒子理论中心	物理学系	2010	复旦大学
112	复旦—盐城环保与信息化研发中心	计算机科学技术学院、环境科学与工程系	2010	复旦大学
113	复旦大学生物治疗研究中心	基础医学院	2010	复旦大学
114	复旦大学前列腺肿瘤诊治研究中心	附属肿瘤医院	2011	复旦大学
115	复旦大学甲状腺肿瘤诊治研究中心	附属肿瘤医院	2011	复旦大学
116	复旦—中能柔性光电薄膜联合研究中心	材料科学系	2012	复旦大学
117	复旦—弥亚能源信息技术联合研发中心	计算机科学技术学院	2012	复旦大学
118	复旦抗癌医学联合研究中心	生物医学研究院	2012	复旦大学
119	复旦—盐城新能源与新光源联合研究中心	信息科学与工程学院	2012	复旦大学
120	复旦大学—南京军区南京总医院计算转化医学中心	数学科学学院	2012	复旦大学
121	复旦大学—中电熊猫平板显示技术联合中心	先进材料实验室	2012	复旦大学
122	复旦大学—陶氏化学联合材料研究中心	先进材料实验室	2012	复旦大学
123	复旦大学—阿尔伯塔大学持续性感染研究中心	基础医学院	2012	复旦大学

* 注：专用材料与技术中心 2012 年不再依托科技处建设，并于 2012 年下半年更名。

复旦大学联合实验室一览表

序 号	研究机构名称	依托院系	成立时间	批准部门
1	李政道物理学综合实验室	物理学系	1994	复旦大学
2	金融工程实验室	管理学院	1996	复旦大学
3	上海东方计算机网络测试实验室	信息科学与工程学院	1996	原国家计划经济委员会
4	复旦—家化皮肤生理毒理联合实验室	公共卫生学院	1998	复旦大学
5	复旦—通能太平精算实验室	数学系	1999	复旦大学
6	上海复旦生物工程公司—复旦大学联合实验室	生命科学学院	2001	复旦大学
7	精细化学三爱思研发基地	化学系	2003	复旦大学

续 表

序 号	研究机构名称	依托院系	成立时间	批准部门
8	复旦—得易—IBM 协同商务联合实验室	信息科学与工程学院	2003	复旦大学
9	生物安全三级防护实验室	基础医学院	2003	复旦大学
10	上海 EBIT 实验室	现代物理所	2004	复旦大学
11	复旦—光朗信联合实验室	材料系	2005	复旦大学
12	上照—复旦光源与照明研究中心	电光源系	2005	复旦大学
13	中意联合研究实验室	物理学系	2005	复旦大学
14	复旦—日立创新软件技术联合实验室	信息科学与工程学院	2005	复旦大学
15	复旦大学分析测试中心—美国瓦里安技术中国有限公司合作应用实验室	分析测试中心	2006	复旦大学
16	复旦—华夏信息技术联合实验室	计算机科学技术学院	2006	复旦大学
17	复旦—天普联合实验室	生命科学学院	2006	复旦大学
18	复旦—华药药物合成化学联合实验室	化学系	2007	复旦大学
19	复旦—浙江天宇药业联合开发实验室	化学系	2007	复旦大学
20	新型分子筛吸附材料联合实验室	化学系	2007	复旦大学
21	复旦—恒德柔性显示技术联合实验室	材料科学系	2008	复旦大学
22	复旦大学—西藏民族学院高原医学与基因地理学联合研究基地	生命科学学院	2010	复旦大学
23	复旦—上海电气储能与关键材料联合实验室	先进材料实验室	2012	复旦大学

2012 年新增重要理工科、医科科研项目一览表

一、国家重大科学研究计划项目(5 项)

序 号	项 目 名 称	首席科学家	所在领域
1	肿瘤侵袭转移潜能的起源及其关键调控蛋白	钦伦秀	蛋白质研究
2	代谢物失衡和信号通路异常致出生缺陷的分子机理	王红艳	发育与生殖研究
3	心肌细胞分化增殖与心脏发育的调控机制	钟 涛	发育与生殖研究
4	面向能源高效利用的功能介孔材料设计和调控	唐 颐	纳米研究
5	用于脑部肿瘤治疗的新型纳米药物研究	陆伟跃	纳米研究

二、"973 计划"及重大科学研究计划课题(21 项)

序 号	课 题 名 称	课题负责人	所在领域
1	湿地生态完整性对围填海的响应和生物多样性保育	李 博	资源环境科学
2	血管衰老及相关疾病的信号通路网络构建与干预研究	倪 挺	健康科学
3	肠道微生态失衡与内源性感染发生发展的机制研究	瞿介明	健康科学
4	烟曲霉菌等重要致病真菌毒力因子与宿主相互作用及功能网络研究	霍克克	健康科学
5	针药复合麻醉机体保护机制研究	吴根诚	健康科学
6	人工微结构材料的能带设计及红外响应机理研究	胡新华	材料科学
7	基于光电响应的分子水平检测新方法	易 涛	制造与工程科学
8	分子结构调控的多层次组装	黎占亭	综合交叉科学
9	团簇及表面反应动力学研究	周鸣飞	综合交叉科学

续 表

序 号	课 题 名 称	课题负责人	所在领域
10	化学动力学理论新方法研究	徐 昕	综合交叉科学
11	癌细胞侵袭转移能力的获得及其蛋白质基础	钦伦秀	蛋白质研究
12	免疫调控分子网络变化在结肠炎向结肠癌恶性转变过程中的作用	胡维国	蛋白质研究
13	修饰蛋白质和多肽富集新材料和新技术研究	邓春晖	蛋白质研究
14	脑部肿瘤系统靶向性纳米药物的靶向效应及机理研究	陆伟跃	纳米研究
15	半导体纳米材料微结构与光电过程表征及功能设计	车仁超	纳米研究
16	新结构和组成复合型介孔材料的设计合成与功能化	唐 颐	纳米研究
17	介孔材料规模化制备、优化及放大原理	郑耿峰	纳米研究
18	心脏生长发育相关基因的遗传筛选	钟 涛	发育与生殖研究
19	代谢物失衡致出生缺陷的分子机理	桂永浩	发育与生殖研究
20	出生缺陷中代谢物失衡和低频突变互作的调控机制	王红艳	发育与生殖研究
21	BMSC 和 ADSC 治疗 AMD 和 RP 的多中心临床试验	徐格致	干细胞研究

三、国家科技重大专项立项课题(6 项)

序 号	专项类别	课 题 名 称	负责人	所在院系
1	01 专项	EDA 工具系统开发及应用	曾 璇	信息学院
2	03 专项	TD-LTE-Advanced 系统试设备开发	胡 波	信息学院
3	03 专项	TD-LTE-Advanced 终端基带芯片工程样品研发	周小林	信息学院
4	传染病防治	基于药物缓释技术的艾滋病新型生物预防产品的研发	姜世勃	基础医学院
5	传染病防治	免疫功能重建与病毒储存库清除的新治疗策略	徐建青	生物医学研究院、公共卫生临床中心
6	传染病防治	病毒性肝炎相关肝癌发生发展与复发转移生物标志物的临床应用价值研究	余 龙	生命科学学院

四、卫生行业科研专项立项项目(3 项)

序 号	项 目 名 称	负 责 人	所在院系
1	重要病原生物与传染病转化医学研究协同创新平台	袁正宏	基础医学院
2	常见功能性眼病的诊疗防控和技术体系研究	孙兴怀	附属眼耳鼻喉科医院
3	儿童孤独症诊断与防治技术和标准研究	王 艺	附属儿科医院

五、环保部公益性行业科研专项立项课题(1 项)

序 号	课 题 名 称	负 责 人	所在院系
1	我国大气污染的健康影响前瞻性队列调查的关键技术、方法和应用研究	阚海东	公共卫生学院

六、国家自然科学基金委员会和上海市科学技术委员会重大重点项目

国家自然科学基金委员会重点项目

序 号	姓 名	所 属 院 系
1	陈晓漫	数学科学学院
2	李富友	化学系
3	麻锦彪	生命科学学院

续 表

序 号	姓 名	所属院系
4	曾晓洋	信息学院
5	范秀成	管理学院
6	朱依纯	基础医学院
7	葛均波	附属中山医院
8	李华伟	附属眼耳鼻喉科医院

国家自然科学基金委员会重大研究计划重点项目、集成项目

序 号	姓 名	所属院系
1	马 兰	基础医学院
2	冯剑锋	数学科学学院
3	封东来	物理学系
4	资 剑	物理学系
5	江 明	高分子科学系

上海市科学技术委员会基础研究重大项目

序 号	姓 名	所属院系
1	陈建民	环境科学与工程系
2	丁小强	附属中山医院

上海市科学技术委员会基础研究重点项目

序 号	姓 名	所属院系
1	李富友	化学系
2	吴宇平	化学系
3	葛晓春	生命科学学院
4	陶无凡	生命科学学院
5	阚海斌	计算机学院
6	王忠胜	先进材料实验室
7	马 兰	基础医学院
8	刘光伟	基础医学院
9	朱依纯	基础医学院
10	力 弘	药学院
11	雷群英	生物医学研究院
12	王向东	附属中山医院
13	宋元林	附属中山医院
14	符伟国	附属中山医院
15	姜林娣	附属中山医院
16	董 健	附属中山医院
17	王明贵	附属华山医院
18	宫 晔	附属华山医院
19	徐金华	附属华山医院

续 表

序 号	姓 名	所属院系
20	刘 杰	附属华山医院
21	徐彦辉	附属肿瘤医院
22	胡超苏	附属肿瘤医院
23	周 梁	附属眼耳鼻喉科医院
24	李大金	附属妇产科医院

2012 年度新增理工科、医科人才项目一览表

所属部委	序 号	人才团队类型	姓 名	所属院系
国家自然科学基金委员会		**杰出青年科学基金**		
	1	国家杰出青年科学基金	陈张海	物理学系
	2	国家杰出青年科学基金	彭慧胜	先进材料实验室
	3	国家杰出青年科学基金	俞燕蕾	材料科学系
	4	国家杰出青年科学基金	江安全	信息学院
	5	国家杰出青年科学基金	雷群英	基础医学院
	6	国家杰出青年科学基金	周 俭	附属中山医院
		优秀青年科学基金		
	1	国家优秀青年科学基金	雷 震	数学科学学院
	2	国家优秀青年科学基金	黄吉平	物理学系
	3	国家优秀青年科学基金	王 琳	环境系
	4	国家优秀青年科学基金	刘建祥	生命科学学院
	5	国家优秀青年科学基金	蔡 亮	生命科学学院
	6	国家优秀青年科学基金	李 辉	生命科学学院
	7	国家优秀青年科学基金	张宗芝	信息学院
	8	国家优秀青年科学基金	赵海斌	信息学院
	9	国家优秀青年科学基金	林 曙	经济学院
	10	国家优秀青年科学基金	戴 悦	管理学院
	11	国家优秀青年科学基金	张 锋	生命科学学院
	12	国家优秀青年科学基金	阚海东	公共卫生学院
	13	国家优秀青年科学基金	侯爱君	药学院
教育部		**创 新 团 队**		
	1	创新团队	邵志敏	附属肿瘤医院
		新世纪优秀人才计划		
	1	新世纪优秀人才计划	雷 震	数学科学学院
	2	新世纪优秀人才计划	黄吉平	物理学系
	3	新世纪优秀人才计划	邓勇辉	化学系
	4	新世纪优秀人才计划	张宗芝	信息科学与工程学院
	5	新世纪优秀人才计划	唐幸福	环境科学与工程系
	6	新世纪优秀人才计划	周 刚	先进材料实验室
	7	新世纪优秀人才计划	王有为	管理学院

续　表

所属部委	序　号	人才团队类型	姓　名	所属院系
教育部	8	新世纪优秀人才计划	陈　钧	药学院
	9	新世纪优秀人才计划	温文玉	生物医学研究院
	10	新世纪优秀人才计划	禹永春	神经生物学研究所
	11	新世纪优秀人才计划	孙爱军	附属中山医院
	12	新世纪优秀人才计划	钱莉玲	附属儿科医院
	13	新世纪优秀人才计划	金　伟	附属肿瘤医院
上海市科学技术委员会	优秀学术带头人计划			
	1	优秀学术带头人计划	李　博	生命科学学院
	2	优秀学术带头人计划	马　端	基础医学院
	3	优秀学术带头人计划	周　磊	物理学系
	4	优秀学术带头人计划	林殷茵	信息学院
	5	优秀学术带头人计划	薛向阳	计算机科学技术学院
	6	优秀学术带头人计划	邵正中	高分子科学系
	7	优秀学术带头人计划	易　涛	化学系
	8	优秀学术带头人计划	王　艺	附属儿科医院
	9	优秀学术带头人计划	张　炜	附属妇产科医院
	10	优秀学术带头人计划	李笑天	附属妇产科医院
	11	优秀学术带头人计划	徐文东	附属华山医院
	12	优秀学术带头人计划	耿道颖	附属华山医院
	13	优秀学术带头人计划	周行涛	附属眼耳鼻喉科医院
	14	优秀学术带头人计划	张天宇	附属眼耳鼻喉科医院
	15	优秀学术带头人计划	曾昭冲	附属中山医院
	16	优秀学术带头人计划	许剑民	附属中山医院
	17	优秀学术带头人计划	陈海泉	附属肿瘤医院
	18	优秀学术带头人计划	吴志英	附属华山医院
	浦江人才计划			
	1	浦江人才计划	蔡　亮	生命科学学院
	2	浦江人才计划	胡林峰	材料科学系
	3	浦江人才计划	胡跃清	生命科学学院
	4	浦江人才计划	黄高山	材料科学系
	5	浦江人才计划	贾立军	基础医学院
	6	浦江人才计划	麻锦彪	生命科学学院
	7	浦江人才计划	宋卫华	环境科学与工程系
	8	浦江人才计划	田传山	物理学系
	9	浦江人才计划	吴　骅	物理学系
	10	浦江人才计划	薛　磊	生命科学学院
	11	浦江人才计划	余锦华	信息学院
	12	浦江人才计划	詹义强	物理学系
	13	浦江人才计划	周旭辉	生命科学学院
	14	浦江人才计划	张　婷	附属儿科医院

续　表

所属部委	序　号	人才团队类型	姓　名	所属院系
	15	浦江人才计划	秦艳丽	附属华山医院
	16	浦江人才计划	杨向东	附属中山医院
	17	浦江人才计划	危　平	附属肿瘤医院
	18	浦江人才计划(D类)	车仁超	先进材料实验室
	19	浦江人才计划(D类)	涂　涛	化学系
	20	浦江人才计划(D类)	余红秀	生物医学研究院
	21	浦江人才计划(D类)	李大卫	附属肿瘤医院
上海市科学技术委员会	青年科技启明星计划			
	1	青年科技启明星计划	张　凡	化学系
	2	青年科技启明星计划	李　辉	生命科学学院
	3	青年科技启明星计划	黄吉平	物理学系
	4	青年科技启明星计划	孙　珊	附属眼耳鼻喉科医院
	5	青年科技启明星计划	钟芸诗	附属中山医院
	6	青年科技启明星计划	董丽莉	附属中山医院
	7	青年科技启明星计划(跟踪)	邓勇辉	化学系
	8	青年科技启明星计划(跟踪)	汪海健	生命科学学院
	9	青年科技启明星计划(跟踪)	赵　曜	附属华山医院
	10	青年科技启明星计划(跟踪)	王　艳	附属眼耳鼻喉科医院
	11	青年科技启明星计划(跟踪)	虞先濬	附属肿瘤医院
上海市教育委员会	曙光计划			
	1	曙光计划	吴　骅	物理学系
	2	曙光计划	张　锋	生命科学学院
	3	曙光计划	杨武利	高分子科学系
	4	曙光计划	方晓生	材料科学系
	5	曙光计划	屈新萍	信息学院
	6	曙光计划	侯爱君	药学院
	7	曙光计划	李　敏	附属华山医院
	8	曙光计划	莫晓芬	附属眼耳鼻喉科医院
	晨光计划			
	1	晨光计划	李巧伟	化学系
	2	晨光计划	沈剑锋	材料科学系
	3	晨光计划	吴燕华	生命科学学院
	4	晨光计划	杨　帆	信息学院

2012年度复旦大学科技成果一览表

2012年度国家科学技术奖

序　号	项　目　名　称	奖　种	等　级	院　系	主要完成人
1	中国大气污染物气溶胶的形成机制及其对城市空气质量的影响	自然科学奖	二等	环境系	庄国顺，郭志刚，黄侃，孙业乐，王瑛

续 表

序 号	项 目 名 称	奖 种	等 级	院 系	主要完成人
2	若干纳米新结构及结构转变规律	自然科学奖	二等	物理学系	龚新高,孙得彦,刘志锋,顾晓,季敏
3	神经导航关键技术发明与产品开发	技术发明	二等	基础医学院	宋志坚,王满宁,刘允才,李文生,姚德民,王宸昊
4	肝癌肝移植术后复发转移的防治新策略及关键机制	科技进步奖	二等	附属中山医院	樊嘉,周俭,黄晓武,邱双健,王征,史颖弘,孙健,肖永胜,王晓颖,徐泱
5	基于工艺选择性的 MEMS 三维制造关键技术与设计方法	技术发明奖	二等	信息学院(参与,第二完成单位)	鲍杭敏(第二完成人)
6	经穴效应特异性循证评价及生物学基础研究	科技进步奖	二等	力学系(参与,第三完成单位)	丁光宏(第三完成人)
7	前列腺癌诊疗体系的创新及其关键技术的应用	科技进步奖	二等	附属肿瘤医院(参与,第三完成单位)	叶定伟(第三完成人)

2012 年度高等学校科学研究优秀成果奖

序 号	奖 种	等级	名 称	完 成 人	完成单位
1	自然科学	一等	代谢乙酰化调控机制的发现	赵世民,赵国屏,王启军,余巍,雷群英,杨琛,徐薇,蒋文卿,林彦	生命科学学院
2	科技进步	一等	脑重大疾病的 CT、MR 诊断体系的建立及创新性临床应用	耿道颖,李郁欣,张军,尹波,姚振威,刘军,毛颖,鲁刚,黄丙仓,卢又燃	附属华山医院
3	自然科学	二等	基于功能化纳米材料的蛋白质分离分析新方法	邓春晖,李嫣,张祥民	化学系
4	自然科学	二等	神经可塑性调节新机制的研究	马兰,陈跃军,王菲菲,刘星,周雨青	基础医学院
5	自然科学	二等	复杂结构数据的管理和分析技术	汪卫,黄震华,王鹏,肖仰华,周向东,施伯乐	计算机科学技术学院
6	自然科学	二等	去铁治疗脑出血后脑水肿损伤的基础和临床研究	黄峰平,顾宇翔,吴刚,秦智勇	附属华山医院
7	科技进步	二等	耐高温饲用酶改造与新型饲用酶发现关键技术及应用	吕红,周峻岗,黄强,詹志春,游淳,袁汉英	生命科学学院
8	科技进步	二等	亚低温治疗新生儿缺氧缺血性脑病新技术的创建、应用与推广	邵肖梅,周文浩,程国强,王来栓,曹云,孙金峤,张崇凡,杨毅,熊曼,汪吉梅,刘登礼,胡勇,陈燕琳,李瑾,张旭东	附属儿科医院
9	科技进步	二等	优化阴茎癌诊疗关键技术的建立和应用	叶定伟,朱耀,戴波,张世林,朱一平,施国海,秦晓健,姚旭东,周家权,李健,王进有	附属肿瘤医院
10	科技进步	二等	臂丛损伤后手功能重建的新方法研究及其应用	顾玉东,徐建光,徐文东,董震,劳杰,王涛,胡韶楠,徐雷,陈亮	附属华山医院

续 表

序 号	奖 种	等 级	名 称	完 成 人	完成单位
11	科技进步	二等	互联网高速内容管控系统	薛向阳,兰巨龙,李玉峰,张建辉,冯瑞,伊鹏,程东年,黄慧群,唐勇,张奇,王雨,马海龙,申涓,陈曙晖,张风雨,张校辉,扈红超,姜鲲鹏,聂跃进,刘宗海,房艳萍,刘军,赵春曦,王晶,贺磊,胡宇翔	计算机科学技术学院
12	科技进步	二等	直肠癌多学科综合治疗模式和决策支持系统的建立、优化与推广	蔡三军,杜祥,章真,徐烨,蔡国响,李进,张文,彭俊杰,彭卫军,章英剑,盛伟琪,李心翔,朱骥,吴洪斌,郭伟剑	附属肿瘤医院

2012 年度上海市科学技术奖

序 号	奖 种	等 级	项 目 名 称	项目完成人	完成单位
1	青年科技杰出贡献奖	/	/	封东来	物理学系
2	青年科技杰出贡献奖	/	/	毛 颖	附属华山医院
3	自然科学奖	1	二阶 Krylov 子空间理论与集成电路分析中的模型降阶方法	苏仰锋,曾璇,杨帆,柏兆俊	数学科学学院
4	科技进步奖	1	由医疗转向预防的医学科普	杨炳辉	附属中山医院
5	科技进步奖	1	结直肠癌肝转移的外科和综合治疗	秦新裕,许剑民,樊嘉,牛伟新,韦烨,钟芸诗,任黎,曾蒙苏,王建华,叶青海,刘天舒,朱德祥,曾昭冲,饶圣祥,周波	附属中山医院
6	科技进步奖	1	阴茎癌诊疗新策略的研究和应用	叶定伟,朱耀,戴波,张世林,朱一平,施国海,秦晓健,姚旭东,周家权,李健,王进有	附属肿瘤医院
7	自然科学奖	2	有机半导体中载流子与激子的界面物理过程研究	侯晓远,丁训民,詹义强,钟高余	物理系
8	技术发明奖	2	耐高温饲用酶改造关键技术及应用	吕红,周峻岗,黄强,詹志春,游淳,袁汉英	生命科学学院
9	科技进步奖	2	急性肺损伤发病机制、诊治新技术研究和临床应用	白春学,宋元林,蒋进军,王向东,宋振举,杨冬,王桂芳	附属中山医院
10	科技进步奖	2	提高局部进展期直肠癌治疗效果的多学科策略的优化和推广	蔡三军,章真,杜祥,徐烨,蔡国响,李进,张文,彭俊杰,彭卫军,章英剑	附属肿瘤医院
11	科技进步奖	2	互联网高速内容管控系统	李玉峰,冯瑞,张建辉,伊鹏,程东年,王保进,唐勇,邱锡鹏,张奇,黄万伟,马海龙,张风雨,姜鲲鹏,陈曙晖,刘宗海	计算机学院
12	科技进步奖	2	臂丛损伤后手功能重建的新方法研究及其应用	顾玉东,徐建光,徐文东,董震,劳杰,王涛,胡韶楠,徐雷,陈亮	附属华山医院
13	科技进步奖	2	飞秒激光与优化表层切削矫正近视	周行涛,褚仁远,吴良成,于志强,张振永,钱宜珊,吴莹,王晓瑛,许烨,董子献,赵婧,李涛,丁岚,姚佩君,黄佳	附属眼耳鼻喉科医院

续 表

序 号	奖 种	等 级	项 目 名 称	项目完成人	完成单位
14	科技进步奖	2	血吸虫病分子流行病学及防治技术	姜庆五,周艺彪,赵根明,张志杰,何纳	公共卫生学院
15	科技进步奖	2	补肾益气法与宣肺法治疗哮喘的现代应用	董竞成,刘宝君,吴金峰,曹玉雪,张红英,倪健,谢瑾玉,张新民,许得盛,乐晶晶	附属华山医院
16	自然科学奖	3	网络建模与随机游走	章忠志,周水庚,关佶红	计算机学院
17	科技进步奖	3	“去铁疗法”治疗脑出血后脑水肿、脑损伤	黄峰平,顾宇翔,吴刚,秦智勇,胡枢坤,倪伟,谢清	附属华山医院
18	科技进步奖	3	复杂性眩晕新诊断和治疗方案的临床应用	戴春富,迟放鲁,翟丰,沙炎,张毅博,刘建平,张茹,于亚峰	附属眼耳鼻喉科医院
19	国际合作	国际合作	/	陆嘉德	附属肿瘤医院

2012 年度中华医学奖

序 号	等 级	项 目 名 称	第一完成人	主要完成单位
1	二等奖	去铁治疗脑出血后脑水肿损伤的基础和临床研究	黄峰平	附属华山医院
2	三等奖	癫痫的优化诊疗新策略	洪 震	附属华山医院
3	三等奖	脑重大疾病的 CT、MR 诊断体系的建立及创新性临床应用	耿道颖	附属华山医院
4	三等奖	血吸虫病分子流行病学及防治技术	姜庆五	公共卫生学院

2012 年上海医学科技奖

序 号	等 级	项 目 名 称	完 成 人	完成单位
1	一等	臂丛损伤后手功能重建的临床和基础研究	顾玉东,徐建光,徐文东,董震,劳杰,王涛,胡韶楠,徐雷,陈亮	附属华山医院
2	一等	出血性脑卒中继发脑水肿脑损伤防治的新机制研究	黄峰平,顾宇翔,吴刚,秦智勇,奚国华,胡枢坤,倪伟,谢清,高超	附属华山医院
3	一等	阴茎癌个体化综合诊治策略的建立和应用	叶定伟,朱耀,戴波,张世林,施国海,秦晓健,姚旭东,周家权,李健,王进有	附属肿瘤医院
4	二等	急性肺损伤发病机制、诊治新技术研究和临床应用	白春学,宋元林,蒋进军,宋振举,杨冬,王桂芳	附属中山医院
5	二等	胆道闭锁发病机制研究及临床规范化诊断治疗	郑珊,赵瑞,沈淳,宋再,肖现民,王玮,王建设,董瑞,孙颖华	附属儿科医院
6	二等	癫痫的优化诊疗新策略	洪震,朱国行,丁玎,吴洵昳,虞培敏,王晋扬,杨柳,吴冬燕,王玥	附属华山医院
7	二等	肺腺癌分子生物标志的转化性研究	陈海泉,季红斌,曾嵘,孙艺华,罗晓阳,周建华,相加庆,张亚伟,李晨光,张杰	附属肿瘤医院
8	二等	急性肾损伤预防和危重病例救治的基础研究与临床应用	丁小强,邹建洲,滕杰,方艺,蒋素华,钟一红,吉俊,朱加明,许讯辉,王一梅	附属中山医院
9	二等	血吸虫病分子流行病学及防治技术	姜庆五,周艺彪,赵根明,张志杰,何纳,韦建国,庄建林,王海银,郑会民,赵飞	公共卫生学院
10	二等	亚低温治疗新生儿缺氧缺血性脑病新技术的创建、应用与推广	邵肖梅,周文浩,程国强,王来栓,曹云,孙金峤,张崇凡,杨毅,熊曼	附属儿科医院

续　表

序　号	等　级	项　目　名　称	完　成　人	完成单位
11	三等	Onyx栓塞治疗脑血管畸形的临床研究	宋冬雷,冷冰,徐斌,顾宇翔,徐锋,陈功,田彦龙,廖煜君	附属华山医院
12	三等	潜在黏膜免疫损伤预测的新技术	张晓燕,徐建青,李亮助,杨瑜,万延民,孟哲峰,袁松华,仇超,邱趁丽,周明哲	公共卫生临床中心
13	三等	我国无绿藻病发病原因及其真菌学分析	章强强,朱利平,翁心华,李莉,赵颖	附属华山医院
14	三等	新型药物及给药系统在抑制喉癌细胞生长中的作用机制	周梁,陶磊,谢明,高春丽,张明,李文秀,程磊,施勇	附属眼耳鼻喉科医院

中国工业防腐蚀技术协会科学技术奖

序　号	等　级	项目名称	主　要　完　成　人	主要完成单位
1	一等	重水堆核电机组热交换器的腐蚀失效分析及其预防对策	杨振国,郑永祥,袁建中,龚嶷,陈明军,杨敏,祝凯,商俊敏,胡新华,陈继芳,姚骋,杨敬伦	材料科学系

中国石油和化学工业联合会科学技术奖

序　号	等　级	项目名称	主　要　完　成　人	主要完成单位
1	二等	核电装置RCW热交换器的失效分析关键技术及其工程应用	杨振国,郑永祥,袁建中,龚嶷,陈明军,杨敏,祝凯,陈继芳,胡新华,商俊敏	材料科学系

中国药学会科学技术奖

序　号	等　级	项目名称	主　要　完　成　人	主要完成单位
1	三等	新型IDO抑制剂的发现及其治疗人类重大疾病的研究	杨青,匡春香,杨双双,于丹,于存静,言君凯	药学院

陈嘉庚科学奖

序　号	等　级	项　目　名　称	第一完成人	主要完成单位
1	生命科学奖	肝癌早期诊断、早期治疗与转移的研究	汤钊猷	附属中山医院

谈家桢生命科学创新奖

序　号	等　级	主要完成人	主要完成单位
1	创新奖	金　力	生命科学学院
2	创新奖	许　田	发育生物学研究所

第六届上海青年科技英才

序　号	等　级	主要完成人	主要完成单位
1	科技英才	李富友	化学系
2	科技英才	赵　曜	附属华山医院
3	提名奖	周　雁	生命科学学院

明治生命科学奖

序　号	奖　种	姓　名	院　系
1	杰出奖	徐彦辉	生物医学研究院
2	优秀奖	禹永春	神经生物学研究所
3	优秀奖	张　杰	附属肿瘤医院
4	科学奖	孟志强	附属肿瘤医院
5	科学奖	董丽莉	附属中山医院
6	科学奖	李　华	附属中山医院

上海市药学科技奖

序　号	奖种等级	项　目　名　称	完　成　人	完成单位
1	二等奖	一类抗肝癌氟代多烯紫杉醇候选药物的研究	孙　逊	药学院
2	二等奖	新生儿和小婴儿抗感染药物的PK/PD研究与临床转化	李智平	附属儿科医院

上海中西医结合科学技术奖

序　号	奖种等级	项　目　名　称	完　成　人	完成单位
1	一等奖	国产银杏提取物制剂治疗MCI及其痴呆转化率的临床研究	李亚明	附属华东医院

华夏医学科技奖

序　号	奖种等级	项　目　名　称	完　成　人	完成单位
1	三等	急性肾损伤预防和危重病例救治的基础研究与临床应用	丁小强，方艺，滕杰，邹建洲，钟一红，蒋素华，吉俊，许讯辉	附属中山医院

第四届中国高校精品科技期刊奖

序　号	奖种等级	项　目　名　称	主要完成人	主要完成单位
1	优秀	第四届中国高校精品科技期刊奖	张秀峰，王蔚，段佳，沈玲，卢毓青	复旦学报(医学版)编辑部

第十四届中国国际工业博览会大会奖

序　号	奖种等级	项　目　名　称	主要完成人	主要完成单位
1	创新奖	新型可降解涂层冠脉药物洗脱支架	葛均波	附属中山医院

第二十四届上海市优秀发明选拔赛

序　号	奖种等级	项　目　名　称	主要完成人	完成单位
1	铜奖	多侧孔双腔双囊支气管导管	蒋克泉	附属第五人民医院

第十四届中国国际高新技术成果交易会优秀组织奖：复旦大学

第十四届中国国际工业博览会优秀组织奖：复旦大学

（科技处、医学科研管理办公室供稿）

文科科研

【概况】 2012年,学校文科科研全年研究与发展经费14 899.97万元,与2011年相比略有下降;获得国家社科基金项目62项,其中重大项目16项、重点项目3项;教育部人文社会科学规划项目67项,上海市哲学社会科学规划项目28项;出版著作311部,发表论文2 570篇,其中在国外学术刊物发表论文193篇,提交研究报告88篇。获得省部级以上科研成果奖励104项,其中获上海市第十一届哲学社会科学研究优秀成果一等奖9项,二等奖29项,三等奖34项,内部探讨奖2项,网络理论宣传优秀成果奖2项,王水照、陈其人、洪远朋在该次评选中获得学术贡献奖,共79项,获奖总数继续保持上海市第一。获得上海市第九届邓小平理论研究和宣传优秀成果奖一等奖1项,二等奖6项,三等奖9项,共16项。获得上海市第八届决策咨询优秀成果奖6项,安子介国际贸易奖2项,第六届吴玉章人文社会科学奖1项,有1项成果入选国家社会科学基金成果文库。

加强科研工作及科研管理组织形式的建设与创新。牵头协调撰写《复旦大学繁荣计划实施方案》,在学校党委常委会上通过。组织新一轮教育部重点研究基地申报的初期酝酿和论证。参加教育部、学校各个层面有关2011计划的会议,并在文科领域推进相关筹建和培育工作。由复旦牵头或复旦作为主要参与单位加入、已签署协议的(文科类)协同创新中心有9个;经过校科技处申报、有文科院系参加的协同创新中心有1个;稳步推进复旦大学人文社会科学校级大平台建设,形成初步架构,其中包括中华文明国际研究中心、人文社会科学数据服务中心、金融研究中心、金砖国家研究中心等。依托复旦发展研究院和学术事务中心,积极服务社会、服务国家,同时努力实施“走出去”战略。尝试遴选部分研究团队予以支持。对校级虚体研究中心近年的活动状况进行调研和重新登记。

加强基地管理,明确建设目标,把基地建设成实施学校发展战略和国家发展战略的重要平台。围绕教育部新一轮“高校人文社会科学重点研究基地建设计划”,进一步落实学校重点研究基地的各项工作,积极规划教育部基地增补工作的申报方案。对“985工程”三期建设作阶段性总结,组织各基地围绕国家发展战略和学科发展前沿做中长期发展规划。继续落实上海市创新研究基地(工作室)在资金配套等方面的工作,配合市政府做好基地的日常管理、监督和考核工作。

继续加强和抓好各类课题的申报组织协调和服务工作,在走访调研院系情况基础上,动员院系加强组织申报工作。组织多场次的校内专家预审论证工作,帮助教师申报课题,尤其是帮助青年教师做好和提高项目申报质量,提高项目中标率。

组织做好各类人才项目的申报与管理工作。有7人入选2010年度教育部新世纪优秀人才支持计划。24个项目获得上海市浦江人才计划项目资助,位居上海市高校第一。有5人入选上海市教委曙光学者计划,4人入选上海市教委晨光学者计划。组织派遣8人参加教育部高校哲学社会科学教学科研骨干研修班的学习。

组织做好各类评奖及成果申报工作。全年受理各类评奖项目申报总数843项,获得省部级以上奖励104项。有1项成果(经济学院田素华的《外商直接投资进入中国的结构变动与效应研究》)入选2012年度国家哲学社会科学成果文库,有2项成果(经济学院王永钦的《互联的关系型合约理论与中国奇迹》(英文版)、经济学院陆铭的《中国的大国经济发展道路》(英文版)获得国家社科基金中华学术外译项目资助。

积极推动学者开展对策应用研究,加强课题成果转化推介工作。向有关部门报送成果要报40多份,其中芮明杰、童兵等报送的成果被上级有关部门采纳。以学校与甘肃省、福建省、上海宝山区签署战略合作协议为契机,组织开展与这些地区的合作交流和课题研究。

做好信息化建设和成果宣传工作。认真开展文科科研管理信息系统的前期调研座谈工作,确定了信息系统建设的日程表,力争明年实行信息系统的试运行。加强复旦人文社科信息网的管理维护工作,网站首页点击率达近20万次。

推动文科科研国际化,做好人文基金有关管理工作。逐步完善国际科研合作项目的管理工作,完成4项国际科研合作项目合同的审核签订。联合校内其他部门,制作完成《复旦大学人文社会科学研究资助与项目》(*Fudan University Research Grants and Programs for Humanities and Social Sciences*)宣传册,用于海外推广和国际交流。积极推进人文基金各项目的实施,做好“复旦大学人文学科联席会议”以及“海峡两岸及国际交流学术委员会”等相关事务管理服务工作。全年共受理3个批次的人文基金学术交流访问资助计划项目。基金运行成效显著,全年出访学者达到48人,邀请国外学者达44人。共举办4场光华杰出人文学者讲座(高端讲座项目),邀请国际知名人文学者台湾中研院院士邢义田,耶鲁大学历史系教授濮德培(Peter C. Perdue),台湾“中研院”院士、史语所所长黄进兴,法国巴黎第七大学教授朱莉娅·克里斯蒂娃等到校访问演讲,受到学界的关注。举办人文基金学术交流系列讲座20期,举行近50场学术报告和讲座,增进和扩大复旦大学师生与国外学者之间的学术交流。

扎实做好各项管理工作,规范科研经费使用,稳健推进校院二级管理,抓好党风廉政建设的各项工作。

(杨志刚 赵宴群)

【举办“上商大讲堂”开讲仪式】 3月19日,“上商大讲堂”举行开讲仪式,由上海商学院科研处与文科科研处合作推出。“上商大讲堂”计划每年举办10—15期,旨在邀请复旦大学知名学者进行讲学活动,活跃上海商学院学术氛围,带动和提升商学院学术活动质量、层次和影响力，在丰富校园文化生活、拓宽学子学术视野方面发挥作用。经济学院院长袁志刚担任“上商大讲堂”的首讲嘉宾，做“当前宏观经济运行及其未来走势”专题报告。（赵宴群）

【罗豪才一行到校调研】 4月21日，十届全国政协副主席、中国人权研究会会长罗豪才一行，到校进行考察调研，就人权研究机构建设、人权理论研究及人权教育与培训等内容与复旦大学专家进行座谈。校党委书记朱之文出席座谈会并致辞，副校长许征主持座谈会。校人权研究中心主任彭希哲向调研组汇报学校人权理论研究和建设情况。来自法学院、国际关系与公共事务学院、社会发展与公共政策学院、新闻学院、社会科学基础部等院系10余名专家和学者参加座谈。（赵宴群）

【举行发展与政策研究中心第六届学术年会】 该会议于6月16日在文科楼919会议室顺利举行。由复旦大学发展与政策研究中心主办。年会以“公共政策实施与中国发展”为主题对公共政策的实施进行了深入的探讨，对公共政策理论发展以及热点话题进行了充分的交流沟通。来自复旦大学、南开大学、华东理工大学等高校的30余名青年学者参会。（赵宴群）

【6名文科教授应邀担任达沃斯论坛“全球议程理事会”理事】 详见【综述】第42页同条。

【举办上海市社会科学界第十届学术年会政治·法律·社会学科专场】 该会议于10月19日在光华楼一楼报告厅举行。由上海社会科学界联合会与复旦大学联合主办。该专场以“国家治理：民主法治与公平正义”为主题。市社联党组副书记桑玉成出席会议开幕式并致词，来自本市各高校和校内有关院系的200多名专家、学者和学生参加会议。开幕式由校文科科研处处长杨志刚主持。该专场分两个单元进行，第一单元由上海大学教授沈关宝主持，复旦大学教授陈明明、侯健，上海市委党校教授马西恒作主题发言，上海师范大学教授商红日作点评；第二单元由桑玉成主持，华东师范大学副教授王向民、上海交通大学教授朱芒、上海大学副教授黄晓春做主题发言，华东政法大学博士汪仕凯作点评。与会专家围绕政治改革、利益表达机制、社会管理、工会、信息公开、草根社会等话题展开深入探讨。（赵宴群）

【1项成果入选2012年度《国家哲学社会科学成果文库》】 详见“综述”第42页同条。

附 录

复旦大学国家哲学社会科学创新基地一览表

序号	名称	成立时间	主任
1	历史地理研究国家哲学社会科学创新基地	2004年11月18日	吴松弟
2	美国研究国家哲学社会科学创新基地	2004年11月18日	沈丁立
3	国外马克思主义与国外思潮研究国家哲学社会科学创新基地	2004年11月18日	俞吾金
4	中国经济国际竞争力研究国家哲学社会科学创新基地	2004年11月18日	袁志刚
5	新闻传播与媒介化社会研究国家哲学社会科学创新基地	2004年11月18日	童兵
6	公共管理与公共政策研究国家哲学社会科学创新基地	2004年11月18日	彭希哲
7	文史研究院国家哲学社会科学创新基地	2004年11月18日	葛兆光

复旦大学教育部人文社会科学重点研究基地一览表

序号	名称	成立时间	主任
1	复旦大学中国古代文学研究中心	1999年11月	黄霖
2	复旦大学历史地理研究中心	1999年11月	吴松弟
3	复旦大学当代国外马克思主义研究中心	2000年9月	俞吾金
4	复旦大学中国社会主义市场经济研究中心	2000年11月	张军
5	复旦大学美国研究中心	2000年12月	沈丁立
6	复旦大学信息与传播研究中心	2000年12月	黄旦
7	复旦大学世界经济研究所	2001年9月	华民
8	复旦大学中外现代化进程研究中心	2004年12月	姜义华

复旦大学上海市社会科学创新研究基地、上海发展战略研究所工作室一览表

序　号	研　究　方　向	成 立 时 间	首席专家/领军人物
1	社会主义核心价值体系	2009 年 10 月	冯　平
2	上海产业结构调整	2009 年 10 月	芮明杰
3	文化繁荣与新媒体发展	2009 年 10 月	赵　凯
4	党的建设理论与实践	2009 年 10 月	林尚立

复旦大学文科研究机构一览表

序　号	研　究　机　构	隶属或挂靠单位
1	古籍整理研究所	/
2	中国学研究中心	/
3	中国语言文学研究所	/
4	出土文献与古文字研究中心	/
5	上海物流研究院	/
6	社会科学高等研究院	/
7	当代中国研究中心	/
8	高等教育研究所	/
9	企业教育研究中心	/
10	儒学文化研究中心	/
11	国际问题研究院	/
12	俄罗斯中亚研究中心	/
13	欧洲问题研究中心	/
14	荷兰研究中心	/
15	日本研究中心	/
16	韩国研究中心	/
17	上海合作组织研究中心	/
18	欧洲问题研究中心政治部	/
19	拉丁美洲研究室	/
20	联合国与国际组织研究中心	/
21	中国外交研究中心	/
22	南亚研究中心	/
23	巴基斯坦研究中心	/
24	服务营销与服务管理研究中心	管理学院
25	产业经济研究所	管理学院
26	经济管理研究所	管理学院
27	国际企业管理研究中心	管理学院
28	金融与资本市场研究中心	管理学院
29	企业人力资源研究所	管理学院
30	东方管理研究中心	管理学院
31	企业发展与管理创新研究中心	管理学院
32	复旦一花旗管理研究中心	管理学院

续 表

序 号	研 究 机 构	隶属或挂靠单位
33	中国市场营销研究中心	管理学院
34	住房政策研究中心	管理学院
35	中国政府与政治研究中心	国际关系与公共事务学院
36	城市研究中心	国际关系与公共事务学院
37	选举与人大制度研究中心	国际关系与公共事务学院
38	基层社会与政权建设研究中心	国际关系与公共事务学院
39	青年组织与公民社会研究中心	国际关系与公共事务学院
40	经济政策与企业战略研究中心	国际关系与公共事务学院
41	中国公务员研究中心	国际关系与公共事务学院
42	公共预算与绩效评价中心	国际关系与公共事务学院
43	政治哲学研究中心	国际关系与公共事务学院
44	公司合作治理研究中心	国际关系与公共事务学院
45	国际政治经济学研究中心	国际关系与公共事务学院
46	中国公共政策研究中心	国际关系与公共事务学院
47	加拿大公共政策研究中心	国际关系与公共事务学院
48	陈树渠比较政治发展研究中心★	国际关系与公共事务学院
49	城市治理比较研究中心★	国际关系与公共事务学院
50	金融研究院	经济学院
51	企业研究所	经济学院
52	老年经济学研究所	经济学院
53	沪港发展联合研究所	经济学院
54	复旦保险研究中心	经济学院
55	房地产经济研究中心	经济学院
56	就业与社会保障研究中心	经济学院
57	中国风险投资研究中心	经济学院
58	现代公司治理研究中心	经济学院
59	环境经济研究中心	经济学院
60	新政治经济学研究中心	经济学院
61	复旦大学——全国市长培训中心城市经济研究所	经济学院
62	公共经济研究中心	经济学院
63	泛海书院	经济学院
64	中国反洗钱研究中心	经济学院
65	华商研究中心	经济学院
66	国际贸易研究中心	经济学院
67	国际金融研究中心	经济学院
68	产业发展研究中心	经济学院
69	博弈论与数量经济研究中心	经济学院
70	证券研究所	经济学院
71	能源经济与战略研究中心	经济学院

续 表

序 号	研 究 机 构	隶属或挂靠单位
72	论坛发展研究中心	经济学院
73	经济思想与经济史研究中心	经济学院
74	新兴市场经济研究中心	经济学院
75	产业与区域经济研究中心	经济学院
76	复旦大学——杜伦大学联合金融研究中心	经济学院
77	国际矿业权交易与国家资源安全研究中心	经济学院
78	亚洲经济研究中心	经济学院
79	上海研究中心	历史学系
80	埃及研究中心	历史学系
81	古代文明研究中心	历史学系
82	中国金融史研究中心	历史学系
83	公众史学研究中心	历史学系
84	当代社会与文化研究中心	历史学系
85	亚洲研究中心	历史学系
86	多媒体研究中心	历史学系
87	复旦—密西根大学社会性别研究所	历史学系
88	口述历史研究中心	历史学系
89	近代中国人物与档案文献研究中心	历史学系
90	城市公共安全研究中心	社会发展与公共政策学院
91	浦东—复旦社会发展研究中心	社会发展与公共政策学院
92	妇女研究中心	社会发展与公共政策学院
93	心理研究中心	社会发展与公共政策学院
94	人权研究中心	社会发展与公共政策学院
95	社会文化人类学研究中心	社会发展与公共政策学院
96	社会发展研究中心	社会发展与公共政策学院
97	城市与区域发展研究中心	社会发展与公共政策学院
98	上海市劳动关系研究中心	社会发展与公共政策学院
99	ICSEAD 复旦联络处	社会发展与公共政策学院
100	上海社会工作研究中心	社会发展与公共政策学院
101	人口研究所	社会发展与公共政策学院
102	复旦—哈佛医学人类学合作研究中心	社会发展与公共政策学院
103	复旦—长三角城市合作研究中心	社会发展与公共政策学院
104	中国乡村发展研究中心	社会发展与公共政策学院
105	外国文学研究所	外国语言与文学学院
106	北欧文学研究所	外国语言与文学学院
107	外国语言研究所	外国语言与文学学院
108	法语语言文化研究(资料)中心	外国语言与文学学院
109	文化遗产研究中心	文物与博物馆学系
110	新闻学研究所	新闻学院

续 表

序　号	研　究　机　构	隶属或挂靠单位
111	视觉文化研究中心	新闻学院
112	国际公共关系研究中心	新闻学院
113	媒介素质研究中心	新闻学院
114	国际出版研究中心	新闻学院
115	新媒体研究中心	新闻学院
116	教育哲学研究中心	哲学学院
117	现代哲学研究所	哲学学院
118	宗教研究所	哲学学院
119	科学技术与社会研究中心	哲学学院
120	应用伦理学研究中心	哲学学院
121	杜威与实用主义研究中心	哲学学院
122	管理哲学研究中心	哲学学院
123	人文精神研究中心	哲学学院
124	徐光启—利玛窦文明对话研究中心	哲学学院
125	文艺学美学研究中心	中国语言文学系
126	世界华人文化研究中心	中国语言文学系
127	中国文人书法暨石鼓文研究中心	中国语言文学系
128	电影艺术研究中心	中国语言文学系
129	言语听觉科学研究中心	中国语言文学系
130	艺术人类学与民间文学研究中心	中国语言文学系
131	中国当代文学创作研究中心	中国语言文学系
132	全球华语信息处理和比较研究中心	中国语言文学系
133	汉唐文献工作室	中国语言文学系
134	知识产权研究中心	法学院
135	司法与诉讼制度研究中心	法学院
136	医事法研究中心	法学院
137	金融法研究中心	法学院
138	环境能源与能源法研究中心	法学院
139	马克思主义研究院	社会科学基础部
140	城市环境管理研究中心	环境科学与工程系
141	国土资源经济研究中心	环境科学与工程系
142	公共绩效与信息化研究中心	信息科学与工程学院
143	复旦大学—女王大学环境与可持续发展研究中心	生命科学学院
144	古籍保护研究中心	图书馆
145	马克思主义研究中心	宣传部
146	复旦发展研究院	机关部处
147	国家建设研究中心	发展研究院
148	当代中国社会生活资料中心	发展研究院
149	社会性别与发展研究中心	妇委会

续 表

序 号	研 究 机 构	隶属或挂靠单位
150	通识教育研究中心	复旦学院
151	上海统战理论研究基地	统战部
152	北欧中心	外事处
153	思想史研究中心	文科科研处
154	海关研究中心	文科科研处
155	发展与政策研究中心	文科科研处
156	长三角研究院	文科科研处
157	青年研究中心	学工部
158	学位和研究生教育研究中心	研究生院
159	大学生创业研究中心	产业化与校产管理办公室
160	现代大学战略性人才资源管理研究中心	人事处

注：★为 2012 年新成立机构。
（说明：古籍所、高教所、国际问题研究院、高研院、发展研究院等机构下属挂靠中心前留空格，表挂靠隶属关系）

2012 年度复旦大学获国家社科基金重大项目、重点项目立项一览表

序 号	项 目 名 称	项目负责人	所 在 单 位	备 注
1	坚持马克思主义新闻观与完善舆论引导格局研究	童 兵	新闻学院	重大项目
2	“走基层、转作风、改文风”与加强和改进新闻舆论工作研究	秦绍德	新闻学院	重大项目
3	我国文化走出去工程的政策体系优化研究——以电影、电视剧、动画和出版为样本的比较分析	刘海贵	新闻学院	重大项目
4	推动文化产业成为国民经济支柱性产业的战略层面及支撑体系研究	苏 勇	管理学院	重大项目
5	包容性公民文化权利视角下统筹城乡文化一体化发展新格局研究	唐亚林	国际关系与公共事务学院	重大项目
6	全面提升金融为实体经济服务的水平与质量研究	袁志刚	经济学院	重大项目
7	中国特色社会主义民主政治的制度优化与规范运行研究	桑玉成	国际关系与公共事务学院	重大项目
8	新形势下中国共产党应对“四大考验”和“四大危险”的战略与路径研究	杜艳华	社会科学基础部	重大项目
9	美国的亚太布局与我国的亚太方略研究	吴心伯	国际问题研究院	重大项目
10	马克思主义与当代社会政治哲学发展趋势	吴晓明	哲学学院	重大项目
11	西方道德哲学通史研究	邓安庆	哲学学院	重大项目
12	杜威研究与《杜威全集》翻译	刘放桐	哲学学院	重大项目
13	外国考古学研究译丛	陈 淳	文物与博物馆学系	重大项目
14	当代苏浙赣黔农村基层档案资料搜集、整理与出版	张乐天	社会发展与公共政策学院	重大项目
15	基于汉语和部分少数民族语言的手语语料库建设研究	龚群虎	中国语言文学系	重大项目
16	重金属环境污染损害赔偿法律机制研究	刘士国	法学院	重大项目
17	加快经济结构调整与促进经济自主协调发展研究	陆 铭	经济学院	重点项目
18	促进我国低碳经济发展的产业和区域结构改革研究	陈诗一	经济学院	重点项目
19	现代汉语及方言中的否定问题研究	戴耀晶	中国语言文学系	重点项目

2012 年度复旦大学获教育部哲学社会科学研究后期资助项目立项一览表

序　号	项　目　名　称	项目负责人	所 在 单 位
1	牟宗三《心体与性体》研究	杨泽波	哲学学院
2	中国货币政策调控机制转型及理论研究	陆前进	经济学院

2012 年度复旦大学获教育部“新世纪优秀人才支持计划”(文科)一览表

序号	项目负责人	所 在 单 位	项　目　名　称
1	封　进	经济学院	人口老龄化背景下我国养老服务业的劳动力供给研究
2	刘志刚	法学院	社会管理创新中的宪法实施问题研究
3	潘忠岐	国际关系与公共事务学院	中美博弈策略比较研究
4	任　远	社会发展与公共政策学院	中国人口问题和城市化发展
5	杨俊蕾	中文系	双语境中的《文艺对话录》汇校研究
6	谢　静	新闻学院	城市传播与城市空间生产
7	余　欣	历史学系	中古时代的博物学与知识社会史研究

2012 年度复旦大学入选上海市教委“曙光计划”项目一览表

序号	项目负责人	所 在 单 位	项　目　名　称
1	杨俊蕾	中文系	“文艺对话集”中英译本的同主题疏证研究
2	杨伟兵	历史地理研究所	明清西南山地聚落与边疆社会：以沘江流域盐业碑刻之记述为中心
3	张宗新	经济学院	中国基金投资行为异化及其监管研究
4	朱春阳	新闻学院	我国影视产业国际竞争力政策体系优化研究——以电影、电视剧与动漫产业国际竞争力形成机制比较为基础的分析
5	李　冉	社会科学基础部	社会祛魅背景下我国主流文化的生存现状及其培养路径研究

2012 年度复旦大学入选上海市教委“晨光计划”项目一览表

序号	项目负责人	所 在 单 位	项　目　名　称
1	侯体健	中文系	晚宋福建文人群体及其文学活动研究
2	康明怡	经济学院	国际经济周期中领先—跟随关系的实证研究
3	林　曦	社会科学高等研究院	中国法律中的变通型正义理论
4	朱潇潇	社会科学基础部	1920—1930 年代清华大学评议制度研究——以文学院为中心

2012 年复旦大学文科科研获奖一览表

上海市第十一届哲学社会科学优秀成果奖(79 项)

作　者	成　果　名　称	获 奖 等 级
洪远朋	《新时期利益关系研究》(丛书)	学术贡献奖
陈其人	《陈其人文集——经济学争鸣与拾遗卷》、《南北经济关系研究》	学术贡献奖
王水照	《宋代文学通论》、《王水照自选集》	学术贡献奖
葛兆光	宅兹中国：重建有关“中国”的历史论述	著作一等奖
陈思和	新文学整体观续编	著作一等奖
王志强	中国法律史叙事中的“判例”	论文一等奖
陈志敏	新多极伙伴世界中的中欧关系	论文一等奖

续 表

作 者	成 果 名 称	获奖等级
苏长和	中国地方政府与次区域合作：动力、行为及机制	论文一等奖
何立新等	破解中国的"Easterling"悖论：收入差距、机会不均与居民幸福感	论文一等奖
周葆华	新媒体使用与主观阶层认同：理论阐释与实证检验	论文一等奖
徐以骅	宗教与冷战后美国外交政策——以美国宗教团体的"苏丹运动"为例	论文一等奖
徐英瑾	一个维特根斯坦主义者眼中的框架问题	论文一等奖
杜艳华等	中国共产党对外党际交流史鉴	著作二等奖
王 伟	中国近代留洋法学博士考(1905—1950)	著作二等奖
陈志敏等	中国、美国与欧洲：新三边关系中的合作与竞争	著作二等奖
樊勇明等	贸易摩擦与大国关系	著作二等奖
石源华等	韩国独立运动与中国关系编年史(1919—1949)	著作二等奖
张 军	改革、转型与增长：观察与解释	著作二等奖
陈学彬等	货币政策微观基础——中国居民消费投资行为动态模拟研究	著作二等奖
刘 震	禅定与苦修——关于佛传原初梵本的发现和研究	著作二等奖
王振忠	明清以来徽州村落社会史研究——以新发现的民间珍稀文献为中心	著作二等奖
袁 进	中国近代文学史	著作二等奖
郑伟宏	因明大疏校释、今译、研究	著作二等奖
刘建军	当代中国政治思潮	著作二等奖
熊易寒	城市化的孩子：农民工子女的身份生产与政治社会化	著作二等奖
潘忠岐	管理中欧关系中的主权观分歧	论文二等奖
陆铭等	高增长与低就业：政府干预与就业弹性的经验研究	论文二等奖
陈钊等	行业间不平等：日益重要的城镇收入差距成因——基于回归方程的分解	论文二等奖
朱荫贵	抗战时期日本对中国轮船航运业的入侵与垄断	论文二等奖
范剑勇等	房价水平、差异化产品区位分布与城市体系	论文二等奖
汪立鑫等	中国城市政府户籍限制政策的一个解释模型：增长与民生的权衡	论文二等奖
陈学明	马克思的公平观与社会主义市场经济	论文二等奖
彭希哲等	公共政策视角下的中国人口老龄化	论文二等奖
周振鹤等	清代上海县以下区划的空间结构试探——基于上海道契档案的数据处理与分析	论文二等奖
傅 杰	《王国维遗书》重刊弁言	论文二等奖
黄 旦	媒介就是知识：中国现代报刊思想的源起	论文二等奖
陆 晔	媒介使用、社会凝聚力和国家认同——理论关系的经验检视	论文二等奖
章 清	五四思想界：中心与边缘——《新青年》及新文化运动的阅读个案	论文二等奖
朱立元	试析李泽厚实践美学的"两个本体"论	论文二等奖
张汝伦	批判哲学的形而上学动机	论文二等奖
莫伟民	主体的真相——福柯与主体哲学	论文二等奖
梁 咏	中国投资者海外投资法律保障与风险防范	著作三等奖
张建新	激进国际政治经济学	著作三等奖
牛晓健	极端条件下中国金融安全研究	著作三等奖
李慧中等	征地利益论	著作三等奖
陈诗一	节能减排、结构调整与工业发展方式转变研究	著作三等奖

续　表

作　者	成　果　名　称	获奖等级
沈国兵	与贸易有关知识产权协定下强化中国知识产权保护的经济分析	著作三等奖
姜波克等	人民币均衡汇率问题研究——中国经济增长的汇率条件：理论、方法、技术、指标	著作三等奖
吴晓明	超感性世界的神话学及其末路——马克思存在论革命的当代阐释	著作三等奖
朱　勤	中国人口、消费与碳排放研究	著作三等奖
余　欣	中古异相：写本时代的学术、信仰与社会	著作三等奖
邹振环	晚明汉文西学经典：编译、诠释、流传与影响	著作三等奖
汪涌豪	中国文学批评范畴十五讲	著作三等奖
吴冠文等	玉台新咏汇校	著作三等奖
李　辉	腐败、政绩与政企关系——虚假繁荣是如何被制造和破灭的	著作三等奖
信　强	解读美国涉台决策：国会的视角	著作三等奖
杜　宇	刑法解释的另一种路径：以“合类型性”为中心	论文三等奖
蔡翠红	国际关系中的网络政治及其治理困境	论文三等奖
封进等	经济全球化是否会导致社会保险水平的下降：基于中国省际差异的分析	论文三等奖
戴伟辉等	突发事件的网络传播、心理影响及应急管理	论文三等奖
章元等	城乡收入差距、民工失业与中国犯罪率的上升	论文三等奖
吕　静	中国古代文书副本之考察——兼论先秦社会汉字使用场的扩大	论文三等奖
廖圣清等	大学生的媒介使用、社会接触和国家印象：以刻板印象为研究视角	论文三等奖
张大伟	数字出版即全媒体出版论——对“数字出版”概念生成语境的一种分析	论文三等奖
孙　玮	作为媒介的外滩：上海现代性的发生与成长	论文三等奖
陈　剑	试说战国文字中写法特殊的亢和从亢诸字	论文三等奖
徐　冲	“禅让”与“起元”：魏晋南北朝的王朝更替与国史书写	论文三等奖
张佳佳	元济宁路景教世家考论——以按檀不花家族碑刻材料为中心	论文三等奖
邹　怡	1391—2006年龙感湖—太白湖流域的人口时间序列及其湖泊沉积响应	论文三等奖
陈广宏	小说家出于稗官说新考	论文三等奖
陈尚君	唐女诗人甄辨	论文三等奖
邹诗鹏	再论唯物史观与启蒙	论文三等奖
余源培	构建以人为本的财富观	论文三等奖
邓安庆	从“自然伦理”的解体到伦理共同体的重建——对黑格尔《伦理体系》的解读	论文三等奖
陈明明	从超越性革命到调适性发展：主流意识形态的演变	论文三等奖
任　远	繁荣发展哲学社会科学的使命是提升国家文化软实力	网络理论宣传优秀成果奖
孙立坚	日本泡沫经济崩溃20年，中国不会踏进同一条河流	网络理论宣传优秀成果奖
陆建松	将博物馆教育制度化纳入国民教育体系	内部探讨奖
程晓明	规范上海市社区基本公共卫生服务与投入研究	内部探讨奖

上海市第九届邓小平理论和宣传优秀成果奖(16项)

作　者	成　果　名　称	狀奖等级
吴晓明	论当代中国学术话语体系的自主建构	论文一等奖
严法善等	环境利益论	著作二等奖
祝克懿等	20世纪社会政治关键词“革命”的互文语义考论	论文二等奖

续 表

作 者	成 果 名 称	获奖等级
余源培	论新时期的文化统一战线	论文二等奖
林尚立	复合民主：人民民主在中国的实践形态	论文二等奖
袁志刚等	中国经济转型与世界经济再平衡	论文二等奖
高 帆	如何理性审视“中国经济发展模式”	论文二等奖
陈玉聃	音乐的国际关系学：国际关系研究的一个文化视角	论文三等奖
陈学彬等	复旦人民币汇率指数的开发和应用研究	论文三等奖
任 远	由“进城”和“返乡”共同构成的城市化	论文三等奖
陈诗一	边际减排成本与中国环境税改革	论文三等奖
俞吾金	社会形态理论与中国发展道路	论文三等奖
邹诗鹏	理论自觉与当今中国哲学社会科学研究	论文三等奖
浦兴祖	论民主视野中的我国选举法修改	论文三等奖
周葆华等	上海市新生代农民工新媒体使用与评价的实证研究	论文三等奖
宋国友	基于中国的国际政治经济学研究——问题领域、理论突破和学科弥合	论文三等奖

上海市第八届决策咨询研究成果奖(6 项)

作 者	成 果 名 称	获奖等级
吴力波	上海市“十二五”规划前期重大问题研究——上海能源发展与节能问题研究	二等奖
高 帆	农民收入稳定增长长效机制研究	二等奖
孙立坚	美国量化宽松货币政策及其溢出效应分析	二等奖
罗 力	上海市精神卫生防治体系规划研究	二等奖
王祥荣	建设资源节约型与环境友好型社会的理论与政策研究	三等奖
郑频频	上海无烟世博决策依据、倡导和效果评价的研究	三等奖

第六届吴玉章人文社会科学奖(1 项)

作 者	成 果 名 称	获奖等级
沈国兵	中美贸易平衡问题研究	优秀奖

第十七届安子介国际贸易研究奖(2 项)

作 者	成 果 名 称	获奖等级
沈国兵	与贸易有关知识产权协定下强化中国知识产权保护的经济分析	三等奖
唐东波	全球化对中国就业结构的影响	学术鼓励奖

（文科科研处供稿）

学术刊物

《复旦学报(社会科学版)》

《复旦学报(社会科学版)》是教育部主管、复旦大学主办的综合性学术理论刊物，主要刊载文、史、哲、经、法、政等学科论文。主编黄颂杰，编委会主任章培恒。

2012 年，该刊编辑出版 6 期，共发论文 92 篇，每期印数 3 300 册。

该刊以“坚持学术本位，反映时代精神”为宗旨，坚持创设特色栏目，比如“中国文学演变与实证研究”、“文史研究新视野”、“马克思主义哲学基础理论与前沿问题研究”、“对外开放与金融安全”、“国际问题探索”等。复旦学报的被转载量、被转载率、被引量、被索量、他引量、影响因子、基金论文比等，均在全国综合性人文社会科学期刊和高校文科学报中名列前茅。2011 年复旦学报在《新华文摘》、《中国社会科学文摘》、《高等学校文科学术文摘》、《人大复印报刊资料》等刊物上被转载文章的数量在全国综合性大学学报中排第五位。

加大学报内部管理改革力度。继续完善匿名审稿制度，完善栏目主持人制度，严格编辑工作流程。安排编辑人员积极参与有关院系的学术研究活动，申请研究课题，兼任有关课程，参加国内外重要学术交流。

（吕晓刚）

《复旦学报(自然科学版)》

《复旦学报(自然科学版)》是教育部主管、复旦大学主办的自然科学综合性学术刊物。主编杨玉良。该刊为双月刊，每期120页。逢双月的月底出版。

2012年，该刊增选12名编委。2012年第51卷共出版6期，总页码820页，刊登学术论文120篇(含英文论文8篇)、研究简报6篇。有72篇论文受各种项目或基金资助，其中国家自然科学基金资助的论文37篇，国家“863”计划资助的论文11篇，“973”计划资助的论文4篇，科技重大专项资助的论文5篇，其他省部级相关基金资助的论文15篇。受自然科学基金资助的论文比例有所提高，获“第四届中国高校优秀科技期刊奖”。

（刘东信）

《复旦学报(医学版)》

《复旦学报(医学版)》是教育部主管、复旦大学主办的综合性医药卫生类学术期刊(中文核心期刊)，主编姚泰。双月刊，单月20日出版，网址：http://jms.fudan.edu.cn。

2012年全年出版6期，总页码685页，载文量140篇，约137万字。全年退稿率约40%。发表的论文中，获国家级基金项目资助的54篇，省市级基金项目资助的54篇，同时获国家级及省部级资助的62篇，合计基金资助论文62篇次，基金论文比44.3%，比2011年提高47%。截至2012年12月底，期刊主页访问总数超过17.4万次。

编辑部有5名成员，全部为女性，返聘2位、在职3位。

2012年初，《复旦学报(医学版)》通过复旦大学学位评定委员会评审，正式成为“复旦大学学位与研究生教育国内期刊指导目录”A类(权威)期刊；2月份，学报获得上海市新闻出版局“上海市科技期刊编校质量优秀奖”；3月份，获得复旦大学“2010—2011年度复旦大学巾帼文明岗”荣誉称号；11月份，获得教育部科技司“第四届中国高校精品科技期刊奖”；12月份，获得上海市新闻出版局“2012年华东地区优秀期刊奖”。

2012年，学报各项指标有较好的增长。稿源较2011年增加15.5%，来稿基金论文比提高4%；据中国知网2012年影响因子年报，《复旦学报(医学版)》2011年度复合影响因子0.726，较2010年提高16%，位居全国202家综合性医药卫生类杂志第11位；学报开辟的特色组稿栏目“专家论坛”受到欢迎，每一期组稿文章的下载量均稳居当期第一，2012年通过编委约到国际知名呼吸科专家的英文稿4篇。

重点抓编校质量工作，严格执行三审三校及交叉校对制度；继续加强学术不端稿件的防范工作；妥善处理论文版权问题(如学位论文再发表问题，引用他人图表问题)；积极参加上海市科技期刊学会组织的各项业务培训工作，学习先进经验，如“学术期刊英文编辑国际化培训”等。

2012年5月，学报为“上海市高校科技期刊2012年学术年会”提供会务服务；7月和11月，编辑部成员分别参加“中国高校科技期刊研究会版权工作委员会三届三次学术交流会”和“中国高校科技期刊研究会第16次年会”，均作为第一辩手参与“版权转让与学术期刊发展”的辩论；12月，积极参与“华东地区高等院校自然科学学报编辑协会第九次会员代表大会暨成立30周年庆祝大会”会务工作。

编辑部成员撰写并发表核心期刊论文2篇，内容分别为学术不端防范措施及学术期刊版权保护探讨，已被引2次。积极申报上海市高校科技期刊研究会基金项目，申报课题获得研究基金的重点资助。参与上海市科技期刊学会青年委员会组织的市科协资助项目研究，负责其中“上海市科技期刊数字出版进程中版权保护现状”的分析研究工作，撰写论文1篇，已被核心期刊录用，待发表中。

（张秀峰）

《数学年刊》

《数学年刊》主编李大潜，编委会由32位国内外著名数学家组成。

2012年，该刊出版《数学年刊A辑》(中文版)6期，《数学年刊B辑》(英文版)6期，以及A辑中译英版C辑(英文版)4期(*Chinese Journal of Contemporary Mathematics*《中国当代数学》，由美国阿伦顿出版公司在美国出版发行)。全年刊登国内外论文166篇，约324万字。来稿数533篇，退稿率在72%左右，保证了发表论文的质量。

根据美国科学信息研究所(Institute for Scientific Information，ISI)2012年出版的《期刊引证报告》(*Journal Citation Reports*，JCR)，2011年《数学年刊B辑》被引次数391次，影响因子0.521，5年影响因子0.615。2011年引用《数学年刊B辑》论文的国内外期刊共80种，其中影响因子最高的3种杂志是 *IEEE T NEURAL NETWOR*，*COMMUN PUR APPL MATH*，*J COMPUT PHYS*，影响因子分别为2.952、2.575和2.317。

2012年，《数学年刊A辑》被评为中国国际影响力优秀期刊，《数学年刊B辑》被评为中国最具国际影响力的学术期刊。

（蔡志杰）

《复旦教育论坛》

《复旦教育论坛》是由教育部主管、复旦大学主办的高等教育学术期刊。刊物以邓小平理论和“三个代表”重要思想为指导，探索和研究高等教育的理论与实践问题，反映高等教育改革和发展的研究新成果，扶植创新，鼓励争鸣，开阔视野，推动有中国特色的社会主义现代大学制度建设。主编林尚立，副主编萧思健，执行副主编熊庆年。

《复旦教育论坛》系中文社会科学引文索引(CSSCI)来源期刊,《中文核心期刊要目总览》教育类核心期刊。另外,刊物还被中国期刊网全文数据库、中国核心期刊(遴选)数据库、中文科技期刊数据库、重庆维普中文科技期刊数据库、龙源期刊网、国研网等收录。

2012 年度,全年按期出刊 6 期,共印刷 12 000 册,重点涉及教育哲学、教育领导学、教育人类学、高等教育质量保障与评价、高校内部治理与现代大学制度建设、大学理念、教师发展、教育改革与发展、医学教育研究等主题。据不完全统计,2012 年本刊被人大《复印报刊资料》全文转载 14 篇。在 2012 年中国学术期刊影响因子年报(人文社会科学)中,我刊 2009—2011 年复合影响因子为 1.237,在教育学学科中排序为 23/315。 (刘 培)

《新闻大学》

《新闻大学》是教育部主管、复旦大学主办的新闻学术刊物,主编黄芝晓。

2012 年,经上海新闻出版局审核通过,2012 年《新闻大学》杂志,改为 16 开本 156 页,双月刊,一年 6 期。杂志继续对录用稿件实行专家匿名评审制度,2012 年共发稿 182 篇,其中 105 篇为自由来稿。全年发行量每期 1 000 册,全年 6 000 册,其中全年订户约 3 000 册,赠送和交换约 3 000 册。

2012 年,编辑部围绕"传播方式的变化作为重要纽带,对新的传播现象进行深刻的学术探究,把握它的传播特征,从而更好地适应受众的变化,与时俱进,推动新闻传播工作的新发展"。 (周伟明)

《当代修辞学》

《当代修辞学》原名《修辞学习》,1982 年创刊,经教育部、新闻出版总署正式批准,于 2010 年成功改刊并启用现名。杂志自改刊以来,始终秉持繁荣修辞学术、推动语言研究的办刊宗旨,积极倡导修辞学理论和方法的创新,致力于修辞学研究新领域的开拓。现为 CSSCI 来源期刊、语言学中文核心期刊。现任主编刘大为。

杂志为双月刊,全年出版 6 期。每期 95 页,约 13 万字,印刷3 000份,其中海外发行 144 份。自本年度起,网络发行由中国知网独家代理。全年共刊发论文 74 篇(不包括书评、会讯),其中各级项目支持论文 31 篇,海外(第一)作者论文 8 篇。

杂志以引领中国修辞学发展为目标,一直站在中国修辞学转型进程的最前沿,2012 年更是鉴于修辞学界内外不约而同地将语体作为深化研究的突破口这一背景,成功举办"交叉视野中的语体研究学术讨论会"、"第四届望道修辞学论坛暨第八届语体风格学学术研讨会"大型学术会议,与香港中文大学"汉语语体研讨会"形成呼应,并特辟第 6 期为语体研究专刊集中登载三次会议的精华成果,为中国修辞学的发展进一步积聚广泛的学术资源,在海内外学界形成了较大影响。2012 年是《当代修辞学》创刊 30 周年、陈望道先生《修辞学发凡》出版 80 周年,杂志编辑部协同中国修辞学会、复旦大学、浙江省义乌市等单位在浙江义乌成功举办了纪念活动和学术研讨会。

《当代修辞学》对语文实践一直抱有很强的人文关怀意识,2012 年度除开办流行语、互文与修辞、话语篇章分析等专题研究外,还针对已成为社会热点的字母词问题,推出了"修辞随谈:字母词五家言"等栏目,对字母词本身以及一些相关社会文化问题进行深度学理探究。

世界著名符号学家、语言学家、哲学家,法国巴黎第七大学教授朱莉娅·克里斯蒂娃应邀从本年 11 月起担任我刊首席学术顾问。 (朱 岱)

《世界经济文汇》

《世界经济文汇》是由复旦大学经济学院承办的一本经济学学术杂志,属于 CSSCI 来源期刊,主编张军。

2012 年,该刊继续坚持双向匿名审稿制度,所刊登的文章的学术水平稳步提高,学术规范进一步加强,全年共收到自然来稿 850 篇,录用并刊登 46 篇,共发行 6 期,每期印刷 1 800份。

杂志刊登文章的学术水平不断提高,这些研究成果涉及国际经济学、劳动经济学、区域经济学、发展经济学、金融学等多个领域。另外,杂志还在专门针对收入差距、财税体制改革与资产价格、健康与卫生经济等领域组织了专栏。

杂志在国内外经济学界的学术影响日益扩大,广大读者对杂志所刊登的文章的评价越来越高。

(章 元)

《研究与发展管理》

《研究与发展管理》是在国家教育部支持下,由复旦大学管理学院和中国高教学会科技管理研究分会承办的综合性科技管理学术刊物,于 1989 年 6 月创刊,1992 年正式对外发行,主要刊登科学技术发展及其应用方面的管理研究论文。

该刊是国家自然科学基金委员会管理科学部认定的中国管理科学类重要期刊之一,是中国科学引文数据库和中国人文社会科学引文索引的来源期刊,并入选《中文核心期刊要目总览》和《中国人文社会科学核心期刊要览》。同时,也是清华大学、复旦大学、浙江大学、西安交通大学、上海交通大学等等多所高校管理学科认定的 A 类或 B 类刊物。

2012 年,全年共收到稿件 1 431 篇,其中属于国家自然科学基金资助项目为 434 篇,其他各类基金资助项目的共计为 426 篇。全年发行 6 期,共刊登稿件 80 篇。

期刊社长是复旦大学管理学院院长教授陆雄文。2012 年,复旦大学管理学院经公开征聘,确定由骆品亮任《研究与发展管理》主编,李旭任副主编。 (金 妮)

《中国感染与化疗杂志》

2012 年如期完成 6 期杂志的编

辑出版工作，每期印数 11 000 册，全年总发行量为 66 000 册。全年共刊出文章 121 篇，其中包括论著 73 篇，深部真菌感染专栏 16 篇，病例报告 3 篇，综述 9 篇，合理用药 1 篇和信息交流 19 篇。全部刊出文章中，受国家级基金项目资助的有 16 篇，省市级和其他基金项目资助的有 14 篇，合计基金资助论文 30 篇。

编辑出版了“中国药理学会第十一届全国化疗药理学术研讨会论文集”，并参加会议为杂志组稿。

目前杂志已加入的数据库有：荷兰《医学文摘》，化学文摘，美国国立医学图书馆，核心期刊（遴选）数据库、中国期刊全文数据库、中文科技期刊数据库，中国学术期刊综合评价数据库统计源期刊，中国药学文摘等。

2012 年杂志入编了北京大学出版社出版的《中文核心期刊要目总览》2011 年版（即第 6 版）之临床医学/特种医学类的核心期刊，也入选了复旦大学学位与研究生教育国内期刊指导目录临床医学 A 类杂志，即权威杂志。

据中国科技信息研究所 2012 年 12 月在北京发布的中国科技论文统计结果显示，《中国感染与化疗杂志》在《中国科技期刊引证报告》扩刊版（全国 6 217 种科技期刊）中，扩展影响因子达 2.679，名列临床医学类 106 种杂志之首（远高于平均值 0.688）；在 2012 年版《中国科技期刊引证报告》核心版（全国 1998 种核心期刊）中，核心影响因子达 2.082，排名临床医学类 61 种杂志第一，排名核心期刊类 1998 种杂志第七，综合评价总分 55.2，排名第二；再度被评为 2011 年“百种中国杰出学术期刊”。在中国科技信息研究所 2012 中国国内科技论文产出状况报告中，该刊有 2 篇论文入选 2011 年中国百篇最具影响国内学术论文。

今年杂志被评为 2012 年华东地区优秀期刊。责任编辑曹忆堇被评为上海市科学技术类期刊优秀工作者。 （施耀国）

《中国眼耳鼻喉科杂志》

《中国眼耳鼻喉科杂志》主编孙兴怀、迟放鲁。

《中国眼耳鼻喉科杂志》为双月刊，是由中华人民共和国教育部主管、复旦大学附属眼耳鼻喉科医院主办的全国性专业学术期刊，面向全体眼科、耳鼻喉科医学工作者。

2012 年，收稿 321 篇，退稿 168 篇，退稿率为 52.3%。组稿 55 篇，占全年刊登论文的 35.9%，其中耳鼻喉科组织重点栏目 4 期。全年刊登基金论文 35 篇，占全年刊登论文的 22.9%，其中国家及省部厅局级 23 篇，占全年刊登论文的 15%，占所有基金论文的 65.7%；其他 12 篇。在以上正常全年 6 期的基础上，申办院庆增刊 1 期，共组稿 15 篇，包括省部厅局级基金论文 3 篇。全年出刊 7 期（包括增刊 1 期），载文量 153 篇，总页码 460 页。

2012 年 12 月，该刊再次入选“中国科技核心期刊”（中国科技论文统计源期刊）。

该刊在 2012 年正式启用期刊网站（http://cjoo.fudan.edu.cn），实现了稿件采编流程的无纸化及过刊文献的免费浏览、下载。截至 2013 年 2 月 25 日，网站访问量 20 910 次。

该刊已被万方、知网、维普三大国内数据库全文收录。 （程　杰）

《微生物与感染》

《微生物与感染》为季刊，主编闻玉梅。

2012 年，该刊发表主编寄语 1 篇、特约专稿 8 篇、论著 15 篇、综述 18 篇、讲座 1 篇、读者·作者·编者 2 篇，共 45 篇文章，约 50 万字。其中各类基金资助课题文章 35 篇（77.78%），分别为国家自然科学基金的文章 16 篇，“十一五”或“十二五”国家科技重大专项的文章 11 篇、国家“863”项目的文章 1 篇，国外基金项目的文章 1 篇，省市级基金项目的文章 16 篇，其他项目资助的文章 8 篇。

在中国学术期刊影响因子年报（自然科技与工程技术 2012 年版）中，该刊 2011 年的影响因子为 0.525，总被引频次为 280，略同于 2010 年的该两项指数。

2012 年该杂志继续为“中国科技论文统计源期刊”（中国科技核心期刊）、中国期刊全文数据库期刊和中文科技期刊数据库期刊。

根据学校统一安排，2012 年该刊编辑部迁至上海市东安路 131 号 4 号楼 213、215 室。 （左仁和）

《中国循证儿科杂志》

《中国循证儿科杂志》创刊以来一直坚持以最好的表达和表现形式体现作者学术意图，提供科学的、对循证医学有贡献的临床研究所获得最佳的证据。对每一篇文章都以临床流行病学写作规范作为编辑的标准。晚近 3 年来自然来稿率在逐年上升。

来自《中国循证儿科杂志》网站基本数据：截至 2012 年 9 月 10 日，每期平均下载 10 270 篇次，全文下载量总计 38.3 万篇，平均 638 次/篇；与第一个编委会(4 年)周期（截至 2010 年 5 月 10 日）数据比较，每期平均下载篇次提升 3 倍（10 270/3 360），全文下载量总计提升 4.5 倍（38.3/8.5 万篇），平均下载次篇提升 3 倍（212/638）。

来自中国知网电子数据库基本数据：截至 2012 年 9 月 10 日，每期有偿下载 1 594 篇次，全文下载总计 5.9 万篇，平均 97 次/篇；与第一个编委会(4 年)周期（截至 2010 年 5 月 10 日）数据比较，每期有偿下载篇次提升 1.5 倍（1 000/1 594），全文下载总计提升 2.4 倍（2.5/5.9 万篇），平均下载篇次提升 1.4 倍（66/97）。

截至 2012 年 9 月 10 日：在没有获取万方数据库、维普数据库数据、图书馆阅读的前提下，每期潜在的读者人次至少 11 864 人，与第一个编委会年(4 年，截至 2010 年 5 月 10 日）数据比较，每期潜在的读者人次提升 2.7 倍（11 864/4 360）。

《中国科技期刊引证报告（核心版）》2009 年、2010 年、2011 年和 2012

年发布的期刊影响因子分别为0.875、0.958、1.096和1.153;《中国科技期刊影响因子年报》2009年、2010年、2011年和2012年发布的期刊影响因子分别为0.946、1.032、1.123和1.273。在23—24种妇儿类期刊中影响因子学科排序连续第2位。 (张崇凡)

《中国临床神经科学》

《中国临床神经科学》是由教育部主管,复旦大学附属华山医院、复旦大学神经病学研究所主办的医药卫生类科技期刊,主编蒋雨平。

《中国临床神经》创刊于1993年,16 K,120页。双月刊,彩色铜版纸印刷。至2012年已发行20卷。2000年起为中国科技论文统计源期刊、中国学术期刊综合评价数据库等5家期刊数据库收入并评为"中国科技核心期刊"。主要刊登与临床神经病有关的神经科学基础研究、应用基础研究和临床研究的论著,对神经疾病的新认识和新治疗及其实验方法与诊断技术、简讯、论著报道,兼登医学动态进展综述等栏目。

2012年度接收各类稿件187篇。刊出136篇(72.7%),其中论著77篇,论著报道22篇,进展23篇,教育思考分析5篇,疾病的新认识和新治疗98篇。年发行量为20 000册。2012年"中国科技期刊引证报告"本刊2011年影响因子0.423。编辑部坚持为广大临床神经科学工作者服务的办刊宗旨,为新疆、云南、广西等西部地区的临床神经科学发展提供支持和服务的办刊方针,2012年先后有多篇该地区的文章在本刊发表。

(蒋雨平)

《中国医学计算机成像杂志》

《中国医学计算机成像杂志》(*Chinese Computed Medical Imaging*)由教育部主管、复旦大学附属华山医院主办。主编沈天真,责任主编冯晓源。杂志为双月刊,开本为大16开,每期定价12元,页码为72页,邮发代码:4—566。

办刊宗旨是"普及与提高相结合",交流科研成果,提高我国医学计算机成像的科研应用水平,向广大有关专业人员普及CT、MRI、DSA的知识。"理论和实践相结合"。介绍科研应用和生产实践经验,在此基础上也交流理论研究成果。"百花齐放、百家争鸣",CT、MRI、DSA属新尖理论、技术和方法,各家所见不尽相同,刊出不同见解,技术和方法,在此比较中,去伪存真,去粗取精。

主要栏目有有关医学计算机成像的述评、论著、实验研究、病理报道、技术进展、知识更新讲座、新技术的开发应用、新产品介绍以及成像设备的维护等。

主要读者对象是从事医学影像诊断,包括介入放射学医技人员以及从事临床工作的医务人员。有关研究机构(计算机成像设备研究单位)的科技人员。制造和生产计算机成像设备工厂中的工程师和技师。全国各大专院校相关课程的教师和学生 (钟国康)

《中国临床医学》

《中国临川医学》为双月刊,主编王玉琦。2012年收到来稿1 367余篇,其中具有各类基金资助文章127篇。稿件经过各相应专家的严格审稿,采用率约22%。2012年,《中国临床医学》在6期正刊共刊登各类文章316篇。2012年《中国临床医学》包括正刊和增刊共发表中山医院文章108篇,能较好、较快地满足作者的学术交流愿望。

2012年出版《健康促进》4期。《健康促进》每期向上海市政府、市府各职能部门、徐汇区政府及其各职能部门、复旦大学及其各院系、相关图书馆、有关公司、个别社区、一些老干部、部分劳模、中山医院各科室、中山医院退休人员免费发放。

编辑部全年出版大约350万字,在编辑、印刷、发行各个环节,严格实行"三审"制度。认真进行编校质量的自查,经常进行各种交流、学习和培训活动,使杂志的质量不断提高。

《中国临床医学》的办刊宗旨为:报道我国临床医学的新成就、新经验、新技术、新方法,为努力反映我国临床医学现状、提高我国临床医疗水平服务。从创刊始,从未偏离过此宗旨,从未与境外出版机构进行版权合作出版活动。 (陶祥元)

《中国癌症杂志》

《中国癌症杂志》是由国家教育部主管、复旦大学附属肿瘤医院主办的全国性肿瘤学术期刊,月刊。创刊于1991年3月。其宗旨为"服务读者,成就作者"。主编沈镇宙。

《中国癌症杂志》是北京大学中文核心期刊、《中文生物医学期刊文献数据库—CMCC》及《中国生物医学期刊引文数据库—CMCI》收录期刊、《中国核心期刊(遴选)数据库》收录期刊、中国学术期刊综合评价数据库(CAJCED)收录期刊、中国科技论文统计源期刊(中国科技核心期刊),被美国化学文摘(CA)数据库和《WHO西太平洋地区医学索引WPRIM》收录,并被《复旦大学学位与研究生教育国内期刊指导目录》收录A类期刊。在第三届中国学术期刊评价中被评为"RCCSE中国核心学术期刊(A)"。

《中国癌症杂志》主要报道国内外研究前沿的快速报道、专家述评、肿瘤临床研究、基础研究、肿瘤防治、文献综述、学术讨论、临床病理讨论、最新医药科技动态、病例报道、讲座和简讯等。2012年《中国癌症杂志》发行超过6万册,机构订阅用户为3 198个,分布8个国家和地区,个人读者分布在11个国家和地区。

(秦 娟)

产业化与校产管理

【概况】 2012年,学校进一步明确产业管理体制,产业化与校产管理办公室与原资产经营有限公司整合职能、机构合并,组建新的资产经营有限公司,校产党总支更名为资产经营有限公司党总支。

梳理、推介具有产业化前景的科技成果，举办科技成果产业化论坛，完善产业化信息平台。不断完善“复旦大学科技成果产业化信息平台”，及时发布具有产业化前景的科技成果以及复旦相关创业企业、科技企业以及科技园区的动态。

扶持青年创业，孵化科技企业。上海市大学生科技创业基金复旦分基金会通过整合校内外的创业资源，为创业者提供完善的创业平台、高效的资源网络和良好的创业氛围。2012年，复旦分基金会分别举办第十四期、第十五期大学生创业培训，81名大学生参加科技创新政策和创业知识的培训。70个团队提交创业计划书，其中上半年项目申请24个，评审通过6个，批准资助资金65万元；下半年项目申请46个，评审通过项目6个。2012年，6家创业企业全额退出基金，共计41万元。复旦分基金会资助的“基于蚕丝蛋白系列高端产品的应用开发”项目获得首期华图教育大学生创业基金二等奖。在上海市中小企业创新基金创新项目的申报中，3家大学生创业企业各获20万元立项金额。复展电子、复想光电作为优秀企业代表参加由国家科技部、发改委、财政部等主办的“国家高新技术产业开发区建设20年成就展”。举办创新创业教育座谈会；举办团中央光华基金会“2012诺基亚青年就业创业大讲堂”复旦大学站；与管理学院合作举办“聚劲杯”商业计划大赛；校庆期间，举办复旦校友创业企业沙龙活动；原产业化与校产管理办公室获得“2012上海创业计划大赛”优秀组织奖。2012年，市委、市府等领导先后到访复旦大学生创业园并与复旦创业者交流。美国乔治城大学商学院、香港理工大学创新创业交流团、韩国韩巴大学、上海中青年知识分子联谊会、重庆大学、吉林大学等多家单位访问复旦科技产业。

加强大学科技园区工作，丰富“三区联动”理念内涵。复旦大学科技园2012年引进企业37家，注册资本41 178.1万元。复旦大学科技园与杨浦区海外人才创新创业服务中心共建“3310”科技园暨海外人才创业园。2012年，完成相关申报工作，并于8月挂牌。截至2012年12月，“3310”科技园暨海外人才创业园在园企业54家，其中中组部千人计划引进项目12个、上海千人计划引进项目4个。复旦大学科技园被上海市知识产权局认定为上海市知识产权试点园区。2012年，园区企业新增知识产权申报238项，授权217项。复旦大学科技园获得国家科技部、教育部大学科技园区评比第二名。2012年，复旦大学科技园创业中心苗圃新增种子项目150个；通过创业苗圃预孵化成功并成立公司的有58家；引进大学生创业企业34家。大学生创业园大楼改造正式启动，改造后创业苗圃的座位数在现有基础上增加一倍。复旦软件园隆昌路基地作为杨浦区2012年重点工程建设项目，主体结构已全部封顶，截至2012年12月底，招商企业270家。复旦软件园高新技术产业基地以网络科技、软件开发、信息技术、电子商务等为主导产业。截至2012年11月，园区共注册企业385家，高科技企业占63%。复旦枫林科技园区内生物医药类企业占93%，学校关联企业占51%。园区有上海市小巨人培育企业1家，徐汇区小巨人企业1家，上市企业1家，高新技术企业4家。园区企业共获得区以上政府立项获奖项目14项，高新技术成果转化项目11项，为徐汇区生物医药行业的发展和人才储备发挥积极作用。

加强与地方合作，提升服务区域发展的能力。完成“复旦创业走廊”规划的校内调研，并在杨浦区、宝山区展开推介工作。“复旦创业走廊”以深化“三区联动”理念为指导，逐步形成“一带两核”的发展格局，在学校周边真正建成“鼓励创新、宽容失败”的整体环境，成为源自大学的创新创业精神的栖息地。2012年10月，校产业牵头起草《复旦大学与宝山区人民政府关于全面加强战略合作推进创新驱动转型发展框架协议》，协议包含产学研合作、科技园区、创新创业等在内的多方面内容。筹建中的“江湾科技园”首批项目完成签约。组织创业企业参展“2012上海嘉定科技博览会”；与嘉定区科委、育成中心合作举办“生物医药论坛”；继续推进“复旦—徐汇产学研合作基地”服务平台建设。

梳理工作流程，完善工作制度。成立专门小组梳理校产业的规章制度，规范、细化流程工作；完善总经理办公会议等会议制度。梳理向上级主管部门的报批程序；规范用印、报文等工作流程；明确工作责任，规范内部审核机制；完善企业联络员制度。按要求完成资产经营公司章程修订及工商变更等工作；完成企业国有资本收益及国有资本预算申报工作。完善企业季报、半年报和年报收集制度；积极推动部分企业清算关闭、股权转让、上市融资等事项。

（胡　冰）

【举办2场“复旦大学科技成果产业化论坛”专场论坛】 5月24日，“复旦大学科技成果产业化论坛—计算机科学学院专场”在邯郸校区举办。来自政府相关部门的领导和行业协会、投资界、研究机构代表共计90余人与会。论坛梳理计算机学院产业化相关资源，并现场推介了“SyncShare—视频同步分享系统”、“高清视频监控设备与系统”、“工业自动化场景下零件的视觉检测识别技术”、“家庭服务机器人”、“智能个人助理”、“机器拼音”、“智慧政府，绩效铺路”7个项目。12月12日，“复旦大学科技成果产业化论坛—医疗器械专场”在枫林校区举办。论坛邀请来自学校相关附属医院、交通大学医学院、中医药大学的专家教授、相关政府部门领导、行业协会以及投资机构、企业界等近百人出席论坛。论坛梳理来自中山医院、华山医院等附属医院的35个产业化项目，并现场推介了6个来自临床第一线的项目的最新科研技术成果，包括“经皮微创计算机辅助脊柱手术系统的研发”、“新型悬吊式仿生型PET人工韧带的研发与应用”、“睡眠物联网医学诊治器械和新技术研究”、“整形美容精细手术器械的系列研发”、“一次性呼末供氧气管内导管”、“隐性血瘀诊断仪的研究及临床应用”。通过复旦大学计算机科学和医疗器械领域的科研技术及成果推介，与相关企业产业化需求之间形成项目对接和技术转化，进一步推动产、学、研互动发展。（胡　冰）

【举办复旦校友创业企业沙龙】 6月2日，复旦校友创业企业沙龙在复旦大学江湾校区举行。香港智华基金主席林高演，复旦大学前校长王生洪、党委副书记陈立民、副校长冯晓源等一行与参加座谈的创业企业校友就创业中的成功与失败、梦想与现实、收获与付出等进行深入交流。上海复展电子科技有限公司、上海光华学院分别向母校捐赠30万元、20万元支持于当日正式启动的复旦校友创业基金。之后，林高演一行参观复旦大学科技园创业中心。（桂晓琳）

【王晓初一行视察复旦大学生创业园】 8月18日，国家人力资源和社会保障部副部长王晓初、职业能力建设司副司长刘丹在上海市人力资源和社会保障局局长周海洋等领导的陪同下视察复旦大学生创业园，并与多位复旦分基金创业者展开交流。（桂晓琳）

【与宝山区人民政府举行区校战略合作签约仪式】 10月24日，学校与宝山区签署《复旦大学与宝山区人民政府关于全面加强战略合作推进创新驱动转型发展框架协议》。复旦大学党委书记朱之文、宝山区委书记斯福民出席仪式并讲话，复旦大学校长杨玉良与宝山区委副书记、区长汪泓代表双方签署协议，常务副校长陈晓漫，副校长许征、金力出席仪式。协议包含24条内容，从战略合作高度决定双方在产学研合作、科技园区、技术转移、创新创业、人才合作、医疗卫生、基础教育、发展研究等领域开展全方位、多层次的合作。双方将建立区校战略合作协调推进机制，成立复旦高新技术产业基地管委会，形成区、校领导会商机制。（胡　冰）

【与香港理工大学企业研究院签署合作备忘录】 11月12日，复旦大学副校长金力与香港理工大学行政副校长杨伟雄在香港理工大学签署《复旦大学—香港理工大学共建创业教育发展平台合作备忘录》。双方的合作主要着眼于加强创业教育，共建“创业教育发展平台”。（胡　冰）

六、人 事 工 作

【概况】 2012年,复旦大学人事处以《国务院关于加强教师队伍建设的意见》(国发[2012]41号)、《关于加强高等学校青年教师队伍建设的意见》(教师[2012]10号)文件精神为指导,紧紧围绕“全面提高教育质量,加快建设世界一流大学”学校中心工作,通过落实“大走访、大调研”整改措施,积极开展各项人事工作。

完善人才引进工作机制,提升人才引进与教师招聘的质量与效率。学校一贯高度重视海外高层次人才引进工作,紧密围绕国家战略大力引进具有国际竞争力的创新人才。制定出台《复旦大学关于加强教学科研岗位招聘工作的实施意见》,以中央、地方各类人才计划为抓手,通过完善教学科研人员选聘机制,加大引进海外高层次人才,加快招募海内外优秀青年学者,逐步建立“储备—遴选—聘用”的教学科研岗位招聘体系。一方面,不断完善有利于创新型人才发展的支持配套政策。在海外人才引进过程中,注重科研条件支持与生活待遇保障并重、引进期的支持与引进后的培养并重、岗位聘用聘任与准终身教职制构建并重。另一方面,积极谋求各方支持开创人才引进工作新局面,进一步调动院系积极性、进一步发挥校友作用、进一步融通社会资源。加强学科间的交叉、集成与融合,探索国家千人“创新项目长期+青年千人”相结合的人才引进新模式,在生命科学、物理科学、信息科学等学科加快构建新的研究团队,促进跨学科、跨国界的人才资源重组,推动交叉学科发展。此外,学校全面启动高层次人才信息库建设工作,开发新版人才引进与招聘网,在《人民日报》海外版、《自然》(*Nature*)、《高等教育纪事报》(*Chronicle of Higher Education*)等媒体集中发布教学科研岗位人员引进与招聘信息,实现人才信息收集常态化。

全年共引进各类高层次人才76人,其中:8人入选中央“千人计划”创新项目,16人入选中央“青年千人计划”,15人入选上海市“千人计划”,11人入选上海市“东方学者”(含跟踪)计划。76位引进人才中,有66位是全职引进,占引进总数的86.8%,校聘关键岗位1及以下岗位全时比例达到100%;有67位是直接从海外引进,占引进总数的88.2%,这其中包括5位全职非华裔外籍学者;36岁以下的引进人才有37位,占引进总数的48.7%。共招聘新进教职员工163人,其中:教学科研人员99人,行政人员19人,思政人员15人,其他人员30人。教学科研人员中,引进人才占全年新进教学科研人员的40.4%,一般新进教学科研人员中有海外留学经历人员占28.3%,应届博士占12.1%,国内博士后15.2%,其他占4%。

完善师资培养体系,加强高端人才个性化支持。继续实施校内“卓越人才计划”。遴选102名优秀青年教师入选第二批“卓学计划”,为“卓识计划”入选者和部分“卓越计划”入选者制定并落实个性化支持方案。进一步加强对青年教师的日常培养。强化教学科研岗位教师的培训,优化新教工岗前培训课程设置,继续为新进校青年教师提供综合支持培养。全年共有82人参加新教工岗前培训,共有42位新进校青年教师纳入综合支持培养计划。进一步实施师资国际化培养,加强出国服务与管理。全年纳入公派培养计划共计137人,其中:“青年骨干教师带薪培养”74人、访学63人。组织候选人申报国家公派(国家留学基金等)、学校公派(校际交流)的项目和资助,分别录取67人和5人。在公派项目选拔过程中,进一步加强信息公开,推行以侧重科研项目和课题研究为主导的模式,强调计划性,强化专家学术评审的作用。推荐优秀人才申报中央、地方人才计划和各类奖教金。全年新增享受政府特殊津贴专家16人,卫生部有突出贡献中青年专家3人,上海市教书育人楷模1人,上海市领军人才9人。完成上海市育才奖、普康奖教金、宝钢奖教金、IBM奖教金和第一三共制药奖教金的评选工作。

全面推行代表性成果评价机制,深化高级职务聘任改革。制定出台《复旦大学教师高级职务聘任实施办法(试行)》,在全校推行实施“代表性成果”评价机制,完成新一轮全校高级职务聘任与改革工作。附属医院卫生系列高级职务聘任,纳入上海市卫生系列高级职务任职资格全行业评审试点。2012年,共完成常规系列聘任本校高级职务199名,其中教学科研系列169名,教学辅助系列30名。聘任附属医院高级职务213名。顺利完成中初级专业技术职务聘任。全年共聘任校本部中级职务49人,初级职务6人;附属医院中级职务383人,初级职务612人;为60名科研助理岗位、教学助理岗位及学校经费租赁的其他系列专业技术人员鉴定初中级职务任职资格。

深化岗位聘任管理,推进收入分配制度改革。深化第四轮校内岗位聘任,根据学校《985三期校内岗位津贴调整方案(试行)》有关精神,实施岗位津贴年度调整,实现岗位津贴增幅10%。完善合同管理制度。规范执行国家岗位聘用合同文件规定,严格合同的审核、复审,签章、归档和返还等环节,截至2012年底,新签聘用合同116人,续签423人。进一步完善教育职员职级制。实施高校管理

三、四级职员聘用工作，经教育部批准备案，聘用2人为四级职员。实施2012年绩效奖励工作。根据教学、科研、管理服务等方面年度考核业绩，实施年终绩效奖励，改善优秀人才收入，提高教职工收入水平，推进绩效工资改革。

加强博士后招收与培养，推动高水平流动科研队伍建设。 2012年新设增设7个一级学科博士后流动站，分别是生态学、统计学、软件工程、护理学、中国史、世界史和考古学流动站。新建3个工作站，分别是发展研究院、上海数学中心和脑科学研究院博士后科研工作站。完成7个新设流动站、3个工作站站长及专家组的组建工作。继续拓展企业博士后工作，与中国商用飞机有限责任公司、中电电气集团有限公司、阿里巴巴中国有限公司、上海东方传媒集团有限公司等10家企业工作站开展新的博士后合作项目，联合招收企业博士后。参与杨浦区博士后创新实践基地博士后工作推进活动，促成化学、材料科学、计算机科学、电子科学等流动站、课题组与相关企业的合作签约。推进博士后国际化合作交流，推荐优秀青年教师、博士、博士后申报“香江计划”，受理“中非项目”全过程的申报工作。积极组织博士后申报博士后科研基金。继续完善博士后校友信息，在成立全国出站博士后校友会基础上，先后在浙江、福建、北京、上海成立博士后校友分会。

全年共招收进站博士后336人，较2011年增加24.5%。其中：与企业联合招收企业博士后57人，比2011年增长54%。共派出博士后国际交流32人，引进留学回国博士后20人。共有113名博士后获得第51、52批中国博士后科学基金面上资助，其中：一等资助15名；共有16名博士后获得上海市科研资助。共有235名博士后顺利完成研究工作、期满出站，经专家评审投票，产生10名2012年度优秀博士后。

调整教职工福利配套人事政策，构建和谐校园。 实施校本部和附属医院2012年国家岗位聘用工资层级年度调整工作。全年共完成5 617人的薪级工资正常晋升，640人的岗位层级工资和津贴调整及兑现工作。完成学校和个人按新基数缴纳统筹费和社会保险（“三金”）工作，调整基本公积金和补充公积金基数，调整单位和个人补充公积金比例，均由3%提高到5%。根据上海市有关政策，完成规范退休人员津补贴工作，分批次兑现全校退休人员的津补贴发放。根据上海市最新最低月工资标准规定，2012年4月起对退休返聘人员返聘费进行相应调整。为184名新进教职工（含租赁）评定工资并为其中正式编制人员办理公积金、补充公积金、养老金和医保卡。为44名回乡职工发放困难补助费，为76名离退休死亡人员办理丧葬费和抚恤金发放手续。共为411名教职员工办理到龄退休手续，其中：校本部241人，附属医院170人。共为115名教师办理高级专家提高退休费比例和中小学30年教龄提高退休费比例手续，其中：向市教委申报办理高级专家提高退休费比例和中小学30年教龄提高退休费比例10%手续的共34人。共为332人申报办理高级专家延聘手续，其中：校本部255人，附属医院82人。为87人办理退休人员返聘审批手续，为296人办理续聘手续。为9名待退休人员按规定调整待退休人员的待退休费比例和待退休费。

完善灵活用工管理配套制度，稳妥推进在编前试用租赁人员进编工作。 全年新招录租赁制用工人员171人，净增加27人。截至2012年底全校租赁制人员809人，其中科研助理186人。通过组织租赁制用工人员参加体检、申报专业技术职务资格、申报国家自然科学基金项目等举措，完善租赁制用工人员福利待遇及配套政策。根据《985三期校内岗位津贴调整方案实施工作小组第十次会议纪要》有关精神，从2012年1月起，停止使用平台经费支付租赁人员薪酬，采取先行垫付再分流调整的方式，改由学校经费支付。为逐步解决在编前试用租赁人员进编问题，制定《关于现有“派遣（租赁）制”人员“转在编聘用”或“竞聘在编聘用”的意见》等方案，实施相关人员“转在编聘用”或“竞聘在编聘用”工作。

转变职能，改进作风，提高教职工人事综合服务质量。 2012年，为贯彻落实学校简政放权，下移管理重心的要求，人事处以提高效率，搞好服务为目标，按照模块化、大部制的管理模式，进一步厘清职能，重建科室设置，优化人员配置，梳理完善有关人事政策和工作流程。此外，通过一系列内部制度和文化建设，着力加强人事工作队伍建设，强化服务意识，增进工作能力，提升业务水平。重点针对新进校非沪籍人员户口申报，居住证新办、续办，夫妻两地分居解决上海市户口，引进人才周转房申请、档案查阅等办事流程进行了优化，进一步完善构建教职工综合服务平台，继续做好各类高端人才的体检疗养、医疗支持、联谊沟通等服务项目，规范完善教职工人事档案分类管理，加强信息化管理。

（周亚明　许晓茵　黄金辉）

【“千人计划”人数持续增长】 截至2012年底，复旦大学共有59人次入选国家“千人计划”，其中：国家“千人计划”创新项目长期35人，短期2人，“青年千人计划”22人。26人次入选上海“千人计划”，其中创新项目长期21人，创新项目短期5人。

（文　婕　张丕业）

【参加2012中国海外学子创业周】 6月27—29日，2012中国海外学子创业周于在大连世界博览广场举行。该活动由中央海外高层次人才引进工作小组指导，国家科技部、教育部、人力资源和社会保障部、国务院侨务办公室、中国科学院、欧美同学会·中国留学人员联谊会、辽宁省人民政府联合主办，大连市人民政府和辽宁省科技厅等单位共同承办。复旦大学制作专题展板和《祖国召唤英才、复旦成就辉煌》电视宣传片参展，并现场展出国家千人计划入选者、复旦大学信息科学与工程技术学院院长郑立荣团队的物联网模型，宣传学校基地建设和高层次人才引进工作取得的成效。（文　婕）

【参加2012“千人计划”太湖峰会】 8月25—26日，复旦大学参加由中共江苏省委、江苏省人民政府主办的以

"情系祖国、实现梦想"为主题的2012"千人计划"太湖峰会。中共中央政治局委员、中央书记处书记、中组部部长李源潮(时任)参观母校展区,认真听取学校推进"千人计划"情况介绍。 (许晓茵)

【制定实施《复旦大学关于加强教学科研岗位招聘工作的实施意见》】 9月27日,《复旦大学关于加强教学科研岗位招聘工作的实施意见》正式出台,用于指导人才引进和师资招聘工作。该意见以建设世界一流师资队伍目标,借鉴国外 Tenure-track(常任轨)教师聘用机制,基于对《关于实施人才引进三年行动计划的意见》等人才引进、师资招聘政策执行经验的总结,以及对校内教学科研岗位的设置、聘任、待遇等情况的梳理制定而成。根据文件精神,学校将按照分类管理原则,通过建立储备—遴选—聘用的三层次教学科研人员招聘体系,加快吸引集聚优秀人才。 (文 婕 许晓茵)

【全面推行高级职务聘任"代表性成果"评价机制】 9月17日,学校出台《复旦大学教师高级职务聘任实施办法(试行)》,在全校推行实施"代表性成果"评价机制。"代表性成果"评价机制以国内外同行专家的学术评估意见为重要参考依据,充分发挥二级学院的学术评估作用,有效缓解以往学术评价过程中存在的"唯数量化"、"形式化"、"行政化"等问题。在具体实施中,将每个学科具体的评价标准授权给院系教授大会,按照本学科特点,围绕学术贡献、学术影响和学术活力等方面进行具体规定;学校建立动态校外同行专家数据库,坚持"小同行"评审,实行主动、被动两种回避制度,确保评价公平公正。 (王光临)

【实施年终绩效奖励】 学校依据《2012年绩效奖励实施方案》,实施年终绩效奖励工作。绩效奖励的实施,体现"优劳优酬、多劳多得"的分配原则,有利于稳步提高教职工收入,充分调动全校教职工的积极性;奖励优秀;较大幅度地改善优秀人才的收入,保持薪酬竞争力。该工作是复旦大学收入分配体系的重大改革,为学校逐步建立具有复旦特色的薪酬体系奠定了基础。 (李荣琴)

附 录

中国科学院、中国工程院院士(复旦大学)

编 号	类 别	学部名称	姓 名	当选年份	部 门	标 识
1	中国科学院	化学部	杨玉良	2003	高分子系	
2	中国科学院	化学部	江 明	2005	高分子系	
3	中国科学院	化学部	赵东元	2007	化学系	
4	中国科学院	生命科学和医学学部	杨雄里	1991	神经生物所	
5	中国科学院	数学物理学部	谷超豪	1980	数学科学学院	
6	中国科学院	数学物理学部	胡和生(女)	1991	数学科学学院	
7	中国科学院	数学物理学部	李大潜	1995	数学科学学院	
8	中国科学院	数学物理学部	洪家兴	2003	数学科学学院	
9	中国科学院	数学物理学部	郝柏林	1980	物理系	
10	中国科学院	数学物理学部	王 迅	1999	物理系	
11	中国科学院	数学物理学部	陶瑞宝	2003	物理系	
12	中国科学院	数学物理学部	杨福家	1991	现代物理所	
13	中国工程院	医药卫生学部	王威琪	1999	信息学院	
14	中国科学院	信息技术科学部	金亚秋	2011	信息学院	
15	中国工程院	医药卫生学部	闻玉梅(女)	1999	医学院	
16	中国工程院	医药卫生学部	顾玉东	1994	华山医院	
17	中国科学院	生命科学和医学学部	沈自尹	1997	华山医院	
18	中国工程院	医药卫生工程学部	周良辅	2009	华山医院	
19	中国科学院	生命科学和医学学部	王正敏	2005	眼耳鼻喉科医院	
20	中国工程院	医药卫生学部	汤钊猷	1994	中山医院	
21	中国工程院	医药卫生学部	陈灏珠	1997	中山医院	

续 表

编 号	类 别	学部名称	姓 名	当选年份	部 门	标 识
22	中国科学院	生命科学和医学学部	葛均波	2011	中山医院	
23	中国科学院	生命科学和医学学部	贺福初	2001	化学系	双聘
24	中国工程院	医药卫生学部	陆道培	1996	医学院	双聘
25	中国科学院	地学部	安芷生	1991	环境系	双聘
26	中国科学院	生命科学和医学学部	赵国屏	2005	生命学院	双聘
27	中国科学院	数学物理学部	彭实戈	2005	数学科学学院	双聘
28	中国科学院	数学物理学部	沈学础	1995	物理系	双聘
29	中国科学院	化学部	黄春辉(女)	1999	先进材料实验室	双聘
30	中国工程院	资源与矿业工程学部	胡思得	1995	现代物理所	双聘
31	中国科学院	信息技术科学部	干福熹	1980	信息学院	双聘
32	中国科学院	信息技术科学部	陆汝钤	1999	计算机学院	双聘
33	中国科学院	化学部	林国强	2001	化学系	双聘
34	中国科学院	生命科学和医学学部	贺 林	2005	生物医学研究院	双聘
35	中国科学院	化学部	陈凯先	1999	药学院	双聘

注：按院士当选年份排序。

(文科)杰出教授

单 位	姓 名	单 位	姓 名
外国语言文学学院	陆谷孙	中国语言文学系	裘锡圭

(文科)特聘资深教授

单 位	姓 名	现聘期起始时间
历史地理研究所	周振鹤	200802
历史学系	姜义华	200802
历史学系	朱维铮	200802
新闻学院	童 兵	200802
哲学学院	刘放桐	200802
中国语言文学系	王水照	200802

教育部"长江学者奖励计划"特聘/讲座教授名录

方 向	单 位	特/讲	姓 名	岗 位	受聘时间
人文社科	中文系	特聘	陈思和	中国现当代文学	2005.3
人文社科	中文系	讲座	王德威	中国现当代文学	2007.3
人文社科	出土文献与古文字研究中心	特聘	张涌泉	中国古典文献学	2006.3
人文社科	出土文献与古文字研究中心	特聘	刘 钊	中国古典文献学	2008.3
人文社科	历史系	讲座	B. Elman	中国思想文化史	2008.3
人文社科	历史系	讲座	夏伯嘉		2012.10
人文社科	哲学学院	特聘	俞吾金	外国哲学—国外马克思主义	2005.3
人文社科	国际关系学院	特聘	吴晓明	马克思主义哲学	2007.3

续 表

方 向	单 位	特/讲	姓 名	岗 位	受聘时间
人文社科	国际关系学院	特聘	林尚立	政治学	2006.3
人文社科	经济学院	特聘	姜波克	金融学	2005.3
人文社科	经济学院	特聘	张 军	当代中国经济	2007.3
人文社科	经济学院	特聘	袁志刚	宏观经济学	2008.3
人文社科	新闻学院	讲座	陈韬文	新闻传播学	2006.3
人文社科	新闻学院	讲座	潘忠党	传播学	2008.3
人文社科	新闻学院	讲座	赵心树	传播学	2010.2
人文社科	管理学院	讲座	宋京生	管理科学与工程	2010.2
人文社科	公共卫生学院	特聘	郝 模	医疗卫生政策	2008.3
理工	数学科学学院	讲座	李 骏	基础数学	1999.6
理工	数学科学学院	特聘	李嘉禹	基础数学	2000.7
理工	数学科学学院	特聘	雍炯敏	运筹学与控制论	2000.9
理工	数学科学学院	特聘	吴宗敏	应用数学	2002.10
理工	数学科学学院	讲座	陈贵强	应用数学	2005.3
理工	数学科学学院	特聘	周 忆	应用数学	2000.1
理工	数学科学学院	特聘	汤善健	运筹学与控制论	2006.3
理工	数学科学学院	讲座	郁国樑	基础数学	2006.3
理工	数学科学学院	特聘	郭坤宇	基础数学	2007.3
理工	数学科学学院	讲座	柏兆俊	计算数学	2007.3
理工	数学科学学院	特聘	陈 猛	基础数学	2008.3
理工	数学科学学院	讲座	张 坚	基础数学	2009.3
理工	数学科学学院	特聘	袁小平	基础数学	2010.2
理工	数学科学学院	特聘	傅吉祥		2012.10
理工	物理系	特聘	金晓峰	凝聚态物理	1999.4
理工	物理系	特聘	侯晓远	凝聚态物理	2000.9
理工	物理系	特聘	资 剑	理论物理	2001.9
理工	物理系	特聘	封东来	同步辐射谱学	2006.3
理工	物理系	讲座	魏苏淮	理论物理	2007.3
理工	物理系	特聘	游建强	理论物理	2009.3
理工	物理系	讲座	邱子强	磁学	2009.3
理工	物理系	特聘	周 磊	理论物理	2010.2
理工	化学系	特聘	金国新	无机化学	2001.9
理工	化学系	特聘	赵东元	物理化学	2000.1
理工	化学系	特聘	贺鹤勇	物理化学	2000.5
理工	化学系	特聘	周鸣飞	物理化学(激光化学)	2002.10
理工	化学系	特聘	钟国富	生物有机化学	2005.3
理工	化学系	讲座	杨 丹	生物有机化学	2006.3
理工	化学系	讲座	陈 先	分析化学—蛋白质组学	2005.3
理工	化学系	特聘	徐 昕		2012.10

续 表

方 向	单 位	特/讲	姓 名	岗 位	受聘时间
理工	高分子系	特聘	杨玉良	高分子化学与物理	1999.4
理工	高分子系	特聘	邵正中	高分子化学与物理	2007.3
理工	高分子系	讲座	史安昌	高分子化学与物理	2007.3
理工	高分子系	特聘	丁建东	高分子化学与物理	2010.2
理工	材料系	特聘	武利民	材料物理与化学	2009.3
理工	生命科学学院	特聘	罗泽伟	遗传学	1999.4
理工	生命科学学院	讲座	金 力	遗传学	2000.9
理工	生命科学学院	特聘	余 龙	遗传学	2000.9
理工	生命科学学院	讲座	骆亦其	生态学	2002.12
理工	生命科学学院	讲座	沈文辉	遗传学—植物表观遗传学	2008.3
理工	生命科学学院	讲座	刘 钧	遗传学—医学遗传(基因到药物)	2009.3
理工	生命科学学院	特聘	王学路	植物分子遗传学	2010.4
理工	生命科学学院	讲座	易 庆	遗传学(肿瘤分子遗传)	2010.2
理工	生命科学学院	特聘	赵世民		2012.10
理工	发育基地	讲座	许 田	发育生物学	2005.3
理工	发育基地	讲座	韩 珉	发育生物学	2006.3
理工	生物医学平台	特聘	Alastair Murchie	药物化学	2006.3
理工	生物医学平台	讲座	谷 迅	基因组学	2006.3
理工	生物医学平台	讲座	熊 跃	细胞生物学	2007.3
理工	生物医学平台	讲座	管坤良	生物化学及分子生物学	2007.3
理工	生物医学平台	特聘	王丽华	分子生物学	2009.3
理工	生物医学平台	特聘	于文强	表观遗传学	2010.2
理工	力学系	特聘	韩平畴	一般力学	2003.5
理工	环境系	特聘	杨 新	环境科学(大气化学)	2006.7
理工	先进材料	特聘	黄 维	信息材料	2005.3
理工	信息学院	特聘	陈良尧	凝聚态物理	1999.4
理工	信息学院	讲座	余思远	光电微纳集成芯片系统	2009.3
理工	计算机学院	讲座	翁巨扬	计算认知发育	2008.3
理工	微电子研究院	特聘	周 电	微电子学与固体电子学	2002.10
理工	微电子研究院	特聘	刘 冉	微电子学与固体电子学	2005.3
理工	微电子研究院	特聘	张世理	微电子学与固体电子学	2006.3
医学	神经生物学研究所	特聘	李葆明	神经生物学	2001.9
医学	神经生物学研究所	讲座	卓 敏	神经生物学	2005.3
医学	医学院	特聘	汤其群	分子医学	1999.12
医学	医学院	特聘	孙凤艳	神经生物学	1999.3
医学	医学院	特聘	马 兰	神经生物学	2002.10
医学	医学院	特聘	张素春	人体解剖与组织胚胎学	2006.3
医学	医学院	讲座	施 扬	分子医学	2005.3
医学	医学院	讲座	袁钧瑛	生物化学与分子生物学	2006.3

续　表

方　向	单　位	特/讲	姓　名	岗　位	受聘时间
医学	医学院	讲座	王　睿	生理学	2007.3
医学	医学院	特聘	朱依纯	生理学	2009.3
医学	医学院	讲座	陈　俊	神经生物学	2009.3
医学	药学院	特聘	朱依谆		2012.10
医学	儿科医院	特聘	孙　波	儿科学	1999.12
医学	华山医院	特聘	朱剑虹	神经外科	2001.9
医学	五官科医院	特聘	李华伟	耳鼻咽喉科学	2007.3
医学	中山医院	特聘	葛均波	心血管内科	2000.1
医学	中山医院	特聘	邹云增	分子心脏病学	2005.3
医学	肿瘤医院	特聘	邵志敏	肿瘤学	1999.3
医学	五官科医院	讲座	蒋家琪	耳鼻喉科学	2010.2

复旦大学特聘教授(研究员)1

单　位	姓　名	学　科	受聘(批准)时间	备　注
肿瘤医院	邵志敏	肿瘤学	2004.1	长江特聘转复旦特聘
生命学院	金　力	遗传学	2005.1	长江讲座转复旦特聘
儿科医院	孙　波	儿科学	2005.1	长江特聘转复旦特聘
上海医学院	汤其群	分子医学	2005.1	长江特聘转复旦特聘
国际问题研究院	徐敦信	日本问题研究	2005.5	特聘研究员
现代物理所	Roger Hutton	光谱学设备研制	2005.11	特聘研究员
文史研究院	葛兆光	历史学	2006.8	特聘
华山医院	朱剑虹	神经外科	2006.8	长江特聘转复旦特聘
华山医院	刘　杰	消化内科	2007.1	特聘
中山医院	王向东	呼吸内科	2007.6	特聘
华山医院	吴志英	神经病学	2007.11	特聘
国务学院	邓正来	法学、社会学、政治学	2008.+2	特聘
管理学院	胡建强	管理科学与工程	2008.3	特聘
微电子研究院	刘　冉	微电子学与固体电子学	2008.3	长江特聘转复旦特聘
中山医院	邹云增	分子心脏病学	2008.3	长江特聘转复旦特聘
管理学院	陈　超	会计系	2008.4	特聘
生命科学学院	马　红	植物分子生物学	2008.6	"复旦一浩青"特聘
高研院	纳日碧力戈	人类学	2008.12	特聘
高研院	郭苏建	政治学	2008.12	特聘
经济学院	王　城	经济学	2009.3	姚祖辉特聘
生物医学研究院	Alastair Murchie	药物化学	2009.3	长江特聘转复旦特聘
物理系	封东来	同步辐射谱学	2009.3	长江特聘转复旦特聘
上海医学院	张素春	人体解剖与组织胚胎学	2009.3	长江特聘转复旦特聘
化学系	黎占亭	有机化学	2009.4	特聘研究员
环境系	郑　正	环境工程	2009.6	特聘

续　表

单　位	姓　名	学　　科	受聘(批准)时间	备　注
环境系	杨　新	环境科学(大气化学)	2009.7	长江特聘转复旦特聘
物理系	沈　健	凝聚态物理	2009.9	“复旦—浩青”特聘
数学科学学院	冯建峰	应用数学	2009.9	“复旦—浩青”特聘
物理系	张远波	凝聚态物理	2009.11	特聘
化学系	徐　昕	物理化学	2009.11	特聘
华山医院	郝传明	肾脏病学	2009.12	特聘
信息学院	文舸一	电磁场与微波技术	2009.12	特聘
信息学院	郑立荣	微电子学与固体电子学	2009.12	院长
生命科学学院	沈文辉	遗传学—植物表观遗传学	2010.2	长江特聘转复旦特聘
五官科医院	李华伟	耳鼻咽喉科学	2010.3	长江特聘转复旦特聘
管理学院	孙　谦	金融学	2010.3	特聘
中文系	张汉良	比较文学与世界文学	2010.4	特聘/非在编全聘
法学院	孙笑侠	法学理论	2010.5	特聘
环境系	李笃中	环境工程	2010.6	特聘
上海医学院	王　宾	疫苗学、病毒学	2010.9	特聘
上海医学院	童舒平	病毒学	2010.9	特聘
信息学院	李　冰	通信科学与工程	2010.9	特聘研究员(半时)
历史系	Fred Schrader	欧洲历史	2010.11	特聘(人文讲席教授)
上海医学院	郭孙伟	生物化学与分子生物学	2010.11	特聘
上海医学院	秦志海	免疫学	2010.11	特聘研究员
物理系	吴咏时	理论物理	2010.11	特聘
药学院	余　科	肿瘤研究和新药研发	2010.11	特聘研究员
环境系	Trevor David Davies	环境科学	2011.1	特聘(半时)
出土文献与古文字研究中心	刘　钊	中国古典文献学	2011.3	长江特聘转复旦特聘
中文系	周　宪	文艺学	2011.3	特聘
生命科学学院/数学科学学院	David Waxman	定量生物学	2011.4	“复旦—浩青”特聘
生命科学学院	刘　军	结核病细菌学	2011.6	特聘
计算机学院	王晓阳	数据库系统	2011.6	特聘
生命学院	肖向明	全球变化生态学	2012.8	复旦特聘
国关学院	张卫(张维为)	政治学/国际关系	2012.3	复旦特聘
物理系	赵　俊	凝聚态物理	2012.3	复旦特聘
华山医院	朱宁文	外科学(皮肤组织库与组织工程)	2012.5	复旦特聘
药学院	钱忠明	神经药理学	2012.5	复旦特聘
基础医学院	余　东	病原生物学	2012.6	复旦特聘
中山医院	夏　朴	内分泌	2012.7	复旦特聘
数学学院	傅吉祥	基础数学	2012.8	长江特聘
药学院	王永辉	药物小分子设计,合成和优化	2012.8	特聘研究员/校聘特别岗位2
物理系	吴颖灏	生物物理学	2012.8	复旦特聘
计算机学院	Boualem Benatallah	计算机科学	2012.8	复旦特聘

续 表

单 位	姓 名	学 科	受聘(批准)时间	备 注
发育生物学研究所	庄 原	发育生物学	2003.5	国外(讲座)
中山医院	胡 凯	心血管内科	2003.11	国外(讲座)
数学科学学院	李 骏	基础数学	2004.1	长江讲座转复旦讲座
经济学院	梅兆荣	欧洲问题研究	2004.4	讲座
上海医学院	黄 聿	生理学	2004.9	境外(讲座)
社会学院	陈向明	城市社会学	2005.4	国外(讲座)
数学科学学院	应志良	应用数学	2005.8	国外(讲座)
华山医院	王庆华	内分泌	2005.9	国外(讲座)
环境系	王 韬	环境科学	2006.5	境外(讲座)
神经生物学研究所	李葆明	神经生物学	2006.8	长江特聘转复旦特聘转复旦讲座
华山医院	张 颖	遗传学	2006.8	国外(讲座)
药学院	胡 明	分子药剂学	2006.8	国外(讲座)
华山医院	申 勇	神经病学	2006.8	国外(讲座)
环境系	张人一	环境科学	2006.9	国外(讲座)
微电子研究院	蔡 伟	微电子学与固体电子学	2006.11	国外(讲座)
微电子研究院	陈宜方	微纳米技术及应用	2006.11	国外(讲座)
社会学院	王 丰	人口学、社会学、比较历史人口社会	2007.3	国外(讲座)
管理学院	成思危	管理科学	2007.3	讲座
社会学院	罗力波	文化人类学	2007.5	国外(讲座)
华山医院	周群勇	神经生物学	2007.6	国外(讲座)
生命学院	骆亦其	生态学	2007.12	长江讲座转复旦讲座
发育生物所	许 田	发育生物学	2008.3	长江讲座转复旦讲座
数学科学学院	陈贵强	应用数学	2008.3	长江讲座转复旦讲座
化学系	陈 先	分析化学—蛋白质组学	2008.3	长江讲座转复旦讲座
上海医学院	施 扬	分子医学	2008.3	长江讲座转复旦讲座
社政学院	张 雷	心理学	2008.5	国外(讲座)
药学院	蒋宪成	生物化学	2008.6	国外(讲座)
微电子研究院	周 电	微电子学与固体电子学	2008.6	长江特聘转复旦讲座
上海医学院	陈丰原	病理生理学	2008.9	国外(讲座)
物理系	林海青	理论物理	2008.11	境外(讲座)
上海医学院	於 峻	生理学	2008.12	国外(讲座)
数学科学学院	雍炯敏	运筹学与控制论	2009.3	国外(讲座)
新闻学院	陈韬文	新闻传播学	2009.3	长江讲座转复旦讲座
生物医学研究院	谷 迅	基因组学	2009.3	长江讲座转复旦讲座
发育所	韩 珉	发育生物学	2009.3	长江讲座转复旦讲座
化学系	杨 丹	有机化学	2009.3	长江讲座转复旦讲座
数学科学学院	郁国樑	基础数学	2009.3	长江讲座转复旦讲座
微纳平台	张世理	微电子学与固体电子学	2009.3	长江特聘转复旦讲座

续 表

单 位	姓 名	学 科	受聘(批准)时间	备 注
计算机学院	章伟雄	计算机软件与理论	2009.4	国外(讲座)
微纳平台	周 海	微电子学与固体电子学	2009.11	国外(讲座)
管理学院	方述诚	管理科学	2009.12	国外(讲座)
经济学院	方汉明	公共经济学	2010.2	国外(讲座)
华山医院	徐剑锋	遗传流行病学	2010.2	国外(讲座)
中文系	王德威	中国现当代文学	2010.3	长江讲座转复旦讲座
数学科学学院	柏兆俊	计算数学	2010.3	长江讲座转复旦讲座
数理平台	魏苏淮	理论物理	2010.3	长江讲座转复旦讲座
高分子科学系	史安昌	高分子化学与物理	2010.3	长江讲座转复旦讲座
生物医学研究院	熊 跃	细胞生物学	2010.3	长江讲座转复旦讲座
生物医学研究院	管坤良	生物化学与分子生物学	2010.3	长江讲座转复旦讲座
上海医学院	王 睿	生理学	2010.3	长江讲座转复旦讲座
数学科学学院	郑德超	基础数学	2010.5	国外(讲座)
管理学院	彭 亮	统计学	2010.9	国外(讲座)
物理系	沈元壤	光学	2010.11	国外(讲座)
历史系	B. Elman	中国思想文化史	2011.3	长江讲座转复旦讲座
新闻学院	潘忠党	传播学	2011.3	长江讲座转复旦讲座
计算机学院	翁巨扬	计算认知发育	2011.3	长江讲座转复旦讲座
生命科学学院	郭文生	生物统计学	2011.6	国外(讲座)
经济学院	胡永泰	金融学	2011.10	国外(讲座)
经济学院	车嘉华	经济学	2011.10	国外(讲座)
信息学院	何 磊	微电子学	2012.1	复旦讲座
信息学院	刘爱群	微电子学与固态电子学	2012.1	复旦讲座
化学系	曾适之	物理化学、无机化学	2012.3	复旦讲座
历史系	夏伯嘉(R. Hsia)	专门史(中外文化交流史)	2012.8	长江讲座
社会发展与公共政策学院	罗力波	文化人类学	2012.11	复旦讲座
肿瘤医院	李 敏	肿瘤学的胰腺癌基础研究	2012.8	复旦特聘讲座教授

复旦大学特聘教授(研究员)2

单 位	姓 名	现聘期起始时间
发育生物学研究所	吴晓晖	200802
公共卫生学院	金泰廙	200802
公共卫生学院	姜庆五	200802
古籍所	吴金华	200802
管理学院	芮明杰	200802
国际问题研究院	沈丁立	200802
化学系	夏永姚	200802
化学系	范康年	200802
化学系	贺鹤勇	200802

续 表

单　　位	姓　名	现聘期起始时间
化学系	唐　颐	200802
化学系	周鸣飞	200802
化学系	杨芃原	200802
化学系	陈芬儿	200802
复旦大学办公室	陈晓漫	200802
基础医学院	袁正宏	200802
基础医学院	顾建新	200802
基础医学院	郑　平	200802
基础医学院	马　兰	200802
基础医学院	吴根诚	200802
基础医学院	孙凤艳	200802
经济学院	华　民	200802
历史地理研究所	葛剑雄	200802
社会发展与公共政策学院	彭希哲	200802
神经生物研究所	张玉秋	200802
生命科学学院	钟　扬	200802
生命科学学院	李　博	200802
生命科学学院	罗泽伟	200802
生命科学学院	卢大儒	200802
生命科学学院	陈家宽	200802
数学科学学院	吴宗敏	200802
数学科学学院	周　忆	200802
物理学系	龚新高	200802
物理学系	吴长勤	200802
物理学系	陆　昉	200802
物理学系	金晓峰	200802
信息学院	陈良尧	200802
信息学院	汪源源	200802
信息学院	曾　璇	200802
药学院	蒋新国	200802
哲学学院	张汝伦	200802
中国语言文学系	陈尚君	200802
中国语言文学系	黄　霖	200802
经济学院	姜波克	200803
哲学学院	俞吾金	200803
中国语言文学系	陈思和	200803
生命科学学院	余　龙	200810
物理学系	侯晓远	200810
生命科学学院	卢宝荣	200811

续　表

单　位	姓　名	现聘期起始时间
国际关系与公共事务学院	林尚立	200903
数学科学学院	汤善健	200903
现代物理研究所	邹亚明	200907
化学系	金国新	200908
物理学系	资　剑	200909
材料科学系	叶明新	200912
化学系	孔继烈	200912
基础医学院	黄志力	200912
高分子科学系	邵正中	201003
经济学院	张　军	201003
数学科学学院	郭坤宇	201003
哲学学院	吴晓明	201003
材料科学系	贾　波	201102
法学院	张乃根	201102
化学系	李富友	201102
环境科学与工程系	陈建民	201102
经济学院	孙立坚	201102
信息学院	张　卫	201102
哲学学院	陈学明	201102
哲学学院	张庆熊	201103
公共卫生学院	郝　模	201103
经济学院	袁志刚	201103
数学科学学院	陈　猛	201111
现代物理研究所	Roger Hutton	201202
材料科学系	武利民	201202
基础医学院	朱依纯	201202
物理学系	游建强	201202
文史研究院创新基地	葛兆光	201202
环境科学与工程系	杨　新	201202

复旦大学国家级有突出贡献的中青年科技专家(在职)名录

单　位	姓　名	当选年份	专业特长
现代物理研究所	杨福家	1984	原子核物理
数学科学学院	李大潜	1984	基础数学
中山医院	汤钊猷	1986	肿瘤学
华山医院	顾玉东	1986	手外科
信息学院	金亚秋	1994	电磁波散射传输和遥感
古籍所	吴金华	1994	古籍整理
华山医院	陈　亮	1996	手外科

续　表

单　位	姓　名	当选年份	专业特长
数学科学学院	洪家兴	1996	基础数学
中国语言文学系	朱立元	1996	美学
信息学院	陈良尧	1998	凝聚态物理
哲学学院	俞吾金	1998	西方哲学

复旦大学2012年度享受政府特殊津贴专家名录

序　号	单　位	姓　名	性　别	出生年月	专业技术职务
1	材料科学系	武利民	男	1963年2月	教授
2	材料科学系	叶明新	男	1964年4月	教授
3	发育生物学研究所	吴晓晖	男	1972年6月	教授
4	法学院	陈治东	男	1950年12月	教授
5	法学院	胡鸿高	男	1954年9月	教授
6	法学院	章武生	男	1954年11月	教授
7	高分子科学系	丁建东	男	1965年2月	教授
8	高分子科学系	江　明	男	1938年8月	教授
9	高分子科学系	李同生	男	1953年6月	研究员
10	高分子科学系	邱　枫	男	1970年10月	教授
11	高分子科学系	邵正中	男	1964年8月	教授
12	高分子科学系	汪长春	男	1965年2月	教授
13	高分子科学系	武培怡	男	1968年2月	教授
14	高分子科学系	杨玉良	男	1952年11月	教授
15	公共卫生学院	郝　模	男	1959年9月	教授
16	公共卫生学院	姜庆五	男	1954年4月	教授
17	公共卫生学院	金泰廙	男	1943年11月	教授
18	公共卫生学院	厉曙光	男	1955年1月	教授
19	古籍所	吴金华	男	1943年11月	教授
20	管理学院	李若山	男	1949年2月	教授
21	管理学院	芮明杰	男	1954年5月	教授
22	管理学院	项保华	男	1957年8月	教授
23	管理学院	薛求知	男	1952年10月	教授
24	国际关系与公共事务学院	林尚立	男	1963年11月	教授
25	国际关系与公共事务学院	竺乾威	男	1951年10月	教授
26	国际问题研究院	沈丁立	男	1961年6月	教授
27	化学系	陈芬儿	男	1958年4月	教授
28	化学系	范康年	男	1943年1月	教授
29	化学系	贺鹤勇	男	1962年9月	教授
30	化学系	孔继烈	男	1964年12月	教授
31	化学系	唐　颐	男	1963年1月	教授
32	化学系	赵东元	男	1963年6月	教授

续 表

序 号	单 位	姓 名	性 别	出生年月	专业技术职务
33	化学系	周鸣飞	男	1968 年 9 月	教授
34	环境科学与工程系	杨 新	男	1968 年 2 月	教授
35	基础医学院	查锡良	男	1949 年 2 月	教授
36	基础医学院	顾建新	男	1958 年 5 月	教授
37	基础医学院	马 兰	女	1958 年 9 月	教授
38	基础医学院	彭裕文	男	1945 年 5 月	教授
39	基础医学院	瞿 涤	女	1951 年 12 月	研究员
40	基础医学院	孙凤艳	女	1953 年 12 月	教授
41	基础医学院	汤其群	男	1966 年 4 月	教授
42	基础医学院	闻玉梅	女	1934 年 1 月	教授
43	基础医学院	吴根诚	男	1946 年 2 月	教授
44	基础医学院	许祖德	男	1954 年 8 月	教授
45	基础医学院	袁正宏	男	1966 年 1 月	研究员
46	基础医学院	周国民	男	1962 年 10 月	教授
47	基础医学院	左 伋	男	1961 年 7 月	教授
48	计算机科学技术学院	张世永	男	1950 年 2 月	教授
49	经济学院	陈学彬	男	1953 年 6 月	教授
50	经济学院	陈 钊	男	1973 年 1 月	教授
51	经济学院	华 民	男	1950 年 11 月	教授
52	经济学院	黄亚钧	男	1953 年 1 月	教授
53	经济学院	姜波克	男	1954 年 12 月	教授
54	经济学院	石 磊	男	1958 年 1 月	教授
55	经济学院	袁志刚	男	1958 年 1 月	教授
56	经济学院	张 军	男	1963 年 1 月	教授
57	历史地理研究所	葛剑雄	男	1945 年 12 月	教授
58	历史地理研究所	满志敏	男	1952 年 12 月	教授
59	历史地理研究所	吴松弟	男	1954 年 6 月	教授
60	历史地理研究所	姚大力	男	1949 年 11 月	教授
61	历史地理研究所	周振鹤	男	1941 年 3 月	教授
62	历史学系	顾晓鸣	男	1945 年 2 月	教授
63	历史学系	韩 昇	男	1957 年 10 月	教授
64	历史学系	黄 洋	男	1965 年 3 月	教授
65	历史学系	姜义华	男	1939 年 2 月	教授
66	历史学系	吴景平	男	1950 年 4 月	教授
67	历史学系	章 清	男	1964 年 10 月	教授
68	历史学系	朱维铮	男	1936 年 7 月	教授
69	历史学系	朱荫贵	男	1950 年 12 月	教授
70	社会发展与公共政策学院	刘 欣	男	1964 年 7 月	教授
71	社会发展与公共政策学院	彭希哲	男	1954 年 1 月	教授

续 表

序号	单位	姓名	性别	出生年月	专业技术职务
72	社会发展与公共政策学院	谢遐龄	男	1945年1月	教授
73	神经生物研究所	杨雄里	男	1941年10月	教授
74	神经生物研究所	张玉秋	女	1962年9月	教授
75	生命科学学院	陈家宽	男	1947年3月	教授
76	生命科学学院	金　力	男	1963年3月	教授
77	生命科学学院	卢大儒	男	1965年7月	教授
78	生命科学学院	毛裕民	男	1952年3月	教授
79	生命科学学院	乔守怡	男	1948年10月	教授
80	生命科学学院	王红艳	女	1966年10月	研究员
81	生命科学学院	王洪海	男	1945年12月	研究员
82	生命科学学院	余　龙	男	1954年11月	教授
83	生命科学学院	钟　扬	男	1964年5月	教授
84	数学科学学院	陈纪修	男	1946年1月	教授
85	数学科学学院	陈　猛	男	1966年12月	教授
86	数学科学学院	谷超豪	男	1926年5月	教授
87	数学科学学院	郭坤宇	男	1963年10月	教授
88	数学科学学院	洪家兴	男	1942年11月	教授
89	数学科学学院	胡和生	女	1928年6月	教授
90	数学科学学院	李大潜	男	1937年11月	教授
91	数学科学学院	汤善健	男	1966年4月	教授
92	数学科学学院	吴泉水	男	1962年8月	教授
93	数学科学学院	吴宗敏	男	1957年6月	教授
94	数学科学学院	肖体俊	女	1964年7月	教授
95	数学科学学院	杨劲根	男	1947年8月	教授
96	数学科学学院	周　忆	男	1963年9月	教授
97	数学科学学院	周子翔	男	1963年8月	教授
98	图书馆	吴　格	男	1952年12月	研究馆员
99	外文学院	陆谷孙	男	1940年3月	教授
100	文史研究院创新基地	葛兆光	男	1950年4月	教授
101	物理学系	封东来	男	1972年10月	教授
102	物理学系	龚新高	男	1962年6月	教授
103	物理学系	郝柏林	男	1934年6月	教授
104	物理学系	侯晓远	男	1959年12月	教授
105	物理学系	蒋最敏	男	1962年4月	教授
106	物理学系	金晓峰	男	1962年6月	教授
107	物理学系	陆　昉	男	1957年6月	教授
108	物理学系	陶瑞宝	男	1937年3月	教授
109	物理学系	王　迅	男	1934年4月	教授
110	物理学系	吴长勤	男	1961年5月	教授

续 表

序 号	单 位	姓 名	性 别	出生年月	专业技术职务
111	物理学系	张新夷	男	1942 年 10 月	教授
112	物理学系	周 磊	男	1972 年 7 月	教授
113	物理学系	周鲁卫	男	1947 年 4 月	教授
114	物理学系	资 剑	男	1964 年 5 月	教授
115	现代物理研究所	曹国平	男	1952 年 9 月	副研究员
116	现代物理研究所	杨福家	男	1936 年 6 月	教授
117	现代物理研究所	邹亚明	女	1960 年 11 月	教授
118	新闻学院	黄芝晓	男	1946 年 1 月	教授
119	新闻学院	李良荣	男	1946 年 1 月	教授
120	新闻学院	刘海贵	男	1950 年 9 月	教授
121	新闻学院	孟 建	男	1954 年 7 月	教授
122	新闻学院	童 兵	男	1942 年 11 月	教授
123	信息学院	曾 璇	女	1969 年 4 月	教授
124	信息学院	陈良尧	男	1950 年 11 月	教授
125	信息学院	洪志良	男	1946 年 8 月	教授
126	信息学院	黄大鸣	男	1957 年 10 月	教授
127	信息学院	金庆原	男	1964 年 11 月	教授
128	信息学院	金亚秋	男	1946 年 9 月	教授
129	信息学院	王威琪	男	1939 年 5 月	教授
130	信息学院	张 卫	男	1968 年 5 月	教授
131	学校办公室	陈晓漫	男	1954 年 8 月	教授
132	学校办公室	刘建中	女	1954 年 6 月	教授
133	药学院	陈道峰	男	1965 年 5 月	教授
134	药学院	蒋新国	男	1947 年 1 月	研究员
135	哲学学院	陈学明	男	1947 年 2 月	教授
136	哲学学院	刘放桐	男	1934 年 5 月	教授
137	哲学学院	孙承叔	男	1948 年 3 月	教授
138	哲学学院	吴晓明	男	1957 年 7 月	教授
139	哲学学院	杨泽波	男	1952 年 6 月	教授
140	哲学学院	俞吾金	男	1948 年 6 月	教授
141	哲学学院	张汝伦	男	1953 年 5 月	教授
142	中国语言文学系	陈尚君	男	1952 年 6 月	教授
143	中国语言文学系	陈思和	男	1954 年 1 月	教授
144	中国语言文学系	黄 霖	男	1942 年 6 月	教授
145	中国语言文学系	刘 钊	男	1959 年 7 月	教授
146	中国语言文学系	骆玉明	男	1951 年 7 月	教授
147	中国语言文学系	裘锡圭	男	1935 年 6 月	教授
148	中国语言文学系	申小龙	男	1952 年 9 月	教授
149	中国语言文学系	汪涌豪	男	1962 年 6 月	教授

续 表

序　号	单　　位	姓　名	性　别	出生年月	专业技术职务
150	中国语言文学系	王安忆	女	1954 年 3 月	教授
151	中国语言文学系	王水照	男	1934 年 6 月	教授
152	中国语言文学系	朱立元	男	1945 年 7 月	教授

2011—2012 年度复旦大学入选“卫生部有突出贡献中青年专家”名录

序　号	姓　名	单　位
1	桂永浩	儿科医院
2	冯晓源	华山医院
3	符伟国	中山医院

（人事处供稿）

2012 年复旦大学新增名誉教授、顾问教授、兼职教授名录（海外）

名誉教授

姓　名	所 在 单 位	职称/职务	受聘日期	受聘单位
Peidong Yang 杨培东	美国加州大学伯克利分校	教授	5 年(2012 年 10 月聘任)	化学系
Omar M. Yaghi	美国加州大学伯克利分校	教授	5 年(2012 年 10 月聘任)	化学系
Robert C Gallo	美国马里兰大学医学院人类病毒学研究所	教授	5 年(2012 年 10 月聘任)	基础医学院

顾问教授

姓　名	所 在 单 位	职称/职务	受聘日期	受聘单位
Jacqueline M. Dunbar-Jacob	美国匹兹堡大学	教授	5 年(2012 年 6 月聘任)	护理学院

兼职教授

姓　名	所 在 单 位	职称/职务	受聘日期	受聘单位
CaiZhuang Wang 王才壮	美国能源部埃姆斯实验室	资深科学家	3 年(2012 年 1 月聘任)	信息科学与工程学院
Xiaodong Wang 王晓东	美国哥伦比亚大学	教授	3 年(2012 年 1 月聘任)	信息科学与工程学院
Qing Zhao 赵青	美国加州大学戴维斯分校	教授	3 年(2012 年 1 月聘任)	信息科学与工程学院
Hua WANG 王华	美国俄亥俄州立大学	副教授	3 年(2012 年 1 月聘任)	生命科学学院
Jianhua Wang 陈建华	香港科技大学	教授	3 年(2012 年 1 月聘任)	古籍所
丁国荣	申银万国证券有限公司	董事长	3 年(2012 年 4 月聘任)	经济学院
谢国明	《人民日报》社	高级编辑/副总编辑	3 年(2012 年 4 月聘任)	新闻学院
刘　勇	国家开发银行	高级工程师/业务发展局局长	3 年(2012 年 7 月聘任)	管理学院
Siyuan Yu 余思远	英国 Bristol 大学	教授	3 年(2012 年 11 月聘任)	信息科学与工程学院
Yongping Zheng 郑永平	香港理工大学	教授	3 年(2012 年 1 月聘任)	信息科学与工程学院

（人事处、外事处供稿）

2012 年复旦大学博士后科研流动站情况一览表

<table>
<tr><th colspan="2">学　科</th><th>站负责人</th><th>已离站人数</th><th>现在站人数</th></tr>
<tr><td colspan="2">哲　学</td><td>张庆熊</td><td>77</td><td>30</td></tr>
<tr><td colspan="2">理论经济学</td><td>袁志刚</td><td>204</td><td>37</td></tr>
<tr><td colspan="2">应用经济学</td><td>姜波克</td><td>257</td><td>73</td></tr>
<tr><td colspan="2">法　学</td><td>孙南申</td><td>8</td><td>8</td></tr>
<tr><td colspan="2">政治学</td><td>陈明明</td><td>49</td><td>36</td></tr>
<tr><td colspan="2">社会学</td><td>周　怡</td><td>20</td><td>32</td></tr>
<tr><td colspan="2">马克思主义理论</td><td>顾钰民</td><td>4</td><td>6</td></tr>
<tr><td colspan="2">中国语言文学</td><td>陈思和</td><td>195</td><td>45</td></tr>
<tr><td colspan="2">外国语言文学</td><td>张　冲</td><td>16</td><td>14</td></tr>
<tr><td colspan="2">新闻传播学</td><td>童　兵</td><td>98</td><td>44</td></tr>
<tr><td rowspan="3">(历史学)</td><td>考古学</td><td>陆建松</td><td rowspan="3">77</td><td rowspan="3">24</td></tr>
<tr><td>中国史</td><td>姜义华</td></tr>
<tr><td>世界史</td><td>顾云深</td></tr>
<tr><td colspan="2">数　学</td><td>李大潜</td><td>104</td><td>26</td></tr>
<tr><td colspan="2">物理学</td><td>周　磊</td><td>126</td><td>27</td></tr>
<tr><td colspan="2">化　学</td><td>范康年</td><td>220</td><td>44</td></tr>
<tr><td colspan="2" rowspan="2">生物学</td><td>梅岩艾</td><td rowspan="2">205</td><td rowspan="2">50</td></tr>
<tr><td>查锡良(医)</td></tr>
<tr><td colspan="2">生态学</td><td>陈家宽</td><td></td><td></td></tr>
<tr><td colspan="2">统计学</td><td>郑　明</td><td></td><td></td></tr>
<tr><td colspan="2">力　学</td><td>唐国安</td><td>16</td><td>1</td></tr>
<tr><td colspan="2">材料科学与工程</td><td>武利民</td><td>29</td><td>14</td></tr>
<tr><td colspan="2">电子科学与技术</td><td>王威琪</td><td>59</td><td>15</td></tr>
<tr><td colspan="2">计算机科学与技术</td><td>薛向阳</td><td>84</td><td>17</td></tr>
<tr><td colspan="2">环境科学与工程</td><td>陈建民</td><td>15</td><td>14</td></tr>
<tr><td colspan="2">生物医学工程</td><td>汪源源</td><td>11</td><td>3</td></tr>
<tr><td colspan="2">软件工程</td><td>赵文耘</td><td></td><td></td></tr>
<tr><td colspan="2">基础医学</td><td>袁正宏</td><td>66</td><td>26</td></tr>
<tr><td colspan="2">临床医学</td><td>冯晓源</td><td>162</td><td>46</td></tr>
<tr><td colspan="2">公共卫生与预防医学</td><td>姜庆五</td><td>21</td><td>3</td></tr>
<tr><td colspan="2" rowspan="2">中西医结合</td><td>沈自尹(临床)</td><td rowspan="2">17</td><td rowspan="2">5</td></tr>
<tr><td>吴根诚(基础)</td></tr>
<tr><td colspan="2">药　学</td><td>朱依谆</td><td>22</td><td>10</td></tr>
<tr><td colspan="2">护理学</td><td>胡　雁</td><td></td><td></td></tr>
<tr><td colspan="2">管理科学与工程</td><td>黄丽华</td><td>89</td><td>18</td></tr>
<tr><td colspan="2">工商管理</td><td>芮明杰</td><td>99</td><td>51</td></tr>
<tr><td colspan="2" rowspan="2">公共管理</td><td>竺乾威</td><td rowspan="2">67</td><td rowspan="2">49</td></tr>
<tr><td>郝模(医)</td></tr>
</table>

注：考古学、中国史、世界史流动站为原历史学流动站调整增设。

2012 年复旦大学奖教金一览表

奖教金名称	获奖人数	获奖金额	获奖对象
宝钢教育基金奖教金	5人	优秀教师奖1万元/人	全校教师
复旦大学第一三共制药奖教金	5人	6 000元/人	医科院系及附属医院教师
IBM奖教金	1人	10 000元/人	计算机科学学院教师
普康医学优秀教师奖教金	1人	30 000元/人	医科院系及附属医院教师

（人事处供稿）

退休教职工

【概况】 2012年，学校退休教职工工作自觉执行党的老龄工作政策，扎实有效地开展各项服务管理工作，较好地落实“六个老有”工作目标。

截至2012年12月，学校共有退休教职工4 653人，其中教师3 018人、行政人员517人、工勤人员1 118人。

合理有效配置资源，做好关心关爱工作。本着普遍关心与重点关心相结合的原则，继续做好“夏送清凉”、“冬送温暖”工作，其中“夏送清凉”共慰问4 533位退休教工，发放慰问金123.4万元；“冬送温暖”共慰问4 631位退休教职工，发放慰问金126.78万元。组织敬老月系列活动，为267位逢70、80、90岁的退休教职工举行集体祝寿活动，提高祝寿金标准，其中逢70岁的，每人由100元提高到200元；逢80岁的，每人由200元提高到300元；逢90岁及以上的，每人由300元提高到500元，共计发放祝寿金7.25万元。对全校47位90岁以上退休教职工逐一上门走访慰问，送出慰问金共计2.35万元，获得关于这一群体养老状况的第一手资料。有13位退休教职工获得上海市高校退管会帮困补助，受助金额为每人1 000元，校退管会安排专人登门慰问。管理和使用好“医疗补充金”与“护理帮困金”，为退休教职工老有所医提供保障，全年支付医疗补充金69.38万元，资助717人次；支付护理帮困金26.05万元，资助114人。新设立“复旦大学教职工重病帮困金”，切实缓解老同志因病致贫的问题。继续由学校全额出资，为全校4 506位退休教职工办理“上海市退休职工住院补充医疗互助保障计划”集体投保，保费标准为每人每年135元，共支付保费60.83万元，共有439人次获得理赔，赔付金额共计46.66万元。为95岁以上老同志发放“福瑞津贴”，共计4.8万元。按服务对象规模调整联络员月津贴，共设150元、180元、200元等3档。按校区、分上下半年为新退休的237位教职工举行欢迎仪式；访贫问苦136人次，支付慰问金7.79万元；安抚逝者70人，发放慰问金3.5万元。为全校安装“电子保姆”的80岁以上退休教职工支付信息费2.37万元。

强化规范管理，稳步推进工作。建立分管校领导向退休教职工通报校情制度，坚持每月一次的老干部工作处、退休教职工管理委员会（简称“退管会”）处长联席会议制度，坚持逢单月召开的退管工作联络员例会制度，不定期召开本处处长会议、处务会议等，形成会议纪要，下发相关人员并备案。按学期组织退管工作联络员、联系人开展工作培训。制订《复旦大学退管会服务指南》、《复旦大学退管会发文基本流程》等，对“医疗补充金费用报销流程图”、“护理帮困金报销流程图”的版面予以调整美化，将部分工作流程图张贴在办公室外面的走廊。理顺工作人员职责分工，调整和扩大部分办公室空间。及时更新退管会网站，每季度编发一期《退休工作简报》。配合相关部门做好政策解读和思想引导工作，保证上海市规范事业单位退休人员生活补贴工作平稳落实。党的十八大召开前后，协同各方面力量，采取多种措施，有效避免一些群体性和个体性上访等事件的发生，维护大局稳定。

深化理论研究，推动工作实践。5月22日，举办“以人为本解读人口老龄化暨庆祝复旦大学建校107周年老年学理论研讨会”，邀请社会发展与公共政策学院教授任远做开场报告。全年向上海市高校退管会提交老年学理论文章15篇，其中3篇论文获得上海市退休职工管理研究会年会“优秀论文奖”。校退管会老年理论研究工作再次受到上海市高校退休职工管理委员会的表彰，获得“优秀组织奖”。推荐8篇论文参加“上海市退休教职工协会‘老龄工作论坛’征文”，2篇获得“优秀论文奖”，校老教授/退离休教师协会获得优秀组织奖。

搭建活动载体，丰富精神文化生活。抓好表演类社团日常排练，积极组织开展暑期校园橱窗“摄影书画手工艺”展、球类和棋牌类比赛、文艺演出等校内外活动，丰富老同志精神文化生活，展示退休教职工良好精神风貌，并为学校争得荣誉。2012年，老年合唱团获“上海市第三届无伴奏合唱比赛”金奖（第7名）、老年桥牌队获“第十八届上海市高校退休教工桥牌赛”A组条线东西组第一名和南北组第二名、老年象棋队获“第九届上海市退休教职工象棋赛”团体第二名、老年场地高尔夫球队获“复旦、上体、上理工三校场地高尔夫球友谊赛”团体第二名、老年门球队获“杨浦区2012年度总决赛”第二名和“杨浦区第一届市民运动会门球赛”第7名、门球女队获“道德风尚奖”。努力办好老年大学，2012年，共招生1 120人次；开设各类课程23门，其中新开课程4门，设立班级51个；聘任课教师

34 名；积极争取市老干部大学等社会办学力量的支持，为枫林校区老同志就近上学创造条件；经申报审批，复旦大学老年大学正式成为"上海市老年教育研究基地"。组织 1 341 位 75 岁以下退休教职工开展"宝山炮台湾湿地公园一日游"活动。自 2012 年 1 月起，为每位退休教职工订阅《上海退休生活》。

重视发挥校老教授协会、退离休教师协会等群众组织的作用，协助开展各种活动以及编辑、出版协会的《简报》，支持编撰《复旦名师剪影》一书等。（梁金成）

【设立"复旦大学教职工重病帮困金"】 由复旦大学校长杨玉良院士亲自募集、上海复宝软件科技发展有限公司捐资 100 万元成立的"复旦大学教职工重病帮困金"，于 2012 年 5 月 1 日正式启动运行。按照该帮困金实施办法，退休教职工到医保定点医院就医所发生的不属医保报销范围的医疗费用，在本人提出资助申请前的 3 个月内累计超过 5 万元(含)的，该帮困金按 50%的比例给予资助，最高资助额为 5 万元，2012 年，共资助 4 人，资助金额共计 13.7 万元。该帮困金由上海复旦大学教育发展基金会具体管理并作进一步的资金募集。（梁金成）

【扩大"夏送清凉"和"冬送温暖"覆盖面】 2012 年的"夏送清凉"活动，将慰问对象扩大到 75 岁以下退休教职工，实现全覆盖。"冬送温暖"活动在全覆盖的基础上，提高对孤老、一老养一老者、抚养病残子女者、本人残疾者、失去独生子女者、患重病住院者等重点关心对象的慰问标准。2012 年"冬送温暖"的各类慰问标准为：属重点关心对象的，80 岁以下的每人 500 元，80 岁及以上的每人 800 元；其他人员，80 岁及以上的每人 500 元，75—79 岁的每人 300 元，74 岁及以下的每人 200 元。全年共送出慰问金 250.18 万元。（梁金成）

【退休工作获市高校系统先进】 在上海市高等学校退休教职工管理委员会开展的 2009—2011 年度上海市高校系统退管工作先进集体、先进个人评选活动中，复旦大学退管会被评为"先进集体"；校退管会郭小兰被评为"先进个人"；信息学院方林虎、校部机关韩宗英、数学学院尚汉冀、经济学院洪远朋获"老有所为"精英奖；附属中学陈克明、生命科学学院陈永青、校部机关苏咏絮、信息学院於伟峰被评为"优秀块组长"。（梁金成）

【老年理论研究成果获市级奖励】 在上海市退休职工管理研究会年会优秀论文评选活动中，校部机关陈勤的《重视退休职工回归社区　促进社会和谐发展》一文，获优秀论文一等奖；哲学学院金邦秋的《以积极养老的老龄化理念推进老年文化建设》一文，获优秀论文二等奖；校退管会林丽的《略论老年人的精神赡养问题》一文，获优秀论文三等奖。在"2012 上海市退教协'老龄工作论坛'征文"活动中，管理学院华宏鸣的《"积极老龄化"与"老有所用"》一文，获优秀论文一等奖；校部机关沈文龙、孙伟伟的《高校要努力开展老年教育理论研究》一文，获优秀论文三等奖。（梁金成）

七、外 事 工 作

对外交流与合作

【概况】 2012年，外事处将工作的重要内涵定位为：创造并把握机会，加大与国外高校的联系及合作，为复旦师生争取更多的交流机会，大力推动复旦各学科在学术和科研方面与国际接轨。作为归口和支持部门，外事处开展一系列可执行、可衡量且有成效的工作，推进复旦大学的国际化进程。

全年接待境外嘉宾共1 721人次，293批次，其中包括校长20人，副校长25人，各国政要32人。全年共有6 073人次出国出境，其中学生(包括高职生、大专生和小学生)2 246人(数据截至2012年12月20日)，教师2 506人，博士后41人，附属医院人员1 193人。

获教育部审批主办或承办的国际及地区学术会议54个，包括"2012年太平洋小儿外科学会大会"、"2012上海论坛"、"第二十一届国际表面与薄膜磁学会议"、"2012年国际固态和集成电路会议"等一些规模较大、学术水平较高、在国际上有一定影响的国际学术会议。办理《被授权单位签证通知表》824人次，其中包括诺贝尔奖获得者、外国科学院院士等，办理各类报文94个。

全年共有长期专家103名，各类短期专家680名，新增"名誉教授"、"顾问教授"和"兼职教授"等荣誉称号的专家11人。全年执行"学科创新引智计划"3个，教育部海外名师项目1个，上海市智力引进项目32个，复旦大学海外优秀学者授课项目40个。经外事处组织申报，复旦大学获批"外专千人"专家2位，其中，数理平台教授大卫·维克斯曼(David Waxman)获颁"国家特聘专家"证书，并赴京参加习近平同志主持的外国专家座谈会、赴深圳参加国家特聘专家证书授予仪式、赴浙江参加上海市外国专家局组织的专家疗养活动等。经外事处推荐申报，附属儿科医院加拿大籍教授李树锦(Shoo Kim LEE)获得2012年上海市白玉兰纪念奖。

全年有学生2 316人次出国出境交流，其中长期交流学生976人次，短期交流学生1 340人次。本科生1 292人次，研究生1 024人次。按照校际协议接收来自境外友好学校的长期交流学生677人次。其中，加拿大女王大学与复旦大学联合培养博士生取得突出成绩，复旦大学公共卫生学院2008级博士研究生金欢在加拿大女王大学访问学习期间完成的论文"Longer-Term Outcomes of Letrozole Versus Placebo After 5 Years of Tamoxifen in the NCIC MA. 17 Trial: Analyses Adjusting for Treatment Crossover"发表于美国临床肿瘤学会会刊 *Journal of Clinical Oncology*(《临床肿瘤学杂志》)。举办2012年度哈佛—复旦暑期课程项目。

完善国际交流的布局。全年与17所境外大学或机构新签校际协议，新发展的境外大学和机构包括俄罗斯联邦国家高等经济研究大学、美国国家人文中心等，开展实质性的合作和交流。启动香港大学内地千人计划，举办第一届复旦—政大青年论坛。

举办德意志学术交流中心(DAAD)德国高校日、欧洲日、留德咨询日活动，主办中华文化研习营、2012年亚洲校园风险管理论坛，协办2012第四届西湖论坛，参与2012上海论坛工作，参加孔子学院的理事会和年会，并获得孔子学院"先进中方合作院校"称号。

2012年，复旦大学港澳台事务办公室获得"上海市对台工作先进集体"荣誉称号。复旦大学港澳台事务办公室退休教师郁大初获得"上海市对台工作特别奉献奖"。

(赵沛然　朱一飞)

【加拿大女王大学校长到访】 2月14日上午，加拿大女王大学校长丹尼尔·沃尔夫(Daniel Woolf)访问复旦大学。校长杨玉良会见沃尔夫一行，并共同续签两校合作交流协议。2000年复旦大学与女王大学签订校际交流总协议，并陆续开展学生交流、合作教学、合作科研等活动。为进一步拓展双边合作，2007年11月，女王大学正式宣布在复旦大学成立中国代表处。通过该次续签协议，两校的合作将从生物、环境、社会、政策等拓展到法律、医学、信息科学等领域。(赵沛然　朱一飞)

【美国圣母大学校长来访】 3月14日下午，美国圣母大学教务长托马斯·伯利施(Thomas Burish)、商学院院长罗格·黄(Roger Huang)、国际事务副主任约纳坦·诺贝尔(Jonathan Noble)和外联处高级主管乔治·基冈(George Keegan)访问复旦大学。复旦大学副校长陆昉及外事处、教务处、信息学院、管理学院等职能部门和院系的负责同志参与接待，并介绍学校的国际化发展，全英语暑假学校项目等情况。双方就各自感兴趣的、有可能进行合作的领域进行交流。会谈结束后，托马斯与陆昉代表双方学校签署校际合作协议。

(赵沛然　朱一飞)

【美国北卡罗来纳大学系统总校校长到访】 详见【综述】第42页。

【举行德意志学术交流中心(DAAD)德国高校日活动】 该活动于3月20日下午在复旦大学外事处举行。由德意志学术交流中心(DAAD)上海信息中心联合德国9所知名高校院所的代表举办。德国的不莱梅大学、哥廷根大学、汉堡大学、耶拿大学、康茨坦茨大学、慕尼黑工大、慕尼黑应用语言大学、歌德语言学习中心、杜塞尔—中国中心等到现场进行推介。活动中,学生们就各自关心的留学问题与自己感兴趣的德国大学进行面对面的沟通,增进对德国留学及生活的兴趣和了解。（赵沛然 朱一飞）

【法国里昂高等师范学校校长一行到访】 4月11日上午,法国里昂高等师范学校(ENS Lyon)校长雅克·萨马鲁特(Jacques SAMARUT)一行到校访问。副校长冯晓源接待雅克一行,外文学院相关负责人参与接待。两校已在化学、数学等学科领域建立合作,会谈中,双方就在复旦大学法语系落实合作与交流进行商谈。冯晓源提出,希望双方以学生交流为基础,拓展至多个学科的科研合作。会谈后,雅克在复旦法语系签订学生交流协议。2012年秋季起,复旦大学法语系研究生派往该校交流。

（赵沛然 朱一飞）

【东京财团到访】 4月23日上午,东京财团执行董事柴崎治生(Haruo Shibazaki)率团访问复旦大学,并召开笹川良一优秀青年奖学金基金会(SYLFF)委员会会议。会上,东京财团介绍新的笹川良一优秀青年奖学金基金会(SYLFF)操作手册(包括"安全和保障"方式的定义、积累和使用"储备金"的规则、投资本地货币的规则)以及财务报告格式的调整等。复旦大学代表作关于笹川良一优秀青年奖学金基金会(SYLFF) Fellowship项目报告,包括2009—2011年3年的项目报告及财务报告、2012年的奖学金选拔计划及笹川良一优秀青年奖学金基金会SYLFF奖学金与复旦其他奖学金项目的比较。会上,东京财团还与获取SYLFF奖学金的学生代表见面会谈,鼓励学生从事更多的学术交流活动。笹川良一优秀青年奖学基金于1992年在复旦大学设立,由东京财团捐资赞助,最初主要奖励青年教师和文科研究生,后改为只奖励文科研究生。

（赵沛然 朱一飞）

【启动香港大学内地学习千人计划】 详见【综述】第42页。

【杨玉良一行出访芬兰、丹麦、瑞典】 5月6—13日,复旦大学校长杨玉良一行访问芬兰图尔库大学、赫尔辛基大学,丹麦哥本哈根大学,并参加由瑞典隆德大学承办的U21年会。随行包括外事处、文科科研处、外文学院、药学院等相关职能部门和院系负责人。访问期间,杨玉良分别与图尔库大学校长凯约·韦尔塔南 Keijo Virtanen,赫尔辛基大学校长威廉逊 Wilhelmsson,哥本哈根大学校长拉尔夫·海明森 Ralf Hemmingsen 等会面,并讨论双方的合作事宜以及进一步拓展或深化合作交流的可能性;参观图尔库大学东亚研究中心、赫尔辛基大学孔子学院、法学院等,与相关人员进行会谈。在U21会议期间,与隆德大学就深化两校战略合作伙伴关系进行深入有效的讨论。

（赵沛然 朱一飞）

【土耳其巴特曼省省长率领迪科(Dicle)发展机构代表团到访】 5月22日上午,土耳其巴特曼省省长艾哈迈德·图尔汗率领迪科(Dicle)发展机构代表团访问复旦大学,副校长林尚立接待省长一行。到访人员还包括希尔特省省长穆萨·秋鲁克,西马克省省长凡哈德汀·厄兹坎等多名土耳其官员以及土耳其 Dicle 发展机构的专家。到访目的主要是了解复旦发展研究院的定位、职能等相关信息,并进行相互交流。林尚立向外宾介绍复旦大学的情况,并重点介绍了复旦发展研究院作为上海市政府智囊团的定位以及下设上海论坛的各项情况。代表团也介绍他们发展机构的职能和项目。（赵沛然 朱一飞）

【澳大利亚驻华大使到访】 5月18日,澳大利亚驻华大使孙芳安(HE Ms. Frances Adamson)到访,校长杨玉良接待大使一行。陪同大使到访的有澳驻华使馆一秘盖伊·汉弗莱(Guy Humphrey),澳驻沪总领馆教育领事徐佩仪等。复旦大学国际关系学院、大学英语部、外事处相关负责人陪同会见,在复旦就读的新南威尔士大学及昆士兰大学的校际交流学生一同参加会见。杨玉良向孙芳安介绍复旦同澳大学的交往概况及近期工作重点,希望双边能就生物医学开展高层次合作研究。2012年是中澳建交40周年,孙芳安向复旦大学赠送澳大利亚前政要首次访问中国的珍贵照片。（赵沛然 朱一飞）

【芬兰教育部长到访】 5月31日上午,应国家教育部邀请到华访问的芬兰教育部长尤卡·古斯塔夫松(Jukka Gustafsson)一行,在芬兰驻沪总领事贺睦宁及教育部和上海市教委领导的陪同下,到复旦大学访问。副校长冯晓源接待部长一行。会见期间,宾主双方回顾芬兰高校与复旦大学的广泛合作,并表达更进一步促进双方多层面的交流与合作的意愿和信心。复旦大学外事处、复旦大学北欧中心相关负责人参与接待。会谈结束后,冯晓源陪同古斯塔夫松一行参观在复旦展出的"马达汉的中国西域考察之旅(1906—1908)"摄影展。并参观北欧中心大楼,该楼宇由北欧五国政府、北欧成员大学及部分北欧公司、基金会共同赞助重建。

（赵沛然 朱一飞）

【朱之文率团访问汉堡大学和爱丁堡大学】 6月4—9日,复旦大学党委书记、校务委员会主任朱之文率团访问德国汉堡大学和英国爱丁堡大学,并参加国家汉办/孔子学院总部在爱丁堡举办的欧洲孔子学院联席会议。随行的有复旦大学副校长冯晓源、外事处相关负责人。访问期间,朱之文分别与德国汉堡大学校长迪特·伦岑(Dieter Lenzen)、爱丁堡大学校长迪默斯·欧希尔(Timothy O'Shea)进行会晤,就双边关系以及未来在汉学、中国问题研究方面加强合作进行讨论;与爱丁堡大学续签两校共建孔子学院的合作协议。在英国爱丁堡举行的欧洲孔子学院联席会议上,朱之文代表中国合作院校发言,就中华文明对于世界文明的影响,孔子学院建立的意义等进行阐述。

（赵沛然 朱一飞）

【日本野村综合研究所社长到访】 9月6日,日本野村综合研究所社长嶋本正访问复旦大学。校长杨玉良会见并宴请嶋本正一行。会谈中,杨玉良提出希望野村综合研究所一如既往地支持复旦，支持上海复旦复华科技股份有限公司旗下软件信息产业的主干企业——中和软件有限公司的发展。嶋本正在复旦大学计算机学院作题为“关于云计算未来发展”的演讲。（赵沛然 朱一飞）

【印度驻沪总领事到访】 9月25日，印度驻上海总领事史耐恩（Naveen Srivastava）访问复旦大学，并与校长杨玉良进行会谈。双方就人才交流，共同谋求建立金砖五国高校联盟，推动金砖国家之间合作提供智力支持和教育培训服务等问题进行商谈。（赵沛然 朱一飞）

【杨玉良在“跨越澳中，展望2020”知识前沿研讨会讲话】 10月29日，悉尼大学在上海举办“跨越澳中，展望2020”知识前沿研讨会。复旦大学校长杨玉良出席研讨会并作题为“教育40年，未来的步伐”的演讲，强调通识教育和人文社会科学教育在当今高等教育中的重要性。（赵沛然 朱一飞）

【美国前总统顾问到访】 11月8日，应中国外交学会邀请，美国前总统老布什顾问、美国前驻卡塔尔大使查斯·昂特迈耶（Chase Untermeyer）携夫人访问复旦大学。昂特迈耶就美国总统大选及卡塔尔概况向复旦师生作演讲。演讲回顾美国布什、里根等前总统在竞选或连任选举时的国际、政治、经济等背景，以及这些背景对选举结果的影响，分析2012年总统大选中奥巴马和罗姆尼竞选宗旨和他们的政治、经济等方面主张的利弊，以及美国主要竞选州对竞选结果的影响，预期奥巴马连任政府在中美关系方面的政策，并希望中美两国关系朝着稳定互利健康的方向发展。（赵沛然 朱一飞）

【举行2012第四届“西湖论坛”在上海】 该论坛于11月17—18日在上海佘山索菲特大酒店举行。由美国中华医学基金会（CMB，China Medical Board）资助，复旦大学、上海市卫生局、浙江大学和CMB共同主办。论坛的主题为“加强中国的教育研究性医疗体系（AHS，Academic Health System）”，旨在医疗和教育改革对话中引进并推广“学术型医学”（AM，Academic Medicine）、“教育研究型医疗中心”（AHC，Academic Health Center）及AHS等理念，探讨AHS在中国的可操作性及如何推动以系统为基础的第三代医学教育改革和医疗服务改革。与会的国内外大学，医学院校共30所，参会代表约170名。与会者从“AHS的最新进展”、“在AHS中如何开展医学教育”、“探讨医学教育面临问题的解决方法”、“如何改进AHS的治理和财务制度”4个方面进行对话和研讨。该届西湖论坛作为复旦大学上海医学院成立85周年庆祝活动的一部分，由复旦大学外事处、CMB事务办公室主要承办。（赵沛然 朱一飞）

【大卫·维克斯曼（David Waxman）出席外国专家座谈会】 12月5日，中共中央总书记习近平在北京人民大会堂主持外国专家座谈会，与20位外国专家座谈。复旦大学计算系统生物学中心教授Waxman作为复旦大学首批入选“外专千人计划”的高端专家受邀赴京。中央领导马凯、赵乐际、栗战书、戴秉国等会谈时在座。习近平向专家们对中国发展进步所做出的重要贡献表示感谢并听取4位外国专家代表的发言，认为专家们的意见和建议很有见地。外国专家们对习近平总书记在中共十八大后不久邀请他们参加座谈会表示高兴，认为这充分体现了中国党和政府坚持改革开放、加强中外合作的决心和愿望，感谢中方为他们提供良好工作和生活环境，愿为中国现代化建设做出更大贡献。（赵沛然 朱一飞）

【举行“2012年亚洲校园项目”风险管理论坛】 该论坛于11月9日在复旦大学美研中心104报告厅举行。由复旦大学国际关系与公共事务学院、陈树渠比较政治研究中心、韩国高丽大学以及日本神户大学共同承办。来自中国、韩国、日本、澳大利亚的数十名学者及研究生围绕着论坛的核心议题：“东亚及中国应急恢复弹性体系的建设发展（Building Resiliency for Emergency Management in East Asia and China）”展开讨论，进行深入交流。（赵沛然 朱一飞）

【墨西哥驻沪总领事到访】 11月28日，墨西哥驻沪总领事罗兰德·加尔西亚·阿隆索（Rolando Garcia Alonso）访问复旦大学。校长杨玉良接待总领事一行，向来宾介绍学校跨学科人文社科中心情况，学校在美国和欧洲的2个中国研究中心的情况，西班牙语课程以及英文课程等情况，并介绍复旦学生海外交流计划，指出在国际化背景下，需要培养学生对不同文化的理解以及与不同文化背景的人沟通的能力。双方进一步探讨在人文、社科、医学、公共卫生领域等方面的合作。（赵沛然 朱一飞）

【获得孔子学院“先进中方合作院校”称号】 12月16—18日，第七届全球孔子学院大会在北京国家会议中心召开，来自108个国家和地区的大学校长、孔子学院代表、国内外教育机构代表共2 000多人出席会议。与会人员就大会主题“促进孔子学院融入大学和社区”展开讨论，并达成广泛共识。会上，复旦大学获得国内先进孔院合作单位称号。（赵沛然 朱一飞）

附 录

2012年重要代表团来访情况一览

国外代表团

1）校长来访

1月6日	日本大阪医科大学校长竹中洋
2月14日	加拿大女王大学校长 Daniel Woolf

续 表

2月21日	加拿大多伦多大学校长 David Naylor
3月19日	美国北卡罗来纳大学总校校长 Tom Ross
4月11日	法国里昂高等师范学院校长 Jacques SAMARUT
4月24日	法国里昂高等商学院院长 Patrick Molle
5月25日	美国华盛顿圣路易斯大学校长 Mark Wrighton
6月13日	美国史密斯学院校长 Carol Christ
7月10日	马耳他大学校长 Juanito Camilleri
9月5日	德国开姆尼茨技术大学校长 Arnold van Zyl
9月5日	U21 执行委员会执行委员会主席、爱尔兰都柏林大学校长 Hugh Brady
9月10日	荷兰 Erasmus 大学校长 Mrs. Van der Meer Mohr
10月8日	美国加州大学洛杉矶分校校长 Gene Block
10月19日	法国昂热高等商学院校长 Catherine Leblanc
10月25日	比利时鲁汶大学校长 Mark Waer
10月23日	新西兰奥克兰大学校长代表团 Stuart McCutcheon
11月9日	芬兰图尔库大学校长代表团校长 Kalervo Väänänen
11月28日	新加坡南洋理工大学校长 Bertil Andersson

2) 副校长来访

2月28日	挪威管理学院副校长 Morten Fjeldstad
3月6日	法国巴黎政治学院副校长 Francis Verillaud
3月14日	美国圣母大学教务长 Thomas Burish
3月16日	爱沙尼亚塔林理工大学副校长 Alar Kolk
4月18日	法国奥尔良大学副校长 Ary Bruand
4月19日	意大利东方大学副校长 Giuseppe Cataldi
5月17日	瑞典乌普萨拉大学常务副校长 Anders Malmberg
5月24—26日	丹麦奥尔堡大学副校长 Inger Askehave
5月31日	美国密执安大学教务长 Philip Hanlon
9月10日	美国南加州大学副教务长 Matthew Erskine
9月21日	西班牙加泰罗尼亚大学地区高校副校长代表团
10月16日	澳大利亚麦柯里大学副校长 Jim Piper
10月18日	瑞士苏黎世大学副校长和 EMBA 项目院长 Andrea Schenker Wicki
10月22日	加拿大蒙特利尔大学副校长 Helen David
10月23日	英国利物浦大学执行副校长 Andrew Derrington
10月23日	美国圣母大学副教务长 Nicholas Entrinkin
10月31日	比利时布鲁塞尔自由大学副校长 Serge Jaumain
11月1日	爱沙尼亚塔林理工大学副校长 Erkki Truve Alar Kolk
11月2日	法国巴黎十一大副校长 Jean-Pierre Faugère
11月7日	英国 Exeter 大学(埃克塞特大学)副校长 Neil Armstrong
11月9日	美国密执安大学副教务长 Mark Tessler
11月12日	加拿大西安大略大学教务长 Janice Deakin
11月21日	夏威夷大学副校长 Reed Dasenbrock、协理副校长 Chingyuan Hu
12月20日	美国杜克大学教务长 Peter Lange

3) 政要来访

3月2日	希腊驻沪总领事 Evgenios Dimitrios Kalpyris
3月8日	巴西驻沪总领馆教育领事 Octavio Lopes
3月13日	爱尔兰驻沪总领事 Austin Gormley
3月26日	丹麦驻沪科技领事 Lars Christensen
3月29日	美国俄荷拉何马农业部部长 Jim Reese
4月10日	匈牙利国会副主席 Istvan Ujhelyi
4月13日、19日	澳大利亚总领事柯未名
4月19日	盖茨基金会
5月3日	韩国高等教育财团朴仁国总长
5月5日	美国中华医学基金会(CMB)主席林肯陈 Lincoln Chen
5月18日	澳大利亚大使孙芳安
5月22日	土耳其巴特曼省省长艾哈迈德·图尔汗
5月24日	北欧中心理事会、董事会
5月31日	芬兰教育部长 Jukka Gustafsson
6月13日	瑞典总领事 Bengt Johansson
9月7日	丹麦科创中心丹麦科技领事 Lars Christensen
9月11日	瑞典议会教育委员会委员长 Tomas Tobé
9月25日	印度驻沪总领事 Naveen Srivastava
9月25日	哈萨克斯坦驻沪总领事哈比特·柯依舍巴耶夫
10月15日	欧盟使团
10月18日	丹麦驻沪总领事 Karsten Ankjær Jensen
10月26日	EPU 协会主席 Winklehner
11月16日	美国中华医学基金会(CMB)主席林肯陈 Lincoln Chen
11月22日	北欧中心理事会
11月22日	泰国驻上海总领事芙诗功女士
11月27日	瑞典国际高等教育和研究合作基金会董事会代表团
11月27日	北加州 Pal Alto 市长 Yiaway Yeh
11月28日	墨西哥驻沪总领事 Rolando Garcia Alonso
12月11日	奥地利欧洲和国际事务公使 Windisch-Graetz
12月13日	美国印第安纳州 Valparaiso 市长 John Costas
12月19日	世界经济论坛全球议程委员会主任 Martina Gmur

港澳台地区代表团

1月9—18日	香港专上学院访问团 30 人
1月13日	香港大学国际事务副总监黎慧霞 2 人
1月31日—2月16日	海协会中华文化研习营 300 人
2月7日	香港中联办科教部李鲁副主任来访 2 人
2月28日	台湾师范大学副校长林东泰 2 人
3月1日	台湾电机电子工业同业公会副秘书长庄秉钧来访 1 人
3月2日	台湾政治大学公企中心副主任黄家齐教授来访 1 人
3月2日	台北西松高中 26 人

续　表

3 月 20 日	香港大学中国事务总监黄依倩来访商谈教育部千人计划启动仪式 6 人
3 月 21 日	上海台商子女学校 30 人
3 月 22 日	台湾电机电子工业同业公会副秘书长、驻大陆首席代表庄秉钧来访 1 人
3 月 23 日	台湾世新大学教授游子翔演讲 1 人
4 月 6 日	香港律师会代表团 25 人
4 月 10 日	授予香港中文大学前校长刘遵义名誉博士学位 8 人
4 月 12 日	香港中学生来访 25 人
4 月 20 日	台北大学教授郑又平演讲 1 人
4 月 26 日	香港大学千人计划启动仪式,徐立之校长率港大代表团 40 人
5 月 11 日	台湾世新大学教授温伟群演讲 1 人
5 月 13—14 日	澳门大学社会学学会学生 20 人
5 月 23 日	台湾师范大学附中访问 33 人
6 月 11 日	香港廉政公署“廉政大使”来访 40 人
6 月 13 日	香港明日领袖计划实习团 30 人
6 月 26 日	台湾嘉义市议会退伍军人团 30 人
6 月 30 日	中华青年发展基金香港实习团 40 人
6 月 30 日	台湾前立法委员、蒋经国英文秘书冯沪祥 1 人
6 月 29 日—7 月 7 日	中华文化研习营第四团台湾玄奘大学团 22 人
7 月 3 日	香港中学生升学考察活动 100 人
7 月 1—10 日	中华文化研习营第三团台湾杰青会团 77 人
7 月 19 日	台中女中来访 50 人
7 月 24—29 日	香港优秀中学生暑期访问团 36 人
7 月 28—8 月 5 日	中华文化研习营第一团文经会团 85 人
8 月 11—12 日	台湾清华顶新计划上海 20 人
8 月 13—21 日	中华文化研习营第二团台湾中山大学团 88 人
8 月 19—8 月 27 日	台湾暑期大学生夏令营 90 人
8 月 20—28 日	复旦政大青年论坛 40 人
8 月 31—9 月 4 日	复旦中大研习营 36 人
9 月 2 日	中国文化大学两岸交流办公室主任李孔智 2 人
9 月 21—22 日	海峡两岸交流促进会崇明活动 120 人
9 月 25 日	中国留学交流(香港)中心有限公司董事长李胜利来访 2 人
9 月 26 日	香港政府驻沪办来访 2 人
10 月 18 日	台湾中兴大学副校长李德财等来访 5 人
10 月 26 日—11 月 1 日	沪港澳才艺大联欢 120 人
11 月 7—17 日	香港特区政府法定语文主任培训班 15 人
11 月 12—14 日	台湾“云门舞集”一行 20 人
11 月 20 日	中国文化大学董事长张镜湖、校长吴万益来访 30 人
11 月 21 日	台湾辅仁大学周善行副校长来访 3 人
11 月 22 日	港澳台高校展示会 40 人
11 月 29 日	台湾校友会创会会长陈龙潭来访 4 人
12 月 3 日	东吴大学校长潘维大来访 2 人

续 表

12 月 7 日	澳门同学演讲比赛 50 人
12 月 8 日	台湾同学篮球比赛 50 人
12 月 11 日	台湾澳门学生来访 12 人
12 月 12 日	台湾海基会 25 人
12 月 13 日	复旦大学校董陈曾焘名誉博士授证仪式 40 人
12 月 18 日	澳门管理学院 29 人

2012 年复旦大学新签合作协议(海外)一览表

海外大学或机构	国家或地区	签约人	签约时间
高丽大学	韩　国	陆　昉	2 月 20 日
多伦多大学	加拿大	陆　昉	2 月 21 日
圣母大学	美　国	陆　昉	3 月 14 日
俄罗斯联邦国家经济研究大学	俄罗斯	林尚立	3 月 23 日
里昂高等商学院	法　国	陆　昉	5 月 27 日
莫纳什大学	澳大利亚	杨玉良	5 月 25 日
鲁汶大学	比利时	杨玉良	5 月 25 日
洪堡大学	德　国	杨玉良	5 月 21 日
韩国高等教育财团　关于中韩大学生交流项目的谅解备忘录	韩　国	杨玉良	5 月 27 日
西澳大学	澳大利亚	杨玉良	7 月 24 日
延世—庆应—立教—复旦暑期交流协议	日本,韩国	杨玉良	9 月 1 日
悉尼科技大学(计算机学院)	澳大利亚	王晓阳	10 月 15 日
不列颠哥伦比亚大学	加拿大	冯晓源、陆昉	10 月 23 日
美国国家人文中心	美　国	杨玉良	10 月 31 日
阿德雷德大学	澳大利亚	冯晓源	11 月 5 日
图尔库大学	芬　兰	冯晓源	11 月 9 日
新加坡管理大学	新加坡	杨玉良	12 月 31 日

2012 年复旦大学举办海内外国际会议一览表

举办时间	会 议 名 称	主办/承办单位
2 月 10 日—11 日	“英语教学的新方向”中澳学者双边会议	外文学院
3 月 1 日—4 日	“亚洲经济发展与国际分工:要素价格与生产率国际比较分析”	经济学院
3 月 29 日—30 日	“IC 的先进光子学失效分析技术”	材料系
4 月 19 日—25 日	第五届亚洲算法和计算联合会常规会议	计算机学院
5 月 10 日—23 日	“2012 年太平洋小儿外科学会大会”	儿科医院
5 月 14 日—16 日	“结技术国际研讨会”	微电子系
5 月 18 日—19 日	“全国视野下的地方”国际学术研讨会	史地所
5 月 19 日—23 日	“工业及应用数学国际研讨会”	数学学院
5 月 24 日—26 日	“服务科学国际联合会议”	管理学院
5 月 24 日—27 日	“湍流动力系统的长时间随机和统计逼近国际研讨会”	数学学院
5 月 25 日—27 日	“变动时代中的公共管理研究”	国关学院

续 表

举办时间	会 议 名 称	主办/承办单位
5月25日—27日	“存在主义心理学国际会议：直面、包容、和谐、文明”	社会发展与公共政策学院
5月26日—28日	“2012上海论坛”	上海论坛组委会
5月28日—6月1日	“偏微分方程：理论、控制及逼近”国际学术会议	数学学院
5月29日	“加入WTO；中国的经验与俄罗斯的未来”	经济学院
5月29日—31日	“第12次中美关系、地区安全与全球治理对话”	美国研究中心
6月7日—8日	“实证与演变：中国文学史国际学术研讨会”	古籍所
6月16日—18日	2012年上海国际大肠癌学术研讨会	中山医院
6月17日—20日	“用影像学解决精神障碍问题国际学术研讨会”	数理平台
6月24—25日	“未来历史：传统与现代视角下的国家与社会”	高研院
7月6日—8日	第三届亚太原发性肝癌专家会议	中山医院
7月7日—8日	“全球化公共空间中的宗教：典籍、历史、教义和处境”中加学者会议	哲学学院
7月9日—8月10日	“复旦凝聚态物理暑期班”	物理系
7月16日—8月5日	第十届全国语言学暑期高级讲习班(CLSI10)	中文系
7月18日—19日	“2012复旦管理学国际论坛”	管理学院
7月18日—22日	“应用数学中韩学者双边会议”	数学学院
7月23日—25日	“计算机仿真——机遇与挑战国际学术研讨会”	管理学院
7月23日—30日	“视觉、学习及模式识别暑期班”	生命科学学院
7月28日—29日	“英卡思中国2012上海国际美容整形暨皮肤抗衰老医学研究大会”	华山医院
8月29日—30日	“公共住房的未来”国际学术研讨会	管理学院
9月6日—8日	“第十三届人类基因组变异协会会议”	生命科学学院
9月7日—9日	“制度、经济增长与国际贸易学术研讨会”	经济学院
9月10日—12日	国际核糖核酸调控机理大会	生物医学研究院
9月23日—28日	“第二十一届国际表面与薄膜磁学会议”	物理系
9月26日—27日	“社会批判与政治”	哲学学院
10月3日—7日	“国际电子束离子阱和先进光源物理会议”	现代物理研究所
10月14日—16日	“原子层淀积国际学术研讨会”	微电子系
10月19日—21日	“反问题：理论与应用的新趋势国际学术研讨会”	数学学院
10月21日—27日	“应用数学中意学者双边会议”	数学学院
10月24日—28日	“亚太地区PBL联合学术研讨会”	医学院
10月29日—11月1日	“2012年国际固态和集成电路会议”	微电子系
11月9日—11日	2012年上海国际呼吸病研讨会	中山医院
11月9日—11日	“中美核医学与分子影像研讨会暨复旦大学生物医学影像临床转化研究中心学术交流会”	肿瘤医院
11月10日—11日	“第八届南北哲学论坛：历史感与现时代”学术研讨会	哲学学院
11月12日—14日	2012年国际物联网学术会议	微电子系
11月12日—15日	“服务计算国际大会ICSOC2012”	计算机学院
11月15日—16日	“中美儿科研讨会”	儿科医院
11月15日—18日	“2012年上海国际肿瘤局部与靶向治疗研讨会”	中山医院
11月16日—18日	“最新生物技术与仪器研讨会”	中山医院
11月17—20日	“上海国际儿科心血管疾病研讨会”	儿科医院

续 表

举办时间	会 议 名 称	主办/承办单位
12 月 1 日—5 日	“随机偏微分系统的分析与控制”	数学学院
12 月 2 日—4 日	“中国与 G20：中国对新型全球经济治理的贡献国际学术会议”	国际关系与公共事务学院
12 月 5 日—7 日	“急性肾损伤和连续性肾脏替代治疗”	中山医院
12 月 17 日—18 日	“全球史中的东亚”国际学术研讨会	文史研究院

（外事处供稿）

八、校董、校友、捐赠与基金会管理

【概况】 2012年对外联络与发展处继续围绕学校的中心工作，加强与校董、校友的联系和交往，做好捐赠与基金会的管理工作。夯实基础、拓展资源，进一步提升管理水平和工作效率。

校友工作。践行"服务校友、服务母校、服务社会"的宗旨，积极拓宽联络渠道，汇聚校友和地方资源与力量，开展富有实效的校友返校活动，设立复旦大学校友创业基金，帮助校友职业发展。2012年，复旦大学校友会顺利通过国家民政部2011年度社会团体组织的年审和财务审计，依法报税纳税。复旦大学校友会加强组织建设，建章立制，按章程规定召开第一届理事会第四次理事会议，各项工作有序推进。

校董工作。进一步围绕"联络、调研、服务、拓展"的方针开展工作，加强与校董的联系和往来。顺利召开了第五届董事会第二次会议，任命刘承功、朱畴文、潘俊为第五届董事会副秘书长。编制完成"第五届董事会董事名册"。推动院系筹建董事会。

基金会工作。全年募得发展资金10 590.2万元。复旦大学捐赠收入6 185.6万元，(包括来自上海复旦大学教育发展基金会捐赠的4 327.6万元和复旦大学教育发展基金会(海外)捐赠的119.4万元)；上海复旦大学教育发展基金会接受社会捐赠收入7 107.2万元；复旦大学教育发展基金会(海外)接受社会捐赠收入559万美元，折合人民币约3 483万元。

基金会从捐赠筹资、项目管理、资金投资、基础管理等方面开展工作。上海复旦大学教育发展基金会共签订捐赠协议78份，协议金额人民币9 654.77万元。推动院系捐赠工作，指导、帮助物理系等建立分基金。首次推出直接面向复旦学生的"海外学子交流资助项目"。拓展工作领域，积极推进复旦基础教育联盟建设，促进两岸三地同源学校间沟通交流。承办"旦复旦 · 源思源"思源基金会2012年度思源社年度大会。落实学校授予校董陈曾焘校友荣誉博士事宜。召开基金会投资委员会第一次会议，讨论形成《上海复旦大学教育发展基金会投资委员会章程》，并提交理事会表决通过。召开3次基金会理事会会议。加强捐赠信息系统建设，实现捐赠项目实时监管。

复旦大学教育发展基金会(海外)围绕募款中心工作，依托复旦大学各院系、中心、部处为平台，以积极拜访及项目推介落实大额捐赠，以班级聚会活动带动小额捐赠，以制度、系统和数据库规范管理，全面扎实推进基金会各项工作。全年管理和落实各类捐赠项目49项，召开1次董事通讯会议和1次董事会全体会议，深化研究工作和数据库工作，稳妥有序地开展投资工作。　（赵月南）

【举行何佩鑫、陈晓明夫妇向复旦书院项目捐赠签约仪式】 1月5日，该仪式在复旦大学光华楼举行。73级化学系校友何佩鑫、陈晓明夫妇，复旦大学副校长冯晓源、副校长陆昉，校原领导强连庆，化学系、先进材料实验室有关负责人，以及2位校友的亲友参加仪式。何佩鑫、陈晓明捐资100万美元，用于复旦书院项目的建设。　（陆颖丰）

【召开上海复旦大学教育发展基金会投资委员会第一次会议】 1月13日，会议在复旦大学党委办公室会议室召开。党委书记、基金会理事长朱之文，副校长、基金会秘书长、投资委员会委员冯晓源，基金会理事、投资委员会主席、泓策投资管理有限公司主席袁天凡，基金会投资委员会委员、时任申银万国证券股份有限公司董事长、现任中央汇金公司证券机构管理部主任丁国荣，基金会投资委员会委员、上海复星高科技(集团)有限公司副董事长兼首席执行官梁信军等出席会议。基金会投资委员会委员、中国太平洋保险(集团)股份有限公司独立董事张祖同先生电话参会。会议就投资委员会人员构成、投资委员会章程及2012年投资计划等达成共识。　（卜洪晓）

【举行文化发展与复旦机遇——复旦校友主题交流晚会】 该晚会于3月8日晚在北京万豪酒店举行。由复旦大学校友会、上海医科大学校友会主办，上海、北京校友会协办，复星集团赞助支持。部分全国"两会"代表委员校友、京沪两地校友及特邀嘉宾等150余位应邀出席，党委书记朱之文、校长杨玉良出席并致辞。晚会热议国家"十二五"规划下的文化生态环境，共筑复旦的文化发展蓝图。

（章晓野）

【举行复旦大学董顾丽真艺术博物馆捐赠签约仪式】 该仪式于3月22日在香港举行。东方海外(国际)有限公司主席、复旦大学校董董建成，香港艺倡画廊董事长金董建平以及东方海外(国际)有限公司执行董事董立新，与复旦大学荣休党委书记秦绍德、荣休校长王生洪、副校长许征、副校长冯晓源等参加仪式，并正式签署捐赠协议。校董董建成代表香港董氏慈善基金会将捐资人民币1 200万元，用于复旦大学"简公堂"的改建工程，改建后该楼将作为复旦大学董顾丽真艺术博物馆。　（陆颖丰）

【举行复旦大学陶氏化学可持续发展创新奖捐赠仪式】 3月26日，仪式在光华楼举行。陶氏化学亚太区EHS及可持续发展总监、84届化学系校友董玲珍，陶氏大中华地区业务开发总监、83届化学系校友陈林，对外联络与发展处、党委研究生工作部和相关院系的领导出席捐赠仪式。陶氏化学(中国)有限公司捐赠6.75万美元，设立“复旦大学陶氏化学可持续创新奖学金”，用以奖励复旦大学化工、生物、能源、环境等多学科领域的研究生。（卜洪晓）

【举行陈明义夫妇捐赠珍贵毕业文凭仪式】 该仪式于4月20日在光华楼举行。陈明义夫妇，党委书记、基金会理事长朱之文，副校长、基金会秘书长冯晓源等出席捐赠仪式。陈明义夫妇捐赠的两份文凭分别是民国28年私立复旦大学和民国22年私立复旦实验中学颁发给林志竸校友的毕业证书，是复旦大学首次获赠私立复旦实验中学的毕业文凭。（卜洪晓）

【举行思源基金会思源社2012年度周年大会】 4月30日—5月1日，大会在复旦大学举行，由香港思源基金会、复旦大学主办。复旦大学党委书记朱之文，校长杨玉良，上海市教委主任薛明扬，香港思源基金会主席、复旦大学校董陈曾焘等嘉宾出席年会相关活动。开幕典礼由副校长冯晓源主持。该届年会以“旦复旦 · 源思源”为主题，来自北京大学、南京大学、复旦大学等全国22所高校、共计381名思源社师生代表参加此次大会。活动为期3天，与会代表交流校思源社工作经验，探讨和感悟“思源人”饮水思源、回馈社会的精神。（卜洪晓）

【召开复旦基础教育联盟第一届理事会第二次会议】 该会议于5月5日在台湾复旦高级中学召开。联盟学校及基金会代表等出席会议。复旦附属小学、台湾新荣国小代表等列席会议。理事会就复旦基础教育联盟的徽标、会费、奖学金、通讯方式等事宜进行进一步探讨，并就2012年暑期举办“young power”海峡两岸三地青午领袖会活动的具体方案讲行沟通。（卜洪晓）

【举行全球视野与中国智慧——复旦校友论坛暨《解放日报》第53届文化讲坛】 该讲坛于5月26日在复旦大学吴文政报告厅举行。由复旦大学校友会、《解放日报》报业集团、上海论坛共同举办。党委书记朱之文、《解放日报》报业集团党委书记、社长尹明华分别致辞。中国联合国协会会长、原联合国副秘书长陈健，花旗集团亚太区主席、原世界银行常务副行长、复旦大学校董章晟曼，国际货币基金组织副总裁、复旦大学荣誉校董朱民等3位校友同台共论“全球视野与中国智慧”，讲坛由中央电视台主持人、复旦大学校友劳春燕主持。（章晓野）

【举行“分享成功　励志前行——复旦大学2002届校友返校日活动”】 6月2日上午，2012复旦大学校友返校日活动在江湾校区举行。来自全球800位校友回校参加活动，重温青春回忆，分享毕业10年来的经历和经验。活动得到香港智华基金的赞助支持。该活动是复旦大学首次举办的全校性返校活动，以2002届校友为主。（章晓野）

【举行复旦大学医学发展公益基金捐赠签约仪式暨启动仪式】 该仪式于7月3日在华山医院花园大厅举行。上海城建建设实业集团第三工程公司总经理金财富，副校长、基金会秘书长冯晓源，华山医院副院长、风湿科主任邹和建等出席仪式。金财富代表所在单位捐赠人民币200万元，用于“复旦大学医学发展公益基金”下设“风湿病研究”专项基金，定向支持风湿病的学术研究。（卜洪晓）

【举行2012年复旦管理学国际论坛】 该论坛于7月21—22日在复旦大学光华楼举行。论坛主题为“风险管理：不确定年代的应对策略”。7月21日上午的论坛开幕式由基金会执行副理事长秦绍德主持。理事长徐匡迪代表基金会致辞。商务部部长陈德铭、全国政协经济委员会副主任李毅中发表主旨演讲。上海市委副书记、市长韩正，复旦大学党委书记朱之文致开幕辞。基金会副理事长成思危作管理学前沿学术总结报告。入围2012年度“复旦管理学杰出贡献奖”终审的8位候选人做学术成果报告。7月21日下午，论坛设企业家主题沙龙和管理学杰出学者报告2个分会场。其中企业家主题沙龙邀请复星集团董事长郭广昌、三一重工总裁向文波、中信银行行长陈小宪和复旦大学管理学院副院长薛求知作为嘉宾进行对话，寻找中国企业应对不确定性的优化策略和方案；管理学杰出学者报告邀请“复旦管理学杰出贡献奖”候选人分别就各自的研究方向同与会的管理学研究者们做进一步深入的学术探讨。7月22日举行学术专场报告。论坛全程共有800余人参与，吸引二十多家媒体的关注和报道。（刘　静）

【召开复旦管理学奖励基金会第二届理事会第四次会议】 会议于10月22日在天津宾馆召开。基金会理事长，第十届全国政协副主席徐匡迪，副理事长，第九、第十届全国人大常委会副委员长成思危，副理事长、秘书长、外经贸部原副部长龙永图，副理事长、秘书长、中国石油化工集团原总裁，中国工程院院士王基铭，执行副理事长、原复旦大学党委书记秦绍德，副理事长、复旦大学党委书记朱之文，副理事长、复旦大学校长、中科院院士杨玉良，理事、中国中纺集团公司党委书记、董事长赵博雅等13名理事及理事代表出席。基金会相关工作部门负责人列席会议。会议首先由徐匡迪理事长向朱之文同志颁发理事聘书。随后通报2012年复旦管理学终身成就奖及杰出贡献奖评奖及公示情况，审批该奖项奖获奖名单。通报上海市社团局关于民间组织规范化建设评估情况。审议并原则通过2013年基金会工作计划及2013年基金会财务预算，审议并通过2012年基金会资金运作情况、2013年基金会资金运作计划及2012年基金会财务预算执行情况。（刘　静）

【举行2012年复旦管理学奖励基金会颁奖典礼暨中国管理学年会开幕式】 该活动于10月22日在天津大礼堂举行。由基金会和中国管理现代化研究会联合主办，天津大学承办。颁奖典礼由基金会副理事长、秘书长龙永图主持。基金会名誉会长李岚清出席活动并为2012年“复旦管理学终身成就奖”获得者中科院数学与系统科学研究院研究员、中国工程院院士刘源张颁奖，并赠送亲自篆刻的“复旦管理学终身成就奖”印章和题写的贺词。基金会理事长徐匡迪在典礼上讲话，并和基金会副理事长成思危共同为“复旦管理学杰出贡献奖”获得者北京航空航天大学教授黄海军、中国科技大学教授梁樑颁奖。基金会执行副理事长秦绍德作2012年基金会工作情况汇报。随后召开第七届中国管理学年会。国家自然科学基金委员会管理科学部的代表出席开幕式并致贺词。天津大学校长李家俊代表天津大学在开幕式上致辞。清华大学公共管理学院院长、2011年“复旦管理学杰出贡献奖”获得者薛澜作嘉宾主旨演讲。中国科协党组书记、副主席陈希，中国科学院党组副书记方新，基金会原副理事长、外经贸部原副部长、党组副书记、香港中联办原副主任刘山在，基金会副理事长、秘书长王基铭，基金会副理事长朱之文，基金会副理事长杨玉良，基金会理事及理事单位代表，天津大学党委书记刘建平，获奖者所在单位负责同志，中国管理现代化研究会部分会员学者，天津大学师生代表等出席颁奖典礼及开幕式。（刘 静）

【召开复旦大学第五届董事会第二次会议】 该会议于11月15日在澳门召开。海内外校董及校董代表24人出席会议。校董会秘书长、副校长冯晓源主持会议，并作董事会秘书处年度工作报告。校董会主席、校长杨玉良到会，向校董们汇报学校工作近况以及下一阶段的发展设想。会议任命刘承功、朱畴文、潘俊为第五届董事会副秘书长。（赵月南）

【召开复旦大学校友会第一届理事会第四次理事会议暨第三届校友文化论坛】 该论坛于11月18日在枫林校区明道楼报告厅举行。来自海内外160余名理事或理事代表、校友代表出席。复旦大学校友会会长、校长杨玉良，校党委书记朱之文，校友会第一副会长、前校长王生洪，副会长、校党委副书记刘建中，副会长、上海医科大学校友会会长、复旦大学校务委员会副主任彭裕文，副校长陆昉，副会长兼秘书长冯晓源副校长等学校领导，副会长、上海市教委主任薛明扬，副会长、上海市委宣传部副部长燕爽等出席大会。大会以举手表决的方式，审议通过增补朱之文、陆昉、林尚立等3位担任复旦大学校友会第一届理事会理事并副会长、增补潘俊担任复旦大学校友会第一届理事会理事兼副秘书长。审议通过理事会工作报告和财务审计报告。（章晓野）

【《复旦人》创刊】 2012年12月，经过3年试刊，校友刊物《复旦人》正式创刊，李岚清为刊物题词赋诗，赠“复旦人”篆刻印章。创刊号印刷1万册，电子版《复旦人》通过校友会邮箱向4万余校友发送，校友网提供在线阅读和下载。（章晓野）

【举行复旦基础教育联盟第一届理事会第三次会议】 12月6日，复旦基础教育联盟第一届理事会第三次会议在上海举行。会前，党委书记朱之文，副校长冯晓源，副校长陆昉，校长助理、招办主任丁光宏等校领导亲切会见了各盟校代表。12月6日上午，联盟各校代表在上海复旦中学会议室召开本届理事会第三次会议。会议回顾了联盟近期开展的各项工作，讨论了2013年联盟的活动计划，并在联盟纪念章、第六届复旦基础教育论坛、理事会第四次会议的举行等问题上达成共识。（卜洪晓）

【召开复旦大学教育发展基金会（海外）董事会会议】 该会议于12月13日在复旦大学光华楼思源会议厅召开。复旦大学教育发展基金会（海外）董事朱之文、杨玉良、李达三、陈曾焘、秦绍德、王生洪、袁天凡、陈仲儿、冯晓源以及刘浩清董事代表等出席会议，会议由朱之文主持。会上，增补潘俊、朱畴文任基金会副总裁，审议并通过复旦大学教育发展基金会（海外）2011年及2012年工作报告、财务报告、2012年及2013年财务预算。（陆颖丰）

【召开上海复旦大学教育发展基金会第二届理事会第七次会议】 该会议于12月13日在复旦大学光华楼思源会议厅召开。基金会理事朱之文、杨玉良、李达三、陈曾焘、秦绍德、王生洪、袁天凡、陈仲儿、冯晓源、郭广昌理事代表李海峰、卢志强理事代表马涛、刘浩清理事代表肖红等出席会议。基金会监事刘建中、投资委员会成员及上海市社团管理局基金会管理处处长王正敏等列席会议。会议由党委书记、基金会理事长朱之文主持。会议通过刘承功、潘俊同志担任基金会副秘书长；审议并通过《上海复旦大学教育发展基金会投资委员会章程（修订稿）》、基金会工作报告、财务报告、财务预算、基金会投资情况和今后工作安排以及重要公益活动项目资金募集和使用的提案。与会理事就基金会的工作各抒己见、踊跃献言，为基金会未来的发展指明方向。（卜洪晓）

附 录

复旦大学第五届董事会名单

主　　席：杨玉良

荣誉校董：

韩启德　陈至立　桑国卫　朱　民

资深校董（按姓氏笔画排列）：

刘浩清　杨紫芝　杨福家　吴家玮　林辉实　周君廉　倪德明

校　　董（按姓氏笔画排列）：

王生洪　王纪来　王绍堉　毛江森　尹衍樑　卢志强
边华才　吕志和　孙珩超　刘遵义　杨孙西　李大鹏
李达三　李传洪　李兆基　李和声　陈天桥　陈乐宗
陈曾焘　罗康瑞　周益民　郑裕彤　钟浙晓　姚祖辉
袁天凡　高纪凡　郭广昌　郭炳江　曹其镛　章晟曼

屠海鸣　董建成　蒋　震　谢国民　谢　明　蔡冠深　廖凯原

复旦大学校友会一览

一、已完成合并校友会(19)

序　号	校　友　会　名　称	序　号	校　友　会　名　称
1	复旦大学安徽校友会	11	复旦大学江西南昌校友会
2	复旦大学澳门校友会	12	复旦大学陕西西安校友会
3	复旦大学北京校友会	13	复旦大学深圳校友会
4	复旦大学重庆校友会	14	复旦大学浙江温州校友会
5	复旦大学福建校友会		**海外校友会**
6	复旦大学甘肃校友会	15	复旦大学澳洲校友会
7	复旦大学广西校友会	16	复旦—上医加拿大温哥华校友会
8	复旦大学河南校友会	17	复旦大学美国南加州校友会
9	复旦大学江苏常州校友会	18	复旦大学美国休斯敦校友会
10	复旦大学江苏无锡校友会	19	复旦上医美国佐治亚州校友会

二、复旦大学校友会(49)

序　号	校　友　会　名　称	序　号	校　友　会　名　称
1	复旦大学校友会	26	复旦大学山西校友会
2	复旦大学安徽蚌埠校友会	27	复旦大学上海校友会
3	复旦大学安徽芜湖校友会	28	复旦大学四川校友会
4	复旦大学福建龙岩校友会	29	复旦大学台北校友会
5	复旦大学福建厦门校友会	30	复旦大学天津校友会
6	复旦大学福建漳州校友会	31	复旦大学香港校友会
7	复旦大学广州校友会	32	复旦大学新疆校友会
8	复旦大学海南校友会	33	复旦大学云南校友会
9	复旦大学河北石家庄校友会	34	复旦大学浙江杭州校友会
10	复旦大学河南平顶山校友会	35	复旦大学浙江宁波校友会
11	复旦大学黑龙江校友会	36	复旦大学浙江绍兴校友会
12	复旦大学湖北武汉校友会		**海外校友会**
13	复旦大学江苏连云港校友会	37	复旦大学德国校友会
14	复旦大学江苏南京校友会	38	复旦大学加拿大东部地区校友会
15	复旦大学江苏南通校友会	39	复旦大学加拿大渥太华校友会
16	复旦大学江苏苏州校友会	40	复旦大学联合国校友会
17	复旦大学江苏徐州校友会	41	复旦大学美国校友会
18	复旦大学江苏扬州校友会	42	复旦大学美国北加州校友会
19	复旦大学江西景德镇校友会	43	复旦大学美国波士顿校友会
20	复旦大学辽宁大连校友会	44	复旦大学美国东部地区校友会
21	复旦大学内蒙古校友会	45	复旦大学美国华盛顿校友会
22	复旦大学宁夏校友会	46	复旦大学美国芝加哥校友会
23	复旦大学青海校友会	47	复旦大学日本校友会
24	复旦大学山东校友会	48	复旦大学佛罗里达校友会
25	复旦大学山东青岛校友会	49	复旦大学新加坡校友会

三、原上海医科大学校友会(18)

序 号	校 友 会 名 称	序 号	校 友 会 名 称
1	上海医科大学校友会	11	上医内蒙古校友会
2	上医安徽合肥校友会	12	上医山西校友会
3	上医广州校友会	13	上医香港校友会
4	上医河南洛阳校友会	14	上医新疆校友会
5	上医湖南校友会	15	上医浙江杭州校友会
6	上医江苏常熟校友会		
7	上医江苏南京校友会		**海外校友会**
8	上医江苏南通校友会	16	上医加拿大多伦多校友会
9	上医江苏苏州校友会	17	上医美国波士顿校友会
10	上医江苏扬州校友会	18	上医美东校友会

* 校友会按地域拼音字母排序。

注：截至 2012 年 12 月，复旦大学共有校友会 86 家，其中国内 65 家（包括港澳台 4 家），海外 21 家。已完成两校合并的校友会 19 家，复旦大学校友会 49 家，原上海医科大学校友会 18 家。

2012 年复旦大学基金会接受大额捐赠一览

序 号	捐 赠 人	项 目
1	张明为慈善基金会	复旦大学张明为励志奖助学金、复旦附中张明为励志奖助学金
2	泛海公益基金会（卢志强）	经济学院发展基金
3	韩国高等教育财团	上海论坛
4	何佩鑫、陈晓明	复旦书院建设
5	苏州雅本投资有限公司	上海医学院医学实验教学中心
6	光华教育基金会（尹衍梁）	复旦大学光华人文基金、光华奖学金
7	上海城建建设实业（集团）有限公司（王纪来）	复旦大学医学发展公益基金
8	嘉凯城集团中凯有限公司（边华才）	复旦大学文化建设与发展基金
9	陈树渠博士教育基金会有限公司（陈耀璋）	陈树渠比较政治发展研究中心
10	东方财富信息股份有限公司	管理学院 COBS 论坛
11	上海万吉机械施工工程有限公司	管理学院学生成长基金
12	上海微电子装备有限公司	复旦大学特聘教授席位
13	郝士钧	管理学院学生成长基金
14	严圣军	生命科学学院学科发展
15	李兆基基金有限公司（李兆基）	李兆基图书馆非限定发展基金
16	吕志和基金有限公司（吕志和）	子彬院（吕志和楼）改扩建工程
17	廖凯原	廖凯原法学楼、奖助学金、最受欢迎教师奖
18	香港董氏慈善基金会（董建成）	复旦大学董顾丽真艺术博物馆
19	智华基金会（林高演）	智华楼非限定发展基金
20	霍氏家族基金会（霍焱）	霍焱学生海外交流基金
21	朱裕民	上海史研究中心

（对外联络与发展处供稿）

2012届毕业生名录

本专科生

中国语言文学系

汉语言

陈佳 程思嘉 方子渊 何敏 胡涵 胡雯婷
黄杨子 康昊 李均婷 刘熙梦 卢斌 罗舒芹
木楠楠 邱玉婷 邵歆韵 沈忱 史濛辉 陶进兴
王冰蕾 吴越 殷悦焓 张婷 周君凤 周硕
陈人正(加拿大) 朴炤荣(韩国) 尹贞雅(韩国)
张民玗(韩国)

汉语言文学

毕桃山 蔡霏 陈飞伶 陈霜 陈艳 陈莹
陈仲伟 董宏斌 董帅 董天艺 段倩男 方超
冯箫凝 付艺曼 高尚 顾一然 海红 韩晗
韩小慧 何蔚 洪水平 胡晚坤 黄奇琦 黄相宜
江纯 江睿杰 郎秀 雷婷 雷亚东 雷治国
李惠文 李杰 李菁 李林斐 李鹏飞 李其格
李青 李扬 李洋 刘斌彬 龙若希 鲁颖
罗昊 马骎骞 马天燚 莫止 潘懿敏 沈闯
石娟娟 唐晓曦 田澍兴 王斌 王佳星 王名悦
王鹏斌 王雯君 王怡文 王瑜昕 吴晨曦 吴可
吴乐乐 吴兴翔 武琳 席越 徐畅 许俊杰
薛晓甦 阳晓君 杨忠新 叶爱儿 于佳睢 翟墨
战玉冰 张笛 张晶 张秋延 张紫薇 赵婧
赵森 赵苏宁 赵意 赵玉超 钟闻 周嫒萌
朱博 白禄克(美国) 崔宰瑞(韩国)
黄意凌(新加坡) 姜慧令(韩国) 金恩真(韩国)
金礼斌(韩国) 李花延(韩国) 朴惠利(韩国)
朴旻芝(韩国) 文智惠(韩国) 尹夏允(韩国)
朱翰彬(韩国)

历史学系

历史学

蔡函力 陈超 陈雯 顾明源 海燕 何四维
贺俊逸 贺梦楚 侯玉君 胡天宇 冀耕 姜涛
金可镂 靳娜玲 雷文 李培毓 李闻辛 林海燕
刘毅 卢琦 陆闻天 马琳 马莹 马玥
蒲廷松 乔明华 乔雪 邱悦 宋正清 孙婷婷
唐小立 王淼晨 王昱 王月 谢东 熊凡利
徐立 杨若冰 杨惟轶 杨洋 姚亚茜 张栋
张希 赵大维 郑雅婷 郑雨佳 周金泰 周扬业
朱文静 朱雯俊

旅游管理

蔡倩 陈捷 董唯玮 格勒 吉琛佳 蒋瑞丹
蒋漪昀 李文君 刘菲 刘宏博 卢嘉 缪侃
邵妍艺 孙婷 孙筱颖 塔玛拉·哈布肯 汪升阳
汪小力 王若君 王筱薇 王一君 翁睿星 夏莉
肖凤鸣 杨超然 杨诗哲 杨轶 应薇巧 袁晔
张静儒 赵伊人 赵乙 周泠洁 邹笛
戴光豪(加拿大) 金旦妃(韩国) 乐文特(匈牙利)
李俊昊(韩国) 李智秀(韩国) 林炳昨(韩国)
钱真璐(巴西) 苏瑜丽(韩国)

文物与博物馆学系

博物馆学

巴德玛 陈诗悦 崔润芳 代韵 董择 冯胜军
弓好冰 谷宇 顾黎敏 韩海姣 黄辰颖 黄韶安
霍小骞 蒋臻颖 李丹 刘超逸 刘亚乔 陆天又
任超 王歌 王金月 王文心 吴安祺 薛孟一
杨茜 杨小语 张宁 赵越 蒋纬璇(新加坡)

哲学学院

哲学

白雪 曹齐 陈瀚骎 陈明静 陈志涵 黄俊珺
黄忆菲 纪鹰昊 姜如婕 蒋卫蔚 焦德明 康宇
李丹妮 李雅芝 林凯源 刘丹琦 刘皓纯 刘路晨
曲辉 沈郊 覃璐 王蔚洲 王依欣 吴智伟
谢霞 熊飞 徐海蓉 徐逸飞 阎佳妮 杨平康
杨天 叶仪 尹倩 张波 张钰淑 周颖

哲学(国学方向)

陈嘉瑜 程静 林振岳 温清 武伊璇 庄景晴

宗教学

蒋燕 汪晓娜 王贵玲 王妙琤 吴华添 杨睿
俞刘悦 朱康琪

外国语言文学学院

朝鲜语

蔡玄 陈聪 陈俊超 何嘉慧 李杨 刘佳佳
曲姝彦 施佳莹 孙潇黎 王旻玮 魏超 许竞文
薛常乐 昝旭清 张竟垚 周恺 朱吟菲

德语

陈励 陈美壬 陈业佳 陈逸群 范勤 冯乐乐
马路遥 沈奕奕 唐殷 王深申 王歆韵 王一
王悦 吴慎 萧易 徐怡 余天丞 郁宇婧
袁喆隽

俄语

陈雅鸥 戴艳莉 高原 葛秋燕 李琦 林静宜
陆孜駸 糜绪洋 孙璇 童话 俞一星 张赟
朱子渊

法 语

曹　钰　陈雯婷　董　骋　范秉馨　龚灵赟　郭宁萱
胡辰薇　江　蕊　蒋璐安　唐　莹　唐　滢　童绪蘅
吴永丰　吴阅微　徐　婷　周亦鸣　朱咏帆　庄辰飞
阿部由佳(日本)

翻 译

陈　瑶　陈　瑜　仇晓晨　胡雨桦　李　莹　楼　昀
沈　璐　王羽丰　夏　焱　俞　越　张心怡　张卓骏
赵　璐　周　倩　朱　原　邹　欢

日 语

陈　瑜　褚晶文　方　睿　龚晓婧　何　璠　黄　鋆
焦世佳　李隽逸　楼文洁　马开辰　孙历煌　吴歆怡
徐静文　杨雨晨　周懿琼　朱旭峰　崔镇(韩国)
徐辰智(韩国)　郑智慧(韩国)

日语(对外日汉方向)

金慜智(韩国)　金荣先(韩国)　金政珉(韩国)
金智勳(韩国)　李相沅(韩国)　李艺智(韩国)
林　祯(韩国)　沈材珉(韩国)　张银惠(韩国)

英 语

曹尚舟　陈昉晞　董泠汰　杜思晨　冯　希　傅高杰
郭溢丰　韩　楠　韩宗臻　何洁云　胡小璠　姜　珏
李思宓　李潇骁　梁海宁　梁宁尹　刘宠宇　刘　玥
陆翠萍　吕彦儒　莫佳菁　欧文婕　阮沚萱　沈思为
沈艺超　石　航　王亦翎　邬小蕾　吴春园　吴江江
吴文曦　武　琛　相　楠　徐可君　杨婧文　杨　颖
杨　挚　叶　铿　虞一菲　张贝贝　张　冬　张国莹
张　琳　赵　奕　郑　涛　郑晓敏　周　琛　宗　楠
广田惠(日本)　黄普暎(韩国)　金河恩(韩国)
李惠静(韩国)　朴艺珍(韩国)　尚朝敏(缅甸)
赵银星(韩国)

新闻学院

传播学

陈蓓儿　陈　玮　冯蒋佳之　顾中明　郭　琪　胡雅静
黄璐叶丹　孔　韬　刘建琼　刘姣敏　倪若琳
任佳伟　任玉琛　施熳璘　孙　瑞　童静婉　汪晓晔
王安琪　王皓婷　向　杨　邢　云　熊梓钧　徐　鑫
徐　煜　许　多　薛晶婧　张贝琳　张芳源　张璐露
张欣驰　郑　端　朴晟佑(韩国)

广播电视新闻学

曾昕旻　陈　岚　陈　盟　陈一星　程誉莹　樊宁馨
傅　晨　葛雯菁　龚文杰　顾飒斐　胡　吉　金爱伦
李树蕙　梁　怡　刘春兰　刘琳琳　刘　挺　陆乙尔
毛文灏　蒲　聪　秦正阳　孙天旸　唐荣堂　王晨曦
王琪舒　王　茜　王韵菁　吴　桐　习霁鸿　夏斯伟
肖　遥　杨雅雯　杨雨婷　姚　岚　叶　宇　张滢君
郑骧宜　周安妮　周慧凯　周文佳　车素菲娅(韩国)
崔秀芝(韩国)　郭旻珠(韩国)　金世英(韩国)
李洸镐(韩国)　李汉芝(韩国)　李和胤(韩国)
李胤璇(韩国)　李准佑(韩国)　梁志旭(韩国)
倪辰辰(美国)　朴孝彬(韩国)　朴赞宇(韩国)
孙嘉徽(比利时)　王泽婷(澳大利亚)
许允荣(韩国)　郑程允(韩国)

广告学

曹丽雯　陈　成　陈丽竹　陈　曦　邓荞滋　董平义
傅　蕾　古丽孜热·艾海提　管亚芳　何博谢颜
胡盼盼　赖蕴琦　李佳薇　李　然　李　扬　刘　骁
刘学香　刘振声　卢　露　吕　丹　马月赉　毛靖雯
缪子瀚　娜地拉·迪力夏提　普倩雯　钱晨洁
束文奂　陶文渊　魏　禹　杨翊帆　叶鋆成　袁　佺
张　典　张　鹏　张晟钧　周建函　周婷婷　左倩芸
高力儿(西班牙)　金补娟(韩国)　裴智艺(韩国)
孙真洁(阿根廷)　俞美先(韩国)

新闻学

巴合达提·巴合提汗　陈恩慈　陈虹霖　陈竹沁
丹增曲珍　董　敏　范　洁　范里昂　郭　妍
韩　璐　洪　治　胡　晓　靳力源　柯行利　李　冰
李　群　李尚儒　李思宓　李　元　厉　智　罗永飞
马登原　马一凡　钱睿苏　沈从乐　苏丁香　孙莹燕
王加朕　王丽丽　王文佳　王秀娟　吴曼至　吴思凡
吴雪鹭　夏清逸　肖　颖　邢宋杰　徐婧艾　徐　亮
许　可　闫　鹤　杨东方　杨天颖　杨　阳　杨　梓
尹怀恩　游佳勋　于　帆　俞　峥　张晨斐　张鹭滢
张琬玥　张馨月　张　豫　张祯希　赵　京　赵婧夷
赵颖怡　赵宇希　周优游　蔡凯帆(美国)
曹汝准(韩国)　曹相姬(韩国)　车原栽(韩国)
陈晓夏代(日本)　程真由美(日本)　韩智慧(韩国)
河艺智(韩国)　黄一妮(泰国)　黄逸恒(泰国)
金慧彬(韩国)　金珉秀(韩国)　孔珖泽(韩国)
李旼娥(韩国)　李受玹(韩国)　李炫升(韩国)
梁天宇(巴西)　林宣英(韩国)　刘家兴(澳大利亚)
柳丹雅(韩国)　朴浩谈(韩国)　朴正勋(韩国)
千股妃(韩国)　宋　坦(韩国)　唐丽颖(泰国)
小关忍(日本)　赵成烨(韩国)

艺术设计系

艺术设计

蔡一一　曹婧昉　曹雅庄　柴朝泽　邓　弥　邓思达
李婧怡　连　旦　刘锦雁　彭　珍　覃成成　王梦诗
王　韧　王月平　吴梦妍　吴韵佳　杨雪凝　俞思嘉
张丽捷　张婷婷　张唯春　周　菁　庄楚楚

国际关系与公共事务学院

国际政治

阿地力江·艾沙 陈嘉镒 陈倩颖 成欣峰 邓峥晖
杜 昱 范轶伦 方 砚 郭 英 贺立潇 黄梁冰
黄文冠 李夏溦 李心璞 林沁筠 凌云志 欧阳川叶
潘意骋 乔光宇 邱 月 曲 元 沈维敏 谭 笑
汪 超 王柯力 王磊娅 王清圆 王小沐 王英豪
吴 迪 肖秋诗 谢舒婷 徐益奇 杨 珊 姚 旭
姚 远 于佳悦 恽 骋 张盈妍 周思越 周宇昊
朱程程 朱伊佳 祝佩莉 邹正文 左昊畅
阿科富(土耳其) 白志鸿(新加坡) 崔珍莹(韩国)
丁永珠(韩国) 高侑廷(韩国) 洪真熙(韩国)
扈智洙(韩国) 黄静惠(韩国) 黄信实(韩国)
金炅允(韩国) 金礼智(韩国) 卡朋特(泰国)
李雪琪(韩国) 梁玲贺(美国) 朴常弼(韩国)
朴智允(韩国) 盛哲男(日本) 宋泰宪(韩国)
孙恩智(韩国)

行政管理

曾孟君 陈楚君 陈 纯 陈 怡 储 妍 龚宛琪
韩 骋 何诗旖 侯晓芸 姜欢宇 李 璐 瞿淑惠
山 群 盛 莹 施欣卓 司 聪 宋姝颖 田 园
王 弘 王思雪 王彦骏 王一宁 王诸愉 魏嘉毅
吴晓菁 项 玫 谢之卉 薛兆年 严 姝 杨 骞
俞 靓 张吕婷 张明昭 张润雨 张秩榜 赵 磊
郑小云 朱 未 庄思惠 金度姚(韩国)
李 瑟(韩国) 卢 兰(韩国)

思想政治教育

陈 嘉 和亚林 贾慧滢 姜梦倩 金海颖 林正康
齐思嘉 邵蓓蕾 邵夏怡 汪艳婷 王佳莹 王露曈
王倩莹 王 哲 肖若晨 杨 骏 朱健敏

政治学与行政学

包薇婷 卜思嘉 曾凡越 陈凯萍 丁佳捷 方良天
黄韵霖 倪沁远 钱一帆 冉 锐 孙章磊 王 懿
叶雪锋 俞梦飞 岳劲夫 张晓玲 朱科州
姜大权(韩国) 李定锡(韩国) 裴晟佑(韩国)
孙政佑(韩国) 郑元余(新加坡)

法学院

法 学

拜金琳 卜青青 卜新宇 蔡梦娴 蔡文清 陈霏霏
陈 枫 陈 弓 陈天任 陈杨子 陈玙婷 程 杨
崔文君 崔栩萌 邓姝婷 丁子倩 董 凡 段明鑫
方见艳 房芳芳 高晗月 郭思懋 韩 康 韩唯烨
洪雨歌 侯晓悦 胡云昆 黄 禾 黄 凯 黄 珂
黄 岚 黄书玙 黄舒瑶 黄新菊 江雨遥 姜 骏
蒋 悦 孔凡洲 李雪菁 李雪怡 李艺天 梁琦果
林雪燕 刘 天 刘 骁 刘 亚 刘轶卿 刘 颖
陆 炜 马广川 米热阿依·卡米力 倪 骋
倪 远 宁缘媛 潘一飒 钱 滢 秦 堃 邱 敏
瞿 峥 沈智毅 孙乐乐 谈春兰 谭国宇 汤 问
汪吉莉 王 菁 王珏玮 王 倩 王帅帆 王双双
王天下 王一沁 王一清 王伊纯 王依岑 温都悦欣
吴菲帆 武冬梅 肖骏妍 徐婉琤 许 悦 闫 妍
阳柱林 杨婉秋 叶倩雯 殷林彦 于米提·吾布力
虞燕雯 张灿宇 张峰华 张弘毅 张洁芸 张景瑞
张 品 张芮千 张天玥 张雯嘉 张学仁 张韵哲
赵忠亮 郑松洁 郑文绮 邹一格 蔡曾杰(美国)
陈泉霖(马来西亚) 陈乙(西班牙)
陈作彬(印度尼西亚) 崔昌永(韩国)
董旻在(韩国) 高津(美国)
郭倩雯(澳大利亚) 何勤雅(新加坡)
洪旦奇(澳大利亚) 黄本(韩国)
黄娥现(韩国) 季海琳(美国)
姜珉浩(韩国) 姜至贤(韩国)
金惠元(韩国) 金善柱(韩国)
金相烨(韩国) 李秉茂(韩国)
李姬贞(韩国) 李晟齐(韩国)
李效珍(韩国) 李在昇(韩国)
莫君萱(缅甸) 朴像花(韩国)
申智雅(韩国) 神中康多(日本)
索菲(亚美尼亚) 文晶厚(韩国)
萧栋樑(菲律宾) 小林润一(日本)
许翔腾(美国) 尹熙然(韩国)
尹智炫(韩国) 尹准逸(韩国)
余佳黛(日本) 禹承武(韩国)
袁皓天(美国) 赵和盈(韩国)
赵英云(韩国) 郑苍摄(韩国)
郑令欢(新加坡) 郑圣勋(韩国)

社会发展与公共政策学院

社会工作

艾合买提·喀德尔 董正椽 郝婧茹 纪建升
李振汉 廖 文 骆玉龙 倪 融 普 蓉 钱淑萍
宋喜妹 陶烨婷 王 冕 吴 慧 夏晓娟 徐 觅
杨冰倩 于林平 庾淑文 张 芳 张剑兰 张靓婕
张文静 招燕婷 赵 秦

社会学

阿卜杜艾尼·阿卜迪克热木 藏哈尔·波拉提
陈楚楚 陈心怡 陈欣怡 陈 悦 仇 璐 独亦奇
冯子昂 韩思齐 胡莹婷 金梦源 李晨阳 李 婺
李晓明 李延超 梁晶晶 梁一鸣 刘 博 刘 晓
刘彧君 卢梅旦 吕筱菁 满静萍 毛 竹 闵 天
欧 亚 潘文珺 施 展 孙许昊 童笠仪 屠思齐
屠一多 宛 蓉 汪腾霞 王谅晨 王 宁 韦 韦
吴杨文 象玉婷 肖文杰 徐 婧 徐秋逸 严丽雯
杨艳菊 叶 昊 叶 葳 袁先湧 张晨玥 张宋钰

张　鑫　张一舟　郑文倩　钟文堂　周　姝　朱元元
祝君良　陈　慧(韩国)　李　鸥(新加坡)
罗东永(韩国)　朴旻志(韩国)　小峰千枝(日本)

心理学
常思衎　关　珊　贺加贝　黄思言　姜蓓萱　李至涵
刘佳旎　吕　莹　满灵子　潘心愉　眭　悦　孙旖旎
陶　纯　王益爽　伍麒好　严晓君
伊力亚尔·伊力哈木　俞　达　张雪莹　张一旻
周文佳　朱佳敏　萧念云(印度尼西亚)

经济学院

保　险
包若云　陈蓦飞　陈卓苗　储媛媛　达布纳　樊菁华
符　笛　贾　丽　李思青　李正基　刘晨晖　刘昱汇
陆琅华　茅人及　倪玮聪　芮　乔　邵　诞　郇桂龙
王海蓉　王亚杭　王伊韵　吴　蕾　许淇杭　薛　晏
张涵博　张　硕　张思维　张新程　柳东勋(韩国)
森田上雄(日本)

财政学
曹　婧　陈蕾彦　樊洋希　顾俊瑶　顾雨裴　郭玮琳
合斯拉提·吐尔逊　侯宸羽　胡晓宇　黄　波
贾　颖　兰　洋　李嘉一　李静雯　李若修　李　娅
刘　庭　陆正已　罗文雯　邱　玮　瞿鹿鸣　阙伊婷
宋　姗　孙培源　王丽婷　王秋玉　武崇智　徐若冰
姚坤杰　于　洋　袁莉莉　张冰莹　张乐天　章诗颖
赵国帅　阿克(哈萨克斯坦)　崔允惠(韩国)
阮兰芳(越南)

国际经济与贸易
蔡　霄　曹逸兴　陈慧颖　陈佳琤　陈　凯　陈诗茹
程嘉磊　程令仪　程媛媛　方晋之　富腾剑　耿旭菁
顾一弘　郭敏敏　胡　楷　胡　颖　华杨杨　黄　瀚
姜崇伟　姜文政　金驰君　金珉州　金　钊　景亦天
李力琳　李　琬　梁　茜　廖　堃　林旦冉　刘绿莹
刘思璐　刘　洋　陆依莹　罗　皓　马　晋　马征宇
潘嘉依　朴美燕　强怡华　秦　瑶　冉红梅　邵　翔
邵至颖　沈敏燕　沈谢思洋　时培婕　宋李彬
宋泽宇　孙晔敏　陶　杨　王华威　王金秋　王璐瑜
王梦婷　王　茜　王伟波　王　颖　韦晓晴　文　予
夏云倩　相　健　徐鹏斐　许　沁　杨蕙旭　杨寿梅
杨　哲　叶志辉　尹　伊　游臻宇　俞克佳　张　菡
张佳宜　张倩云　张　婷　张小雨　张　娅　张　盈
张语润　赵　震　周璟慧　周礼敏　朱家伶　朱为黎
朱杨博　昂和巴雅尔(蒙古)　崔赫(韩国)
权伦映(韩国)　徐彦卿(阿根廷)　岩下爱(日本)
增田博志(日本)

金融学
蔡云容　曾满莹　陈　岑　陈小苑　陈怡婷　陈中希
陈卓珺　丁　盈　董艾琳　樊静雅　方　圆　冯浩天
高光泽　龚　然　郭起瑞　过梦菡　胡　泊　胡传凤
扈　宁　华尚之　黄菀薇　黄轩怡　姜乐成　姜忆舲
金诗涛　雷舒涵　李　媛　李　畅　李海龙　李金柳
李龙夕　李天璐　梁　辰　林颖萱　刘　畅　刘　加
刘　影　龙　静　陆　旸　罗　昕　马瑞含　毛佩瑶
梅　潇　闵佳琳　钱　骋　邱涤凡　裘佳杰　任龙飞
沈家恒　沈　倩　沈梳雨　沈天琼　沈停刚　司睿超
斯奕超　孙俊磊　孙　炜　孙易恒　谭　俏　谭逸卿
田沁瑛　万　金　王碧岑　王静苑　王　蕾　王　蒙
王　帅　王小曼　王玉婷　王祉涵　韦　澄　吴昊颖
吴娴融　吴正宇　夏超群　谢　晶　熊　星　徐雅琪
徐泽坤　薛重远　杨舒钧　杨树彬　杨通旻　杨　征
姚林睿　殷勤雪　于　涛　张贲诗　张　博　张　倩
张文多　张亦鸣　张益博　张逸隽　赵晋兴　赵　婧
赵晓霞　郑佳妮　郑雪慧　周晓路　竺文君
何骏(澳大利亚)　金晶雅(韩国)　刘阮银河(越南)
朴亨奎(韩国)　权赫焕(韩国)

经济学
曹　昊　曹　梦　曹　琪　柴　晗　陈君玮　陈文澜
陈晓贇　程青华　戴慧斐　戴　维　邓　伟　冯圣音
关昊敏　韩智杰　杭梦圆　何　元　黄月凤　李晨光
李秋洋　林扬帆　凌方睿　刘丹奇　刘芳鼎　刘梦思
陆路通　陆雪晨　陆　遥　马　雯　马　啸　冒云牧
倪丸南　潘　骁　彭　菲　钱信宇　商　珍　邵　妍
沈　菡　石　烁　宋文潇　孙晓莹　汤经纬　屠雨卉
王　程　王　耕　王　帅　王　雪　王怡婷　王永江
文雨珊　吴　迪　吴　珏　吴林峰　吴琪吟　夏　婷
徐　珂　许菲菲　杨璧嵘　杨琪帆　杨颖莹　叶力文
印　睿　袁王斌　展　菲　张　腾　张盈盈　张　贇
张子骅　赵晓东　周　沁　周之昱　朱娇琛　朱敏慧
朱　耀　范杰成(巴西)　李欣摩(新西兰)
李应卿(韩国)　赵庚衍(韩国)

经济学(数理经济方向)
陈　迪　陈　键　陈逸韡　陈至奕　戴元骏　方　菲
黄　龙　李二帅　李金珂　刘嘉瑞　罗　睿　钱骏杰
任梦歌　沈旦鹏　屠梦罡　王钊民　王　铮　吴清源
吴雪婧　徐　玏　章奕亭　朱骏宇

管理学院

财务管理
陈熊英子　陈　熠　陈韵真　笪　兴　丁　辰
董博琳　樊婧然　何　溪　胡梦蝶　黄骏腾　金书海
李　冉　李雅雯　李岳峰　李政云　陆斯文　潘　羽
沙　韵　申　晟　申自洁　沈　谦　宋　卿　王文岩
王紫薇　徐加一　俞耿亮　张　帆　张天慈　钟佳麟

钟晓天

工商管理

曾旦豪 陈 旺 丁亚龙 黄嘉懿 吉祥熙 廖百琦
潘戎戎 沈 阳 王侃瑜 王 倩 张 堃 朱慧洁
金恩率(韩国) 苏 琳(老挝) 徐正焕(韩国)

管理科学

安崇义 陈 吉 陈 在 傅江锋 高泽佳 顾 倩
顾水华 郭忆濛 候一欣 胡晨希 胡绳丽 姜 羡
解维明 李世嘉 梁成武 陆畅然 陆丽莉 马圣滔
牛鑫犇 沙 旻 邵维佳 寿家乐 孙崇庆 孙记国
孙闾超 唐超颖 唐 梦 唐 颖 陶恺婕 陶旭峰
王艺青 王云阶 吴宇笛 薛 莱 尹海英 张晓涛
祝晓莹 金廷穆(韩国) 李铭博(新加坡)

会计学

陈 强 陈 璇 丁年萍 费立雯 冯晓昀 龚蓓佩
顾 冰 胡诗阳 华思韵 黄寒星 黄莲娜 季 骋
雷 怡 李立文 李雨虹 林 榆 吕 舒 米春蕾
容 昕 沈添意 沈 轶 石子晴 孙 岚 孙羿婷
孙颖飞 童冰扬 王秉云 王冬雨 王佳顺 王远洋
吴 辉 咸 璐 宣天晟 杨晓莹 张 凤 张 强
张羽沉 张袁昊 赵渫沣 朱迪思 庄 一

市场营销

王冶东 尹晓健 具安娜(韩国) 王立祯(美国)

统计学

蔡雯怡 丛 明 邓 希 董舟菡 顾天慧 郭小溪
蒋 琛 蒋民军 金益雯 赖致远 李 可 李倩雯
李 鑫 廖 望 林 婧 刘丹阳 刘雪萌 陆卓尔
潘晶文 潘叶婷 戎 融 盛浙湘 宋家骥 孙 峥
田心悦 王 怡 王亦昕 吴若凡 肖 勰 徐园意
叶婵倩 余易宸 张 达 张 俊 张一鸣 赵亭婷
赵星宇 周 杨 朱慧晨

信息管理与信息系统

陈沛转 顾 媛 蒋梦娟 李臣民 李 丹 林澍坤
凌 洁 陆欣慰 钱 铖 童 斐 吴文超 徐 李
杨 晔 张 瑞 张之倧

数学科学学院

数学与应用数学

安中山 曾谷超 陈 菲 陈 涵 陈 默 程 晨
程 强 丁嘉宁 丁越阳 董方赢 董书剑 董笑雨
杜一泓 范敏杰 方延博 冯国鑫 冯芝莹 甘静雨
高 琛 高 桐 郝关胜睿 郝楠楠 胡婉洵
胡增加 贾圣吉 江逸舟 姜 汉 蒋宇杰 金 为
乐 园 冷 竞 李白瑜 李笃一 李 庚 李经纬
李术琦 李天原 李 莹 厉传斌 郦润华 凌舒扬
刘 苒 刘思翔 刘晓东 柳怡骎 陆 豪 陆俊巍
陆 遥 罗修文 莫敬敏 莫芝宇 邱蔚晶 瞿晓迪
沈文杰 宋明华 宋遥凌 宋奕洁 苏子乔 孙 宁
孙田原 谭奇骏 田晓颖 王玢璐 王晨阳 王海威
王瑾惜 王桑原 王之光 危冠奕 吴晨越 吴 轶
徐利强 徐 佡 许杜薇 许 扬 薛明承 杨涵冰
杨 洁 杨 硕 杨笑宇 杨振宇 尹曦日 于华丽
俞励超 袁 源 翟中华 张琮毅 张 飞 张广宇
张 辉 张婕珂 张汝瑶 张亦然 章 文 赵宁馨
赵 晟 赵曦同 赵 越 赵子安 郑腓力 郑海伦
郑家仑 郑泽嘉 朱 涵 朱婧歆 朱新梅 朱志尧
诸玄麟 宗 燕

信息与计算科学

毕 威 卞润华 曹 宇 曹 原 陈驰宇 陈 开
陈 丽 杜 江 方乐恒 龚晓飞 顾 峰 韩 旭
何中煜 黄 俊 李可嘉 李 甜 李颖洲 李泽浩
刘 畅 刘苏原 鲁 悦 陆昱廷 潘牧原 潘诗诗
钱 浩 曲翼飞 任汝飞 邵懿超 宋 超 孙蔡安
孙玮沁 佟艾悯 童瑞峰 汪鉴津 王麒懿 魏陶然
徐 峰 徐 麟 徐意达 徐正扬 许江龙 严 阅
严知非 杨 楠 殷 乐 袁小雍 张 健 张钧凯
张 睿 赵 磊 郑集文 郑宜立 周至荻 朱 蕙
朱凯伦 朱煦文 卓 越

物理学系

物理学

阿布杜克热木·阿瓦提 曾 允 查 凡 查 帅
陈才千 陈 迪 陈 骏 陈宁心 陈巍月 段 炼
冯冬笙 高 飞 郭美琪 郭思妍 郭天乐 何 俊
何泽尚 何正宇 胡 锐 黄正昊 翦 巽 金 磊
荆心怡 李力恺 李文攀 李耀轩 李争路 林 庭
林逸华 刘纯骁 刘 聃 刘 璐 刘 威 刘维钦
刘晓静 刘旭昕 刘仲麟 陆上行 罗伟杰 吕正大
马少杰 苗正钰 苗子齐 明 亮 牛晓海 潘鸿胜
潘 坚 曲伟智 任文杰 孙成励 孙 健 孙进杰
孙 璐 孙晓强 汤玮昭 王 娟 王奇思 王蔚佳
王文博 王哲雅 蔚安然 邬伟忠 吴海腾 吴 俊
吴啸宇 项旭堃 谢景福 谢宗杰 辛建宏 徐迪飞
徐旭坤 严 寒 杨 牧 杨珊珊 姚 娟 於逸骏
余 高 余经志 张家玮 张 凯 张 路 张 强
张 擎 张容达 张逸飞 张玉川 赵晨骏 赵 聪
赵 猛 周佳骏 庄旨玄 邹书竹

化学系

化 学

敖 婕 柏诗哲 包翔宇 曹 晖 陈飞洲 陈国应
陈 曦 程中桦 丁 骏 丁盛达 都 薇 高 远
顾书帆 胡克宬 胡凌伯未 胡 鹏 胡韫韬

黄江铭　贾鼎嗣　江　航　金奕聪　金志豪　梁　硕
刘　畅　刘东晖　刘宇晨　刘珍玺　吕　杨　马入林
马思敏　倪　斌　牛景泽　祁彦博　邱丽丽　沈　斌
盛维琪　石　潇　石瑜婷　宋　晶　谭庆喆　王　海
王　寒　王柳依　王　焘　王宇骅　王元骊　王峥嵘
王智勋　谢　辰　修力琛　徐桑慧　颜　馨　杨瑾超
张　亮　张校捷　赵黄强　赵　杰　赵　曼　赵逸青
郑　石　郑小希　周宇恒　朱范旖　朱幸俊　朱彦润
邹丛书　邹路遥

应用化学

包　力　陈黎明　范子琦　冯陈丽　符云龙　傅展辉
龚　鹏　黄诚赟　蒋　孛　李璀灿　李　腾　李一峯
李怡欣　陆继辉　陆天宇　乔司雨　秦振清　帅晶亮
王梦依　吴斌泉　吴　非　吴　双　徐晓明　张丽莉
赵东金　郑旦庆

生命科学学院

生物技术

程梦然　樊梦晨　冯小艳　黄　婕　李梦迪　李星媛
千晓雁　钱　靖　施宇鹏　苏泽昱　孙洪源　孙静玮
汤霈霈　王　靓　王天阳　王元齐　夏　烨　严凤阳
杨金权　张骏勋　郑晓菁　郑映荷　周安莉　朱宇雯

生物科学

蔡　睿　曹昌翔　常　祎　陈　婧　陈作楣　仇晓麟
崔　翠　戴　航　丁远彤　费泽旭　高睿婷　顾卓雅
官武强　官小茜　韩　斌　胡　鼎　黄靖程　黄若轩
黄毅霆　黄　莹　姜怡斐　蒋　宝　蒋添翼　李　励
李茗一　李昕骥　李亚杰　李一苇　李志旺　栗山涛
刘丹清　刘汉云　刘洁芸　刘世伟　刘晓琳　刘雅竹
陆俊豪　吕　波　吕晓腾　马大卫　马锦涛　马　楠
苗巍男　缪笔思　潘宗德　彭如超　彭　镇　秦正松
邵铂涵　邵韵如　史　豪　舒　伟　司　源　宋　蔓
苏　航　孙凯雷　孙　喆　谭立行　唐巍玲　汪　垚
王　博　王博洋　王建功　王建礼　王军燕　王　力
王凌翔　王璐弘　王　倩　王若珺　王　欣　王仲妍
翁颖婕　吴闻俊　忻骥文　忻夏迟　徐思远　徐天宇
徐旭鼎　严钦骅　严　清　严思嘉　杨易安　杨钊睿
姚倩颖　姚宇婧　姚　远　应　豪　应　时　游简舲
虞　皎　袁　昊　张良霄　张曼菲　张　睿　张夏梦
张晓奕　赵剑南　赵润泽　赵慎安　赵小满　郑如水
仲　佶　周　婧　周倩彦　周　全　周雅韵　周　旸
朱敏霞　朱文鹏　林田俊(马来西亚)

材料科学系

材料化学

蔡晖翔　姜　月　林　歆　陆晨欢　宋　鹏　王冬雨
毋洁琼　吴　谌　吴奕澄　张雯嘉

材料物理

陈华骏　冯威赫　顾隽婕　韩雪松　胡　晓　江　宇
黎宇章　李金艳　李梦琳　李仕捷　李　潇　李　轩
廖垠鑫　刘万鹏　刘哲郡　庞钧文　史　赜　孙　通
吴丹丹　吴军玲　武汪洋　奚　嘉　严　海　杨　剑
张　驰　周雨晴　祝　希

电子科学与技术

崔　璨　方阳福　傅颖鹭　侯泽华　凌　春　刘　畅
刘　柯　吕　舜　宋青哲　宋耀华　孙阳庭　田博元
吴瑕玉　张　龙　张之明　祝晓波

高分子科学系

高分子材料与工程

陈聪恒　陈秋行　何瑞璇　何晓婷　黄　健　江智东
姜雪娇　蒋　烨　金　莎　金　鹰　李家灏　李剑桥
李　俊　李　茜　李乔西　李素萍　刘　超　刘欢欢
刘雨晴　孟震煜　唐思斯　田　野　田　园　夏彬凯
夏　昊　徐　敏　薛佳琦　严丹华　易俊琦　于路乔
张　节　张卿隆　张娅露　张　毅　张子颖　赵　北
郑永为　周云婷　庄沛源　邹云龙

环境科学与工程系

环境科学

边明世　曹本沛　查正骀　陈　晶　陈可毅　陈奕安
陈　雨　刁祎珏　樊　婷　方一舟　洪　哲　黄茂文
姜　来　金一俊　李婧妍　李　然　林　敏　刘　佳
刘俊鑫　刘宇晨　卢智好　罗梦竹　马骐文　钱俊成
邱恺培　邱文翰　沈喆韡　施润超　宋安安　宋佳茵
宋佩颖　宋书瑜　孙彤舟　王　超　王　东　王　洁
王慕蓉　王源蔚　王政旎　肖　珊　熊　丹　徐露怡
许俊玮　许颖达　杨　凡　杨顺成　尹　风　于宁钏
于　晓　余蕴文　袁维亚　张丹宁　张志坚　赵　希
郑莹莹

力学与工程科学系

飞行器设计与工程

蔡　瑶　陈丛王　范胤琛　郭　为　孔祥喆　马文瀚
倪辛辰　司景喆　徐宏彬　杨曦中　叶博艺　印　真
张毅君

理论与应用力学

陈　钊　戴江疆　丁雪健　方　舟　郭竟凯　胡佳尧
冀云骅　李　妍　廖　伟　林汉哲　刘旭东　吕　杰
沈　骥　史　倩　王杰辉　夏正安　徐睿毅　阳佳慧
杨乐文　张洁敏　张　俊　张　骁　张　阳　章丹颂
赵云妹

信息科学与工程学院

电气工程及其自动化

艾　畦　安仁军　蔡倪胜　曹思畅　曾华桂　陈镜羽
程　佳　程润泽　方智毅　高维惜　顾　磊　何　骏
洪　骐　胡文杰　黄飞灵　黄文翀　蓝晓萍　李辛未
刘经纬　罗俊良　罗　畔　罗善文　马雁鸣　倪凯凯
任亚炎　沈晓杰　宋省池　王俊杰　王俊伟　吴　倩
吴铁群　张　天　张　旸　郑臣俊

电子信息科学与技术

蔡凌云　陈昶安　陈舒望　陈宗炜　储怡宁　崔　靖
代　磊　戴东海　戴　葳　董旭炯　顾涵章　何润欣
黄　珏　黄昕元　黄旭华　黄　煜　蒋　赛　金　硕
金玮杰　李光耀　李　恒　李士昱　李天宇　李兴松
林　争　刘海光　刘骏杰　刘铁斌　刘欣颖　刘亚儿
刘　洋　柳志栋　龙禹含　卢思遥　卢元达　鲁经纬
陆文昊　罗　佳　马　晶　马少春　南晓蒙　聂思晴
钮宇斌　潘　晟　钱　进　乔　雨　裘狄广　沈华荣
史钊垒　宋逸俊　苏　帅　孙　鹏　汤海陆　唐　三
唐小亮　田兴华　脱　龙　汪守文　王　璁　王浩飞
王洁洁　王新宇　王章玉　魏　洋　魏　哲　肖康凯
徐　健　徐群奇　许骁军　许怿文　严禾嘉　余慧洁
余政龙　岳　泰　张涵森　张浩思　张　璘　张　琦
张钦发　张仕宇　张心怡　张宇博　赵金鑫　郑晨俊
朱　丹　朱一帆　朱一菁　久积悠辉(日本)

光信息科学与技术

蔡博融　曹　前　陈　骋　陈　墨　陈思名　龚癸明
郭秀金　蒋永翔　金明洲　李永林　卢宇婷　吕　杨
任　伟　申永强　史韵煊　苏雨聃　陶　李　王　思
王子仪　阎蓓蓓　杨尚东　易歆雨　张天宁　张　煜
郑敬泳

生物医学工程

陈俊锡　陈晓茜　郭剑南　黄　亮　金　炼　刘　通
苏苗苗　王红柳　王建飞　王抒婷　杨舒婷　姚　遥
张　云　诸寅啸

通信工程

蔡荣锡　陈碧韵　陈中坚　池哲翔　崔　瑞　范静远
侯冬阳　胡翔宇　黄稚沐　贾　宁　江　武　蒋冰慧
蒋诚一　金佳骏　李明昆　李逸健　李翊毅　刘　青
卢　军　陆振宇　罗　锋　马　俐　倪立成　潘　亮
潘谟宏　齐　普　尚德重　邵必为　孙洁春　王　焜
土习姁　王燕瑾　王一光　魏朱晨　吴悦霏　徐　阳
杨　佳　叶俊辰　于臣之　张　峘　张健尧　张时超
张薇薇　赵武卫　郑孜颖　钟策敏　周　帆　周　弘
庄妮莎

微电子学

艾克山木·艾尔肯　包微宁　薄硕桐　鲍文旭
蔡盛畅　曹骁飞　陈怀昊　陈靖轩　陈　涛　程思棋
单一钟　道丽提汗　丁佳伟　丁琪雯　杜力宇
郭经纬　郭　庆　何　鑫　洪　瑶　侯开捷　胡荣涛
胡心仪　胡远洲　黄　晨　姬明超　金　健　李明达
李若炜　李永俊　梁　晨　刘　畅　刘　洋　陆嘉骏
马思嘉　孟　巍　潘　暕　潘　伟　潘宇腾　潘煜晨
邱继平　饶明熠　邵炜彦　盛嘉奕　施道航　斯　翔
宋东骏　汤　祺　田　天　王　丹　王海峰　王玉祥
韦　祎　吴　迪　吴则有　武　宁　肖　宇　谢圣琼
熊亚雄　许善敏　阎开元　杨晓洋　张　墨　张　洵
张　阳　章凯迪　赵启元　赵　阳　赵　轶　郑嘉炜
郑沛琦　郑伟强　仲柳霖　周　杰　周炜超　周晓羽
周　杨　朱世凯　卓力峰　邹泽远

计算机科学学院

计算机科学与技术

陈　晨　陈　晨　陈　翀　陈峰科　陈　欢　陈苏娥
陈旭旭　陈亦通　丁　昕　范燕军　范一呈　冯国栋
甘　露　高曙阳　龚德超　韩　涛　何潇悦　洪　骥
黄　磊　黄晓靖　纪文彬　贾崇宁　贾　勤　江巴成林
蒋　新　金　昊　康积华　冷骋昊　李明韫　李　颂
林　奔　林坚渤　林　苑　林　喆　刘弘骁　刘婧童
刘　靓　刘　伟　刘未末　陆昱谦
买买提依明·吐和提　明　星　聂珊珊　戚友石
秦文杰　邱君予　邱晓欣　裘　川　权恒星　施　吉
孙　昌　屠川川　汪　然　王北辰　王　晨　王　飞
王心远　王子潇　吴　斌　吴亚桐　吴一知　武希文
夏　威　徐丹枫　徐昳昶　杨一航　杨　宇　应文钦
余思洋　俞晨光　俞　航　张　萌　张　璞　赵　昀
周　畅　周文剑　周易里

信息安全

曹　朵　陈伟鹏　陈晓宇　段新杰　高驿祺　葛一凡
贺维明　侯俊杰　姜雾彤　金晓雨　李方骅　廖世江
林　晨　凌欣娱　刘圣雨　陆淳哲　庞伟林　邵驾慧
孙慨然　孙笑雯　王辰洋　王茂昇　徐晟珩　杨　波
杨小出　余丽丽　张　垚　周立文　朱晟祺　朱天骏
刘明峰(日本)

软件学院

软件工程

柏　慧　蔡哲立　陈　昊　陈景翔　陈清超　程万里
崔　毅　范皓岚　房迪恺　高　行　高小伟　郭　舒
韩金宸　杭卓敏　胡冠卿　华　晗　嵇若桉　金　珊
李方舟　李　言　廖济钦　林　航　刘燕玲　刘宇涛
卢丽媛　陆　明　米胜龙　庞　欣　裴文刚　钱　程
钱　昊　钱　睿　钱思聪　秦睿阳　瞿晨皓　申晨光
沈洁群　沈兆东　孙国强　孙裔劼　田亚运　汪秋宇

王浩骏　王　珂　王明良　王　蔚　温　泉　吴　铮
奚　奇　夏　丹　谢陈宁　谢峻葑　熊嘉骏　徐为开
杨鸿达　杨景鑫　易　涵　尹毓亮　喻　博　张斌荻
张　弛　张　皓　张靖婉　张俊骏　张柳清　张宁夏
张婷婷　张　挺　张晓玮　张　胤　赵　晋　赵　琼
周　璐　朱一烨　朱亦斐　朱雨岑　祝夏林

上海医学院

法医学

陈　浩　董　艺　李　燕　孟乾豪　孙莹莹　王　铮
王梓光　吴轶慧　薛　璟　赵建瑞　赵诗哲　周　姝
周水荣

基础医学

陈鹏里　龚　婷　何思为　江晓燕　李　睿　栗　梦
梁沛华　刘　晔　聂　清　丘倚灵　王　储　王绍君
王　葳　王延聪　邬梦君　奚闻达　杨五洲　周晨俊
祝　琳

临床医学

阿布都买拉木·阿布都吾甫　鲍　磊　蔡　爽
曹轶俠　陈晨阳　陈佳超　陈　磊　陈　涛　陈　星
陈妍洁　陈　阳　陈　颖　陈颖颖　储呈玉　崔　晗
邓　隆　迪娜·索力提肯　丁飞红　董沁韵　董元强
杜霄凌　樊世杰　范　立　冯超逸　冯圆圆　付晓丹
傅晓键　甘强均　龚淑媛　顾若漪　郭　杏　韩啸天
郝　爽　何文强　胡静雯　黄　奔　黄家鑫　黄思菲
吉　婷　江一舟　蒋维薇　焦晓燕　金　佟
库木鲁孜·木拉提　李春波　李海皓　李京润
李　科　李　乔　李　桐　梁　敏　刘　江　刘　珏
刘汝娇　刘莎莎　刘司达　刘天择　刘　阳　娄　逸
卢　君　陆　芳　陆世鋆　陆晔辰　陆逸平　罗　迅
马　恒　马　慧　马　帅　玛丽娜·卡米
麦尔哈巴·肖开提　孟　晓　缪千帆　宁俊杰
潘　盼　潘　歆　秦　薇　区嘉贤　任　翡　芮文龙
申丽君　申旻鸿　沈　辰　盛若凡　施芸岑　史幼梧
宋　敏　宋星仪　宋亚楠　宋　杨　苏　澄　苏子杰
孙　峰　孙克卿　孙正亮　唐　蓓　铁·杜尔娜
万方宁　王　畅　王　晨　王晨辰　王　宏　王　静
王　璐　王　娜　王　强　王汝霖　王　锐　王杉杉
王嘐嘐　王邢玮　王　妍　王耀辉　王一惟　王　毅
王　莹　王玉玮　邬其玮　吴冰洁　吴放骋　吴　朋
吴彦婵　吴亦硕　夏依买尔旦·买买提　项方方
谢冰莹　谢　青　徐宁馨　徐蔚佳　徐兴远　许　华
许　诺　许　中　薛梦晨　杨辰鹤　杨璐萌　杨梅琳
杨　彦　杨佑琦　杨宇婧　杨　珍
伊力娜孜·牙吾绍娃　殷　骏　余　劼　俞　颖
岳　琪　泽　碧　张冰莹　张丹丹　张可可　张伟文
张　艳　张燕飞　张原青　赵传多　赵　珏　赵　麟
赵玉瑾　赵　昀　郑有璟　钟元园　周洁白　周　林
周珉玮　周书怡　朱凤阁　朱　颖　庄　妍
孜比热·甫拉提　邹　飞　邹鲁佳　邹　翔
陈奕杰(新加坡)　古岛雅子(日本)
黄静思(马来西亚)　江义墩(新加坡)
钱真臣(日本)　沙　可(尼泊尔)
莎丽娜(尼泊尔)　十朱美幸(日本)
宋银彬(韩国)　文惠园(韩国)
谢招源(马来西亚)　俞强善(韩国)
俞懿恩(马来西亚)　张　艳(马来西亚)

公共卫生学院

公共事业管理

陈　健　杜天翼　方林剑　胡　骏　黄　媛　纪　洁
李月皎　李正君　牟丹青　潘东颖　乔晓燕　沈大伟
孙琰婷　万　曜　王　婷　王韦昆　杨奕炯　张　翀
钟阳春　周冰沁　朱晓倩

预防医学

艾合买提江·斯地克　白　丹　曹志娟　陈灵颖
陈梦宇　陈晓洁　初　悦　褚兰湘　崔敬凡　邓　斐
高　曦　高　雅　古一苇　顾丽莉　何　治　霍飞龙
金雪维　李　加　李　力　梁　笛　梁羽佳　廖中强
刘　学　陆殷昊　罗逸伦　吕敏之　吕　纳　吕沈亮
马　燕　马志涛　毛嘉文　浦韵卿　祁方家　邱泽宇
饶立歆　赛力甫·阿不都乎甫尔　盛妍妍　舒倩璐
谭紫雯　王　辰　王恩慈　邬安琪　伍　晨　奚　超
薛　莹　姚霞菁　张涵旭　张园沁　张哲婷　赵伟辰
赵县伟　郑梦亭　周昌明　宗　才

药学院

药　学

卞诗荟　蔡永斌　柴妙琳　陈　超　陈　唯　成徐菲
啜雪东　邓雅晨　傅　凡　郭宇波　胡　星　黄志刚
金蓝瑾　雷　冉　黎　旸　李彦辰　梁羽坤　刘斯煜
刘祖玫　吕　远　麻　跃　马浩钧　马卓凡　曼家豪
苗　丹　潘彦峰　任宇龙　沈仕辰　史晶晶　苏婧晗
苏　静　孙凌皓　王　珏　王润嘉　王雨晨　吴　恒
吴静芳　吴牧鹭　谢作旭　熊　鹰　杨东晓　袁盛旺
张小雨　赵　越　钟东威　周佳辰　周　宁　周　睿
朱俊怡　朱　琳　朱晓慧　朱　校　朱宇宸
丽　珊(泰国)　瑞　娜(泰国)

护理学院

护　理

包涵君　蔡松玲　蔡珍珍　曹佳佳　曾　怡　常钰真
陈　桦　陈佳玉　陈　洁　陈璐琼　陈　祺　陈　茜
陈　婷　陈晓旭　陈　亚　陈亚倩　陈朱虹　程敏慧
程　烨　储佳妮　戴潇潇　邓　颖　丁晓燕　董佳雯
董忻悦　窦轶群　范定定　范倩霞　范　昱　冯　沁
冯　婷　干　佳　高冰馨　高　瑾　龚豪俊　龚敏敏

龚娉婷　龚舒清　龚　雪　龚　瑶　顾　婧　顾能娟
顾　维　顾　燕　顾燕萍　顾叶萍　顾怡婷　韩梦莉
韩　颖　何明黎　何雯艳　洪　磊　洪小丹　胡彬彬
胡佩婷　胡　婷　华枫薇　黄蓓麟　黄　晶　黄丽萍
黄茜倩　黄施峥　黄　毅　黄　英　黄媛媛　姜思芸
蒋蓓玉　蒋丽萍　蒋倩丽　蒋倩雯　金安迪　金　丹
金秋夏　金莺莺　寇晓芸　赖　怡　乐佳莹　李超群
李　弘　李　佳　李　蕾　李燕妮　厉　倩　林　璐
林圣尧　凌　丽　刘佳敏　刘　洁　刘　俐　刘　琳
刘　萍　刘艳雯　陆凯艳　陆琳琳　罗　艺　吕　佳
马　骏　马莉莉　毛冰艳　孟　娟　缪　珏　缪秋琛
倪冬兰　倪　慧　倪　静　倪　蕾　倪天行　钮冬梅
钱　超　裘　洁　邵丹红　邵　婷　沈　飞　沈菲菲
沈　兰　沈骊威　沈欣琪　施文华　石　蕾　时　靓
史佳宝　宋春晓　宋婧玮　宋　君　宋夏云　孙　呈
孙靓姣　孙梦琪　孙怡雯　汤益娟　唐丹敏　唐　玲
陶妮娜　田佳佳　王　慧　王佳雯　王佳徐　王　琳
王晓宏　王怡雯　王易芸　王雨裙　闻琴弦　翁　洁
翁莉莎　翁晓庆　吴晨姬　吴　丹　吴　慧　吴慧俊
吴佳静　吴佳莉　吴元珏　夏　隽　夏凌云　项玲燕
肖依娜　谢丽君　邢丽红　徐佳婵　徐佳凤　徐佳燕
徐君逸　徐　丽　徐　亮　徐燕华　徐　莹　薛慧玲
薛　菁　严晓敏　杨春蕾　杨丽春　杨丽莉　杨珠艳
姚戴佳　姚隽赟　姚　婷　姚依云　裔颖华　殷晓青
余俊磊　俞秋霞　虞思纬　郁　青　郁慎吉　袁珂珂
袁晓庆　张春妹　张玳悦　张季玮　张佳燕　张佳滢
张　珺　张丽丽　张　琳　张若其　张舒欣　张　薇
张伟华　张　玮　张晓雯　张雪芬　张轶婷　张玉亭
章艳枫　赵冠骅　赵文彦　赵玉婷　郑　健　郑　琳
钟嘉龄　钟　晔　周春艳　周春扬　周春羽　周　菲
周芬妮　周佳妮　周佳妍　朱　菲　朱黄英　朱佳虹
朱佳雯　朱丽吉　朱唯文　朱艳莲　朱　瑛　朱宇婷
诸馥琼　祝如意　庄　洁　庄晓赟　邹蕙辰　左铭君

护理学

代龙妹　丁琼伟　龚　婕　杭　蓓　何　俊　胡　慧
李天容　刘鹏林　陆迎春　骆融融　倪懿骢　钱　卉
乔　悦　屈玉立　谈姝琳　唐双龄　韦　坤　吴颖知
徐佳敏　许　瑶　姚佳琪　姚依澄　虞　俊　张帆临风
朱　政

国际文化交流学院

汉语言(汉英双语)(有毕业证、学位证)

孙英豪(韩国)　康荣训(韩国)　金镐真(韩国)
畔柳益巳(日本)　尹素廷(韩国)　方相敏(韩国)
金成垠(韩国)　坂本翔吾(日本)　黄晶熙(韩国)
市川理(日本)　权诗逻(韩国)　山岸桐子(日本)
金钟均(韩国)　姜旼姝(韩国)　金元植(韩国)
村上铁朗(日本)　福井豪(日本)　徐覃慧(韩国)
姜宇锡(韩国)　木濑聪辉(日本)　许娜莉(韩国)
金城麻希(日本)　田中绫乃(日本)　世间美叶(日本)

汉语言(语言文化)(有毕业证、学位证)

金京洙(韩国)　裴允希(韩国)　金智元(韩国)
前田夏实(日本)　金伸来(韩国)　李静珉(韩国)
崔慜智(韩国)　中川彩香(日本)　全宣美(韩国)
郑恩美(韩国)　李钟宇(韩国)　阴山欧亚(日本)
张玟贞(韩国)　张民爱(韩国)　权文秀(韩国)
込山美铃(日本)　金丽贤(韩国)　崔慧真(韩国)
朴知惠(韩国)　寺山裕树(日本)　蔡熙文(韩国)
毕力功(蒙古)　全喜恩(韩国)　早川真央(日本)
金基培(韩国)　王吉姆(美国)　金相贤(韩国)
雨坪温子(日本)　李昌倍(韩国)　廉俊盛(韩国)
崔正民(韩国)　手嶋宏文(日本)　安俞摞(韩国)
宣那利(韩国)　卢承贤(韩国)　小柳茉莉香(日本)
金永中(韩国)　郭多股(韩国)　金润惠(韩国)
小峰惠美子(日本)　沈在炯(韩国)
李至胤(韩国)　朴峻彻(韩国)　郑明艳(新加坡)
李长泳(韩国)　全相俊(韩国)　朴善美(韩国)
王国珠(新加坡)　崔允祯(韩国)　蔡贤秀(韩国)
李睿瑟(韩国)　胡雪微(新加坡)　李张照(韩国)
朴星日(韩国)　沈晓辰(韩国)　陈金华(新加坡)
徐幸德(韩国)　闵红珉(韩国)　张惠兰(韩国)
黄瑜婷(马来西亚)　金美丽(韩国)
白善牧(韩国)　李悠然(韩国)　廖凤凤(马来西亚)
俞在赫(韩国)　金敏燮(韩国)　朴韩娜(韩国)
王桂兰(马来西亚)　张敬民(韩国)
朴宰贤(韩国)　郑龙淏(韩国)　聂　冰(新加坡)
刘　滢(日本)　许　光(韩国)　赛张娜(俄罗斯)
谢　力(哈萨克斯坦)

汉语言(汉英双语)(有毕业证、无学位证)

孙泰熙(韩国)　今野美里(日本)

汉语言(语言文化)(有毕业证、无学位证)

王泰皓(加拿大)　具南希(韩国)　若林俊吾(日本)
中津朱理(日本)　田中理惠(日本)　丹羽达也(日本)
桥本有纪(日本)　中岛修司(日本)　金贞润(韩国)
陈美玲(印度尼西亚)　莎妮娅(哈萨克斯坦)

硕士研究生

中国古代文学研究中心

汉语言文字学

胡　寒　裴兰婷

中国古代文学

龚兰兰　贾舒颖　李启坤　苏　娟　岳宇阳　周儒鸿
韦珮华　冯宇君

中国古典文献学
颜敏翔 张千卫

中国文学古今演变
林 靖

中国语言文学系

汉语言文字学
陈 林 费寅翼 何 君 李 果 麻伶秀 苗 丰
任 攀 唐 沂 许建础 张 韫 郭恩熙 澳 莉
柯乐善 秦怡安 云 英 谭月明 YUYUN HOLITA

民俗学
张 蓓 刘 洁

文学写作
张怡微 张亚黎

文艺学
徐金柱 蔡 钰 孔庆熹保 刘芊玥 王 昕
王 妍 英佳妮

现代汉语语言学(1月份毕业)
柳秀希 吴闲荣

现代汉语语言学
陈 楠 李 敉 李于虎

艺术人类学与民间文学
杨丽嘉 朱未央

语言学及应用语言学(1月份毕业)
安明明

语言学及应用语言学
陈秀君 顾月云 李文聪 汪馥慧 张 玥 柳炅希

中国古代文学
陈亚萍 陈 抒 韩 蓉 韩书琳 贺诗菁 胡海弘
刘宏辉 黄玫菱

中国古典文献学
李灵洁 毕琳琳 林鹤韵

中国文学批评史
高 鹰 韩 广 孙浩伟

中国现当代文学
朱新伟 安善姬 安 斌 胡曦露 闵诗卉 孙 捷
童宁宁 汪 璇 张 翠 邹 滢 陈玉雯 韩才恩

比较文学与世界文学(1月份毕业)
刘 潇 MILLWARD MEGAN

比较文学与世界文学
姚斐菲 钱丽萍 乔嘉男 佘 珂 吴 媞 朱琼敏

电影学
谢珊珊

戏 剧
陈成益 高绍珩 郭 丹 蒋琳莉 鲁 登 陆斯超
王 霓 徐裴裴 张 凡 张梦妮 张馨月 赵艺婧

外国语言文学学院

英语语言文学(1月份毕业)
吴春丽 李淑华 丁永祥 夏骏刚 刘晓卉

英语语言文学
曾 焕 张文思 陈利杰 陈 曦 陈以侃 干贤婧
何婧洁 黄星烨 黄 珍 刘娜娜 陆 妍 彭 颖
沈思依 斯韩俊 苏晓欣 伍伊娜 张建梅 张盛丽
周小琳

德语语言文学
秦文汶 张玉婷 朱彤吉

俄语语言文学
程腾超 霍丽婕

法语语言文学
邵 南 汪 玲

日语语言文学
许丽娜 朱 佩

亚非语言文学
金海锦 孙 程 王立霞

英语笔译(1月份毕业)
张 诚

英语笔译
韩晓珊 卜俊杰 陈秋荣 程 曦 傅 瑜 葛 孜
李蓉蓉 励俊敏 刘俊峰 刘夏芬 罗林林 倪廷宝
欧海林 石 斌 王 放 王 琳 王梦迪 徐璐洁
徐敏怡 阳 光 殷婷婷 应 明 于姝斐 张杭亚
张 芮 朱莉芝

新闻学院

新闻学(1月份毕业)

蒋　俭　工藤文

新闻学

吉　汉　陆绮雯　陈卫亮　宋婷婷　陈一新　冯上斌
傅盛裕　顾琪静　胡晓慧　黄奇萃　黄怡静　李思潇
李昱佳　刘　艺　柳盈莹　路琳娜　沈婵婧　史　诗
温　潇　温永至　吴　微　余　雪　周　豪　陈辉楠
陈书昊　邓云岚　董　骏　韩晓蓉　胡建书　金声涛
景象欣　李　晖　李　璟　刘　耿　汪海燕　王　蕾
徐震寰　姚莉莉　张　凌　张昱辰　赵亮晨　郑　超
周　芳　宋晓杰　卡莲娜

媒介管理学

常惠惠　谭维旭　赵明超　张斯童

国际传播

陈　洁　陈莉莉　程书颖　邓章瑜　樊艳燕　方曲韵
顾玉婷　郭文鹃　郝迎灿　何梦莹　金慧瑜　李　怡
吕安琪　欧阳媛华　平措卓嘎　浦铖杰
钱希茜　钱依黎　沈　吟　孙　苏　唐颖娴　王　霞
王云娜　吴振东　夏天怡　张诗耘　张　毓　郑佳文
周　琪　周毅群

广告学

段书晓　李　贺　刘烨鑫　王凌云　周嘉旎　李美娴
西海瑠依

广播电视艺术学

沈佳敏

广播电视学

邓之湄　杨　阳

公共关系

孙泳颖

传播学(1月份毕业)

LARA ELLEN FARRAR

传播学

党　敏　黄东平　刘传博　罗　璀　唐三勇　陶禹舟
兴　越　徐晓东　杨绪伟　姚　峥　岳　魁　张静华
李　让　BONITA PUI YANG WU
LAURA MC BRIDE UHLIR
MICHELLE YUE FAN　SHIDAN YOUSSEFIAN

编辑出版

方兆玉

历史学系

史学理论及史学史

李小姣　马　宁　申　芳　史　诗　宋瑞璇　周力陈

世界史(1月份毕业)

任兰芝　吴小勇　刘文莉

世界史

郭　伟　袁　珍　刘佳佳　李　静　莫传笈　王　楠
武瑞翔

中国古代史

黎大伟　丁乐静　彭山杉　苏　斌　汤绍辉　汪　浔
杨　茜　俞　琛　李大雨

中国近现代史

李信之　邓　爽　李　丽　卢晓璐　施宁胤　王　慧
王　勉　王银飞　吴梦吟

专门史(1月份毕业)

张丽萍

专门史

顾佳艺　李　杨　徐佳贵　诸颖政　卡米拉

经济学院

财政学

叶　红　蔡璟孜　高　玉　管　帆　贺凯谋　黄玉萍
李洪晨　平　清　邱琪华　时　振　宋旭希　唐冰清
童效金　尹祖龙　余　洋

国际贸易学

王　玥　程　岚　刘　丹　时　光　宋鹏飞　苏　阳
王　帆　王洁华　王逸汇　谢　晨　张天添　朴贞妍
新宅美玲

国民经济学

陈汉青　顾　及　潘圆圆　彭婧妮　谢玉磊　杨　超

金融学(1月份毕业)

刘会扶　许海波　徐　婵　林艳宏　张微燕　张　艳

金融学

顾兼超　宋文杰　曹　莹　周吉人　王青水　戴志伟
吴妍莉　俞晓滨　蔡春根　柴天仪　陈　峰　陈　峰
陈　蕾　陈立勋　陈　蕊　陈文敏　陈子隽　成　娜
达　衍　党　悦　丁婉贝　董睿琳　范　琨　范依佳
范英豪　范　正　冯　芸　顾纯俊　关文静　郭建展
杭　荣　郝晓鹏　胡安琪　胡　博　胡　颖　黄　波
黄　庆　黄旭红　蒋　倩　蒋士杰　康　达　孔林杰

郎 超 李 嫦 李 恒 李欢劼 李 霞 李 昕
李艳丽 刘福林 刘和勇 刘京鹏 罗 博 吕 苏
麻 艳 马 超 苗 明 闵 瑞 缪婧倩 缪夏美
钱新华 秦 闻 沈建斌 施若雯 是星涛 孙 丹
孙树荣 孙 统 唐 啸 王 静 王梦影 王 乾
王诗淇 王晓明 王章礼 王治华 魏雪峰 吴志慧
谢迎菲 邢雪飞 徐似锦 许惠敏 薛 缘 杨 健
杨金翰 杨 盛 杨 阳 姚姣姣 姚 舜 于 瑞
张光明 张家磊 张金鑫 张 潇 张 仪 张中杰
章 鑫 赵 静 郑云飞 朱靖宇 朱晓洋 庄 达
白永志 蔡 浩 曹圣希 陈 峰 陈 豪 陈 泓
陈晓维 程振华 褚菁菁 方德华 方 明 方 奇
方 彦 房 佳 冯 骏 付 明 傅萌洁 高 艺
侯 爽 华 佳 黄 芳 李 峰 李 媚 刘怡婷
陆佳士 陆军芳 罗 洁 马志伟 潘 艳 任 晓
邵 军 沈俊华 沈悦松 石俊安 宋 穷 孙 萱
唐涊尘 田芸菁 汪友华 王文佳 王祥卿 王燕华
王 懿 魏武沁 吴 海 吴 巍 肖 联 谢 雯
徐冬霞 殷 颖 于 铖 于 群 余一灵 余 勇
俞嘉灏 张冬梅 张展平 章元戈 钟晓锋 周德晔
周 围 周欣瑜 朱 强 朱贤晶 朱云枫 黄祥庆
清水爱樱美

经济史
谢昌旭

经济思想史
鲁康寅 王海波 张欣欣

劳动经济学
欧海军 张素蓉

区域经济学(1月份毕业)
孙毓峰 崔汎洛 金振雄 李成一 李根荣 李永基
朴润硕 朴艺原 朴智贤 任廷岘

区域经济学
神崎真弓 杜丽娟 冯 皓 李方文 杨尚铭
姚 静 朱 铃 阿丽亚 白诗婷 杜马斯 金富贵
李安琳 李 佳 李莹莹 路 易 马 豪 马 可
阮氏越河 宋 昊 田川亚莉莎 希丽雅
曹殷澈 金 准 李周浩 朴轸远 赵兴相
DENNIS CHAN HUNG
HAMZELOEE POULADDOKT PHILIPP TIMMER
SAETRE HENRIK SANNE POST

世界经济(1月份毕业)
金杜咏 金度允 李镕喆 李仙正 梁佼正 沈成勛
张硕印

世界经济
蔡 俊 陈 红 陈腾曦 贺华成 吉 祥 江生可
江 伟 李 潇 刘 芊 刘若阳 刘珊珊 隆青青
罗黎军 盛婉瑜 田 力 王 菲 肖兰章 辛梦园
许邦贤 俞 萍 张旭欣 郑 民 朱 汇 王 磊
许乐家 陈湘琪 陈孝林 范王龑 冯香智 康雪婷
刘寒冰 聂雨薇 彭瑞清 沈雨沁 汤皎伶 陶 溦
王 超 王从颖 徐 杨 杨芥舟 张 姝 祝 杨
MICHAEL ALFONS STEMMER STEPHAN
THOMAS WORACK SWETLANA ELERT

数量经济学
范 睿 李 晶 吕鹏勃

西方经济学
冯佳琪 洪雷鸣 廖小野 宋旭阳 孙 琦 汤毛虎
滕佳宇 王致远 信 宗 姚红良 张 岩 曹 莹
闵琳佳 顾蓉蓉 郑 杨

政治经济学
蔡晗昀 曹媛媛 陈琴玲 龚 芳 郝菁菁 何雨翼
蒋立理 李依霜 王 洋 张 岩 朱 林

哲学学院

马克思主义哲学
丁 刚 罗 浩 沈丹丹 田文娟 王 蔚 张茹意
左丹华

外国哲学
陈 路 刘 利 孙学鹏 汪志坚 王春明 许映宁
许 立 张守信 张 义 张云凯

中国哲学
杜秉俊 傅锡洪 刘乃臻 刘 松 魏犇群 张榕坤
王安娜

逻辑学
黄 维 丁 铭 高 坤 任书建

伦理学(1月份毕业)
胡佳俊

伦理学
荆 璐

科学技术哲学
陈孝昌 方 卫 刘可青 朱卉丹

国外马克思主义
李远锋

企业伦理学
于明志

宗教学
陈　静　李天祥　茅宇凡　梁　慧

国际关系与公共事务学院

国际关系(1月份毕业)
沈希希　江　扬　王　玄

国际关系
崔健康　丁逸琛　华　英　黄　琳　康　建　乐　天
李　坤　李云帆　刘　兰　刘林智　刘　月　任　翔
唐　黎　涂有志　汪　遒　王铸成　吴庆生　吴　雪
张银海　周　丹　何　塞　具炫我

国际政治(1月份毕业)
刘倩洁　ALESSANDRO CASELLI

国际政治
龚　凯　闫　琳　苏若林　吴跃武　赵姗姗　郑　昕
邓铃凌　PETER CHRISTOPHER ERNEST
MUNRO DUN　周亦奇　张若愚　CHEDZA MOGAE
MARIJN FREDERIK BOOMAN
NILOOFAR SARWAR　陈作冲　邓文波　哈　帕
柯丹颖　司马哲　吴国霖　CRASNIC ANCALORIANA
JOSEPH ALEXANDRE SENNINGER
MULLER NICHOLAS CHRISTIAN
RACHOW PAUL HUBERT LUCAS
STROMSVAG MARI
TRUSTY MOROY JADE　ZECH MARTIN　季　霞
李采玫　李嘉敏　马克斯　马　乐　牟若兰　艾莉娜

行政管理
夏　凡　管平中　胡明光　金杭庆　李　丹　李济涪
李抒忆　刘宁雯　钱培华　邵钦亮　时　帅　喻　楠
张阿阳　朱光楠

思想政治教育
杜晓馨　张骁章　梁　普　倪岑岑　王诗炜

外交学(1月份毕业)
李英杰　蔡　璐

外交学
朱　华　胡立菲　陆文婷　王亚坤　韩家明　胡良孟
姜咪红　李千晴　李盈懿　刘丽珺　麻　瑞　沈剑峰
田　荣　王令仪　闻　婧　吴　挺　谢　铿　应　健
张　沁　周海东　赵培雯

政治学理论(1月份毕业)
顾　珅

政治学理论
朱忠壹　杜　欢　贾合川　刘乐明　盛奇伟　唐朗诗
唐希龙　王国鹏　王中原　姚银科　袁嘉健　张洪伟
张　磊　郑文阳

数学科学学院

概率论与数理统计
刘　鹏　朱　进

基础数学
廖　昀　邓通宇　郭　炜　瞿书扬　梁津津　罗　娟
潘　华　荣　翔　宋明玲　肖子崇　杨小海

计算数学
安凯琦　郝　一　宋如意　魏旭媛　翁杰程　吴　悦
肖　成

应用数学
陈冬梅　丁　艺　方　舟　郭丽敏　黄　斌　李华伦
刘　畅　荣晨尧　容杏苑　唐达蒙　王其涛　王　婷
钟　海　周丽琼

运筹学与控制论
龚晨燕　毕文颖　高　原　蒲章臻　袁德超　邹雪娇

物理系

光学(1月份毕业)
李　磊　赵金凤

光　学
徐智翔　李　媛　刘　琳　秦艳丽

理论物理(1月份毕业)
韩立中　范　青

理论物理
秦　罡　李王尧　窦全涛　罗欣予　徐晓东

凝聚态物理
戴镃璠　范秀秀　龚　华　刘备备　马　丽　缪润妍
宋坤钰　王　伟　严仁杰　张海月　张　贇　赵　芳

现代物理研究所

粒子物理与原子核物理
李　敏　卢　鹏

原子与分子物理(1月份毕业)
袁翠洁

原子与分子物理
蔡　培　欧学东　吴新义　夏　磊　朱　真

信息科学与工程学院

电磁场与微波技术
李　维　潘　诚

电路与系统(1月份毕业)
奚晓婷　曹　植

电路与系统
陈立雪　戴凤麟　葛　亮　何　凡　胡　沉　胡子骥
蒋　冶　孔迎盈　李　伟　孙海英　王瀚清　王　腾
王　鑫　王　宇　魏上清　辛彦哲　徐　娜　杨　东
张　群　张正言　张志远　赵　愉　赵　泽　郑天宇
朱冬玖

电子与通信工程领域工程硕士
刘　晗　刘少博　王　凯　王腾飞　易　琦　郑逸阳

光电系统与控制技术
郝静如　雷　宇　刘正权　钱敏华　宋洁琼　宋晓博
朱　旭

光学
曹兴鑫　陈　立　崔　勇　付小牛　李　丁　刘文明
骆志远　徐　达

光学工程
梁　旭　许宏淮　丁大宇　曲韶华　沙剑剑　许　妮

集成电路工程领域工程硕士(1月份毕业)
李佳佳

集成电路工程领域工程硕士
曹　煜　陈恩乐　陈　佳　成　杨　单伟君　单志程
董　叶　杜　皎　傅博洋　高振华　谷东明　郭　立
韩海超　韩　健　贺中柱　胡龙龙　胡龙山　黄　实
黄　现　姜述国　李嘉林　李闻界　梁林荣　廖泽鑫
刘　洁　刘晓宇　鲁文先　马洪威　孟庆伟　钱　鑫
任鹏帅　宋　波　苏　南　孙　佳　孙　雷　孙　宁
孙玉香　唐　聪　唐　旸　田　丰　万熊熊　王红波
王井舟　王明贵　王　鹏　王腾星　王贤彪　肖　畅
谢小珊　徐志杰　许　聪　许伟涛　杨博斐　杨　涛
杨岳明　喻建军　张　丰　张瀚文　张继之　张　帅
张　伟　张仲懿　赵　晋　周慧伟　周立阳　卓晨飞

通信与信息系统
欧若风　杨从辉　狄佳茜　方武良　龚渝钧　顾　云
李　斌　陆维佳　南智敏　潘孝楠　佘正炜　王彩华
王　丰　王　龙　夏　晔　杨彦东　张成磊　周佳琦
邹书敏

微电子学与固体电子学(1月份毕业)
沈　珏　杨　盛　朱　瑜

微电子学与固体电子学
徐虎雄　包　杰　陈凤娇　陈绪斌　侯　方　侯丽敏
胡　敏　胡　嵩　李　凯　李　立　李　冉　李　叶
聂　彧　彭振飞　权　衡　王　帅　王　韬　王伟威
王永伟　肖瑞瑾　杨　鸿　虞佳乐　张晓萌　张羽立
张芷英　惠文渊

无线电物理
王天临

物理电子学
吴晓震　柴颖斌　高欢忠　李　炜　施水军　滕亚青
赵启蒙

医学电子学
黄煜洲　焦　静　刘　梁　汪善义　王文斌　吴仪俊

物流工程领域工程硕士(1月份毕业)
陈宜成　谷　晶　郭　振　韩　冬　韩学珍　简晓襄
李红霞　李刘梗　王　静　朱　伟

化学系

分析化学
曹丽丽　李忠波　孟娇然　汪嘉沁　武光荣

化学工程领域工程硕士
吴玉洁　蔡丽华　陈　红　陈　洁　陈　龙　池宁琳
丁正知　董　超　范　勇　巩　亚　胡东阁　任钦琪
申高岭　孙　红　唐　浩

化学生物学(1月份毕业)
王红艳

化学生物学
高铮亚　刘若琅　芦　博　夏才皓　杨淑君　张晓夕

无机化学
周　森　郭玉芬　王洪雷　夏　倩

物理化学(1月份毕业)
石　琳　王　英

物理化学

褚小凤　付正浩　蒿　豪　胡基业　刘丽丽　卢金华　马博文　聂颖颖　宋燕梅　汤春红　田　舒　王　杰　王韶华　杨依苏　邹清青

应用化学

方昊成

有机化学

黄　焜　胡啸波　朝鲁门

生命科学学院

神经生物学

万　力　陈　瑞　龚　卉　黄增金　蒋淑霞　林　超　孙　悦　谈彧君　张传强　周厚成

生态学

姹　娜　陈扬赟　王　伟　许　锴　张　璇　张　彦

生物工程

戴　宇　丁　铭

生物化学与分子生物学(1月份毕业)

张世栋　李　津

生物化学与分子生物学

张海磊　陈　飞　张如奎　常晓月　顾盼盼　何晓婕　刘湘蓉　罗　莹　潘嫦娥　饶玉良　任　钧　孙海艳　吴　萌　吴　殷　张艺婷

生物物理学(1月份毕业)

周传文

生物物理学

黄士芳　马执行　孙运祥　张华威

生物信息学

陈　健　梁　燕　李　汐　任梦莹

微生物学(1月份毕业)

俞梅英　高学鹏

微生物学

高　原　林帅帅　施　韬　滕丽艳　王　超　王丽莎　杨宇翔　曾丹宁　张　琦

遗传学(1月份毕业)

于　欣　王儒恺

遗传学

蔡　鎏　戴薪传　单志琼　冯碧薇　高学武　高　赟　李　欢　李泳池　林师冠　刘　爽　刘婷婷　钱雯琼　苏琢磊　王　丹　王　然　吴丽华　武耸荔　夏　燕　徐　旻　薛　冰　于晓敏　张　薇　周　平　周宇飞

植物学

徐　颖

生物工程(1月份毕业)

陈晓静　丁冬林　高志梅　龚　艳　胡　斌　姜丽娟　李国保　栗　娟　林烂芳　林晓玲　凌子惠　刘　芳　刘　杰　吕旭楠　牟　晨　彭冬铂　邱　鹏　孙斯平　孙　勇　涂宇鹏　汪玉洁　王建霞　王　爽　杨菲菲　杨　树　周　鑫

计算机科学技术学院

计算机软件与理论(1月份毕业)

郑　悦　朱菁华　邓定雄　陈晓亮　黄焱艺

计算机软件与理论

李　锴　刘　伟　陈彦光　陈垚亮　鄂春林　范　帆　付凌霄　顾　钧　官瑞敏　胡繁星　黄　博　黄　鹏　李杰辉　李　楠　李真超　林韶娟　刘炜华　刘玉淑　马　计　苗冬青　舒　刚　宋海涛　孙安健　孙　腾　谭　曦　陶　岳　田家堂　万琳霞　王世春　王小威　王　英　王正鹏　吴晶晶　谢东强　徐云峰　余　韬　张立勇　张连明　张　涛　朱冠胜　朱　良　左青松　何智聪　王　琦　周文斌

计算机系统结构

刘　煦　罗晓敏　冉杨鋆　霍洪鹏

计算机应用技术

张智勇　张　玥　陈静怡　刁　茜　丁汝一　冯　伟　顾抑扬　郭　琛　贺延涛　姜　昊　李进超　李　钧　刘海燕　刘明杰　陆　睿　荣　鸣　宋晓影　苏艳霞　唐　亮　王　东　王　珏　王　奇　王琰滨　王　毅　韦仁忠　肖星星　俞昊旻　曾铁钢　詹志飞　张莉莉　周　杰　朱　运

计算机技术领域工程硕士(1月份毕业)

白红丽　卜素亮　樊诵惟　范东辉　付锦文　傅德基　高　彦　管陈涛　郭荣平　胡　彬　黄钟元　邝　悦　李　彦　刘长城　刘　飞　刘冠雄　刘国辉　刘　佳　刘　力　刘　威　裴　养　邱培超　王丽娟　项逸群　谢　敏　徐　波　杨凡超　姚　宇　曾滢著　张李一　张　翼　赵寒松　郑金洪　朱凤琴　邹慰君

计算机技术领域工程硕士

黄鸿鸣　王　鑫

管理学院

财务管理

蔡灿鑫　程慕斯　干存银　公　帅　顾　宏　韩　柳
胡琳扬　黄高林　黄晓伟　江佳艺　江　伟　焦　健
金　逸　李国建　李　晗　李小明　廖匡宇　刘正菊
卢文静　鲁智钢　毛海柱　潘　兵　钱建萍　宋　珊
汤跃莎　唐家麒　王佳丽　王明聪　王映人　王永杰
肖　晗　谢铃娟　邢雪峰　杨　帆　杨　树　杨腾腾
杨　烨　易小金　曾　炼　曾玉姣　张宏东　张　鹏
张　薇　张　异　郑　达　周　正　朱　琳　左一锟

产业经济学

包婷婷　蒋　艳　刘　欢　王　婧　王　正　许　吉
于　畅　余璐玥　袁多武

概率论与数理统计

冯荣国　孙　怡　项丽雅　肖　剑　许　沁　于　帅

管理科学与工程

黄　晶　刘　涛　戴　莹　高　远　李　晶　彭　丹
漆正丽　施许斌　宋凯敏　王春环　王　瑾　王文宇
吴佳炜　宣　诚　姚　瑶　张剑鑫　张恺人　郑佳铭
庄永婷

会计学

张贝妮　蔡传逸　方逸峰　巩方舟　黄　璇　雷　婕
李树磊　廖燕妮　彭亮燕　任婷婷　沈　皓　王　耀
许　烨　殷励斌　张　琛　张　沁　赵　洋

企业管理(1月份毕业)

陈嘉宜　褚小荣　刁婷婷　范　菲　冯　心　顾中立
何　虹　洪　娜　蒋志巍　李　坤　林　娜　刘备备
陆　青　麦其芃　乔　垚　沈池花　沈思昀　滕毅敏
王艳丽　王韵之　王　紫　吴　荻　杨硕盈　杨晓燕
叶清文　张　昂　张小夏　张　钊　左　睿
CICCHIELLO MICHELE　PELLEGRINO FRANCESCA
DZIALA MAGDALENA KAROLINA
OGLIENGO MARCO
DOMENEGHINI ANDREA FRANCESCO
DE PEPPO GIUSEPPE　SPALAZZI MASSIMILIANO
SALMERI PAOLO GRAZIANO
GIUSEPPE GIOVANNI　CHENG MARIA
ANTONIOLI ROSSANA　ALBERTO QUINTERI
ALCIDEMARIA CALISTI　ALDO SANTALCO
ANDREA TAMBURINI　ANDREA VANINI
ANNA LOMBELLO　CARLO SALANDI
DIANA SERRA　DIEGO DE PIAZZA
ELISA MALACRIDA
ENRICO CASATI ERICA CACCAMO
FEDERICA DE STEFANO
FEDERICO CASATI　GIANLUCA DE SANTIS
GIOVANNI PICCINELLI　GIULIA BARAVELLI
GUIDO VERO　LORENZO BRAGANTI
LUCA FERRANTE CARRANTE
LUIGI PASSERA　MARTA ALLEVI
PAOLA PAROLO　ROBERTO RIGA
ROSA MORGILLO　STEFANO SARDO
VALERIA GIACOMIN　VERONICA TOPPETTA
意　丹

企业管理

韩　斌　顾敏妍　管璐洁　郭兆睿　韩金星　孔海宾
李　群　李　源　刘　尧　邵　波　田文舟　肖华明
熊晓琴　闫　燕　易　然　张大尉　张其羽　周　怡
马颖雯　BENEDETTA POLVERELLI
FEDERICO PAVESI　GIOVANNI GARDELLI
MARTINA MOLLAME　MICHELE SILENZI
RACHELE COLOMBO
SALVATORE MARCO NICOTRA
VALERIA SOTERA
谷友平　丽　娜

金融工程管理

蔡冰晶　陈　晶　陈　克　丁　军　董欣欣　范　川
付　陶　郭　浩　胡期文　黄智烨　吉　祥　江泽华
李月蓉　林　灵　刘琪璐　刘　毅　栾　稀　潘之君
邵金顺　宋乐铃　孙书娜　童梦雅　屠珊珊　王　飞
王龙翔　吴萌萌　熊　欢　熊建龙　于雪燕　张传琦
张　慧　张开元　张　朋　张劭涵　张勰柽　周晓华

统计学

唐佚佳

运筹学与控制论

陈　杰　孙佳其

工商管理硕士(1月份毕业)

林大登　洪海宁　李　佳　陈毅君　范晓艳　程连瓴
曾庆春　蒋学武　高俊林　姚习艳　赵春羽　鲁　毅
董珍珍　何　琳　鲍书琦　蔡　洪　曹力立　查焱刚
畅　江　陈　爱　陈　波　陈成凯　陈春雷　陈浩峰
陈怀海　陈　静　陈　俊　陈　岚　陈　磊　陈　莉
陈　力　陈晓冬　陈晓武　陈　新　陈　焱　陈义丰
陈　迎　陈　颖　陈哲峰　程　菁　程　骏　储　君
戴侃伟　丁　琦　董长河　段小刚　樊　俊　方久林
费　莉　冯焕军　冯　纬　高桂花　高树军　高　翔
戈　亮　葛　坚　龚　建　顾　旻　关　晶　管　琨

胡君　胡岚　胡先芳　胡一飞　黄纯钢　黄海
黄平　黄廷勇　黄晓磊　黄修　季燕瑾　贾桅俨
江宝财　蒋兵　蒋华　解姝瑾　瞿彦文　赖志勇
乐洁沁　雷华生　雷霆　冷智勇　李宝华　李斌斌
李斐　李涵　李豪　李建芳　李黎　李秋莹
李望秋　李伟伟　李文婷　林峰　林轶栋　林振豪
凌琦　刘大红　刘大伟　刘大治　刘桂玲　刘浩然
刘洪华　刘佳　刘洁　刘井龙　刘林　刘瑞兵
刘霞　刘霄雯　刘杨芸　卢屹　卢永其　芦山
陆俊超　陆启忠　陆炜　陆燕燕　罗滨　吕玉清
马兴刚　毛雨霄　茅海燕　梅建仁　孟祥朴　苗佳波
缪益伟　倪伟　欧名发　欧阳敏　潘嘉琰　彭超
彭鑫　戚梦然　钱嘉明　钱明霞　钱志翔　邱肃川
曲宝源　任金海　任菁　任志宏　任中凯　芮洁
沈碧昊　沈建锋　沈丽丽　沈珮文　沈妍妍　沈怡
沈迎　沈志昊　盛强　施林燕　施庆春　施文卿
宋炳伟　宋飞　宋怀忠　苏铖　苏萱　孙笑怡
孙毓霞　汤曼　汤祥琴　唐维　唐莹　田有裕
汪涛　王安宁　王超　王诚　王丹　王菲莉
王封凯　王光灏　王惠芳　王觉　王立宏　王鹏
王蔚　王显巍　韦韶军　魏寒春　闻凯　翁华骏
乌唯卿　吴俊　吴桐　吴晓蕾　夏淳　夏小萍
夏阳　肖巍　谢祥昇　熊自伟　徐红　徐剑敏
徐良　徐萌　徐若松　徐微分　徐孝　徐亦新
许丹健　许翔　许晓景　薛立鹤　薛萍　薛伟勋
鄢辉华　严雯璇　颜骏　颜威　杨国华　杨蔚蓝
杨异凡　叶秉喜　叶戬　叶田　易沈一　尹郁文
余珺珺　余齐伟　俞炜　原雯　袁露　袁洋
袁中烨　曾馨　曾艳　詹望生　张峰　张宏伟
张华　张晶　张钧　张兰芳　张琳　张萍
张善雯　张洋　张一　张懿　张园园　张志杰
赵峰　赵海波　赵楠　赵天意　郑殿文　郑剑虹
周丹　周栋良　周红兵　周慧　周文侹　周向俊
周燕芳　周阳　朱丹红　朱胡贝　朱楠　朱青松
朱庆　朱嵘　朱伟　朱小平　朱云涛　邹海日
王瑛

工商管理硕士

史晓波　刘欣欣　汪漪　茅赟海　蒋宇　韩路
明彦　李哲罂　杨凯　VIKAS SHARMA
陈繁荣　李慧阳　李建航　李娜　李文俊　楼峥波
马卜培　毛雷　平坷　钱晟轶　秦长春　孙庭
陶丽梅　王云翱　魏猛　杨平　殷敦伟　于锦根
喻长君　张华萍　张晟　朱琴琴　曹梅芳　陈炯炯
陈敏　陈盛　程广龙　储晓蕾　崔剑峰　董城昱
董珅　杜浩铭　杜欣　冯劼　郭慧莉　何恒波
何劼洋　何弦　洪蔚　黄乐　蒋楠楠　金红
李敏　李倩　刘伟　刘潇潇　刘晓菲　刘颖佳
刘宇　刘玉强　陆雯　陆茵　罗捷　吕霞
马振一　闵惠成　彭静　钱金良　邱洋　裘宇振
阮远　沈楠　宋荣华　宋炎　滕菲菲　汪若愚
王涤非　王观　王劼　王俊　王亮　王明辉
王晓岑　王曜　王玉霞　王园　王媛媛　王治国
吴晓萌　夏正丰　肖俊　熊嘉文　徐贝碟　徐嘉敏
徐俊璟　徐文娟　徐燚飞　许奎军　薛剑　杨芳
杨飞　杨洁　叶磊　易伟　袁昊　曾佳颖
张斌　张海宁　张佳栋　张乐　张薇　张雯琦
张云峰　赵鹏　赵倩　郑哲哲　朱建林　李建志
DAVID SHONG-UN WONG　陈宁天　高庚完
金瞥机　赖凯丽　李相昌　梁迪锋　苏凯迅　郑泽植

法学院

法律史

陈照红　仇海珍　瞿丽瑾　李夏菲　吕柳莹　汪倪杰
张叶航

法律硕士(1月份毕业)

杨柳　张庐

法律硕士

解舒晴　毕英鸷　曹婷　曹炜　陈长青　陈翠翠
陈华晶　陈俊杰　陈俊屹　陈雷　陈铃色　陈梦伟
程茜　迟硕　戴婧虹　邓嘉　邓莹莹　刁怀杰
丁进禧　丁诗筠　董默　董一龙　段正君　范凯
方如大　封从青　冯锋　高明　顾誉志　顾媛媛
郭宏宸　郭田芳　郭小刚　韩璐　韩雪　何惠娟
何靖　何亮　何文娟　何晓倩　侯立然　胡浩
胡家扬　胡玲　胡顺亥　胡颖　胡周　黄丹
黄泓崴　黄龙　黄民钦　黄其柏　黄琪琦　黄绍华
黄月　姜璐璐　孔晓青　李彬　李陈艳　李春
李佳蔚　李徐伟　李阳　李旸　李寅灵　李昃爽
李婴婷　林淑芳　林霄华　凌希　刘柏含　刘铂麟
刘文文　刘小斌　刘雪　梅明珠　牟鹏飞　倪珑
聂臻　牛平平　彭静颖　芮琦　施佳　石慧东
宋知龙　孙峰　孙晓蕾　孙旭民　孙雪　孙寅翼
谭宏骏　唐宏南　唐维维　陶慧蕴　汪涵　王朝旭
王继松　王佳思　王俊波　王鹏　王蕊　王睿
王鑫　王雪涛　王振喜　卫青青　魏广超　魏楠
吴彩丽　吴娜　吴星　吴一　奚新春　夏昕欣
肖志松　谢敏　谢威　谢燕　徐殿金　徐锋平
徐佳佳　徐静静　徐增旺　许欢欢　闫平平　闫相龙
严梅芳　杨平　姚翠霞　余东　余萌　虞晨宇
虞修秀　袁思斯　袁真根　曾湘贵　张驰　张静静
张明　张楠　张倩　张晓光　张孝威　张鑫
张颖　赵同刚　赵雯　赵晓烽　郑磊　周金晶
周伟　朱倍佳　邹杰

法律硕士(法学)

胡雪汀　陈勃　付承晨　付容　甘喆辰　韩萃清
黄剑林　解文君　劳业彬　李立　李媛媛　林凯

刘小娟　刘应檀　钱　琳　苏丽君　王　畅　王灶深
魏大龙　吴　丹　吴宁铂　谢科科　徐红波　徐建辉
许瑞芳　燕大录　杨　甜　尹　丽　赵　伟　郑　励
郑宇琪　周　菁　邹乐天

法学理论
费梦恬　胡正寅　罗　华　汪本利　徐　皎

国际法学
陈思如　陈　怡　丛大林　甘　露　李旭斐　李元俊
潘丽芳　阮雨清　孙灵瑶　尤　浩　张　敏　张　圆
郑　婷　周竞良　李娟娟

环境与资源保护法学
华瑀欣　李晨光　沈　灏　孙江联　田　颖

经济法学
丁　辰　贾亚芳　羌　旭　史文仪　王　哲　邓颖如

民商法学(1月份毕业)
岳　靓

民商法学
敖冰星　陈冠兵　高　正　桂婷婷　刘金露　卢　璐
茹　毅　王　威　徐玮澴　杨　飏　叶新豪　张　娟
张　宽　张陆东　赵　诚

诉讼法学(1月份毕业)
叶琼瑜

诉讼法学
何　琦　胡　图　黄纯楠　李春华　刘　昶　齐　玎
石　浩　孙　娟

宪法学与行政法学
陆　奇　陈　淳　黄莉娜　林婷婷　司亚军　周　博
周小钰

刑法学
牟林德　朱能立

力学与工程科学系

飞行器设计
何文杰　金　鑫　刘健豪

工程力学
蒋　峰　张晓旭

固体力学
林　茵

流体力学
曾　毅

一般力学与力学基础
王　玺　张忠立

材料科学系

材料物理与化学
顾　寅　叶晓通　王　丽　陈晓冰　陈昕伊　洪荣华
居　瓅　连丽明　刘兴杰　楼　晖　陆银锋　潘其林
邱　翔　施　闽　汤双凤　王希龙　夏　峰　颜　曾
张　胤

材料学
胡　丹　齐　旭　王　威　张晓寅　赵辰阳　袁　媛

物理电子学
严翔翔　陈　静　顾　俊　刘宝营　马　进　孙　涛
王鹏飞　徐菊良　李鲁曼　孙钰珺　朱　玮　稻秀美

材料工程领域工程硕士(1月份毕业)
龚乔龙

材料工程领域工程硕士
蔡林君　曹敏健　李　阳　庞　强　姚　骋　章亮亮
赵英聚

社会科学基础部

马克思主义基本原理
刘石磊　周　益

马克思主义中国化研究
陆礼根　潘慧茹　张　蕊

思想政治教育
董晓丽　方　仪　施欢欢　杨　发　侯桂鸿　黄毅华
李建平

中共党史
巩晓华　黄礼岗　彭　毅　沙煜博　王达山

科学社会主义与国际共产主义运动
李　燕　王颂颂

历史地理研究中心

历史地理学
吴　恒　VOLHA ZAKHARENKA　陈晓敏　陈　竹
彭晓丹　任　夏　田　戈　田　毅　项蓉敏　徐　鹏
张　磊　张　茜

高分子科学系

高分子化学与物理(1月份毕业)

赵义清

高分子化学与物理

蔡慧飞 陈智芳 郭 娟 黄 冰 黄 焜 黄中原
刘 翊 马汉峰 潘忠诚 唐红艳 唐倩倩 田野菲
王蓓娣 王晨栋 王鸿娜 王瑞玉 王章薇 魏宗照
谢 楠 杨 倩 杨周雍 张 菁 张旭瑞 周彦武
朱 剑

社会发展与公共政策学院

社会学

陈 雪 邓 晨 关 丹 胡玉松 李超白 李 伦
林婧婧 刘文星 王晓慧 徐 畅 徐拓倩 于 娟
张小丽 赵乃迪 赵 妍 钟瑜婷 邹丹丹
ZEYNEP ERDAL GEBRE SELASSIE ARAYA GIDAY

人口、资源与环境经济学

李 涛 许政国 张 艳

人口学

黄 绯 叶 妮 张晚成

人类学

董丽霞 钱斯蕴 张梅胤

社会保障

陈 玮 程长胜 蒋 俊

社会工作硕士

蔡 嵘 曹 庆 曹中婷 陈 靖 陈 望 陈晓漫
程银宏 丁雅文 傅 茜 官璐璐 洪 武 侯 珊
黄齐雯 黄雯鑫 揭坤焰 金莉波 匡婷婷 黎 婷
李 芳 李雯静 李娅茜 李嫣琪 林 瑞 刘阳丽
罗天纯 裴坤鹏 沈巧敏 佟 童 王安琪 夏燕君
项晶晶 徐 菲 徐 童 许俊杰 许丽佳 薛莉莉
严 雪 于 蓉 张晶晶 张梦雯 张 亭 张 严
张彦君 张 越 郑晓辰 朱富忠

环境科学与工程系

环境科学(1月份毕业)

刘 超

环境科学

陈命男 陈雅敏 胡 姝 贾 璇 蒋 圣 刘 新
卢虹虹 唐靖寅 王廷祥 吴林豪 余 焱 战雯静
张 良 李 佳

环境管理

陈 琪 郭向楠 金宝玲 沈逸斐 张晓冰 朱 聆

环境工程(1月份毕业)

王悦超

环境工程

蔡 璇 顾玲玲 李 博 史 舟 宋 珂 信 欣
俞潇婷

环境工程领域工程硕士

蔡建政 成 竞 高建宏 李因梁 王延松 郁婷婷
张 虹

文物与博物馆学系

考古学及博物馆学(1月份毕业)

陈璟慧

考古学及博物馆学

葛偲毅 郭云菁 刘宇驰 陆敏洁 彭文静 巩梦婷

文物学

胡听汀

旅游学系

旅游管理(1月份毕业)

李忠云 倪军波 周贵忠 徐映弘 金银贤

旅游管理

廖 斌 高健岭 郭佳丽 马明草 王 倩 薛 康
张彩莲 周 纯 陈 丞 陈文浩 高 原 刘小敏
孟 伟 乔 磊 于 璐 朱元昱 李钟花

软件学院

计算机软件与理论

陈 翰 陈一鸣 顾晟曦 胡 浪 胡益斌 黄中杰
梁思毓 廖 逸 刘思贤 刘 寅 柳金杜 彭 朋
彭智俊 孙一鸣 唐 煌 王 笛 王怡丰 肖之慰
邢伟超 张天昀 张云翼 张 哲 周 波 周文粲
朱德东 朱斐文 朱建锋 朱天梅

分析测试中心

分析化学(1月份毕业)

高峄涵

分析化学

刘焕乾 许雪姣 张华娟

高等教育研究所

高等教育学

黄　帅　姜　洁　王建美　艾飞飞

教育经济与管理

高菁澴　宋静波　王星星　岳跃峰

课程与教学论

陈欣悦　程　琳　高　培

微电子研究所

微电子学与固体电子学

魏晗一　曹嘉麟　常　虹　常学贵　陈　飞　陈红兵
丁智浩　董传盛　樊文华　方　兴　付　健　葛　亮
葛云龙　郭姣姣　哈钱钱　韩忠方　郝诗磊　江婷婷
李　亨　李辉楷　李金星　李　萌　李佩成　李全立
李一雷　李营营　李之栋　廉　琛　刘俊宝　刘俊娟
卢章疑　马亚楠　毛志东　梅光辉　孟祥志　倪亚路
潘姚华　彭仁国　朴颖华　钱晨曦　束　晨　孙　磊
孙维东　田晓鹏　王俊乾　王　臻　文娟娟　吴佳宏
吴　勤　夏杰峰　肖梦琴　谢任重　许　辉　严　冰
杨晶晶　姚成军　叶　立　余　骏　俞　剑　曾云绮
曾　真　张　鹏　张星星　张作舟　赵　翕　甄翔宇
钟慧波　周昌盛　朱　宝　朱　伟

文献信息中心

图书馆学

黄　上　凌一鸣　向文钦

先进材料实验室

高分子化学与物理

蔡方晶　范春晖　韩玉杰　沈丹萍　宋　林　周　欢

光学

毛飞龙

凝聚态物理

王永辉　熊志强　张　豪　赵方圆

无机化学

王书涛

国际文化交流学院

对外汉语教学

吴彩雯　胡向辉　刘　琳　刘　倩　饶之琛　王　桢
应佳鑫　SORAWUT PANCHOM　卞知美　长井由花
杜氏碧莲　金善熙　金允儿　平井章子

汉语国际教育

王　怡　朱晓宇

汉语国际教育硕士(1月份毕业)

金俐璟　李太林　权泰亨　阮氏青玄　谢小飞　郑堤镐

汉语国际教育硕士

查文进　李　亮　林　雪　刘　怡　刘　钰　王红霞
陈璐珊　丁国琳　甘　泉　何　洁　贺一凡　李　欣
马明霞　齐嘉霖　虞　帅　朱遂平
JULIAN BENEDIKTER　TZE TING NG

上海医学院(基础)

病理学与病理生理学

高英华　乐丽丽　刘　静　田　玳　刘绮颖

病原生物学

韩文东　蔡俊龙　邓奉娥　高　爽　蒋建国　孙果梅

法医学

李晓雯　李正东　杨　鹏　张　萍

分子医学

王敬瑜　王丽娜

疾病蛋白组学

张作伟

免疫学

殷琪立　姜　佩　李　硕　李晓嫚

人体解剖与组织胚胎学

李　婷　王美姣

神经生物学(1月份毕业)

陈　杨

神经生物学

赵晓燕　孙春刚　黄玉芳　刘旭光　王丽香　杨　帆
赵　红

生理学

马　红　王　臻

生物化学与分子生物学

崔春红　郎永江　孙智超　王莉静　王颖芝　温丹萍
吴成生　叶建琴　赵　超　陈婧文　叶　勇　李家佑

生物医学工程

莫俊聪

药理学

朱欣茹

医学信息学
陈艳玲

遗传学
鄂裘恺　刘云霞

高等教育学
王大朋

中西医结合基础
李　婧　姚冉冉

公共卫生学院
儿少卫生与妇幼保健学
纪红蕾　杨东玲　袁得国　张　越

劳动卫生与环境卫生学
周莉芳　陈涵一　任东升　辛　峰　杨春雪　叶云杰
张红梅　朱鸿雁

流行病与卫生统计学
陈若青　江军仪　李社昌　马　慧　任江萍　姚保栋
姚晴青　战义强　张　芬　朱　敏　朱　萍　朱　雯

社会医学与卫生事业管理
和雯婷　贾　环　贾凌霄　贾　品　李松光　李　享
刘佳琦　邱慧娟　舒　蝶　孙肖潇　谭　俊　王丽洁
王　群　徐欢乐　徐文煜　杨建萍　张　倩

社区卫生与健康促进
孙浩林　周曦斓

卫生毒理学
梁继仁

营养与食品卫生学
李荔群　王若仲　王文娴　章溢峰

公共卫生临床中心
临床检验诊断学
范齐文

临床医学硕士
陈宝花　胡玉娜　史慧慧　夏咸军

中西医结合临床
杨宗国　吕　震

中山医院
病理学与病理生理学
赵　婧

耳鼻咽喉科学
檀　俊

临床检验诊断学
蔡锋晴

临床医学硕士
陈庆兴　毛丽娟　许佳瑞　张　蕾

麻醉学
易　娟　羊晰君

内科学
黄莹莹　金文婷　刘　红　隆　玄　马桂芬　沈继平
徐晓晶　许　嵘　虞　莹　张　娴　赵静静　安　霞
陈　晨　崔晓萌　刘玉平　马文杰　谢迪杨　杨柳笛
林佩仪　阿拉特

全科医学
沈亮亮

神经病学
刘飞凤

外科学(1月份毕业)
刘鹏飞

外科学
柴宗涛　费　腾　龚志强　米尔萨力江·亚森
潘金锋　邱　月　王学建　周嘉敏　范心廷　方　圆
高志慧　胡　磊　李　亮　梁明强　刘家祺　闵令强
蒲　倩　邵　芳　史　源　杨晓虎　翟升永　施伟达
黄乙人　苏　佑

药理学
刁盈盈

影像医学与核医学
燕翠菊　刘学玲

中西医结合临床
仇冬则

肿瘤学
万金良　周　莹

妇产科学(1月份毕业)
任爱民

华山医院

病理学与病理生理学
张 莹

耳鼻咽喉科学
千建峰

急诊医学
邓水香

康复医学与理疗学
谢鸿宇

口腔临床医学
丁亚通 林雪彩

口腔医学硕士
何俊霖 蒋雪薇

老年医学
李祥云

临床医学硕士
顾海风 郭 满 鲁 琳 武 振 喻哲明 张 雪

麻醉学
刘妍珺 王之遥

内科学
陈秋雷 樊 荣 赫明萍 李屾森 刘美璇 罗小雨
杨妍姣 张艳霞 程青青 胡秀平 张树敬 朱晓叶

皮肤病与性病学
陈圣安 李书娟 刘孟国 柳小婧 洪恺志 王韵茹

神经病学
岳冬曰 刘丰韬

外科学
黄亚福 黎力平 刘大勇 王 燕 阎九亮 袁 寅
张 楠 祝巧良 王保勋 余侃儒 李忠烈

眼科学
刘雯婷

药剂学
黄 俊 刘晓芳 张在丽

影像医学与核医学
孙琳琳 陈 洁 窦娅芳 葛 亮 刘 莉 阿丽娜

运动医学
吴 阳

中西医结合临床
程 坚 曾晓聆

肿瘤学
宋 然

肿瘤医院

影像医学与核医学
张光远 郑宇佳

临床医学硕士
曹 玺 韩 朵 贾 臻 李 惠 梁丽萍 刘东丽
潘云建 芮 欣 宋宝荣 王 敬 吴 敏 吴兆坤
谢湖阳 杨 溯 张慧芝 张 升 张维卫 赵 静
赵如平 朱传营

麻醉学
朱敏敏

肿瘤学(1月份毕业)
金 莉

肿瘤学
陈晓晨 杜承润 谷圣美 顾筱莉 黄阿霁 雷 莉
刘 斌 刘裕杰 尚 琨 万晓春 薛静彦 张 燕
周 琼

儿科医院

儿科学
黄荣林 马思敏 孙艳艳 孙玉芳 严秀峰 应文静
张 丹 张 颖 郑鹞冰 朱小妹 贺 琳 具钊汝
裴益玲 姚 伟 张 可 蓝雁怀 马康达

临床检验诊断学
付 盼 徐梦华

临床医学硕士
安 宁 崔 萍 段 博 关 静 李季兰 石杰如
宋飞飞 滕 腾 王舒静 王相诗 钟海军

药理学
李 琴

中西医结合临床
朱　琳

妇产科医院
妇产科学(1 月份毕业)
NAKAGAWA SHINGO

妇产科学
程　煜　龚文佳　郭　芳　刘姝蓉　梁　爽　林倩如
王俊燕　张翼辛

临床医学硕士
曹文娇　陈　曦　王惠敏　吴芝萍　许琳娜　许秀平

眼耳鼻喉科医院
耳鼻咽喉科学
侯晓琳　靳　楷　李辰龙　于金超

临床医学硕士
方延青　管艳飞　李亦蒙　龙青清　缪华茂　任同力
王家佳　王　雨　韦巧玲　伍大权　徐　曼　章哲环
赵镇南

麻醉学
邢怡安

眼科学
孔智英　吕雅平　唐雅婷　徐一帆　张晓慧

影像医学与核医学
劳　峥

金山医院
病理学与病理生理学
郑时玉

儿科学
周钦华

临床医学硕士
甘正艺　刘小群　尚文静　张香玉　章莉萍　朱行飞

内科学
施惠海　王　昕　韦　君　魏翠芳

神经病学
李　敏

眼科学
李　涛

华东医院
老年医学
庄　艳

临床医学硕士
杜　杰　韩　蕊　胡晓娜　监士宁　金红瑞　刘凯雄
刘　猛　潘正盛　王　虹　闫广照　杨艳丽　张长萃
朱鼎玉

内科学
刘千军　张小微

外科学
董　隽

中西医结合临床
董振华　赵明星

放射医学研究所
放射医学
邱　晶　任瑞平

护理学院
护理
彭　易　王季芳　吴　娜　张艳红　朱凤梅

护理学
何梦雪　李全磊　石伟伟　宋　杰　王　欢　王丽英
武晓丹　许翠花　易景娜　钟亚萍

药学院
生物化学与分子生物学
贾　敏

生药学
刘昌昌　田璐璐　谢欣辛　张娟娟　张文静

药剂学
查　媛　范　丽　雷　杨　李　鸣　李晓阳　刘晓丽
罗文卿　沈海星　司　展　王晨瑜　王倩楠　王　霄
夏慧敏　张　琴　张　熙　张智新

药理学
徐　婷　董晓易　李　睿　梁永华　王　征　吴婷婷
武　剑　徐佳琳　张金莲

药物分析学
蔡　熠　干志彬　邱　雪　沈慈丹　夏宇沁

药物化学
张春燕　邓春林　邓欣贤　戈　俊　李　剑　刘　倩
阙兆麟　熊子君　袁　媛　张　鹏　章思及

药　学
董雯雯　付文婷　郝海军　胡学谦　黄遵玲　姬　俊
李　娜　刘书环　路　璐　罗裕琴　潘帅奇　任素梅
王　锋　王琳琳　王　楠　谢肇祥　杨思鸣　余祝宏
张　瑶　赵玉婷

上海市第五人民医院
儿科学
刘淑香

急诊医学
李　虎

临床医学硕士
韩　芳　蒋雪玮　李智奇　罗　婧　梅小会　时芳芳
王　璐　肖栋梅　杨文成　于倩倩

内科学
吴跃跃

外科学
葛　创　谭海林

上海市第一妇婴保健院
妇产科学
郝克红

上海市计划生育科学研究所
流行病与卫生统计学
商　颖　许姜姜　尹逊丽

生物化学与分子生物学
徐　彦

卫生毒理学
成倩倩

药理学
周娴颖

药物化学
叶　玲

遗传学
杜彦博

上海市肿瘤研究所
病原生物学
瞿玉兰　路　平　吴　峥

流行病与卫生统计学
高付敏　张焕玲

实验动物科学部
动物学
陈雪雨　赵先哲

博士研究生

中国古代文学研究中心
汉语言文字学
何立民

中国古代文学(1 月份毕业)
孔燕妮　万国花　孙　超

中国古代文学
白　澈　郑　婷　金淑香　孙　杰

中国古典文献学(1 月份毕业)
金定炫

中国古典文献学
杜怡顺　田　吉

中国文学古今演变(1 月份毕业)
陈文辉

中国文学古今演变
申明秀　张　羽

中国语言文学系
汉语言文字学(1 月份毕业)
KHOO HYUN AH

汉语言文字学
张传官　谢明文　朱玉伟　陈丽梅　管志斌　郝立新
阮廷贤

文艺学
缪丽芳　朱玲玲　贾怀鹏　赵　娟　俞晓霞　鲍俊晓
胡新宇　陈美兰　张　中　程晶晶　韩红艳　黎　明

现代汉语语言学(1 月份毕业)
赵允敬

现代汉语语言学
祁　峰

艺术人类学与民间文学
曾　澜　张晓佳　刘　瑛　李清华

语言学及应用语言学(1月份毕业)
姜恩枝

语言学及应用语言学
邢　梅　陆　一　杜翠河

中国古代文学
严宇乐

中国现当代文学(1月份毕业)
朱晓江

中国现当代文学
金润秀　朴正薰　史佳林　李　一　张　勐　庄　莹
斋藤晴彦

比较文学与世界文学
范若恩　张　静　徐定懿　刘琳娟　安　卡

中国古典文献学(1月份毕业)
程少轩

外国语言文学学院

外国语言学及应用语言学(1月份毕业)
程　寅　王　品

外国语言学及应用语言学
郭一诚　郭　骅　刘　迪　曾　婷

英语语言文学(1月份毕业)
张　勤　胡怡君　韦春晓　李有诚

英语语言文学
徐　浩　付　岩　袁丽梅

新闻学院

传播学(1月份毕业)
叶青青

传播学
戴丽娜　李　卓　金　鑫　钱　进

广播电视学
陈　婷　卞　清　王　帆

媒介管理学
卢　铮　张立勤

新闻学
杨雨丹　许淑玉　贺　蕾　孟慧丽　章永宏　吴华清
陈　娜　杜建华　郭恩强　蒋为民　刘　敏　覃　哲
王　侠　杨　梅　周海晏

历史学系

史学理论及史学史
王　伟　余　伟　黄　蕾　李　娟

世界史
黄红霞　汪丽红　杨　扬　刘招静　梁志善　刘　铭

中国古代史
陈春雷　张腾辉　贾雪飞　秦　蓁

中国近现代史
皇甫秋实　宋青红

专门史
楚永全　许静波　曹南屏　成富磊

经济学院

产业组织学
刘伟明　周　敏

国际贸易学
龚向明　潘　辉

国民经济学(1月份毕业)
赵沭明　潘春阳

国民经济学
牛　海　林　娣　余央央

金融管理与金融工程
赵海华

金融学
王　云　石黎卿　何文忠　王德发　王秋红　徐礼敏

经济思想史
崔鸿雁

世界经济(1月份毕业)
潘　宁　孙丽江　林　谦

世界经济
黄　敏　龚斌恩　贡　慧　黄晴宇

数量经济学
王兆才　张益明

西方经济学(1月份毕业)
张晨峰　陈　琳

西方经济学
刘晓峰　唐东波

政治经济学(1月份毕业)
王姣姣　陈　彬　李　明

政治经济学
冷　雪　陈玉和　李经纬　周学森

哲学学院

马克思主义哲学(1月份毕业)
方广宇　吴　辉

马克思主义哲学
王驰巍　韩金起　刘文艺　陆玉胜　唐爱军　王明亮
魏海燕

外国哲学(1月份毕业)
倪剑青

外国哲学
罗辛谷　谢　燕　夏林玉　韩　梅　韩国庆　李　杨
何朝安　汶红涛　张　猷

中国哲学
苟东锋　冯　晨　李世平　张锦波

伦理学
陈晓川　陈晓曦

科学技术哲学
王世进　谭力扬　刘志斌

宗教学
吴可为　赵　琦　纪建勋

国外马克思主义
谢　静　陈旭东　杨　威　张志芳

国际关系与公共事务学院

国际关系(1月份毕业)
薛　晨　王明国　宗　伟　马建英　马　斌　赵曙光
柳熙福　李世默　REBOL MAX

国际关系
王伟华　杨　震　刘建伟

国际政治(1月份毕业)
徐九仙　樱井秀成

国际政治
许恩姬　吴正选　王　凌　林牧茵　张笑天　董彦良
袁　瑒

行政管理(1月份毕业)
郑益文

行政管理
朴商道　傅金鹏　王法硕

外交学(1月份毕业)
卢姝杏

外交学
朱　芹　卜凤坤　曹　玮　傅　干

政治学理论(1月份毕业)
余亚梅　周　顺

政治学理论
娄万锁　李　华　陈　媛　弓联兵　黄　杰　姚选民

中外政治制度(1月份毕业)
崔玉娈

中外政治制度
张　阳　丁长艳　赵　杰　李　沐

数学科学学院

基础数学(1月份毕业)
赵紫成

基础数学
王圣强　向　伟　张思汇　李　东　刘存明　龚华均
谭强波　杨静桦　刘立宇　丁　琪　林和子　刘登品
刘兰明　吕龙进　杨　戈

概率论与数理统计(1月份毕业)
马微平

概率论与数理统计
李腾飞

计算数学
张　瀛　邓醉荼　刘长丽

应用数学
陈　想　曲　鹏　顾智杰　赖宁安　高钦姣　高文武

运筹学与控制论
仇金鸟　魏文宁　胡世培　王美娇

物理学系
光学(1月份毕业)
周伟航

光学
谢　微　张赛锋

理论物理
杨文超　翟应腾　陈　君　臧佳栋　李德力　李增朝
刘云旗　王　玮　王　禹

凝聚态物理(1月份毕业)
郑　神　武　博　黄俊樱

凝聚态物理
韩　晗　张　焱　游胤涛　陈　明　詹天荣　胡永茂
马东伟　陈　飞　贺　诚　李　从

现代物理研究所
原子与分子物理(1月份毕业)
于卫锋

原子与分子物理
林正喆　明　辰　金学龙

粒子物理与原子核物理
郑　怡

信息科学与工程学院
电路与系统(1月份毕业)
自　山

电路与系统
赵进晓　宋汉斌　姚　其

光　学
涂　鑫　单　炯　吴　松

微电子学与固体电子学(1月份毕业)
王明宇　王侃文　刘剑霜　付文汇　张金英　宋雅丽

微电子学与固体电子学
秦亚杰　焦广泛　王丽云　王　晨　赵　新　王琳凯
周薇娜　王　肖　陈根龙　陈　琳　蒋　俊　刘骁兵
沈仲汉　孙　剑　王艳良　武　鹏　张　成　智艳令

医学电子学
陈滨津　李添捷　白宝丹　许凯亮

物理电子学(1月份毕业)
李福生

化学系
分析化学(1月份毕业)
沈诚频　魏黎明

分析化学
陈小乙　雷　杰　王朝凤　刘俊彦　刘　扬

化学生物学(1月份毕业)
赵　磊　李　延

化学生物学
屠　俊　聂爱英　张　伟　朱绍春　方雪恩　刘　奕
汪　泓　张金玲

无机化学(1月份毕业)
韩　路　钟方芳　洪建权

无机化学
林悦健　于伟彬　王金秀　黄晓丹　周　晶

物理化学(1月份毕业)
蒋公羽　罗　婵　李　磊　钱旭芳　池超贤

物理化学
倪　吉　汪　玉　孙　超　张　帆　韦广丰　杜贤龙
冯素姣　胡元元　李晔飞　王贝贝　王苗苗　姚　煜
叶　林

有机化学(1月份毕业)
王静梅　汪忠华　李　峰　古双喜　马晓东　戴　乐
熊　非

有机化学
林　华　李　振　刘　平　熊小东　叶　杨　易维银
余星昕　赵云辉

应用化学
史 静

生命科学学院

发育生物学(1月份毕业)
王光学 朱 逸 雷 凯 郭增礼

发育生物学
叶 坚 彭 超 张 弛

神经生物学
肖 晓 梁 星 王玮娜 罗 飞 马 通 王 率
魏 斌 徐 钱 朱国旗

生态学(1月份毕业)
李 隽 唐 杰 张婷婷 秦海明 曾胜兰

生态学
张骁栋 高 宇 鞠瑞亭

生物化学与分子生物学(1月份毕业)
周悠悠 沈思宇 王亚棋 高 炯

生物化学与分子生物学
高 娟 汪 海 姜 燕 张 扬 李 斌 林社裕
杨 莹

生物物理学
佟 磊 高晓飞 何彦林

生物信息学(1月份毕业)
萧恺昌

生物信息学
胡鹏飞 李亚莉

微生物学(1月份毕业)
袁海明

微生物学
焦 晔 李彬彬 李 冲

遗传学(1月份毕业)
陆 艳 王海娇 杨振兴 陈诚文 王晓莉 王臻臻
郑鸿翔 张得强 薛虎平 王颖黎 肖千一 左 洁
陈 放 安 健

遗传学
张玉皓 王筱恬 杨 洋 王德解 解 放 田 聆
杨梦飞 任卫华 刘岩岩 王路雯 吴 俊 张亮生
赵雪莹 方煜翔

植物学
高乐旋 董姗姗 杨 超

计算机科学技术学院

计算机软件与理论(1月份毕业)
刘铁江 王 晔 张晨静 郁抒思 赵 雷 杨 勇
汤春蕾

计算机软件与理论
李 弋 李东胜 王晓梅 丁建栋 陈蕾蕾 王怡慧

计算机系统结构(1月份毕业)
王 鹏 陈 辰 陈 钢

计算机系统结构
姜秀艳 胡 光

计算机应用技术(1月份毕业)
李澍淞 窦炳琳

计算机应用技术
周 曦 刘 红 伍 宇 计 峰 王秉卿 姜 震
吴苑斌

管理学院

产业经济学(1月份毕业)
毛 隽 张各兴

产业经济学
彭坤岭 李 想 容 玲 杨 锐

东方管理学(1月份毕业)
金国荣

概率论与数理统计(1月份毕业)
唐炎林

概率论与数理统计
丁 盈

管理科学与工程
戴东升 杨白玫 黄一倩

会计学(1月份毕业)
吕久琴

会计学
许静静

企业管理(1月份毕业)
王怡汝

企业管理
肖　丽　黄　洁　谢东昇　张　辉　王海英　杜琰琰
陈　扬　何　军　李倩倩　顾倩妮　宋渊洋

统计学
王景乐

运筹学与控制论
冀淑慧

法学院
国际法学(1月份毕业)
苏敏华

国际法学
王海波　任媛媛　余　剑　湛　茜　顾益民　田小丰
吴　羽

民商法学
朱　川　张梦珣　卢春荣　黄　萍　刘华俊　王　康
王秋荣　王仁荣　徐凯桥

力学与工程科学系
流体力学(1月份毕业)
王洪生　朱　琳　史晓鸣

流体力学
万远富　徐世许　徐康乐

生物力学
吴彩琴　周　瑜

材料科学系
物理电子学(1月份毕业)
杨　铭

物理电子学
谭　华　韩　冬

材料物理与化学
龚　嶷　李韶峰　邰艳龙　吴　伟　杨　军　尹玉勇
张晓艳

先进材料实验室
高分子化学与物理
陈　涛　黄三庆　李菊梅　闫家涛

化学生物学
李春炎

无机化学
孙　筠

社会科学基础部
马克思主义基本原理
刘功润　杨龙波

马克思主义中国化研究
何　媛

思想政治教育(1月份毕业)
张　洋

思想政治教育
陈　洁　侯红霞　夏　兰　谢狂飞　张　琳

中共党史(1月份毕业)
陈毅松　张晓清

中共党史
邵　岗

历史地理研究中心
历史地理学(1月份毕业)
赵天改　吴启琳

历史地理学
聂顺新　郝红霞　罗　凯　张宏杰　张　健

高分子科学系
高分子化学与物理(1月份毕业)
杜　萍　赵迎春　魏　川　滕宝松

高分子化学与物理
王雅卓　彭　荣　梁　清　陈　丹　葛　静　杨　光
闫　策　刘江华　戚佳宁　马玉宁　张和凤　张金明
曹　恒　曹也文　常柏松　凡小山　郭　娟　刘也卓
孙胜童　王红燕　徐玉赐

社会发展与公共政策学院
社会学(1月份毕业)
郑耀抚　赵　爽　李　沛　刘志华

社会学
刘　芳　马　磊　田　芊

社会管理与社会政策(1月份毕业)
孔　媛　张晓杰

社会管理与社会政策
苏晓馨　罗恩立　赵靖茹　陈怡洁　杨小亭

人口、资源与环境经济学(1月份毕业)
谭　静　黄　建

人口、资源与环境经济学
常　征　陈　婧　王芳芳　武俊奎

环境科学与工程系

环境科学(1月份毕业)
李鹏飞

环境科学
杜建飞　袁海霞　李莹莹　胡大伟　王琼真　张　强

人口、资源与环境经济学
嵇　欣

文物与博物馆学系

文物学(1月份毕业)
赵　琳

文物学
麻赛萍

考古学及博物馆学
郑　奕

旅游学系

旅游管理(1月份毕业)
李敬姬

旅游管理
吴　本

上海医学院

病理学与病理生理学(1月份毕业)
解晶心

病理学与病理生理学
高　雪　梁秋娟　陶丽丽　吴正升　许雅丽　张　欣

病原生物学
林　莉　罗　涛　王　川　何永刚　冯　萌　欧　强
王　星　章　黎

法医学(1月份毕业)
李　佳

法医学
张明昌　陈捷敏　许弘飞

分子医学
邓珊珊　盛　伟　臧　坤

疾病蛋白组学
奚佳捷

免疫学
王　春　郑一诚

人体解剖与组织胚胎学
王晓冰　徐冲冲　张应花

神经生物学(1月份毕业)
赵　贝

神经生物学
沈舒文　刘　芳　张　雯　陈　明　洪小琦　李　攀
许　奇

生理学
刘姝媛　祝继敏

生物化学与分子生物学(1月份毕业)
万　睿　刘钰山　马红辉　汪振天　张友友

生物化学与分子生物学
刘　媛　张　思　方晓云　刘海鸥　殷　鹏　张冬梅
张艳丽　朱海燕　何英姿　洪　琪　王　存　王时俊
周正君　朱　凯

药理学
胡朝阳　刘　炜

生物医学工程(1月份毕业)
胡　亮　姚旭峰

医学信息学(1月份毕业)
连燕云

医学信息学
余沪荣　马　琳

遗传学(1月份毕业)
杨云龙

中西医结合基础(1月份毕业)
俞　瑾

中西医结合基础
肖　晟　杨长江　杨　柳

临床医学八年制研究生

儿科学
朱　燕　沙小丹　周昀箐

耳鼻咽喉科学
姚　军

妇产科学
王颖煌

麻醉学
凌晓敏　林旭峰　李　春　陈婉南

内科学
夏明锋　杨达伟　温志超　陈沛冬　刘　莹　金雪婷
李　琳　曾梅芳　梁晓燕　陶雪飞　方晓聪　王　琳
朱晓丹　林颖达　张　函　王　璇　虞　倩　康　惠
秦晓华　余金波　黄佩新　钱　璟　龚珮莉　徐　馨
闫　焱　罗晓婷

皮肤病与性病学
孙明霞　徐　馨　刘　晔　朱沁媛　郦　斐

神经病学
褚鹤龄　陆沈吉　林　冬

外科学
顾文韬　王毓琳　孙　阳　贾亨松　陆南杭　姜容容
邱甬鄞　傅修涛　张　新　吴靖宇　乔霓丹　李世超
张立旻　史若愚　陈小科　周　儒　周晟博　李君思远
赵　天　蒋继乐　李浩浩　何康民　赵　沛　李益飞
奚俊杰　马志承　李佳琪　徐旖炜　陈伯赞　陈珏炜
许　悦　臧怡雯　朱怡琦　颜晓捷　易　拓　李　超

眼科学
李一敏　张新彦　徐海琳　陈　露　梁　璐　周文婷

影像医学与核医学
孟　滔

运动医学
肖鸿鹄　张树蓉

肿瘤学
花蕊熙　蔡　昕　陈振宇　温　灏　胡海川　王进有
陈　盛　徐　宽　陈　剑　魏文俊　杜跃耀　区晓敏
夏玲芳　刘咪娜　刘　琪　陈嘉莹　王辰辰　马晓吉
周家权

公共卫生学院

儿少卫生与妇幼保健学
许洁霜　田　园

劳动卫生与环境卫生学
张　皓　程学美　彭　慧

流行病与卫生统计学(1月份毕业)
金　欢

流行病与卫生统计学
朱奕奕　朱　蓉　陈文锋　毛　勇　夏　刚　张　熙
周艳冰　瓦里德

社会医学与卫生事业管理(1月份毕业)
唐智柳　姚　文　杨颖华　冀明奎

社会医学与卫生事业管理
李家伟　白　鸽　车莲鸿　黄韻宇　王朝昕　王　峦
张冬慧

卫生毒理学
郑明岚

营养与食品卫生学
薛　琨　高　键　李彦荣

公共卫生临床中心

内科学
陈　军

病原生物学
张小楠

中山医院

麻醉学
方　芳　梁　超　沈　霞　朱兰芳

内科学(1月份毕业)
颜红梅　杨　茗　王燕英　黄　东　徐夏莲

内科学
邱东鹰　黄冰清　陆　浩　吴鸿谊　孔德红　赵　媛
陈学颖　曹中伟　陈　弘　陈永乐　陈月梅　方　颖

关爱丽 侯丽丽 江雪梅 解玉泉 金伟中 李胜昔
廖建泉 谢烨卿 许剑峰 许 诺 许 琼 高永兴
李小明 吴轶喆

皮肤病与性病学
隗 袆 吴 杰 杨莉莉

神经病学(1月份毕业)
李 刚

神经病学
葛宇星

生物化学与分子生物学
张 舒

外科学(1月份毕业)
杨守国 邓 标

外科学
林 红 何国栋 李熙雷 陆 录 严 俊 於 雷
崔 磊 顾澄宇 顾 亮 李 敏 李艺伟 柳瑞军
戚贵生 时 强 王 骥 王文权 吴 寒 夏 宇
许文平 张 倞 张祥满 周 闯 周成富 束 平
易 勇 朱 铠

影像医学与核医学
汤 敏 周 波 陈呈世 李若坤 吕巍巍 施东华
张昊凌

肿瘤学
王志明 周乐源

华山医院

病理学与病理生理学
陈忠清

精神病与精神卫生学
彭毅华

康复医学与理疗学
宋 凡 张彭跃

耳鼻咽喉科学
许晨婕

麻醉学
施 宏

内科学(1月份毕业)
吴晓琰 肖 玲

内科学
张 敏 王新宇 韩 敬 刘红艳 朱小霞 程 琦
丁 薇 丁 巍 高 岩 黄新忠 黄 颖 李 琴
王梦婧 王 鹏 王 森 于一云 周 莹 王 熠
徐 斌 张琼月

皮肤病与性病学
董达科 梁 俊 夏 萍

神经病学(1月份毕业)
陈 嫵

神经病学
丁 玎 陈 婵 李红蕾 吕 磊 王剑虹

外科学(1月份毕业)
周竹超

外科学
徐 铭 李震洋 谢立乾 熊祖泉 虞 剑 冷 冰
王乾伟 蒋 励 陈 立 郭 俊 华续赟 王 猛
王 璞 吴信歆 姚琪远 尹华伟 王 俊 王 强
张 雷

眼科学
张家莹

药剂学
邱晓燕

影像医学与核医学
唐作华 贾中正 陆 娜

运动医学
李宏云 李 宏

中西医结合临床
蔡外娇 李璐璐 吕玉宝 孙 婧 韦小白 杨 强
杜懿杰

肿瘤医院

肿瘤学(1月份毕业)
周瑜琪

肿瘤学
侯 君 罗晓阳 张丽华 黄 回 来松涛 麻宁一
李 琎 沈益君 龚 静 李晨光 李大力 王奇峰

肖秀英　徐闻欢　严婷婷　喻三见　张晓伟　郑必强

影像医学与核医学
刘晓航　周建桥

儿科医院
儿科学(1月份毕业)
张　瑾　支涤静　王　瑾　毕允力　张淑莲

儿科学
闫宪刚　丁艳华　平莉莉　王传清　刘志伟　邓盼墨
董　瑞　匡新宇　李智平　宁　波　裴　舟　王　凤
吴盼盼　吴　瑶　杨少波　周也群

妇产科医院
妇产科学(1月份毕业)
余滢滢　张　英

妇产科学
唐传玲　刘　君　丛　青　曹远奎　朴海兰　王宜生
杨　环　张　丹　董　晶　范灵玲　陆芝英

眼耳鼻喉科医院
眼科学
陈敏洁　丁　岚　董子献　樊嘉雯　黄海荔　邱晓頔
孙中萃　王　欣　王　艳　杨　强

耳鼻咽喉科学
曹鹏宇　陈　慧　崔西栋　高　震　李　晗　舒易来
汪　毅　辛　渊　于慧前　翟　丰　朱美美

放射医学研究所
放射医学
易艳玲

金山医院
外科学
李　斌

华东医院
耳鼻咽喉科学
于淑东

影像医学与核医学
李　铭

内科学
王自力

上海市第五人民医院
内科学
肖　静

上海市计划生育科学研究所
流行病与卫生统计学(1月份毕业)
梁　红

流行病与卫生统计学
裴泓波　戎　芬

药理学
孙　弘

上海市肿瘤研究所
流行病与卫生统计学
高　静

病原生物学
荚德水

药学院
生物化学与分子生物学
赵雅瑞　蒋恒义　张　静

生药学
张来宾

药剂学(1月份毕业)
陈　洁　张　林

药剂学
李婧炜　沈　顺　顾吉晋　韩　亮　何　伟　姜新义
任锦峰　宋文青　孙彦华

药理学
朱　清　周　威

药物化学
刘晓会　刘明明

(复旦学院、研究生院、国际文化交流学院、留学生办公室供稿)

九、办学条件与保障

校园建设与管理

基本建设

【概况】 2012年，复旦大学校园基础设施建设在建项目共5项(未包括暂停建设的枫林校区红旗教师公寓和尚未开工的江湾发育生物所实验动物房)，总建筑面积44 448平方米，总投资25 883万元，全年完成基本建设投资7 138万元。其中竣工结算项目1项，建筑面积2 968平方米，总投资1 172万元。

2012年基建处修缮办完成千元以上的项目合计461个，合同金额8 052万元。其中日常修缮项目129项，合同金额1 012万元；修缮专项178项，合同金额3 539万元；部门自费项目154项，合同金额3 501万元。在2012年完成的项目中，总投资百万元以上的项目有：南区学生公寓空调线路改造工程、邯郸校区2、6号楼书院改造大修工程、微电子楼净化实验室改造工程、枫林校区新建临时体育场、枫林校区第一、第二教学楼空调及线路改造等。此外还完成邯郸校区运动场馆改造工程、邯郸校区暑期学生公寓修缮工程等。

4月，学校成立"十二五"基建领导小组，按照基建工程"三重一大"决策的要求，开展审核项目建议书、可行性研究报告、初步设计和投资概算等决策前期工作以及决策后组织、落实工作。基建处承担基建领导小组的秘书工作，全年共召开10次基建领导小组会和若干次预备会议，讨论决策基本建设中的重要事项。

8月中旬，基建处先后收到教育部关于复旦大学新建艺术博物馆、江湾校区物理科研楼、化学楼、枫林校区一号医学科研楼、枫林校区二号医学科研楼项目建议书的批复，陆续启动并完成新建上海数学中心、枫林校区一号医学科研楼、二号医学科研楼、江湾校区环境科学楼、化学楼、物理科研楼、邯郸校区艺术博物馆等项目设计任务书的编制，并于12月10日编制完成除艺术博物馆之外其他项目的可行性研究报告，上报教育部。　(刘建峰　康　建　李卫国)

【调整校园规划】 根据学校党委"深入基层大走访大调研"活动梳理出来的"需解决校区功能定位与办学空间紧缺"的突出问题，基建处组织开展枫林校区和江湾校区的校园规划调整工作，以达到增加办学空间，改善学校教学科研环境的目标。1月，正式启动枫林校区、江湾校区校园规划的邀请招标；2月底，评标并确定设计单位，调整、深化规划方案；通过多种方式向校内、政府部门、上级单位征求意见和建议，协调沟通并修改规划方案(截至2012年底两校区各经过大小约二十多轮修改方案)。自2012年4月起，在调整规划方案的同时对枫林校区、江湾校区项目建设提供选址、规模、布局等方面的依据和建议。　(潘静波)

【发布《复旦大学基本建设项目管理办法》】 经2012年10月29日校长办公会议审议通过，《复旦大学基本建设项目管理办法》正式出台，该办法适用于学校所有新建、改建、扩建基本建设项目的管理，为学校基本建设明确方向。该《管理办法》作为规范基建、修缮项目在招投标、立项、投资、档案、合同、质量等重要环节的执行依据，确保项目执行的规范性和程序性。　(刘建峰)

【邯郸校区南区学生公寓空调线路改造工程竣工】 该工程于2012年5月初开工，2012年5月底竣工，总建筑面积约55 800平方米。工程内容主要涉及学生宿舍内空调线路排布、智能电控系统升级及相应的装饰修复等。　(杨　军)

【邯郸校区2、6号楼书院改造大修工程竣工】 该工程于2012年5月10日开工，2012年8月12日竣工，建筑面积6 120平方米。大修内容包括建筑结构加固，给排水、强弱电安装，墙面、顶棚、地砖等装饰工程，屋面翻修、防水，外墙修复、防水，室外总体改造等。　(杨　军)

【邯郸校区运动场馆改造工程竣工】 该工程于2012年7月起陆续开工，至2012年8月下旬竣工，2012年秋季学期开学前投入使用，改造面积7 016平方米。改造工程主要包括南区网球场面层改造、北区食堂西侧篮球场改造工程、北区南侧场地球场改造工程以及北区体育馆羽毛球场地板改造等。　(杨　军)

【枫林校区新建临时体育场工程竣工】 该工程于2012年6月28日开工，2012年12月28日通过验收，工程质量优良，总建筑面积1万多平方米。建筑内容包括200米跑道、7人制足球场、3片篮球场、4片排球场、2片网球场，单双杠等。　(李继扬)

枫林校区

【概况】 2012年，枫林校区辖有复旦大学上海医学院所设基础医学院(原上海医学院)、公共卫生学院、护理学院、放射医学研究所、实验科学动物部、生物医学研究院、脑科学研究院等单位。在校生5 780人，其中研究生3081人，本科生1 988人、高职生711人。12月4日，原枫林校区管理委员会办公室撤销，组建新的枫林校区管理委员会。

开展校区各单位教学、科研、办公用房调研，对枫林校区建筑物现状、面积、分布、使用等方面进行调研，形成《枫林校区（医学院）科研用房现状及今后5—10年规划一览表》，为学校调整、规划校区科研用房提供决策参考。协助完成复旦大学上海医学院国家、部教委、上海市重点学科现有科研用房面积、人均面积的调研，为进入枫林校区二号科研楼7个重点学科的面积确认及功能设计等工作奠定基础。

4月14—15日，协助举办全国高校临床技能竞赛。积极推进校园内禁烟指示牌、路牌的安装；提前更新旧垃圾箱、清理过期海报、横幅，清理西园7号楼西侧建筑垃圾清理，修补2号草坪内道路砖，整理交通指示牌，确保竞赛期间各类车辆的安全有序管理。

11月18日，复旦大学上海医学院85周年院庆在枫林校区举行。枫林校区管委会协调枫林校区总务、后勤、保卫等单位，承担所有来宾的食宿、接送工作和校园环境的整治及安全保卫工作，为院庆的圆满举行做好各项后勤保障工作。（毛惠琴）

【完成西院11号楼搬迁工作】 4月，启动枫林校区西院11号楼搬迁工作（涉及公共卫生学院、医学学报、微生物学报、出版社等单位），主要完成搬迁方案设计、动迁协调、搬迁的具体实施。该项工作于7月初顺利完成。清空的西11号楼移交基建处，并完成全部搬迁的善后工作。（毛惠琴）

【主办上海市遗体捐赠纪念日大会】 该会议于3月在枫林校区明道楼举行。由复旦大学枫林校区管理委员会与徐汇区红十字会联合主办。会上，成立上海市第一支师生遗体捐献工作志愿者队伍。会前，按照上海市红十字会的要求，枫林校区管理委员会配合接受站组织30名医学生前往青浦福寿园参加遗体捐献纪念活动。此外，在枫林校区遗体捐献接受站开展职工队伍建设，实行规范化服务，建立回访质量监控制度等。

（毛惠琴）

张江校区

【概况】 2012年，张江校区有药学院、计算机科学技术学院（含软件学院和保密学院）、微电子研究院、集成电路与系统国家重点实验室、微纳电子创新平台以及国家微电子材料与元器件微分析中心。全日制在校生1 951人，其中本科生955人、硕士研究生796人、博士研究生200人。教职工486人，其中具有中、高级职称的教职工354人。

12月4日，根据复委〔2012〕27号文件，组建新的张江校区管理委员会，原张江校区管理委员会及其办公室撤销，原管理委员会和管理委员会办公室的主任、副主任自然免职。新的管理委员会代表学校履行对张江校区管理、协调、服务、监督及处置紧急、突发事件的职责，重点统一管理、协调张江校区内的学生管理、资产运行、后勤保障和安全保卫，并统筹协调其他条线派驻校区的人员及工作。12月21日，校任字〔2012〕29号文件任命葛海霓为新管理委员会的主任，王正华、王海晶为副主任。

后勤保障工作服务于教学科研。1月，新增药学院草坪小景、微电子内庭和计算机楼前鸢尾林3个绿化小景，试点改造日月环路（南）两侧的梧桐树树池，种植黑麦草改良行道树根部土质，增加绿化面积近500平方米。3月，关闭药学院各楼宇天然气总阀门，仅开通公共楼宇阀门使用天然气，解决管道多、安全隐患大的问题。5月，草拟《〈复旦大学张江校区食堂卫生与安全管理的相关规定〉（讨论稿）》，做好食堂环境卫生、食品原料采购渠道、从业人员健康状况及个人卫生、食品台账登记等管理工作；制订《复旦大学张江校区建筑垃圾清运申请表》，对校区日常修缮产生的建筑垃圾进行监督和管理。暑期，修缮食堂二楼厨房及过道，铲除及粉刷厨房顶面、墙面，过道贴墙砖；完成高压系统三年一次的电测工作。10月，对教师公寓招待所部分卫生间隔墙进行专业防水处理，对教师公寓2—7楼进行防水排查，用专业防水挡板隔离卫生间淋浴区域，解决渗水问题。拆除废弃锅炉房，设立ATM机中心，中国银行、农业银行ATM取款机分别于11月6日、12日开通。

根据乘车需求调整班车运行班次。9月下旬，增开张江校区至邯郸校区9:00的班车，在16:00—17:20乘车高峰段安排每20分钟1个班次，增加晚间大桥五线接送车1辆，错开发车时间，接送车达2辆，每天往来班车达29班次；12月，试运行周末免费班车，每天往返4次。

鼓励和支持师生开展校园文化活动。为张江校区冬季长跑、计算机科学技术学院第四届院系运动会提供后勤保障服务。组织校区教师参加“幸福家庭、和谐社会、健康张江——上海市第一届市民运动会张江社区迎六一亲子运动会”，19名教师报名，16名教师于5月12日携子参加运动会。

全年共接待会议193场，其中就业宣讲会41场。（吴　莹）

【启动多校区党建管理课题】 4月，张江办党支部申报复旦大学2012年度党建研究课题“多校区在以条为主的党建管理中如何发挥区域党建的优势”。该课题获得二类资助。9月下旬，张江校区管理委员会党支部支委成员走访信息学院、计算机科学技术学院、药学院、中共上海市张江高科技园区综合委员会和中共上海市浦东新区张江镇委员会，调研校区建立分党委联席会议制度的可行性，了解学院与区域党建的关系，与属地党建部门加强沟通联系，为师生争取更多的地方资源。（吴　莹）

江湾校区

【概况】 2012年，江湾校区管委会以国家和学校发展的大政方针为指导，认真贯彻落实学校关于校区发展规划的各项部署，保障校区正常秩序的有效运转，改进作风建设，完善制度建设，提升服务能力和质量，提高校区管理科学化水平。

12月4日，根据复委〔2012〕27号文件，组建新的江湾校区管理委员会，原江湾校区管理委员会及其办公室撤销,原管理委员会和管理委员会办公室的主任、副主任自然免职。新的管理委员会代表学校履行对江湾校区管理、协调、服务、监督及处置紧急、突发事件的职责,重点统一管理、协调江湾校区内的学生管理、资产运行、后勤保障和安全保卫,并统筹协调其他条线派驻校区的人员及工作。12 月 21 日,校任字〔2012〕29 号文件任命李高平为管理委员会副主任(主持工作)。

江湾校区有法学院、发育生物研究所、先进材料实验室。截至 2012 年底,入驻校区的院系科研部门中,法学院教职工约 73 人,入驻园区的法学院学生约 1 132 人,其中本科生 313 人,硕士研究生 775 人,博士研究生 44 人。发育生物研究所工作人员约 59 人,先进材料实验室科研工作人员约 20 人,学生约 200 人。校区园区后勤保障服务工作人员约 260 人。

2012 年,根据学校事业规划的总体要求,学校"十二五"规划明确江湾校区新的学科分布和功能定位,即以理科、工科的科学研究和研究生教育为主,保持物质学科群和工程技术学科相对集聚,将江湾校区作为调整结构、拓展空间的着力点,为学科内涵建设和构建交叉学科平台预留空间。

启动江湾校区管理工作师生联席会议制度。每个学期期末,由江湾校区管委会、法学院、先进材料实验室等单位联合组织开展。12 月,召开第二次联席会议,邀请师生代表听取校区工作通报,参与重大决策事项的讨论,监督校区各项管理工作。管委会积极听取师生意见,完善校区各项管理服务工作。

做好校区服务保障工作,确保校区教学科研有序开展。一季度,共完成零星、急抢修工作 25 项;二季度,完成了行政楼天棚周边漏雨、行政楼地下室 B1 层挡土墙坍塌等的修复;统计上报学生园区外墙墙面砖脱落情况,配合基建处对外墙石材脱落的单体周边做好安全警戒和制定维修方案等协调工作。

为在江湾校区开展的大型活动做好后勤保障工作。4 月 30 日,香港思源基金会思源社 2012 年度周年大会在江湾校区举行。6 月 2 日,复旦大学 2002 届校友返校日活动在江湾校区举行。7 月 21 日,复旦大学国际中学生模拟联合国大会在江湾校区举行。8 月 22 日—9 月 4 日,约 495 名 2011 级复旦学生在江湾校区进行为期 13 天的军训。

维护校区安全稳定,建设"平安校园"。制定《江湾校区值班工作规定(暂行)》,在节假日和特殊时期专人专岗值班,保障、监督校区各项保障工作落实。对一期监控改造工程进行验收,考评校区消防维保单位并续签消防维护保养合同;对河道水系进行查勘,为重点部位增设护栏等作出预算;与保卫处一起,组织消防讲座、演练及防溺水演练。与新江湾城政府管理部门协调沟通,改善校园周边的治安环境。参加街道综合治理专题会等地方综治会议,参加新江湾城派出所"3＋X 大联动"、军地联动协作机制并取得实效。校区路段纳入市非法客运集中专项整治行动重点区域,协调配合警方对校区周边定时巡逻,增设联合治安岗亭,完善校园安全防控体系和应急管理体系。

建章立制,规范管理。制订《江湾办"三重一大"事项决策制度》、《江湾管委办办公室财务报销管理条例》以及《办公室办公用品采购、领用管理规定》等规章制度。

将创先争优活动与党风廉政建设相结合,将党建工作与业务工作相结合,开展红色电影定期展播,做好与同济一附中党支部共建,参与新江湾城街道党工委活动。

（晁华荣）

【获"上海市节约用水示范校区"称号】 4 月 25 日,由上海市教委、上海市水务局及上海学校后勤协会节水专业部有关专家和负责人组成的"上海市节水型示范校区"现场评审小组在江湾校区开展上海市节水型示范校区评审。通过评审,江湾校区获得"上海市节约用水示范校区"称号,并于 5 月 8 日接受授牌。（晁华荣）

图书情报

【概况】 2012 年底,学校图书馆馆藏文献总量 525 万册(含纸本图书和期刊合订本),中外文电子期刊 5.5 万种(其中中文 1.6 万种,英文 3.9 万种),电子图书 210.2 万册(其中中文 178.8 万册,英文 21.4 万册),数据库 125 个。全年购置纸本中西文图书 115 245 册,中西文纸本期刊 6 510 种,新增数据库 4 个。接收国外捐赠中文图书 611 册,交换期刊 1 531 册。

全年共接待校内读者 1 982 740 人次,校外读者 5 009 人次,读者外借图书 408 268 册次。为校内外读者提供文献传递 21 975 篇。中文期刊全文下载 6 695 338 篇次,英文期刊全文下载 4 534 188 篇次,文摘数据库检索 3 557 581 人次。完成科技查新课题 304 个,接受查收查引服务 804 项。开展读者日常培训 99 场,3 047 人次参加。完成院系专业课嵌入式讲座、专场培训 110 余学时。开展研究生新生讲座 37 场,基本覆盖所有院系。本科生、留学生新生教育采用图书馆参观与小班预约讲座的形式,共接待了 11 场参观与预约讲座。开设文献检索课共 922 学时,选修学生 1 684 名。举办各类文化展览 14 场。全年图书馆学专业硕士研究生毕业 3 人,在读 6 人。

全馆在编职工 180 人,其中具有正高级职称 6 人,副高级职称 29 人,中级职称 100 人。有博士生导师 2 人,硕士生导师 10 人。聘用租赁员工 25 人,其他人员 45 人。聘用勤工助学学生 120 人,提供服务 35 000 小时。

不断优化服务,提升读者满意度。首次应用 RFID 技术在张江图书馆阅览室和文科馆二楼学生阅览室进行馆藏管理和开展自助借还服务;与教务处和研究生院协调,在新生入学前收集新生数据,首次实现了临时一卡通转换无缝对接、配合身份证借书,新生借书比以往提前 2—3 个月。外文书库、外教中心从 5 月起扩大教师和研究生借阅数额,同时对本校本科生开放外借。再次扩大馆际互借免费额度，服务量比2011年提高24%。文献传递服务满足率达96%，在国内高校中继续居于领先地位，获CALIS三期优秀示范馆称号，同时古籍文献传递开始试运行。继续推出“医学名家荐刊”，邀请医学院及附属医院的知名教授谈期刊的利用。注重个性化读者教育，文献检索教学全面启用学校在线学习系统E-learning，通过文献检索教学评估和复旦大学精品课程4年评估。深入开展学科服务，利用LibGuides软件编辑学科资源指南网页，按学科揭示图书馆资源与服务。发送与学科相关的最新资源和服务信息。与CALIS学科服务项目相结合，为34位教授、副教授提供文献搜集、研究现状分析、科研动态跟踪等服务。选定学校重大项目，进行高端课题咨询的试点服务。通过SSCI、AHCI中复旦大学第一作者论文分学科统计和ESI被引论文分析等工作，为科技处、发展规划处等提供决策支撑服务。参与学校理工科院系评估项目。

重视服务宣传推广，加强沟通交流。在“世界读书日”前后，推出服务宣传推广活动，利用新浪微博，成功举办“葛剑雄馆长微访谈”活动。再次进行读者满意度调查，全部23项指标的读者满意度数据均比上次调查(2009年)有明显提高。

加强文献资源建设与管理，提高文献保障力度。除灵活执行增品种、减复本政策，多渠道获取文献政策外。为克服馆藏空间紧张的困难，保证使用率高的一线图书及时上架流通，继续调整馆藏布局，全年馆藏移动总量约12.8万册。重视回溯编目，加强资源管理和揭示，全年完成中外文新书编目10万余种，期刊1 148条，对馆内6个书库和7个院系资料室的28.8万余册中外文书刊进行回溯编目，并已顺利进入流通。重视古籍和特色馆藏建设，新购线装古籍151种537册、影印线装古籍102种797册；完成申报第四批上海珍贵古籍名录30种和CALIS三期“高校古文献资源库”项目数据库校核21 743条，上传书影4 710张，修复古籍图书152种386册。

做好内部管理工作，加强安全防范和基础保障能力。9月初馆领导班子完成换届和工作交接。在此基础上，为提升服务，优化管理，进行了内部机构重组，并按照重组后的工作要求，对馆中层干部重新聘任，对服务进行整合，进一步提高工作效率。制订《关于院系藏书遗失赔偿工作的规定》等规章制度，进一步规范工作流程。按照安全预案、采取应急措施，应对台风、校外人员滋事等紧急突发情况。“119消防周”期间消防演习在未通知读者和工作人员的情况下进行，增强实战性。完成医科馆监控室装修、古籍书库去湿机安装等工程。

加强馆员学习建设，重视科研和员工培训。实施“985工程”的“全员培训计划”，全馆共146人分别赴21个高校图书馆和公共图书馆参观交流。本馆员工全年共完成各类科研20余项，其中发表论文10余篇，出版工具书2部，研究报告5篇。副馆长张计龙和采编部龙向洋分别获得2012年国家社科基金项目立项。承建CALIS三期建设子项目“CALIS教学参考信息管理服务平台”、“基于论文产出的学科竞争力评价系统研究”(预研项目)、“基于用户信息行为分析的图书馆知识与服务创新研究”(预研项目)，并顺利通过教育部CALIS管理中心验收。

加强与国内外同行合作交流，全年接待国内外来访同仁计600余人次，其中国际来访16人次。完成来自美国的交换馆员计划，完成成都信息工程学院、青海师范大学、海口经济学院等CALIS馆员交流和CASHL西部馆员交流培训项目，配合教务处完成西藏大学图书馆馆员交流计划。

(叶　燕)

档案管理

【概况】 2012年，档案馆进一步学习、贯彻落实《高等学校档案管理办法》，紧紧围绕学校的中心工作，充分发挥行政管理、社会服务和学术研究三大功能，不断提升学校档案工作的水平，开发档案信息资源，为学校的教学、科研等各项工作服务。

全年接收进馆入库档案20 688卷，照片档案7 065张，征集档案114卷件。接待档案利用2 431人次，调阅档案6 844卷次。

3月，邱佩芳获得上海市档案工作先进个人的称号；档案馆与复旦中学合作编写的《博雅颂：马相伯与复旦俊彦》由上海教育出版社出版。7月，参加上海市档案局举办的“展档案人风采”档案辩论赛，郭蓓荣获“最佳辩手”称号。8月，组织全校专、兼职档案员300余人参加《中国档案报》举办的档案法制知识有奖竞赛，普及档案知识，提高法制意识。(周　律)

【启动社会实践活动】 3月27日，举行复旦大学本科生助学成才家园公益实践基地挂牌暨“探访复旦老房子里的故事”、“追寻复旦英烈足迹”项目启动仪式。仪式结束后，档案馆工作人员与学生代表分别前往上海龙华烈士陵园、浙江平湖烈士陵园和江苏吴江烈士陵园等地祭扫和缅怀复旦先烈。

(周　律)

【举办“档案馆日”系列活动】 6月9日，是国际档案日和第六届上海市档案馆日，档案馆举办一系列活动。举行档案获赠仪式，12位校友暨热心人士将各自珍藏多年的档案资料捐赠给档案馆收藏，其中有吴浩青院士手稿笔记、证书证件、著作论文、照片录像等全部个人档案、前党委书记钱冬生个人档案、复旦大学历届党代会代表证、历届选民证、1952年化学系级刊、60年代物理系毕业纪念册、中文系77级学生古汉语考试试卷、80年代历史系听课笔记等近千卷件。校长杨玉良出席仪式并讲话。档案馆馆长周桂发介绍近年“校史资料、人物档案、大学记忆”三个系列档案的征集情况，并为首批5位档案征集联络员授聘。举办“复旦印象”橱窗展，选取学校建校以来各个年代有代表性的照片百余张，分12个主题予以展示，体现复旦大学独特的人文传统，引发复旦学子怀旧潮。在校刊上推出《未曾留意的复旦人　档案工作

者 档在我心中》专版，介绍默默无闻辛勤工作的档案工作者群体形象。

（周 律）

出 版

【概况】 2012年，复旦大学出版社坚持出版原创性学术著作和高品质教材的出版理念，全年共出版新书757种，重印书911种，出书总量1 668种。图书销售码洋达到43 946万元，利润4 224万元，相较2011年度的码洋和利润均有提高。

在出版成果方面，图书获奖总数90余种，包括中华优秀出版物奖（葛均波主编的《现代心脏病学》获优秀出版物图书奖、贺圣遂撰写的《关于编辑创造力的思考》一文获优秀出版物论文奖）、上海图书奖（《越南汉文燕行文献集成》等7种）、文津图书奖推荐图书、第十一届输出版、引进版优秀图书（叶扬译《简明中国文学史（英文版）》、何道宽译《新新媒介》等3种）、中国科普作家协会优秀科普作品奖（虞昊等著《中国科技的基石》和杨秉辉《健康从哪里来》）、上海市第十一届哲学社会科学优秀成果奖（严法善等著《环境利益论》、夏德元《电子媒介人的崛起》等13种）等。多种图书获得国家出版基金、国家社科基金后期资助、上海文化发展基金、复旦基金等各类基金资助。

在图书出版方面，出版《西方史学通史》（张广智主编）和《裘锡圭学术文集》（裘锡圭著）等高水准的学术著作，引起学术界的关注。此外，还成立“信毅教材大系”编委会，并举办“信毅教材大系”新书发布会。

在社会影响方面，举办上海书展十余场读书活动，其中“我们的国家”新书首发暨签售活动获活动策划奖；承办首届“学术出版上海论坛”，获得2012上海书展暨“书香中国”上海周最佳活动策划奖；在2012年上海书展中获得“最有号召力的十家出版社”称号，贺圣遂、姜华主编的《出版的品质》入选“最有影响力的十本新书”榜单。举行《琉球王国汉文文献集成》中有关钓鱼岛史料新闻发布会，协办“2012全国医学英语教学与研究研讨会”等。

参加“世界读书日”送书下乡活动、“书送希望”文汇捐书助学活动等公益活动。出版社还一直关注中学生阅读，继2011年之后再次协办“上海市中学生现代文阅读大赛”。

（张艳堂 陈沛雪）

【2种图书获上海图书奖一等奖】 2月23日，第十二届上海图书奖评比结果揭晓，《越南汉文燕行文集集成（越南所藏编）》（责任编辑：韩结根）和《现代心脏病学》（责任编辑：王晓萍）荣获一等奖。另外，还有4种图书（张汝伦《政治世界的思想者》（责任编辑：陈麦青）、王岳川《文化战略》（责任编辑：马晓俊）、邹振环《晚明汉文西学经典：编译、诠释、流传与影响》（责任编辑：史立丽）和张广智《史学之魂：当代西方马克思主义史学研究》（责任编辑：陈军））获得二等奖，夏德元《电子媒介人的崛起》（责任编辑：姜华）获入围奖。上海图书奖每两年评选一次，是上海出版业界最为权威、获得广泛认可的图书奖项。

（张艳堂 陈沛雪）

【2种图书获国家出版基金资助】 3月，经国家出版基金评审专家组评审并报国家出版基金管理委员会批准，《琉球王国汉文文献集成》和《后六十种曲》获得国家出版基金资助，资助金额分别为140万元和85万元。

（张艳堂 陈沛雪）

【1种图书入选文津图书奖推荐图书】 4月，第七届“文津图书奖”评选活动结束，江晓原著《我们的国家：技术与发明》（责任编辑：陈军）入选文津图书奖推荐图书。文津图书奖由国家图书馆设立。本届“文津图书奖”共产生10种获奖图书，56种推荐图书。

（张艳堂 陈沛雪）

【27种图书获中国大学出版社图书奖】 5月21日，中国大学出版社协会第二届优秀教材、优秀学术著作、第十届优秀畅销书奖获奖图书名单揭晓，复旦大学出版社共有27种图书获奖。其中，《古汉语语法讲义》（杨剑桥著）等5种图书获优秀教材奖；《内镜黏膜下的剥离术》（姚礼庆、周平红主编）和《马克思主义经济哲学及其当代意义》（余源培著）获优秀学术著作奖；《文学与情感》（骆玉明著）等4种图书获优秀畅销书奖。

（张艳堂 陈沛雪）

【6种图书入选“十二五”国家重点图书规划增补项目】 8月1日，新闻出版总署公布“十二五”国家重点图书出版规划的调整情况，复旦大学出版社有6种图书入选。加上此前列入首批“十二五”国家重点图书出版规划的18种图书，出版社共有24种图书入选，在上海所有37家出版社中名列第二位。 （张艳堂 陈沛雪）

【3种图书获评第十一届输出版、引进版优秀图书】 9月初，第19届北京国际书展期间，由中国版协国际合作出版工作委员会、中国新闻出版研究院、出版参考杂志社共同主办的第十一届输出版、引进版优秀图书评审结果揭晓。复旦大学出版社两种图书（《中国文学史新著》（日文版）、《简明中国文学史》（英文版））获评2011年度输出版优秀图书，《新新媒介》获评2011年度引进版社科类获奖图书。

（张艳堂 陈沛雪）

【13项教材入选普通高等教育“十二五”国家级规划教材】 9月，普通高等教育“十二五”国家级规划教材申报及评选工作结束，包括《高级财务管理》在内的13种图书成功入选（含4个系列项目）。总量居全国大学出版社第四位、北京以外大学出版社第一位。“十二五”国家级规划教材初评及遴选较“十一五”更为苛刻，入选数量仅及“十一五”国际级规划教材的十分之一。 （张艳堂 陈沛雪）

【2种图书获“中国科普作家协会优秀科普作品奖”】 10月中旬，第二届“中国科普作家协会优秀科普作品奖”揭晓，出版社两种图书：《健康从哪里来》（杨秉辉著）和《中国科技的基石——叶企孙和科学大师们》（虞昊等著）获得优秀奖。“中国科普作家协会优秀科普作品奖”是经国家科学技术奖励工作办公室批准，由中国科普作家协会所设立的国内科普创作领域的最高荣誉奖。该次评审，全国共有27种图书获得本届优秀科普

作品奖。（张艳堂　陈沛雪）

【入选“2012年度全国优秀馆配商评选·十佳出版社”】 12月，由《图书馆报》主办的“2012年度全国优秀馆配商评选”结果揭晓。复旦大学再次获评“全国优秀馆配商评选·十佳出版社”。“全国优秀馆配商评选”活动自2006年以来已连续举办7届，系图书馆界、出版发行界唯一的馆配评选活动，是图书出版行业衡量馆配企业综合实力的重要指标之一。

（张艳堂　陈沛雪）

【《出版的品质》获得多项媒体奖项】 12月，由新华社新华网、中国图书商报共同主办的“2012年度中国影响力图书”评选结果揭晓，《出版的品质》一书经多轮甄选，网络投票和专家、媒体推荐之后最终胜出。该书由贺圣遂、姜华编撰，于2012年5月由复旦大学出版社出版。该书进入新华网“理想藏书”常年展示，入选“2012中华读书报2012年度图书之100佳”榜单，并在首届风云图书评选活动上获2012年度风云传记图书奖。

（张艳堂　陈沛雪）

【3人入选上海市出版系列高审委专家】 12月24日，第五届上海市出版系列高级专业技术职务任职资格审定委员会成立大会在上海市新闻出版局举行。会议宣布第五届上海市出版高审委学科组专家库成员名单，并为第五届出版高审委成员颁发聘书。经学校推荐、市新闻出版局审核、市人力资源和社会保障局批准，出版社董事长贺圣遂、医学分社总编王龙妹和常务副总编孙晶被聘为本届“出版高审委”专家。

（张艳堂　陈沛雪）

【承办“学术出版上海论坛”】 8月18日，首届“学术出版上海论坛”在上海友谊会堂举行。由上海市新闻出版局、复旦大学、《文汇报》主办，复旦大学出版社承办。原国家新闻出版总署副署长邬书林，原国家新闻出版总署出版管理司司长吴尚之，中共上海市委宣传部副部长李琪，上海市新闻出版局局长方世忠、副局长阚宁辉，复旦大学副校长林尚立，复旦大学出土文献与古文字研究中心教授裘锡圭等，及来自学术界和出版界的专家、学者、出版人等80余人出席论坛。论坛以“学术研究与学术出版”为主题，汇聚全国数十家著名高校、科研院所的知名学者和国内30余家知名学术出版机构，旨在打造成沟通学术界和出版界的高端平台。

（张艳堂　陈沛雪）

【召开《西方史学通史》新书发布会】 3月17日，由复旦大学历史系教授张广智主编的《西方史学通史》新书发布会在复旦大学举行，复旦大学校长杨玉良，该书主编张广智，出版社董事长贺圣遂、常务副总编孙晶以及来自学术界的多位专家教授出席了发布会。《西方史学通史》历时八年完成，全书六卷，阐述自“荷马时代”迄至现当代西方史学发展的历史进程。与会专家学者对该书给予高度评价，认为该书体系完整，是具有前沿性及创新性的研究成果，是一套有着中国学者治史特点与治史传统的著作。该书为新闻出版总署“十一五”规划重点图书，获得国家出版基金的资助，是国内首部多卷本的西方史学史著作。（张艳堂　陈沛雪）

【举行《琉球王国汉文文献集成》中有关钓鱼岛史料的新闻发布会】 9月26日，与学校宣传部联合举行《琉球王国汉文文献集成》中有关钓鱼岛史料的新闻发布会。新华社、《文汇报》、《东方早报》等十多家媒体参加发布会。出版社董事长、总编辑贺圣遂和出版社编审、《琉球王国汉文文献集成》编辑韩结根在发布会上与记者们交流，介绍该套书中有关钓鱼岛属于中国的珍贵史料，首次运用琉球国人自己留下的文献证实钓鱼岛是中国的固有领土。《琉球王国汉文文献集成》是继《越南汉文燕行文献集成(越南所藏编)》、《韩国汉文燕行文献选编》之后，出版社又一大型文献集成图书。（张艳堂　陈沛雪）

【举行《裘锡圭学术文集》新书发布会】 10月22日，在复旦大学皇冠假日酒店举行《裘锡圭学术文集》新书发布会暨学术研讨会。来自学界、出版界的80余名专家学者出席。上海市教委主任薛明扬、上海市委宣传部副部长燕爽、上海市新闻出版局副局长阚宁辉、复旦大学出版社有限公司董事长贺圣遂、安徽大学党委书记黄德宽、吉林大学研究生院院长吴振武分别在会上发言，高度评价《裘锡圭学术文集》的学术价值和裘锡圭先生的人格魅力。复旦大学副校长陆昉、复旦大学出土文献与古文字研究中心主任刘钊分别致辞。《裘锡圭学术文集》全书三百万字，繁体横排，汇集裘锡圭及其学术团队六年的心血编辑而成。文集中不少文章有作者根据新材料及最新研究成果所加“编按”，为裘锡圭论著中收文最为完备、编校最为精审的论文集。

（张艳堂　陈沛雪）

【举办“信毅教材大系”新书发布会】 12月22日，由出版社与江西财经大学共同出版的“信毅教材大系”新书发布会在江西财经大学举行。江西财经大学校长王乔、副校长卢福财，出版社董事长、总编辑贺圣遂及副总编刘子馨等与会。王乔校长致贺词，强调双方合作对加强高校教材建设，对提高教育质量、稳定教学秩序、实现高等教育人才培养目标的重要作用。出版社董事长贺圣遂对中外大学出版社的地位、作用进行类比分析，阐述出版社服务于教学与科研，面向国内一流高校、一流作者、一流著作，开发图书产品的长远规划思想。包括丛书作者、有关媒体在内总计约50人出席发布会。

（张艳堂　陈沛雪）

【举行《忍寒诗词歌词集》座谈会】 12月28日，由复旦大学中文系、复旦大学出版社联合举办的《忍寒诗词歌词集》新书首发式在复旦大学举行，纪念著名学者、词人龙榆生先生110周年诞辰。《忍寒诗词歌词集》是龙榆生毕生诗词创作的结集。该书是火凤凰学术遗产丛书出版规划的一部分。火凤凰学术遗产丛书由中文系陈思和教授和出版社董事长、总编辑贺圣遂担任总策划，选择老一辈的文史专家生前未及发表的作品来推荐给当代的学术界读者们。复旦大学教授王水照、陈允吉、陈引驰，华东师范大学教授朱惠国，南京师范大学教授钟振振，杭州师范大学教授沈松勤，中山大学教授彭玉平，上海社会科学院研究员徐培均、钱鸿瑛，中国

社会科学院副研究员张晖等学者专家及龙榆生的学生、家属参加座谈会。 （张艳堂 陈沛雪）

信息化校园与服务

【概况】 2012年，信息办继续注重信息化校园的基础建设、应用系统建设及成果的推广与应用，并通过管理的规范、服务水平的提高，使师生更认可信息化校园建设的成果，为学校的管理、教科研和校园生活等提供更加便捷的现代化手段支持。

邯郸校区主干网改造和多校区环网互联建设。在邯郸校区主干网络改造中，以 Juniper MX960 为网络核心，将原核心层 5 台 Cisco6509 降级为汇聚层，形成核心与汇聚之间的网状互联，初步实现邯郸校区校园网的汇聚以上层链路带宽升级至10 G的冗余结构。多校区环网互联建设中，将枫林校区校园网核心交换机升级为 Juniper MX960，并利用贯通枫林校区与邯郸校区的 2 条备份光缆线路，使用两校区间 Juniper MX960 的路由负载均衡功能建立链路设备，并基于 BGP 协议完成邯郸—张江、邯郸—江湾的链路链接。

校园网络出口扩容和辅助设备选型。2012 年，校园网出口有较大变化，停用原带宽，新增上海联通的 1 000兆出口带宽，上海电信 ATM100 兆出口升级为 150 兆以太网。学校的教育网、移动、网通和电信 IPMAN 等出口均通过 Juniper MX480 路由器和 Cisco ASR1000 路由器接入。为满足未来更大容量的出口带宽扩容以及出口全网认证的需要，调研并测试多个厂家的万兆设备，完成网络出口链路负载均衡和全网认证设备的选型工作。

继续深入无线校园网建设。2012 年，无线校园网的建设目标是继续扩大覆盖范围，并对覆盖密度不足的地区进行扩容升级。邯郸、江湾的大部分教学科研办公区域完成百兆级别的无线接入覆盖，枫林、张江教学科研办公区域则基本完成全覆盖。采购 Cisco 3502AP 共 380 台，实现新覆盖的楼宇包括：500 号楼、化学楼、100 号楼、科学楼、工会、750 号楼、现物所、现代人类实验室、基建处、高教所、枫林东 5 号楼、西苑宾馆（代原 11 号楼）、张江计算机学院院办；升级与增补扩容区域包括：新闻学院（图书馆、电教楼、办公楼）、光华楼教学区域、综合楼北楼、美研中心二期、经济学院、物理楼、第四教学楼、江湾图书馆、枫林明道楼、治道楼、西 8 号楼等。同时，继续推进无线校园网运行优化，完成邯郸校区、张江校区和江湾校区无线认证系统升级，无线网络认证系统已完全从 Dr. com 设备切换到开源软件架构的认证系统；搭建支持双机热备的 DHCP 服务器，已配置好 DHCPv6 服务器，计划将无线网络 IPv6 地址分配均放到该服务器上以减轻核心设备的负担。启动邯郸校区南区、东区宿舍区，枫林校区宿舍区的无线网络覆盖工作。

完成 CNGI - Cernet2 项目验收。学校于 2009 年启动 CNGI - CERNET2 下一代互联网业务试商用及设备产业化专项教育科研基础设施 IPv6 技术升级和应用示范项目——复旦大学校园网 IPv6 技术升级子项目的研究与实施工作。该项目获得国家发改委 300 万元的资助，主要用于学校校园网的网络设备升级、应用升级和 IPv6 推广等。在项目的支持下，陆续完成枫林校园网整体改造、数字校园系统的 IPv6 升级，并协助完成子项目 101——基于真实 IPv6 源地址认证的跨域的统一标识、认证和信任服务系统，子项目 102——IPv4/IPv6 过渡系统，子项目 103——可控大规模组播服务系统，子项目 105——支持全网漫游的校园网接入业务管理系统，子项目 106——校园网网络管理与安全监控系统等 5 个子项目的研究、测试和部署。以上各项目均在 2012 年 9—12 月间完成并通过验收。

继续升级和改造各校区网络。2012 年，根据学校修缮和校园改造规划，完成邯郸校区东区学生公寓（13—16 号楼）、本部学生公寓（2 号楼和 6 号楼）、高考阅卷教室，张江校区保密学院、软件楼 212 室、软件楼教学机房、计算机楼云计算机房、枫林校区法医楼、东 5 号楼的网络建设和网络升级，共涉及 3 087 个信息点。将枫林校区西 11 号楼网络整体迁移到西园宾馆公卫临时办公用房，西 11 号楼的若干部门分散迁入几处楼宇闲置房，配合提供西 8 号楼、西 12 号楼、西 6 号楼、东安路 100 号等的网络接入。启动邯郸校区和枫林校区学生宿舍光网改造工作，为保护原有投资并减少施工对学生生活的影响，除个别楼宇无法修复需重新布线以外，大部分桌面接入保留原有五类线，采用 PON＋LAN 的方式实现 100 M 到桌面，接入层 2 G 线路上联到汇聚交换机，10 G 线路连接至校园主干网，全面支持 IPv4/IPv6 双栈。在资费不变的情况下，用户下行带宽从 2 M 升级至 4 M，另提供 10 M 套餐共选择。配合水电中心实现各变电站电表和水表数据上网工作，为相应地点补充网络设备并开通各楼宇专用端口。

继续保障和深化校园信息化各项基础应用服务。2012 年，除继续保障个人主页、正版软件、代理服务器、校园地图、通用调查问卷等各项基础服务的稳定运行之外，信息办还在基础应用服务方面开展以下相关工作：(1) 在多媒体视频服务方面，完成光华楼东辅楼 605 多媒体教室的建设，开发基于 VLC 的校园 IPTV 访问客户端，建成高清视频转播服务体系，并成立专门的视频服务队伍，为全校各类重大活动、国际交流、校级交流课程、会议、讲座等提供转播、直播等服务逾 110 次。(2) 对学校 E-mail 系统再次开展全面技术升级工作。升级后的系统中，实名邮箱容量为 1 G，单封邮件附件最大不得超过 20 MB；学生邮箱容量 500 M，单封邮件附件最大不得超过 20 MB。对特殊邮件账户如院系办秘书、国际会议召开、学生工作发布等建立特定规则，保证可以安全发送群发邮件和信息共享。截至 2012 年 12 月底，校 E-mail 用户开户数已经达到实名用户 14 363 人，学生用户 101 348 人，共 115 363 人。在升级校 E-mail 系统的同时，信息办联合对外发展联络处、校友会开展校友 E-mail 的建设工作，为校友邮箱架设专门的服务组，实现定时、定期、定量的给不同的群组发送邮件。(3) 将信息办自主开发的短信平台面向各部门提供正式服务；进一步优化代理服务器、图书馆电子文献专用访问工具的技术结构；完善校园地图并尝试把校园地图嵌入应用系统；完善信息公开网、校长信箱功能；增加空闲教室、教师公寓租金查询等服务；继续为院系、部处、研究机构及各类精品课程建设二级网站，有序改善以往建设的二级网站；试验并试运行基于 Hyper - V 的个人桌面虚拟化服务，尝试提供 SPSS 等科学计算服务。

继续深入基础设施建设。2012 年，信息办继续优化信息化校园应用与服务系统的基础运行环境，淘汰已达到使用寿命的实体服务器和存储，并逐步将分散的计算资源集中为云计算资源以提升基础设施运行的稳定性和可靠性。进一步优化虚拟服务器集群结构，扩容主机硬件资源，升级 VMware 核心版本；制定虚拟服务器管理规范，逐一清理数百台虚拟服务器；引入 Avamar 存储自动去重备份工具，为虚拟服务器提供方便、可靠的备份机制。此外，还试验基于 Hyper - V 的虚拟服务器集群，并尝试提供相关基础服务。

继续完善基础平台建设。2012 年，除继续保障统一身份认证、第三方接入认证、共享数据库数据集成、网站群平台、收费服务管理平台、短信平台、CA 中心的稳定运行，为整个信息化校园应用与服务系统提供有力支撑之外，信息办还完成以下基础平台相关工作：统一身份认证平台整体迁移到 Linux 操作系统和刀片服务器运行环境；试验并基本完成 LDAP 与 AD 域同步；完成面向师生的短信找回密码服务的功能开发；基本完成校园生活服务平台建设，整合相关应用服务；进一步优化网站群平台，增加登录权限控制和不同用户组模板选择功能；完成收费服务管理平台国际卡支付通道升级，为国外用户提供更好的服务；规划并试验校级呼叫中心平台，尝试接入应用系统并初步形成电话语音一站式接入服务模式。

探索一站式服务与数据展示服务。2012 年，信息办配合学校有关部门梳理一站式服务建设规划，整理相关业务流程、现有服务运行模式及一站式服务改进思路。全面升级校园信息门户，推出面向师生一站式服务的全新界面，实现根据用户类别进行服务发布、授权以及根据用户生命周期的服务导航功能。在校园生活服务平台中以一站式服务方式配置各项后勤生活服务，试运行体育场馆预约等服务。建设通用注册报名平台，尝试提供国际会议、跨校辅修成绩证明申请等服务。探索建立校级统一数据展示与分析平台，构建与业务系统运行数据库分离的统一数据库，建设全新的基于 QlikView 的综合数据展示查询、分析挖掘系统；探索院系及教师个人数据中心建设思路，讨论相关技术方案，并与部分院系深入讨论需求及管理思路。

继续保障和完善已有的各类信息化应用系统。2012 年，继续保障并进一步完善信息化校园应用系统(URP)、校园电子公务系统(OA)、在线学习(eLearning)系统等的稳定运行，为各业务部门的日常工作提供技术支持。完善在线学习(eLearning)系统，全年开课课程和访问用户数量稳步提升，得到全校师生的普遍认可，在此基础上推出 Sakai 共享版开源项目，并在国内部分高校中推广应用。完善教务管理、研究生教育管理、本科生招生管理系统功能，为暑期国际课程、校外考试报名、研究生导师遴选、本科自主招生等业务改革提供最新技术支持。完成人事管理系统全面升级的开发和实施。完成离校服务管理系统升级，优化数据同步结构。基本完成就业服务管理系统升级。完成教育部电子公文与信息交换系统升级部署。继续建设研究生招生管理/报考服务系统，完成全国优秀大学生夏令营、推荐免试研究生申请、博士生报名等服务整合。继续建设外事管理系统，增加来华人员管理功能。探索并规划大资产管理系统建设方案，启动固定资产管理系统升级开发；讨论并规划廉政风险防范平台建设思路，启动招投标管理系统开发；结合院系及教师个人数据中心探索，启动科研管理系统建设。

继续完善一卡通系统建设。2012 年，校园一卡通建设继续稳步推进，重点支持各类应用系统的功能模块开发以及硬件设备的升级和改造。应保卫处需求，校园卡拍照系统在暑假完成开发升级，实现与学生二代身份证拍照相结合；配合财务处提供天翼财务经费系统的读卡库对接功能；提供图书馆显示照片模块的开发和实施；支持后勤班车管理系统，提供手持机身份识别模块；开发自助复印补助功能；配合校内超市管理，开发新的超市扣费接口；配合数字校园平台，提供城市热点网费转账 webservice 接口封装；提供 4 套电费接口的 webservice 封装及查询余额的接口；配合体教部，进行公开卡片学号、姓名、性别等公共信息的开发；进行一卡通数据的统计分析，为总务处、财务处等提供一卡通相关消费使用统计数据；进一步推广门禁系统、会议签到系统等。改造北区、南区食堂一卡通硬件设备；完善监控系统，提供圈存监控、流水压数监控等；调研和探讨异地灾难备份系统方案、RFID 电子标签技术在网络交换机管理上的应用及多媒体会议室控制一体化的应用。2012 年，校园一卡通系统进行一次大型系统升级，小版本功能升级 25 次，被动报修 5 次；系统硬件主动维修 212 次，被动报修 260 次，合计 472 次。平均每月 40 次。

继续保障和深化各项校园信息化运维工作。2012 年，信息办对培训机房进行网络和设备改造以支持高考网上阅卷工作，该机房还可作为计算机课程教室供日常教学使用，由信息办负责其日常的管理和维护；进行江湾校区网络机房的电力扩容改造，完成托管机房搬迁至江湾校区机房，协助托管院系重新登记设备信息，集中资源，规范管理；进行高性能计算机房的升级扩容，以满足日益增长的用户需求；基于部分开源软件进行开放式监控平台的开发，以对服务器运行状态进行更好的监控；采用新的呼叫中心系统，加入工单管理功能以提高工作效率及服务质量，改善用户体验；以“用户服务”为宗旨，逐步理顺和简化业务流程，提供更便捷的系统密码找回途径，规范故障报修流程；参与VMWare虚拟机集群的升级和维护，进行虚拟主机的日常配置和维护，帮助托管单位把网站迁移至虚拟机；在进行日常漏洞扫描的基础上，于十八大前夕对托管服务器以及全校二级网站进行全面扫描工作，并将整改意见发给各网站管理员；信息安全月报报送；对邯郸校区机房整理和维护；对各校区进行网络日常维护、网络设备的检修工作。

提供更多用户服务，改善用户体验。2012年，信息办继续保障DNS、二级域名、图书馆代理、东区学生公寓计费系统维护、备份服务器维护、短信平台维护、eService数据维护、教育网免费列表管理、VPN用户管理等日常业务的顺利开展。在原有正版软件基础上，新增SPSS软件；继续对师生进行免费代理流量的添加工作，增加免费流量；加强对BBS和信息办官方微博的查看，及时对与信息办相关的问题进行回复解答，在信息办主页、BBS相关版面和信息办官方微博及时进行相关信息的发布通告；对研究生助管、助研、助教等200余名学生进行信息化资源与服务的培训，以便更好的利用学校信息化建设成果；2月和9月，完成新生学生公寓上网账号的批量开通以及迁出学生上网账号的销户和退款；完善网络实地址管理，促进服务与标准的统一；继续与PDFT学生志愿者团队的合作，加强对师生信息化服务的互补。对用户服务的统计分析也日渐完善，逐步形成长期翔实的值班记录。2012年，信息办共受理各类业务总计33 721次，其中电话咨询12 077，用户接待12 844，邮件咨询7 784，外出服务1 016次。

继续增强交流，扩大影响。2012年，复旦大学信息办继续担任中国高等教育学会教育信息化分会副理事长单位、上海市高等教育学会信息管理专业委员会主任委员单位、上海市高等教育学会校园网络专业委员会副主任委员单位、上海市高等教育学会理事等。5月，“2012数字校园创新论坛暨教育信息化十年发展规划研讨会”在复旦大学光华楼召开，会议由教育部科技发展中心主办、复旦大学信息化办公室协办、《中国教育网络》杂志社承办，共有来自全国各地的教育信息化有关领导，高校信息化专家以及知名企业代表500余人参会。全年共接待国内近40所高校到访考察。参加中国高等教育学会年会、华东“六省一市”暨上海市信息管理专业委员会年会、青年论坛等全国或区域性的教育信息化会议等会议并在会上作学术报告。为复旦大学对口支援学校云南大学的对口支援部门提供技术、资源的保障，接待3位云南大学的短期交流人员到访，将支持工作落到实处。向国内兄弟高校学习先进经验，就“一站式”服务的建设思路、建设效果等走访上海理工大学、东南大学、南京大学等，配合机关党委工作，规划适合学校校情的“一站式”服务模式。

申请和参加科研工作。2012年，信息办“知识管理与分享云服务系统关键技术研究与示范应用”获批教育部—中国移动科研基金2012年度项目；“云服务推动复旦大学教育教学模式改革”项目获评教育部教育信息化高等学校首批试点项目；承担中国高等教育学会教育信息化分会2012年度课题——“基于开源软件的网络教学平台开发与推广”；参与教育部软科学研究项目“教育信息化推进机制与政策研究”并顺利结题；参与教育部《教育信息化十年规划(2011—2020)》编制工作，该规划于4月份正式发布；参与的教育部重大研究项目“教育服务与监管体系信息化建设”项目“信息标准与技术规范”子项目课题，并顺利结题。2012年3月，信息办参与的《教育管理信息(系列)标准》项目作为教育部行业标准发布；参与上海市教委民办高校信息化规划项目和上海教科网升级改造项目。

全年公开发表文章近20篇，其中优秀论文4篇，2篇获中国高等教育学会教育信息化分会学术年会优秀论文，2篇获上海市高等教育学会信息管理专业委员会优秀论文。“基于开源软件的高校网络教学平台”项目获得上海市高等教育学会信息管理专业委员会优秀案例；“i复旦—复旦大学校园移动门户”获得上海市高等教育学会校园网络专业委员会2012优秀创新案例奖；1人获得复华奖教金优秀管理服务奖。“基于开源软件的高校网络教学平台”项目获得上海市高等教育学会信息管理专业委员会优秀案例；“i复旦—复旦大学校园移动门户”获得上海市高等教育学会校园网络专业委员会2012优秀创新案例奖。 （谢 蓉 于一梅）

资产管理

【概况】 2012年，资产管理工作围绕学校总体发展目标，按照大资产管理的概念，继续推进内部治理结构的改造和设计，强化制度建设、细化工作流程、落实信息公开，各项工作稳步开展，保障教学科研工作顺利进行。

实验室管理。2012年，学校有实验室147个，其中国家级重点实验室5个，省、部级重点实验室33个。有单价40万以上大型精密贵重仪器设备486件，价值约6.8亿，使用机时518 832小时。其中教学使用机时44 422小时，占总机时的8.6%；科研使用机时426 619小时，占总机时的82.2%；社会服务使用机时47 791小时，占总机时的9.2%。开放使用机时达120 047小时，占全部机时的23%。完成教学实验项目数1 293项、机时数49 057；科研项目1 133项。培训学生教师等5 406人。实验室用房面积为118 832平方米。截至12月31日，复旦大学共有仪器设备14.23万台/件，金额约为27.3亿元。

设备管理。2012年是“985工程”三期建设的关键一年，资产管理处按要求组织完成价值20万元以上大型仪器设备论证工作，其中70万元以上的大型仪器设备购置论证共有44台。全年组织国际、国内招标108次，计1 446台(批)，中标金额19 066万元。通过招标，学校共受益3 464万元。全年共签订进口合同979份，涉及仪器设备2 236台/套，合同金额5 784

万美元。办理进口免税 857 份，金额 5 875 万美元。办理接受境外捐赠仪器、设备、图书、化学试剂共 4 批，金额 19 万美元。

房地产管理。截至 2012 年 12 月底，学校占地总面积为 243 万平方米，在用房屋建筑总面积 196 万平方米。根据学校现有公用房管理条例，完成《机关办公用房空间调整方案》；完成生命科学院等 6 个单位在江湾校区建设用房的面积规划；完成法学院等单位的用房测算；完成光华楼等使用情况的调研。在房屋出租出借工作方面，管理承租单位 200 多家，出租面积总计 80 000 多平方米，年应收租金 2 700 余万元人民币。

国有资产管理。根据学校机关职能部处的调整，从 2012 年 9 月起原财务处的国有资产管理和全校经营性资产的考核管理工作划转资产管理处。草拟《复旦大学国有资产管理办法》、《复旦大学企业国有资产管理办法》和《复旦大学经营性资产考核原则》等管理办法。完成学校国有资产统计工作。截至 2012 年 12 月 31 日，复旦大学资产总额为 121.3 亿元，其中流动资产 50 亿元，固定资产 66 亿元，对外投资 5.3 亿元。在 66 亿固定资产中，房屋金额 35 亿元；汽车 77 辆，金额约 2 275 万（其中：轿车 35 辆，金额 797 万；小型载客汽车 20 辆，金额 479 万；大中型载客汽车 15 辆，金额 870 万元，其他车辆 7 辆，金额 129 万）。仪器设备 14.23 万台/件，金额 27.3 亿元。其中 20 万以下仪器设备 12.3 亿元；20 万元以上的仪器设备有 1 966 台/件，金额 15 亿元；20 万至 50 万之间的仪器设备有 1 351 台/件，金额 4.2 亿元；50 万至 200 万之间的仪器设备有 486 台/件，金额 4.6 亿元；200 万以上的仪器设备有 129 台/件，金额 6.2 亿元。家具 66 528 件，金额约为 1.2 亿元。图书资料 2.5 亿元。年度新增的仪器设备有 21 903 台/件，金额 3.8 亿元。全年报废仪器设备 6 200 台/件，金额约为 5 962 万元。

信息化建设。资产管理处网站于 11 月初完成第三次改版，对首页、栏目作较大调整，新的网页更全面及时地反映资产管理处的工作内容，并可通过系统链接，完成固定资产的申报、变更等网上办公事宜。完成固定资产管理系统的升级，为学校固定资产的清查清理工作做准备。

大型仪器共享。按照《上海市促进大型科学仪器设施共享规定》，学校参与并推进上海市研发公共服务平台共享服务工作。年度对外服务达 11 381 机时、共享服务收入达 685 万余元、对外服务用户达 762 家。学校有 65 台仪器申请共享奖励，获得上海市科学技术委员会和上海市研发公共服务平台发放的 2011 年度入网仪器设备共享奖励金 212 800 元人民币。（余 青 黄海馨）

【获评上海市大型科学仪器设施共享服务先进集体及先进个人】 根据上海市科学技术委员会《关于表彰本市大型科学仪器设施共享服务先进集体和先进个人的通知》（沪科[2012] 247 号文），复旦大学被评为 2011 年度上海市大型科学仪器设施共享服务先进集体。医学院电镜中心教师刘懿和分子病毒实验室教师孙淑惠被评为 2011 年度上海市大型科学仪器设施共享服务技术类先进个人。资产管理处苏子敏被评为 2011 年度上海市大型科学仪器设施共享服务管理类先进个人。

（余 青 黄海馨）

【复旦大学大型仪器共享平台完成验收】 经过 2 年多的调研、开发和试用，“复旦大学大型仪器共享平台”于 2012 年 7 月 11 日通过项目验收。“复旦大学大型仪器共享平台”的功能设计符合实际需求，界面合理，各种管理控制权限分配恰当，数据统计、查询和导出方便，总体达到计划建设目标。截至 2012 年 12 月底，共有 245 台设备通过审核，用户可上网申请预约共享使用。全年 100 万元以上仪器在平台上使用记录共4 149 条。

（余 青 黄海馨）

【召开复旦大学大型仪器共享宣讲会】 11 月 28 日，“复旦大学大型仪器共享宣讲会”在逸夫科技楼召开。上海市研发公共服务平台、杨浦区科委和复旦大学各院系分管大型仪器共享工作的相关人员共计 47 人参会。会议传达上海市和杨浦区政府对大型仪器共享服务的要求。复旦大学将加大对杨浦区中小企业共享服务力度，为加快杨浦城区的建设步伐提供科技支持。（余 青 黄海馨）

附 录

2012 年复旦大学实验室一览表

单 位	实 验 室 名 称	备 注
力学与工程科学系	力学与航空航天试验中心	
物理学系	应用表面物理国家重点实验室* 微纳光子结构教育部重点实验室** 物质计算科学教育部重点实验室** 物理教学实验中心 低温实验室 微纳加工和器件公共实验室	

续　表

单　位		实验室名称	备注
现代物理研究所		应用离子束物理教育部重点实验室**/*** 上海 EBIT 实验室	
环境科学与工程系		上海市大气颗粒物污染防治重点实验室** 环境工程教学实验室　环境科学实验室 水流域污染治理实验室	
化学系		上海市分子催化与功能材料重点实验室** 创新科学仪器教育部工程研究中心** 化学教学实验中心　有机化学研究所 无机化学研究所　分析化学研究所 激光化学研究所	
生命科学学院		遗传工程国家重点实验室* 现代人类学教育部重点实验室** 生物多样性与生态工程教育部重点实验室** 生物科学实验教学中心 生态与进化生物学系实验室 微生物学和微生物工程实验室 生物化学实验室　生理学和生物物理学系实验室 遗传学和遗传工程系实验室 生物技术中心实验室 生物统计学与计算生物学系	
信息科学与工程学院	电子工程系	电子信息基础教学实验中心 生物医学电子学实验室 电子学与信息系统实验室	
	微电子学系	专用集成电路与系统国家重点实验室* 集成电路教学实验室 集成电路工艺实验室	
	光科学与工程系	光科学与工程系实验室	
	通信科学与工程系	波散射与遥感信息教育部重点实验室** 通信工程实验室	
	光源与照明工程系	光源研究实验室 上海汽车照明工程研究中心	
管理学院		信息系统实验室	
经济学院		教学创新实验室	
材料科学系		教育部先进涂料工程研究中心** 物理电子实验室　材料化学实验室 材料物理实验室 国家微电子材料与元器件微分析中心	
新闻学院		广播电视实验室　复旦大学传媒与舆情研究中心 数字媒体实验室　广告摄影实验室 复旦大学传播学实验教学中心	
外国语言文学系		语言实验室	
分析测试中心		分析测试中心	
数学科学学院		非线性数学模型与方法教育部重点实验室** 上海市现代应用数学重点实验室** 教学微机实验室	
高分子科学系		聚合物分子工程国家重点实验室*	
文物与博物馆学系		文物保护实验室	

续　表

单　位	实　验　室　名　称	备　注
计算机科学技术学院	上海市智能信息处理重点实验室** 计算机实验教学中心　　数据科学研究中心 图形图像与信号研究所　　媒体计算研究所 Web与服务计算实验室　　协同信息与系统实验室 数据管理与集成实验室　　移动数据管理实验室 数据库与海量信息处理实验室 网络信息安全审计与监控教育部工程中心 上海(国际)数据库研究中心	
上海医学院	医学神经生物学国家重点实验室* 医学分子病毒学教育部、卫生部重点实验室** 分子医学教育部重点实验室** 癌变与侵袭原理教育部重点实验室** 卫生部糖复合物重点实验室** 卫生部听觉医学重点实验室** 卫生部近视眼研究重点实验室** 卫生部抗生素临床药理重点实验室** 卫生部病毒性心脏病重点实验室** 卫生部手功能重建重点实验室** 卫生部新生儿疾病重点实验室** 上海市医学图像处理与计算机辅助手术重点实验室** 上海市周围神经显微外科重点实验室** 上海市器官移植重点实验室** 上海市女性生殖内分泌相关疾病重点实验室** 上海市视觉损害与重建重点实验室** 上海市乳腺肿瘤重点实验室** 细胞与遗传学实验室　　数字医学研究中心 人体解剖学实验室　　临床技能学习中心 生物化学与分子生物学实验室　　电子显微镜中心 病原生物学实验室　　医学实验教学中心 法医学实验室　　医学分子遗传学实验室 基因研究中心　　病理学清洁级实验动物房实验室 生理与病理生理学实验室　　药理学实验室 病理学中心实验室　　药理研究中心 针刺原理研究所　　免疫学实验室 上海复旦三级生物安全防护实验室 国家中医药管理局血管分子生物学三级实验室 国家中医药管理局针灸神经生物学三级实验室	
公共卫生学院	公共卫生安全教育部重点实验室** 卫生部卫生技术评估重点实验室** 劳动卫生与卫生化学实验室 预防医学研究所 营养与食品卫生学实验室 环境卫生学实验室 流行病与卫生微生物学实验室 临床分子医学实验室 计算机与信息实验室	
药学院	智能化递药教育部重点实验室** 全军智能化递药重点实验室** 药物化学实验室　　天然药物化学实验室 生物合成药物化学实验室　　生物化学实验室 生药学实验室　　药剂学实验室 放射药学实验室　　药物分析实验室 药理学实验室　　物理化学实验室 临床药学实验室　　实验教学中心 仪器分析测试中心　　实验动物中心 放射药物示踪实验室　　抗病毒药物实验室	

续 表

单 位	实 验 室 名 称	备 注
药学院	药物计算机辅助设计实验室 荧光与化学发光药物示踪实验室 国家中医药管理局中药生药分析三级实验室 国家中医药管理局中药制剂三级实验室 药物制剂国家工程中心(分部)	
护理学院	护理实践教学中心	
生物医学研究院	生物医学研究院公共技术平台	
脑科学研究院	脑疾病动物模型与行为神经科学公共技术平台 神经分子行为与神经细胞功能实时检测和成像公共技术平台	
合 计	147	

说明：*国家重点实验室；**部(省)重点实验室；***世行贷款重点学科专业实验室。

（资产管理处供稿）

后 勤

【概况】 2012年，总务后勤系统围绕学校“十二五”规划和学校中心工作，以提高保障能力、改善服务态度为师生和学校事业发展服务为目标，结合学校“深入基层大走访调研”活动中发现和提出的问题，积极梳理突出问题，研究解决办法，在规定时间内完成好各项整改工作，主动规划思考破解需求与客观条件之间矛盾的办法，切实解决师生反映强烈的热点难点问题，顺利完成各项后勤保障工作。

全年提供就餐1 673余万人次，营业额8 000余万元(含经营性餐厅)，集中采购主副食品原材料3 667余万元。光华楼、明道楼共举行会议2 596场次。体育场馆举办重大活动29场，为师生体育活动提供入馆53万人次、室外田径场30万人次的活动保障。班车安全运行9 785班次，运行里程19余万公里(邯郸—枫林—张江)。保健中心门诊量7.5万人次，体检共计17 599人次，预防接种7 011人次，为师生报销医药费7 003人次，组织献血1 940人次，红十字会培训人数3 880人次。托运毕业生行李2 180件，发放新生行李1 505件。改建绿地20 793平方米，清运生活垃圾52 500桶，其他垃圾434车。提供191万余人次洗浴。供水445万吨，供电11 077万度，供气392万立方米(其中煤气4.5万立方米、天然气387.5万立方米)。幼儿园在园450人(其中枫林幼儿园210人)，组织参与亲子早教活动人数600余人次，亲子游活动人数720余人次，亲子运动会家长参与人数250余人次。发放住房补贴1 216人，发放总额为4 917.41万元。

稳定食堂饭菜价格，建立长效机制。积极应对物价波动大、劳动力成本上升等状况，继续采取加大补贴力度、严格执行学校食堂基本菜肴价格规定等措施，保障食堂饭菜质量、卫生和安全，让师生吃饱、吃好、吃卫生。为认真贯彻落实教育部等五部委文件精神，总务处在充分听取校工会主席团扩大会、学生会全体委员会的意见后，先后向学校上报《关于在确保公益性投入基础上建立食堂价格联动和成本分摊机制的请示》和《关于实施保障我校食堂供应稳定长效机制方案的请示》。6月18日，学校正式批复食堂长效机制方案。根据学校批复，设立学生食堂价格平抑基金，实行食堂价格联动和成本分摊，同时，加强经营单位与师生的沟通协调，完善师生权益组织参与的监管机制，成立复旦大学伙食管理小组，发挥师生对学校食堂运营的监管作用。经各部门工会推荐，学生公开报名，共产生15名由学校职能部门代表、教师代表及学生代表组成的复旦大学第一届伙食管理小组成员。10月25日，召开成立大会。选举校工会副主席为组长、研究生会和学生会代表为副组长，依据集中采购配货、食品卫生安全、质量价格控制、日常监管考评、奖惩和退出等各项规章制度监督经营单位不断改进服务质量和态度，维护师生利益。

继续推进各类实事工程。在邯郸、枫林两校区教学楼及光华楼教学区每层增设饮用水装置，为学生提供冷热饮用水；在饮水点配备茶叶倾倒桶和普通垃圾筒，张贴台阶警示胶带、铺设镂空地垫，在公共楼宇及教学楼卫生间内配备卷筒纸和洗手液，添置祛味产品；对教学楼空调运行进行日常巡检，保证空调正常运行；为光华楼各办公室加装防盗插片，加强楼内安全防范；在明道楼大厅放置休闲桌椅，在会务区新装两台饮用水装置，提供温水和开水。

学生园区全年共开展便民服务11次，接待师生776人次。5月下旬，完成邯郸校区南苑一期试点书院热泵安装工程并投入使用。对园区各楼宇底楼进行可开启式防盗窗改造，物业对每个房间加装防盗窗钥匙盒，保证学生在紧急情况下的使用。对邯郸校区北区5栋楼、本部2栋楼的家具进行更换和配备，共计 796 套。此外，应学生要求，对南东苑学生宿舍进行加长床改造，共计 30 张。为方便学生使用热水，在北区新增 41 台 24 小时电开水炉，南东园区新增 31 台电开水炉。

扩大体育场馆开放范围，实现网上预约。经过与体教部的协商，正大体育馆的羽毛球场地从原有的 4 片改制成现有的 12 片，增加羽毛球网架 4 付。在信息办的帮助下，积极开发体育场馆网上预约系统，正大体育馆羽毛球场地于 12 月率先开始实行网上预约。发布《体育场馆网上预约管理规定》，不断规范学校体育场馆使用的申请程序，提高体育场馆使用率。

完成教学楼和学生公寓电力扩容改造工程。先后完成邯郸校区东区学生公寓、南区学生公寓、枫林校区西部学生公寓电力扩容改造工程，为东区、南区、枫林西部学生公寓敷设室外电缆，并对邯郸东区新闻学院变电站、新老留办变电站、枫林西部老变电站实施电力扩容改造，在邯郸南区新建学生公寓变电站，保证学生公寓安装空调的用电需求。8 月中旬，枫林西部变电站建成通电，枫林校区西部教学楼电力扩容工作完成。扩容改造后，邯郸校区和枫林校区教学楼及学生园区所有宿舍均具备安装空调的条件。截至 2012 年底，4 个园区的学生宿舍安装空调共计 5 593 台，安装率达到 55.7%。

继续推进节能工作。全年查出地下管线漏水点 13 个，折算节水 30 万吨。在江湾校区和张江校区安装智能水表，智能水表安装率基本覆盖 4 个校区。节能监管平台建设初具规模，可以实现远程抄表、实时监测，对全校主要耗能建筑能耗通过数据进行分析，为学校对节能低碳工作的各种决策提供科学依据。对邯郸校区本部食堂和南区食堂进行节能燃气灶改造。经专家评审，江湾校区被评为上海市节水型示范校区。复旦大学被评为节水型学校。

做好垃圾清运和绿化建设工作。定期清理校园垃圾，每周巡视校园环境卫生，发现公共设施损坏和建筑垃圾及时报修清理。全年共登记报修 44 次。加强绿化工程的监理签证、中间验收、质量控制，完成邯郸校区南区体育场天然草坪改建、国福路体育场外环境绿化、护理学院景观绿地建设、枫林校区运动场建设用地绿化搬迁、新建篮球场树木搬迁和补偿绿地建设等绿地改造工程。开学迎新工作中提前完成主咨询台遮阳棚的制作，9 月 2 日，大巴来回穿梭在上海新客站和虹桥高铁站共 21 次，接送志愿者和新生共计 365 人。

不断完善公共服务体系，加强教职工业务培训。校医院采取多种形式开展业务学习，不断提高医务人员业务素质，全年派出医务人员参加相关继续教育培训 94 人次，组织院内医师进行讲座 26 次，每周组织医生进行院内小讲课，每月开展病史和处方质量自查工作。幼儿园成立家长委员会，充分听取家长的意见与建议，组织家长志愿者，邀请家长参与自制玩具评比及进入课堂，增强了解与沟通，促进幼儿园办学水平的提高。

积极拓展教师公寓房源，为解决青年教师住房实际困难寻找出路。7 月 30 日，学校正式与上海市公积金管理中心签署《新江湾尚景园公共租赁住房租赁框架协议》，整体租赁 600 套尚景园公租房；10 月，又将学校整体租赁前就入住尚景园公租房的 12 位青年教师所租公租房纳入学校教师公寓住房保障体系中。制订《复旦大学青年教师租住尚景园公共租赁房租房补贴实施方案》，经校长办公会议（党政联席会议）审定、校工会主席团扩大会议通过后，2012 年 9 月 3 日，由学校办公室发文“校通字[2012]18 号”文正式执行。截至 12 月 28 日，学校整体租赁的尚景园公租房共入住 174 户，其中青年教师 130 户，博士后 44 户。向 1 216 名青年教师、高级外聘人员发放住房补贴，共计 4 917.41 万元。完成与 915 位教职工的续签工作。共安排 50 位新进校教职工入住各校区教师公寓。完成国泰路 85 弄一期教师公寓等 10 处大修、改造工程。

及时回复和处理师生的意见。全年共回复并处理校长信箱后勤保障部分信件 65 封，回复校园生活服务平台网站留言 86 条，收到各类表扬信件 40 封。10 月，在结合学生会学委办调研的基础上，对邯郸至枫林、枫林至张江的班车线路再次调整，对单循环的班次进行微调，同时新增晚上邯郸至枫林 22:00 的班车，使班车发车时间更加趋近合理，方便师生生活。

搭建多样平台与师生沟通联系，取得师生理解。3 月，邀请学生代表在江湾校区开展互动篮球赛并带领学生进入江湾食堂后厨参观。5 月，带领学生代表探访和慰问邯郸校区 5 个后勤服务岗位，拉近学生与后勤一线员工的距离。10—12 月，先后在邯郸和枫林校区组织召开后勤工作见面会，总务处各职能办公室与学生代表之间针对提案进行积极有效的沟通。会后总务处收到学生会学委会赠送的锦旗“泽流及远、增色校园”。

（郭建忠　朱　莹　张涵超）

财务与审计

财　务

【概况】 按照上报教育部的年度部门决算数据，2012 年度学校各类经费（含基建经费拨款）总收入 46.65 亿元，比 2011 年增长 4.6%；2012 年度学校总支出 39.44 亿元，比 2011 年减少 9.8%。

年度总收入中，中央及上海市的教育、基建及其他经费拨款 24.36 亿元，教育事业收入 9.3 亿元，科研经费拨款与科研事业收入 11.18 亿元，其他收入 1.81 亿元。年度总支出中，人员支出 12.94 亿元，公用支出 22.25 亿元，基建支出 4.25 亿元。（李　瑾）

【深化校内预决算管理体制改革】 在 2012 年预决算编制过程中，将校内实体科研机构纳入改革试点范围。通过完善预决算编制流程、改进预算核拨方法、减少职能部门二次分配权、严格预决算考核制度等多项措施，提高年度预算编制的科学性与合理性。首次对院系的部分经费、机关部处的全部行政办公经费和部分业务经费实施年度预决算制度，收回9 325.95万元结余资金，纳入学校预算重新安排。建设开发全面预算管理系统，制定《复旦大学预决算委员会章程》和《复旦大学预算预备费管理办法》。（徐尉南）

【完成“211工程”三期建设成果验收，获教育部拨款奖励】 2—3月，对“211工程”三期建设经费所涉及的各类学科建设、人才培养和队伍建设、校内公共服务体系建设等三大类建设项目，分财政部、发改委、上海市不同资金来源进行校内验收，按时上报验收资料，顺利通过验收。获得教育部拨款奖励1 360万元(《关于反馈“211工程”三期国家验收结果的通知》(211部协办〔2012〕8号))。（徐尉南）

【启动综合财务管理信息系统、院系预决算管理系统和财务数据挖掘与分析系统】 启动和推进校园一卡通经费管理、网上预约报销、无现金报销等财务管理信息系统，以及院系预决算管理系统和财务数据挖掘与分析系统。调整工作流程，缩短教师、学生排队等候时间。（徐尉南）

【完善防范治理“小金库”长效机制】 制定《复旦大学防范治理“小金库”办法》(以下简称《办法》)。《办法》从账簿体系、银行账户、收费、票据、现金、收入、支出等不同方面，有针对性地提出“小金库”防范治理措施，明确监督检查机制和奖惩措施，进一步完善防范治理“小金库”的长效机制。（徐尉南）

审计

【概况】 2012年，复旦大学审计处首次启动《复旦大学2012年度审计计划》的编制工作。年初，根据学校中心工作并结合审计资源情况，规划年度审计项目，编制年度审计计划报校长办公会议审议，经批复后组织实施。7月，根据学校中心工作与审计目标的相关性程度，上报审计计划调整报告。年度审计计划编制的试运作，确保学校整个年度审计项目的实施始终围绕着重点工作及既定目标，有序、协调地进行。

2012度，审计处全年共完成各类审计项目680项，审计资金总额63.52亿元。

建设工程项目审计工作。完成建设项目竣工结算审计289项，共计送审金额6 853万元，审定额5 648余万元，审减额1 205余万元，平均审减率17.58%。完成建设项目全过程跟踪审计2项，其中江湾校区生命科学院教学科研楼项目为系以前年度设立项目，2012年度共出具审计意见书18份；上海数学中心建设项目为本年末2012年末新立项目，出具审计意见书1份。完成建设工程审计咨询项目17项，共出具审计意见书17份，审计金额28.25亿元。

领导干部经济责任审计。组织实施审计17项，完成3项，审计涉及资金35 071万元，查出账务处理不当14.89万元，损失浪费66.98万元，不符合规定或程序涉及金额15 917.41万元。出具审计报告3份、审计要情1份、管理建议书2份。组织领导干部经济责任审计自查16项，完成1项。

专项审计。共完成3项，其中“211工程”三期专项资金审计项目1项，审计金额6.69亿元，出具审计报告和管理建议书各1份；大额货币资金内部控制审计1项，审计金额21.48亿元，发现不符合规定程序的情况涉及金额11 685万元；有关联合办学企业(上海泰复网络技术有限公司)专项审计1项，审计金额1.6亿元，查出账务处理不当1.66万元，不符合规定或程序涉及金额29.78万元。

科研项目审计。组织实施科研项目审计18项，审结13项，出具审计报告13份，审计金额4 615.32万元。其中“863”项目3项，审计金额286万元；“02专项”项目2项，审计金额2 596.30万元；卫生部和地方政府等项目8项，审计金额1 733.02万元。完成科研项目审签353项，审签金额8 426.5万元。

审计处在对上述各类业务实施审计的过程中，针对审计发现的问题，共计提出相应审计意见和建议440条。

制定完善相关审计制度及工作规则。完成对已沿用15年的《复旦大学内部审计工作实施办法》的修订工作，更名为《复旦大学内部审计工作规定》。经2012年3月26日的校长办公会议审议通过，学校办公室于6月6日发布施行。完成《复旦大学建设项目审计暂行规定》及其配套制度《复旦大学建设项目全过程跟踪审计实施办法》、《复旦大学建设项目竣工结算审计实施办法》的制定工作。经2012年12月4日的校长办公会议审议通过，学校办公室于12月28日发布施行。先后发布《建设工程项目竣工结算审计送审资料基本要求和交接规则(2012年版)》、《关于对学校基建、修缮工程项目的重点业务环节提供审计咨询服务的通知》、《关于重申建设项目审计立项后补充送审资料的要求以及相关意见与建议》、《基本建设项目实施全过程跟踪审计的关键控制点以及时间要求》、《关于20万元以下建设项目实行事后竣工结算审计的通知》等建设项目审计工作要求和规则。

加强业务培训。全年共有8人次参加中国教育审计学会举办的教育系统审计人员培训班；5人次参加中国会计学会组织的会计人员继续教育学习培训；4人次参加上海内部审计协会组织的内部审计人员岗位资格证书考试培训。

建成并启用审计处网站。复旦大学审计处网站于2012年12月建成并启用，供校内外访问。

（刘丹丹　谢静芳　高卫强　黄勤郁炯）

【组织开展社会中介机构准入资格招标活动】 11月，组织开展社会中介机构参与复旦大学科研项目审计工作的邀请招标活动，2家具备科技部“十二五”期间国家科技经费审计资格的会计师事务所获得为期2年的复旦大学科研经费审计准入资格。12月，组织开展社会中介机构参与复旦大学建设项目审计工作的公开招标活动，7家具备甲级资质的工程造价咨询公司获得为期3年的复旦大学投资审计准入资格。

（黄勤郁炯）

十、党建与思想政治工作

综　　述

2012年，复旦大学党委团结带领全校师生员工，全面贯彻党的十七大和十七届三中、四中、五中、六中、七中全会精神，以迎接十八大、学习宣传和贯彻十八大精神为首要政治任务，高举中国特色社会主义伟大旗帜，以邓小平理论和“三个代表”重要思想为指导，贯彻落实科学发展观，深入开展创先争优活动，努力推动学校各项事业又好又快发展。

一、以改革创新精神加强和改进党的建设，紧紧围绕学校中心工作，全面推进党的建设

一是加强基层组织建设，深化创先争优活动。2012年是中央确定的基层组织建设年，学校以基层组织建设为抓手，深入推进创先争优活动。全校685个支部进行调查摸底和分类定级工作，其中合格支部占总数的99.7%。在此基础上，校党委研究制定《关于进一步加强基层党组织建设的若干意见》，进一步明确基层党组织建设的目标要求。先后举办两期教职工党支部书记轮训班，连同此前举办的三期，基本完成全校教职工党支部书记轮训任务。做好党员发展和教育管理工作，全年共发展党员1 568名，培训入党积极分子、预备党员近2 000人。做好创先争优活动总结工作，表彰一批先进集体和个人，其中，10个集体、11名个人获得卫生部、上海市和市教卫党委表彰。

二是加强干部队伍建设，着力提高素质能力。统筹做好基层班子换届和干部补充调整工作。全年共任免干部256人，其中提拔任用干部96人(正处级干部38人，副处级干部58人)；19个基层单位开展行政换届，12个基层单位开展党组织换届。严格执行选人用人工作制度。2012年，党委进一步完善选人用人工作制度和监督机制，制定《领导干部轮岗交流工作实施办法(试行)》、《党政领导干部任职前组织部听取纪委意见的办法(试行)》等文件，力求逐步形成一套科学、规范、有效的干部工作制度体系。在干部调整过程中，严格执行规章制度，常委会讨论决定干部议题采用票决制，正处级正职干部的任用实行校党委全委会票决制。2012年学校任用的44名正处级正职干部，全部实行校党委全委会票决制。积极探索公开竞争性选拔干部机制。2012年，进行两批6个岗位的公开选拔，拓宽干部选拔的渠道，调动干部的积极性，取得较好的成效。加强干部教育培训。党委制定《关于加强党校工作的若干意见》，提升党校办学规格，先后举办中层正职干部专题研讨班、中青年骨干教师研修班、青年干部培训班等班次。全年共299人参加党校培训，其中干部120人。注重实践锻炼。制定《选派干部赴校外挂职锻炼工作方案》，全年全校共计选派45名干部到国家部委、地方政府、大型企业、基层乡镇等地挂职。

三是加强师生思想政治工作，培育优良校园文化。开展青年教师思想政治工作调研，深入了解青年教师思想情况。加强精神文明建设和校园文化建设，深入开展志愿服务活动，将社会主义核心价值体系教育融入人才培养的全过程。推进实践育人工作，建设一批学生党员学习实践基地和挂职锻炼基地。广泛开展校园文体活动，加强心理健康教育。校党委研究制定《关于加强校园文化建设　促进学生全面发展的若干意见》，紧扣热点问题举办一系列主题教育活动，实现学生自我教育。加强和改进讲座管理，严明课堂教学纪律，营造良好学习环境。

四是加强党风廉政建设，创建和谐稳定校园。2012年，校党委制定《关于执行党风廉政建设责任制的实施细则》，督促干部切实履行“一岗双责”。召开加强党风廉政建设干部大会，强化反腐倡廉教育，倡导校园廉政文化氛围。制定《关于推进廉政风险防控机制建设的实施意见》，强化监督制约机制，督促和指导相关单位和部门完善一批内控制度。加强对招生录取、基建工程、物资采购、科研经费等重点领域和关键环节的监督检查。注重发挥学术组织、群众组织的监督作用。新一届教代会、工代会、妇代会换届工作正式启动。10月，学校接受教育部对贯彻落实“三重一大”决策制度和国家教育体制改革试点项目进展情况的专项检查，受到检查组的好评。

二、认真学习贯彻党的十八大精神，加快推进学校各项事业发展

一是抓好氛围营造。十八大召开前，党委中心组专题学习胡锦涛同志“7·23”重要讲话，为迎接十八大作好思想准备。开通复旦大学学习十八大精神专题网站，举办“辉煌十年”图片展，宣传十六大以来的伟大成就；开展“寄语十八大”、“中国道路”主题教育等活动，举办“解读中国”时政论坛，在师生中营造喜迎十八大的良好氛围。

二是抓好学习宣传。十八大闭幕后，校党委召开全校干部大会，传达会议精神。党委常委会讨论通过并下发《关于认真学习贯彻党的十八大精神的通知》及工作方案，对全校学习贯彻活动进行部署。举办3场专题报告会，开展全校党支部书记专题培训，组织多场座谈讨论会。针对不

同层次受众的特点，组建专家宣讲团、青年骨干教师宣讲团和博士生讲师团，面向校内外广泛开展十八大精神宣讲活动，截至2012年12月，已开展近60场宣讲活动，产生良好的社会反响。

三是抓好理论创新。校党委发挥学校学科综合的优势，组织专家、学者围绕中国特色社会主义道路、理论体系和制度，围绕五大布局建设和党的建设等专题，开展理论研究，举办“改革创造新格局”等系列理论研讨会，探讨重大理论和实践问题。十八大前后，复旦大学专家、学者向中央办公厅报送的18篇专报被摘用，其中1篇得到中央领导同志批示，受到充分肯定。

四是抓好贯彻落实。紧密结合学校实际，把贯彻十八大精神与落实“十二五”规划相结合，与抓好大走访大调研活动各项整改落实工作相结合，与服务国家战略和区域发展相结合，与加强基层党组织建设相结合，把十八大精神落实到行动上、落实到工作中。

三、针对大走访大调研活动中群众提出的意见和建议，大力推进大走访大调研活动整改落实，取得阶段性成果

一是着力抓好办学空间拓展。在明确校区功能定位的基础上，完成江湾校区建设规划的调整和枫林校区改扩建规划的制订工作，“十二五”期间两个校区预计将新增建筑面积30余万平方米。上海数学中心、化学楼、物理楼等计划2012年上半年启动建设的项目大部分已完成可研报告的编制。江湾校区生命科学大楼建设任务基本完成。枫林校区搬拆迁工作有序推进中。

二是着力抓好学科、平台和队伍建设。在广泛征求意见的基础上，修订完善《复旦大学“十二五”发展规划纲要》。学校围绕国家重大战略需求和学科发展前沿，积极谋划新的大平台建设。在推进“2011计划”方面，取得突出成果。在加强人文社会学科建设方面，学校制定《深入推进哲学社会科学繁荣发展实施方案》，以更高站位推进复旦发展研究院、国际问题研究院、马克思主义研究院建设，组建了中华文明国际研究中心、金砖国家研究中心等一批高水平研究机构。在加强理工医科建设方面，学校制订了“十二五”期间科技基地培育新建方案，积极培育新的国家级、省部级平台特别是国家重点实验室，力争2个实验室进入科技部新建指南。

三是着力抓好教育质量提升。为使通识教育理念渗透到本科教育的全过程，2012年7月，学校正式组建四年一贯制的本科生院，进一步完善书院体制机制建设。学校重组教学指导委员会，统筹从本科教育到研究生教育的全面指导任务。依托新获批的国家级教师教学发展示范中心，组织开展教学培训、教学研究和咨询评估等工作，帮助青年教师提升教学水平，促进教育教学方式的改革。

四是着力抓好体制机制改革。学校通过《关于深化医学教育管理体制改革的若干意见》，组建新的上海医学院。通过《关于校区管理体制改革的若干意见》，进一步理顺校区管理体制，确保校区正常运转和为师生提供高效便捷服务。初步形成《关于校院两级管理体制改革的若干意见(草案)》。继续推进《复旦大学章程》起草制定工作，在广泛听取意见的基础上，形成了章程的提纲和序言初稿。

五是着力抓好民生工作。多途径缓解青年教师住房困难，改革收入分配办法，提高教职工收入待遇。完成教学楼和学生公寓电力扩容改造，满足学生宿舍安装空调的需求，为师生员工安心工作学习生活创造了良好条件。

六是着力抓好机关职能梳理和干部作风转变。2012年上半年，学校按照“理顺职能、精简机构、加强统筹、提高效率”的原则，对机关机构设置进行了梳理和调整。调整前，校部机关共设机构42个；归并后，学校机关设置33个部门(含群众团体等)，比原来减少9个。下半年，机关部门重点开展了理清部门职责、规范科室设置、核定人员编制等工作，形成初步方案。机关各部门抓紧进行作风建设，优化服务流程，创新服务举措，努力为师生提供更好更优质的服务。

(甄炜旎)

纪检监察工作

【概况】 2012年，学校党委和纪检监察部门按照党的十七届七中全会、十八大和中央纪委十七届七次全会精神，围绕学校中心工作，结合实际，以构建惩治和预防腐败体系为目标，全面推进教育、制度、监督、改革、纠风、惩处等方面各项工作，加强监督检查，促进学校党风廉政建设和反腐败工作进一步取得实效。

开展宣传教育工作。协助党委召开学校加强党风廉政建设干部大会。9月，纪检监察部门对全校新任职处级领导干部开展廉政教育培训，对于重点部位、关键环节的新任职处级领导干部，举办专题廉政教育座谈会5场，共有46人参加。对于群众意见较为集中的党员干部，按照有关规定开展诫勉谈话，加强教育提醒。加强重点领域职工廉洁教育，继续推进基建项目与杨浦区人民检察院创“双优”活动。11月至12月，先后以不同的学习方式，组织召开联组学习会、纪委会、纪检监察干部学习报告会，学习贯彻“十八大”精神。结合廉政文化建设工作，组织协调学校廉政文化建设联席会议成员单位制定《复旦大学廉政文化建设联席会议制度》，并制定《复旦大学2012—2014年廉政文化建设实施方案》。

加强制度建设，强化制度的规范指导作用。协助党委制定《复旦大学2012年党风廉政建设工作要点》，制定《复旦大学2012年党风廉政建设工作实施方案》，明确年度党风廉政建设任务具体分工，落实责任。协助党委修订《复旦大学关于执行党风廉政建设责任制的实施细则》，并推动校内二级单位与职能部门建立责任制制度。协助党委制定《复旦大学关于推进廉政风险防控机制建设的实施意见》和《复旦大学关于推进廉政风险防控2012年工作方案》，在全校推进开展廉政风险防控工作。制定《复旦大学信息公开监督检查办法》，着力推进信息公开监督检查工作。制定《校纪委回复党委组织部听取干部任职前意见的基本方式》，推进规范干部选拔任用纪检监督的制度。推动学校制定《复旦大学基本建设项目管理办法》，加强基建领域管理工作制度建设。

加强监督检查，保证学校各项工作顺利进行并得以落实。加强招生、基建、物资采购等重点领域重点环节的监督。加强党风廉政建设责任制监督检查，对学校各单位建立健全党风廉政建设责任制情况与贯彻落实"三重一大"决策制度情况进行检查。以年度党风廉政建设责任制监督检查工作为抓手，推进学校党风廉政建设各项具体任务得以落实。

组织开展专项检查和整改工作。开展本科特殊类型招生监管、工程项目招投标监管、科研经费监管调研，并按照上级要求对部分领域进行检查；开展党务公开"回头看"、规范礼金礼券购物卡整改工作"回头看"专项检查。发挥组织协调作用，协助党委开展贯彻落实《关于实行党风廉政建设责任制的规定》和《中国共产党党员领导干部廉洁从政若干准则》两项法规专项检查整改工作；组织开展贯彻落实"三重一大"决策制度的自查工作，并接受教育部专项检查；11月，组织开展2012年度推进惩治和预防腐败体系建设自查工作。

礼品登记、上交工作顺利开展。全校党政领导干部主动登记和上交礼品、礼金总计130人、267人次，其中，上交现金或有价证券共计人民币426 930元，美元8 000元；登记物品172件，价值人民币66 682元。

加大办信查案工作力度。2012年共收到纪检信访举报184件，其中重复举报26件，故实际办理158件。其中：本级受理144件（含附属医院61件），上级机关交办或转办40件；实名举报65件，占总数的35.91%；办结178件，办结率为96.74%；实际办理案件中，经查属实、基本属实、部分属实共计16件，占总数的10.13%；初核12件，立案3件；函询2人，党纪处分4人。信访反映的问题主要涉及招生、领导干部廉洁自律、医德医风及贪污贿赂等方面。 （张　寒）

【接受教育部专项检查】 10月10日，以教育部人事司副司长和厦门大学教育研究院院长为组长的教育部检查组来校，就学校国家教育体制改革试点项目进展情况和"三重一大"决策制度执行情况进行专项检查。检查组通过查阅相关资料，召开座谈会，到教学、科研、管理一线考察等方式对学校有关情况做深入了解。

（张　寒）

【组织开展推进惩治和预防腐败体系建设自查工作】 认真贯彻落实驻教育部纪检组《关于开展教育系统惩治和预防腐败体系建设总结工作的通知》和《关于开展2012年度推进惩治和预防腐败体系建设自查工作的通知》要求，组织开展自查工作，并结合2008年至2012年工作总结，先后完成《复旦大学关于惩防体系建设工作总结报告》和《复旦大学关于开展2012年度推进惩治和预防腐败体系建设自查工作情况报告》。 （张　寒）

【推进廉政风险防控工作】 在2010年试点工作基础上，全面推进学校廉政风险防控机制建设。协助党委制定《复旦大学关于推进廉政风险防控机制建设的实施意见》和《复旦大学廉政风险防控2012年工作方案》，并在6月组织召开专门会议布置工作。截至年底，全校范围廉政风险防控工作共清理职权272项，确定重点部位和关键环节风险点197个，制定或完善内控制度116项，制定重点岗位和关键环节权力运行流程图29张。

（张　寒）

【完成对机关职能部门的重点检查工作】 在2010年与2011年工作基础上，截至2012年3月，纪检监察部门共分3批，完成一轮对全校42家机关职能部门领导干部执行党风廉政建设责任制情况的重点检查工作。

（刘婧婧）

组织工作

【概况】 2012年，学校党委和组织部门深入学习贯彻党的十八大精神，坚持围绕中心、服务大局，以基层组织建设年为契机，以制度建设为抓手，做好基层领导班子换届和干部补充调整、加强干部教育培训、健全创先争优长效机制、加强基层党组织建设等工作，求真务实、改革创新，为学校各项事业发展提供组织保证。

截至2012年底，全校共有中共党员19 100名，其中本专科生党员2 606名，研究生党员6 399名，在职教职工党员5 903名，离退休党员2 345名，因各种原因组织关系保留在学校的党员1 847名。全校共有二级党组织49个，其中党委32个，党总支13个，直属党支部4个；党支部721个（包括4个直属党支部），其中在职教工支部336个，离退休支部75个，学生支部306个，各类联合支部4个。

学校共有校级领导干部13名，其中：副部级3名，正局级1名，副局级9名；男11名，女2名；中共党员12名，党外1名；博士9名，硕士2名；正高级职称11名，副高级职称2名。共有中层干部419名，其中：副局级干部5名，正处级干部144名，副处级干部270名；男269名，女150名；中共党员354名，党外干部65名；少数民族干部9名；40岁以下干部87名；博士222名，硕士101名；正高级职称172名，副高级职称156名。聘任制干部8名。

*做好基层班子换届和干部补充调整工作。*2012年，党委共计任免干部256人，其中提拔任用干部96人（正处级38人，副处级58人），干部平级轮岗48人，重新任命56人（换届连任和机构调整职务自然变化），56人因到龄、换届等原因不再担任领导职务。19个单位开展行政换届工作，12个单位开展党委换届工作，6个岗位的干部人选采取校内公开竞争性选拔的方式产生。在干部工作中，校党委坚持德才兼备、以德为先的选人用

人导向，严格执行干部选任工作程序，拓宽干部选拔任用渠道，广泛听取广大教职工的意见和建议，努力提高选人用人的科学性、公信度。

加强干部教育培训工作。为进一步加强党员和干部教育培训工作，学校党委制定《关于加强党校工作的若干意见》(复委〔2012〕25 号)，并对党校机构设置进行调整。校党委党校校长由校党委书记兼任，校党委副书记和分管文科工作的副校长兼任党委党校副校长。党校设立校务委员会，全面领导党校工作。组建党委党校办公室，具体实施各项教育培训任务。12 月 10 日，党委党校校务委员会召开第一次全体会议，围绕贯彻落实《关于加强党校工作的若干意见》，加强党委党校基础建设，做好近阶段干部教育培训工作等进行研究讨论。党委党校举办中层正职干部“学习贯彻党的十八大精神，全面提高教育质量”专题研讨班、教职工党支部书记学习党的十八大精神专题培训、第 6 期中青年骨干教师研修班、第 15 期青年干部培训班。

加强干部挂职锻炼工作。为加快学校年轻干部培养，拓宽培养锻炼渠道，提升干部队伍能力素质，服务学校事业发展，2012 年学校党委研究通过《选派干部赴校外挂职锻炼工作方案》。方案明确学校选派干部赴校外挂职锻炼的工作原则、主要挂职项目、选派干部来源、选派办法、组织管理和组织保障，对进一步做好挂职锻炼工作提出要求。2012 年，学校选派各类校外挂职干部 45 人，其中援疆干部 11 人。选派驻外干部 1 人。

加强干部管理、监督和服务工作。在校党委领导下，党委组织部在前期对干部选拔任用工作制度集中梳理完善的基础上，继续对干部工作有关制度进行修订和完善，经党委常委会审定，正式印发《复旦大学领导干部轮岗交流工作实施办法(试行)》、《领导干部经济责任审计规定》、《党政领导干部任职前组织部听取纪委意见的办法(试行)》等文件，力求逐步形成一套科学规范有效的干部工作制度体系。继续加强与纪检监察和审计部门的沟通联系，认真落实领导干部诫勉谈话、述职述廉、任期经济责任审计和个人有关事项报告等工作制度。全年委托审计处进行领导干部经济责任审计 18 人次，经济责任履职情况自查 16 人。做好副处级以上领导干部个人有关事项报告工作，做好特定身份人员信息报送备案工作，集中保管其已申领的因私出国(境)证照。

深入学习贯彻十八大精神。党委组织部与宣传部、党委党校共同组织十八大精神的学习贯彻，将十八大精神作为全校各级党组织、党员干部学习的重要内容。加强对基层党组织的学习指导，为每位党支部书记配发十八大学习辅导资料，为每位党员配发新《党章》。2012 年 12 月，学校举办全校教职工党支部书记“学习党的十八大精神”专题培训，中层正职干部“学习贯彻党的十八大精神，全面提高教育质量”专题研讨班等，帮助全校党员干部、教职工党支部书记深刻领会和准确把握党的十八大精神，带动各级党组织深入开展学习十八大精神活动。

加强与改进基层党组织建设工作。2012 年是中央确定的基层组织建设年，党委组织部以此为抓手有效推进各项工作。在广泛调研，听取意见的基础上开展党支部建设情况调查摸底，针对教师、机关(后勤)、医院、学生、离退休等五类党支部的不同特点，分别制定《党支部调查摸底评分参考标准》，对全校 685 个支部进行调查摸底和分类定级，其中合格支部占总数 99.7%，663 个支部递交整改提高的计划方案，113 个党支部规范和完善支部设置。校党委研究制定《关于进一步加强基层党组织建设的若干意见》，进一步明确加强基层党组织建设的目标要求，着力从分党委(党总支)、党支部和党员队伍三个层面全面推进基层党建工作，通过落实基层党建工作责任制，形成齐抓共管、一级抓一级、层层抓落实的工作格局。党委组织部研究制定《党支部委员会换届工作程序(试行)》，下发《基层党支部组织生活指导性内容建议》，不断加强对基层党组织工作的指导。

加强和改进发展党员及党员教育管理工作。全年共发展党员 1 568 名，其中教职工 80 名。培训入党积极分子 1 529 名，其中二级党校 845 名。继续加强发展新党员和预备党员转正材料审核，做好新生党员和毕业生党员组织关系接转、党组织信息系统维护等常规工作。根据属地化管理原则，进一步理顺学院和创新平台、医学院和医院学生党员组织管理关系。36 名党员办理出国出境保留组织关系手续，23 名留学回国党员按照程序恢复组织生活。因违纪 1 人受到党内严重警告处分，1 人受到党内警告处分。

加强党支部书记和组织员队伍建设。2012 年学校举办 2 期教职工党支部书记轮训班，完成学校党委自 2010 年开始对全校教职工党支部书记进行分期分批轮训的任务，总计培训学员 176 名。另外，分 8 期选派 111 名医院教工党支部书记参加上海市卫生系统支部书记轮训班。针对新上岗的组织干事，组织开展为期三天的现场培训，重点对党员发展材料审核和党员信息系统维护等基础工作进行“一对一”辅导。学校党委在充分总结第一批特邀党建组织员工作经验的基础上，继续聘请第二批共 18 位离退休老党员担任 2012—2013 年度特邀党建组织员，协助基层党组织做好学生党建和发展党员工作。

(周双丽)

【创先争优活动总结与专项表彰】 6 月 28 日，学校党委举行庆祝中国共产党成立 91 周年暨创先争优活动表彰大会，总结创先争优活动成果，表彰在创先争优活动中表现突出的先进基层党组织和优秀共产党员，部署进一步加强基层党组织建设工作。校党委授予哲学学院教工第四党支部等 30 个党组织“复旦大学创先争优先进基层党组织”称号，授予邵强进等 19 位同志“复旦大学‘创先争优 · 教书育人’优秀共产党员”称号，授予陈欣等 14 位同志“复旦大学‘创先争优 · 管理服务’优秀共产党员”称号，授予姜林娣等 9 位同志“复旦大学‘创先争优 · 医德医风’优秀共产党员”称号，授予沈闯等 14 位同志“复旦大学‘创先争优·成长成才’优秀共产党员”称号，授予潘玲娣等5位同志“复旦大学‘创先争优·老有所为’优秀共产党员”称号。上级党组织表彰一批创先争优先进基层党组织和优秀共产党员。复旦大学附属中山医院护理党支部荣获“上海市创先争优先进基层党组织”称号，管理学院信息管理与信息系统系党支部等8个基层党组织荣获“上海市教卫党委系统创先争优先进基层党组织”称号，钟扬等9位同志荣获“上海市教卫党委系统创先争优优秀共产党员”称号。各校内媒体和宣传橱窗等对先进集体和个人的主要事迹进行展示，在全校营造出学习先进、崇尚先进、争当先进的良好氛围。（周双丽）

【开展基层党建特色项目申报】 2012年党委组织部继续推进基层党建创新工作，开展基层党建特色项目申报，以健全党支部创先争优长效机制为主题，面向全校基层党支部进行申报，并评选出12个优秀组织生活案例向市教卫工作党委进行推荐，最终外文学院2010级本科生党支部“为‘星星的孩子’撑起一片天空”、国际关系与公共事务学院2010级本科生党支部“选好载体、师生互动，提升《信仰》学习效果”、新闻学院硕士生党支部“‘新’媒体，‘心’建设”、肿瘤医院行政党支部“致知‘微讲堂’，智慧齐分享”、妇产科院机关党支部“‘爱心地图’，心系患者”、信息科学与工程学院院部教职工党支部“彩云之南，圆梦镇沅”等6个组织生活案例入选上海市教卫党委系统2012年度最佳组织生活案例；社会发展与公共政策学院2011级研究生党支部“我们在路上，红色在心间——暨‘寻访老上海人文徒步之旅’”，中山医院分部护理党支部“引入‘品管圈’，提升党支部建设科学化水平”2个案例入选上海市教卫党委系统2012年度优秀组织生活案例。（周双丽）

【完成迎接中组部选人用人专项检查工作】 根据中央组织部的统一部署，6月中组部派出若干检查组，对15所中管高校选人用人工作进行集中检查。6月14日、15日，以陕西省人大常委会副主任张迈曾为组长的中组部检查组赴复旦大学就选人用人工作开展专项检查。学校认真做好各项迎检工作，按要求整理提供近两年新提拔任用干部民主推荐、组织考察、讨论决定等材料，做好民主评议大会、个别谈话、档案和材料抽检等工作安排，检查工作顺利完成。（周双丽）

【完成上海市第十次党代会代表选举、上海市第十四届人大代表候选人推荐工作】 根据上级党组织的要求，复旦大学认真做好上海市第十次党代会代表候选人推荐和选举工作。4月12日，学校召开党代表会议，以无记名投票方式进行差额选举。朱之文、黄丽华（女）、樊嘉等3位同志当选复旦大学出席上海市第十次党代表大会的代表。党委组织部按照市委要求，组织动员全校基层党支部开展“向市第十次党代表大会建言献策”为主题的专题组织生活。10月，组织开展上海市第十四届人大代表候选人初步人选推荐工作，学校推荐及市委提名的丁强、王文平、孙晓雷、杨玉良、杨新、陈建安、陈晓漫、钱菊英（女）、徐从剑（按姓氏笔画为序）等9名候选人全部通过各区县选举，顺利当选。（周双丽）

附　录

复旦大学党委下属二级党组织一览表（排序不分先后）

分党委（32个）	材料科学系党委	护理学院党总支
中国语言文学系党委	高分子科学系党委	社会科学基础部党总支
外国语言文学学院党委	上海医学院党委	现代物理研究所党总支
新闻学院党委	公共卫生学院党委	先进材料实验室党总支
历史学系党委	药学院党委	放射医学研究所党总支
法学院党委	附属中山医院党委	国际文化交流学院党总支
哲学学院党委	附属华山医院党委	继续教育学院党总支
经济学院党委	附属肿瘤医院党委	图书馆党总支
国际关系与公共事务学院党委	附属妇产科医院党委	出版社党总支
管理学院党委	附属儿科医院党委	复旦资产经营有限公司党总支
社会发展与公共政策学院党委	附属眼耳鼻喉科医院党委	邯郸校区老干部党总支
数学科学学院党委	附属中学党委	枫林校区老干部党总支
物理学系党委	复华公司党委	
化学系党委	机关党委	直属党支部（4个）
生命科学学院党委	后勤党委	体育教学部党支部
信息科学与工程学院党委		实验动物科学部党支部
计算机科学技术学院党委	党总支（13个）	生物医学研究院党支部
环境科学与工程系党委	力学与工程科学系党总支	脑科学研究院党支部

（党委组织部供稿）

宣传工作

【概况】 2012年,学校党委以邓小平理论、"三个代表"重要思想、科学发展观为指导,以党的十八大为契机,围绕学校各项中心任务,不断深化理论学习、舆论宣传、文明创建、文化建设等各项工作。

扎实推进学习宣传贯彻党的十八大精神等中心工作。组织全校师生集体收看十八大开幕式直播,组织召开全校学习贯彻党的十八大精神传达大会和党的十八大精神专题辅导报告会,承办教育部全国高校宣传部长学习贯彻党的十八大精神研讨培训班,参与上海市教育系统学习宣传贯彻落实党的十八大精神主题系列活动并主办其中多项活动内容,开通"学习贯彻党的十八大精神"专题网站。组织成立复旦大学党的十八大精神宣讲团,开展宣讲活动60余场。举办学习党的十八大精神专家座谈会、举办"改革创造新格局"等系列理论研讨会,十八大前后,复旦专家向中共中央办公厅报送专报18篇被摘用,其中1篇得到中央领导同志批示。以马克思主义研究院为平台,围绕党的十八大精神,采访相关专家、学者90人次,并多次报送相关成果至市委宣传部和市教卫党委等主管部门。举办"中国道路"主题系列活动,围绕十八大精神,与上海市"东方讲坛"合作举办10场"高端系列"辅导讲座,制作出版并发行"解读中国——复旦大学时政讲坛"光盘(第二辑)。

加强教职工思想政治教育和理论阵地建设。以社会主义核心价值体系教育为重点,积极参与学校关于青年教师思想政治工作的调研,深入院系访谈并撰写调研报告;继续以"三为"(为人、为学、为师)教育为重点,不断加强师德师风和医德医风建设;做好校级、二级党委中心组理论学习资料的编发工作,全年共编发9期《中心组学习参考》;以制定《复旦大学关于举办形势报告会和哲学社会科学报告会、研讨会、讲座、论坛管理办法》为契机,不断探索有效途径与方法,切实加强思想文化阵地建设;参与上海市教育系统普法宣传活动。与重庆出版集团合作启动"中国特色社会主义五大建设丛书",鼓励知名学者撰写理论普及读本。

全方位开展校内外宣传。截至12月11日,全年新闻条数(百度新闻搜索)超过30.5万条,比上年增长36.2%。整版报道近440篇,头版报道近180篇,比上年有较大增长。全年对复旦大学在学习宣传贯彻党的十八大精神等重大专题的报道较为充分,媒体覆盖面、报道深度、持续时间和版面大小及位置有较大提高。完成"上海论坛2012"、复旦管理学奖励基金会颁奖、四年书院制与本科教学改革、5个协同创新中心培育建设(脑功能重塑、金砖国家合作与全球治理、通用高分子材料高性能化、遗传学、新型自旋器件及其应用)等重大活动的外宣工作。深化《人民日报》社与复旦大学的战略合作,推动与凤凰卫视、CCTV财经频道等电视媒体和新浪网等网络媒体的深度合作;与CCTV新闻频道、《瞭望东方周刊》、《21世纪经济报道》等主流媒体积极接洽,拓宽学校新闻稿件的刊发渠道。着重加强对专家学者的综合性宣传服务,努力推动媒体专家库建设。2012年校刊《复旦》共出版38期,其中以增版等形式出版以学习"十八大"为主题的专版14个。校广播台工作不断深化,培养一批优秀的学生广播员。

着力做好文明创建工作。根据市教委系统文明办和上海市文明办的相关要求,继续做好2011年度和2012年度复旦大学文明在线(和谐校园)创建工作;发布《2011年度复旦大学社会责任报告》;完成2011—2012年度第16届上海市文明单位评比相关工作;加入沪上首家文明单位区域联盟——杨浦区域文明单位同创共建联盟,并担任首届轮值主席单位,履行相关职责,进一步加强与杨浦区的共建共享;成立上海市大学生城市文明市民巡访团复旦分团,做好相关工作。复旦大学计划生育工作全年平稳顺利推进。

拓展大学文化育人功能。出台《复旦大学文化建设三年行动计划》,举行复旦大学中凯文化建设基金捐赠签约仪式,完成文化建设基金二期515万元的捐赠工作,实施项目负责人财务透明承诺制度,推动信息学院、华山医院等10家单位负责的文化建设项目结项;组织开展2009—2011年度复旦大学基层单位文化特色项目评选活动;完成树立苏步青老校长铜像和修缮陈望道故居的专项调研工作;参与《陈望道诞辰120周年纪念文集》的编纂等多项工作;完成"复旦大学文化地图"、"文化日历"的制作工作。完成"感念师恩·传承师道——老师讲老师的故事"等多个2012年度上海高校校园文化立项项目;承办"上海市高校博物馆一课"、"大学大楼大师——上海高校老建筑的故事"等多项文化活动;推进高雅艺术进校园、上海国际艺术节校园行等相关活动,举行"京昆教育与大学文化——全国高校京昆艺术教育论坛",推进博物馆基地、合唱艺术基地等文化品牌建设。进一步推进《杨西光与复旦大学》(文集)、《复旦大学校史资料汇编(1949—1952)》、《复旦大学经济史料汇编》等校史课题研究,编发校史通讯8期,校史馆接待参观人数达2.7万余人次,承担全国高校校史学会秘书处职责,负责秘书处日常工作。发起成立五角场文化联盟并担任常务理事单位。

深化廉政文化和廉洁教育工作。配合校纪委,进一步推进完善廉政文化建设联席会议制度,联席会议成员单位增至12家,涵盖文理医三大类,召开联席会议2次;制定《复旦大学2012年廉政文化建设工作要点》和《复旦大学2012—2014年廉政文化建设实施方案》;组织协调全校廉政文化建设相关活动,积极推进群众性的廉政文化品牌创建活动,承办市教卫党委、市教委主办的上海市高校廉政文化作品大赛,推荐作品参加全国高校廉政文化作品大赛并获一等奖。

推进校园网络文化建设。完成复旦大学新版站群一期建设,继续围绕校园网主页、新闻文化网及相关新建平台进行网络记录、编辑和整理工作，全年修订上述网页1 210余页，发布新闻2 578条，发布日历(讲座等文化活动)1 051条，录制视频154场，组织学术会议网络直播9场，部署《人民日报》电子阅报栏70余台。编写《复旦网络舆情扫描》(手机报)152期，报送网络舆情专报32份，完成上海市教卫党委《First Digger 新媒体报》及教育部《大学生使用外语网站情况研究》等项目并形成专题报告。继续围绕新浪微博、腾讯微博、人人网、twitter、facebook(英文撰写，主要内容为对外招生宣传等)等新媒体平台展开信息推送服务，全年度发布微博1 820余条，学校新浪微博粉丝数达到31.6万人，人人网公共主页好友数达到5万人，继续在全国高校中领先。

强化宣传干部队伍建设。坚持部长办公会、部长碰头会、部内全体人员会议、党员组织生活会制度，畅通沟通渠道，推进政务公开，加强学习型党组织建设；构建系统性、长效性培训机制，全年共举办全校宣传干部工作会议4次。（甫　轩）

【承办全国高校宣传部长学习贯彻党的十八大精神研讨培训班】 由教育部思政司举办的全国高校宣传部长学习贯彻党的十八大精神研讨培训班11月28日在复旦大学开幕。复旦大学党委书记朱之文、教育部思政司司长冯刚、上海市教卫党委副书记高德毅出席开幕式并致辞。90余所教育部直属高校、其他部委属高校的近百位宣传部长、宣传系统负责同志参加培训班。教育部思政司副司长王光彦、校党委副书记陈立民出席相关活动。中央党史研究室副主任李忠杰，上海市委党校教授袁秉达，《中国震撼》作者、复旦大学十八大精神专家宣讲团成员、特聘教授张维为分别做十八大精神专题学习辅导报告。11月29日，培训班组织与会代表前往嘉兴参加中共一大会址现场教学活动。（甫　轩）

【承办上海教育系统学习宣传贯彻落实党的十八大精神系列主题活动】 11月20日下午，上海教育系统学习宣传贯彻落实党的十八大精神系列主题活动启动仪式暨党的十八大精神宣讲首讲活动在复旦大学举行。校党委书记朱之文，上海市教卫工作党委书记、市教委主任薛明扬，市教卫工作党委秘书长谢一龙，校党委副书记陈立民、副校长林尚立，市教卫工作党委副秘书长曹荣瑞，上海教育系统3位党的十八大代表包涵、何敏娟和洪汉英出席启动仪式。全市教育系统各单位负责人、大中小幼教师代表和党员学生代表400余人参加活动。复旦大学副校长、国际关系与公共事务学院教授林尚立作专题报告。学校承办“百名学生采访百名十八大代表、学习宣传十八大精神文化志愿者‘进社区、进郊区、进营区’”等主题活动。（甫　轩）

【组建复旦大学党的十八大精神宣讲团】 11月8日，复旦大学党的十八大精神宣讲团成立，来自学校各学科的18位知名学者担任宣讲团团员，为学校各院系、单位和校外部分重点单位以及兄弟高校提供十八大精神宣讲服务。11月19日，党的十八大精神专家座谈会暨复旦大学党的十八大精神宣讲团首次集体备课会在逸夫科技楼举行。宣讲团团长、校党委书记朱之文和校长杨玉良出席座谈会，并为宣讲团团员颁发聘书。宣讲团深入到校内院系、附属医院以及其他大专院校、区县教育局和企业等单位，开展宣讲活动60余场，其中博士生讲师团创造性地开展“微讲座、基层行”系列宣讲活动，深入45个居民区、部队营区和周边商区以及科创园区进行“五区联动”式宣讲。（甫　轩）

【举办《人民日报》校园行系列活动】 4月26日，“《人民日报》校园行系列活动——复旦之行”在复旦大学举行，现场签署《人民日报》社与复旦大学合作协议。根据协议，《人民日报》与复旦大学将在服务国家战略、党报人才培养、《人民日报》扎根校园、新闻学科发展、展示大学形象等方面开展长期、深度的交流合作。会上，《人民日报》社社长张研农作主题演讲，中共上海市委常委、宣传部部长、校新闻学院院务委员会主任杨振武，校党委书记朱之文致辞，校长杨玉良为《人民日报》副总编谢国明校友颁发兼职教授聘书，来自《人民日报》社的30余位新闻工作者与复旦师生交流互动。当天还为首批进入复旦校园和杨浦区的《人民日报》多媒体电子阅报栏举行揭幕仪式，“《人民日报》校园行”展览也在光华楼正式展出。11月29日，《人民日报》以及上海分社等部门负责人，与复旦大学120多名中青年学术骨干，共同举办以“思想引领与理性传播”为主题的座谈会，形成“人民日报社—复旦大学”的作者队伍。（甫　轩）

【承办上海市廉政文化作品大赛】 6月—8月，学校承办由中共上海市教育卫生工作委员会、上海市教育委员会联合主办的上海市高校廉政文化作品大赛，共收到上海各高校报送的廉政文化作品近百件，经严格评审共评选出17件优秀作品，并推送至参加全国廉政文化作品大赛。9月下旬，复旦大学作品《复旦英烈清廉故事漫画》获评全国高校廉政文化作品大赛一等奖(书画摄影类)。（甫　轩）

附　录

2012年度校园十大新闻

（一般以新闻事件发生先后为序）

一、提升原始创新能级，服务国家与上海

2月14日，在2011年度国家科学技术奖励大会上，复旦大学“大分子自组装的新路线及其运用”、“极化电磁散射传输与空间微波遥感对地观测信息理论”项目分获国家自然科学二等奖，“新型可降解涂层冠脉药物洗脱支架的研制”项目获国家技术发明二等奖。

今年，学校面向国家重大需求，着力提升原始创新能级，先后在碳纤维研究和产业化、FDP系列可编程系统芯片、新型太阳能纤维电池、光纤振动传感技术等方面取得了一系列突破性成果，展现了复旦大学重大项目协同创新、基础研究产业应用规模化的实力。

二、推广“代表作”评审机制

4月，学校在两年试点的基础

上，拟将高级职务聘任制中的优秀人才“代表作”机制从文科院系推广到全校各院系。“代表作”机制的核心是“由同行主导的学术评估”，学校将进一步完善评审机制，特别是加强评审专家库的建设与选择，确保“代表作”评审制度实施的公平、公正，更加科学合理地评价教师的学术水平。

三、上海数学中心揭牌奠基

5月13日，上海数学中心揭牌暨奠基仪式在复旦大学江湾校区举行。上海数学中心依托复旦建设，将围绕纯粹数学和数学与其他学科交叉领域中的重要前沿课题开展深入研究，立足上海，辐射全国，联动发展，以建设一个在国际上有重要学术影响的数学科学研究中心、数学技术创新中心、数学人才培养中心和国际学术交流中心为目标。

此外，今年学校还先后启动了脑功能重塑协同创新中心、通用高分子材料协同创新中心、金砖国家合作与全球治理协同创新中心、遗传学协同创新中心、新型自旋器件及应用协同创新中心和代谢性疾病协同创新中心的培育。

四、成功举办多项高层次国际学术会议，提升学校国际影响力

6月22日，由复旦大学承办的第十四届国际病毒性肝炎和肝病大会成功举办，该会议是肝炎和肝病防治领域最高层次国际学术会议首次在发展中国家举办。复旦参与主办的第三届国际物联网学术大会也于10月24—26日成功举行，该会议是国际物联网学术界最高端学术会议首次登陆中国。今年学校成功举办的高层次国际学术会议还有上海论坛2012、2012复旦发展论坛等。

此外，作为贯彻中华文化研究“请进来”和“走出去”战略的一项重要举措，学校于3月9日成立中华文明国际研究中心，积极推进国际汉学及中华文明相关研究的发展。

五、谷超豪逝世

6月24日，中国共产党优秀党员，中国民主同盟优秀盟员，第八、第九届全国政协常委，著名数学家、教育家，国家最高科学技术奖获得者，中国科学院院士，复旦大学数学研究所名誉所长、数学科学学院教授谷超豪同志逝世。6月28日，各界人士沉痛送别谷先生，胡锦涛等九常委表示深切哀悼，俞正声、韩正等到现场送行。

复旦大学资深特聘教授朱维铮、首席教授金重远，原副校长严绍宗教授分别于3月10日、6月7日和10月31日不幸逝世。

今年还是苏步青先生诞辰110周年、颜福庆先生诞辰130周年，学校分别举行系列活动以资纪念。

六、深入推进本科教育改革，组建本科生院

学校继续深入推进本科教育改革，于7月正式组建新复旦学院（本科生院），原复旦学院、教务处、本科生招办、现代教育技术中心和学生教材中心职能整合，机构并入，并从9月起全面启动本科生住宿书院建设。近年来，学校本科教育质量稳步提升，据11月1日发布的《复旦大学2011年本科教学质量报告》，2011年学校生均课程数、本科留学生比例、毕业生综合评价等多项数据均在国内高校中处于领先地位。

七、拓宽校省、校媒、校企合作新渠道

8月10日，复旦大学与福建省政府签订战略合作协议，双方将在人才培养、决策咨询、科技创新、医疗卫生和生态环境保护与开发利用等方面加强合作。这是学校首次与省级人民政府签订合作协议。10月18日，复旦大学又与甘肃省政府签署战略合作协议，双方将在教育、科技等重点领域实现高层次校省互动。

校媒合作方面，4月26日，复旦大学与《人民日报》社签署全面合作协议，双方将在服务国家战略、党报人才培养、《人民日报》扎根校园、新闻学科发展、展示大学形象等5个方面开展深度合作。

此外，学校还先后与中航集团、金川集团等开展各种形式的深入合作。

八、深入学习党的十八大精神

11月8—14日，党的十八大在北京胜利召开，复旦师生以各种方式深入学习党的十八大精神。除集体收看、收听党的十八大开幕式外，学校还安排出席、列席党的十八大代表传达会议精神，并邀请中共中央党校原副校长李君如教授来校做党的十八大精神专题辅导报告。同时，思政课教学积极推进党的十八大精神“进教材、进课堂、进头脑”工作，各院系、各部处、各单位也结合自身实际，开展形式多样、各具特色的学习活动。

为了更好地宣讲党的十八大精神，学校成立复旦大学党的十八大精神宣讲团、博士生讲师团，为校内外基层单位提供宣讲服务。宣讲团成员认真备课，积极宣讲，自11月下旬以来共作报告30多场，尤其是11月27日在四校区同时举行6场党的十八大精神宣讲形势政策报告，反响热烈。

九、上海医学院庆祝创建85周年

11月18日，复旦大学上海医学院举行庆祝创建85周年庆祝大会，并举办第四届西湖论坛、上医文化传承与克卿书院建设暨颜福庆先生诞辰130周年研讨会、院士与学子面对面等系列学术活动以示庆祝。

今年，物理学系建系60周年、附属眼耳鼻喉科医院建院60周年、附属华山医院神经外科创建60周年、附属肿瘤医院建院80周年、经济学系建系90周年、放射医学研究所建所50周年、附属儿科医院建院60周年。

十、人文社科研究继续保持优势地位

12月25日，上海市第九届邓小平理论研究和宣传优秀成果、第十一届哲学社会科学优秀成果颁奖，复旦大学共获邓小平理论研究和宣传优秀成果奖16项，哲学社会科学优秀成果奖79项，继续以显著优势保持上海第一。今年的3项学术贡献奖全部花落复旦，为王水照教授、陈其人教授和洪远朋教授获得。

此外，今年学校有16项课题获国家社科基金重大项目立项，蝉联全国第一。

2012年复旦大学举办展览展示一览表

日　期	主　办　单　位	展　览　主　题
3月	妇委会	夫妻携手共进,同创美好家园 上海市、教育系统、校级各类先进荣誉称号获得者事迹展览
4月	图书馆	读者第一　服务争优 ——图书馆服务推广
4月	体育教学部	复旦大学体育文化节之学生体育活动展示
5月	生命科学学院	全国大型科普活动——国际植物日 Fascination of Plants Day 植物科学与人类生活
5月	学生服务联合体勤工助学中心	光风云帆自立路　华星霁月复旦情 光华自立奖——二十五届历程展
5月	物理系	甲子破浪筑精彩　而今乘风创辉煌 复旦大学物理系建系60年(1952—2012)
6月	档案馆	复旦印象
6月	党委宣传部	星迹宛然　星光恒久　深切缅怀谷超豪先生
6月	党委学工部	绚丽青春·努力前程 ——复旦大学2012届本(专)科毕业生“我心目中的好老师”及“毕业生之星”风采展
7月	党委组织部	为党旗增辉 创先争优先进基层党组织、优秀共产党员风采
8月	退休管理委员会	诗书画影抒情怀　喜迎党的十八大 ——2012年复旦大学退休教职工摄影书画展
9月	武装部	军旗下的青春 ——2011级本科生军训掠影
9月	党委宣传部	文章道德仰高风 ——纪念苏步青先生110周年诞辰
9月	党委宣传部	迎接中国共产党第十八次全国代表大会图片联展(一)
10月	党委宣传部	迎接中国共产党第十八次全国代表大会图片联展(二)
10月	放射医学研究所	庆祝复旦大学放射医学研究所建所50周年图片展
10月	信息科学与工程学院	春华秋实　耕耘不辍 复旦大学信息科学与工程学院工程硕士教育
11月	党委宣传部	科学发展　成就辉煌 迎接中国共产党第十八次全国代表大会图片联展(三)
12月	党委宣传部	坚持中国特色社会主义方向鉴定道路自信、理论自信、制度自信 ——复旦大学学习宣传贯彻党的十八大精神活动剪影

2012年东方讲坛复旦大学举办点讲座一览表

日　期	演　讲　题　目	主　讲　人
10月30日	中华文明的根柢	姜义华(复旦大学教授)
11月6日	中国人口与社会发展	彭希哲(复旦大学教授)
11月8日	中国的和平崛起与大国外交	沈丁立(复旦大学教授)
11月13日	中国医改的必由之路	郝　模(复旦大学教授)
11月14日	中国经济发展的路径：过去与未来	石　磊(复旦大学教授)
11月22日	中国的大飞机之路	肖　云(上海飞机制造有限公司党委书记)
11月下旬	适应性生存与可持续发展	钟　扬(复旦大学教授)

2012年复旦大学党委中心组学习一览表

日 期	学 习 主 题	学 习 形 式
3月30日	当前亚太与西亚/北非形势和我国外交	复旦大学国际问题研究院教授沈丁立、杜幼康作辅导报告，党委中心组扩大学习
6月26日	学习上海市第十次党代会精神	中共上海市委副秘书长、市委研究室主任王战作辅导报告，党委中心组扩大学习
9月27日	钓鱼岛问题与中日关系	外交部原副部长、中国驻日本原大使、复旦大学特聘研究员徐敦信作辅导报告，党委中心组扩大学习
10月16日	学习胡锦涛总书记7·23重要讲话精神	复旦大学副校长林尚立作辅导报告，党委中心组集体学习讨论

（党委宣传部供稿）

统 战 工 作

统战工作

【概况】 2012年，校党委统战部以贯彻中央4号文件为契机，以深入学习贯彻落实党的“十八大”精神为抓手，引导和帮助全校各民主党派和群众团体积极开展“同心同行”主题教育实践活动，鼓励并支持全校统战人士积极建言献策、服务社会。2012年度，顺利完成上海市及全国政协委员协商提名推荐工作和部分群众团体换届工作，并在党外后备干部工作、无党派人士工作、参事室文史馆工作、理论研究及部门建设等其他方面开展一系列凝心聚力的工作，为实现学校和谐跨越发展做出贡献。

贯彻中央4号文件精神，是2012年度重点工作。在校党委的统一部署下，3月，统战部制定《关于党外后备干部集中调整工作的实施方案》，在相当范围内开展推荐提名工作，并对其中70余名进行重点考察，报党委审核后，确认进入组织部及其统战部后备干部人才库的名单人选。

协助并指导各民主党派和群众团体开展同心同行教育活动，加强自身建设。在思想建设上，6月21—22日，举行民主党派主要负责人工作交流会；9月26日，召开校各民主党派大委、分委主委联席（扩大）会议，专题研讨民主党派自身建设问题。10月23日，与宣传部、外联处联合举行“辛亥后裔　爱国抒怀”为主题的励志论坛活动；12月12日，组织召开党外人士“十八大”精神学习报告会；11月，征集并报送教卫党委我校部分党外代表人士“十八大”学习体会；12月19日，在校报《复旦》上刊载复旦大学各民主党派主委和部分群众团体负责人学习“十八大”专版。在组织建设上，针对换届后的党派团体骨干，12月4日，在学校党校总体培训框架下，举办党外中青年骨干培训班。举办各党派分委正副主委培训班、党派宣传干部及秘书培训班。

协助校民族和宗教工作领导小组做好民族宗教工作。3月，指导开展“民族和宗教法制宣传周”活动；5月5日，举行民族联嘉定一日游活动；7月4日，举行校民族联第五届会员代表大会，协商产生复旦大学少数民族联合会第五届委员会。10月16日，举行少数民族师生“1+1”第二期结对助学活动，参与学生人数14名。继续协助学工部、研工部、总务处等部门开展部分少数民族学生的开斋节等庆祝联欢活动。全年联系校外统战系统资助学校少数民族贫困生30余名，资助总金额人民币13万多元。

协助侨联抓好自身建设，做好全校归侨侨眷工作。1月7日，侨联青委会承办“亲情中华　魅力国学”——中华传统文化项目推广活动；9月，校侨务办公室被评为上海市侨务工作先进集体，校侨办邱兰芳被评为上海市侨务工作先进个人；10月19日，许政敏当选徐汇区侨联第七届常委；11月1日，侨联第四届会员代表大会举行，选举产生复旦大学归国华侨联合会第四届委员会。12月1日，举办侨联三级干部培训班。全年认定新归侨8人。

做好港澳台工作。1月，举办校台胞台属新春联谊活动。6月，组织学校部分港澳台大学生参加第八届“爱我中华”在沪港澳台大学生夏令营活动。9月24日，召开台联会换届会议暨中秋座谈会，协商产生复旦大学台胞台属联谊会第二届委员会。

协助欧美同学会复旦分会开展活动。5月10日，召开欧美同学会复旦分会换届会议，协商产生第五届理事会，并成立文、理、医三个专门委员会；11月7日，组织举办欧美同学会复旦分会新理事培训会议。11月18日，医药卫生专委会组织赴杭州义诊。12月，组织会员参加市欧美同学会2012年会，并分别组织各专委会新春联谊活动。推荐2人加入宝山区欧美同学会组织。

以党外中青年知识分子联谊会为载体，做好无党派人士工作。6月13日，与欧美同学会联合举办信息化服务讲座。全年新认定无党派代表人士2人。

协助做好参事室文史馆工作。10月24日，周振鹤、葛兆光、吴景平3人新聘为上海市文史馆馆员，葛兆光作为新馆员代表发言。

协助各级人大、政协做好我校人大代表、政协委员工作。本年度，顺利完成全国及上海市人大代表和政协委员换届工作。3月，做好全国驻沪人大代表、政协委员往返接送工作,并举行"两会"精神传达大会。10月12日,全国政协委员葛剑雄、孙南申的提案分别被评为十一届全国政协优秀提案。12月4日,举行政协委员集体谈话会。

做好中国统一战线理论研究会统战基础理论上海研究基地(统战基础理论上海研究基地)工作。全年承担中央统战部全国统战理论研究重点课题2项,召开学术研讨会1次,设立多个研究基地课题研究小组,编辑出版《统一战线理论与实践前沿:2012》,建设并维护"统一战线与国家建设"网页,编辑并改版发行《统战研究文摘》,举办12次统战理论研讨沙龙,编撰《沪迅》简(专)报8期,与市委统战部联合举办第七届上海市统战系统领导干部理论培训班,与市侨办联合承办2期华侨华人中青年社团领袖培训班。继续加强与杨浦区、浦东新区等区县统战部的合作,加强研究基地资料室建设。

加强部门自身建设,提升部门的科学化水平。结合学校统一部署,进一步梳理和完善部门职能和工作分工,强调协作意识。结合后备干部的调整与政治安排工作,进一步转变作风,深入基层,先后走访与晤谈四分之三院系(医院)单位,保持部门多年常下院系的传统。12月26日,与杨浦区委统战部举行联组学习会。全年在相关报纸、网页上刊发各类信息数百条。

继续做好慰问工作。1月,举办统战系统老同志迎春茶话会,全年以走访、团拜等各种形式慰问各类统战代表人士300余人次。 (余　伟)

【举行贯彻落实中央4号文件精神专题学习会】 9月26日,举行贯彻落实中央《关于加强新形势下党外代表人士队伍建设的意见》精神专题学习会。校党委副书记王小林主持会议,并传达文件的主要精神。校党委书记朱之文回顾学校统一战线优良传统,指出加强党外代表人士队伍建设是统一战线工作的核心任务,也是复旦大学建设世界一流大学的重要保证,强调要充分认识文件具有的"里程碑"和"纲领性"意义,着力抓紧发现和储备中青年党外代表人士,加强党外代表人士的理论培训和实践锻炼,更加充分地发挥党外代表人士的作用。各分党委、总(直)支书记、各单位统战委员、各有关部处主要负责人、各民主党派、人民团体校级、分校区委员会主委近70人参会。

(余　伟)

附　录

复旦大学当选全国和上海市、区人大代表名录

一、第十一届全国人大(2008年3月5日)

代　　表:秦绍德　马　兰(女)

二、上海市第十三届人大(2008年1月24日)

常委会副主任:蔡达峰

常　　委:贺鹤勇

代　　表:陈晓漫　顾玉东　丁光宏　吴景平　王文平　徐丛剑　叶　纹(女)　董慧琴(女)

三、区人大

1. 上海市杨浦区第十五届人大(2012年1月9日)

常　　委:许　征(女)　臧志军

代　　表:冯　艾(女)　李秋明　孙晓屏(女)　陈思和　周鲁卫　曾凡越(学生)　王　昕(学生)

2. 上海市徐汇区第十五届人大(2012年1月4日)

常　　委:王小林

代　　表:吴　炅　胡　雁(女)　桂永浩　樊　嘉

3. 上海市静安区第十五届人大(2012年1月5日)

代　　表:丁　强

4. 上海市黄浦区第一届人大(2011年10月10日)

代　　表:邬惊雷

5. 上海市长宁区第十五届人大(2012年1月8日)

代　　表:崔彩梅(女)

6. 上海市闵行区第五届人大(2012年1月7日)

代　　表:黄国英

复旦大学担任全国和上海市、区政协委员名录

一、第十一届全国政协(2008年3月3日)

常　　委:左焕琛(女)　蔡达峰　葛剑雄

委　　员:孙南申　杨雄里　葛均波　周良辅　熊思东　郑　珊(女)　王安忆(女)

二、上海市第十一届政协(2008年1月23日)

常　　委:林尚立　吕　元　吴　毅　祝墡珠(女)　梁　鸿　黄峰平

委　　员:金　力　徐建光　姜波克　臧志军　贺　林　朱同玉　周　梁　陈建安　郭坤宇　王祥荣　龚新高　左　伋　金国新　邹云增　顾晓鸣　卢丽安(女)　徐以骅(2011年12月增补)

三、区政协

1. 上海市杨浦区第十三届政协(2012年1月4日)

常　　委:谢　毅　应质峰(女)　葛宏波

副秘书长:李双龙

委　　员:戴晓芙(女)　马　涛　宓　詠　任琳芳(女)　李　斌(女)　孙向晨　吴晓晖　赵立行　许晓茵(女)　司徒琪蕙(女)

2. 上海市徐汇区第十三届政协(2012年1月3日)

常　　委:钱　序(女)　邵志敏

委　　员：潘　俊(女)　梁春敏(女)　章滨云
许剑民　　陈　旭
徐建江(女)

3. 上海市虹口区第十三届政协(2012 年 1 月 7 日)

常　　委：谢识予

委　　员：肖　巍　范丽珠(女)　朱胜林
郭　建

4. 上海市浦东新区第五届政协(2012 年 1 月 5 日)

常　　委：叶德泳

委　　员：任俊彦　张宏鸣　赵振兴

5. 上海市静安区第十三届政协(2012 年 1 月 7 日)

常　　委：顾小萍(女)

委　　员：李益明　史虹莉(女)　王　怡(女)
陈世益　胡祖鹏

6. 上海市长宁区第十三届政协(2012 年 1 月 7 日)

委　　员：朱　隽　倪旭东

7. 上海市宝山区第七届政协(2012 年 1 月 8 日)

委　　员：汪文德

8. 上海市黄浦区第一届政协(2011 年 10 月 8 日)

委　　员：华克勤(女)

9. 上海市闵行区第五届政协(2012 年 1 月 4 日)

委　　员：许政敏　马芳芳(女)

(党委统战部供稿)

民主党派

【概况】 2012 年,中国国民党革命委员会(民革)、中国民主同盟(民盟)、中国民主建国会(民建)、中国民主促进会(民进)、中国农工民主党(农工党)、中国致公党(致公党)、九三学社等 7 个民主党派复旦大学委员会深入开展"同心同行"主题教育实践活动,在思想建设、组织建设、参政议政、服务社会等方面开展一系列富有成效的工作。

加强思想建设。各民主党派复旦大学委员会根据相关党派市委文件精神及校党委统战部的具体要求,利用讲座、报告会和例会等形式,组织相关党派成员学习有关文件,领会文件精神。3 月,民盟邯郸分委员会传达两会精神,响应民盟中央关于开展"我为张澜故里植棵树"活动倡议,捐款 1 000 元。4 月 18 日,民建复旦大学委员会组织传达民建上海市第十二届代表大会精神。4 月 27 日,民盟综合支部通报民盟上海市第十四次代表大会精神。9 月 12 日,民建邯郸总支召开迎中秋国庆座谈会,吴景平作《关于钓鱼岛的历史、现状》的专题讲座。9 月 20 日,九三学社枫林分委员会通报市委相关信息,总结近年工作。9 月 28 日,民革枫林支部通报民革市委换届工作。10 月 16 日,致公党邯郸支部传达学校关于贯彻落实中央 4 号文件精神专题学习会的情况。10 月 26 日,在九三学社上海市委理论与社史研究中心成立大会上,九三学社社员张晓鹏被任命为中心主任,周国民、杨光辉被聘为中心研究员,姚文华、颜志渊被聘为特邀研究员。11 月 21 日,民建邯郸总支组织学习中共十八大精神,九三学社部分社员参加郑祖康追思会。12 月,农工党邯郸分委员会传达农工党第十五次全国代表大会精神。12 月 13 日,致公党邯郸支部传达中共十八大精神,学习孙芳烈先进事迹。12 月 1 日,民盟邯郸分委员会举行学习中共十八大精神重温盟史集体学习活动。

加强组织建设。2 月,九三学社周国民、李继扬等参加九三市委主办的新任主委、副主委培训班。4 月 7—9 日,民盟汪卫、致公党莫晓芬参加市教卫党委系统第 2 期党外知识分子理论研讨班。4 月 20—21 日,民盟复旦大学枫林分委员会举办分委干部学习班。5 月,致公党卢虹参加致公党市委第 18 期中青年干部培训班。5 月及 11 月,部分九三社员参加九三学社上海高校第 47、第 48 次论坛。5 月,九三学社复旦大学委员会举办"传承复旦九三精神,努力履职,参政议政"学习班。5 月 21—25 日,致公党孙立坚参加致公党市委委员理论研修班。6 月,农工党徐从剑参加上海市第 24 期民主党派中青年干部培训班。6 月 25—29 日,民建赵立行参加杨浦区委举办的党外中青年培训班。7 月 3—5 日,民盟张贵洪参加民盟上海市委第 34 期盟员宣传骨干培训班。7 月 9—10 日,民革复旦大学委员会举行中青年干部培训班。8 月,李振华、魏刚参加九三学社第 16 期中青年社员骨干培训班。9 月 17—10 月 18 日,民建孙小丰、民进苏仰峰、九三学社钱菊英参加市教卫系统第 4 期党外中青年干部培训班。10 月,卜晓参加民革市委举办的中青年干部培训班。民进郭薇卿参加民进市委第 30 期中青年干部培训班。农工党黄峰平当选农工党市委第三届中青年联谊会会长,徐从剑当选副会长。

加强参政议政工作,积极服务社会。3 月,农工党梁鸿挂职浦东新区卫生局副局长。6 月,民进梁春敏挂职徐汇区卫生局副局长。4 月 25 日,民建复旦大学委员会枫林总支与民建徐汇区委、民建交通大学委员会徐汇支部举办徐汇民建沙龙,研讨"徐汇区居家养老的医疗护理机制"。6 月 15 日,民盟文科支部交流座谈文科发展现状及设想。7 月,九三学社邯郸分委会部分委员赴福建平潭综合实验区考察。8 月 17—19 日,九三学社枫林分委员会委员赴黄山与当地民政局座谈遗体捐赠问题。9 月 14 日,民盟复旦大学委员会举行参政议政座谈会。10 月 13 日,农工党复旦大学委员会与农工党宝山区委及区政协文卫体委合作在临江公园举办大型医疗咨询活动。10 月 31 日,民进复旦大学邯郸支部与民进宝山区市实验性示范性高中支部共同举办创新教育基地优秀生培养论坛。11 月,民盟韩昭庆受聘"民盟上海市委员学习中共十八大精神宣讲团"成员,并为徐汇区民盟基层干部作《从甲午战争前欧洲人所绘地图看钓鱼岛的历史》专题辅导报告。11 月 2 日,九三学社部分社员赴安徽黄山义诊。12 月,民革党员武桂云、周德庆等参加“民革—2012年上海海洋科技与经济推进研讨会”，九三学社部分社员参加九三知识杨浦区校联合会议。民盟刘凡丰承担民盟市委2012年招标课题“政产学研合作过程中的沟通机制研究”。

组织各类联情联谊活动，交流工作，增加友谊。1月，各党派分别组织迎春联谊会、茶话会。4月，农工党部分党员赴松江辰山植物园参观，农工党医学院支部赴崇明参观。5月，民建部分会员赴桐乡、乌镇考察，致公党邯郸支部成员参观慈溪、西塘，九三学社枫林分委员会部分社员赴湖州考察。6月9—10日，农工党华山支部与宜兴市统战部交流并义诊。10月20日，九三学社邯郸分委员会组织社员赴启东、吕四考察。9月、12月，民革邯郸支部多次为老党员庆祝生日。9月，民建枫林总支与宝山民建支部交流座谈。11月，民盟枫林分委员会部分盟员赴苏州考察。全年，各党派上门慰问相关党派同志百余人。

2012年，葛剑雄获民革中央“全国参政议政先进个人”称号，臧志军获民革中央“优秀宣传干部”称号、民革上海市委“参政议政先进个人”称号，黄宁阳获民革市委“民革上海市社会服务工作先进个人”称号。民盟梁鸿执笔的“关于改革本市医保支付方式的建议”获市政协2012年优秀提案，“推进全科医师家庭责任制的医疗联合体协同机制”获市政协2012年优秀社情民意信息奖；戴培东获民盟上海市委“反映社情民意信息工作积极分子”和“宣传工作优秀通讯员”称号。孙晓萍获民建市委“上海社会服务工作先进个人”称号。民进邯郸支部获民进全国“学习践行社会主义核心价值体系先进集体”表彰，民进复旦大学委员会获民进市委“宣传报道工作先进集体”和“社情民意信息工作先进集体”称号，民进肿瘤医院支部和华山医院支部双获民进上海市委“先进基层支部”称号，方勇获“宣传报道先进个人”和“会务工作积极分子先进个人”称号，余源培获民进上海市委“会务工作积极分子”和“学习践行社会主义核心价值体系先进个人”称号，王祥荣获上海市决策咨询三等奖、上海市环保先进个人。农工党枫林分委员会获农工党市委“树立和践行社会主义核心价值体系学习教育活动优秀集体”称号。九三学社邯郸分委员会完成的“构建上海水资源保护综合长效机制的建议”课题获九三市委参政议政课题工作二等奖；九三学社复旦大学委员会获九三中央“学习和践行社会主义价值体系”全国先进集体。 （余　伟）

【举行纪念九三学社复旦大学基层组织成立60周年座谈会】 12月13日，座谈会在逸夫科技楼举行。九三学社中央副主席、上海市委主委、上海市副市长赵雯，中共复旦大学委员会书记朱之文出席会议并讲话，九三学社中央常委、上海市委副主委、复旦大学委员会主委葛均波院士主持会议。赵雯在会上指出纪念九三学社复旦大学基层组织成立60周年，不仅要纪念，更要发展创新，站在我们应该站的地方，做我们应该做的事。朱之文代表中共复旦大学委员会向九三学社复旦大学委员会表示热烈祝贺，并希望九三学社复旦大学委员会能团结和带领广大社员，进一步继承和发扬九三学社的优良传统，助推学校发展，主动服务社会。兄弟党派代表、致公党复旦大学委员会主任委员龚新高，九三学社杨浦区委代表姜治忠，九三学社复旦大学社员代表杨雄里院士、李昌道、孙曾一、范承善和杨光辉等先后发言。 （余　伟）

附　录

复旦大学当选各民主党派中央、市委领导成员名录

一、当选各民主党派中央领导成员

1. 中国国民党革命委员会第十二届中央委员会(2012年12月)
   委　　员：吕　元
2. 中国民主同盟第十一届中央委员会(2012年12月)
   常　　委：丁光宏
   委　　员：周　梁
3. 中国民主促进会第十三届中央委员会(2012年12月)
   副 主 席：蔡达峰
   委　　员：吴　毅
4. 中国农工民主党第十五届中央委员会(2012年12月)
   常　　委：黄峰平
5. 中国致公党第十四届中央委员会(2012年12月)
   委　　员：孙立坚
6. 九三学社第十三届中央委员会(2012年12月)
   常　　委：葛均波

二、当选各民主党派上海市委领导成员

1. 中国国民党革命委员会上海市第十三届委员会(2012年4月)
   副主任委员：吕　元
   委　　员：臧志军　李益明
2. 中国民主同盟上海市第十四届委员会(2012年4月)
   副主任委员：朱同玉
   委　　员：郭　建　叶德泳
3. 中国民主建国会上海市第十二届委员会(2012年3月)
   常　　委：陈建安
   委　　员：朱依纯
4. 中国民主促进会上海市第十五届委员会(2012年4月)
   主任委员：蔡达峰
   副主任委员：吴　毅
   委　　员：王祥荣　董文博
5. 农工民主党上海市第十二届委员会(2012年4月)
   副主任委员：黄峰平
   常　　委：梁　鸿
   委　　员：吴礼权　徐丛剑　许剑民

6. 中国致公党上海市第七届委员会(2012 年 4 月)

常　　委：龚新高　孙立坚

委　　员：王德辉

7. 九三学社上海市第十五届委员会(2012 年 4 月)

副主任委员：葛均波

常　　委：左　伋

委　　员：周国民　张晓鹏　唐　颐　干杏娣(女)

7. 台湾民主自治同盟上海市第十一届委员会(2012 年 4 月)

委　　员：陈　旭

复旦大学各民主党派委员会成员名录

一、中国国民党革命委员会复旦大学第三届委员会(2011 年 7 月 5 日)

主任委员：吕　元

副主任委员：李益明　武桂云(女)　臧志军

委　　员：华逢春　吴晓晖　施胜今(女)　黄玉峰　谢晓凤(女)

二、中国民主同盟复旦大学第六届委员会 (2011 年 7 月 7 日)

主任委员：丁光宏

常务副主委：朱同玉

副主任委员：叶德泳　郭　建　范丽珠(女)

委　　员：亓发芝　李大金　朱鹤元　应质峰(女)　吴　伟　周蓓华(女)　张贵洪　张祥民　夏昭林　戴培东

三、中国民主建国会复旦大学第三届委员会(2011 年 9 月 21 日)

主任委员：陈建安

副主任委员：孙晓屏(女)　孙小丰

委　　员：沈　家　朱依纯　刘天西　陆　铭　徐建江　沈忆文　朱晓东　梅　林(女)

四、中国民主促进会复旦大学第三届委员会(2011 年 7 月 12 日)

主任委员：吴　毅

副主任委员：郭坤宇　王文平

委　　员：王祥荣　王华英(女)　孙　红(女)　沈　雁(女)　陈宗佑　陆毅群　胡祖鹏　姚振钧　梅其春　梁春敏(女)

五、中国农工民主党复旦大学第三届委员会(2011 年 9 月 29 日)

主任委员：黄峰平

副主任委员：梁　鸿　徐丛剑　吴礼权　许剑民

委　　员：郑元者　葛宏波　陈　刚　张宏伟　范　薇(女)　张　华　朱永学　高鸿云　郭丽敏(女)

六、中国致公党复旦大学第三届委员会(2011 年 9 月 21 日)

主任委员：龚新高

副主任委员：王德辉　朱胜林

委　　员：李双龙(兼致公党杨浦区委副主委)　孙立坚　莫晓芬(女)　李　莉(女)　张继明　周月琴(女)

七、九三学社复旦大学第五届委员会(2011 年 10 月 18 日)

主任委员：葛均波

第一副主任委员：左　伋

副主任委员：干杏娣(女)　周国民　张晓鹏　张新生

委　　员：王明贵　杨光辉　金国新　赵　霞(女)　游建强　霍永忠

(党委统战部供稿)

学 生 工 作

本科生工作

【概况】 2012 年，校党委学生工作部门认真贯彻落实党的十八大精神，紧跟学校改革步伐，始终坚持育人根本，在实现部门有机整合的基础上，有效统筹资源，开拓工作思路，进一步提升我校本专科生思想政治教育工作的科学化水平。

深入学习十八大精神，扎实推进学生党建工作。以学习贯彻党的十八大精神为工作重点，制定《关于在我校本专科生辅导员、学生中开展学习贯彻十八大精神活动的实施意见》，在全校广泛组织开展系列学习活动，重点做好对学生党员和新任支部书记的培训和教育工作，通过各类党校教育培训党支部书记、学生党员、入党积极分子近 4 000 人。以“创先争优”活动为动力，完善“党员成长计划”，抓好基层党组织建设。进一步梳理本科生党支部的设置情况、人数规模、党支部书记配备等具体情况，优化基层党组织设置。在优秀本(专)科生党支部和优秀党员评优工作中，有 10 个基层党支部和 39 名学生党员获校级荣誉，外文学院 2010 级党支部荣获“上海市教卫工作党委系统创先争优先进基层党组织”荣誉称号。在各院系“学雷锋党支部”的带领下，开展形式多样的学雷锋主题实践活动。继续开展地铁志愿者工作，全校 770 余名本科生党员参与，累计工作 3 000 余小时。在学生生活园区开展党员学习实践基地工作，共计 47 个学生党支部参与。

繁荣校园文化，积极开展理想信念教育。牵头起草《复旦大学关于加强校园文化建设，促进学生全面发展的若干意见》，开展“繁荣校园文化，奉献美好青春”主题教育活动，培养学生热爱党、热爱祖国、热爱社会主义的崇高理想和坚定信念，营造积极、健康、向上的校园文化氛围，促进学生健康成长。发挥形势与政策课的主渠道作用，就党的十八大召开、中日钓鱼岛事件等国内外热点话题，进行专题讲解，帮助学生正确认识现实问题。充分发挥网络阵地作用,鼓励辅导员通过易班等网络平台进行思想引导、班级管理等育人工作。举办5期“砺志讲坛”,先后邀请各方面的专家、名人和校友与复旦学子分享奋斗经历。开展毕业生主题教育,通过“毕业生之星”、“我心目中的好老师”评选等品牌活动,引导毕业生树立爱国荣校情怀。通过新生家长座谈会、第一堂班会和导师见面会等形式的新生入学教育,帮助学生了解复旦、熟悉复旦,适应大学生活。

深化内涵建设,推动队伍专业化发展。依托教育部高校辅导员培训和研修基地,举办第38期全国高校辅导员骨干培训班暨2012年骨干辅导员高级研修班,以十八大专题学习为重点,共开设各类专题讲座16次,共119名骨干辅导员参加本次研修。在2012年的教育部高校辅导员培训和研修基地评估检查中,复旦大学基地获得良好评价。承办第30期全国高校辅导员骨干培训班,112位学员参加培训。选派优秀学生工作者前往美国俄亥拉荷玛州立大学、加州大学圣迭戈分校等进行访问交流。7月,选派优秀学生工作者参加上海市哲学社会科学骨干教师研修班。实施全国优秀辅导员工作室项目,组建包涵工作室、赵强工作室、韩秀引工作室,从多方面带动更多的辅导员提升自身素质,促进复旦大学辅导员队伍的不断成长。护理学院辅导员李颖获得“2012上海市高校辅导员年度人物”称号。

提升资助水平,不断完善资助育人体系。不断完善以“奖、勤、贷、助、补、减、免、绿色通道、医疗帮困、冬季送温暖、爱心公益站”为主体的经济资助体系,完善以“本科生助学成才家园”、光华公司为载体,以“双助计划”为依托的资助育人体系,探索建设活动育人、组织育人、个性化育人三大育人模块。借助校内外资源为家庭经济困难学生提供更多实践锻炼的机会,在校档案馆设立校内公益实践基地,开展“探寻老房子里的复旦故事”和“寻访复旦英雄先烈足迹”等项目。承办2012年复旦大学奖学金颁奖典礼,全校近3 000名奖学金获奖学生参加,发挥典礼育人作用。勤工助学中心举办第25届复旦“光华自立奖”评选活动和第十一届校名礼品设计大赛,打造“光华铭人”校友品牌活动。继续组织学生开展以“感恩成长”为主题的系列活动,10个助学社团积极走出校园开展常规公益实践活动。光华公司资助服务部的“颍上支教”项目连续多年获得校优秀暑期实践项目。2012年,学工部获得上海市高校学生资助工作绩效评估优秀单位。

强化服务意识,加强学生生活园区建设。立足于新十年的发展规划,以服务为根本、以育人为目标,不断拓展园区管理、服务内涵。圆满完成宿舍改造、空调安装等工作,在三个月内近万人次的工程人员进入寝室施工过程中没有发生一起安全事故。本科生学生生活园区首次获得“全国高校学生公寓管理服务先进集体”的荣誉称号。进一步加强对住楼辅导员和管理督导员的培训和管理,组织住楼辅导员赴兄弟高校交流。被学生称为“史上最牛宿管”的管理督导员代表周亚平阿姨入围“上海教育年度新闻人物”评选。以“园区,让校园生活更美好”为主题开展了第十二届园区人节,以爱心公益站为平台打造“听见·爱”复旦大学爱心音乐会。

拓展工作思路,深化书院文化建设理念。书院建设办公室配合学校深入推进通识教育和本科生培养体制改革的整体安排,通过反复论证,顺利实现书院平稳对接,呈现书院分布相对集中、书院内学科背景互有交叉的新格局。书院建设办公室与复旦学院(本科生院)导师工作办公室逐步探索新书院制内涵,完善书院公共空间,营造书院文化氛围。利用现有资源,依托各书院传统文化品牌,在书院内开展各类师生互动的学术活动。书院建设办公室以学生项目组的设计规划为蓝本,成立学生自我管理委员会,实现学生自我管理、自我服务。

完善就业平台,保证就业工作有序开展。拓展与长三角地区劳动和社会保障局、人才交流中心的全面合作,确保毕业生的基本就业需求得到满足,2012届本专科生就业率达到96.30%。赴西部地区、基层就业人数较往年有大幅提升。参加各地选调生、“三支一扶”、“大学生志愿服务西部计划”、“选聘高校毕业生到村任职”等项目的学生人数稳步提高。依托院系工作队伍,加强生涯规划教育指导,学校支持院系生涯规划特色项目32项。认真落实就业帮扶,对少数民族、家庭经济困难、身体伤残等就业困难学生进行扎实细致的帮扶工作,2012届进入就业帮扶“绿色通道”的180名毕业生落实率超过92%。注重调查研究,编撰相关教材和指导书籍,出版《大学生职业生涯规划》和《燕曦寻径,迈进成功之门——复旦毕业生生涯规划与求职案例集》。

关注学生心理,助力推动学生健康成长。心理健康教育中心深入拓展和整合多方面资源,开展内容丰富、形式多样的心理健康教育和咨询服务工作。承担通识教育课程授课任务5门,举办小组辅导20余场,心理团训30余场,为同学们提供一对一面谈心理咨询服务1 100余人次。开放心理健康网上自测系统,为2 000余名学生提供了心理健康状况网上自评服务。完成2012级新生心理健康普查,帮助近3 000名本科新生了解自己对新的学习生活环境的适应状况。加强对学工教师和学生心理委员队伍的建设,组织14位学工教师参加上海市学校心理咨询师认证培训,完善学工队伍心理健康教育基础知识和技能。开展春秋两季心理健康主题文化月系列活动宣传,其中“心晴总动员”团体竞技活动被评为“2012年度上海学校心理健康教育活动月特色项目”。心理健康教育中心与杨浦区精神卫生中心建立合作关系,并初步确立与上海市精神卫生中心的合作意向,为理顺学校与专业机构之间的工作衔接机制迈出坚实的一步。

加强学习宣传,深入推进党风廉政建设。在各项学生教育工作中充分融入诚信教育、校规校纪教育等内容。高度重视对学工队伍的党风廉政教育,对新上岗辅导员进行职业道德和职业精神教育,树立辅导员的纪律意识,强化党风廉政观念。注重将诚信教育与学风建设相结合，培养学生严谨踏实的治学态度。加强基层学生党支部的建设，有效结合创先争优活动，鼓励学生党员以实际行动践行廉洁诚信，进一步改进工作作风。依托本科生“博学计划”等载体，抓住不同群体学生的特点，有针对性、分层次、分阶段地开展教育工作。继续以“感恩、奉献、诚信”为主题，组织系列诚信教育活动。

高度重视稳定工作，努力建设安全和谐校园。针对国际形势出现诸多不稳定因素，加强网络舆情的监督，密切关注学生思想动态。进一步加强安全教育，在各校区学生生活园区开展消防安全教育周活动。通过信息工作把握学生思想动态，共报送《每周学生舆情》30 期，涵盖学生动态120 余条期，主要反映学生对国内外重大事件和热点问题、校园突发事件的反应及看法。利用网络搭建学校与学生沟通平台，加强与学生的意见沟通，在形势与政策课程时间、课程设置等方面充分听取学生建议，获得良好的反响。（徐阳 高舒）

【学习贯彻十八大精神】 深入学习贯彻党的十八大精神，制定《关于在我校本专科生辅导员、学生中开展学习贯彻十八大精神活动的实施意见》，在全校广泛组织开展系列学习活动，营造学习贯彻党的十八大精神的浓厚氛围。各院系整合党建资源，以邀请专家做辅导报告、举办学生党员骨干培训班、举行知识竞赛、观看音像资料片等形式加强学生党员的理论学习。组织开展 2012 年新任支部书记培训班，以专题报告、座谈交流、参观南湖革命纪念馆等形式，引导学生党支部书记在具体工作中明确职责和任务，真正将党的十八大精神落在实处。（吴琼）

【开展学习雷锋精神党员实践活动】 3 月，全校 29 个坚持开展志愿服务的本科生党支部被命名为“学雷锋党支部”，在学雷锋党支部的示范引领下，各院系开展形式多样的学雷锋主题实践活动，推动学雷锋活动常态化。3 月 5 日是第 50 个学雷锋纪念日，复旦大学本科生党员正式启动本学期的党员地铁志愿服务活动，全校 770 余名本科生党员参与地铁志愿服务，累计工作 3 000 余小时。（吴琼）

【举办 2012 年骨干辅导员高级研修班】 依托教育部高校辅导员培训和研修基地，探索队伍建设工作新思路，举办第 38 期全国高校辅导员骨干培训班暨 2012 年骨干辅导员高级研修班，以十八大专题学习为重点，共开设各类专题讲座 16 次，共 119 名骨干辅导员参加研修。研修分为集中培训、学习考察、挂职锻炼和在岗研修等 4 个环节，历时 3 个月，开设专题讲座 16 场，团队活动 8 场，小组讨论 5 场，学员到辽宁大学、大连理工大学、河南大学、郑州大学、广西大学、广西师范大学等 6 所高校进行考察，在天津、上海的 22 所高校及相关单位挂职锻炼。（胡常萍）

【开展“繁荣校园文化，奉献美好青春”主题教育活动】 在校党委的指导下，进一步贯彻落实《中共中央关于深化文化体制改革推动社会主义文化大发展大繁荣若干重大问题的决定》文件精神，以学习宣传十八大精神为主线，制定《复旦大学关于加强校园文化建设，促进学生全面发展的若干意见》，推动复旦大学校园文化育人工作开辟新局面。继续推进“笃志计划”，在全校本（专）科生中开展“繁荣校园文化，奉献美好青春”主题教育活动，培养学生热爱党、热爱祖国、热爱社会主义的崇高理想和坚定信念，营造积极、健康、向上的校园文化氛围，促进学生健康成长。在毕业生中开展“绚丽青春 · 努力前程”主题教育活动，通过一系列活动引导毕业生砺志笃行，树立为国奉献的情怀。（彭璦莉）

【成立全国优秀辅导员工作室】 2012 年 12 月，为充分发挥优秀辅导员的模范带头作用，在上海市教卫党委、市教委的支持下，复旦大学实施全国优秀辅导员工作室项目，组建包涵工作室、赵强工作室、韩秀引工作室，通过建立优秀辅导员的工作室，带动更多的辅导员提升自身素质，促进学校辅导员队伍的不断成长，促进学生的全面健康发展，进一步深化大学生思想政治教育工作。（郑阳）

【拓展家庭经济困难学生出国出境交流范围】 2012 年暑期，组织 26 名家庭经济困难学生赴墨西哥蒙特雷科技大学交流项目，32 名同学赴香港大学进行为期一周的交流学习，给更多学生提供境外考察与学习的机会，帮助他们开阔视野、增长学识。

（汪清清）

【本科生学生生活园区获全国嘉奖】 2012 年，本科生学生生活园区获中国高等教育学会颁发的“全国高校学生公寓管理服务工作先进集体”称号。园区在学校的统一部署下为学生宿舍安装空调近万台。管理督导员主动关心学生生活，园区管理督导员周亚平获得“上海市年度教育新闻人物”提名奖。（张兴）

【建立健全学生自我管理制度】 为充分发挥书院学生主体的积极性和责任感，倡导学生自我管理，自 9 月份以来，各书院设立了书院学生自我管理委员会（筹）工作小组，下设执行委员会、监督委员会等分委会，在第二课堂中逐步打造出学生自我管理、自我服务、自我教育的“书院社区”。

（王宁宁）

【通过上海市毕业生就业工作创新基地中期检查】 9 月 25 日，上海市教委及有关专家到校进行 2011 年毕业生就业工作创新基地的中期检查。经听取工作汇报并现场审阅有关材料，复旦大学顺利通过检查评估。

（田文娟）

【举行复旦大学“长三角”地区人才合作第三届年会】 12 月 28 日，学生职业发展教育服务中心举办复旦大学“长三角”人才合作第三届年会。上海市教委副秘书长、学生处处长汪歙萍出席会议，江浙沪人才服务中心领导及各高校就业工作负责人一同参加。会议拓展复旦大学毕业生就业工作与长三角地区的合作模式，计划在 2013 年进一步推进实习实践基地建设并推动校地深入合作。（吕京宝）

【与杨浦区精神卫生中心签订“医教结合”合作协议】 11 月 30 日，复旦大学与杨浦区精神卫生中心举行心理健康服务“医教结合”合作项目的签约仪式，杨浦区精神卫生中心院长陈圣祺出席活动，并为学校近百位学（研）工教师作关于心理疾病识别与

心理辅导的重点、难点和目标等问题的专题报告。（刘明波）

【承办上海高校心理咨询协会第三届会员代表大会】 11月30日，心理健康教育中心承办“上海高校心理咨询协会第三届会员代表大会”。来自上海60余所高校的心理健康教育机构的上级主管领导、机构负责人、专业人员等共计120余人参会。会上，心理健康教育中心主任刘明波当选上海高校心理咨询协会第三届理事会副理事长。（李　炜）

附　录

复旦大学2011—2012学年本(专)科生奖学金一览表

政府设奖情况表

名　称	金额(元/人)	人数(人)	总金额(万元)
国家奖学金	8 000	178	142.4
国家励志奖学金	5 000	420	210
上海市奖学金	8 000	29	23.2
港澳及华侨学生奖学金	5 000	7	3.5
	4 000	9	3.6
	3 000	10	3
台湾学生奖学金	5 000	6	3
	4 000	8	3.2
	3 000	14	4.2
合　计		681	396.1

校内设奖情况表

等　级	名　称	金额(元/人)	人数(人)	总金额(万元)
本(专)科生优秀学生奖学金	优秀学生奖学金一等奖	3 000	119	30.3
	优秀学生奖学金二等奖	1 500	1 207	159.75
	优秀学生奖学金三等奖	1 000	2 597	233.7
	小　计	/	3 923	423.75
本(专)科生单项奖学金	单项奖学金共7项	2 000	38	7.6
民族学生奖学金	民族学生奖学金	1 000	57	5.7
“挑战”创新先锋奖学金	“挑战”创新先锋一等奖	8 000	7	0.8
	“挑战”创新先锋二等奖	4 000	15	0.8
	小　计	/	22	1.6
专业奖学金	专业奖学金	1 200	714	85.68
		1 800	38	6.84
		2 400	126	30.24
毕业生奖学金	毕业生奖学金一等奖	1 500	119	17.85
	毕业生奖学金二等奖	750	427	32.025
	毕业生奖学金三等奖	500	861	43.05
	小　计	/	1 407	92.925
新生奖学金	一等奖	10 000	8	8
	优秀奖	3 000	234	70.2
	小　计	/	242	78.2
合　计		/	6 567	732.535

校外设奖情况表

等级	名称	金额(元/人)	人数(人)	总金额(万元)
一等奖	廖凯原奖学金	10 000	16	16
	盛大奖学金	10 000	6	6
	富的奖学金	10 000	1	1
	腾讯创新奖学金	10 000	5	5
	陶氏化学奖学金	10 000	1	4
		5 000	6	
	中国平安励志奖学金	10 000	3	5.5
		5 000	5	
	董氏东方奖学金	6 000	45	27
	联合利华未来市场之星奖学金	6 000	2	1.2
	史带奖学金	6 000	10	6
	宝钢教育基金会台湾、港澳优秀学生奖学金	6 000	4	2.4
	宝钢教育基金优秀学生奖学金	5 000	8	4
	三星奖学金	5 000	17	8.5
	东芝奖学金	5 000	8	4
	新加坡科技工程奖学金	5 000	12	5.5
	埃克森美孚奖学金	5 000	2	1
	亿利达刘永龄奖学金	5 000	10	5
	太平洋保险奖学金	5 000	34	17
	恒生银行奖学金	4 000	6	2.4
	港爱赞助优异奖学金	4 000	15	6
	高山奖学金	3 333	14	4.67
	杜邦奖学金	3 000	6	1.8
	吴英蕃校友奖学金	3 000	8	2.4
二等奖	罗氏诊断奖学金	2 500	4	1
	住友商事奖学金	2 500	20	5
	光华奖学金	2 000	18	3.6
	华藏奖学金	2 000	9	1.8
	Panasonic 育英基金奖学金	1 500	13	1.95
	小 计	/	64	13.35
三等奖	徐增寿奖学金	1 000	25	2.5
	中国平安励志奖学金	1 000	15	1.5
	小 计	/	40	4
奖助学金	郭谢碧蓉奖(助)学金	4 000	63	25.2
	陈锦聪奖学金	4 000	7	2.8
	董霖校友奖学金	3 000	9	2.7
	小 计	/	79	30.7
其他奖学金		/	20	43.4
合 计		/	447	227.82

复旦大学2012届学生"我心目中的好老师"名单

"我心目中的好老师"

院 系	姓 名	院 系	姓 名
新闻学院	程士安	历史学系	孙云龙
数学科学学院	陈纪修	信息科学与工程学院	欧若风
计算机科学技术学院	张 巍	生命科学学院	吴燕华
法学院	郭 建	社会发展与公共政策学院	高 隽
公共卫生学院	赵耐青	药学院	朱建华

"我心目中的好老师"提名奖

院 系	姓 名	院 系	姓 名
物理学系	周 磊	信息科学与工程学院	张 卫
软件学院	赵一鸣	管理学院	陈 超
材料科学系	高尚鹏、王珺	高分子科学系	冯嘉春
社会发展与公共政策学院	陆晶婧	上海医学院	高海峰
公共卫生学院	涂诗意	华山医院	向 阳

（党委学生工作部供稿）

研究生工作

【概况】 2012年，研究生工作以迎接和学习宣传贯彻党的十八大为契机，以科学发展观为指导，以研究生综合素质培养为重点，以造就德才兼备拔尖创新人才为目标，坚持立德树人，注重整体谋划，抓住关键环节，夯实基层基础，创新途径方法，研究生德育工作全面推进。

统筹规划，凝聚力量，着力提升研究生工作队伍整体水平。全面梳理学校辅导员队伍建设现状，严格落实青年教师兼任辅导员规定，举办新上岗辅导员培训班。先后遴选32名研究生辅导员参加各级各类校外专题培训。推进辅导员队伍德育研究，立项资助30个课题。高分子科学系研工组长王芳获得上海高校辅导员职业能力竞赛二等奖。学生工作队伍教师撰写的9篇论文在第八、第九届上海高校辅导员论坛上获奖。进一步加强人才工程预备队（二期）建设，深入总结"二期"培养方案实施十年经验，撰写队伍发展报告。努力营造导师教书育人氛围，指导研究生会举办第五届"研究生心目中的好导师"评选活动。

夯实基础，创先争优，着力推进研究生党建工作科学发展。深入学习宣传贯彻党的十八大精神，制定实施《研究生深入学习宣传贯彻党的十八大精神主题教育实践活动方案》。落实《复旦大学党委关于进一步加强基层党组织建设的若干意见》，制定《研究生党支部设置优化完善工作方案》，优化支部设置。评选表彰一批优秀研究生党员。完成第5批示范党支部创建工作，12个党支部入选；启动第六批示范党支部创建工作，39个党支部参与。下半年承办党校第45期学生入党积极分子培训班，并指导5个二级党校培训班。

突出重点，精心组织，着力增强研究生主题教育有效性。认真落实中央、教育部精神和校党委要求，组织开展学雷锋活动和雷锋精神研讨。开展"梦源复旦，路启光华"毕业生主题教育活动，举办毕业生趣味定向大赛、摄影大赛、海报设计大赛、毕业感言征集和"这些年，那些事"毕业晚会等活动。下发《关于开展2012年研究生科学道德和学风建设宣讲教育工作的通知》，全面推进科学道德和学风建设。

契合需求，打造平台，着力助推研究生综合素质养成。举办第三届研究生"学术之星"评选表彰活动，30名同学入选。指导12个院系举办"博士生学术论坛"。加大对研究生社团的支持力度，指导扶植精品社团。社会实践活动实现量质同步增长。暑期实践以"实践创新，成才报国"为主题，资助64个项目；寒假社会实践资助52个项目；日常化实践资助51个项目。扩展实践基地，选派25名同学到全国7地市进行为期1个月的挂职实践。继续开展五角场社区"相辉儿童希望基金"和附属儿科医院白血病患儿"阳光小屋"募捐助学、助医活动。实施"和风计划"，支持各院系28项校园文化特色项目。指导研究生会举办以"阳光路上"为主题的第13届"相辉节"。

规范制度，突出导向，着力强化研究生奖助育人内涵。发放各类奖学金9 915人次、4 043.52万元（不含博士生基础奖学金3 257.1万元）。首次评审国家奖学金，共评出459人，博士生奖额每人3万元、硕士生奖额每人2万元，共计1 112万元。完善推进博士生海外暑期科研训练项目，遴选资助22人参加"复旦大学一加州大学富勒顿分校”培训项目、5人参加“中美杰出青年项目”，资助总额度为59万元。调整助管、助教月津贴标准，分别由450元和500元统一提高到600元。全年发放助管、助教、助研津贴24 822人次、1 802.32万元。制定《研究生意外困难补助实施细则》。包括校外捐赠专项补助、冬季送温暖专项补助、意外突发困难紧急救助、医疗帮困补助、未获学业奖学金家庭经济困难生补助和勤工助学津贴在内，全年资助金额为132.97万元，其中校内资金65.56万元；2 333人次研究生受惠。264名家庭经济困难研究生新申请到国家助学贷款，新老生在内全年放贷882人、502万元；上半年517名毕业研究生办理还款手续。1 856名研究生参加商业保险，投保总额为46万元；57人次获得理赔，理赔金额为22.94万元。

安全为基，文化为魂，着力打造研究生和谐生活园区。北苑改善研究生生活环境，对26栋毕业生楼进行大修，并对5栋楼进行家具更新，新增41个热水供应点。北区篮球场、网球场投入使用。各园区以时事热点、重要节庆日为契机，先后开展学雷锋日宣传、“3·12植树”活动、防治肺结核日宣传、毕业离园教育等活动。北苑、西苑美食节，江湾十大歌手比赛，跨校区的园区趣味运动会，校园定向大赛等，活跃各园区文化氛围。

拓宽渠道，加强引导，着力提高毕业生就业质量。截至2012年底，硕士毕业生就业率达到98.33%，博士毕业生就业率达到97.37%。完善就业平台，深入挖掘各地政府、校友企业资源，对接学校和地方战略框架协议，全方位拓展就业市场和服务，全年共举行专场宣讲会346场，发布招聘信息6 554条。全校本专科和研究生中，赴西部地区就业的有127人，基层就业人数近200人；选调生9人、团中央西部计划8人、上海市“村官”3人、部队5人、自主创业23人。下半年，将中西部省份定向基层公务员选调、招录工作作为2013届毕业生就业难点工作进行突破；与航天、航空、兵器、船舶、核工程等重点行业、重点企业进行对接，建立广泛合作关系，为复旦大学毕业生高质量就业提供保障。编撰就业指导教材和案例，出版《大学生职业生涯规划》和《燕曦寻径，迈进成功之门　复旦毕业生生涯规划与求职案例集》，申请上海市就业工作创新基地建设。加强帮困扶持，全校2012届进入就业帮扶“绿色通道”的180名毕业生落实率超过92%。

心理健康教育中心全年共为全校各类学生提供各类心理咨询服务总量近1 200人次；针对新生、高年级学生普测7 000余人次，实施心理普查后的跟进访谈工作；开展内容丰富的心理健康主题活动：40余场团体训练活动，40余场心理健康教育专题讲座；春秋两季举办覆盖四个校区“心理健康主题文化月”系列活动；“心晴总动员”获得“2012年度上海学校心理健康教育活动月特色项目”荣誉；主办40余学时的学工队伍培训，组织14名学工教师参加“上海市学校心理咨询师(中级)资格认证培训”；与杨浦区精神卫生中心签订合作协议，探索学生心理健康服务“医教结合”工作机制。（曾　艺）

【组织学习宣传贯彻党的十八大精神】 根据上级党组织要求，结合研究生实际，制定实施《高举旗帜，立德树人——研究生深入学习宣传贯彻党的十八大精神主题教育实践活动方案》。在组织研究生研读文本的基础上，开展全校性的主题知识竞赛、征文比赛、演讲比赛等主题活动。9月份，组建成立复旦大学博士生十八大精神宣讲团，确定19个报告，覆盖理论与党建、经济与民生、政治与外交、文化与生态等主题。11月21日起，深入社区、军营、学校、工厂等开展宣讲。截至2012年底，累计举办讲座42场。12月17日《人民日报》在要闻版、12月10日《中国教育报》以头版头条通讯形式分别作了报道。以“走基层，看发展”为主题，组织开展两个系列的主题寒假社会实践，一是“美丽中国，青春绽放”系列，鼓励研究生组织团队，关注社会热点、服务改革发展、体察社情民意，资助52个项目；二是“走基层看变迁，访一线问发展”系列，选拔研究生个人在回乡探亲期间开展调研访谈，通过身边人、身边事感受新时期经济社会发展给基层群众生活带来的巨大变迁，考察基层单位在党的十八大精神指引下凝练出的改革发展新思路、新举措，资助157名研究生参与。（李　洁）

【深入开展研究生科学道德和学风建设宣传教育活动】 2012年，中央多部门联合发文，对在高校、科研院所继续深入开展科学道德和学风建设宣讲教育活动提出进一步要求。复旦大学以多种形式开展活动。向每名2012级新生发放《科学道德和学风建设宣讲参考大纲》。9月7日，在正大体育馆首次举行全校性的新生入学教育大会。9月下旬，根据学校科学道德和学风建设工作小组会议精神，与研究生院联合发布《关于开展2012年研究生科学道德和学风建设宣讲教育工作的通知》。9—11月，全校各院系针对新生开展主题教育活动80余场，邀请闻玉梅、李大潜、江明、王威琪、周良辅等著名院士、学者向研究生进行宣讲教育。结合“入学教育测试”，将科学道德和学风建设作为考核试卷的重要部分。针对高年级研究生，着重通过加强日常融入、加强自我教育等形式开展教育，面向全校征集科学道德和学风建设典型案例。（倪　懿）

【郑璇获“2011上海大学生年度人物”建功立业单项奖】 5月2日，“2011上海大学生年度人物”颁奖会在复旦大学举行。复旦大学中文系2009届博士毕业生、重庆师范大学特殊教育系副主任郑璇获得“建功立业单项奖”。该评选活动由上海市委宣传部、市教卫党委、市教委、团市委指导，上海市教育报刊总社主办，于2012年1月份启动，评出10名大学生“年度人物”和5名毕业生“建功立业”奖。（倪　懿）

【博士生讲师团获“2010—2011年度上海市志愿服务先进集体”】 3月1日，“学习雷锋好榜样”——上海市杰出志愿者颁奖典礼在广电大厦举行。复旦大学博士生讲师团获得“2010—2011年度上海市志愿服务先进集体”称号。市委书记俞正声、市长韩正等接见讲师团代表。博士生讲师团成立于 2002 年初，以“学以致用双向增进，宣传理论服务社会”为宗旨，截至 2012 年底，讲师团已累计开展讲座 700 余场，听众超过 20 000 人次。

（李　洁）

【ECHO Chamber Singer 室内混声合唱团获第十一届中国国际合唱节成人混声组银奖】 7 月 21 日，研究生社团 ECHO Chamber Singer 室内混声合唱团（简称 ECHO）在第十一届中国国际合唱节上获得成人混声组银奖。ECHO 成立于 2009 年 9 月，主要演唱室内乐合唱作品，以忠实于各国家、各时期的音乐风格为理念，并在此基础上进行二度创作。有正式团员 60 余名，主要为各院系研究生、本科生。团长为生命科学学院 2010 级硕士生朱培涛，指挥为社会发展与公共政策学院 2011 级博士生洪川。

（倪　懿）

【召开北苑园委会成立十周年座谈会】 1 月 3 日，“情系北苑，十年聚首——北苑园委会成立十周年座谈会”举行。北苑园委会全称北苑学生生活园区研究生自我管理委员会，成立于 2001 年 11 月，是北苑学生“自我管理、自我服务、自我约束和自我教育”的学生群众组织。成立 10 年来，形成北苑文明单元评比、北苑书展、北苑园舞会、北苑露天电影、北苑趣味运动会、北苑植树节等园区的品牌文化项目。

（罗健博）

保卫工作

保卫工作

【概况】 2012 年，保卫处按照学校工作要点和“十二五”发展规划纲要的总体部署，在学校党委和行政的领导下，强化责任意识和服务意识，不断完善工作机制，维护了校园的整体平安与稳定。2012 年全校没有发生因决策失误、措施失当或工作不力造成的不稳定事件、群体性治安案件、重大火灾事故和重大安全、交通等责任事故。

治安管理稳步开展。完成大型活动、会议及重要安保任务 90 余项。配合相关部门处置校内意外伤亡事件 3 起，配合信访部门处置群体性事件数起。代管未锁自行车 647 辆（发还 339 辆），代管并发还手提电脑 43 台、手机 41 部、照相机 4 台、钱包、MP3、书包等贵重物品 110 余件。加强网格化巡控，配合警方在南京、杭州、同济大学等地扭获犯罪嫌疑 13 人，破获盗窃案 32 起（破案率达 30%），受到上海市文保分局嘉奖 2 次。

消防和交通工作紧抓不懈。组织开展“119”消防教育周系列活动及灭火、疏散演练 23 次，防溺水演练 1 次，防台防汛演练 1 次，参加人数 3 300余人。组织或参加消防安全检查 20 余次，开整改通知书 5 份。全年处置火灾苗子、火警事故 9 起。审批装修工程消防安全 49 处，审批剧毒品购买 8 次，协助校军工项目许可证的验收。维修保养、添置、更换手提灭火器 4 200 余只、应急灯和疏散指示标志 350 余个。保卫处对邯郸校区、张江校区的道路标线，机动车停车线，非机动车停车线重新划分。对邯郸、江湾、张江、枫林的交通标牌、减速带、路障进行了配备和维修。

技术防范工作扎实推进。在学校支持下，保卫处争取到教育部的资金支持，完成邯郸、枫林校区报警监控中心数字化升级改造。枫林校区在所有的女生宿舍楼加装电子围栏，西园改建 3 个非机动车库的电子门禁系统。张江校区在修复损坏线路的同时，对药学院重点防范区域展开施工。江湾校区监控改造一期工程已完工。

户政工作周到细致。延长工作时间，增加寒暑假值班天数，增设服务点，细心周到的服务师生。完成户口集体迁入、迁出近 6 000 人次，开具户籍证明 9 800 余张，践行在毕业生离校高峰时段办理户籍迁移排队时间不超过 5 分钟的服务承诺。

校园政治稳定及保密工作不遗余力。全年共接待外单位联系工作 100 余批次，开具无犯罪记录证明 200 余份，配合学校和有关部门妥善处置 2 起涉密事件、3 起复旦大学师生被境外机构网络攻击等案件。阻止校内非法传教事件 3 起，缴获大量非法传教传单和光盘。完成日常保密宣传、检查，项目合同登记，办理出国、出境人员保密手续，落实上海市国家保密局和教育部保密办的工作部署，配合学校军工部门的相关工作，完成保密废纸回收，上海市国家保密局组织的各类业务知识培训，组织赴境外交流师生的保密和安全专业培训等。

（梅　鲜　虞文嫣）

【启用“复旦大学停车管理系统”】 6 月，保卫处启用“复旦大学保卫处停车管理系统”，实现各校区停车数据共享，方便车辆信息的管理和查询。年内办理更换“2012 年校内停车证”近 4 000 张。利用双休日停车资源服务师生，办理双休日停车证 100 余张。

（梅　鲜　虞文嫣）

【完成“复旦大学标准化考场”基本建设任务】 按照“上海市 2012 年高校标准化考点建设工作会议”会议精神要求，保卫处承担复旦大学标准化考场建设任务。截至 2012 年 11 月底，保卫处完成基本建设任务，完成考试综合业务系统、考生身份验证系统、作弊防控系统、视频及网络监控系统、应急指挥系统等 5 个系统的建设，涵盖邯郸校区第二、第三、第四、第五、第六教学楼及光华楼西辅楼各教室的工程，并通过上海市教育考试院专家组初步验收。

（梅　鲜　虞文嫣）

【技防支撑体系持续获教育部大额资金支持】 在教育部领导和校领导的大力支持下，通过校内相关部门的积极配合，复旦大学技防系统已经从模拟系统升级为数字系统，为未来几年的快速发展打下了坚实的基础。消防报警及联动系统逐步覆盖。2012 年保卫处在获得教育部“复旦大学监控中心升级改造项目（一期）”450 万元、“邯郸校区消防报警系统的升级改造项目（一期）”460 万元资金支持的基础上，申请到教育部“邯郸校区南区东区学生宿舍火灾自动报警系统及应急照明系统改造项目”580 万元和"复旦大学报警监控系统数字化升级项目第二期工程：邯郸及枫林校区视频监控系统数字化升级项目"503万元.2个项目的资助。四校区技防、消防报警联网工程继续推进。

（梅 鲜 虞文嫣）

人民武装工作

【概况】 2012年，在校党委领导下，学校的人民武装工作在学生军训和国防教育、征兵以及射击队建设等各方面都取得了新的成绩。复旦大学被评为"上海市2011年度征兵工作先进单位"、"上海市拥军优属先进单位"，"杨浦区拥军优属模范单位"；武装部被评为"2011年度杨浦区先进基层武装部"。

军训和国防教育工作。根据《中共中央、国务院、中央军委关于加强新形势下国防教育工作的意见》（中发[2011]8号）和《国务院办公厅、中央军委办公厅转发教育部、总参谋部、总政治部关于在普通高等学校和高级中学开展学生军事训练工作的意见的通知》（国办发[2001]48号）文件精神，认真组织实施学生军训和国防教育工作，按照军事教学大纲要求和学校下达的年度教学计划，认真开设军事理论课，同时开设射击选修课，坚持教学改革，保证教学质量，始终把素质教育放在首位，在向学生传授国防和军事知识的同时，着力培养学生良好的国防观念、国家安全意识和集体主义观念及组织纪律观念。在完成正常教学任务的前提下，积极开展形式多样、丰富多彩的军事文化活动，如"军事文化节"和"国防教育日"活动，培养学生的实践和创新能力，受到学生的欢迎。

8月22日—9月4日，2011级本科生近3 000人接受为期14天的集中军训。校党委书记朱之文等校党政领导出席军训汇报大会，对军训成果给予充分肯定。军训中，共有5个单位被评为优胜连队，35个单位被分别评为单项优胜连队，21名教官被评为优秀教官，20名学生辅导员被评为优秀辅导员，56名学生骨干被评为优秀学生干部，222名学生被评为优秀学生。

征兵工作。根据教育部、公安部、民政部、总参谋部、总政治部《关于进一步做好从全日制高等学校在校学生中征集新兵工作的通知》（[2002]参联字1号）文件精神，复旦大学从2002年开始，征集在校大学生应征入伍。2012年，共征集新兵18名，其中男17名，女1名。全年共有13名退伍返校的学生，其中1人立三等功。做好入伍学生的跟踪教育和服务工作，落实优抚政策，使他们安心在部队服役。

拥军优属工作。全校共有复员、退伍、转业军人和军、烈属近700人。武装部利用各种方式认真做好拥军优属和优抚工作，与驻沪部队和军训部队保持密切联系。该项工作一直受到上海市主管部门的高度肯定。

（黄荣国 赵 亮）

【射击队在上海市学生运动会中再获佳绩】 复旦大学射击队在2012年在上海市学生运动会中获得3金1铜的佳绩，在全国比赛中也取得了较好的成绩。截至2012年底，射击队自1980年组建以来已第23次获得上海市大学生射击比赛团体冠军，第22次获得全国大学生射击比赛团体冠军。

（黄荣国 赵 亮）

十一、群 众 团 体

工　会

【概况】 2012年,中国教育工会复旦大学委员会(简称工会)以党的十七大、十八大精神为指导,在校党委和上级工会领导下,切实履行工会基本职能,在服务学校中心工作、依法维护教职工合法权益等方面,积极发挥党联系群众的桥梁纽带作用,各项工作有序推进。

依法落实教职工参与学校民主管理、民主监督的权利。全年共召开六次教代会主席团扩大会议,讨论审议、投票通过学校《关于修订〈复旦大学教师公寓租金调整方案〉的提案》、《关于整体租赁尚景园公租房和给予租金补贴的提案》和《2012年绩效奖励实施方案》等提案。会议还听取关于建立学校餐饮价格调整的长效机制、调整补充住房公积金缴费比例、复旦大学校园规划方案汇报、调整学校机关办公空间、尚景园公租房概况及租房补贴相关政策等多项涉及教职工切身利益的学校重大事项、方案的通报。总务处、人事处、基建处、资产管理处等相关职能部处领导到场介绍情况,并接受代表质询。保障教职工切实参与学校的民主决策、民主管理。针对相当一部分基层工会委员会任期已满的情况,11月,工会起草并下发《关于对部门工会换届工作的指导意见》,明确依法选举的流程,指导并督促基层工会走好民主程序,选好工会干部,更好地服务教职工。截至12月底,共有4个基层工会完成换届选举工作。

关心教职工健康、工作和生活,构建和谐教工之家。2月,工会为47个单位共计6 382位在职教职工办理职工互助医疗保险的续保,总参保金额648 095元,其中部门或个人缴费金额173 755元,校工会与行政补贴474 340元。上海市总工会3项互助保障已经基本覆盖全校教职工。2012年,有124名教职工享受"住院补充医疗互助保障金",获赔金额165 020.30元;3名教职工享受"意外伤害保障金",获赔金额1 000元;12名教职工享受"特种重病和女职工特种重病医疗保障金",其中女职工特种大病3人,获赔金额135 000元。3项合计301 020.30元。

元旦、春节期间,工会走访、慰问困难教职工家庭114个,使用爱心基金共计近10万元;日常帮困45人,使用爱心基金6.35万元。暑假期间,慰问高温期间坚守岗位的教职工,发放"送清凉"慰问品1 600余份。

6月,组织中科院院士、文科资深教授、劳模、973首席科学家等赴扬州进行周末休养,为教职工放松身心提供机会。7月组织456名教职工组成19个休养团,赴全国16个地点休养。

9月11日,联合校医管处举办教师节义务医疗咨询活动,为全校在职及退休教职工提供服务362人次;为学校一年一度的教职工体检做好保障工作,发放点心9 430份;组织教学、科研、管理等岗位的70余名骨干教师赴中山医院进行专项健康体检。

工会人事争议调解委员会受理、解决人事争议纠纷2起,为教职工提供免费法律咨询服务共计16人次。

针对学校延聘在工作岗位的一批教授、骨干,因超过上海市总工会互助保障会规定的年龄界限(女60周岁,男65周岁)享受不到在职补充医保的情况,工会赴市总工会互助保障会与相关领导多次沟通,反映情况,最终圆满解决该问题。自2012年10月1日起,延聘人员纳入在职补充医疗保障范围。

吸纳编外教职工加入工会。在前两年试点的基础上,5月制定下发了《复旦大学关于非在编教职工加入工会的实施意见》和《复旦大学非在编教职工入会条例》,全面启动全校非编教职工的入会工作。全年吸纳新会员370余名,其中非在编教职工占300余名,他们活跃在工会组织的各类社团的文体活动中,为学校教职工活动注入活力。

推动校园群众体育活动的深入开展。3月,为备战上海市第七届教工运动会,组成参赛代表团,校党委副书记、工会主席刘建中任团长,工会专职干部和体教部主任任副团长。代表团报名参加全部18个项目的比赛,取得高校组团体总分第二名的成绩。此外,作为学校群众体育活动的传统项目,教工跳长绳、飞镖比赛分别于4月、11月举行,参赛人数较2011年均有所增加。

文体社团各显所长,服务校园、服务社会,为文化建设作贡献。4月27日、5月27日、11月21、11月24日,工会教工合唱团分别应邀献演首届"上海高校后勤标兵"、"绿叶奖"表彰大会、上海市第七届教工运动会开幕式大合唱、"金秋放歌——首届上海学界合唱交流演出"。

5月25日下午,沪东地区职工文化交流暨庆祝复旦大学校庆107周年京剧演唱会在工会礼堂举行。

2012年是工会越剧团成立20周年。5月27日,越剧团举办纪念袁雪芬大师诞辰90周年演唱会,越剧演员、上海越剧院一团团长方亚芬,上海越剧艺术研究中心主任黄德君,越剧院青年袁派演员陈慧迪应邀参加。11月24日,由复旦大学宣传部、福建芳华越剧团和上海越剧艺术研究中心联合主办的,"《尹桂芳珍贵越剧摄影连环画》再版首发式暨纪念越剧改革70周年”系列活动，及“庆祝复旦越剧团成立20周年”系列活动在复旦大学经济学院大金报告厅开幕。12月23日，复旦大学越剧团团庆演出在光华楼吴文政报告厅举办，上海越剧团莅临献演精彩节目。

11月15日，应上海市崇明县民政局之邀，工会沪剧团与东平镇文化中心戏曲沙龙会员同台上演“喜庆党的十八大胜利召开”沪剧专场演出。

6月26日，由复旦大学工会与五角场镇文化中心共同举办的书画联展在工会多功能厅开幕。7月4日，联展在五角场镇党员服务中心闭幕，并举行双方书画爱好者的交流笔会。9月6日上午，书画会举办了“庆祝第28届教师节”教工书画展，75名教职工创作的110幅作品参展。12月25—27日，复旦大学书画篆刻研究会成立30周年书画展举行，展出书画作品137件。

5月22日，集邮协会举办复旦大学107周年校庆邮展；10月19日下午，承办上海高校集邮活动研讨会；11月27日，参与主办《匈牙利邮票艺术欣赏展》，为校内外集邮爱好者搭建互相交流的平台。

12月15日，教工羽毛球协会在正大体育馆举行“首届复旦大学教工羽毛球协会交流赛暨川崎新产品试打会”。12月21日，复旦大学—上海大学乒乓球互访友谊赛在南区乒乓房举行。双方各派出2女7男9位选手参赛，上海大学队最终胜出。

（袁苏明）

【举办复旦大学“校训指引我成长”演讲比赛】 7月6日下午，“校训指引我成长”演讲比赛在经济学院205报告厅，由工会举办。来自学校各院系、各部门及附属单位的12位教职员工登台演讲。经评委现场打分，评选出一、二、三及入围奖。（袁苏明）

【承办上海市第七届教工运动会趣味类项目比赛】 该赛事于9月22日在上海大学举行。由市教卫党委、市教委和市教育工会主办，复旦大学工会承办。趣味类项目共有7项，上海市教育系统67个单位2000余名运动员参加比赛。为做好承办工作，学校成立由工会专职人员、体教部专业教师和有关专家组成的专项工作小组，承担运动员资格审核、领队会议组织召开以及比赛当日的裁判等多项工作。

（袁苏明）

【举办首届复旦大学教职工卡拉OK大奖赛】 9月28日晚，迎中秋、国庆首届复旦大学教职工卡拉OK大奖赛在复旦附中多功能厅举行。共有32位选手参赛。经专业评委现场打分，10位教职工获得首届“复旦教工——校园十大歌手”的称号。（袁苏明）

【承办“京昆教育与大学文化——全国高校京昆艺术教育论坛”】 该论坛于11月30日在复旦大学开幕。由复旦大学工会京剧社承办。全国政协常委、上海市原政协主席蒋以任，老同志朱达人、韩星臣等出席活动并讲话。校党委书记朱之文出席开幕式，党委副书记刘建中致欢迎辞。文化部京剧艺术发展基金会、全国主要高校、上海京剧院、天津京剧院、上海市文教结合推进办公室、上海市文广系统部分单位的京昆教育负责人和参与者、部分企业与社会机构代表出席论坛活动。京剧表演艺术家、“程派”传人代表李蔷华与青年京剧、昆剧演员史依弘、谷好好、金喜全等受聘为“复旦大学京昆教育艺术指导”。

（袁苏明）

【举办复旦大学青年教师沙龙启动仪式暨“复旦好声音”专题讲座】 该讲座于2月14日在光华楼13楼举行。由工会、妇委会主办，工会青年工作部、妇委会女性家园志愿者共同承办。校党委副书记刘建中出席，近200名教职工参加。讲座特邀上海市心理卫生学会嗓音素质训练讲师斯弥主讲。活动围绕当下最为热门的“好声音”话题，帮助教师掌握正确的发声技巧，提升课堂教学质量。

（袁苏明）

妇委会

【概况】 2012年，复旦大学妇女委员会（简称“妇委会”下同）深入学习贯彻落实科学发展观及十八大精神，拓展创新工作，主要从5个方面提升基层工作。

以建“家”为抓手，提升妇女工作水平。按照市妇联的建设“妇女之家”要求，在活动场地紧缺的情况下，把近60平米的会议室开辟为“妇女之家”。2月28日，市教育系统妇工委到校进行验收与检查，教育女工委副主任、女工部部长朱小娟和复旦大学党委副书记、工会主席刘建中共同为“复旦女性家园”揭牌。此后，建家工作由挂牌成立走向制度化规范化建设，由校妇委会向基层单位全覆盖。5月，组织全校妇女干部实地考察管理学院、经济学院、图书馆、中山医院、妇产科医院等单位“妇女小家”的建家工作。通过以评促建，积极探索“妇女之家”示范点机制，带动更多的单位、部门参与到建“家”的活动中，使妇女工作在建“家”的过程中增强凝聚力，提升工作水平。

开通网络沟通平台，完善妇女工作机制。妇委会在校园bbs上开辟复旦女性家园版面，以“复旦女性家园”为名注册官方微博，开创线上交流与线下活动联动的新模式。新的模式具有及时性、开放性和互动性，在关心女教职工生活，维护女教职工合法权益，了解女教职工需求等方面发挥重要作用。

积极开展岗位建功、岗位成才活动，激励女性成长、成才。3月7日，举行纪念“三八”国际劳动妇女节102周年暨表彰先进大会，表彰获得2011—2012年度上海市、上海市教育系统、复旦大学比翼双飞模范佳侣、巾帼文明岗、巾帼创新奖等称号的个人、集体以及佳侣。12月，由校妇委会委员、工会女教职工委员会委员、校工会会员组成的15人评审委员会综合各院系提交的申报资料，评选出上海市三八红旗手标兵以及上海市、教育系统、学校的三八红旗集体与三八红旗手。

关注妇女群体利益，提高妇女福利待遇。2012年，妇委会及工会为全校2 510名在职女教职工进行《女职工团体互助医疗特种保障计划》续保，投保率达到100%；为提高女教师的身体素质，普及养生知识，1月6日，妇委会特邀上海中医药大学教授文小平作科学养生讲座；12月，针对教职工看病难的状况，妇委会组织为教职工开膏方活动，并提供开方、收费、送膏一条龙服务；为减轻女教职工们的工作压力，组织学校妇女干部、女教授联谊会成员、女青年联谊会成员赴奉贤区古华园和闵行区召稼楼进行学习参观活动；为年轻家长举办"成长的喜悦和烦恼"系列讲座，邀请交大战略心理研究所所长、空政学院研究生导师宋娅茹就青少年青春期问题开设讲座；6月1日，校妇委会与《为了孩子》杂志社合作，在上海酷贝拉儿童乐园举办复旦青年教师亲子活动。（陶菊玲　刘　媛）

【召开"复旦发展与女性成才"座谈会】 该座谈会于4月11日中午在复旦工会201会议室召开。由妇委会召集举办。复旦大学40岁以下享受成才资助金的优秀青年女教授、女研究员代表参会，就理想、工作、复旦的成才环境、儿女的教育等话题进行座谈。座谈会由校妇委会专职副主任邱晓露主持，妇委会主任黄丽华介绍复旦大学女教职工状况以及妇委会联系女性、促进女性成才、维护女性合法权益的三大要务，希望大家关心妇女工作，并积极参加女教授联谊会和女优青联谊会活动。

（陶菊玲　刘　媛）

【举办"聚焦教学 提升质量"高校女教授联谊论坛】 该论坛于4月27日上午在复旦大学江湾校区举行。由复旦大学妇委会与同济大学、上海交通大学女教授联谊会联合主办。教育系统妇工委副主任张芳及来自上海各高校的60多位女教授出席会议。与会者围绕"聚焦教学，提升质量"的主题，分别从教学地位、教学发展、教学管理、教学手段、教学效果、教师培养等角度进行探讨，并介绍"教学工作坊"、"卓越工程师培养"、"红墨水计划"等特色做法。

（陶菊玲　刘　媛）

【启动"心灵成长工作坊"】 4月27日，"心灵成长工作坊"活动在校工会多功能厅正式启动。该工作坊由复旦女性家园志愿者组建，旨在通过一系列的心理团训活动，让各位老师更好地了解自己，审视内心，反思生活现状，探索心灵成长的方向。

（陶菊玲　刘　媛）

【参加"春韵秋舞——上海女教师海派秧歌展示活动"】 该活动于9月28日下午在上海师范大学举行。由上海市教育工会女工委、教育系统妇工委举办。复旦大学妇委会会同校工会女工委和校工会体育部，以校工会木兰协会为基础组建队伍参赛，在42个参展队中位列第三，获得最佳风采奖。（陶菊玲　刘　媛）

【组织单身青年教师参加"千人牵手，相约丽娃"联谊活动】 该活动于10月28日在华东师范大学体育馆举行。由上海市教育工会、教育系统妇工委主办，华东师范大学协办。学校妇委会组织全校各院系、机关、附属医院的近80名单身教职工参加。活动旨在帮助本市教育系统内的单身青年扩大交友面，结交善缘。整个活动有近千名单身青年参加，通过团体游戏、节目表演和现场面对面交流等形式，增进了解，拉近距离。

（陶菊玲　刘　媛）

团　委

【概况】 2012年，共青团复旦大学委员会（简称团委）围绕党的十八大精神学习、建团90周年思想教育、"一二·九"系列主题教育等核心内容，突出教育引导这一核心，把握成长服务这一重点，抓住团的建设这一主线，提高工作站位，谋划育人布局，用扎实的工作成效献礼党的十八大。

在主题教育方面，以点带面，充分发挥主题工作牵引力，促进共青团全局工作的提升。上半年，围绕建团90周年这一重大契机，结合形势需要，在广大团员青年中开展"我的青春我的团"主题教育活动，组织团员青年与团干部收听收看建团90周年大会实况，召开学习会、座谈会，并研究制定《关于学习贯彻胡锦涛总书记在纪念中国共产主义青年团成立90周年大会上重要讲话的通知》，举办复旦大学纪念中国共产主义青年团成立90周年校庆升旗仪式，青年师生早餐会和主题论坛等系列活动。下半年围绕"中国共产党第十八次全国代表大会"，开展主题讲座、青年研讨会、青年知识竞赛、"青春之歌"文艺演出等多种形式的"中国道路"系列主题活动。形成《十八大会期中的一代复旦青年》调研报告，反映青年群体思想行为特点。11月，《复旦青年》报社推出《经典释文：党的十八大报告青年读本》，汇集学校95位教师观点，逐段解读十八大报告原文，为复旦大学青年学习会议精神提供参考。以"我的祖国"为主题的"一二·九"主题教育活动包括主题歌会、主题微电影、主题微博短文大赛等3个部分，歌会现场播出赴宁夏、广西、内蒙古、西藏、甘肃、新疆、重庆等取材拍摄的音乐纪录片《着调中国》，报道在边远地区工作的复旦校友的事迹，反响热烈。

在组织建设和人才培养方面，校团委书记班子先后前往14家院系、校区管委会进行交流调研，分19次邀请65位分团委主要团干部参加工作午餐会，了解基层动态，探讨基层工作；开展第六期"卓越计划"和"卿云展翼"计划，共133名学生入选；成立"青马工程"课程库和导师库，总结312项课程，邀请到约30名导师。下半年，特色团建项目共资助25个院系、1个书院，109个项目申报，其中105个项目结项，结项率达96.33%，累积资助经费达到47 119.1元。开展以"青春汇聚·梦想远航"为主题的2012年复旦大学优秀班团文化展评活动，共有30个班团报名参赛，12支班团进入决赛。团委进一步完善基层组织框架。为51位新经济组织中的团员青年建立5家团组织，并为他们量体裁衣地设计活动，开具团组织服务菜单，实现校团委资源向"两新"团组织覆盖。宣传青年工作典型，号召广大青年学习先进。2012年度"十月评优"工作共选拔并表彰复旦大学优秀学生标兵45人，优秀学生干部标兵14人，优秀集体标兵13个，并成立复旦大学优秀学生标兵"青春共走团"

经验分享团。

在科技创新活动方面，完善创新创业平台，进一步加大科创支持力度。第26期“科创行动”完成立项170个，较2011年同期增加88%，结项116个，较2011年同期增加60%，预计资助金额为91.86万元，较2011年同期增加127%。发行第一期《复旦学生科创导刊》，共计400本；举办校庆日学生学术报告会，向学术顾问代表颁发聘书，推广“挑战学者”品牌。开办“大学生创新创业导论”课程，编写创新创业教材《向左走，向右走——大学生创新创业竞赛与实践》。设立模拟动态科创分中心，整合院系和团委资源。在2012年“挑战杯”创新创业竞赛中，复旦大学获得1金2银的成绩。

在志愿服务方面，做精志愿服务品牌项目，探索更为青年喜闻乐见的工作载体。完成城市大型活动志愿者工作，招募上海科技馆志愿者589人、上海论坛志愿者116人次，输送思源年会骨干志愿者22人，为150余名志愿者开设8场专题培训；做好西部计划志愿者相关工作，选拔了14名西部计划志愿者以及21名研究生支教团志愿者；注重网络宣传阵地建设。举办了“健康公益 · 爱心接力”2012年复旦大学青年志愿者节系列活动。

在社会实践方面，做大做宽社会实践平台，提高每一个项目的精细化水平。保持资源平稳投放。134个本科生项目团队提交日常化社会实践申报书，其中88个项目获得立项，参与总人数达1 300人次，资助额度达50 100元；255个项目团队提交寒暑假社会实践申报书，其中231个项目获得立项，参与总人数逾2 400人次，总资助额度达50 5000元。开展基层宣讲，“上门介绍项目”。设计“实践项目与指导老师交流情况记录表”，通过制度保证指导老师的作用得到发挥。进行集中评选，推动实践调研成果得到继续利用，首次组织“2010—2012年社会实践优秀调研报告评选活动”。

在决策咨询方面，紧跟青年发展趋势，扩展团工作的整体视野。团委与发展研究院合作，专访青年教师，出版《求索驱动力：复旦大学青年教师谈中国未来十年发展》报告专辑；参与《双轮驱动：中国未来十年发展的战略选择》研究报告的、访谈和编辑工作，陆续对校内13位学者开展13期专题访谈。与学校发展规划处合作，参与“复旦大学章程调研”的前期访谈工作。在此基础上，编撰13期专题《青年参考》，通过开辟专版专栏的形式，编发《复旦青年》专题版面6个。组织力量参与上海市教卫党委开展的“上海青年教师思想政治状况”调研；积极参与上海市金融党工委、团市委联合开展的“上海市金融青年生存发展现状”调研；积极参与上海市2012年度青少年事务社会工作研究；组织开展“医患关系是如何影响我校医务青年的”专题调研，全文被选入团市委今年印发的第2期《青年动态》；依托志愿者实践基地，开展“来沪青少年志愿者服务模式的探索”调研实践行动。

在信息宣传和校园媒体发展方面，进一步扩大品牌的影响力。纸质媒体方面，《复旦青年》、《复旦人周报》提高出版频率，全年《复旦青年》报纸共发行13期（总第248期至第260期）累计发行量为77 000份；《复旦人周报》共发行11期，累计发行量为63 500份。网络媒体方面，“青年复旦网”完成改版，美化页面、梳理已有资源、更新发布系统、“复旦学生网”优化直播频道，优频电视台制作复旦讲堂、复旦面孔、乐活复旦等38个节目。其中，“拾音日月，取睿星空”复旦名师对毕业生的寄语视频点击量达4.4万。5月，新版青年复旦网正式上线。确立青年复旦网作为团委面向校内外的信息门户，理论资料库和工作平台的具体功能。

在引领校园文化艺术发展方面，进一步整合校内外各类资源，举办以“时代 · 大学 · 我们”为主题的2012年复旦人节、第11届校园十大歌手比赛、“团节就是力量”社团节；开展首届“博文诸学 · 达观天下”复旦大学学术文化节，文化节闭幕式邀请到12位复旦名师进行题为“毕业前，我们一起听最后一场讲座”的限时演讲；举办星空讲坛31场、校友讲坛5场、名企讲堂3场，邀请到清华大学教授施一公、著名财经作家吴晓波等知名人士；开展毕业杯体育比赛、校园健康跑、健康讲座等活动。提升校园的艺术氛围，开办“公共艺术课堂”和“新艺术工坊”，引进高雅艺术到复旦来表演；“搭台唱戏”，以活动和赛事扩大学生艺术参与，支持基层院系的毕业季相关活动，基层院系根据自己院系毕业学生的特点开展如毕业晚会等活动；先后为平由植举办个人钢琴音乐会，为周颖举办个人画展，树立青年风尚的新标杆；2012年6月26日，由团委艺术团策划并拍摄的毕业MV《旦复旦的日子》在毕业晚会上首次发布，以此为代表，我校毕业季系列文化活动感染一届复旦人。

在社团管理方面，创新社团管理制度，资源配置力求经济科学。优化社团结构。2012年新成立社团12支，总数已达262支，总共吸收社员超过13 000名；社团类型更加多元，覆盖全校90%以上的同学。进一步落实社团活动考核机制，一方面创建社团诚信档案制度，另一方面，要求所有活动提交成果报告册，根据社团活动效果、财务使用状况对社团活动进行后续考核。优化学生社团财务管理制度，严格执行《社团财务管理办法》。完善社团联系渠道。通过社长沙龙、《致指导老师的一封信》等形式，加强与社团负责人、社团指导老师的沟通。

在外联合作方面，加强校地合作，密切校际交流，输出复旦优质资源。与共青团普陀区委探索“街镇与院系结对”的志愿服务新模式。其中，由团校和青志部联合组织的“牵手 · 希望”关爱来沪青少年专项行动在普陀区桃浦镇完成试点。全年共服务来沪青少年300余人次；与杨浦区延吉街道青志中心、普陀人民医院、复旦大学后勤公司、杨浦团区委开展合作，已有4支队伍分别投入到为来沪青少年补习功课以及助老服务当中；与上海交通大学合作，开展“复旦大学、上海交通大学学生文体竞赛活动”；与全国24所高校合作，承办“旦复旦 · 源思源”思源年会的闭幕晚会。（汤耐尔　邱宁斌）

【在第八届“挑战杯”取得1金2银成绩】 11月,第八届“挑战杯”在同济大学举行。共有内地152所高校的200件作品进入全国决赛。复旦大学有3支队伍参加全国决赛,获得1个金奖、2个银奖。其中,上海颐多电子商务有限责任公司项目获得金奖,复旦大学获得高校优秀组织奖,系复旦大学在该项赛事中的历史最好成绩。

(汤耐尔 邱宁斌)

【举行建团90周年纪念活动】 5月27日,为纪念中国共产主义青年团成立90周年,学习贯彻胡锦涛总书记在纪念建团90周年大会上的重要讲话,复旦大学团委在当天校庆日举行复旦大学纪念中国共产主义青年团成立90周年系列活动,活动分为校庆升旗仪式,青年师生早餐会和主题论坛。党委副书记陈立民、团市委副书记夏科家及学校相关单位教师和优秀学生代表等参加活动。 (汤耐尔 邱宁斌)

【开展“中国道路”十八大主题教育活动】 10月起,以党的十八大召开为契机,依傍复旦大学的人才优势和学术资源,复旦大学团委整合多方力量,成体系推进十八大主题教育系列活动。十八大前后,团委举办“中国道路”主题教育系列活动,活动主要分为“中国道路”主题讲座、“与党代表畅谈中国未来”青年研讨会、“中国道路”青年知识竞赛、“青春之歌”文化演出等4个板块。其中“中国道路”系列讲座共举办9场,为期近2个月,受众愈2 000人次,从中华文明、人口发展、外交、经济、医改、航空航天、海洋战略、自然科学等方面,邀请各方学者畅谈“中国道路”,引发学生对于中国发展的深思,激起学生爱国荣校和服务社会的使命意识。系列活动受到了《解放日报》等主流媒体的广泛报道。 (汤耐尔 邱宁斌)

【推出《复旦青年》2次特刊】 10月,《复旦青年》—《司南》特刊面世,用32个版详尽分析学校“十二五”规划,主要围绕教学、科研、师资、学科、基建等领域。11月26日,复旦青年报社推出《经典释文:党的十八大报告青年读本》特刊,以3叠、64个对开版面、共计近23万字的篇幅,汇集学校95位教师观点,逐段解读十八大报告原文,为复旦青年学习会议精神提供参考。 (汤耐尔 邱宁斌)

【举办首届“一二·九”主题微电影大赛】 12月,复旦大学团委举办首次复旦大学“一二·九”主题微电影大赛。大赛以“我的祖国”为总主题,分设“这是美丽的祖国”、“这是英雄的祖国”、“这是强大的祖国”等3个板块。共收到参赛作品25件,评出最佳主题微电影作品奖3名,最佳导演与编剧奖1名、提名奖2名,最佳素材与拍摄奖1名、提名奖2名,最佳制作技术奖1名、提名奖3名。

(汤耐尔 邱宁斌)

【开展两新组织团建工作】 2012年全年,根据团中央在新经济组织、新社会组织中推进团组织建设与青年服务的精神,复旦大学团委成立复旦大学新经济组织团总支作为校团委的二级组织,建立上海复旦科教器材服务有限公司团支部、上海复翔信息科技有限公司团支部、上海复展照明科技有限公司团支部、上海复蝶职能科技有限公司团支部、复启教育咨询有限公司团支部等5家企业团支部。团委为5家新经济组织团组织开出团建服务菜单,探索团工作沟通渠道,开展职业青年服务。

(汤耐尔 邱宁斌)

【开展“牵手·希望”关爱来沪青少年专项行动】 复旦大学团委响应团中央的“关爱行动”,拓展校地合作方式,开展“牵手·希望”关爱来沪青少年专项行动,在普陀区和杨浦区建立6个行动基地。其中普陀区团委和复旦大学团委合作建立“牵手·希望”桃浦来沪青少年第二课堂,引导志愿者为来沪青少年提供以兴趣培养、素质拓展为重点的免费教学。2012年上半年,第二课堂的春季班共上课11次,每次4学时,一学时40分钟。超过50名志愿者参与其中,服务来沪青少年300余人次。下半年共有38人进行44人次的教学活动。除桃浦基地外,另有经济学院青志队、外国语言文学学院青志队、数学科学学院青志队、社会发展与公共政策学院青志队、远征社等5支队伍继续与街镇及学校结对开展针对来沪青少年的教学服务,包括与普陀区长征镇团委及学校、杨浦区殷行街道、普陀区真如镇社区学校、浦东金杨街道、杨浦区叶氏路、政通路、五角场镇街道和虹口区欧阳街道邮电新村结对,开展“第二课堂”趣味教学活动,通过课程讲解和游戏相结合的形式,旨在激发农民工子弟学习的热情,提高他们自身的综合素质,增强他们对未来的信心。

(汤耐尔 邱宁斌)

【举办2012年复旦大学志愿者节】 该活动以“健康公益·爱心接力”为主题,11月24日开幕、12月18日闭幕。活动共举办4个板块,10项活动,其中包括:新公益系列活动——“这个冬天不再冷”公益活动(共为支教地孩子募集到601套保暖套件)、为留守儿童和农民工子女用音频讲故事的“爱由心声”系列音频录制活动;志愿理念推广系列活动——公益讲座、“一个鸡蛋的暴走”分享会、复旦青年志愿者风采图片展、复旦研支团事迹广播宣传、见义勇为青年周传金事迹线上推广等;感恩志愿者活动及年度总结表彰活动等。

(汤耐尔 邱宁斌)

【首次举办“新艺术工坊”系列校园艺术展演】 该活动为学生艺术团办公室于2012年下半年打造的全新品牌。截至2012年12月底,共举办5期活动,9月17日,“改编·蜕变”纪念德彪西诞辰150周年专场音乐会;10月16日,与复旦大学钢琴协会以及上海音乐创业协会联合主办的“钢琴学术音乐会”;11月9日,与复旦大学北方社以及上海田耘社联合主办的“相声之夜——北方社 & 田耘社相声专场”;12月6日,与复旦爱乐协会联合主办的“艺术的奉献”瑞士钢琴家路易钢琴独奏音乐会;12月10日,“弦乐华彩,炫动我心”小提琴专场音乐会。 (汤耐尔 邱宁斌)

附 录

2012年度复旦大学学生社团一览表

邯郸校区

科学研究类社团

社团编号	社团名称	社团编号	社团名称
FD-H-USS-KX001	生命学社	FD-H-USS-KX006	贝塔朗菲社团
FD-H-USS-KX002	复旦青年照明协会	FD-H-USS-KX007	本草心社
FD-H-USS-KX003	天文协会	FD-H-USS-KX008	复旦大学数学建模协会
FD-H-USS-KX004	三思社	FD-H-USS-KX009	松果科普会
FD-H-USS-KX005	航空航天协会		

人文社科类社团

社团编号	社团名称	社团编号	社团名称
FD-H-USS-RW001	史翼社	FD-H-USS-RW015	图书馆读者之友协会
FD-H-USS-RW002	复旦诗社	FD-H-USS-RW016	意象学会
FD-H-USS-RW003	社会学社	FD-H-USS-RW017	古琴协会
FD-H-USS-RW004	人文学社	FD-H-USS-RW018	爱屋社(沪文化传播社)
FD-H-USS-RW005	青年法学会	FD-H-USS-RW019	墨林学社
FD-H-USS-RW006	金融保险协会	FD-H-USS-RW020	零悟学社
FD-H-USS-RW007	博雅学社	FD-H-USS-RW021	生命与潜力学社
FD-H-USS-RW008	北辰文社	FD-H-USS-RW022	昆曲研习社
FD-H-USS-RW009	知和社	FD-H-USS-RW023	欧洲研究协会
FD-H-USS-RW011	望道书社	FD-H-USS-RW024	白桦俄语社
FD-H-USS-RW012	少年中国学社	FD-H-USS-RW025	复旦大学 DAYDAYUP 英语口语角社
FD-H-USS-RW013	古诗词协会		
FD-H-USS-RW014	周易协会	FD-H-USS-RW026	校史社

政治类社团

社团编号	社团名称	社团编号	社团名称
FD-H-USS-ZZ002	邓小平理论研究会	FD-H-USS-ZZ005	马克思主义研究会
FD-H-USS-ZZ004	环球事务论坛		

经管类社团

社团编号	社团名称	社团编号	社团名称
FD-H-USS-JG001	会计协会	FD-H-USS-JG006	广告与营销协会
FD-H-USS-JG002	管理协会	FD-H-USS-JG007	证券投资协会
FD-H-USS-JG003	理财协会	FD-H-USS-JG010	管理咨询协会
FD-H-USS-JG004	前程协会	FD-H-USS-JG011	青年成就协会
FD-H-USS-JG005	创意与实践协会		

媒体类社团

社团编号	社团名称	社团编号	社团名称
FD-H-USS-MT002	DVDREAM 协会	FD-H-USS-MT004	传奇工作室
FD-H-USS-MT003	复旦 Vison		

音乐类社团

社团编号	社团名称	社团编号	社团名称
FD-H-USS-YY001	吉他协会	FD-H-USS-YY005	钢琴协会
FD-H-USS-YY002	爱乐协会	FD-H-USS-YY006	乐手联盟
FD-H-USS-YY003	笛箫协会(分会)	FD-H-USS-YY007	复旦歌社
FD-H-USS-YY004	余音社		

舞蹈类社团

社团编号	社团名称	社团编号	社团名称
FD-H-USS-WD001	现代舞协会	FD-H-USS-WD002	国标舞协会

戏剧类社团

社团编号	社团名称	社团编号	社团名称
FD-H-USS-XJ001	燕园剧社	FD-H-USS-XJ003	留声社
FD-H-USS-XJ002	麦田剧社		

球类社团

社团编号	社团名称	社团编号	社团名称
FD-H-USS-QL001	网球协会	FD-H-USS-QL007	篮球协会
FD-H-USS-QL002	乒乓球协会	FD-H-USS-QL008	桌球协会
FD-H-USS-QL003	羽毛球协会	FD-H-USS-QL009	板球协会
FD-H-USS-QL004	棒垒球协会	FD-H-USS-QL010	手球协会
FD-H-USS-QL005	无限排球协会	FD-H-USS-QL012	美式橄榄球协会
FD-H-USS-QL006	足球协会	FD-H-USS-QL013	高尔夫球社

棋牌类社团

社团编号	社团名称	社团编号	社团名称
FD-H-USS-QP001	桥牌协会	FD-H-USS-QP004	国际象棋协会
FD-H-USS-QP002	中国象棋协会	FD-H-USS-QP005	四国军棋协会
FD-H-USS-QP003	围棋协会	FD-H-USS-QP006	桌友联盟

健身类社团

社团编号	社团名称	社团编号	社团名称
FD-H-USS-JS001	武术协会	FD-H-USS-JS004	陈氏太极拳协会
FD-H-USS-JS002	空手道协会	FD-H-USS-JS005	健身协会
FD-H-USS-JS003	少龙拳术俱乐部	FD-H-USS-JS006	瑜伽协会

续 表

社 团 编 号	社 团 名 称	社 团 编 号	社 团 名 称
FD－H－USS－JS007	游泳协会	FD－H－USS－JS010	电子竞技
FD－H－USS－JS008	跑步爱好者协会	FD－H－USS－JS012	剑道社
FD－H－USS－JS009	梅花桩武术协会	FD－H－USS－JS013	跑酷社

户外类社团

社 团 编 号	社 团 名 称	社 团 编 号	社 团 名 称
FD－H－USS－HW001	旅游协会	FD－H－USS－HW006	素质拓展协会
FD－H－USS－HW002	登山探险协会	FD－H－USS－HW008	龙舟协会
FD－H－USS－HW003	定向越野协会	FD－H－USS－HW009	极限飞盘协会
FD－H－USS－HW004	极限运动协会	FD－H－USS－HW010	裁判爱好者协会
FD－H－USS－HW005	自行车协会		

兴趣类社团

社 团 编 号	社 团 名 称	社 团 编 号	社 团 名 称
FD－H－USS－XQ001	书画协会	FD－H－USS－XQ016	军事爱好者协会
FD－H－USS－XQ003	摄影协会	FD－H－USS－XQ017	外语配音协会
FD－H－USS－XQ004	影评协会	FD－H－USS－XQ018	推理协会
FD－H－USS－XQ005	科幻协会	FD－H－USS－XQ019	复旦茶社
FD－H－USS－XQ006	车迷协会	FD－H－USS－XQ020	抽象艺术协会
FD－H－USS－XQ007	素食文化协会	FD－H－USS－XQ022	舆图社
FD－H－USS－XQ008	宜家社	FD－H－USS－XQ023	Dreamer's Value
FD－H－USS－XQ009	沸点漫画社	FD－H－USS－XQ024	北方社
FD－H－USS－XQ012	零零舍社	FD－H－USS－XQ025	手工爱好者联盟
FD－H－USS－XQ013	咖啡与酒文化协会	FD－H－USS－XQ026	馔玉社
FD－H－USS－XQ014	魔术协会	FD－H－USS－XQ027	复旦印社
FD－H－USS－XQ015	哈利波特迷协会		

能力拓展类社团

社 团 编 号	社 团 名 称	社 团 编 号	社 团 名 称
FD－H－USS－NL001	演讲与口才协会	FD－H－USS－NL009	Girls up
FD－H－USS－NL002	成功心理协会	FD－H－USS－NL010	星尚社
FD－H－USS－NL003	沟通协会	FD－H－USS－NL013	UES
FD－H－USS－NL004	服饰美容 ING	FD－H－USS－NL014	头脑风暴社
FD－H－USS－NL005	公关协会	FD－H－USS－NL015	新闻公关协会
FD－H－USS－NL006	PowerPresen	FD－H－USS－NL016	OA 社
FD－H－USS－NL007	模拟联合国	FD－H－USS－NL017	复旦 SIFE
FD－H－USS－NL008	过来人协会		

国际交流类社团

社 团 编 号	社 团 名 称	社 团 编 号	社 团 名 称
FD-H-USS-GJ002	美芹社	FD-H-USS-GJ011	北欧社
FD-H-USS-GJ004	ASES 复旦工作组	FD-H-USS-GJ012	中法丝绸之路协会
FD-H-USS-GJ006	复旦中外学生交流协会(FISCA)	FD-H-USS-GJ013	花开社
FD-H-USS-GJ007	85Broads 女性发展协会	FD-H-USS-GJ014	港澳文化协会
FD-H-USS-GJ008	凿空社	FD-H-USS-GJ015	两岸四地学生交流协会
FD-H-USS-GJ009	中日学生沙龙	FD-H-USS-GJ016	西班牙语俱乐部
FD-H-USS-GJ010	中国德语国家文化交流社	FD-H-USS-GJ017	白桦俄语社

公益类社团

社 团 编 号	社 团 名 称	社 团 编 号	社 团 名 称
FD-H-USS-GY001	法律援助中心	FD-H-USS-GY017	向日葵社
FD-H-USS-GY002	环境保护协会	FD-H-USS-GY018	彩云支南
FD-H-USS-GY007	远征社	FD-H-USS-GY020	曙翼社
FD-H-USS-GY008	一合社	FD-H-USS-GY021	民工子弟服务社
FD-H-USS-GY009	凝心社	FD-H-USS-GY022	TECC(科技教育交流协会)
FD-H-USS-GY011	心生协会	FD-H-USS-GY023	葡萄藤社团
FD-H-USS-GY012	云聚社	FD-H-USS-GY024	爱和协会
FD-H-USS-GY013	复旦大学公益维权协会		

张江校区

社 团 编 号	社 团 名 称	社 团 编 号	社 团 名 称
FD-Z-USS-QL001	张江乒乓球协会	FD-Z-USS-XQ001	摄影协会张江分会
FD-Z-USS-JS003	潆潆水间瑜伽协会张江分社		

复旦大学第十五届研究生支教团志愿者名单

李晓颖 弭雪莹 陈 静 李 杨 热依汗古丽·买买提 李 佳 谢飞翔 沈逸超 任 家 马继愈 陈 叶 钟 山 李 路 刘柯言 刘晓光 李 江 沈 烨 吴曼丽 魏诗强 姚有为 朱学建

2012年复旦大学团委办法奖项获奖名单

第八届"挑战杯"中国大学生创业计划竞赛复旦校内选拔赛

一等奖：年生活项目

二等奖：睿取电子商务有限责任公司项目

上海检诺斯生物科技有限责任公司项目

三等奖：明日东方项目

上海爱康 Anti-Cancer 肿瘤诊断公司项目

上海优百松科技有限公司项目

2012年春季复旦大学大学生日常化社会实践优秀项目

向幸福城市出发——由 PM2.5 等社会热点环境问题看上海城市幸福感

上海流浪猫犬救助现状——基于上海市宠物领养救助中心的调查

太阳花小蝴蝶读书会

点滴关爱，情系夕阳——龙华西路独居老人结对志愿服务

大手牵小手——对杨浦区服刑人员和社区贫困家庭子女的辅导和关爱

复旦大学通识教育调查——从通识教育带来的改变谈起

学校对农民工子女信任行为的影响

复旦邯郸校区周边便利店的比较研究——以本超和全家为例

社区内的"老有所乐"——对上海市浦东新区梅园街道老年人社区服务的现状调查

Green Domino 绿色多米诺——校园环保活动

复旦大学本科生心理适应状况及其影响因素研究

2012 年度复旦大学优秀青年志愿服务集体

彩云支南协会
远征社
2010 级软件工程班青志队
公共卫生学院枫帆青志队
国际关系与公共事务学院 2010 级本科生班 1017 青志队
管理学院本科生青志队

2012 年度复旦大学优秀青年志愿者

国际文化交流学院	张　莹
高分子科学系	于慧娟
环境科学与工程系	胡　晓
外国语言文学学院	张　妮
化学系	宾智超
数学科学学院	马南旬
法学院	周　娴
管理学院	王佳珩
生命科学学院	顾晔星
历史学系	王　慧

2012 年复旦大学暑期社会实践优秀项目

“花开，更好的未来”——勤工助学中心 2012 颍上支教活动
乡村教师帮扶：是双赢还是一厢情愿？——基于甘肃省宕昌县教师需求与外部帮扶力量对接情况的调查分析
“艺”爱之行，梦启定西——2012 甘肃定西暑期支教项目
织梦彩云南，三载古敢情——彩云支南协会暑期云南古敢支教行
星光工程——数学科学学院安徽怀宁小市镇暑期支教调研活动
新农村建设中南街村的社会建设研究
心往欣往，难忘南望——“南望”云南大理漕涧初级中学支教行
“在家上学”教育实验在中国——走访云南大理的现代学堂
我国互联网药品交易监管现状分析——以上海市和江西省为例
代理家长制下的留守儿童——对重庆市代理家长制的实施情况及其影响的调查
支教地小学生对外来文化的认知和行为研究——以西藏林芝县百巴镇小学为例
迁移与融合：长三角地区流动儿童教育融合的比较研究
江浙沪民工子弟语言使用和城市适应性研究——以上海、温州、苏州为例
从读者需求探索实体书店生存之道——以 2012 年上海书展受众为例
云计算在创新型互联网数据中心的应用状况调研——以山东省济南市、青岛市云计算基地为例

2012 年复旦大学暑期社会实践先进个人

万　隆　刘正聪　朱意书　马晓艳　陈　诚　张艺璇
赵颖露　刘　晓　陆健英　刘足云　张　芳　赵　政
周　继　宋彦辰　李淑雅　刘章章

2012 年大学生志愿服务西部计划志愿者名单

刘俊鑫　谢静宜　顾明源　冯梦雨　申　芳　王雯君
杜环环　吕筱青　王淑茜　田　博　张　健　陈　唯
盛玉威　古丽孜热·艾海提阿地力江·艾沙

十二、附 属 医 院

综　　述

【综述】 2012年,复旦大学共有11所附属医院。其中中山医院、华山医院、华东医院为三级甲等综合性医院,妇产科医院、儿科医院、肿瘤医院、眼耳鼻喉科医院、上海市公共卫生临床中心为三级甲等专科医院,金山医院、上海市第五人民医院为三级乙等综合性医院。上海市浦东医院为二级甲等综合性医院,是正在筹备中的一所附属医院。

共有医院职工17 692人,核定床位9 046张。有国家重点学科31个,国家临床重点专科42个,上海市临床医学中心8个,上海市医学重点学科9个,上海市医学重点专科10个,上海市临床医疗质量控制中心21个。有中国科学院院士3人(沈自尹、王正敏、葛均波),中国工程院院士4人(汤钊猷、陈灏珠、顾玉东、周良辅、陆道培)。全年门急诊服务量18 415 181人次,期内出院人数421 879人,住院手术服务量232 475人次。

全面推进住院医师规范化培训工作,完善住院医师规范化培训的管理工作,加强与上海市卫生局和附属医院的沟通协调。组织公共科目考务工作,协助研究生院推进"临床医学硕士专业学位研究生(住院医师)项目",开展住院医师规范化培训工作的调查研究。各培训医院共招录学员513名,接受外地委托培养住院医师16名。截至2012年底,各培训医院出站就业学员250名,在上海各级医疗机构就业率为94.8%。

配合卫生部医管司,高度重视首批国家优质医院创建工作。结合"医疗质量万里行暨'三好一满意'活动"等督查活动及各专题调研,根据《卫生部关于开展优质医院创建工作的通知》(卫医管发[2011]44号)的要求,指导、动员附属医院开展为期5个月的自评自建工作,协助各附属医院做好创建优质医院工作。协助各附属医院投标申报各新建和重新招标建设的临床专业质量控制中心。附属医院获得质量控制中心情况:新建的皮肤科质量控制中心(华山医院)、重新招标的妇科质量控制中心(妇产科医院)。督促各附属医院按照上级部门要求加强门急诊工作管理,积极开展门诊预约诊疗、一站式付费等卫生部要求的重点工作。

根据国家临床重点专科建设项目总体安排,组织各附属医院做好2012年国家临床重点专科建设项目申报,加强附属医院国家临床重点专科建设、执行进度及资金使用工作管理。附属中山医院(呼吸内科、肾病科、普通外科、重症医学科)、附属华山医院(神经内科、肾病科、普通外科、泌尿外科、皮肤科、消化内科)、附属五官科医院(眼科、眼科重点实验室)共获得12个国家临床重点专科立项。

根据《卫生部医政司关于委托复旦大学等单位撰写分级医疗双向转诊标准的函》(卫医政综便函[2012]301号),组织儿科医院25个科室的专家撰写儿科疾病分级医疗双向转诊标准,涵盖主要的儿科亚专科疾病,分别明确二级、三级医疗机构(门诊、住院)应收治的病种及病情标准。受卫生部医管司和卫生部医院管理研究所委托,联合上海交通大学,组织附属中山医院、华山医院、华东医院相关专家编写制定《医院评审员手册》。配合2012年上海市启动的新一轮医院等级评审评价,通过经验交流、提供信息等形式,协助5所附属专科医院(妇产科医院、儿科医院、五官科医院、肿瘤医院、公共卫生临床中心)和2所三乙综合性医院(金山医院、第五人民医院)顺利通过等级复评审。通过各种形式,积极支持浦东医院争创三乙综合性医院。

加强附属医院护理管理。组织召开512护士节专题活动、2012年复旦大学护理论坛。组织申报国家卫生部优质护理示范病房和上海市优质护理服务先进单位、病房和个人、上海市卫生系统第一届"左英护理奖"。协助做好上海市卫生局"优质护理服务示范工程"的推进和落实工作。

推动精神文明建设,促进附属医院的全面发展。完成精神文明各类奖项的校内评审和申报。完成卫生局的各项任务,配合卫生局新闻宣传处、精神文明办公室等上级部门,推动、督促附属医院整改医院管理及行风、流程等方面存在的问题,推动附属医院提高服务管理水平。

完成各项支援工作。继续组织中山医院、华山医院、金山医院医务人员组派医疗队分别支援云南省富源县人民医院、嵩明县人民医院和彝良县人民医院,加强对3家附属医院承担的国家县级骨干医师培训项目(对口云南)工作管理。组织学校领导与各附属医院领导赴复旦大学援摩洛哥塞达特点医疗队进行慰问,同时进一步做好相关队员生活工作等方面的关心照顾。协调组织中山医院组建支援云南、新疆国家医疗队。协助组织部做好援疆工作,尤其是喀什二院"五个中心"建设。

扩大对外合作与交流。牵头组织协调苏州科技城医院与附属医院的合作和交流,11月30日,与苏州高新区管理委员会签订合作框架协议书。参与学校与福建省、甘肃省的合作共建工作。开展青浦中心医院(中山医院分院)成为复旦大学附属医院的前期联络工作,并与徐汇区和浦东新区4家社区卫生服务中心初步达成合作意向。

做好对附属医院的服务工作。编印《2011年复旦大学附属医院基本情况汇编》、《医疗卫生信息简讯》、《医院工作简讯》和《复旦大学住院医师规范化培训专刊》4本日常工作信息文本。根据复旦大学附属医院工作会议精神和校领导部署,稳步推进校内医疗资源整合工作,组织学校精神卫生学科、口腔医学学科发展工作讨论会。委托上海市申康医院发展中心对7家附属医院2011年绩效进行试行测评,协调组织附属医院积极参与申康院长绩效考核评价。配合上海市"5+3+1医改"项目,推动相关附属医院(中山医院、华山医院、金山医院)落实公立医院改革试点工作,推动附属医院开展虹桥医学园区建设工作。召开附属医院危重病人转院工作协调会,下发《关于复旦大学附属医院危重病人转院工作管理的指导意见》,加强对附属医院危重病人转院工作的管理。开展附属医院各条线(医务处、护理部、院办、党办和文明办、门办、教育处、护理部、人事处、医疗纠纷接待)例会工作制,采取先进经验介绍交流、阶段性重点问题研讨、面临困难和建议讨论、兄弟医院参观考察等形式,搭建各附属医院之间交流平台,加强学校与附属医院相关职能部门的沟通和协调,推进医院工作的持续改进。

根据卫生局卫生系列高级专业技术职务任职资格全行业评审工作要求,配合学校人事处开展7家附属医院(中山医院、华山医院、妇产科医院、儿科医院、肿瘤医院、眼耳鼻喉科医院、金山医院)申报高级职称岗位数量核定工作。结合《上海市卫生系列高级专业技术职务任职资格试行全行业评审管理办法》规定及学校人事处和各附属医院意见,与卫生局沟通协商附属医院首年参加全行业评审工作。根据"大走访大调研"在金山医院、第五人民医院和公共卫生临床中心的调研情况,针对郊区医院学科、人才和管理等方面所面临的压力,参与组织对金山、五院、公共卫生临床中心、浦东医院等郊区医院人才方面出台具体支持措施,并与上级卫生行政部门沟通协调,结合卫生系列职称全行业评审工作,开展人才柔性流动试点工作,解决郊区附属医院高端卫生人才紧缺的实际困难。

为进一步加强附属医院处理突发事件和进行媒体公关的能力建设,开展主题为"突发事件的处理与媒体公关"的附属医院中层管理干部培训项目。11家附属医院及附属中山医院青浦分院分管院领导及职能部门负责人参加培训,特邀《人民日报》上海分社副社长李泓冰、《健康报》记者胡德荣、华山医院院办主任靳建平分别以"突发事件中的舆论危机应对"、"善待记者 善用媒体"、"医院品牌形象传播策略"为题,从舆情研究专家、资深媒体记者、医院管理专家等不同角度展示新媒体时代"突发事件处理与媒体公关"对于医院的重要意义。

做好人民来信、来访接待处理,承办、交办、转送、督办信访事项,调查、分析、研究信访情况和信访信息,认真、及时并妥善处置群众来信来访所反映的问题和合理诉求,积极应对和协助处理好各类突发应急事件。按照《上海市人民政府办公厅关于印发〈上海市"12345"市民服务热线办理试行办法〉的通知》要求,开展"12345"市民服务热线工单承接处理工作。按照市联席办、市卫生局相关要求,第五年开展校附属医院重信重访专项治理工作。

2月24日,召开附属医院工作会议,由医院管理处主办、华山医院承办。校党委书记朱之文、副校长桂永浩出席会议。卫生部医管司司长张宗久、上海市卫生局副局长翟介明、申康医院发展中心副主任高解春、华山医院院长丁强、中山医院副院长阎作勤等到会并作报告,报告内容涉及门急诊医疗服务、年度医政重点工作、上海市公立医院改革试点、复旦大学附属医院的学科现状与建议、医院精细化管理、住院医师规范化培训等方面。

10月31日,召开附属医院工作会议,由医院管理处主办、上海市公共卫生临床中心承办。校长杨玉良、副校长桂永浩出席会议。卫生部医政司副司长赵明钢等到会并作报告。会上,桂永浩介绍复旦大学上海医学院的组织架构及领导分工,并总结上海医学院成立以来,在医院管理、医学教育、学科规划、科研发展、对外交流、平台建设等方面所做的工作,对上海医学院未来发展提出建设性意见。杨玉良强调,上海医学院作为学校党政的派出机构,根据学校的授权,在大医口的人才培养、科学研究、学科建设、对外交流、发展规划、资源配置等方面,行使相对独立的管理权限。　　(李　磊)

复旦大学附属中山医院

【概况】 2012年,复旦大学附属中山医院按照医院"十二五"规划提出的总体目标和分年度具体目标,紧紧围绕"'我'为中山添光彩,中山为'我'而骄傲"的工作主题,认真做好公立医院改革各项工作和医教研各项常规工作,实现医院良性持续发展。

医院有国家临床重点专科13个,国家重点学科13个(其中5个牵头),"211工程"三期重点学科4个,"985工程"三期重点学科3个,上海市重点学科2个,上海市医学重点学科2个,上海市公共卫生重点学科2个,卫生部、教育部和上海市重点实验室各1个,上海市临床医学中心2个,上海市临床医疗质量控制中心6个,上海市"重中之重"临床医学中心建设项目2个,上海市"重中之重"临床重点学科建设项目3个。现有教职员工3 554人(含分部),其中正高级职称131人、副高级职称288人、中级职称947人、师级职称1 092人、士级职称511人、其他585人。复旦大学特聘教授5人。招收新职工293人,其中医师61人,护士79人,其他人员36人,上海市住院医师规范化培训基地培训生117人。本部现有临床业务科室47个,核定床位1 700张。全年共完成门急诊 2 938 487 人次，较 2011 年增长 6.26%；出院病人 79 124 人次，较 2011 年增长 5.38%；住院手术病人 50 739 人次，较 2011 年增长 2.39%。平均住院天数为 7.67 天，比 2011 年下降 0.47 天。

以创建"国家优质医院"为明确目标，积极落实公立医院改革，始终坚持公益性的办院方向，全面推进"三好一满意"活动，加强科学管理，确保医疗质量，优化服务体系，提高患者满意度，努力为群众提供方便、安全、优质、高效的医疗卫生服务；注重学科建设，保持科研与医学教育工作高水准，医院整体实力持续增强。3 月，正式通过上海市三级甲等综合医院的等级复评审，成为上海市首批通过复评审的 10 家大型综合性医院之一。在上海市"三好一满意"和"医疗质量万里行"活动联合督查、复旦大学校领导调研、市政协"本市推进医药卫生体制改革情况"专题视察、徐汇区人民政府调研等一系列活动中获得高度评价。踏实推进医疗卫生体制改革各项措施，院长王玉琦被《中国卫生》杂志评选为"十大医改新闻人物"之一。

坚持科技兴院。2012 年共获得科研项目 244 项，经费总计 10 672.4 万元。其中纵向课题 183 项，经费 10 073.5万元，包括：国家自然科学基金 56 项(含国家杰出青年科学基金项目 1 项、重点项目 1 项、重大国际合作研究项目 1 项)、科技部项目 2 项、教育部项目 11 项、上海市科委项目 57 项、上海市卫生局项目 26 项、上海市人力资源和社会保障局项目 3 项、上海申康医院发展中心项目 4 项、其他课题 24 项；横向基金 61 项，经费 598.9 万元(含科技创新基金 11 项)。资助院级基金 51 项，经费 128 万元。

樊嘉获得十佳全国优秀科技工作者称号。获得国家科技进步二等奖 1 项、上海市科技进步一等奖 1 项、上海市科技进步科普类一等奖 1 项、上海科技进步二等奖 1 项、上海市医学科技二等奖 2 项、陈嘉庚生命科学奖 1 项；董丽莉、李华获得明治乳业生命科学奖。根据医院个人学术信息系统数据，全年共发表各类学术论文 916 篇，其中 SCI 论文 300 篇，影响因子总计 939.57 分。主编学术专著 24 本，副主编 1 本，主译 1 本，副主译 1 本。

以学科建设为龙头，带动科研力量的增强。顺利完成"211"工程三期建设，"985"工程三期建设通过中期评估。病毒性心脏病重点实验室通过卫生部的评估。"上海市肝胆外科临床医学中心"和"上海市心血管临床医学中心"项目获得上海市"重中之重"临床医学中心建设项目支持，影像医学与核医学、普通外科和呼吸内科获得上海市"重中之重"临床重点学科建设项目支持。初步完成全院学科评估工作，继续扶持弱势学科，加强研究所建设，年内资助 14 个科室各 30 万—50 万，5 个研究所各 50 万，3 个重点实验室各 60 万。2 月，上海市呼吸病研究所在本院挂牌成立。同月开始与美国 BD 公司生物科学部门携手开展高端科研服务项目，向全国生物科学及医学研究工作者开放，年内共举办培训 49 期。9 月，与中国医院协会医疗技术应用专业委员会合作举办上海高端专题座谈会，30 余位院士或专家就提请卫生部保留"自体免疫细胞治疗技术"进行了商讨。生物样本库建设逐步走向规范，获得上海市研发平台专项基金资助 75 万。年内共申请专利 33 项，其中发明专利申请 15 项，实用新型专利申请 18 项。32 项专利获得授权，4 项专利成功转让。

年内伦理委员会召开药物临床试验伦理评审会 12 次，评审项目 112 项；生物医学研究项目伦理评审会 13 次，评审项目 157 项；研究类项目预审查 160 项；器官移植伦理评审会 10 次，评审 3 对活体肝移植、23 对活体肾移植。规范有序开展器官移植，完成心脏移植 22 例、肝脏移植 102 例(其中活体肝移植 2 例)、肾移植 43 例(其中亲属肾移植 21 例)。12 月，本院成为上海市首批人体器官捐献试点医院。完成药物临床试验机构资格认定复核工作，顺利通过现场检查。

进一步规范住院医师/专科医师规范化培训工作。多次召开住院医师培训、教学秘书及毕业后教育委员会工作会议，完善制度，落实高级职称教学要求的核查管理，提高培训质量。新录取住院医师 120 人，共有 374 名住院医师/专科医师参加培养；68 人结业，获得上海市住院医师规范化培训合格证书。12 人获得上海市 2012 年度优秀住院医师表彰。承担上海市住院医师规范化培训结业综合考核工作，共考核 145 人。为复旦大学附属华山医院、复旦大学附属肿瘤医院、上海市公共卫生临床中心等 11 所医院培养住院医师 52 人次。5 月，作为国家医学考试中心评估通过的第一批心血管考试基地之一，组织 2012 年心血管内科专科医师准入及心血管疾病介入诊疗考试，共考核 1 200人次，是我国组织的首次专科医师准入考试。受上海市卫生局委托，承办上海市全科医生(家庭医生)临床能力培训，完成全市所有 18 个区县的培训和考核工作，共培训社区全科医生 1 055 人。该项培训是上海市实行家庭医生制的重要内容之一。

重视临床教学质量，通过组织教师试讲等方式，选拔、贮备教学师资，优化教学梯队。开设专业必修课程 23 门，床旁教学 1 902 人日，新开 MBBS 班 4 门全英文课程。开展学生和督导组对教师授课质量的评估，共评估教师 350 人次。4 人被评为上海市优秀毕业生，9 人被评为复旦大学优秀毕业生。招收各类研究生 173 名，毕业研究生 145 名。4 篇博士生学位论文被推荐校级、市级和全国优秀研究生论文评比。汤钊猷院士当选上海市教书育人楷模。

举办继续医学教育项目共 40 项，接受培训学员 4 198 人；院级学习班 17 期，2 141 人参加学习。组织全院 2 928 名中级职称以下医师及医技人员"三基三严"的理论和技能培训与考试。充分发挥网络信息化平台作用，全面优化进修申请、审批、录取、报到流程，全年招收进修人员 713 人次。远程继续医学教育培训和管理系统正式启用；新研发 2 套高清远程会诊系统，远程会诊质量大幅提高。举办卫生部、上海市卫生局远程医学教育项目 25 个系列，共 225 课次，学员 8 802 人。远程咨询共 243 人次；远程查房 96 人次。

为各类人才提供优良的发展环境。获得国家“千人计划”资助 1 人，上海市“千人计划”资助 1 人，复旦大学特聘教授 1 人，复旦大学关键岗位人才 1 人，上海市人才发展基金资助 1 人，上海市卫生局青年医师培养资助计划资助 13 人。医疗保险办公室郭莺入选“第五届上海市医务青年管理十杰”，泌尿外科姜帅获得全国青年泌尿外科医师腹腔镜操作技能大赛冠军。继续资助职工出国深造，年度出国人才基金共选拔资助 74 人，2 人获得朱剑华—董宝机医学人才基金。

加强行政和业务两支干部队伍建设。完成 24 位干部的任免工作，调整业务科室正副主任 17 位。依照程序推荐产生 7 位正处级和 7 位副处级后备干部。选派干部参加各级各类培训和党校学习，3 人参加市级及以上的干部培训班。接收教卫党委系统挂职干部 3 人、上海申康医院发展中心 1 人、青浦分院跟班培养干部 6 人。继续开展第四至第六批护理人员培训，共培训总部、分部、青浦分院、上海市公共临床中心护士 616 人。启动医技人员培训，开展前期调研，11 月完成第一批医技人员集中培训，200 人接受培训(含总部、分部、青浦分院、上海市公共临床中心)，继续通过培训促进职工自我价值和社会价值的同步实现。

创先争优活动进入第三阶段，即以迎接党的十八次全国代表大会召开为重点开展各类活动。完成十八大代表推荐工作和复旦大学出席市第十次党代会预备人选提名推荐工作，樊嘉被推荐为第十次党代会党代表。组织职工集中观看十八大开幕式，邀请复旦大学肖巍教授作《办好中国的事情——关注十八大》专题讲座。各党总支、党支部积极开展学习活动，领会贯彻十八大精神。优化支部设置，将内科党支部、护理党支部各拆分为 2 个支部、心研所党支部拆分为 3 个支部，本院党支部总数上升为 45 个。设立第二批 6 个党员责任区。开展“党支部创新基金优秀项目”评比，产生一等奖 2 名、二等奖 3 名、三等奖 5 名。年内向 10 个支部下拨“支部创新基金”共计 15 800 元。启动两年一度的医院“先进党支部、优秀党员、优秀党务工作者”评选，评出先进党支部 8 个、优秀共产党员 40 名、优秀党务工作者 8 名。樊嘉获得“全国医药卫生系统创先争优活动先进个人”称号。

常抓党风廉政建设，根据卫生部要求，对医院 3 年来开展“小金库”专项治理各项工作进行总结及评价，受到卫生部治理“小金库”工作检查组好评。制订医院党风廉政建设工作实施方案，全面开展党风廉政防控工作，梳理廉政风险防控点。定期邀请徐汇区检察院参加医院工程项目例会，推进优质廉洁工程建设。安装防统方软件，加强统方管理。制订《中山医院网络信息安全保密制度》，要求全院职工知晓并遵照执行。

开展质量持续改进活动，以质量组为管理工具，充分发挥团队的力量，在每一工作环节中自觉贯彻质量持续改进的理念，挖掘为患者提供更优质医疗服务的潜力。上半年，在心外科、内分泌科、神经内科、内镜中心、泌尿外科等 5 个科室试点，取得良好效果。在总结经验的基础上，制定管理规定，明确职责，每位院领导分片包干科室、每位科室主任作为工作目标完成责任人；设立“行政职能部门领导督导—种子内训师、骨干内训师指导—教辅内训师、秘书组协助—各科室质量圈”的四级工作组织架构。7 月 30 日，召开动员大会，将活动推广到全院。11 月，邀请清华大学教授刘庭芳到院讲座，详细讲解安全与质量改进工具在医院管理中的积极作用。8 月至年底，临床、医技、行政和后勤共 67 个科室、部门参与，组建 92 个质量圈，圈员 1 012 人。12 月 31 日，举办全院中期交流会，对成果进行总结和展示。

继续推进民主管理，组织干部职工参加培训，邀请上海市医务工会张浩常务副主席、上海工会管理学院教授王贤森到院讲座，认真学习《上海市职工代表大会条例》。通过职工代表大会对医院年度工作总结和计划、财务管理、人事管理、“三重一大”事项和职工关心的重大事项进行审议。全年收到提案 58 件，职能部门办复率 100%，职工代表对提案处理满意率 100%。

持续改进医疗质量，落实公立医院改革重点工作。对全院所有医生进行电子化临床路径培训，每月对开展科室进行工作量排名和相对入径率的排名。全年共 30 个临床科室 389 个病种开展电子化临床路径工作，入径总人数 26 137 例，完成总人数 24 675 例。普通外科、肾病科、呼吸内科和重症医学 4 个专科成功申报国家重点专科建设项目，本院国家临床重点专科建设项目总数达到 13 项。对获批项目精心管理、着力建设，得到卫生部专家组的充分肯定。年内共申报医疗新技术二类技术 6 项、三类技术 7 项，其中 8 项已获得技术和行政准入。大力推进标准化诊断编码工作，在全院范围内开展 5 次 ICD-10 编码的培训，12 月采用 ICD-10 编码诊断的出院病历数已占同期出院病例数的 74%。继续推广电子病历，加强电子病历管理。开展危重病历、死亡病历、输血工作、台账工作、交接班工作等多个专项督查，成效显著。全面检查医技科室应急保障系统，定期督查应急物资、药品管理，统一制定应急流程图，开展急救技能培训，全面提高医技科室应急能力。继续落实医保总额预付制试点工作。完成自费转医保药品调研，有针对性地开展控药工作。合理控制耗材，逐步形成耗材控制方案。加强科室住院均次费用考核，医保费用控制效果较理想。

进一步贯彻落实卫生部文件精神，宣传预约挂号优势，拓宽预约途径，增设诊间预约、出院随访预约和自助预约，构建更便捷、更全面的预约平台。专家门诊预约挂号率 70%，较 2011 年上升 27%。开设普通门诊和专病门诊预约，提高预约门诊就诊率，预约比例从 2011 年的 23% 提高到 50%。个性化设置专家挂号上限，8 月实现门诊医生工作站直接加号功能，取消了原先的人工确认身份的加号登记流程，使患者免于来回奔波。

推进一站式结算模式，8月与中国工商银行上海市分行签署"银医合作"协议，筹备上线实时支付功能，即在诊疗流程的任意阶段实现即时支付。截至2012年底，已安置10台一站式服务机，并完成各诊区叫号电视的安装。改善就医环境，修缮门诊大厅和部分诊室，增设心内科门诊诊位。第八次再版《中山医院门诊手册》，加强对标识的维护与修缮，推出楼层就医指引图。开展骨质疏松免费测量、骨超声骨密度免费测试、前列腺癌免费筛查等，举办"中山大讲堂"健康教育活动52次，受益人数8 110人次，通过内容丰富的健康咨询和教育活动，向患者传播医疗科普知识。

高度重视医疗安全，控制抗菌药物临床应用，临床科室签署责任状，进行3次全院范围的培训和考核。通过电子化手段控制抗菌药物的使用，实现特殊使用级抗菌药物网上会诊。12月，住院患者抗菌药物使用强度为35.91DDD/100人天；住院患者抗菌药物使用率为36.75%；I类切口手术抗菌药物使用率为38.52%；门诊抗菌药物处方比例为8.32%。狠抓手术安全，全年组织手术部位标记管理抽查16次。8—9月组织9批医疗安全培训，全员覆盖，提高职工医疗安全意识。举办22次"巴林特小组"活动，480人次参与。"巴林特小组"作为中山医院极具特色的职工心理干预和职业支持方法，获得第四届全国医院(卫生)文化建设"优秀成果"奖、上海市卫生系统医院(卫生)文化品牌等。

坚持以改革护理服务模式为切入点，实施临床护士对患者的责任制整体护理，提高临床护理质量，建立推进优质护理服务的长效机制。医院被评为上海市优质护理服务先进医院，肾内科病房获评全国第一批优质护理示范病房和上海市优质护理服务先进病房。全面实施卫生部新分级护理标准。开展护士岗位管理试点工作，制定工作方案并分阶段实施。编制护士岗位目录，明确岗位内容和职责、各岗位护士的准入标准及各病区岗位配置方案，建立护士人力资源动态管理系统。经澳大利亚循证护理中心(JBI, Joanna Briggs Institute)的严格评审，中山医院成为"JBI循证卫生保健中心的证据应用基地"，是我国首个循证护理实践的证据应用基地。

对口支援工作成效显著。积极推进与云南省富源县的医疗合作与文化共建，加快富源卫生人才培养，提高医疗服务水平，深入开展富源县人民医院"创二甲"与重点学科建设工作，探索建立"中山—富源医疗援建模式"。继续派出第四、第五、第六批医疗队共18名医师开展援建工作，定期选派医疗、护理、医技、管理各方面专家赴滇现场指导富源县人民医院创建二级甲等医院，年内已派出6批32人次，并于11月参照卫生部标准进行预评审。接收进修医护人员，开办中山—富源护理培训班两期。连续两年入选国家医疗队组队单位，10月，两支国家医疗队共16名专家和骨干医师赴滇、疆开展为期一个月的巡回医疗工作。应都江堰医疗中心的邀请，院党委书记秦新裕带领2011年国家医疗队一行6人回访都江堰医疗中心，巩固2011年帮扶成果，并对进一步开展深层次帮扶进行探讨。继续做好F1世界锦标赛中国大奖赛等医疗保障工作，获得大赛组委会和国际汽联医务官员的表扬。

全面执行财政部修订后的《医院财务制度》和《医院会计制度》。根据国家税务总局规定，顺利完成"营业税改增值税"的过渡。完善合同签审流程，对科研合同建立档案，加强科研资金管理。根据财政部和卫生部要求，为公务卡的使用做好前期准备。作为主要力量之一参与卫生部《全国医疗服务价格项目规范(2012年版)》与上海医疗服务价格项目的对接工作。

围绕医院发展规划开展基本建设。继续东院区项目的内部装修和机电安装，10月启动连接东西院区的跨街连廊建设。完成宿舍楼东西两侧外墙消防梯搭建、门诊大厅钢结构及墙面等油漆和涂料翻新、门诊口腔科诊室格局调整和装修、门急诊综合楼设备层内整修、体检中心诊室装修、52和53病区走廊与病房墙面翻修等。围绕"优质服务年"的目标，加强考核监督，进一步确保安全生产。节能减排工作常抓不懈，汪昕副院长被评为"十一五"时期全国节能先进个人。与上海市节能监测中心、上海市工业锅炉研究所合作开展的"燃气锅炉冷凝式余热回收"项目成效显著，获得上海市职工合理化建议优秀成果奖。

加强设备管理，年内新增设备2 153台(件)，共11 451万元；报废设备718台(件)，共1 144万元；维修、维护保养各类设备3 400台(件)。安装并投入使用的设备包括：泌尿肾盂造影X线系统、质谱仪、16排CT、模拟定位X线机、大孔径放疗模拟定位CT等。加强固定资产管理，修订固定资产报废处置流程，所有报废设备交上海申康医院发展中心委托的设备处置拍卖公司统一处理。

打造现代化医院，在原有以电子病历为核心的医院信息系统基础上，逐步开发移动应用，移动电子病历已经使用，移动护理终端开始测试。增加临床路径系统，测试手术麻醉、重症监护等功能模块。完成预约诊疗功能的开发和实际使用，基本完成一站式付费、闵行区双向转诊、呼叫中心等功能的开发，正在进行测试。建设中山医院—贵州高端远程会诊系统，接通远程链接和手术转播。新的院内分机和会议系统已完成安装并开始试用。

国内外交流活动频繁。成功举办第八届上海国际呼吸病研讨会(ISRD)暨美国胸科学会(ATS)联合大会、第六届东方心脏病学会议、第八届上海国际大肠癌高峰论坛、第三届上海国际微创心血管外科论坛、第五届中日ESD高峰论坛、第二届全国肝癌中青年论坛、中国血管论坛等高水准会议，分别举办泌尿外科成立60周年、上海中山医疗科技发展公司成立20周年和神经内科成立20周年庆祝活动。先后接待拜耳医药保健有限公司处方药全球业务总裁、美国国立卫生研究院、美国克利夫兰医学中心、瑞典隆德大学、美国波士顿医学中心、美国哈佛大学药学院、广西壮族自治区政府代表团、北京大学第一医院、北京协和医院、北京医院、江苏省人民医院、南京大学医学院附属鼓楼医院、中南大学湘雅二医院、中南大学湘雅三医院、新疆医科大学第一附属医院、天津市人民医院、中山大学孙逸仙纪念医院、中山大学附属第三医院、中山大学附属第六医院、常州市第一人民医院、天津市卫生局考察团、重庆市创三甲医院考察团、湖北省武汉市卫生局考察团、浙江省金华市卫生局考察团、甘肃省张掖市卫生局考察团等多人次来院参观访问。新聘或续聘客座教授10名。与大连医科大学附属第一医院结为友好医院，与湖州市中心医院建立协作关系。

以“改善服务年”为主线，推进精神文明和文化建设。4月递交《2011年中山医院文明单位社会责任报告》。根据卫生部要求，6月在全院范围内进行医疗卫生职业精神大讨论，通过主题征文、专题研讨、座谈交流等多种形式，汇总形成本院医疗卫生职业精神，即“严谨求实、德术共进、精勤不倦、平等仁爱”，集中体现医务工作者的正能量。开展“关爱患者，从细节做起”文明服务主题活动，通过换位思考，寻找服务中的盲点和不足，38个部门、科室共递交207条改进措施，182条已应用于实践，同时凝练出创意新、效果好、易推广的“十项细节改进服务举措”。开展第三届精神文明“创新奖”、“金点子奖”评选活动，共收到申报项目71项，32个项目获奖。激励全院窗口部门开展优质服务活动，评选出21位“窗口示范服务明星”。在上海市卫生系统文明单位检查和上海市卫生局新闻宣传处调研等活动中广受赞誉。院党委副书记沈辉在上海市卫生系统“关爱患者，从细节做起”文明服务主题交流推进会上作交流发言。

积极开展红十字工作，建立健全组织管理机制，制定工作计划、活动方案，制定医院红十字各项规章制度。400多名医院在职职工招募成为红十字志愿者。加强宣传教育，充分利用医院宣传栏、长廊电视、网络、院报等宣传平台，向200多名新职工发放《红十字知识简明读本》和《现场初级救护手册》。7月接受上海市红十字工作检查小组现场评估。推进社会工作者和志愿者服务工作，成立社会工作部，面向社会招募志愿者，扩充队伍，开展各类志愿服务，并进行志愿者课题研究。积极申报上海市志愿者基地并获通过。　　（钟　苑）

【被推荐为“首批国家优质医院创建重点联系单位”】 7月，中山医院被复旦大学推荐为“首批国家优质医院创建重点联系单位”。医院围绕“以病人为中心，保障安全，提升质量，改善服务，提高效率”的主题，进一步加强管理，精益求精，通过干部大会向全院布置创建国家优质医院的重要任务。各科室、部门积极行动，确定专项工作联系人，认真自查、及时整改，力争在各方面作出表率，确保实现创建目标。　　（钟　苑）

【继续开展援疆工作】 按照上海市统一部署，推进上海援疆卫生教育项目的实施，5月，中山医院作为首批签约的三家医院之一，与喀什地区第二人民医院签署《复旦大学附属中山医院援建喀什地区第二人民医院“心血管疾病诊治中心”建设第一轮三年行动计划》，3年内派出心内科（援建一年半）和心外科（援建半年）医生进驻该院，全面承担喀什二院心血管系统疾病诊疗中心的援建工作，2名医师于7月出发。5月，与新疆新源县人民医院结为长期友好合作医院，签订远程医疗会诊协议和远程医学教育协议，新疆新源县人民医院成为中山医院内镜中心诊疗基地。同月，与新疆呼图壁县人民医院签订远程医疗会诊协议和远程医学教育协议。　　（钟　苑）

【多项专利技术成功转让】 3月27日，中山医院与浙江中科生物医药有限公司举行成果转让签约仪式，2项科研成果（授权专利《一种免疫抑制药物及其制备方法和应用》和《黄芪甲苷在制备药物组合物中的应用》）成功转化，转让合同金额分别为1 500万元和12万元。复旦大学副校长桂永浩、徐汇区卫生局局长刘诗强、中山医院院长王玉琦、副院长朱同玉、浙江省科学技术厅副厅长丁康生、浙江省人民政府国有资产监督管理委员会纪工委书记楼仁良、浙江中科生物医药有限公司郑中华董事长、郑慧科总经理等出席签约仪式。专利技术的成功转让不仅能为医院创造经济效益，而且将科研成果从实验室推向市场，真正实现将科学技术转化为生产力。12月，2项专利技术（《一种可调式吸氧装置》、《纤维蛋白原与聚乳酸/聚己内酯复合构建纳米组织工程支架及制备方法》再获转让，其中《一种可调式吸氧装置》成为上海市医药卫生技术转移服务平台的首个成功转让签约案例。　　（钟　苑）

【多位教授任新一轮规划教材主编、主审】 全国高等学校五年制临床医学专业第八轮规划教材的主审、主编、副主编人员名单确定，中山医院陈灏珠担任教材评审委员会主任委员，葛均波和祝墡珠分别担任《内科学（第8版）》和《全科医学概论（第4版）》主编，秦新裕担任《外科学（第8版）》副主编，陈灏珠、吴肇汉和杨秉辉分别担任《内科学（第8版）》、《外科学（第8版）》和《全科医学概论（第4版）》主审。中山医院在新时期医学教育和人才培养的地位得到认可。　　（钟　苑）

【葛均波获“全国五一劳动奖章”】 4月25日，上海市五一劳动奖状（章）表彰大会在上海市科学会堂举行。中科院院士、上海市心血管病研究所所长、中山医院心内科主任葛均波获“全国五一劳动奖章”，受到大会表彰。　　（钟　苑）

【樊嘉、潘柏申入选上海市“我心中的白衣天使”】 由市委宣传部、市文明办、市卫生局联合新闻媒体开展的我心中的白衣天使——市民投票评选五“十佳”（十佳医生、十佳护士、十佳医技工作者、十佳公共卫生工作者、十佳卫生后勤工作者）评选中，经市民投票和专家评审，中山医院副院长、肝外科主任樊嘉入选“十佳医生”，检验科主任潘柏申入选“十佳医技工作者”。　　（钟　苑）

复旦大学附属华山医院

【概述】 2012年，复旦大学附属华山医院有教职员工3 123人，其中正高级职称123人，副高级职称272人，中级职称676人，初级及以下职称1 826，未聘专技职称111人，工人115人。新增职工163人。通过复旦高级职称聘任2人，通过中级职称聘任78人、初级职称90人，同意转正定级5人。有核定床位1 216张，临床医技科室共39个。现有国家重点学科10个、卫生部临床重点专科16个、上海市领先学科2个。有卫生部重点实验室2个、上海市临床医学中心2个、上海市卫生局临床专业质量控制中心8个。

全年门诊3 233 224人次，比2011年增加5.96%；急诊172 251人次，比2011年增加7.93%；住院62 704人次，比2011年增加9.10%；手术33 843人次，比2011年增加7.50%。平均住院日为8.39天，比2011年减少0.48天；床位使用率104.91%，与2011年基本持平。

以"医疗质量万里行"要求、JCI评审第四版内容为标准，"三好一满意"活动为抓手，落实医疗质量管理工作。由相关职能部门定期深入病房、手术室，对手术标记、病房安全隐患等进行检查。重新制定新版本的医疗质量管理制度，修订急诊管理制度、急诊留观制度、未成年病人管理制度、病人评估与再评估制度、会诊制度、手术安全核查制度、危急值报告制度、手术与有创操作分级管理制度、各类应急预案、中深度镇静管理制度等，做到持续改进；继续全面开展预约挂号，在专家门诊预约的基础上，稳步推进专病/专科门诊预约，2012年预约人数突破42万人次，较2011年增加39%。实行短信提醒、陪伴服务，坚持推行分时段预约。推进"三好一满意"活动，推出医生咨询、健康教育、营养治疗、接送患者、医务社工服务等，并陆续推出短信陪伴，双屏提示，自助打印，"一卡通"，预约挂号等服务。逐步开展"先诊疗，后付费"服务，增设10台"一站式"机器，涵盖自助挂号，自助收费，费用查询、医保账户查询等多项功能。

全年新增7个国家卫生部临床重点专科，截至2012年底，医院的卫生部临床重点专科总数已达16个。2010年与2011年获得卫生部临床重点专科的9个重点专科建设项目也在抓紧建设中。

2012年，做好短道速滑世界锦标赛、F1中国大奖赛、国际自行车联盟女子公路世界杯赛、WEC国际汽联世界耐力锦标赛、中国房车锦标赛、中国杯世界花样滑冰大奖赛等重大体育赛事的医疗保障工作。做好奥运中国代表团医疗保障工作，1人担任奥运医疗官，全程保障奥运，前期对奥运冠军徐莉佳成功实施手部手术与康复治疗，后期对刘翔进行医疗保障与会诊。

继续落实"十二五"规划，分解各条块工作的年度目标，进行40余场综合目标考核科室访谈，完成科室目标任务书的制定和签署工作。完善绩效考评机制，对科室重点指标进行及时监控，并通过与科室沟通、访谈，对指标进行及时调整。

积极推进信息系统建设，继续完善临床应用系统建设，如影像归档与传输系统(PACS, Picture Archiving and Communication Systems)大影像平台建设、手术麻醉系统、电生理系统以及护理诊断库等；推进服务临床的管理系统建设，如医疗质量监控类系统、不良事件上报管理系统、医保管理系统、门急诊管理系统、膳食管理系统等；进一步完善病员服务流程系统的改造，如就诊排队系统、统一消息扩展应用项目、自助服务系统等。进一步加强医院信息基础设施建设，实现了医院无线网络的全覆盖，医院服务器交换机升级等。完成上海申康医院发展中心要求的医联二期接口改造及医联数据上传改造工作，建立卫生部要求的远程会诊医疗中心。

2012年，医院本部共招收26名各科各学历的应届毕业生；同时积极为北院储备人才，新进人员中北院在编142人；合同改签工作也在同时进行，共有314人改签北院。聘请华山医院客座教授6人，其中感染科2人，抗生素研究所2人，中西医结合科1人，泌尿外科1人；胰腺外科名誉教授1人；1人获卫生部有突出贡献中青年专家。

全年招收统招博士生77名(硕博连读23名)，硕士生68名(推免生32名)，同等学力硕士22名，同等学力博士10名，留学生硕士3名，港澳台硕士生2名，留学生博士1名，港澳台博士2名。152人参加毕业答辩，其中硕士78人，博士74人，141人申请学位，其中硕士76人，博士65人。八年制学生77人，顺利完成分流、遴选导师及开题工作，制定个体化的培养方案，与住院医师培养接轨。新增硕士生导师16名，新增博士生导师12名，上海市千人计划认定导师1名，弥补核医学科博士生导师的空白。共发表教学管理论文6篇；获得复旦大学、上海医学院教改课题共计19项(占立项总数的63%)；获得1项校研究生教学成果一等奖，申报4项上海市教学成果奖并已通过校内初评。八年制学生组成的华山参赛队荣获"第三届全国医学高等院校大学生临床技能竞赛(华东赛区)"风采奖。

全年获批78项国家继续医学教育项目，均在年内完成；举办学习班83次，为全国培养各类卫生技术人才达6 516人。开设各类继续教育培训课程90节次，培训医师系列人员达11 400人次。共接受进修医师456人，其中定向培养27人。

住院医师规范化培训工作有序进行，设有15个上海市住院医师规范化培训基地，全年近500名考生报考，录取学员共130名，签约完成率达90.3%。住院医师规范化培训课程各模块设置完成，紧扣《上海市住院医师规范化培训细则》，继续运用先进的mini-CEX/DOPS考核模式。住院医师规范化培训学员公共科目考试《综合知识》合格率96.1%、《重点传染病防治》93.5%，结业综合考核通过率为97%，在上海市综合性医院中名列前茅。

全年从各渠道获得纵向科研项

目179项，科研经费10 172.35万元，横向经费685.04万元，临床研究经费1 143.85万，科研总经费12 001.24万元。获得国家自然科学基金共69项，包括青年科学基金—面上项目连续资助项目1项；牵头“十二五”国家科技支撑项目1项；科技部艾滋病和病毒性肝炎等重大传染病防治课题4项，重大新药创制课题1项；“973项目”课题1项。

入选上海市领军人才1名，上海市优秀学术带头人计划3名，上海市青年科技启明星跟踪计划1名，上海市浦江人才计划1名，上海市公共卫生优秀学科带头人1名，第五批全国老中医药专家学术经验指导老师1名，继承人1名。1人获上海市青年科技英才称号；获教育部高等院校科研优秀成果奖一等奖1项，二等奖2项；获中华医学科技奖二等奖1项，三等奖2项；上海市科技奖二等奖1项，三等奖1项；上海医学科技奖一等奖2项，二等奖1项，三等奖2项；上海康复医学科技奖三等奖1项。

发表论文总数800篇，其中SCI期刊收录323篇(论著265篇)，国内权威139篇，国内核心189篇，普通英文14篇。年内有两篇论文(*Letters*)发表在世界顶级杂志《自然·遗传学》(*Nature genetics*)(影响因子35.532)和《自然·医学》(*Nature medicine*)(影响因子22.462)上。出版专著或大学教科书共8本。授权专利23项，发明专利17项，实用新型5项，计算机软件著作1项。

推进战略性国际合作项目，继续保持与美国麻省总医院(Massachusetts General Hospital，简称MGH)战略合作伙伴的良好关系；2月，哈佛大学医学院高层代表团来访，医院举办“公立医院改革与发展国际峰会”；10月，主办华山—麻省总院高峰论坛，邀请包括麻省总医院院长Peter Slavin在内的美国专家团参与论坛与讲座。进一步深入与梅奥医学中心(Mayo Clinic)的合作，年内与其相关科室共同举行两场学术活动。与英国伯明翰大学医院签署战略合作协议，加强全科医师培训及转化医学方面的合作与交流。全年选拔10名来自临床医技的医生骨干和6名护理人员赴MGH和Mayo Clinic进修学习，1名医生赴英国伯明翰大学系统学习全科医学模式，2名医生先后赴维也纳医科大学开展皮肤基础研究项目。选送4名中层干部参加卫生部与哈佛公共卫生学院举办的中国卫生改革与发展高级研修班。

全年因公出国及赴港澳台人员共计537人次，其中工作2人次，访问考察93人次，访问学者3人次，合作科研4人次，培训进修30人次，学术交流4人次，讲学3人次，会议313人次。因私出国审批465人次。

共接待来院参观、学习、交流的国内外来宾50余批，共计近900人次，其中包括中国工程院院长周济、英国伯明翰大学副校长、英国皇家外科学院副院长、史塞克国际集团总裁、美敦力公司全球总裁等国内外嘉宾。

根据卫生部要求，对已有的24个合作体(1家托管医院、3家合作共建医院、10家专科合作医院、9家神经外科集团医院、1个宝山医疗社区卫生服务集团)进行规范管理，建立对外合作项目的追踪管理制度，定期收集各合作单位的财务报表、业务报表等能真实反映收益的数据资料。新建合作项目2项(上海华山医院呼和浩特市脑外科诊疗合作中心、溧阳市人民医院帮扶工作)，续约项目4项(闵行区中医医院、宝山区卫生局、静安区中心医院、普陀人民医院)，终止项目1项(邮电分院)。选取静安区中心医院和闸北区永和地段医院作为引进医疗机构评审联合委员会(Joint Commission on Accreditation of Healthcare Organizations 简称JCAHO)管理理念的试点，新增南汇分院为试点医院，对相关医院进行11次巡查和培训。

开展“七一”评优表彰活动，共评选出先进党支部11个、优秀共产党员82名、优秀党务工作者7名。组织院党政领导、处级以上干部、党支部书记和支部委员集中收看十八大实况直播。特邀党的十八大代表、上海市卫生局局长徐建光来院为全体中层干部作专题报告。组织支部书记、中层干部、团干部参观《使命·责任·追求——迎接党的十八大系列》展览活动。2012年共发展新党员49名，其中职工发展37名，学生发展12名，其中医生10名，护士15名，医技人员7名，管理及客服人员5人。继续与金山区张堰镇党委开展结对帮扶共建工作，全年共组织40名党员专家多次前往张堰镇，服务当地群众共计2 000余人次。配合上海市各民主党派的换届工作及市人大、市政协代表的推荐工作。吕元当选民革上海市常委、副主任委员，李益明当选民革上海市委员，黄峰平当选农工上海市常委、副主任委员，王翔、朱会耕、孙红英、陈世益、赵霞当选九三学社上海市第十六届委员会医疗卫生委员会委员，丁强当选上海市第十四届人民代表大会代表，吕元和黄峰平当选中国人民政治协商会议第十二届上海市委员会委员代表。

每月对上海出院病人进行满意度测定，测评样本平均每月约2 700份，较2011年每月增发了约16.4%。2012年全年平均满意度为94.6%，相对2011年满意度提升0.42%。在上海市万人问卷调查、卫生部“三好一满意”活动调查等检查中名列上海前茅。全年收到出院病人意见和建议96件，较2011年下降12.7%。医院获得全国文明单位，并蝉联海市文明单位、卫生系统文明单位的荣誉称号。

全年SMG电视新闻播报35条，整台转播超90次，平均每周2次。医院专家参与的电台科普节目超过80台。整体见报290篇，其中国家级媒体60篇，《文汇报》、《解放日报》、《新民晚报》三报为85篇，网站转载超3 000次。在继续加强新华社宣传阵地的基础上，建立《健康报》、《中国医学论坛报》等全国性行业媒体基地。保持零负面新闻。完善新改版后华山医院网站的各个板块，共在主页上发布新闻300余条，其中图文新闻240条。在医院主页开辟“学习十八大专题板块”。发行《华山医院报》20期，包括常规院报12期，文化特刊8期，其中“七一党建”及“华山医院团代会”专刊各1期。拍摄影像近2 000分钟，制作宣传片5部。编写、出版

《新百年华山文化丛书之四——用心守护生命》。

全年组织廉政教育29次。制定并通过《华山医院加强廉政风险预警、规范权力运行机制建设试点工作方案》,查找出廉政风险点86个,梳理权力103个,确定权力86个、风险点86个,其中A级9个,B级47个,C级30个。9月,顺利通过市卫生局纠风办对试点单位的验收工作。做好信访举报反映集中的问题处理,共受理信访举报件24件,办结率100%,失实24件,谈话31人次,凡署名的均向投诉人反馈查处结果,投诉人均表示同意或满意。上交红包礼金334人次,合计人民币989 086.33元,上交回扣12次,合计人民币90 589.6元,收到表扬信1 319封,锦旗651面,其他表扬64次。

推进支援西部医疗服务工作,完成卫生部、市人力资源和社会保障局、团市委以及复旦大学布置的各项对口支援工作。第六批支援云南嵩明医疗队共计6名队员赴当地工作。支持当地学科建设,接纳人员来院进修。3人赴摩洛哥参加援摩医疗队。

5月8日,开展"洒向人间都是爱"红十字主题日活动,进行免费白内障复明手术、造血干细胞血样采集等一系列活动;成功救助1名上视新闻中求助的合并严重皮肤病的脑瘤患者;共有8个不同科室的9名特困患者得到院红十字基金资助,资助金额近15万。9月上旬,组织红十字救援队8人参与由中国红十字会组织的"生命高于一切"紧急救援演练;组织20名专家回访汶川地震援助地都江堰,继续支持当地医疗事业的发展。

组织召开一年两次职代会,继续开展全院职工素质培训活动、文体活动、文化研讨活动等,医院被评为"2011—2012年度上海市学习型企事业单位";组织参加上海市卫生系统第十届运动会、上海市第七届教工运动会、上海市医务女性风采展示大赛以及上级工会的各项文体活动,并持续推进职工技协工作;继续在全院职工中组织开展募捐帮困及各项慰问工作;工会女职工委员会(妇委会)进行换届改选,选举产生华山医院工会第十九届女职工委员会委员(妇委会);召开妇女先进表彰交流大会;组织女教授参加上海市女医师协会百名高级女医生大型义诊活动以及市医务工会医学志愿者与劳模结对医疗咨询服务活动等;院女职工委员会获得"2012年度上海市卫生系统优秀妇女组织"。离退休同志工作,组织退休党支部换届改选;举办老年兴趣班、组织健身腰鼓队培训、参赛,获上海市卫生系统综合组二等奖等。

组织团委改选工作,利用各大网络媒体及改版后的"青年华山"网等平台进行交流。做好青年志愿者和献血志愿者服务队的队伍建设,有志愿者近200名,青年志愿者服务队开展活动12次,献血志愿者服务队3次共27人次赴上海市血液中心捐献血小板32份;组织各类活动,创优推优,1人获得中国青年五四奖章(提名)和上海市青年五四奖章(标兵),1人获得上海市青年五四奖章;1人获得上海市卫生系统青年管理十杰,1人获得提名;1人获得上海市优秀志愿者称号;5人当选为静安区青年联合会第八届委员;5个集体参加上海市共青团号创建;4人获得上海市无偿献血先进个人;13人获得复旦大学优秀团干部、优秀团员称号;2人获得复旦大学附属医院团工作先进个人;3人获得华山医院优秀志愿者称号。

2012年1月通过SGS通标公司年度ISO9001:2008版改版认证;顺利实施总配电房低压配电柜更换改造项目;完成综合楼改造工程,对综合楼楼前地面进行平整工作;完成综合楼顶楼双语灯箱工程;完成2号楼消防设施设备整改、消防控制室改造以及室外消防两路供水排管;办理更换停机坪使用许可证,完成测绘、公安、设备设施整改、使用手册修订等工作;完成口腔科VIP区域和CT候诊区改建等工作;根据员工诉求,对食堂公开招投标,将原食堂承包集团索迪斯更换为才众餐饮,试用半年;进一步加大对节能设施的更新改造力度,先后开展一系列节能改造项目和管理措施。实施中央空调变频节能系统改造项目;加强用气管理,调整夏季病房供热水时间,节约用气超过17.86万立方,节约费用70.85万元。

严格物资采购预算管理,努力控制成本。对单价10万元以上的大型设备采购进行可行性论证,20万元以上大型医疗设备委托国家指定招标公司统一进行公开招标。对全院医疗设备等固定资产进行全面清查,所有固定资产都已引入条形码管理模式。利用独创的"医保耗材网上申报管理系统"对材料供应商证照、医保编码、价格等电子信息进行全方位的上传、整理、核查、补缺等工作,相关部门共同完成全院医用耗材医保代码的申报和审核工作。开展预防性维护(PM)的医疗设备台件数6 596件,完成率超过90%。

根据医院实际情况,因地制宜,举办消防安全培训演练31批;制作消防"四个能力"宣传图片80张;更换灭火器220只。加大巡逻力度,加强安全防范。处置治安事件中,驱赶、抓获"黄牛"、"医托"、"小广告"及小商贩共500余人(次)。获得上海市治安保卫先进集体荣誉称号。（管德坤）

【周良辅获得"上海市科技功臣"】 3月30日,2011年度上海市科学技术奖励大会在上海展览中心举行。复旦大学附属华山医院神经外科周良辅院士荣膺"上海市科技功臣",并捐款50万元,设立神经外科青年人才培养基金。（管德坤）

【举行复旦大学附属华山临床医学中心(西院)奠基仪式】 9月,复旦大学附属华山临床医学中心(西院)取得国家发改委关于复旦大学附属华山医院西院可行性研究报告的批复(发改社会[2012]3163号)。月20日,举行复旦大学附属华山临床医学中心(西院)奠基仪式。全国人大常委会副委员长桑国卫、中国人民解放军原副总参谋长熊光楷上将等领导莅临参加。（管德坤）

【举办华山—麻省总院高峰论坛】 该论坛于10月26日在复旦大学附属华山医院12楼会议厅举行。由华山医院主办。来自上海市卫生局的领导、美国麻省总院(简称MGH)的专家以及曾赴哈佛、MGH学习交流的医护人员等200余人参加论坛。

MGH的专家分别从医院管理、临床能力培养和护理团队建设等方面与华山医院同行分享相关经验。

（管德坤）

【医院领导班子换届】 12月17日，复旦大学附属华山医院领导班子换届。马昕、毛颖、靳建平、徐文东等4人新任华山医院副院长，原副院长邹和建增补为华山医院党委副书记兼纪委书记、纪委委员，汪志明和邵建华继续担任副院长。原副院长黄峰平因赴任上海市卫生局副局长，不再担任副院长；原副院长吕元和邹和建因已连续担任两届副院长，按照组织原则不再担任。（管德坤）

【北院开业】 12月18日，复旦大学附属华山医院北院正式开业。北院历时3年建成，总规划用地172亩，总建筑面积7.2万平方米，拥有门诊楼、医技楼、住院楼、传染病楼和综合楼等5幢主体建筑。核定床位600张，编制职工800名，预开设内外妇儿中等35个临床和医技科室；一期开放门急诊、ICU与病床200张，医技科室全部配备，职能部门全面进入运转。作为公立医院改革试点医院，华山北院率先完成药品价格调整，加入取消药品加成政策改革试点行列。

（管德坤）

【新增7个国家卫生部临床重点专科】 本年度医院新增7个国家卫生部临床重点专科，包括神经内科、泌尿外科、普外科、皮肤科、消化科、肾脏科、中医科（老年病）。至此，医院的卫生部临床重点专科总数已达16个。2010年与2011年获得卫生部临床重点专科的9个重点专科建设项目也正在抓紧建设中。（管德坤）

复旦大学附属肿瘤医院

【概况】 2012年，复旦大学附属肿瘤医院有国家教育部重点学科2个（肿瘤学、病理学）、国家临床重点专科2个（病理科、中西医结合科），卫生部临床重点学科3个（乳腺癌、放射治疗、病理学）、上海市临床医学中心2个（放射治疗、乳腺癌）、上海市医学重点学科1个（临床病理学）、复旦大学重中之重学科4个（乳腺癌、放射治疗、病理学、大肠癌）。是上海市病理质控中心、放射治疗质控中心、肿瘤化疗质控中心和上海市抗癌协会挂靠单位。设有国家食品药品监督管理局认定的国家药物临床试验机构，及上海市乳腺肿瘤重点实验室（筹）、复旦大学肿瘤研究所、复旦大学乳腺癌研究所、复旦大学胰腺癌研究所、复旦大学大肠癌诊治中心、复旦大学鼻咽癌诊治中心、复旦大学前列腺肿瘤诊治研究中心、复旦大学甲状腺肿瘤诊治研究中心、复旦大学附属肿瘤医院肺癌防治中心、复旦大学附属肿瘤医院恶性黑色素瘤防治中心等科研机构。主办《中国癌症杂志》、《上海医学影像杂志》、英文版 *Journal of Radioation Oncology* 3本学术期刊，以及《抗癌》科普杂志。

医院有教职员工1 608人，其中专业技术人员1 442人；正、副教授168人；博士生导师32人，硕士生导师58人。其中，刘泰福为美国放射学院院士、欧洲放射学会荣誉委员，蒋国梁为美国放射学院院士。

医院设有头颈外科、乳腺外科、胸外科、胃及软组织外科、大肠外科、泌尿外科、妇科、化疗科、放射治疗科、中西医结合科、胰腺肝胆外科、综合治疗科、麻醉科、放射诊断科、检验科、药剂科、内窥镜科、病理科、超声诊断科、核医学科等临床及医技科室。核定床位800张，实际开放床位1 205张。2012年门急诊量93.2万人次，住院4.06万人次，手术2.3万人次，平均住院日11.37天。

全年共招收硕士研究生44名，博士研究生56名；毕业硕士36名，博士38名；在读硕士生154名，博士生159名，博士后6名。

获得各类科研课题144项，累计科研经费5 448万元。包括国家自然科学基金项目39项，总经费1 701万元；获得973等重大课题一级子课题2项，总经费710万元；“乳腺癌的基础和临床研究”团队入选2012年度教育部创新团队发展计划；上海市乳腺肿瘤重点实验室（筹）获得立项。共发表论文332篇，其中SCI收录173篇，IF总分为564。出版专著2本，获得授权专利7项。获得上海市科技进步一等奖1项、二等奖1项；上海市医学科技进步奖一等奖1项、二等奖1项；教授叶定伟作为第三完成人参与完成《前列腺癌诊疗体系的创新及其关键技术的运用》，获得国家科技进步一等奖。

加强国内合作，提高服务质量，扩大受益人群范围，积极筹建位于上海浦东的质子重离子中心，大力推进医学中心项目。2012年共计举办国际会议5次，主办外宾学术讲座37次。

继续大力推动精神文明建设，贯彻响应卫生部深化医改要求，积极开展全国卫生系统创先争优活动及“三好一满意”活动，强化“以病人为中心”的服务理念。勇于创新、不断学习，开拓医院管理模式，从提高信息化程度、规范收费、缩短就医流程、落实便民利民措施、改善医患关系等方面入手，进一步缩短病人就医等候时间，认真研究解决病人“看病难、看病贵”等问题，促进医院内涵建设，进一步改善医疗服务质量，提高病人满意度。医院妍康沙龙志愿者团队获“上海市志愿服务先进集体”荣誉称号。医院病理科荣获“市工人先锋号”荣誉称号。医院乳腺外科护士戴丽萍在新西兰南岛小镇中国旅游大巴车祸中积极参与车祸现场救援，在半小时内，协同他人将所有遭遇意外的游客从事故大巴中救出，被网友称为“最美护士”。医院陆劲松和戴丽萍分获“十佳医生”和“十佳护士”荣誉称号。此外，医院还全面开展“治理医药购销领域商业贿赂”专项工作，积极探索建立医院规范管理和绩效评价的长效机制。

（郭小毛　吕力琅）

【启动全国首家区域化临床病理诊断中心】 1月7日，“深化改革，大胆创新，推进宁波病理事业新发展”——全国首家区域化临床病理诊断中心在宁波举行启动仪式，肿瘤医院院长郭小毛到会致辞。该中心由肿瘤医院负责技术支持，为全国首家规模化、数字化、集约化的区域性临床病

理诊断中心,有助于全面提升宁波市临床病理的诊断和学科建设水平。（杜 祥）

【与欧洲肿瘤研究所签署合作协议】 1月9日,肿瘤医院与意大利欧洲肿瘤研究所(European Institute of Oncology, IEO)正式签署合作协议,缔结为“姐妹医院”。上海市卫生局副书记黄红、科教处、国际交流处领导及复旦大学上海医学院副院长汤其群分别到会致辞。院长郭小毛、IEO执行主席 Mr. Stefano Michelini 代表双方签署协议。双方代表就两院间开展转化型医学研究和临床试验、交流开展肿瘤新技术、共同举办学术会议以及申请基金支持肿瘤医院人员培训等进行探讨。（程 玺）

【成立 2 个名中医工作室】 2月7日,“于尔辛名中医工作室”、“刘鲁明名中医工作室”在肿瘤医院揭牌,并举行拜师仪式。肿瘤医院院长郭小毛、副院长吴炅、陈震以及上海中医文献馆馆长方松春、教授于尔辛传承人代表黄挺、教授刘鲁明传承人沈晔华与会并发言。与会专家学者围绕“如何在肿瘤治疗领域大力推动中西医结合科发展”的主题进行研讨。（倪洪珍）

【启动欧盟第七框架协议计划专项】 3月28日下午,2011年欧盟第七框架协议计划专项——“癌症与免疫项目”(Immunocan Programme)在肿瘤医院正式启动。启动仪式由肿瘤医院副院长吴炅主持。上海市卫生局局长徐建光、法国驻上海总领事 Emmanuel LENAIN、意大利驻上海总领事馆总领事 Vincenzo De Luca、法国梅里埃研究所总裁 Alain MERIEUX、院长郭小毛到会并致辞。该项目由肿瘤医院在中国首次发起并共同申请获批,以肿瘤医院—梅里埃研究所联合实验室为依托,联合法国 Transgene 生物公司、丹麦哥本哈根大学、德国汉诺威医学院与意大利国家癌症研究所等欧洲知名研究机构,在肿瘤生物标识物、免疫和癌症预后等领域开展深度、广泛的合作研究,并努力将该联合实验室建设成为癌症预后领域里亚太区的参比研究中心。（吕力琅）

【刘泰福获得“Antoine Beclere”奖】 3月31日,“肿瘤放射治疗的回顾与展望特别论坛会议——暨贺刘泰福教授90寿诞”在上海举行,由肿瘤医院主办。200多名来自全国各地的放疗领域专家学者出席。会上,法国居里所教授贝尔为刘泰福授予“Antoine Beclere”奖,以此表达对教授刘泰福在放射治疗领域所作贡献的崇高敬意。该奖项是放射治疗学领域的最高荣誉。（章 真）

【参加新疆喀什二院援建工作】 5月11日,上海三级医院援建新疆喀什地区第二人民医院“五个中心”建设“第一轮三年行动计划协议书”在新疆乌鲁木齐正式签订,医院院长郭小毛一行参加签约仪式并随团对喀什二院进行实地考察。按照上海市统一部署,肿瘤医院将陆续开展一系列对口支援活动,包括选派副主任以上级别的医师赴喀什二院工作、定期组织以知名专家为首的高级专家医疗队赴喀什二院指导、根据实际需要接受喀什二院各类进修人员、开展学术交流活动等,全面承担中西医肿瘤诊疗中心援建工作。（倪洪珍）

【韩正查看质子重离子医院项目推进情况】 5月30日,上海市委副书记、市长韩正(时任)到质子重离子中心查看项目推进情况,上海申康医院发展中心领导,肿瘤医院院长郭小毛等陪同参观交流。查看期间,韩正明确该项目对于提高恶性肿瘤治疗水平的重要意义,并强调在项目推进过程中,一定要多汲取先进国家的经验,既建设有一流硬件的医院,更要积极打造一支高水平的专业运行管理队伍,早日惠及更多患者,让市民群众得益。（倪洪珍）

【与 IGR 签署“临床试验和转化性研究”合作协议】 7月6日,肿瘤医院与法国 Gustave-Roussy 肿瘤中心在原有的合作框架协议中,补充签署一份“临床试验和转化性研究”合作协议。签约仪式由肿瘤医院副院长叶定伟主持,院长郭小毛致欢迎词。上海市卫生局副局长黄峰平、法国驻上海领事馆科学技术参赞 Jean-Jacques PIERRAT、复旦大学副校长桂永浩、法国 Gustave-Roussy 肿瘤中心主任 Alexander EGGERMONT 出席仪式。该合作协议旨在开拓肿瘤转化医学研究,从临床病例出发解决目前无法攻克的疑难问题,积累实验研究基础,提升肿瘤诊疗效果,推动我国医学事业发展。（倪洪珍）

【举办第七届上海国际乳腺癌论坛暨全国乳房重建学习班】 10月26日,第七届上海国际乳腺癌论坛暨全国乳房重建学习班在上海举行。由中国抗癌协会乳腺癌专业委员会和肿瘤医院联合主办。上海市妇女联合会主席焦扬及上海市卫生局局长徐建光等领导与会并致辞。1 500余位海内外乳腺癌专家与会,围绕以个体化治疗为主导、兼顾个体化治疗和生存质量的治疗理念以及未来乳腺癌临床治疗发展方向等主题进行研讨。（邵志敏 倪洪珍）

【肺癌研究团队科研成果新突破】 11月13日,国际临床肿瘤领域权威学术期刊《临床肿瘤学杂志》(*Journal of Clinical Oncology*,影响因子18.37分)在线发表肿瘤医院教授陈海泉领衔的肺癌研究团队的突破性科研成果,并给予高度评价。该成果在肺癌分子诊断和分子分型领域取得新突破,准确描述并定义非小细胞肺癌中新分子亚型——RET融合基因,及其独特的临床病理特征,同时发明及首次提出一种高效、准确的RET融合基因检测方法,并将其命名为“基于表达不平衡的RET融合基因检测”。该研究成果已申请国家发明专利,为后期相关临床试验研发奠定基础。（胡海川）

【与新加坡国立大学癌症中心续签协议】 11月30日,肿瘤医院与新加坡国立大学癌症中心续签姐妹医院协议。仪式由副院长叶定伟主持,院长郭小毛致辞。上海市卫生局副局长黄峰平、复旦大学副校长桂永浩、新加坡国立大学癌症中心院长 John Wong、行政副院长 Jim Gu、新加坡国立大学医院副院长陆嘉德出席仪式。根据协议,双方将继续依托国际化平台不断强化在肿瘤内科、放疗、护理等领域的培训、继续教育及学术交流等合作项目,具体落实包括医教研等在内的一系列战略合作计划。

（程 玺）

【获教育部“创新团队支持计划”】 12月5日，肿瘤医院乳腺外科教授邵志敏领衔的“乳腺癌的基础和临床研究”团队入选2012年度教育部创新团队发展计划公示名单并获得立项支持，为肿瘤医院首次获得“创新团队发展计划”。该团队在乳腺癌病因学、转移机制和分子分型及个体化综合治疗等科研领域具有集中优势。

（金 伟）

【召开质子重离子中心全球高级专家咨询委员会会议】 12月14日，肿瘤医院组织召开质子重离子中心全球高级专家咨询委员会会议，上海申康医院发展中心副主任陈方、肿瘤医院院长郭小毛、副院长吴炅、教授蒋国梁及来自德国、美国和日本的7位国际顶级质子重离子治疗领域专家出席会议。与会专家学者围绕质子重离子项目筹建工作、病员收治、设备运营情况以及人员配备等主题进行交流，并就目前制定的临床试验方案进行专题讨论并提出具体的修订意见。

（吕力琅）

复旦大学附属妇产科医院

【概况】 2012年，复旦大学附属妇产科医院有在职职工1 271人，其中医师383人，行政人员112人，护理人员540人，技术人员172人，工人64人。具有正高级职称17人，副高级职称69人，中级职称249人。研究生指导教师31人。研究生指导教师41人。

医院核定床位820张，全年共完成门急诊总数1 299 530人次，其中门诊1 278 021人次，急诊21 509人次；出院数46 080人次；手术总数25 230例；产科分娩数14 534例；床位使用率98.06；周转率57.42；平均住院天数6.13天。

在读研究生146人，其中硕士研究生57人，博士研究生46人，新招研究生43人。毕业研究生30人。接收医学生实习171人，举办国家级继续教育学习班项目12个，有1 782人参加。招收进修医生110人，其中长期进修54人、短期进修56人。承担复旦大学上海医学院2012—2013(1)学期2008级六年制留学生班妇产科学全英语教学任务。成立英语教学小组，除各科室教学骨干外，特别邀请集爱遗传与不孕诊疗中心以及肿瘤医院妇瘤科专家加入教学队伍。

中标项目共53项，其中国家自然基金项目12项、上海市学科带头人计划2项、上海市领军人才计划1项、上海市科委各类项目13项，中标经费1 343万元。《妇产科学》学科获批“重中之重”临床医学重点学科建设项目，获批经费200万元。有1个发明专利、4个实用新型专利获得授权，两项课题通过卫生局鉴定。

在各类中文期刊上发表论文99篇、科普文章13篇。其中权威杂志23篇、核心杂志50篇、综述26篇；正式发表SCI论文累计56篇，影响因子累计163.169。

10月16日，在杨浦院区教学楼1楼会议室举行中共复旦大学附属妇产科医院党员大会，大会采取无记名差额选举新一届中共复旦大学附属妇产科医院委员会委员和新一届中共复旦大学附属妇产科医院纪律检查委员会委员。

华克勤获全国医药卫生系统创先争优先进个人；李笑天、张炜入选“上海市优秀学科带头人计划”；李笑天入选“上海市领军人才”；新生儿室获上海市教卫系统巾帼文明岗；妇科获上海市卫生系统巾帼文明岗；女职工委员会获上海市卫生系统优秀女职工组织；离休党支部获上海市教卫党委系统离休干部五好党支部；工会获上海市医务工会“优秀职工之家”；丁焱获上海市第二届“十佳护士”；王靖获上海市卫生系统优质护理服务先进个人；闵辉获上海市医务工会“星光计划”优秀项目申报入围奖；王珏获上海医药卫生新闻优秀作品奖；李斌获上海市医务工会“优秀职工代表”；红房子康复之家首次复诊预约服务获上海市医务职工“责任在我心，诚信伴我行”主题活动优秀合理化建议奖；李儒芝获上海市住院医师规范化培训优秀带教老师；朱好、贺木兰获上海市住院医师规范化培训优秀住院医师；庞艳玉获上海市药学会优秀青年药师；金芳获中国药学会信息工作先进个人；药剂科获上海市临床药事质控先进集体。

对口支援基层医疗机构，完成志愿者选派任务。邵珺参加上海市人事局组派的赴云南智力交流项目；尧良清参加上海市委、市政府组织的赴新疆喀什开展对口支援。协助复旦大学附属华山医院完成支边项目，接受云南进修医生1名；完成医管处指派1名甘肃进修医生任务；参加卫生部关于河南省“515”计划，接纳河南省进修医生4名。

切实增强服务意识，改善服务态度，改进服务模式，优化服务流程，提升服务水平，完善各项服务举措. 通过推行预约诊疗服务、优化门急诊环境流程、实施一站式服务、建立便民服务中心、设立各类自助服务、试行分时段预约、缩短检查项目预约时间、推广优质护理服务、深入开展“志愿服务”活动、健全医疗质量管理与控制体系，加强医疗技术临床应用，开展特色诊疗项目、加大医德医风教育力度，开展行风评议、患者回访、院内外监督等立体式、多维度管理手段和模式。完成卫生部“三好一满意”活动，3月，作为复旦系统附属医院代表参加卫生部“三好一满意”交流大会并应邀与会作主题发言，获得卫生部领导的充分肯定。医院通过加强预约诊疗、合理配备医护人员、严格掌握剖宫产指征、有效减少平均住院日，年内缩减妇科病房解决100张产科床位等手段应对生育高峰。

（李雪莲 葛秀贞）

【召开会诊抢救绿色通道协调会】 2月8日，在兴荣温德姆酒店召开“复旦大学附属妇产科医院(杨浦院区)会诊、抢救绿色通道协调会”。杨浦区卫生局、新华医院及医院各科主任42人参加会议。副院长李笑天简要介绍杨浦院区的医疗业务情况和诊疗工作中面临的主要困难，包括妇科手术的术中会诊、危重孕产妇的会诊与抢救等问题。杨浦区妇幼保健所陈绮所长介绍杨浦区危重孕产妇管理的相关要求。新华医院医务部主任邵新华表示，新华医院将全力支持妇产科医院(杨浦院区)会诊、抢救绿色通道的建立和完善。杨浦区卫生局局长金其林高度重视此项工作，在会上对绿色通道的建立给予充分肯定，同时对简化操作流程提出具体要求。

(赵　鹏　葛秀贞)

【成立俞瑾上海市名老中医学术经验研究工作室】 4月12日，"俞瑾上海市名老中医学术经验研究工作室"在杨浦院区成立并开诊。俞瑾从医50余年，教授、博士生导师、国家级名老中医、国内外著名的妇产科专家。"俞瑾上海名老中医学术研究经验工作室"的成立是上海市中医药事业发展"十二五"规划的重要内容之一，对于系统研究俞瑾妇科中西医结合的学术思想、临床经验和技术专长，推进"女性生命网络调控论"的形成有着积极的意义。同时有利于培养一批继承型、有创新能力的中医临床人才，促进中医妇科临床诊疗与学术水平的提高，充分发挥、发展中西医结合治疗各类妇科疾病的临床特色优势。　(王珏　何　媛　葛秀贞)

【援建喀什第二人民医院】 为进一步深化沪喀医疗援建工作，上海市以5个市级临床医学中心为依托，对喀什地区第二人民医院5个疾病诊治中心进行专项援建。5月11日，上海三级医院援建新疆喀什地区第二人民医院"五个中心"建设"第一轮三年行动计划协议书"在新疆乌鲁木齐正式签订，院长邬惊雷、副院长李笑天出席签约仪式。按照上海市统一部署，医院全面承担妇产科疾病诊疗中心援建工作。10月10日，复旦大学附属妇产科医院喀什妇科肿瘤中心、微创中心揭牌仪式在喀什二院举行。并举办国家级继续医学教育项目"妇科疑难疾病的综合诊治进展学习班"，为期三天。该举措对提高喀什第二人民医院医疗联合体的妇产科业务水平，带动喀什地区妇产科医疗质量进一步提高有着积极的促进作用。　(沈晓雯　葛秀贞)

【召开中西医结合妇科建设项目启动大会】 5月26日，召开"国家中医药管理局'十二五'重点专科中西医结合妇科建设项目"启动大会。由国家中医药管理局主办，妇产科医院承办，共有50人与会。徐丛剑介绍国家中医药管理局"十二五"重点专科中西医结合妇科建设项目的申请情况和需完成的目标。会议就重点专科建设方向、目标、内容和中西医结合的发展、中西医结合科发展前景和努力方向进行交流和讨论。

(俞尔概　葛秀贞)

【任免徐丛剑为院长】 7月23日下午，复旦大学党委副书记王小林、组织部部长秦莉萍在医院中层干部会议上，宣读《关于复旦大学附属妇产科医院院长职务任免的决定》，任命徐丛剑同志为新一任院长，邬惊雷同志因调任上海市卫生局不再担任复旦大学附属妇产科医院院长职务，徐丛剑同志发表任职感言。

(楼　昀　王　珏　葛秀贞)

【通过上海市三级综合医院等级预评审】 8月14—15日，上海市医院评审中心专家组一行33人，对医院进行上海市三级综合医院等级预评审。专家组对全院职工积极参与迎评的良好精神状态留下深刻印象，对医院通过迎接复评审工作在医、教、研、管理各方面取得阶段性成效表示肯定，并对医院的环境、设施设备以及服务模式表示赞赏。在检查过程中，专家们也客观地指出医院不足之处，并提出持续改进建议。

(袁谢华　葛秀贞)

【签署三方合作协议】 9月29日，复旦大学附属妇产科医院、附属儿科医院与上海市计划生育科学研究所在复旦大学上海医学院治道楼和汉堂共同签署三方科研全面合作协议。三方在原有的合作基础上，本着"资源共享、优势互补、合作共赢"的原则，全方位开展学科建设、科研项目、人才培养、学术交流及教学实践等方面的共建工作，继续共同致力于生殖发育健康的基础与临床研究。

(何晓明　葛秀贞)

【开设周末专家门诊】 11月10日起，妇产科医院黄浦院区开设周日专家门诊；12月22日起，杨浦院区开设周六专家门诊。　(葛秀贞)

复旦大学附属儿科医院

【概况】 2012年，复旦大学附属儿科医院有在职职工1 396人(含规培71人)，其中正高35人，副高72人，博导26人，硕导38人。全年核定床位600张，门急诊服务达220.80万人次，同比增长10.2%；出院34 047人次，同比增长13.13%；平均住院日7.98天。医院全面启动"十二五"发展规划，积极推进公立医院改革进程，紧扣"专科化、标准化、信息化、国际化"的建设要求，不断增强医院核心竞争力。

进一步规范儿科医学教育，高质量完成复旦大学上海医学院儿科学系本科生、研究生、住院医师和专科医师、进修生等教学任务。启动"腾飞计划"(即1125人才工程：10个交叉创新团队，10名学科带头人培育人才，20名优青人才，50名业务骨干)。继续推进与世界一流大学、国际著名研究机构建立长期稳定的科研合作伙伴关系；利用创新平台、重大科技项目或海外特聘教授岗位等吸引海外著名学者来院开展科研合作，引入双聘PI 20名。

医院新生儿科、小儿消化科、中医儿科被列入卫生部国家临床重点专科建设项目，另有儿科重症医学科、新生儿重点实验室"三合一建设项目"，截至2012年底，医院国家临床重点专科达5个。通过卫生部对5个国家临床重点专科的进展情况检查；重点加强卫生部新生儿疾病重点实验室、复旦大学儿童发育与疾病转化研究中心的基础设施，建设斑马鱼平台、生物样本库和公共实验能力平台，提升实验室的科研能力。

全年科研中标项目纵向基金51项，其中横向基金7项，学科与科研基金经费总金额近5 000万元。发表SCI论文112篇，其中第一作者或通信作者82篇。获得教育部科技进步二等奖1项，上海市医学科技奖2项，宋庆龄儿科医学奖1项。申请专利6项。

举办第45届亚太小儿外科医师协会年会会议、"第二届上海孤独症国际论坛中国孤独症合作研究暨卫生部孤独症专项基金工作研讨会"、第一届复旦一辛辛那提儿科高峰论坛、第四届上海国际儿科心血管疾病研讨会。全年共接待外宾36批次、160余人次，接待国内医院代表团到院访问参观共36批202人次。

为患儿争取慈善帮困基金，共有15项慈善帮困项目，全年募集社会爱心人士捐款共计1 000多万元，救助患儿600多人次；举办公益课堂14次，受益患儿达1 200多人次，公益班车开到江苏昆山、张家港、如东、无锡和上海嘉定、闵行、宝山等地，为当地送去优质的医疗服务；"六一"节前夕，继续举办点亮心愿活动，为112位住院患儿实现心愿；"六一"节当天，举办"儿童在我心中"的大型义诊活动，共义务诊治患儿200多人次，并选派3名优秀医生赴古美街道义诊。

积极响应卫生部、上海市卫生局等上级部门的号召和要求，积极参与援外医疗、支援西部医疗工作及应对突发公共事件儿童救治工作。配合上海市卫生局完成援外医疗任务，选派医生远赴非洲开展支援摩洛哥的援外医疗工作已进入第二年。选派1名医生参加上海市共青团第十五批赴滇上海青年接力服务队赴云南文山人民医院工作；贯彻落实《上海实施人才强市战略行动纲要》，选派医生赴云南省开展智力交流工作。响应卫生部号召，做好对口支援乌鲁木齐医院临床医疗工作，选派6名医生分别赴乌鲁木齐儿童医院开展支援工作。

推进精神文明建设。举办儿科医院建院60周年庆祝活动。完成便民服务中心、一站式付费系统、门诊内网预约平台（自助预约、窗口预约、医联预约信息联网）等基础设施建设，建立并健全相应的工作流程和规范及人员配置，方便患者，促进医患和谐。进一步开展各类志愿服务，改善医患关系。开展"365"党员志愿服务活动，号召全院14个党支部近400名党员，每人每年利用1天工作之余的时间，为门诊、急诊及住院病人提供导医、咨询等服务。医院爱心小屋荣获上海卫生系统第二批职业道德基地。进一步丰富职工生活，以建院60周年为契机，先后推出"中国震撼"、"上海城市与文化"、"今天我以儿科医院为荣，明天儿科医院以我为荣"3个主题学习心得征文比赛活动。推出"文化沙龙—医者仁心"影视系列专场。全年共播出电影及各类录像16次。依托复旦大学的文化资源，开展"文化沙龙"系列讲座5次。特色的新春联欢、爱摄会、职工春游、国庆游园等活动深受职工欢迎。

制定医院总体发展规划，实施基础建设项目的扩建计划。医院科研楼工程初步设计和投资概算经由卫生部组织专家进行评审，建设方案初步得到认可，为启动医院新一轮建设奠定基础。　（翟晓文）

【成功救治"重症流行性脑脊髓膜炎"患儿】 3月20日，医院接诊"暴发型流行性脑脊髓膜炎"1例，患儿出生仅3个多月，到院后紧急转至传染科病房。通过各项危重症指标的检查，发现患儿还有严重的脓毒血症、脑膜炎、弥漫性血管内凝血的危重病情。经过儿科医院医护人员积极救治10天后，该患儿完全康复。　（翟晓文）

【赵雯到院与患儿共度"六一"】 6月1日，上海市副市长赵雯等一行到儿科医院，给孩子们送上儿童节礼物，并为获得"最灿烂笑容奖"、"最爱读书奖"、"最勇敢小战士奖"和"生命小战士奖"的小朋友颁奖，和孩子们一起欢度"六一"。　（翟晓文）

【举办第45届太平洋小儿外科医师协会年会】 6月3—7日，第45届太平洋小儿外科医师协会年会在上海召开。儿科医院副院长、外科主任郑珊教授为该届年会的地区执行主席。会议共有25个国家和地区的355位代表参加，中国代表的参会人数高达93人，创下自太平洋小儿外科学会（简称PAPS）办会以来，投稿人数最多，中国代表参会人数最多和大会发言最多的新纪录。　（翟晓文）

【苏凤杰到院调研】 6月21日，国务院妇儿工委办公室常务副主任苏凤杰一行到院调研。上海市妇儿工委副主任、市妇联主席张丽丽，上海市卫生局副局长王磐石陪同。苏凤杰一行重点调研危重新生儿会诊抢救中心及脑瘫儿童康复中心工作情况。

（高　艳）

【沈晓明到院调研】 7月4日，上海市副市长沈晓明带领上海市卫生局、市发改委、市财政局、申康医院发展中心等7家相关政府职能部门到院调研。在儿科医院多功能厅召开调研本市产科、儿科服务能力座谈会。

（高　艳）

【与韩国延世大学附属儿童医院签约】 6月29日，在院多功能厅举行与韩国延世大学附属儿童医院签约仪式。双方同意在人才培养、科研合作和临床项目开展等方面进行广泛交流，并启动神经科、神经外科等2—3个项目深入交流。该项合作对于儿科医院的人才培养、学科发展等将起到积极的推动作用。　（钱玉萍）

【李树锦获得上海市"白玉兰纪念奖"】 9月14日，2012年上海市"白玉兰纪念奖"授奖仪式在西郊宾馆举行。上海市人民政府外事办公室主任李铭俊出席仪式并颁奖。儿科医院中加项目合作人、客座教授李树锦获奖。　（徐　婕）

【通过三级甲等专科医院复评审】 9月27—28日，三级甲等专科医院复评审现场评审启动会正式开始，由会务组引导各专家组进入分会场开始为期2天的现场评审工作，儿科医院以优异的成绩顺利通过评审。

（徐　婕）

【举行建院60周年庆祝活动】 11月16日，儿科医院建院60周年，也是儿科医院在闵行区新院落成5周年。中共中央政治局常委、上海市委书记俞正声（时任），上海市长韩正（时任），国家卫生部部长陈竺，上海市人大常委会主任刘云耕，上海市政协主席冯国勤，上海市委常委、纪委书记杨晓渡，上海市副市长沈晓明，上海市副市长赵雯等领导分别给大会发来贺信或题词，卫生部领导、上海市、上海市委办局等各级领导出席活动，来自海内外各界代表、嘉宾，医院职工代表等，共500余人参加庆典活动。

（侯德爱）

**【承办第二十一届全国儿童医院院长

会】 11月16日，第二十一届全国儿童医院院长会在华亭宾馆召开。由中国医院协会儿童医院管理分会主办，儿科医院承办。来自全国58家儿童医院的院长及管理人员共205人参会。会议围绕“医院文化建设与医院发展”这个主题展开交流探讨，有助于提高医院的建设与发展水平。

（翟晓文）

【举办首届复旦—辛辛那提儿科高峰论坛】 11月15日，第一届复旦—辛辛那提儿科高峰论坛在儿科医院举行。由儿科医院和美国辛辛那提儿童医院共同主办。来自全国约280位同行人参会。会议加强各专业和专科的深入对接，有助于提高儿科医院的专科化水平，推进专科化发展。

（翟晓文）

复旦大学附属眼耳鼻喉科医院

【概况】 2012年，复旦大学附属眼耳鼻喉科医院有职工875人，其中中国科学院院士1人，长江特聘教授1人，博士生导师21名，硕士生导师42名，具有高级职称者129人。

核定床位394张。全年门急诊人次1 612 066人次，比去年2011年同期上升6%。出院人次29 851人次，比去年2011年同期上升7%。全年平均住院天数3.99天。

为迎接三级眼耳鼻喉专科医院等级复评审工作，在临床医技科室部门的配合下，抓整改、抓落实，新建修订多项医疗制度，完善医疗流程，将多项工作纳入到常规督查并落实奖惩。深入开展临床路径管理试点工作。眼科和耳鼻喉科试点开展病种各5个。开展抗菌药物临床应用专项整治活动。开展抗菌药物临床应用整治活动内容、整治目标和抗菌药物合理应用知识培训。完善抗菌药物管理的各项制度文件，建立抗菌药物信息管理监控系统，根据各临床科室的实际情况合理调整2012年抗菌药物合理应用责任状的指标。全院住院患者抗菌药物使用率为56.50%，较2011年下降4.06个百分点。

科研工作保持上升态势。2012年度正式获批课题68项，获得各渠道资助85项，新增科研经费6 207.87万元。其中国家级项目21项，省部级28项，市局级25项，横向课题11项。获科技类奖项3项，成果鉴定3项。全年共发表论文277篇，其中SCI收录99篇，中华系列37篇。

招收研究生67名，毕业研究生55名。新增博士生导师1名，硕士生导师2名。罗怡荣获2012年度上海市优秀带教老师。招录基地医师30名，其中耳鼻喉科16人，眼科14人。截至2012年底，接受培训住院医师共67人。

精神文明方面，积极响应卫生部“三好一满意”活动，结合深化医改和创先争优活动，在全院开展了“感恩·奉献·责任，医务员工价值取向大讨论”主题活动。进一步确立“以病人为本”的服务理念，增强医务员工的责任感、使命感，引导医务人员努力为解除病人痛苦，构建和谐医患关系。精神文明获奖情况有：护理党支部荣获获得“复旦大学创先争优先进基层党组织”称号；临床医技支部曹文俊、眼科支部瞿小妹获得荣获“复旦大学创先争优优秀共产党员”称号；在市教卫党委系统创先争优主题活动案例征集评选工作中，我院报送的视光学组“1部手机＋5条短信　在为民服务中创先争优”获评上海市教卫党委系统创先争优主题活动“优秀案例”。“‘一米阳光’护理关爱之家和喉切除术后患者的健康信息网络论坛的创建和使用”获得上海市医学伦理学会“优秀医学人文案例奖”。

选举产生新一届中共复旦大学附属眼耳鼻喉科医院委员会委员和新一届中共复旦大学附属眼耳鼻喉科医院纪律检查委员会委员。除离休支部外，其余各党支部均完成支部委员改选。

浦东东院工程进入前期阶段，完成土地手续办理、设计方案审批、初步设计及概算、初步设计及概算审核、初步设计审批（上海市审批、卫生部审批）等工作。医院严格进行进度管理、合同管理和投资控制管理，整个项目稳中求进。

（王士强）

【举行建院60周年院庆】 7月1日，医院建院60周年庆典在医院会议中心举行。上海市委副书记、市长韩正（时任）发来贺信。上海市人大常委会主任刘云耕（时任），全国人大常委龚学平（时任），上海市副市长沈晓明（时任），复旦大学校长杨玉良，以及复旦大学、上海市发改委、上海市卫生局和其他兄弟医院的领导等嘉宾出席大会。眼耳鼻喉科医院党政领导及职工代表，上海医学院55届眼耳鼻喉科专业的校友代表等300余人参加庆典大会。

（王士强）

【通过三级甲等专科医院等级复评审】 7月11—12日，上海市医院综合评价中心对眼耳鼻喉科医院进行三级甲等专科医院等级复评审现场评审检查。评审组由评审中心主任何梦乔领队，华东医院院长俞卓伟任组长，组员包括上海市各大医院及外省特邀专家共25名。专家组分成医院管理、医政管理、护理管理、技术专家等4个小组，详阅资料、现场访谈、深入实地查看，走访各病区、各科室，高标准，严要求，全面、深入、细致地进行检查和考核。

最后成功通过三级甲等专科医院等级复评审。

（王士强）

复旦大学附属金山医院

【概况】 2012年，复旦大学附属金山医院核定床位700张。门急诊就诊量113万人次，出院病人2.2万人次，住院手术病人14 078人次。全院职工1 211人，医技人员占92.65%。其中正高级职称26人，副高级职称90人，硕士以上学历161人，硕士生导师25人，博士生导师6人。

医院设26个临床科室、8个医技部门，另有职业病防治所、金山区眼病防治所。泌尿外科、放射科、消化内科为上海市医学重点建设专科；劳动卫生与职业病（核化学伤害救治）

被列为上海市公共卫生重点学科建设项目；重症医学为复旦大学“医院优势学科建设项目”。神经外科、耳鼻喉头颈外科、内分泌科、神经内科、儿科、妇产科、肿瘤科、重症医学科为金山区重点专科；神经外科是上海市华山神经外科(集团)医院下属的金山分院。

医院拥有直线加速器、3.0T 和 1.5T 磁共振成像系统、128 排和 64 排螺旋 CT、数字减影血管造影机(DSA)、数字平板胃肠造影机、单光子发射断层扫描仪(SPECT)和图像存档和传输系统(PACS)、震波碎石机、彩色多普勒超声仪、电子胃肠镜、腹腔镜、高压氧舱等百余台先进的大型医疗设备。

8 月底，顺利通过上海市三级乙等综合医院复评审。

医院加大医疗质量管理力度，提高医疗服务的有效性和安全性。落实对手术分级管理制度和住院病人分类管理制度的督查。落实患者身份识别、手术安全核查与风险评估制度、不安全事件管理、医疗安全不良事件主动报告、患者随访等制度。落实手术部位识别标示制度、重大手术报告审批制度、围手术期管理制度与工作流程，建立“非计划再次手术”上报流程和表格。对临床科室上报的非计划再次手术、手术医疗安全不良事件上报记录，按季度进行分析汇总。全年共上报非计划外二次手术 9 例，涉及 3 个手术科室。共审批重大手术 32 例，行政谈话 16 例，无一例发生医疗纠纷。依据手术分级管理标准制定手术医师资格分级授权制度，对手术能力进行定期评价和再授权管理，实施动态、长效管理。规范临床用血的各项制度和流程，落实《金山医院用血管理制度册》各项规定。对已经开展的临床路径工作进行追踪和分析，及时发现问题并予以整改，同时将 10 个病种纳入金山区卫生局试点病种。在规范管理、合理收费、合理治疗、患者满意等方面初见成效，平均住院日和住院费用总体均有下降。制定医疗技术分级管理制度，按照《医疗技术临床应用管理办法》对临床医疗技术进行准入管理，对已准入的 15 项二类技术的安全、质量、疗效、费用等情况进行全程追踪管理和评估，及时发现医疗技术风险，采取相应措施，降低风险。

继续推进抗菌药物临床应用专项整治活动，加强抗菌药物使用管理，严格控制 I 类切口抗菌药物使用。定期召开抗菌药物临床应用管理小组工作会议。传达卫生部《抗菌药物临床应用管理办法》精神，并组织科内进行业务学习。对抗菌药物使用中存在的问题进行总结，并提出整改意见及解决办法。制定《金山医院 I 类手术抗菌药物规定》，明确使用指征和范围，要求使用的病例填写上报表，每月对 I 类手术使用抗菌素的比例全部进行检查；制定金山医院各科室门急诊抗菌药物处方比例考核标准，对超标的科室进行处罚。每月开展急诊抗菌药物处方督察、每季度组织专家检查我院抗菌药物的合理使用情况，每月开展 I 类切口抗菌药物专项督察，每季度对本院抗菌药物使用排名前 10 名医师及前 3 名科室的合理用药进行考评，对过度使用抗菌药物者予以干预，对违纪行为予以奖惩处理。

根据突发公共事件的应急预案，及时、妥善处理各类突发事件。共组织救治 6 起群体伤，其中急性化学伤 3 起、车祸伤 1 起，台风引起的外伤 1 起，食物中毒 1 起，共救治患者 50 余人次。承担“2012 年国际沙滩排球赛”、“2012 年星尚★热波音乐节”、“2012 年金山区人大政协两会”、“2012 年安全生产月开幕式”、“2012 年金山区市民元旦迎新体育联欢活动”、“2012 年木兰拳邀请赛”、“2012 年迎国庆国际烟火节”等重大活动医疗保障，派出由内科、外科、急诊、护理组成的专业医疗队，共计 30 余人次，配备相应的医疗保障物品和药品，开设绿色通道，顺利完成任务。

完成医院对口支援云南彝良县人民医院第四批与第五批队员的换防工作。9 月 7 日，云南与贵州交界发生 5 级以上地震，金山医院援滇医疗队全体队员第一时间响应，徒步重灾区洛泽河镇开展医疗救援工作，成功救治、转运伤员 30 余人。

承担国家县级医院骨干医师培训工作，做好周边基层医疗机构的支援和协作工作。接收云南彝良、盐津、鲁甸、绥江县级人民医院的 6 名骨干医师来院进修、培训，专业覆盖内外妇儿、急诊、麻醉、检验、针灸推拿等。做好区卫生局组织的骨干全科医师团队下社区工作。根据社区需求，调整与社区的合作模式，派出相应科室医生，签订合作协议，骨干全科医师团队下社区工作取得更好实效。三级医院辐射二级医院、社区卫生服务中心。与二级医院(亭林医院)，老年护理院(众仁护理院)，金卫、山阳、张堰社区卫生服务中心新签订协议，组成中级以上医师 20 余人的骨干医师团队分别前往社区开设专家门诊、查房及业务培训。

贯彻落实卫生部《2012 年推广优质护理服务工作方案》，细化各部门工作标准，围绕临床一线服务；制定“以病人为中心”的医疗护理服务流程，使“医德好”具体化，使优质护理服务落到实处。积极开展延伸服务，尝试糖尿病专科随访和专病随访相结合，设立健康教育门诊，建立与张堰卫生服务中心建立合作出院患者的慢病健康管理的模式。

学科建设取得突破。影像医学、泌尿外科及消化内科获上海市医学重点专科，重症医学科获 2012 年度复旦大学“医院优势学科建设项目”。ICU、内分泌科、肿瘤科、儿科、耳鼻喉科、神经外科进入金山区重点专科(A 类)，神经内科、妇产科两个学科为金山区重点专科 B 类。制订并实施“青年优秀人才培养计划”，在业务骨干中选拔青年优秀人才，首批有 8 名医师入选青年优秀人才培养计划，同时 3 人入选上海市青年医师培养资助计划；7 人入选区卫生局“优秀青年人才”培养计划；2 人入选区护理青年人才“曦光工程”培养计划。

全年共获纵向课题 46 项，其中国家自然基金 3 项，省部级 5 项，市局级 16 项，区级 22 项。全年共验收各类项目 19 项，其中上海市自然科学基金 1 项、上海市卫生局项目 5 项，金山区科委科研项目 13 项，均顺利通过。全年共发表论文 205 篇，其中核心期刊论著 116 篇,占总篇数 56.6%,核心 A 类论著 22 篇(10.7%)、EI 及 SCI 30 篇(14.6%)。

录取硕士研究生 13 名,博士研究生 4 名。同等学力申请硕士 3 名,同等学力申请博士 2 名。硕士研究生毕业 14 名,博士研究生 1 名。新增硕士研究生导师 3 名。

完成上海市教委及卫生局对金山医院进行的上海高等医学院校非直属附属医院临床医学教育的验收工作。

加强住院医师规范化培养,在培医师共 61 名,其中全科医师 09 级毕业 9 名、10 级全科 17 名、11 级 14 名、12 级 14 名,医学影像 10 级 4 名、11 级 3 名、12 级 1 名、内科 4 名、外科 4 名。共接收本专科实习生共 195 名。

举办全院性业务学习 21 次,其中邀请外院专家授课 6 次。完成全院 311 名中级以上职称人员的继教验证,合格率为 100%。举办国家级继教班 2 个、市级继教班 1 个。

成功引进内分泌科、中心实验室、儿科学科带头人 3 名;引进放射介入专业、耳鼻喉科、急诊科业务骨干 3 名。聘请学术主任 14 名,涉及 13 个学科。

修订《金山医院学科主任任职基本条件》,完成科主任和中层干部换届工作。完成应届毕业生招聘和录用工作,制定《复旦大学附属金山医院绩效工资实施办法》,并经十一届二次职代会审议通过。

制定并颁布经济合同审计实施办法(暂行),对合同的起草、签订、执行过程和结果的合法性、合理性及效益性进行审查和评价。全年审计经济合同(协议)56 项。

建立预算考核机制。根据预算执行情况,及时检查、追踪预算执行情况,通过一定考核机制来提高预算的控制力和约束力,促进医院财务预算目标的完成。

局部调整以工作量计酬为主的医护技奖金新方案,体现“多劳多得,优劳优酬、兼顾公平”的分配原则和向临床一线倾斜,提高分配的公平性。

做好物价工作。对新医院床位收费按照医院布局和物价收费标准进行分步调整。向市、区卫生局和物价局分别对特需医疗服务门诊和住院部分的价格备案工作,做好医疗服务价格监测工作。

做好成本核算工作。每月合理分摊大额费用,及时将大型设备及其他合同的费用均衡的预提入各受益月份,避免各月成本数据大起大落;建立大型设备成本分析数学模型。

试行科主任绩效考核。为进一步完善院科二级管理,制定考核方案,从医疗、教学、科研、绩效、精神文明等 5 个方面及综合考核对科主任考核。通过考核,能全面提升科主任的管理能力。

精神文明建设。开展“三好一满意”活动,开展“关爱患者,从细节做起”文明服务活动。提出“关爱患者,从细节做起”文明服务主题活动的十项措施,并在院报、门急诊、病区向社会、病人公开承诺“十项”措施,接受病人的监督。在内网公布并印发至每位职工学习。开展员工服务理念和廉洁行医教育,先后邀请市卫生局讲师团成员(中山医院门办主任)、金山区检察院检察长和市卫生局纪委书记来院对全院干部、职工进行培训,受众率达 98%。开展“新院新气象”大讨论,以支部为单位,组织职工开展提升新医院内涵水平的讨论,在院报开辟专栏,刊登讨论文章 3 期。在上海市卫生系统“文化品牌建设”评选中,医院“劳模效应”项目获优秀奖。

行风建设。实行行风建设责任制,落实院科两级责任,全院临床、行政部门主任签订行风责任书,行风责任落实到人,列入绩效考核。社会监督员队伍建设。在原有社会监督员队伍建设的基础上,结合医院搬入山阳地区的实际情况,组建山阳地区(新院附近)11 个生活小区(村)的社会监督员队伍。坚持病人满意度调查。以出院病人为主开展调查,共发信 9 305 封,回收 2 214 封,回信率 23.8%,病人满意率为 93.9%。新置意见箱 17 个,收集病人的意见、建议。开展文明服务督查。组织全院干部、医务人员和重点敏感岗位人员开展廉政风险点排查,进行“规范医疗从业行为”培训,并参与采购监督和药品监控。重点监控抗生素使用,监控(分析)报表 10 批次;每半年网上公布抗生素药使用前 20 名的药厂、科室和医生;执行沪卫监察[2012]8 号文精神,清查、停用西南药业股份有限公司的药品 2 种(洛芬待因、庆大霉素),限量使用抗生素药 7 个。

成立宣传科,围绕医院中心工作积极开展内外宣传,在各级报纸、电视台、电台刊用稿件 114 篇。其中市级(包括复旦报)以上主要媒体报道 37 次,区级媒体报道 81 次,院报出版 12 期,各种会议摄影(摄像)100 多次,版面编辑、展出 52 版;协助各科室开展形式多样的宣传。

信息工作。完成新院两个机房、老院一个机房的建设;实施医院信息系统(Hospital Information System,简称 HIS)、影像归档和通信系统(Picture Archiving and Communication System,简称 PACS)的应急演练。做好 HIS\LIS\PACS\RIS 的维稳工作,新院搬迁,HIS\LIS\PACS\RIS 全部更新,新信息系统配合搬迁平稳上线。住院病人电子病历已全院上线运行,使用率在 90%以上。

后勤保障工作。完成老院固定资产清点、房屋及财产物品清理,按时完成新院 962 台(件)设备仪器的强检。开展“安全生产月”活动,做好特种设备的巡检工作。组织电梯故障应急救援演练、配电所联络柜倒闸操作演练。完成电梯强检、完成老院变压器、建筑物避雷设施安全性能测试。开展联合巡检工作,成立联合巡检组(基建维修、设备运行、安全保卫、环境卫生等),每周分别进行巡检。通过巡检使损坏的房屋、设备等能够及时维修。

基建工作。根据医院“十二五”规划争取二期工程,调研了二期需求,编制建设方案书呈送区卫生局。

(沈 萍)

【启用金山医院新院】 2 月 6 日,金山医院新院正式启用。占地面积 185 亩,建筑面积 8.4 万平方米,建有门诊、急诊、病房和核化救治等大楼,是上海市郊区三级综合性医院建设规划“5＋3＋1”项目中最先建设、最先竣工、最先启用的三级综合性医院。该新院建设工程于2009年4月动工，2011年9月竣工。（沈　萍）

【通过三级综合医院等级复评审】 8月28—29日，上海市医院综合评价（评审）中心评审专家组、观察员一行32人，到院进行为期两天的医院等级复评审。在全体员工的精心准备下，金山医院顺利通过复评审。

（沈　萍）

【蔡蕴敏获上海市“十佳护士”称号】 12月11日下午，由上海市宣传部、市文明办、市卫生局等发起的“我心中的白衣天使——上海市五‘十佳’评选表彰大会”在上海国际会议中心举行。会上，对2012年评出的五“十佳”医疗卫生工作者进行表彰。金山医院蔡蕴敏获得2012年度“我心中的白衣天使——上海市十佳护士”。

（沈　萍）

【3项专科列入新一轮上海市医学重点专科建设计划】 3月14日，由上海市卫生局组织的2012年上海市医学重点专科建设计划评选工作公布入选名单，附属金山医院影像医学、泌尿外科、消化内科列入重点建设计划。该次入选，对医院学科、人才建设工作，提升医院整体实力有很大的推动作用。（沈　萍）

【与华山医院结对共建（帮扶）签约】 9月7日下午，复旦大学附属华山医院、附属金山医院结对共建（帮扶）签约仪式在金山医院核化楼322会议室举行。双方签订为期2年的结对帮扶协议，华山医院以服务群众为出发点和切入点，帮助金山医院全面提升管理、医教研、文明单位建设等水平，促进其实现“十二五”规划的目标。

（沈　萍）

【举行三方共建金山医院签约仪式】 11月28日上午，复旦大学、上海石化股份有限公司与金山区政府在金山区会议中心签订联合共建金山医院协议书。上海市人民政府副市长沈晓明、市政府副秘书长翁铁慧、金山区委书记杨建荣出席签约仪式。该共建活动已开展五轮，在新一轮共建中，金山医院由区政府和复旦大学双重领导与管理，实行院长负责制，区政府负责医院党务工作和地方规划发展工作。（沈　萍）

【强金伟当选为上海市第十四届人民代表大会代表】 12月26日，上海市第十四届人民代表大会代表名单公布，附属金山医院副院长强金伟入选，是医院首位市人大代表。

（沈　萍）

复旦大学附属上海市第五人民医院

【概况】 2012年医院深入贯彻卫生部“三好一满意”活动精神，顺应国家医药卫生体制改革要求，坚持公益性质，不断加快公立医院改革步伐。医院以科学发展观为指导，对照《上海市三级综合医院评审标准》以科学量化考核为抓手，强化管理，不断提高学科水平，提升综合实力，向三级甲等综合性医院的目标稳步前进。

医院有在职员工1 436人，其中在编职工951人，编制外职工485人；专业技术人员1 284人，其中高级职称125人、中级333人、初级及未定级823人，博士16人，硕士111人，本科499名，专科及以下658人。享受国务院津贴专家7名；上海市曙光学者1名、上海市医苑新星1名、上海市卫生系统新一轮百人计划培养对象1名；闵行区领军人才8名；闵行区拔尖人才2名；闵行区学科带头人3名。

医院有37个临床科室，核定床位630张，全年完成门急诊（包括世博家园门诊部）1 791 090人次，比2011年增长%；出院人数28 012人次，比2011年增长%；住院手术13 761人次，比2011年增长%；平均住院天数10.15天，比2011年减少1.03天。检验科通过ISO15189实验室认可工作评审专家组的现场认证并获ISO15189实验室资质证书。泌尿外科列入新一轮上海市医学重点专科建设计划（A类），神经内科列入新一轮上海市医学重点专科建设计划（B类）。神经内科、肾内科、创伤急救中心、内分泌科列为复旦大学“医院优势学科建设项目”。结合医院发展规划，中医科重点加强优势专科（专病）建设，有效建立与其他临床科室的业务合作机制。继2011年医院成为国家中医药管理局第三批中医药防治传染病临床基地建设单位后，2012年医院成功创建全国综合医院中医药工作示范单位，中医科被列为上海市中医优势学科。中医肺病专科被列为上海市中医临床优势专科，肾脏科（糖尿病肾病）入选上海市中西医结合重点病种建设项目。

3月，医院成立宣传科、文明办，均隶属于党委办公室，为副科级部门。

规范执业提高医疗质量，加强监管保障医疗安全。根据卫生部《医疗技术临床应用管理办法》，医院通过肿瘤消融治疗技术（三类技术）、经内镜逆行胰胆管造影诊疗技术和内镜黏膜下剥离术（二类技术）共3项新技术。深化临床路径管理工作，2012年共有10个科室实行临床路径，病种增加到20个，临床路径病种达到了50%以上的入组率和70%的完成率。加强合理用药监管，以抗菌药物专项整治为工作重点，严格落实抗菌药物分级管理制度，加强抗菌药物购用管理，严格控制抗菌药物品规数量。2012年医院抗菌药物专项整治工作成效明显，指标全面大幅度改善：抗菌药物使用强度下降10%以上，送检率提高近8%，使用率达标，Ⅰ类切品手术预防使用率由92%下降到近期的32%左右。在卫生部“抗菌药物专项整治”督查中得到卫生部专家的认可。

6月6日，医院与上海中医药大学签订教学协议并举行揭牌仪式，成为上海中医药大学实习医院。新增邵阳影像、上海中医药大学、上海市卫校影像及病理专业的实习生，全年带教实习生295人。顺利完成研究生及“四证合一”（取得医师资格证书、上海市住院医师规范化培训合格证书、硕士研究生学历证书、临床医学硕士专业学位证书）学员的招生工作。在培研究生90人，其中全日制博士8人，全日制硕士48人，“四证合一”10人，在职人员攻读硕士学位研究生20人。获复旦大学《研究生赴美科研暑期学校项目》1人、创新基金项目1项。获复旦大学奖学金4项，其中国家奖学金1人、"张明为励志奖"助学金1人，光华奖2人。获复旦大学优秀学生称号1人，优秀毕业生称号1人。完成19名研究生论文答辩（复旦大学博士1人，硕士16人；皖南医学院硕士2人），1名博士后出站。毕业研究生共发表论文19篇，其中SCI 3篇。

有上海市住院医师规范化培训基地9个，包括全科医学、外科、医学影像、内科、妇产科、急诊科、康复医学科、普外科、血液科，以及神经内科、肾内科、内分泌科、血液科、耳鼻喉科5个教学基地。在培基地学员48人，2012年通过上海市组织的结业综合考试学员6人。主办国家级继续教育项目"男性性腺轴功能障碍诊疗路径学习班"、"信息化基础上中心医院—社区双向医疗服务研讨班"等2项；承办复旦大学"创新护理模式，提升服务品质"优质护理论坛；年内开展院内各类学术讲座共计43次。

2012年获国家自然科学基金青年基金项目资助1项，上海市自然科学基金项目1项，上海市科学技术委员会生物引导类项目1项，上海市科学技术委员会产学研医合作项目子课题1项，上海市卫生局项目6项，上海市医院协会医院管理研究基金课题1项，复旦大学护理科研基金1项，闵行区科委自然科学基金23项，闵行区卫生局课题13项。全院发表论文共177篇，其中SCI17篇，权威14篇，核心113篇，ISSN期刊33篇。获2011年度闵行区科技成果奖一等奖1项，二等奖2项，三等奖7项。获13项实用新型专利授权，1项外观设计专利。积极开展科普工作，医院各科专家参与主编出版《专家解读健康丛书》共10册。

积极履行社会责任，做好医疗援建工作。在泽普县当地政府、卫生部门的协助下，医院组织专家赴疆举办2012年度卫生援疆临床医疗技术学习班。接收当地医务人员到院进修学习，为当地培养3批次共计25名专业医务人员。6月17日，5位援疆干部完成援建工作，返回上海。闵行区卫生系统援疆医疗队队长、新疆泽普县人民医院院长、医院放射科副主任庄玉忠在沪作短暂停留后，与闵行区卫生系统新一批援疆干部赴疆，继续援疆工作。10月9日，泌尿外科傅旭晨、妇产科张金辉、骨科程根祥等3位医师，随中国援摩洛哥医疗队启程，赴摩洛哥拉西迪亚地区开展为期2年的医疗援助任务。

深入开展党组织建设年活动，加强党组织建设。年初组织完成医院党委换届"公推直选"工作，组成新一届党委班子。重视基层党支部建设，结合医院学生党员不断增加的实际情况，成立"学生党支部"，选举产生学生党支部支部成员。院党委制定《中共上海市第五人民医院委员会加强基层组织建设有效性实施办法》，着力解决基层党组织建设中存在的突出问题。积极开展创先争优活动，激发先进典范的引领作用，在医院网站开设"先进典型事迹"宣传专窗，对近几年全国、上海市及医院内涌现出的先进医务人员的典型事迹进行宣传报道。在闵行区卫生局党委开展的创先争优评选先进基层党支部及优秀共产党员活动中，施国伟、李文纲获得闵行区卫生系统优秀共产党员称号，护理支部获优秀基层党组织称号，中共上海市第五人民医院院直一支部的组织生活案例获"组织生活有效性"优秀案例。

加强党风廉政及医德医风建设，加强对员工的法纪观念教育，加强岗位廉政风险防控工作及专项治理工作。参加闵行区组织的第三届反腐倡廉宣传月活动，参与征集廉政文化短信、廉政教案活动。除各支部组织学习相关材料外，纪委集中组织员工观看涉及治理医药购销领域商业贿赂等方面的法制宣传片《防患于未然》、《法槌下的疯狂》。医院成立价格监管工作小组，加大督查力度，建立医药价格自查制度。举行植入性耗材审计整改专项会议，要求各科室和部门建立整改工作责任制，及时修订和完善制度，利用信息化手段规范植入性耗材内部管理和使用流程。医院纪律检查委员会从全面加强植入性医用耗材购销和使用领域监督、建立医药购销领域商业贿赂不良记录制度入手，对加强治理医药购销领域商业贿赂长效机制建设工作进行部署。

医院以上海市卫生系统开展"改善服务年"主题活动为契机，争创新一届上海市文明单位和上海市卫生系统文明单位。在全院范围内征集医疗服务改善措施，共整理提炼出有代表性、实用性强、得到患者认可的"十项服务措施"；成立无偿献血志愿者服务队，志愿者们利用双休日踊跃参加志愿活动，累计服务124工时；医院党政领导带头，全院职工积极参与无偿献血，累计献血人数81人，献血份数85份；近千名员工踊跃参加"好心人帮好心人"万名志愿者募捐活动，共募得27 810元善款；完成医院"2011年社会责任报告"和"2012年社会责任报告"。

医院获"上海市建设健康城市2010年度、2011年度健康单位"、"上海市拥军优属先进单位"、"2011年度上海市平安单位"称号；医院工会获"2010—2011年度闵行区先进职工之家"称号；门诊预检护理组、超声医学科获上海市"巾帼文明岗"称号；王明海获"上海援疆前方指挥部创先争优优秀共产党员"称号。 （孙滢莹）

【产生新一届党委班子】 3月5日，医院召开中共上海市第五人民医院委员会"公推直选"全体党员大会，卢一飞、向明、洪洋、顾勇、徐东丽、黄陶承6名同志当选为中共上海市第五人民医院委员会委员。黄陶承任党委书记，顾勇、卢一飞任党委副书记。该次选举按照"公推直选"的方式，在全体党员参与下，经过宣传发动和组织筹备、组织报名和提名推荐、直接选举成立新党委班子等三个阶段，前后历时3个月。 （孙滢莹）

【召开共青团上海市第五人民医院第七次团员代表大会】 3月2日，共青团上海市第五人民医院第七次团员代表大会在医技楼（4号楼）4楼多功能厅举行。大会听取审议通过《共青团上海市第五人民医院第六届委员会工作报告》，并经无记名投票差额选举产生新一届团委。会后，新一届团委召开了第一次全体会议，号召广

大团员青年立足本职，创先争优，为医院的发展作出贡献。（孙蕊莹）

【学生党支部召开支部成立大会】 4月10日，学生党支部成立大会在行政楼（11号楼）202会议室召开。学生党支部25名党员通过差额投票选举，推选出支部委员、支部书记。会上还对党支部活动内容、发展方向，以及预备党员考察转正等问题进行讨论。（孙蕊莹）

【举办复旦大学优质护理论坛】 11月30日，复旦大学优质护理论坛在行政楼（11号楼）316学术会议中心举行。论坛以“创新护理模式，提升服务品质”为主题，邀请卫生部医政司领导作专题报告。复旦大学、上海市卫生局、上海市护理学会和复旦系统兄弟医院的相关领导出席活动并发言。来自复旦大学各附属医院、闵行区各医疗机构的100余名护理人员参加。（孙蕊莹）

上海市（复旦大学附属）公共卫生临床中心

【概况】 2012年，上海市（复旦大学附属）公共卫生临床中心以三级甲等专科医院等级复评审、“三好一满意”活动、创建“平安医院”和市文明单位评选等重点工作为抓手，完善全面质量管理体系；以推进内涵建设，提高综合竞争力为主线，不断提高医疗服务质量。加强医疗安全和安全生产，控制医疗费用不合理增长，强化成本控制，优化人力资源，提升科学创新能力，为实现“十二五”发展战略迈出了坚实的一步，为实现全面、协调和可持续发展奠定了基础。

中心有职工785人，其中医疗人员121人，护理人员269人，医技人员93人，科研人员49人，管理人员108人，后勤人员80人。在640名专业技术人员中，正高级职称人员20人，副高级职称人员32人，取得博士学位者25人，硕士学位者73人。新进员工115人，其中博士研究生6人，硕士研究生11人。

中心核定床位500张，全年门急诊量256 615人次，较2011年下降0.5%；出院病人9 249人次，较2011年增加17.58%；手术2 678人次，较2011年增加101.8%；病床周转次数26.57次，较2011年上升5.14次；平均住院日14.68天，较2011年下降2.01天；出院均次费14 512.57元，较2011年下降6.96%；药占比73.28%，较去年下降0.06个百分点。

做好院级后备干部挂职锻炼以及新任院级副职干部的挂职工作，1人完成市教卫党委组织的市卫生系统单位挂职，2人赴申康中心挂职；开展试聘期述职考核，完成3位试聘中层干部和4位新任干部的考核工作，接受民主评议；

完成医院等级评审工作。按照上海市三级专科医院评审标准，制定医院等级评审实施工作方案，明确工作目标，完善组织架构，分自查自纠、再查再纠、模拟评审3个阶段有序推进。

通过中国质量认证中心对公卫中心ISO质量管理体系的复评审。认证专家对公卫中心制度化建设、优质的医疗服务和医疗质量给与充分的肯定。经过6年的ISO质量体系运行，基本形成了按文件、按规范、按程序办事的工作氛围，基础管理取得明显成效。

深入推进预约诊疗及“一站式收费”工作，进一步加强便民利民举措。在金山总部和市区分部为患者提供现场、医联网电话和网络、医生诊间及自助机预约等多种预约途径。全年预约总人次为87 366，预约率34%，专家、专科门诊预约率分别达到46.3%和57.22%。先后在市区分部及金山总部设置5部“一站式收费”自助服务机。市区分部引入社会志愿者，协助进行现场患者的引导分流和自助服务设备的操作演示。

与耶鲁大学护理学院的联合研究课题“如何让中国儿童知晓父母艾滋病病情及其心理干预”获美国国立卫生研究院批准，并获得中心首项NIH（美国国立卫生研究院）资助护理类课题（课题编号：R21 HD074141－01）。

增设针灸科、中医肿瘤科；新增大型设备MRI和DSA配置证、三类医疗技术“影像导引下实体肿瘤消融治疗技术”申报成功。完成肝移植手术室改建，委派外科、麻醉科、手术室、ICU的医务人员前往上海市器官移植质控中心学习操作，邀请专家前来进行肝移植专题培训，为准备开展肝移植工作打好基础。

中医传染病学入选国家中医药管理局“十二五”中医药重点学科建设计划，传染病专科入选国家中医药管理局“十二五”重点专科建设项目。获得国际Gates基金，获得国家自然基金地方联合重点项目；推进上海市传染性疾病非人灵长类动物研究平台建设申报，P3实验室通过再认证。

中心中医（肝炎）、结核病、产科等3个新专业组通过认定，获得国家食品药品监督管理局药物临床试验机构资格（证书编号：366），具备开展Ⅰ至Ⅳ期临床试验的资质和能力（其中Ⅰ期临床实验室需等待国家食品药品监督管理局统一复核），同时具备医疗器械和体外诊断试剂临床验证资质和能力。

上报国家级、市级等纵向课题及人才计划项目117项，较2011年增长7.3%。上报项目建议书16项，其中国家级课题4项，市级12项。立项课题44项，较2011年的33项增长33.3%，其中主持（含子课题主持）国家级课题11项，部级课题1项，市科委课题12项，局级课题9项，申康课题2项，校级课题4项，基金会课题2项，参加国家级课题2项，立项经费2 536.43万元，较2011年增长42.04%，到位经费2 575.05万元，较2011年增长230.87%。获国家自然科学基金9项，首次获得国家自然基金与地方联合重点项目1项，资助经费为214万元；基金项目较2011年增加1项，经费较上年增长270万元。1人入选2011年度上海市启明星跟踪计划。

发表论文219篇，其中核心期刊168篇，SCI 38篇（增刊1篇），论文影响因子获得大幅度提高。2012年获上海市医学科技奖三等奖1项，；获上海市科技成果1项，登记成果5项，申请专利3项。

进一步完善科研平台建设管理。科研共享平台获得2011年度"大型科学仪器设施共享服务先进集体"称号与"大型科学仪器设施共享服务管理类先进个人"称号。全年服务总额为223.4万元，较2012年上升43.75%，其中对外服务金额152.8万元；对内服务金额52万元；平台租用金额18.6万元。与38家单位建立对外服务合作，其中企业10家、医疗机构17家、大学与院所11家；并为中心11个临床科室提供内部技术服务。

进一步开展药物临床试验工作，Ⅰ期临床研究室、结核病科、产科、中医(肝炎)4个专业组正式获得SFDA药物临床试验机构资格认定证书。新承接临床试验项目27项，其中药物12项，医疗器械11项，体外诊断试剂4项；新承接Ⅰ期临床研究试验项目3项，实现"零"突破。与美国布法罗大学建立长期合作，签订协议开展药物临床试验。

为复旦大学本科生开设《新发传染病》和《急诊医学》2门专业选修课。与同济大学医学院病原生物学教研室共同建设《病原生物学与感染性疾病》课程，共有136名学生来公卫中心进行课程见习。

做好研究生教育培养工作。2012年新增硕士生导师3位；新入学博士生2名，硕士生8名；公卫中心具有独立代码招生的第一届9名研究生顺利毕业，其中博士生2名，硕士生7名。同时成为护理学硕士的招收点。

继续接受云南省传染病医师进修培训，2012年共接受59名传染病卫技人员进修学习，其中医师23名，护理23人，医技13人。开设了云南省第一期传染病高级医师研修班，接受研修班学员11名；申报"云南省传染病人才培养"项目，获上海市科委国内科技合作领域项目资助，资助经费15万元，这是公卫中心职能科室首次获得市级课题资助。

承办中国医院协会传染病医院管理分会第十届年会；举办第十四届全国感染药学研讨会；协办第十四届国际病毒性肝病与肝炎大会。

6月，正式启动上海市公共卫生临床中心传染病诊治网络指挥中心项目，完成项目整体方案设计、完成项目需求书并邀请专家对项目需求书进行可行性评审。该项目属于上海市加强公共卫生体系建设新三年行动计划。

9月，在得到发现新型冠状病毒的信息后，立即组织人员编制《人感染新型冠状病毒应急处置预案》以及医疗、护理、医技、应急检测和后勤保障的子预案。

继2011年推出"新星计划"和"优青计划"后，2012年对首批"新星计划"人员进行年度考核。开展首批"优青计划"人员的选拔工作，通过擂台选拔最终确定9人进入首批"优青计划"进行人才培养。

启动内部绩效与分配机制改革。修订绩效薪酬分配方案，以岗位工作量、医疗质量、岗位技术含金量和风险度、病人满意度、学科人才和科技创新、成本效率为核心的内部绩效考核指标体系，以工作量和绩效考核结果为绩效薪酬分配的基本依据，完成《上海市(复旦大学附属)公共卫生临床中心绩效考核与绩效薪酬分配办法(修订讨论稿)》。

做好血友病艾滋病患者的服务管理工作。成立中心市区分部特殊管理办公室，全面负责血友病艾滋病患者的管理工作，建立感染三科专门负责血友病艾滋病的诊疗工作。继续提供东方艾滋热线服务，年内接听电话咨询4 000余人次。

进一步推进信息化建设。一是完成无线网络全覆盖。二是对HIS系统进行全面升级。三是完成部分OA功能开发，推进无纸化办公进程。完成中层干部请假管理、公文流转等7项审批流程的功能开发并投入使用，有效提高办事效率。

完成应急防控用房项目的建设，获得上海市"申安杯"优质安装工程奖、通过"上海市建设工程白玉兰奖"评选；完成市区分部医技楼修缮并投入使用，基本完成市区分部血液透析中心和肝病临床研究中心的建设。基建项目的完成尤其是市区分部修缮项目的完成为公卫中心新一轮发展战略在硬件建设方面奠定基础。

（严晓慧）

【获"全国综合医院中医药工作示范单位"称号】 根据卫生部、国家中医药管理局、总后勤部卫生部的有关决定《关于命名北京大学第一医院等93家单位为全国综合医院中医药工作示范单位》(国中医药医政发[2012]3号文)，中心被授予"全国综合医院中医药示范单位"荣誉称号。（严晓慧）

【陈良当选农工党市委常委】 4月22—24日，中国农工民主党上海市第十二次代表大会以无记名投票方式选举产生农工党上海市第十二届委员会，中心副主任陈良当选农工党上海市第十二届委员会常务委员。

（严晓慧）

【承办全国医院协会传染病医院管理分会第十届年会】 9月6—8日，"中国医院协会传染病医院管理分会第十届年会"在上海浦东星河湾酒店开。由中国医院协会传染病医院管理分会主办、公共卫生临床中心承办。来自全国各地传染病医院院长以及管理专家近200人参会。上海市医院协会会长陈志荣、上海市卫生局副局长王磐石、上海市申康医院发展中心副主任高解春等出席。上海市申康医院发展中心副主任高解春与首都医科大学附属北京佑安医院院长李宁分别作《公立医院院长绩效考核实践与探索》、《传染病医院改革》专题报告。有关专家就传染病医院在绩效考核、医院改革、医院多元化发展、医院评审等领域的理论与实践做讲演。与会人员共同探讨新医改下传染病医院的发展机遇和挑战，探索医院可持续性发展的动力源，交流传染病医院如何凸显社会公益性、有效保障城市公共卫生安全的经验与成果。会后，部分代表赴中心金山本部参访。（严晓慧）

【应急防控用房竣工】 9月11日，中心自建的重大项目——应急防控用房正式竣工。"应急防控用房项目"是在上海市公共卫生临床中心内新建医学观察楼和应急防控保障综合楼，总建筑面积为12 136平方米。其中，医学观察楼为6层建筑，总建筑面积为4 032平方米，应急防控保障综

合楼为8层建筑，总建筑面积为8 104平方米。 （严晓慧）

【举行“人感染新型冠状病毒”应急演练】 10月10日，中心举行“人感染新型冠状病毒”应急演练。启动应急预案后，医疗护理应急备班、后勤保障、安全保卫、设备、信息、财务、检验、影像、应急检测实验室等部门按应急预案启动应急病房收治患者。演练设置5组观察员，根据演练不同阶段进行全方位观察，旨在发现不足，以完善预案、优化流程。结束后召开演练总结会，中心副主任卢洪洲要求医疗条线就演练发现的问题进一步细化应急预案。中心主任张志勇根据演练情况提出3点要求：一要加强信息指令反馈，收到指令后落实情况要及时反馈；二要加强信息通畅，确保信息同时发出，传达到各点的内容要一致，要求建立应急办内部通讯平台以确保信息快速可靠；三要将媒体应对纳入今后的演练中去。

（严晓慧）

【通过上海市三甲专科医院复评审】 11月20—21日，上海市医院等级评审专家组到中心开展上海市三甲专科医院复评审工作。专家组从医教研、护理、后勤、财务、信息管理、医疗服务质量、精神文明建设等方面对医院工作进行评估。8组专家通过审阅资料、查看病史、访谈职工、实地查看对中心进行全方位、广覆盖、深层次、多角度的评审。评审结果为公卫中心正式通过复评审。 （严晓慧）

复旦大学附属华东医院

【概况】 复旦大学附属华东医院是一家以干部医疗保健为重点，老年综合医学科学为特色，医学、教育、科研、预防协调发展的三级甲等综合性医院。由院本部、闵行门诊部、市府大厦门诊部、康平路门诊部及景苑体检中心组成。医疗设备先进，拥有当今世界最新技术的数字化手术室、达芬奇机器人、高清晰度低射线量宝石CT、PET－CT、磁导航血管造影X光机、SPECT、3.0T MR、四维直线加速器等一大批世界一流高、精、尖诊断和治疗设备；拥有11个临床诊疗特色专科——胆胰外科、疝与腹壁外科、泌尿外科、消化内镜、老年医学科、临床营养科、肿瘤科、骨质疏松科、影像医学科、微创外科、乳腺疾病诊疗科，其中老年医学科为上海市重中之重临床重点学科。院内设有上海市老年医学研究所（下设老年痴呆与抗衰老研究室、老年骨质疏松研究室、老年临床医学与保健研究室、流行病学研究室和老年药学研究室），独家发行全国核心期刊《老年医学与保健》。是世界卫生组织（WHO）社区老年保健合作中心，也是上海市康复医学会、上海市临床营养质控中心挂靠单位。

现有职工1 961人，其中正高级职称104人、副高级职称207人、中级职称620人、初级职称833人、其他197人；其中博士50人，硕士215人。

医院现有临床医技科室42个，核定床位1 050张，实际开放床位1 251张。2012年共接待门（急）诊病人1 470 773人次，出院病人29 233人次，手术病人15 779人次。年内共接待中央及外省市诊疗近400人次，其中副省级以上保健对象138人。全年外派随队医疗保障58批次，123人次，共计276天。

根据上海市卫生局的具体部署，结合2012年医改工作要点，“以人为本”、“以病人为中心”、“以群众满意”作为医院工作出发点和落脚点，全面开展、全面推进“三好一满意”和“医疗质量万里行”活动。在院长俞卓伟和各分管院领导带领下，拟定活动部署及举措分工实施方案，制定详细的任务分解方案，各党政职能部门和临床医技科室按责任范围进行自查自纠，并及时进行汇总、分析，提出改进措施和落实方案。各院领导带队对各条线的工作分组进行专项检查，梳理薄弱环节，提出明确整改要求。通过自下而上、由上至下反复持续推进，形成自查、自纠、督查、整改、提高的良性循环模式，提高医院医疗质量的优质性、医疗安全的保障度、医疗服务的满意率，完善各项“有利于民、有惠于民、有便于民”的措施。华东医院通过“三好一满意”、“医疗质量万里行”活动，取得明显成效，医疗更规范、管理更科学、服务更优异。

医疗护理质量持续加强。进一步规范医疗技术和诊疗项目管理，多管齐下，加强手术风险管控，修订完善《华东医院手术分级管理制度》，规范医师对手术患者的全面手术评价。优化医疗资源，整合科室设置，6号楼（老市民医疗大楼）年内修缮完工交付使用。实际开放市民床位由年初的647张增至893张，增幅达38%。2012年出院病人数较2011年增加14.5%，极大缓解患者“住院难”的矛盾。加强药事管理，严控抗菌药物，继续根据卫生部《2012年抗菌药物临床应用专项整治活动方案》和“三好一满意”等活动要求，狠抓医院药事管理。强化管理力度，门诊医疗服务有序有效，坚持每月定期抽查病史、处方和检查单制度，每季度对医疗文书进行质量考核。重点加强专家门诊的准时开诊率和停诊率管理，根据应诊专家的具体情况采取门诊限号措施，确保专家门诊的应诊质量。多渠道为患者提供预约诊疗服务，推行网络、电话、现场、诊间预约等4种预约诊疗方式，对号源紧张的专家实现预约号源动态调配，对社区转诊的患者优先安排预约就诊及检查。继续落实卫生部优质护理服务示范工程，试行护士岗位管理和绩效考核，进一步巩固优质护理示范工程取得的成果，不断改善护理管理各项举措。

科研教学呈良好发展态势。2012年，医院继续加强人才梯队建设，夯实科研基础，推进科研与临床深度融合的力度。积极选送、鼓励优秀青年进入和申报人才培养计划，并选派优秀人员外出学习。针灸科医师杨晖获得第五批全国老中医药专家学术经验继承人。选送刘明、程群、刘潇赴国外进修，并为张振兴、朱迎钢等已在国外进修人员办理延期手续，推荐6位同志参加第一批为期3年的上海市青年医师培养资助计划。今年内引进学科带头人1人，招录专业技术人员42名，充实临床一线，为科室后续发展储备人才。全年获批国家自然基金项目6项，经费共计263万元。中标纵向课题36项，国家自然科学基金面上项目4项，国家自然科学青年基金2项，卫生部课题1项，市科委基金9项，上海申康医院发展中心课题3项，上海市卫生局重点项目1项，面上项目9项，局级青年项目3项，上海市卫生局中医药科研基金1项，上海市卫生局卫生政策研究课题1项，复旦大学护理科研基金3项，总计经费515万元。年内发表在中国科技论文统计源期刊目录论文总计163篇，SCI论文38篇。获得专利11项，其中发明专利4项，实用新型专利7项。3人获上海市优秀住院医师，全科基地主任于晓峰获得上海市优秀带教老师称号，年内新增硕士生指导老师4名，申报博士生指导老师1名。招收研究生36名，博士毕业生3名，硕士毕业生19名。

加强医院运行保障建设。后勤保障重点围绕安全、节能，整合现有资源，发挥协作优势。基础建设推进有力，加速有序，克服扩建新楼工程项目时间紧、任务重、部门多、报批繁的困难，积极有序，加速推进。安全保卫工作，围绕创建平安医院工作目标，狠抓社会治安综合治理"谁主管，谁负责"原则的落实，明确"一岗双责"的安全防范职责，年内共完成121人次各类干部保健安全保卫任务。严把设备引进流程和设备监控、维护。完成住院医师培训的教学模型的招标、采购任务，及为宁洱县人民医院医疗设备的招标、采购任务。加快信息建设，提升医院管理水平，培养项目管理能力，培养自身的研发能力，积极与微软等计算机公司学习合作交流，解决一些研发中的问题。

强化医院文化建设，2012年，新十七楼消化内科病区集体获的"上海市工人先锋号"称号，华东医院工会获上海市医务工会先进职工之家，整形外科获得上海市用户满意服务明星班组，俞卓伟获得2011年度上海市医务工会支持工会工作好领导，《一种不损伤睑缘和皮肤的新型去眼袋器械》获得科技创新"星光计划"医疗类三等奖，刘天一获得上海市卫生系统科技"创新之星"，华东医院获得上海市卫生系统职工运动会总分第五名和优秀组织奖。

创新管理新模式，年内华东医院新组建了医务社会工作部，推出多种服务患者新方法。在全市卫生系统率先开展医务人员学习沪语活动，自编自创培训教材，内容贴近就医流程，教学方式多种多样，通过培训提高了医患沟通能力及病人的满意度，构建和谐医患关系，营造具有"华东"特色的独到医院文化氛围。

（邵志民）

【市领导新春慰问住院老同志】 1月19日，中共中央政治局委员、上海市市委书记俞正声（时任），市委副书记、市长韩正（时任）等领导莅临华东医院，探望正在住院的老同志们，并向他们致以新年的问候，祝老同志们早日康复、健康长寿。上海市干部保健局局长韩慰军、华东医院院长俞卓伟等陪同参加。（邵志民）

【通过上海市三级综合性医院复评审】 3月7日下午，上海市卫生局召开2012年上海市医院等级评审工作会议，市卫生局局长徐建光、副局长瞿介明和全市三级综合性医疗机构负责人出席会议。华东医院作为首批接受复评审的单位之一，以高分顺利通过评审，会上，院长俞卓伟代表华东医院领取了授牌和证书。

（邵志民）

【举行2010—2011年度科教工作总结表彰大会】 4月13日，华东医院2010—2011年度科教工作总结表彰大会在体疗楼召开。医院党政领导、老专家、科主任、护士长、科研教学骨干参加会议。院长俞卓伟等党政领导为两年来在科研课题、论著论文、教学及专利申请等方面受表彰的获奖者颁发奖状和证书。（邵志民）

【院领导任免】 4月18日下午，华东医院党委组织召开全院干部大会，会议由华东医院党委书记、院长俞卓伟主持，上海申康医院发展中心党委书记施荣范宣布重要干部任免并讲话。会议宣布由王振荣接任朱为民，担任华东医院后勤副院长。院党政领导、老领导、全院中层干部、工青妇组织负责人、党支部书记以及民主党派代表120余人参会。（邵志民）

【与江苏街道社区卫生服务中心签约】 8月7日下午，《复旦大学附属华东医院——江苏街道社区卫生服务中心双向转诊康复病房合作协议》签约仪式在江苏街道社区卫生服务中心举行，院长俞卓伟率医院党政领导班子、部分职能处室负责人和专家团队参加揭牌仪式。（邵志民）

【承办"多彩晚霞"重阳节慈善助老活动启动仪式暨百名医学专家慈善义诊活动】 10月20日，"多彩晚霞"重阳节慈善助老活动启动仪式暨百名医学专家慈善义诊活动在上海展览中心西二馆举行。由　主办，华东医院承办。的上海市政治协商委员会主席、上海市慈善基金会理事长冯国勤（时任），上海市慈善基金会监事长罗世谦及基金会相关领导，市卫生局、上海申康医院发展中心有关领导出席活动，全市共34家三级医院120余名医务人员参加活动，惠及百姓6 000余人次。（邵志民）

【张国桢获上海市"十佳医技工作者"称号】 12月11日，由上海市市委宣传部、市文明办、市卫生局联合新闻媒体开展的"我心中的白衣天使——五十佳"颁奖典礼在上海国际会议中心举行，华东医院著名医学影像专家、教授张国桢获得"十佳医技工作者"称号。（邵志民）

十三、附 中、附 小

复旦大学附属中学

【概况】 2012年,复旦大学附属中学(简称复旦附中)有在职教职工249人,其中教师195人(特级教师6人,高级教师57人,外籍教师25人)。在校学生1 732人(含国际部),共54个教学班(含国际部)。

学校按照新十年规划,在学生培养途径、组织框架结构、教师队伍建设、教育行政管理等方面积极推进改革。制定并实施《复旦附中学生奖励方案》、《复旦附中教师奖励方案》,《合同制员工聘用办法》,实施校历指导下的教育教学组织方式。截至2012年底,复旦附中有3名教师被评为"杨浦区第八批拔尖人才",6门学科中有12名教师成为杨浦区学科带头人和骨干教师,5名特级教师成为上海市第三期名师基地主持人。10余名青年教师在各级各类教学比赛中获奖,教师公开发表论文41篇,获得各类科研奖项10余项。学生在国内外各级各类竞赛中获奖达100多项。

在杨浦区政府和教育局组织下,复旦附中与复旦实验中学、民星中学签署杨浦区复旦附中教育联盟,学校的示范辐射作用进一步扩大。获评杨浦区2012年度"办学绩效优秀奖"学校。先后派遣学生23批次183人次、教师58人次赴海外进行短期或长期交流访问,包括美国、加拿大、法国、瑞士、澳大利亚、新加坡、马来西亚、日本等国家和中国香港、中国台湾等地区。　（虞晓贞）

【上海市浦东复旦附中分校落户浦东新区曹路镇】 3月2日,上海市教委基教处、浦东新区区政府和教育局、复旦大学附属中学在浦东新区行政办公中心举行浦东复旦附中分校委托管理协议签约仪式。分校占地76亩,建筑面积4万余平方米。基础建设计划于2012年年底竣工,2013年正式投入使用。学校首批37名学生已于2012年9月入学就读。该分校的建成是对浦东新区教育发展的有力支持,有利于形成浦东基础教育的新亮点和新高地。　（虞晓贞）

【承办"2012年世界名中学联盟年会"】 该年会于7月3—5日在复旦大学举行。由世界名中学联盟主办、复旦附中承办。年会主题是"教育之国际大视野",旨在通过对未来教育的展望,探讨如何拓展和深化全球名校间的交流与合作。来自世界各地知名中学校长及其他受邀代表100余人参会,其中包括英国伊顿公学校长Tony Little、剑桥大学国际考试委员会(CIE)总裁Ann Puntis、美国大学理事会高级副总裁Peter Negroni、耶鲁大学校董Charles Goodyear、欧盟教育基金会主席Berry Bock,及芝加哥大学、纽约大学、加州大学洛杉矶分校等高校招生办主任等。与会人员就国际教育展望、东西方高中课程改革、联盟学校师生交流、全球高校招生面临的挑战、高中教育的认证服务体系、企业界对联盟的支持等议题开展演讲和研讨。　（孙梦溪）

复旦大学第二附属中学

【概况】 2012年,复旦大学第二附属中学(简称复旦二附中)有在编教职工56人,其中专任教师52人(高级职称15人、中级职称32人、初级职称5人);在校学生742人,其中初中部622人,高中部120人。

9月,学校领导班子重组。复旦附中副校长杨士军兼任复旦二附中校长。

2012年,复旦二附中成立"学生成长工作委员会"和"教学指导委员会",让更多专家、家长参与学校管理,提升学校管理品质,提高教育教学质量。

德育工作方面,学校继续开展"以健康学风建设与文明校园、幸福校园建设为核心"的班级内涵建设。尝试学校德育课程与高中、大学的衔接。以"秉承复旦精神,胸怀家国天下"为主题,设置不同年级的梯度活动,落实培养目标。如"行迹上海"活动,在《"行迹上海"活动手册》中选编50多个德育基地,有计划的引导学生参观体现城市文明与发展的相关场馆。通过在不同年级开展阶梯式的主题教育活动,梯度地呈现校园文化、城市文明、国家意识、国际视野在学生成长中的德育渗透作用,培养学生的爱国情怀和责任意识。学校德育室的课题《家长义工制的实践与研究》被列为区级重点课题;在杨浦区"行为规范标兵校"和上海市"行为规范示范校"评审中,获评"杨浦区区属团组织考核优秀单位"。在"阅读经典"杨浦区中小学生"红读"主题教育系列活动中获得"优秀组织奖"。

教学工作方面,全年围绕学业质量"绿色指标"体系进行课程改革。关注学校课程计划的执行,特别是三类课程相融整合工作。

以多种方式关注减轻学业负担。通过在网络上晒作业的形式来监控各班级的作业,以保证每天两小时左右的作业量。保证每天校内一小时的运动量,二附中学生体质明显改善。

在2012年度区健康促进工程专项督导中,复旦二附中学生的体质情况得到评估专家的好评。并被评选为杨浦区绿色指标试点校。

关注提高学生创新实践能力，建立“创新实践课程群”规划。该规划包括“课外阅读与家庭劳动指导课”、“漫游星空”名师讲坛活动、茶艺与电子技术课、探究性学习与创新大赛、创新工场及利用周边课程资源来提升学生创新意识与能力等一系列的探究项目。2012 年，共有 17 个课题申报第 28 届上海市科技创新大赛，居杨浦区初中学校首位。有 4 名学生分获上海市青少年“明日科技之星”评选活动中的“科技希望之星”、上海市青少年“明日科技之星”评选活动优秀创意奖、杨浦区科技创新小明星、第 27 届上海市青少年科技创新大赛二等奖等奖项。另有一个课题《我们的蔬菜安全吗？——有机蔬菜和普通蔬菜农药残留比较研究》在中国少年科学院“小院士”课题研究活动评比中荣获一等奖。

师资队伍建设卓有成效。2012 年，理化生教研组、语文教研组通过杨浦区先进教研组评审；8 名教师被聘为复旦大学教育硕士专业学位校外兼职硕士生指导教师；在杨浦区新一届学科中心组成员中，复旦二附中 9 名教师入选；3 名教师被评为杨浦区骨干教师；3 名教师分别当选为市后备名师、名师基地成员、2012 年度中国少年科学院“小院士”课题研究活动“全国优秀科技辅导老师”。校本课程“漫游星空”、“打击乐”参加上海市的展评，“综合阅读”参加杨浦区的展评。

对外交流活动持续发展，在巩固已有的兄弟学校关系基础上，2012 年，与山东临沂实验中学缔结为友好学校。

学校获上海市第 11 届初中学生科普英语竞赛 A 组团体二等奖、2012 年《上海学生英文报》杯上海市初中英语竞赛团体三等奖、杨浦区初中科普英语竞赛团体一等奖、杨浦区中学生科普英语演讲竞赛团体一等奖等。连续第六年被评为杨浦区办学先进单位。 （姜乃振）

复旦大学附属小学

【概况】 2012 年，复旦大学附属小学(简称复旦附小)有在编教职工 46 人，其中党政干部 3 人、专职教师 42 人、教辅人员 1 人；具有教师中级职称 44 人，初级职称 2 人；具有本科学历 38 人，大专学历 8 人。在校学生 623 人，共 18 个教学班。

2012 年，复旦附小以上海市中小学生学业质量绿色指标为引领，研读教材、大纲，梳理教学目标，制订适当的课时要求。引导教师反思课堂教学，重归大纲，从学生出发，改变教学理念，改变教学关系，激发课堂活力。

制订《复旦附小加强课程建设，提高教学有效性三年行动方案》，并依据行动方案，加强课程开发建设，强化课程意识。学校开展“依托教师自我评价，提高课堂教学有效性”为主题的各项教学研究活动，对照教学目标，审视课堂教学过程，反思教学的得失，引导教师对教学作出全方位的自我评价。邀请学科专家引导教师授课，科学进行教学评价。

坚持为教师的发展搭建新的平台。学校派出教师和复旦附中国际部青年教师结对，指导学科教学。丹阳马相伯学校一年数次派出语数外教师到校学习，学校认真做好带教工作。学校应邀组织师生参访团前往姐妹校台湾新荣小学开展交流互访活动。

继续抓好市级课题《基于小学生认知特点的校本课程开发与实践的研究》的过程管理，做实做细研究的每一环节。积极参与 2012 年度杨浦区教育科学研究课题的申报，1 位教师的课题获立项。鼓励教师针对教学中的问题开展个人小课题研究，提高教学实效。

英语学科 1 位教师承担区级公开课，1 位教师获全国课堂教学观摩活动三等奖，1 位教师获上海市小学新教材青年教师教学展评一等奖，5 位教师获市级竞赛指导奖，2 篇教学论文在全国、上海市、区级论文评比中获奖，学校大队部工作接受团市委调研，获得好评。

学校领衔杨浦区五角场块“学生走进高校博物馆”博物馆课程的开发。撰写的课程方案收录进《杨浦之旅 12 站》一书。学校充分利用上海市地域内博物馆资源，结合各年段学生实际，安排场馆，制订计划，设计学习单，有效提升博物馆课程的教学效果。

校大队部以“发现美、创造美，争当复小之星”为主题，结合重要节日庆典，组织开展“五一”节“红领巾心向党”党史问答赛，“六一”节“感悟真善美”儿童剧汇演，教师节“夸夸我的好老师”演讲比赛，“小生活，大智慧，发现身边的科技之美”科技节活动等大型主题教育活动。落实“温馨校园”的建设与布置，开展“美丽复小”书画作品征集，宣传体育健康的要义，组织学生进行“体育精神大讨论”。

学校积极为学生组织高层次的讲座，邀请中国青年女科学家、复旦大学生物科学学院教授王红艳开设主题为《在知识海洋中科学地畅游，健康快乐地成长》的讲座；同济大学海洋地质与地球物理学院教授、博士生导师吕炳全作题为《保护海洋环境就是保护人类自己》的讲座；上海市宇航学会科普工作委员会技术顾问、高级工程师张祥根作题为《中国航天与国防建设》的报告。引进“东方少儿讲坛”，邀请 IBM 公司 8 位优秀工程师志愿者到校开展 IBM“工程师周”(Engineers Week)活动。

2012 年，学校约有 190 人次的学生获全国、市、区竞赛奖。学校获上海市小学生英语小品展评最佳设计指导奖，上海市小学生英语小品展评二等奖，上海市少年数学训练棋竞赛团体三等奖，杨浦区办学先进单位，杨浦区第三届汉字节特别贡献奖，复旦大学“文明窗口”称号，英语教研组被评为杨浦区优秀教研组。

（彭 松）

· 复旦大学文件 ·

规章制度

复旦大学学生学业证明文书管理细则(试行)

(校通字[1]号 2012 年 2 月 28 日发布)

第一条　为贯彻《中华人民共和国教育法》、《中华人民共和国高等教育法》、《中华人民共和国学位条例》、《普通高等教育学历证书管理暂行规定》、《〈普通高等教育学历证书管理暂行规定〉实施细则》、《普通高等学校学生管理规定》等有关法规,加强和规范本校学生学业情况证明文书的管理,保障学生权益和学校声誉,特制定本细则。

第二条　学校向学生出具的学业情况证明文书,分为学位证书、学历证书、非学历教育结业证书、学业证明书、成绩单、学籍证明等六大类。

第三条　学位证书适用于《复旦大学学位授予工作细则》、《复旦大学学士学位授予工作细则》、《复旦大学第二学位、第二专业教学规定》所管辖的对象,包括学士学位证书、第二学士学位证书、硕士学位证书、博士学位证书。

第四条　学历证书适用于《复旦大学本科生学籍管理规定》、《复旦大学研究生学籍管理规定》、《复旦大学高职生学籍管理规定》、《复旦大学成人高等学历教育学籍管理规定》以及复旦大学网络教育、由复旦大学主考的自学考试等教育形式所管辖的对象,包括专科、本科、硕士、博士等几个层次的毕业证书、结业证书、肄业证书。

第五条　非学历教育结业证书适用于在我校各类非学历教育项目中完成学业的学生。其中,本科第二专业证书、本科辅修证书专用于根据《复旦大学第二学位、第二专业教学规定》完成相应学业的学生;研究生课程进修班结业证书专用于在教育部发文由上海市教育委员会批准备案的我校研究生课程进修班中完成相应学业的学员;教师进修证书、访问学者证书专用于在我校完成教育部教师进修和访问培训计划学业的学员;上海市东北片普通高等学校跨校辅修专业证书专用于根据《复旦大学跨校辅修学生学籍管理规定(试行)》完成相应学业的上海市其他本科院校学生;研究生创新创业英才计划职业(辅修)课程结业证书专用于我校完成“研究生创新创业英才计划”职业(辅修)课程的研究生。

第六条　学业证明书适用于证明上述学位证书、学历证书、非学历教育结业证书遗失或损坏者的学业事实情况。

第七条　成绩单适用于证明各类学生在我校按规定修读的所有课程的学习成绩。

第八条　学籍证明适用于证明各类在读学生的专业、年级、学籍等相关情况。

第九条　各类学生学业情况证明文书的内容,除教育部规定的以外,概由学校统一规定,经校长办公会议批准。

第十条　学士学位证书、硕士学位证书、博士学位证书的内容按教育部规定填写。第二学士学位证书与教育部学士学位证书的内容和形式保持基本一致,加盖复旦大学学位评定委员会主席签名章。

第十一条　专科、本科、硕士、博士等层次的毕业证书、结业证书以及教师进修证书、访问学者证书内容按教育部规定填写。本科、研究生和专科的肄业证书,本科第二专业证书、本科辅修证书、研究生创新创业英才计划职业(辅修)课程结业证书、研究生课程进修班结业证书、上海市东北片普通高等学校跨校辅修专业证书,与上述证书的内容和形式保持基本一致,加盖复旦大学公章;非学历教育管理办公室(挂靠继续教育学院)主管的结业证书,加盖复旦大学非学历教育结业证明专用章。

第十二条　除上条已有明确规定者外,其他非学历教育结业证书的内容包括:(一)学员姓名、性别、出生年月日、专业、学习起止年月日;(二)学员派送(所在)单位;(三)学员照片;(四)教学主管部门公章;(五)发证日期、证书类型及编号。

由教务处主管的结业证书在证书类型栏中注“教字”;由研究生院主管的结业证书在证书类型栏中注“研字”;由继续教育学院主管的结业证书,在证书类型栏中注“成字”;由网络教育学院主管的结业证书,在证书类型栏中注“网字”;由非学历教育管理办公室主管的结业证书,在证书类型栏中注“非字”。

第十三条　学业证明书的内容包括:(一)学生姓名、性别、出生年月日、证件号码、专业、学号、就学起止年月和原件相关信息;(二)学生类型;(三)复旦大学学业证明专用章;(四)发证日期。

由教务处主管的学业证明书,在类型中注明“本科生、专科生、跨校辅修学生、进修生、访问学者”等;由研究生院主管的学业证明书,在类型中注明“学术型硕士生、专业学位硕士生、学术型博士生、专业学位博士生、同等学力学员、进修生”等；由继续教育学院主管的学业证明书，在类型中注明“脱产、函授、夜大、单科、自考”等；由网络教育学院主管的学业证明书，在类型中注明“课堂学习、在线学习”等；由非学历教育管理办公室主管的学业证明书，在类型中注明“培训班名称”等。

第十四条　成绩单的内容包括：(一)学生姓名、性别、学号、出生年月日、证件号码、类型、专业、学制、入学时间；(二)课程名称、修读时间、成绩、平均绩点、总学分、学历与学位情况；(三)复旦大学成绩证明专用章；(四)打印日期；(五)成绩单类型；(六)备注。

由教务处主管的成绩单，在类型中注明“本科生、专科生、第二专业、第二学士学位、跨校辅修学生、进修生”等；由研究生院主管的成绩单，在类型中注明“本科直博生、学历博士生、专业学位双证博士生、临床医学八年制博士生、同等学力博士生、同等学力专业学位博士生、访问学者及旁听进修博士生、学历硕士生、单考硕士生、专业学位双证硕士生、临床医学七年制硕士生、高校教师在职攻读硕士生、专业学位单证硕士生、同等学力硕士生A、同等学力专业学位硕士生A、同等学力硕士生B、同等学力专业学位硕士生B、单考专业学位双证硕士生、旁听进修硕士生”等；由继续教育学院主管的成绩单，在类型中注明“脱产、函授、夜大、单科、自考”等；由网络教育学院主管的成绩单，在类型中注明“课堂学习、在线学习”等；由非学历教育管理办公室主管的成绩单，在类型中注明“培训班名称”等。

由教务处主管的跨校辅修学生成绩单，加盖“上海市高校跨校学习复旦大学成绩审核专用章”。

第十五条　学籍证明的内容包括：(一)学生基本信息，包括姓名、性别、学号、出生年月日、年级、培养方式、学生类型、入学年月、就读院系、专业等；(二)复旦大学学籍证明专用章；(三)打印日期；(四)有效期；(五)编号。

第十六条　因学位证书、学历证书、非学历教育结业证书遗失或损坏的，可向相应的教学主管部门提出办理“复旦大学学业证明书”的书面申请，并提交复旦大学档案馆出具的档案证明材料。教学主管部门核实后，出具“复旦大学学业证明书”，加盖复旦大学学业证明专用章。

“复旦大学学业证明书”与原证书具有同等效力。

第十七条　学生需要学校提供学位证书、学历证书、非学历教育结业证书、学业证明书英文翻译件的，可向相应的教学主管部门提出申请。教学主管部门核实后，出具英文翻译件，加盖复旦大学学业证明专用章以及“此件为原件复印件”、“此件为原件翻译件”的专用印章(方章)。

第十八条　学生需要学校提供成绩单中文件、英文件或英文翻译件的，可向相应的教学主管部门提出申请。教学主管部门核实后，出具中文件、英文件或英文翻译件，加盖复旦大学成绩证明专用章，成绩单英文翻译件还须加盖“此件为原件翻译件”的专用印章(方章)。

第十九条　除按规定向学生提供的证书原件外，由学校提供的证书翻译、证明等事务，可按有关规定核定和收取费用，并出具收据。

第二十条　学校授权相应教学主管部门保管和使用复旦大学学业证明专用章、复旦大学成绩证明专用章、复旦大学学籍证明专用章。

其中，教务处保管使用复旦大学学业证明专用章、复旦大学成绩证明专用章、复旦大学学籍证明专用章；研究生院保管使用复旦大学学业证明专用章(研究生)、复旦大学成绩证明专用章(研究生)、复旦大学学籍证明专用章(研究生)；继续教育学院保管使用复旦大学学业证明专用章(继续教育)、复旦大学成绩证明专用章(继续教育)、复旦大学学籍证明专用章(继续教育)、复旦大学非学历教育结业证明专用章、复旦大学成绩证明专用章(非学历教育)；网络教育学院保管使用复旦大学学业证明专用章(网络教育)、复旦大学成绩证明专用章(网络教育)、复旦大学学籍证明专用章(网络教育)。

第二十一条　各类学业证明文书原件的内容须经学生所在院(系)教务员、教学秘书和院(系)教学负责人严格审核，报教学主管部门审核盖章。

第二十二条　教学主管部门要按照印章管理有关规定保管和使用印章，保证学业证明文书的真实性。印章要专人负责保管和使用。

第二十三条　学业证明文书的式样由教学主管部门提交校长办公会议审定，教学主管部门负责制作证书。

第二十四条　教学主管部门向社会公布各类学业证明文书样张。

第二十五条　学校严肃查处在学业证明文书管理中失职、弄虚作假、徇私舞弊的责任者和单位，责令其收回信息错误的学业证明文书，追究仿制、伪造学业证明文书者的法律责任。

第二十六条　教学主管部门指教务处、研究生院、继续教育学院、网络教育学院等部门。

第二十七条　本细则经校长办公会议审定后自2012年3月1日起施行。

复旦大学内部审计工作规定

(校通字〔2012〕13号　2012年6月6日)

第一章　总　则

第一条　为加强内部审计工作，根据《中华人民共和国审计法》、《中华人民共和国审计法实施条例》和《审计署关于内部审计工作的规定》、教育部《教育系统内部审计工作规定》，结合我校实际，制定本规定。

第二条　内部审计是指学校内部审计机构和人员对学校与经济资源利用有关的业务活动及其内部控制的适当性、合法性和有效性，所独立进行的监督和咨询活动，旨在促进加强学校及其所属单位内部管理、防范风险、提高效益，进而推动学校治理的完善。

第三条　学校设置独立的审计处，并保证内部审计履行职责所必需的机构、人员、经费和其他工作条件。

第二章　内部审计工作原则

第四条　根据学校的内部环境和内部审计资源的情况，科学合理地制订内部审计业务规划和年度审计计划。

第五条　坚持审计检查与审计评价相结合，采用事前审计、事中审计、事后审计等不同方式，组织开展不同类型的审计业务活动。

第六条　关注涉及学校经济资源的各类业务活动，对学校所属各单位、各部门利用经济资源开展业务以及取得绩效的过程和结果进行审计。

第七条　立足于推进学校体制、机制和制度的建设与完善，发挥审计咨询功能，促进学校事业的发展。

第三章　组织和领导

第八条　学校的内部审计工作实行校长负责、分管监察工作的校领导协助管理的工作机制，同时接受国家审计机关、教育部审计机构以及有关内部审计协会的业务指导。

第九条　校长和协管校领导负责指导、督促内部审计机构开展工作，其职责如下：

（一）推动学校内部审计规章制度的制订和完善；

（二）听取审计处的工作汇报，定期研究、部署和检查审计工作；

（三）审批年度审计工作计划、审计报告，督促审计意见、审计决定的执行；

（四）支持审计处和审计人员依法履行职责，协调相关部门在审计工作中的关系，保证审计工作正常进行；

（五）研究审计结果公开和利用的方式，推动审计所揭示问题的整改；

（六）加强审计队伍建设，切实解决审计人员在培训、专业职务评聘和待遇等方面存在的实际困难和问题，表彰和奖励成绩显著的审计人员。

第四章　审计处和审计人员

第十条　在校长的领导下，审计处依据国家法律法规和政策、上级单位的文件精神以及学校相关规章制度，独立开展内部审计工作，同时接受国家审计机关和教育部审计机构的业务指导和工作检查。

第十一条　审计处机构设置的变动、审计处处长的任免或调动，应事先征求教育部审计机构的意见。

第十二条　审计处应根据学校事业发展的需求，配备数量恰当的审计人员。审计人员应由具备经济、管理、法律、建设工程、信息系统等专业素质的人员组成，并通过后续教育和学习活动不断保持和提高业务能力。

第十三条　审计处可以根据工作需要，聘请校内外具备专业知识的相关人员担任特约审计员、兼职审计员，参与有关审计事项。

第十四条　审计人员办理审计事项，应当遵循职业道德规范，忠于职守，客观勤勉，廉洁自律，保守秘密，并保持应有的职业谨慎。

第十五条　审计人员办理审计事项，与被审计单位或审计事项有直接利害关系的，或可能影响独立、公正开展审计的，应当回避。

第十六条　内部审计人员依照本规定执行审计任务，任何组织和个人不得拒绝、阻碍审计人员执行任务，不得对审计人员进行打击报复。

第五章　审计处的职责

第十七条　参与学校治理中有关审计方针、政策的谋划和部署工作，结合学校治理需求制订和完善相应的内部审计规章制度，关心与促进学校经济活动相关规章制度的制订与完善。

第十八条　制订审计处内部的工作规则，完善工作程序，加强人力资源的管理与配置，指导和监督审计人员遵守职业道德和本规定。

第十九条　根据国家有关法律、法规、政策和学校的规章制度，通过系统化和规范化的审查和评价活动，对以下业务活动进行审计：

（一）校级预算执行和决算情况；

（二）学校二级管理单位预算执行情况和财务收支情况；

（三）国家重点教育专项资金的财务收支情况；

（四）国家重点科研以及有关科研项目的财务收支情况；

（五）基本建设工程项目和大型维修工程项目各阶段的运行管理情况和财务决算情况，以及一定金额以上的单项维修工程项目的工程造价结算情况；

（六）固定资产的购置、管理和处置情况；

（七）学校对外投资、银行贷款的使用和效益情况；

（八）学校内控体系的健全性、有效性情况；

（九）领导干部任期经济责任履职情况；

（十）学校治理中的其他重要经济事项情况；

第二十条　承办上级主管部门和学校交办的其他事项。

第六章　审计处的权限

第二十一条　审计处行使以下职权：

（一）根据学校批准的年度审计计划，组织并实施审计工作。

（二）列席学校有关审议预算、预算分配和决算的工作会议，列席学校有关经济政策的制定与调整等方面的工作会议。

（三）根据审计工作的需要，要求被审计对象以及有关部门或单位及时报送与审计事项有关的证明材料。

（四）通过检查盘点、发函询证、复制拍照、谈话笔录以及要求被审计单位提供与审计事项有关的会议记录等方法，取得相应的证明材料。

（五）在审计过程中，对被审计对象正在进行的严重违反财经法规和严重损失浪费的行为，作出临时制止的决定。

（六）对阻挠、妨碍审计工作以及拒绝提供有关资料的，采取必要的临时措施。如：封存有关资料、物资、通知财务处暂停经费使用权等。

（七）对于审计发现的问题，向被审计对象提出审计建议和整改要求，并督促、检查有关审计整改意见的执行情况。

（八）聘请社会中介机构参与重大审计项目的实施。在审计实施中，可聘请专门机构或有专业知识的人员，对重要事项进行鉴定。

（九）向校领导和上级主管部门通报审计情况，提出制定和完善有关学校政策、内控措施等方面的建议。

第二十二条　对于不同类别的审计事项，结合审计资源情况，可采用全面审查法、重点审查法或类比审计法等不同的审计方法。

第七章　审计工作程序

第二十三条　审计处应结合学校发展规划，拟定年度审计计划和审计工作重点，报校长办公会议批准后实施。

第二十四条　审计的主要程序：

（一）审计准备

审计处在实施审计前，应编制审计工作方案及审计实施方案，做好包括审计立项、成立审计组、开展审前调查，发送审计通知书及审计承诺书、对送审资料作明确要求等必要的准备工作。

（二）审计实施

审计组应通过运用审核、观察、询问、函证、检查、分析、测试等一系列执业程序实施审计，取得充分、可靠、相关的审计证据，编制审计工作底稿。对于审计中发现的一般问题，应及时与被审计对象或有关职能部门沟通交流，推动整改工作；对于审计中发现的涉嫌违纪违法等严重问题，应及时移交学校纪检部门处理。

（三）审计终结

1. 审计项目完成后，审计组应出具审计报告初稿，征求被审计对象的意见。被审计对象应当自收到审计报告征求意见稿之日起要求的工作日内，书面回复意见，逾期不复则视作无异议。

2. 对于被审计对象提出的异议，审计处应组织核定相关审计证据，对确有错误或偏差的审计结论进行重新取证，对审计报告征求意见稿中与事实不符的内容或不恰当的文字，作必要的修改或调整。

3. 审计完成后，审计处应及时向学校提交审计报告，报告内容应符合审计目的、审计范围及审计发现。审计报告经批准后，主要呈报学校领导、授权或委托部门，也可报送给对审计结果应有考虑的相关单位或职能部门，以便及时落实相关整改措施。

第二十五条　根据审计结果的运用情况，审计处应及时了解有关方面对审计意见的采纳情况和相应的整改措施，及时报告学校有关领导。

第二十六条　审计处应建立确保审计质量的内控机制，定期开展内部审计工作的评价，检查已开展审计工作质量与预期的符合程度，不断提高审计工作的效率和效果。

第二十七条　审计处应建立健全审计档案制度。未经批准，任何人不得调用或公开审计资料和审计记录。

第八章　奖　惩

第二十八条　对于审计人员在工作中忠于职守、客观公正、认真履行职责并成绩显著的，审计处可向学校或上级提出给予表彰或奖励的建议。

第二十九条　对于审计实施中发现执行制度好、遵纪守法、经济效益显著的单位和个人，审计处可向学校提出给予表彰、奖励的建议。

第三十条　对于揭发、检举、提供审计线索的有功人员，审计处可向学校提出给予表彰或奖励的建议。

第三十一条　审计处和审计人员违反本规定，滥用职权、徇私舞弊、玩忽职守、泄露秘密、造成损失和不良影响的，由学校根据有关规定给予批评教育或行政处分；构成犯罪的，应移交司法机关处理。

第三十二条　对违反本规定，有下列行为之一的单位或个人，审计处可视情节轻重，给予批评教育、责令其改正等处置；拒不改正的，审计处可向学校提出警告、通报批评、经济处理等建议；情节严重的，应移交学校纪检监察部门处理：

（一）违反财经纪律，造成损失浪费的；

（二）拒绝或拖延提供与审计事项有关的文件、会计信息、会计资料和其他证明材料的；

（三）转移、隐匿、篡改、毁弃与审计事项有关文件、会计资料和证明材料的；

（四）转移、隐匿违法所得财产的；

（五）弄虚作假，隐瞒事实真相的；

（六）阻挠审计人员行使职权，抗拒、破坏监督检查的；

（七）拒不执行审计决定的；

（八）报复陷害审计人员或检举人员的。

第九章　附　则

第三十三条　本规定适用于学校所属各单位、各部门。学校资产经营公司等全资控股的企业和其他独立法人单位可参照本规定，制定具体实施细则。

第三十四条　本规定由审计处负责解释。未尽事宜，应遵照国家有关规定办理。

第三十五条　本规定自学校正式发布之日起施行。1996 年 10 月 8 日学校发布的《复旦大学内部审计工作实施办法》(校通字[96]31 号)同时废止。

复旦大学教师高级职务聘任实施办法（试　行）

（校通字 2012[22]号　2012 年 9 月 17 日发布）

第一章　总　则

第一条　根据建设世界一流大学师资队伍战略目标，建立“总量控制、按需设岗、公开招聘、科学评价、择优聘用、合同管理、岗位考核、合格续聘”的教师高级职务晋升制度。

第二条　根据校院二级人事管理原则，充分发挥院系的学术评估作用。建立科学合理的学术评价体系，采用“代表性成果”评价机制，充分依靠国内外同行的学术评议，提高学术创新质量，引导学术事业健康发展。

第三条　教师职务晋升坚持以依法教学、教书育人、为人师表为导向；坚持以学术质量为评价标准，强调高质量学术成就；坚持倡导爱国奉献精神,注重社会实际贡献。

第二章 岗位设置

第四条 根据《教育部直属高等学校岗位设置管理暂行办法》,设置“教学科研型、教学为主型和科研为主型”三类教师岗位。

第五条 学校按照学科建设和事业发展需要,对教师高级职务的岗位数量进行总量控制;人事部门根据院系的学科建设、人力资源规划和师资队伍的现状等,提出年度晋升的名额分配方案,报学校审批。

第六条 院系按照学校下达的名额,结合学科建设自主设岗。

第三章 申请条件

第七条 基本资格

1. 能够按照《中华人民共和国教师法》的基本要求,履行相应的岗位职责。

2. 一般需获得博士学位。公共教学部门、护理学院可适当放宽学位要求。

3. 符合下列规定的任职年限。优秀人才可突破相应年限要求。

申请正高级职务:博士学位教师,需担任5年及以上副高级职务;硕士(学士)学位教师,需担任8年及以上副高级职务。

申请副高级职务:博士学位教师,需担任2年及以上中级职务;硕士学位教师,需担任5年及以上中级职务;学士学位教师,需担任8年及以上中级职务。

第八条 业绩条件

1. 申请正高级职务的人员,在所从事的学科领域内应取得达到国内先进水平的成果,在同行中享有较高的学术声誉和学术影响,是本学科的优秀学术骨干。申请副高级职务的人员,在所从事学科领域内应取得同行认可的成果,是具有发展潜力的主要学术骨干。

2. 院系应结合学校建立世界一流大学师资队伍战略目标,根据本学科特点,围绕学术贡献、学术影响和学术活力等方面建立学术评价体系,并充分考虑教书育人、成果应用与转化、社会服务等多方面业绩,制定综合的评价标准。

第四章 聘任程序

第九条 聘任组织

1. 学校高级专业技术职务聘任委员会:由校级党政领导组成,负责制定聘任制度,以及负责审定岗位设置方案和聘任名单等。

2. 学校成立人文、社科、理学、工程技术和医学等5个学术评议专家组,以及“教学为主型岗位”教学能力评议组,各由9名专家组成,对各单位推荐的人选进行学术终审。

3. 院系教授大会,由教授(研究员、正高级讲师)组成,人数一般在9人以上,负责制定学术评价标准,以及岗位设置和资格提名等。

4. 院系学术委员会,人数一般9人以上,主要负责学术评估。

非正高级人员不能作为院系评审正高级职务的评委。如正高级职务的评委不足9人,应邀请校内外其他正高级人员参加。具体人选由院系学术委员会讨论、确定。

第十条 聘任程序

第一步:公开招聘。院系根据学校批准的岗位数,通过人事处主页等发布招聘信息。招聘时间为10个工作日。

第二步:个人申请。教师应按照聘任岗位要求,申报相应系列的高级职务;并按照相应要求,提交申报材料和能代表自己学术水平的成果(正高级一般应提交3—5项、副高级2—3项)。申请人应对申报材料的真实性和有效性进行书面承诺,院系审核把关。

第三步:资格提名。

院系教学指导委员会对教学科研型、教学为主型有效申请人,提出具体的教学评估意见,评价意见为合格或不合格。教学不合格者,不得申报教学科研型、教学为主型的岗位。

院系教授大会对申请人是否达到申请职务的水平进行资格投票,推荐候选人,人数一般不超过学校核定岗位数的2倍。

第四步:同行评议。学校建立校外评审专家库,邀请与申请人研究方向相同或相近的专家进行同行评议。操作办法另定。

第五步:材料公示。院系通过内部网络或其他方式,对申请人的申报材料在本单位范围内进行公示。公示时间为5个工作日。

第六步:考察推荐。院系学术委员会根据外审评议结果进行学术综合考察,并按照学校核定的岗位数投票推荐正式人选。

第七步:学术终审。学校学术评议专家组进行学术终审。

第八步:学校聘任。人事处审核材料,报学校审定、聘任。

第十一条 连续申报限制。自2012年起,如连续2次获得资格提名,但最终未能获得晋升的申请人,须停止申报一次。

第五章 议事规则

第十二条 会议规则

各类评审会议2/3及以上委员出席有效;会议表决结果应当场公布、宣读;所作决议应由会议召集者、计票员和监票员在相应文件上签字,并确认后生效。不能出席会议的评委不得委托他人代议和投票。

第十三条 投票规则

各环节投票,通过者须获得实际参加投票人数的2/3及以上(并超过应出席人数1/2)的赞成票,如按照该原则计算出的所需赞成票数为非整数,则取大于该计算数的最小整数作为法定通过票数。

第十四条 回避规则

评议过程实施亲属关系主动回避原则和不利申请回避原则(申请人在提交申报材料时,可提出需回避的校外专家的名单,但最多不得超过3名)。

第十五条 列席观察

学校人事处、监察处可委派工作人员作为观察员,列席院系专业技术职务评审会议,向学校汇报评审过程中的客观情况。

第六章 纪律规范

第十六条 申请人应遵守学术规范,学校与院系在启动晋升工作时,应积极宣讲学校关于学术规范的要求,从源头上进行严格要求。在晋升工作中，如发现有失范行为，按照《复旦大学学术规范及违规处理办法》、《复旦大学教职工违纪处分条例(试行)》进行处理。

第十七条　申请人在申报过程中，不得以不正当的手段或行为影响和干扰评委，如查证属实，则中止申报，并取消今后2年的申报资格；如已获得聘任，则终止聘任，并按照《复旦大学教职工违纪处分条例(试行)》进行处理。

评委和工作人员应严格遵守保密纪律，不得泄露评审专家的名单和评审专家的意见等相关信息。一经查实，按照《复旦大学教职工违纪处分条例(试行)》进行处理。

第七章　申诉处理

第十八条　当事人应在公布评审结果后的5个工作日内，向学校提出书面申诉，并提供相关证明材料。超出规定期限不予受理。

申诉范围为聘任程序是否符合规定；是否存在不当行为。

学校根据当事人的书面申诉，成立申诉处理小组。申诉处理小组由纪委监察部门、人事处和有关学科专家组成。申诉处理小组应在15个工作日内完成调查，形成调查意见，并报分管校长审定后，通知当事人。申诉处理后，若无新证据，不再受理重复申诉。

第八章　附　则

第十九条　相关说明

1. 申请人的成果应是任现职以来获得的成果。

2. 所涉及的时限为任现职以来到公开招聘截止日。

3. 博士生期间获得的成果不得作为申报成果；具有博士学位的博士后，其成果计算可从其进站之日起计算。

4. 申报者在申报截止日前，原则上应未满57周岁。

5. 外语、计算机的相关要求，按学校有关文件执行。

第二十条　本办法适用于教师高级职务聘任，例外情况：

1. 附属医院的高级职务聘任，按照《复旦大学附属医院医疗业务系列高级职务聘任实施指导意见》执行。

2. 附属医院医务人员申请应聘教授系列职务，由医学学术委员会制定学术评价标准，也按本办法进行操作。

3. 从事军工科研的，由军工部门制定相应办法，名额单列实施。

4. 个别具有突出贡献的优秀人才，学校可随时启动特别评审程序，由校长办公会议审定。

第二十一条　院系在严格遵守学校规定环节和相应规则的前提下，结合本单位情况，制订具体的实施细则和学术评价体系，并报学校备案。

第二十二条　本办法自校长办公会议通过后试行。学校此前颁布《复旦大学高级专业技术职务聘任办法》(2008年修订)、《复旦大学学术与技术高级职务岗位聘任“申请资格”必备最低条件》(2008年修订)、《复旦大学高级讲师系列职务聘任实施方案》(2007年修订)、《教师队伍高级职务聘任改革试点方案(试行)》(2006年)、《关于高级职务聘任学术评议回避制度的有关规定(试行)》(校人发[2004]2号)、《关于临床医学教授、副教授职务聘任的补充规定》，以及各院系原先制定的《高级职务聘任程序》、《高级职务聘任学术准入资格最低条件》等文件，在教师职务晋升工作中作废。

复旦大学预算预备费管理办法（试　行）

（校通字〔2012〕26号　2012年11月7日）

第一条　为增强学校总体调控财力，并解决年度预算执行过程中出现的不可预见的开支项目，学校在每年的预算中安排一定的经费，作为预算预备费。为规范与加强学校预算预备费的管理，特制定本办法。

第二条　预算预备费的具体额度，由财务处根据学校每年的财力状况在预算草案中提出安排建议，经预决算委员会审议后，提交校长办公会议审议批准。

第三条　预算预备费是学校支出预算的组成部分，包括由校长负责审批的预算调节费，以及由分管文科、理科、医科副校长负责审批的学科建设统筹费。

(一) 预算调节费可以用于在年度预算执行过程中新出现的，没有在年度预算中安排，但又是学校事业发展所急需的各类支出项目；

(二) 学科建设统筹费分为文科、理科、医科三类，专用于年度中新增的各类学科建设项目，且不得交叉使用。各类新增学科建设项目应优先使用学科建设统筹费。学科建设统筹费无法安排的，才能申请使用预算调节费。

第四条　校内各预算单位或部门的下列开支项目不能申请使用预算预备费：

(一) 应该列入预算申请范围，但由于预算单位或部门缺乏预见或工作失职，未在年初申请预算时提出，并由此导致预算执行过程中无法正常开支的项目；

(二) 预算中已安排项目出现的超预算支出部分；

(三) 在后续年度会持续发生的人员支出。

第五条　预算预备费的申请与初审：

(一) 校内各预算单位或部门，根据实际情况提出使用预算预备费的申请；

(二) 不超过50万元的项目，由各相关职能部处和财务处，分别负责对申请报告中的项目建设内容和预算方案进行初审，并提出初审意见与建议上报校长或分管副校长审批；

(三) 超过50万元的项目，相关职能部门应先组织专家论证，方可根据专家论证意见提出处理建议，报校长或分管副校长审批。

第六条　预算预备费的审批：

(一) 校长负责审批预算调节费申请报告；

(二) 分管文科、理科、医科的副校长，分别负责审批学科建设统筹费申请报告。但如果所审批项目与本人所从事的专业研究领域或学科直接相关，应该遵循“利益回避”原则，无论项目金额大小，均提请校长审批；

（三）需要动用预算调节费或学科建设统筹费的单项金额超过100万元的项目，均需提请校长办公会议审议决定。

第七条　财务处负责下达预算预备费，预算预备费原则上只转账、不列支，即获准在预算预备费中开支的项目，其款项不在预备费中直接列支，而是划转到项目执行部门，在批准的金额内据实列支。

第八条　分配下达的预算预备费由有关部门或单位负责按申请预算预备费时提出的用途使用，不得随意改变用途。在实际使用时，应遵守学校有关经费开支报销程序和标准。

第九条　预算年度结束时，凡是未分配下达的预算调节费一律自动注销，不结转下一年度。

第十条　预算年度结束时，财务处应分别编制当年的"预算调节费使用情况表"和"学科建设统筹费使用情况表"，经校长和分管校领导审阅签字确认后，向校长办公会议汇报。

第十一条　本办法由财务处负责解释。

第十二条　本办法自颁布之日起施行。

复旦大学防范治理"小金库"办法

（校通字〔2012〕27号　2012年11月15日）

第一章　总　则

第一条　为严肃财经纪律，巩固"小金库"专项治理工作成果，建立健全防范治理"小金库"的长效机制，根据国家有关法规，结合学校实际，制定本办法。

第二条　凡违反国家法律法规及其他有关规定，应列入而未列入符合规定的学校账簿的各项资金（含有价证券）及其形成的资产，均属于"小金库"。

第三条　"小金库"的表现形式包括：

（一）隐匿收入设立"小金库"：

1. 违规收费、罚款及摊派设立"小金库"；

2. 违规截留合作办班、各类收费服务等各类应缴收入设立"小金库"；

3. 违规截留各类以学校名义获取的科研项目经费设立"小金库"；

4. 用社会捐赠、职工上交兼职薪酬或境外收入等设立"小金库"；

5. 用资产处置、出租、使用收入设立"小金库"；

6. 经营收入未纳入规定账簿核算设立"小金库"；

7. 用股权投资、债权投资取得的投资收益设立"小金库"；

（二）虚列支出设立"小金库"：

1. 以会议费、劳务费、培训费、咨询费、合作办学费等名义套取资金设立"小金库"；

2. 虚列名义或合同转出资金设立"小金库"；

3. 以假发票等非法票据骗取资金设立"小金库"；

4. 上下级单位，或者关联交易方之间相互转移资金设立"小金库"。

（三）其他形式设立"小金库"。

第四条　学校依据"党委统一领导、党政齐抓共管、纪委组织协调、部门各负其责、依靠群众支持和参与"的原则建立"小金库"防范治理体制和工作机制。

第五条　学校所属各单位、各部门党政主要负责人是预防和制止本单位、本部门"小金库"行为的第一责任人，要建立健全本单位内部控制和责任追究机制，对预防和制止本单位"小金库"行为负总责。

第六条　本办法适用于校内各学院、系、所、基地、中心、机关部处、附直属单位或部门（以下简称各单位）。学校各附属医院、全资和控股企业、基金会、附属社会团体参照执行。

第二章　防范与治理

第七条　财务处和经学校批准设立的财务机构（以下统称财务部门）负责对学校实际发生的各项经济业务事项进行会计核算。财务部门应根据财务会计管理制度的有关规定，设置完整的账簿体系，将学校的各项收支纳入账内管理和核算。

第八条　各单位的所有资金收支必须全额纳入财务部门集中核算。严禁任何单位和个人在财务部门设置的账簿体系之外，截留属于学校或单位的资金，自行设立"账外账"、"手工账"进行管理和核算。

第九条　财务处统一负责学校各类银行账户的开设和管理工作。未经财务处批准，各单位不得以学校、本单位或个人名义开设银行账户。经财务处批准开设的银行账户，只能由财务部门和专职财务人员核算和管理，并按规定办理账户年检手续。

第十条　未经财务处批准，各单位不得自行设立任何行政事业性收费项目或自定行政事业性收费标准。各单位对外依法收取各种行政事业性收费，或者依法取得其他各种收入，均应使用财务处统一购置或印制的各类合法票据，严禁各单位私自外购或印制票据。

第十一条　各单位应重视与加强现金管理，及时（一般应在收到现金后的五个工作日内，五万以上的现金应在收到现金的当天）将收取的各类现金上缴财务部门或存入财务部门指定的银行账户，不得长期保存在本单位或个人手中，或以个人名义在银行开户存储。也不得私自截留，坐收坐支现金。

第十二条　各单位应重视与加强收入管理，及时将各类收入全额上缴财务部门，不得以各种名义或方式隐匿或者转移、私存私放、私设"小金库"。

（一）凡是来自政府部门的各类教育及其他经费拨款，应通过国库账户支付系统，或银行转账系统转入财务处指定的国库集中支付或授权支付账户，或其他银行账户；

（二）各单位按学校有关合同管理规定，对外签订各类科研项目协议，以及科技服务、合作办班、出租出借房屋等各类经济合同时，只能提供由财务部门认可的银行账号，以便对方将项目经费或合同款项直接汇入学校；

（三）各单位在对外经济交往活

动过程中，收到转账支票、银行汇票、单位汇票等各类银行票据，应在票据结算期限内，及时上缴并通过财务部门提交银行办理资金清算，各单位及财务部门不得办理银行票据的背书转让手续；

（四）各单位以学校名义接受社会各界捐赠的资金或实物，必须按规定签订捐赠协议，并将捐赠资金及时全额上缴财务部门，接受的实物捐赠应及时到财务部门和资产管理处办理必要的登记手续；

（五）各单位投资的经济实体归还的费用、上缴或分配的利润，应及时全额上缴财务部门指定的银行账户，不得截留在经济实体使用；

（六）未经资产管理处批准，各单位不得私自出租各类公用房。经批准出租的公用房，各单位应负责根据出租合同及时收取租金，并及时上缴财务部门；

（七）各单位使用保管的设备和家具的报废手续，应由资产管理处统一负责，出售废旧设备、家具的残值收入，全额上缴财务部门；

（八）各单位必须重视各类零星杂项收入的管理，采取切实有效措施，防范形成“小金库”。这些零星杂项收入包括但不限于以下项目：

1. 因临时提供复印、上机、测试等服务收取的零星收入；

2. 因临时出借会议室、教室、设备而收取的租金和使用费；

3. 因出售各类实验材料废品、过期报纸、杂志、图书等获得的款项；

4. 在各类对外经济交往活动过程中，对方以各种名义给付的回扣、折扣、佣金、分成等款项；

5. 职工个人按单位规定上缴的校外兼职酬金、境外收入等。

第十三条　各单位应重视与加强支出管理，完善各类支出报销审批制度。各类支出均须凭据按实报销，不得虚列、虚报支出。

（一）各单位不得通过会议费、培训费、招待费等各种名义，以“一次报销转账，分期消费使用”的方式，虚列支出套取资金转入其他单位私存私用；

（二）各单位在对外合作办学过程中，不得在协议规定之外，向合作方支付任何形式的办学协作费。也不得以任何方式要求在支付给对方的办学协作费中，由本单位负责管理、支配或使用一定比例的资金。

第三章　监督与检查

第十四条　各单位必须严格按照规定要求，切实加强本单位各类资金收支的管理，建立健全相关规章制度，预防与杜绝“小金库”。

第十五条　对各单位的资金收支情况，学校财务、审计、监察等部门有权按各自职责独立进行日常监督，或者联合开展专项检查。

第十六条　各单位防范治理“小金库”的情况，列入学校对各单位党政领导班子工作巡视的内容，以及各单位负责人经济责任审计范围。

第四章　奖励与惩处

第十七条　根据《中共中央纪委监察部 财政部 审计署关于印发〈“小金库”治理工作举报奖励办法〉的通知》（财监[2009]26 号），规定，学校将对“小金库”行为的举报人进行奖励。

第十八条　校内各单位自查发现的“小金库”资金，按收入发生额及时如数上缴学校入账，由学校按规定处置。

第十九条　在学校组织的专项检查与经济责任审计中查出的“小金库”资金，除必须全额上交学校外，学校按“小金库”资金收入数额 1—2 倍的标准，从该单位年度经费预算或历年结余中扣减经费。

第二十条　对违反国家规定，设立“小金库”并已经支用的资金，凡属被私分、贪污的款项必须如数追回；凡属于被用于教职工奖励、补贴、津贴和发放实物的部分，应如数扣减单位劳务酬金。

第二十一条　凡被发现有设立“小金库”和使用“小金库”款项行为的单位，对负有责任的领导人员和其他直接责任人员（下称有关责任人员），除按规定追究党纪政纪责任之外，将停发本人半年至一年的岗位津贴，给予相应的经济处理。

第二十二条　在中共中央办公厅、国务院办公厅《关于深入开展“小金库”治理工作的意见》（中办发[2009]18 号）印发后再设立或者变换方式继续设立“小金库”的，对有关责任人员，按照组织程序先予免职，再依据中纪委《设立“小金库”和使用“小金库”款项违纪行为适用〈中国共产党员纪律处分条例〉若干问题的解释》，以及监察部、人力资源和劳动保障部、财政部、审计署《设立“小金库”和使用“小金库”款项违法违纪行为政纪处分暂行规定》的规定，追究纪律责任。触犯刑律的，移交司法机关处理。

第二十三条　对举报人打击报复的，由校纪检监察部门依纪依法查处。

第五章　附　则

第二十四条　本办法由学校财务和监察部门分别按职责负责解释。

第二十五条　本办法自公布之日起施行。1999 年 11 月印发的《复旦大学关于坚决制止“小金库”的实施意见》（校通字[99]28 号）同时废止。

复旦大学基本建设项目管理办法

（校通字〔2012〕29 号　2012 年 11 月 23 日发布）

第一章　总　则

第一条　为加强和改进学校基本建设项目管理，规范工作程序，保证工程质量，提高投资效益，促进学校事业持续健康发展，根据国家有关法律法规和《教育部直属高校基本建设管理办法》（教发〔2012〕1 号），结合学校实际，制定本办法。

第二条　本办法所称的基本建设项目，是指学校利用国拨资金、自筹资金等各类资金投资新建的建筑物或构筑物工程，以及在已竣工交付使用建筑物或构筑物上进行改善设施功能、扩展面积等的改建、扩建工程（以下简称“基建项目”）。

第三条　基建项目的管理原则：

（一）科学决策原则。基本建设

规划、基本建设项目实施中的重大事项,应严格执行学校的“三重一大”制度。

(二) 程序规范原则。建立完善的项目建设组织机构,建立健全管理制度和操作规范,遵守基本建设程序,坚持先规划论证、后设计施工。

(三) 合理设计原则。根据建设项目的功能需求和建设标准要求,加强设计管理,做到合理设计。

(四) 计划管理原则。已确定投资计划的建设项目,必须严格按照计划的建设内容、建设规模和总投资组织实施,做好建设项目的投资控制。

(五) 权责一致原则。建立多层级的责任主体体系,相关责任主体承担与其决策、执行、监督行为对应一致的责任。

(六) 运行公开原则。建设项目管理情况应当作为校务公开的重要内容,接受广大教职员工的监督。

(七) 质量第一原则。所有参与管理的部门应牢固树立质量第一的观念,基建处应监管参建单位各负其责,确保建设项目的工程质量。

第二章 组织机构及职责

第四条 学校基建项目实行项目法人责任制度,学校主要领导对项目建设负总责,分管校领导对相关工作负领导责任,基建、财务、审计、纪检监察等相关部门对基建项目的组织实施、资金管理、审计监督、廉政建设等工作负责。

第五条 校长办公会是学校基建项目重大事项和重要管理制度的决策机构。根据学校有关“三重一大”制度规定,对涉及基建项目建议书、可行性研究报告、初步设计和投资概算、重大使用功能和建设标准的变更等重大事项进行决策。

第六条 学校设立基建领导小组,作为基建项目“三重一大”事项的议事协调机构。领导小组由学校主要领导任组长,分管校领导和基建、财务、审计、纪检监察等相关职能部门参加,按照基建工程“三重一大”决策的要求,开展决策前期工作,包括审核项目建议书、可行性研究报告、初步设计和投资概算等;开展决策后组织、推进工作,包括督促建立确保基建项目顺利进行的工作制度以及与之相适应的工作机制,督促工程指挥部和招标小组以及各职能部门各司其职,对建设项目实施过程中的重大使用功能变更、重大投资变更、重大安全事故等重大事项进行提交校长办公会前的审议等。

第七条 基建领导小组下设工程建设指挥部和基建工程招标小组。

工程建设指挥部是基建项目实施的执行机构,由分管基建工作的校领导任总指挥,通过建立健全《建设项目管理工作协调会议制度》、《工程项目现场例会制度》等工作机制,统筹、协调和落实项目建设工作。

基建工程招标小组承担招标工作的领导、组织、监督与协调的职责。

第八条 学校相关部门各司其职,主要职责为:

(一) 基建处

负责基建项目的全过程管理,承担建设工程的质量控制、进度控制和投资控制的职责,同时负责安全、环保等的监管,并实行党风廉政“一岗双责”。

1. 项目的立项报批和前期准备;

2. 编制设计任务书、委托设计及编制投资概算;

3. 办理工程报建手续;

4. 执行合同会签制度,加强合同管理;

5. 办理工程验收手续、组织项目竣工验收和归档;

6. 协助资产管理处完成房屋交付使用。

(二) 财务处

1. 资金使用的管控、核算管理;

2. 编制基建财务年度决算报告;

3. 与基建处共同编制工程项目竣工财务决算报告。

(三) 审计处

1. 负责组织并实施基建项目全过程跟踪审计和竣工结算审计;

2. 对未列为全过程跟踪审计的建设项目,在实施过程中的重要事项,提供审计咨询服务。

(四) 纪检监察部门

1. 负责组织开展重大建设工程项目争创“工程优质、干部优秀”活动;

2. 参与基建项目的立项和招投标等重要环节的监督;

3. 负责处理信访投诉和查处违纪违法行为。

(五) 其他部门按职能和需要参与基建项目管理工作。

第九条 建立基建项目使用单位全过程参加的工作机制。使用单位应委派专人参与基建项目的全过程实施管理,具有知情权和建议权。并对有关涉及使用功能、建设标准、建设内容等重大事项的变更、设计招标需求文件、主要设计文件、项目招投标文件和合同文件进行会签。

第三章 立项与计划管理

第十条 学校根据政府规划部门批准、教育部备案的校园规划,结合事业发展需要和财务能力,编制5年基本建设规划(以下简称“基建规划”),报教育部批准。未列入基建规划的项目不得启动建设。

第十一条 基建项目应当按照国家规定报送教育部审批或教育部初审后报国家发展和改革委员会,获得批准后方可实施。

第十二条 学校基建项目应按照国家规定要求分阶段上报项目建议书、可行性研究报告、初步设计及概算。基建项目可行性研究报告应当委托有相应资质的单位编制,符合国家相关部门要求的前期工作质量和深度。基建项目的立项报批应严格执行“复旦大学基建项目立项报批和计划管理办法”。

第十三条 基建项目实行决策咨询评估制度。按照教育部规定和项目具体情况,对项目的可行性研究报告文件进行评估论证,根据评价意见对报批文件做出修订。

第十四条 基建处负责编制基建年度投资建议计划和年度投资调整计划,财务处负责审核基建年度投资建议计划和投资调整计划。基建年度投资计划和年度投资调整计划经分管基建和分管财务的校领导审核同意后,由基建处负责按时报教育部审核确定。教育部审定的基建年度投资计划和年度投资调整计划应根据学校有关“三重一大”制度规定向校长办公会议通报。

第十五条　基建处应加强投资计划管理，严格执行基建年度投资计划和年度投资调整计划。

第四章　项目实施

第十六条　基建项目应严格执行基建项目报建程序，接受地方政府的监督和管理，及时办理规划许可、施工许可、质量监督、安全监督等前期手续，做到合法施工、规范施工。

第十七条　基建项目应依据“复旦大学基本建设和修缮项目招标管理办法”，依法对招标代理、勘察、设计、施工、工程监理、主要设备和材料的采购等进行招标。

第十八条　基建项目依法实行工程监理制，依法选择有相应资质的工程监理单位。基建处应督促工程建设监理单位依照有关法律、法规、技术标准、相关文件及合同实施监理。

第十九条　基建项目视项目实际情况可实施代建制，依法选择有相应资质的代建单位。基建处应确保工程代建依照有关法律、法规、技术标准、相关文件及合同实施。

第二十条　基建项目应严格执行“复旦大学建设工程投资管理办法”，基建处等相关管理部门应严格按批准文件控制项目投资，严禁擅自提高建设标准、扩大建设规模、改变建设用途。

第二十一条　基建处等管理部门应严格执行“复旦大学基建项目工程实施管理办法”，建立工程重大事项报告制度、建立健全工程质量问题调查制度和责任追究制度，保证建设项目工程质量。同时，建设项目应当建立健全基建项目安全责任体系，明确参建各方的安全责任，确保施工现场和校园安全。

第二十二条　基建处等管理部门应严格执行“复旦大学基建项目合同管理办法”，加强基建项目的合同管理。

第二十三条　基建处等管理部门应严格执行《复旦大学基建项目变更及签证管理办法》，加强工程变更签证的管理。

第二十四条　各职能部门应建立健全档案管理制度。学校档案馆负责校内归档资料的审核、接收和保管。基建处应严格执行《复旦大学基建处建设工程档案资料管理规定》。

第二十五条　基建项目建成后，基建处应及时组织竣工验收，并在竣工验收后30天内办理建筑物交付使用，资产管理处负责组织基建项目交付使用的交接。

第二十六条　在基建项目完成工程决算后，资产管理处负责办理固定资产入账及项目产权证书。

第五章　资金管理

第二十七条　财务处应遵照财政部《基本建设财务管理规定》、《高等学校财务制度》、《高等学校会计制度》等有关规定，做好基本建设资金的预算编制、下达工作，并负责年度预算的执行控制、基本建设资金财务管理与会计核算工作。

第二十八条　基建项目的工程支出应严格按照合同相关条款的规定支付。相关款项的支付和审批程序应严格执行“复旦大学基建项目建设资金划拨及支付管理办法”等办法中的有关规定。基建项目预算纳入国库集中支付范围的，资金拨付按照国库集中支付的有关管理办法执行。

第二十九条　基建项目完成后，按照《教育部直属高校及事业单位基本建设项目竣工财务决算管理办法》的要求，基建处与财务处共同完成基建项目竣工财务决算，并经符合资质要求的社会中介机构审核后，报送主管部门批准。

第六章　监督与评价

第三十条　建立健全基建项目管理信息公开平台，畅通师生员工知情和参与民主管理的渠道。按照“谁主管、谁负责”的原则，将党风廉政建设“一岗双责”的要求落实到项目管理的各个环节之中，加强对基建项目的监督管理工作。

第三十一条　各参与管理和监督的部门，应建立起内部控制和内部监督的长效机制，督促参与学校基建项目实施的相关单位和人员，认真履行职责，遵守国家法律法规和学校及部门规定，遵守有关工作纪律，廉洁自律，自觉接受监督。

第三十二条　各职能部门应严格执行《复旦大学内部审计规定》和“复旦大学建设项目审计暂行规定”。建设项目未经审计，不得进行工程款项的结算。

第三十三条　加强检校合作，与人民检察院合作开展重大建设工程项目争创“工程优质、干部优秀”活动，加强廉政教育，建立健全配套管理制度，有效预防职务犯罪。

第三十四条　实行基建项目后评价制度。根据有关规定要求，应组织专家委员会在项目竣工验收合格并投入使用一年后，结合实际情况，对项目建成后所达到的实际效果进行绩效评价，根据评价意见总结经验，不断提高投资决策水平和投资效益。评价结果应按规定公开。

第七章　责任追究

第三十五条　各级领导干部应当严格遵守教育部《关于严禁领导干部违反规定插手干预基本建设工程项目管理行为的若干规定》，对违反者依纪依法追究责任。

基本建设项目管理的相关工作人员不准违反国家法律法规以及学校基本建设项目的有关规定。对违反学校招投标规定的；玩忽职守、滥用职权、徇私舞弊等失职渎职的；收受他人好处和贪污贿赂的；截留、挤占、挪用工程建设资金等违反财经纪律的；违反规定造成较为严重的工程质量事故和重大经济损失等的有关责任人，根据情节轻重，依纪依法予以处理；对造成损害的，追究赔偿责任；构成犯罪的，移送司法机关追究刑事责任。

第三十六条　对于因违反法律法规和合同约定造成较为严重的工程质量问题或重大经济损失的工程勘察、设计、监理、施工、造价咨询等社会参建单位，按照国家规定取消其在我校承接工程的资格，并追究其相应法律责任。

第三十七条　基建项目出现较

为严重的工程质量问题，经报校长办公会议同意成立调查工作组。调查工作组负责调查工程质量问题，可视性质与情节轻重，提出解决方案以及追究参建单位、校内有关机构、部门和人员相应责任的书面建议报告，报请校长办公会决定，进一步采取相应措施，对责任者追究相应责任。

第八章 附 则

第三十八条 本办法最终解释权归校基建领导小组。

第三十九条 本办法经 2012 年 10 月 29 日校长办公会议审议通过，自公布之日起实施。

复旦大学建设项目管理工作协调会议制度

（校通字〔2012〕30 号 2012 年 11 月 23 日发布）

第一条 为规范基本建设项目管理工作，加强相关部门之间的协调与配合，保质保量完成项目建设任务，根据《复旦大学基本建设项目管理办法》，制定本制度。

第二条 建设项目管理工作协调会议（下称"协调会议"）由分管基建工作的校领导负责召集，分管纪检监察、审计、财务工作的校领导根据需要参加。基本成员部门为基建处、财务处、审计处、监察处，其他职能部门负责人和使用单位代表可根据需要参加。

第三条 协调会议的主要职责：

（一）沟通交流平台：基本成员部门通报交流情况，为共同做好建设项目管理工作创造条件。

（二）推进建章立制：推进规范建设项目管理的规章制度的建立、健全和完善工作，并对业务管理部门准备上报批准的规章制度进行初步审议。

（三）集思广益、出谋划策：研究学校建设项目管理的阶段性工作原则和重点工作，研究建设项目管理工作中遇到的新情况新问题，研究建设项目管理的相关操作规程，提出恰当建议，供业务管理部门决策时参考。

（四）其他方面：召集人或基本成员部门提出的其他需要研究或协调的建设项目管理工作。

第四条 各基本成员部门的主要职责：

（一）基建处

1. 通报建设项目年度计划；

2. 通报建设项目管理的内控机制制度建设情况；

3. 通报在建项目的招投标、合同签订、工程进度与质量、变更签证、造价控制、竣工验收等情况；

4. 通报建设项目管理工作中遇到的困难与问题以及拟实施的相应对策。

（二）财务处

1. 通报建设项目年度预算及资金筹措和使用计划；

2. 及时通报在建项目执行过程中发生的资金管理和使用问题以及拟实施的相应对策；

3. 通报建设项目竣工财务决算情况。

（三）审计处

1. 根据建设项目审计实施计划，提出相关审计工作意见及要求；

2.提出审计实施过程中需与业务管理部门沟通，或需由业务管理部门协助解决的重要事宜；

3. 针对审计中发现的问题，督促相关业务管理部门及时整改。

（四）监察处

1. 提出对干部、职工加强廉洁从业教育、管理和监督的要求；

2. 提出防范管理制度、运行机制中廉政风险的意见；

3. 通报建设项目实施中出现的涉嫌违法违纪问题，督促相关部门及时排查风险，提出整改、防控方案，并落实整改。

第五条 协调会议实行例会制度，每学期初召开一次。如遇特殊需要，经召集人同意可随时召开。

第六条 协调会议的日常事务由基建处承担，即根据召集人的指示，负责联络各成员部门并组织召开协调会议，负责分发有关文件等会议材料和作好会议记录，负责整理和分发协调会议纪要。

第七条 协调会议纪要由各成员部门负责人共同审阅后签发，作为相应业务管理部门决策时的重要参考依据。

第八条 与会人员对协调会议所涉及的需要保密的事项和文件负有责任。

第九条 本制度由工程建设指挥部负责解释。

第十条 本制度自发布之日起施行。

复旦大学建设项目审计暂行规定

（校通字〔2012〕35 号 2012 年 12 月 28 日）

第一章 总 则

第一条 为加强建设项目审计监督和规范审计行为，提高建设投资资金的使用效益，促进学校建设项目管理工作的健康运行，根据《教育部关于加强和规范建设工程项目全过程审计的意见》和《复旦大学内部审计工作规定》，制定本规定。

第二条 本规定所称的建设项目，是指复旦大学以国拨资金、自筹资金等各种资金来源投资的各类建设工程。

第三条 本规定所称的建设项目审计，是指审计处依法依规对建设项目立项审批、设计概算、施工准备、施工实施、竣工结算和财务决算等主要阶段或环节业务活动的合法合规性、恰当性和有效性，所独立进行的检查和评价行为。适用于学校新建、改建、扩建、房屋修缮、园林绿化、校园管网、信息化和安防技防等各类建设项目的审计。

第四条 建设项目审计由审计处负责组织实施，学校工程管理部门与其他相关单位应当积极配合。

第二章 审计职责

第五条 建设项目审计实行计划管理制度。在工程管理部门提交按建设资金预算安排编制的年度基建计划和年度修缮计划后，审计处应当及时制定年度建设项目审计计划。经学校批准后组织落实，并抄送工程管理部门。根据建设项目年度立项计划和年度资金预算计划的变动或调整，审计处应当及时调整审计计划。

第六条　审计处应根据学校要求，结合建设项目的具体情况，选择合适的业务组织方式，按照规定的审计程序对学校建设项目行使审计监督权，有权利要求被审计对象提供审计所需的各类完整资料，也可以对直接有关的勘察、设计、施工、监理、造价咨询、招标代理、供货等单位取得建设项目资金的真实性、合法性进行调查。

第七条　审计处负责对建设项目实施审计监督，对其主要阶段或重要环节的业务管理活动进行检查和评价，向参与建设项目管理的部门及时通报审计意见和建议，并定期向学校领导报告审计结果。

第八条　经学校批准，审计处可选聘具有资质的社会中介机构参与审计，社会中介机构应当执行国家审计准则，遵守审计工作纪律，并接受审计处的指导和监督。

第九条　经学校批准，审计处可聘请具有与审计事项相关专业知识的单位和人员作为顾问或特约审计员，参与审计业务或提供技术支持、专业咨询、专业鉴定。

第十条　审计处应当加强审计质量控制，实行对审计业务的分级质量控制，并强化对受聘社会中介机构的管理、考核与监督，建立审计项目质量责任追究制度。

第十一条　审计处应当建立和及时更新建设项目审计基本情况数据库，汇总反映有关审计结果情况，并根据学校的有关规定予以定期公开。

第三章　审计方式、程序和内容

第十二条　建设项目审计应当以促进建设项目造价控制和建设项目管理规范为目标，将技术经济审查与审计控制和审计评价相结合，将事前审计、事中审计和事后审计相结合，为学校决策提供依据和服务。

第十三条　建设项目审计可采用的方式：

(一) 对于投资规模达到一定金额以上或学校认为需列为重点监督，且符合审计条件的建设项目，实施全过程跟踪审计。

(二) 对于未列为全过程跟踪审计的建设项目，按不同的资金起点，分别实施工程款项结算前或结算后的竣工结算审计。

(三) 对于未实施全过程跟踪审计的建设项目，或全过程跟踪审计建设项目实施启动前的重点业务环节，按规定或需求提供相关审计咨询服务。

(四) 对于与建设投资资金有关的特定事项，进行专项审计调查。

第十四条　建设项目审计的基本程序：

(一) 审计准备。对于纳入年度审计计划的建设项目，有关工程管理部门或参与单位，应当及时、如实提供审计所必需的资料。在工程管理部门提交送审资料并对其真实性、完整性作出书面承诺后，审计处予以审计立项，组成审计组。

(二) 审计实施。审计组运用检查核对、洽谈沟通、市场询价、征求意见、分析整理等一系列执业程序，依法依规实施审计。出具建设项目审计工程造价审核意见书初稿，并征求被审计对象的意见。

(三) 审计终结。审计处对审计组的审核意见书和被审计对象的意见进行研究审议后，出具《建设项目工程造价审计意见书》，同时检查被审计对象对审计意见和建议的采纳、整改情况，按计划向学校呈报审计报告，并负责将有关审计资料按规定整理归档。

第十五条　建设项目审计应当以预算执行情况为主线，重点审查以下内容：

(一) 履行基本建设程序情况；

(二) 投资控制和资金管理使用情况；

(三) 项目建设管理情况；

(四) 工程成本支出情况；

(五) 其他需要检查的内容。

建设项目审计涉及工程价款的，以招标投标文件和合同关于工程价款及调整的约定作为审计的基础。

第十六条　建设项目全过程跟踪审计和竣工结算审计实施的具体方式、程序和内容，参见本规定的配套制度《复旦大学建设项目全过程跟踪审计实施办法》、《复旦大学建设项目竣工结算审计实施办法》。

第四章　审计费用

第十七条　全过程跟踪审计项目的审计费用，通过招投标方式确定，列入建设项目成本。

第十八条　竣工结算审计项目的审计费用，由基本审计费、效益审计费和管理审计费三部分组成。其中：基本审计费按建设项目的送审金额计付，效益审计费按审计实际核减额的一定比例计付，管理审计费按学校批准的标准计付。实行工程款项结算前审计方式的审计费用，列入建设项目成本；实行工程款项结算后审计方式的审计费用，在审计专项事务经费中列支。

第十九条　招标文件、合同等单项业务活动的审计咨询费用，参照行业计价规定，按学校批准的统一标准计付，在建设项目成本或审计专项事务经费中列支。

第二十条　特定事项的专项审计调查费用，参照行业的计价标准，经学校批准后在审计专项事务经费中列支。

第五章　责任追究

第二十一条　审计处和审计人员在建设项目审计中，有下列滥用职权行为之一的，对有关责任人员按照《复旦大学教职工违纪处分条例(试行)》予以处理；涉嫌犯罪的，依法追究刑事责任：

(一) 出具虚假造价审核意见、审计意见的行为；

(二) 为有关单位、部门隐瞒重大违法、违纪问题的行为；

(三) 对聘用的社会中介机构管理失职而造成较为严重后果的行为；

(四) 徇私舞弊、玩忽职守，利用职务之便索取或者收受财物及谋取其他不正当利益的行为；

(五) 因泄露审计中获悉的被审计单位业务秘密并造成重大损失的

行为;

(六) 其他滥用职权、徇私舞弊、玩忽职守、违纪违法的行为。

第二十二条 服务于审计处的社会中介机构若存在下列行为,审计处应予以警戒告示、扣减服务费用直至取消其在学校承担审计任务资格等相应处理;涉嫌犯罪的,依法追究刑事责任:

(一) 违反国家、行业和学校规定的弄虚作假行为;

(二) 拖延审计并造成严重后果的行为;

(三) 已出具的工程造价审计咨询报告经再核查后,被确认其核减金额大于学校规定允许误差率的行为;

(四) 其他滥用职权、徇私舞弊、玩忽职守、违纪违法的行为。

第二十三条 若审计中发现学校相关职能部门存在下列行为或现象的,审计处应当及时报告学校,对相关责任人建议学校按照《复旦大学教职工违纪处分条例试行)》予以处理;涉嫌犯罪的,应当依法移交有关部门处理。

(一) 违反项目规划、招标投标等建设管理法律法规的行为;

(二) 由工程管理部门组织实施后的工程造价审核结论,经审计后确认超出学校规定的允许误差率;

(三) 对勘察、设计、监理、施工、造价咨询、招标代理等单位管理失职而造成较为严重后果的行为;

(四) 违反规定的程序,擅自支付建设项目工程结算款项;

(五) 其他滥用职权、徇私舞弊、玩忽职守、违纪违法的行为。

第二十四条 若审计中发现勘察、设计、监理、施工、工程咨询等单位存在下列行为,审计处应向工程管理部门提出警戒告示、扣减服务费用直至取消其在复旦大学承接建设工程项目资格的建议;涉嫌犯罪的,应当依法移交有关部门处理:

(一) 违反国家、行业、学校和合同规定的弄虚作假行为;

(二) 因专业履职失误而造成学校较大损失的行为;

(三) 无故拖延或拒绝提供与审计事项有关的资料的,或者提供的资料不真实、不完整的,或者阻碍检查、扰乱审计工作的行为;

(四) 其他滥用职权、徇私舞弊、玩忽职守、违纪违法的行为。

第六章 附 则

第二十五条 本规定由审计处负责解释。

第二十六条 本规定自颁布之日起施行。

复旦大学建设项目全过程跟踪审计实施办法

(校通字〔2012〕35 号 2012 年 12 月 28 日)

第一章 总 则

第一条 为加强对学校重点建设项目的审计监督,规范全过程跟踪审计行为,依据《复旦大学建设项目审计暂行规定》,结合学校实际,特制定本办法。

第二条 本办法所称的全过程跟踪审计,是指对建设项目投资立项、设计概算、施工准备、施工实施、竣工结算、财务决算等各阶段业务管理活动的合法性、恰当性、有效性,所独立进行的动态检查和评价。根据重要性和成本效益原则,全过程跟踪审计可为建设项目的全部阶段或环节,也可为建设项目的部分阶段或环节。

第三条 本办法适用于总投资在 3 000 万元(含)以上的基建项目和预算在 1 000 万元(含)以上的修缮项目,以及前述金额之下但学校认为有必要进行全过程跟踪审计的建设项目。

第二章 审计目标和方法

第四条 加强事前、事中控制,及时发现问题,避免事后审计的无效性,促进工程投资的有效控制和建设管理水平的改善与提高,从而促进建设项目实现优质、按期、高效的建设目标。

第五条 坚持严谨、规范、效率的工作原则,坚守内部审计的职能定位,把握建设项目审计实施方案中提出的主要阶段或重点环节的关键控制点,开展动态的、恰当的审计监督活动,将事项控制与机制控制相结合,将总量控制与结构控制相结合。

第三章 审计内容和时效

第六条 投资立项阶段

(一) 项目立项程序和手续的真实性、合法合规性和有效性;

(二) 项目建议书、可行性研究报告等的完整性、客观性和有效性,项目建议书、可行性研究报告是否经有效批复并行文下发;

(三) 建设方案的合法合规性和有效性,是否经过多方案的比较、选优,是否经有效批复;

(四) 环保措施的真实性、合法合规性和有效性;

(五) 投资估算是否合理、资金来源是否落实;

(六) 其他应列为审计内容的相关业务活动。

第七条 设计概算阶段

(一) 勘察、设计等单位资质的真实性和合法性;

(二) 设计招投标文件内容、设计合同内容以及招投标程序的真实性、合法合规性和有效性;

(三) 设计方案的征集、论证和会审的真实性、合法合规性和有效性,设计方案专家论证所提意见或建议的有效落实情况,是否经有效批复和行文下发;

(四) 设计概算与投资估算的符合程度,概算费用构成的准确性、完整性与合理性;

(五) 其他应列为审计内容的相关业务活动。

第八条 施工准备阶段

(一) 施工招标文件(含招标清单)与施工招标答疑文件内容的真实性、合法性和有效性,其中的暂定金额、暂定价、指定金额或指定价等暂估价确定依据和确定规则是否明确;

(二) 招投标执行程序的真实性、合法合规性和有效性;

(三) 工程承发包行为的合法合规性和有效性;

(四) 其他应列为审计内容的相关业务活动。

第九条 施工实施阶段

（一）代建、监理和施工等单位资质的真实性和合法性；

（二）施工合同的真实性、合法合规性和有效性，其中的暂估价约定计价计量规则条款的合理性，以及合同的实际履行情况；

（三）大宗材料及设备采购程序和执行结果的真实性和合法合规性；

（四）项目预算书、工程量清单组成内容真实性和合法合规性；

（五）工程进度款支付的真实性和合法合规性；

（六）隐蔽工程施工的真实性和合规性；

（七）设计变更、其他变更等工程变更的真实性和合规性；

（八）索赔费用的真实性和合法合规性；

（九）其他应列为审计内容的相关业务管理活动。

第十条 竣工结算阶段

参见《复旦大学建设项目竣工结算审计实施办法》。

第十一条 财务决算阶段

（一）前期工程费、建筑安装费用、基础设施配套费以及建安投资、设备投资、待摊投资等各项间接费的合法合规性、真实性、完整性；

（二）建设成本的真实性、建设费用支出的合理性以及审批流程的规范性；

（三）项目竣工决算总支出及债权债务的合法合规性、真实性、完整性；

（四）项目建设资金管理执行情况的真实性、合法合规性和有效性。

（五）工程竣工财务决算的真实性、合法合规性和完整性：

（六）其他应列为审计内容的相关业务活动。

第十二条 审计时效

（一）一般情况下，审计组应当严格履行建设项目“跟踪审计实施细则”中各类列为跟踪审计事项回复意见工作日的承诺，及时出具审计意见书，及时下达建设项目“审计工程造价咨询报告”征求意见稿。对于审计组逾时未及时出具跟踪审计意见的业务事项，管理部门可视作审计无异议执行原初步决策。

（二）工程管理部门应当在部门已初步决策，但决策尚未执行或尚未上报学校审议之际，将上述跟踪审计实施细则中明确列为实时检查范畴的单项业务活动送审资料及时提交审计组。提供送审资料的时间，应当提前于建设项目跟踪审计实施细则中承诺事项的审计回复工作日的天数，并充分考虑业务送审和审计回复的在途天数。

第四章 审计程序

第十三条 审计准备阶段

（一）审计处依据年度审计计划，综合单项建设项目的具体送审情况，进行审计立项，并确定审计工作方案。

（二）根据学校批准的审计工作方案，审计处完成社会中介机构的选聘、委托和合同签订等前期工作，成立由社会中介机构和审计处人员共同组成的审计组。

第十四条 审计实施阶段

（一）经过收集资料、了解情况等必要的审前调查程序，审计组应当有针对性地制订建设工程项目跟踪审计实施方案，经批准后实施。

（二）向基建处下达建设项目“跟踪审计立项通知书”和建设项目“跟踪审计实施细则”，明确告知跟踪审计的关键控制点、具体送审要求以及相应的审计时效承诺等事项。

（三）对于审计实施细则列为关键控制点的业务活动，基建处应当根据审计时效承诺天数的要求，提前送交送审资料。

（四）在收到基建处相关业务活动的送审资料后，审计组应当按照跟踪审计实施细则的时效承诺，及时出具审计意见（建议）书。

（五）在送审业务事项完成后，基建处应当在十个工作日内，将相关业务资料以及审计意见的落实与采纳情况，以书面的形式报审计组备案。

（六）在听取被审计对象意见后，审计组出具阶段性审计报告，对于审计中发现的问题，提出限期整改的要求。

（七）在建设项目竣工验收合格、基建处提交完整有效的竣工结算送审资料后，审计组实施竣工结算审计。

（八）在财务处提交完整有效的竣工财务决算送审资料后，审计组实施竣工财务决算审计。

第十五条 审计终结阶段

（一）审计处出具的建设项目工程造价审计意见书（附件为“建设项目工程造价审计咨询报告”），用于工程款项的尾款结算和审计费用的结算。

（二）审计处出具最终的审计报告。审计报告应当如实反映跟踪审计过程中已发现问题的整改情况和尚未整改的问题，提出相应的审计意见和建议。

（三）相关审计资料整理归档。

第五章 附 则

第十六条 本办法由审计处负责解释，并按照国家法律法规、行业新规或上级有关指导性意见，结合学校实际予以定期修订与调整。

第十七条 本办法自发布之日起施行。

复旦大学建设项目竣工结算审计实施办法

（校通字〔2012〕35 号 2012 年 12 月 28 日）

第一章 总 则

第一条 为加强对学校建设项目的审计监督，规范建设项目竣工结算审计行为，依据《复旦大学建设工程项目审计暂行规定》，结合学校实际，制定本办法。

第二条 本办法所称的竣工结算，是指某一建设项目竣工验收合格后，承包方依据合同及符合相关批准程序的招投标文件、竣工图纸、施工合同、现场施工记录、设计变更、现场施工变更签证等资料，向学校申请办理最终工程价款结算的行为。

第三条 本办法所称竣工结算审计，是指审计处对工程管理部门送审的工程造价审核意见书的真实性、合法合规性和有效性以及建设项目全过程主要阶段业务活动情况，所独立进行检查和评价。

第二章 审计目标与方法

第四条 坚持依法依规、客观公正、规范高效的原则，通过对工程管理部门提交的工程造价审核意见书等结算资料(含承包方工程竣工结算书)的检查和评价，促进合理确定建设项目的工程造价、实现建设项目的管理目标。

第五条 建设项目竣工结算审计，视建设工程项目的特征、审计资源和审计环境等情况，可采用逐项审查法、标准预算审查法、重点审查法、对比审查法或筛选审查法等审计方法。

第六条 竣工结算审计的两种具体方式

建设项目竣工结算审计，按学校批准的一定资金起点为界，采用工程款项结算前和工程款项结算后实施审计的两种方式。审计处负责结合实际情况，研究、报批和公布建设项目竣工结算审计中的资金起点。

(一) 在工程款项结算前实施审计

对于合同金额或承包方结算书金额在一定资金起点以上的建设项目，工程管理部门应当在收到承包方提交的竣工结算书的30个工作日内，负责组织审核并出具工程造价审核意见书，在填妥建设项目竣工结算审计送审表后，连同全套结算资料送交审计处。送审资料中的计价依据，应一次性提供完整。审计完成后，由审计处负责出具建设项目工程造价审计意见书，并根据审计中发现的管理问题，出具单项审计报告或在年度综合审计报告予以反映。

(二) 在工程款项结算后实施审计

对于合同金额且承包方结算书金额在一定资金起点以下的建设项目，由工程管理部门负责审核，并出具建设项目"工程造价审核意见书"后报审计处备案，审计处应当及时出具备案记录表。次年度，由审计处按一定比例组织抽样审计。对于审计中发现的工程管理和造价审核方面的问题，审计处应当以审计意见书的形式，通报工程管理部门，并在年度综合审计报告中予以反映。

第七条 不同资金起点工程款项结算的依据

(一) 一定资金起点以上建设项目工程款项结算，以审计处出具的工程造价审计意见书为主要依据。对于列为工程款项结算前实施审计的建设项目，工程管理部门应当在招标文件以及与施工单位签订的合同中明确表述以审计结果作为工程竣工结算的主要依据。

(二) 一定资金起点以下建设项目工程款项结算，以工程管理部门出具的工程造价审核意见书和所附的审计处备案记录表为主要依据。

(三) 财务处应当根据上述不同资金起点的工程款项结算原则，分别依据审计意见书和工程管理部门的审核意见书，予以办理工程款项的结算手续。

第三章 审计内容

第八条 未被列为全过程跟踪审计的建设项目，其立项审批、设计概算、施工准备、施工实施等管理环节内部控制及风险管理的适当性、合法性和有效性，应作为竣工结算审计的关注内容。此外，施工实施阶段的资金使用、往来、中间结算以及主要材料供应、图纸变更、价格浮动等各关键环节，应当作为竣工结算审计的重点检查内容：

(一) 主要隐蔽工程的工程量确认程序及有关内部控制的检查与评价。

(二) 主要材料及设备价格批价的检查与评价。

1. 投标文件明确"厂家、规格、单价"的主要材料及设备；

2. 投标文件中未明确"厂家、规格、单价"的主要材料及设备；

3. 招标文件暂估价中的主要材料及设备。

(三) 招标文件暂估价中的专业工程计价的检查与评价。

1. 暂估专业工程范围和计价规则是否明确；

2. 暂估专业工程的计价确认的方式和内容。

(四) 工程结算的审查与评价。

1. 工程结算的编制依据和内容；

2. 工程结算的方式和内容；

3. 设计变更、施工签证的内容及流程、结算增减项目及工程量计算、结算单价及费用标准；

4. 合同报价中的未实施项目。

(五) 合同履行、变更和终止的审查和评价。

(六) 索赔费用的审查与评价。

(七) 其他必要的工程造价审核的内容。

第九条 为避免建设项目前期实际支付的工程价款超出"工程造价审计意见书"的金额，工程管理部门与承包方签订施工合同时，应当充分考虑或有核减因素，签署有关工程预付款、工程进度款等支付比例的条款。若审计后发生确认工程价款已超付的情况，由工程管理部门负责追回。

第十条 由工程管理部门组织实施的造价审核允许误差率暂定为5(含)%，由审计处组织实施的造价审核允许误差率暂定为3(含)%。

第四章 审计程序

第十一条 审计准备阶段

(一) 列入年度审计计划的建设项目竣工验收合格后，工程管理部门应当依据审计处公布的《建设项目竣工结算审计送审资料基本要求和交接规则》，及时报送竣工结算资料。送审的竣工结算资料清单由工程管理部门负责人和相关单位责任人签字盖章，并承诺对送审资料的真实性、合法性和完整性负责。

(二) 审计处在收到建设项目竣工结算审计送审表后，应当对建设项目是否符合审计立项条件进行检查与评估。若发现存在无法立项的情况，审计处可要求补充或予以退回。建设项目送审资料中的有关结算计价依据，应当一次性完整提供。

(三) 对于符合审计立项条件的建设项目，审计处应当立即启动立项程序，明确审计处主审人员并落实参与审计的社会中介机构，组成审计组。

第十二条 审计实施阶段

(一) 建设项目审计实行主审负

责制。审计组在熟悉竣工图、施工图、招投标文件、合同文件等资料的基础上，制订审计实施方案，明确出具建设项目“工程造价审计咨询报告”征求意见稿的时限。若符合审计立项条件，征求意见稿的出具时限一般不应超过30天。

（二）审计组签发建设项目“竣工结算审计立项通知书”，在立项通知书送达工程管理部门后，原则上不再接收补充结算计价资料。

（三）审计组综合整理送审资料，通过检查工程量计算、定额子目套用、各项取费、施工索赔以及与工程管理部门交换意见等相关程序，必要时亦可深入工程现场查验，出具建设项目“工程造价审计咨询报告”征求意见稿，征求工程管理部门和使用单位的意见。

（四）工程管理部门在收到征求意见函后，无论有无意见，均应当在要求的时间内予以书面反馈。对于未在规定期限内提出书面意见的，审计处可视作无异议处理。

（五）若工程管理部门无异议，社会中介机构应当依据三方签署的审定单，及时出具建设项目“工程造价审计咨询报告”；若工程管理部门有不同意见，审计组应当采用协商、咨询等有效方法，予以进一步核实、研究。

（六）工程管理部门无异议、但始终与施工单位无法取得一致意见的，审计组在报经审计处负责人批准后，由社会中介机构按照行业规则，出具并下达单方面建设项目“工程造价审计咨询报告”。

（七）根据审计工作底稿汇总审计中发现的管理问题，审计组出具审计管理意见（建议）书。

第十三条　审计终结阶段

（一）审计处签发建设项目“工程造价审计意见书”并附建设项目“工程造价审计咨询报告”，送交工程管理部门、财务处等部门支付工程结算款项和审计费用。

（二）根据审计管理意见（建议）书，审计组出具审计报告征求意见稿。在履行征求被审计对象意见等相关审计程序后，审计处出具正式审计报告。

（三）相关审计资料整理归档。

第五章　附　则

第十四条　本办法由审计处负责解释，并按照国家法律法规、行业新规或上级有关指导性意见，结合学校实际予以定期修订与调整。

第十五条　本办法自发布之日起施行。

学校文件选目

党委文件选目

文　号	文　件　名　称
复委〔2012〕1号	关于印发《复旦大学2012年工作要点》的通知
复委〔2012〕2号	关于印发《深入基层大走访大调研活动中师生反映强烈的突出问题及其解决的基本思路》的通知
复委〔2012〕3号	关于印发《复旦大学2012年党风廉政建设工作要点》的通知
复委〔2012〕4号	关于印发《复旦大学领导干部轮岗交流工作实施办法（试行）》的通知
复委〔2012〕5号	关于印发《复旦大学关于执行党风廉政建设责任制的实施细则》的通知
复委〔2012〕6号	关于成立复旦大学党风廉政建设工作领导小组的通知
复委〔2012〕7号	印发《关于在创先争优活动中开展基层组织建设年的实施方案》的通知
复委〔2012〕8号	关于学习贯彻胡锦涛总书记在纪念中国共产主义青年团成立90周年大会上重要讲话的通知
复委〔2012〕10号	关于学习贯彻中央领导同志贺信和指示精神的通知
复委〔2012〕11号	关于印发《复旦大学信息公开监督检查办法（试行）》的通知
复委〔2012〕12号	关于印发朱之文、杨玉良同志在2012年复旦大学加强党风廉政建设干部大会上的讲话的通知
复委〔2012〕13号	关于印发刘建中同志在2012年复旦大学加强党风廉政建设干部大会上的讲话的通知
复委〔2012〕14号	关于表彰复旦大学创先争优先进基层党组织、优秀共产党员的决定
复委〔2012〕15号	关于印发《复旦大学关于推进廉政风险防控机制建设的实施意见》的通知
复委〔2012〕16号	关于印发《复旦大学廉政风险防控2012年工作方案》的通知
复委〔2012〕17号	关于部分机构调整合并的通知
复委〔2012〕18号	关于印发《复旦大学“十二五”发展规划纲要》的通知

续表

文　号	文　件　名　称
复委〔2012〕21号	印发《关于进一步加强基层党组织建设的若干意见》的通知
复委〔2012〕23号	印发朱之文同志在复旦大学庆祝中国共产党成立91周年暨创先争优活动表彰大会上的讲话的通知
复委〔2012〕24号	关于深化医学教育体制改革的若干意见
复委〔2012〕25号	关于加强党校工作的若干意见
复委〔2012〕26号	关于认真学习宣传贯彻党的十八大精神的通知
复委〔2012〕27号	关于组建新的校区管理委员会的通知

学校通知一览

文号#	文　件　名　称	发文日期
1号	关于转发《复旦大学学生学业证明文书管理细则(试行)》的通知	2月28日
2号	关于复旦大学学业证明专用章等启用的通知	3月1日
3号	关于"三八"国际妇女节放假的通知	3月1日
4号	关于2011—2012学年第二学期校党政领导接待安排的通知	3月7日
5号	关于成立复旦大学发展与规划委员会和预决算委员会的通知	3月12日
6号	关于清明节放假的通知	3月19日
7号	关于调整复旦大学生物安全管理委员会成员并增设转基因生物安全专家委员会的通知	3月15日
8号	关于国际劳动节和青年节放假的通知	4月11日
9号	关于转发《复旦大学信息公开目录(2012)》和《复旦大学院系信息公开指导目录(试行)》的通知	5月14日
10号	关于复旦大学专用材料与技术中心保密管理办公室印章启用的通知	5月10日
11号	关于转发《复旦大学重大科技项目激励办法》的通知	5月23日
12号	关于调整复旦大学汉语国际推广领导小组的通知	6月1日
13号	关于转发《复旦大学内部审计工作规定》的通知	6月6日
14号	关于今年端午节放假的通知	6月11日
15号	关于2012年暑假安排的通知	6月13日
16号	关于转发《复旦大学2012届毕业本科、高职生离校工作日程》、《复旦大学2012届毕业研究生离校工作日程》的通知	6月20日
17号	关于修订《复旦大学教师公寓租金调整方案》的通知	9月5日
18号	关于转发《复旦大学青年教师租住尚景园公共租赁房租房补贴实施方案》的通知	9月5日
19号	关于复旦大学办公室等印章启用的通知	9月5日
20号	关于2012—2013学年第一学期校党政领导接待安排的通知	9月10日
21号	关于2012年中秋节、国庆节放假的通知	9月13日
22号	关于转发《复旦大学教师高级职务聘任实施办法(试行)》的通知	9月17日
23号	关于复旦大学国家保密学院印章启用的通知	9月18日
24号	关于转发《复旦大学关于推进协同创新体制机制改革的若干意见》的通知	9月24日
25号	关于转发《复旦大学关于加强教学科研岗位招聘工作的实施意见》的通知	9月25日
26号	关于转发《复旦大学预算预备费管理办法(试行)》的通知	11月6日
27号	关于转发《复旦大学防范治理"小金库"办法》的通知	11月15日
28号	关于"复旦大学学生档案管理专用章"启用的通知	11月22日
29号	关于转发《复旦大学基本建设项目管理办法》的通知	11月23日

续 表

文号#	文 件 名 称	发文日期
30号	关于转发《复旦大学建设项目管理工作协调会议制度》的通知	11月23日
31号	关于复旦大学专用材料与装备技术研究院印章启用的通知	12月7日
32号	关于2013年元旦放假的通知	12月13日
33号	关于2013年寒假安排的通知	12月24日
34号	关于调整复旦大学重点实验室管理委员会成员的通知	12月19日
35号	关于转发《复旦大学建设项目审计暂行规定》等的通知	12月28日
36号	关于进一步明确科研机构负责人任免程序的通知	12月28日
37号	关于成立复旦大学第十届学位评定委员会的通知	12月31日

#文号为校通字[2012]×号。

学校批复一览

文号#	文 件 名 称	批 复 单 位	发文日期
1号	关于同意复旦大学邯郸校区2号楼、6号楼学生宿舍内装修工程立项的批复	基建处、财务处*	1月10日
2号	关于与宁波大学签署本科生交换培养协议事宜的批复	教务处、复旦学院*	1月10日
3号	关于“千人计划”入选者待遇等事宜的批复	人事处	1月10日
4号	关于同意《校长办公会议办会方案》的批复	校长办公室	1月10日
5号	关于学生退学事宜的批复	教务处	1月10日
6号	关于同意我校与上海市浦东新区人民政府共建上海市浦东新区南汇中心医院的批复	医院管理处	1月13日
7号	关于上海数学中心项目面积、功能用房事宜的批复	基建处、数学科学学院*	1月13日
8号	关于李俊士信访件化解方案的批复	党委办公室信访办、财务处*	1月13日
9号	关于陈恩东信访件化解方案的批复	党委办公室信访办、研究生工作部*、财务处*	1月13日
10号	关于遗传工程和医学神经生物学国家重点实验室主任和学术委员会主任推荐人选的批复	科技处	1月13日
11号	关于学生退学事宜的批复	外国留学生工作处、教务处*	1月13日
12号	关于我校与上海理工大学合作共建事宜的批复	发展规划处、学科建设办公室	1月16日
13号	关于物质科学学科群整体搬迁至江湾校区事宜的批复	发展规划处、学科建设办公室*、基建处*	1月16日
14号	关于我校与上海市疾病预防控制中心合作共建初步设想的批复	医学学科建设办公室	1月16日
15号	关于2012年本科留学生招生工作方案的批复	外国留学生工作处	1月16日
16号	关于学生申诉事项的批复	学生工作部、教务处	1月16日
17号	关于学术违规事宜的批复	监察处、校学术规范委员会*、人事处*	1月20日
18号	关于提高部分学科科研经费绩效奖励比例事宜的批复	科技处、文科科研处、人事处*、财务处*	1月20日
19号	关于2011年部分单位年终岗位津贴增量发放方案的批复	人事处、财务处*	1月20日
20号	关于提高退休教职工一级共享费发放标准的批复	退休教职工管理委员会、老干部工作处、人事处*、财务处*	1月20日
21号	关于学生退学事宜的批复	研究生院	1月20日

续 表

文号#	文 件 名 称	批 复 单 位	发文日期
22号	关于复旦大学“十二五”基建规划调整方案及新增项目建议书的批复	基建处、发展规划处*	2月21日
23号	关于2011年校级决算与2012年校级预算编制建议方案的批复	财务处	2月28日
24号	关于学生退学事宜的批复	教务处	2月23日
25号	关于2012—2013年度高级专家延聘申请的批复	人事处	2月28日
26号	关于人才引进事项的批复	人事处	2月28日
27号	关于复旦大学2012—2013学年校历的批复	教务处、研究生院*	3月28日
28号	关于组建新一届复旦大学教学指导委员会事宜的批复	教务处、研究生院	3月29日
29号	关于中华文明国际研究中心筹备方案的批复	学科建设办公室、文科科研处、发展规划处*、资产管理处*、财务处*	3月28日
30号	关于与人民日报社加强战略合作事宜的批复	宣传部、新闻学院*、教务处*、研究生院*	3月28日
31号	关于2012年“个人社会保险基数”和“单位社会保险统筹费”缴纳方案的批复	人事处、财务处*	3月29日
32号	关于调整补充住房公积金缴费比例的批复	人事处、财务处、校工会*	3月28日
33号	关于教职工租住上海市公共租赁房相关事项的批复	房委会、人事处*、财务处*、基建处*、工会*	3月28日
34号	关于学生退学事宜的批复	研究生院	3月28日
35号	关于建立食堂价格联动和成本分摊机制事宜的批复	总务处、财务处*、学工部、研工部*	3月28日
36号	关于学生退学事宜的批复	研究生院	3月31日
37号	关于复旦大学经营性资产管理委员会、复旦资产经营公司董事会及监事会成员变更的批复	产业化与校产管理办公室	4月1日
38号	关于《复旦大学内部审计工作规定》的批复	审计处	4月16日
39号	关于《复旦大学2012年度审计计划》的批复	审计处	4月16日
40号	关于选调部分同志参与“十二五”校区建设事宜的批复	后勤党委、基建处、组织部*、人事处*	4月16日
41号	关于校级2011年度财务决算报告和2012年度财务预算草案的批复	财务处、纪委*、校长办公室*、审计处*、房委会*	4月16日
42号	关于学生退学事宜的批复	研究生院	4月16日
43号	关于学生退学事宜的批复	教务处	4月16日
44号	关于同意复旦大学附属妇产科医院黄浦院区门诊楼整体装修立项的批复	基建处、妇产科医院	4月17日
45号	关于管理学院筹建国际顾问委员会的批复	管理学院	5月4日
46号	关于2012年度本科生招生计划的批复	教务处	5月4日
47号	关于与人民日报社签订全面合作协议事项的批复	新闻学院、宣传部、文科科研处*	5月4日
48号	关于复旦大学上海视觉艺术学院申报学士学位授予单位的批复	教务处、监察处*	5月4日
49号	关于校园规划调整方案的批复	基建处、发展规划处*、数学科学学院*	5月4日
50号	关于泰复网络技术有限公司股权变更工作的批复	网络教育学院、审计处*	5月4日
51号	关于上海市复丹国际信息科技进修学院办学问题处理工作相关事宜的批复	校长办公室、监察处*	5月4日
52号	关于签署《高新技术研究与人才培养合作框架》的批复	专用材料与技术中心	5月8日

续 表

文号#	文件名称	批复单位	发文日期
53号	关于《复旦大学附属子弟学校与杨浦基础教育联动发展的协议》的批复	复旦附小、复旦二附中	5月9日
54号	关于《复旦大学支援河西学院发展意向性协议》的批复	校长办公室	5月9日
55号	关于将生物统计所并入生命科学学院的批复	发展规划处、学科建设办公室*、人事处*、财务处*、科技处*、资产管理处*	5月8日
56号	关于落实"卓越计划"的批复	人事处、财务处*	5月9日
57号	关于"千人计划"入选者朱宁文待遇问题的批复	人事处、上海医学院*	5月9日
58号	关于调整物理系引进人才修发贤校内岗位的批复	人事处	5月9日
59号	关于人才引进事项的批复	人事处	5月9日
60号	关于成立复旦—上海电气储能与关键材料联合实验室的批复	科技处	5月18日
61号	关于《复旦大学重大科技项目激励办法》的批复	科技处、财务处*、人事处*	5月9日
62号	关于学生退学事宜的批复	教务处	5月9日
63号	关于成立复旦大学—南京军区南京总医院计算转化医学中心的批复	科技处	5月21日
64号	关于成立复旦大学"十二五"基建工作领导小组的批复	基建处、党委办公室*、校长办公室*	5月30日
65号	关于调整复旦大学重点实验室管理委员会成员的批复	科技处	5月30日
66号	关于物质计算科学教育部重点实验室更名的批复	科技处	5月28日
67号	关于物质计算科学教育部重点实验室主任和学术委员会主任推荐人选的批复	科技处	5月28日
68号	关于推进孔子学院建设的批复	外事处、国际文化交流学院*、留学生办公室*	5月28日
69号	关于上海复旦大学教育发展基金会投资理财工作的批复	对外联络与发展处	5月28日
70号	关于成立复旦大学"亚洲校园"项目领导小组的批复	外事处	5月30日
71号	关于学生退学事宜的批复	教务处	5月28日
72号	关于学生退学事宜的批复	研究生院	5月28日
73号	关于人才引进事项的批复	人事处	6月6日
74号	关于落实化学系刘智攀教授"卓越人才计划"支持方案的批复	人事处	6月6日
75号	关于新一届复旦大学教学指导委员会名单及《复旦大学教学指导委员会章程》事宜的批复	教务处、研究生院*	6月8日
76号	关于调整复旦大学文化素质教育领导小组成员的批复	教务处、学工部*	6月8日
77号	关于调整部分引进人才住房补贴的批复	人事处、房委会、财务处*	6月8日
78号	关于成立复旦—盐城新能源与新光源联合研究中心的批复	科技处	6月8日
79号	关于复旦大学上海视觉艺术学院转设为民办普通本科高等学校(上海视觉艺术学院)并委派校董的批复	财务处、人事处、教务处、校长办公室、复旦大学上海视觉艺术学院*	6月7日
80号	关于复旦大学上海医学院与上海疾病预防控制中心合作共建事宜的批复	医学综合事务办公室	6月18日
81号	关于推进复旦大学四年制书院建设事宜的批复	复旦学院、教务处*、学生工作部*	6月18日
82号	关于实施保障学校食堂供应稳定长效机制事宜的批复	总务处、财务处*、学生工作部*、研究生工作部*	6月18日
83号	关于谷超豪院士所获国家最高科学技术奖奖励金使用办法的批复	科技处、财务处、对外联络与发展处*、人事处*	6月18日

续　表

文号#	文件名称	批复单位	发文日期
84号	关于上海“千人计划”入选者王庆华聘任待遇事项的批复	人事处、医学综合事务办公室*	6月18日
85号	关于与浦东新区人民政府、上海张江(集团)有限公司合作事宜的批复	科技处	6月18日
86号	关于与宝山区人民政府合作事宜的批复	产业化与校产管理办公室	6月18日
87号	关于《复旦大学预算预备费管理办法(试行)》的批复	财务处	6月18日
88号	关于学生退学事宜的批复	研究生院	6月21日
89号	关于学生退学事宜的批复	教务处	6月21日
90号	关于江湾生活园区外墙面砖脱落紧急处置方案的批复	基建处	7月10日
91号	关于人才引进事宜的批复	人事处	7月10日
92号	关于成立复旦大学—美国加州大学当代中国研究中心的批复	发展研究院、外事处*	7月10日
93号	关于《上海复旦资产经营有限公司章程(修订稿)》及经营性资产划转事宜的批复	上海复旦资产经营有限公司、产业化与校产管理办公室	7月10日
94号	关于学校黄山疗养院土地和房产处置事宜的批复	总务处	7月10日
95号	关于2012届毕业生离校安排及毕业典礼事宜的批复	学工部、学联体、研究生院、研工部	7月10日
96号	关于2012级新生入学迎新安排及开学典礼事宜的批复	学工部、研工部、复旦学院*	7月10日
97号	关于成立复旦大学胰腺肿瘤研究所的批复	科技处、复旦大学附属肿瘤医院*	7月11日
98号	关于同意复旦大学附属浦东新区南汇中心医院(筹)更名为复旦大学附属浦东医院(筹)的批复	医院管理处	7月19日
99号	关于同意致函中信泰富有限公司建议以清算方式解散上海泰复网络技术有限公司的批复	网络教育学院	7月20日
100号	关于枫林校区新建临时运动场立项及分步建设事宜的批复	基建处	9月5日
101号	关于2012年重大及计划外基建修缮项目立项事宜的批复	基建处、财务处*	9月6日
102号	关于成立“复旦大学—中电熊猫平板显示技术联合中心”事宜的批复	科技处	9月6日
103号	关于学生退学事宜的批复	教务处	9月6日
104号	关于同意《2012年校内岗位津贴调整实施方案》的批复	人事处	9月7日
105号	关于同意《复旦大学教师高级职务聘任实施办法(讨论稿)》的批复	人事处	9月7日
106号	关于同意《复旦大学关于加强教学科研岗位招聘工作的实施意见(讨论稿)》的批复	人事处	9月7日
107号	关于彭慧胜等9名“卓识计划”入选者综合支持方案事宜的批复	人事处	9月7日
108号	关于同意成立复旦大学城市治理比较研究中心的批复	文科科研处	9月11日
109号	关于复旦大学博物馆(200号)命名与管理组织架构的批复	宣传部、对外联络与发展处、文物与博物馆学系*	9月24日
110号	关于枫林校区基建规划方案调整事宜的批复	基建处	9月17日
111号	关于与福建省人民政府、厦门市人民政府开展战略合作事宜的批复	学校办公室	9月17日
112号	关于与甘肃省人民政府开展战略合作事宜的批复	学校办公室	9月17日
113号	关于《复旦大学青年教师租住尚景园公共租赁房租房补贴的实施方案(修订稿)》的批复	总务处	9月17日
114号	关于对邯郸、枫林校区教工宿舍物业管理人员给予经费补贴的批复	总务处、财务处*、资产管理处*	9月17日

续　表

文号#	文　件　名　称	批　复　单　位	发文日期
115号	关于学生退学事宜的批复	教务处	9月17日
116号	关于同意成立复旦大学病理研究所的批复	医学科研管理办公室、肿瘤医院*	9月21日
117号	关于原则同意《复旦大学董顾丽珍艺术博物馆(暂名)基建项目建议书》的批复	基建处、宣传部*、对外联络与发展处*、监察处*、审计处*、文物与博物馆学系*	9月24日
118号	关于原则同意《复旦大学基本建设项目管理办法(2012版)》的批复	基建处	9月24日
119号	关于回购北区学生公寓并办理为复旦大学产权的批复	基建处、资产管理处*、财务处*	9月24日
120号	关于清算上海泰复网络技术有限公司的批复	网络教育学院	9月24日
121号	关于原则同意《教职工租住上海市公共租赁房租房补贴的实施方案(讨论稿)》的批复	房委会、总务处*	9月24日
122号	关于签署《复旦大学与厦门大学战略合作协议书》的批复	学校办公室、发展规划处*	9月25日
123号	关于《厦门大学—复旦大学—中国科学技术大学能源材料化学协同创新中心协议书(草案)》相关事宜的批复	科技处	9月25日
124号	关于复旦抗癌医学联合研究中心相关事宜的批复	科技处、医学科研管理办公室	9月25日
125号	关于《金川集团有限公司与复旦大学全面合作框架协议》相关事宜的批复	科技处	9月25日
126号	关于同意成立复旦大学—陶氏化学联合材料研究中心的批复	科技处	9月26日
127号	关于与中国人民大学共建社会转型与社会管理协同创新中心相关事宜的批复	文科科研处、科技处*、医学科研管理办公室*	9月29日
128号	关于董少新同志担任文史研究院副院长的批复	文科科研处、人事处、学校办公室*、组织部*	9月29日
129号	关于上海数学中心首席专家李骏、郁国樑的聘任待遇问题的批复	人事处	9月29日
130号	关于国家“千人计划”入选者张维为聘任待遇问题的批复	人事处	9月29日
131号	关于人才引进事宜的批复	人事处	9月29日
132号	关于肿瘤医院与中山大学等组建“中国常见恶性肿瘤个体化防治协同创新中心”的批复	医学科研管理办公室、科技处*	9月29日
133号	关于学生申诉事项的批复	研究生工作部、保卫处*	9月29日
134号	关于学生退学事宜的批复	教务处	9月29日
135号	关于学生退学事宜的批复	研究生院	9月29日
136号	关于与清华大学等共建出土文献与中国古代文明协同创新中心相关事宜的批复	文科科研处、科技处*、医学科研管理办公室*	9月29日
137号	关于同意《复旦大学新建上海数学中心项目可行性研究报告》的批复	基建处	10月16日
138号	关于第九届博雅杯征文大奖赛报名方案的批复	教务处、招生办公室*	10月23日
139号	关于由我校牵头组建的“2011协同创新中心”合作协议书的批复	科技处	10月23日
140号	关于原则同意《复旦大学关于推进协同创新体制机制改革的若干意见》的批复	科技处	10月23日
141号	关于推荐汤其群教授为高纪凡特聘教授的批复	人事处、上海医学院办公室	10月23日
142号	关于对部分理科院系办公用房未来需求进行测算的批复	发展规划处、基建处*	10月23日

续 表

文号#	文 件 名 称	批 复 单 位	发文日期
143号	关于学生退学事宜的批复	教务处	10月23日
144号	关于同意成立复旦—弥亚能源信息技术联合研发中心的批复	科技处	10月31日
145号	关于上海医学院在本科生招生中实施分代码招生事宜的批复	医学教育管理办公室、招生办公室*	11月13日
146号	关于上海数学中心执行主任和副主任人选事宜的批复	人事处、数学科学学院*	11月12日
147号	关于学生退学事宜的批复	教务处	11月12日
148号	关于专用材料与技术中心更名及增加第二冠名的批复	专用材料与技术中心	11月12日
149号	关于《复旦大学"小金库"防范治理办法》的批复	财务处、纪委*、组织部*	11月12日
150号	关于《2012年预算中期调整方案》的批复	财务处、纪委*、组织部*	11月12日
151号	关于网络教育学院2013年招生计划的批复	网络教育学院、教务处*、资产管理处*、财务处*、人事处*、监察处*	11月15日
152号	关于同意《机关办公用房空间调整方案》的批复	发展规划处、资产管理处	11月15日
153号	关于同意《2012年教师高级职称岗位设置方案》的批复	人事处	11月15日
154号	关于附属医院2012年高级职务聘任事宜的批复	人事处、医学管理处	11月15日
155号	关于规范我校"派遣(租赁)制"人员用工政策的批复	人事处	11月15日
156号	关于党政管理岗位三、四级职员聘任相关事宜的批复	人事处	11月15日
157号	关于同意对蒋伟等作退学处理的批复	教务处	11月15日
158号	关于学生退学事宜的批复	教务处	11月15日
159号	关于同意对李智完等作退学处理的批复	外国留学生工作处	11月15日
160号	关于学生退学事宜的批复	研究生院	11月15日
161号	关于复旦大学国家保密学院执行副院长和副院长人选的批复	发展规划处、组织部*、人事处*、计算机科学技术学院*	11月23日
162号	关于同意成立复旦—中能柔性光电薄膜联合研究中心的批复	科技处	11月26日
163号	关于同意江湾校区化学楼等项目可行性研究报告的批复	基建处	12月5日
164号	关于同意成立复旦大学—阿尔伯塔大学持续性感染研究中心的批复	医学科研管理办公室、外事处*	12月6日
165号	关于成立人文社会科学学术服务中心的批复	文科科研处、发展规划处*、人事处*	12月18日
166号	关于同意签署《复旦大学—香港理工大学共建创业教育发展平台合作备忘录》的批复	上海复旦资产经营有限公司	12月18日
167号	关于2013年各项选拔测试招生方案的批复	招生办公室、教务处*、学工部*、研究生院*、研工部*、保卫处*、学校办公室*	12月21日
168号	关于成立复旦大学第十届学位评定委员会及其投诉受理委员会的批复	研究生院	12月31日
169号	关于学生申诉事项的批复	学生工作部、教务处*、研究生院*、研究生工作部*、保卫处*、学校办公室*	12月18日
170号	关于环境科学与工程系系主任续聘相关事宜的批复	人事处、组织部*	12月27日
171号	关于2013年自主招生等选拔方案的批复	招生办公室、医学教学管理办公室*	12月31日
172号	关于推进科研拓展计划工作小组更名和人员调整的批复	科技处、学校办公室*	12月28日
173号	关于同意《复旦大学建设项目审计暂行规定》等的批复	审计处、基建处*、财务处*、监察处*	12月28日

续　表

文号#	文　件　名　称	批　复　单　位	发文日期
174号	关于建设江湾教学科研楼纯水系统经费事宜的批复	财务处、基建处、生命科学学院*	12月28日
175号	关于成立复旦大学生物安全管理委员会医学分委会和复旦大学生物安全专家委员会医学分委会的批复	医学科研管理办公室	12月28日
176号	关于进一步明确科研机构负责人任免程序的批复	学校办公室、组织部*、人事处*、科技处*、医学科研管理办公室*、文科科研处*	12月28日
177号	关于学生退学事宜的批复	教务处	12月28日
178号	关于学生退学事宜的批复	研究生院	12月28日
179号	关于接收"香港大学千人计划"来校学生安排的批复	外事处、教务处*、学工部*、研工部*、团委*、信息办*、外国留学生工作处*	3月7日
180号	关于与中国气象局合作事宜的批复	科技处、环境科学系*、复旦—丁铎尔中心*、发展规划处*	3月7日

#文号为校批字[2012]×号。
*为抄送单位。

·人　物·

复旦大学教授名录

单　位	姓　名	性别	职　称
中国语言文学系	裘锡圭	男	教　授
中国语言文学系	王水照	男	教　授
中国语言文学系	朱立元	男	教　授
中国语言文学系	陈思和	男	教　授
中国语言文学系	黄　霖	男	教　授
中国语言文学系	申小龙	男	教　授
中国语言文学系	陈尚君	男	教　授
中国语言文学系	骆玉明	男	教　授
中国语言文学系	汪少华	男	教　授
中国语言文学系	袁　进	男	教　授
中国语言文学系	刘　钊	男	教　授
中国语言文学系	朱文华	男	教　授
中国语言文学系	汪涌豪	男	教　授
中国语言文学系	栾梅健	男	教　授
中国语言文学系	戴耀晶	男	教　授
中国语言文学系	郜元宝	男	教　授
中国语言文学系	郑元者	男	教　授
中国语言文学系	陆　扬	男	教　授
中国语言文学系	徐志啸	男	教　授
中国语言文学系	龚群虎	男	教　授
中国语言文学系	陈引驰	男	教　授
中国语言文学系	吴礼权	男	教　授
中国语言文学系	张德兴	男	教　授
中国语言文学系	戴　燕	女	教　授
中国语言文学系	傅　杰	男	教　授
中国语言文学系	张新颖	男	教　授
中国语言文学系	王安忆	女	教　授
中国语言文学系	陈忠敏	男	教　授
中国语言文学系	殷寄明	男	教　授
中国语言文学系	施谢捷	男	教　授
中国语言文学系	刘大为	男	教　授
中国语言文学系	邵毅平	男	教　授
中国语言文学系	邬国平	男	教　授
中国语言文学系	杨乃乔	男	教　授
中国语言文学系	周荣胜	男	教　授
中国语言文学系	查屏球	男	教　授
中国语言文学系	郑土有	男	教　授
中国语言文学系	祝克懿	女	教　授
中国语言文学系	陈　剑	男	教　授
中国语言文学系	罗书华	男	教　授
中国语言文学系	张业松	男	教　授
中国语言文学系	周兴陆	男	教　授
中国语言文学系	张豫峰	女	教　授
中国语言文学系	朱　刚	男	教　授
中国语言文学系	杨俊蕾	女	教　授
中国语言文学系	李振声	男	教　授
中国语言文学系	李　楠	女	教　授
中国语言文学系	王宏图	男	教　授
中国语言文学系	严　锋	男	教　授
中国语言文学系	周　斌	男	研究员
中国语言文学系	陈维昭	男	研究员
中国语言文学系	王才勇	男	研究员
中国语言文学系	吴兆路	男	研究员
古籍所	吴金华	男	教　授
古籍所	陈正宏	男	教　授
古籍所	谈蓓芳	女	教　授
古籍所	陈广宏	男	教　授
古籍所	郑利华	男	教　授

续　表

单　位	姓　名	性别	职　称	单　位	姓　名	性别	职　称
古籍所	刘晓南	男	教　授	哲学学院	杨泽波	男	教　授
古籍所	钱振民	男	研究员	哲学学院	陈学明	男	教　授
古籍所	郑伟宏	男	研究员	哲学学院	孙承叔	男	教　授
古籍所	黄仁生	男	研究员	哲学学院	张志林	男	教　授
古籍所	黄　毅	女	研究员	哲学学院	汪堂家	男	教　授
古籍所	徐　艳	女	研究员	哲学学院	张庆熊	男	教　授
外文学院	陆谷孙	男	教　授	哲学学院	莫伟民	男	教　授
外文学院	姜银国	男	教　授	哲学学院	徐洪兴	男	教　授
外文学院	熊学亮	男	教　授	哲学学院	林宏星	男	教　授
外文学院	褚孝泉	男	教　授	哲学学院	朱宝荣	男	教　授
外文学院	张　冲	男	教　授	哲学学院	佘碧平	男	教　授
外文学院	何刚强	男	教　授	哲学学院	王德峰	男	教　授
外文学院	余建中	男	教　授	哲学学院	吴　震	男	教　授
外文学院	曲卫国	男	教　授	哲学学院	汪行福	男	教　授
外文学院	邱东林	男	教　授	哲学学院	邹诗鹏	男	教　授
外文学院	魏育青	男	教　授	哲学学院	郑召利	男	教　授
外文学院	金钟太	男	教　授	哲学学院	陈居渊	男	教　授
外文学院	王建开	男	教　授	哲学学院	孙向晨	男	教　授
外文学院	谈　峥	男	教　授	哲学学院	刘康德	男	教　授
外文学院	梁正溜	男	教　授	哲学学院	白彤东	男	教　授
外文学院	沈　黎	女	教　授	哲学学院	李若晖	男	教　授
外文学院	孙　建	男	教　授	哲学学院	王新生	男	教　授
外文学院	蔡基刚	男	教　授	哲学学院	丁　耘	男	教　授
外文学院	姜　宏	女	教　授	哲学学院	王金林	男	教　授
外文学院	王滨滨	女	教　授	哲学学院	黄　翔	男	教　授
外文学院	姜宝有	男	教　授	哲学学院	魏洪钟	男	研究馆员
外文学院	汪洪章	男	教　授	国外马克思主义基地	王凤才	男	研究员
外文学院	季佩英	女	教　授	历史学系	姜义华	男	教　授
外文学院	沈　园	女	教　授	历史学系	朱维铮	男	教　授
外文学院	李　征	男	教　授	历史学系	顾晓鸣	男	教　授
哲学学院	刘放桐	男	教　授	历史学系	吴景平	男	教　授
哲学学院	俞吾金	男	教　授	历史学系	韩　昇	男	教　授
哲学学院	吴晓明	男	教　授	历史学系	朱荫贵	男	教　授
哲学学院	张汝伦	男	教　授	历史学系	戴鞍钢	男	教　授
哲学学院	冯　平	女	教　授	历史学系	黄　洋	男	教　授
哲学学院	李天纲	男	教　授	历史学系	章　清	男	教　授
哲学学院	王雷泉	男	教　授	历史学系	金光耀	男	教　授
哲学学院	邓安庆	男	教　授	历史学系	邹振环	男	教　授

续 表

单　位	姓　名	性别	职　称	单　位	姓　名	性别	职　称
历史学系	王立诚	男	教　授	历史地理研究所	张晓虹	女	研究员
历史学系	冯　玮	男	教　授	历史地理研究所	朱海滨	男	研究员
历史学系	李宏图	男	教　授	历史地理研究所	韩昭庆	女	研究员
历史学系	孙科志	男	教　授	经济学院	许少强	男	教　授
历史学系	张海英	女	教　授	经济学院	姜波克	男	教　授
历史学系	冯筱才	男	教　授	经济学院	华　民	男	教　授
历史学系	巴兆祥	男	教　授	经济学院	黄亚钧	男	教　授
历史学系	郭英之	女	教　授	经济学院	陈建安	男	教　授
历史学系	张　巍	男	教　授	经济学院	张晖明	男	教　授
历史学系	冯贤亮	男	教　授	经济学院	袁志刚	男	教　授
历史学系	高　晞	女	教　授	经济学院	张　军	男	教　授
历史学系	余　欣	男	教　授	经济学院	李慧中	男	教　授
历史学系	Fred E. Schrader	男	教　授	经济学院	石　磊	男	教　授
				经济学院	刘红忠	男	教　授
历史学系	吴晓群	女	教　授	经济学院	马　涛	男	教　授
历史学系	余　蔚	男	教　授	经济学院	谢识予	男	教　授
文史研究院创新基地	葛兆光	男	教　授	经济学院	尹翔硕	男	教　授
文史研究院创新基地	李星明	男	研究员	经济学院	庄起善	男	教　授
文史研究院创新基地	董少新	男	研究员	经济学院	唐朱昌	男	教　授
文物与博物馆学系	沃兴华	男	教　授	经济学院	李洁明	女	教　授
文物与博物馆学系	陈　淳	男	教　授	经济学院	强永昌	男	教　授
文物与博物馆学系	陆建松	男	教　授	经济学院	殷醒民	男	教　授
文物与博物馆学系	高蒙河	男	教　授	经济学院	严法善	男	教　授
文物与博物馆学系	陈红京	男	教　授	经济学院	李维森	男	教　授
文物与博物馆学系	朱顺龙	男	教　授	经济学院	史正富	男	教　授
文物与博物馆学系	吕　静	女	教　授	经济学院	朱　叶	男	教　授
文物与博物馆学系	刘朝晖	男	教　授	经济学院	张中祥	男	教　授
历史地理研究所	葛剑雄	男	教　授	经济学院	孙立坚	男	教　授
历史地理研究所	周振鹤	男	教　授	经济学院	徐文虎	男	教　授
历史地理研究所	姚大力	男	教　授	经济学院	陆　铭	男	教　授
历史地理研究所	王振忠	男	教　授	经济学院	张陆洋	男	教　授
历史地理研究所	吴松弟	男	教　授	经济学院	丁　纯	男	教　授
历史地理研究所	满志敏	男	教　授	经济学院	陈　钊	男	教　授
历史地理研究所	张伟然	男	教　授	经济学院	范剑勇	男	教　授
历史地理研究所	王建革	男	研究员	经济学院	宋　铮	男	教　授
历史地理研究所	安介生	男	研究员	经济学院	王　城	男	教　授
历史地理研究所	侯杨方	男	研究员	经济学院	程大中	男	教　授
历史地理研究所	李晓杰	男	研究员	经济学院	沈国兵	男	教　授

续 表

单　　位	姓　名	性 别	职　称	单　　位	姓　名	性 别	职　称
经济学院	林　曙	男	教　授	国际关系与公共事务学院	沈兰芳	女	研究员
经济学院	封　进	女	教　授	国际关系与公共事务学院	周志成	男	研究员
经济学院	田素华	男	教　授	国际问题研究院	沈丁立	男	教　授
经济学院	吴力波	女	教　授	国际问题研究院	吴心伯	男	教　授
经济学院	陈诗一	男	教　授	国际问题研究院	石源华	男	教　授
经济学院	寇宗来	男	教　授	国际问题研究院	胡令远	男	教　授
经济学院	干杏娣	女	研究员	国际问题研究院	张卫(张维为)	男	教　授
金融研究院	陈学彬	男	教　授	国际问题研究院	任　晓	男	研究员
金融研究院	张金清	男	教　授	国际问题研究院	赵华胜	男	研究员
金融研究院	张宗新	男	教　授	国际问题研究院	潘　锐	男	研究员
金融研究院	杨　青	女	教　授	国际问题研究院	杜幼康	男	研究员
国际关系与公共事务学院	竺乾威	男	教　授	国际问题研究院	张贵洪	男	研究员
国际关系与公共事务学院	朱明权	男	教　授	国际问题研究院	信　强	男	研究员
国际关系与公共事务学院	林尚立	男	教　授	国际问题研究院	刘永涛	男	研究员
国际关系与公共事务学院	浦兴祖	男	教　授	法学院	孙南申	男	教　授
国际关系与公共事务学院	邱柏生	男	教　授	法学院	陈治东	男	教　授
国际关系与公共事务学院	樊勇明	男	教　授	法学院	章武生	男	教　授
国际关系与公共事务学院	徐以骅	男	教　授	法学院	张乃根	男	教　授
国际关系与公共事务学院	臧志军	男	教　授	法学院	杨心宇	男	教　授
国际关系与公共事务学院	陈明明	男	教　授	法学院	刘士国	男	教　授
国际关系与公共事务学院	陈志敏	男	教　授	法学院	胡鸿高	男	教　授
国际关系与公共事务学院	郭定平	男	教　授	法学院	谢佑平	男	教　授
国际关系与公共事务学院	陈晓原	男	教　授	法学院	马贵翔	男	教　授
国际关系与公共事务学院	刘建军	男	教　授	法学院	郭　建	男	教　授
国际关系与公共事务学院	朱　方	男	教　授	法学院	王全弟	男	教　授
国际关系与公共事务学院	赵渭荣	男	教　授	法学院	张梓太	男	教　授
国际关系与公共事务学院	朱春奎	男	教　授	法学院	董茂云	男	教　授
国际关系与公共事务学院	潘忠岐	男	教　授	法学院	段　匡	男	教　授
国际关系与公共事务学院	苏长和	男	教　授	法学院	陈　梁	男	教　授
国际关系与公共事务学院	唐亚林	男	教　授	法学院	陈浩然	男	教　授
国际关系与公共事务学院	唐贤兴	男	教　授	法学院	龚柏华	男	教　授
国际关系与公共事务学院	唐世平	男	教　授	法学院	赵立行	男	教　授
国际关系与公共事务学院	陈玉刚	男	教　授	法学院	陈乃蔚	男	教　授
国际关系与公共事务学院	张建新	男	教　授	法学院	何　力	男	教　授
国际关系与公共事务学院	敬乂嘉	男	教　授	法学院	王志强	男	教　授
国际关系与公共事务学院	顾丽梅	女	教　授	法学院	季立刚	男	教　授
国际关系与公共事务学院	陈　云	女	教　授	法学院	朱淑娣	女	教　授
国际关系与公共事务学院	李春成	男	教　授	法学院	潘伟杰	男	教　授

续　表

单　位	姓　名	性别	职　称	单　位	姓　名	性别	职　称
法学院	陈　力	女	教　授	新闻学院	孟　建	男	教　授
法学院	侯　健	男	教　授	新闻学院	刘海贵	男	教　授
法学院	张建伟	男	教　授	新闻学院	黄　旦	男	教　授
法学院	孙笑侠	男	教　授	新闻学院	黄　瑚	男	教　授
法学院	段厚省	男	教　授	新闻学院	陆　晔	女	教　授
法学院	刘志刚	男	教　授	新闻学院	吕新雨	女	教　授
法学院	徐美君	女	教　授	新闻学院	殷晓蓉	女	教　授
法学院	汪明亮	男	教　授	新闻学院	程士安	女	教　授
法学院	杜　涛	男	教　授	新闻学院	张子让	男	教　授
法学院	杜　宇	男	教　授	新闻学院	顾　铮	男	教　授
社会发展与公共政策学院	彭希哲	男	教　授	新闻学院	孙　玮	女	教　授
社会发展与公共政策学院	谢遐龄	男	教　授	新闻学院	曹　晋	女	教　授
社会发展与公共政策学院	张乐天	男	教　授	新闻学院	谢　静	女	教　授
社会发展与公共政策学院	王桂新	男	教　授	新闻学院	张涛甫	男	教　授
社会发展与公共政策学院	梁　鸿	男	教　授	新闻学院	廖圣清	男	教　授
社会发展与公共政策学院	瞿铁鹏	男	教　授	新闻学院	陈建云	男	教　授
社会发展与公共政策学院	陈家华	男	教　授	社会科学基础部	顾钰民	男	教　授
社会发展与公共政策学院	孙时进	男	教　授	社会科学基础部	肖　巍	男	教　授
社会发展与公共政策学院	于　海	男	教　授	社会科学基础部	杜艳华	女	教　授
社会发展与公共政策学院	刘　欣	男	教　授	社会科学基础部	徐宗良	男	教　授
社会发展与公共政策学院	任　远	男	教　授	社会科学基础部	高国希	男	教　授
社会发展与公共政策学院	范丽珠	女	教　授	社会科学基础部	杨宏雨	男	教　授
社会发展与公共政策学院	顾东辉	男	教　授	社会科学基础部	高晓林	女	教　授
社会发展与公共政策学院	周　怡	女	教　授	社会科学基础部	钱箭星	女	教　授
社会发展与公共政策学院	孙嘉明	男	教　授	社会科学基础部	王贤卿	女	教　授
社会发展与公共政策学院	张　力	男	教　授	社会科学基础部	吴海江	男	教　授
社会发展与公共政策学院	桂　勇	男	教　授	社会科学基础部	董雅华	女	研究员
社会发展与公共政策学院	陆康强	男	教　授	艺术教育中心	王天德	男	教　授
社会发展与公共政策学院	郭有德	男	教　授	艺术教育中心	张　同	男	教　授
社会发展与公共政策学院	潘天舒	男	教　授	艺术教育中心	徐卫宏	男	教　授
社会发展与公共政策学院	王菊芬	女	研究员	艺术教育中心	叶　苹	男	教　授
社会科学高等研究院	刘清平	男	教　授	艺术教育中心	王作欣	女	教　授
社会科学高等研究院	郭苏建	男	教　授	艺术教育中心	吴亚初	男	教　授
社会科学高等研究院	纳日碧力戈	男	教　授	国际文化交流学院	高顺全	男	教　授
新闻学院	童　兵	男	教　授	国际文化交流学院	刘鑫民	男	教　授
新闻学院	黄芝晓	男	教　授	国际文化交流学院	沈肖肖	男	研究员
新闻学院	李良荣	男	教　授	国际文化交流学院	吴中伟	男	正高级讲师
新闻学院	秦绍德	男	教　授	国际文化交流学院	陈　潮	男	正高级讲师

续　表

单　　位	姓　名	性别	职　称	单　　位	姓　名	性别	职　称
体育教学部	陈　琪	男	教　授	数学科学学院	张永前	男	教　授
体育教学部	邱　克	男	正高级讲师	数学科学学院	蔡志杰	男	教　授
体育教学部	王方椽	男	正高级讲师	数学科学学院	高卫国	男	教　授
体育教学部	陈建强	男	正高级讲师	数学科学学院	陈文斌	男	教　授
体育教学部	方　川	男	正高级讲师	数学科学学院	林　伟	男	教　授
数学科学学院	谷超豪	男	教　授	数学科学学院	卢文联	男	教　授
数学科学学院	李大潜	男	教　授	数学科学学院	雷　震	男	教　授
数学科学学院	胡和生	女	教　授	数学科学学院	严　军	男	教　授
数学科学学院	洪家兴	男	教　授	数学科学学院	嵇庆春	男	教　授
数学科学学院	杨劲根	男	教　授	数学科学学院	张云新	男	教　授
数学科学学院	肖体俊	女	教　授	数学科学学院	李洪全	男	研究员
数学科学学院	周　忆	男	教　授	数学科学学院	曹　沅	男	正高级讲师
数学科学学院	黄宣国	男	教　授	数理研究科技创新平台	向红军	男	研究员
数学科学学院	陈纪修	男	教　授	数理研究科技创新平台	于玉国	男	研究员
数学科学学院	吴宗敏	男	教　授	物理学系	郝柏林	男	教　授
数学科学学院	周子翔	男	教　授	物理学系	陶瑞宝	男	教　授
数学科学学院	应坚刚	男	教　授	物理学系	王　迅	男	教　授
数学科学学院	东瑜昕	男	教　授	物理学系	张新夷	男	教　授
数学科学学院	朱胜林	男	教　授	物理学系	侯晓远	男	教　授
数学科学学院	冯建峰	男	教　授	物理学系	周鲁卫	男	教　授
数学科学学院	陈　猛	男	教　授	物理学系	金晓峰	男	教　授
数学科学学院	郭坤宇	男	教　授	物理学系	吴长勤	男	教　授
数学科学学院	邱维元	男	教　授	物理学系	资　剑	男	教　授
数学科学学院	吴泉水	男	教　授	物理学系	蒋最敏	男	教　授
数学科学学院	程　晋	男	教　授	物理学系	车静光	男	教　授
数学科学学院	汤善健	男	教　授	物理学系	林志方	男	教　授
数学科学学院	丁　青	男	教　授	物理学系	陆　昉	男	教　授
数学科学学院	范恩贵	男	教　授	物理学系	龚新高	男	教　授
数学科学学院	金　路	男	教　授	物理学系	陈暨耀	男	教　授
数学科学学院	袁小平	男	教　授	物理学系	封东来	男	教　授
数学科学学院	刘宪高	男	教　授	物理学系	陈张海	男	教　授
数学科学学院	楼红卫	男	教　授	物理学系	马世红	男	教　授
数学科学学院	薛军工	男	教　授	物理学系	赵　利	男	教　授
数学科学学院	潘立平	男	教　授	物理学系	游建强	男	教　授
数学科学学院	苏仰锋	男	教　授	物理学系	周　磊	男	教　授
数学科学学院	吕　志	男	教　授	物理学系	马永利	男	教　授
数学科学学院	魏益民	男	教　授	物理学系	吴义政	男	教　授
数学科学学院	傅吉祥	男	教　授	物理学系	黄吉平	男	教　授

续 表

单　位	姓　名	性别	职　称	单　位	姓　名	性别	职　称
物理学系	盛卫东	男	教　授	环境科学与工程系	包存宽	男	教　授
物理学系	施　郁	男	教　授	环境科学与工程系	周　斌	男	教　授
物理学系	杨中芹	女	教　授	环境科学与工程系	成天涛	男	教　授
物理学系	沈　健	男	教　授	环境科学与工程系	Marie Harder	女	教　授
物理学系	韦广红	女	教　授	环境科学与工程系	付洪波	男	教　授
物理学系	张远波	男	教　授	环境科学与工程系	王新军	男	研究员
物理学系	刘晓晗	男	教　授	环境科学与工程系	王　琳	男	研究员
物理学系	钟振扬	男	教　授	环境科学与工程系	宋卫华	男	研究员
物理学系	肖　江	男	教　授	环境科学与工程系	王德耀	男	教　授
物理学系	赵　俊	男	教　授	化学系	杨芃原	男	教　授
物理学系	谭砚文	女	研究员	化学系	范康年	男	教　授
物理学系	田传山	男	研究员	化学系	金国新	男	教　授
物理学系	吴施伟	男	研究员	化学系	陈芬儿	男	教　授
物理学系	刘韡韬	女	研究员	化学系	唐　颐	男	教　授
物理学系	吴　骅	男	研究员	化学系	赵东元	男	教　授
物理学系	修发贤	男	研究员	化学系	孔继烈	男	教　授
现代物理研究所	杨福家	男	教　授	化学系	张祥民	男	教　授
现代物理研究所	邹亚明	女	教　授	化学系	贺鹤勇	男	教　授
现代物理研究所	宓　詠	男	教　授	化学系	周鸣飞	男	教　授
现代物理研究所	沈　皓	女	教　授	化学系	周锡庚	男	教　授
现代物理研究所	Roger Hutton	男	教　授	化学系	徐华龙	男	教　授
现代物理研究所	陈建新	男	研究员	化学系	蔡文斌	男	教　授
现代物理研究所	宁西京	男	研究员	化学系	夏永姚	男	教　授
现代物理研究所	施立群	男	研究员	化学系	王全瑞	男	教　授
现代物理研究所	陈重阳	男	研究员	化学系	翁林红	女	教　授
现代物理研究所	贺勉鸿	男	主任技师	化学系	钱东金	男	教　授
环境科学与工程系	庄国顺	男	教　授	化学系	吴宇平	男	教　授
环境科学与工程系	王祥荣	男	教　授	化学系	戴维林	男	教　授
环境科学与工程系	戴星翼	男	教　授	化学系	高　翔	男	教　授
环境科学与工程系	陈建民	男	教　授	化学系	乐英红	男	教　授
环境科学与工程系	刘　燕	女	教　授	化学系	屠　波	女	教　授
环境科学与工程系	董文博	男	教　授	化学系	丁传凡	男	教　授
环境科学与工程系	杨　新	男	教　授	化学系	曹　勇	男	教　授
环境科学与工程系	李　溪	男	教　授	化学系	刘宝红	女	教　授
环境科学与工程系	隋国栋	男	教　授	化学系	王文宁	女	教　授
环境科学与工程系	郭志刚	男	教　授	化学系	岳　斌	男	教　授
环境科学与工程系	陈　莹	女	教　授	化学系	傅正文	男	教　授
环境科学与工程系	郑　正	男	教　授	化学系	乔明华	男	教　授

续　表

单　　位	姓　名	性别	职　称	单　　位	姓　名	性别	职　称
化学系	吴　劼	男	教　授	高分子科学系	唐　萍	女	教　授
化学系	沈　伟	男	教　授	高分子科学系	李同生	男	研究员
化学系	陆豪杰	男	教　授	高分子科学系	张　炜	男	正高级实验师
化学系	余绍宁	男	教　授	高分子科学系	丛培红	女	正高级实验师
化学系	华伟明	男	教　授	先进材料创新平台	谷至华	男	研究员
化学系	刘智攀	男	教　授	先进材料创新平台	李世燕	男	研究员
化学系	谭相石	男	教　授	先进材料创新平台	陈　焱	男	研究员
化学系	张亚红	女	教　授	先进材料创新平台	王忠胜	男	研究员
化学系	邓春晖	男	教　授	先进材料创新平台	车仁超	男	研究员
化学系	徐　昕	男	教　授	先进材料创新平台	肖艳红	女	研究员
化学系	范仁华	男	教　授	先进材料创新平台	郑耿锋	男	研究员
化学系	邓勇辉	男	教　授	生命科学学院	长谷川政美	男	教　授
化学系	熊焕明	男	教　授	生命科学学院	陈家宽	男	教　授
化学系	涂　涛	男	教　授	生命科学学院	毛裕民	男	教　授
化学系	黎占亭	男	研究员	生命科学学院	罗泽伟	男	教　授
化学系	李富友	男	研究员	生命科学学院	余　龙	男	教　授
化学系	余爱水	男	研究员	生命科学学院	卢宝荣	男	教　授
化学系	易　涛	女	研究员	生命科学学院	钟　扬	男	教　授
化学系	樊惠芝	女	正高级讲师	生命科学学院	谢　毅	男	教　授
高分子科学系	江　明	男	教　授	生命科学学院	卢大儒	男	教　授
高分子科学系	杨玉良	男	教　授	生命科学学院	马　红	男	教　授
高分子科学系	丁建东	男	教　授	生命科学学院	孙　刚	男	教　授
高分子科学系	邵正中	男	教　授	生命科学学院	钟　江	男	教　授
高分子科学系	汪长春	男	教　授	生命科学学院	梅岩艾	女	教　授
高分子科学系	武培怡	男	教　授	生命科学学院	乔守怡	男	教　授
高分子科学系	邱　枫	男	教　授	生命科学学院	蒯本科	男	教　授
高分子科学系	刘天西	男	教　授	生命科学学院	霍克克	男	教　授
高分子科学系	陈道勇	男	教　授	生命科学学院	李　博	男	教　授
高分子科学系	周　平	女	教　授	生命科学学院	印春华	男	教　授
高分子科学系	倪秀元	男	教　授	生命科学学院	石　建	男	教　授
高分子科学系	张红东	男	教　授	生命科学学院	杨金水	男	教　授
高分子科学系	何军坡	男	教　授	生命科学学院	李　瑶	女	教　授
高分子科学系	姚　萍	女	教　授	生命科学学院	金　力	男	教　授
高分子科学系	陈　新	男	教　授	生命科学学院	沈文辉	男	教　授
高分子科学系	杨武利	男	教　授	生命科学学院	宋志平	男	教　授
高分子科学系	彭慧胜	男	教　授	生命科学学院	季朝能	男	教　授
高分子科学系	冯嘉春	男	教　授	生命科学学院	吕　红	女	教　授
高分子科学系	卢红斌	男	教　授	生命科学学院	杨　继	男	教　授

续　表

单　位	姓　名	性别	职　称
生命科学学院	董爱武	女	教　授
生命科学学院	吴纪华	女	教　授
生命科学学院	周淑荣	女	教　授
生命科学学院	王学路	男	教　授
生命科学学院	赵世民	男	教　授
生命科学学院	朱乃硕	男	教　授
生命科学学院	赵　斌	男	教　授
生命科学学院	麻锦彪	男	教　授
生命科学学院	钟　涛	男	教　授
生命科学学院	David Waxman	男	教　授
生命科学学院	李　辉	男	教　授
生命科学学院	张　锋	男	教　授
生命科学学院	全哲学	男	教　授
生命科学学院	王久存	女	教　授
生命科学学院	朱焕章	男	教　授
生命科学学院	杨　青	女	教　授
生命科学学院	马志军	男	教　授
生命科学学院	傅萃长	男	教　授
生命科学学院	王洪海	男	研究员
生命科学学院	方长明	男	研究员
生命科学学院	胡　薇	女	研究员
生命科学学院	王树林	男	研究员
生命科学学院	王红艳	女	研究员
生命科学学院	叶敬仲	男	研究员
生命科学学院	田卫东	男	研究员
生命科学学院	俞洪波	男	研究员
生命科学学院	刘建祥	男	研究员
生命科学学院	胡跃清	男	研究员
生命科学学院	张　洪	男	研究员
生命科学学院	周旭辉	男	研究员
生命科学学院	蔡　亮	男	研究员
生命科学学院	薛　磊	男	研究员
生命科学学院	吴家雪	男	研究员
生命科学学院	郑丙莲	女	研究员
生命科学学院	倪　挺	男	研究员
生命科学学院	甘建华	男	研究员
生命科学学院	鲁伯埙	男	研究员
神经生物研究所	杨雄里	男	教　授
神经生物研究所	孙凤艳	女	教　授
神经生物研究所	郑　平	男	教　授
神经生物研究所	张玉秋	女	教　授
神经生物研究所	黄　芳	女	教　授
神经生物研究所	赵冰樵	男	教　授
神经生物研究所	高艳琴	女	教　授
神经生物研究所	钟咏梅	女	研究员
神经生物研究所	禹永春	男	研究员
发育生物学研究所	陶无凡	男	教　授
发育生物学研究所	吴晓晖	男	教　授
发育生物学研究所	徐人尔	男	教　授
发育生物学研究所	孙　璘	女	教　授
发育生物学研究所	应蓓蓓	女	主任技师
生物医学研究院	Alastair Murchie	男	教　授
生物医学研究院	施　前	男	研究员
生物医学研究院	陈东戎	女	研究员
生物医学研究院	包志宏	男	研究员
生物医学研究院	张晓燕	女	研究员
生物医学研究院	谢幼华	男	研究员
生物医学研究院	徐建青	男	研究员
生物医学研究院	邢清和	男	研究员
生物医学研究院	徐彦辉	男	研究员
生物医学研究院	于文强	男	研究员
生物医学研究院	胡维国	男	研究员
生物医学研究院	文　波	男	研究员
生物医学研究院	汪萱怡	男	研究员
生物医学研究院	温文玉	女	研究员
生物医学研究院	蓝　斐	男	研究员
脑科学研究院	王　云	男	研究员
脑科学研究院	Thomas Behnisch	男	研究员
脑科学研究院	王中峰	男	研究员
脑科学研究院	彭　刚	男	研究员
脑科学研究院	杨振纲	男	研究员
信息学院	王威琪	男	教　授
信息学院	金亚秋	男	教　授
信息学院	洪志良	男	教　授

续 表

单 位	姓 名	性 别	职 称	单 位	姓 名	性 别	职 称
信息学院	陈良尧	男	教 授	信息学院	余建军	男	教 授
信息学院	黄大鸣	男	教 授	信息学院	杨晓峰	男	教 授
信息学院	钱列加	男	教 授	信息学院	蒋玉龙	男	教 授
信息学院	徐 雷	男	教 授	信息学院	陈宜方	男	教 授
信息学院	钱松荣	男	教 授	信息学院	王 昕	男	教 授
信息学院	汪源源	男	教 授	信息学院	姜 培	男	教 授
信息学院	闵 昊	男	教 授	信息学院	邬小玫	女	教 授
信息学院	金庆原	男	教 授	信息学院	孙耀杰	男	教 授
信息学院	张 卫	男	教 授	信息学院	蒋寻涯	男	研究员
信息学院	刘丽英	女	教 授	信息学院	徐 敏	男	研究员
信息学院	胡 波	男	教 授	信息学院	沈德元	男	研究员
信息学院	任俊彦	男	教 授	信息学院	赵海斌	男	研究员
信息学院	梁荣庆	男	教 授	信息学院	郭睿倩	女	研究员
信息学院	曾 璇	女	教 授	信息学院	张荣君	男	研究员
信息学院	石艺尉	男	教 授	信息学院	陆起涌	男	主任技师
信息学院	张建秋	男	教 授	微纳电子科技创新平台	张世理	男	教 授
信息学院	吴嘉达	男	教 授	微纳电子科技创新平台	吴东平	男	研究员
信息学院	茹国平	男	教 授	微纳电子科技创新平台	王鹏飞	男	研究员
信息学院	刘木清	男	教 授	微电子研究院	周 电	男	教 授
信息学院	陆 明	男	教 授	微电子研究院	刘 冉	男	教 授
信息学院	朱鹤元	男	教 授	微电子研究院	江安全	男	研究员
信息学院	庄 军	男	教 授	微电子研究院	丁士进	男	研究员
信息学院	王 斌	男	教 授	微电子研究院	来金梅	女	研究员
信息学院	郑玉祥	男	教 授	微电子研究院	李 巍	女	研究员
信息学院	屈新萍	女	教 授	计算机科学技术学院	张世永	男	教 授
信息学院	迟 楠	女	教 授	计算机科学技术学院	涂时亮	男	教 授
信息学院	郑立荣	男	教 授	计算机科学技术学院	朱扬勇	男	教 授
信息学院	刘克富	男	教 授	计算机科学技术学院	赵文耘	男	教 授
信息学院	王松有	男	教 授	计算机科学技术学院	薛向阳	男	教 授
信息学院	曾晓洋	男	教 授	计算机科学技术学院	陈雁秋	男	教 授
信息学院	李 翔	男	教 授	计算机科学技术学院	沈一帆	男	教 授
信息学院	林殷茵	女	教 授	计算机科学技术学院	顾 宁	男	教 授
信息学院	许 宁	男	教 授	计算机科学技术学院	吴百锋	男	教 授
信息学院	周 嘉	女	教 授	计算机科学技术学院	张 亮	男	教 授
信息学院	张宗芝	女	教 授	计算机科学技术学院	周水庚	男	教 授
信息学院	王伶俐	男	教 授	计算机科学技术学院	汪 卫	男	教 授
信息学院	他得安	男	教 授	计算机科学技术学院	鲁道夫 (Rudolf Fleischer)	男	教 授
信息学院	文舸一	男	教 授				

续 表

单 位	姓 名	性别	职 称	单 位	姓 名	性别	职 称
计算机科学技术学院	危 辉	男	教 授	力学与工程科学系	丁光宏	男	教 授
计算机科学技术学院	钟亦平	女	教 授	力学与工程科学系	唐国安	男	教 授
计算机科学技术学院	黄萱菁	女	教 授	力学与工程科学系	郑铁生	男	教 授
计算机科学技术学院	阚海斌	男	教 授	力学与工程科学系	马建敏	男	教 授
计算机科学技术学院	杨 夙	男	教 授	力学与工程科学系	艾剑良	男	教 授
计算机科学技术学院	王 新	男	教 授	力学与工程科学系	孙 刚	男	教 授
计算机科学技术学院	张军平	男	教 授	力学与工程科学系	田振夫	男	教 授
计算机科学技术学院	周向东	男	教 授	力学与工程科学系	倪玉山	男	教 授
计算机科学技术学院	王晓阳	男	教 授	分析测试中心	李 莉	女	正高级实验师
计算机科学技术学院	张玥杰	女	教 授	管理学院	孙 谦	男	教 授
计算机科学技术学院	李 伟	男	教 授	管理学院	芮明杰	男	教 授
计算机科学技术学院	吴 杰	男	研究员	管理学院	李若山	男	教 授
软件学院	臧斌宇	男	教 授	管理学院	项保华	男	教 授
材料科学系	李 劲	男	教 授	管理学院	谢百三	男	教 授
材料科学系	武利民	男	教 授	管理学院	薛求知	男	教 授
材料科学系	吴晓京	男	教 授	管理学院	郁义鸿	男	教 授
材料科学系	徐 伟	男	教 授	管理学院	胡建绩	男	教 授
材料科学系	李越生	男	教 授	管理学院	许晓明	男	教 授
材料科学系	杨振国	男	教 授	管理学院	杨永康	男	教 授
材料科学系	孙大林	男	教 授	管理学院	陆雄文	男	教 授
材料科学系	叶明新	男	教 授	管理学院	黄丽华	女	教 授
材料科学系	俞燕蕾	女	教 授	管理学院	谢晋宇	男	教 授
材料科学系	范仲勇	男	教 授	管理学院	刘 杰	男	教 授
材料科学系	张 群	男	教 授	管理学院	张新生	男	教 授
材料科学系	肖 斐	男	教 授	管理学院	苏 勇	男	教 授
材料科学系	崔晓莉	女	教 授	管理学院	黄 沛	男	教 授
材料科学系	贾 波	男	教 授	管理学院	胡君辰	男	教 授
材料科学系	周树学	男	教 授	管理学院	李元旭	男	教 授
材料科学系	游 波	女	教 授	管理学院	孙小玲	男	教 授
材料科学系	蒋益明	男	教 授	管理学院	周 红	女	教 授
材料科学系	马晓华	女	教 授	管理学院	蒋青云	男	教 授
材料科学系	朱国栋	男	教 授	管理学院	郑 明	女	教 授
材料科学系	余学斌	男	研究员	管理学院	胡奇英	男	教 授
材料科学系	胡新华	男	研究员	管理学院	孔爱国	男	教 授
材料科学系	梅永丰	男	研究员	管理学院	劳兰珺	女	教 授
材料科学系	方晓生	男	研究员	管理学院	徐以汎	男	教 授
材料科学系	梁子骐	男	研究员	管理学院	原红旗	男	教 授
力学与工程科学系	霍永忠	男	教 授	管理学院	洪剑峭	男	教 授

续 表

单 位	姓 名	性别	职 称
管理学院	凌 鸿	男	教 授
管理学院	朱仲义	男	教 授
管理学院	王克敏	女	教 授
管理学院	吕长江	男	教 授
管理学院	范龙振	男	教 授
管理学院	骆品亮	男	教 授
管理学院	宁 钟	男	教 授
管理学院	范秀成	男	教 授
管理学院	张 青	男	教 授
管理学院	徐剑刚	男	教 授
管理学院	胡建强	男	教 授
管理学院	陈 超	男	教 授
管理学院	马成虎	男	教 授
管理学院	李 旭	男	教 授
管理学院	姚 凯	男	教 授
管理学院	张成洪	男	教 授
管理学院	Alan L. Tucker	男	教 授
管理学院	戴 悦	女	教 授
管理学院	方军雄	男	教 授
管理学院	包季鸣	男	正高级讲师
管理学院	钱世政	男	正高级讲师
复旦学院(本科生院)	郑方贤	男	研究员
复旦学院(本科生院)	王 颖	女	研究员
基础医学院	彭裕文	男	教 授
基础医学院	汤其群	男	教 授
基础医学院	程 刚	女	研究员
基础医学院	王继扬	男	教 授
基础医学院	何 睿	女	教 授
基础医学院	贾立军	男	研究员
基础医学院	刘光伟	男	研究员
基础医学院	马 端	男	教 授
基础医学院	于 敏	男	教 授
基础医学院	谭玉珍	女	教 授
基础医学院	周国民	男	教 授
基础医学院	张素春	男	教 授
基础医学院	陈思锋	男	教 授
基础医学院	李为民	男	教 授
基础医学院	刘秀萍	女	教 授
基础医学院	孙 宁	男	研究员
基础医学院	许祖德	男	教 授
基础医学院	朱虹光	男	教 授
基础医学院	张志刚	男	教 授
基础医学院	殷莲华	女	教 授
基础医学院	钱睿哲	女	教 授
基础医学院	David Saffen	男	研究员
基础医学院	赵子琴	女	教 授
基础医学院	闻玉梅	女	教 授
基础医学院	王 宾	男	教 授
基础医学院	陈 力	男	教 授
基础医学院	姜世勃	男	教 授
基础医学院	童舒平	男	教 授
基础医学院	瞿 涤	女	研究员
基础医学院	袁正宏	男	研究员
基础医学院	高 谦	男	研究员
基础医学院	蔡启良	男	研究员
基础医学院	程训佳	女	教 授
基础医学院	王彦青	女	教 授
基础医学院	吴根诚	男	教 授
基础医学院	马 兰	女	教 授
基础医学院	曲卫敏	女	教 授
基础医学院	黄志力	男	研究员
基础医学院	王海杰	男	教 授
基础医学院	李瑞锡	男	教 授
基础医学院	查锡良	男	教 授
基础医学院	郭孙伟	男	教 授
基础医学院	吴兴中	男	教 授
基础医学院	雷群英	女	教 授
基础医学院	丁忠仁	男	研究员
基础医学院	张颂文	男	研究员
基础医学院	党永军	男	研究员
基础医学院	顾建新	男	教 授
基础医学院	朱大年	男	教 授
基础医学院	朱依纯	男	教 授
基础医学院	沈霖霖	女	教 授
基础医学院	陆利民	男	教 授

续 表

单 位	姓 名	性别	职 称	单 位	姓 名	性别	职 称
基础医学院	宋志坚	男	教 授	公共卫生学院	罗 力	男	教 授
基础医学院	左 伋	男	教 授	公共卫生学院	应晓华	男	教 授
上海医学院	汪 玲	女	教 授	药学院	朱建华	男	教 授
上海医学院	张 农	男	教 授	药学院	陈道峰	男	教 授
上海医学院	鲁映青	女	教 授	药学院	张 鹏	男	教 授
上海医学院	储以微	女	教 授	药学院	段更利	男	教 授
上海医学院	余金明	男	教 授	药学院	叶德泳	男	教 授
公共卫生学院	郝 模	男	教 授	药学院	陆伟跃	男	教 授
公共卫生学院	傅 华	男	教 授	药学院	方晓玲	女	教 授
公共卫生学院	金泰廙	男	教 授	药学院	程能能	男	教 授
公共卫生学院	姜庆五	男	教 授	药学院	卢建忠	男	教 授
公共卫生学院	冯学山	男	教 授	药学院	蔡卫民	男	教 授
公共卫生学院	郭红卫	女	教 授	药学院	朱依谆	男	教 授
公共卫生学院	程晓明	男	教 授	药学院	陈 刚	男	教 授
公共卫生学院	宋伟民	男	教 授	药学院	侯爱君	女	教 授
公共卫生学院	厉曙光	男	教 授	药学院	吴 伟	男	教 授
公共卫生学院	赵耐青	男	教 授	药学院	穆 青	男	教 授
公共卫生学院	夏昭林	男	教 授	药学院	孙 逊	女	教 授
公共卫生学院	钱 序	女	教 授	药学院	李英霞	女	教 授
公共卫生学院	薛 迪	女	教 授	药学院	王 洋	女	教 授
公共卫生学院	赵根明	男	教 授	药学院	蒋 晨	女	教 授
公共卫生学院	周志俊	男	教 授	药学院	石乐明	男	教 授
公共卫生学院	徐 飚	女	教 授	药学院	郁韵秋	女	教 授
公共卫生学院	孟 炜	男	教 授	药学院	王建新	男	教 授
公共卫生学院	陈 文	男	教 授	药学院	付 伟	女	教 授
公共卫生学院	屈卫东	男	教 授	药学院	张奇志	女	教 授
公共卫生学院	林燧恒	男	教 授	药学院	蒋新国	男	研究员
公共卫生学院	何 纳	男	教 授	药学院	余 科	女	研究员
公共卫生学院	吴擢春	男	教 授	药学院	胡金锋	男	研究员
公共卫生学院	高燕宁	男	教 授	药学院	赵伟利	男	研究员
公共卫生学院	陈英耀	男	教 授	药学院	鞠佃文	男	研究员
公共卫生学院	严 非	女	教 授	药学院	杨永华	男	研究员
公共卫生学院	吕 军	女	教 授	护理学院	胡 雁	女	教 授
公共卫生学院	阚海东	男	教 授	护理学院	夏海鸥	女	正高级讲师
公共卫生学院	陈 刚	男	教 授	放射医学研究所	卓维海	男	研究员
公共卫生学院	吴 庆	女	教 授	放射医学研究所	邵春林	男	研究员
公共卫生学院	叶 露	女	教 授	放射医学研究所	朱国英	女	研究员
公共卫生学院	何更生	女	教 授	放射医学研究所	陈红红	女	研究员

续 表

单　位	姓　名	性别	职　称	单　位	姓　名	性别	职　称
实验动物科学部	周光兴	男	研究员	中山医院	陈灏珠	男	教　授
机关	吕晓刚	男	编审	中山医院	汤钊猷	男	教　授
机关	陈晓漫	男	教　授	中山医院	诸骏仁	男	教　授
机关	蔡达峰	男	教　授	中山医院	王吉耀	女	教　授
机关	刘建中	女	教　授	中山医院	叶胜龙	男	教　授
机关	陈立民	男	教　授	中山医院	刘银坤	男	教　授
机关	杨志刚	男	教　授	中山医院	张永康	男	教　授
机关	顾云深	男	教　授	中山医院	王玉琦	男	教　授
机关	胡建华	男	教　授	中山医院	蔡映云	男	教　授
机关	周亚明	男	教　授	中山医院	秦新裕	男	教　授
机关	叶绍梁	男	研究员	中山医院	吴志全	男	教　授
机关	陈寅章	男	研究员	中山医院	蔡定芳	男	教　授
机关	廖文武	男	研究员	中山医院	王国民	男	教　授
机关	阎嘉陵	男	研究员	中山医院	祝墡珠	女	教　授
机关	张宏莲	女	研究员	中山医院	王建华	男	教　授
机关	姜佩珍	女	研究员	中山医院	徐建民	男	教　授
校园信息化办公室	闫　华	女	主任技师	中山医院	高　鑫	女	教　授
复旦资产经营有限公司	蒋国兴	男	高工(教授级)	中山医院	季建林	男	教　授
继续教育学院	方晶刚	男	研究员	中山医院	符伟国	男	教　授
高等教育研究所	熊庆年	男	研究员	中山医院	白春学	男	教　授
高等教育研究所	林荣日	男	研究员	中山医院	陈统一	男	教　授
高等教育研究所	张慧洁	女	研究员	中山医院	姚礼庆	男	教　授
档案馆	邱佩芳	女	研究馆员	中山医院	王文平	男	教　授
图书馆	吴　格	男	研究馆员	中山医院	丁小强	男	教　授
图书馆	温国强	男	研究馆员	中山医院	葛均波	男	教　授
图书馆	杨光辉	男	研究馆员	中山医院	王小林	男	教　授
图书馆	李晓玲	女	研究馆员	中山医院	谢瑞满	男	教　授
图书馆	眭　骏	男	研究馆员	中山医院	樊　嘉	男	教　授
总务处	朱克勤	男	研究员	中山医院	王春生	男	教　授
出版社有限公司	贺圣遂	男	编审	中山医院	靳大勇	男	教　授
出版社有限公司	刘子馨	男	编审	中山医院	胡必杰	男	教　授
出版社有限公司	王龙妹	女	编审	中山医院	牛伟新	男	教　授
出版社有限公司	倪琴芬	女	编审	中山医院	李　明	男	教　授
出版社有限公司	杜荣根	男	编审	中山医院	吴国豪	男	教　授
出版社有限公司	陈麦青	男	编审	中山医院	曾蒙苏	男	教　授
出版社有限公司	孙　晶	女	编审	中山医院	沈锡中	男	教　授
出版社有限公司	李　华	男	编审	中山医院	钦伦秀	男	教　授
中山医院	石美鑫	男	教　授	中山医院	张顺财	男	教　授

续 表

单 位	姓 名	性别	职 称	单 位	姓 名	性别	职 称
中山医院	亓发芝	男	教 授	中山医院	朱文青	男	主任医师
中山医院	董 健	男	教 授	中山医院	朱 蕾	男	主任医师
中山医院	朱同玉	男	教 授	中山医院	张志勇	男	主任医师
中山医院	舒先红	女	教 授	中山医院	陆维祺	男	主任医师
中山医院	邹云增	男	教 授	中山医院	孙益红	男	主任医师
中山医院	周 俭	男	教 授	中山医院	任正刚	男	主任医师
中山医院	钱菊英	女	教 授	中山医院	张宏伟	男	主任医师
中山医院	钟春玖	男	教 授	中山医院	林宗明	男	主任医师
中山医院	夏景林	男	教 授	中山医院	郑如恒	男	主任医师
中山医院	许剑民	男	教 授	中山医院	洪 涛	男	主任医师
中山医院	邱双健	男	教 授	中山医院	樊 冰	男	主任医师
中山医院	周京敏	男	教 授	中山医院	袁 非	男	主任医师
中山医院	王向东	男	教 授	中山医院	徐 欣	女	主任医师
中山医院	张 峰	男	教 授	中山医院	徐剑炜	男	主任医师
中山医院	夏 朴	男	教 授	中山医院	陈世耀	男	主任医师
中山医院	潘柏申	男	研究员	中山医院	秦 净	男	主任医师
中山医院	方 琰	女	研究员	中山医院	宿燕岗	男	主任医师
中山医院	李高平	男	研究员	中山医院	曾昭冲	男	主任医师
中山医院	陈瑞珍	女	研究员	中山医院	胡 予	女	主任医师
中山医院	程韵枫	女	研究员	中山医院	张 键	男	主任医师
中山医院	吴伟忠	男	研究员	中山医院	余优成	男	主任医师
中山医院	宋元林	男	研究员	中山医院	王艳红	女	主任医师
中山医院	孙爱军	女	研究员	中山医院	姜晓幸	男	主任医师
中山医院	杨向东	男	研究员	中山医院	郭大乔	男	主任医师
中山医院	徐建鸣	女	主任护师	中山医院	叶青海	男	主任医师
中山医院	徐筱萍	女	主任护师	中山医院	孙惠川	男	主任医师
中山医院	秦 薇	女	主任护师	中山医院	林 江	男	主任医师
中山医院	潘翠珍	女	主任技师	中山医院	李善群	男	主任医师
中山医院	郭 玮	女	主任技师	中山医院	刘厚宝	男	主任医师
中山医院	吕迁洲	男	主任药师	中山医院	石洪成	男	主任医师
中山医院	李雪宁	女	主任药师	中山医院	郭剑明	男	主任医师
中山医院	童赛雄	男	主任医师	中山医院	姜 红	女	主任医师
中山医院	龙作林	男	主任医师	中山医院	周达新	男	主任医师
中山医院	颜志平	男	主任医师	中山医院	金美玲	女	主任医师
中山医院	薛张纲	男	主任医师	中山医院	范 薇	女	主任医师
中山医院	汪 昕	男	主任医师	中山医院	张博恒	男	主任医师
中山医院	谭云山	男	主任医师	中山医院	仓 静	女	主任医师
中山医院	顾大镛	男	主任医师	中山医院	杨昌生	男	主任医师

续 表

单　位	姓　名	性别	职　称	单　位	姓　名	性别	职　称
中山医院	阎作勤	男	主任医师	华山医院	王文健	男	教　授
中山医院	王　群	男	主任医师	华山医院	吕　元	男	教　授
中山医院	颜　彦	男	主任医师	华山医院	李士其	男	教　授
中山医院	张晓彪	男	主任医师	华山医院	蔡　端	男	教　授
中山医院	童朝阳	男	主任医师	华山医院	冯晓源	男	教　授
中山医院	刘天舒	女	主任医师	华山医院	施慎逊	男	教　授
中山医院	楼文晖	男	主任医师	华山医院	胡永善	男	教　授
中山医院	姚振均	男	主任医师	华山医院	吴　毅	男	教　授
中山医院	孙立安	男	主任医师	华山医院	梁伟民	男	教　授
中山医院	姜林娣	女	主任医师	华山医院	鲍伟民	男	教　授
中山医院	丁　红	女	主任医师	华山医院	陈　亮	男	教　授
中山医院	周平红	男	主任医师	华山医院	陈世益	男	教　授
中山医院	费琴明	男	主任医师	华山医院	董竟成	男	教　授
中山医院	葛　棣	男	主任医师	华山医院	顾　勇	男	教　授
中山医院	宋陆军	男	主任医师	华山医院	邹和建	男	教　授
中山医院	董　玲	女	主任医师	华山医院	俞永林	男	教　授
中山医院	王　鲁	男	主任医师	华山医院	潘　力	男	教　授
中山医院	侯英勇	女	主任医师	华山医院	丁　强	男	教　授
中山医院	钟一红	女	主任医师	华山医院	胡仁明	男	教　授
中山医院	诸杜明	男	主任医师	华山医院	洪　震	男	教　授
中山医院	张　立	男	主任医师	华山医院	劳　杰	男	教　授
中山医院	姚晨玲	女	主任医师	华山医院	施海明	男	教　授
中山医院	张　新	男	主任医师	华山医院	朱剑虹	男	教　授
中山医院	周宇红	女	主任医师	华山医院	钱建民	男	教　授
中山医院	王齐兵	男	主任医师	华山医院	黄峰平	男	教　授
中山医院	黄备建	男	主任医师	华山医院	李　勇	男	教　授
中山医院	谭黎杰	男	主任医师	华山医院	王　毅	男	教　授
中山医院	方　浩	男	主任医师	华山医院	施光峰	男	教　授
中山医院	黄晓武	男	主任医师	华山医院	张继明	男	教　授
中山医院	潘志刚	男	主任医师	华山医院	王明贵	男	教　授
中山医院	范隆华	男	主任医师	华山医院	毛　颖	男	教　授
中山医院	黄新生	男	主任医师	华山医院	傅德良	男	教　授
中山医院	沈坤堂	男	主任医师	华山医院	吴志英	女	教　授
中山医院	纪　元	女	主任医师	华山医院	刘　杰	男	教　授
华山医院	沈自尹	男	教　授	华山医院	黄广建	男	教　授
华山医院	汪　复	女	教　授	华山医院	卢洪洲	男	教　授
华山医院	顾玉东	男	教　授	华山医院	徐文东	男	教　授
华山医院	周良辅	男	教　授	华山医院	张文宏	男	教　授

续 表

单　位	姓 名	性别	职 称	单　位	姓 名	性别	职 称
华山医院	郝传明	男	教　授	华山医院	王　怡	女	主任医师
华山医院	肖保国	男	研究员	华山医院	黎　元	男	主任医师
华山医院	关　明	男	研究员	华山医院	夏　军	男	主任医师
华山医院	李　敏	女	研究员	华山医院	杨勤萍	女	主任医师
华山医院	蒋　红	女	主任护师	华山医院	于　佶	男	主任医师
华山医院	钟明康	男	主任药师	华山医院	张　义	男	主任医师
华山医院	王　斌	女	主任药师	华山医院	罗心平	男	主任医师
华山医院	张　菁	女	主任药师	华山医院	王恩敏	男	主任医师
华山医院	叶　纹	女	主任医师	华山医院	汪志明	男	主任医师
华山医院	罗　燕	女	主任医师	华山医院	胡　锦	男	主任医师
华山医院	章祖成	男	主任医师	华山医院	陈小东	男	主任医师
华山医院	吴菊芳	女	主任医师	华山医院	夏国伟	男	主任医师
华山医院	傅雯雯	女	主任医师	华山医院	项蕾红	女	主任医师
华山医院	方　栩	女	主任医师	华山医院	秦智勇	男	主任医师
华山医院	邹　强	男	主任医师	华山医院	马保金	男	主任医师
华山医院	戴嘉中	男	主任医师	华山医院	赵　军	男	主任医师
华山医院	耿道颖	女	主任医师	华山医院	马　昕	男	主任医师
华山医院	董　强	男	主任医师	华山医院	唐　峰	男	主任医师
华山医院	陆福明	男	主任医师	华山医院	吴　忠	男	主任医师
华山医院	史虹莉	女	主任医师	华山医院	卢家红	女	主任医师
华山医院	李　克	女	主任医师	华山医院	张　荣	男	主任医师
华山医院	王立伟	男	主任医师	华山医院	陈　靖	女	主任医师
华山医院	孙红英	女	主任医师	华山医院	赵　新	男	主任医师
华山医院	俞立英	女	主任医师	华山医院	许小平	男	主任医师
华山医院	周守静	女	主任医师	华山医院	王　欢	女	主任医师
华山医院	周丽诺	女	主任医师	华山医院	姚琪远	男	主任医师
华山医院	陈明华	女	主任医师	华山医院	钟　良	男	主任医师
华山医院	张群华	男	主任医师	华山医院	管一晖	男	主任医师
华山医院	赵　霞	女	主任医师	华山医院	金　忱	男	主任医师
华山医院	穆雄铮	男	主任医师	华山医院	王　翔	男	主任医师
华山医院	陈宗祐	男	主任医师	华山医院	宫　晔	男	主任医师
华山医院	张　玉	女	主任医师	华山医院	姜昊文	男	主任医师
华山医院	王　涛	男	主任医师	华山医院	朱利平	男	主任医师
华山医院	顾小萍	女	主任医师	华山医院	刘兴党	男	主任医师
华山医院	徐金华	男	主任医师	华山医院	骆肖群	女	主任医师
华山医院	虞　聪	男	主任医师	华山医院	王　坚	男	主任医师
华山医院	顾静文	女	主任医师	华山医院	车晓明	男	主任医师
华山医院	李益明	男	主任医师	华山医院	赵　曜	男	主任医师

续表

单　位	姓　名	性别	职　称	单　位	姓　名	性别	职　称
华山医院	丁　峰	男	主任医师	肿瘤医院	杨　恭	男	研究员
华山医院	华鲁纯	男	主任医师	肿瘤医院	欧周罗	男	研究员
华山医院	陈　彤	女	主任医师	肿瘤医院	金　伟	男	研究员
华山医院	夏　荣	男	主任医师	肿瘤医院	郭　林	女	主任技师
华山医院	徐　雷	男	主任医师	肿瘤医院	翟　青	女	主任药师
华山医院	黄玉仙	女	主任医师	肿瘤医院	杨秀疆	男	主任医师
华山医院	陈　爽	男	主任医师	肿瘤医院	吴　毅	男	主任医师
华山医院	姜建元	男	主任医师	肿瘤医院	胡超苏	男	主任医师
华山医院	黄海辉	女	主任医师	肿瘤医院	陈海泉	男	主任医师
华山医院	黄延焱	女	主任医师	肿瘤医院	章英剑	男	主任医师
华山医院	张　军	男	主任医师	肿瘤医院	王亚农	男	主任医师
华山医院	闻　杰	男	主任医师	肿瘤医院	缪长虹	男	主任医师
华山医院	卢　忠	男	主任医师	肿瘤医院	郭小毛	男	主任医师
华山医院	郭起浩	男	主任医师	肿瘤医院	赵广法	男	主任医师
华山医院	吴劲松	男	主任医师	肿瘤医院	顾雅佳	女	主任医师
华山医院	朱　巍	男	主任医师	肿瘤医院	傅　红	男	主任医师
华山医院	薛　骏	男	主任医师	肿瘤医院	陆劲松	男	主任医师
华山医院	孙　鹏	男	主任医师	肿瘤医院	周晓燕	女	主任医师
华山医院	项建斌	男	主任医师	肿瘤医院	章　真	女	主任医师
华山医院	王小钦	女	主任医师	肿瘤医院	郭伟剑	男	主任医师
华山医院	吕　玲	女	主任医师	肿瘤医院	王　坚	男	主任医师
肿瘤医院	蒋国梁	男	教　授	肿瘤医院	胡夕春	男	主任医师
肿瘤医院	朱雄增	男	教　授	肿瘤医院	吴　炅	男	主任医师
肿瘤医院	施达仁	男	教　授	肿瘤医院	臧荣余	男	主任医师
肿瘤医院	师英强	男	教　授	肿瘤医院	相加庆	男	主任医师
肿瘤医院	常　才	男	教　授	肿瘤医院	杨文涛	女	主任医师
肿瘤医院	王华英	女	教　授	肿瘤医院	孟志强	男	主任医师
肿瘤医院	蔡三军	男	教　授	肿瘤医院	虞先濬	男	主任医师
肿瘤医院	邵志敏	男	教　授	肿瘤医院	吴开良	男	主任医师
肿瘤医院	彭卫军	男	教　授	肿瘤医院	何霞云	女	主任医师
肿瘤医院	刘鲁明	男	教　授	肿瘤医院	孙孟红	女	主任医师
肿瘤医院	叶定伟	男	教　授	肿瘤医院	姚旭东	男	主任医师
肿瘤医院	傅小龙	男	教　授	肿瘤医院	张美琴	女	主任医师
肿瘤医院	吴小华	男	教　授	肿瘤医院	陈佳艺	女	主任医师
肿瘤医院	李　进	男	教　授	肿瘤医院	陈　震	男	主任医师
肿瘤医院	杜　祥	男	教　授	肿瘤医院	柳光宇	男	主任医师
肿瘤医院	嵇庆海	男	教　授	肿瘤医院	徐　烨	女	主任医师
肿瘤医院	周正荣	男	教　授	肿瘤医院	李鹤成	男	主任医师

续　表

单　位	姓　名	性别	职　称	单　位	姓　名	性别	职　称
肿瘤医院	李文涛	男	主任医师	眼耳鼻喉科医院	刘　红	女	主任医师
肿瘤医院	王朝夫	男	主任医师	眼耳鼻喉科医院	张朝然	女	主任医师
眼耳鼻喉科医院	王正敏	男	教　授	眼耳鼻喉科医院	龚　岚	女	主任医师
眼耳鼻喉科医院	周　梁	男	教　授	眼耳鼻喉科医院	姜春晖	男	主任医师
眼耳鼻喉科医院	孙兴怀	男	教　授	眼耳鼻喉科医院	钱韶红	女	主任医师
眼耳鼻喉科医院	王胜资	女	教　授	眼耳鼻喉科医院	王武庆	男	主任医师
眼耳鼻喉科医院	卢　奕	男	教　授	眼耳鼻喉科医院	谢　明	女	主任医师
眼耳鼻喉科医院	迟放鲁	男	教　授	眼耳鼻喉科医院	邵　骏	男	主任医师
眼耳鼻喉科医院	郑春泉	男	教　授	妇产科医院	李大金	男	教　授
眼耳鼻喉科医院	徐格致	男	教　授	妇产科医院	刘惜时	女	教　授
眼耳鼻喉科医院	王德辉	男	教　授	妇产科医院	张　炜	女	教　授
眼耳鼻喉科医院	张天宇	男	教　授	妇产科医院	孙　红	女	教　授
眼耳鼻喉科医院	戴春富	男	教　授	妇产科医院	李笑天	男	教　授
眼耳鼻喉科医院	李华伟	男	教　授	妇产科医院	徐丛剑	男	教　授
眼耳鼻喉科医院	陈　兵	男	教　授	妇产科医院	金莉萍	女	研究员
眼耳鼻喉科医院	戴培东	男	研究员	妇产科医院	程海东	女	主任医师
眼耳鼻喉科医院	莫晓芬	女	研究员	妇产科医院	周先荣	男	主任医师
眼耳鼻喉科医院	曹文俊	男	主任技师	妇产科医院	华克勤	女	主任医师
眼耳鼻喉科医院	韦　菁	女	主任医师	妇产科医院	严英榴	女	主任医师
眼耳鼻喉科医院	王纾宜	女	主任医师	妇产科医院	王文君	女	主任医师
眼耳鼻喉科医院	李筱明	男	主任医师	妇产科医院	孙晓溪	男	主任医师
眼耳鼻喉科医院	钱　江	男	主任医师	妇产科医院	鹿　欣	女	主任医师
眼耳鼻喉科医院	张勇进	女	主任医师	妇产科医院	朱　瑾	女	主任医师
眼耳鼻喉科医院	钱　雯	女	主任医师	妇产科医院	任芸芸	女	主任医师
眼耳鼻喉科医院	吴海涛	男	主任医师	妇产科医院	顾蔚蓉	女	主任医师
眼耳鼻喉科医院	黎　蕾	女	主任医师	妇产科医院	隋　龙	男	主任医师
眼耳鼻喉科医院	沙　炎	男	主任医师	妇产科医院	李　斌	女	主任医师
眼耳鼻喉科医院	戴锦晖	男	主任医师	妇产科医院	朱芝玲	女	主任医师
眼耳鼻喉科医院	沈　雁	女	主任医师	妇产科医院	姜　桦	男	主任医师
眼耳鼻喉科医院	徐建江	女	主任医师	妇产科医院	黄绍强	男	主任医师
眼耳鼻喉科医院	瞿小妹	女	主任医师	妇产科医院	尧良清	男	主任医师
眼耳鼻喉科医院	周行涛	男	主任医师	妇产科医院	张国福	男	主任医师
眼耳鼻喉科医院	肖宽林	男	主任医师	儿科医院	王卫平	男	教　授
眼耳鼻喉科医院	罗　怡	女	主任医师	儿科医院	孙　波	男	教　授
眼耳鼻喉科医院	魏春生	男	主任医师	儿科医院	郑　珊	女	教　授
眼耳鼻喉科医院	常　青	女	主任医师	儿科医院	徐　虹	女	教　授
眼耳鼻喉科医院	李文献	男	主任医师	儿科医院	黄国英	男	教　授
眼耳鼻喉科医院	余洪猛	男	主任医师	儿科医院	杨　毅	女	教　授

续　表

单　　位	姓　名	性别	职　称	单　　位	姓　名	性别	职　称
儿科医院	桂永浩	男	教　授	儿科医院	周文浩	男	主任医师
儿科医院	贾　兵	男	教　授	儿科医院	李　昊	男	主任医师
儿科医院	严卫丽	女	研究员	儿科医院	曾　玫	女	主任医师
儿科医院	徐　锦	女	研究员	儿科医院	王　炫	男	主任医师
儿科医院	张玉侠	女	主任护师	儿科医院	沈　淳	女	主任医师
儿科医院	王传清	女	主任技师	儿科医院	李　凯	女	主任医师
儿科医院	李智平	女	主任药师	附属医院特设岗位	张　颖	男	教　授
儿科医院	郇惊雷	男	主任医师	附属医院特设岗位	马瑞雪	女	主任医师
儿科医院	陈超 1	男	主任医师	附属医院特设岗位	许政敏	男	主任医师
儿科医院	马瑞雪	女	主任医师	金山医院	樊晓明	男	教　授
儿科医院	陆铸今	男	主任医师	金山医院	杜玉玲	女	主任医师
儿科医院	周水珍	女	主任医师	金山医院	徐林根	男	主任医师
儿科医院	周蓓华	女	主任医师	金山医院	强金伟	男	主任医师
儿科医院	彭咏梅	女	主任医师	金山医院	周晓东	男	主任医师
儿科医院	高鸿云	女	主任医师	金山医院	左绪磊	男	主任医师
儿科医院	王晓红	女	主任医师	金山医院	乔田奎	男	主任医师
儿科医院	陈兆文	男	主任医师	金山医院	俞建平	男	主任医师
儿科医院	许政敏	男	主任医师	金山医院	张友元	男	主任医师
儿科医院	陆毅群	男	主任医师	金山医院	申　捷	男	主任医师
儿科医院	王立波	男	主任医师	金山医院	唐建伟	男	主任医师
儿科医院	王　艺	女	主任医师	金山医院	赵文生	男	主任医师
儿科医院	俞　建	男	主任医师	金山医院	王　伟	男	主任医师
儿科医院	王建设	男	主任医师	金山医院	李　卫	男	主任医师
儿科医院	徐　秀	女	主任医师	金山医院	张新潮	男	主任医师
儿科医院	黄　瑛	女	主任医师	金山医院	周元陵	男	主任医师
儿科医院	王晓川	男	主任医师	金山医院	张进安	男	主任医师
儿科医院	董岿然	男	主任医师	金山医院	魏建明	男	主任医师
儿科医院	俞　蕙	女	主任医师	金山医院	卜淑蕊	女	主任医师
儿科医院	曹　云	女	主任医师	金山医院	陈英辉	男	主任医师
儿科医院	罗飞宏	男	主任医师	金山医院	龚　辉	男	主任医师

（人事处供稿）

逝世人员名录

姓　名	单　　位	原职务/职称	出生日期	逝世日期	备　注
钟　荔	药学院	教　授	1927 年 03 月 12 日	2012 年 01 月 22 日	
沈国兴	原上海医科大学党史研究室	副研究员	1929 年 2 月 23 日	2012 年 1 月 25 日	离休

续　表

姓　名	单　　位	原职务/职称	出生日期	逝世日期	备　注
陆全康	物理学系	教　授	1935年08月28日	2012年01月30日	
吴树琴	原上海医科大学组织部	部长	1919年4月19日	2012年2月7日	离休
殷汝桂	眼耳鼻喉科医院眼科	教　授	1932年12月9日	2012年2月17日	离休
陈瑞群	医学院	教　授	1927年05月10日	2012年02月28日	
朱维铮	历史学系	教　授	1936年7月14日	2012年3月10日	
葛扣麟	生命科学学院	教　授	1933年12月03日	2012年03月23日	
毛　巧	原上海医科大学工会	办公室主任	1921年8月27日	2012年3月20日	离休
章道立	原遗传所	副教授	1926年2月24日	2012年4月18日	离休
蒋有铭	物理学系	教　授	1929年06月24日	2012年04月21日	
沈贻谔	公共卫生学院	教　授	1935年11月02日	2012年05月03日	
崔淑芬	原保健科	副科长/主治医师	1932年3月19日	2012年5月4日	离休
俞鸣人	物理学系	教　授	1935年11月21日	2012年05月06日	
许有成	社会科学基础部	教　授	1928年06月08日	2012年05月17日	
杨笑雄	原上海医科大学组织部	部长	1916年3月30日	2012年5月22日	离休
金重远	历史学系	教　授	1934年05月12日	2012年06月07日	
刘星汉	原国政系	教　授	1927年3月8日	2012年6月18日	离休
郑北渭	新闻学院	教　授	1921年10月05日	2012年06月20日	
谷超豪	原数学所	教　授、院士	1926年5月15日	2012年6月24日	在职
徐　鹏	中国语言文学系	教　授	1926年08月02日	2012年06月24日	
邓家祺	化学系	教　授	1927年04月07日	2012年06月26日	
袁传伟	历史学系	教　授	1935年04月10日	2012年06月30日	
韩会龙	肿瘤医院	门卫	1932年9月15日	2012年9月17日	离休
谢　震	华山医院	党委副书记	1925年3月24日	2012年9月24日	离休
宫松山	基建处	工程师	1924年10月24日	2012年09月25日	离休
何成奇	数学学院	教　授	1930年10月17日	2012年10月05日	
严绍宗	原数学系/继续教育学院	副校长/教授	1935年8月1日	2012年10月31日	
李维芳	复旦附中	副校长	1916年10月7日	2012年11月2日	离休
黄　沁	药学院	教　授	1922年04月05日	2012年11月17日	
毕和堪	放射医学研究所	教　授	1936年02月28日	2012年12月04日	
柳兆荣	力学与工程学系	教　授	1937年03月07日	2012年12月07日	
周敬修	医学院	教　授	1925年01月10日	2012年12月21日	

（人事处、老干部工作处、退休教职工管理委员会供稿）

·表彰与奖励·

先进集体

全国高校学生公寓管理服务工作先进单位
复旦大学本科生学生生活园区
全国高等教育学籍学历管理集体先进单位
复旦大学教务处
全国卫生系统先进集体
复旦大学附属中山医院急性心肌梗死绿色通道组
全国第一批优质护理示范病房称号(肾内科)
复旦大学附属中山医院护理部
获第四届全国医院(文化)建设优秀成果奖
复旦大学附属中山医院党办“巴林特小组”
2012 年上海市工人先锋号
肿瘤医院病理科
上海市青年五四奖章(集体)
复旦大学研究生支教团
上海市“三八”红旗集体
信息科学与工程学院集成电路设计实验室
上海市“巾帼文明岗”
复旦大学附属中山医院门诊办公室
复旦大学附属中山医院内科教研室
上海市创先争优先进基层党组织
中山医院护理党支部
上海市教卫党委系统创先争优先进基层党组织
管理学院信息管理与信息系统系党支部
上海医学院生理与病理生理学党支部
校部机关枫林校区退休党支部
复旦大学附属华山医院感染科党支部
复旦大学附属儿科医院护理党支部
外国语言文学学院 2010 级本科生党支部
化学系 2009 级博士生党支部
法学院 2010 级法律硕士第一党支部
复旦大学附属中山医院护理党支部
2011 年度上海市模范职工小家
复旦大学附属中山医院神经内科

第八届挑战杯“复星”中国大学生创业计划竞赛全国总决赛高校优秀组织奖
复旦大学
第八届“挑战杯”中国大学生创业计划竞赛金奖
颐多电子商务团队：陆志成、李龙金、王姝力、陈珂栋
上海市推进学习型社会建设与终身教育先进单位
华山医院
上海市“2011 年中华诵·经典诵读大赛和规范汉字书写大赛”优秀组织奖
复旦大学
2011—2012 年度“上海市志愿服务先进集体”
复旦大学党员学习实践基地志愿服务队
上海市大学生暑期社会实践最佳项目
金陵遗韵何处去，细听风雨肝胆人——南京白局口述历史抢救性记录
上海市大学生暑期社会实践优秀项目
“枫信子”计划——暨河南莽张留守儿童健康状况调研
关于上海市社会化“社区养老”模式的现实性与可行性探索——以浦东新区沪东街道为例
“关注常州控烟 助建健康龙城”——江苏省常州市关于吸烟合理化信念调研、对策及控烟健康干预
“梦邮计划”——云南普洱景东暑期梦想夏令营志愿服务活动
由企业用工情况看湖南长株潭都市区小微制造企业生存情况
复行那途，爱贯曲折——彩云支南协会 2012 暑假西藏那曲支教调研
“远征在边城”——远征社湘西稼贤希望小学支教行暨留守儿童大众媒介接触情况调研
西桂灵动赤子心，南途接续破晓情——软院广西天等暑期实践第三期
“朝阳一路伴，万年青常在”——上海市凌云社区居家老人对社区卫生服务现状满意度与服务需求的调查
留守儿童对社会组织长期帮扶项目认可度调查——以湘西土家族苗族自治州凤凰县、古丈县为例
它山之石 红旗依旧——上海市徐汇区非公企业党建模式研究
护理学硕士研究生对循证护理的认知现状及教育培训需求的调查和实践

第七届“上汽教育杯”高校学生科技创新作品展示评优活动

一等奖

基于碳纳米管的纳米复合吸波材料

固定投资与经济增长的因果性分析——基于中国的省级面板数据

二等奖

瑞安市中小学教师对奖励性绩效工资分配的满意度的调查研究

少数民族青少年民族文化认同现状及影响因素研究——以云南宜良为例

三等奖

城市土地价格梯度变化及其城市化阶段确认——基于杭州的实证分析

优胜奖

从哥本哈根到德班看欧盟气候谈判策略的改进

第三届“知行杯”上海市大学生社会实践大赛优秀项目

特等奖

经济危机下小微企业生存与适应——以灵活用工制度为切入点对浦东新区(原南汇区)下沙镇小微企业的调研

一等奖

“主”“客”观医改——各方对上海市住院医师规范化培训的见解交流反馈

二等奖

上海长宁区社区卫生服务改革效果——向社区医疗下沉群体的分析研究

上海市绿色建筑公建与居建类增量成本的比较及模型化建立调研

上海与华盛顿地铁站无障碍设施的比较研究

三等奖

上海非物质文化遗产博物馆现状的调查

优秀奖

上海市农村生活污水处理模式调查分析——以松江区为例

“华夏有衣,与子同裳”——上海地区汉服复兴的商业路径与文化附加值综合开发策略考察

上海市教育系统“三八”红旗集体

儿科医院急诊护理组

2009—2011 年度上海市教育系统模范教工小家

计算机科学技术学院工会　经济学院工会

2012 年度上海市教育系统十佳精神文明好人好事

复旦大学护理学院 MDA 志愿者团队

上海新媒体工作集体奖

复旦大学团委

上海共青团调研工作一等奖

复旦大学团委

上海青年志愿者工作优秀组织奖

计算机科学技术学院青年志愿服务队

宁夏回族自治区优秀志愿服务项目

复旦大学研究生支教团

2011—2012 学年宁夏回族自治区支教工作先进集体

复旦大学研究生支教团

2011—2012 年度上海市卫生系统职业道德建设先进单位

华山医院

复旦大学“三八”红旗集体

外文学院俄语系

经济学院科研办

信息科学与工程学院泛媒通信与信息处理研究中心

计算机科学技术学院教务办公室

国际文化交流学院对外汉语教学中心第三教研室

退休教职工管理委员会

复旦大学附属中学国际中文部

公共卫生学院儿少卫生教研室

中山医院检验科临床检验组

中山医院门急诊输液室

华山医院红十字会办公室

华山医院七病房护理组

肿瘤医院病理科

眼耳鼻喉科医院视光学组

妇产科医院二十一病房

儿科医院急诊护理组

复旦大学优秀妇女组织

经济学院妇女委员会

管理学院妇女委员会

生命科学学院妇女委员会

信息科学与工程学院妇女委员会

计算机科学技术学院妇女委员会

国际文化交流学院妇女委员会

图书馆妇女委员会

基础医学院妇女委员会

中山医院妇女委员会

华山医院妇女委员会

肿瘤医院妇女委员会

妇产科医院妇女委员会

复旦大学创先争优先进基层党组织

哲学学院教工第四党支部

社会发展与公共政策学院教工第二党支部

数学科学学院应用数学党支部

化学系物理化学党支部

生命科学学院退休教工党支部

信息科学与工程学院院部党支部

计算机科学技术学院教师第二党支部

力学与工程科学系教工党支部

脑科学研究院党支部

保卫处党支部

医院管理处党支部

后勤公司饮食与供气中心党支部

图书馆第五党支部

邯郸校区老干部第三党支部

枫林校区老干部第四党支部

中山医院检验科党支部
中山医院骨科党支部
华山医院门急诊党支部
肿瘤医院病理科党支部
妇产科医院妇科第二党支部
眼耳鼻喉科医院护理党支部
外国语言文学学院 2010 级硕士生党支部
新闻学院 2010 级本科生党支部
国际关系与公共事务学院 2010 级本科生党支部
经济学院 2009 级本科生党支部
管理学院 2009 级硕士生党支部
高分子科学系本科生党支部
先进材料实验室 2010 级研究生党支部
上海医学院学生第四党支部
中山医院心血管病研究所研究生党支部

2012 年度复旦大学五四红旗团组织

新闻学院团委
信息学院团委
经济学院团委
华山医院团委

2012 年度复旦大学五四优秀团组织

管理学院团委
国际关系与公共事务学院团委
数学学院团委
外国语言文学学院团委
哲学学院团委
公共卫生学院团委
环境科学与工程学系团委
妇产科医院团委

2012 年度复旦大学五四特色团组织

生命科学学院团委
社会发展与公共政策学院团委
法学院团委
历史学系团委
计算机学院团委
基础医学院团委

2011—2012 学年复旦大学优秀集体标兵名单

数学科学学院 1018 班
生命科学学院 2009 本科生班
管理学院睿取楼
法学院 2009 级法学本科生班
经济学院经济系 1015 班
物理系 2009 级本科班
2010 级历史文博旅游大班
药学院 2009 级本科班
国际关系与公共事务学院 2010 级本科班
化学系 2010 级研究生班
中文系 2011 级硕士生班
生命科学学院 2010 级遗传学硕士生班

2011—2012 学年度复旦大学优秀共青团支部

中国语言文学系团委
中文系 0911 团支部
外文学院团委
外文学院 10 级英翻班
新闻学院团委
新闻学院 2010 级本科生团支部
历史学系团委
2010 级历史文博旅管大班团支部
经济学院团委
经济学院 09 级公共经济系团支部
10 经济
哲学学院团委
哲学学院 1016 班团支部
国际关系与公共事务学院团委
国际关系与公共事务学院 1017 团支部
社会发展与公共政策学院团委
社会发展与公共政策学院 09 级本科生团支部
法学院团委
法学院 10 级本科生团支部
数学科学学院团委
数学科学学院 10 级团支部
物理学系团委
物理学系 09 级团支部
环境科学与工程系团委
环境系 2010 级本科班
信息科学与工程学院
10 级微电子学系本科生班团支部
2009 级通信科学与工程系
计算机科学学院
软件学院 10 级
化学系团委
化学系 10 级团支部
生命科学学院团委
10 级生命科学学院团支部
管理学院团委
管理学院子衿楼
复旦大学管理学院博学楼团支部
力学与工程科学系团委
复旦大学力学与工程科学系 1029 班团支部
材料科学系团委
材料科学系 2009 级本科生班级
高分子科学系团委
2010 级高分子班
基础医学院团委
09 基础法医班
公共卫生学院团委
10 级预防医学班
药学院团委
复旦大学药学院 10 级本科班

护理学院团委
2011 级护理(2)班
中山学生团总支
08 级临床医学(五年制)中山班团支部
华山学生团总支
08 级临床医学(五年制)华山班
希德书院
10602 班
南(东)苑园区团工委
望道书阁
勤工助学团总支
勤工助学中心下属学生资助服务部
中山医院
心研所一支部
华山医院
复旦大学附属华山医院东院团支部
眼耳鼻喉科医院
上海市复旦大学附属眼耳鼻喉科医院手术室团支部
复旦大学附属肿瘤医院团委
复旦大学附属肿瘤医院放射团支部
复旦大学附属妇产科医院团委
复旦大学附属妇产科医院研究生团支部
核科学与技术系团委
核科学与技术系 09 团支部
2010 级公共卫生学院硕士班

2011—2012 学年度复旦大学优秀学生集体

中国语言文学系
中国语言文学系 09 级本科班
中国语言文学系 10 级本科班
外文学院
外文学院 10 级英翻班
外文学院 10 级小语种班
新闻学院
新闻学院 09 级本科班
新闻学院 10 级本科班
历史学系
10 级历史文博旅游大班
历史学系 11 级本科班
经济学院
经济学院财政系 09 级本科班
经济学院经济系 1015
哲学学院
哲学学院 1016 班
哲学学院 11 级本科生班
国际关系与公共事务学院
国际关系与公共事务学院 11 级本科生班
社会发展与公共政策学院
社会发展与公共政策学院 09 级本科生班
社会发展与公共政策学院 10 级 1073 班
法学院
法学院 10 级本科生
数学与科学学院
数学系 1118 班
物理系
物理系 09 级本科生班
环境科学与工程系
环境科学系 09 级本科生班
环境科学系 11 级本科生班
信息科学与工程学院
信息科学与工程学院 11 级电子工程系
信息科学与工程学院 10 级微电子系本科生班
信息科学与工程学院 11 级微电子系本科生班
计算机科学技术学院
计算机科学技术学院 10 级信息安全本科生班
软件学院
软件学院 10 级本科生班
化学系
化学系 09 级本科生班
化学系 10 级本科生班 1022
生命科学学院
生命科学学院 10 本科生班
管理学院
管理学院景行楼
管理学院子衿楼
力学与工程科学系
力学系 10 届本科班
力学系 11 级本科生班 11029
材料科学系
材料科学系 10 级本科班
材料科学系 11 级本科班
高分子科学系
高分子科学系 10 级本科班
高分子科学系 11 级本科班
基础医学院
基础医学院 09 级临床医学(八年制)1 班
基础医学院 10 级临床医学类 2 班
公共卫生学院
公共卫生学院 10 级预防医学本科班
公共卫生学院 11 级本科班
药学院
药学院 09 级本科班
药学院 10 级本科班
护理学院
护理学院 10 级本科班
护理学院 11 级 2 班
基础医学院中山临床
基础医学院 07 级临床医学八年制中山班
基础医学院 08 级临床八年中山班

基础医学院华山临床

基础医学院05级临床医学八年制华山班

基础医学院09级临床医学五年制华山班

南(东)苑苑区团工委

南(东)苑园区团工委 爱心公益站

团工委《风景线》编辑部

勤工助学团总支

勤工助学中心家教部

社团

演讲与口才协会

研究生院

社会发展与公共政策学院2011级科学硕士班

复旦大学新闻学院2010级硕士班

外国语言文学学院11级科学硕士班

法学院2011级法学硕士班

环境科学与工程系2011级硕博研究生班

高分子科学系2011级博士班

先进材料实验室2010级研究生班

材料科学系2011级研究生班

电光源系研究生班集体

2010级科学硕士班

先进个人

2012年全国五一劳动奖章

葛均波

全国五一巾帼奖章

王红艳

2012年全国优秀院长

丁　强

全国优秀共青团员

王少军

全国青年岗位能手

高　强

获全国节能先进个人

汪　昕

第二届“洪谦优秀哲学论文奖”一等奖(国家级)

王　球

全国高等教育学籍学历管理先进个人称号

廖文武

2012年度全国高校学生工作优秀学术研究成果二等奖

赵　硕

第十四届(2012年)全国优秀博士学位论文指导教师

陆跃伟

全国卫生系统先进工作者

翁心华　王正敏　黄国英

全国卫生系统优秀共产党员

樊　嘉

全国卫生系统“白求恩奖章”

翁心华

全国艾滋病防治工作先进个人

徐金华

民政部农村社区文化课题征文三等奖

李　明

民政部2012农村社区建设理论研究奖优秀奖

陈家喜《空心化背景下的农村社区重建：问题与路径》

全国党建研究会优秀成果三等奖

吴　涛

2012年上海市五一劳动奖章

曾　璇

上海市青年五四奖章

尹冬梅　庄颖健　刘璟煜　顾宇翔

上海市三八红旗手

王红艳　雷群英　陈雁秋　张玉侠　李美燕

上海市教书育人楷模

汤钊猷

上海市推进学习型社会建设与终身教育先进个人

孙兴怀

上海IT青年十大新锐

王鹏飞

上海杰出青年志愿者

申　宸

上海优秀青年志愿者

谭艺渊

上海市大学生暑期社会实践优秀个人

杨　楠　裴　璇　张雪滢　徐亦薇　杨思颖　瞿志丽

郭文城　周文灏

上海市大学生暑期社会实践优秀指导老师

徐　珂　叶　桦　陈苏华

上海市领军人才

丁建东　朱依纯　陈思和　陈诗一　李笑天　丁　强

孙兴怀　周　俭　许剑民

上海市育才奖

陈引驰　郑召利　曹　晋　葛剑雄　方　川　曹　沅

金晓峰　王韵华　杨振国　刘秀萍　徐　飚　汤其群

张宏莲　栗建华　黄金辉　俞胜南　韩秀引

吴海江

上海市人才发展资金

胡　薇

上海市教卫党委系统创先争优优秀共产党员

钟　扬　彭希哲　张新夷　禹永春　韩秀引　钱冬生

曾昭冲　刘鲁明　申　宸

上海市社会科学界第十届(2012)学术年会优秀论文奖

杨　赛　臧志彭　吴树博

上海市“中华诵·2011年经典诵读大赛”一等奖

闫兆伟　黄泽昕

上海市教卫工作党委系统党史优秀科研成果奖一等奖
范慧慧　钱益民
上海市教育系统"三八"红旗手
徐建江　俞燕蕾
上海市教育系统优秀妇女工作者
黄丽华
上海市教育系统"校训指引我成长"演讲比赛二等奖
陈超怡
上海市教育系统"校训指引我成长"征文比赛
一等奖　陈超怡
三等奖　石　莉
优秀奖　许　妍
上海市档案工作先进个人
邱佩芳
2012 年度上海市优秀住院医师荣誉称号
李大伟
我心中的白衣天使—市民投票评选五"十佳医生"
樊　嘉　毛　颖　陆劲松
我心中的白衣天使—市民投票评选五"十佳护士"
周丽华　戴丽萍　丁　焱
我心中的白衣天使—市民投票评选五"十佳医技人员"
潘申柏
我心中的白衣天使—市民投票评选五"十佳卫生后勤服务人员"
谈林华
2011—2012 年度上海市卫生系统职业道德建设先进个人
潘柏申
2012 年澳门特别行政区科学技术奖—技术发明三等奖
韩子天
2012 年度陕西省高等学校英语教学学术研讨会优秀成果三等奖
赵　硕
山西省第七次社会科学研究优秀成果三等奖
王劲松
第十二届江苏省哲学社科优秀成果三等奖/第十一届南京市哲学社科优秀成果二等奖
周蜀秦
2011—2012 年度赴宁研究生支教团优秀志愿者
陈之衡　徐偲伦　陈柏良　顾皓卿
2011—2012 学年宁夏回族自治区支教工作先进个人
刘艳波　顾旻玮　陈勇勇　再努热·吐尔逊　卢　杉
汪一梦　陈无梦
2012 年宝钢奖教金优秀教师奖获奖者
邱维元　储以微　郭　建　张新颖　邹和建
2012 年复旦大学第一三共制药奖教金获奖者
李　嫣　张志杰　张　峰　姜　伟　余科达
2012 年 IBM 奖教金获奖者
赵卫东
2011 年度普康医学优秀教师奖教金获奖者
陈　超

2012 年度优秀博士后及导师名单
才清华(哲学,导师：张汝伦)、李　峰(政治学,导师：徐以骅)、胡　湛(公共管理,导师：彭希哲)、郑小金(管理科学与工程,导师：徐以汎)、王楷植(数学,导师：李大潜)、凌云(化学,导师：赵东元)、王应祥(生物学,导师：马　红)、郭艳辉(材料科学与工程,导师：余学斌)、徐洁杰(生物学,导师：顾建新)、孙一睿(临床医学,导师：周良辅)
2012 年度上海市优秀毕业生(本科生)
李林斐　沈　闯　史濛辉　潘懿敏　吴　越　江　纯
连　旦　朱旭峰　范秉馨　曲姝彦　孙　璇　郁宇婧
韩宗臻　欧文婕　周　倩　沈从乐　许　可　王文佳
李树蕙　傅　晨　毛靖雯　刘　骁　胡雅静　马　琳
宋正清　赵大维　王文心　王一君　蒋漪昀　戴慧斐
陆雪晨　陈晓赟　朱骏宇　凌方睿　周璟慧　李　琬
程令仪　邵至颖　郑雪慧　赵晓霞　李龙夕　马瑞含
张　博　樊洋希　袁莉莉　刘昱汇　李雅芝　汪晓娜
张　波　曾凡越　陈凯萍　王露疃　凌云志　钱一帆
包薇婷　方　砚　陈　菲　王瑾惜　姜　汉　董笑雨
董书剑　罗修文　王晨阳　张钧凯　李可嘉　张　健
何正宇　高　飞　陈才干　张　擎　李耀轩　马　俐
陆振宇　王一光　盛嘉奕　马思嘉　武　宁　李永俊
郭秀金　杨尚东　刘铁斌　罗　佳　张宇博　张心怡
马　晶　王俊杰　吴轶群　王　晨　李明韫　戚友石
裘　川　龚德超　邵驾慧　张　垚　刘宇涛　谢陈宁
张　胤　陈清超　张　皓　赵　曼　冯陈丽　陈飞洲
郑　石　赵黄强　姚宇婧　周　旸　顾卓雅　高睿婷
李一苇　钱　靖　王　倩　王佳顺　笪　兴　黄莲娜
宣天晟　沈添意　胡晨希　侯一欣　蒋　琛　王亦昕
顾　媛　马广川　孔凡洲　崔文君　钱　滢　倪　远
范胤琛　郭　为　姜　月　陈华骏　吴瑕玉　张娅露
李　俊　韩思齐　仇　璐　屠一多　伍麒好　招燕婷
张靓婕　林　敏　于　晓　于宁钊　丘倚灵　陈　浩
马　燕　宗　才　崔敬凡　黄　媛　郭宇波　张小雨
朱　校　夏明锋　胡海川　朱晓丹　史幼梧
孜比热·甫拉提　郦　斐　秦晓华　区晓敏　付晓丹
姚依澄　胡　慧　赵文彦　黄茜倩　董忻悦　徐燕华
左铭君　王　慧　周春扬
2012 年度上海市优秀毕业生(研究生)
孙　超　程晶晶　张　翠　李　果　李文聪　张馨月
郭　骅　陈　曦　黄星烨　罗林林　张立勤　钱依黎
平措卓嘎　周　豪　常惠惠　彭山杉　周力陈
巩梦婷　皇甫秋实　吴　恒　李　明　唐东波
曹媛媛　何雨翼　洪雷鸣　贺华成　宋旭希　达　衍
郝晓鹏　薛　缘　张中杰　庄　达　张素蓉　王明亮
张锦波　方　卫　傅锡洪　王亚坤　时　帅　赵曙光
赵姗姗　梁　普　王法硕　曲　鹏　丁　琪　刘立宇
潘　华　王　玮　陈　君　李　媛　宋坤钰　郑　怡
梁　旭　王　鹏　钱　鑫　孙　宁　周立阳　王　腾
许凯亮　王天临　肖瑞瑾　潘姚华　李　冉　胡　嵩
焦广泛　陈　琳　李　炜　潘孝楠　韦广丰　孟娇然

余星昕　周　晶　张　帆　徐　颖　陈　健　冯碧薇
夏　燕　王　然　姜丽娟　王海娇　何彦林　郑鸿翔
高乐旋　刘铁江　丁建栋　张智勇　谭　曦　张连明
左青松　韦仁忠　周　杰　邱培超　姚　宇　廖　逸
朱天梅　杨白玫　许静静　杜琰琰　庄永婷　周　怡
刘琪璐　杨　帆　黄智烨　张贝妮　杨　锐　许奎军
徐燚飞　杨　洁　张雯琦　洪　蔚　吴　羽　付　容
李晨光　卢　璐　张叶航　陈冠兵　迟　硕　刘铂麟
黄泓崴　王　鹏　孙　雪　何文杰　洪荣华　龚　嶷
韩　冬　潘慧茹　梁　清　孙胜童　王瑞玉　刘　芳
马　磊　李　伦　张梅胤　李嫣琪　张彦君　胡大伟
李　佳　毛飞龙　王　桢　潘嫦娥　祝继敏　杨长江
郑一诚　张明昌　罗　涛　陈涵一　杨春雪　李　享
孙肖潇　李婧炜　韩　亮　姜新义　夏慧敏　王文权
方　颖　陈　弘　朱　铠　刘　红　柴宗涛　王　熠
徐　斌　谢鸿宇　王剑虹　王　猛　张在丽　张　燕
李晨光　杜承润　董　瑞　宁　波　丛　青　邱晓峋
陈　慧　王　昕　何梦雪　胡晓娜

复旦大学“三八”红旗手

孙文捷　程士安　封　进　王是平　顾　莺　赵冬华
翁林红　屈新萍　沈建蓉　吕　红　丛培红　杨蓉蓉
王丽军　孙桂芳　陆燕萍　赵冬梅　曹　彦　徐　凌
刘凤芹　周　平　梁建英　叶　露　温文玉　范　薇
潘翠珍　任燕赟　邵建华　项蕾红　夏志洁　傅凤鸣
程竞仪　席淑新　常　青　丁　焱　汪　清　杨　红
马晓静

复旦大学优秀妇女干部

刘军梅　郑琴琴　杨鲜梅　张美玉　曹　瑜　刘　励
江　娟　秦嗣萃　耿道颖　刘存娣　李　斌

2012 年度复旦大学附属医院团工作先进个人

齐璐璐(中山医院)　金　波(中山医院)
唐　弘(华山医院)　刘维薇(华山医院)
张海莹(儿科医院)　陈　洁(妇产科医院)
陆波浩(眼耳鼻喉科医院)　顾文超(肿瘤医院)

复旦大学创先争优优秀共产党员

“创先争优·教书育人”优秀共产党员

邵强进　姚大力　侯　健　郭定平　包季鸣　凌　鸿
杜艳华　王红艳　金亚秋　汪源源　单莉英　车仁超
孙建华　宋志坚　郑英杰　王　洋　胡　雁　朱　巍
袁胜雄

“创先争优·管理服务”优秀共产党员

陈　欣　刘金华　朱百祥　丛培红　于　瀛　蔡樱华
秦慧娣　王　亮　徐林寄　刘　华　史卫华　魏　宁
陈兴龙　李　峻

“创先争优·医德医风”优秀共产党员

姜林娣　张　玉　张茗洁　张晓菊　张国福　李　斌
王　炫　曹文俊　瞿小妹

“创先争优·成长成才”优秀共产党员

沈　闯　李琳琳　归彦斌　徐勛英　王铸成　潘诗诗
张佳骏　郝珂威　张　强　袁维亚　胥　明　高　琼
俞蕾蕾　张琼月

“创先争优·老有所为”优秀共产党员

潘玲娣　叶世昌　马　林　李应华　张令仪

2012 年度复旦大学优秀基层团组织负责人

李　洁　谢振达　潘孝楠　贾英男

复旦大学 2012 年度十佳辅导员(本专科生)

徐姗姗　闫　然　王栩晨　王　睿　顾　宁　陆　烨
黄丹妮　王　丹　陈康令　潘孝楠

复旦大学 2012 年度辅导员工作特色风采奖(本专科生)

杨珺文　潘妙蓉　何柯君　吴春英　李斆葳　魏金旺
邹　琴　周慧凯　姚　旭　王英豪

2012 年度复旦大学研究生学术之星

李　甜　左希迎　黄修志　董　军　赵婷婷　陈　沁
单蒙蒙　赵　静　支运波　胡重明　李　伟　仰志斌
唐子威　张卡卡　马金贵　董欣然　马英杰　黄耿耿
吴　斌　颜　诚　江一舟　高会乐　刘　洋　胡　捷
杜　昕　张　扬　李宏福　汪路曼　马文娟　杨　橙

2012 年复旦大学研究生校园文化之星

刘丹清　王天珑　黄靓亮　罗　昕　许梦佳

2012 学年度复旦大学优秀学生干部标兵

陈梦璐　谭媛媛　杨海洋　金济福　邓瀚林　朱　康
李琳琳　叶雪锋　周　琦　高安琪　徐紫晨　蒋丹枫
陈静茜　张文渊

2011—2012 学年复旦大学优秀学生标兵

王　灿　陈雅雯　杨羽潇逍　柏文宇　陈　亮
肖　迪　郝　晔　李　杨　苏灵暄　王怡璐　尹　豪
朱　晓　门　鹏　忻丹娜　闵　晴　缪　蓬　魏灵学
尹　卓　朱文佳　陈君然　蒋天娇　鄢　琰　邝申达
杨紫潇　丁煜堃　汤志波　鹏　宇　李　忠　林　青
葛　天　戚　强　沈　彦　王思浓　翁敏杰　唐子威
潘　震　王淼薇　郭文瀚　柳清云　马文娟　崔晓通
吴　晓　王　瑞　李　俊　李美燕

2012 学年度复旦大学优秀学生干部

中国语言文学系

吴瓅奇　李昌懋　吴冰妮　李一荷　傅春蕾　沈颖婕

外文学院

姚以娜　陈希烨　朱思洁　周俊倩　沈琪瑶　江　磊

新闻学院

王佳璐　张晓磊　朱稼楠　刘亭利　倪佳炜　杨　媛
陈雪斐　卢芳明　余倩淞　任　家　丁　力　张明玺
钱思楠　彭　珅　辛艳艳　王亚楠

历史学系

张杰芳　文一鸣　朱　凯　诸　诣　柳　昊

经济学院

贝　敏　包浩乾　蓝　阳　越婷婷　谢佳怡　余安琪
龚　榆　王思瑾　池　青　陈乔伊　庞恩泽　王若愚
宋霁原　徐　盛　姜青玲　徐祎翔　严　皓

哲学学院

李珂旖　马千惠　徐勛英　李　茵　姚竣夫　钟　源

国际关系与公共事务学院

谈忆君　郑子昂　肖　婷　胡桢佳　李晓磊　丁建家　李沁园　邱泽宇　王申彦　庄康达

社会发展与公共政策学院

孟宇飞　张丽芸　姚静宜　滕泰康　付　宇　陈哲媛　蒋彦青　周堵堉

法学院

黄　琪　周　娴　李凤莲　王正一

数学科学学院

李远帆　李　浩　吴俣霖　张筱羚　张天一　侯灵子　王陶涛　李　欣

物理系

亓炳堃　杨晟鑫　祁　起　张佳骏

环境科学与工程系

陈昕炜　郑欣璐　张致远　陈雅欣

信息科学与工程学院

聂　勇　纪外商　张　磊　陆彦珩　桂梅艳　刘　莎　郭玮宏　梅时良　胡晓剑　杨焱喆

计算机科学技术学院

左思蕴　徐　峰　陈俊骅　李　珈　张雨薇　王天豪　张时乐

化学系

王青怡　丘子杰　郑植芳

生命科学学院

赵　祥　王　博　原　野　朱思雨　蒋　沛　陈文韬　郁申量

管理学院

陈　帅　陈华略　曾智文　汤岑麒　柯立韡　王佳伊　牛曦敏　丁　宇

力学与工程科学系

滕佳炜　曹艳君　潘望白

材料科学系

宋　悦　郑鑫遥　裴立远

高分子科学系

李永婧

基础医学院

李　超　蔺　欣　柴　昉　赵颖露　马睿琦　刘君樱　王彦熹

公共卫生学院

杨昌源　顾敏娜　娄雨曦　常　帅　杨育成　陈　通　李丹戈

药学院

陈　彦　涂一帆　李天健

护理学院

冯秋萍　闵　丹　侯婉晴　杨秋晨

中山学生团总支

金济福　袁　佳　王轶伦　王利娟

华山学生团总支

刘佩玺　赵　昕　杨雅岚　程　平

研究生院

王朦琦　赛瑞琪　梅　杰　王凌云　林超超　陆莹洁　袁　菁　赵梦溪　朱　春　黄　璜　朱　丹　张卫媛　吴　琦　郭文平　吴　伟　武润霞　尚　蕾　阮振超　丁子平　许　斌　秦　昀　刘思涌　郭丽芳　王　岩　龙莲花　尤小芳　孙静原　吴贻龙　倪　懿　曾　艺　毛亚男　王　珉　黄　玲　梁嘉颖　王诗铭　陆健英　李文龙　王婧如　黄靓亮　沈钰新　刘　淼　梁　斌　张皓天　黄　超　姜惠敏　刘　静　汉京超　蔡振波　王宪政　李备栩　殷四涛　叶佩芸　胡　馗　张馨赟　侯　净　宫霄欢　单伟伟　燕　丽　蒋婷婷　唐慧婷　黄忆菲　刘艳波　何代东

南(东)苑园区团工委

林宇媛　刘心源　赵志彬　吴　俣　俞笑天　张方圆　郑毓文　李丹戈　杨秋晨

勤工助学团总支

侯伟楠　陈　诚　熊久阳　王树君　高　婧　胡昊阳　狄陆双　陈　通　杨育成　顾陈琳

张江学生生活园区团工委

陈烁铉　姚　尧　王　琪　程洁琼　叶孜清　胡玮彬　高东静

核科学与技术

吕浩岩

2011—2012学年度复旦大学优秀学生

中国语言文学系

孙梦依　张明辉　赖丹婷　朱蓓蕾　张昕晨　张雪艳　江　珊　朱佳燕　翟一琦　李为洁　杨珺珺　郑　欣　钱　鹏　耿　璐　张诗童　张　弢　杨　楠　罗依頔　彭　华　王　露

外文学院

于欣荷　董　益　杨天歌　阮逸茹　胡益丹　刘思宇　严　思　华沁欣　吴　越　靳　驰　殷恺悦　杨诗旻　郑爽妍　高　歌　赵诗彧　董婷婷　邢诗倩　黎　慧　周阳雨　陆亚芸　施展华　谢　茜　杨　媛　费　婧　张馨元　缪　蓬

新闻学院

曲祯桢　陈鑫盛　李凯旋　庄成青　张一然　崔梦玲　张一然　闫星辰　张　烨　乔有为　丁煜堃　齐英如　刘　川　钟　超　马雪赛　马晓甜　吕　伟　徐盛洁　王　雅　金渡江　李博璠　胡雅雯　康乃馨　刘　兵　周　丹　张玥焯　徐嘉奇　蒋　伊　王　雅　张心怡　韩沁珂　任淑涵　马雪赛　付博文　郭文丰　董恺伦　刘雪聪

历史学系

陈嘉熹　吴一铮　尚广超　徐　沁　姜洪越　吴静恬　杜　薇　黄时苗　袁一鸣　周文钰　赵　静　杨　洋　汤　潮　殷绯叶　董千里　刘晓荧　郭曼琦　陆怡瑞　陈雅雯

经济学院

卢启壕　钱梦佳　王　丹　邓瑗瑗　薛建文　马继愈

周　斌　郭亦丰　闵兆飞　王珏灵　师　睿　潘　杰
窦春阳　何　璇　刘玲弟　张书天　韩永超　杨思颖
韩明赫　王平成　沈慧中　杨会强　刘智多　董佳伊
丁墨海　李　越　严子顺　卢振寅　王若钰　张　驰
高　雅　彭意达　毛一帆　周薪吉　许嘉捷　党银辉
桑　宁　杨启宁　闫瑞睿　唐　诗　王怿丹　柴亚男
陈奕兵　孟　悦　欧力源　赵姝琼　徐　璐　毛成学
周　雄　张悦恒　鲍　迪　黄晟达　伊天阳　周而全

哲学学院

黄子洵　廖　阔　朱黎君　林国栋　黄剑钊　黄予昇
钱娅萍　黄大卫　康应然　张圭狄

国际关系与公共事务学院

葛明星　王　婕　孙　琳　朱陈拓　余颖贞　宋彦辰
钱　璟　张亚宁　汪洋洋　马妍娇　沈大伟　陈炯辉
李泽人　茆　苑　张　帅　陆婷婷　郭青叶　崔　驭
姚淞文　陈思敏　陈　叶　林宜臻　朱白玲　陆天骄
沈　蓓　翁佳怡　李　树　雷　蕾　温雨彤　李　昂
杨于飞

社会发展与公共政策学院

郑雅君　李　响　郭圆斐　叶枝俏　朱　聪　张炜华
王莹莹　李亚男　金思贤　王化险　吴笑悦　李永月
宋嘉楠　沙扬贺　唐　博　龚淑婷　程千里　瞿　雯
蒋彦青　龚淑婷　李好好

法学院

谢伟钦　钟姝琦　黄思颖　杨　军　田　晴　侯焱芸
余灵翎　林　佳　吴祎星　叶美昇　杨忆宁　胡亚婷
吴美珍　卢玉宁　陈　懿　杨轶帆　付永恒　张舒羽
杨　弢　王月谦

数学科学学院

朱　弢　彭　伟　李　童　黄　健　崔瀚文　魏伊舒
陈路扬　刘宇航　周景珩　邱稔之　孙佳彦　丁盈盈
刘　歆　虞劲笔　钱云浩　陈锡源　张宇鸣　马淑敏
郁　杰　傅琬璎　刘孝赟　张雯茜　赵张琛　黄梦元
朱喆丰　范　玥　尹　凯　冷帝豪　肖　松　夏瀛韬
花佳欣　贺　莹　伍育骋　王啸宇

物理学系

俞寒迪　王笔耕　薛　涛　冯　雯　任之韵　任天航
杨慧敏　何志帆　袁　翔　林祖谋　杨平京　徐　聪
汪　林　姚　岐　王文麒

环境科学与工程系

高　然　吴　瑾　黄梦玮　李　梦　赵婉竹　金杭兴
高　烁　吴轩浩

信息科学与工程学院

廖　捷　蔡进铮　翟建筱　张　鹏　舒天民　李淑雅
闻程豪　俞思达　张子豪　谢雪炎　金　鑫　曾　澂
施炜劲　童　威　严　超　杨　超　陈小静　徐宝生
李凌斌　陈天翼　徐　晋　洪佳盛　魏静怡　张梦洁
蔡心悦　俞罗琴　方中圆　刘谆骅　仇忆宁　金　鑫
杨曦露　温永腾　高　丹　沈志豪　顾天宇　颜启祯
张河辉　胡雨舟　孙　洋　严勇哲　陈　康　王佳慧

周成玥　魏　宇　张轻舟　贾俊连　徐　晨　龚　元
谷　睿

计算机科学技术学院

张雅瑜　邓凝旖　竺晨曦　王欢欢　樊静丹　赵毅夫
承沐南　冯兆华　佘玉轩　李泽昆　陈牧昊　沈慧捷
徐　日　袁　琅　王　欣　齐晓宇　林家豪　孟子潇
黄毓鹏　石　佳　罗华清　杨君雯　何文琦　刘　立
李宇琨　周旭晨　杜晓宁　童影贝

化学系

杨梦曦　任　东　许崇晟　杲祥文　吴若菲　丁宇迪
黄彦东　林　夕　李　超　申丹阳　倪丹蕊　张绍琛
李　赞　宋润喆　钱　晟　武　晔

生命科学学院

高鑫华　吴正西　王　力　魏馨竹　张钟珑　朱夕骅
查史君　陈莞尔　吕垣澄　卢飞岳　王壬丰　王洁莹
李冰兰　袁文正　刘露颖　倪雯雯　杨文磊　杨天宇
张恺锐　李　力　汪　硕　蔡黎明

管理学院

刘鳗蝶　虞　龙　刘　琦　赵　希　张兆珺　张嘉诚
王一汀　谢　天　卫梦欧　沈丽娟　郑慧婷　桑睿恒
徐　熠　张　波　李嘉颖　翁智澄　王姝力　周佳玥
张霄云　钟婉玲　黄灵玲　任旋玥　苏　畅　李龙金
陆志成　程吉倞　李　晓　陆海中

力学与工程科学系

陈　祺　陈婉春　倪佳峰　徐晓晓　柯鸿堂　吴加正
葛晨晖

材料科学系

胡诗萌　曹佩琪　李桑筱　王克龙　胥博瑞　杨媛媛
许志恒　徐　行　李多希　曾绍唐　张子恒

高分子科学系

胡逸文　吴　昊　王　恩　吴　哲　孔维夫　贾　炜
吴天一

核科学与技术系

李清灵　张雅靖　郁雯雯　陆家靖

基础医学院

鄢瑞卿　林志成　陈昕昶　姚光宇　张路遥　高　青
罗米扬　吴可菲　焦宇琼　江慧雯　魏　薇　杨君仪
张亚琦　唐文怡　聂　聪　宋科翰　蒋琮林　王　轩
莫　非　马嘉琪　韩　霏　吴俊龙　边　冲　曲　扬
施　璇　熊　鹰　陈　鹳　马　丁　庞艳蓉
阿地力·克然木　王　蕴　朱贝迪　曹　鋆　王兰庭
梁　昕　成　婧　郝　芮　王　喆　景皓佳　王雨晴
闫　翀　李　杨

公共卫生学院

张　晶　李　达　刘松涵　刘亦悦　周　亮　王可然
杨　超　周伟豪　徐佳雯　许汝言　林　楠　曹　丹
黎思斯　陈思佳

药学院

马庆溪　张　塞　李文思　杨友闻　汪智军　陈　硕
谢一珂　傅奇琪　褚正豪　邱若濛　张　琳

护理学院

王竹敏 王怡 周欣 倪笑玲 姜禺 陆璐
楼靖 戎玥 王喆 方妲一 李文英 张玮
吕娜 潘亭 王子依 吴婷婷 夏倩菁 林书静
谈晓颖 孙梦非 王艺婷 马佳雯

基础医学院中山临床

郑善博 郑鹏 谢律 蔡加彬 吕海辰 黄乃思
潘歆 徐兴远 范立 刘洁 张林杉 陈洁
王跃 官文洁 马静雯 米日阿依·阿里木江
杜芳

基础医学院华山临床

柏梦莹 姜珺 许莉莉 温馨 周洁白 杨佑琦
周珉玮 杨冰义 齐曾鑫 范铭 陈力 李珺玮
杨逸 李鹤 陈佳丽 杨卓然

研究生院

李柯 杨文波 张宏 韩诗颖 柳玲 撒莎
庞依 李斯嘉 袁一月 姜舒婷 李蒙 叶佩珊
段天姝 闫超 鲍英 蒋雯露 翁青青 张依
严琪 李悦 林光耀 项一嵚 彭晓华 郑雯
陈思 陶莉莉 邰晶晶 唐潇骏 李倩 吕朋
杨吉超 方明敏 靳煜 徐美超 李欣 方欣
梅恺 郭擎川 归彦斌 周群力 王培康 陈逸鉴
李雪山 刘钟元 陈佳 张蓓 邹毅 孙懿
包承超 刘明然 赵志浩 池光胜 裘翔 张新
潘一凯 宋沂文 徐珂 张健 杨欢 吕哲
陈晓星 张祖辽 单传友 李主斌 郇雷 李学楠
陈英波 王磊 林佳 李影 孙志建 严敏
赵翀 胡龙 杨桂林 张闻 徐清 何岱洧
吴越 陈雨璐 安义鹏 马英杰 陈松 李宁
戴鹤群 贾彦 叶祥熙 王光中 刘峰良 孙亚楠
余玉华 张延 李敏 苏菲 周小勇 俞翔
屠艳菊 曾星 曾祥宇 谢芳艺 樊生龙 俞政
丁娜 李鹏程 方伟 陆遥 伍顺琪 方露瑶
胡杨 张霞 陈鹏 杨冬蕾 丁圣龙 薛利
王琪 崔巍 何小丹 刘文杰 张正勇 姚子健
刘伟明 张鹏 谭晓荷 黄丹妮 林涛 赵英杰
谢姝颖 徐文玺 施丽丽 黄丹妮 姜钰超 沈忱
陈琳琳 耿旭彦 刘庆全 王超 韩静楚 陈朱杰
王倩 王吉鹏 张宗峰 陈丹 陈艳红 顾韡
张鹤 施洋 牧园青 朱利靖 孙昕 周伟诚
马怡菲 刘丹 刘婷 肖鹏 姜怡雯 宋卫卫
王佳珩 赵奇 杨凌 车惯红 庄蓉 崔杨杨
付蓉 王忆 杨大地 高杰 吕帝瑾 胡雨
刘足云 阮婕 白晓迪 韩维芳 张华祥 秦二娃
方怡菁 黄春晖 闫晓平 赵洋 王硕朋 胡秋珍
马昊 李晨溪 谢园 王筱纶 孙伊灵 孙蕾
梁晨 庄远超 岳阳 杨洋 石洋洋 李婷
吴承栩 王若楠 翁宏斌 陈熙 何蕾 李宏宇
欧贝佳 王一川 张书染 但唐杰 张易明 王学智
孙明轩 李伟明 袁峰 孙鹏程 唐斌 来恒杰
章月虹 周晓晖 潘妙蓉 李婷 贺小林 朱汉雄
彭聪 胡文彬 刘令仪 吴云香 李婷 张雯
颜诚 吴彦霖 张韦倩 孙雪梅 徐帅 韩雪飞
汪路曼 潘少坤 郭纬纬 熊凯 申晓芳 冉苇
赵猛 王睿 张磊 胡莹莹 刘红 王和兴
张玲玲 谷茜 梁斐 周热娜 陈丽 刘畅
胡雄伟 李剑峰 鲍光植 杨迪雅 杨素娜 王会仁
杨橙 胡捷 林森浩 薛立云 欧阳阳阳
叶乐驰 殷杰 王福萍 唐俊 杜昕 赵苇苇
徐雪 鲍奕仿 郭永伟 司呈帅 张备 雷宇
陆蕴红 吴晓 曹曰针 贺敏 谭聪 瞿元元
陈思源 吉毅 陈伟呈 李辉 龚小会 杨万水
霍晓旭 蔡宋琪 崔心瀚 张婷 张萌 方锐
叶晶 俞蕾蕾 王盛 张军玉 韩笑然 刘伟利
曾继平 闫静静 蒋旭花 石义 伍碧武 姜国敏
薛利 王翠华 卡丽比努尔·帕日哈提 申宸

2011—2012学年度复旦大学优秀共青团干部名单

中国语言文学系团委

陈莹 吴瓅奇

外文学院团委

沈岑 石门门 滕浩 傅高杰 张竟垚 江磊

新闻学院团委

李瑶 郭若筠 许昊 沈意沁 李丹凝

历史学系团委

张雨桐 柳昊 丁文渊

经济学院团委

鲍佶翔 李明初 杨毓佳 钱钟麟 王思瑾 孟悦
黄绵芝 孙雨欣 欧力源 刘玥 张瑜

哲学学院团委

黄剑钊 庄一栋

国际关系与公共事务学院团委

罗岚 袁千里 邵夏怡 赵晓惠 程单阳

社会发展与公共政策学院团委

栾稀智 周堵堉

法学院团委

钱琲 欧文杰 凌殿舒

数学科学学院团委

郑家仑 陈丽 杨骥雷 郑津畅 陈述

物理学系团委

徐振华 杨煜

环境科学与工程系团委

赵婉竹 张致远

信息科学与工程学院

张心怡 詹越峰 郑雪莉 张洵 唐飞 陈肇康
张茂林 卫雨青 温志彦 邹方堃

计算机科学学院

邓凝旖 李可 朱晓 李晨杰 章超 张时乐
竺晨曦

化学系团委

黄江铭 杨梦曦 丁宇迪 陈晓倩

生命科学学院团委
严钦骅　曹宇天　刘　筱　王　博　张　雪
管理学院团委
阮逸琦　董盈秋　余颖莹　杨雁宇　宣天晟　李　鑫
林伟能　张燕宁
力学与工程科学系团委
李森源
材料科学系团委
郑鑫遥　刘万鹏
高分子科学系团委
吴　昊
基础医学院团委
马嘉琪　蔺　欣　庞艳蓉　莫　非　祝　琳
公共卫生学院团委
黄　媛　胡　欣　徐　源
药学院团委
陈　驹　胡　霜
护理学院团委
林书静　方　祎　俞瑾娴　闵　丹　马佳慧
中山学生团总支
江一舟　吕海辰　图尔荪阿依
华山学生团总支
王　晨　蒋　龙　李尚善
复旦学院团委
姜洪越　杨鲲昊　韩沐融　马志凯　王　洲　唐文怡
张　栋　晁博楠　李萧爽　陈旭菲　邬晓璐　桂一琪
贾俊连　李好好　王智睿　张雪滢　陈竑机　杨亦澄
许　翔　赵哲闻　宛　舒　夏晓莉　李　垚　苏怡辰
张　蒙　颜倩云　蔡至欣　李永月　王亚正　由　笛
李颀栋　顾　婕
希德书院团委
王可人　贾孟文　沈颖婕　衣　然　张炜华
研究生院团工委
桂　靖　周力陈　陆心宇　姚晓玲　胡明光　陈宣宇
王　蓉　姜惠敏　朱丽娜　郝华杰　曾　玲　李晓溪
姚坤泽　王哲彦　朱　丹　戴元灿　秋沉沉　郭旭青
胥　明　潘妙蓉　李　敏　李连杰　李珀瀚　王鹏飞
胡莹莹　宫霄欢　方　圆　陈春辉　崔文波　龚小会
倪　懿　肖　鹏　姜国敏　刘　晓　周小勇　陈艳红
杨大地　毛安然　王　忆　卢舒怡
南(东)苑园区团工委
方　橼　张一然
勤工助学团总支
冯昱博　周光燕　杨晓森
张江学生生活园区团工委
张　潇
中山医院
齐璐璐　陈　朴　章轶琦
华山医院
刘　杨　朱佳祎　刘维薇
眼耳鼻喉科医院
徐　磊
肿瘤医院
花永强
复旦大学附属妇产科医院团委
陈　洁　高怡菲
核科学与技术系团委
吕浩岩
网络学院团委
孟　楠

2011—2012 学年度复旦大学优秀共青团员名单

中国语言文学系团委
黄杨子　翟　墨　黄相宜　陈　艳　赵玉超　赵　森
胡雯婷　王　洁　季怡凡　朱蓓蕾　孙梦依　修　睿
外文学院团委
严　思　华沁欣　吴　越　靳　驰　殷恺悦　高　歌
朱鸿宇　钱朦燚　梁海涛　黄珏心　缪　蓬　姚以娜
陈　曦　杨　帆　张双双　苏意达　董泠汰　欧文婕
张国莹　邹　欢　郁宇婧　吴歆怡　高　原　唐　莹
新闻学院团委
毛靖雯　曲祯桢　杨　杰　余　茜　杨　健　谭　琪
龙思遥　陈梦璐　竺　玥　张晓伟　刘亭利　徐怡婷
管　卓　柏天予　王　睿　温尔雅　吴天圣　瞿新能
宋　昱　郝　晔　沈佳芸　倪佳炜　刘天昊　徐厚畅
欧阳思凡　王　铮
历史学系团委
吴静恬　柴家麒　陈嘉熹　陈诗昊　邱宁斌　徐　沁
耿丹薇　牛正楷　郭逸斐　李雪琳　刘晓荧　苏　菲
姚亚茜　陈　超　金可镂　刘宏博　王若君
经济学院团委
杨通旻　沈家恒　朱　耀　展　菲　杨蕙旭　张　菡
阙伊婷　管俊彦　吕　怡　胡　昶　陈青青　赖雪文
卢晨曦　贝　敏　陶潇潇　胡文皓　陈非凡　徐　彬
侯佳麟　王路晓　楼京晶　闵兆飞　钱时升　师　睿
徐益民　刘智琪　高文歆　李　博　冯立卓　应　乐
王雪舟　沈慧中　李思一　罗竹悉　邹　烁　张秉昊
李润燮　敖传龙　丁墨海　陈妙甜　钟一鸣　陆　地
杨敬淳　王舒琦　刘　莹　王雨晴　李思良　蔡　毅
李　斌　夏雪晏　叶稼轩　侯晓森　柴亚男　张艺晨
林　紫
哲学学院团委
沈　郊　尹　倩　林国栋　马千惠　汤俊晨　杨珂伟
庄李俊　陈君然　钱铁铮　廖　阔　丁红琪
国际关系与公共事务学院团委
王安迪　唐玉梅　李一鹤　方　舒　马　翼　柴小英
谭　琼　沈大伟　陈炯辉　崔　驭　陈思敏　邓资江
文　怡　曹靖楠　朱苏畅　魏　源　黄酩喻　乔光宇
王柯力　贾慧滢　方良天　宋姝颖　盛　莹　于怡康
姜雅文

社会发展与公共政策学院团委

李延超 周 姝 祝君良 吴 慧 陶 纯 周文佳
李 响 方 雨 贾惠媛 刘璋檀 邵小龙

法学院团委

李凤莲 沈 瑒 陈 懿 叶 青 苏应芳 孙培泰
朱 琳 李 佳 高 瞻 瞿家怡 李 轩 王正一
周晓生 周谊洁 卢茂林 秦 川

数学科学学院团委

徐 佥 宗 燕 李 庚 张 飞 张广宇 刘晓东
钱 浩 朱劭宇 张启航 王茂实 王 雪 李 攀
刘孝赟 阮鸿涛 郁 杰 张宇鸣 李远帆 王宝贤
黄 健 朱 弢 梁应之 肖哲浩 孙慧媛 王天翔
许 亮 吴 昊 齐 欣

物理学系团委

张 强 陈才干 王 娟 张 凯 李昕蔚 龚 觉
姚 岐 王明智 窦镕飞 尹 卓

环境科学与工程系团委

黄梦玮 张云宸 吴雨琪 冒丽琴 徐艺扬 文贻勇
于 晓 刁祎珏 于宁钏

信息科学与工程学院

马 晶 罗 佳 刘铁斌 周晓羽 张 阳 王晶晶
桂梅艳 郭 威 耿祎晗 连宇茜 谭媛媛 张 鹏
罗 睿 徐国治 徐 阳 张 岨 周 弘 邱鹏辉
李凌杰 余沁容 李振民 王智鑫 李先驰 陈思名
陶 李 郑渊中 方中圆 蔡金林 胡彬林 柴汉超
段治平 胡 鑫 陈勇臻 周旖旎 刘 达 解 晋
罗 畔 洪 骐 赵大地 王建波 张宇博 金宇章
朱一涛 潘明杰 孙 洋 梅时良

计算机科学学院

宋壬初 赵 琼 王茂异 陈吟初 贺维明 余丽丽
张靖婉 刘燕玲 柏 慧 陈清超 徐 峰 汪 阳
毛贇杰 李念祖 钱丹伟 巴合提亚尔·巴热 徐润宇
张明哲 陈俊骅 袁振洋 白彦博 童影贝 金凌子
陈骏明 罗 暄 侯 觉 倪敏悦 陈 诚 李丰宇
王 钊 郭俊石 韩 雪 杨益桓 杜晓宁

化学系团委

高 远 谢 辰 朱范旖 刘珍玺 宋 晶 许崇晟
许皓淇 张 程 杨景云 张 茜 丘子杰 王 灿
王 祺 任 佳 周 智 李 赫 陶劲舟 李正敏
宋润喆

生命科学学院团委

虞 皎 仇晓麟 唐巍玲 严思嘉 周 婧 张骏勋
钱 靖 何梦楠 李丁天琪 殷嘉珩 丁雪婷
安 玉 赵荪翔 张钟珑 蔡晰中 胡钰彬 宋雨晨
杨天宇 宋 冰 吕垣澄 尹天舒 陈碧荷 郁申量

管理学院团委

陈昭翰 钟 媛 郑剑青 吴梦琦 杨敏莹 李佳俊
王 轩 徐家画 李雅洁 符 蓉 年悦心 周砺灵
朱嘉琪 陈星合 王奕放 陈斯晟 李龙金 曹明慧
顾月坤 赵 阳 王 群 刘 媛 沈添意 王侃瑜
米春蕾 王文岩 丁 辰 孙记国 陆畅然 邓 希
吴文超 牛鑫犇 陈华略 蒋楚楚 魏晨顺 周明正
林梧桐 肖广昱

力学与工程科学系团委

钱 成 谭 啸 姜 萌 陈 祺 高梦星 林汉哲
张毅君

材料科学系团委

范嘉伟 陈 妙 梁志敏 李梦萍 郭凯伟 姜 月
武汪洋 宋青哲

高分子科学系团委

易俊琦 沈文佳 陈聪恒 胡逸文 柏文宇 何鲁泽

基础医学院团委

李亚明 刘 楚 梁洪铭 王 葳 薛 璟 夏 昕
金 特 常 卓 孙 翀 苑诗文 袁 佳 郑 鹏
宋 凡 熊露丹 李高翔 魏 炜 王 轩 关荣源
张启麟 侯东妮 赵 悦 夏 鑫 杨清銮 赵 骁
米日阿依·阿里木江 斯迪克江·尼亚孜

公共卫生学院团委

伍 晨 陆殷昊 万 曜 钟阳春 王冰彦 庄詠文
朱 康 陈晓英 孙 超 朱碧帆 彭飘飘 徐亦薇
张济明

药学院团委

柴妙琳 啜雪东 马浩钧 王当歌 杨 颖 贺 睿
郭 辰 王 强 陈 硕

护理学院团委

谈姝琳 赵文彦 董忻悦 顾燕萍 王 慧 戎 玥
赵 倩 顾晓婷 方妲一 唐佩丽 冯秋萍 胡佳红
陈戴丽 蔡晶晶 季松松 李文英 张 玮 丁羽立
吕 娜 楼 靖 马晓艳 王佳丽 谢玲俐 吴婷婷
黄 婷 侯婉晴 闵 晴 富晶晶

中山学生团总支

张林杉 李 航 李绮雯 王佳俐 朱 颖 王汝霖
杨宇婧 张可可 许 中 蔡加彬 王智超 葛 炎
刘歆阳 阮巧玲 胡 骏 梁华青

华山学生团总支

邹鲁佳 杜霄凌 孙 峰 李 乔 冯守昊 杨 逸
李珺玮 蔡加君 白培德 姜 雷 沈奇伟 张乐希
赵 昕 刘 侃 于曼容

复旦学院团委

陈 欢 叶 天 王燕赟 陆盛谷 田浩敏 蒋琮林
柯钧柏 潘晨曦 温 馨 陈鑫盛 张亚琦 李钰恒
高 言 吴佳桐 赖 川 蒋诗阳 崔梦玲 朱妙杉
杜 薇 郭程浩 沈天惠 洪荣华 潘姜汐熹
戴 莉 周玉桥 闫 翀 杜炎秋 徐蕴汶 方小源
陈春艳 诸 炎 王子龙 刘鼎乾 施 璇 吴俊龙
刘亦悦 沈逸凡 韩 霏 顾 培 李之怡 鲁 南
张河辉 顾智恺 朱熠民 刘思宇 曹智博 陶倩芸
夏恬静 许志恒 刘忆枫 杨白蕴 董 益 付梦昱
梁思然 李多希 范天晖 陈嘉良 危孟泱 孔馨泽
孙思明 宁 博 阮逸茹 杨天歌 王涵杰 黄一鸣

张磊　马腾飞　梁燊　朱旭　李灵筠　程罡
李佳骆　张翩　吴冰妮　林佳敏　王笔耕　柯一雄
俞晓　唐博　祁起　郁雯雯　张莅　滕泰康
庄天宇　缪宁君　仲乐陶　惠川川　贾炜　秦依凡
孔维夫　沈怡婷　余颖贞　程浩然　朱意书　阿芳
秦杨依然　亓光昊　谭想　温雨彤　范衍
何晨曦　原野　张鸣宇　王阳　张杰　毛一帆
邹子豪　范思奇　王怡璐　侯焱芸　黄予昇　董怀谨
徐璐　杨龙　李奕敏　王信之　李昆仑　王哲
叶雯倩　谢圣　张嘉诚　常智翔　许蔚然　蔡敏杰
吕伟　严彦　彭珅　申梦怡　张建　周天明
崔皓　朱明一　闫杨杏子　李爽　孙亚宁
凌源　田博毅　李思铭　周龙飞　付博文　唐子尧
徐行　胥博瑞　刘望原　冯源　陈少鹏　褚传弘
吕雪莹　陈嘉莉　洪佳盛　姜永久　李诚意　朱稼楠
王梦琪　丁章璨　汤克凤

希德书院团委

张骥　孙家耀　金思贤　林淼　李清灵　朱曦东
王博　亓炳堃　袁翔　韩笑　李瑾瑾　桂一琪
翟一琦　张雅靖　王化险　朱佳燕　李铭然　李众喆
季钦

研究生院团工委

陈群玉　郑翠云　吴心怡　刘思齐　刘香花　李子建
梅恺　朱峤　田毅　赵慧超　钟远征　杨柳青
刘静　张依　徐敏怡　沈克亿　胡青云　施俊丹
李飞　成小红　康婧婧　庄远超　吴承栩　杨洁
陆玥　陈玮　李嫣琪　李丹峰　周生超　盛婉瑜
赵静　邹毅　时乐莹　陆莹洁　徐紫薇　邵晓
魏静宜　王硕朋　王姝　孙静　张洁　刘静
刘金磊　柳成荫　严琪　邰晶晶　陶莉莉　孙鹏程
朱姝　高原　翁杰程　毛衡　田崤　张龙
黄晓　陈雨璐　马谦谦　贾丽霞　郭向楠　朱燕妮
杨东伦　严石　朱春艳　张易明　廖蕾　娄宏磊
吴佳凌　池宁琳　黄焜　何垚　魏上清　柴颖斌
方武良　王光中　朱晓石　易琦　李鹏程　方露瑶
曾劲　尹树祥　黄中杰　房振满　王诗铭　王文超
许汀　周幸　高杰　楚海燕　张莹　乔丽燕
张磊　赵猛　冉苇　郑雨薇　刘子龙　温成丽
尤小芳　石常宏　付亮　崔晓通　韩序　郝光伟
王晓萍　刘孟国　赫明萍　郭文城　郑洪明　董琦鑫
潘岗　张焕康　高嵩　付令元　谢丽　殷四涛
唐慧婷　叶晶　李莺　马刘慧　孙昕　唐密
车惯红　朱利靖　黄书锦　吴贻龙　彭茜　刘丽萍
冀巍　王金玮　王静　刘婷　竺莉莉　黄超
杨欢　陈剑　傅博　傅琳　陆婷　顾韡
柯佳　肖钢　梁嘉颖　杨笑一　王淼薇　李明冉
黄劼

南(东)苑园区团工委

金大森　蔡令怡　王谨婕　敬致远　李珂旖　叶佳彦
朱嘉琪　符晓妍　唐佳媛　叶孜清

勤工助学团总支

林琳　陈舒敏　彭和阔　胡云　陈思宇　杨浩
王若　刘佳　柳艳萍　李俊坊　黄云鑫　侯伟楠
陆逸平　刘湘绪　申倩

张江团工委

高东静　倪敏悦　于涵　刘淑君　陈亮

中山医院

任利民　林攀　张婷　纪如媛　孙思　沈沆珠
孙惠珠　陈喆　马孜征　陈相坤

华山医院

姚静　唐雯　张菲　韩栋　朱磊　包丽雯
马珏萍　关文杰　陶珺珺　杜丽丽

眼耳鼻喉科医院

吴瑞臻　赵怡君

肿瘤医院

王懿辉　孙洁明　李体明

复旦大学附属妇产科医院团委

鲍舒静　贺木兰

复旦大学剧社团支部

罗政　王珏

核科学与技术系团委

何冠泽　熊英哲

网络学院团委

曹鹏　顾莹　张坤　华缓萍　钱路　束玲玉
丁星　金梦欣　何源源　侯申龙

2012 年度复旦大学优秀毕业生(本科生)

2012 年度复旦大学优秀毕业生(研究生)

龚兰兰　管志斌　谢明文　张勐　英佳妮　许建础
安斌　韩蓉　陈林　何君　赵艺婧　袁丽梅
王品　干贤婧　陆妍　徐璐洁　倪廷宝　李蓉蓉
叶青青　陈娜　周海晏　陈一新　史诗　张静华
黄东平　唐颖娴　浦铖杰　王云娜　王银飞　徐佳贵
许静波　李丽　宋青红　彭晓丹　王楠　薛康
郑奕　聂顺新　陈琳　潘春阳　周敏　龚芳
蒋立理　范睿　刘芊　潘圆圆　李方文　蔡璟孜
柴天仪　范琨　顾纯俊　关文静　李昕　王晓明
杨阳　姚姣姣　于瑞　赵静　朱靖宇　程岚
时光　欧海军　吕鹏勃　范王夔　陈晓曦　魏海燕
唐爱军　陈静　杜秉俊　田文娟　沈丹丹　李云帆
吴跃武　郑昕　徐九仙　郑文阳　王国鹏　丁长艳
张阳　张阿阳　李抒忆　刘建伟　杨戈　向伟
张瀛　邓通宇　郭丽敏　刘存明　顾智杰　罗娟
龚晨燕　吴悦　游胤涛　张赛锋　陈明　龚华
刘琳　李磊　范秀秀　严仁杰　张赟　李敏
吴松　崔勇　郭立　成杨　陈恩乐　郑逸阳
单志程　田丰　廖泽鑫　黄现　赵泽　吴仪俊
焦静　欧若风　南智敏　刘骁兵　李全立　卢章疑
樊文华　李萌　彭振飞　谢任重　陈红兵　王伟威
王帅　赵新　聂彧　郝静如　宋汉斌　孙超
许雪姣　巩亚　武光荣　吴玉洁　刘扬　杜贤龙

胡啸波　褚小凤　于伟彬　李忠波　张　璇　李　欢
林师冠　周宇飞　何晓婕　刘　芳　林烂芳　汪玉洁
黄增金　肖千一　张骁栋　张亮生　高　娟　马　通
陆　艳　魏　斌　曾胜兰　李东胜　王晓梅　窦炳琳
刘　伟　鄂春林　胡繁星　李　楠　林韶娟　张　玥
朱　良　冯　伟　曾铁钢　刘国辉　王　鑫　赵寒松
邹慰君　梁思毓　刘思贤　王　笛　唐炎林　何　军
王景乐　张　沁　张　钊　闫　燕　刘　尧　刘　涛
张　慧　张　朋　王佳丽　蔡灿鑫　李小明　孙　怡
刘　欢　程慕斯　张大尉　陈　杰　蒋　艳　杨晓燕
蔡传逸　黄　乐　张海宁　张　斌　刘　宇　李　倩
曾佳颖　杨　芳　赵　鹏　陆　雯　任媛媛　郑　励
刘小娟　周　菁　高　正　丛大林　李元俊　牟林德
张　敏　杨　飏　黄莉娜　甘　露　彭静颖　胡　颖
王　鑫　凌　希　姜璐璐　谢　威　丁诗筠　刁怀杰
牟鹏飞　王雪涛　王　蕊　姚翠霞　陈梦伟　王朝旭
王　睿　陈翠翠　石慧东　孙寅翼　戴婧虹　刘健豪
吴彩琴　吴　伟　陈晓冰　张　胤　王　威　孙　涛
徐菊良　刘石磊　杨　发　陈　丹　凡小山　王蓓娣
张　菁　周彦武　王芳芳　黄　建　赵乃迪　徐　畅
董丽霞　程长胜　李　涛　罗天纯　官璐璐　佟　童
裴坤鹏　曹　庆　沈巧敏　宋静波　蒋　圣　卢虹虹
宋　珂　朱　聆　顾玲玲　沈丹萍　熊志强　凌一鸣
刘　怡　聂爱英　张金玲　汪　泓　朱欣茹　吴正升
陈艳玲　陈捷敏　胡朝阳　高　爽　许雅丽　刘海鸥
姚冉冉　战义强　朱鸿雁　李松光　刘佳琦　王丽洁
张　倩　王朝昕　顾吉晋　刘书环　刘晓丽　范　丽
徐佳琳　王倩楠　张春燕　付文婷　陈月梅　李　敏
李艺伟　万金良　刘学玲　翟升永　赵　婧　金文婷
虞　莹　燕翠菊　李璐璐　刘大勇　祝巧良　刘孟国
刘　莉　丁　巍　刘雯婷　吴　阳　窦娅芳　杜懿杰
刘红艳　刘晓航　李大力　谷圣美　周　琼　张晓伟
严婷婷　平莉莉　马思敏　张　颖　郑鷁冰　具钊汝
杨　环　程　煜　陈敏洁　董子献　舒易来　翟　丰
李　涛　荚德水　商　颖　李全磊　王丽英　杨艳丽
于淑东　吴跃跃　陈　军

· 大 事 记 ·

复旦大学大事记

1月

1 月 5 日

复旦学生学习李岚清学长回信座谈会在光华楼举行。校党委副书记陈立民传达李岚清校友给校学生会的回信内容。

校友何佩鑫、陈晓明夫妇捐赠 100 万美元，支持复旦学院的书院建设。

复旦大学 2011 届毕业生就业工作总结会暨 2012 届毕业生就业工作推进会在逸夫科技楼举行。校党委副书记陈立民出席。

1 月 7 日

复旦大学博士后校友会成立仪式在逸夫科技楼举行。中共中央对外联络部部长王家瑞任会长并在会上致辞。中国科学院院士李大潜、常务副校长陈晓漫等出席。

长三角艾滋病诊疗协作网在上海市公共卫生临床中心成立。卫生部疾控局局长肖东楼、申康中心党委书记施荣范、上海市卫生局副局长瞿介明等出席。

1 月 12 日

由复旦大学牵头研制的光伏并网逆变装置，通过产学研转化，在“MW 级高精度实时控制与电路优化”与“智能电网接入与新能源协调控制技术”等方面取得突破性技术成果。该课题组负责人为信息科学与工程学院副教授孙耀杰。

1 月 16 日

复旦大学 2012 年春节团拜会在光华楼十三楼多功能厅举行。

1 月 18—19 日

校党政领导班子在光华楼召开务虚会，集中研讨“深入基层大走访大调研”活动中基层反应强烈问题的解决思路。

1 月 25 日

《循环》(*Circulation*)杂志发表生命科学学院王红艳课题组研究论文《甲硫氨酸合成还原酶基因内含子上的功能性遗传变异显著增加中国汉族人群先天性心脏病发病风险》，首次揭示存在于叶酸代谢途径基因调控区的多态位点能显著改变中国人群先天性心脏病的患病风险。

2月

2 月 7—13 日

在“全国第三届大学生艺术展演活动”上，复旦大学送演节目分获声乐组、舞蹈组、器乐组、戏剧组四项一等奖。

2 月 11—12 日

复旦大学 2012 年“望道计划”自主招生面试在邯郸校区第二教学楼举行。

2 月 10 日

《科学》(*Science*)杂志刊载复旦大学现代人类学教育部重点实验室教授李辉课题组与中文系副教授陶寰合作研究成果《反驳语音多样性支持语言从非洲扩张的系列奠基者效应》(“Comment on Phonemic diversity supports a serial founder effect model of language expansion from Africa”)。该成果表明：如果全世界人类的语言有过一个扩散中心，那最可能在亚洲的里海南岸。

2 月 17—19 日

在杭州举行的中国田径室内大奖赛暨亚洲室内田径锦标赛上，复旦大学新闻学院研究生赵婧、本科生金源代表上海队参赛，包揽国内女子 1 500 米冠、亚军。赵婧代表中国队在女子 800 米比赛中获得亚洲室内锦标赛冠军。

2 月 23 日

学校领导进行开学前检查，重点是教学、后勤设施，为新学期开学做好准备。

由哲学学院宗教系教授张庆熊执行主编的《基督教大辞典》获第十二届上海图书奖(2009—2011 年度)一等奖。

2 月 24 日

第四届“谈家桢生命科学奖”颁奖典礼在校举行。中国医学科学院院长曹雪涛、同济大学校长裴刚获“谈家桢生命科学成就奖”。复旦大学生命科学学院教授王红艳、附属中山医院心内科主任葛均波院士等 10 人获“谈家桢生命科学创新奖”。

2 月 26 日

复旦大学管理学奖励基金会 2012 年评奖活动正式启动。

2 月 28 日

教育部副部长鲁昕到校视察后勤工作。上海市教育委员会主任薛明扬陪同视察。校党委书记朱之文，副书记王小林，副校长许征、陆昉等参与接待。

2 月 29 日

香港计划集团主席、复旦大学校董吕志和行到校访问。校党委书记朱之文，副校长许征、冯晓源参与接待。

3月

3 月 2 日

中共复旦大学第十三届委员会第十四次全体会议在逸夫科技楼多功能厅举行。会议听取并审议复旦大学 2011 年度工作报告。

复旦大学全校干部大会在光华楼举行。校党政领导、党委委员、纪委委员，各单位、各部门和各民主党派、群众团体负责人参加会议。校党委书记朱之文主持会议。

3月3日

"国产人工耳蜗优化及临床技术研究"项目在复旦大学附属眼耳鼻喉科医院启动。该项目由卫生部资助，资金达2 171万元。

3月6日

复旦大学附属华山医院皮肤科成功开展两例大面积白癜风患者自体表皮细胞培养后再移植手术。该手术为全国首创，在大面积白癜风质量方法上实现新突破。

3月7日

复旦大学纪念"三八"国际劳动妇女节102周年暨表彰先进大会在光华楼举行。

3月9日

复旦大学中华文明国际研究中心成立。校党委书记朱之文、校长杨玉良、国家汉办主任许琳出席成立仪式。

3月10日

著名历史学家、复旦大学资深特聘教授朱维铮逝世，享年76岁。

3月13日

复旦大学爱尔兰周开幕式暨第五届三叶草软件竞赛颁奖典礼在张江校区举行。副校长冯晓源、爱尔兰驻沪领事馆总领事 Austin Gornley 等出席。

3月16日

复旦大学教学指导委员会第一次全体会议在光华楼东辅楼举行。校长杨玉良、副校长陆昉以及教学指导委员会委员共40余人出席会议。会议通报复旦大学教学指导委员会筹备情况，选举出主任委员和副主任委员，以及各分委员会的政府主任委员，并讨论通过《复旦大学教学指导委员会章程》。

复旦大学举行全校干部大会，传达全国"两会"精神。全国政协十一届常委左焕琛、蔡达峰，十一届全国人大代表秦绍德先后发言。会议由校党委副书记王小林主持。

3月17日

由复旦大学历史系教授张广智主编的六卷本《西方史学通史》新书发布会在校举行，校长杨玉良出席并致辞。

3月19日

美国北卡罗来纳大学总校校长汤姆·罗斯(Tom Ross)一行到校访问。校长杨玉良接待罗斯一行。

3月20日

由中宣部、教育部、中国记者协会组织的"走基层、转作风、改文风"活动报告团到校，为200余名师生做报告。

3月22日

上海市呼吸病研究所在复旦大学附属中山医院挂牌成立。

3月23日

复旦大学举办"全球治理中的金砖国家"国际研讨会暨复旦大学金砖国家研究中心成立大会。中国首任驻WTO大使、商务部前常务副部长孙振宇，印度前财政部部长和前外交部部长 Yashwant Sinha，俄罗斯经济大学校长 Yaroslav Kuzminov 出席会议并作演讲。

3月27日

复旦大学第二十一次研究生代表大会在光华楼举行。385名与会代表以无记名投票方式选出55位研究生委员会正式委员。校党委书记陈立民出席并讲话。

复旦大学附属中山医院与浙江中科生物医药有限公司成果转让签约仪式在中山医院举行。两项科研成果转让金额分别为1 500万元和12万元。

3月29日

复旦大学甲状腺肿瘤诊疗研究中心在复旦大学附属肿瘤医院成立。首届全国甲状腺肿瘤规范化诊疗学习班同期举行。副校长桂永浩为中心揭牌。

4月

4月5日

复旦大学党务公开网正式上线试运行。

4月6日

第九、十届全国人大常委会副委员长，复旦管理学奖励基金会副理事长，复旦大学特聘教授，经济学家成思危做客管理学院文学讲堂，与师生纵览国内外经济形势，分析我国应对策略。

《细胞》(*Cell*)子刊 *Cell Sterm Cell* 在线刊登复旦大学上海医学院解剖与组织胚胎学系教师马丽香研究成果"Cell-Derived GABA Neurons Correct Locomotion Deficits in Quinolinic Acid-Lesioned Mice"，该成果发现来源于人胚胎干细胞的GABA能神经细胞可以修复运动障碍，对治疗亨廷顿病有重要意义。

4月8日

城市生态规划与设计研究中心成立十周年庆典暨"中国城市生态"论坛举行。校党委副书记陈立民出席。

4月11日

刘遵义校董名誉博士颁授仪式在校举行，校长杨玉良向刘遵义颁发名誉博士学位证书并赠送纪念品。

4月13日

复旦大学附属肿瘤医院刘鲁明、陈震、孟志强等进行的"清热化湿法为主中西医结合治疗胰腺癌的临床及应用研究"获中国中西医结合学会科学技术奖2011年度一等奖。

4月14—15日

"第四届《哲学分析》论坛——俞吾金学术思想全国研讨会"在光华楼举行。副校长林尚立出席并致辞。

4月15日

第三届全国高等医学院校大学生临床技能竞赛华东分赛在复旦大学枫林校区举办。由教育部主办、复旦大学上海医学院承办。副校长桂永浩出席开幕式并致辞。

4月20日

举行2012年度加强党风廉政建设干部大会。校党委书记朱之文、校长杨玉良讲话。常务副校长陈晓漫主持会议。校党委副书记、纪委书记刘建中作纪委工作报告。

4月21日

第十届全国政协副主席、中国人权研究会会长罗豪才一行到校考察调研，就人权研究机构建设、人权理论研究及人权教育与培训等内容与复旦大学专家进行座谈。校党委书记朱之文出席座谈会并致辞，副校长许征主持座谈会。

4月26日

举行“《人民日报》校园行系列活动——复旦大学之行”，来自《人民日报》社的30余位新闻工作者与复旦师生开展交流互动。《人民日报》社社长张研农作题为“《人民日报》的历史担当与创新追求”的主旨演讲。

复旦大学公布2012年本科生招生方案。计划在全国招收2 860名本科生，比2011年增加20名，招生规模总体保持稳定。

香港大学内地学习千人计划启动仪式在光华楼举行。教育部副部长郝平与复旦大学校长杨玉良、香港大学校长徐立之、中央人民政府驻香港特别行政区联络办公室科教部部长潘永华、上海市政府副秘书长翁铁慧等共同开启计划启动装置。

4月27日

全校骨干教师和中层干部大会在光华楼召开。会议传达教育部3月22—23日在北京召开的全面提高高等教育质量工作会议精神，并就贯彻落实好会议精神进行动员部署。校党委书记朱之文、校长杨玉良出席会议并讲话。常务副校长陈晓漫主持。

5月

5月2日

“2011上海大学生年度人物”表彰大会暨2012年度“博雅讲堂”启动仪式在光华楼举行。复旦大学上海医学院2007级法医班周姝获“年度人物”称号，复旦大学毕业生、首位聋人博士郑璇获“建功立业单项奖”。

《自然》(*Nature*)杂志在线刊登论文“Preferential electrical coupling regulates neocortical lineage-dependent microcircuit assembly”，该成果首次发现脑神经元间由“电突触”介导的信息交流在大脑皮层神经环路发育中有重要作用，为脑神经环路发育异常相关疾病(如小儿癫痫、自闭症、智力发育迟滞等)的诊断和治疗提供新思路和新靶点。该研究由复旦大学神经生物学研究所副教授禹永春领衔课题组与美国纽约斯隆凯特林癌症研究中心时松海课题组共同完成。

5月4日

复旦大学陈树渠比较政治发展研究中心揭牌仪式在美研中心举行。

5月8日

2012年复旦大学体育文化节开幕式在光华楼广场举行。校党委书记朱之文、副校长陆昉出席，32个院系组织学生方阵参加活动。

5月10日

中国—哈佛医学院转化医学联合中心成立。副校长桂永浩代表学校与北京协和医院、上海交通大学医学院、哈佛大学医学院代表在上海国际会议中心签订合作备忘录。

5月10—23日

“2012年太平洋小儿外科学会大会”在沪召开，由复旦大学附属儿科医院承办。

5月11日

复旦—上海电气储能电池与关键材料联合实验室成立揭牌仪式在先进材料楼举行。常务副校长陈晓漫、上海电气集团股份有限公司首席技术官黄瓯出席仪式并致辞。

5月12日

复旦大学马克思主义研究院首届年度论坛在光华楼举行。论坛主题为“思想史与现实双重维度下的马克思主义”。

5月13日

上海数学中心揭牌暨奠基仪式在江湾校区举行。中共中央政治局委员、国务委员刘延东发来贺信。中共中央政治局委员、上海市委书记俞正声出席并揭牌。上海市委副书记、市长韩正，教育部副部长杜占元出席并致辞。科技部副部长张来武，中科院副院长詹文龙，市领导殷一璀、丁薛祥，天津市政协副主席、中科院院士陈永川，中科院院士李大潜等出席。校党委书记朱之文主持仪式，校长杨玉良、中心教师代表冯建峰致辞。

5月18日

澳大利亚大使孙芳安(Frances Adamson)到校访问。校长杨玉良接待大使一行。

5月19—20日

复旦大学、上海交通大学“巅峰对决”文体竞赛在上海东方绿洲举行。对决通过马拉松、龙舟、自行车拉力、辩论、文艺会演等形式展开。

5月21日

校长杨玉良代表复旦大学与德国洪堡大学签订合作协议。

5月22日

复旦大学庆祝建校107周年第46届科学报告会暨学术文化周开幕式在光华楼举行。校长杨玉良、党委副书记刘建中出席，副校长陆昉主持报告会。

5月25日

国家科技重大专项“十一五”计划“复旦大学国家重大新药创制大平台”通过专家组验收。

校长杨玉良代表复旦大学与比利时鲁汶大学签订合作协议。

5月26—28日

“上海论坛2012”在校举行，主题为“未来十年的战略”。上海市委副书记、市长韩正，教育部副部长郝平，校长杨玉良，韩国SK集团董事长兼首席执行官崔泰源等出席开幕式并致辞。校党委书记朱之文主持开幕式。

5月27日

校团委举行复旦大学纪念中国共产主义青年团成立90周年系列活动。校党委副书记陈立民、共青团是为副书记夏科家出席活动。

5月30日

“选择自立，结缘光华”——复旦大学第二十五届“光华自立奖”终审答辩暨颁奖典礼在光华楼举行。校党委副书记陈立民出席。

5月31日

复旦大学中凯文化建设基金捐赠仪式在蔡冠深人文馆举行。复旦大学副校长冯晓源与嘉凯城集团股份有限公司党委书记兼总裁、中凯有限公司董事长、复旦大学校董边华才签署捐赠协议。

6月

6月1日

复旦大学物理系创系60周年庆典暨应用表面物理国家重点实验室成立20周年庆典仪式在正大体育馆举行。2 000多位物理系系友回校庆贺。校长杨玉良出席庆典大会并讲话。

6月2日

“2012复旦大学校友返校日”在江湾校区举行，活动由复旦大学校友会、上海医科大学校友会共同承办，得到香港智华基金支持。

6月3日

复旦大学历史地理研究所建所30周年庆典活动在光华楼举行。

6月4日

“2012年复旦大学暑期国际课程”项目正式开课，为期5周。

6月6日

欧洲孔子学院联席会议在英国爱丁堡大学孔子学院举行。校党委书记朱之文代表中国合作院校发言。

6月7日

著名历史学家、复旦大学首席教授、历史学系教授俄罗斯研究中心首任主任金重远逝世，享年78岁。

6月8日

2012届本(专)科毕业生“我为母校献金点子”座谈会在逸夫科技楼举行，校长杨玉良、校党委副书记陈立民、副校长陆昉出席。

复旦大学档案馆获赠档案资料仪式在逸夫科技楼举行。校长杨玉良、副校长蔡达峰出席仪式并为吴浩青院士家属等12为档案捐赠者颁发捐赠证书。

6月11日

复旦大学与河西学院签署《复旦大学支援河西学院发展协议》。校党委书记朱之文、甘肃省副省长郝远等出席签约仪式，常务副校长陈晓漫、河西学院校长刘仁义代表双方签署协议。仪式由副校长陆昉主持。

6月12日

“历史风云中国智慧”票证展在蔡冠深人文馆开展，为期3个月。

6月13日

2012年度陈嘉庚科学奖及陈嘉庚青年科学奖颁奖仪式在北京举行，中共中央政治局委员、国务委员刘延东出席。复旦大学附属中山医院汤钊猷院士获陈嘉庚生命科学奖。

6月14—15日

中央组织部选人用人工作检查组组长、陕西省人大常委会副主任张迈曾，教育部直属高校工作司巡视员李凌等一行7人到校检查选人用人工作。

6月15日

中国疾病预防控制中心寄生虫病预防控制所与复旦大学生命科学学院在上海签署合作框架协议。中国疾控中心副主任杨维中、上海市卫生局副局长王磐石、副校长桂永浩等在签约仪式上讲话，并为“寄生虫—宿主遗传学与生态学研究联合实验室”成立揭牌。

6月21日

杨浦区委联手复旦等8家高校党委，中国电子科技集团公司第23研究所等7家企业党组织，作为首批组成单位，成立上海首个区域化党建联盟。校党委书记朱之文出席成立仪式。

6月22日

中国工程院院长周济在校党委书记朱之文、校长杨玉良陪同下视察复旦大学，并慰问学校部分工程院院士。

由中国工程院、上海市人民政府主办、复旦大学承办的第十四届国际病毒性肝炎和肝病大会在上海国际会议中心召开。中国中央政治局委员、国务委员刘延东发来贺信。全国人大常委会副委员长陈至立、中国工程院院长周济、上海市市长韩正出席会议并致辞，校长杨玉良、副校长桂永浩等出席开幕式，中国工程院院士、复旦大学上海医学院教授闻玉梅主持开幕式。

6月24日

中国共产党优秀党员，中国民主同盟优秀盟员，第八、第九届全国政协常委，著名数学家、教育家，国家最高科学技术奖获得者，中国科学院院士，复旦大学数学研究所名誉所长、数学科学学院教授谷超豪因病逝世，享年87岁。

6月25—29日

复旦大学环境科学与工程系、复旦大学流域污染控制研究中心主任郑正参加在美国休斯敦举行的第六届国际环境科学与技术会议(ICEST 2012)，并在全体成员参加的大会上作关于水的主题报告。

6月29日

复旦大学2012届本(专)科毕业典礼暨学位授予仪式、2012届研究生毕业典礼暨学位授予仪式在正大体育馆举行。

7月

7月1日

复旦大学附属眼耳鼻喉科医院举行建院60周年庆典活动。上海市委副书记、市长韩正发信致贺。上海市人大常委会主任刘云耕、全国人大常委龚学平、副市长沈晓明，校长杨玉良、副校长桂永浩出席典礼。

7月3日

复旦大学医学发展公益基金启动仪式在华山医院举行。副校长冯晓源出席仪式并致辞。

7月9日

2012国际公务员能力建设中远培训班在复旦大学开班。由中国联合国协会、人力资源和社会保障部国际合作司共同主办，复旦大学国际问题研究院、联合国研究中心承办，中远慈善基金会赞助。

7月12日

《临床癌症研究》杂志在线刊载复旦大学附属肿瘤医院教授陈海泉领衔的肺癌转化性研究课题组论文“The Use of Quantitative Real-Time Reverse Transcriptase PCR for 5' and 3' Portions of ALK Transcripts to Detect ALK Rearrangements in Lung Cancers”。该课题组发明一种能够快速而准确检测出携带“ALK融合基因”的肺癌分子诊断技术，应用该技术他们对950例非小细胞肺癌标本进行检测，发现40例携带“ALK融合基因”的阳性标本。该成果被《癌症研究》杂志专门刊文报道，誉为“突破性进展”(Breaking Advances)。

7月14日

“深入学习贯彻全国科技创新大会精神，着力推进高校创新能力提升计划实施”研讨会在复旦大学举行。教育部副部长杜占元出席会议并讲话。校党委书记朱之文致欢迎词，校长杨玉良作交流发言。

8月

8月10日

复旦大学与福建省人民政府在

福州签订战略合作协议。

8月20—28日

复旦政大青年论坛40人到访。

8月27日

根据《卫生部办公厅关于确定部属(管)医院2012年度国家临床重点专科建设项目的通知》,复旦大学附属医院共有12个项目正式入选国家临床重点专科建设项目,分别为中山医院的呼吸内科、肾病科、普通外科、重症医学科,华山医院的神经内科、肾病科、普通外科、泌尿外科、皮肤科、消化内科,眼耳鼻喉科医院的眼科、重点实验室。

8月29日

中国工程院院士、中山医院肝癌研究所所长汤钊猷获2012年度"上海市教书育人楷模"称号。

8月30日

全国政协副主席董建华、东方海外(国际)有限公司主席董建成及家族一行10人到校访问。校党委书记朱之文、校长杨玉良在光华楼金厅参与会见。

8月30—31日

举行2012年校党政领导班子暑期务虚会。校党委书记朱之文、校长杨玉良等校党政领导出席会议,有关部处负责同志列席会议。

8月31日

举行复旦大学循证医学中心平台启动仪式暨学术交流会。

9月

9月2日

来自全国各地的2964位2012级新生和来自34个国家和地区的176位留学新生入学。

9月4日

举行2011级本科生军训汇报大会,2011级本科生军训结束。

9月5日

全国政协外事委员会主任、2012年全国"两会"新闻发言人赵启正应邀担纲"金砖名人讲坛"首讲嘉宾,作题为"金砖国家合作与公共外交"的主旨演讲。

9月5日

《神经科学杂志》(*Journal of Neuroscience*)发表脑科学研究院引进PI彭刚研究团队最新研究成果《Robo2-Slit和Dcc-Netrin1协同调节神经元在胚胎神经束中的轴突导向》。该研究发现前脑神经元内在的分子特性决定其轴突投射路径选择,揭示Robo2-Slit和DCC-Netrin1如何协调控制前脑神经元的轴突发育,并将有助于对神经再生的分子机制的认识。

9月6日

举行中共复旦大学第十三届委员会第十八次全体(扩大)会议。会议的主题是:学习贯彻胡锦涛同志在省部级主要领导干部专题研讨班上的重要讲话,通报校领导班子暑期务虚会的主要精神,部署推进新学期重点工作。校党委书记朱之文、校长杨玉良分别在会上发表讲话。

9月7日

复旦大学2012级本(专)科新生开学典礼、2012级研究生开学典礼在正大体育馆举行。

举行复旦大学2012级研究生入学教育报告会。

9月9日

举行复旦大学与厦门大学战略合作协议签约仪式。校长杨玉良和厦门大学校长朱崇实代表双方签字。校党委书记朱之文出席仪式,仪式由厦门大学党委书记杨振斌主持。

在厦门大学举行能源材料化学协同创新中心签字仪式暨培育建设工作会。该中心由厦门大学、复旦大学、中国科技大学联合组建。

9月10日

举行复旦大学本科生教学改革交流研讨会。校教学指导委员会委员、副校长陆昉,及复旦学院(本科生院)和相关项目的相关负责人出席会议。

举行脑功能重塑协同创新中心成立仪式及建设研讨会。中心由复旦大学牵头,联合上海交通大学、中国科学院上海药物研究所等单位共建。

9月12日

《神经科学杂志》(*Journal of Neuroscience*)刊载复旦大学脑科学研究院、复旦大学附属眼耳鼻喉科医院教授王中峰、孙兴怀,杨雄里院士率领的视网膜研究团队研究成果《代谢型谷氨酸受体介导的内向整流钾通道抑制参与慢性高眼压视网膜胶质细胞激活》。该课题组发现青光眼视网膜胶质细胞激活新机制,为临床上防止青光眼恶化,以及有效阻止青光眼所导致的视网膜神经细胞的死亡(失明)提供新的理论依据。

9月13日

举行金砖国家合作与全球治理协同创新中心成立仪式。教育部副部长李卫红出席仪式并致辞。李卫红、校党委书记朱之文、上海市政府副秘书长翁铁慧一起为协同创新中心揭牌。

9月20日

举行复旦大学附属华山医院西院(临床医学中心)奠基仪式。

9月23日

举行纪念苏步青先生110周年诞辰系列活动。苏步青铜像在子彬院前草坪上落成揭幕。

举行遗传学协同创新中心建设研讨会。该中心由复旦大学、上海交通大学、中国科学院遗传学及发育生物学研究所、中国科学院上海生命科学研究院四方培育组建。

9月23—28日

"第21届国际表面与薄膜磁学会议"在复旦大学召开,由复旦大学物理系、应用表面物理国家重点实验室主办。

9月26日

举行贯彻落实中央《关于加强新形势下党外代表人士队伍建设的意见》精神专题学习会。校党委副书记王小林主持会议,校党委书记朱之文与会讲话。

经全国博士后管委会专家组评审,人力资源和社会保障部、全国博士后管委会批准增设复旦大学考古学、世界史、生态学、统计学、软件工程、护理学等6个博士后科研流动站(以下简称流动站),批准确认中国史、数学、生物学、计算机科学与技术、临床医学等5个流动站。截至2012年12月,复旦大学获准设立的流动站达35个。

9月27日

复旦大学党委中心组扩大学习

会在光华楼东辅楼102报告厅举行。外交部原副部长、中国驻日本原大使、复旦大学特聘研究员、校友徐敦信应邀作“钓鱼岛问题与中日关系”辅导报告。

9月26—28日

举办5场岗位廉政教育座谈会，采取座谈会与自学两种方式，安排46位新任职处级领导干部参加(其中14位为轮岗正处级干部，27为新提任正处级干部，5位为副职重要岗位干部)。

9月28日

国内首家胰腺肿瘤研究所在复旦大学肿瘤医院正式成立。由复旦大学附属肿瘤医院、附属华山医院、附属华东医院和药学院4家单位共同组建，

10月

10月6日

举行新型自旋器件及其应用协同创新中心启动仪式。该中心由复旦大学牵头，南京大学、山东大学、电子科技大学、中国科学院物理所和中国科学院半导体所共同培育组建。

10月8日

举行复旦大学—UCLA社会生活比较研究中心揭牌仪式暨研讨会。UCLA校长Gene Block和复旦大学副校长林尚立共同为中心揭牌，UCLA副校长Cindy Fan和复旦大学副校长金力分别作主题演讲。

10月10日—11日

以教育部人事司副司长魏士强和厦门大学教育研究院院长刘海峰为组长的教育部检查组到校，就复旦大学国家教育体制改革试点项目进展情况和“三重一大”决策制度执行情况进行专项检查。

10月12日

复旦大学病理研究所揭牌成立。上海市卫生局副局长瞿介明、校党委副书记王小林等等与会致辞，刘彤华院士、顾健人院士出席活动。复旦大学附属肿瘤医院病理科主任杜祥任所长。

10月13日

举行复旦大学经济学系建系90周年庆典暨中国经济学发展创新论坛。校长杨玉良出席会议并致辞。

10月15日

英国《金融时报》(FT)发布2012年全球EMBA项目排名，复旦大学管理学院三个项目同时跻身全球百强。

10月16日

校党委中心组专题学习会在逸夫楼举行。会议主题是，学习中共中央总书记、国家主席、中央军委主席胡锦涛在今年7月23日省部级主要领导干部专题研讨班开班式上的重要讲话。

10月18日

复旦大学与甘肃省政府在兰州签订战略合作协议，双方将在教育、科技等重点领域实现高层次省校互动。

10月22日

举行《裘锡圭学术文集》新书发布会和学术研讨会。

复旦管理学奖励基金会颁奖典礼暨中国管理学年会开幕式在天津大礼堂举行。李岚清校友及基金会领导徐匡迪、成思危等出席活动并颁奖。

10月23日

复旦大学生命科学学院—华山医院联合研究院在华山医院成立。校党委书记朱之文，校长杨玉良，宝山区区委书记斯福民，常务副校长陈晓漫，副校长许征、金力出席签约仪式。

10月24日

与宝山区人民政府签订区校战略合作协议。

10月26日

举行复旦大学放射医学研究所建所50周年庆典。

10月29日—11月1日

“第十一届国际固态和集成电路会议”在西安召开，由国际电机工程师学会(IEEE)和复旦大学微电子系共同举办。

10月31日

校长杨玉良代表复旦大学与美国国家人文中心签订合作协议。

中国共产党党员、我国著名数学家，复旦大学教授，复旦大学原教务长、副校长严绍宗同志逝世。

11月

11月1日

公布《复旦大学2011年本科教学质量报告》。

11月3日

科技部党组成员、副部长陈小娅一行到校视察指导工作。校党委书记朱之文、校长杨玉良、副校长金力等参加座谈会。

11月9日

2012复旦发展论坛在上海举行。本次论坛的主题为“改革创造新格局”。哈佛大学费正清东亚研究中心前主任、著名中国问题专家傅高义，新加坡国立大学东亚研究所所长郑永年，中国作家协会副主席、复旦大学中文系教授王安忆，复旦发展研究院副院长张军在论坛上做主旨演讲，并围绕论坛主题，纵论中国未来经济、社会和文化发展战略与趋势。

11月15日

启动2013年国家自然科学基金申报组织工作。

11月16日

举行复旦大学附属儿科医院建院60周年庆典大会。

11月18日

举行复旦大学上海医学院创建85周年庆祝大会。

11月19日

召开传达学习党的十八大精神大会。十八大列席代表、校党委书记朱之文，十八大代表、高分子科学系党委副书记包涵分别传达党的十八大精神。校长杨玉良主持会议。

11月22日

举行复旦大学第六届学术委员会第三次全体会议。

11月20日

中国文化大学董事长张镜湖、校长吴万益一行30人到访。

11月27日

举办2013届毕业生“名校优企”大型综合性招聘会。

11月28日

由复旦大学专用集成电路与系统国家重点实验室副研究员虞志益和教授曾晓洋领导团队研究开发的24核“复芯(FU-CORE)”处理器被

国际固态电路会议(ISSCC)2013年会正式录用。

12月

12月4日

2012年复旦大学“一二·九”歌会决赛汇演在正大体育馆落幕。

12月5日

举行党的十八大精神专题辅导报告会。中共中央党校原副校长李君如教授应邀作题为“全面建成小康社会的政治宣言和行动纲领”的辅导报告。

12月9日

复旦大学第四十二次学生代表大会在逸夫科技楼报告厅举行。校党委副书记陈立民出席会议。

国务委员刘延东、教育部部长袁贵仁等一行,视察设立于奥克兰大学的孔子学院。国家汉办主任、孔子学院总部总干事许琳,奥克兰大学校长斯图尔特·麦卡琴(Stuart McCutcheon),我校副校长林尚立等陪同视察。

12月10日

复旦大学“外专千人”*David Waxman*教授获颁“国家特聘专家”证书。

党委党校校务委员会举行第一次会议。校党委书记、党校校长朱之文主持会议,校党委副书记、党校副校长陈立民、刘建中、王小林出席会议。

12月13日

上海复旦大学教育发展基金会第二届理事会第七次会议、2012复旦大学教育发展基金会(海外)董事会会议在复旦大学光华楼思源会议厅召开。

经国务院学位委员会批准,复旦大学正式授予复旦大学校友、复旦大学第一至第五届校董陈曾焘先生名誉博士学位。

举行纪念九三学社复旦大学基层组织成立60周年座谈会。九三学社中央副主席、上海市委主委、上海市副市长赵雯,中共复旦大学委员会书记朱之文出席会议并讲话。

12月14日

复旦大学附属中山医院教授樊嘉获第五届“十佳全国优秀科技工作者”称号。

12月15日

中文版《杜威全集》中期15卷本正式推出。该书由复旦大学哲学学院教授刘放桐主编、复旦大学杜威与美国哲学研究中心组翻译,华东师范大学出版社出版。

12月16日

复旦大学EMBA项目十周年庆典在上海国际会议中心举行。校党委书记朱之文出席活动并致辞。

复旦大学成立生物统计学与计算生物学系。

12月16—18日

在第七届全球孔子学院大会上,复旦大学获国内先进孔子学院合作单位称号。国务委员刘延东出席大会并为获奖单位和个人颁奖。

12月18日

“代谢性疾病协同创新中心”在复旦大学上海医学院揭牌。由复旦大学、上海交通大学、中国科学院上海生命科学研究院共同组建。

《自然·遗传学》(*Nature Genetics*)杂志在线发表由复旦大学遗传学研究所、遗传工程国家重点实验室教授余龙领衔完成的一项重大研究成果,确定人的STAT4和HLA-DQ基因是乙肝患者罹患肝癌的关键易感基因。

“病原微生物感染研究协同创新联合中心”在上海医学院挂牌成立。由复旦大学牵头,联合清华大学、中科院上海巴斯德研究所三方共同组建。

复旦大学附属华山医院北院建成开业。

12月20日

复旦大学微电子学系教授张卫课题组在22纳米CMOS关键技术先导的研发上取得突破性进展,提出多种超浅结源漏和先进互连的新工艺。

复旦大学全球健康研究所在枫林校区成立。副校长桂永浩、上海市卫生局副局长黄峰平为研究所揭牌。

复旦大学教师教学发展委员会第一次全体会议在逸夫科技楼举行。副校长陆昉出席会议并讲话。

12月22日

学校教学指导委员会召开会议,启动“复旦大学提高本科教育质量研究”专题调研工作。会议由教学指导委员会主任王卫平主持,副校长陆昉出席并讲话。

12月24日—25日

西藏大学党委书记房灵敏率一行7人访问复旦大学。党委书记朱之文、校长杨玉良分别会见。

12月25日

复旦大学获得邓小平理论研究和宣传优秀成果奖16项,哲学社会科学优秀成果奖79项。中国语言文学系教授王水照、国际关系与公共事务学院教授陈其人、经济学院教授洪远朋获学术贡献奖。

12月26日

截至2012年10月ESI数据库公布的数据,复旦大学入选ESI全球前1%学科总数达到15个,数量位居全国第二。

12月31日

根据中国科学院大连化学物理研究所的一项调研结果显示,复旦大学蛋白质组学研究处于国际排名第七,国内排名第一。

·统计数据·

2012 年复旦大学综合统计数据(1)

项　　目	数 量	单 位	项　　目	数 量	单 位
综合部分:			其中:邯郸校区	104.80	万平方米
1. 直属院(系)*	28	个	枫林校区	19.21	万平方米
2. 科研机构	415	个	江湾新校区	97.47	万平方米
其中:国家重点实验室	5	个	张江校区	22.82	万平方米
国家哲学社会科学创新基地	7	个	12. 建筑面积	198.55	万平方米
省部级设置的研究机构	65	个	其中:教学科研	59.30	万平方米
3. 普通本专科专业			教工单身宿舍	13.54	万平方米
本　科	69	个	**财务部分:**		
高　职	1	个	1. 固定资产	65.97	亿元
双学位	0	个	2. 财务收支情况		
4. 网络教育专业			本年总收入	46.65	亿元
专升本(非全日制)	11	个	本年总支出	39.44	亿元
第二本科	10	个	3. 资产状况		
高中起点专科	7	个	本年末资产	120.52	亿元
5. 继续教育专业			本年末负债	10.72	亿元
夜大学			本年末净资产	109.80	亿元
本　科	10	个	**对外交流:**		
专科升本科	28	个	1. 本年国际交流情况		
专　科	8	个	签订交流协议	17	个
自学考试			主办国际会议	54	次
本　科	6	个	2. 本年聘请专家情况		
专　科	5	个	名誉教授	3	人
6. 博士后流动站	35	个	顾问教授	1	人
7. 博士点			兼职教授	10	人
学术学位一级学科授权	35	个	3. 本年来华专家情况		
专业学位授权	2	个	长期专家	103	人
8. 硕士点			短期专家	680	人
学术学位一级学科授权	7	个	优秀学者授课项目	40	个
专业学位授权	24	个	4. 来访团组		
9. 一级学科国家重点学科	11	个	来宾批次	293	批次
二级学科国家重点学科	19	个	来宾人次	1 721	人次
10. 藏书	525	万册	4. 本年出国人员情况	6 073	人次
11. 占地面积	244.30	万平方米	国际会议	2 703	人次

续　表

项　　目	数　量	单　位	项　　目	数　量	单　位
合作研究	548	人次	延长事宜	35	人次
访问考察	607	人次	留学进修	1 622	人次
长期任教	8	人次	其他	264	人次
讲学、培训实习	286	人次	其中：学生出国(境)	2 246	人次

＊ 不含继续教育学院、网络教育学院

（学校办公室整理）

2012 年复旦大学综合统计数据(2)

项　　目	数　量	单　位	项　　目	数　量	单　位
在校学生数：	47 022	人	副研究员	90	人
(一) 研究生	15 599	人	3. 职　工	2 648	人
博士生	5 109	人	其中：正高级	37	人
硕士生	10 490	人	副高级	272	人
(二) 本专科生	12 799	人	(二) 中国科学院院士	27	人
本科生	12 069	人	中国工程院院士	10	人
专科生	710	人	(三) 长江学者	92	人
(三) 留学生	3 335	人	(四) 在职博士生指导教师	1 214	人
其中：攻读学位生	2 258	人	(五) 复旦大学杰出教授	2	人
(四) 网络教育学生	3 641	人	(六) 离退休人数	4 767	人
其中：本科生	2 821	人	其中：正副高级职称	2 140	人
(五) 成人教育学生	11 630	人	**科学研究部分(理科、医科)：**		
1. 业余	11 630	人	1. 专利授予	427	项
其中：本科生	10 864	人	2. 科研获奖	39	项
2. 脱产	0	人	其中：国家级	4	项
其中：本科生	0	人	省部级	35	项
其他人员：			3. 发表论文	7 221	篇
(一) 博士后在站人员	701	人	其中：国外学术刊物	4 259	篇
博士后出站人员	231	人	全国学术刊物	2 962	篇
累计博士后出站人员	2 148	人	4. 科技专著	66	部
(二) 自学考试毕业生	1 880	人	**科学研究部分(文科)：**		
其中：本科生	844	人	1. 提交有关部门报告数	80	篇
(三) 进修生结业生	0	人	其中：被采纳数	62	篇
(四) 短训班学生结业生	1 2328	人	2. 科研获奖	103	项
师资部分：			国家级	0	项
(一) 教职工总数(不含附属医院)	5 366	人	省部级	103	项
1. 专任教师	2 356	人	3. 发表论文	2 528	篇
其中：教　授	797	人	国外学术刊物	185	篇
副教授	799	人	国内学术刊物	2 314	篇
2. 专职科研人员	285	人	港澳台刊物	29	篇
其中：研究员	86	人	4. 发表译文	19	篇

续 表

项 目	数 量	单 位	项 目	数 量	单 位
5. 专著	130	部	7. 古籍整理	6	部
6. 译著	33	部	8. 电子出版物	3	件

（学校办公室整理）

2012 年复旦大学普通本专科分专业学生数统计

单位：人

专业名称	专业代码	年制	毕业生数	授予学位数	招生数				在校生数						预计毕业生数
					合计	其中：应届毕业生	其中：春季招生	其中：预科生转入	合计	一年级	二年级	三年级	四年级	五年级及以上	
总 计：	001		3 249	2 943	3 122	2 984	0	0	12 779	3 250	3 107	1 506	3 068	394	3 335
总计中：女	002		1 779	1 538	1 659	1 595	0	0	6 617	1 716	1 665	1 486	1 510	220	1 764
普通本科生	42100	0	3 015	2 943	2 887	2 754	0	0	12 069	3 056	2 872	2 679	3 068	394	3 095
本科中：女	421002	0	1 557	1 538	1 446	1 386	0	0	5 953	1 503	1 440	1 280	1 510	220	1 538
高中起点本科	42101	0	3 015	2 943	2 887	2 754	0	0	12 069	3 056	2 872	2 679	3 068	394	3 095
统计学	071601	4	40	39	0	0	0	0	43	0	0	1	42	0	42
化学	070301	4	70	66	0	0	0	0	225	0	92	60	73	0	73
临床医学	100301	8	110	110	102	98	0	0	686	102	119	128	112	225	118
临床医学	100301	6	1	1	0	0	0	0	2	0	0	0	0	2	2
临床医学	100301	5	64	59	0	0	0	0	235	0	72	1	81	81	81
材料物理	071301	4	27	27	0	0	0	0	62	0	18	18	26	0	26
历史学	060101	4	51	50	0	0	0	0	126	0	43	43	40	0	40
金融学	020104	4	101	101	0	0	0	0	219	0	65	62	92	0	92
社会学	030301	4	57	57	0	0	0	0	164	0	58	60	46	0	46
生物技术	070402	4	25	24	0	0	0	0	66	0	13	22	31	0	31
高分子材料与工程	080204	4	42	40	0	0	0	0	114	0	35	35	44	0	44
行政管理	110301	4	40	39	0	0	0	0	118	0	41	36	41	0	41
电气工程及其自动化	080601	4	35	33	0	0	0	0	103	0	36	34	33	0	33
国际经济与贸易	020102	4	85	84	0	0	0	0	207	0	63	70	74	0	74
生物医学工程	080607	4	14	14	0	0	0	0	41	0	15	15	11	0	11
数学与应用数学	070101	4	111	108	0	0	0	0	249	0	0	120	129	0	129
飞行器设计与工程	081501	4	13	13	0	0	0	0	47	0	9	17	21	0	21
软件工程	080611	4	36	32	87	82	0	0	281	88	73	72	48	0	48
软件工程	080611	4	45	44	0	0	0	0	38	0	0	0	38	0	38
思想政治教育	030404	4	17	17	0	0	0	0	40	0	13	12	15	0	15
思想政治教育	030404	4	0	0	0	0	0	0	30	0	0	30	0	0	0
广告学	050303	4	38	38	0	0	0	0	111	0	27	43	41	0	41
社会工作	030302	4	26	25	0	0	0	0	86	0	28	27	31	0	31
英语	050201	4	48	48	0	0	0	0	126	1	43	30	52	0	52

续　表

专业名称	专业代码	年制	毕业生数	授予学位数	招生数				在校生数						预计毕业生数
					合计	其中：应届毕业生	其中：春季招生	其中：预科生转入	合计	一年级	二年级	三年级	四年级	五年级及以上	
保险	020107	4	29	28	0	0	0	0	101	0	34	37	30	0	30
核技术	080508	4	0	0	31	31	0	0	93	30	20	24	19	0	19
信息与计算科学	070102	4	60	57	0	0	0	0	104	0	0	41	63	0	63
财务管理	110204	4	30	30	0	0	0	0	71	0	0	0	71	0	71
工商管理	110201	4	12	12	0	0	0	0	5	0	0	1	4	0	4
应用化学	070302	4	28	26	0	0	0	0	32	0	0	15	17	0	17
计算机科学与技术	080605	4	78	77	0	0	0	0	225	0	70	61	94	0	94
微电子学	071202	4	79	79	0	0	0	0	218	0	80	60	78	0	78
哲学	010101	4	37	36	0	0	0	0	95	0	38	24	33	0	33
哲学	010101	4	6	6	0	0	0	0	22	0	4	11	7	0	7
哲学	010101	4	0	0	0	0	0	0	35	0	0	0	35	0	35
护理学	100701	4	27	24	29	28	0	0	103	29	25	20	29	0	29
财政学	020103	4	35	35	0	0	0	0	121	0	36	39	46	0	46
新闻学	050301	4	56	55	0	0	0	0	215	0	60	75	80	0	80
新闻学	050301	4	5	5	36	36	0	0	76	36	34	5	1	0	1
生物科学	070401	4	116	110	0	0	0	0	306	0	99	103	104	0	104
光信息科学与技术	071203	4	25	25	0	0	0	0	76	0	27	25	24	0	24
电子信息科学与技术	071201	4	88	87	0	0	0	0	232	0	85	73	74	0	74
汉语言文学	050101	4	63	60	0	0	0	0	214	0	75	67	72	0	72
汉语言文学	050101	4	25	25	0	0	0	0	0	0	0	0	0	0	0
心理学	071501	4	22	22	20	20	0	0	86	20	21	24	21	0	21
德语	050203	4	19	19	24	24	0	0	79	26	14	20	19	0	19
朝鲜语	050209	4	17	17	17	17	0	0	44	17	14	0	13	0	13
俄语	050202	4	13	13	17	17	0	0	58	17	15	11	15	0	15
市场营销	110202	4	3	2	0	0	0	0	8	0	0	0	8	0	8
力学类	071197	4	0	0	60	57	0	0	64	64	0	0	0	0	0
经济学	020101	4	73	73	0	0	0	0	202	0	62	62	78	0	78
经济学	020101	4	23	22	0	0	0	0	79	0	32	19	28	0	28
会计学	110203	4	41	41	0	0	0	0	39	0	0	0	39	0	39
材料化学	071302	4	10	10	0	0	0	0	65	0	18	29	18	0	18
法医学	100601	5	14	12	0	0	0	0	25	0	4	2	7	12	12
博物馆学	060104	4	29	28	0	0	0	0	69	0	24	19	26	0	26
环境科学	071401	4	56	55	62	61	0	0	161	62	47	22	30	0	30
环境科学	071401	4	0	0	0	0	0	0	30	0	0	14	16	0	16
环境科学	071401	4	0	0	0	0	0	0	17	0	0	6	11	0	11

续　表

专业名称	专业代码	年制	毕业生数	授予学位数	招生数				在校生数						预计毕业生数
					合计	其中：应届毕业生	其中：春季招生	其中：预科生转入	合计	一年级	二年级	三年级	四年级	五年级及以上	
广播电视新闻学	050302	4	40	40	0	0	0	0	76	0	25	25	26	0	26
旅游管理	110206	4	34	34	0	0	0	0	115	0	51	36	28	0	28
理论与应用力学	071101	4	26	25	0	0	0	0	63	0	15	26	22	0	22
电子科学与技术	080606	4	16	16	0	0	0	0	50	0	12	19	19	0	19
翻译	050255	4	16	16	0	0	0	0	36	1	9	11	15	0	15
药学	100801	4	56	53	0	0	0	0	177	0	72	46	59	0	59
药学	100801	4	0	0	0	0	0	0	18	0	0	8	10	0	10
基础医学	100101	5	22	19	0	0	0	0	65	0	15	3	20	27	27
临床医学与医学技术类新专业	100399	5	0	0	278	256	0	0	298	298	0	0	0	0	0
预防医学	100201	5	55	53	0	0	0	0	186	0	63	36	40	47	47
艺术设计	050408	4	25	23	0	0	0	0	28	0	0	0	28	0	28
物理学	070201	4	92	91	0	0	0	0	280	0	89	84	107	0	107
信息管理与信息系统	110102	4	15	15	0	0	0	0	5	0	0	0	5	0	5
数学类	070197	4	0	0	160	155	0	0	376	179	197	0	0	0	0
物理学类	070297	4	0	0	412	400	0	0	428	428	0	0	0	0	0
历史学类	060197	4	0	0	69	69	0	0	76	76	0	0	0	0	0
外国语言文学类	050297	4	0	0	55	55	0	0	56	55	1	0	0	0	0
新闻传播学类	050397	4	0	0	96	84	0	0	96	96	0	0	0	0	0
中国语言文学类	050197	4	0	0	80	80	0	0	83	83	0	0	0	0	0
临床医学与医学技术类	100397	5	0	0	0	0	0	0	88	0	1	87	0	0	0
哲学类	010197	4	0	0	56	56	0	0	58	57	0	1	0	0	0
通信工程	080604	4	49	49	0	0	0	0	138	0	50	45	43	0	43
信息安全	071205	4	31	30	0	0	0	0	68	0	16	27	25	0	25
信息安全	071205	4	0	0	0	0	0	0	17	0	11	5	1	0	1
国际政治	030402	4	46	46	0	0	0	0	150	0	58	38	54	0	54
政治学与行政学	030401	4	17	17	0	0	0	0	66	0	27	17	22	0	22
法语	050204	4	18	18	26	25	0	0	70	27	16	16	11	0	11
汉语言	050102	4	24	24	0	0	0	0	58	0	24	19	15	0	15
公共事业管理	110302	4	23	20	0	0	0	0	51	0	10	18	23	0	23
管理科学	110101	4	37	37	0	0	0	0	20	0	0	0	20	0	20
法学	030101	4	103	102	100	92	0	0	405	101	113	99	92	0	92
日语	050207	4	16	16	17	17	0	0	66	18	18	13	17	0	17
传播学	050305	4	31	31	0	0	0	0	106	0	39	32	35	0	35
宗教学	010103	4	8	8	0	0	0	0	9	0	2	7	0	0	0

续 表

专业名称	专业代码	年制	毕业生数	授予学位数	招生数 合计	其中：应届毕业生	其中：春季招生	其中：预科生转入	在校生数 合计	一年级	二年级	三年级	四年级	五年级及以上	预计毕业生数
法学类	030197	4	0	0	200	184	0	0	202	202	0	0	0	0	0
电气信息类	080697	4	0	0	452	436	0	0	468	468	0	0	0	0	0
工商管理类	110297	4	0	0	0	0	0	0	251	0	137	114	0	0	0
管理科学与工程类	110197	4	0	0	0	0	0	0	2	0	0	2	0	0	0
经济学类	020197	4	0	0	401	374	0	0	475	475	0	0	0	0	0
普通专科生	41100	0	234	0	235	230	0	0	710	235	235	240	0	0	240
专科中：女	411002	0	222	0	213	209	0	0	664	213	225	226	0	0	226
高中起点专科	41101	0	234	0	235	230	0	0	710	235	235	240	0	0	240
护理	630201	3	234	0	235	230	0	0	710	235	235	240	0	0	240

（复旦学院供稿）

2012 年复旦大学授予学生学士学位情况统计(1)

单位：人

毕业人数 合计	毕业人数 本科	毕业人数 专科	结业人数 本科	结业人数 专科	未授予学位数	授予学位数 授予数	授予学位比率(%)
3 249	3 015	234	46	0	72	2 943	97.61%

注：未含网络教育学院和继续教育学院。

（教务处供稿）

2012 年复旦大学授予学生学士学位情况统计(2)

单位：人

学科	文学	历史学	经济学	法学	哲学	理学	工学	医学	管理学	小计
人数	448	78	343	303	50	1 105	171	254	191	2 943

注：未含网络教育学院和继续教育学院数据。

（教务处供稿）

2012 年复旦大学全国高考分省市录取分数统计

省市	文史 最高分	文史 平均分	文史 最低分	理工 最高分	理工 平均分	理工 最低分	省市	文史 最高分	文史 平均分	文史 最低分	理工 最高分	理工 平均分	理工 最低分
安徽	652	648	645	672	667	663	黑龙江	646	631	623	682	660	647
北京	614	604	598	680	651	640	湖北	637	636	635	666	661	658
福建	651	644	640	675	669	662	湖南	656	652	650	658	652	647
甘肃	621	614	611	656	650	646	吉林	637	634	630	669	664	659
广东	666	661	658	684	676	664	江苏	410	400	397	415	407	404
广西	641	637	634	670	662	658	江西	645	641	638	674	666	661
贵州	647	644	640	660	655	650	辽宁	650	644	640	677	663	654
海南	857	847	839	848	840	832	内蒙古	616	608	599	661	652	622
河北	652	648	644	687	682	675	宁夏	604	604	604	617	608	601
河南	637	634	632	672	658	653	青海	574	573	572	630	629	628

续 表

省 市	文史			理工			省 市	文史			理工		
	最高分	平均分	最低分	最高分	平均分	最低分		最高分	平均分	最低分	最高分	平均分	最低分
山 东	663	660	658	696	692	688	新 疆	605	602	597	677	638	629
山 西	612	608	604	652	645	642	新疆民考汉	581	576	566	619	606	598
陕 西	653	651	649	687	683	680	新疆实验班	—	—	—	616	558	511
上 海	525	509	497	534	519	506	云 南	654	646	639	664	655	650
四 川	628	603	595	658	644	636	浙 江	697	694	692	721	717	713
天 津	673	668	665	691	688	685	重 庆	657	652	648	673	667	662
西藏(汉)	578	571	564	—	—	—	港澳台	609	607	605	617	609	599
西藏(民)	483	483	483	—	—	—							

注：本统计中最低录取分数线按1∶1招生计划确定，分数统计基于高考投档成绩。

（复旦学院供稿）

2012复旦大学上海市高考分专业录取分数统计

科 类	编 码	专 业 名 称	最高分	平均分	最低分
文史类	001	朝鲜语(提前批)	515	494	489
	002	俄语(提前批)	511	504	499
	003	护理学(提前批)	469	461	452
	004	思想政治教育(提前批)	511	507	504
	01	德语	503	503	503
	02	法学	524	518	511
	03	法语	512	505	498
	04	经济管理试验班	525	508	497
	05	新闻传播学类	525	510	503
	701	护理(高职)	321	292	282
理工类	051	核技术(提前批)	521	504	498
	052	护理学(提前批)	450	438	425
	053	思想政治教育(提前批)	521	511	507
	51	技术科学试验班	523	523	523
	52	经济管理试验班	529	518	506
	53	社会科学试验班	519	518	517
	54	数学类	532	522	512
	55	新闻传播学类	526	525	524
	56	自然科学试验班	534	519	508
	751	护理(高职)	328	264	202

注：1. 本统仅供高考填报志愿参考。
2. 由于招生计划限制，遇同分时由系统随机投档，因此存在同分未进同专业情况。
3. 本统计包含1∶1以内生源，追加计划投档情况不作统计。
4. 含校内加分因素。

（复旦学院供稿）

2012年复旦大学分办学形式研究生数统计

单位：人

	毕业生数	授予学位数	招生数		在校学生数				预计毕业生数
			总计	应届生	总计	一年级	二年级	三年级	
总　计	4 042	3 932	5 052	3 253	15 599	5 162	4 984	5 453	5 453
总计中：女	1 909	1 871	2 526	1 740	7 542	2 594	2 490	2 458	2 458
学术型学位博士	929	894	1 292	795	4 780	1 292	1 141	2 347	2 347
国家任务学术型学位博士	899	859	1 236	791	4 494	1 236	1 080	2 178	2 178
委托培养学术型学位博士	20	22	47	1	193	47	47	99	99
自筹经费学术型学位博士	10	13	9	3	93	9	14	70	70
学术型学位硕士	1 902	1 840	1 803	1 522	5 916	1 803	2 046	2 067	2 067
国家任务学术型学位硕士	1 674	1 618	1 716	1 487	5 365	1 716	1 890	1 759	1 759
委托培养学术型学位硕士	146	142	38	0	251	38	45	168	168
自筹经费学术型学位硕士	82	80	49	35	300	49	111	140	140
专业学位博士	140	138	38	27	329	148	140	41	41
国家任务专业学位博士	140	138	35	27	325	145	140	40	40
委托培养专业学位博士	0	0	3	0	3	3	0	0	0
自筹经费专业学位博士	0	0	0	0	1	0	0	1	1
专业学位硕士	1 071	1 060	1 919	909	4 574	1 919	1 657	998	998
国家任务专业学位硕士	85	85	262	233	655	262	333	60	60
委托培养专业学位硕士	288	289	646	2	1 726	646	561	519	519
自筹经费专业学位硕士	698	686	1 011	674	2 193	1 011	763	419	419

（研究生院供稿）

2012年复旦大学攻读博士学位研究生分学科、分专业学生数统计

单位：人

专业名称	专业代码	年制	毕业生数	授予学位数	招生数		在校生数				预计毕业生数
					总计	应届生	合计	一年级	二年级	三年级及以上	
总　计	43200	0	1 069	1 032	1 330	822	5 109	1 440	1 281	2 388	2 388
总计中：女	432002	0	445	443	518	326	2 087	586	538	963	963
学术型学位博士	43210	0	929	894	1 292	795	4 780	1 292	1 141	2 347	2 347
其中：女	432102	0	371	368	500	311	1 912	500	465	947	947
国家任务学术型学位博士	43211	0	899	859	1 236	791	4 494	1 236	1 080	2 178	2 178
生物信息学	071099	3	3	1	4	4	15	4	4	7	7
人类生物学	071099	3	0	1	1	1	4	1	0	3	3
人口史	060399	3	0	0	1	1	7	1	2	4	4
马克思主义哲学	010101	3	9	9	9	5	32	9	9	14	14
中国哲学	010102	3	4	6	3	1	20	3	7	10	10
外国哲学	010103	3	10	11	12	6	49	12	10	27	27
伦理学	010105	3	2	2	1	1	4	1	2	1	1
宗教学	010107	3	3	3	3	1	13	3	2	8	8
科学技术哲学	010108	3	3	3	2	1	8	2	2	4	4
国外马克思主义	010199	3	4	4	4	2	9	4	3	2	2

续 表

专业名称	专业代码	年制	毕业生数	授予学位数	招生数		在校生数				预计毕业生数
					总计	应届生	合计	一年级	二年级	三年级及以上	
经济哲学	010199	3	0	0	1	1	2	1	0	1	1
理论经济学	020197	3	0	0	23	15	23	23	0	0	0
政治经济学	020101	3	4	4	0	0	17	0	5	12	12
经济思想史	020102	3	1	1	0	0	0	0	0	0	0
西方经济学	020104	3	4	4	0	0	20	0	7	13	13
世界经济	020105	3	3	3	0	0	13	0	3	10	10
人口、资源与环境经济学	020106	3	7	6	5	1	14	5	1	8	8
应用经济学	020297	3	0	0	24	20	27	24	3	0	0
国民经济学	020201	3	5	5	0	0	6	0	2	4	4
区域经济学	020202	3	0	0	0	0	1	0	1	0	0
金融学	020204	3	6	4	0	0	23	0	9	14	14
产业经济学	020205	3	5	6	0	0	13	0	0	13	13
国际贸易学	020206	3	2	2	0	0	8	0	2	6	6
统计学	020208	3	1	1	0	0	1	0	0	1	1
数量经济学	020209	3	2	2	0	0	1	0	1	0	0
金融管理与金融工程	020299	3	1	1	0	0	0	0	0	0	0
产业组织学	020299	3	1	1	0	0	3	0	1	2	2
民商法学	030105	3	8	8	16	5	48	16	16	16	16
国际法学	030109	3	7	8	8	3	27	8	7	12	12
政治学理论	030201	3	7	8	6	3	27	6	7	14	14
中外政治制度	030202	3	4	5	3	2	14	3	2	9	9
中共党史	030204	3	3	3	2	1	9	2	3	4	4
国际政治	030206	3	5	5	7	2	38	7	6	25	25
国际关系	030207	3	9	8	4	2	18	4	2	12	12
外交学	030208	3	4	4	3	1	10	3	1	6	6
社会学	030301	3	6	6	8	1	37	8	8	21	21
马克思主义基本原理	030501	3	2	2	5	1	17	5	6	6	6
马克思主义中国化研究	030503	3	1	1	1	0	7	1	2	4	4
思想政治教育	030505	3	6	6	11	1	36	11	12	13	13
文艺学	050101	3	11	11	6	4	17	6	4	7	7
语言学及应用语言学	050102	3	1	1	3	0	15	3	2	10	10
汉语言文字学	050103	3	7	7	6	2	32	6	9	17	17
中国古典文献学	050104	3	3	3	3	2	21	3	7	11	11
中国古代文学	050105	3	5	5	11	8	48	11	9	28	28
中国现当代文学	050106	3	5	5	8	4	22	8	4	10	10
比较文学与世界文学	050108	3	4	4	5	3	26	5	6	15	15
中国文学批评史	050199	3	0	0	3	2	15	3	4	8	8
艺术人类学与民间文学	050199	3	4	4	3	1	10	3	1	6	6

续　表

专业名称	专业代码	年制	毕业生数	授予学位数	招生数		在校生数				预计毕业生数
					总计	应届生	合计	一年级	二年级	三年级及以上	
现代汉语语言学	050199	3	1	1	0	0	6	0	3	3	3
影视文学	050199	3	0	0	0	0	4	0	2	2	2
中国文学古今演变	050199	3	2	2	2	2	6	2	2	2	2
英语语言文学	050201	3	6	5	9	1	32	9	6	17	17
外国语言学及应用语言学	050211	3	6	6	4	1	33	4	8	21	21
新闻学	050301	3	13	13	8	1	34	8	6	20	20
传播学	050302	3	5	5	9	6	33	9	7	17	17
广播电视学	050399	3	3	4	1	1	14	1	4	9	9
媒介管理学	050399	3	2	2	1	0	5	1	1	3	3
考古学	060197	3	1	1	7	3	20	7	4	9	9
史学理论及史学史	060201	3	4	3	0	0	8	0	1	7	7
历史地理学	060206	3	7	9	0	0	35	0	12	23	23
历史文献学	060202	3	0	0	0	0	6	0	2	4	4
专门史	060203	3	4	4	0	0	21	0	3	18	18
中国古代史	060204	3	3	2	0	0	22	0	5	17	17
中国近现代史	060205	3	2	2	0	0	28	0	7	21	21
世界史	060397	3	5	5	7	4	26	7	5	14	14
中国史	060297	3	0	0	34	24	37	34	1	2	2
文物学	060299	3	2	2	0	0	13	0	4	9	9
基础数学	070101	3	16	15	24	21	67	24	17	26	26
计算数学	070102	3	3	3	17	17	37	17	5	15	15
概率论与数理统计	070103	3	4	3	8	7	18	8	3	7	7
应用数学	070104	3	6	6	20	20	41	20	9	12	12
运筹学与控制论	070105	3	5	6	7	7	16	7	2	7	7
理论物理	070201	3	9	12	22	21	75	22	14	39	39
粒子物理与原子核物理	070202	3	1	3	1	0	5	1	2	2	2
原子与分子物理	070203	3	4	2	6	5	20	6	7	7	7
凝聚态物理	070205	3	13	15	43	42	115	43	25	47	47
光学	070207	3	6	9	31	26	80	31	18	31	31
无机化学	070301	3	9	10	20	18	68	20	18	30	30
分析化学	070302	3	7	8	11	8	37	11	7	19	19
有机化学	070303	3	15	16	11	9	37	11	9	17	17
物理化学	070304	3	18	17	25	24	72	25	15	32	32
高分子化学与物理	070305	3	28	23	35	30	122	35	28	59	59
化学生物学	070399	3	11	11	8	7	32	8	8	16	16
应用化学	070399	3	1	1	2	2	8	2	3	3	3
植物学	071001	3	3	1	5	3	19	5	6	8	8
生理学	071003	3	2	6	4	3	16	4	4	8	8

续　表

专业名称	专业代码	年制	毕业生数	授予学位数	招生数 总计	招生数 应届生	在校生数 合计	在校生数 一年级	在校生数 二年级	在校生数 三年级及以上	预计毕业生数
微生物学	071005	3	4	1	3	3	16	3	5	8	8
遗传学	071007	3	29	30	24	19	120	24	28	68	68
神经生物学	071006	3	17	10	19	16	84	19	27	38	38
发育生物学	071008	3	7	2	7	7	21	7	2	12	12
生物化学与分子生物学	071010	3	34	36	44	41	159	44	43	72	72
生物物理学	071011	3	3	2	4	3	11	4	3	4	4
生态学	071397	3	7	7	8	6	32	8	11	13	13
流体力学	080103	3	6	4	6	5	42	6	7	29	29
材料物理与化学	080501	3	7	7	13	9	50	13	18	19	19
物理电子学	080901	3	4	5	9	6	38	9	7	22	22
电路与系统	080902	3	3	2	6	5	31	6	7	18	18
微电子学与固体电子学	080903	3	23	25	20	15	87	20	21	46	46
电磁场与微波技术	080904	3	0	0	3	2	16	3	5	8	8
计算机系统结构	081201	3	5	5	1	0	14	1	3	10	10
计算机软件与理论	081202	3	13	12	23	14	109	23	16	70	70
计算机应用技术	081203	3	9	9	8	4	40	8	6	26	26
环境科学	083001	3	6	7	22	11	69	22	18	29	29
生物医学工程	083197	3	2	1	1	1	7	1	1	5	5
医学电子学	083199	3	4	4	4	3	12	4	2	6	6
生物力学	083199	3	2	2	1	1	5	1	1	3	3
人体解剖与组织胚胎学	100101	3	3	3	6	3	17	6	6	5	5
免疫学	100102	3	2	1	8	6	20	8	6	6	6
病原生物学	100103	3	10	14	21	12	63	21	18	24	24
病理学与病理生理学	100104	3	8	7	11	8	36	11	12	13	13
法医学	100105	3	4	3	3	2	10	3	2	5	5
放射医学	100106	3	1	1	3	2	13	3	2	8	8
分子医学	100199	3	3	2	3	1	9	3	2	4	4
医学信息学	100199	3	3	2	2	0	3	2	0	1	1
疾病蛋白组学	100199	3	1	1	18	17	59	18	16	25	25
内科学	100201	3	48	41	47	15	161	47	40	74	74
儿科学	100202	3	15	12	18	4	74	18	18	38	38
神经病学	100204	3	7	6	8	0	25	8	8	9	9
精神病与精神卫生学	100205	3	1	1	1	0	7	1	3	3	3
皮肤病与性病学	100206	3	5	4	3	2	10	3	4	3	3
影像医学与核医学	100207	3	10	10	17	1	52	17	13	22	22
临床检验诊断学	100208	3	0	0	1	0	4	1	3	0	0
外科学	100210	3	41	34	46	18	171	46	43	82	82
妇产科学	100211	3	8	7	10	6	34	10	9	15	15

续 表

专业名称	专业代码	年制	毕业生数	授予学位数	招生数		在校生数				预计毕业生数
					总计	应届生	合计	一年级	二年级	三年级及以上	
眼科学	100212	3	11	12	11	7	30	11	9	10	10
耳鼻咽喉科学	100213	3	12	11	20	11	50	20	14	16	16
肿瘤学	100214	3	19	14	26	9	94	26	27	41	41
康复医学与理疗学	100215	3	2	2	2	2	7	2	1	4	4
运动医学	100216	3	2	2	1	1	3	1	1	1	1
麻醉学	100217	3	4	3	4	1	15	4	4	7	7
流行病与卫生统计学	100401	3	12	9	11	2	43	11	11	21	21
劳动卫生与环境卫生学	100402	3	3	3	4	4	19	4	7	8	8
营养与食品卫生学	100403	3	3	2	0	0	6	0	2	4	4
儿少卫生与妇幼保健学	100404	3	2	2	2	1	9	2	1	6	6
卫生毒理学	100405	3	1	2	1	0	6	1	1	4	4
中西医结合基础	100601	3	4	3	3	3	7	3	1	3	3
中西医结合临床	100602	3	6	2	5	3	16	5	8	3	3
药物化学	100701	3	2	4	12	10	27	12	6	9	9
药剂学	100702	3	11	11	6	4	36	6	10	20	20
生药学	100703	3	1	1	3	3	8	3	1	4	4
药理学	100706	3	5	5	17	10	49	17	12	20	20
管理科学与工程	120197	3	2	4	10	9	41	10	8	23	23
物流与运营管理	120199	3	0	0	0	0	3	0	0	3	3
工商管理	120297	3	0	0	20	13	38	20	18	0	0
会计学	120201	3	2	4	0	0	10	0	0	10	10
企业管理	120202	3	10	9	0	0	30	0	0	30	30
旅游管理	120203	3	1	1	2	0	7	2	2	3	3
东方管理学	120299	3	0	0	0	0	9	0	0	9	9
行政管理	120401	3	3	2	3	3	20	3	4	13	13
社会医学与卫生事业管理	120402	3	11	8	14	3	38	14	10	14	14
社会管理与社会政策	120499	3	6	6	6	1	36	6	5	25	25
公共政策	120499	3	0	0	4	2	11	4	4	3	3
委托培养学术型学位博士	43212	0	20	22	47	1	193	47	47	99	99
生物信息学	071099	3	0	0	1	0	1	1	0	0	0
理论经济学	020197	3	0	0	6	1	6	6	0	0	0
马克思主义哲学	010101	3	0	0	1	0	3	1	0	2	2
中国哲学	010102	3	0	0	0	0	3	0	0	3	3
宗教学	010107	3	0	0	0	0	2	0	1	1	1
科学技术哲学	010108	3	0	0	0	0	1	0	0	1	1
国外马克思主义	010199	3	0	0	0	0	1	0	0	1	1
政治经济学	020101	3	3	3	0	0	5	0	1	4	4
经济思想史	020102	3	0	0	0	0	3	0	1	2	2

续　表

专业名称	专业代码	年制	毕业生数	授予学位数	招生数		在校生数				预计毕业生数
					总计	应届生	合计	一年级	二年级	三年级及以上	
西方经济学	020104	3	0	0	0	0	6	0	2	4	4
世界经济	020105	3	1	1	0	0	11	0	5	6	6
人口、资源与环境经济学	020106	3	0	0	0	0	1	0	1	0	0
应用经济学	020297	3	0	0	2	0	2	2	0	0	0
国民经济学	020201	3	0	0	0	0	1	0	0	1	1
金融学	020204	3	0	1	0	0	10	0	1	9	9
产业经济学	020205	3	1	1	0	0	5	0	0	5	5
产业组织学	020299	3	1	1	0	0	1	0	1	0	0
民商法学	030105	3	1	1	0	0	4	0	1	3	3
国际法学	030109	3	1	1	0	0	1	0	1	0	0
政治学理论	030201	3	1	1	0	0	0	0	0	0	0
国际关系	030207	3	0	0	0	0	1	0	1	0	0
社会学	030301	3	0	0	1	0	1	1	0	0	0
中国古代文学	050105	3	0	0	0	0	1	0	0	1	1
中国文学古今演变	050199	3	1	1	0	0	1	0	0	1	1
英语语言文学	050201	3	0	0	0	0	1	0	0	1	1
新闻学	050301	3	1	1	0	0	2	0	1	1	1
传播学	050302	3	0	0	0	0	2	0	1	1	1
媒介管理学	050399	3	0	0	0	0	1	0	1	0	0
历史地理学	060206	3	0	0	0	0	3	0	0	3	3
专门史	060203	3	0	0	0	0	2	0	1	1	1
中国古代史	060204	3	1	1	0	0	0	0	0	0	0
中国近现代史	060205	3	0	0	0	0	1	0	1	0	0
世界史	060397	3	0	0	0	0	2	0	1	1	1
中国史	060297	3	0	0	5	0	5	5	0	0	0
粒子物理与原子核物理	070202	3	0	0	1	0	1	1	0	0	0
凝聚态物理	070205	3	0	0	1	0	1	1	0	0	0
光学	070207	3	0	0	1	0	1	1	0	0	0
有机化学	070303	3	0	0	0	0	1	0	1	0	0
物理化学	070304	3	0	0	2	0	5	2	2	1	1
高分子化学与物理	070305	3	1	1	0	0	2	0	0	2	2
微生物学	071005	3	0	1	2	0	2	2	0	0	0
神经生物学	071006	3	0	0	0	0	1	0	0	1	1
遗传学	071007	3	0	0	0	0	2	0	0	2	2
生物化学与分子生物学	071010	3	0	0	0	0	2	0	0	2	2
生态学	071397	3	1	1	2	0	3	2	0	1	1
材料物理与化学	080501	3	0	0	0	0	1	0	0	1	1
物理电子学	080901	3	0	0	1	0	2	1	1	0	0

续　表

专业名称	专业代码	年制	毕业生数	授予学位数	招生数		在校生数				预计毕业生数
					总计	应届生	合计	一年级	二年级	三年级及以上	
电路与系统	080902	3	0	0	1	0	2	1	0	1	1
微电子学与固体电子学	080903	3	1	1	7	0	19	7	5	7	7
电磁场与微波技术	080904	3	0	0	2	0	2	2	0	0	0
计算机系统结构	081201	3	0	0	0	0	1	0	0	1	1
计算机软件与理论	081202	3	0	0	1	0	9	1	1	7	7
计算机应用技术	081203	3	0	0	1	0	5	1	1	3	3
环境科学	083001	3	1	1	1	0	5	1	2	2	2
生物力学	083199	3	0	0	1	0	2	1	0	1	1
医学信息学	100199	3	0	0	0	0	1	0	1	0	0
内科学	100201	3	0	0	0	0	1	0	1	0	0
影像医学与核医学	100207	3	1	1	0	0	3	0	2	1	1
外科学	100210	3	1	0	1	0	2	1	1	0	0
妇产科学	100211	3	0	0	0	0	1	0	0	1	1
耳鼻咽喉科学	100213	3	0	0	0	0	1	0	1	0	0
康复医学与理疗学	100215	3	0	0	0	0	1	0	0	1	1
肿瘤学	100214	3	1	1	0	0	0	0	0	0	0
流行病与卫生统计学	100401	3	0	0	0	0	1	0	1	0	0
中西医结合基础	100601	3	0	0	0	0	1	0	0	1	1
药物化学	100701	3	0	0	1	0	3	1	1	1	1
药剂学	100702	3	1	1	3	0	3	3	0	0	0
药理学	100706	3	0	0	2	0	3	2	1	0	0
管理科学与工程	120197	3	0	1	0	0	3	0	0	3	3
工商管理	120297	3	0	0	0	0	1	0	1	0	0
会计学	120201	3	0	0	0	0	1	0	0	1	1
企业管理	120202	3	0	0	0	0	3	0	0	3	3
东方管理学	120299	3	0	0	0	0	1	0	0	1	1
社会医学与卫生事业管理	120402	3	0	0	0	0	2	0	2	0	0
社会管理与社会政策	120499	3	0	0	0	0	2	0	0	2	2
自筹经费学术型学位博士	43213	0	10	13	9	3	93	9	14	70	70
世界经济	020105	3	2	2	0	0	1	0	0	1	1
人口、资源与环境经济学	020106	3	0	0	0	0	1	0	0	1	1
金融学	020204	3	0	0	0	0	4	0	3	1	1
产业经济学	020205	3	0	0	0	0	4	0	0	4	4
民商法学	030105	3	0	0	0	0	1	0	0	1	1
国际法学	030109	3	0	0	0	0	2	0	0	2	2
政治学理论	030201	3	0	0	0	0	2	0	0	2	2
国际政治	030206	3	1	0	0	0	2	0	0	2	2
国际关系	030207	3	0	0	0	0	3	0	0	3	3

续　表

专　业　名　称	专业代码	年制	毕业生数	授予学位数	招生数		在校生数				预计毕业生数
					总计	应届生	合计	一年级	二年级	三年级及以上	
社会学	030301	3	0	0	0	0	4	0	0	4	4
文艺学	050101	3	1	1	0	0	0	0	0	0	0
汉语言文字学	050103	3	0	0	0	0	2	0	0	2	2
中国古典文献学	050104	3	0	0	1	0	1	1	0	0	0
中国古代文学	050105	3	1	1	0	0	3	0	0	3	3
中国现当代文学	050106	3	0	0	1	0	1	1	0	0	0
比较文学与世界文学	050108	3	0	0	0	0	2	0	1	1	1
新闻学	050301	3	1	1	0	0	3	0	1	2	2
传播学	050302	3	0	1	1	1	4	1	1	2	2
广播电视学	050399	3	0	0	0	0	2	0	1	1	1
媒介管理学	050399	3	0	0	0	0	1	0	0	1	1
文物学	060199	3	0	0	0	0	2	0	0	2	2
专门史	060203	3	0	0	0	0	1	0	0	1	1
中国古代史	060204	3	0	0	0	0	1	0	0	1	1
中国近现代史	060205	3	0	0	0	0	3	0	0	3	3
考古学	060197	3	0	0	0	0	3	0	2	1	1
中国史	060297	3	0	0	1	0	1	1	0	0	0
化学生物学	070399	3	0	0	0	0	1	0	0	1	1
材料物理与化学	080501	3	0	0	0	0	2	0	0	2	2
微电子学与固体电子学	080903	3	0	0	1	0	7	1	4	2	2
内科学	100201	3	1	0	0	0	0	0	0	0	0
皮肤病与性病学	100206	3	0	0	1	1	1	1	0	0	0
外科学	100210	3	0	0	2	1	3	2	0	1	1
眼科学	100212	3	0	0	0	0	1	0	0	1	1
耳鼻咽喉科学	100213	3	0	0	0	0	1	0	0	1	1
管理科学与工程	120197	3	0	0	0	0	2	0	0	2	2
物流与运营管理	120199	3	0	0	0	0	1	0	0	1	1
会计学	120201	3	0	1	0	0	1	0	0	1	1
企业管理	120202	3	2	4	0	0	8	0	0	8	8
旅游管理	120203	3	0	0	0	0	2	0	1	1	1
东方管理学	120299	3	0	0	0	0	6	0	0	6	6
社会医学与卫生事业管理	120402	3	0	0	0	0	2	0	0	2	2
社会管理与社会政策	120499	3	1	1	0	0	0	0	0	0	0
公共政策	120499	3	0	0	1	0	1	1	0	0	0
外国哲学	010103	3	0	1	0	0	0	0	0	0	0
专业学位博士	43220	0	140	138	38	27	329	148	140	41	41
其中：女	432202	0	74	75	18	15	175	86	73	16	16
国家任务专业学位博士	43221	0	140	138	35	27	325	145	140	40	40

续 表

专业名称	专业代码	年制	毕业生数	授予学位数	招生数		在校生数				预计毕业生数
					总计	应届生	合计	一年级	二年级	三年级及以上	
工程	085200	3	0	0	8	0	8	8	0	0	0
临床医学	105100	3	140	138	27	27	317	137	140	40	40
委托培养专业学位博士	43222	0	0	0	3	0	3	3	0	0	0
工程	085200	3	0	0	3	0	3	3	0	0	0
自筹经费专业学位博士	43223	0	0	0	0	0	1	0	0	1	1
临床医学	105100	3	0	0	0	0	1	0	0	1	1

（研究生院供稿）

2012年复旦大学攻读硕士学位研究生分学科、分专业学生数统计

单位：人

专业名称	专业代码	年制	毕业生数	授予学位数	招生数		在校生数				
					合计	应届生	合计	一年级	二年级	三年级及以上	
总　计	43100	0	2 973	2 900	3 722	2 431	10 490	3 722	3 703	3 065	3 065
总计中：女	431002	0	1 464	1 428	2 008	1 414	5 455	2 008	1 952	1 495	1 495
学术型学位硕士	43110	0	1 902	1 840	1 803	1 522	5 916	1 803	2 046	2 067	2 067
其中：女	431102	0	966	937	993	870	3 103	993	1 077	1 033	1 033
国家任务学术型学位硕士	43111	0	1 674	1 618	1 716	1 487	5 365	1 716	1 890	1 759	1 759
教育学新专业	040199	3	0	0	7	2	17	7	5	5	5
新闻传播学新专业	050399	3	1	1	0	0	4	0	3	1	1
新闻传播学新专业	050399	3	1	1	0	0	6	0	0	6	6
考古学	060197	3	6	6	8	5	19	8	5	6	6
工商管理新专业	120299	3	48	48	47	40	92	47	42	3	3
工商管理新专业	120299	3	36	35	36	32	83	36	41	6	6
公共管理新专业	120499	3	0	0	1	1	4	1	0	3	3
戏剧与舞蹈学新专业	130399	3	0	0	3	2	3	3	0	0	0
马克思主义哲学	010101	3	7	7	9	9	24	9	10	5	5
中国哲学	010102	3	6	7	7	6	26	7	11	8	8
外国哲学	010103	3	10	10	11	8	33	11	12	10	10
逻辑学	010104	3	4	4	3	3	9	3	2	4	4
伦理学	010105	3	2	2	3	3	9	3	4	2	2
宗教学	010107	3	4	4	3	2	10	3	4	3	3
科学技术哲学	010108	3	4	4	4	3	13	4	4	5	5
哲学新专业	010199	3	1	1	3	3	6	3	2	1	1
哲学新专业	010199	3	1	1	0	0	1	0	0	1	1
政治经济学	020101	3	11	11	9	6	28	9	11	8	8
经济思想史	020102	3	3	3	2	1	6	2	2	2	2
经济史	020103	3	1	1	1	1	3	1	1	1	1

续 表

专业名称	专业代码	年制	毕业生数	授予学位数	招生数		在校生数				
					合计	应届生	合计	一年级	二年级	三年级及以上	
西方经济学	020104	3	14	14	15	15	49	15	15	19	19
世界经济	020105	3	28	28	27	23	87	27	33	27	27
人口、资源与环境经济学	020106	3	3	3	9	7	31	9	8	14	14
应用经济学	020297	3	0	0	8	8	33	8	14	11	11
国民经济学	020201	3	6	6	4	3	16	4	5	7	7
区域经济学	020202	3	6	6	2	2	8	2	4	2	2
财政学(含：税收学)	020203	3	15	15	8	7	29	8	11	10	10
金融学(含：保险学)	020204	3	39	39	33	30	116	33	37	46	46
产业经济学	020205	3	9	9	0	0	1	0	0	1	1
国际贸易学	020206	3	11	11	9	5	26	9	10	7	7
劳动经济学	020207	3	2	2	3	2	8	3	3	2	2
统计学	020208	3	1	1	2	2	2	2	0	0	0
数量经济学	020209	3	3	3	3	3	9	3	3	3	3
法学理论	030101	3	5	5	4	4	17	4	6	7	7
法律史	030102	3	7	7	5	5	20	5	7	8	8
宪法学与行政法学	030103	3	7	7	5	4	19	5	5	9	9
刑法学	030104	3	2	2	4	3	12	4	3	5	5
民商法学(含：劳动法学、社会保障法学)	030105	3	16	17	15	13	45	15	14	16	16
诉讼法学	030106	3	9	9	5	5	22	5	9	8	8
经济法学	030107	3	5	5	6	5	15	6	6	3	3
环境与资源保护法学	030108	3	5	5	2	2	9	2	4	3	3
国际法学(含：国际公法、国际私法、国际经济法)	030109	3	14	14	14	13	49	14	16	19	19
政治学理论	030201	3	15	14	13	9	39	13	12	14	14
科学社会主义与国际共产主义运动	030203	3	2	2	6	3	11	6	3	2	2
中共党史(含：党的学说与党的建设)	030204	3	5	5	2	2	7	2	2	3	3
国际政治	030206	3	10	10	7	7	23	7	5	11	11
国际关系	030207	3	23	23	15	11	53	15	18	20	20
外交学	030208	3	2	2	2	2	11	2	4	5	5
社会学	030301	3	17	17	18	18	56	18	15	23	23
人口学	030302	3	3	3	2	2	7	2	2	3	3
人类学	030303	3	3	3	2	2	8	2	3	3	3
民俗学(含：中国民间文学)	030304	3	2	2	1	0	2	1	0	1	1
马克思主义基本原理	030501	3	2	2	4	3	11	4	4	3	3
马克思主义中国化研究	030503	3	3	3	5	4	8	5	2	1	1
思想政治教育	030505	3	8	8	7	6	25	7	10	8	8

续 表

专业名称	专业代码	年制	毕业生数	授予学位数	招生数		在校生数				
					合计	应届生	合计	一年级	二年级	三年级及以上	
课程与教学论	040102	3	3	3	5	4	14	5	5	4	4
高等教育学	040106	3	5	5	5	4	16	5	5	6	6
心理学	040297	3	0	0	9	9	14	9	5	0	0
应用心理学	040203	3	0	0	0	0	1	0	1	0	0
文艺学	050101	3	7	7	9	8	24	9	9	6	6
语言学及应用语言学	050102	3	5	5	5	5	15	5	5	5	5
汉语言文字学	050103	3	12	12	12	12	34	12	14	8	8
中国古典文献学	050104	3	5	5	8	5	18	8	5	5	5
中国古代文学	050105	3	13	13	16	14	50	16	15	19	19
中国现当代文学	050106	3	9	9	10	8	29	10	11	8	8
比较文学与世界文学	050108	3	7	8	9	9	33	9	11	13	13
中国语言文学新专业	050199	3	3	2	5	4	11	5	3	3	3
中国语言文学新专业	050199	3	2	2	2	2	7	2	2	3	3
中国语言文学新专业	050199	3	3	3	3	3	8	3	2	3	3
中国语言文学新专业	050199	3	6	6	5	2	17	5	7	5	5
中国语言文学新专业	050199	3	1	1	0	0	2	0	2	0	0
中国语言文学新专业	050199	3	1	1	0	0	1	0	0	1	1
英语语言文学	050201	3	19	19	19	13	50	19	15	16	16
俄语语言文学	050202	3	2	1	1	1	5	1	1	3	3
法语语言文学	050203	3	2	2	2	2	11	2	4	5	5
德语语言文学	050204	3	3	3	2	2	6	2	2	2	2
日语语言文学	050205	3	2	2	4	3	10	4	3	3	3
亚非语言文学	050210	3	3	3	3	3	9	3	3	3	3
外国语言学及应用语言学	050211	3	0	0	1	1	7	1	3	3	3
新闻学	050301	3	19	19	18	12	62	18	24	20	20
传播学	050302	3	12	11	12	6	40	12	16	12	12
新闻传播学新专业	050399	3	5	5	9	8	25	9	9	7	7
新闻传播学新专业	050399	3	2	2	11	11	23	11	8	4	4
新闻传播学新专业	050399	3	1	1	0	0	0	0	0	0	0
新闻传播学新专业	050399	3	1	1	0	0	1	0	0	1	1
新闻传播学新专业	050399	3	3	3	2	1	4	2	0	2	2
新闻传播学新专业	050399	3	30	31	0	0	0	0	0	0	0
史学理论及史学史	060201	3	6	6	0	0	6	0	2	4	4
历史地理学	060206	3	11	11	0	0	29	0	16	13	13
历史文献学(含：敦煌学、古文字学)	060202	3	0	0	0	0	1	0	1	0	0
专门史	060203	3	5	5	0	0	6	0	4	2	2
中国古代史	060204	3	8	8	0	0	13	0	8	5	5

续　表

专业名称	专业代码	年制	毕业生数	授予学位数	招生数		在校生数				
					合计	应届生	合计	一年级	二年级	三年级及以上	
中国近现代史	060205	3	9	11	0	0	19	0	8	11	11
世界史	060397	3	10	10	8	6	32	8	10	14	14
考古学新专业	060199	3	1	1	0	0	10	0	5	5	5
中国史	060297	3	0	0	37	32	37	37	0	0	0
基础数学	070101	3	11	11	5	4	40	5	12	23	23
计算数学	070102	3	7	7	2	2	19	2	8	9	9
概率论与数理统计	070103	3	8	8	5	5	21	5	5	11	11
应用数学	070104	3	14	14	1	0	26	1	12	13	13
运筹学与控制论	070105	3	8	8	2	2	30	2	9	19	19
理论物理	070201	3	7	4	3	0	26	3	15	8	8
粒子物理与原子核物理	070202	3	2	3	3	3	7	3	1	3	3
原子与分子物理	070203	3	6	5	5	5	19	5	7	7	7
凝聚态物理	070205	3	16	14	1	0	50	1	27	22	22
光学	070207	3	15	16	8	8	40	8	14	18	18
无线电物理	070208	3	1	1	1	1	3	1	0	2	2
无机化学	070301	3	5	3	16	16	47	16	15	16	16
分析化学	070302	3	9	5	10	10	33	10	11	12	12
有机化学	070303	3	3	2	13	11	41	13	13	15	15
物理化学(含：化学物理)	070304	3	17	18	22	21	65	22	26	17	17
高分子化学与物理	070305	3	32	27	45	43	120	45	43	32	32
化学新专业	070399	3	7	3	5	4	21	5	10	6	6
化学新专业	070399	3	1	1	2	2	7	2	4	1	1
植物学	071001	3	1	1	8	7	21	8	4	9	9
动物学	071002	3	2	3	3	3	8	3	4	1	1
生理学	071003	3	2	2	4	3	11	4	4	3	3
微生物学	071005	3	11	6	10	9	31	10	11	10	10
神经生物学	071006	3	18	10	31	26	79	31	29	19	19
遗传学	071007	3	29	23	41	37	120	41	44	35	35
发育生物学	071008	3	0	0	2	2	4	2	2	0	0
细胞生物学	071009	3	0	1	2	2	5	2	2	1	1
生物化学与分子生物学	071010	3	30	22	35	30	106	35	44	27	27
生物物理学	071011	3	5	2	9	8	22	9	8	5	5
生物学新专业	071099	3	4	4	5	4	16	5	6	5	5
生态学	071397	3	6	6	9	9	23	9	7	7	7
生物学新专业	071099	3	0	0	4	3	9	4	4	1	1
一般力学与力学基础	080101	3	2	2	1	0	3	1	0	2	2
固体力学	080102	3	1	1	3	3	11	3	3	5	5
流体力学	080103	3	1	0	5	3	18	5	7	6	6

续 表

专业名称	专业代码	年制	毕业生数	授予学位数	招生数		在校生数				
					合计	应届生	合计	一年级	二年级	三年级及以上	
工程力学	080104	3	2	2	3	3	12	3	7	2	2
光学工程	080397	3	6	5	9	8	22	9	6	7	7
材料物理与化学	080501	3	19	19	22	20	63	22	22	19	19
材料学	080502	3	6	6	6	6	16	6	4	6	6
物理电子学	080901	3	18	17	12	11	44	12	14	18	18
电路与系统	080902	3	27	24	23	20	72	23	25	24	24
微电子学与固体电子学	080903	3	99	93	74	70	252	74	87	91	91
电磁场与微波技术	080904	3	2	2	3	2	6	3	1	2	2
电子科学与技术新专业	080999	3	7	7	10	10	27	10	9	8	8
通信与信息系统	081001	3	19	19	17	17	54	17	19	18	18
计算机系统结构	081201	3	4	4	3	2	9	3	1	5	5
计算机软件与理论	081202	3	78	79	81	74	257	81	82	94	94
计算机应用技术	081203	3	32	34	26	26	91	26	31	34	34
飞行器设计	082501	3	3	4	4	3	17	4	8	5	5
环境科学	083001	3	15	15	20	18	57	20	20	17	17
环境工程	083002	3	8	9	12	10	28	12	8	8	8
生物医学工程	083197	3	1	1	1	1	9	1	3	5	5
生物医学工程新专业	083199	3	6	6	8	7	21	8	7	6	6
人体解剖与组织胚胎学	100101	3	2	6	5	4	9	5	1	3	3
免疫学	100102	3	4	2	5	5	14	5	5	4	4
病原生物学	100103	3	9	12	16	15	40	16	14	10	10
病理学与病理生理学	100104	3	7	6	13	7	34	13	13	8	8
法医学	100105	3	4	3	4	4	11	4	4	3	3
放射医学	100106	3	2	4	6	6	22	6	8	8	8
基础医学新专业	100199	3	2	2	2	1	10	2	4	4	4
基础医学新专业	100199	3	1	1	2	2	5	2	0	3	3
基础医学新专业	100199	3	1	0	11	9	30	11	14	5	5
内科学	100201	3	19	19	29	23	81	29	29	23	23
儿科学	100202	3	11	14	19	15	55	19	20	16	16
老年医学	100203	3	0	0	1	1	1	1	0	0	0
神经病学	100204	3	1	1	7	7	12	7	4	1	1
皮肤病与性病学	100206	3	0	0	1	1	5	1	1	3	3
影像医学与核医学	100207	3	3	1	9	8	20	9	5	6	6
临床检验诊断学	100208	3	4	4	3	3	15	3	5	7	7
外科学	100210	3	8	10	22	15	63	22	27	14	14
妇产科学	100211	3	5	7	10	8	31	10	12	9	9
眼科学	100212	3	5	8	6	5	23	6	11	6	6
耳鼻咽喉科学	100213	3	5	2	8	6	21	8	9	4	4

续 表

专业名称	专业代码	年制	毕业生数	授予学位数	招生数		在校生数				
					合计	应届生	合计	一年级	二年级	三年级及以上	
肿瘤学	100214	3	16	10	19	19	59	19	20	20	20
康复医学与理疗学	100215	3	1	2	3	2	7	3	2	2	2
运动医学	100216	3	1	1	1	0	1	1	0	0	0
麻醉学	100217	3	2	1	2	2	4	2	0	2	2
急诊医学	100218	3	0	1	1	0	4	1	1	2	2
临床医学新专业	100299	3	1	0	1	0	2	1	1	0	0
护理学	101197	3	10	12	7	5	24	7	9	8	8
口腔临床医学	100302	3	0	0	1	1	2	1	0	1	1
流行病与卫生统计学	100401	3	17	16	17	15	45	17	17	11	11
劳动卫生与环境卫生学	100402	3	8	8	6	6	21	6	8	7	7
营养与食品卫生学	100403	3	4	4	4	4	12	4	4	4	4
儿少卫生与妇幼保健学	100404	3	4	4	3	3	13	3	5	5	5
卫生毒理学	100405	3	2	3	2	2	7	2	3	2	2
公共卫生与预防医学新专业	100499	3	2	2	2	2	9	2	4	3	3
中西医结合基础	100601	3	2	1	4	4	11	4	5	2	2
中西医结合临床	100602	3	2	2	3	3	9	3	4	2	2
药物化学	100701	3	12	10	12	11	35	12	12	11	11
药剂学	100702	3	19	14	15	14	53	15	21	17	17
生药学	100703	3	5	2	3	3	11	3	4	4	4
药物分析学	100704	3	5	5	3	2	14	3	5	6	6
药理学	100706	3	13	15	17	11	48	17	14	17	17
管理科学与工程	120197	3	19	20	17	17	51	17	16	18	18
管理科学与工程新专业	120199	3	0	0	0	0	1	0	0	1	1
工商管理	120297	3	0	0	35	31	94	35	34	25	25
会计学	120201	3	17	17	0	0	2	0	0	2	2
企业管理(含:财务管理、市场营销、人力资源管理)	120202	3	48	48	0	0	38	0	0	38	38
旅游管理	120203	3	7	7	5	5	17	5	6	6	6
工商管理新专业	120299	3	0	0	0	0	2	0	0	2	2
社会医学与卫生事业管理	120402	3	17	17	17	16	52	17	20	15	15
行政管理	120401	3	14	15	11	10	38	11	13	14	14
教育经济与管理	120403	3	4	4	0	0	0	0	0	0	0
社会保障	120404	3	3	3	4	4	12	4	6	2	2
公共管理新专业	120499	3	6	5	9	9	21	9	6	6	6
图书馆学	120501	3	3	3	2	0	5	2	3	0	0
委托培养学术型学位硕士	43112	0	146	142	38	0	251	38	45	168	168
世界经济	020105	3	0	0	0	0	1	0	0	1	1

续　表

专　业　名　称	专业代码	年制	毕业生数	授予学位数	招生数		在校生数				
					合计	应届生	合计	一年级	二年级	三年级及以上	
区域经济学	020202	3	1	1	0	0	2	0	0	2	2
金融学(含：保险学)	020204	3	79	78	24	0	123	24	28	71	71
国际关系	030207	3	0	0	0	0	1	0	0	1	1
外交学	030208	3	20	20	0	0	19	0	0	19	19
思想政治教育	030505	3	4	4	0	0	1	0	0	1	1
英语语言文学	050201	3	5	5	0	0	5	0	0	5	5
新闻学	050301	3	24	23	13	0	77	13	16	48	48
新闻传播学新专业	050399	3	0	0	0	0	1	0	1	0	0
药物化学	100701	3	0	0	0	0	1	0	0	1	1
旅游管理	120203	3	13	11	0	0	19	0	0	19	19
图书馆学	120501	3	0	0	1	0	1	1	0	0	0
自筹经费学术型学位硕士	43113	0	82	80	49	35	300	49	111	140	140
外国哲学	010103	3	0	0	0	0	1	0	0	1	1
西方经济学	020104	3	1	1	0	0	0	0	0	0	0
世界经济	020105	3	14	14	15	8	31	15	14	2	2
财政学(含：税收学)	020203	3	0	0	0	0	1	0	0	1	1
金融学(含：保险学)	020204	3	56	56	8	8	156	8	78	70	70
产业经济学	020205	3	0	0	0	0	2	0	0	2	2
国际贸易学	020206	3	0	0	2	2	3	2	0	1	1
法学理论	030101	3	0	0	0	0	1	0	0	1	1
民商法学(含：劳动法学、社会保障法学)	030105	3	0	0	2	0	2	2	0	0	0
经济法学	030107	3	1	1	0	0	1	0	0	1	1
国际法学(含：国际公法、国际私法、国际经济法)	030109	3	1	1	0	0	5	0	1	4	4
政治学理论	030201	3	0	0	0	0	1	0	0	1	1
国际政治	030206	3	0	0	0	0	5	0	3	2	2
国际关系	030207	3	0	0	0	0	2	0	1	1	1
外交学	030208	3	1	1	0	0	0	0	0	0	0
语言学及应用语言学	050102	3	0	0	2	2	4	2	1	1	1
汉语言文字学	050103	3	0	0	0	0	1	0	1	0	0
中国古代文学	050105	3	1	1	1	1	5	1	2	2	2
中国现当代文学	050106	3	0	0	0	0	2	0	0	2	2
中国语言文学新专业	050199	3	0	0	0	0	2	0	0	2	2
中国语言文学新专业	050199	3	0	0	0	0	1	0	1	0	0
中国语言文学新专业	050199	3	1	1	0	0	1	0	0	1	1
中国语言文学新专业	050199	3	0	0	1	0	1	1	0	0	0
英语语言文学	050201	3	0	0	1	0	1	1	0	0	0

续 表

专业名称	专业代码	年制	毕业生数	授予学位数	招生数		在校生数				
					合计	应届生	合计	一年级	二年级	三年级及以上	
新闻学	050301	3	1	1	0	0	1	0	0	1	1
传播学	050302	3	0	0	0	0	3	0	2	1	1
新闻传播学新专业	050399	3	1	1	8	7	15	8	3	4	4
新闻传播学新专业	050399	3	0	0	2	2	2	2	0	0	0
新闻传播学新专业	050399	3	0	0	0	0	3	0	0	3	3
新闻传播学新专业	050399	3	0	0	1	1	1	1	0	0	0
考古学	060197	3	1	0	1	1	2	1	1	0	0
中国近现代史	060205	3	0	0	0	0	1	0	0	1	1
中国史	060297	3	0	0	1	1	1	1	0	0	0
遗传学	071007	3	0	0	1	0	1	1	0	0	0
材料物理与化学	080501	3	0	0	1	1	2	1	1	0	0
计算机软件与理论	081202	3	0	0	1	0	1	1	0	0	0
计算机应用技术	081203	3	0	0	0	0	2	0	0	2	2
病理学与病理生理学	100104	3	1	0	0	0	0	0	0	0	0
皮肤病与性病学	100206	3	1	1	0	0	2	0	0	2	2
中西医结合临床	100602	3	0	0	1	1	1	1	0	0	0
药物化学	100701	3	0	0	0	0	6	0	0	6	6
药剂学	100702	3	0	0	0	0	5	0	1	4	4
生药学	100703	3	0	0	0	0	2	0	0	2	2
药物分析学	100704	3	0	0	0	0	1	0	0	1	1
药理学	100706	3	0	0	0	0	13	0	0	13	13
企业管理(含：财务管理、市场营销、人力资源管理)	120202	3	0	0	0	0	3	0	0	3	3
旅游管理	120203	3	0	0	0	0	2	0	0	2	2
行政管理	120401	3	0	0	0	0	1	0	1	0	0
生物化学与分子生物学	071010	3	1	0	0	0	0	0	0	0	0
分析化学	070302	3	0	1	0	0	0	0	0	0	0
专业学位硕士	43120	0	1 071	1 060	1 919	909	4 574	1 919	1 657	998	998
其中：女	431202	0	498	491	1 015	544	2 352	1 015	875	462	462
国家任务专业学位硕士	43121	0	85	85	262	233	655	262	333	60	60
法律	035100	3	1	1	5	1	7	5	2	0	0
社会工作	035200	3	0	0	1	1	1	1	0	0	0
口腔医学	105200	3	2	2	3	3	11	3	6	2	2
临床医学	105100	3	82	82	216	194	563	216	289	58	58
工程	085200	3	0	0	0	0	1	0	1	0	0
新闻与传播	055200	3	0	0	1	0	1	1	0	0	0
国际商务	025400	3	0	0	36	34	71	36	35	0	0
委托培养专业学位硕士	43122	0	288	289	646	2	1 726	646	561	519	519

续　表

专业名称	专业代码	年制	毕业生数	授予学位数	招生数		在校生数				
					合计	应届生	合计	一年级	二年级	三年级及以上	
翻译	055100	3	1	1	0	0	0	0	0	0	0
新闻与传播	055200	3	0	0	0	0	2	0	2	0	0
出版	055300	3	0	0	2	0	2	2	0	0	0
工程	085200	3	0	0	5	2	16	5	5	6	6
文物与博物馆	065100	3	0	0	1	0	2	1	1	0	0
临床医学	105100	3	1	1	0	0	0	0	0	0	0
药学	105500	3	0	0	3	0	3	3	0	0	0
公共卫生	105300	3	0	0	2	0	5	2	2	1	1
社会工作	035200	3	0	0	5	0	6	5	1	0	0
艺术	135100	3	0	0	1	0	2	1	1	0	0
旅游管理	125400	3	0	0	19	0	34	19	15	0	0
公共管理	125200	3	0	0	160	0	355	160	139	56	56
工商管理	125100	3	286	287	442	0	1 290	442	395	453	453
法律	035100	3	0	0	1	0	4	1	0	3	3
金融	025100	3	0	0	5	0	5	5	0	0	0
自筹经费专业学位硕士	43123	0	698	686	1 011	674	2 193	1 011	763	419	419
翻译	055100	3	26	25	29	23	67	29	32	6	6
金融	025100	3	0	0	164	110	246	164	82	0	0
汉语国际教育	045300	3	18	17	36	32	89	36	30	23	23
教育	045100	3	0	0	6	6	6	6	0	0	0
法律	035100	3	187	187	213	143	582	213	197	172	172
保险	025500	3	0	0	20	16	20	20	0	0	0
工商管理	125100	3	102	104	92	0	216	92	105	19	19
艺术	135100	3	12	12	15	10	31	15	16	0	0
社会工作	035200	3	46	46	62	57	110	62	47	1	1
公共卫生	105300	3	0	0	28	26	80	28	26	26	26
药学	105500	3	20	20	24	20	54	24	30	0	0
护理	105400	3	5	5	15	11	37	15	13	9	9
临床医学	105100	3	102	102	6	5	111	6	5	100	100
口腔医学	105200	3	2	2	0	0	2	0	0	2	2
文物与博物馆	065100	3	0	0	14	9	23	14	9	0	0
工程	085200	3	178	166	187	145	389	187	141	61	61
出版	055300	3	0	0	20	12	20	20	0	0	0
新闻与传播	055200	3	0	0	40	24	70	40	30	0	0
国际商务	025400	3	0	0	20	12	20	20	0	0	0
税务	025300	3	0	0	20	13	20	20	0	0	0

（研究生院供稿）

2012 年复旦大学授予博士学位人员分学科门类统计

单位：人

学 科	哲学	经济学	法学	文学	历史学	理学	工学	医学	管理学	临床医学	合计
合 计	39	50	74	99	31	365	14	212	44	138	1 066
其中：单证生				1		2		1			4
留学生		1	7	14	2	1		2	3		30

（研究生院供稿）

2012 年复旦大学授予硕士学位人员分学科门类统计

单位：人

学 科	哲学	经济学	法学	教育学	文学	历史学	理学	工学	医学	管理学	法律	工程	临床医学	工商管理	高级管理人员工商管理	公共管理	公共卫生	口腔医学	会计	汉语国际教育	翻译	社会工作	艺术	药学	护理	合计
合 计	41	377	241	11	255	61	581	59	209	283	397	871	222	425	271	243	95	4	53	58	49	46	12	20	5	4 889
其中：单证生		28	20	3	8		13		39		209	705	31	24	271	243	95		53	33	23					1 798
留学生	1	47	29		36	3	1			50			6	10	2(2)					8						193

注：括号内数字是其中所包含的单证生人数

（研究生院供稿）

2012 年复旦大学外国留学生数统计

单位：人

	长期学生								短期学生	合 计
	本 科	硕 士	博 士	普 进	高 进	学 者	语 进	小 计		
在校生数	1 490	615	153	425	110	5	537	3 335	966	4 301
招生数	140	209	26	338	127	5	536	1 381	966	2 347
毕结业生数	348	192	30	547	119	2	844	2 052	966	3 018

（留学生办公室供稿）

2012 年复旦大学成人本专科分专业学生数统计

单位：人

专 业 名 称	专 业 代 码	年制	毕业生数	授予学位数	招生数	在校学生数							预计毕业生数
						合计	一年级	二年级	三年级	四年级	五年级	六年级及以上	
总 计			3 035	754	3 467	12 630	3 467	3 369	3 323	753	718	0	3 394
总计中：女			2 170	575	2 359	7 954	2 359	2 318	2 227	521	529	0	2 345
成人本科生	42200		2 727	754	3 279	10 864	3 279	3 144	3 053	670	718	0	3 083
其中：女	422002		1 918	575	2 232	7 399	2 232	2 156	2 035	447	529	0	2 108
业余本科	42220		2 727	754	3 279	10 864	3 279	3 144	3 053	670	718	0	3 083
其中：女	422202		1 918	575	2 232	7 399	2 232	2 156	2 035	447	529	0	2 108
高中起点本科	42221		593	95	694	3 494	694	724	688	670	718	0	718
国际经济与贸易	3520201020	5	89	30	73	441	73	83	93	103	89	0	89
金融学	3520201040	5	53	14	66	323	66	59	65	63	70	0	70
英语	3520502010	5	38	1	41	183	41	39	34	34	35	0	35
计算机科学与技术	3520806050	5	2	0	0	0	0	0	0	0	0	0	0
护理学	3521007010	5	93	2	151	678	151	148	139	97	143	0	143

续　表

专业名称	专业代码	年制	毕业生数	授予学位数	招生数	在校学生数							预计毕业生数
						合计	一年级	二年级	三年级	四年级	五年级	六年级及以上	
药学	3521008010	5	92	8	103	516	103	99	88	99	127	0	127
工程管理	3521101040	5	43	3	44	217	44	56	48	37	32	0	32
人力资源管理	3521102050	5	67	23	90	391	90	87	73	66	75	0	75
工商管理(物流方向)	3521102990	5	73	13	44	293	44	59	57	85	48	0	48
行政管理	3521103010	5	43	1	54	272	54	63	56	49	50	0	50
会展经济与管理	3521103110	5	0	0	28	180	28	31	35	37	49	0	49
专科起点本科	42222		2 134	659	2 585	7 370	2 585	2 420	2 365	0	0	0	2 365
国际经济与贸易	3530201020	3	121	59	105	353	105	105	143	0	0	0	143
金融学	3530201040	3	119	42	100	287	100	87	100	0	0	0	100
金融工程	3530201090	3	56	13	36	117	36	26	55	0	0	0	55
法学	3530301010	3	68	13	51	188	51	55	82	0	0	0	82
社会学	3530303010	3	15	3	0	14	0	0	14	0	0	0	14
社会工作	3530303020	3	66	6	43	163	43	61	59	0	0	0	59
汉语言文学	3530501010	3	63	19	56	170	56	42	72	0	0	0	72
英语	3530502010	3	71	12	133	334	133	121	80	0	0	0	80
新闻学	3530503010	3	70	28	80	250	80	76	94	0	0	0	94
传播学	3530503050	3	46	22	77	224	77	75	72	0	0	0	72
心理学	3530715010	3	125	49	189	493	189	173	131	0	0	0	131
计算机科学与技术	3530806050	3	41	9	65	163	65	54	44	0	0	0	44
软件工程	3530806110	3	57	14	66	180	66	56	58	0	0	0	58
预防医学	3531002010	3	59	11	0	19	0	0	19	0	0	0	19
临床医学(全科方向)	3531003010	3	35	2	0	35	0	0	35	0	0	0	35
护理学	3531007010	3	116	17	289	795	289	294	212	0	0	0	212
药学	3531008010	3	101	14	125	411	125	125	161	0	0	0	161
药事管理	3531008100	3	41	6	0	20	0	0	20	0	0	0	20
工程管理	3531101040	3	41	12	64	174	64	56	54	0	0	0	54
工商管理	3531102010	3	128	47	158	412	158	142	112	0	0	0	112
会计学	3531102030	3	132	35	166	482	166	176	140	0	0	0	140
人力资源管理	3531102050	3	154	83	301	765	301	271	193	0	0	0	193
电子商务	3531102090	3	17	5	34	81	34	20	27	0	0	0	27
国际商务	3531102110	3	45	22	33	78	33	17	28	0	0	0	28
工商管理(物流方向)	3531102990	3	106	39	80	271	80	92	99	0	0	0	99
行政管理	3531103010	3	87	20	207	496	207	169	120	0	0	0	120
公共关系学	3531103050	3	94	44	78	259	78	86	95	0	0	0	95
会展经济与管理	3531103110	3	60	13	49	136	49	41	46	0	0	0	46

续 表

专业名称	专业代码	年制	毕业生数	授予学位数	招生数	在校学生数							预计毕业生数
						合计	一年级	二年级	三年级	四年级	五年级	六年级及以上	
成人专科生	41200		308	0	188	766	188	225	270	83	0	0	311
其中：女	412002		252	0	127	555	127	162	192	74	0	0	237
业余专科	41220		308	0	188	766	188	225	270	83	0	0	311
其中：女	412202		252	0	127	555	127	162	192	74	0	0	237
高中起点专科	41221		308	0	188	766	0	0	0	0	0	0	0
国际经济与贸易	3620201020	3	42	0	47	143	47	49	47	0	0	0	47
应用英语	3620502010	3	23	0	26	64	26	18	20	0	0	0	20
应用韩语	3620502090	3	20	0	0	20	0	0	20	0	0	0	20
护理学	3621007010	4	26	0	0	40	0	0	0	40	0	0	40
药学	3621008010	4	47	0	0	133	0	48	42	43	0	0	43
财务管理	3621102040	3	39	0	0	45	0	0	45	0	0	0	45
国际商务	3621102110	3	21	0	0	0	0	0	0	0	0	0	0
金融管理与实务	3620201040	3	26	0	19	70	19	20	31	0	0	0	31
行政管理	3621103010	3	64	0	96	251	96	90	65	0	0	0	65

（继续教育学院供稿）

2012 年复旦大学高等教育自学考试毕业生统计

单位：人

专业	护理学		机关管理及办公自动化	计算机软件	计算机网络	计算机信息管理		新闻学		行政管理	行政管理学	合计
类别	专科	本科	专科	本科	本科	专科	本科	专科	本科	专科	本科	
上半年	88	111	17	7	19	99	51	39	44	193	173	841
下半年	90	60	23	15	20	43	37	12	27	212	229	768
合计	178	171	40	22	39	142	88	51	71	405	402	1 609

（继续教育学院供稿）

2012 年复旦大学继续教育学院各类学生数统计

单位：人

学历教育							非学历教育
夜大学			自学考试				
招生	毕业	授予学位	报考门次	报考人数	毕业	授予学位	结业证书
3 467	3 035	754	70 755	27 925	1 609	345	19 399

（继续教育学院供稿）

2012年复旦大学网络教育本专科分专业学生数统计

单位：人

专业名称	专业代码	毕业生数	授予学位数	招生数			在校学生数
				合计	其中		
					应届生	春季招生	
总计	001	1 268	348	1 739	0	405	3 641
总计中：女	002	707	235	1 017	0	251	2 057
本科生	42300	1 268	348	1 186	0	299	2 821
其中：女	423002	707	235	667	0	178	1 558
高中起点本科	42301	0	0	0	0	0	176
国际经济与贸易	020102	0	0	0	0	0	104
新闻学	050301	0	0	0	0	0	72
专科起点本科	42302	1 268	348	1 186	0	299	2 645
金融学	020104	149	64	94	0	19	331
行政管理	110301	116	23	124	0	36	295
行政管理	110301	174	55	0	0	0	145
新闻学	050301	70	18	69	0	19	176
心理学	071501	16	5	0	0	0	0
经济学	020101	75	29	0	0	0	0
会计学	110203	189	36	216	0	51	497
旅游管理	110206	30	9	9	0	0	29
法学	030101	71	8	80	0	32	163
日语	050207	16	5	0	0	0	0
国际经济与贸易	020102	153	51	62	0	15	119
人力资源管理	110205	0	0	205	0	62	290
广告学	050303	19	2	0	0	0	17
英语	050201	64	14	35	0	11	59
工商管理	110201	14	0	165	0	35	278
计算机科学与技术	080605	58	17	108	0	0	143
计算机科学与技术(软件)	080605	48	7	0	0	0	54
计算机科学与技术(网络)	080605	6	5	19	0	19	49
专科	41300	0	0	553	0	106	820
其中：女	413002	0	0	350	0	73	499
高中起点专科	41301	0	0	553	0	106	820
会计	620203	0	0	118	0	28	176
国际经济与贸易	620303	0	0	73	0	13	121
行政管理	650203	0	0	186	0	57	328
广播影视类新专业	670399	0	0	30	0	8	49
商务英语	660108	0	0	17	0	0	17
工商管理类新专业	620599	0	0	82	0	0	82
人力资源管理	650204	0	0	47	0	0	47

（网络教育学院供稿）

2012 年复旦大学科研经费与科技成果统计

类别		计量单位	数额
科研经费到款	小计	万元	110 555.98
	国家自然科学基金委员会	万元	28 927.62
	国家“973 计划”和重大科学研究计划	万元	12 355.12
	国家“863 计划”	万元	3 286.27
	国家科技支撑计划	万元	1 587.05
	国家科技重大专项	万元	14 229.68
	科技部其他	万元	8 929.65
	教育部	万元	1 118.40
	卫生部	万元	773.78
	上海市科学技术委员会	万元	13 936.40
	上海市教育委员会	万元	347.63
	上海市卫生局	万元	1 053.30
	其他上海市项目	万元	1 713.98
	国际合作项目(外国基金会/非营利组织等)	万元	1 166.37
	企事业单位委托项目	万元	20 093.84
	其他国家部委项目	万元	1 036.89
出版科技专著		部	66
学术论文	小计	篇	7 221
	国外学术刊物	篇	4 259
	全国学术刊物	篇	2 962

类别			计量单位	小计	青年科技杰出贡献	一等奖	二等奖	三等奖	国际合作
获奖情况	国家级	小计	项	4			4		
		国家最高科学技术奖	项						
		自然科学奖	项	2			2		
		技术发明奖	项	1			1		
		科技进步奖	项	1			1		
	省部级	小计	项	35	2	6	19	7	1
		上海市科学技术奖	项	19	2	4	8	4	1
		高等学校科学技术奖	项	12		2	10		
		中华医学科技奖	项	4			1	3	

类别			计量单位	数额
专利	申请	小计	项	634
		发明	项	598
		实用新型	项	35
		外观设计	项	1
	获授权	小计	项	427
		发明	项	405
		实用新型	项	22
		外观设计	项	0

注 1：科研到款经费包含了直接到复旦财务的科研经费和直接拨付到附属医院的科研经费。

注 2：附属医院的出版科技专著、学术论文和专利未纳入统计。

注 3：以上获奖均为第一完成单位(或第一完成人)。其中“上海市科学技术奖”和“中华医学科技奖”设置了国际合作奖,其他奖无该类别。上海市科学技术奖自 2012 年开始设立“青年科技杰出贡献奖”,每两年评审一次。

（科技处供稿）

2012年复旦大学文科科研成果统计(1)

学科门类	出版著作(部)					古籍整理(部)	译著(部)	发表译文(篇)	电子出版物(件)
	合计	专著		编著教材	工具书参考书				
		合计	被译成外文						
合计	260	130	6	121	9	6	33	19	3
管理学	26	7	0	19	0	0	2	0	2
马克思主义	3	0	0	1	2	0	0	0	0
哲学	38	21	0	17	0	0	7	5	1
逻辑学	0	0	0	0	0	0	0	1	0
宗教学	4	3	1	1	0	0	2	2	0
语言学	49	7	0	38	4	0	2	3	0
中国文学	17	15	0	2	0	2	1	0	0
外国文学	1	1	1	0	0	0	1	0	0
艺术学	1	1	0	0	0	0	0	0	0
历史学	38	28	1	10	0	4	1	3	0
考古学	1	0	0	1	0	0	0	4	0
经济学	25	11	1	14	0	0	9	0	0
政治学	26	17	2	9	0	0	3	1	0
法学	8	7	0	1	0	0	1	0	0
社会学	4	3	0	1	0	0	0	0	0
民族学	0	0	0	0	0	0	0	0	0
新闻学与传播学	9	6	0	3	0	0	0	0	0
图文、情报、文献学	3	0	0	0	3	0	2	0	0
教育学	3	2	0	1	0	0	1	0	0
统计学	0	0	0	0	0	0	0	0	0
心理学	4	1	0	3	0	0	1	0	0
体育学	0	0	0	0	0	0	0	0	0

(文科科研处供稿)

2012年复旦大学文科科研成果统计(2)

学科门类	发表论文(篇)				获奖成果数(项)				研究与咨询报告(篇)	
	合计	国内学术刊物	国外学术刊物	港澳台刊物	合计	国家级奖	部级奖	省级奖	合计	其中:被采纳数
合计	2 528	2 314	185	29	103	0	2	101	80	62
管理学	438	397	40	1	3	0	0	3	7	6
马克思主义	60	60	0	0	1	0	0	1	0	0
哲学	288	279	9	0	11	0	0	11	0	0
逻辑学	9	8	1	0	2	0	0	2	0	0
宗教学	24	21	3	0	1	0	0	1	0	0
语言学	169	143	22	4	2	0	0	2	0	0
中国文学	212	199	6	7	9	0	0	9	0	0

续　表

学科门类	发表论文(篇)				获奖成果数(项)				研究与咨询报告(篇)	
	合　计	国内学术刊物	国外学术刊物	港澳台刊物	合　计	国家级奖	部级奖	省级奖	合　计	其中：被采纳数
外国文学	37	29	8	0	0	0	0	0	0	0
艺术学	13	12	0	1	0	0	0	0	0	0
历史学	345	315	24	6	12	0	0	12	0	0
考古学	23	22	0	1	0	0	0	0	2	2
经济学	392	344	42	6	30	0	2	28	37	20
政治学	147	144	3	0	15	0	0	15	4	4
法　学	55	48	7	0	4	0	0	4	0	0
社会学	49	46	3	0	5	0	0	5	19	19
民族学	11	10	1	0	0	0	0	0	0	0
新闻学与传播学	162	156	4	2	8	0	0	8	8	8
图书、情报、文献学	23	23	0	0	0	0	0	0	0	0
教育学	25	23	1	1	0	0	0	0	1	1
统计学	12	5	7	0	0	0	0	0	0	0
心理学	4	4	0	0	0	0	0	0	1	1
体育学	30	26	4	0	0	0	0	0	1	1

（文科科研处供稿）

2012 年复旦大学教职工人员统计

单位：人

类　别	合　计	教学科研人员			思政	行政	教辅	后勤、企业、其他			
		小　计	专任教师	专职科研				合计	后勤	企业	其他
总计	5 366	2 641	2 356	285	77	896	879	873	467	372	34
其中：女	2 144	874	803	71	57	474	498	241	123	115	3
正高级	920	883	797	86		18	12	7		7	
副高级	1 167	889	799	90	6	109	125	38		37	1
中级	2 134	856	747	109	54	518	596	110	11	93	6
初级	390	8	8		16	179	139	48	4	32	12
无职称	755	5	5		1	72	7	670	452	203	15

（人事处供稿）

2012 年复旦大学退休人员情况统计

单位：人

退休总人数	4 653	
其　中	男：2 091	女：2 562

50 岁以下	0	50—59 岁	1 058
60—69 岁	1 448	70—79 岁	1 486
80—89 岁	590	90 岁以上	47

续　表

教学人员		行政人员		工勤人员	
教　授	838	正副局级	23	技术工	666
副教授	1 007	处　级	56		
高　工	164	副处级	63	普通工	448
讲　师	795	干　部	305		
其　它	214	医护人员	70	征地农民	4
合　计	3 018	合　计	517	合　计	1 118
中共党员	1 508	民主党派	376		

注：数据截至2012年12月底。

（退休教职工管理委员会供稿）

2012年复旦大学附属医院人员情况统计

单位：人

	中山医院	华山医院	肿瘤医院	妇产科医院	儿科医院	眼耳鼻喉科医院	合计
正高级职称小计	130	101	48	17	35	37	368
教授(研究员)	62	36	20	6	9	14	147
主任医(药、护、技)师	68	65	28	11	26	13	211
副高级职称小计	267	246	117	69	71	92	862
副教授(副研究员)	39	41	8	5	5	14	112
副主任医(药、护、技)师	227	203	109	64	65	76	744
其他职称	1	2	0		1	2	6
中级职称小计	849	596	299	249	250	228	2471
讲师(助理研究员)	44	18	25	10	18	11	126
主治医(药、护、技)师	762	552	262	230	222	201	2229
其他职称	43	26	12	9	10	16	116
初级职称小计	1 445	1 416	979	506	754	442	5542
助教(研究实习员)	25	2	32	12	13	3	87
医(药、护、技)师	887	976	869	467	438	291	3 928
其他职称	533	438	78	27	303	148	1 527
未评职称	155	274	113	366	171	38	1 117
工勤人员	129	116	52	64	44	35	440
合　计	2 975	2 749	1 608	1 271	1 325	872	10 800

注：中山医院未包括分部。

（人事处供稿）

2012年复旦大学因公出国(境)情况统计

单位：人次

类别 / 出访地	参加会议	合作研究	访问考察	长期任教	短期讲学	培训实习	延长事宜	进修学习	其他事宜	合　计
美　国	674	167	110	3	6	46	29	583	62	1 680
香　港	195	41	129		4	136		102	77	684
台　湾	233	97	93		1			205	47	676

续 表

类别 出访地	参加会议	合作研究	访问考察	长期任教	短期讲学	培训实习	延长事宜	进修学习	其他事宜	合 计
日 本	255	60	53	2	5	1		94	9	479
韩 国	274	5	11	1	2			39	6	338
英 国	78	25	26	2		14	1	63	3	212
德 国	93	22	19		3	3		60		200
法 国	89	37	9		2	2	1	54		194
新加坡	85	9	15		11	1		60	2	183
加拿大	57	15	19			2		49	18	160
澳大利亚	68	10	37			13	2	28	1	159
奥地利	37	2				1		69		109
瑞 典	21	12	5			1	1	46	2	88
意大利	61	2	5		2	1		2	4	77
澳 门	36	4	19			1		2	5	67
荷 兰	18	2	6		1	2		36		65
瑞 士	28	13	7		1	5		8	1	63
墨西哥	4							44		48
泰 国	44		1			2		1		48
芬 兰	11	4	16					16		47
土耳其	37		2					2		41
西班牙	33	1	1			1		2		38
马来西亚	28		1			1			2	32
俄罗斯	22	2	1					6		31
比利时	12	1	1		1			14		29
印 度	24	2	1			2				29
波 兰	11	1	4					4	3	23
丹 麦	10		3					10		23
捷 克	21									21
新西兰	7	7	4				1	1		20
爱尔兰	6	3	1					6		16
巴 西	12							4		16
葡萄牙	15	1								16
阿联酋	13		2							15
越 南	15									15
菲律宾	2					12				14
印 尼	9	1							4	14
以色列	2		1					3	4	10
埃塞俄比亚	9									9
希 腊	8									8
马耳他	6		1							7
摩洛哥	1								6	7

续　表

类别 出访地	参加会议	合作研究	访问考察	长期任教	短期讲学	培训实习	延长事宜	进修学习	其他事宜	合　计
南　非	7									7
卡塔尔	6									6
巴哈马								5		5
孟加拉	1								4	5
斯里兰卡	5									5
斯洛伐克	3	2								5
秘　鲁	3								1	4
沙特阿拉伯	1								3	4
乌克兰			4							4
巴基斯坦	2									2
古　巴	2									2
挪　威								2		2
塞浦路斯	2									2
阿根廷	1									1
爱沙尼亚	1									1
冰　岛								1		1
厄瓜多尔	1									1
哈萨克斯坦	1									1
柬埔寨	1									1
肯尼亚	1									1
匈牙利								1		1
智　利	1									1
合计(共 64 个国家、地区)	2 703	548	607	8	39	247	35	1 622	264	6 073

(一) 按出国(境)时间统计

时　间	<1 个月	1—3 个月	3—6 个月	>6 个月	合　计
总批次	2 578	262	325	324	3 489
总人次	4 560	497	616	400	6 073

(二) 按出国(境)人员类别统计(其中副局以上 44 人,副处以上 683 人次)

类别 人次	学　生	教　师	博士后	人事代理人员	附属医院
6 073	2 246	2 506	41	87	1 193

(三) 按出访类别统计

类别	参加会议	合作研究	访问考察	长期任教	短期讲学	培训实习	延长事宜	进修学习	其他	合计
批次	1 813	469	315	8	40	85	34	664	61	3 489
人次	2 703	548	607	8	39	247	35	1 622	264	6 073

(四) 分院系明细表

单位＼类别	参加会议	合作研究	访问考察	长期任教	短期讲学	培训实习	延长事宜	进修学习	其他事宜	合计
国关学院	158	14	25	1	1	4	1	104	6	314
管理学院	159	52	69		1	18		157	56	512
经济学院	63	11	18		3	1		154	12	262
外文学院	45	8	8	1	1	1		130	8	202
新闻学院	42	9	10		1	3		91	15	171
中文系	68	15	6	3	5		2	52	5	156
出土文献与古文字研究中心	5									5
古籍所	11	2						3		16
艺术教育中心			3						4	7
艺术设计系								2		2
历史学系	37	40	8		1			59	5	150
历史地理研究所	16	9	1		2			2	1	31
文博系	1	4			1			9	2	17
社政学院	38	7	18					47	5	115
社会科学基础部	3							2	1	6
哲学学院	37	15	6		2			31	4	95
法学院	11	19	4		4	3		50		91
国际文化交流学院	17	2	6	2	11		1	6	1	46
高等教育研究院	3	2								5
信息学院	237	29	28			1		103	6	404
计算机学院	101	13	7			5		23	13	162
软件学院	12	3	1			1			1	18
物理学系	109	65	14			2		38	10	238
现代物理研究所	16	4	1				1	4	2	28
化学系	99	21	15					41	3	179
先进材料实验室	18	7	2					4		31
生命学院	69	29	7				2	49	14	170
数学学院	79	27	4			1	1	46	3	161
环境科学与工程系	29	3	6				1	26	9	74
材料科学系	27	5						16	1	49
高分子科学系	19	4				2		14		39
力学系	19		3					7	1	30
复旦学院	5		3	1				32	23	64
体育教学部	2	1	2					1	15	21
图书馆	9	3	6		1	3		2		24
出版社	3		3			1				7
学校办公室	20		23			1		1	3	48
外事处	18		37			1		17	4	77

续　表

类别 单位	参加会议	合作研究	访问考察	长期任教	短期讲学	培训实习	延长事宜	进修学习	其他事宜	合计
教务处	7		9			1			7	24
外联处	3		19							22
研究生院	11		3							14
科技处	8	2	2							12
信息办	9		2		1					12
文科科研处	3		8							11
外国留学生工作处			2						7	9
高等教育研究所	4							3		7
人事处	1		1		1	1		1		5
团　委	2								2	4
基建处	1		2							3
学工部			1			1		1		3
财务处						1			1	2
党委宣传部			1			1				2
研工部	1							1		2
组织部			1						1	2
保卫处								1		1
工　会			1							1
宣传部			1							1
学生服务联合体	1									1
资产管理处			1							1
资产经营有限公司									1	1
总务处			1							1
继续教育学院			1							1
复旦附中	4		39							43
复旦附小								21		21
复华实业有限公司			2							2
文科学报		1								1
公共卫生学院	128	15	19		1	2		32	1	198
上海医学院	63	26	19			3	9	47	3	170
护理学院	3		10			35		20	1	69
药学院	26	7	8				2	21		64
生物医学研究院	36	5	1			1		3	3	49
放射医学研究所	13	3	2							18
脑科学研究院	8	5						1		14
公共卫生中心	6					1				7
发育生物学研究所	1	1								2
华山医院	196	19	40			121		44	1	421
肿瘤医院	238	7	20			4	3	14		286

续 表

单位 \ 类别	参加会议	合作研究	访问考察	长期任教	短期讲学	培训实习	延长事宜	进修学习	其他事宜	合计
中山医院	102	12	24			8	7	48	1	202
儿科医院	97	6	8			8		23	1	143
五官科医院	94	9	6		2	4	2	15		132
妇产科医院	32	7	8			7	3	2	1	60
第五人民医院			1					1		2
合 计	2 703	548	607	8	39	247	35	1 622	264	6 073

（外事处供稿）

2012 年复旦大学接受境内外各类捐赠收入统计

单位：万元

接受单位 \ 捐赠来源	校友(含师生员工)	校 董	其他企业、团体及个人	合 计
复旦大学财务处	115.3	50.0	6 020.3	6 185.6
上海复旦大学教育发展基金会	645.3	2 865.5	6 815.3	10 326.1
复旦大学教育发展基金会(海外)	133.4	3 057.6	247.4	3 438.3

注：1. 财务处来自“其他企业团体”的捐赠收入中，包括来自上海复旦大学教育发展基金会的捐赠 4 327.6 万元和复旦大学教育发展基金会(海外)捐赠 119.4 万元。

2. 上海复旦大学教育发展基金会来自“其他企业团体”的捐赠收入中，包括来自复旦大学教育发展基金会(海外)捐赠 3 059.2 万元。

3. 复旦大学教育发展基金会(海外)捐赠收入为外汇，表中的人民币金额是根据年末汇率的折算值。

（对外联络与发展处供稿）

2012 年复旦大学占地面积统计

单位：平方米

校 区	占 地 面 积	权 属
邯郸校区	863 472	学校使用权
邯郸校区新闻学院	58 825	非学校使用权
邯郸北区学生公寓	113 882	租用
枫林校区	192 123	学校使用权
张江校区	228 176	非学校使用权
江湾校区一期	908 004	非学校使用权
江湾校区二期	66 667	学校使用权
网络学院	8 100	租用
继续教育学院	3 757	租用
总 计	2 443 006	

（资产管理处、网络教育学院、继续教育学院供稿）

2012 年复旦大学校舍面积统计

单位：平方米

权 属	学校产权		非学校产权			租 用			总 计
校 区	邯郸校区	枫林校区	张江校区	江湾校区	新闻学院	邯郸校区北区	网络教育学院	继续教育学院	
总计									
总计(平方米)	1 060 109	391 192	75 559	181 570	67 710	181 638	10 100	8 222	1 976 100

续　表

权　属	学校产权		非学校产权			租　用			总　计
校　区	邯郸校区	枫林校区	张江校区	江湾校区	新闻学院	邯郸校区北区	网络教育学院	继续教育学院	
一、教学及辅助用房	315 945	104 890	50 309	51 334	44 148	7 357	7 600	8 222	589 805
教室	45 830	17 442	16 923	13 017	2 850	0	6 700	0	102 762
图书馆	23 535	10 513	8 805	19 213	2 850	0	0	0	64 916
实验室、实习场所	136 851	14 290	2 000	0	0	0	900	0	154 041
科研用房	87 246	55 053	19 924	19 104	38 448	0	0	0	219 775
体育馆	19 006	4 792	2 657	0	0	7 357	0	0	33 812
会堂	3 477	2 800	0	0	0	0	0	0	6 277
二、校机关办公用房、档案馆等	74 342	24 844	7 408	21 125	3 500	0	2 500	0	133 719
三、生活用房	383 974	125 207	17 842	109 111	20 062	174 281	0	0	830 477
学生宿舍(公寓)	124 105	53 468	0	50 321	7 084	162 635	0	0	397 613
学生食堂	19 146	8 299	4 149	5 731	0	10 935	0	0	48 260
教工集体宿舍	72 112	21 605	4 299	37 377	0	0	0	0	135 393
教工食堂	6 961	0	0	0	0	0	0	0	6 961
生活福利及附属用房	48 478	15 603	9 394	2 643		711	0	0	76 829
其他用房	113 172	26 232		13 039	12 978	0	0	0	165 421
四、教工住宅(未售)	14 560	0	0	0	0	0	0	0	14 560
五、教工住宅(已售)	271 288	136 251	0	0	0	0	0	0	407 539

(资产管理处、网络教育学院、继续教育学院供稿)

2012年复旦大学施工、竣工房屋情况统计

单位：平方米

类　别	施工房屋面积		竣工房屋面积	类　别	施工房屋面积		竣工房屋面积
	合计	其中：本年开工			合计	其中：本年开工	
总　计	44 448			校、系行政用房	3 854		2 968
一、教学、行政用房	43 328			二、生活及福利附属用房	1 120		
教室				学生宿舍			
实验室				学生食堂			
科研用房	39 474			教工及家属住宅			
图书馆				教工食堂			
体育馆				福利及附属用房	1 120		
工厂							

注：1. 列入教育部2012年计划的项目进入统计。
2. 未报教育部竣工的项目列入施工房屋面积。
3. 列入教育部2012年计划、但未开工的项目未进入统计。

(基建处供稿)

2012 年复旦大学图书馆情况统计

单位：册、件、种、个

	项　目	数　量	单　位
一、文献资源收集情况			
	1. 纸质图书累积量	4 399 384	册
	a) 中文纸质图书累积量	3 516 405	册
	b) 外文纸质图书累积量	882 979	册
	2. 纸质报刊累计量(合订本)	855 029	册
	3. 电子图书累积量	2 102 522	册
	a) 中文电子图书累积量	1 788 289	册
	b) 外文电子图书累积量	314 233	册
	4. 电子期刊累积量	55 233	种
	a) 中文电子期刊累计量	15 692	种
	b) 外文电子期刊累积量	39 541	种
	5. 电子书、刊以外的数据库	125	个
当年购置文献	1. 当年购置图书	263 564	册
	a) 当年购置纸质中文图书	100 547	册
	b) 当年购置纸质外文图书	19 095	册
	c) 当年购置电子中文图书	135 214	册
	d) 当年购置电子外文图书	8 708	册
	2. 当年购置报刊	62 296	种
	a) 当年购置纸质中文报刊	4 885	种
	b) 当年购置纸质外文报刊	1 605	种
	c) 当年购置电子中文报刊	16 265	种
当年购置文献	d) 当年购置电子外文报刊	39 541	种
	3. 电子书、刊以外的数据库	4	个
	4. 当年购置其他类型文献	0	册/件
	5. 其他来源新增文献	10 194	册
二、当年文献资料利用			
	1. 外借图书	496 856	册
	2. 馆际互借借入量	2 514	册
	3. 馆际互借借出量	344	册
	4. 文献传递传入量	8 811	篇
	5. 文献传递传出量	13 507	篇
	6. 中文期刊全文下载量	6 695 338	篇次
	7. 英文期刊全文下载量	4 534 188	篇次
	8. 文摘数据库检索量	3 557 581	次
	9. MetaLib/SFX 系统登录量	241 176	人次
	10. 科技查新课题	304	个
	11. 查收查引服务	833	项
三、其他			
	1. 一般阅览室座位	2 398	座
	2. 电子阅览室座位	390	座
	3. 自习室座位	443	座
	4. 周开放阅览室时间	105	小时

（图书馆供稿）

2012 年复旦大学档案馆基本情况统计

项　目	数　量	单　位
一、馆藏全部档案		
全宗	11	个
案卷	327 391	卷
案卷排架长度	9 820	米
录音、录像、影片档案	258	盘
照片档案	45 952	张
底图	1 095	张
二、本年进馆档案		
1. 接收档案		
案卷	20 688	卷
录音、录像、影片档案		盘
照片档案	7 065	张
底图		张
2. 征集档案	114	件

项　目			数　量	单　位
三、本年移出档案				卷
四、本年销毁档案			0	卷
五、馆藏档案的历史分期				
1. 建国前档案			27 898	卷
明清以前档案				件
明清档案			6	卷
民国档案			27 892	卷
革命历史档案				卷
2. 建国后档案			299 493	卷
六、馆藏资料			4 975	册
七、档案编目情况				
手工目录	案卷目录		229	本
	全引目录			本
	专题目录	簿式	50	本

续　表

项　目			数　量	单　位	项　目	数　量	单　位
手工目录	专题目录	卡片式	32 989	张	十、本年利用档案	6 844	卷次
	重要文件目录	簿式		本	1. 所属时期		
		卡片式		张	建国前档案	1 034	卷次
机读目录	案卷级		15.66	万条	建国后档案	5 810	卷次
	文件级		88.69	万条	2. 利用者类别		
八、开放档案情况					单位	2 053	卷次
1. 建国前档案					个人	4 791	卷次
全　宗			7	个	十一、本年举办档案展览	1	个
案　卷			27 785	卷	十二、本年接待参观展览人次	10 000	人次
2. 建国后档案					十三、本年利用资料人次	125	人次
全　宗			4	个	十四、本年利用资料	654	册次
案　卷			191 716	卷	十五、本年编研档案资料		
3. 开放档案目录					其中：1. 公开出版		万字
案卷级			10.54	万条	2. 内部参考		万字
文件级			29.85	万条	十六、档案馆总建筑面积	3 300	平方米
九、本年利用档案人次			2 431	人次	其中：1. 档案库房建筑面积	2 500	平方米
1. 台港澳同胞			30	人次	2. 档案技术用房建筑面积	80	平方米
2. 外国人			5	人次			

（档案馆供稿）

2012年复旦大学《国家学生体质健康标准》成绩统计

年　级	总人数		优秀人数		优秀率（%）	良好人数		良好率（%）	及格人数		及格率（%）	不及格人数		合格率（%）
	男	女	男	女		男	女		男	女		男	女	
2012级	1 496	1 438	28	36	2.18%	610	740	46.01%	671	582	42.71%	187	80	90.90%
2011级	1 366	1 375	51	58	3.98%	563	784	49.14%	592	475	38.93%	160	58	92.05%
2010级	1 330	1 220	3	7	0.39%	321	459	30.59%	771	710	58.08%	235	44	89.06%
2009级	1 306	1 382	3	9	0.45%	340	525	32.18%	781	808	59.11%	182	40	91.74%
全校	5 498	5 415	85	110	1.79%	1 834	2 508	39.79%	2 815	2 575	49.39%	764	222	90.96%

（体育教学部供稿）

2012年各附属医院工作量情况统计

单位：人次

医　院	门急诊次数			住院手术人次	期内出院人数
	小　计	门　诊	急　诊		
中山医院	2 938 487	2 754 957	183 530	50 739	79 124
华山医院	3 405 475	3 233 224	172 251	33 843	62 704
妇产科医院	1 299 530	1 278 021	21 509	25 253	46 080
儿科医院	2 208 098	1 963 630	244 468	14 858	34 047
眼耳鼻喉科医院	1 611 305	1 584 065	27 240	29 013	29 851
肿瘤医院	932 080	932 080		23 219	40 689

续 表

医 院	门急诊次数			住院手术人次	期内出院人数
	小 计	门 诊	急 诊		
华东医院	1 470 773	1 397 139	73 634	9 017	29 233
金山医院	1 139 172	946 967	192 205	14 078	22 683
第五人民医院	1 791 090	1 609 102	181 988	13 761	28 012
公共卫生临床中心	251 496	251 496		2 403	9 234
浦东医院	1 367 675	1 041 769	325 906	16 291	34 831
合 计	18 415 181	16 992 450	1 422 731	232 475	416 488

（医管处供稿）

2012年各附属医院工作质量情况统计

医院	治愈率(%)	好转率(%)	病死率(%)	病床周转率(次/床)	床位使用率(%)	出院者平均住院日(天)	门诊与出院诊断符合率(%)	入院与出院诊断符合率(%)	入院三日确诊率(%)	手术并发症发生率(%)	手术前后诊断符合率(%)	无菌手术化脓率(%)
中山医院	24.44	72.86	0.76	48.72	103.09	7.67	99.99	99.99	96.94	0	100	0
华山医院	37.3	58.62	0.59	44.98	104.91	8.39	99.89	99.88	99.32	0	99.6	0.01
妇产科医院	93.43	5.61	0.07	57.42	98.06	6.13	99.89	99.89	99.9	0.13	99.88	0
儿科医院	37.43	53.43	0.58	47.99	105.3	7.98	99.95	99.96	99.97	0.25	99.97	0.01
眼耳鼻喉科医院	93.82	5.58	0.02	79.82	87.59	3.99	100	100	99.98	0	100	0
肿瘤医院	45.08	42.04	0.3	33.84	94.38	11.37	99.51	99.51	99.68	0	99.28	0.03
华东医院	25.21	71.62	1.72	26.02	101.77	13.61	99.83	99.83	89.69	0	99.62	0
金山医院	45.4	47.36	0.82	36.78	93.22	9.4	98.94	99.4	99.09	0	99.62	0
第五人民医院	43.29	51.72	1.18	37.35	101.42	10.15	98.89	99.28	96.93	0	99.43	0
公共卫生中心	13.26	82.3	1.38	25.16	95.48	14.08	99.86	100	99.92	0	100	0
浦东医院	60.11	33.61	1.56	37	97.62	9.6	97.31	98.9	95.76	1.15	99.4	0.34
合 计	39.57	43.04	1.68	42.05	99.76	8.71	99.56	99.73	97.92	0.07	99.74	0.01

（医管处供稿）

2012年复旦大学附属中学基本情况统计

单位：人

教职工数					在校学生数
党政干部(教师)	教 师	职 员	工 人	合 计	
7	195	54	0	249	(本部)1 383 (国际部)349

（复旦大学附属中学供稿）

2012年复旦大学第二附属中学基本情况统计

单位：人

教职工数					在校学生数*	毕业生数*	考取大学人数	考取重点中学人数	考取中专技校职校人数
党政干部(教师)	教 师	职 员	工 人	合 计					
6	56		4	60	606	182	27	130	5

（复旦大学附属第二中学供稿）

2012年复旦大学附属小学基本情况统计

单位：人

教职工数					在校学生数	毕业生数
党政干部	教师	职员	工人	合计		
3	42	1	0	46	625	98

（复旦大学附属小学供稿）

·索　　引·

(1) 本索引主体采取主题分析索引方法，按主题词首字汉语拼音字母顺序排列。辅助的附表索引按首字汉语拼音字母顺序排列。

(2) 索引名称后的数字表示内容所在的页码，数字后面的 a、b、c 表示栏别(即指该页码自左至右的版面区域)。表格标题和表格中的内容页码后另注有"表"字，图片页码后另注有"图"字。

(3) 在主题分析索引中，为便于读者检索，在复旦大学所属的二级单位和在复旦大学发生的事件名称前的"复旦大学"或"复旦"字样，除易产生歧义者外均予省略；内容有交叉的，将重复出现。

(4) 除"表彰与奖励"、"大事记"外，年鉴的各部分内容均列入索引范围，以供检索使用。

NUM

A

B

C

D

E

F

G

H

J

K

L

M

T

W

X

Y

Z

·附表索引·

NUM

D

F

G

J

S

W

Z

图书在版编目(CIP)数据

复旦大学年鉴2013/复旦大学年鉴编纂委员会. —上海：复旦大学出版社，2014.11
ISBN 978-7-309-10736-4

Ⅰ.复… Ⅱ.复… Ⅲ.复旦大学-2013-年鉴 Ⅳ.G649.285.1-54

中国版本图书馆CIP数据核字(2014)第119538号

复旦大学年鉴2013
复旦大学年鉴编纂委员会
责任编辑/胡春丽

复旦大学出版社有限公司出版发行
上海市国权路579号 邮编：200433
网址：fupnet@fudanpress.com http://www.fudanpress.com
门市零售：86-21-65642857 团体订购：86-21-65118853
外埠邮购：86-21-65109143
浙江新华数码印务有限公司

开本890×1240 1/16 印张31.25 字数1069千
2014年11月第1版第1次印刷

ISBN 978-7-309-10736-4/G·1370
定价：168.00元